한글2007 | 파워포인트2007 | 엑셀2007

고급 Office 활용

유 병 훈

도서출판 두남

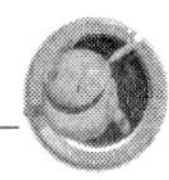

머리말

본서는 사회 실무에 주로 사용되는 응용 프로그램 흔글, 파워포인트, 엑셀을 2007 버전 중심으로 집필하였다. 흔글은 문서 편집 용도로, 파워포인트는 프레젠테이션 용도로, 엑셀은 스프레드시트 용도로 사용된다. 하지만 현실 세계에서 엄밀히 살펴보면 흔글의 사용 용도는 많이 퇴색되는 느낌이며, 파워포인트와 엑셀의 활용도가 증가하는 느낌이다.

대부분의 외국 바이어들은 상품 소개를 파워포인트로 프레젠테이션해 주기 원하며, 심지어 상품 정보를 엑셀 워크시트에 저장하여 보내주기를 원한다. 따라서 현장에서는 대내적인 문서는 흔글로 작성하되 대외적인 문서는 파워포인트 혹은 엑셀로 작성하고 있는 실정이다.

비록 현실 세계에서 사용되는 응용 프로그램의 활용도가 달라진다고 해도 응용 프로그램 고유의 용도는 여전히 제자리를 차지하고 있다고 판단된다. 예를 들어, 파워포인트나 엑셀로 매뉴얼이나 공문서를 작성할 수는 없기 때문이다.

본서에서 다룬 내용은 다음과 같다.

흔글 파트에서는 매뉴얼 작성 방법과 취합용도 문서, 메일머지, 매크로, 공문서 작성 방법을 다룬다. 매크로 부분에서는 다양한 유형의 매크로가 소개되며, 공문서 작성 방법에서는 공문서 입력 규칙을 상세히 다루었다.

파워포인트 파트에서는 프레젠테이션 제작 기법에 대해 다루며, 슬라이드 마스터, 애니메이션에 중점을 두었다. 스마트아트 그래픽 개체의 구성 요소에 대해 개별적인 애니메이션을 설정하는 방법은 프레젠테이션을 제작하는 독자들에게 많은 도움이 될 것으로 생각된다.

엑셀 파트에서는 사용자 정의 서식, 데이터베이스, 차트, 가상분석, 함수, 매크로를 다룬다. 차트 부분에서는 함수를 그래픽으로 표현할 수 있는 기법을 소개하였으며, 함수 부분에서는 수학 · 통계 · 재무 함수에 많은 비중을 두었다. 매크로 부분에서는 컨트롤 도구를 활용한 동적 차트, 데이터 표를 소개하였으며, VBA를 활용한 사용자 대화상자 제작법을 다루었다. VBA 전문 프로그래머의 입장에서 볼 때 다소 미흡한 부분이 있다고 해도 VBA 입문에 많은 도움이 될 것으로 판단된다.

본서에 소개한 파워포인트, 엑셀 자료는 다음 사이트에서 다운로드할 수 있다.
http://home.dhc.ac.kr/~yubh/excel_data

궁금한 점이 있으면 연락을 주시길 바란다.
E-Mail: yubh58@hanmail.net
HP: 011-514-9812

대구보건대학교 유통경영학과 유병훈 배상

차 례

PART 1 호글 2007

PART 2 파워포인트 2007

PART 3 엑셀 Excell

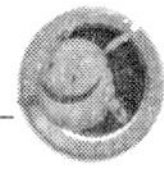

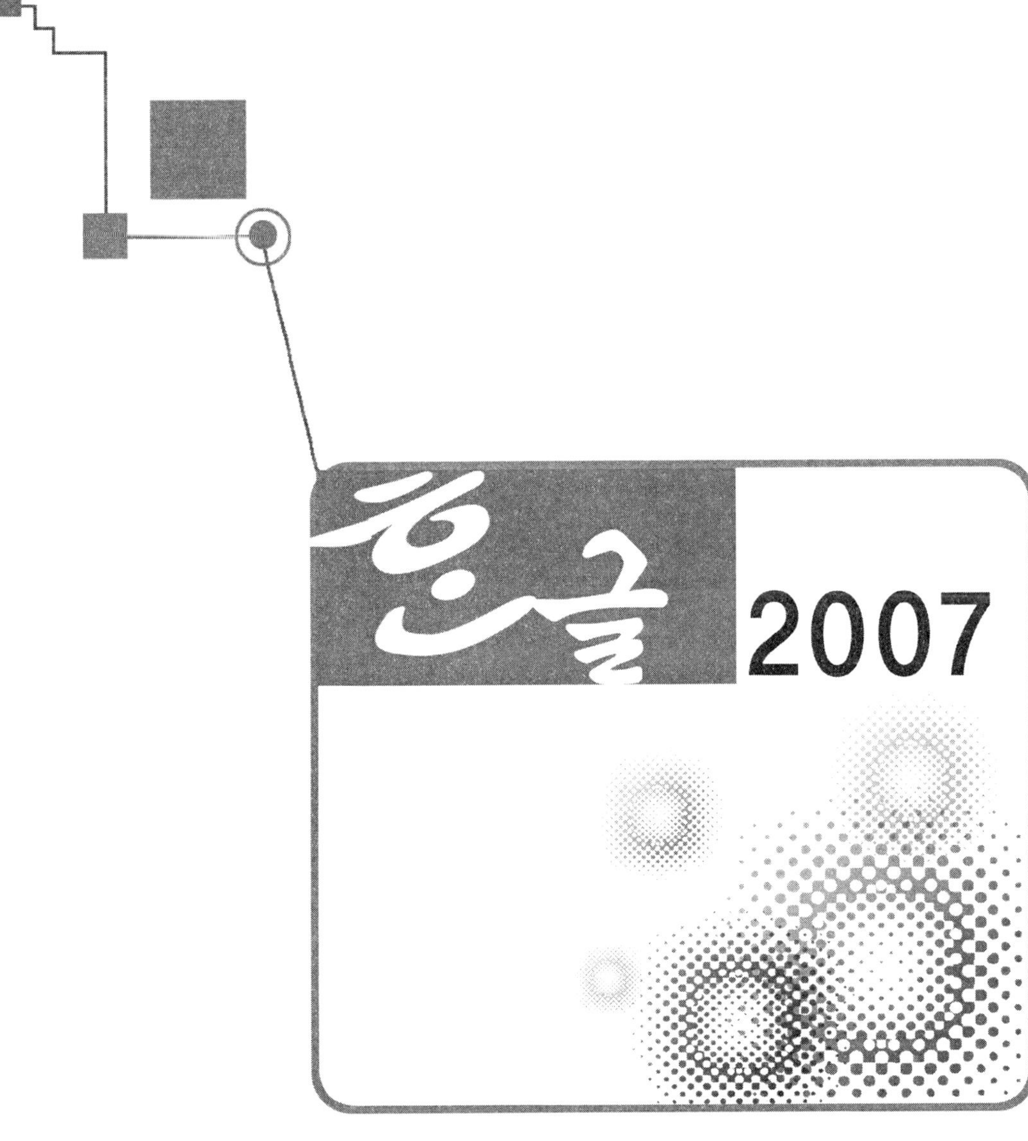
한글
2007

I 문서 편집의 기초

문자열 입력 시 쓸데없는 빈칸을 입력하지 않는다.

첫줄과 둘째 줄의 머리글을 맞추기 위해 문단을 나누지 않는다.

불필요한 빈칸을 입력하거나 줄을 나누게 되면 문서 전체를 편집할 때 많은 어려움이 따르게 된다.

문서를 잘못 입력한 경우의 보기와 문제점 (1)

- 스페이스 바를 눌러 문단 첫머리 글자를 3칸 들어가게 한 모양

> ___삼성소프트(www.samsungsoft.com)는 미스터리 액션 영화 '올드보이' 시사회와 휴대폰 벨소리 다운로드 이벤트를 실시한다.

위와 같이 입력된 문단이 존재하면 문서 전체의 문단모양을 변경할 때 전혀 엉뚱한 결과가 발생한다. 문단에 들여쓰기 값을 3ch로 지정하면 빈 공백 역시 글자로 취급되어 편집자의 의도대로 되지 않는다.

␣␣삼성소프트(www.samsungsoft.com)는 미스터리 액션 영화 '올드보이' 시사회와 휴대폰 벨소리 다운로드 이벤트를 실시한다.

따라서 문자열을 입력할 때에는 빈칸을 입력하지 않고 글자를 바로 입력한다. 이 원칙은 표 작성 시에도 그대로 적용된다.

▷▶ 문서를 잘못 입력한 경우의 보기와 문제점 (2)

• 엔터(↵) 키를 눌러 문단 첫줄과 둘째 줄의 머리글을 맞춘 모양

① '오락실 향수' 불러일으키는 게임 야후! 코리아(www.yahoo.co.kr 대표 이승일)는 지난달 오픈했던
␣ '미니매치'에 이어 캐주얼 게임인 '올림픽'을 서비스 한다고 ...

엔터키를 눌러 줄을 바꾸면 두 문단으로 나눠진다. 문단을 나누지 않고 아래/위 줄의 머리글을 맞추려면 맞출 글자 ['] 앞에 커서를 두고 Shift+Tab 키를 누른다.

' 앞에 커서를 두고 Shift+Tab 키를 누른다.

① '오락실 향수' 불러일으키는 게임 야후! 코리아(www.yahoo.co.kr 대표 이승일)는 지난달 오픈했던 '미니매치'에 이어 캐주얼 게임인 '올림픽'을 서비스 한다고 ...

줄의 끝에 영어 단어가 오는 경우 단어와 단어 사이가 벌어져 미관상 좋지 않다. 따라서 이럴 때에는 문단 줄 나눔 기준을 하이픈으로 처리한다. (문단 모양/기본 탭/줄 나눔 기준/영어 단위/하이픈)

☺ Fortunately, the Touchpad works with most mouse drivers. But the bundled touchpad driver supports special functions.

↓

☺ Fortunately, the Touchpad works with most mouse drivers. But the bundled touch-pad driver supports special functions.

불가피한 경우를 제외하면 문단은 적어도 3 줄 이상이 되도록 한다. 또한 문단의 마지막 줄에 글자 하나가 오는 경우는 자간 혹은 장평을 조정하여 마지막 줄을 없앤다.

㈜몬스터넷에서 개발해 온 온라인게임 '킹콩'이 4월 26일 오픈베타테스트를 시작으로 시장에 공급됩니다.

↓ Alt+ Shift+ N(자간좁게) 혹은 Alt+ Shift+ J(장으로) 키를 눌러 줄을 조정한다.

㈜몬스터넷에서 개발해 온 온라인게임 '킹콩'이 4월 26일 오픈베타테스트를 시작으로 시장에 공급됩니다.

※ 문단모양 대화상자의 확장 탭에서 '한 줄로 입력 항목'을 선택해도 된다.

참고 유용한 글자속성 관련 단축키

단축키	기능
Shift+ Alt+ W	자간 넓게
Shift+ Alt+ N	자간 좁게
Shift+ Alt+ J	장으로(글자의 아래·위를 길게)
Shift+ Alt+ K	평으로(글자의 좌·우를 길게)

장, 절, 항 제목번호는 개요번호를 입력한다.

제목번호를 개요번호로 입력하면 제목번호를 추가/삭제하여도 제목번호가 자동으로 매겨진다. 제목번호를 개요번호로 입력하지 않으면 제목이 추가/삭제될 때 마다 번호를 새로 매겨야만 한다.

장, 절, 항 제목은 스타일을 적용한다.

스타일을 적용하는 이유는 일관성 있는 문서를 작성하기 위해서이다. 스타일을 적용하면 다음과 같은 이점이 있다.

- 스타일을 사용하면 여러 개의 파일로 나뉘어 작성된 문서에 동일한 글꼴 혹은 문단을 적용할 수 있다.
- 스타일을 수정하면 스타일이 적용된 문단에 수정 내용이 그대로 반영된다.

업무를 지시한 상사의 말을 종합하면 보고서의 내용은 일단 접어두더라도 보고서 결재 시에 디자인에 너무 신경을 쓰지 않는다 한다. 그리고 직장상사의 취향에 맞게 보고서를 다시 작성해오라고 하면 거의 한나절이 걸린다는 것이다. 직장 상사가 제목 글꼴을 다른 글꼴로 변경하라고 지시한 경우를 생각해 보자. 제목에 스타일을 적용하지 않은 경우에는 수동으로 일일이 제목 글꼴을 바꾸어 줘야만 한다. 그러나 스타일을 적용한 경우에는 적용한 스타일의 글꼴만 변경하면 보고서의 제목은 자동으로 직장 상사가 요구하는 글꼴로 변경된다.

- 특정 문단 혹은 문자열에 적용된 속성을 다른 문단 혹은 문자열에 적용하려면 모양 복사를 적용한다.

보고서 작성 시 두드러지게 표시하고 싶은 문자열/문단에 여타 문자열/문단과 차별되는 글자모양/문단모양을 설정하고, 그 다음부터 설정된 문장에서 글자모양/문단모양을 복사하여 일관되게 적용한다.

서비스 여성을 위한 최초의 명품 온라인 **루넨시아**(1)에 패션 바람이 분다. 밝고 상큼한 이미지의 캐주얼 게임으로 자리 매김 한 루넨시아(2)는 아바타 패션의 명가로 시선을 끈다.

↓ 문자 (2)를 블록으로 선택한 후 Ctrl+C 키를 누른다.

서비스 여성을 위한 최초의 명품 온라인 **루넨시아**(1)에 패션 바람이 분다. 밝고 상큼한 이미지의 캐주얼 게임으로 자리 매김 한 **루넨시아**(2)는 아바타 패션의 명가로 시선을 끈다.

- 그림 등의 개체를 삽입할 때는 글자로 취급하여 삽입한다.
- OLE 개체를 붙여 넣을 때에는 '입력/개체'를 실행한다. 예를 들어, 플래시 무비를 붙여 넣으려면 개체 유형으로 '플래시'를 선택한다.
- 윈도우 응용 프로그램 엑셀에서 작성한 시트를 단순한 표의 형태로 삽입하려면 '편집/붙이기'를 실행한다.
- 윈도우 응용 프로그램 엑셀에서 작성한 시트를 OLE 개체로 붙여 넣으려면 '편집/골라 붙이기'를 실행하고 데이터 형식을 'Microsoft Office Excel 워크시트'로 선택한 후 '붙이기' 옵션을 지정한다.

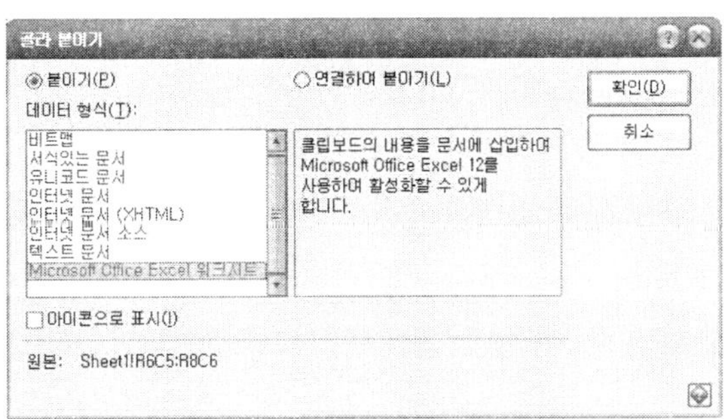

※ 붙이기 옵션으로 삽입된 OLE 개체는 한글 문서상에서 편집할 수 있다. OLE 개체를 더블클릭하면 해당 개체가 편집 상태로 바뀌면서 메뉴, 도구 등이 모두 엑셀의 그것으로 바뀌게 된다.

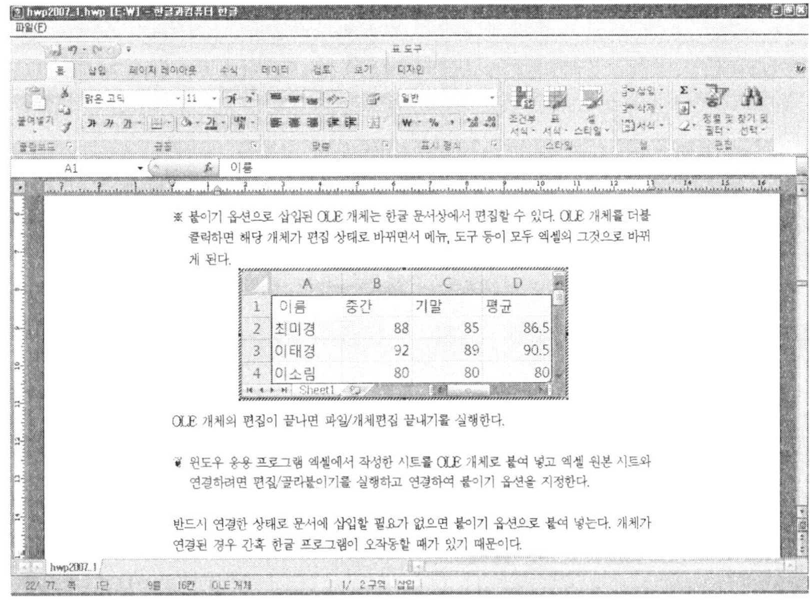

OLE 개체의 편집이 끝나면 '파일/개체편집 끝내기'를 실행한다.

윈도우 응용 프로그램 엑셀에서 작성한 시트를 OLE 개체로 붙여 넣고 엑셀 원본 시트와 연결하려면 '편집/골라 붙이기'를 실행하고 '연결하여 붙이기' 옵션을 지정한다.

반드시 연결한 상태로 문서에 삽입할 필요가 없으면 붙이기 옵션으로 붙여 넣는다. 개체가 연결된 경우 간혹 한글 프로그램이 오작동할 때가 있기 때문이다.

같은 쪽에서 단을 나누어 입력하려면 '모양/나누기/다단 설정 나누기'를 실행한다.

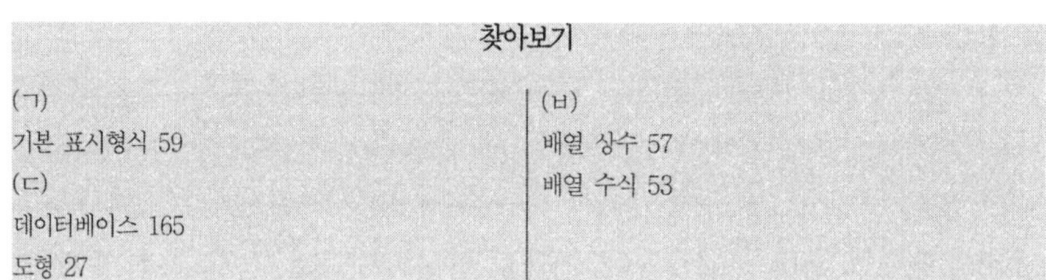

찾아보기

(ㄱ)
기본 표시형식 59
(ㄷ)
데이터베이스 165
도형 27

(ㅂ)
배열 상수 57
배열 수식 53

① '찾아보기'를 입력한 후 '모양/나누기/다단 설정 나누기'를 실행한다.
한글의 편집 창은 기본적으로 한 개의 단으로 구성된다. 따라서 다단 상태로 편집하기 위해서는 다단 설정 나누기를 한 후 다단 모양을 지정한다.

② '모양/다단'을 실행한다.

③ 단 개수로 '2'를 선택하고 구분선 넣기 옵션을 선택한 후 '실선'을 선택한다.

④ 단 간격을 '3mm'로, 적용 범위를 '현재 다단'으로 지정한다.

⑤ 단 종류를 '일반 다단'으로 선택하고 '설정' 버튼을 클릭한다.

⑥ 글자를 입력한다.

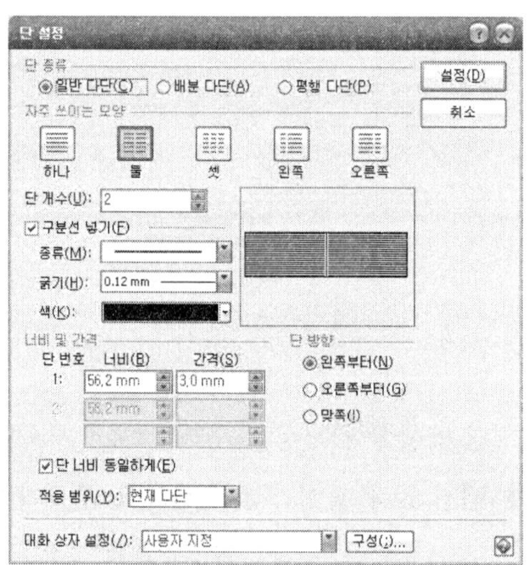

단의 종류

- 일반 다단 : 시험 문제와 같이 한 단씩 차례로 내용을 가득 채운다. 한 단에 내용이 가득 차야 다음 단에 내용을 입력할 수 있다.
- 배분 다단 : 신문 기사, 잡지 기사와 같이 입력한 내용의 양을 나누어 여러 단에 자동으로 배분한다.

올 시즌 미국여자프로골프(LPGA) 투어 마지막 대회인 CMG그룹 타이틀홀더스에서 우승을 차지한	박희영(23, 하나금융그룹)이 금의환향했다. 박희영은 30일 오후, 인천국제공항을 통해 입국했다.

- 평행 다단 : 용어 설명집과 같이 한쪽 단의 내용에 맞춰 다른 쪽 단의 내용을 정렬한다.
  - 왼쪽 단에 내용을 입력하고 단 나누기(Ctrl+Shift+Enter)를 한다.
    오른쪽 단으로 커서가 이동한다.
  - 오른쪽 단에 왼쪽 단의 내용과 관련 있는 내용을 입력하고 단 나누기를 한다.
    왼쪽 단으로 커서가 이동한다.
  - 동일 과정을 되풀이 한다.

<신·구 조문 대비표>

현 행	개 정 안
제2조의4 (문서관리카드에 의한 기안 및 시행방법) ①·② (생략) ③제1항에 따라 문서관리카드로 기안한 문서를 시행하는 경우에는 업무관리시스템에서 시행부를 작성하여 전자문서시스템에서 시행하게 하거나, 전자문서시스템에서 시행문을 작성하여 시행할 수 있다.	제2조의4 (문서관리카드에 의한 기안 및 시행방법) ①·② (현행과 같음) <삭 제>
제9조 (문서의 구성 등)	제9조 (문서의 구성 등)

적용 범위

- 현재 다단 : 현재 작업 중인 다단에만 다단 설정 내용을 적용한다.
- 현재 구역 : 현재 작업 중인 구역에만 다단 설정 내용을 적용한다.

• 문서 전체 : 문서 전체에 대해 다단 설정 내용을 적용한다.
• 새 쪽으로 : 다음 쪽부터 다단 설정 내용을 적용한다.
• 새 다단으로 : 현재 작업 중인 단 아래부터 다단 설정 내용을 적용한다.

□ 단 사이 간격

단의 수평 간격은 단 설정 대화상자에서 지정한다.

□ 단 설정 바꾸기

단 설정을 변경하려면 해당 단에 커서를 두고 '모양/다단'을 실행하고 단의 종류 · 간격 등을 변경한 후 '설정' 버튼을 클릭한다.

문서의 각 장마다 각주/미주 모양, 쪽 테두리/배경 등을 달리 지정하려면 구역 나누기를 실행한다.

□ 구역의 개념

구역은 문서의 쪽을 임의의 영역으로 구분하여 각 영역마다 편집 용지, 머리말/꼬리말, 바탕쪽, 각주/미주 모양, 쪽 테두리/배경, 개요 모양, 메모 등을 달리 지정할 수 있게끔 한 것이다.

문서가 여러 개의 장으로 구성될 때 각 장마다 새로운 구역을 설정하고 내용을 작성하면 각 장마다 상이한 포맷의 내용으로 편집할 수 있다.

예를 들어, 편집 용지를 A4로 설정하면 구역을 나누지 않은 경우 문서 전체에 적용되는 편집 용지 규격은 A4가 된다. 따라서 문서의 특정 부분에 A4 이외의 편집 용지 규격을 적용한다는 것은 불가능하다.

그러나 문서의 특정 부분에서 구역을 나누면 이후부터 작성하는 내용의 조판은 그 앞부분과 완전히 별개의 내용으로 간주되므로, 앞부분과 달리 새로운 편집 용지를 적용할 수 있다.

▭ 구역 나누기

① 구역을 나눌 위치에서 '모양/구역'을 실행한다.

② 적용 범위를 '새 구역으로'를 선택하고 '설정' 버튼을 클릭한다.

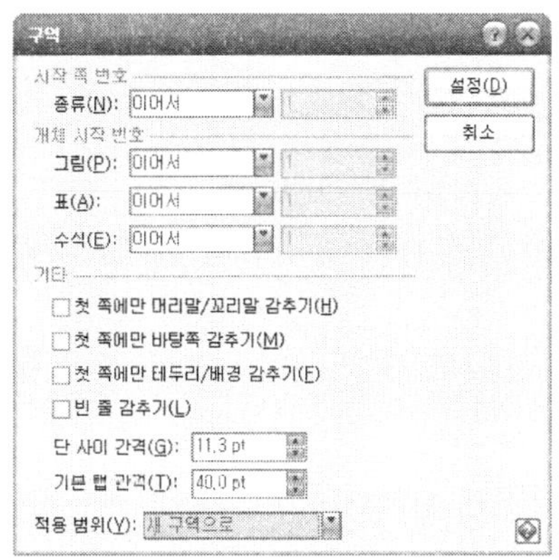

커서 다음 줄부터 새로운 쪽으로 나누어진다. 구역은 쪽 단위로 나누어진다.

※ '모양/나누기/쪽 나누기'를 실행한 것과는 다르다. 쪽 나누기는 이전에 구분된 구역 속성을 그대로 따른다.

- 새로이 만들어진 구역의 첫 쪽에 머리말/꼬리말을 감추려면 '첫 쪽에만 머리말/꼬리말 감추기' 옵션을 선택한다.
- 새로이 만들어진 구역의 첫 쪽에 테두리/배경을 감추려면 '첫 쪽에만 테두리/배경 감추기' 옵션을 선택한다.
- 새로이 만들어진 구역에 여러 개의 단으로 나누는 경우 단과 단 사이의 수직 간격을 조정하려면 '단 사이 간격'을 설정한다.
- 새로이 만들어진 구역에 적용할 탭 간격을 지정하려면 '기본 탭 간격'을 설정한다.

▭ 구역의 적용 범위

- 현재 구역: 현재 작업 중인 구역에만 구역 설정 내용을 적용한다.
- 문서 전체: 문서 전체에 대해 구역 설정 내용을 적용한다.
- 새 구역으로: 새로운 구역을 만들어 구역 설정 내용을 적용한다.

한글 윈도우 이외의 윈도우 환경에서 한글 문서를 볼 수 있게 하려면 XML 파일 형식으로 저장하여 배부한다.

※ XML문서로 저장한 후 반드시 문서가 제대로 XML문서 형태로 변환되었는지 확인한다. 특히 표, 글맵시, 차트 및 수식 등의 개체가 제대로 나타나는지 확인한다.

① '파일/다른 이름으로 저장하기'를 실행한다.
② 파일 형식을 'XML문서 (*.xml)'로 저장하고 '저장' 버튼을 클릭한다.

XML문서를 열려면 '파일/XML문서/XML문서 불러오기'를 실행한다.

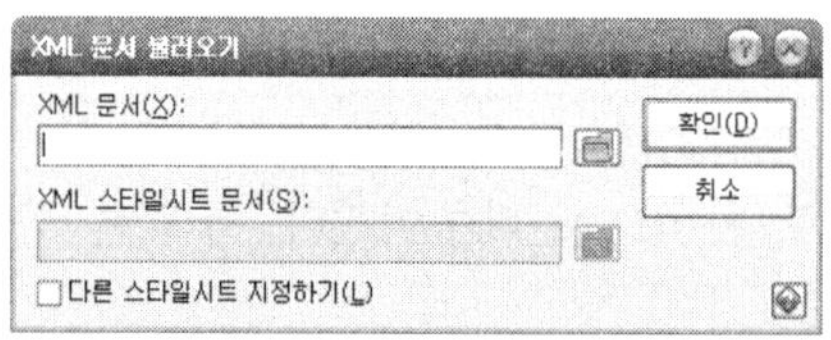

문서에 삽입된 그림의 특정 색상으로 문단 배경 색상, 표 · 글상자의 셀 배경 색상을 지정하려면 색상 팔레트 창의 '색 골라내기' 아이콘을 활용한다.

예 다음 그림의 원으로 표시한 부분의 색상을 문단 배경으로 설정해 보자.

① 문단 내에 커서를 두고 '모양/문단 모양'을 실행한다.
② 테두리/배경 탭을 클릭한다.
③ 면 색 팔레트 창을 열고 '색 골라내기' 아이콘 을 클릭한다.
④ 색상을 골라내고 싶은 곳을 마우스로 클릭한다.

배경 색상이 골라낸 색상으로 바뀐다.

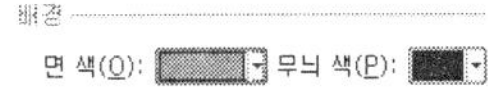

⑤ '설정' 버튼을 클릭한다.

문단의 배경 색상이 골라낸 색상이 된다.

Ⅱ 매뉴얼 작성

워드프로세서의 목적은 문서작성에 있다. 본 장에서는 매뉴얼 즉, 사용 설명서를 작성하는 방법에 관해 설명한다. 업체에서는 여러 용도의 매뉴얼을 제작하고 있었다. 회사소개, 제품소개 등의 매뉴얼과 함께 어떤 회사는 고객들에게 보내는 소식지도 제작하고 있다. 매뉴얼 작성 방법은 보고서 작성에 그대로 적용된다.

매뉴얼 작성 시 다음 점을 주의한다.

- 편집 용지와 여백을 맨 먼저 설정한다.
- 문서전체의 문단 모양, 글자 모양을 통일하기 위하여 스타일을 적용한다.
- 특징 용어를 입력할 때에는 글자의 모양, 용이를 구성하는 단이와 단이의 띄이쓰기를 통일한다. 해당 용어에 대한 글자 모양은 글자 스타일을 적용하거나 모양 복사를 활용한다.
- 삽입 그림, 개체의 크기를 일정 비율로 조정하여 일관성을 유지한다.
- 개체 삽입 시 용도에 맞는 방법을 사용한다.
- 표 작성 시 셀의 안 여백을 1-2㎜ 정도 지정한 후 작업한다. 또한 표의 속성을 글자로 설정한다.

• 그리기 도구를 이용하여 그린 그림 및 글상자는 개체 묶기를 하고 글자로 설정한다.

매뉴얼은 일반 공문서 등과 달리 B5 용지 규격으로 작성된다. 따라서 환경 설정에서 설정한 편집 용지 규격과 다르게 설정한다.

1. 편집 용지 설정

문서를 작성할 때 편집 용지를 가장 먼저 설정한다. 편집 용지 설정에 따라 문서 포맷이 결정된다.

참고 인쇄용지와 구분한다. 인쇄용지는 프린터에 넣는 용지로서 매뉴얼 인쇄 시 편집 용지와 인쇄용지를 일치시킨다.

① '모양/편집 용지'를 실행한다.

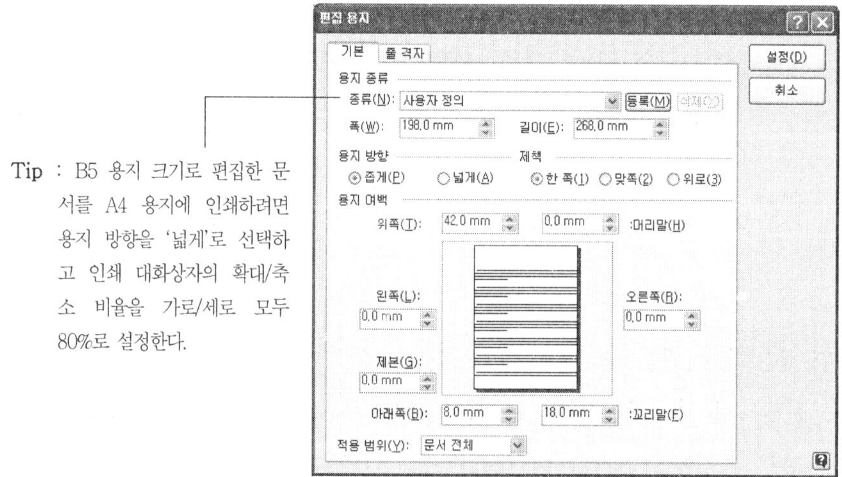

Tip : B5 용지 크기로 편집한 문서를 A4 용지에 인쇄하려면 용지 방향을 '넓게'로 선택하고 인쇄 대화상자의 확대/축소 비율을 가로/세로 모두 80%로 설정한다.

② 용지 종류 선택 상자에서 'B5(46배판) [182×257㎜]'를 선택한다.

③ 용지 여백 상자에서 여백을 준다.

여백	값	여백	값	여백	값
위쪽	15	왼쪽	25	아래쪽	15
머리말	15	오른쪽	25	꼬리말	15

2. 스타일 활용

스타일은 글자 모양, 문단 모양을 미리 정의한 개념으로서 문서 전체의 글자 모양, 문단 모양을 통일하기 위해 사용한다.

흔글은 기본 스타일 '바탕글'을 제공한다. 따라서 매뉴얼의 글자 모양, 문단 모양을 사용자 정의하려면 '바탕글' 스타일을 편집한다.

- 스타일 만들기

커서 위치의 글자 모양 혹은 문단 모양을 새로운 스타일로 등록하려면 다음과 같이 한다.

① 문단 내에 커서를 두고 '모양/스타일'을 실행한다.

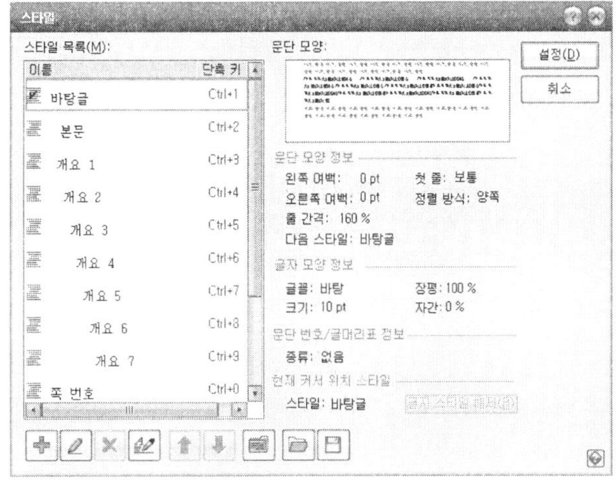

② '새 스타일 만들기' 단추 [+]를 클릭한다.

스타일 추가하기
스타일 이름(N):
새 스타일
영문 이름(E):
추가(D)
취소
스타일 종류
문단(P)
글자(C)
다음 문단에 적용할 스타일(S):
새 스타일
문단 모양(T)...
글자 모양(L)...
문단 번호/글머리표(B)...
스타일 이름은 다르지만 영문 이름이 같은 경우에는 두 스타일을 같은 스타일로 인식합니다.

③ 스타일 이름을 '[참고]'로 입력하고, 스타일 종류로 '문단'을 선택한 후 '추가' 단추를 누른다.

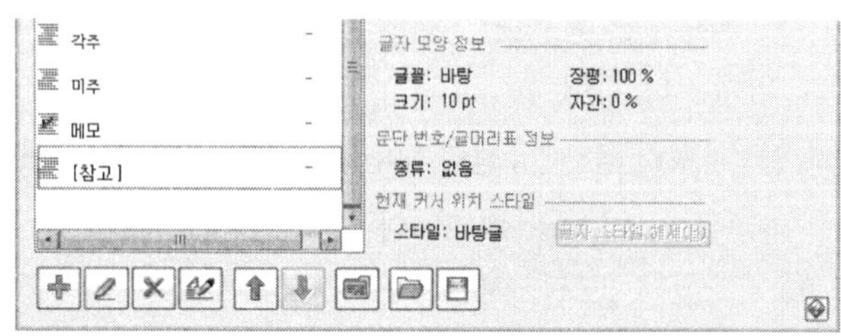

커서 위치의 글자 모양 혹은 문단 모양 정보가 스타일 [참고]에 저장된다.

④ '설정' 단추를 클릭한다.

- 스타일 종류로 '문단'을 선택하면 글자 모양과 문단 모양이 함께 스타일로 등록된다.
- 스타일 종류로 '글자'를 선택하면 글자 모양만 스타일로 등록된다.

참고 스타일 종류로 '문단'을 선택했을 때 스타일에 등록되는 글자 모양은 커서가 놓인 글자의 모양을 따른다.

스타일 '바탕글'을 커서 위치의 문단 속성으로 변경하려면 다음과 같이 한다.

① 문단 내에 커서를 두고 '모양/스타일'을 실행한다.

② 스타일 목록에서 '바탕글'을 선택한 후 '현재 모양으로 바꾸기' 단추 를 클릭한다.

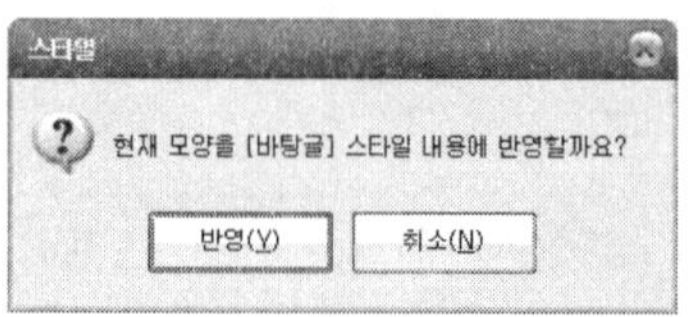

③ '반영' 버튼을 클릭한다.

참고 스타일마당

'모양/스타일마당'을 실행하면 문서 용도별 스타일을 간편하게 적용할 수 있다.

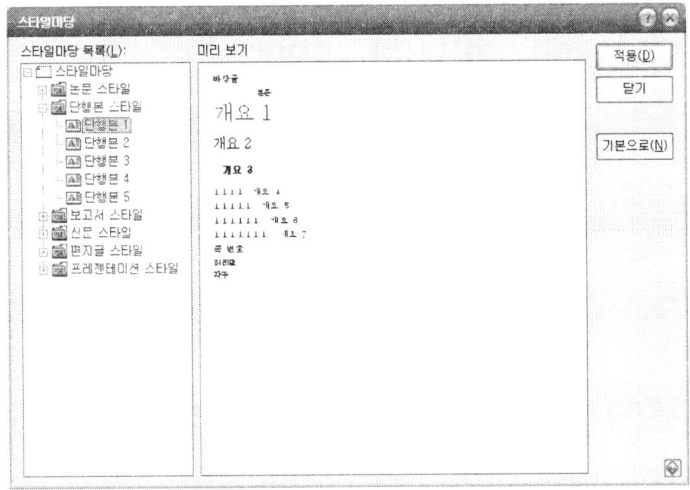

□ 스타일 수정하기

매뉴얼 전체의 글자모양, 문단모양의 일관성을 유지하기 위해 기본 스타일(예를 들어, 바탕글, 머리말, 각주)을 수정하여 모든 문서에 적용한다.

- 기본 스타일의 글자 모양/문단 모양을 변경한다.
- 변경된 기본 스타일을 템플릿 파일 'Normal.hwt'로 저장한다.

① '모양/스타일'을 실행한다.

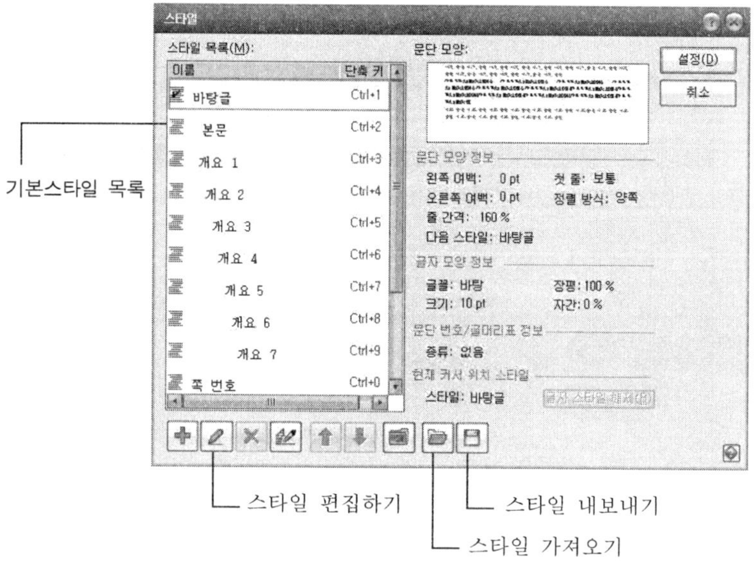

② 스타일 목록에서 '바탕글' 스타일을 선택한 다음 '스타일 편집하기' 단추를 누른다.

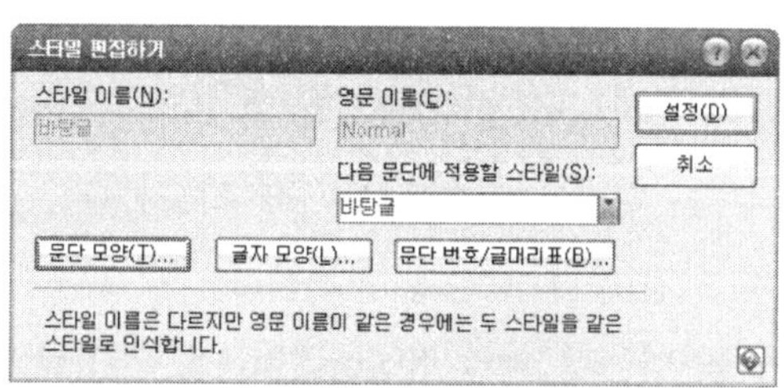

③ 스타일 편집하기 대화상자에서 '글자 모양' 단추를 눌러 글자 크기와 장평/자간을 지정한 다음 '설정' 단추를 누른다.

장평은 94%, 자간은 −11%, 줄 간격은 158%로 조정한다.

④ '문단 모양' 단추를 눌러 줄 간격을 지정한 다음 '설정' 단추를 누른다.

낱말 간격(최소 공백)은 70%로 조정한다.

⑤ 스타일 편집하기 대화상자에서 '설정' 단추를 누른다.

머리말, 각주 스타일의 글자 모양 혹은 문단 모양 역시 동일한 방식으로 변경한다.

⑥ 스타일 대화상자에서 '스타일 내보내기' 단추를 누른다.

⑦ 파일 선택 목록에서 'Normal'을 선택한다.

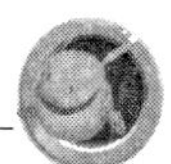

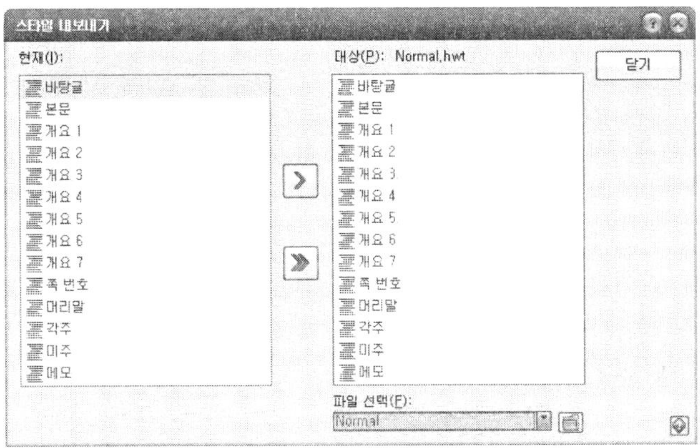

현재 목록은 작성 중인 문서에 정의된 스타일이며, 대상 목록은 Normal.hwt 파일에 정의된 스타일들이다. Normal.hwt 파일은 한글을 실행할 때 읽어 들이는 기본 스타일로서 바탕글, 본문, 개요1, …, 미주, 메모 스타일을 포함한다.

⑧ 현재 목록 박스에서 '바탕글, 머리말, 각주'를 선택한 후 '대상 목록 박스로 보내기' 버튼 [>]을 클릭한다.

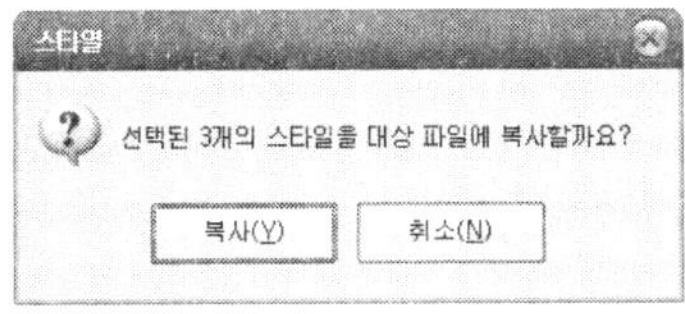

⑨ '복사' 버튼을 클릭한다.

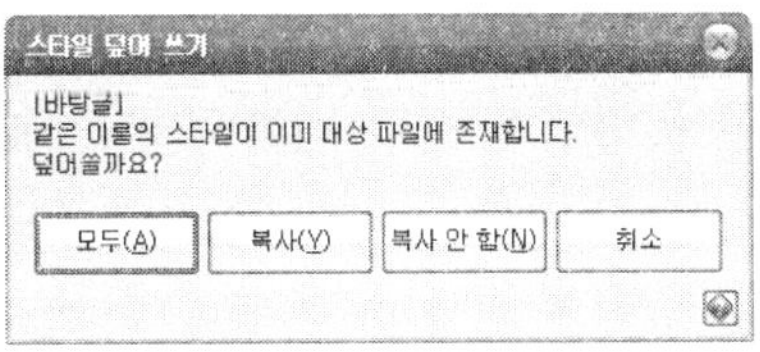

⑩ '모두' 버튼을 클릭한 후 스타일 내보내기 대화상자에서 '닫기' 버튼을 클릭한다.

⑪ '저장' 버튼을 클릭한다.

□ 스타일 적용하기

스타일을 문단에 적용하면 문단은 스타일의 글자 모양 및 문단 모양을 따라간다.

① 스타일을 적용할 문단을 클릭한다.

② '스타일' 리본을 클릭한다.

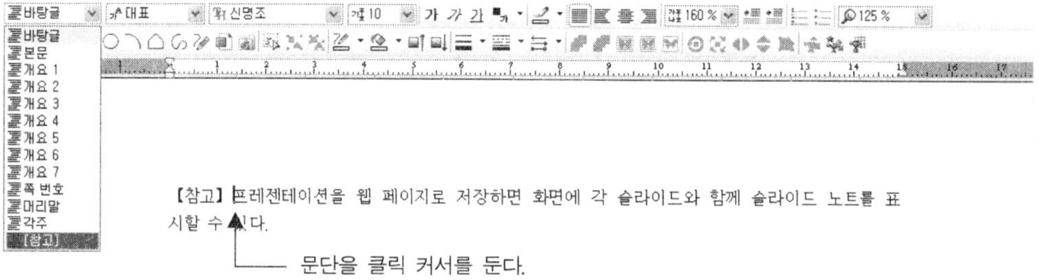

③ 목록에서 '[참고]'를 클릭한다.

※ 스타일 정보를 변경하면 동일 스타일이 적용된 모든 문단의 모양이 영향을 받는다. 예를 들어, 스타일 [참고]의 글자색을 파랑으로 변경하면 스타일 [참고]가 적용된 모든 문단의 글자색은 파랑으로 바뀌게 된다. 스타일을 사용하는 가장 중요한 이유 중의 하나가 이런 스타일의 성격 때문이라고 생각하면 된다.

3. 쪽번호 매기기

① 문서의 첫쪽에 커서를 두고 '모양/쪽번호 매기기'를 실행한다.

쪽 번호 매기기
번호 위치
안쪽 위(I) 바깥쪽 위(O)
넣기(D)
취소
-1-
안쪽 아래(N) 바깥쪽 아래(U)
쪽 번호 없음(X)
번호 모양(T)
1,2,3
줄표 넣기(L)
쪽 번호의 글자 모양은 현재 문서의 스타일 중에서 "영문 이름: Page Number" 스타일의 영문 글자 모양을 따라갑니다.

② 번호 위치로 '바깥쪽 위' 항목을 선택한다.

바깥쪽 위 쪽번호 종류는 매뉴얼을 펼쳤을 때 홀수 쪽의 쪽번호는 쪽상단 우측에, 짝수 쪽의 쪽번호는 쪽상단 좌측에 매겨진다.

번호 위치로 안쪽 위/아래, 바깥쪽 위/아래 옵션을 선택하면 홀수 쪽과 짝수 쪽의 번호 위치를 달리하여 삽입할 수 있다.

4. 개요 번호

본문의 장, 절의 제목 번호는 개요 번호를 실행하여 입력한다. 개요 번호는 번호를 자동으로 매겨주므로 큰 문서를 작성할 때 특히 유용하게 쓰인다. 또한 개요 번호로 입력하면 문서 전체적으로 번호 모양을 간단하게 변경할 수 있다.

제목 번호를 개요 번호로 넣으려면 개요 모양을 정의한 후 개요 번호를 삽입한다.

□ 개요 번호 모양 만들기

개요 번호를 '제1장, 1., (1), 1), 가.' 순으로 정의하려면 다음과 같이 한다.

① '모양/개요 번호/개요 번호 모양'을 실행한다.

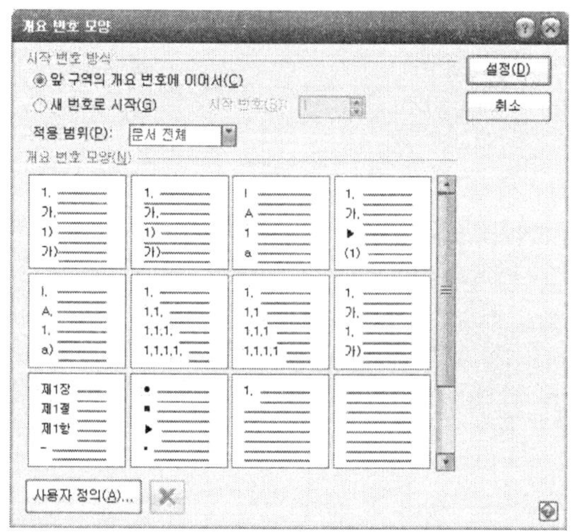

② '사용자 정의' 단추를 누른다.

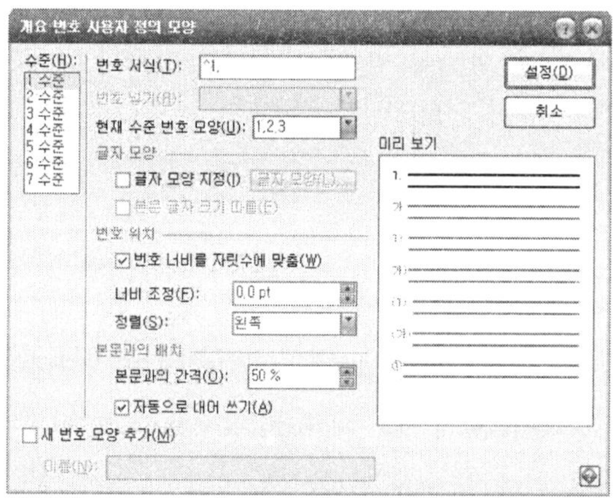

개요 단계는 수준 목록에서, 개요 번호는 현재 수준 번호 모양 필드 목록에서 지정한다. 구체적인 개요 번호의 모양은 번호 서식 필드에서 정의한다.

※ 기호 '^'는 자동 번호 매김 코드로서 ^ 다음에 오는 번호를 차례로 매기는 역할을 한다.

③ 개요 번호를 정의한다.

수준	현재 수준 번호 모양	번호 서식
1	1,2,3	제^1장
2	1,2,3	^2.
3	1,2,3	(^3)
4	1,2,3	^4)
5	가,나,다	^5.

④ '설정' 버튼을 클릭한다.

⑤ 개요 번호 모양 대화상자에서 '설정' 버튼을 클릭한다.

Tip 개요 번호를 A., A−1., A−2., ..., B., B−1., B−1−1., B−1−2., ..., B−2., B−2−1., B−2−2., ... 와 같이 입력하려면 다음과 같이 한다.

수준	현재 수준 번호 모양	번호 서식
1	A,B,C	^1.
2	1,2,3	^1−^2.
3	1,2,3	^1−^2−^3.

□ 개요 번호 저장

사용자 정의 개요 번호 모양을 저장하면 여러 문서에서 동일한 제목 번호를 적용할 수 있다.

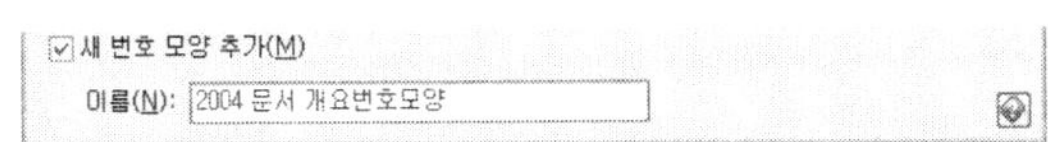

개요 번호 사용자 정의 모양 대화상자의 '새 번호 모양 추가' 옵션을 선택하고 이름을 입력한다.

□ 개요 번호 입력

① '모양/개요 번호/개요 번호 모양'을 실행한다.

② 개요 번호 모양 대화상자의 개요 번호 모양 목록에서 새 번호 모양으로 저장한 개요 번호 모양을 선택하고 '설정' 단추를 누른다.

③ Ctrl+Alt+Insert 혹은 Ctrl+Insert 키를 누른다.

- Ctrl+Insert 키를 누르면 동일 단계의 개요 번호가 차례로 입력된다.
- Ctrl+Insert 키를 누르고 Ctrl+⊞ 키를 누르면 다음 단계의 개요 번호가 입력된다.
- Ctrl+Insert 키를 누르고 Ctrl+⊟ 키를 누르면 위 단계의 개요 번호가 입력된다.

정리 개요 번호 입력 : Ctrl+Alt+Insert 혹은 Ctrl+Insert
개요 단계 조정 : Ctrl+⊞ (아래 단계로), Ctrl+⊟ (위 단계로)
⊞ · ⊟ 키는 Num Lock 키 상의 키.

□ 탭 설정하기

다음 내용은 플래시에서 작성한 액션스크립트이다. 액션스크립트를 구성하는 각 코드는 탭 간격으로 들여쓰기가 되어 있다. 이것은 코드를 읽고 해석하기 쉽도록 한 것이다. 탭 간격이 넓게 입력되면 긴 코드의 경우 한 줄에 들어가지 않게 되며, 미관상으로도 좋지 않다.

```
on (press) {
		this.startDrag();
		if(this.hitTest(_root._xmouse,_root._ymouse,true)) {
				_root.sign1=this._name;
		}
}
on (release) {
		this.stopDrag();
}
```

◆ 커서가 위치한 줄에 탭을 설정하기 위해서는 다음과 같이 한다.

① '모양/문단모양'을 실행한다.

② 탭 설정 탭을 클릭한다.

③ 탭 위치 상자에 '22.7'을 입력하고 '넣기' 버튼 ✚을 클릭한다.

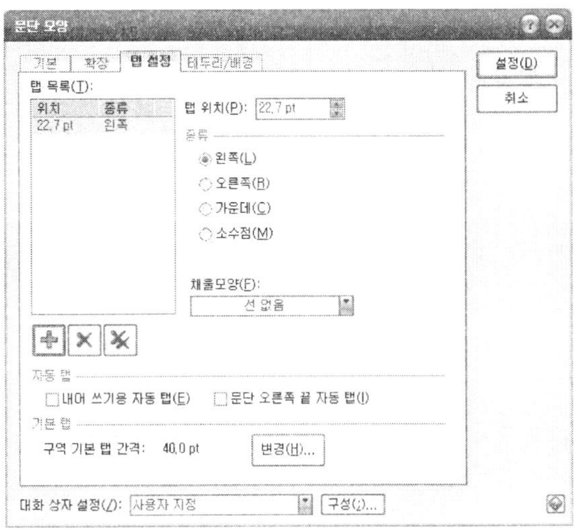

④ 탭 위치의 값을 10씩 증가시키고 '넣기' 버튼 [+]을 클릭하여 탭 목록을 다음과 같이 정의한다.

```
on (press) {
	this.startDrag();
	if(this.hitTest(_root._xmouse,_root._ymouse,true)) {
		_root.sign1=this._name;
	}
}
on (release) {
	this.stopDrag();
}
```

◆ Tab 키를 눌러 편집영역의 특정 영역까지 선을 그으려면 다음과 같이 한다.

① 탭을 삽입할 줄에 커서를 둔다.

② 가로 눈금자의 해당 영역을 마우스 오른쪽 버튼으로 클릭한다.

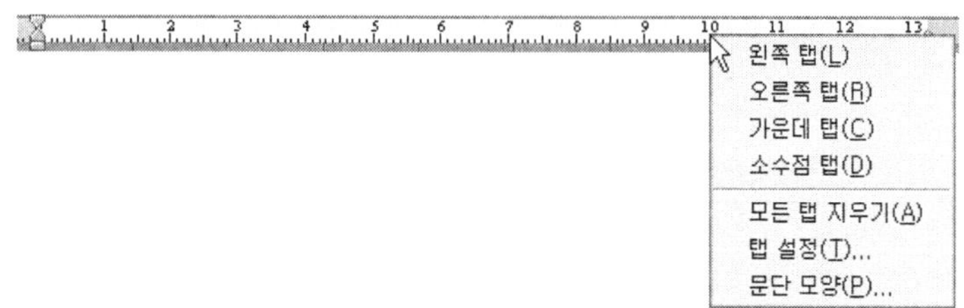

③ 탭 종류로 '오른쪽' 탭을 클릭한다.

④ '문단/문단 모양'을 실행하고 탭 설정 탭을 클릭한다.

⑤ 채울 모양 목록에서 선의 종류를 선택하고 '설정' 버튼을 클릭한다.

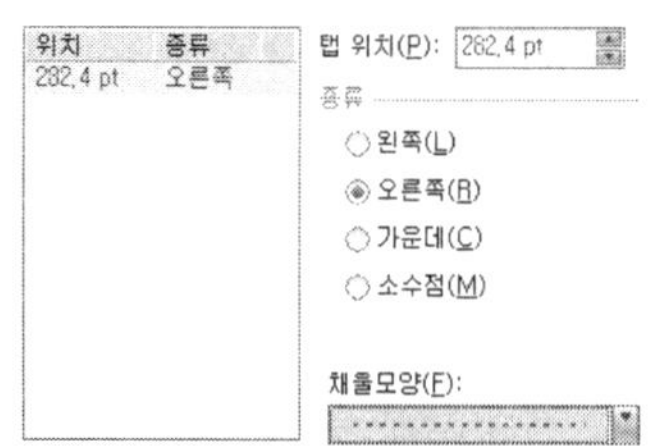

⑥ 글자를 입력한 후 Tab 키를 누르면 탭 지정 영역까지 선이 그어진다.

예 공문서 작성 예제

선이 끝나는 지점에 커서를 두고 필요한 내용을 입력한다.

◆ 표 내에서 소수점 탭 사용하기

소수점 탭은 소수점이 탭 위치에 정렬되게끔 한다. 소수점 자릿수가 상이할 때 유용하게 사용된다.

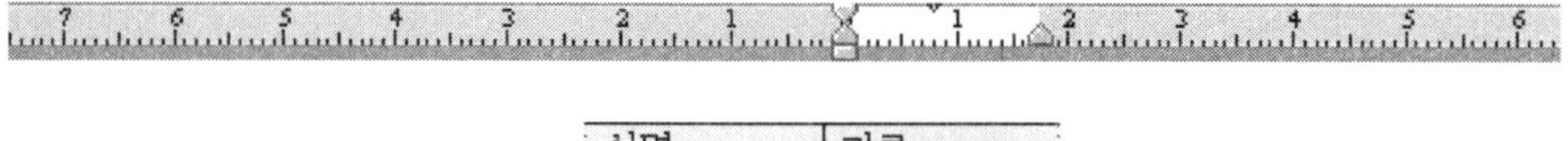

성명	기록
김기덕	14.25
이재형	9.2
정미라	16.250

숫자 앞에 커서를 두고 Ctrl+Tab 키를 누르면 소수점을 기준으로 정렬된다.

성명	기록
김기덕	14.25
이재형	9.2
정미라	16.257

※ 표 내에서 탭을 주기 위해서는 Ctrl+Tab 키를 누른다.

◆ 문단 오른쪽 끝 자동 탭을 설정하면 문단의 왼쪽과 오른쪽 끝에 글자를 입력할 수 있다.

① 탭을 지정할 줄에 커서를 두고 '모양/문단 모양'을 실행한다.

② 탭 설정 탭에서 '문단 오른쪽 끝 자동 탭'을 선택하고 '설정' 버튼을 클릭한다.

③ '2010년도 실적 (단위: 만원)'을 입력한다.

④ '(' 앞에 커서를 두고 Tab 키를 누른다.

2010년도 실적 (단위: 만원)

지점	1분기	2분기	3분기	4분기

5. 문단 모양

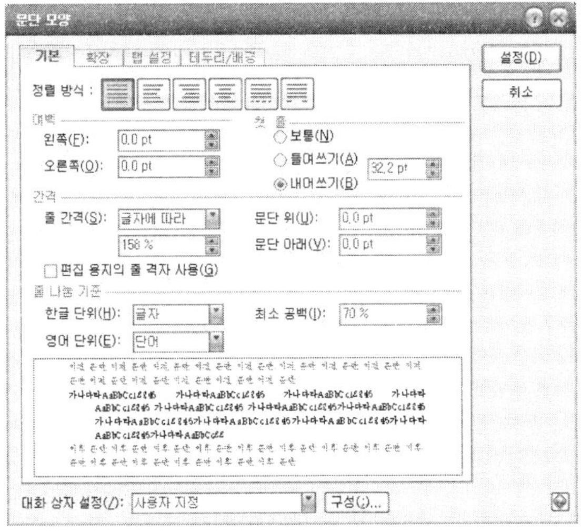

□ 문단 들여쓰기/내어쓰기

문단의 시작 글자를 몇 칸 띄어 쓰려면 문단 들여쓰기의 값을 지정한다.

> 유인물의 유형은 청중에게 얼마나 많은 정보를 제공할 것인가, 청중들이 유인물을 어떻게 사용하기를 원하는가에 달려있다.

문단 첫 번째 줄의 특정 글자에 맞춰 다음 줄의 글자를 정렬하려면 문단 내어쓰기의 값을 지정한다. 특정 글자 앞에 커서를 두고 Shift+Tab 키를 누른다.

> 【참고】 참고 자료로서 슬라이드만 인쇄하여 배부하려면 유인물을 사용하고 슬라이드와 이에 대한 설명을 함께 인쇄하여 배부하려면 슬라이드 노트를 사용한다.

※ 표 내에서 내어쓰기를 하려면 Ctrl+Shift+Tab 키를 누른다.

참고 유용한 문단 속성 관련 단축키

단축키	기능
Ctrl+F5	첫 줄 내어 쓰기
Ctrl+F6	첫 줄 들여 쓰기
Ctrl+F7	양쪽 여백 줄이기
Ctrl+F8	양쪽 여백 늘이기

모양 복사를 활용하여 글자/문단 모양, 스타일을 붙여넣기 한다.

모양 복사는 선택한 문자열 혹은 문단의 문자열을 복사하는 것이 아니고 글자 모양/문단 모양 혹은 스타일을 복사한다.

대상 A의 모양을 복사할 때는 대상 A를 블록으로 설정하지 않고 단순히 대상 A에 커서를 둔 상태에서 Alt+C 키를 누른다.

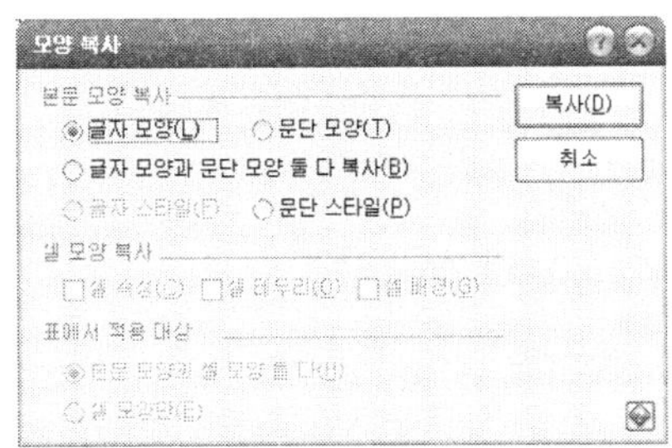

복사한 모양을 대상 B에 붙여 넣을 때에는 대상 B를 블록으로 설정한 상태에서 Alt+C 키를 누른다.

- 커서가 위치한 문단의 스타일을 복사하려면 본문 모양 복사 옵션 중 '스타일'을 선택한다.
- 커서 위치의 글자에 적용된 글자 스타일을 복사하려면 '글자 스타일'을, 커서 위치의 글자에 적용된 문단 스타일을 복사하려면 '문단 스타일'을 선택한다.
- 스타일을 모양 복사하여 붙여넣기 하면 문서의 글자 모양 혹은 문단 모양을 손쉽게 바꿀 수 있다.

□ 표의 셀 내용 모양 복사하기

표 A의 특정 셀 내용을 모양 복사하여 표 B에 적용하면 표 A, 표 B의 글자 모양, 문단 모양, 스타일 및 셀 모양(셀 속성, 테두리 모양, 셀 배경)을 동일하게 설정할 수 있다.

- 셀에 입력된 문자열의 글자 모양, 문단 모양, 스타일 복사는 본문 모양 복사 항목에서 선택한다.
- 셀 모양 복사는 셀 모양 복사 항목에서 선택한다.

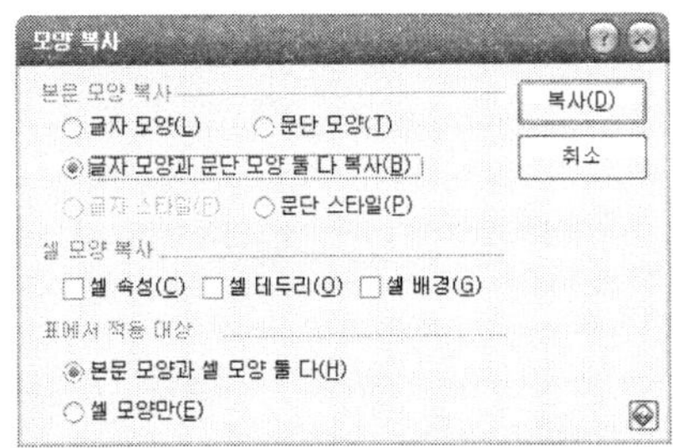

본문 모양 복사 항목의 옵션은 다음과 같다.

본문 모양 복사	복사 내용
글자 모양	커서가 놓여 있는 셀 위치의 글자 모양
문단 모양	커서가 놓여 있는 셀 위치의 문단 모양
글자 모양과 문단 모양 둘 다 복사	커서가 놓여 있는 셀 위치의 글자 모양과 문단 모양

셀 모양 복사 항목의 옵션은 다음과 같다.

셀 모양 복사	복사 내용
셀 속성	커서가 놓여 있는 셀 위치의 글자 모양이나 문단 모양, 안 여백, 세로 정렬 상태, 제목 셀 속성, 한 줄로 입력, 세로쓰기 등의 셀 속성
셀 테두리	커서가 놓여 있는 셀의 테두리 종류와 굵기, 색깔, 대각선 모양, 적용 방향 등의 선 모양
셀 배경	커서가 놓여 있는 셀의 배경 채우기 속성

표에서 적용 대상 항목은 문자열의 글자 모양, 문단 모양, 스타일과 함께 셀의 모양도 붙여 넣을지 혹은 문자열의 모양을 제외한 셀의 모양만 붙여 넣을지를 지정한다.

- 문자열의 모양과 셀의 모양을 함께 붙여 넣으려면 '본문 모양과 셀 모양 둘 다' 옵션을 선택한다.
- 문자열의 모양을 제외한 셀의 모양만 붙여 넣으려면 '셀 모양만' 옵션을 선택한다.

예 셀 배경만 복사하여 다른 셀에 붙여 넣으려면 다음과 같이 한다.

① 셀 모양 복사 항목에서 '셀 배경' 옵션을 선택한다.
② 표에서 적용 대상 항목에서 '셀 모양만' 옵션을 선택한다.
③ '설정' 단추를 누른다.

예 셀 배경, 셀 테두리, 글자 · 문단 모양을 복사하여 다른 셀에 붙여 넣으려면 다음과 같이 한다.

① 셀 모양 복사 항목에서 '셀 배경, 셀 테두리' 옵션을 선택한다.
② 표에서 적용 대상 항목에서 '본문 모양과 셀 모양 둘 다' 옵션을 선택한다.

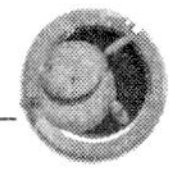

③ 본문 모양 복사 항목에서 '글자 모양과 문단 모양 둘 다 복사' 옵션을 선택 한다.

④ '설정' 단추를 누른다.

표 제목 달기는 캡션을 활용한다.

① 표를 마우스 오른쪽 단추로 클릭 단축메뉴에서 '캡션 달기'를 실행한다.

② 표 제목을 입력한다.

③ 문단 가운데 정렬을 실행한다.

④ 글자 모양을 적절하게 조정한다.

여백	값	여백	값	여백	값
위쪽	15	왼쪽	25	아래쪽	15
머리말	15	오른쪽	25	꼬리말	15

표 11. 편집 용지 여백 설정

표 제목을 오른쪽 위로 변경하려면 다음과 같이 한다.

① 표를 마우스 오른쪽 단추로 클릭 단축메뉴에서 '개체 속성'을 실행한다.

② 여백/캡션 탭 클릭한다.

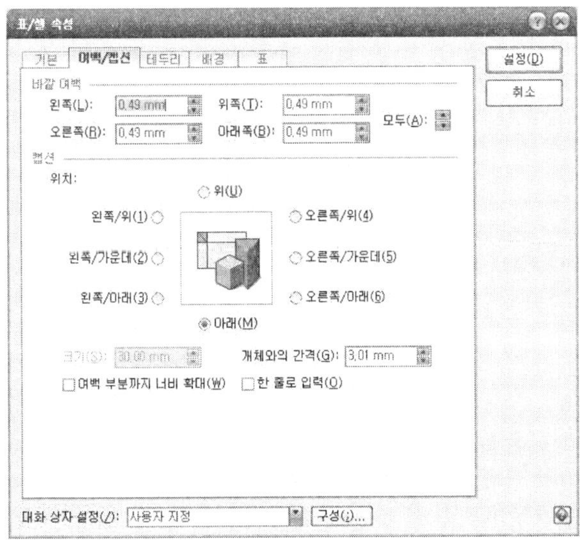

③ 캡션의 위치로 '오른쪽/위'를 선택한다.

④ 캡션의 크기를 '35㎜'로 지정한다. 즉, 표 제목만큼의 크기를 준다.

여백	값	여백	값	여백	값
위쪽	15	왼쪽	25	아래쪽	15
머리말	15	오른쪽	25	꼬리말	15

표 12. 편집 용지 여백 설정

6. 상용구/빠른 교정

문서를 작성하다보면 자주 쓰이는 단어 혹은 입력이 곤란한 문자열이 있게 마련이다. 문서에 '파워포인트, 프레젠테이션, 슬라이드' 등의 단어와 【참고】 등의 문자열이 자주 등장한다고 하자. 입력 빈도가 높은 문자열을 상용구로 등록하면 문서입력 효율을 증대시킬 수 있다.

◆ '참'을 입력하고 상용구를 실행하면 【참고】 가 입력된다.

① 문자열 【참고】 를 블록으로 설정한다.

② Alt+I 키를 누른다. 상용구 등록 창이 열린다.

③ 준말 입력 필드에 '참'을 입력하고 '등록' 버튼을 클릭한다. 상용구로 등록된다.

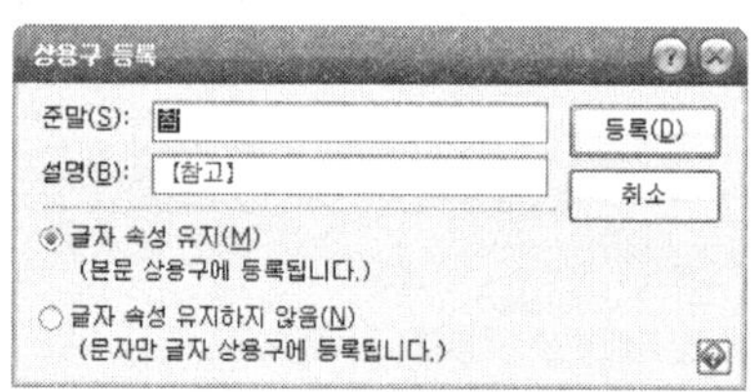

'참'을 입력한 후 Alt+I 키를 누르면 【참고】 가 입력된다.

- '글자 속성 유지' 항목을 선택하면 글자 속성을 그대로 유지하면서 등록할 수 있다.

◆ 문자열 '설정'을 입력하고 상용구를 실행하면 이미지 [설정(D)]가 입력된다.

① 이미지 [설정(D)]를 마우스로 클릭 선택한다.

② Alt+I 키를 누른다. 본문 상용구 등록 창이 열린다.

③ 준말 입력 필드에 '설정'을 입력하고 '설정' 버튼을 클릭한다. 상용구로 등록된다.

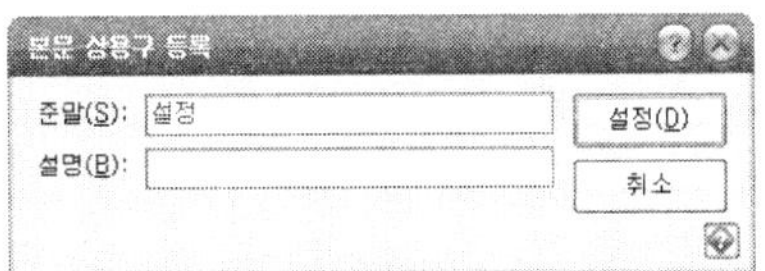

'설정'을 입력한 후 Alt+I 키를 누르면 이미지 [설정(D)]가 입력된다.

◆ 문서 작성 시 자주 사용하는 문단 모양 등을 글상자, 표로 작성하고 상용구로 등록하면 문서 작성 효율을 제고할 수 있다.

예 표를 상용구로 등록해 보자.

① 표의 테두리를 클릭한다. 표가 선택된다.

② Alt+I 키를 누른다. 본문 상용구 등록 창이 열린다.

③ 준말과 설명을 입력한 후 '설정' 버튼을 클릭한다.

◆ '프'를 입력하고 스페이스바를 누르면 자동으로 '프로젝트 진행상황보고'가 입력된다.

① '도구/빠른 교정/빠른 교정 내용'을 실행한다.

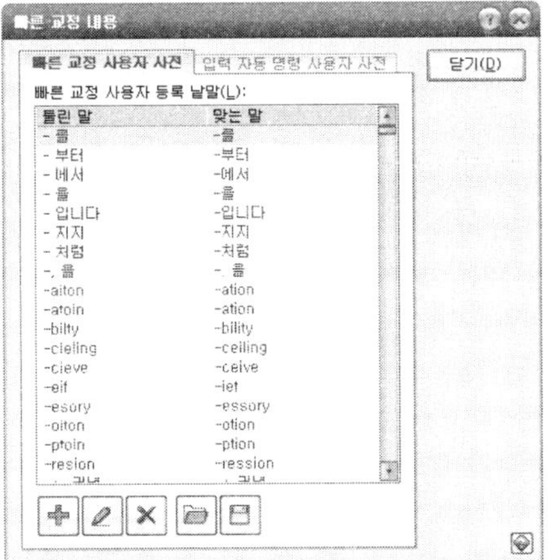

② '빠른 교정 추가하기' 단추 [+]를 누른다.

③ 틀린 말 입력상자에 '프'를, 맞는 말 입력상자에 '프로젝트 진행상황보고'를 입력하고 '추가' 단추를 누른다.

◆ '겹'을 입력하고 스페이스바를 누르면 입력/글자 겹치기 대화상자가 열린다.

① '도구/빠른 교정/빠른 교정 내용'을 실행하고 입력 자동 명령 사용자 사전 탭을 클릭한다.

② '입력 자동 명령 추가하기' [+] 버튼을 클릭한다. 입력 자동 명령 내용 대화상자가 열린다.

③ 명령 탭을 클릭하여 다음과 같이 설정한다.

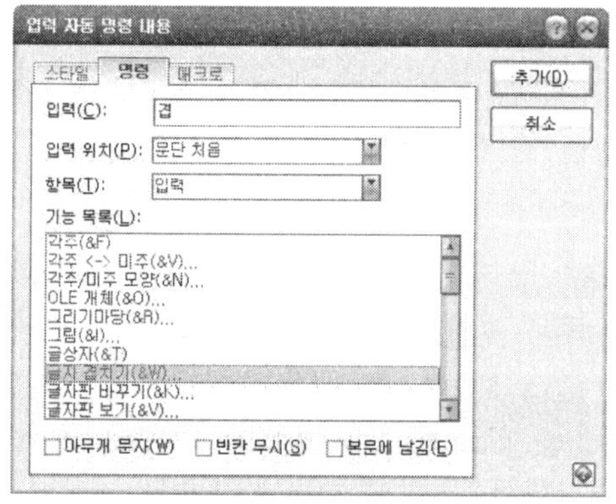

즉, 문단 첫 글자로 '겹'을 입력하고 스페이스바를 누르면 '입력/글자 겹치기' 명령이 실행되어 글자 겹치기 대화상자를 열어주고 입력한 글자 '겹'은 자동으로 지워진다.

- 명령이 실행된 후 입력한 글자를 자동으로 지우려면 '본문에 남김' 항목을 해제한 상태로 둔다.

※ 영문자를 입력한 경우에도 입력 자동 명령이 실행되게끔 도구/글자판/글자판 바꾸기/기타 탭에서 '한영 자동 전환 동작'을 선택한다.

◆ '〈예〉'를 입력하고 스페이스바를 누르면 스타일 '〈예〉 첫줄'이 적용된다.
이때는 입력 자동 명령 내용 대화상자의 스타일 탭에서 정의한다.

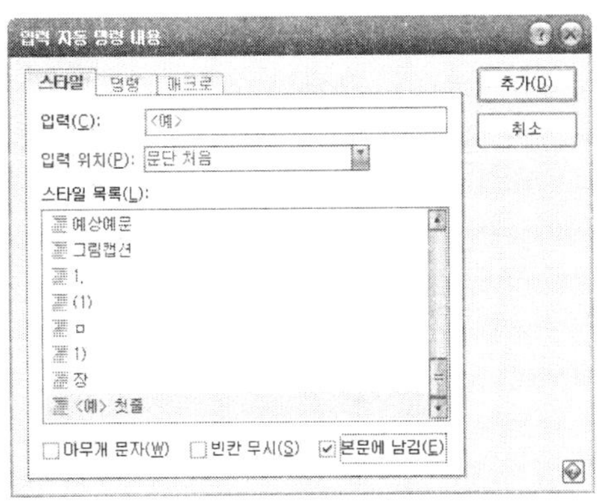

스타일 탭의 내용을 위와 같이 정의하면, '〈예〉'를 입력하고 스페이스바를 누르는 순간 스타일 '〈예〉 첫줄'이 적용되고 문자 '〈예〉'가 그대로 남게 된다.

7. 글자 겹치기

◆ 원문자 ㉓ 입력하기

① '입력/글자 겹치기'를 실행한다.

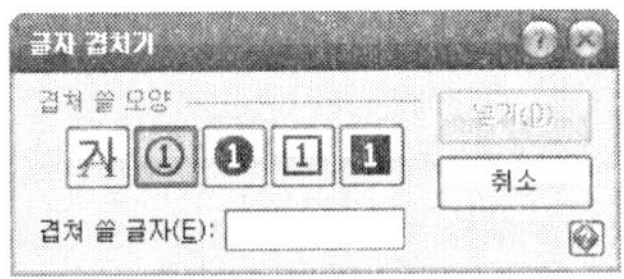

② 겹쳐 쓸 모양으로 ①를 선택하고 겹쳐 쓸 글자로 '23'을 입력한 후 '넣기' 버튼을 클릭한다.

8. 자동 채우기

예 다음 표의 필드 부분을 자동 채우기로 등록해 보자.

'00년	'01년	'02년	'03년	'04년	'05년
3건	77건	160건	182건	187건	380건

표 1. 연도 별 사건 발생 수

학번	성명	생년월일	자택전화번호	HP
20222003	김대원	1983-11-01	957-9884	

표 2. 졸업생 관리 대장

표의 필드 부분을 자동 채우기로 등록하면 추후 동일 유형의 표를 작성할 때 유용하게 활용할 수 있다.

① 표1의 첫 번째 줄을 블록으로 지정한 후 Ctrl+C 키를 눌러 복사한다.
② '입력/채우기/자동 채우기 내용'을 실행한다.
③ 사용자 정의 탭을 클릭한다.
④ 제목 입력 상자에 '연도 채우기'를 입력한다.
⑤ 내용 입력 상자에 커서를 두고 Ctrl+V 키를 누른다. 붙여지는 과정에서 발생한 불필요한 공백 문자열을 모두 지운다.
⑥ '추가' 버튼을 누른다.

사용자 정의 목록에 '연도 채우기'란 목록이 등록된다.

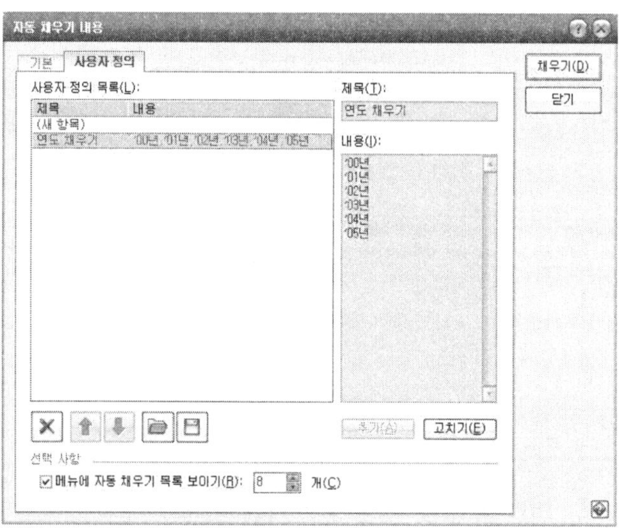

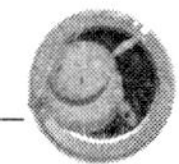

'표2의 필드 부분 역시 동일한 방식으로 사용자 정의 목록으로 등록한다.

예 사용자 정의 목록으로 채우기

① 표의 첫 번째 줄을 블록으로 설정하고 '입력/채우기/자동 채우기 내용'을 실행한다.

② 사용자 정의 탭에서 목록 '연도 채우기'를 선택한 후 '채우기' 버튼을 클릭한다.

주의 사용자 정의 목록으로 등록할 때 공백은 입력하지 않는다.

9. 특수 문자

예제문서의 글머리 기호로 사용된 □ ▫ ■ ▶ 등의 문자는 문자표 입력 대화상자에서 입력한다.

① Ctrl+F10 키를 누른다.

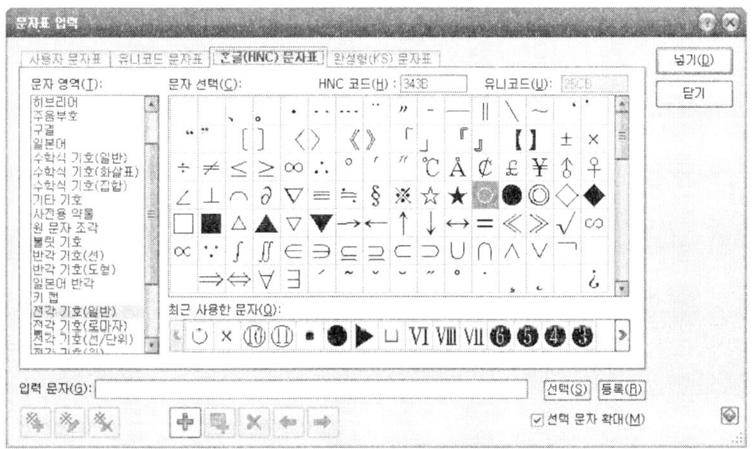

② 문자 영역 선택상자를 눌러 '불릿기호'를 선택한다.

③ '□'을 클릭하고 '넣기' 단추를 누른다.

※ 문서에 입력된 문자의 유니코드 문자표 페이지를 열려면 문자 앞에 커서를 두고 F3 키를 누른 후 Ctrl+F10 키를 누른다.

10. 화면 캡처

MS 윈도우의 화면 캡처 기능을 이용하면 모니터 화면에 나타난 모양 그대로 캡처할 수 있다.

▭ 전체 화면 캡처하기

PrtSc(Print Scr) 키를 누른다.

▭ 대화상자, 메시지 창 등 활성화된 창 캡처하기

왼쪽 Alt 키를 누른 상태에서 PrtSc 키를 누른다.

- 캡처한 그림을 한글 편집 창에 붙이려면 '편집/붙이기'를 실행한다. 한글 편집 창에 붙여진 그림은 문서에 포함된다.
- 그림을 선택한 후 Shift 키를 누른 상태에서 크기 조절점을 그림 내부로 끌면 그림의 일부를 보이지 않게 할 수 있다.

원래 그림 형태로 되돌리려면 개체 속성 대화상자의 그림 탭에서 '원래 그림으로' 버튼을 클릭한다.

- 문서에 포함된 그림과 문자 '→'를 세로 가운데 정렬하려면 다음과 같이 한다.

① 그림이 삽입된 문단을 선택하고 '모양/문단 모양'을 실행한다.

② 확장 탭을 클릭하고 세로 정렬로 '가운데'를 지정한다.

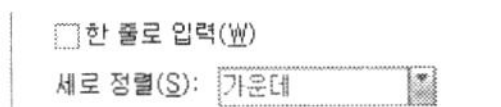

◆ 화면 캡처를 이용하여 문서에 포함한 그림을 그림 파일로 저장하려면 다음과 같이 한다.

① 삽입된 그림을 더블클릭한다. 개체 속성 대화상자가 열린다.

② 그림 탭을 누른다.

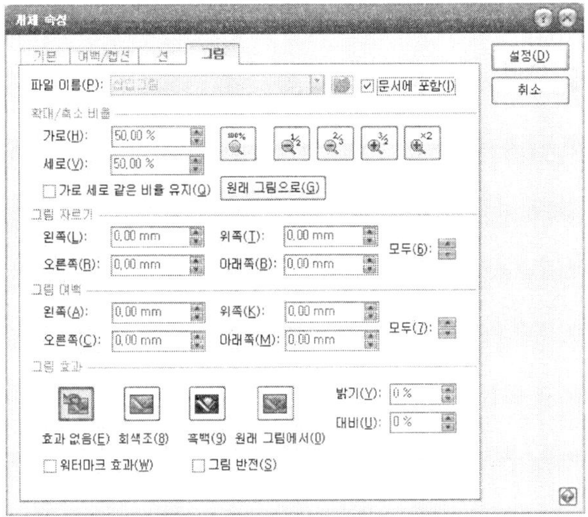

③ '문서에 포함' 항목 단추를 클릭하여 체크 표시를 없앤다. 삽입그림 저장하기 대화상자가 열린다.

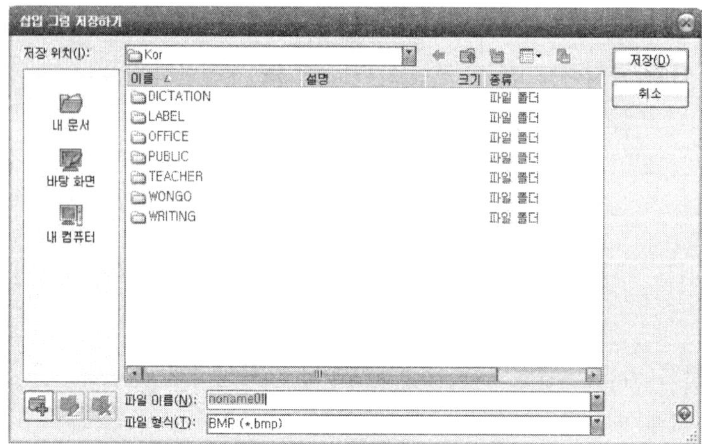

④ 파일 경로와 이름을 입력하고 '저장' 단추를 누른다.

개체를 오려 붙이려면 그림판으로 편집한다.

윈도우에서 제공하는 그림판을 활용하면 화면 캡처한 그림의 일부분을 복사/편집할 수 있다.

① '입력/글자 겹치기'를 실행 글자 겹치기 대화상자를 연다.

② Alt+PrtSc 키를 눌러 화면 캡처한다.

③ '윈도우 시작/프로그램/보조프로그램/그림판'을 실행한다.

④ '편집/붙여넣기'를 실행한다.

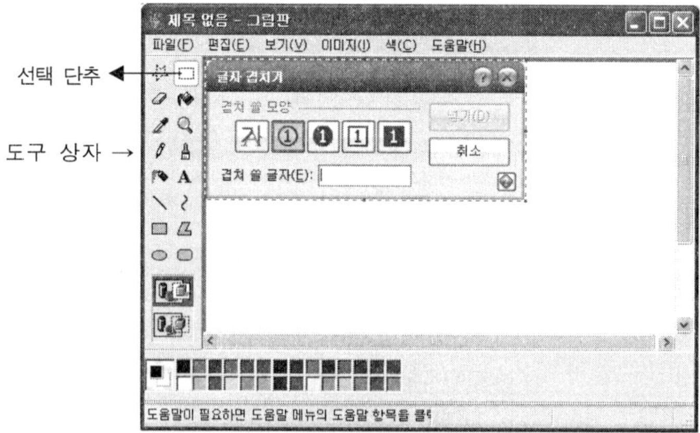

⑤ 도구 상자에서 '선택' 단추를 누르고 복사할 영역을 마우스로 끌어 지정한다.

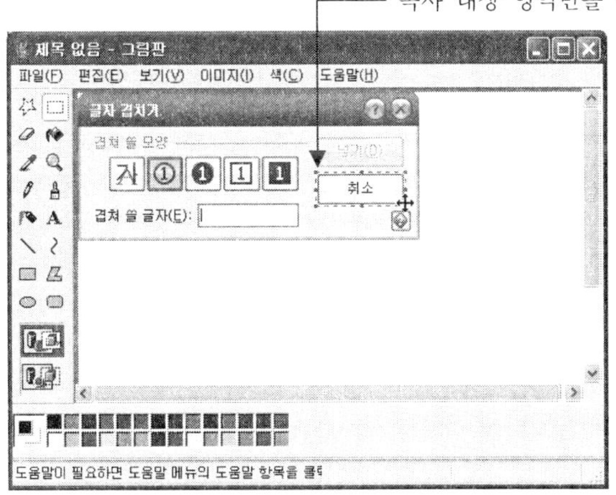

⑥ 선택 영역의 내부에 마우스를 두고 오른쪽 단추를 클릭 단축메뉴에서 '복사'를 실행한다.

⑦ 한글 편집화면으로 돌아와 '편집/붙이기'를 실행한다. 그림 유형으로 붙여진다.

⑧ Alt 키를 누른 채 삽입된 개체를 선택하고 '편집/고치기'를 실행 본문과의 배치 옵션으로 '투명'을 지정한다.

⑨ 개체를 이동 배치한다.

※ 그림판에서 편집한 개체를 한글에 OLE 개체 유형으로 붙여 넣으려면 '편집/골라 붙이기'를 실행하고 데이터 형식으로 '비트맵 이미지'를 지정한다. 비트맵 이미지 형식으로 붙여진 OLE 개체를 더블클릭하면 그림판을 이용하여 편집 · 수정할 수 있다.

※ 한글에 삽입한 개체의 선명도를 최대화하기 위해 화면 캡처하기 전 화면 캡처 대상 화면의 크기를 조정한 후 캡처한다. 예를 들어, 한글 화면을 캡처할 때는 '보기/화면확대'를 실행하여 화면 비율을 조정한 후 캡처한다(예: 150%). 문자열이 포함된 표 등의 개체를 화면 캡처하려면 표의 글꼴을 굴림으로 변경한 후 캡처한다.

11. 그림과 텍스트 배치

매뉴얼을 일관성 있게 만들기 위해서는 삽입되는 모든 그림의 크기를 일정 비율로 조정할 필요가 있다.

▭ 그림 크기 확대/축소하기

◆ 삽입그림을 원래 크기의 $\frac{3}{4}$ 크기로 조정하기

① 그림을 더블클릭한다. 개체 속성 대화상자가 열린다.

② 그림 탭을 클릭한다.

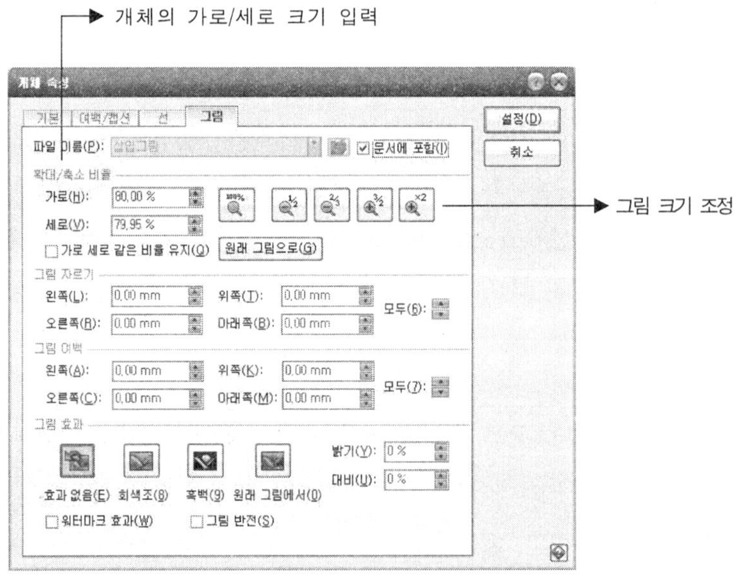

③ 확대/축소 비율 항목 중 '원래 그림으로' 단추를 클릭한 후 [아이콘] [아이콘] 단추를 차례로 클릭한다.

$(\frac{1}{2} \times \frac{3}{2} = \frac{3}{4})$.

④ '설정' 단추를 누른다. 그림은 원래 크기의 $\frac{3}{4}$ 크기로 조정된다.

- '원래 그림으로' 단추를 누른 뒤 을 클릭하면 원래 크기의 $\frac{1}{2}$ 크기로 조정할 수 있다.
- '원래 그림으로' 단추를 누른 뒤 을 두 번 클릭하면 원래 크기의 $\frac{1}{4}$ 크기로 조정할 수 있다.
- '원래 그림으로' 단추를 클릭하면 원본의 크기로 조정할 수 있다.
- 확대/축소 비율 항목의 가로 · 세로의 값을 조정하여 그림의 크기를 설정할 때에는 원본 그림의 가로 · 세로 비율이 유지되도록 해야 한다. 가로 · 세로 값을 조정하기 이전에 '가로 세로 같은 비율 유지' 옵션을 선택한다.

◆ 그림과 OLE 개체의 크기를 동일한 크기로 조정하기

상이한 여러 개의 그림 혹은 OLE 개체의 크기를 동일한 크기로 조정하려면 기본 탭의 너비/높이 값을 동일하게 입력한다.

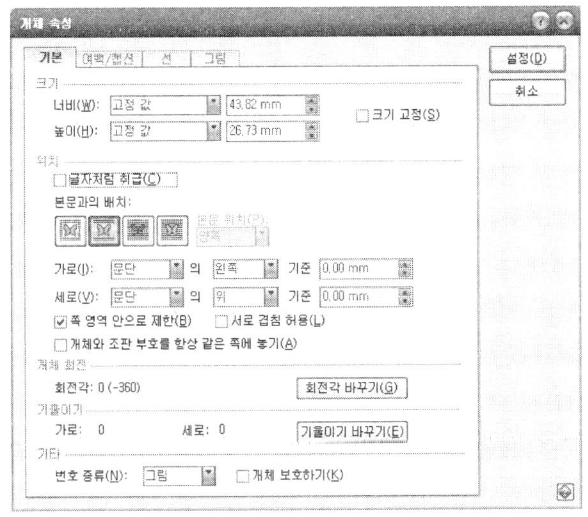

모든 그림 혹은 모든 개체에 너비/높이 값을 10㎜로 지정하면 그림, 개체의 크기는 가로/세로 10㎜가 된다.

※ 도구 상자 혹은 대화상자에 공통적으로 표시되는 버튼 등을 캡처하여 문서에 포함하였을 때에는 개체의 크기를 동일하게 조정하여 보기 좋게 한다.

□ 그림과 글자 배치

그림과 글자 배치는 본문과의 배치 옵션을 활용한다.

어울림	자리차지	글 뒤로	글 앞으로

◆ 그림을 한 줄에 배치하기

그림이 삽입된 줄에 글자가 오지 못하게 하려면 본문과의 배치 옵션으로 '자리차지' 를 선택한다. 그림과 문자열간의 간격은 개체 속성 대화상자의 여백/캡션 탭에서 설정한다.

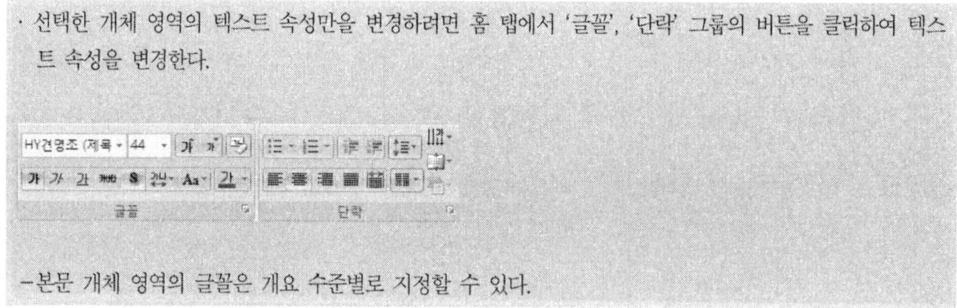

· 선택한 개체 영역의 텍스트 속성만을 변경하려면 홈 탭에서 '글꼴', '단락' 그룹의 버튼을 클릭하여 텍스트 속성을 변경한다.

-본문 개체 영역의 글꼴은 개요 수준별로 지정할 수 있다.

◆ 그림을 문자열과 겹치도록 배치하기

그림을 글자와 겹친 상태로 삽입하려면 본문과의 배치 옵션으로 '글 뒤로' , '글 앞으로' 를 선택한다. '글 뒤로' 옵션을 선택하면 글자는 그림 앞에 놓이게 된다.

◆ 그림을 글자로 삽입하기

그림 속성으로 '글자처럼 취급' 항목을 선택하면 그림은 한 글자로 취급되어 문서에 삽입된다.

◆ 문자열과 그림을 함께 배치하기

그림과 글을 배치하려면 '어울림' 을 선택하고 여백/캡션 탭의 바깥 오른쪽 여백 값을 '5 ㎜'로 준다. 어울림은 그림과 글자가 같은 줄을 차지하되 서로 자리를 침범하지 않는다.

· 선택한 개체 영역의 텍스트 속성만을 변경하려면 홈 탭에서 '글꼴', '단락' 그룹의 버튼을 클릭하여 텍스트 속성을 변경한다.

–본문 개체 영역의 글꼴은 개요 수준별로 지정할 수 있다.

▭ 그림 위치 조정하기

위치 옵션을 이용하면 그림 위치를 문서 전체적으로 통일할 수 있다. 그림 등의 개체를 본문에 삽입하면 개체 관련 조판 부호가 삽입된다. 삽입된 개체에 어떤 위치 기준을 적용하는가에 따라 문서 편집 시 해당 개체의 위치가 달라진다.

- 종이 : 조판 부호가 삽입된 쪽의 편집 용지 왼쪽 상단 꼭짓점을 기준으로 삽입된 그림의 가로/세로 위치를 계산한다.
- 쪽 : 조판 부호가 삽입된 쪽의 편집 영역 왼쪽 상단 꼭짓점을 기준으로 삽입된 그림의 가로/세로 위치를 계산한다(편집 영역 = 편집 용지의 크기 – 용지 여백).
- 문단 : 조판 부호가 삽입된 문단의 시작점을 기준으로 가로/세로 위치를 계산한다.

문서 편집 시 일반적으로 위치 기준을 문단으로 설정한다. 위치 기준으로 종이를 선택하면 편집 용지의 크기만큼 편집 영역으로 사용할 수 있다.

문서 배경을 지정하려면 배경 그림 넣기를 한다.

문서 첫 페이지에 배경 그림을 삽입하려면 다음과 같이 한다.

① '모양/쪽 테두리 · 배경'을 실행한다.

② 배경 탭을 클릭한다.

③ '그림' 옵션을 클릭하여 그림을 지정한다.

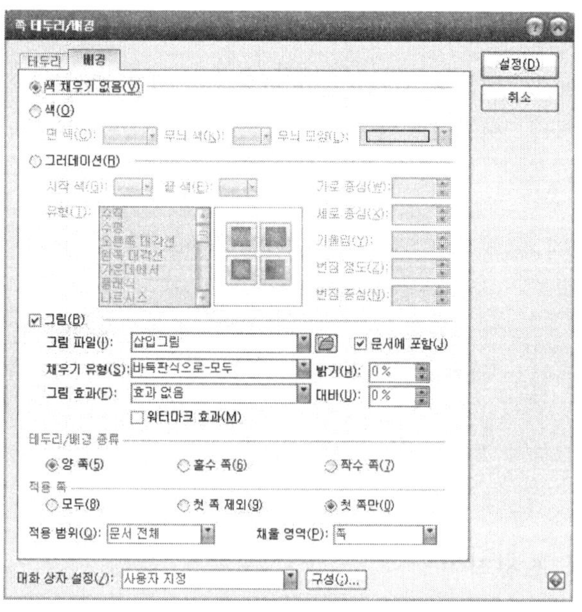

그림은 자동적으로 문서에 포함된다.

⑤ 채우기 유형으로 '크기에 맞추어'를 클릭하고 채울 영역으로 '쪽' 항목을 선택한다.

⑥ '워터마크 효과' 옵션을 선택한다.

⑦ 적용 쪽 항목에서 '첫 쪽만' 옵션을 선택한다.

⑧ '설정' 단추를 누른다. 배경 그림이 투명한 형태로 삽입된다.
'문서에 포함' 항목을 선택하면 배경 그림이 문서에 포함된다.

※ 쪽마다 다른 그림으로 문서 배경을 넣으려면 각 쪽마다 그림을 삽입하고 그림 속성을 투명으로 준 후 크기를 쪽 크기만큼 조정하고 워터마크 효과를 준다.

※ 그리기 마당의 그리기 그림을 문서 배경으로 사용하려면 그리기 그림을 문서에 삽입하고, 그리기 그림이 글 뒤에 위치하게끔 한다. 즉, 그리기 그림을 선택하고 그리기 도구에서 '글 뒤로' 아이콘 을 클릭한다.

12. 그리기

직선	글상자	음영비율 감소	글 뒤로		개체모양복사
직사각형	그리기마당	선굵기	어울림	그리기 ▾	
타원	개체선택	선종류	개체회전	하위메뉴	맞춤
호	개체묶기	화살표 모양	왼쪽으로 90도 회전		배분
다각형	개체풀기	그림자 모양	오른쪽으로 90도 회전		같은 크기로
곡선	선색	맨 앞으로	좌우대칭		격자
자유선	채우기 색	맨 뒤로	상하대칭		개체보호
개체연결선	음영비율 증가	글 앞으로	다각형편집		

□ 그리기 기초

- Shift 키를 누른 채 마우스를 끌면 각 방향의 반지름 길이가 모두 똑같은 원과 사각형이 그려진다.
- 타원, 직사각형, 호 아이콘을 누른 후 이들 개체가 그려질 위치에서 마우스 왼쪽 단추를 한 번 클릭하면 너비와 높이가 각각 30 mm인 원, 정사각형, 호가 그려진다.
- Ctrl 키를 누른 채로 타원, 직사각형을 그리면, 마우스 끌기를 시작하는 곳이 중심점이 되어 안쪽에서부터 바깥쪽으로 퍼져 나가는 타원, 직사각형이 그려진다.
- 타원을 선택한 후 다각형 편집 아이콘을 클릭하면 호(arc)나 부채꼴(pie) 모양으로 바꿀 수 있다.
- 마우스로 그리기 개체를 선택하기 어려울 때는 개체 선택 아이콘을 클릭한 후 해당 개체를 클릭한다.
- 타원의 선 색깔과 굵기, 선 종류, 채우기 색 등은 '새 그리기 속성'에 정해신 속성대로 그려진다. '새 그리기 속성'을 설정하려면 그리기 도구 상자의 '목록 펼치기' 버튼을 클릭한다.

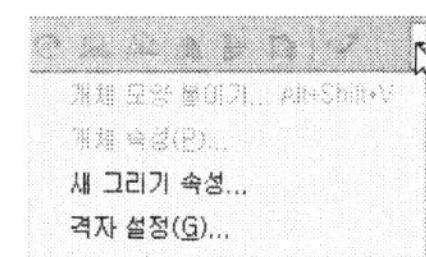

'새 그리기 속성'을 실행하면 그리기 도구로 그려질 개체의 선 모양과 채우기 모양, 본문과의 배치, 글상자의 여백과 정렬 기준, 그림자 속성 등을 미리 지정할 수 있다.

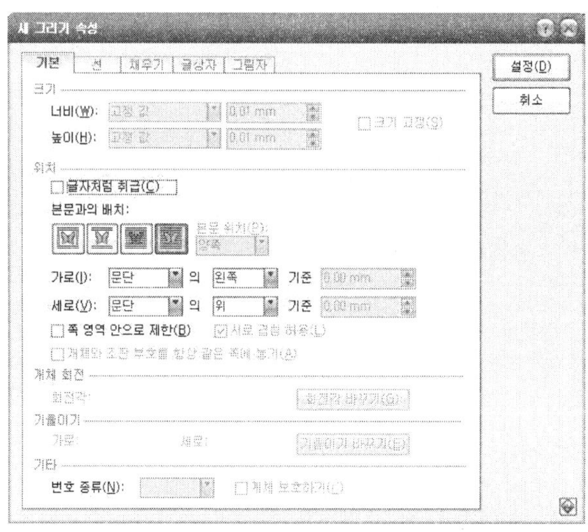

예 '글자처럼 취급' 항목을 선택하면 새로 그리는 모든 그리기 개체의 속성은 글자처럼 취급된다.

- 특정 그림 · 그리기 개체의 선 모양, 크기, 그림자, 채우기 색, 그림 효과 등의 속성을 복사하여 다른 그림 · 그리기 개체에 그 속성을 적용하려면 개체 모양 복사 · 개체 모양 붙이기 기능을 사용한다.

예 왼쪽 그림의 크기를 오른쪽 그림의 크기와 동일하게 해 보자.

① 오른쪽 그림을 클릭 · 선택한 후 '개체 모양 복사' 아이콘 을 클릭한다.

개체 모양 복사
공통 모양 복사
선 모양(C) 개체 크기(G)
그리기 모양 복사
그림자(S) 채우기(O)
그림 모양 복사
그림 효과(E)
복사(D)
취소

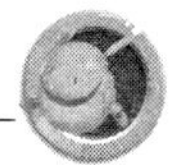

② 공통 모양 복사 항목 중 '개체 크기'를 선택하고 '복사' 버튼을 클릭한다.

③ 왼쪽 그림을 클릭 · 선택한 후 Alt+Shift+V(개체 모양 붙이기) 키를 누른다.

- 개체의 너비 · 높이를 같은 크기로 조정하려면 '그리기' 아이콘의 하위 메뉴 '같은 크기로'를 실행한다. 개체 모양 복사 · 개체 모양 붙이기가 개체의 크기를 동일하게 하는데 사용되는 반면 '같은 크기로'는 개체의 너비와 높이를 따로 동일하게 할 수 있다.

◻◻ 지시선과 설명문 만들기

지시선과 설명문은 매뉴얼에 있어 빠뜨릴 수 없는 항목이다. 주의를 요하거나 보충 설명이 필요한 곳에는 반드시 지시선과 설명문을 두도록 한다.

◆ 지시선

① 그리기 도구상자에서 '다각형' 아이콘을 클릭한다.

② 마우스를 클릭(눌렀다 뗌)한 후 Shift 키를 누른 채 마우스를 수직 위 방향으로 이동한다.

③ 마우스를 클릭한(눌렀다 뗌) 후 손을 떼고 Shift 키를 누른 채 마우스를 수평 오른쪽으로 이동한다.

④ 마우스를 더블클릭한다. 다음과 같은 지시선이 그려진다.

◆ 글상자

⑤ 그리기 도구상자에서 '글상자' 아이콘을 클릭한다.

⑥ 지시선 우측에 마우스를 클릭한 채 끌어 글상자를 만든다.

⑦ 설명문을 입력하고 그리기 도구상자에서 '채우기 색' 아이콘을 클릭 팔레트 창에서 '색 없음'을 클릭한다.

⑧ '선 종류' 아이콘을 클릭 목록에서 '선 없음'을 클릭한다.

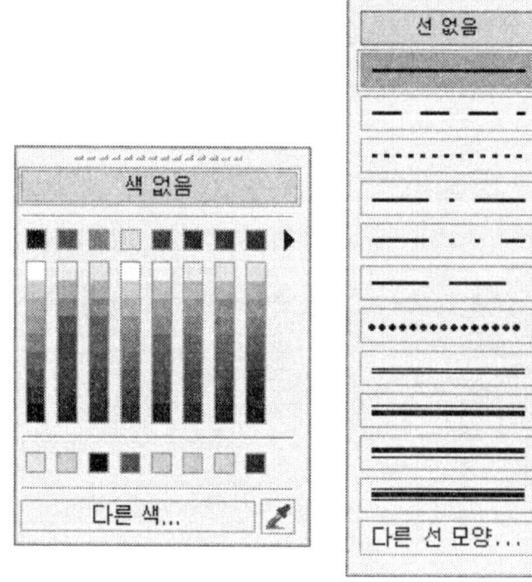

⑨ 지시선과 글상자를 보기 좋게 정렬한다.

⑩ '개체 선택' 아이콘을 클릭하여 지시선과 글상자를 함께 선택한다.

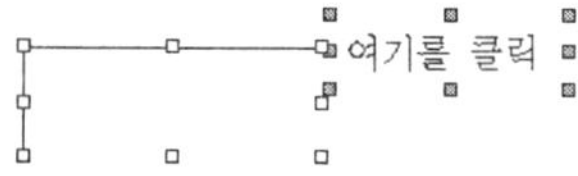

⑪ '개체 묶기' 아이콘을 클릭한다.

⑫ '글자처럼 취급' 속성을 준다.

※ 개체 묶기한 개체를 편집하려면 개체를 선택 후 '개체 풀기' 아이콘을 클릭한다.

※ 개체 묶기한 개체에 '글자처럼 취급' 속성을 주었다면 먼저 '글자처럼 취급' 속성을 해제한 후 개체 풀기를 한다.

- 지시선을 화살표 모양으로 지정하기

① 지시선을 더블클릭한다. 개체 속성 대화상자가 열린다.

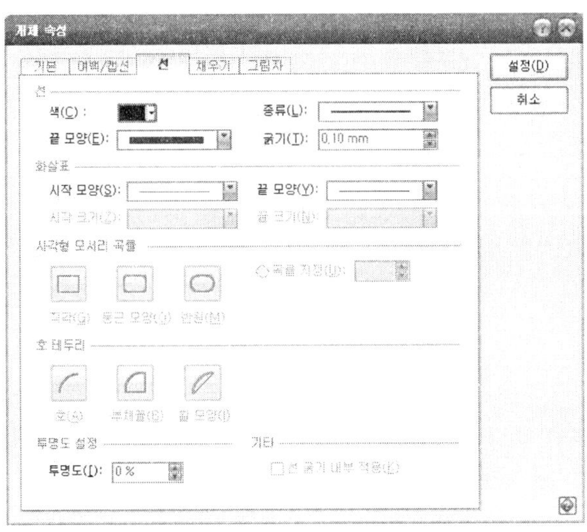

② 화살표 옵션의 시작 모양과 끝 모양을 지정하고 '설정' 버튼을 클릭한다.

시작 모양	끝 모양	화살표 모양
———	———▶	———▶
◀———		◀———
◀———	———▶	◀———▶
←———	———□	←———□
●———	———▶	●———▶

• 사각형 모서리 모양 지정하기

직사각형, 글상자의 모서리 모양에 곡률을 지정할 수 있다.

① 글상자를 더블클릭한다. 개체 속성 대화상자가 열린다.

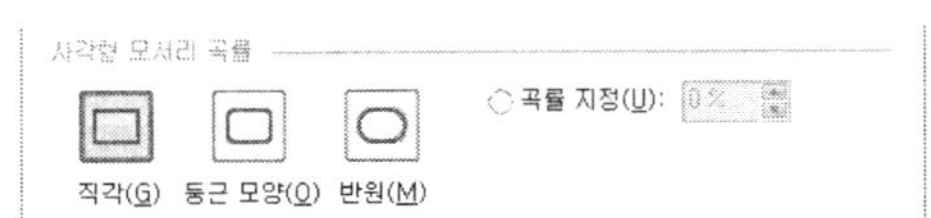

② 사각형 모서리 곡률 옵션 중 하나를 선택하고 '설정' 버튼을 클릭한다.

참고 개체를 정렬하려면 '그리기' 아이콘을 클릭하여 '맞춤/배분'을 실행한다. 주의할 점은 개체를 정렬하기 이전에 먼저 정렬 대상 그림의 크기를 조정해야 한다. 예를 들어, 도구 상자의 아이콘을 캡처하여 붙여넣기 한 그림의 경우 각 아이콘마다 정확한 캡처가 이루어지지 않으면 붙여진 그림의 크기가 들쑥날쑥 할 수가 있다. 동일 집합 유형의 그림이라면 그 크기가 동일해야만 깔끔한 느낌이 난다.

개체 정렬 도구 아이콘					
	위쪽 맞춤		가운데 맞춤		너비를 같게
	중간 맞춤		오른쪽 맞춤		높이를 같게
	아래쪽 맞춤		가로 간격을 동일하게		너비/높이를 같게
	왼쪽 맞춤		세로 간격을 동일하게		새 그리기 속성으로

• 글상자와 선 간의 정렬 기법 보기

글상자 속성과 정렬 방법				
정렬 방향	글상자 문단 모양	선 속성	아이콘	정렬 예제
수직 정렬	·왼쪽 여백 1 ·오른쪽 여백 1 ·가로 왼쪽 정렬	바깥 왼쪽 여백 2		선색
	·왼쪽 여백 1 ·오른쪽 여백 1 ·가로 가운데 정렬			선색
수평 정렬	·왼쪽 여백 1 ·오른쪽 여백 1 ·가로 오른쪽 정렬 ·세로 가운데 정렬			선색
	·왼쪽 여백 1 ·오른쪽 여백 1 ·가로 왼쪽 정렬 ·세로 가운데 정렬			선색

□ 글상자 연결하기

글상자 연결 기능은 글상자에 입력한 내용이 입력 범위를 넘어가는 경우, 연결된 빈 글상자에 자동으로 내용이 이어지도록 글상자를 연결하는 기능이다. 글상자 연결 기능을 이용하면 신문 편집이나 다단 문서 편집, 여러 단으로 이루어진 문서 편집에 유용하게 사용할 수 있다(보기/도구 상자/글상자 연결).

① 글상자 두개를 다단 형태로 배치한다.

② 왼쪽 글상자 내에 커서를 둔 후 '글상자 연결' 아이콘 을 클릭한다.

③ 오른쪽 글상자를 클릭한다.

왼쪽 글상자에 내용을 입력하면, 글상자 내에 내용이 다 들어가지 못하는 경우 자동으로 오른쪽 글상자로 커서가 이동한다.

[중앙일보] 2010년 04월 20일(화) 오전 03:01 [중앙일보 김한별] 유럽 주요국 국민 사이에서 한국에 대해 부정적 이미지가 더 많은 것으로 나타났다. 영국 BBC가 18일(현지시간) 공개한 세계 여론조사 결과에 따르면 '한국이 세계에 미치는 영향'에 대해 독일 응답자의 53%가 "부정적"이라고 답했다.	이탈리아·스페인(이상 46%)·프랑스(45%) 프랑스(45%)의 경우도 부정적인 응답이 절반에 육박했다. 조사 대상 유럽 국가 가운데 부정적 응답이 30%를 밑돈 경우는 러시아(23%)·포르투갈(27%)뿐이었다. 세계 33개국의 전체 평균은 긍정적 평가(32%)와 부정적 평가(30%)가 엇비슷했다.

그리기 도구 상자에 '글상자 연결' 아이콘이 없으면 아이콘을 등록한다.

참고 글상자 A에 글상자 B를 연결한 경우 글상자 A의 크기는 고정되어 크기를 조절할 수 없다. 글상자 A의 크기를 조절하려면 '연결 끊기' 아이콘 을 클릭한다.

□ 직선, 호, 다각형, 글상자로 그림 그리기

그리기 도구를 사용하면 다양한 그리기가 가능하다. 그리기에는 주로 직선, 호, 다각형, 글상자 등의 그리기 도구와 개체 묶기, 맨 뒤로, 맨 앞으로, 글 뒤로, 글 앞으로, 개체 회전, 좌우 대칭, 수평 대칭 등의 기능이 사용된다.

◆ 다각형 그리기

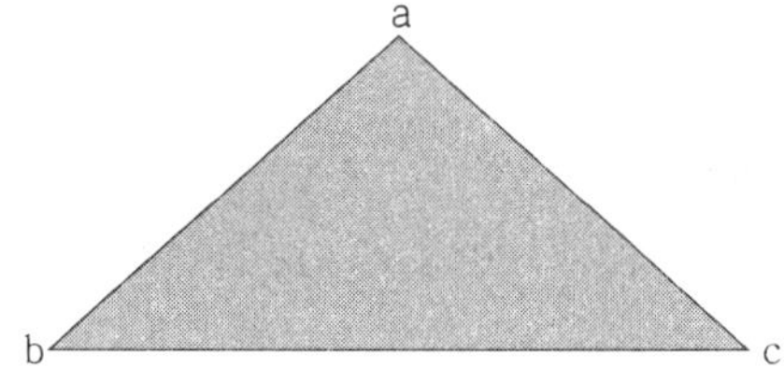

① '다각형' 아이콘을 클릭한 후 a 지점을 클릭한다.
② 마우스 왼쪽 버튼에서 손을 뗀 채 마우스를 끌어 b 지점을 클릭한다.
a 지점에서 마우스를 클릭한 b 지점까지 선이 그어진다.
③ 마우스 왼쪽 버튼에서 손을 뗀 채 마우스를 끌어 c 지점을 클릭한다.
④ 마우스 왼쪽 버튼에서 손을 뗀 채 마우스를 끌어 a 지점을 더블클릭한다.
– 다각형을 그릴 때 클릭한 마지막 지점이 시작점과 일치하면 닫힌 다각형이 그려진다.
– 다각형을 그리다가 마우스를 더블클릭하면 열린 다각형이 그려진다.

◆ 길이를 표시하는 곡선 그리기

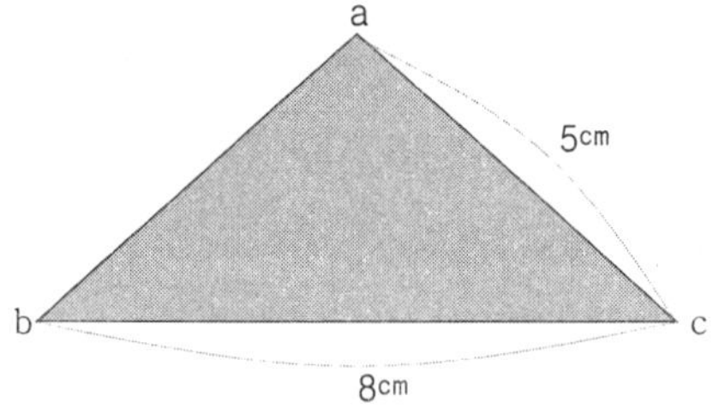

① '곡선' 아이콘 을 클릭한 후 삼각형의 꼭짓점 a와 b를 잇는 직선을 그리고 더블클릭한다.
② '다각형 편집' 아이콘 을 클릭하고 곡선의 중간 지점을 마우스로 누른 채 왼쪽

으로 끌어 놓는다.

참고 곡선을 수직선, 수평선으로 그린 상태에서는 다각형을 편집하여 곡선 모양으로 변경할 수 없다.

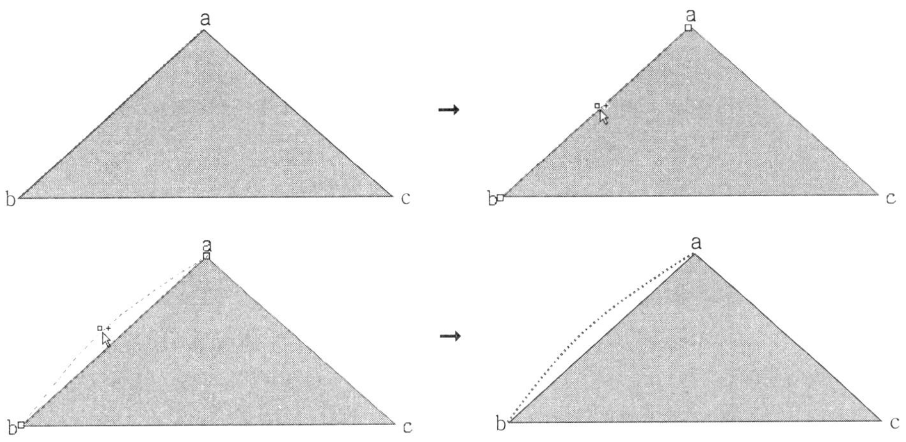

◆ 호 그리기

① '호' 아이콘 을 클릭하고 마우스를 누른 채 대각선 방향으로 끈 뒤 손을 뗀다.

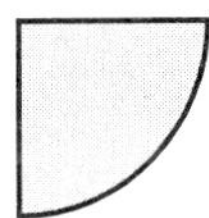

② 그리기 부채꼴을 더블클릭한다. 개체 속성 대화상자가 열린다.

③ 호 테두리 옵션 중 '호'를 클릭한다.

④ 채우기 탭을 클릭한 후 '색 채우기 없음'을 선택하고 '설정' 버튼을 클릭한다.

⑤ '개체 회전, 좌우 대칭, 상하 대칭' 아이콘을 클릭하여 원하는 형태로 바꾼다.

◆ 가격소비곡선 그리기

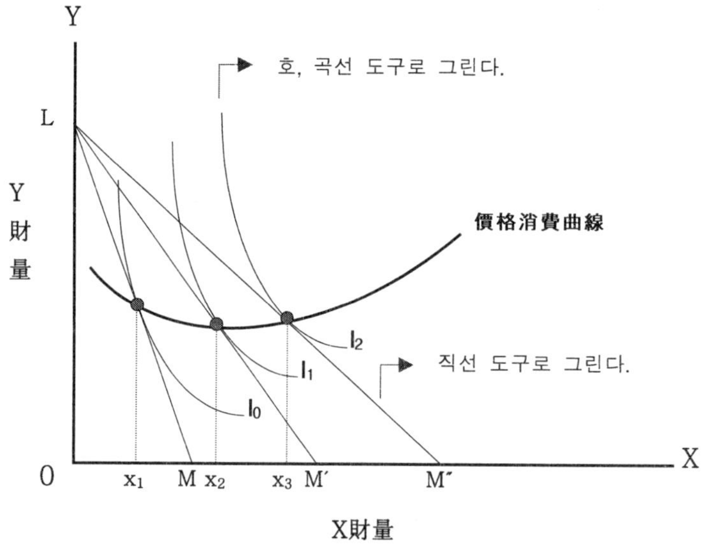

글자 부분은 '글상자' 도구로 입력한다.

가격소비곡선은 '호' 도구로 그린 후 회전시킨다.

• 개체 회전 아이콘 ◎을 클릭하면 개체를 회전시킬 수 있다. 가격소비곡선이 a 점을 통과하여 b 점을 통과하려면 그리기 중심점 ◈을 마우스로 끌어 a 점에 갖다 두고 b 점을 통과하게끔 조절점 ●을 끌어 곡선을 회전시킨다.

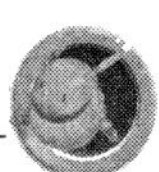

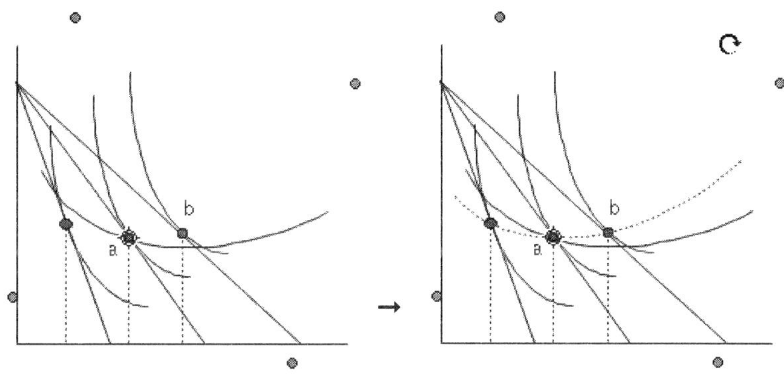

◫ 그리기 마당

도로, 전통 문양 등의 그림은 그리기 마당으로 그린다.

① '입력/개체/그리기 마당'을 실행한다.

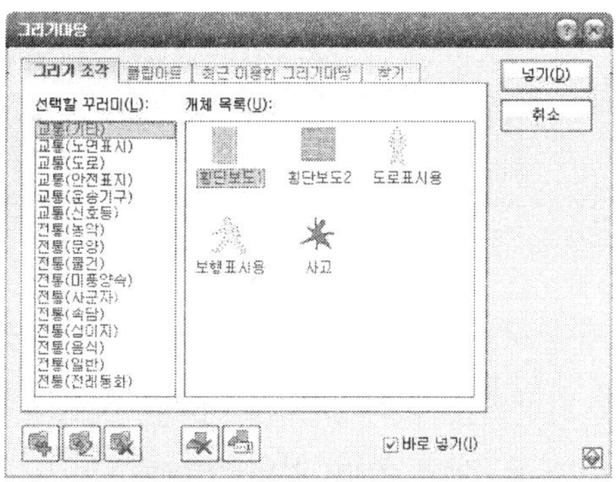

② 선택할 꾸러미 목록창에서 '교통(도로)' 꾸러미를 선택한다.

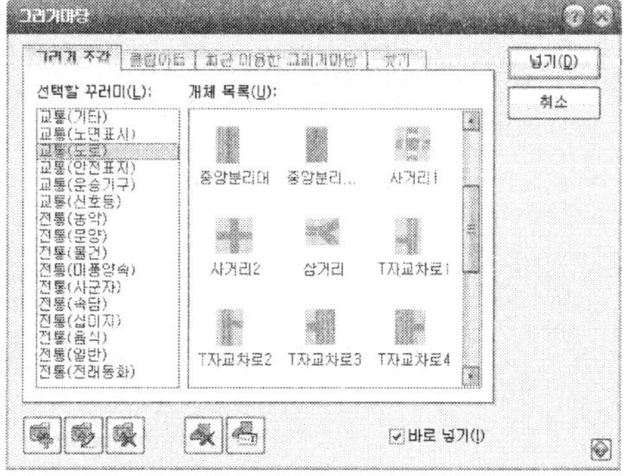

③ 도로를 그리는데 필요한 그리기 조각을 클릭한다.
④ 편집 화면에서 마우스를 더블클릭한다.
⑤ 도로를 그리는데 필요한 나머지 그리기 조각 역시 동일한 방식으로 편집 화면에 삽입한다.
⑥ 그리기 조각의 크기를 수정한 후 적절히 배치하여 도로를 완성한다.
⑦ 약도를 구성하는데 필요한 나머지 그림은 클립아트, 인터넷 등에서 구해 배치한다.
⑧ '개체 선택' 아이콘을 클릭하여 전체 그림을 선택하고 '개체 묶기' 아이콘을 클릭한다.

▭ 그리기 개체 변형

- 그리기 개체를 클릭하고 크기 조절자를 끌면 개체의 크기를 변경할 수 있다.

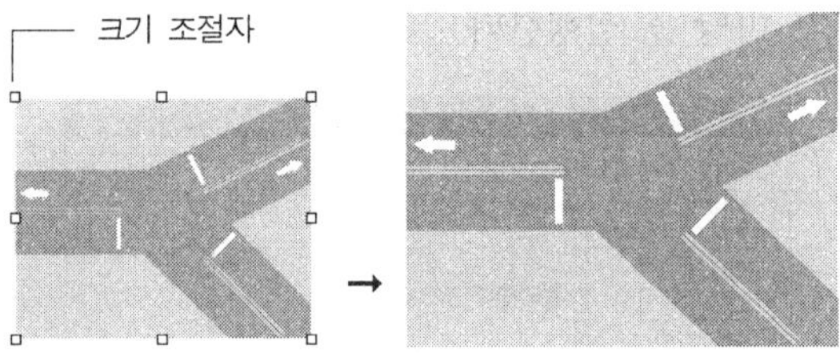

- 그리기 개체를 클릭한 후 '개체 회전' 아이콘 을 클릭하면 회전 조절자가 나타난다. 회전 조절자를 마우스로 누른 상태에서 끌면 개체 모양을 회전시킬 수 있다.
- 그리기 개체를 선택하고 '개체 풀기' 아이콘을 클릭하면 그리기 개체를 분해하여 모양/색을 변경할 수 있다. 색을 변경하려면 '채우기 색/선 색' 아이콘을 클릭한다.
- 교차로 이름, 건물 이름 등은 글상자를 사용한다. 단, 선 종류와 채우기 색을 '선 없음, 색 채우기 없음'으로 설정한다.

▭ 개체 연결선

개체 연결선을 사용하면 조직도나 순서도를 작성할 때 그리기 개체 두 개를 연결선으로 이을 수 있다.

예 글상자를 연결하는 방법은 다음과 같다.

① '개체 연결선' 아이콘 을 클릭하고 '직선 연결선' 아이콘 을 클릭한다.

② 마우스로 글상자 A의 테두리를 누른 채 글상자 C의 테두리까지 끌어 놓는다(그림 1).

- 개체 연결선의 시작점과 끝점 즉, 연결점은 네모로 표시된다.
- 개체 연결선의 연결점이 연결 대상 개체의 테두리 가운데에 놓인다면 네모는 초록색상이 된다.
- 개체 연결선이 글상자를 연결하기 위해서는 개체 연결선의 연결점이 글상자 테두리의 가운데에 위치해야 한다.

③ 마우스로 글상자 C에 표시된 연결점을 끌어 그림 3과 같이 글상자 테두리 가운데에 놓는다.

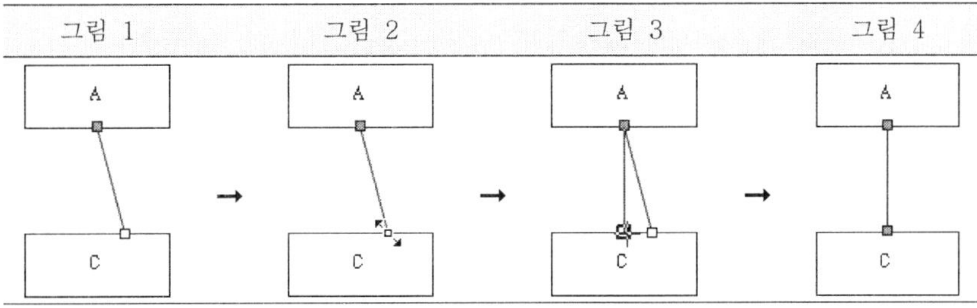

- 동일 방식으로 글상자 A의 연결점을 글상자 테두리 가운데에 놓는다.

개체 연결선의 종류는 다음과 같다.

종류	이름	종류	이름	종류	이름
	직선 연결선		직선 화살표 연결선		직선 양쪽 화살표 연결선
	꺾인 연결선		꺾인 화살표 연결선		꺾인 양쪽 화살표 연결선
	구부러진 연결선		구부러진 화살표 연결선		구부러진 양쪽 화살표 연결선

예 개체 연결선을 사용하면 다음과 같은 조직도를 쉽게 그릴 수 있다.

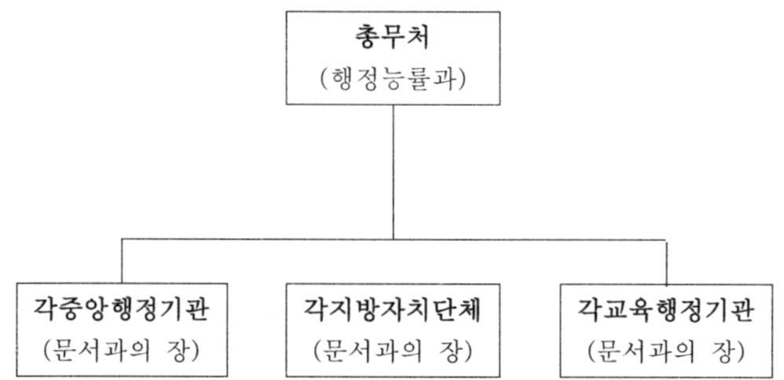

① 글상자를 아래와 같이 배치한다. 글상자를 선택한 상태에서 '그리기/맞춤 · 배분'을 실행하여 글상자를 정렬하고 그 간격을 동일하게 지정한다.

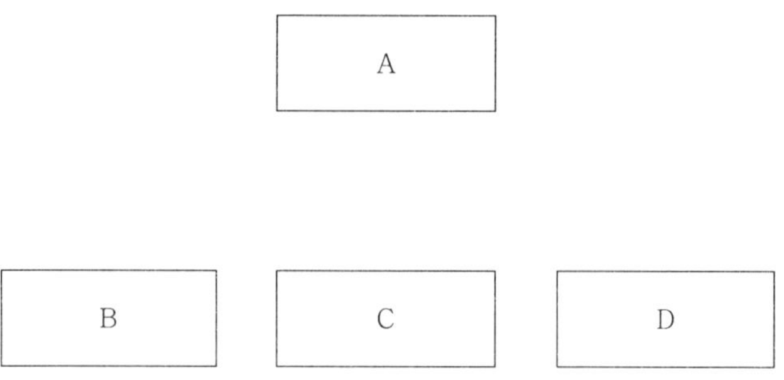

② '개체 연결선' 아이콘 을 클릭하고 '꺽인 연결선' 아이콘 을 클릭한다.
③ 글상자 A와 B의 테두리 가운데를 잇는 선을 그린다.

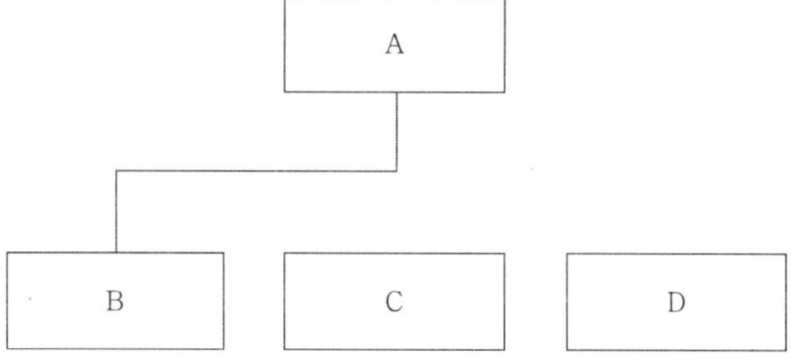

- 글상자 A, B의 테두리에 놓인 연결점을 끌어 테두리 중앙에 놓는다.

④ 연결선을 적당한 모양으로 조정한다.

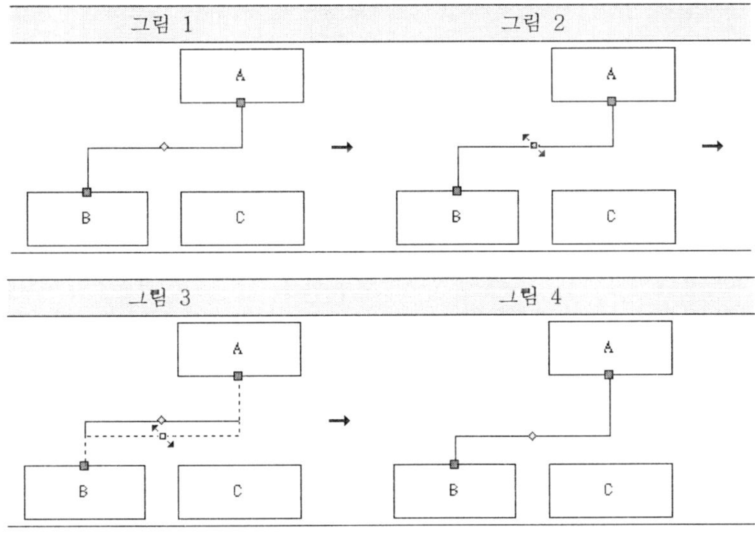

⑤ 동일한 방식으로 글상자 A와 D의 테두리 가운데를 잇는 선을 그린다.

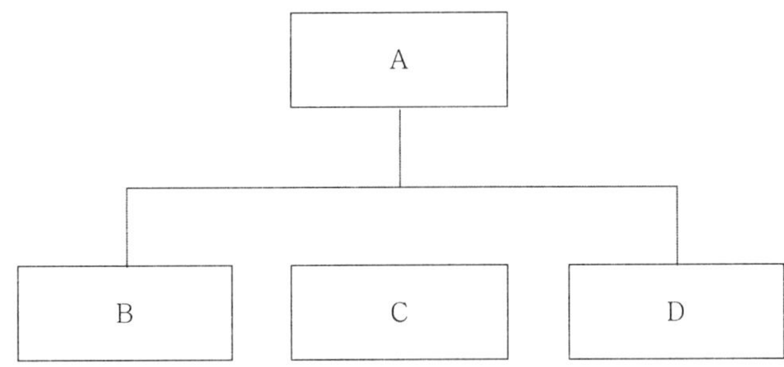

글상자 A를 마우스로 끌면 연결선 역시 따라 움직이게 된다.

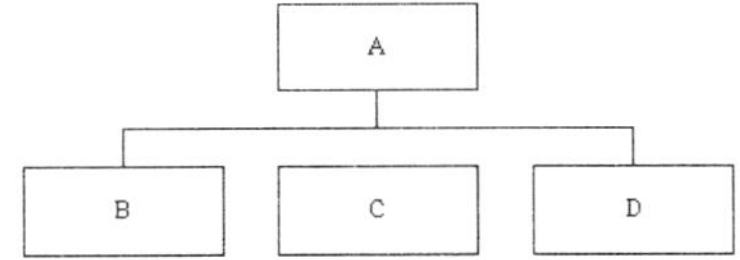

□ 양식 개체

양식 개체는 입력 필드, 리스트 박스, 라디오 버튼, 체크 박스, 실행 버튼으로 구성된 폼을 작성할 때 유용하게 사용된다. 양식 개체를 삽입하려면 '보기/도구 상자/양식 개체'를 실행한다.

종류	이름	종류	이름	종류	이름
	양식 편집 상태/해제		명령 단추 넣기		라디오 단추 넣기
	속성 보기		선택 상자 넣기		입력 상자 넣기
	코드 보기		목록 상자 넣기		

예 다음은 양식 개체를 삽입하여 작성한 설문 내용이다.

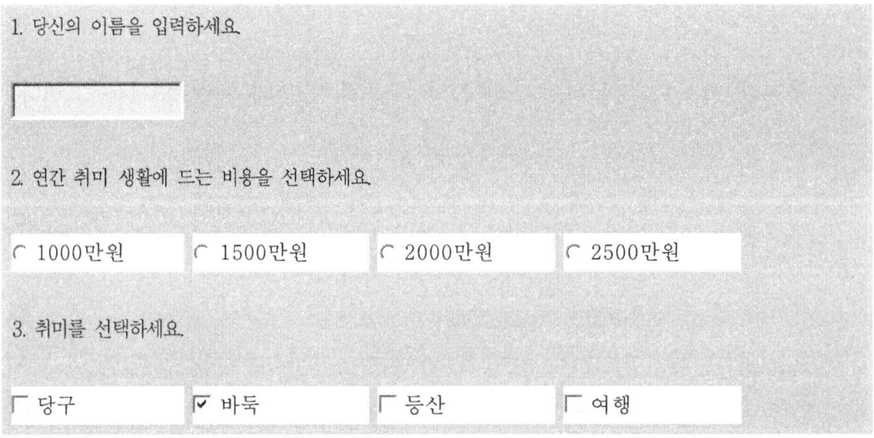

1. 당신의 이름을 입력하세요.

2. 연간 취미 생활에 드는 비용을 선택하세요.

1000만원 1500만원 2000만원 2500만원

3. 취미를 선택하세요.

당구 바둑 등산 여행

13. 주 석

주석은 출처를 밝히거나 보충 설명을 하는 용도로 사용된다.

① 주석을 둘 위치에 커서를 위치시킨다. 보통 단어의 끝 혹은 문단 마침점 앞에 커서를 둔다.

② '입력/주석/각주'를 실행한다. 쪽 하단에 각주 입력창이 열린다.

③ 각주 내용을 입력한다.

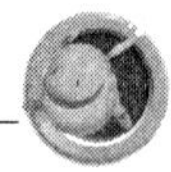

주석을 준 위치에 위첨자 각주가 표시되고 쪽 좌측하단에는 각주 번호와 내용이 표시된다.

잘 만든 프레젠테이션은 내용을 전달하는 것이 아니라 논지를 요약하고 강조하는 역할을 해야 한다[1].

1) Using Microsoft PowePoint 97, 윤석현 역, 인포북, 92쪽 참조.

□ 각주를 미주로

필요에 따라 각주를 미주로 변경할 필요가 있다. 미주로 변경하면 주석이 위치한 쪽에는 위첨자 미주가 표시되고 그 내용은 문서의 마지막 쪽에 미주 번호 순으로 위치한다. '입력/주석/각주〈－〉미주'를 실행한다.

1) Using Microsoft PowePoint 97, 윤석현 역, 인포북, 92쪽 참조.
2) 마이크로소프트사 '사용자 지정 레이아웃의 강력한 기능' 참조.

미주로 변경하면 한꺼번에 주석의 내용을 참조할 수 있다.

매뉴얼에 각주의 양이 많은 경우 각주를 일일이 수정한다는 것은 매우 번거로운 일이다. 이때는 매뉴얼의 각주를 미주로 변경한 후 미주의 내용을 변경하고 다시 미주를 각주로 변경한다.

14. 머리말

책을 펼쳤을 때 짝수 쪽은 왼쪽에 홀수 쪽은 오른쪽에 온다. 머리말은 쪽의 맨 위에 내용이 고정적으로 반복되는 문자열을 뜻한다. 머리말에는 보통 책 제목, 장 제목, 절 제목 등을 입력한다.

일반적으로 짝수 쪽의 머리말에는 큰 제목이 들어가고 홀수 쪽의 머리말에는 작은 제목이 들어간다. 따라서 짝수 쪽의 머리말의 글자 크기를 홀수 쪽의 그것보다 크게 설정한다.

※ 장 제목이 있는 쪽에는 쪽번호만 표시하고 머리말을 표시하지 않는다.

짝수 쪽의 머리말에는 매뉴얼 제목을, 홀수 쪽의 머리말에는 장 제목을 입력해 보자.

1) 홀수 쪽 머리말 만들기

① 장(章)의 첫 페이지에서 '모양/머리말 · 꼬리말'을 실행한다. 머리말/꼬리말 대화상자가 열린다.

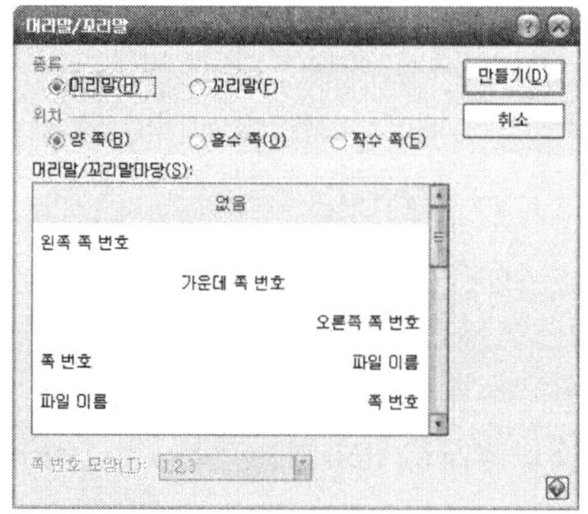

② 종류 옵션으로 '머리말' 항목을 선택한다.

③ 위치 옵션으로 '홀수 쪽'을 선택한다.

④ 머리말/꼬리말마당 목록에서 '오른쪽 쪽 번호'를 선택하고 '만들기' 단추를 누른다. 쪽 상단에 머리말이 삽입된다.

⑤ 머리말 영역을 더블클릭한다. 머리말 편집 상태로 바뀐다.

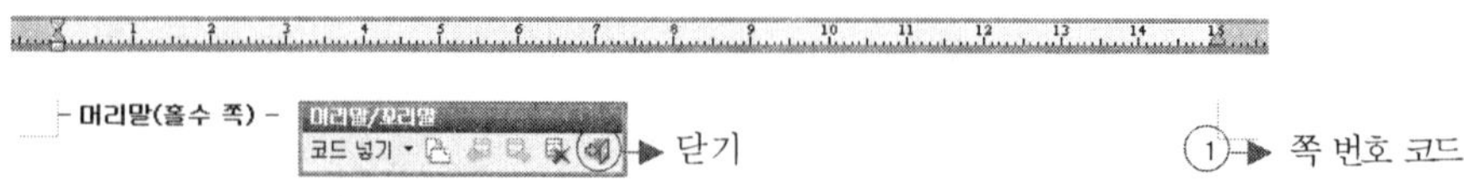

⑥ 쪽 번호 코드 왼쪽에 머리말을 입력하고 글자 모양을 설정한다.

⑦ '닫기' 버튼을 클릭 머리말 편집 창에서 빠져나온다.

Ⅴ. 애니메이션 1

머리말을 스타일로 등록하면 스타일 저장하기/불러오기를 통해 다른 문서의 머리말에 적용할 수 있으며, 다른 매뉴얼의 머리말에도 적용할 수 있다.

2) 짝수 쪽 머리말 만들기

짝수 쪽 머리말 역시 장의 첫 페이지에서 만든다. 위치 옵션으로 '짝수 쪽'을 선택하고 머리말/꼬리말마당 목록에서 '왼쪽 쪽 번호'를 선택하면 짝수 쪽에 머리말을 넣을 수 있다.

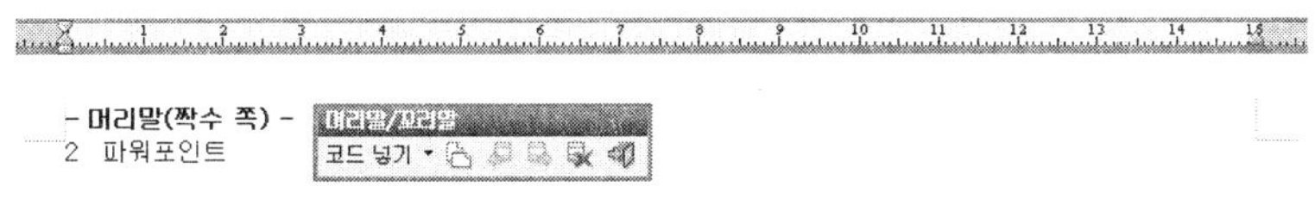

장(章)이 시작하는 페이지는 홀수 쪽이므로 짝수 쪽 머리말이 표시되지 않는다.

3) 장(章)이 시작하는 페이지의 머리말 숨기기

장 제목이 있는 쪽에는 머리말을 표시하지 않는다.

① 장의 첫 페이지를 선택하고 '모양/감추기'를 실행한다.

현재 쪽만 감추기
감출 내용
머리말(H) 꼬리말(F)
쪽 번호(N) 쪽 테두리(B)
쪽 배경(G) 바탕쪽(M)
모두 선택(C)
설정(D)
취소
머리말이나 꼬리말, 바탕쪽에 삽입한 쪽 번호를 감추고 싶을 때에는 머리말이나 꼬리말, 바탕쪽을 감추어야 합니다.

② '머리말' 항목을 체크하고 '설정' 단추를 누른다.

나머지 장에는 다음과 같은 방식으로 머리말을 설정한다.

① 머리말과 머리말 감추기를 설정한 장의 첫 페이지를 열고 Ctrl+G+C 키를 누른다.

② 조판부호 [머리말(홀수쪽)], [머리말(짝수쪽)], [감추기]를 블록으로 설정하고 '편집/복사하기'를 실행한다.

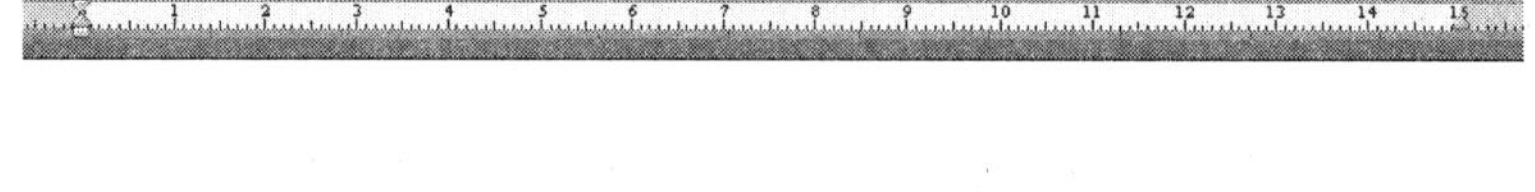

③ 새 장이 시작하는 페이지에서 '편집/붙이기'를 한다.

④ 머리말 여백에서 홀수쪽 머리말을 더블클릭한다.

⑤ 머리말 내용을 해당 장 제목으로 수정한다.

◆ 머리말에 그림 삽입하기

① 머리말 영역을 더블클릭한 후 그림을 삽입한다.

② 그림을 마우스 오른쪽 버튼으로 클릭하고 단축 메뉴에서 '글상자로'를 실행한다.

③ 쪽 번호 코드를 오려서 그림에 붙여 넣는다.

④ 머리말과 그림을 가운데로 세로 정렬한다.

세로 정렬은 문단 모양 대화상자의 확장 탭에서 지정한다.

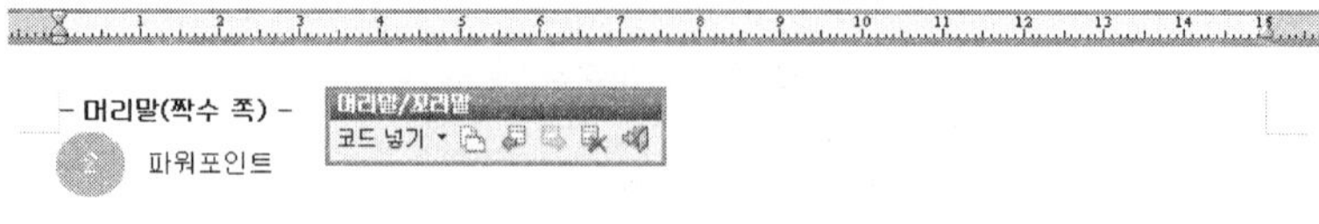

15. 문서 연결

매뉴얼이 여러 개의 문서로 작성된 경우 쪽번호, 각주번호를 연결하여 인쇄할 목적으로 문서를 연결한다.

매뉴얼이 File(1), File(2), File(3)로 구성되어 있다고 하자.

문서 연결을 하기 위해서는 다음 사전 작업이 필요하다.

- 모든 문서의 첫 페이지에서 쪽번호 매기기를 해야 한다.
- 새 장(章)이 시작되는 페이지는 홀수 쪽으로 번호가 매겨지게끔 한다.
- 일반적으로 새 장부터 각주 번호, 그림 번호, 표 번호, 수식 번호를 다시 시작한다. 이들 번호가 1부터 매겨지게끔 한다.

1) 홀수쪽 번호 매기기

새로운 장은 항상 홀수 쪽에서 시작하도록 한다.

① 장의 내용이 끝난 곳에서 한 줄 바꾸어 '모양/구역'을 실행한다.

② 시작 쪽 번호의 종류로 '홀수'를 선택한다.

③ 적용 범위로 '새 구역으로'를 선택한다.

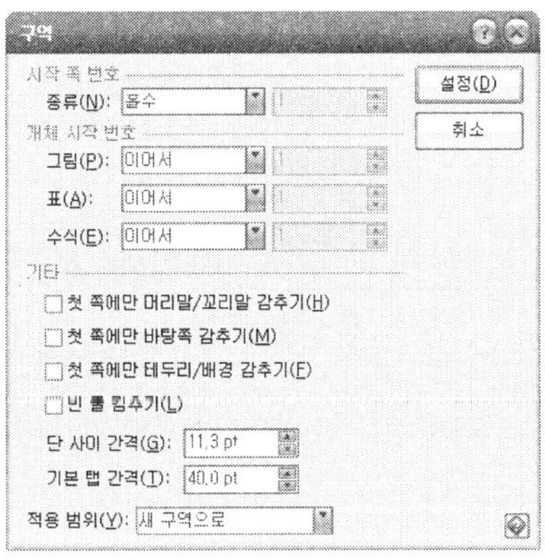

④ '설정' 버튼을 클릭한다.

장의 시작 페이지는 자동으로 홀수 쪽으로 지정된다.

2) 쪽 · 각주 · 그림 · 표 · 수식 번호 새로 매기기

매뉴얼을 세 개의 문서 파일 File(1), File(2), File(3)로 나누어 제작한다면 쪽 번호, 각주 번호, 그림 번호, 표 번호, 수식 번호 등을 계속 이어서 매기거나 새 번호로 시작해야 한다.

☐ 새 장(章)이 시작되는 경우

새 장에서는 각주 · 그림 · 표 · 수식 번호가 모두 1부터 매겨져야 한다.

• 각주 번호

① 장의 시작 페이지에서 '모양/새 번호로 시작'을 실행한다.

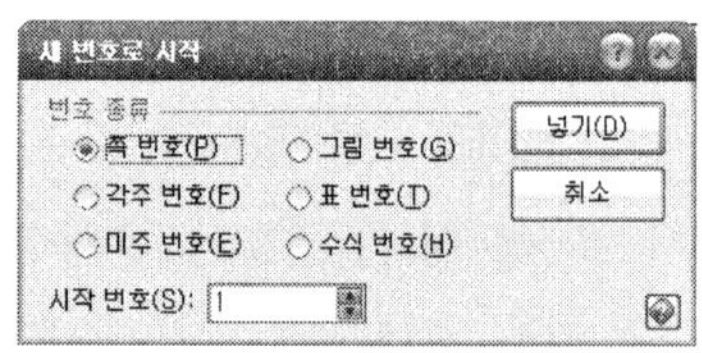

② '각주 번호' 항목을 선택하고 엔터한다.

그림 · 표 · 수식 번호 등도 동일한 방식으로 새 번호를 지정한다.

☐ 동일 장(章)의 내용을 여러 문서 파일에 저장한 경우

문서를 연결하는 경우 쪽 번호와 각주 번호는 자동으로 앞문서의 번호에 이어져 매겨진다. 따라서 그림 번호와 표 번호, 수식 번호만 앞문서의 번호에 이어지도록 한다.

• 그림 번호

① 새 문서를 열고 첫 페이지에서 '모양/새 번호로 시작'을 실행한다.

② '그림 번호' 항목을 선택하고 시작 번호 입력 상자에 앞문서의 그림 번호 다음 번호를 입력하고 '넣기' 단추를 누른다.

표 번호, 수식 번호도 동일한 방식으로 번호를 지정한다.

3) 문서 연결하기

문서 파일을 연결하면 쪽 번호와 각주 번호를 자동으로 연결하여 매길 수 있다.

① 매뉴얼의 첫 번째 문서 파일 File(1)에서 '파일/문서 연결'을 실행한다.

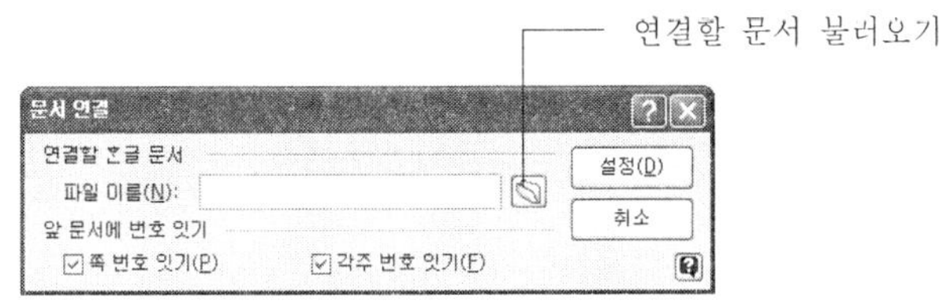

② '연결할 문서 불러오기' 단추를 클릭한다.

③ 'File(2)'를 선택하고 '열기' 단추를 누른다.

④ '쪽 번호 잇기' 항목과 '각주 번호 잇기' 항목을 둘 다 선택하고 '설정' 단추를 누른다.

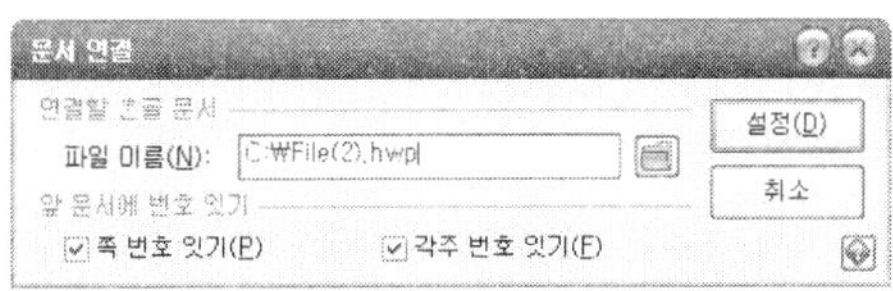

⑤ 'File(1)'을 저장한다.

⑥ 'File(2)'를 열고 '파일/문서 연결'을 실행한다.

⑦ 연결할 문서 'File(3)'을 선택하고 '쪽 번호 잇기, 각주 번호 잇기'를 선택한 후 '설정' 단추를 누른다.

⑧ 'File(2)'를 저장한다.

주의 File(1)에 이어 File(2)의 쪽 번호와 각주 번호를 이어서 인쇄하려면 File(1)의 문서 연결 대화상자에서 '쪽 번호 잇기, 각주 번호 잇기'를 지정한다.

파일	문서연결 속성
File(1)	문서 연결 / 연결할 한글 문서 / 파일 이름(N): C:₩File(2).hwp / 앞 문서에 번호 잇기 / ☑쪽 번호 잇기(P) ☑각주 번호 잇기(F) / 설정(D) 취소
File(2)	문서 연결 / 연결할 한글 문서 / 파일 이름(N): C:₩File(3).hwp / 앞 문서에 번호 잇기 / ☑쪽 번호 잇기(P) ☑각주 번호 잇기(F) / 설정(D) 취소
File(3)	문서 연결 / 연결할 한글 문서 / 파일 이름(N): / 앞 문서에 번호 잇기 / □쪽 번호 잇기(P) □각주 번호 잇기(F) / 설정(D) 취소

◆ 인쇄 시 주의사항 : File(1) 이외의 파일을 닫고 File(1)만 연 상태에서 인쇄한다.

16. 목차/색인

목차/색인을 만들려면 그 대상을 먼저 지정하고 만들기를 실행한다.

1) 목차 만들기

목차에 넣을 제목 지정하기

① 문서의 장 제목을 클릭하고 '도구/차례 · 찾아보기/제목 차례 표시'를 실행한다.

② 조판 부호 [제목 차례]를 블록으로 설정한 후 '편집/복사하기'를 실행한다.
제목 차례 표시를 실행한 곳에는 조판 부호 [제목 차례]가 삽입된다.

> [제목 차례] I. 프레젠테이션 만들기
>
> 프레젠테이션은 애니메이션, 화면 전환 효과 및 효과음 등을 적절히 사용하여 청중들을 설득, 원하는 결과를 이끌어내는 행위이다.

③ 목차에 넣을 제목을 클릭한 후 '편집/붙이기'를 실행한다.

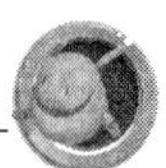

◫ 목차 만들기

① '도구/차례 · 찾아보기/차례 만들기'를 실행한다. 차례 만들기 대화상자가 열린다.

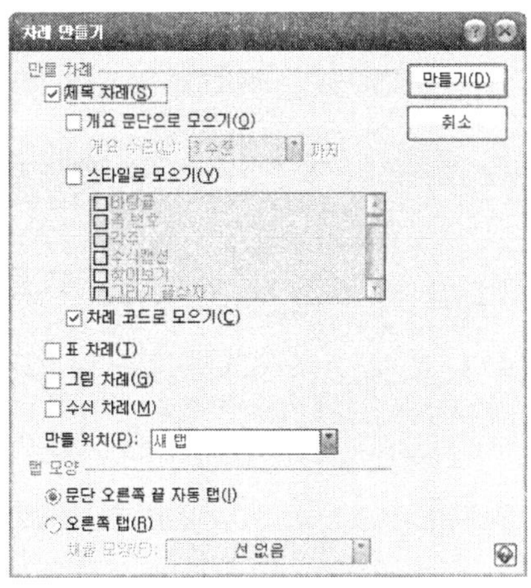

② 제목 차례로 사용될 요소를 선택한다.

- Ctrl+Insert 키를 눌러 입력한 개요 번호가 삽입된 문단의 문자열을 목차로 사용하려면 '개요문단으로 모으기' 옵션을 선택한다.
- 특정 스타일이 적용된 문단의 문자열을 목차로 사용하려면 '스타일로 모으기' 옵션을 선택한다. 개요 스타일을 선택하면 개요 문단으로 모으기 옵션과 동일한 결과가 된다.
- 조판 부호 [제목 차례]가 삽입된 문단의 문자열을 목차로 사용하려면 '차례 코드로 모으기' 옵션을 선택한다.

탭 모양 옵션 중 '오른쪽 탭'을 선택하고 채울 모양으로 '점선'을 선택하면 목차는 다음과 같은 형태가 된다.

<제목차례>
Ⅰ. 파워포인트 만들기 ············ 1
1. 프레젠테이션 제작 ············ 1
2.서식 파일 활용 프레젠테이션 제작 ············ 9
Ⅱ. 마스터 편집 ············ 15
1. 슬라이드 마스터 ············ 30

삽입된 목차 문서는 바탕글 스타일을 따른다. 목차의 글자 모양과 문단 모양을 설정한다.

◆ 목차에 적용된 문단 모양 살펴보기

만들어진 목차 문서에는 제목과 쪽 번호 사이에 점선과 오른쪽 탭이 적용되어 있다.

<제목차례>
Ⅰ. 파워포인트 만들기↦ 1
1. 프레젠테이션 제작↦ 1
2.서식 파일 활용 프레젠테이션 제작↦ 9
Ⅱ. 마스터 편집↦ 15
1. 슬라이드 마스터↦ 30

◆ 오른쪽 탭 : 낱말의 오른쪽 끝을 탭 표시에 맞추어 정렬한다.

2) 색인 만들기

색인은 매뉴얼의 마지막 부분에 위치하며 낱말과 그 낱말이 포함된 쪽 번호로 구성된다. 색인 은 책이나 학술서, 연구 재료가 될 서적의 내용 중에서 중요한 항목, 술어, 인명, 지명 등을 뽑아 본문 어느 쪽에 위치하는지 쉽게 찾아 볼 수 있도록 쪽 번호와 함께 별도로 배열하여 놓은 목록을 뜻한다.

(ㅇ)

애니메이션
표준 애니메이션 102
사용자 지정 애니메이션 103

예행연습 198

▭ 색인으로 등록할 문자열 선별하기

낱말을 색인으로 등록하려면 색인 등록 대상으로 지정해야 한다. 색인 등록 대상은 '도구/차례 · 찾아보기/찾아보기표시'를 실행하여 지정한다.

예제 색인에서 '표준 애니메이션', '사용자 지정 애니메이션' 등의 낱말은 낱말 '애니메이션' 범주 속에 배열되어 있다. 이러한 구성 방식은 범주에 포함된 낱말이 범주와 밀접한 관련이 있을 때 채택한다.

◆ 낱말 '표준 애니메이션'을 색인 등록 대상으로 지정하기

① 낱말 '표준 애니메이션'을 클릭하고 '도구/차례 · 찾아보기/찾아보기 표시'를 실행한다.

② 첫 번째 낱말 입력 상자에 '애니메이션'을, 두 번째 낱말 입력 상자에 '표준 애니메이션'을 입력하고 '넣기' 단추를 누른다.

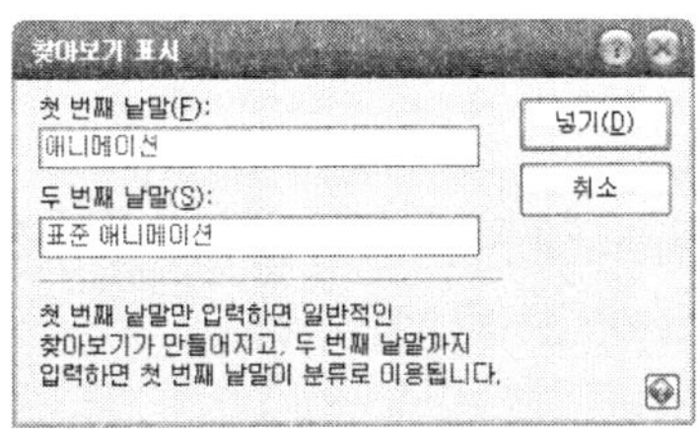

첫 번째 낱말 입력상자에는 범주를 입력하고, 두 번째 낱말 입력상자에는 범주에 포함될 낱말을 입력한다.

낱말 '사용자 지정 애니메이션'도 동일한 방식으로 색인 등록 대상으로 지정한다.

예제 색인에서 낱말 '예행연습'의 경우에는 특정 범주에 포함되지 않으므로 첫 번째 낱말 입력상자에만 낱말 '예행연습'을 입력한다.

찾아보기 표시
첫 번째 낱말(F):
예행 연습
넣기(D)
취소
두 번째 낱말(S):
첫 번째 낱말만 입력하면 일반적인 찾아보기가 만들어지고, 두 번째 낱말까지 입력하면 첫 번째 낱말이 분류로 이용됩니다.

참고 색인 등록 대상 낱말 뒤에 커서를 두고 '찾아보기 표시'를 실행하면 해당 낱말이 첫 번째 낱말로 자동 입력된다.

색인 만들기

색인은 원칙상 문서를 모두 연결한 상태에서 만든다. 그러나 프로그램 오류로 문서 연결이 잘되지 않으므로 모든 문서를 합친 상태에서 색인 만들기를 실행한다. 색인을 만들려면 '도구/차례 · 찾아보기/찾아보기 만들기'를 실행한다.

새 문서 탭 [빈 문서 1]에 색인이 만들어진다. 새 문서 탭의 이름은 화면 왼쪽 하단에 표시된다.

색인 편집하기

색인 문서는 보통 다단 편집한다.

① [빈 문서 1]의 색인 내용을 블록으로 설정하고 복사한다.

② Ctrl+Shift+Tab 키를 눌러 문서로 이동한다.

다른 문서 탭으로 이동하려면 탭 이름표 [File(1)]을 클릭하거나 Ctrl+Tab, Ctrl+Shift+Tab 키를 누른다. Ctrl+Tab 키를 누르면 다음 문서 탭으로, Ctrl+Shift+Tab 키를 누르면 이전 문서 탭으로 이동한다.

③ 문서의 마지막 페이지 끝 부분에서 '쪽 나누기(Ctrl+Enter)'를 실행한다.

④ '찾아보기'를 입력하고 문단 가운데 정렬을 실행한다.

⑤ '찾아보기' 뒤에 커서를 두고 '모양/나누기/다단 설정 나누기'를 실행한 다음 줄을 바꾸고 '모양/다단'을 실행한다.

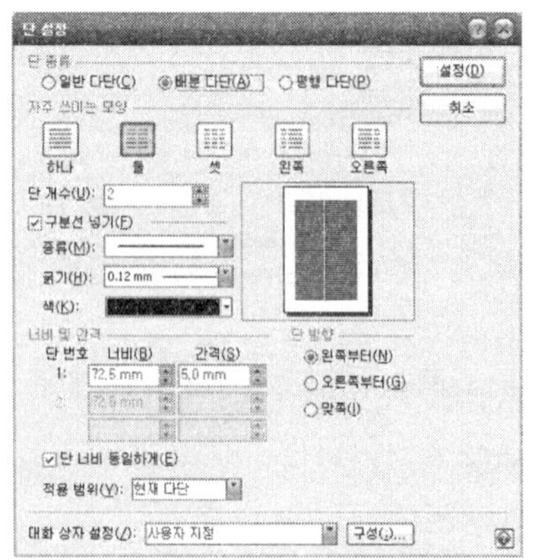

⑥ 단 종류로 '배분 다단'을, 단 개수로 '2'를, 단 간격으로 '5㎜'를 그리고 구분선으로 '이중실선'을 지정하고 적용 범위 목록에서 '현재 다단'을 선택한 후 '설정' 단추를 누른다.

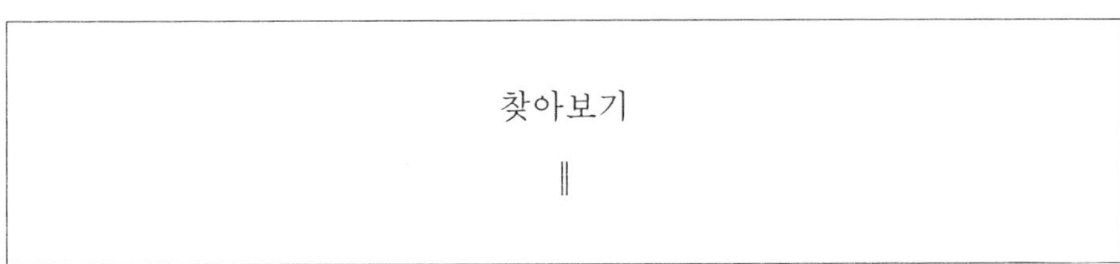

⑦ Ctrl+V 키를 눌러 색인을 붙여 넣는다.
⑧ 색인을 선택하고 글자 모양, 문단 모양을 설정한다.

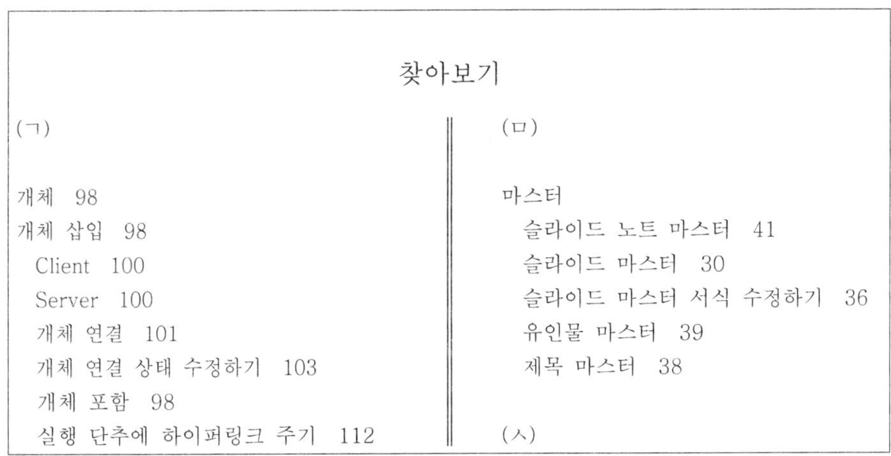

17. 찾아 바꾸기

◆ 낱말 바꾸기

① 문서의 첫 줄에 커서를 두고 '편집/찾아 바꾸기'를 실행한다.
② 찾을 내용으로 'Shift'를, 바꿀 내용으로 'Shift'를 입력한 후 '바꾸기' 버튼을 클릭한다.

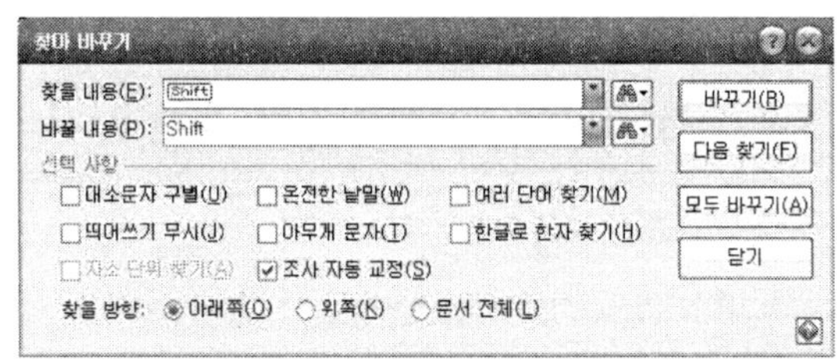

③ '모두 바꾸기' 버튼을 클릭한다. 문서에 포함된 낱말 'Shift'는 모두 낱말 'Shift'로 바뀌진다.

낱말의 내용을 확인한 후 바꾸기 하려면 '다음 찾기' 버튼을 클릭하여 해당 낱말을 찾은 후 '바꾸기' 버튼을 클릭한다.

◆ 특수 문자 바꾸기

예 텍스트 문서를 한글로 불러온 것이다. 문장에 불필요한 줄 바꿈 문자(↵)가 삽입되어 모든 문장이 하나의 문단을 형성하고 있다. 따라서 줄 바꿈 문자(↵)를 찾아 다른 문자로 바꾸어주면 일반적인 문단 형태로 변경할 수 있다.

그러나 개세광마는 불세신협이 한 걸음 양보했다는 사실을 알고 있었다.↵
그는 생사지교를 잃은 듯 한 비통함을 느끼며 불세신협의 시신을 안고↵
돌연히 자취를 감추어 버렸다.↵
↵
천하무적의 두 고수가 하루아침에 자취를 감춰 버리자 무림은 그들의 화제로↵
벌집을 쑤셔놓은 듯 들끓기 시작했다.↵
↵
대체 그들은 어디로 사라졌단 말인가?↵
↵
그것도 한 날 한 시에...↵
그래서 일부 무림인들은 기를 쓰고 내막을 알아보려고 했다.↵
그들의 노력은 헛되지 않아 무림만사통이라는 인물이 진상을↵
밝혀내기에 이르렀다.↵

문서 전체를 볼 때 줄 바꿈 문자는 낱말, 마침점, 물음표, 느낌표 등의 글자 다음 오든지 빈칸 하나가 삽입된 다음 올 확률이 높다. 따라서 줄 바꿈 문자를 빈칸으로 바꾸어 주기 위해서는 줄 바꿈 문자 바로 앞에 위치한 빈칸을 지운 후 줄 바꿈 문자를 빈칸

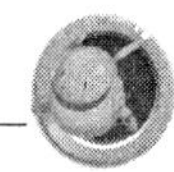

으로 바꾸어준다. 빈칸은 스페이스바를 눌러 입력한다.

① 찾을 내용 입력 상자에 '빈칸'을 입력하고 '서식 찾기' 아이콘 을 클릭한다.

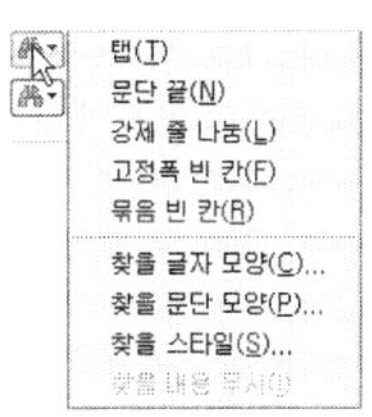

② '문단 끝'을 선택한다.

③ 바꿀 내용 입력 상자에서 '서식 찾기' 아이콘 을 클릭한다.

④ '문단 끝'을 선택한다.

⑤ '모두 바꾸기' 버튼을 클릭한다.

엔터키 앞에 삽입된 빈칸이 모두 지워진다.

⑥ 찾을 내용 입력 상자에 '문단 끝'을, 바꿀 내용 입력 상자에 '빈칸'을 입력한다.

⑦ '바꾸기 · 다음 찾기' 버튼을 클릭하여 불필요한 줄 바꿈 문자를 빈칸으로 바꾼다.

그러나 개세광마는 불세신협이 한 걸음 양보했다는 사실을 알고 있었다. 그는 생사지교를 잃은 듯 한 비통함을 느끼며 불세신협의 시신을 안고 돌연히 자취를 감추어 버렸다.↵

↵

천하무적의 두 고수가 하루아침에 자취를 감춰 버리자 무림은 그들의 화제로 벌집을 쑤셔놓은 듯 들끓기 시작했다.↵

↵

대체 그들은 어디로 사라졌단 말인가?↵

↵

그것도 한 날 한 시에... 그래서 일부 무림인들은 기를 쓰고 내막을 알아보려고 했다. 그들의 노력은 헛되지 않아 무림만사통이라는 인물이 진상을 밝혀내기에 이르렀다.↵

- 빈칸이 두 개 이상 들어간 곳을 찾아 빈칸 하나로 바꾸어주려면 찾을 내용 입력 상자에 '빈칸 2개'를, 바꿀 내용 입력 상자에 '빈칸 1개'를 입력한다.
- 두개 이상의 엔터키를 하나의 엔터키로 바꾸어 주려면 찾을 내용으로 '두 개의 문단 끝'을 바꿀 내용으로 '하나의 문단 끝'을 입력한다.

- 한 문단 내에서는 마침점(.), 물음표(?), 느낌표(!) 다음 반드시 빈칸을 하나 넣어야 한다.

예 문단 내의 마침점 다음 빈칸이 오지 않은 곳을 찾아 빈칸을 입력하려면 먼저 마침점 다음 빈칸을 입력한 후 두 개 이상의 빈칸을 하나의 빈칸으로 바꾸어 준다. 왜냐하면 마침점 다음 빈칸이 입력된 곳도 있고 입력되지 않은 곳도 있기 때문이다.

① 찾을 내용 입력 상자에 마침점 '.'을, 바꿀 내용 입력 상자에 마침점과 빈칸 1개 '. '를 입력한다.
② '모두 바꾸기' 버튼을 클릭한다.
③ 찾을 내용 입력 상자에 '마침점과 빈칸 2개'를, 바꿀 내용 입력 상자에 '마침점과 빈칸 1개'를 입력한다.
④ '모두 바꾸기' 버튼을 클릭한다.

물음표(?), 느낌표(!)도 동일한 방법으로 빈칸을 삽입한다.

※ 특정 속성을 지닌 문자열이나 문단을 찾아 바꾸기 위해서는 '서식 찾기' 아이콘을 클릭하여 해당 서식을 지정한다. 찾은 내용을 어떤 서식 모양으로 바꿀 것인가는 바꿀 내용 입력 상자에서 지정하는 서식에 의존한다.

예 특정 글자(문단)를 찾아 스타일을 적용하려면 바꿀 스타일에서, 새로운 글자(문단) 모양을 적용하려면 바꿀 글자(문단) 모양에서 지정한다.

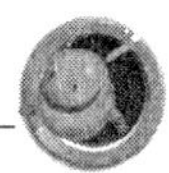

◆ 특정 글자 모양을 다른 글자 모양으로 바꾸기

예 '파랑' 색상의 '견고딕'이 적용된 글자를 찾아 '초록' 색상의 '견명조'로 바꾸려면 다음과 같이 한다.

① 찾을 내용 입력 상자에서 '찾을 글자 모양' 서식을 클릭한다.

② '견고딕' 글꼴을 선택하고 글자 색으로 '파랑'을 선택한다.

③ '설정' 버튼을 클릭한 후 바꿀 내용 입력 상자에서 '바꿀 글자 모양' 서식을 클릭한다.

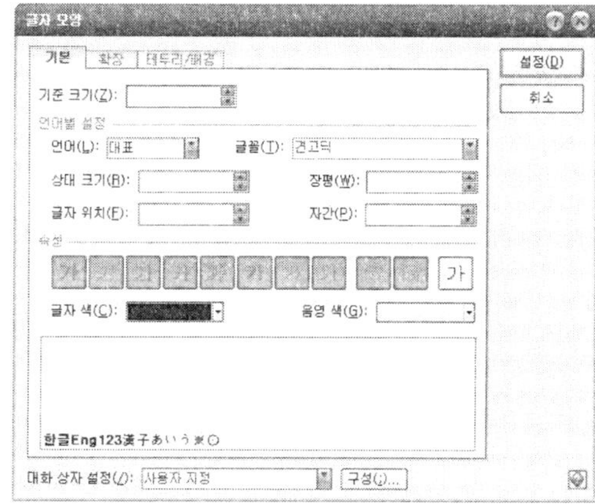

④ '견명조' 글꼴을 선택하고 글자 색으로 '초록'을 선택한다.

⑤ '설정' 버튼을 클릭한 후 '모두 바꾸기' 버튼을 클릭한다.

◆ 글자 스타일 '항목'이 적용된 글자의 모양을 '견명조'로 바꾸기

① 찾을 내용 입력 상자에서 '찾을 스타일' 서식을 클릭한다.

② 스타일 '항목'을 선택하고 '설정' 버튼을 클릭한다.

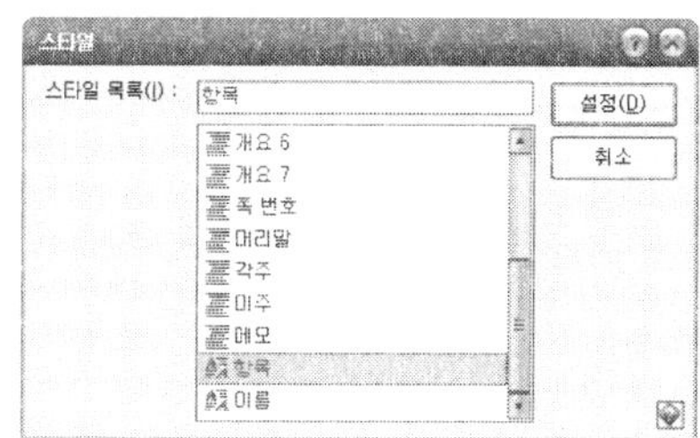

③ 바꿀 내용 입력 상자에서 '바꿀 글자 모양' 서식을 클릭한다.

④ '견명조' 글꼴을 선택하고 '설정' 버튼을 클릭한다.

⑤ '모두 바꾸기' 버튼을 클릭한다.

※ 특정 속성을 지닌 문자열을 찾기 하려면 찾을 내용 입력 상자에 아무것도 입력하지 않는다.

– 특정 스타일을 지정하면 해당 스타일 속성을 지닌 문자열을 찾아 준다.

– 찾을 글자 모양을 지정하면 지정한 속성을 지닌 모든 문자열을 찾아 준다.

※ 특정 속성을 지닌 특정 문자열을 찾기 하려면 찾을 입력 상자에 특정 문자열을 입력하고 특정 속성을 지정한다.

예 찾을 입력 상자에 문자열 '항목'을 입력하고 찾을 글자 모양으로 '견명조'를 지정하면 문자열 '항목' 중 견명조 글꼴을 가진 것만 찾아진다.

◆ 특정 문단 모양을 다른 문단 모양으로 바꾸기

들여쓰기의 값이 30 pt로 설정된 문단을 찾아 들여쓰기의 값을 10 pt로 변경하려면 다음과 같이 한다.

① 찾을 내용 입력 상자에서 '찾을 문단 모양' 서식을 클릭한다.

② 들여쓰기의 값을 '30 pt'로 지정하고 '설정' 버튼을 클릭한다.

③ 바꿀 내용 입력 상자에서 '바꿀 문단 모양' 서식을 클릭한다.

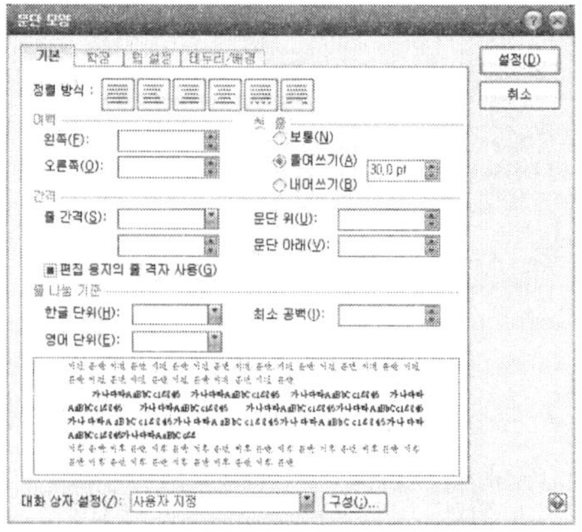

④ 들여쓰기의 값을 '10 pt'로 지정하고 '설정' 버튼을 클릭한다.
⑤ '모두 바꾸기' 버튼을 클릭한다.

◆ 특정 문단 모양을 스타일 '예문'으로 바꾸기

내어쓰기의 값이 27 pt로 설정된 문단을 찾아 스타일 '예문'으로 변경하려면 다음과 같이 한다.

① 찾을 내용 입력 상자에서 '찾을 문단 모양' 서식을 클릭한다.
② 내어쓰기의 값을 '27 pt'로 지정하고 '설정' 버튼을 클릭한다.
③ 바꿀 내용 입력 상자에서 '바꿀 스타일' 서식을 클릭한다.
④ 스타일 '예문'을 선택하고 '설정' 버튼을 클릭한다.
⑤ '모두 바꾸기' 버튼을 클릭한다.

참고 스타일 'A'가 적용된 부분을 찾아 스타일 'B'로 바꾸기 하려면 스타일 'A'의 속성을 스타일 'B'의 속성과 동일하게 해 준다. 즉, 스타일 'B'가 적용된 문자열에 커서를 두고 '모양/스타일'을 실행, 스타일 목록 'A'를 선택한 후 '현재모양으로 바꾸기' 버튼 을 클릭한다.

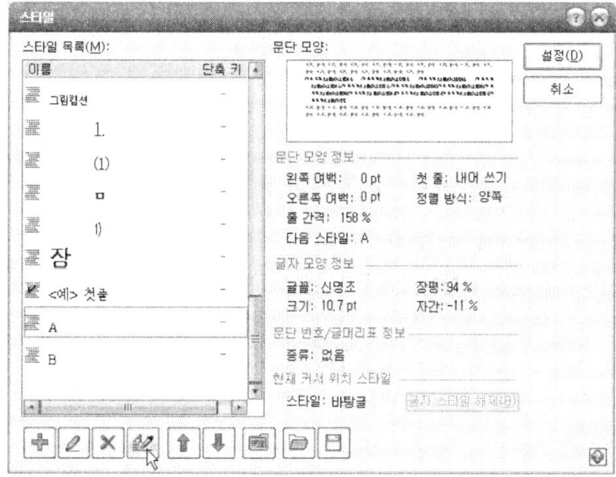

◆ 특정 문자열을 포함하는 단어를 찾아 특정 글자 모양을 지정하고 다른 단어로 바꾸기

문자열 '버튼'을 포함하는 모든 단어를 찾아 '견명조', '초록'으로 지정하고, 문자열 '버튼'을 '단추'로 바꾼 후 문자열 '단추' 앞에 공백을 삽입해 보자.

① 찾을 내용 입력 상자에 '*버튼;* 버튼'을 입력한다.

아무개 문자로 사용할 수 있는 문자는 '*', '?'가 있다. '*'는 여러 글자를 '?'는 한 글자를 뜻한다. '*버튼'은 '바꾸기버튼' '설정버튼' '버튼' 등 낱말과 문자열 '버튼'이 연결된 문자열을 찾아주고, '* 버튼'은 '바꾸기 버튼' '설정 버튼' 등 낱말과 문자열 '버튼'이 공백으로 연결된 문자열을 찾아준다.

② 바꿀 내용 입력 상자에서 '바꿀 글자 모양' 서식을 클릭한다.

③ 글꼴을 '견명조'로 글자 색을 '초록'으로 지정하고 '설정' 버튼을 클릭한다.

④ '아무개 문자' 항목을 선택한다.

⑤ '여러 단어 찾기' 항목을 선택한다.

여러 단어를 한꺼번에 찾을 때에는 쉼표(,)나 세미콜론(;)으로 구분한다.

⑥ '모두 바꾸기' 버튼을 클릭한다.

문자열 '버튼'을 포함한 모든 단어 즉, '버튼을', '채우기 버튼', '바꾸기버튼' 등의 글자 모양이 견명조, 초록으로 설정된다.

⑦ 찾을 내용 입력 상자에 '버튼'을 입력한다.

⑧ 바꿀 내용 입력 상자에 '단추'를 입력한다.

⑨ '조사 자동 입력' 항목을 선택한다.

⑩ '모두 바꾸기' 버튼을 클릭한다.

문자열 '버튼'이 '단추'로 바뀌고 알맞은 조사로 바꿔진다.

⑪ 찾을 내용 입력 상자에 '빈칸 1개'와 '단추'를 입력한다.

⑫ 바꿀 내용 입력 상자에 '단추'를 입력한다.

⑬ '모두 바꾸기' 버튼을 클릭한다.

'채우기단추', '바꾸기 단추'와 같이 문자열 '단추'가 다른 낱말에 붙은 것도 있고 띄워진 것도 있기 때문에 빈칸을 삭제하여 전체적으로 통일한다.

⑭ 찾을 내용 입력 상자에 '단추'를 입력한다.

⑮ 바꿀 내용 입력 상자에 '빈칸 1개'와 '단추'를 입력한다.

⑯ '모두 바꾸기' 버튼을 클릭한다.

문자열 '단추' 앞에 빈칸이 삽입된다. 이때 주의할 점은 문단의 첫머리에 나오는 문

자열 '단추'에 빈칸이 하나 추가되므로 해당 문자열의 빈칸을 삭제해야 한다.

⑰ 찾을 내용 입력 상자에 '^n 단추'를 입력한다.

⑱ 바꿀 내용 입력 상자에 '^n단추'를 입력한다.

⑲ '모두 바꾸기' 버튼을 클릭한다.

◆ 【 】로 둘러싸인 문자열을 찾아 견명조 글꼴로 바꾸기

① 찾을 내용 입력 상자에 '【*】;【* *】;【* * *】;【* * * *】;【* * * * *】'을 입력한다. 【*】를 입력하면 공백이 없이 【 】로 둘러싸인 문자열만 찾아 준다. 따라서 공백이 여러 개인 문자열도 찾을 수 있게끔 지정한다.

② 바꿀 내용 입력 상자에서 '바꿀 글자 모양' 서식을 클릭한다.

③ 글꼴을 '견명조'로 지정하고 '설정' 버튼을 클릭한다.

④ '아무개 문자' 항목을 선택한다.

⑤ '여러 단어 찾기' 항목을 선택한다.

⑥ '모두 바꾸기' 버튼을 클릭한다.

특정 문자열을 두드러지게 나타나도록 하려면 외곽선 모양, 강조점, 테두리 모양, 배경 색상, 형광펜 속성을 준다.

① 문자열을 블록으로 설정한다.

② '모양/문단 모양'을 실행하고 확장 탭을 클릭한다.

③ 외곽선 모양, 강조점의 종류를 지정한다.

④ 테두리/배경 탭을 클릭하고 테두리 모양, 배경 색상을 지정하고 '설정' 버튼을 클릭한다.

예 글꼴을 견명조로 지정하고 '설정' 버튼을 클릭한다.

예 글꼴을 견명조로 지정하고 '설정' 버튼을 클릭한다.

예 글꼴을 견명조로 지정하고 '설정' 버튼을 클릭한다.

예 글꼴을 견명조로 지정하고 '설정' 버튼을 클릭한다.

18. 덧말 넣기

> 한글 2007
> 문서를 작성할 때 그림, 간단한 표 등은 한글로 작성하고 차트, 복잡한 표 등은 엑셀로 작성한다.

① 덧말을 넣을 문자열을 블록으로 설정한다.

② '입력/덧말 넣기'를 실행한다.

③ 덧말 입력 상자에 내용을 입력하고 '넣기' 버튼을 클릭한다.

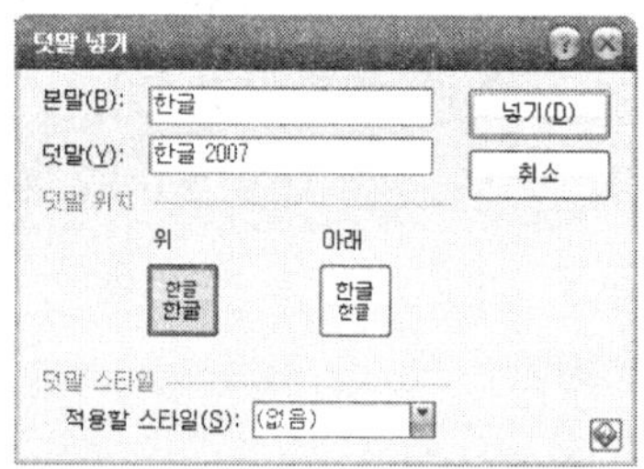

문서 내용과 관련된 주의 사항, 이유 등은 숨은 설명으로 추가한다.

숨은 설명은 말 그대로 편집 화면에서 숨겨진 상태로 존재하면, 프린터로 출력할 때에도 인쇄되지 않는다.

① 숨은 설명을 넣을 자리에 커서를 두고 '입력/주석/숨은 설명'을 실행한다. 숨은 설명 입력 화면이 열린다.

② 내용을 입력한 후 Shift+Esc 키를 누른다.

본문에는 아무 표시도 나타나지 않는다. 숨은 설명을 참조하려면 '편집/찾아가기/조판 부호/숨은 설명'을 실행한다.

19. 수식 편집기[1]

◫ 수식 입력하기

예 수식 $y = ax + b$ 입력

① '입력/개체/수식'을 실행한다.

② 스크립트 입력 창에 'y=ax+b'를 입력한다.

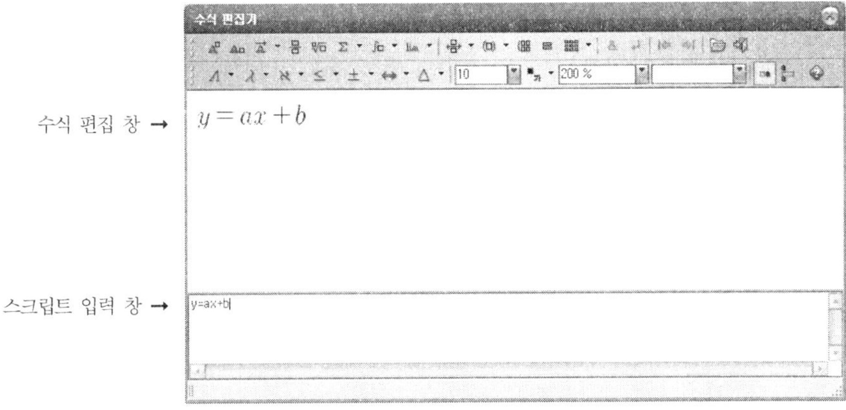

스크립트 입력 창에 입력한 문자열은 수식 편집 창에 수식의 형태로 표현된다.

③ '넣기' 버튼을 클릭한다. 커서 위치에 수식 $y = ax + b$가 삽입된다.

- 식 $\frac{x}{y}$를 입력하려면 'x over y'와 같이 입력한다.
- x^2, x_2를 입력하려면 'x^2', 'x_2'와 같이 입력한다. '^'과 '_'는 위 첨자 아래 첨자를 입력할 때 사용한다.
- ${}_a^b$를 입력하려면 '`_a^b'와 같이 입력한다.
- 식을 지우려면 수식을 마우스로 선택한 뒤 Delete 키를 누른다.

1) 유병훈, 『문서편집 따라하기』, 내하출판사, 241−256 페이지 참조.

□ 수식 편집하기

문서에 삽입된 수식을 편집하려면 수식을 더블클릭한다.

예 수식 $y = ax + b$를 $y = ax - b$로 수정해 보자.

① 수식을 더블클릭한다.
② '+'를 '−'로 수정한다.
③ '넣기' 버튼을 클릭한다.

□ 수식 번호 달기

① 수식을 마우스 오른쪽 단추로 클릭 단축메뉴에서 '캡션 달기'를 실행한다. 수식 번호는 자동적으로 삽입된다.

② 캡션의 크기, 위치를 수정하려면 수식을 마우스 오른쪽 단추로 클릭 단축메뉴에서 '개체 속성'을 실행한다.

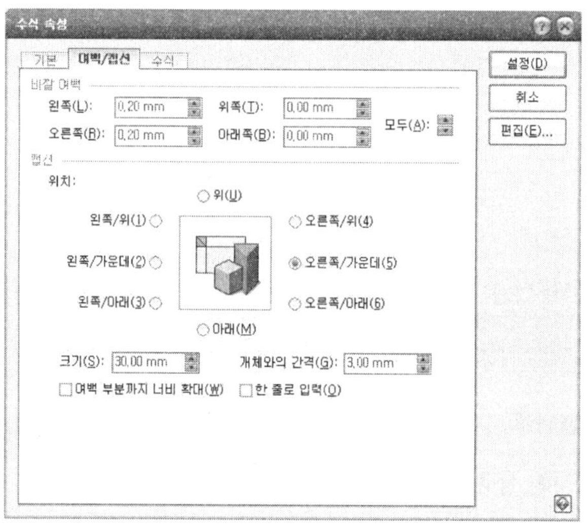

③ 캡션의 위치를 '오른쪽/가운데'로 지정하고 수식 번호를 오른쪽 정렬하면 다음과 같이 된다.

$y = ax + b$ 수식 1

- 수식 번호를 괄호로 나타내려면 번호의 좌우에 ( )를 입력한다.
- 수식 번호를 지우려면 수식을 마우스 오른쪽 단추로 클릭하고 단축메뉴에서 '캡션 지우기'를 실행한다.

□ 화학식 입력하기

스크립트 입력 창에서 영문은 항상 신명조 이탤릭으로 입력된다. 따라서 화학식을 입력하려면 로만체로 입력해야 한다. 로만체로 입력하려면 수식 앞에 rm 명령어를 입력한다.

입력 : rm H_2O
출력 :$\mathrm{H_2O}$

- 영문 입력 시의 전환 명령어

it 이탤릭으로 전환
rm 로만체로 전환
bold 볼드체로 전환
rmbold: 로만체+볼드체로 전환

예

입력 Y=aX+b에서 `X는 `rm Price, `it Y는 `rm Quantity, `it bold a , bold b 는 `상수이다.
출력 $Y=aX+b$에서 X는 Price, Y는 Quantity, $\boldsymbol{a,b}$는 상수이다.

□ 수식 편집의 기본 규칙

입력기호	용 도
빈칸	수식의 항 구분
~	수식의 항 띄움(Shift+␣)
`	빈칸 폭의 1/4만큼 빈칸 삽입(␣)
{ }	여러 항을 하나의 항으로 묶음
" "	연달아 입력된 10자 이상 문자열을 하나의 항으로 취급
#	수식의 줄 바꿈

• 수식의 항을 구분하려면 항 사이에 빈칸을 준다.

입력 : y=ax^2 +b
출력 : $y=ax^2+b$

주의 띄우지 않고 붙여 쓴 문자는 하나의 항으로 인식된다.

입력 : y=ax^2+b
출력 : $y=ax^{2+b}$

• 수식의 항을 띄어 쓰려면 '~'를 입력한다.

입력 : y=ax+b,~y는~종속변수,~x는~독립변수
출력 : $y=ax+b,y$는 종속변수, x는 독립변수

주의 띄어 쓸 자리에 ~를 입력하지 않고 빈칸을 넣으면 항이 붙어 출력된다.

입력 : y=ax+b, y는 종속변수, x는 독립변수
출력 : $y=ax+b,y$는종속변수,x는독립변수

• 여러 항을 하나로 묶으려면 중괄호 '{ }'를 사용한다.

입력 : y=a+{1- 1 over 1+r} over b
출력 : $y=a+\frac{1-\frac{1}{1+r}}{b}$

주의 중괄호로 항을 묶지 않으면 엉뚱한 수식이 출력된다.

입력 : y=a+ 1 - 1 over 1+r over b
출력 : $y=a+1-\frac{\frac{1}{1+r}}{b}$

• 수식의 줄을 바꾸려면 '#'를 사용한다.

입력 : y=ax+b#y=ax^2 +bx+c
출력 : $y = ax + b$
$y = ax^{2} + bx + c$

□ 템플릿 팔레트로 수식 입력하기

수식 편집기는 수학 기호 유형별 팔레트를 제공한다. 템플릿 팔레트를 이용하여 식을 입력하여 수식을 쉽게 작성할 수 있다.

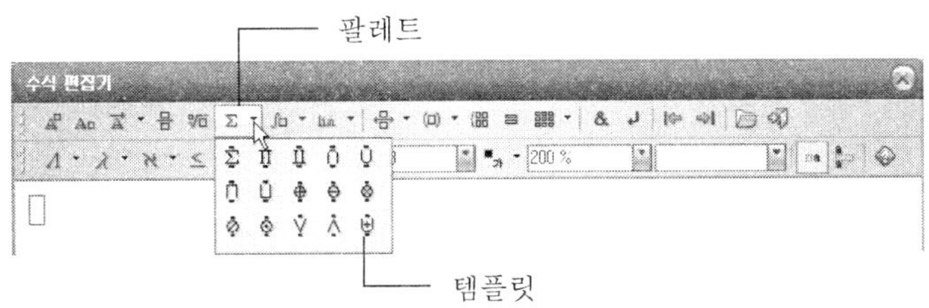

도구 상자의 수식 아이콘의 종류는 다음과 같다.

종류	이름	종류	이름	종류	이름	종류	이름
	위 첨자		상호 관계		다음 항목	⇔	화살표
	아래 첨자		괄호		MathML 파일	△	기타 기호
	장식 기호		경우		넣기	10	글자 크기
	분수		세로 쌓기	Λ	그리스 대문자		글자 색
	근호		행렬	λ	그리스 소문자	200 %	화면 확대
Σ	합	&	줄 맞춤	ℵ	그리스 기호		명령어 입력
∫□	적분		줄 바꿈	≤	합·집합 기호		글자 단위 영역
lim	극한		이전 항목	±	연산·논리 기호		줄 단위 영역

• 근호 입력

① '근호' 아이콘 을 클릭한다.

② 수식 템플릿을 완성한 후 '넣기' 버튼을 클릭한다.

$\sqrt[\square]{\square} \quad \rightarrow \quad \sqrt[a]{x^2} \quad \rightarrow \quad \sqrt[a]{x^2}$

수치와 글자가 들어갈 부분은 Tab, Shift+Tab 키를 눌러 이동한다.

- 절대값 입력

① '괄호' 아이콘 을 클릭하고 '템플릿' 을 클릭한다.

② 템플릿을 완성한 후 '넣기' 버튼을 클릭한다.

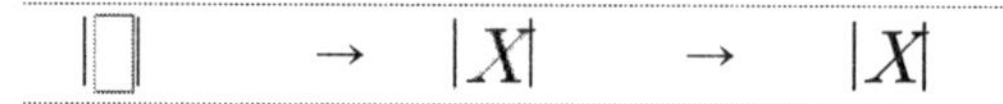

- Norm 입력

① '괄호' 아이콘 을 클릭하고 '템플릿' 을 클릭한다.

② 수식 템플릿을 완성한 후 '넣기' 버튼을 클릭한다.

$\| \square \| \quad \rightarrow \quad \| ab \| \quad \rightarrow \quad \| ab \|$

- 상호관계 표시

① 스크립트 입력 창에 '가계'를 입력한 후 '상호 관계' 아이콘 을 클릭한다.

② '템플릿' 을 클릭하고 수식 템플릿을 완성한 후 스크립트 입력 창에서 '기업'을 입력한다.

③ '넣기' 버튼을 클릭한다.

가계$\overset{\square}{\underset{\square}{\longrightarrow}}$ → 가계$\overset{노동}{\underset{임금}{\longrightarrow}}$ → 가계$\overset{노동}{\underset{임금}{\longrightarrow}}$기업 → 가계$\overset{노동}{\underset{임금}{\longleftrightarrow}}$기업

예제 상호 관계를 표시하기 위해서는 스크립트 입력 창과 수식 편집 창을 오가면서 작업한다.

- 정적분 입력

① '적분' 아이콘 을 클릭하고 '템플릿' 을 클릭한다.

② 수식 템플릿을 완성한 후 스크립트 입력 창에서 'dx'를 입력한다.

③ '넣기' 버튼을 클릭한다.

$$\int_{\square}^{\square}\square \rightarrow \int_a^b x^2 \rightarrow \int_a^b x^2\,dx \rightarrow \int_a^b x^2\,dx$$

- Summation 입력

① '합' 아이콘 을 클릭하고 '템플릿' 을 클릭한다.

② 수식 템플릿을 완성한 후 '넣기' 버튼을 클릭한다.

$$\sum_{\square}^{\square} \rightarrow \sum_{a=0}^{\infty} \rightarrow \sum_{a=0}^{\infty}$$

- 극한 입력

① '극한' 아이콘 을 클릭하고 '템플릿' 을 클릭한다.

② 수식 템플릿을 완성한 후 '넣기' 버튼을 클릭한다.

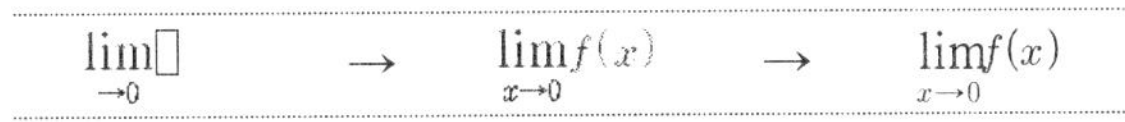

- 행렬 입력

① '행렬' 아이콘 을 클릭하고 '템플릿' 을 클릭한다.

② 수식 템플릿을 완성한 후 '넣기' 버튼을 클릭한다.

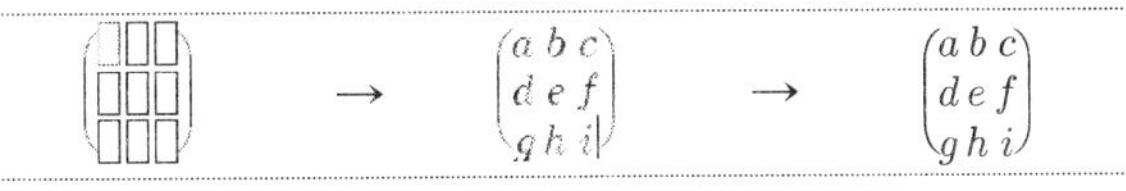

- 행렬식 입력

① '행렬' 아이콘 을 클릭하고 '템플릿' 을 클릭한다.

② 수식 템플릿을 완성한 후 '넣기' 버튼을 클릭한다.

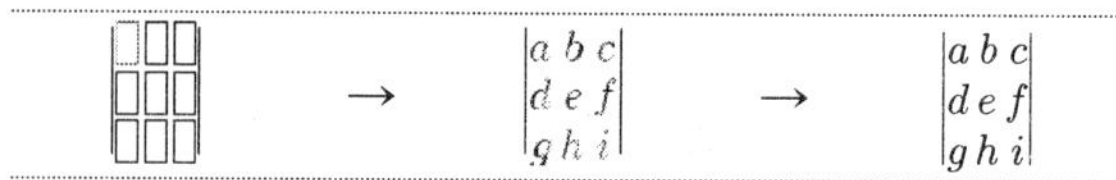

– 한글은 기본적으로 3×3 행렬은 제공한다. 다른 차원의 행렬을 입력하려면 수식 편집 화면에서 행 · 열을 추가하거나 행 · 열을 삭제한다.

– 행렬을 입력할 때 행렬의 원소가 – 등의 부호를 가지면 원소들이 올바르게 정렬되지 않는다. 이때는 오른쪽 칸 단위 정렬 명령어인 rpile을 사용한다. 왼쪽을 중심으로 정렬하려면 lpile을 사용한다.

$\begin{pmatrix} a & -b & c \\ d & e & -f \\ g & -h & i \end{pmatrix}$	→	{pmatrix{rpile{a&-b&c#d&e&-f#g&-h&i}}}	→	$\begin{pmatrix} a & -b & c \\ d & e-f \\ g-h & i \end{pmatrix}$

☐ 기타 수식 명령어

• overline, underline으로 밑줄과 윗줄을 그어 준다. 긴 항이나 여러 개의 항에 적용하려면 { }로 묶어 준다.

overline a	→	$\overline{a}$
underline a	→	$\underline{a}$

• choose로 조합을 작성한다.

n {rm C} r = n choose r	→	$nCr = \binom{n}{r}$

• cases로 여러 행 전체를 나타내는 묶음표({)를 입력한다. 묶음표는 확대/축소된다.

f(x)= cases {p(X=x),~x=0,~1,~2,~3,~4,~5,~6.#0,~그외에.}	→	$f(x) = \begin{cases} p(X=x), & x=0,\ 1,\ 2, 3,\ 4,\ 5,\ 6. \\ 0, & \text{그외에.} \end{cases}$

• cases 명령어를 사용하면 식을 나열하는 것도 가능하다.

cases {p=a+bx,~a >= 0,~b >= 0#p=c-dx,~c >= 0,~d >= 0#p=bar q ,~q>=0}	→	$\begin{cases} p=a+bx,\ a \geqq 0,\ b \geqq 0 \\ p=c-dx,\ c \geqq 0,\ d \geqq 0 \\ p=\bar{q},\ q \geqq 0 \end{cases}$

• phantom으로 수식의 자리를 맞춘다.

y=ax_0 +bx_1 +cx_2 # y=phantom {ax_0 +bx_1 +}~cx_2	→	$y=ax_0+bx_1+cx_2$ $y=cx_2$

• not을 문자 앞에 붙이면 그 문자에 사선을 그어 준다.

x not =y	→	$x \neq y$
A~ not SUBSET ~U	→	$A \not\subset U$

• pile, lpile, rpile로 식을 세로로 쌓아 맞출 수 있다. lpile은 식의 왼쪽을 맞춰 아래 위로 식을 쌓아 주며, rpile은 식의 오른쪽을 맞춰 아래 위로 식을 쌓아 준다.

lpile{y=ax+ b#y= bar x}	→	$\begin{array}{l} y=ax+b \\ y=\bar{x} \end{array}$
rpile{y=ax+ b#y= bar x}	→	$\begin{array}{r} y=ax+b \\ y=\bar{x} \end{array}$
pile{y=ax+ b#y= bar x}	→	$\begin{array}{c} y=ax+b \\ y=\bar{x} \end{array}$

• bigg으로 가운데 큰 기호를 입력할 수 있다.

p over x CDOT dx over dp = dx over x bigg/ dp over p	→	$\frac{p}{x} \cdot \frac{dx}{dp} = \frac{dx}{x} \bigg/ \frac{dp}{p}$

기호 /는 양쪽 문자의 크기에 맞게끔 입력된다(cdot는 ·)

• 기타 글자장식 명령어

입력	출력	입력	출력
acute x	$\acute{x}$	hat a	$\hat{a}$
dyad a	$\overleftrightarrow{a}$	tilde a	$\tilde{a}$
vec a	$\vec{a}$	arch a	$\overset{\frown}{a}$
ddot a	$\ddot{a}$	dot a	$\dot{a}$
grave x	$\grave{x}$	check a	$\check{a}$
bar a	$\bar{a}$	under a	$\underline{a}$

◻ 수식 연습

복잡한 수식은 자판으로 바로 입력한다. 그러나 수식 명령어에 익숙하지 않은 경우에는 템플릿을 참조하여 입력한다.

수식 $[a,\ b] = \{x \in R : a \leqq x \leqq b,\ \mathrm{for}\, a \in R,\ b \in R,\ a < b\}$을 입력하는 과정은 다음과 같이 한다.

① 수식의 형태 [ ] = { }를 먼저 입력하고 ∈, ≤가 들어 갈 자리에서 [ ], { } 템플릿을 클릭한다.

- [ ], { }는 '괄호' 팔레트의 [ ], { } 템플릿을 클릭한다.
- 연산자 ∈, ≤는 ≤ 팔레트의 ∈, ≤ 템플릿을 클릭한다.

② 변수, 상수, 문자열을 입력하여 수식을 완성한다.

```
LEFT [ a,~b RIGHT ] = LEFT { x IN R~:`a <= x <= b,~for`a IN R,~b IN R,~a<b
RIGHT }
```

- 수식1 : $\cos\theta = \dfrac{\boldsymbol{x} \cdot \boldsymbol{y}}{\|\boldsymbol{x}\|\|\boldsymbol{y}\|}$

```
cos theta ={bold x CDOT bold y} over {LEFT || bold x` RIGHT || LEFT || bold y`
RIGHT || }
```

- 수식2 : $\boldsymbol{x}' = \begin{bmatrix} x_1 & x_2 & x_3 \end{bmatrix}$

```
bold x prime = BMATRIX { {x_1 }& {x_2 }& {x_3 }}
```

- 수식3 : $\boldsymbol{x} = \begin{bmatrix} x_1 \\ x_2 \\ x_3 \end{bmatrix}$

```
bold x prime = BMATRIX { {x_1 }& {x_2 }& {x_3 }}
```

- 수식4 : $\dot{P_1} = \frac{\partial E_1}{\partial P_1} P_1 + \cdots + \frac{\partial E_1}{\partial P_n} P_n$

```
dot{P _{1}} = {Partial E _{1}} over {Partial P _{1}} P _{1} + CDOTS + {Partial E _{1}} over {Partial P
_{n}} P _{n}
```

- 수식5 : $f(x) = (x_1,\ x_2) \begin{bmatrix} a\, b \\ c\, d \end{bmatrix} \begin{bmatrix} x_1 \\ x_2 \end{bmatrix}$

```
f(x)=(x_1 ,~ x_2 ) BMATRIX{ {a}&{b}#
{c}&{d}} BMATRIX{{x_1 }# {x_2 }}
```

- 수식6 : $\frac{d}{dt} e^{f(t)} = f'(t) e^{f(t)}$

```
d over dt e^f(t) =f prime (t) e^f(t)
```

- 수식7 : $A(t) = Ve^{-rt} = 2^{\sqrt{t}}\ e^{-rt}$

```
A(t)=Ve^-rt =2^ SQRT { t~} e^-rt
```

- 수식8 : $\int_1^b \frac{dx}{x^2} = \frac{-1}{x} \Big]_1^b = \frac{-1}{b} + 1$

```
INT _{ 1}^{b } dx over x^2 = -1 over x right ] pile{b##1} = -1 over b +1
```

- 수식9 : $\begin{matrix} b \\ 1 \end{matrix}$

```
pile{b#1}
```

b와 1사이의 간격을 넓히기 위해서는 b와 1사이에 들어가는 #의 개수를 조정한다.

Ⅲ 실무 문서 작성

본 장에서는 실무에서 많이 사용되는 문서 제작법에 관해 다룬다.

- 취합용도의 문서 양식
- 관리 문서 양식
- 안내문
- 정산서
- 웹콘텐츠 삽입

1. 취합용도 문서

정해진 위치에 정해진 크기로 일정한 서식이 적용된 문서를 취합하기 위해서는 문서를 표 양식으로 만들어 배포한다. 양식에는 누름틀을 삽입하여 무엇을 어떻게 입력해야 하는지 안내문을 제시해야 하며, 계산식을 삽입하여 자동으로 계산되게끔 해야 한다. 문서 양식과 관련된 안내 자료는 하이퍼링크와 상호 참조를 사용하여 제공한다.

1) 표 작성

세부사업비 (단위: 천원)

세부사업명	항목명	국고(a)	대응(b)	소계(c=a+b)	비율(d=b/a)
취업률 향상	현장실습			0	잘못된 계산식
	직무스킬			0	잘못된 계산식
	자격증취득			0	잘못된 계산식
	소 계	0	0	0	잘못된 계산식
학생역량 강화	기초학습능력			0	잘못된 계산식
	인성교육			0	잘못된 계산식
	소 계	0	0	0	잘못된 계산식
총 계		0	0	0	잘못된 계산식

표 양식을 제작할 때 주의할 점은 다음과 같다.

- 값을 입력하면 자동적으로 합계, 나누기 등의 값이 표시되도록 한다.
- 합계, 나누기 등의 값이 표시된 셀은 편집하지 못하도록 한다.

◻ 표 만들기

◆ 9줄 6칸의 표를 만든다.

◆ 세부사업명이 입력될 셀은 '표/셀 합치기'를 실행한다.

◆ 표에 캡션을 추가하고 캡션의 위치를 표 위로 지정한다.

- 캡션 편집 창에서 표 번호를 지우고 '세부사업비 (단위: 천원)'을 입력한다. 단, ':'와 '천원' 사이는 Alt+SpaceBar 키를 눌러 고정폭 빈칸을 입력한다.

세부사업비[Space Bar] (단위:[Alt]+[Space Bar]천원)

- 문단 정렬 방식 중 '나눔 정렬' ▤을 적용한다.
- 표를 마우스 오른쪽 단추로 클릭하고 단축메뉴에서 '개체 속성'을 실행한다.
- 캡션 위치 선택 옵션 중 '위'를 선택한다.

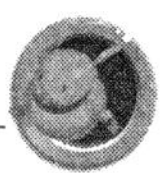

□ 셀 서식 지정

◆ 선 모양을 설정하는 방법은 5장 보고서 디자인을 참조한다.

◆ 셀 모양

- 셀 여백을 지정한다.

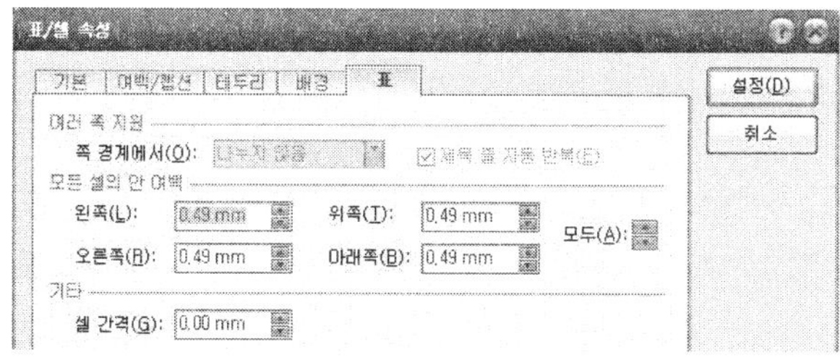

- 셀 전체를 블록으로 선택한 후 '표/셀 속성/셀 탭/세로 정렬/가운데'를 적용한다.
- 제목이 들어갈 첫 번째 행은 '표/셀 테두리 · 배경/면 색'을 적용한다.
- 세부사업명, 항목명은 가장 긴 문자열이 셀 너비의 가운데에 위치하게끔 하고 여기에 나머지 텍스트의 첫 자를 맞춰 정렬한다.
- 수치가 입력될 셀에는 '모양/문단 모양/오른쪽 정렬'을 적용한다.

□ 계산식 입력

① 취업률 향상 부분을 블록으로 지정하고 '표/블록 계산식/블록 합계'를 실행한다.

취업률 향상	현장실습				
	직무스킬				
	사격승취늑				
	소 계				

② 학생역량 강화 부분을 블록으로 지정하고 '표/블록 계산식/블록 합계'를 실행한다. 소계가 계산될 셀에 계산식 =SUM(?2:?3)이 삽입된다. 계산식이 삽입된 자리에는 '0'으로 표시된다.

③ 비율이 입력될 첫 번째 셀에는 '=D?/C?'를 입력하고 형식으로 '소수점 이하 두 자리'를 지정한다.

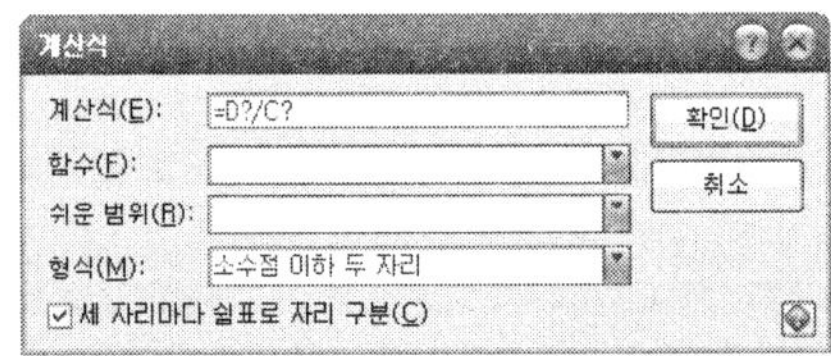

④ 비율이 입력될 나머지 셀을 블록으로 설정한 후 '입력/채우기/표 자동 채우기'를 실행한다.

⑤ 총계가 계산될 셀에 계산식 '=SUM(?5,?5)'를 입력하고 나머지 셀을 블록으로 설정한 후 '입력/채우기/표 자동 채우기'를 실행한다.

⑥ 식이 입력된 셀을 블록으로 설정하고 셀 보호 속성을 지정한다.

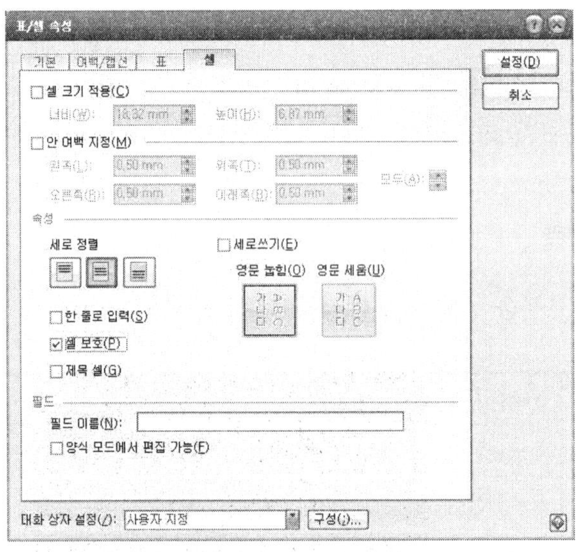

표에 삽입된 계산식은 다음과 같다.

세부사업비 (단위: 천원)

세부사업명	항목명	국고(a)	대응(b)	소계(c=a+b)	비율(d=b/a)
취업률 향상	현장실습			=SUM(C?:D?)	=D?/C?
	직무스킬			=SUM(C?:D?)	=D?/C?
	자격증취득			=SUM(C?:D?)	=D?/C?
	소 계	=SUM(?2:?4)	=SUM(?2:?4)	=SUM(C?:D?)	=D?/C?
학생역량 강화	기초학습능력			=SUM(C?:D?)	=D?/C?
	인성교육			=SUM(C?:D?)	=D?/C?
	소 계	=SUM(?6:?7)	=SUM(?6:?7)	=SUM(C?:D?)	=D?/C?
총 계		=SUM(?5,?8)	=SUM(?5,?8)	=SUM(C?:D?)	=D?/C?

※ 계산 대상 셀의 주소 번지를 참조하려면 해당 셀을 클릭하여 화면 하단의 상황선을 참조한다. 클릭한 셀의 주소 번지가 (C5)와 같이 표시된다.

114/ 64... 쪽 1단 1줄 2칸 (C5) 1/ 1 구역 삽입

※ 계산식은 상대 참조 방식으로 계산한다. 즉, 계산식을 복사하여 붙여 넣으면 참조 형태를 그대로 유지하여 계산한다.

A1	B1	C1	D1
A2	B2	C2	D2
A3	B3	C3	D3
A4	B4	C4	D4

A1, A2 셀을 참조한 계산식을 A3 셀에 입력하고 이를 복사하여 C4 셀에 붙여 넣으면 C4 셀의 계산식은 C2, C3 셀을 참조하여 계산한다.

※ 블록 계산식을 적용할 때 주의할 점은 계산식이 입력될 셀을 함께 블록으로 설정해야 하며, 계산식이 입력될 셀은 빈 셀이어야 한다.

◫ 계산식 =SUM(?2:?4) 살펴보기

- ( ) 속에는 셀 계산 범위를 입력한다. 연속 범위는 대상 셀을 콜론 (:)으로 구분하며, 불연속 범위는 대상 셀을 콤마 (,)로 구분한다.
- 셀 주소는 엑셀과 동일한 체계를 지닌다. 줄은 1, 2, 3, ...으로 칸은 A, B, C, ...로 매겨진다. 주소는 열 번호 행 번호 순으로 표시된다.

<table>
<tr><td>A1</td><td>B1</td><td>C1</td><td>D1</td></tr>
<tr><td>A2</td><td>B2</td><td>C2</td><td>D2</td></tr>
<tr><td>A3</td><td>B3</td><td>C3</td><td>D3</td></tr>
<tr><td>A4</td><td>B4</td><td>C4</td><td>D4</td></tr>
</table>

셀 주소 번지

- 셀 합치기를 하면 합친 셀의 첫 번째 셀 주소를 주소 번지로 인식한다.

<table>
<tr><td>A1</td><td colspan="2">B1</td><td>D1</td></tr>
<tr><td rowspan="3">A2</td><td rowspan="2">B2</td><td>C2</td><td>D2</td></tr>
<tr><td>C3</td><td>D3</td></tr>
<tr><td>B4</td><td>C4</td><td>D4</td></tr>
</table>

셀 주소 번지

- 셀 나누기를 하면 나뉜 셀의 다음 셀부터 셀 주소가 한 단계씩 이동한다.

<table>
<tr><td>A1</td><td colspan="3">B1</td><td>E1</td></tr>
<tr><td rowspan="3">A2</td><td rowspan="2">B2</td><td>C2</td><td>D2</td><td></td></tr>
<tr><td colspan="2">C3</td><td>E3</td></tr>
<tr><td>B4</td><td colspan="2">C4</td><td>E4</td></tr>
</table>

셀 주소 번지

◆ A1 셀에서 A3 셀까지, B1 셀에서 B3 셀까지 더하기

```
=SUM(A1:A3,B1:B3)
```

◆ 특정 셀을 특정 셀로 나눌 때는 (/)을, 곱할 때는 (*)를 사용한다.

```
=셀 주소/셀 주소
```

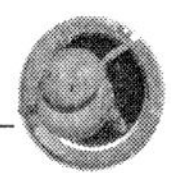

◆ 셀 주소의 줄/칸 번호대신 ?를 입력하면 포맷이 비슷한 계산식을 복사하여 사용할 수 있다.

- 열 번호 자리의 ?는 함수가 위치한 셀의 열 번호가 대체된다.
- 행 번호 자리의 ?는 함수가 위치한 셀의 행 번호가 대체된다.

참고 시트 함수

함수이름	내용
SUM	셀 영역의 합
AVERAGE	셀 영역의 평균
PRODUCT	셀 영역의 곱
MIN	셀 영역의 최소값
MAX	셀 영역의 최대값
COUNT	셀 영역의 공백이 아닌 셀의 개수
ABS	절대값
SQRT	제곱근
CEILING	크거나 같은 최소 정수
FLOOR	작거나 같은 최대 정수
INT	정수 값
ROUND	소수 자릿수 지정
MOD	나머지

참고 업무에 자주 사용하는 문서는 템플릿 파일 .hwt 형태로 문서마당 꾸러미에 저장한다.

예 표를 '급여명세양식'이란 이름의 템플릿 파일로 문서마당 꾸러미에 저장해 보자.

A	B	D	F	H	J	L
지급내역	본봉	상여수당	정근수당	가계지원비	직책수당	정근수당가산금
	0	0	0	0	0	0
	직급보조비	급량비	연구비	학사지도비	업무개발수당	사무수당
	0	0	0	0	0	0
공제내역	소득세	주민세	사학연금	의료보험	연금대여	교원공제회
	0	0	0	0	0	0

급여총액	0	공제총액	0	차감지급액	0
A	C	E	G	I	K

표에 삽입된 계산식은 다음과 같다. 표의 셀을 합치거나 나누는 과정에서 셀 주소 번지가 변경되는 관계로 반드시 계산 대상 셀의 주소를 확인한 후 계산식을 입력한다.

- 급여총액: $= SUM(B2 : L2, B4 : L4)$
- 공제총액: $= SUM(B7 : L7)$
- 차감지급액: $= C9 - G9$

① '파일/문서 정보'를 실행한다.

② 문서 요약 탭의 문서 제목에 '급여명세양식'이라 입력하고 '확인' 버튼을 클릭한다.

③ '파일/저장하기'를 실행한다.

④ 파일 이름을 '급여명세양식'으로 입력한다.

⑤ 파일 저장 위치와 파일 형식을 지정한 후 '저장' 버튼을 클릭한다.

- 저장 위치: C:₩Program Files₩Common Files₩HNC₩Shared₩HwpTemplate₩Doc₩KOR₩ TEACHER
- 파일 형식: 한글 서식 (*.hwt)

2) 누름틀

누름틀은 내용이 입력될 특정 위치를 지정하거나, 특정 내용이 입력되기를 원할 때 사용한다. 누름틀은 안내문과 메모 내용으로 구성된다. 안내문은 내용이 입력될 셀에 표시한다.

세부사업명	
목표	*이곳을 마우스로 누르고 300자 이내로 적어 주십시오.*
필요성	*이곳을 마우스로 누르고 300자 이내로 적어 주십시오.*

누름틀을 삽입할 때에는 글자 모양, 문단 모양을 미리 설정하여 제공한다.

▭ 누름틀 삽입

① 셀을 클릭한 후 글자 모양과 문단 모양을 지정한다.

② '표/셀 속성'을 실행하여 안 여백을 지정하고 세로 정렬 옵션으로 '위'를 지정한다.

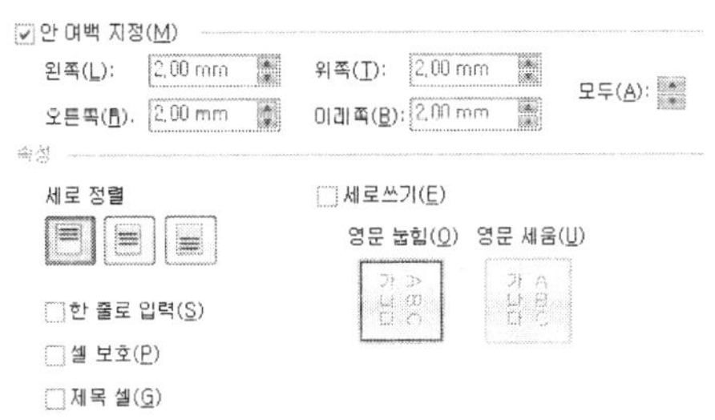

③ '입력/문서마당 정보'를 실행한다.

④ 문서마당 정보 대화상자의 누름틀 탭을 클릭한다.

⑤ 안내문과 메모 내용을 입력하고 '넣기' 단추를 누른다.

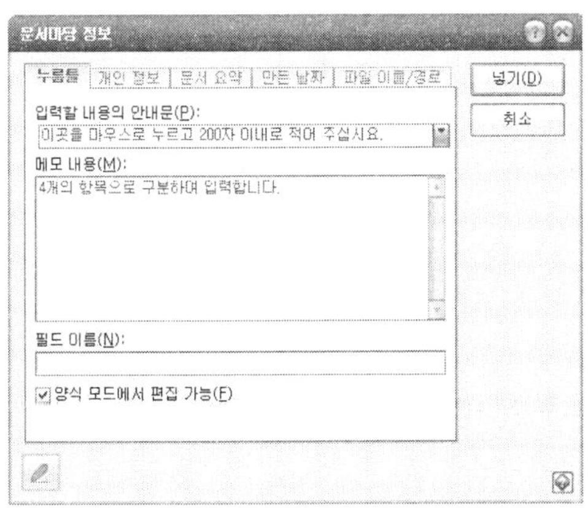

누름틀을 클릭하면 상황선에 누름틀에 대한 메모 내용이 표시된다.

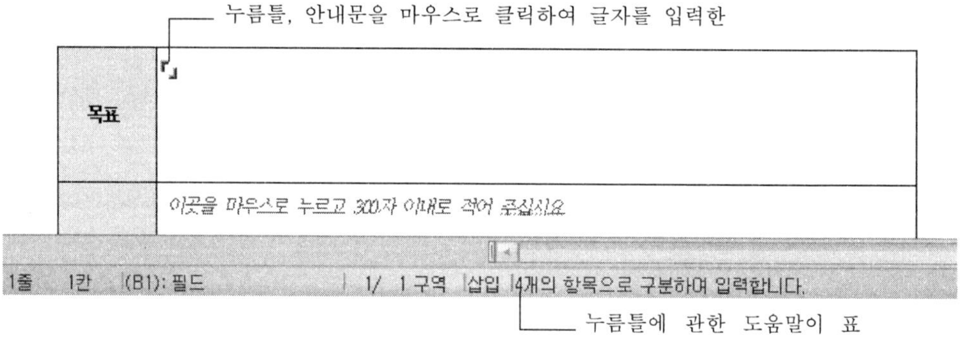

누름틀, 안내문을 마우스로 클릭하여 글자를 입력한

목표	
	이곳을 마우스로 누르고 300자 이내로 적어 주십시요

1줄 1칸 (B1): 필드 1/ 1 구역 삽입 4개의 항목으로 구분하여 입력합니다.

누름틀에 관한 도움말이 표

참고 누름틀은 인쇄되지 않는다. 누름틀을 인쇄하려면 인쇄 대화상자의 확장 탭에서 '누름틀' 항목 단추를 눌러 체크 표시를 한다.

3) 하이퍼링크 · 상호 참조

보고서 작성 관련 안내 자료를 제공하기 위해서는 하이퍼링크와 상호 참조를 사용한다. 하이퍼링크는 웹 페이지 혹은 특정 문서 페이지로 연결하는 기능이며, 상호 참조는 문서의 쪽 번호, 표 번호 등을 나타내는 기능이다.

> 2011년도 교육역량강화사업 실행 결과를 취합하고자 합니다. 교육역량강화사업 참여 학교는 올해 말까지 사업 실행 결과를 제출하시기 바랍니다. 결과 양식은 아래 사이트에서 다운로드할 수 있습니다. 세부적인 내용은 '양식 작성 시 주의 사항'의 32 페이지에 있는 표 2를 참조하시기 바랍니다.
>
> 양식 다운로드

하이퍼링크 '양식 다운로드'를 클릭하면 '결과 양식'과 '양식 작성 시 주의 사항' 문서를 다운로드할 수 있는 웹 페이지로 이동한다.

□ 하이퍼링크

① '입력/하이퍼링크'를 실행한다.
② 표시할 문자열 입력 필드에 '양식 다운로드'를 입력한다.
③ 연결 종류로 '웹 주소'를 선택하고 연결 대상 입력 창에 웹 페이지 주소 'http://www.mest.go.kr/main.do/format'를 입력한다.

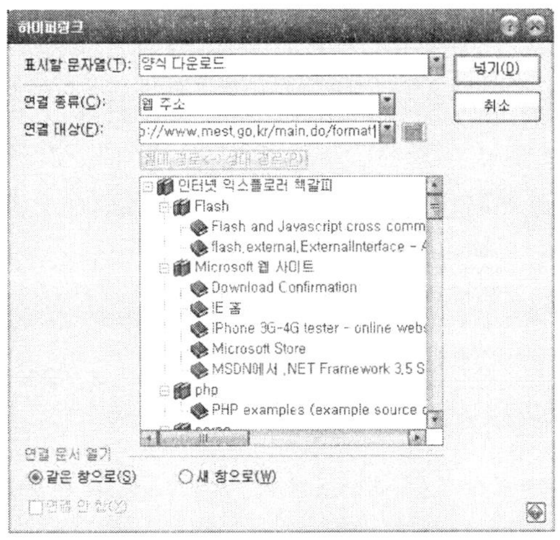

④ '넣기' 버튼을 클릭한다.

◻ 상호 참조

표, 그림, 수식 등이 삽입된 쪽 번호를 표시하려면 상호 참조를 사용한다. 상호 참조로 입력한 쪽 번호는 페이지가 추가 삭제되더라도 항상 해당 쪽 번호를 나타낼 수 있다.

주의 상호 참조를 하기 위해서는 참조 대상 개체에 캡션을 추가하여 식별이 가능하도록 해야 한다. 캡션을 추가하지 않은 개체를 참조하려면 해당 개체 앞에 책갈피를 삽입하여 식별이 가능하도록 한다.

• 쪽 번호와 표 번호 참조

① '입력/상호 참조'를 실행한다.

② 참조 대상 종류로 '표'를, 참조 내용으로 '표가 있는 쪽번호'를 선택한다.

③ 참조 대상 선택 목록에서 '표 2 교육역량사업 세부 지침'을 선택하고 '넣기' 단추를 누른다.

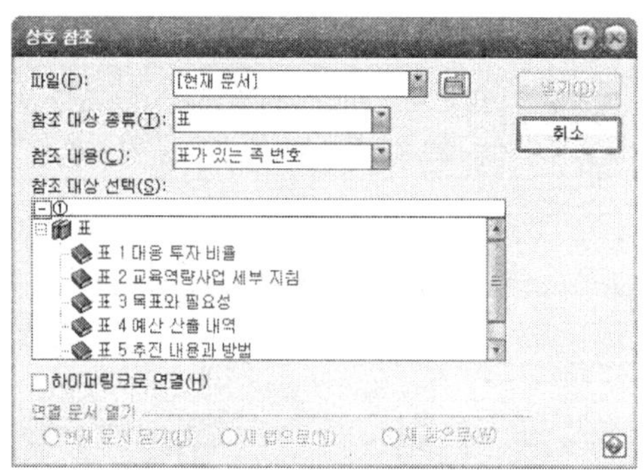

표가 삽입된 페이지 번호가 삽입된다. 참조 내용으로 표 번호를 선택하면 표의 번호가 삽입된다. 상호 참조로 삽입한 페이지 번호 혹은 표의 번호를 클릭하여 해당 표가 삽입된 페이지로 이동하려면 '하이퍼링크로 연결' 항목을 체크한다.

따라서 '32 페이지에 있는 표 2'와 같이 표현하려면 32가 입력될 자리에서 상호 참조를 실행하고 참조 내용을 '표가 있는 쪽번호'로, 2가 입력될 자리에서 상호 참조를 실행하고 참조 내용을 '표 번호'로 넣는다.

[상호 참조 시작]32[상호 참조 끝] 페이지에 있는 표 [상호 참조 시작]2[상호 참조 끝]

참고 상호 참조 대상으로 책갈피를 사용하여 특정 개체를 참조하려면 먼저 해당 개체 앞에 책갈피를 삽입해야 한다. 책갈피는 문서와 문서사이 혹은 문서 내에서의 커서 이동 지점을 지정하는 역할을 한다.

• 책갈피 지정

① 책갈피를 삽입할 위치에 커서를 둔다.

② '입력/책갈피'를 실행한다.

③ 책갈피 이름을 입력하고 '넣기' 단추를 누른다.

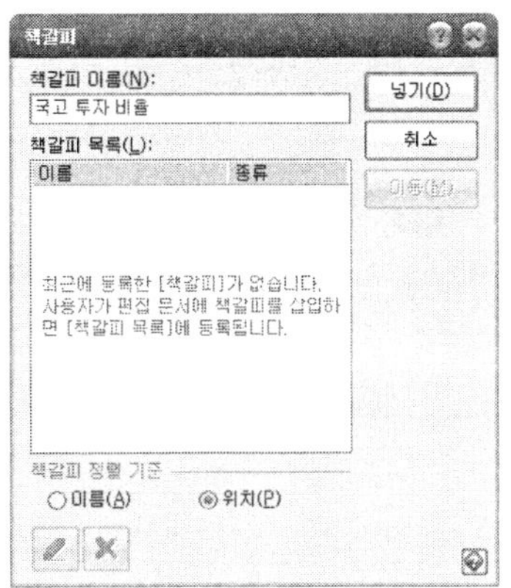

책갈피 위치의 개체를 참조하려면 참조 대상 종류로 '책갈피'를, 참조 내용으로 '책갈피가 있는 쪽번호'를 선택한다.

2. 관리 문서

문서에서 연속적인 번호를 입력할 때 혹은 소계, 합계 등과 같이 간단한 수식을 포함한 표를 작성할 때에는 워드프로세서에서 작성한다. 연속적인 날짜 혹은 복잡한 수식을 포함한 표를 작성할 때에는 엑셀에서 표를 만든 후 워드프로세서에 삽입하는 방식을 취한다.

예 학생들의 인적 사항을 만드는 경우를 살펴보자.

학번	성명	생년월일	자택	HP
20222003	김대원	1983－11－01	957－9884	
20222004	김만수	1984－02－24	571－2887	
20222005	김지연	1984－02－27	631－9837	
20222006	김현철	1984－01－12	323－1904	
20222007	박선영	1983－03－11	626－5919	
20222008	방언지	1983－06－10	425－8298	
20222009	유상미	1981－01－16	324－9047	
20222010	윤여진	1983－10－25	352－7755	

① 학번 두개를 입력한 후 학번이 자동으로 입력될 셀과 함께 블록으로 지정한다.

② '입력/채우기/표 자동 채우기'를 실행한다.

학번	성명	생년월일	자택	HP
20222003	김대원	1983-11-01	957-9884	
20222004	김만수	1984-02-24	571-2887	
	김지연	1984-02-27	631-9837	
	김현철	1984-01-12	323-1904	
	박선영	1983-03-11	626-5919	
	방언지	1983-06-10	425-8298	
	유상미	1981-01-16	324-9047	
	윤여진	1983-10-25	352-7755	

↓

학번	성명	생년월일	자택	HP
20222003	김대원	1983-11-01	957-9884	
20222004	김만수	1984-02-24	571-2887	
20222005	김지연	1984-02-27	631-9837	
20222006	김현철	1984-01-12	323-1904	
20222007	박선영	1983-03-11	626-5919	
20222008	방언지	1983-06-10	425-8298	
20222009	유상미	1981-01-16	324-9047	
20222010	윤여진	1983-10-25	352-7755	

표 자동 채우기는 두 개의 셀에 입력된 값의 차이만큼 더하여 나머지 셀을 채운다.

참고 규칙적인 날짜 혹은 반복 문자를 입력할 때에는 엑셀을 활용한다.

3. 메일 머지

메일 머지는 여러 사람의 이름, 주소 등이 들어 있는 데이터 파일과 알림 글을 결합시켜, 인적 사항만을 달리한 동일한 내용의 문서를 여러 장 인쇄하는 기능으로서 라벨 문서와 함께 사용된다.

1) 메일 머지 만들기

다음 협조 문서를 살펴보면 이름, 직장명, 부서명, … 등이 들어갈 자리에는 메일 머지 표시 {{번호}}가 삽입되어 있다. 메일 머지 표시가 삽입된 문서를 '알림 글'이라 하며 메일 머지 표시 자리에 삽입될 데이터를 저장한 문서를 '데이터 파일'이라 한다.

졸업생 취업 현황 파악 협조

{{2}}님 안녕하십니까.

우리 학과에서는 졸업생 여러분들의 취업 현황을 파악하여 재학생들의 실습 지도에 활용할 계획입니다.

....

우리 학과에 등록된 {{2}}님의 인적 사항은 다음과 같습니다. 변경 사항이 있으면 올해 말까지 학과 사무실로 연락주시기 바랍니다.

직장명: {{6}}
부서명: 우편번호: {{7}}
주소: {{3}}
우편번호: {{5}}
연락처: {{4}}

☐ 데이터 파일 만들기

데이터 파일에는 학번, 이름, 주소, 연락처, 우편번호, 직장명, 부서 등 총 7개의 필드를 입력한다.

① '파일/새 문서'를 실행하여 새 문서를 열고 필드 개수 '7'을 입력한다.

② 학번, 이름, 주소, 연락처, 우편번호, 직장명, 부서 순으로 졸업생의 인적 사항을 입력한다.

③ 파일/저장하기를 실행하여 'data.hwp'로 저장한다.

```
7
20522019
손갑식
대구 남구 대명 4동 3039-3
010-9495-4625
705-825
이마트
총무팀
20722005
김명규
대구 달서구 도원동 1457 산새마을 706/205
010-7678-0333
704-797
롯데백화점
영업팀
..........
```

데이터 파일은 알림 글의 메일 머지 표시 {{ }} 부분에 들어갈 인적 사항을 기록한다. 수신인 1명에 해당되는 인적 사항의 수는 필드 개수에 의해 결정된다. 필드 개수로 지정된 수만큼의 필드는 수신인 1명의 레코드를 구성한다. 필드 이름과 필드 번호는 다음과 같다.

필드 이름	필드 번호
학번	1
이름	2
주소	3
연락처	4
우편번호	5
직장명	6
부서명	7

※ 데이터 파일 작성 시의 유의사항

- 새 문서를 열고 바로 필드 개수를 입력한다.
- 필드 개수 앞에 빈칸이 있어도 위에 빈 줄이 있어도 안 된다.

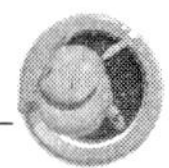

- 필드 개수 아래부터 인적 사항을 입력한다.
- 인적 사항의 구성 요소는 줄을 바꾸어 구분한다.
- 필드 개수 다음에 오는 첫 번째 필드 번호는 1이 된다.
- 필드 개수와 필드 사이, 필드와 필드 사이에 빈 줄이 입력되면 안 된다.
- 하나의 레코드가 끝나면 바로 다음 줄부터 다른 레코드를 입력한다.
- 다음 페이지로 넘어갈 때도 줄을 띄우면 안 된다.

주의 한 레코드에서 필드의 개수는 동일해야 한다. 필드가 하나라도 빠진다면 반드시 빈 줄을 삽입하여 모든 레코드의 필드 수를 동일하게 유지해야 한다.

▭ 알림 글 만들기

'졸업생 취업 현황 파악 협조' 내용을 입력한다. 단, 수신인의 인적 사항이 입력될 부분은 메일 머지 표시를 단다.

① 인적 사항(데이터 파일의 필드)이 삽입될 부분은 '도구/메일 머지/메일 머지 표시 달기'를 실행한다.

② 필드 만들기 탭을 클릭하여 필드 번호를 입력하고 '넣기' 단추를 누른다.

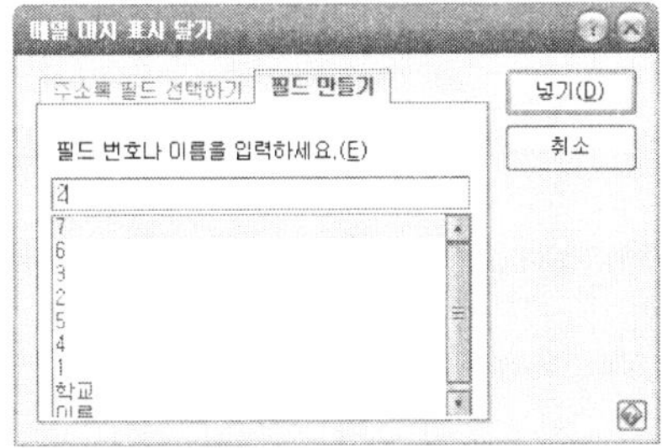

메일 머지 표시 달기를 한 위치에 {{필드 번호}}가 삽입된다.

{{2}}님 안녕하십니까.

{{ }} 내의 숫자는 데이터 파일에서의 필드 번호에 해당한다. '{{ }}님 안녕하십니까.'의 메일 머지 표시에 이름을 넣으려면 이름 필드에 지정된 필드 번호 2를 입력한다.

인적 사항이 삽입될 모든 부분에 메일 머지 표시를 삽입한다.

□ 알림 글 인쇄

① 알림 글에서 '도구/메일 머지/메일 머지 만들기'를 실행한다.

② 자료종류 항목 중 '한글 파일'을 선택한다.

③ 파일 선택상자를 눌러 데이터 파일 'data.hwp'를 선택한다.

④ 출력 방향 옵션으로 '프린터'를 선택하고 '확인' 단추를 누른다.

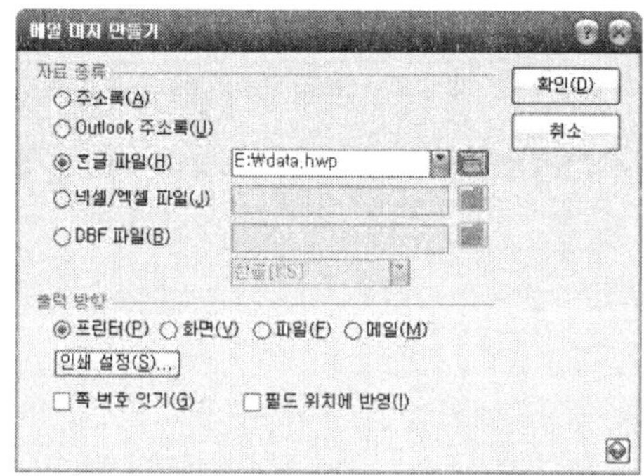

메일 머지 만들기를 실행하면 레코드 수만큼의 편지를 인쇄할 수 있다.

졸업생 취업 현황 파악 협조

손갑식님 안녕하십니까.

우리 학과에서는 졸업생 여러분들의 취업 현황을 파악하여 재학생들의 실습 지도에 활용할 계획입니다.

....

우리 학과에 등록된 손갑식님의 인적 사항은 다음과 같습니다. 변경 사항이 있으면 올해 말까지 학과 사무실로 연락주시기 바랍니다.

직장명: 이마트
부서명: 우편번호: 총무팀
주소: 대구 남구 대명 4동 3039-3
우편번호: 705-825
연락처: 010-9495-4625

□ 데이터 파일 활용

데이터 파일을 활용하면 여러 종류의 알림 글을 작성할 수 있다.

> {{2}}님 안녕하십니까.
>
> 롯데백화점에서 유통 관련 학과 학생들을 수시 모집하고자 하니 관심 있는 분들은 학과 홈페이지를 방문하시기 바랍니다.

□ 데이터 파일에 필드 추가

data.hwp 파일에 메일 주소를 추가하려면 메일 주소를 모든 레코드의 동일 위치에 추가하고 필드 개수를 8로 변경한다.

참고 엑셀 파일을 데이터 파일로 활용하기

예 엑셀 파일 '고객명부.xls'의 데이터베이스는 다음과 같이 5개의 필드로 구성되어 있다.

	A	B	C	D	E
1	이름	주소	우편번호	제품명	구입날짜
2	유병훈	대구 수성구 수성아크로타워 2902	706-808	L1811S	2010년 2월 4일
3	김원욱	대구 북구 읍내동 1060 목화 Apt. 813호	702-850	Ace-1225	2010년 3월 4일
4	노연옥	대구시 동구 검사동 756-215	701-040	Ace-1222	2010년 3월 3일
5	박미연	대구 달서구 도원동 1457 산새마을 706/205	704-797	Ace-1225	2010년 2월 21일
6	서정훈	대구 북구 태전동 협화맨션 101/1307	702-788	Ace-1220	2010년 2월 27일
7	조미정	대구시 달서구 이곡동 한빛마을 302동 801	704-140	Ace-1225	2010년 3월 17일

데이터베이스 자료를 활용하여 메일 머지를 실행하려면 다음과 같이 한다.

- 메일 머지 표시 달기: 메일 머지 표시 달기 대화상자의 필드 만들기 탭에서 데이터베이스의 필드 이름을 입력하여 메일 머지 표시를 한다.
- 메일 머지 만들기: 자료 종류를 '넥셀/엑셀 파일'로 지정하고 '고객명부.xls' 파일을 선택한다.

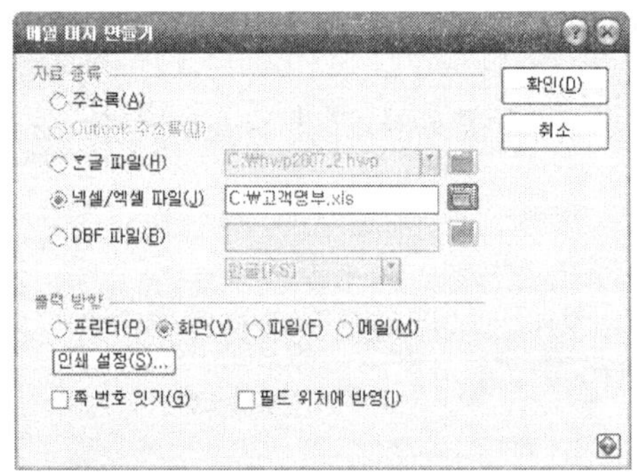

• 데이터베이스가 입력된 시트를 지정한다.

• 인쇄할 레코드를 선택한다.

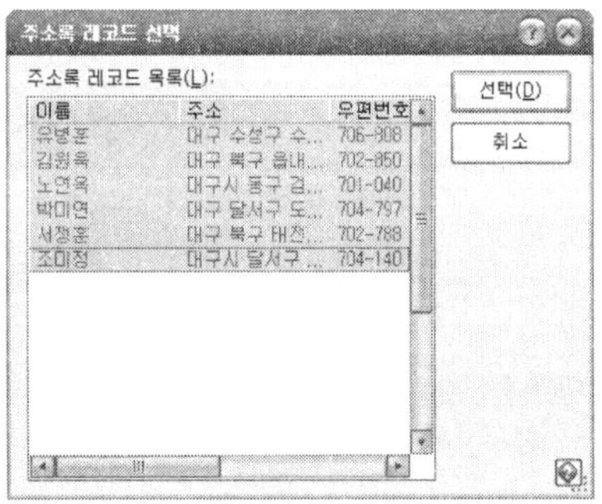

• 메일 머지 표시 달기에서 잘못 지정한 필드 이름을 바르게 지정한다.

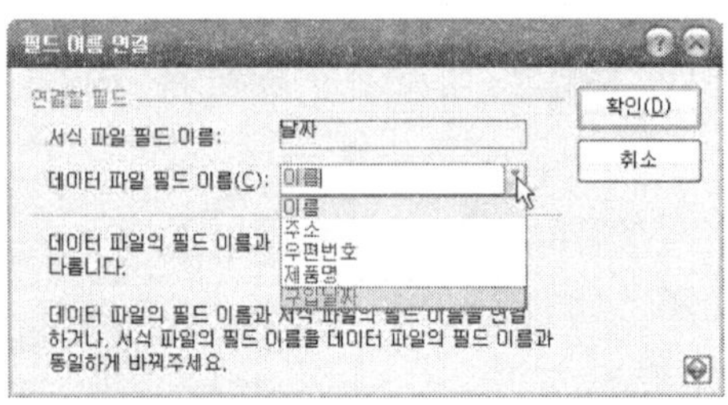

2) 주소 라벨 만들기

편지봉투에 붙일 주소는 라벨에 인쇄한다. 라벨은 각종 테이프나 디스켓 등에 각각의 특색을 간단히 표시하기 위해서 달아두는 꼬리표를 말한다. 백화점 매장에서 물건을 포장할 때 붙이는 상호가 입력된 스카치테이프, 플로피 디스켓 통에 들어 있는 레이블 등을 라벨의 일종으로 볼 수 있다.

(1) 주소 포맷 설정

① '도구/라벨/라벨 문서 만들기'를 실행한다.

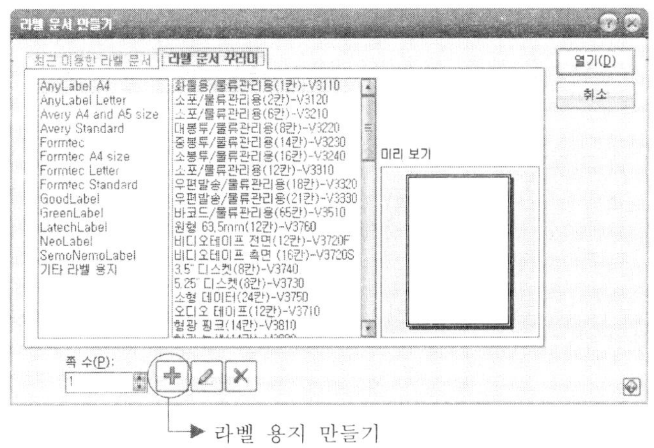

② 라벨문서 꾸러미 탭을 클릭하고 목록창에서 라벨 용지를 선택한다.
라벨 용지란 매끄러운 종이 위에 라벨을 일정한 폭과 간격으로 붙여 놓은 용지를 말한다. 구입한 라벨 용지를 선택한다.

③ '열기' 단추를 누른다. 라벨 입력 창이 열린다.

Formtec '주소(14칸)-3108' 라벨 선택 시의 라벨 입력창

④ 라벨에 '표/표 만들기'를 실행하여 3줄 1칸 표를 삽입한다.

⑤ '도구/메일 머지/메일 머지 표시 달기'를 실행하여 아래와 같이 메일 머지 표시를 삽입한다.

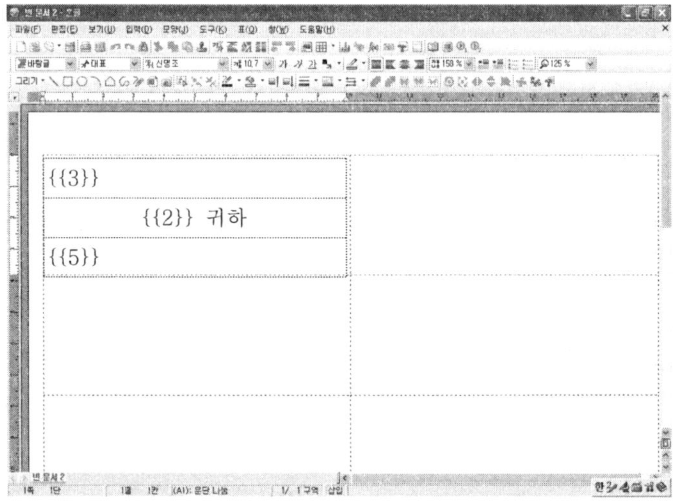

※ 첫 번째 라벨에 메일 머지 표시를 삽입한다.

◫ 표 속성 설정

- '셀 테두리/배경/각 셀마다 적용'을 실행하여 선 종류를 '선 없음'으로 지정하고 표의 테두리 전체에 적용한다.
- 주소가 충분히 들어갈 만큼 표 크기를 설정한다.
- '표/셀 속성'을 실행하고 세로 정렬을 '가운데'로 지정하고, '한 줄로 입력' 항목을 체크한다.

◫ 메일 머지 표시달기

- 첫 번째 칸에는 주소 필드 번호를 삽입한다. 문단 왼쪽 정렬을 한다.
- 두 번째 칸에는 이름 필드 번호를 삽입한다. 문단 가운데 정렬을 한다.
- 세 번째 칸에는 우편번호 필드 번호를 삽입한다. 문단 왼쪽 정렬을 한다.
- 메일 머지 표시 {{ }}를 블록으로 설정하고 글꼴, 글자 크기를 지정한다.

참고 구입한 라벨 용지를 라벨 용지 목록창에서 찾을 수 없을 때는 사용자가 라벨 용지를 직접 만들어야 한다. 라벨 용지 만들기 버튼 [+]을 클릭한다.

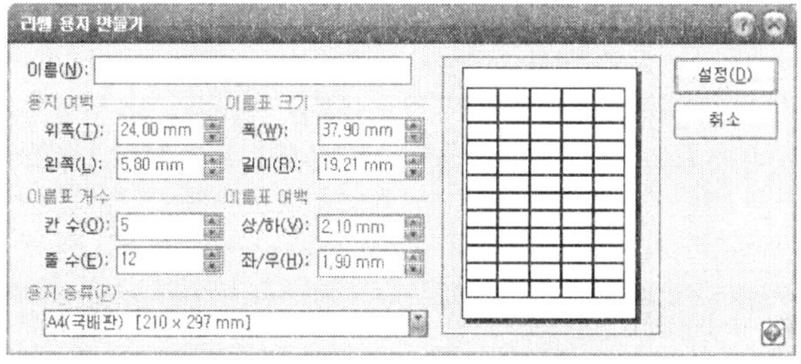

용지 종류로 '사용자 정의'를 선택하고 구입한 라벨 용지의 크기와 동일하게 용지 여백, 이름표 크기, 이름표 개수 그리고 이름표 여백을 지정한다.

(2) 라벨 인쇄

① 라벨 편집 창에서 '도구/메일 머지/메일 머지 만들기'를 실행한다.
② 자료 종류로서 '흔글 파일'을 클릭하고 데이터 파일 'data.hwp'를 선택한다.
③ 출력 방향으로 '파일'을 선택하고 파일 이름을 입력한 후 확인 단추를 누른다.

※ 파일로 먼저 저장하여 제대로 출력이 되었는지 확인한다.

④ '파일/불러오기'를 실행하여 라벨 문서를 불러온 후 '파일/인쇄'를 실행한다.

대구 남구 대명 4동 3039-3	대구 달서구 도원동 1457 산새마을 706/205
손갑식 귀하	김명규 귀하
705-825	704-797

※ 회사 로고 혹은 도우미 사진을 라벨의 특정 부분에 삽입하면 모든 라벨에 똑같이 적용된다. 단, 글자 속성으로 삽입한다.

4. 정산서 작성

정산서의 지출 내역은 날짜순으로 정리돼야 한다. 정산서를 작성할 때 주의 점은 다음과 같다.

날짜는 'yyyy-mm-dd', 'yyyy-m-d', 'yy-mm-dd', 'yy-m-d' 서식 형태로 입력한다. 날짜 서식은 가능한 한 한가지로 형태로 통일한다.

<예> '2010-04-02', '2010-4-2', '10-04-02', '10-4-2'

'2010. 4. 2' '4월 2일' '4. 02' 형태로 입력하면 올바른 정렬이 되지 않는다.

필드는 탭을 사용하여 구분한다.

필드는 제목 셀을 적용한다.

① 필드 이름이 입력된 셀을 선택한 후 '표/셀 속성'을 실행하고 셀 탭에서 '제목 셀'을 선택한다[2].

② 정산서 양식에 따라 자료를 입력한다. 날짜 순서를 무시하고 입력한다.

2) 표가 다음 쪽으로 넘어가는 경우 제목 셀을 적용한 셀 역시 다음 쪽 표에 자동으로 나타나게 되어 항목에 대한 가이드 역할을 한다.

지출내역				
지출일	지출건명	지출금액	사용자	비고
09-7-31	연구활동비	18,000	강문구	
09-4-7	여비	30,000	이태경	
10-1-10	연구회의비	50,780	유병훈	
09-3-12	연구활동비	22,900	강문구	
10-1-10	여비	32,000	강문구	
09-8-16	공공요금	27,000	전형배	
09-5-22	연구활동비	14,770	전형배	
10-1-10	연구회의비	20,000	강문구	

정산서에 사용된 날짜 서식은 'yy-m-d' 형태를 사용하였다.

③ 표를 블록으로 설정한다.

지출내역				
지출일	지출건명	지출금액	사용자	비고
09-7-31	연구활동비	18,000	강문구	
09-4-7	여비	30,000	이태경	
10-1-10	연구회의비	50,780	유병훈	
09-3-12	연구활동비	22,900	강문구	
10-1-10	여비	32,000	강문구	
09-8-16	공공요금	27,000	전형배	
09-5-22	연구활동비	14,770	전형배	
10-1-10	연구회의비	20,000	강문구	

정렬 기준을 '기준일 · 지출건명 · 사용자' 순으로 지정하려면 '기준일 · 지출건명 · 사용자'가 입력된 셀을 블록으로 설정하여야 한다.

• 지출일만 정렬하려면 지출일이 입력된 셀 즉, 첫 번째 칸만 블록으로 설정한다.

④ '도구/정렬'을 실행한다.

⑤ 정렬 형식을 지정하고 '실행' 버튼을 클릭한다.

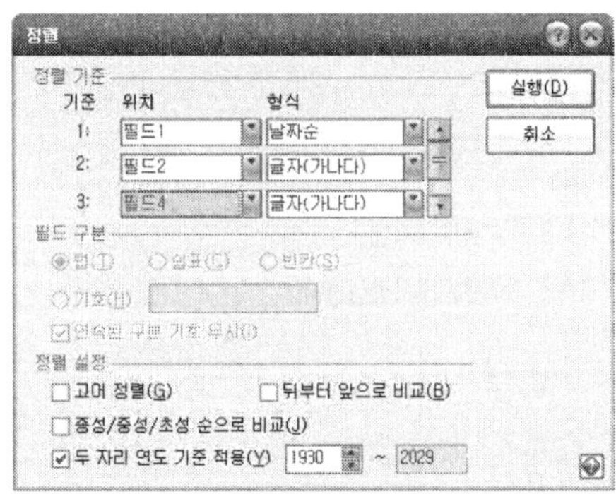

기준위치	형식	기준위치	형식	기준위치	형식
필드1	날짜순	필드2	글자(가나다)	필드3	글자(가나다)

날짜순으로 정렬되고 날짜가 동일한 경우에는 지출건명이 오름차순으로, 지출건명이 동일한 경우에는 사용자가 오름차순으로 정렬된다.

지출내역				
지출일	지출건명	지출금액	사용자	비고
09-3-12	연구활동비	22,900	강문구	
09-4-7	여비	30,000	이태경	
09-5-22	연구활동비	14,770	전형배	
09-7-31	연구활동비	18,000	강문구	
09-8-16	공공요금	27,000	전형배	
10-1-10	여비	32,000	강문구	
10-1-10	연구회의비	20,000	강문구	
10-1-10	연구회의비	50,780	유병훈	

참고 가수 이름, 노래 제목과 같이 문단 형태로 입력한 문자를 정렬하는 방법은 다음과 같다.

① 가수 이름과 노래 제목을 문단 단위로 입력한다. 이때 가수 이름과 노래 제목 사이에는 탭(→)을 삽입한다. 즉 필드와 필드는 Tab 키를 눌러 탭으로 구분한다.

필드1 필드2

송크라이→ 약속
슈프림팀→ 나만 모르게
아웃사이더→ 바람이 불면 너가 떠올라
Urban Zakapa→ 떠나는 사람, 남겨진 사람
에브리 싱글 데이→ 틱톡
엠제이→ 내 맘을 아냐고
소녀시대→ 남자친구
요조 김진표→ 좋아해
윤미래→ Good Bye Sadness
소녀시대→ Oh
이지혜, 스피드모션→ 한 여자로는 심심했니
소녀시대→ Chocolate Love
소녀시대→ Motion

필드 구분자로 쉼표(,), 빈칸 등을 사용하지 않는다. 위 예제에서 보듯 가수 이름과 노래 제목에 쉼표가 들어 간 것도 있으며 빈칸이 들어 간 것도 있기 때문에 쉼표와 빈칸은 구분자로 적절하지 못하다.

② 정렬 대상 문단을 블록으로 설정한다.
③ '도구/정렬'을 실행한다.
④ 필드 구분을 '탭'으로 선택하고 정렬 형식을 지정한 후 '실행' 버튼을 클릭한다.

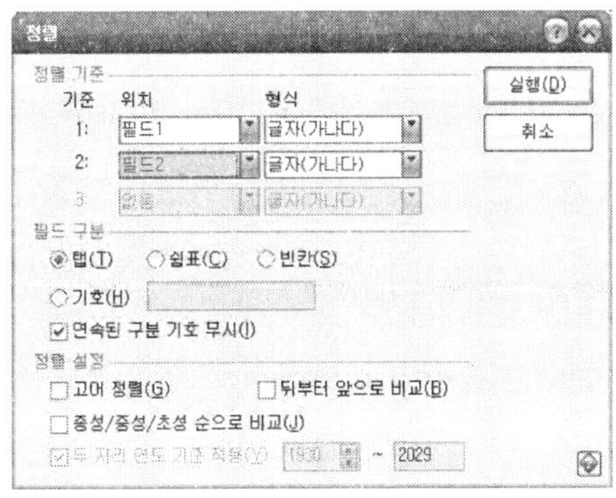

기준위치	형식	기준위치	형식
필드1	글자(가나다)	필드2	글자(가나다)

가수 이름순으로 정렬되고 가수 이름이 동일한 경우에는 노래 제목이 오름차순으로 정렬된다.

```
Urban Zakapa→        떠나는 사람, 남겨진 사람
소녀시대→     Chocolate Love
소녀시대→     Motion
소녀시대→     Oh
소녀시대→     남자친구
송크라이→     약속
슈프림팀→     나만 모르게
아웃사이더→   바람이 불면 너가 떠올라
에브리 싱글 데이→     틱톡
엠제이→       내 맘을 아냐고
요조 김진표→  좋아해
윤미래→       Good Bye Sadness
이지혜, 스피드모션→   한 여자로는 심심했니
```

- 정렬 기준을 '문단'으로 지정하면 각 문단을 첫 글자부터 차례로 비교하여 가나다 순서로 정렬한다.

주의 '연속된 구분 기호 무시' 항목을 선택하면, 필드 구분자로 지정된 문자나 기호가 연달아 여러 개 입력된 경우 한 개만 입력된 것으로 간주한다.

예 필드가 5개로 구성된 문단에서 특정 필드의 내용이 없는 곳은 탭만 삽입된다. 편의상 탭이 삽입된 곳을 → 기호로 표시하였다.

필드1	필드2	필드3	필드4	필드5
김영미→	롯데 백화점→	의류→	2008. 2.→	010-2345-1254
최미경→	→	→	→	017-524-3266
이정화→	삼성생명→	→	→	011-514-9815

정렬 기준을 '필드3'으로 지정하고 정렬하면 탭이 연달아 입력된 곳은 하나의 탭으로 보기 때문에 문단의 각 필드 내용은 다음과 같은 것이 된다. 즉, 필드 내용이 전혀 달라져 버린다.

필드1	필드2	필드3	필드4	필드5
김영미→	롯데 백화점→	의류→	2008. 2.→	010-2345-1254
최미경→	017-524-3266			
이정화→	삼성생명→	011-514-9815		

따라서 필드별로 올바른 정렬을 하기 위해서는 '연속된 구분 기호 무시' 항목을 해제 한 상태에서 정렬을 해야 한다.

참고 정산서가 여러 쪽으로 나눠지는 경우에는 각 쪽마다 정산서의 제목과 항목 이름이 들어가게끔 한다.

5. 웹콘텐츠 인용

웹콘텐츠를 보이는 그대로 가져와 인용하려면 다음과 같이 한다.

- 웹문서의 저장이 가능한 경우에는 HTML 문서로 저장하고 여기서 발췌하여 인용한다.
- 웹문서의 저장이 불가능한 경우에는 엑셀을 활용하여 콘텐츠를 인용하거나 인터넷 문서 형식으로 붙여 넣는다.
- 인터넷 문서 형식으로 붙여넣기가 되지 않을 경우에는 문자열로 붙여 넣은 후 표로 변환한다.

• 엑셀 활용 콘텐츠 가져오기

예 KOSIS 국가통계포털(http://kosis.kr/)에서 제공하는 통계자료를 워드프로세서의 표로 작성해 보자.

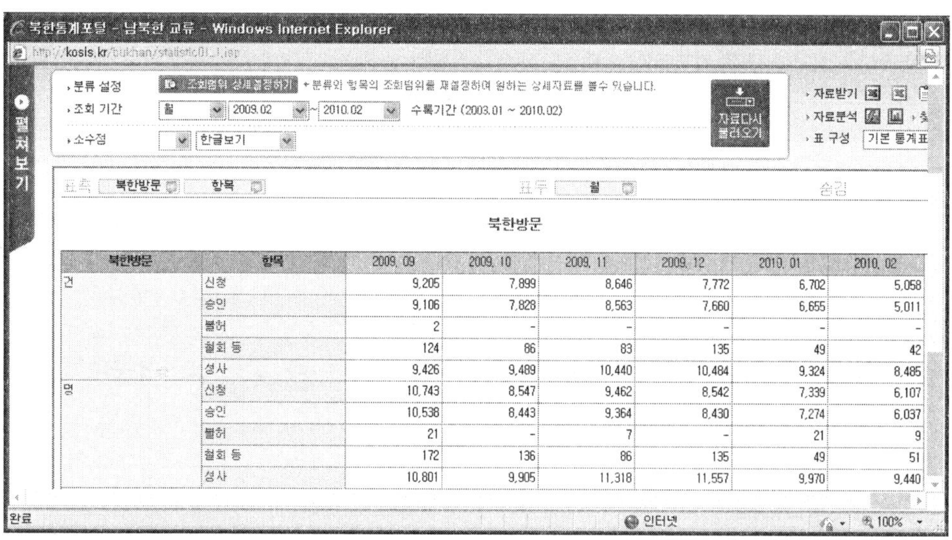

북한방문	항목	2009. 09	2009. 10	2009. 11	2009. 12	2010. 01	2010. 02
건	신청	9,205	7,899	8,646	7,772	6,702	5,058
	승인	9,106	7,828	8,563	7,660	6,655	5,011
	불허	2	-	-	-	-	-
	철회 등	124	86	83	135	49	42
	성사	9,426	9,489	10,440	10,484	9,324	8,485
명	신청	10,743	8,547	9,462	8,542	7,339	6,107
	승인	10,538	8,443	9,364	8,430	7,274	6,037
	불허	21	-	7	-	21	9
	철회 등	172	136	86	135	49	51
	성사	10,801	9,905	11,318	11,557	9,970	9,440

① 복사 대상 셀을 블록으로 설정하고 마우스 오른쪽 버튼을 클릭, '복사'를 실행한다.

② 엑셀에서 '편집/붙여넣기'를 실행한다.

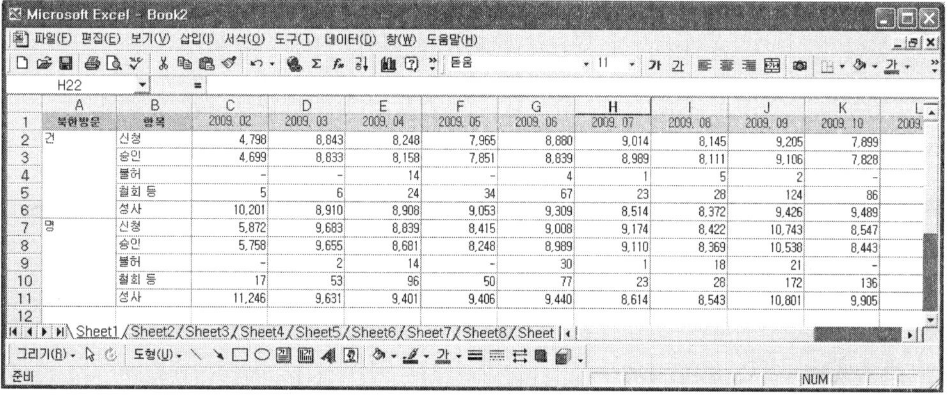

	A	B	C	D	E	F	G	H	I	J	K
1	북한방문	항목	2009. 02	2009. 03	2009. 04	2009. 05	2009. 06	2009. 07	2009. 08	2009. 09	2009. 10
2	건	신청	4,798	8,843	8,248	7,965	8,880	9,014	8,145	9,205	7,899
3		승인	4,699	8,833	8,158	7,851	8,839	8,989	8,111	9,106	7,828
4		불허	-	-	14	-	4	1	5	2	-
5		철회 등	5	6	24	34	67	23	28	124	86
6		성사	10,201	8,910	8,908	9,053	9,309	8,514	8,372	9,426	9,489
7	명	신청	5,872	9,683	8,839	8,415	9,008	9,174	8,422	10,743	8,547
8		승인	5,758	9,655	8,681	8,248	8,989	9,110	8,369	10,538	8,443
9		불허	-	2	14	-	30	1	18	21	-
10		철회 등	17	53	96	50	77	23	28	172	136
11		성사	11,246	9,631	9,401	9,406	9,440	8,614	8,543	10,801	9,905

③ 엑셀에 붙여진 표를 복사하여 한글에 붙여 넣는다.

참고 웹콘텐츠를 엑셀에 가져오면 하이퍼링크, 체크박스 등 불필요한 요소들도 같이 붙여지게 되는 경우가 있다. 필요한 자료만을 얻기 위해 다음 작업을 한다.

① 엑셀에 붙여진 통계 자료를 블록으로 설정한다.

② '편집/복사'를 실행하고 붙여 넣을 셀을 클릭한 후 '편집/선택하여 붙여넣기'를 실행한다.

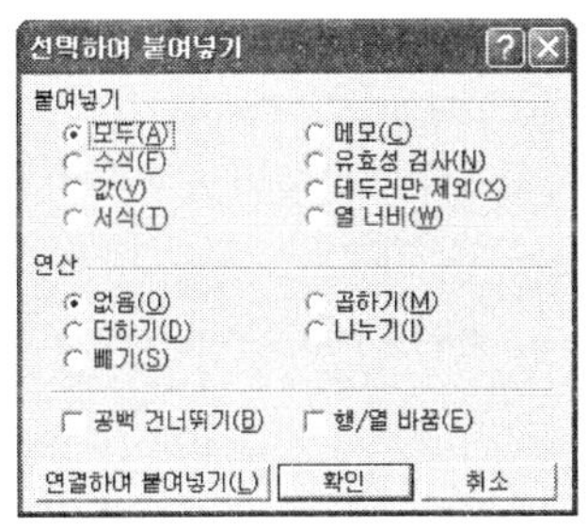

③ 붙여넣기 옵션 중 '값'을 선택하고 '확인' 단추를 누른다.

예 인터넷 문서 형식으로 콘텐츠 가져오기

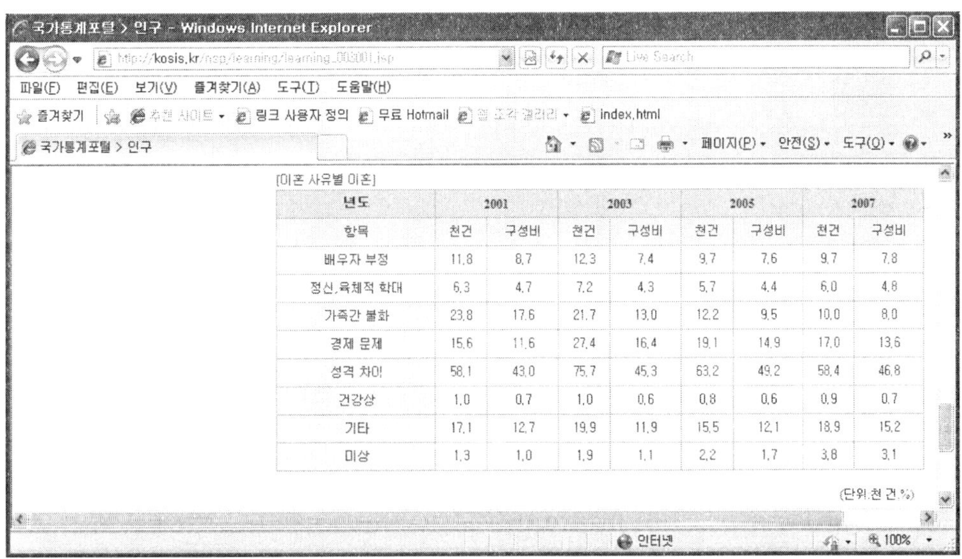

[이혼 사유별 이혼]

년도	2001		2003		2005		2007	
항목	천건	구성비	천건	구성비	천건	구성비	천건	구성비
배우자 부정	11.8	8.7	12.3	7.4	9.7	7.6	9.7	7.8
정신,육체적 학대	6.3	4.7	7.2	4.3	5.7	4.4	6.0	4.8
가족간 불화	23.8	17.6	21.7	13.0	12.2	9.5	10.0	8.0
경제 문제	15.6	11.6	27.4	16.4	19.1	14.9	17.0	13.6
성격 차이	58.1	43.0	75.7	45.3	63.2	49.2	58.4	46.8
건강상	1.0	0.7	1.0	0.6	0.8	0.6	0.9	0.7
기타	17.1	12.7	19.9	11.9	15.5	12.1	18.9	15.2
미상	1.3	1.0	1.9	1.1	2.2	1.7	3.8	3.1

(단위:천 건,%)

① 표를 블록으로 설정한 후 마우스 오른쪽 버튼을 클릭, '복사'를 실행한다.

② 한글에서 '편집/골라 붙이기'를 실행한다.

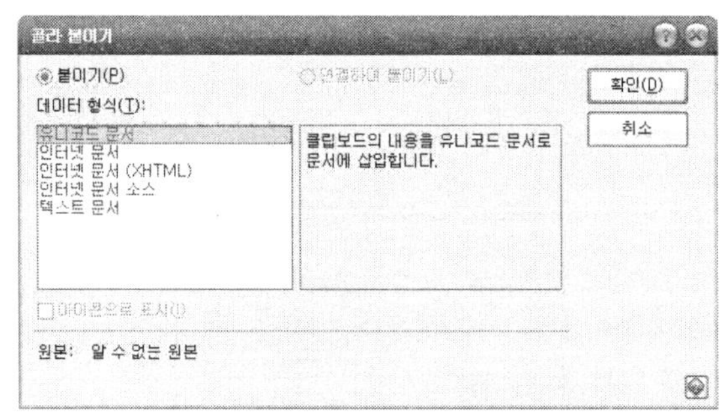

③ 데이터 형식으로 '인터넷 문서'를 선택하고 '확인' 버튼을 클릭한다.

[이혼 사유별 이혼]

년도	2001		2003		2005		2007	
항목	천건	구성비	천건	구성비	천건	구성비	천건	구성비
배우자 부정	11.8	8.7	12.3	7.4	9.7	7.6	9.7	7.8
정신,육체적 학대	6.3	4.7	7.2	4.3	5.7	4.4	6.0	4.8
가족간 불화	23.8	17.6	21.7	13.0	12.2	9.5	10.0	8.0
경제 문제	15.6	11.6	27.4	16.4	19.1	14.9	17.0	13.6
성격 차이	58.1	43.0	75.7	45.3	63.2	49.2	58.4	46.8
건강상	1.0	0.7	1.0	0.6	0.8	0.6	0.9	0.7
기타	17.1	12.7	19.9	11.9	15.5	12.1	18.9	15.2
미상	1.3	1.0	1.9	1.1	2.2	1.7	3.8	3.1

(단위:천 건,%)

④ 표를 블록으로 설정한 후 '표/셀 테두리 · 배경/각 셀마다 적용'을 실행하여 테두리를 설정한다.

예 문자열 형태로 콘텐츠 가져오기

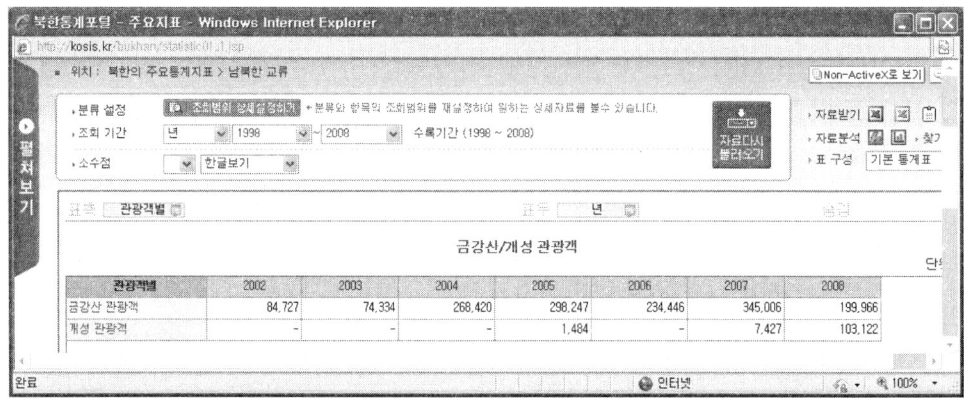

관광객별	2002	2003	2004	2005	2006	2007	2008
금강산 관광객	84,727	74,334	268,420	298,247	234,446	345,006	199,966
개성 관광객	-	-	-	1,484	-	7,427	103,122

① 복사 대상 셀을 블록으로 설정하고 마우스 오른쪽 버튼을 클릭, '복사'를 실행한다.

② 한글에서 '편집/붙이기'를 실행한다.

관광객별→ 2002→ 2003→ 2004→ 2005→ 2006→ 2007→ 2008

금강산 관광객→84,727→ 74,334→ 268,420→ 298,247→ 234,446→ 345,006→ 199,966

개성 관광객→ –→ –→ –→ 1,484→ –→ 7,427→ 103,122

붙여진 데이터의 필드는 탭으로 구분된다.

③ 붙여진 데이터를 블록으로 설정한다.

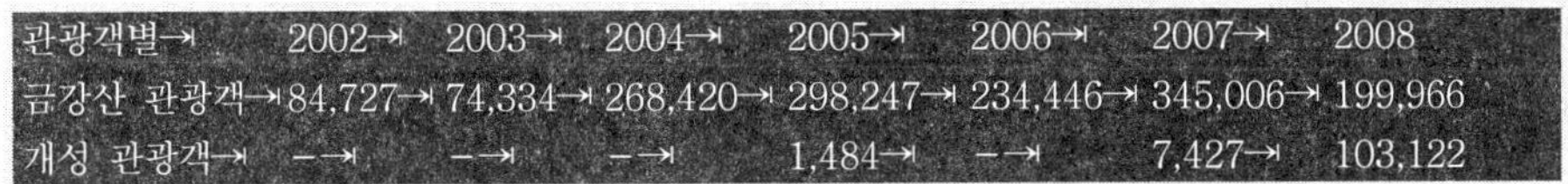

관광객별→ 2002→ 2003→ 2004→ 2005→ 2006→ 2007→ 2008

금강산 관광객→84,727→ 74,334→ 268,420→ 298,247→ 234,446→ 345,006→ 199,966

개성 관광객→ –→ –→ –→ 1,484→ –→ 7,427→ 103,122

④ '표/문자열을 표로'를 실행한다.

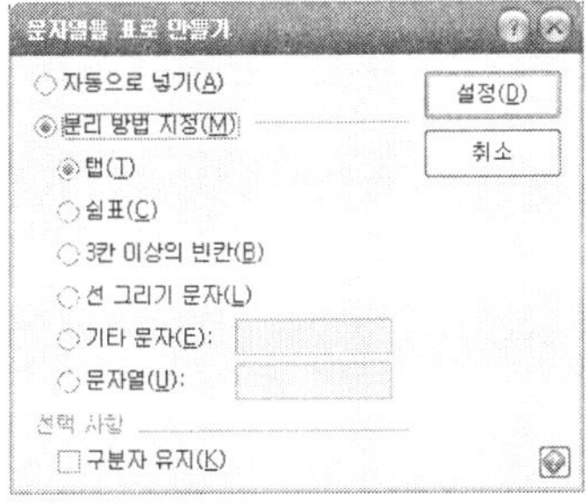

⑤ 분리 방법으로 '탭'을 선택하고 '설정' 버튼을 클릭한다.

2002	2003	2004	2005	2006	2007	2008
84,727	74,334	268,420	298,247	234,446	345,006	199,966
–	–	–	1,484	–	7,427	103,122

6. 문서마당 활용

문서마당은 자주 사용하는 문서의 모양을 미리 서식 파일(*.hwt)로 만들어 놓고 필요할 때마다 불러와 문서의 빈 부분만 채우면 문서를 빠르게 만들 수 있는 템플릿 방식의 기능으로서 꾸러미 형태로 관리된다. 문서마당 꾸러미는 같은 종류의 서식 파일들을 한 곳에 모아 놓은 폴더를 말한다.

예 견적서 서식 불러오기

① '파일/문서마당'을 실행한다.

② 문서마당 꾸러미 탭을 클릭하고 '업무 문서' 꾸러미에서 '견적서 서식'을 선택하고 '열기' 버튼을 클릭한다.

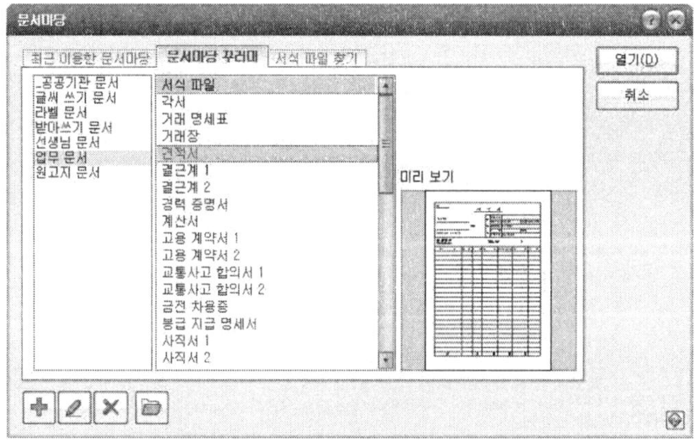

- 견적서 서식 파일이 열린다. 견적서의 상단에 있는 날짜, 공급자 성명, 공급자 전화번호 등이 입력될 자리에는 문서마당 정보에서 입력한 개인 정보로 자동 채워진다.
- 견적서의 하단에는 계산식이 입력되어 수량, 단가, 공급가액, 세액 등이 입력되면 자동으로 계가 입력되도록 되어 있다.

③ 견적서를 완성한 후 .hwp 파일로 저장한다.

- 공공기관 꾸러미에서 일반 기안문을 선택하면 기안문 양식이 열린다.

업무에 맞는 양식을 선택하면 해당 양식을 직접 작성할 필요 없이 손쉽게 업무를 처리할 수 있다.

Ⅳ 고급 업무 문서 만들기

개체 삽입을 활용하면 보다 고급스런 문서를 제작할 수 있다. 개체 삽입이란 다른 윈도우용 응용 프로그램으로 작성하고 편집한 문자열, 그래픽, 기타 형태의 정보를 워드프로세서 문서 등에 삽입하는 것을 말한다.

개체 삽입에는 개체 포함과 개체 연결 두 가지가 있다. 개체 연결로 문서에 삽입된 개체는 연결된 원본 파일과 밀접한 관련이 있다. 연결된 원본 파일을 수정하여 저장하면 문서에 삽입된 개체도 그대로 따라 간다.

개체 포함으로 문서에 삽입된 개체는 원본 파일과 아무런 관련이 없다. 단순히 문서에 포함된 한 개체일 따름이다. 원본 파일의 내용을 변경/삭제하거나, 원본 파일을 작성한 프로그램을 삭제해도 개체 포함된 개체는 아무런 영향을 받지 않는다.

- 콘텐츠는 개체 삽입 형태로 가져온다.
- 문서 내용이 항상 새 데이터로 갱신되어야만 한다면 문서에 인용하는 데이터는 항상 개체 연결 형태로 포함한다.

필요에 따라 문서에 포함한 데이터를 자주 갱신해야 한다면 인용하는 데이터는 개체 연결 형태로 포함하되 갱신 방법을 수동으로 지정한다.

1. 엑셀에서 만든 개체 연결하기

▭ 워크시트 셀 연결

지원자_합격자_출신고교.xls

	A	B	C	D	E	F	G	H	I	J	K	L
1	연번	지역	고교명	지원자수						합격자 수	등록자 수	
2				수시1	수시2-1	수시2-2	정시	추가	계			
3	1	강원	강릉○○고등학교	0	1	0	0	0	1	0	0	
4	2	강원	강릉○○고등학교	0	1	1	2	0	4	0	0	
5	3	강원	강릉○○고등학교	0	2	1	0	0	3	1	1	
6	4	강원	강릉○○공업고등학교	0	2	0	0	0	2	1	0	

지원,합격,등록자현황

① 연결 대상 셀을 블록으로 설정한 후 '편집/복사'를 실행한다.

② 한글 편집 화면에서 '편집/골라 붙이기'를 실행한다.

③ 골라 붙이기 대화상자에서 데이터 형식으로 'Microsoft Office Excel 워크시트'를 선택한다.

④ '연결하여 붙이기' 항목을 선택하고 '확인' 단추를 누른다.

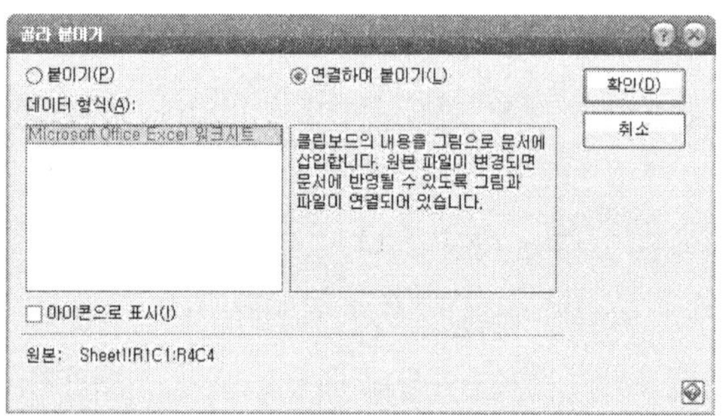

편집 화면에 엑셀에서 작성한 개체가 삽입된다.

연번	지역	고교명	지원자수						합격자 수	등록자 수
			수시1	수시2-1	수시2-2	정시	추가	계		
1	강원	강릉○○고등학교	0	1	0	0	0	1	0	0
2	강원	강릉○○고등학교	0	1	1	2	0	4	0	0
3	강원	강릉○○고등학교	0	2	1	0	0	3	1	1
4	강원	강릉○○공업고등학교	0	2	0	0	0	2	1	0

⑤ 개체 연결된 엑셀 파일을 저장한다.

◫ 차트 연결하기

① 엑셀 차트를 복사한다.
② 한글 편집 화면에서 '편집/골라 붙이기'를 실행한다.
③ 골라 붙이기 대화상자에서 데이터 형식으로 'Microsoft Office Excel 차트'를 선택한다.
④ '연결하여 붙이기' 항목을 선택하고 '확인' 단추를 누른다.

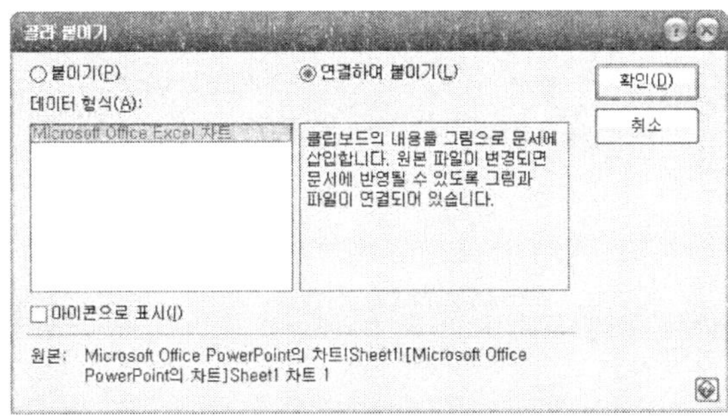

편집 화면에 엑셀에서 작성한 차트 개체가 삽입된다.

참고 윈도우 응용 프로그램에서 작업한 내용을 복사하면 클립보드에 저장된다. 클립보드(clipboard)는 응용 프로그램 사이의 데이터 전송을 위해 사용되는 임시 기억 저장소이다. 클립보드에 저장된 내용을 연결하여 한글 문서 안에 삽입하려면 골라 붙이기를 실행한다.

2. 플래시 무비 개체 연결

예 개체연결.hwp 파일에 플래시 star.fla를 개체 연결해 보자.

① 개체연결.hwp 파일이 저장된 폴더에 개체 연결 대상 파일 star.fla를 저장한다.

※ 한글 문서에 개체 연결 방식으로 개체를 포함한 경우 한글 문서는 개체 연결 대상 파일의 경로, 그 파일을 작성한 응용 프로그램에 대한 정보를 함께 저장한다. 따라서 개체 연결로 삽입된 개체의 속성은 다음과 같다.

- 해당 개체의 내용이 변경되는 경우 자동으로 문서에 삽입된 개체의 내용이 바뀌게 된다.
- 해당 개체를 만든 응용 프로그램을 사용하여 한글 문서 내에서 개체를 편집할 수 있다.
- 개체 연결 대상 파일이 삭제되거나 다른 폴더로 이동한 경우에는 해당 파일에 대한 정보가 유효하지 않아 개체는 연결되지 않는다.

② 개체연결.hwp 문서에서 '입력/OLE 개체'를 실행한다.

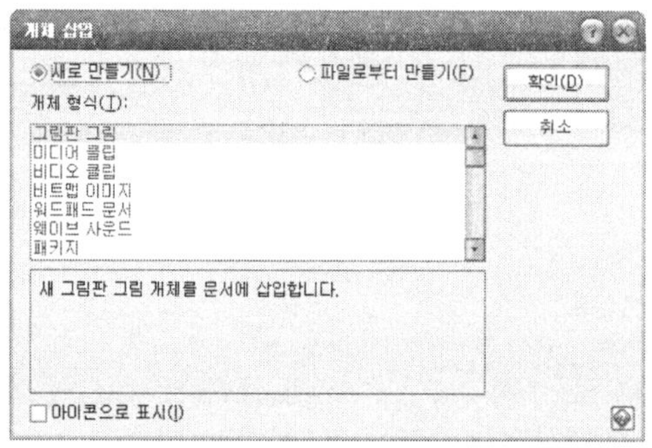

※ 개체 연결(OLE)을 지원하는 파일을 읽어 들일 때는 윈도우 디렉터리의 Win.ini 파일에 기초하여 OLE 정보의 내용과 OLE Server의 종류, 위치 등을 판단한다. 따라서 사용자의 윈도우 환경에 따라 개체 삽입 대화상자에 나타나는 개체 종류 목록은 달라진다.

③ '파일로부터 만들기' 항목을 선택하고 '확인' 단추를 누른다.

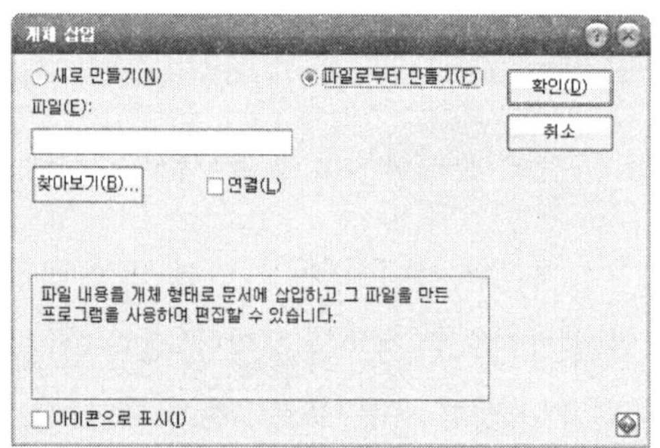

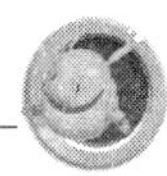

④ '찾아보기' 단추를 클릭 플래시 파일 'star.fla'를 선택하고 '연결' 항목을 체크한 후 '확인' 단추를 누른다. 플래시 무비가 삽입된다.

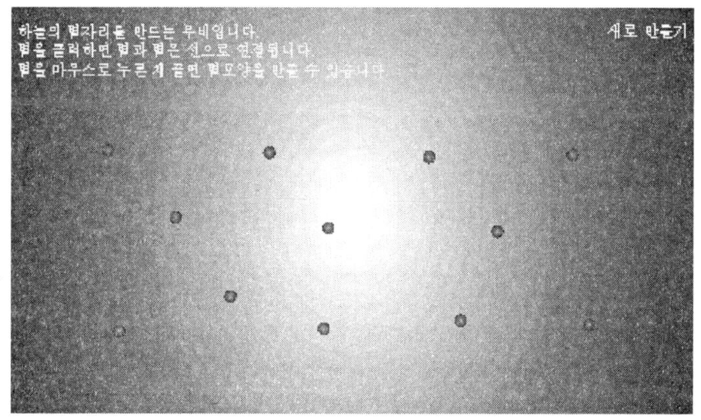

⑤ 개체연결.hwp 문서를 저장한다.

※ 항상 개체연결.hwp 문서와 star.fla 파일을 동일 폴더에 저장하여 관리한다.

예 플래시 무비 파일 rotation(smart clip)_ui.swf를 문서에 포함해 보자.

개체 연결이 반드시 필요한 경우가 아니라면 개체 포함 형태로 개체를 삽입한다.

① '입력/개체/플래시'를 실행한다.

② 플래시 '파일 선택' 버튼을 클릭하여 'rotation(smart clip)_ui.swf'를 지정한다.

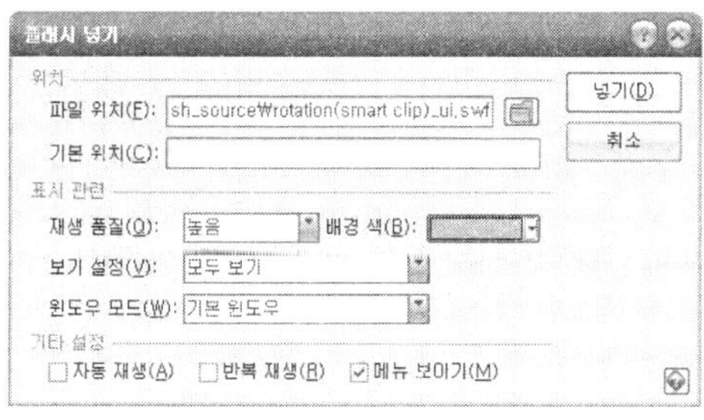

③ 표시 관련 옵션과 기타 설정 옵션을 지정한 후 '넣기' 버튼을 클릭한다.

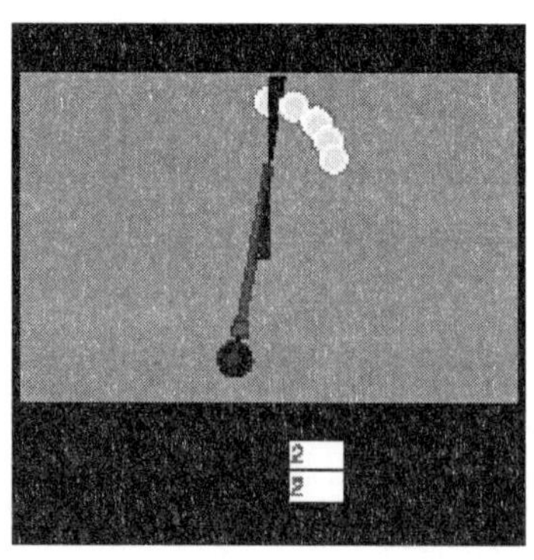

삽입된 개체를 더블클릭하면 무비가 재생된다.

3. 동영상 개체 연결

① '입력/OLE 개체'를 실행한 후 '파일로부터 만들기' 항목을 선택하고 '확인' 단추를 누른다.

② '찾아보기' 단추를 클릭 동영상 파일 .AVI를 선택하고 '연결' 항목을 체크한 후 '확인' 단추를 누른다.

동영상 개체를 더블클릭하면 동영상이 실행된다.

4. 삽입된 OLE 개체 속성 설정하기

- 문서에 삽입된 OLE 개체의 가로/세로 크기를 조정하려면 다음과 같이 한다.

  ① OLE 개체를 선택한 후 '편집/OLE 개체 속성'을 실행한다.

② OLE 개체 속성 대화상자의 보기 탭을 클릭한다.

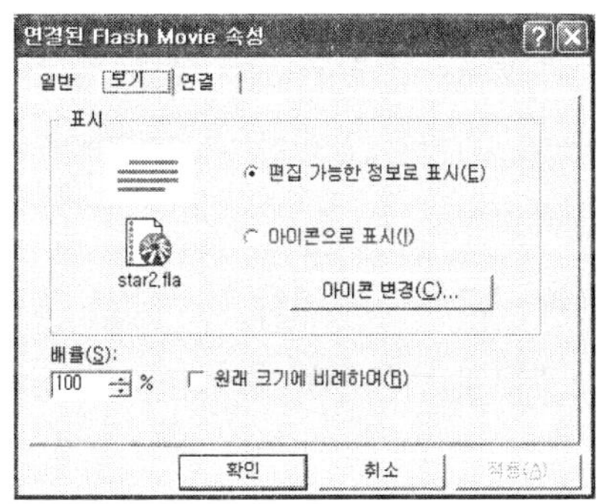

③ '원래 크기에 비례하여' 항목을 선택하고 배율을 조정한 후 '확인' 버튼을 클릭한다.

※ OLE 개체의 크기는 반드시 원래 크기에 비례하여 조정되도록 한다. 원래의 가로/세로 비율과 달리 그 크기가 조정되는 경우에는 품질이 저하될 가능성이 있다.

• 문서에 삽입된 OLE 개체의 업데이트 방법을 설정하려면 다음과 같이 한다.

① OLE 개체를 마우스로 클릭 선택한 후 '편집/OLE 연결'을 실행한다.

※ '편집/OLE 연결' 항목은 연결된 개체가 있는 경우에만 활성화 된다.

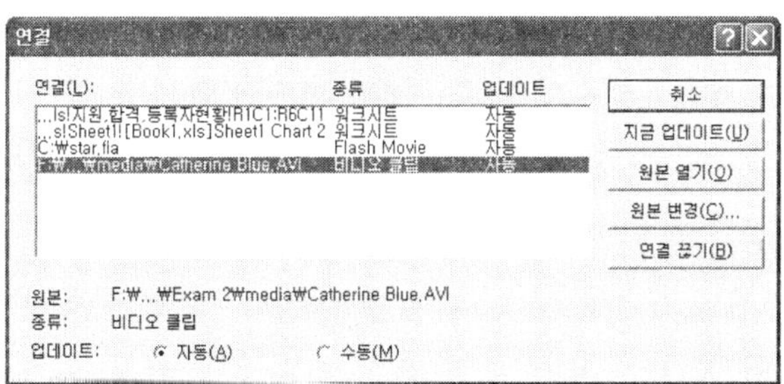

연결 대화상자에는 문서에 개체 연결한 원본 파일의 이름과 개체 유형, 업데이트 방법에 관한 정보가 표시된다.

※ 플래시 무비 파일 rotation(smart clip)_ui.swf, Sound.swf는 개체 유형이 Package (실행형 파일)이기 때문에 연결 목록에 나타나지 않는다.

② 개체를 클릭하고 '자동' 혹은 '수동'으로 변경한다.

– 수동 방식으로 지정하면 개체는 원본 파일의 변경 내용을 따라가지 않는다.
– 자동 방식으로 지정하면 개체는 원본 파일의 변경 내용을 따라간다.
– 수동 방식은 개체를 자동 업데이트하지 않고 필요 시 업데이트하는 데 목적이 있다. 수동 방식을 유지하면서 업데이트하려면 개체를 선택한 후 '지금 업데이트' 버튼을 클릭한다.
– 연결 상태를 완전히 끊으려면 개체를 선택한 후 '연결 끊기' 버튼을 클릭한다.
– 개체 내용을 다른 파일의 내용으로 바꾸려면 개체를 선택한 후 '원본 변경' 버튼을 클릭한다.

정리 개체 연결과 개체 포함 어느 것을 사용할 것인지는 개체 삽입 내용을 따른다.

◆ 회사 내규, 법 규정, 주기적으로 갱신되는 데이터 등과 같이 최신 정보가 필요한 경우에는 개체 연결한다.
  • 클립보드의 내용을 개체 연결하려면 '편집/골라 붙이기'를 실행하고 선택하여 붙여넣기 대화상자에서 '연결하여 붙여넣기'를 선택한다.
  • '입력/OLE 개체'를 실행하여 개체 연결하려면 개체 삽입 대화상자에서 '연결' 항목을 선택한다.

◆ 미래에 참고할 목적으로 개체 삽입할 경우에는 개체 포함한다.

◆ 업데이트 할 필요가 없는 경우에는 개체 포함한다.
  • 클립보드의 내용을 개체 포함하려면 '편집/골라 붙이기'를 실행하고 선택하여 붙여넣기 대화상자에서 '붙이기'를 선택한다.
  • '입력/OLE 개체'를 실행하여 개체 포함하려면 개체 삽입 대화상자에서 '연결' 항목을 선택하지 않는다.

V 보고서 디자인

1. 표 만들기

실무에 있어 문서의 상당 부분은 표로 작성된다. 표는 내용을 압축하여 표현하는 효과적인 수단으로서 프레젠테이션 용도로 많이 사용된다. 표는 디자인 측면을 고려하여 작성한다.

□ 표를 작성할 때의 주의사항

- 표의 크기는 편집문서의 좌 · 우 폭에 맞게끔 크기를 조정한다.
- 셀의 여백을 좌 · 우 1−2㎜ 정도를 주어 시원한 느낌을 준다.
- 항목을 시각적으로 균등 배치하려면 '문단 모양/배분 정렬' 방식을 사용한다.
- 한 셀에 두 가지 이상의 항목이 들어갈 때는 불릿 기호 등을 이용하여 구분한다.
- 칸에서 가장 긴 문자열이 중앙에 위치되게끔 조정하여 전체적으로 좌측을 맞춘다.
- 날짜의 년, 월, 일을 온점(.)으로 표시하거나 소수점을 포함한 수치를 표시할 때에는 온점 혹은 소수점에 맞춘다.

• 표의 열 머리글은 음영으로 구분한다.

교육역량 지표	단위	현재값(a)	목표값(b)	상승률	세부사업명
Join 지수	점	7.11	22.4	215.0	·교육역량강화사업 전반 ·대표브랜드 사업 제외
직업기초능력 향상도	%	62.80	65.0	3.5	·e-learning 시스템 구축 ·객관적 진단시스템 도입
자격증 취득률	%	31.00	40.0	29.0	·취업지원 프로그램 운영 ·자격증 취득 특강
프로그램 만족도	점	-	60.0	-	·교육역량강화사업 전반 ·특강, 산업체 실습 등

표를 만들 때는 다음 순서로 작업한다.

• 표의 셀 안 여백 설정
• 항목 입력, 글자 모양 설정
• 셀 너비/높이 조정
• 문단 모양 설정
• 셀 모양/테두리 모양 지정

□ 셀 안 여백

① 표를 선택한 후 '편집/고치기'를 실행한다.

② 표 탭을 클릭한 후 모든 셀의 안 여백의 값을 '1mm'로 지정하고 '설정' 버튼을 클릭한다.

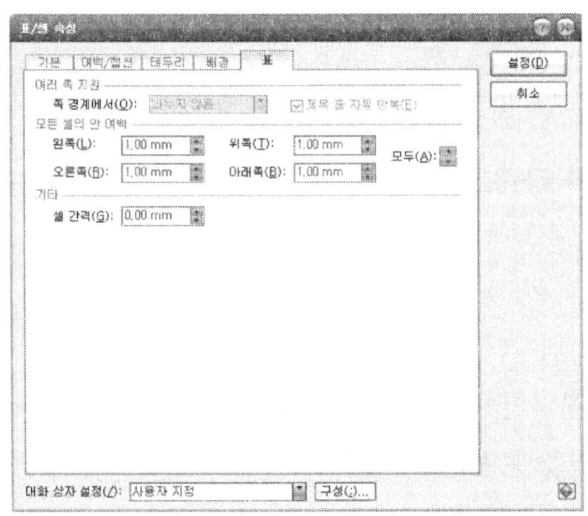

※ 셀 안 여백은 최소 1㎜ 이상이 되도록 한다. 셀 안 여백을 0으로 지정하면 셀 테두리와 글자가 인접하게 되어 답답한 느낌을 주게 된다.

▭ 글꼴 · 글자 크기

- 열 머리글이 입력된 셀에는 중고딕 형태 글꼴을 적용하고, 글자 크기를 다른 셀에 비해 1−2 포인트 크게 한다.
- 열 머리글 이외의 셀에는 신명조 글꼴을 적용한다.

▭ 열 머리글

열 머리글이 입력된 셀의 글자 속성은 진하게, 문단 속성은 가운데 정렬을 적용한다.

▭ 셀 너비 · 높이

모든 항목이 제대로 나타날 수 있게끔 셀 너비를 조정한다.
− Ctrl 키를 누른 채 셀을 클릭하면 해당 셀을 선택할 수 있다.
− 여러 개의 셀을 선택하려면 마우스를 누른 채 끌어 선택한다.
− Ctrl 키를 누른 채 셀을 마우스로 클릭하면 임의의 셀을 함께 선택할 수 있다.
− 선택한 셀의 크기를 조정하려면 기능키를 누른 상태에서 방향키를 누른다.

기능키	용도
Ctrl	선택한 모든 셀의 높이/너비를 조정한다. 셀의 크기 변동과 함께 표의 크기는 비례하여 변동한다.
Alt	선택한 셀이 속한 줄·칸의 높이/너비를 조정한다. 표의 크기는 원래의 크기를 유지한다.
Shift	선택한 셀의 높이/너비만 조절한다. 표의 크기는 원래의 크기를 유지한다.

- 선택한 모든 셀의 높이/너비를 함께 조정하려면 기능 키 Ctrl을 활용한다.
- 선택한 셀 하나, 선택한 칸 하나, 줄 하나를 조정하려면 기능 키 Alt, Shift를 활용한다.

참고 변동될 수 있는 셀 높이/너비는 셀 여백과 셀에 입력되는 글자의 크기, 문자열의 줄 간격에 의존한다. 셀 여백의 값이 적을수록, 글자의 크기가 작을수록, 문자열의 줄 간격이 적을수록 셀 높이/너비의 길이는 줄어든다.

◫ 문단 정렬

• 날짜 · 수치 정렬

날짜는 일반적으로 년. 월. 일 형태로 입력한다. 점(.)의 위치를 일치시키기 위해 한 자릿수 앞에 0을 입력한다.

1999.␣12.␣06
2000.␣03.␣17

수치를 입력할 때에는 소수점 탭을 활용하여 소수점 자리에 맞춰 입력한다. 소수점 탭의 위치는 입력되는 수치에 따라 다르게 설정한다. 가장 긴 수치가 셀 너비의 가운데에 위치하게끔 소수점 탭의 위치를 조정한다.

셀 너비의 가운데에 소수점 탭을 삽입하려면 너비의 반을 소수점 탭으로 설정한다.

주의 탭 위치를 지정할 때 단위를 mm로 변경한다.

가장 긴 수치의 소수점을 기준으로 소수점 탭을 삽입하려면 가장 긴 수치를 셀 너비의 가운데에 위치시키고 소수점 위치에 소수점 탭을 삽입한다.

Join 지수	점	7.11	22.4	215.0	• 대표브랜드 사업 제외	
직업기초능력 향상도	%	62.8	65.0	3.5	• e-learning 시스템 구축 • 객관적 진단시스템 도입	
자격증 취득률	%	31.0	40.0	29.0	• 취업지원 프로그램 운영 • 자격증 취득 특강	
프로그램 만족도	점	-	60.0	-	• 교육역량강화사업 전반 • 특강, 산업체 실습 등	

Join 지수	점	7.11	22.4	215.	제외	
직업기초능력 향상도	%	62.8	65.0	3.5	구축 도입	
자격증 취득률	%	31.0	40.0	29.0	운영	
프로그램 만족도	점	-	60.0	-	전반 • 특강, 산업체 실습 등	

왼쪽 탭(L)
오른쪽 탭(R)
가운데 탭(C)
소수점 탭(D)
모든 탭 지우기(A)
탭 설정(T)...
문단 모양(P)...

표 내부에서 소수점 탭으로 수치를 이동시키려면 Ctrl+Tab 키를 누른다.

참고 Alt 키를 누른 상태에서 소수점 탭을 마우스로 끌면 소수점 탭을 중심으로 좌우 길이가 표시된다. 이 길이를 참조하여 소수점 탭의 위치를 지정할 수도 있다.

※ 소수점 탭이 삽입된 셀을 모양 복사하여 다른 셀에 붙여 넣는다.

◆ 항목 구분

- 항목의 구분은 불릿 기호를 사용한다.
- 항목은 될 수 있는 한 한 줄에 입력한다.
- 항목의 개수가 같지 않으면 항목이 입력되는 위치가 같게끔 항목의 입력 형태를 통일한다.

◆ 문단 여백

- 특정 항목의 문자열 길이를 동일하게 할 필요가 있을 때에는 문단 배분 정렬을 적용한다.
  ※ 문단 나눔 정렬은 글자 수에 상관없이 양쪽 정렬을 하되, 어절 사이를 일정하게 띄운다. 글자 사이를 일정하게 띄우는 문단 배분 정렬과 차이가 있다.
- 항목을 일관성 있게 배치하기 위해 동일 항목에 있는 문자열은 가장 긴 문자열이 중앙에 위치하게끔 정렬한다.
  ① 세부사업명 항목을 블록으로 설정한다.

② 항목 중 가장 긴 문자열이 셀 한 가운데에 위치할 때까지 Ctrl+F8 키를 연속적으로 눌러 문단 양쪽 여백을 좁힌다.

참고 항목을 셀 한 가운데에 배치하기 어려운 경우에는 특정 문단 정렬을 하지 않고 시각상 보기 좋게 조정한다.

예 다음 표를 디자인 해 보자.

잘못된 표현	올바른 표현
연면적(延面積) 1000 제곱미터 이하의 공사장	전체 면적(또는 총면적) 1000 제곱미터 이하의 공사장
구매 시방서(示方書) 제출을 의무화	구매 세부 안내서(또는 세부 지침서, 설명서) 제출을 의무화
조사 결과를 통보하오니 적의조치(適宜措置)하여	조사 결과를 통보하오니 알맞게 조치(또는 알맞게 처리)하여

• 잘못된 표현 항목은 가장 긴 문자열이 가운데 정렬되게끔 배치한다.

① 잘못된 표현 항목을 블록으로 설정한다.

② 항목 중 가장 긴 문자열이 셀 한 가운데에 위치할 때까지 Ctrl+F8 키를 연속적으로 눌러 문단 양쪽 여백을 좁힌다.

• 올바른 표현 항목은 한 줄에 나타나게끔 한다.

① 올바른 표현 항목을 블록으로 설정한다.

② '한 줄로 입력'을 적용한다.

잘못된 표현	올바른 표현
연면적(延面積) 1000 제곱미터 이하의 공사장	전체 면적(또는 총면적) 1000 제곱미터 이하의 공사장
구매 시방서(示方書) 제출을 의무화	구매 세부 안내서(또는 세부 지침서, 설명서) 제출을 의무화
조사 결과를 통보하오니 적의조치(適宜措置)하여	조사 결과를 통보하오니 알맞게 조치(또는 알맞게 처리)하여

※ 한 줄로 입력은 모양/문단모양/확장 탭에서 지정한다.

참고 최소 공백 · 자간 · 장평 조정하기

전각 기호 【 】를 입력한 경우 전각 기호와 이어지는 문자 사이의 간격이 넓어 시각상 보기에 좋지 않다. 아래의 표를 대상으로 최소 공백 · 자간 · 장평을 이용하여 적절하게 조정해 보자.

표현	설명	적용 예
【참고】	참고 내용	【참고】 한 줄로 입력하기
【주의】	주의 내용	【주의】 문단 배분 · 나눔 정렬
【예제】	예제 보기	【예제】 셀 음영 적용하기

① 전각 기호 '】'와 이어지는 문자 '한'을 블록으로 설정한다.

표현	설명	적용 예
【참고】	참고 내용	【참고 　 줄로 입력하기
【주의】	주의 내용	【주의】 문단 배분 · 나눔 정렬
【예제】	예제 보기	【예제】 셀 음영 적용하기

② 최소 공백의 값을 25%로, 장평의 값을 88%로, 자간의 값을 −12%로 지정한다.

표현	설명	적용 예
【참고】	참고 내용	【참고】한 줄로 입력하기
【주의】	주의 내용	【주의】 문단 배분 · 나눔 정렬
【예제】	예제 보기	【예제】 셀 음영 적용하기

※ 최소 공백의 값은 '모양/문단 모양'에서 지정하며, 장평 · 자간의 값은 '모양/글자 모양'에서 지정한다.

□ 음영 설정

열 머리글이 입력된 셀에는 음영을 설정한다.

① 열 머리글을 블록으로 설정한다.

② '표/셀 테두리 · 배경/각 셀마다 적용'을 실행한다. 셀 테두리/배경 대화상자가 열린다.

③ 배경 탭을 클릭한 후 면 색을 선택하고 '설정' 버튼을 클릭한다.

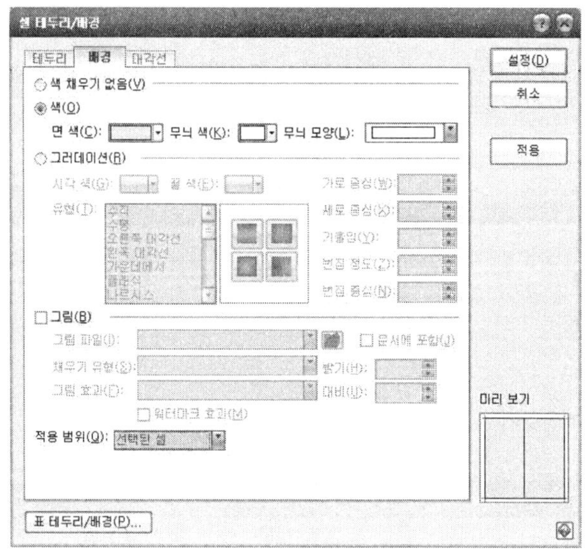

- '표/셀 테두리 · 배경/각 셀마다 적용'을 실행하면 블록으로 지정한 셀 하나하나에 지정한 면 색을 음영 속성으로 줄 수 있다.
- '표/셀 테두리 · 배경/여러 셀에 걸쳐 적용'을 실행하면 블록으로 지정한 셀을 하나의 셀로 간주하여 지정한 면 색을 음영 속성으로 줄 수 있다.

▭ 셀 테두리

① 열 머리글을 블록으로 설정한다.

② '표/셀 테두리 · 배경/각 셀마다 적용'을 실행한다.

③ 테두리 탭을 클릭한 후 테두리 종류, 굵기, 적용 위치를 선택하고 '설정' 버튼을 클릭한다.

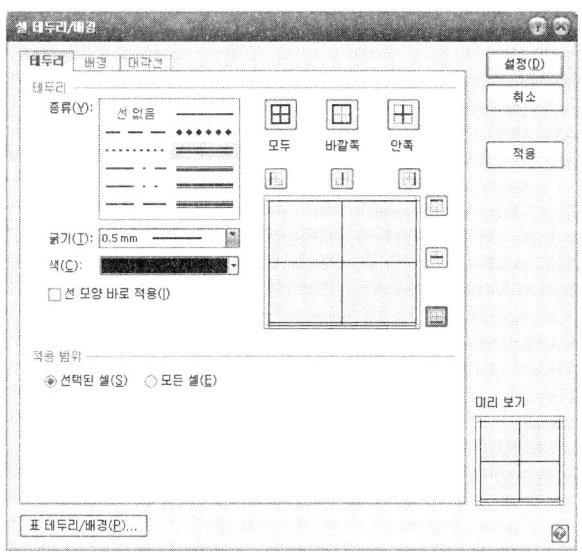

※ 표의 선마다 상이한 색상을 지정할 수 있다.

• 테두리 종류는 이중 실선, 굵기는 0.5㎜, 적용 위치는 아래 ▭를 선택한다.

④ 표 전체를 블록으로 설정하고 왼쪽, 오른쪽 테두리 종류를 '선 없음'으로 지정한다.

※ 테두리 모양을 먼저 선택한 후 적용 위치를 클릭한다. '선 모양 바로 적용' 옵션 선택을 해제하고 테두리 모양을 지정한다.

예 표마당을 활용하여 다음 표를 디자인 해 보자.

주요 사업	중점 목표	추진 전략
교육 과정 개발	▪교육과정 모형개발	▪벤치마킹과 정보유입 ▪직무분석
교육 과정 운영	▪직업교육 내실화 ▪신직업체제 구축	▪특성화 유도 ▪효율성 제고
교재·교구 개발	▪창의성 교육 ▪직무능력 향상	▪기초 원리 교육 강화 ▪전문 심화 교육 특화

① 임의의 셀을 클릭 커서를 두고 '표/표마당'을 실행한다.

② 표마당 목록 중 가장 잘 어울리는 목록을 선택한다.

③ 적용할 서식으로 '테두리 · 셀 배경'을 선택하고, 적용 대상으로 '제목 줄 · 마지막

줄 · 첫째 칸'을 선택하고 '설정' 버튼을 클릭한다.

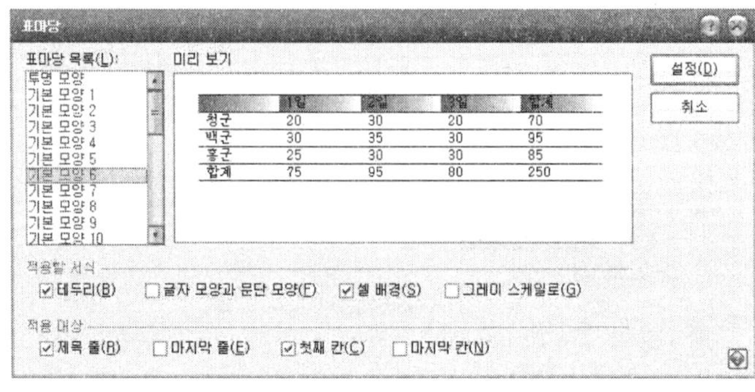

↓

주요 사업	중점 목표	추진 전략
교육 과정 개발	▪ 교육과정 모형개발	▪ 벤치마킹과 정보유입 ▪ 직무분석
교육 과정 운영	▪ 직업교육 내실화 ▪ 신직업체제 구축	▪ 특성화 유도 ▪ 효율성 제고
교재·교구 개발	▪ 창의성 교육 ▪ 직무능력 향상	▪ 기초 원리 교육 강화 ▪ 전문 심화 교육 특화

• 표에 표마당을 적용할 때 주의할 점

– 표마당을 적용하면 표마당의 서식이 표의 모든 셀에 적용된다. 따라서 편집 중인 표의 글자 모양 · 문단 모양 · 셀 테두리 · 셀 배경 중 원래 모양으로 유지하고 싶은 속성은 해당 사항의 선택을 해제한 상태로 표마당을 적용한다.

예 '기본 모양 6' 서식을 적용하면 표의 모든 셀에는 문단 가운데 정렬이 적용된다.

주요 사업	중점 목표	추진 전략
교육 과정 개발	▪ 교육과정 모형개발	▪ 벤치마킹과 정보유입 ▪ 직무분석
교육 과정 운영	▪ 직업교육 내실화 ▪ 신직업체제 구축	▪ 특성화 유도 ▪ 효율성 제고
교재·교구 개발	▪ 창의성 교육 ▪ 직무능력 향상	▪ 기초 원리 교육 강화 ▪ 전문 심화 교육 특화

셀에 설정된 글자모양과 문단모양을 그대로 유지하려면 글자 모양과 문단 모양 옵션의 선택을 해제하고 표마당을 적용한다.

– 표마당의 서식은 모든 셀에 적용되지만 서식을 적용할 셀을 선별적으로 지정할 수 있다. 즉, 서식 적용 대상으로 제목 줄, 첫째 칸, 마지막 줄, 마지막 칸을 선별 지정할 수 있다.

예 적용 대상에서 마지막 줄, 첫째 칸 옵션을 제외하고 '기본 모양 6' 서식을 적용하면 표는 다음과 같이 된다.

주요 사업	중점 목표	추진 전략
교육 과정 개발	▪ 교육과정 모형개발	▪ 벤치마킹과 정보유입 ▪ 직무분석
교육 과정 운영	▪ 직업교육 내실화 ▪ 신직업체제 구축	▪ 특성화 유도 ▪ 효율성 제고
교재·교구 개발	▪ 창의성 교육 ▪ 직무능력 향상	▪ 기초 원리 교육 강화 ▪ 전문 심화 교육 특화

※ 첫째 칸 옵션을 제외하더라고 마지막 줄 옵션이 선택되어 있으면 첫째 칸의 마지막 항목에는 표마당의 서식이 적용된다. 그것은 칸과 관계없이 마지막 줄이 선택되어 있기 때문이다. 또한 제목 줄 옵션을 제외하더라고 마지막 칸 옵션이 선택되어 있으면 제목 줄의 마지막 칸 항목에는 표마당의 서식이 적용된다. 그것은 줄과 관계없이 마지막 칸이 선택되어 있기 때문이다. 따라서 제목 줄에 표마당의 서식을 적용하지 않으려면 적용 대상에서 제목 줄 뿐만 아니라 첫째 칸, 마지막 칸을 함께 제외한다.

※ 제목 줄은 표/표 · 셀 속성/셀 탭에서 지정한다. 제목 줄을 지정하면 표가 여러 쪽에 걸쳐 있는 경우 각 쪽마다 표의 제목이 자동적으로 표시된다. 표마낭은 표의 첫 번째 줄을 제목 줄로 간주한다.

※ 표마당을 적용한 후 필요하면 글자모양, 테두리 등의 속성을 변경한다.

2. 표 작업

표를 작성할 때에는 필요에 따라 줄/칸을 추가·삭제하기도 하고 셀을 분리·통합하기도 한다. 표의 수정과 관련된 제 기능을 이해하지 않고는 표를 제대로 작성할 수 없다.

- 줄/칸을 추가하려면 셀을 선택한 후 '표/줄·칸 추가하기'를 실행한다.

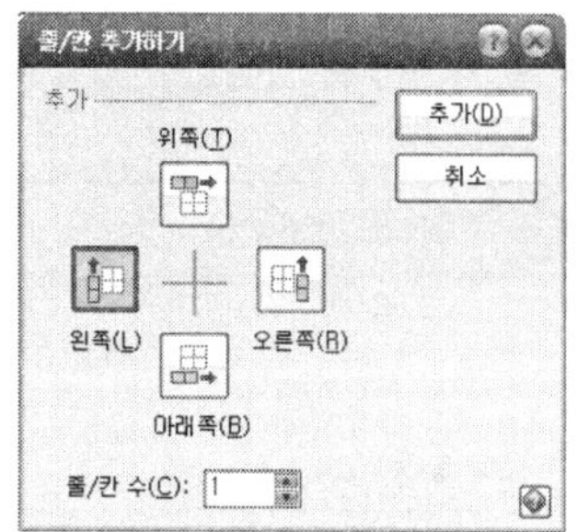

선택한 셀을 중심으로 지정한 줄/칸 수만큼 줄/칸이 추가된다.

예 선택한 셀의 오른쪽에 두 개의 칸을 추가하려면 오른쪽 버튼 을 클릭하고 줄/칸 수를 2로 지정한다. 선택한 셀의 아래에 두 개의 줄을 추가하려면 아래쪽 버튼 을 클릭하고 줄/칸 수를 2로 지정한다.

- 줄/칸을 삭제하려면 셀을 선택한 후 표/줄·칸 지우기를 실행한다.

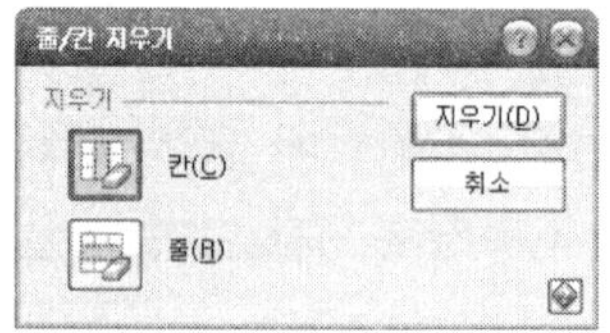

예 선택한 셀이 위치한 줄을 지우려면 줄 버튼 을 클릭한다. 칸을 지우려면 칸 버튼 을 클릭한다.

- 셀을 복사한 후 선택한 셀에 붙여 넣으려면 표/붙이기를 실행한다.

예 표 1을 표 2의 중점 목표 왼쪽에 추가하고 표마당 목록을 변경해 보자.

<table>
<tr><td colspan="2">사업 현황</td></tr>
<tr><td>대학</td><td>연계교</td></tr>
<tr><td>전산 실습</td><td></td></tr>
<tr><td>이원화 과정</td><td></td></tr>
<tr><td>전자상거래</td><td>경영 대요</td></tr>
</table>

표 1

주요 사업	중점 목표	추진 전략
교육 과정 개발	▪ 교육과정 모형개발	▪ 벤치마킹과 정보유입 ▪ 직무분석
교육 과정 운영	▪ 직업교육 내실화 ▪ 신직업체제 구축	▪ 특성화 유도 ▪ 효율성 제고
교재·교구 개발	▪ 창의성 교육 ▪ 직무능력 향상	▪ 기초 원리 교육 강화 ▪ 전문 심화 교육 특화

표 2

① 표 1을 복사한다.

② 중점 목표 필드 혹은 항목에 커서를 두고 '표/붙이기'를 실행한다.

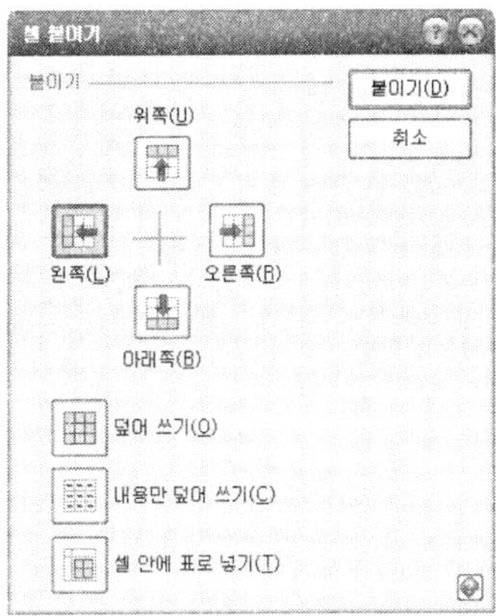

③ '왼쪽' 버튼 [왼쪽 아이콘]을 클릭하고 '붙이기' 버튼을 클릭한다.

<table>
<tr><th>주요 사업</th><th colspan="2">사업 현황</th><th>중점 목표</th><th>추진 전략</th></tr>
<tr><td>교육 과정 개발</td><td>대학</td><td>연계교</td><td>▪ 교육과정 모형개발</td><td>▪ 벤치마킹과 정보유입
▪ 직무분석</td></tr>
<tr><td>교육 과정 운영</td><td>전산 실습</td><td></td><td>▪ 직업교육 내실화
▪ 신직업체제 구축</td><td>▪ 특성화 유도
▪ 효율성 제고</td></tr>
<tr><td rowspan="2">교재·교구 개발</td><td>이원화 과정</td><td></td><td>▪ 창의성 교육</td><td>▪ 기초 원리 교육 강화</td></tr>
<tr><td>전자상거래</td><td>경영 대요</td><td>▪ 직무능력 향상</td><td>▪ 전문 심화 교육 특화</td></tr>
</table>

– '덮어 쓰기'를 선택하면 셀 모양(셀 속성, 셀 테두리, 셀 배경) 및 내용을 커서 위치에서부터 덮어 쓰기 한다.
– '내용만 덮어 쓰기'를 선택하면 셀 내용만 커서 위치에서부터 덮어 쓰기 한다.
– '셀 안에 도표 넣기'를 선택하면 셀 안에 표를 넣을 수 있다.

④ Ctrl 키를 누른 채 첫 번째 줄을 클릭한 후 방향키 ↓를 세 번 눌러 셀 높이를 늘인다.

주요 사업	사업 현황		중점 목표	추진 전략
교육 과정 개발	대학	연계교	▪ 교육과정 모형개발	▪ 벤치마킹과 정보유입 ▪ 직무분석
교육 과정 운영	전산 실습		▪ 직업교육 내실화 ▪ 신직업체제 구축	▪ 특성화 유도 ▪ 효율성 제고
교재·교구 개발	이원화 과정		▪ 창의성 교육	▪ 기초 원리 교육 강화
	전자상거래	경영 대요	▪ 직무능력 향상	▪ 전문 심화 교육 특화

셀 높이를 아래/위로 조정하려면 조정될 공간이 필요하다. 붙여진 표 1의 첫 번째, 두 번째 줄을 표 2의 제목 줄에 배치하려면 제목 줄의 높이를 조정하여 두 개의 줄이 포함될 수 있게끔 해야 한다.

⑤ Ctrl 키를 누른 채 문자열 '사업 현황'이 입력된 셀을 클릭하고 Shift 키를 누른 상태에서 방향키 ↑를 계속 눌러 셀 높이를 줄인다.
⑥ 동일한 방식으로 붙여진 나머지 셀의 높이를 줄인다.

주요 사업	사업 현황		중점 목표	추진 전략
	대학	연계교		
교육 과정 개발	전산 실습		▪ 교육과정 모형개발	▪ 벤치마킹과 정보유입 ▪ 직무분석
교육 과정 운영	이원화 과정		▪ 직업교육 내실화 ▪ 신직업체제 구축	▪ 특성화 유도 ▪ 효율성 제고
교재·교구 개발	전자상거래	경영 대요	▪ 창의성 교육 ▪ 직무능력 향상	▪ 기초 원리 교육 강화 ▪ 전문 심화 교육 특화

⑦ 표 내부에 커서를 둔 상태에서 표마당을 실행한다.

⑧ '수직 무늬 4' 서식을 적용하고 제목 줄의 글자 색상을 흰색으로 바꾼다.

주요 사업	사업 현황		중점 목표	추진 전략
	대학	연계교		
교육 과정 개발	전산 실습		▪ 교육과정 모형개발	▪ 벤치마킹과 정보유입 ▪ 직무분석
교육 과정 운영	이원화 과정		▪ 직업교육 내실화 ▪ 신직업체제 구축	▪ 특성화 유도 ▪ 효율성 제고
교재·교구 개발	전자상거래	경영 대요	▪ 창의성 교육 ▪ 직무능력 향상	▪ 기초 원리 교육 강화 ▪ 전문 심화 교육 특화

⑨ 항목의 구분이 용이하도록 테두리를 적용한다.

주요 사업	사업 현황		중점 목표	추진 전략
	대학	연계교		
교육 과정 개발	전산 실습		▪ 교육과정 모형개발	▪ 벤치마킹과 정보유입 ▪ 직무분석
교육 과정 운영	이원화 과정		▪ 직업교육 내실화 ▪ 신직업체제 구축	▪ 특성화 유도 ▪ 효율성 제고
교재·교구 개발	전자상거래	경영 대요	▪ 창의성 교육 ▪ 직무능력 향상	▪ 기초 원리 교육 강화 ▪ 전문 심화 교육 특화

• 줄/칸을 이동하는 방법은 줄/칸 복사 · 붙이기와 동일하다.

예 줄을 이동하려면 줄을 복사한 후 붙여 넣기를 한다.

① 줄을 블록으로 설정한다.

② '편집/오려두기'를 실행한다. 셀이 포함된 줄은 지운다.

③ 줄을 삽입할 셀을 선택하고 '편집/붙이기'를 실행한다.

④ 붙여 넣을 방향을 선택한 후 '붙이기' 버튼을 클릭한다.

• 셀을 합치려면 합칠 셀을 블록으로 설정한 후 '표/셀 합치기'를 실행한다.
• 셀을 나누려면 나눌 셀을 블록으로 설정한 후 '표/셀 나누기'를 실행한다.
• 선택한 셀의 너비/높이를 동일하게 하려면 '표/셀 너비를 같게, 표/셀 높이를 같게'를 실행한다.

• '표/표 뒤집기' 명령을 실행하면 표의 방향을 원하는 대로 변경할 수 있다.

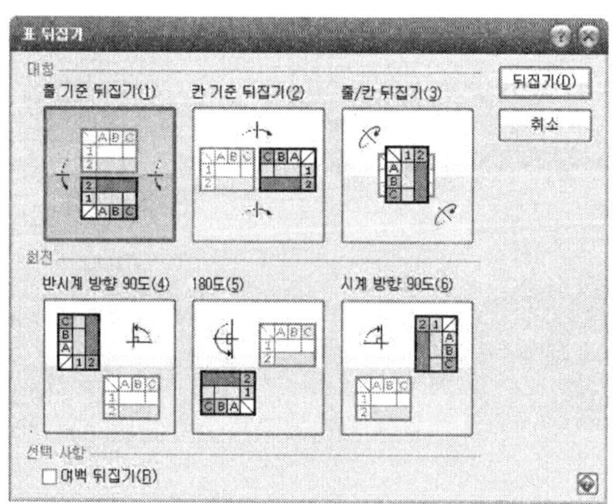

실습 다음 표와 같이 작성해 보자.

교 과 목 명	국문	Visual 프로그래밍
	영문	Visual Programming
교 과 구 분	전공 선택	
강 의 목 표	비주얼 베이직의 문법과 다양한 컨트롤의 사용법을 익혀 응용 프로그램 개발 능력을 키운다.	
주요 강의 내용	· 기본 컨트롤의 사용법 · 폼 모듈과 표준 모듈 · Active X 컨트롤의 사용법 · ADO를 이용한 DB 프로그래밍	
사용 실습 기자재	LCD 프로젝트, 컴퓨터, 파워포인트, 비주얼 스투디오	

Ⅵ 매크로

매크로는 키 혹은 마우스 동작을 차례로 기록한 스크립트의 일종이다. 매크로는 키 매크로와 스크립트 매크로 두 가지가 있다.

- 스크립트 매크로는 마우스의 동작과 키 동작을 함께 기록한다.
- 키 매크로는 키 동작만을 기록한다.

본 장에서는 응용이 가능한 다양한 유형의 매크로를 취급한다. 매크로 유형은 다음과 같다.

- 문자열의 글꼴을 견명조로, 강조점을 'ㆍ'로 지정하는 매크로
- 그림에 글자처럼 취급 속성을 지정하고 그림의 크기를 원래 크기의 $\frac{1}{2}$로 설정하는 매크로
- 현재 커서가 놓인 표의 셀 안 여백의 값을 모두 1㎜로 지정하는 매크로
- 파랑 속성의 중고딕 글꼴을 모두 초록 속성의 견명조 글꼴로 바꾸는 매크로
- 대화상자 여는 매크로
- 문자표 입력 대화상자에서 다음 문자를 입력하는 매크로

- 색인 찾아보기
- 특정 조판 부호를 찾은 후 매크로를 실행하면 해당 편집 창 혹은 대화상자를 열어 주는 매크로

1. 스크립트 매크로

□ 매크로 정의

① 매크로 적용 대상을 선택한다.

매크로 적용 대상			적용 대상 선택 방법
문자열	블록 선택 문자열	→	블록으로 설정
	임의의 문자열		블록으로 설정하지 않음
표	표 속성 (배경·테두리)	→	조판부호 [표]
	셀 속성		셀 블록 혹은 표 내부
그림		→	조판부호 [그림]
그리기		→	조판부호 [선] [타원] [사각형] …
각주·글자 겹치기·OLE 개체…		→	해당 조판부호

② '도구/매크로/스크립트 매크로 정의'를 실행한다.

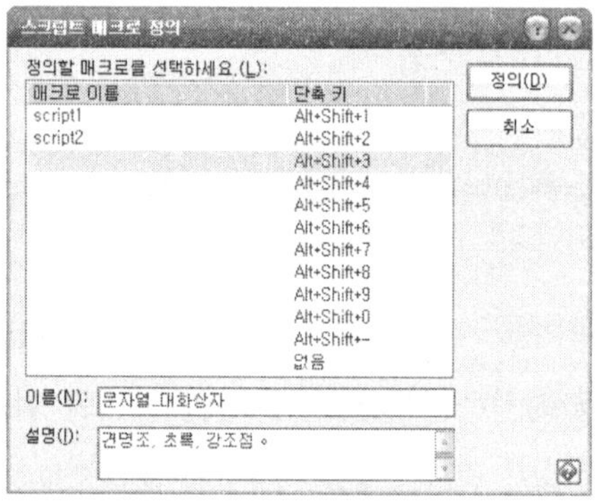

③ 단축키를 선택한 후 이름과 설명을 입력하고 '정의' 버튼을 클릭한다. 스크립트 매크로 도구 상자가 열린다.

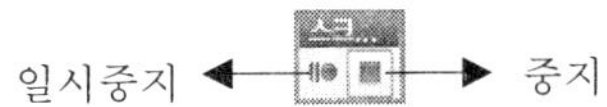

※ 이름을 입력할 때 빈 칸을 입력하지 않는다.

④ 마우스를 눌러 매크로를 정의한다.

⑤ 스크립트 매크로 도구 상자의 '중지' 버튼을 클릭한다. 매크로가 정의된다.

□ 매크로 실행

매크로를 실행하려면 매크로 정의 시 지정한 단축키를 누르든지, '도구/매크로/스크립트 매크로 실행'을 실행하고 매크로 이름을 선택한 후 '실행' 버튼을 클릭한다.

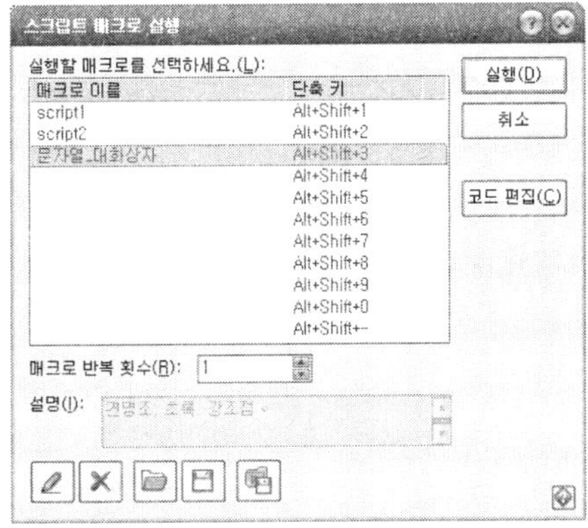

• 매크로 반복 횟수를 지정하면 매크로를 지정 횟수만큼 실행할 수 있다.

※ 매크로 반복 횟수를 지정하여 매크로를 실행하려면 '스크립트 매크로 보안 설정'을 '낮음'으로 지정한다.

스크립트 매크로 실행 대화상자에 표시된 아이콘의 이름과 용도는 다음과 같다.

스크립트 매크로 실행 대화상자의 아이콘		
아이콘	이름	설명
	매크로 편집	선택한 매크로의 이름과 설명 고침
	매크로 지우기	선택한 매크로의 이름과 기록 내용을 모두 지움
	매크로 불러오기	매크로 파일(*.msr)을 불러와 선택한 단축키에 배당
	매크로 저장하기	선택한 매크로 내용을 스크립트 매크로 파일(*.msr)로 저장
	매크로 꾸러미 저장하기	스크립트 매크로 전체를 스크립트 매크로 꾸러미 파일(*.hms)로 저장

□ 현재 문서의 매크로를 다른 시스템에 설치된 한글에서 사용하기

현재 문서에 지정되어 있는 모든 매크로를 다른 시스템에서 사용하려면 매크로 꾸러미로 저장한다. 매크로 저장하기는 선택한 하나의 매크로만 저장된다.

- 매크로 꾸러미 저장하기
  ① '매크로 꾸러미 저장하기' 버튼을 클릭한다.
  ② 파일 이름을 입력한 후 '저장' 버튼을 클릭한다.

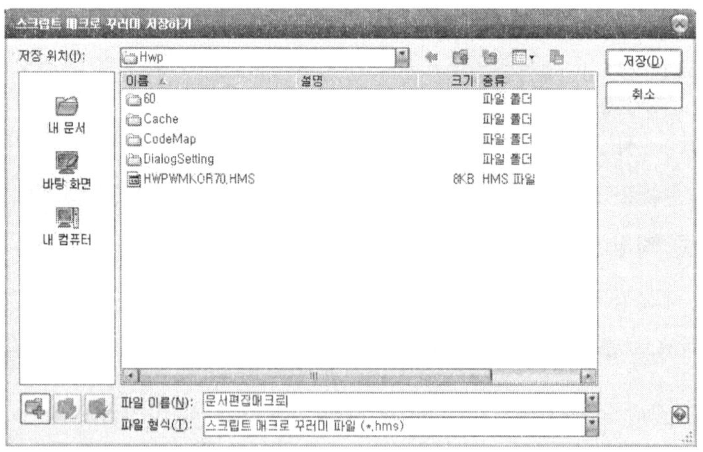

- 매크로 꾸러미 불러오기
  ① '매크로 불러오기' 버튼을 클릭한다.

② 파일 형식을 '스크립트 매크로 꾸러미 파일 (*.hms)'로 지정하고 꾸러미 파일을 선택 한 후 '열기' 버튼을 클릭한다.

▭ 매크로 예제

예 문자열의 글꼴을 견명조로, 강조점을 '◦'로 지정하는 매크로

① 문자열 예를 들어 '글자 모양 대화상자'를 블록으로 설정한다.

② 스크립트 매크로 이름과 단축키를 지정한다.

③ 마우스로 메뉴 막대의 '모양'을 클릭하고 메뉴 '글자 모양'을 클릭한다.

파일(F) 편집(E) 보기(U) 입력(D) 모양(J) 도구(K) 표(Q) 창(W) 도움말(H)
글자 모양(L)... Alt+L

④ 글꼴을 '견명조'로, 강조점을 '◦'로 지정한다.

⑤ '설정' 버튼을 클릭하고 스크립트 매크로 도구 상자의 '중지' 버튼을 클릭한다.

- 매크로를 다른 문자열에 적용하려면 문자열을 블록으로 설정한 후 매크로를 실행한다.

예 그림에 글자처럼 취급 속성을 지정하고 그림의 크기를 원래 크기의 $\frac{1}{2}$로 설정하는 매크로

- 그림을 클릭 · 선택한 상태에서는 스크립트 매크로 정의 자체가 되지 않는다.

따라서 문자열과 셀 이외의 개체를 대상으로 매크로를 정의하기 위해서는 해당 개체의 조판 부호를 찾는 과정이 우선돼야 한다

- 글자처럼 취급 속성처럼 클릭할 때마다 그 속성이 바뀌는 토글 버튼을 클릭하는 동작을 매크로에 정의할 때에는 주의를 요한다.

매크로 정의 전 토글 속성의 버튼은 선택되지 않은 상태로 지정한다.

① 스크립트 매크로 이름과 단축키를 지정한다.

② Alt+G 키를 누른다. 찾아가기 대화상자가 열린다.

③ Alt+R 키를 누른다. 조판 부호가 선택된다.

④ Tab 키를 눌러 입력 상자로 이동한 후 '그림'을 입력하고 엔터키를 누른다.

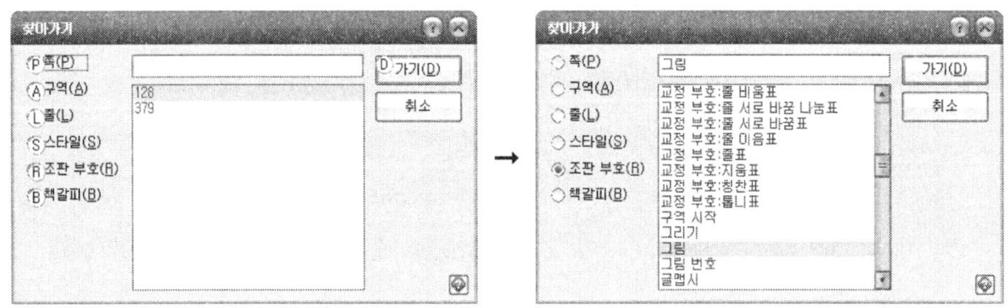

조판 부호 [그림] 앞으로 커서가 이동한다.

⑤ Ctrl+N+K 키를 누른다. 개체 속성 대화상자가 열린다.

⑥ 마우스로 '글자처럼 취급' 속성을 지정하고 그림의 크기를 원래 크기의 '$\frac{1}{2}$'로 설정한 후 엔터하다 누른다.

그림의 '글자처럼 취급' 속성은 매크로 정의 전 선택되지 않은 상태로 두었음을 상기하자.

⑦ 방향키 '→'를 눌러 다음 조판 부호 [그림]으로 이동할 준비를 한다.

⑧ 스크립트 매크로 도구 상자의 '중지' 버튼을 클릭한다.

문서에 삽입된 그림의 수만큼 매크로를 실행하면 삽입된 모든 그림의 속성을 통일할 수 있다.

예제 매크로의 여섯 번째 내용을 너비와 높이를 각각 10mm로 지정하는 것으로 바꾸면 그림의 크기를 동일하게 만드는 매크로를 정의할 수 있다.

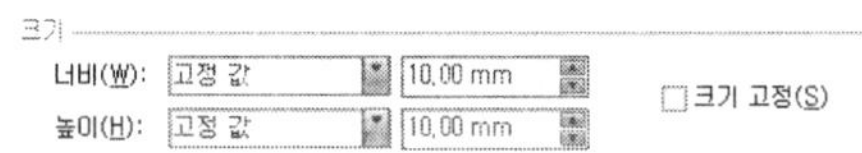

예제 매크로의 여섯 번째 내용을 바깥 여백 위쪽과 아래쪽을 각각 0으로 지정하는 것으로 바꾸면 그림의 위쪽·아래쪽 여백을 동일하게 만드는 매크로를 정의

할 수 있다.

바깥 여백
왼쪽(L): 0.00 mm 위쪽(T): 0.00 mm
오른쪽(R): 0.00 mm 아래쪽(B): 0.00 mm 모두(A):

예 현재 커서가 놓인 표의 셀 안 여백의 값을 모두 1mm로 지정하는 매크로

① 스크립트 매크로 이름과 단축키를 지정한다.

② 마우스로 메뉴 막대의 표를 클릭하고 '표/셀 속성'을 클릭한다. 표/셀 속성 대화상자가 열린다.

③ 표 탭을 클릭한 후 모두(A): 버튼을 클릭하여 모든 셀의 안 여백의 값을 '1mm'로 지정한다.

④ '설정' 버튼을 클릭한 후 스크립트 매크로 도구 상자의 '중지' 버튼을 클릭한다.

매크로를 적용할 표 내부에 커서를 둔 상태에서 매크로를 실행한다.

예 파랑 속성의 중고딕 글꼴을 모두 초록 속성의 견명조 글꼴로 바꾸는 매크로

이러한 매크로는 문서 전체를 대상으로 특정 속성의 글꼴을 다른 속성의 글꼴로 바꾸어 줄 때 사용된다. 한 문서만을 대상으로 글꼴을 바꾸어 주려면 굳이 매크로를 정의할 필요가 없다.

> 스크립트 매크로 내용을 매크로 파일로 저장하여 다른 컴퓨터에 설치된 한글에서 해당 매크로를 불러 사용할 용도로 매크로를 정의한다. 즉, 매크로를 한번 정의하면 한글이 설치된 모든 컴퓨터에서 해당 매크로를 활용할 수 있다.

① 문서의 임의 위치에 커서를 둔다.

② 스크립트 매크로 이름과 단축키를 지정한다.

③ 마우스로 메뉴 막대의 '편집'을 클릭하고 '찾아 바꾸기'를 클릭한다. 찾아 바꾸기 대화상자가 열린다.

④ 찾을 내용 입력 상자의 내용을 모두 지우고 '서식 찾기' 버튼 을 클릭하여 찾을 글자 모양 서식을 클릭한다. 글자모양 대화상자가 열린다.

⑤ 글꼴을 '중고딕', 글자 색을 '파랑'으로 지정하고 '설정' 버튼을 클릭한다.

⑥ 바꿀 내용 입력 상자의 내용을 모두 지우고 '서식 찾기' 버튼 을 클릭하여 바꿀 글자 모양 서식을 클릭한다. 글자모양 대화상자가 열린다.

⑦ 글꼴을 '견명조', 글자 색을 '초록'으로 지정하고 '설정' 버튼을 클릭한다.

⑧ '모두 바꾸기' 버튼을 클릭한다.

파랑 속성의 중고딕 글꼴로 쓰인 모든 문자열의 속성이 초록 색상의 견명조 글꼴로 바뀐다.

※ 찾을/바꿀 내용 입력 상자의 내용을 지울 때에는 마우스 왼쪽 버튼을 세 번 연달아 클릭한 후 Delete 키를 누른다. 즉, 입력 내용 상자에 입력된 모든 내용을 선택하여 지운다.

2. 키 매크로

키 매크로는 일련의 키 입력을 순서대로 기록하여 단축키에 배당해 두었다가 기록된 키 입력 순서대로 재실행하는 기능이다.

▭ 매크로 정의

① '도구/매크로/키 매크로 정의'를 실행한다.

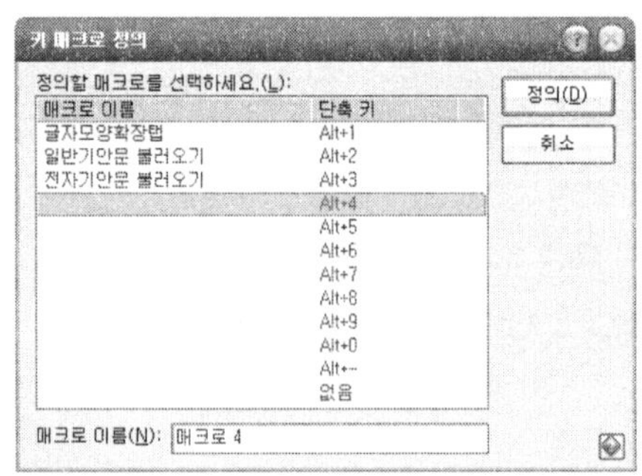

② 단축키를 선택한 후 이름을 입력하고 '정의' 버튼을 클릭한다. 키 매크로 도구 상자가 열린다.

일시중지 ◀ 키 매... ▶ 중지

③ 매크로를 정의하고 '중지' 버튼을 클릭한다.

□ 매크로 실행

매크로를 실행하려면 단축키를 누른다.

□ 매크로 정의 시 주의할 점

키 매크로를 정의할 때 주의할 점은 키 입력은 항상 절대적 입력이 되게끔 한다.

예 원 문자 조각 ①을 입력한 상태에서 ②, ③, …을 순서대로 입력하는 매크로를 정의해 보자.

① 매크로 이름과 단축키를 지정한다.
② Ctrl+F10 키를 누른다. 문자표 입력 대화상자가 열린다.
   원 문자 조각 ①이 선택된 상태로 나타난다.
③ 방향키 '→'를 한번 누르고 엔터한다. 원 문자 조각 ②가 입력된다.
④ 스페이스바를 한번 누르고 Alt+B 키를 눌러 매크로 정의를 끝낸다.

매크로에 정의된 키 입력 내용 및 그 순서는 키 매크로 편집 대화상자를 통해 확인할 수 있다.

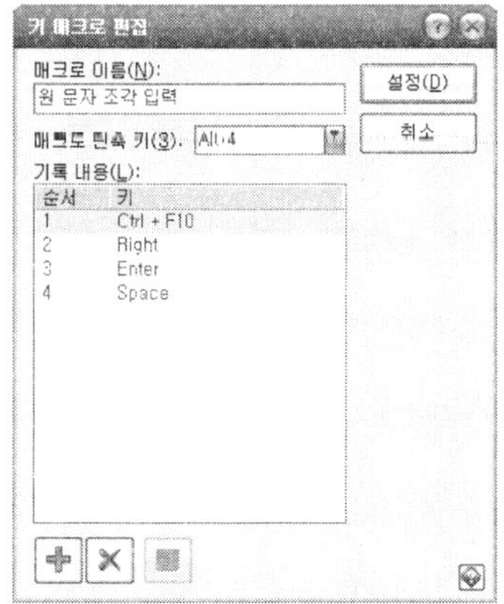

위 매크로는 문자표 대화상자가 열릴 때 항상 원 문자 조각이 선택된 상태라면 아무 이상 없이 돌아간다. 그러나 만약 원 문자 조각이 아닌 불릿 기호가 선택된 상태라면 불릿 기호가 삽입되게 된다.

따라서 매크로를 정의할 때 문자표 대화상자를 열면 항상 원 문자 조각이 선택된 상태로 나타나게끔 키 입력을 해야 한다. 절대적 키 입력 방법은 다음과 같다.

- 단축키가 설정된 기능은 단축키를 누른다.

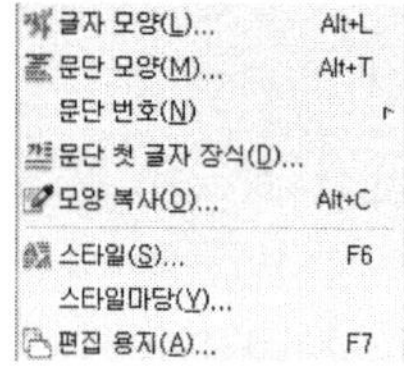

메뉴 항목 오른쪽에 표시된 Alt+L, Alt+T, Alt+C, F6, F7 등이 각 메뉴 항목에 할당된 단축키이다. 키 입력 시간이 절약되는 만큼 실행 시간이 짧아진다.

- 메뉴 선택

메뉴를 선택하려면 Alt 키와 함께 각 메뉴 이름 옆에 쓰여 있는 단축키를 누른다.

파일(F) 편집(E) 보기(U) 입력(D) 모양(J) 도구(K) 표(Q) 창(W) 도움말(H)

예 입력 메뉴를 열려면 Alt+D 키를 누른다.

- 메뉴 창의 항목 선택

메뉴 창에서 항목을 선택하려면 Home, End 키를 누른 후 방향키를 눌러 선택한다. Home 키는 메뉴 창의 첫 번째 항목으로, End 키는 메뉴 창의 마지막 항목으로 이동할 때 누른다.

- 대화상자의 항목 선택

  – 대화상자에서 Alt 키를 누르면 각 항목에 대한 단축키가 원 문자로 표시된다.

예 글꼴을 지정하려면 Alt+T 키를 누르고 글꼴 이름을 입력한다.

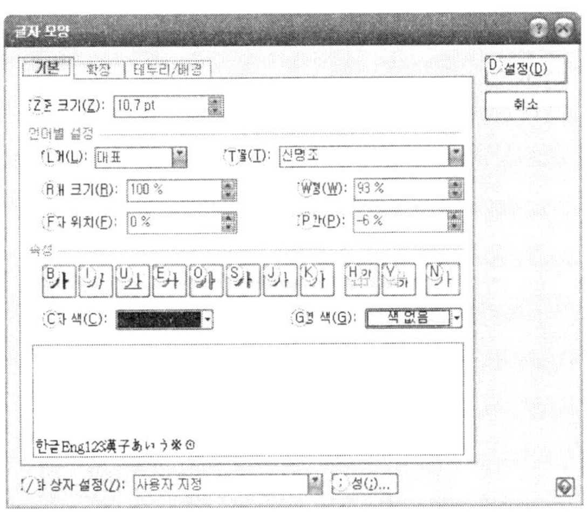

– 항목의 값을 변경하려면 해당 단축키를 누른 후 값을 입력하거나 방향키 ↑, ↓를 눌러 값을 조정한다.

예 Alt+W 키를 누른 후 방향키 ↓를 세 번 누르면 장평의 값은 91%가 된다.

– 팔레트 창을 열려면 해당 단축키를 누른 후 SpaceBar 키를 누른다.

예 Alt+C 키를 누른 후 SpaceBar 키를 누르면 글자 색상 팔레트 창이 펼쳐진다. 팔레트 창에서 색상을 지정하려면 반드시 PageUp 키를 누른 후 방향키를 이용한다.

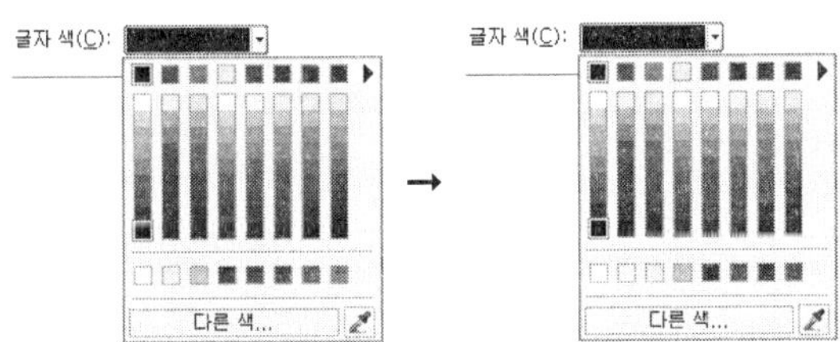

PageUp 키를 누르면 첫 번째 색상에 포커스가 맞춰진다.

예 Alt+G 키를 누른 후 SpaceBar 키를 누르면 음영 색상 팔레트 창이 펼쳐진다. PageUp 키를 누른 후 방향키 ↑를 누르면 '색 없음'을 선택할 수 있다.

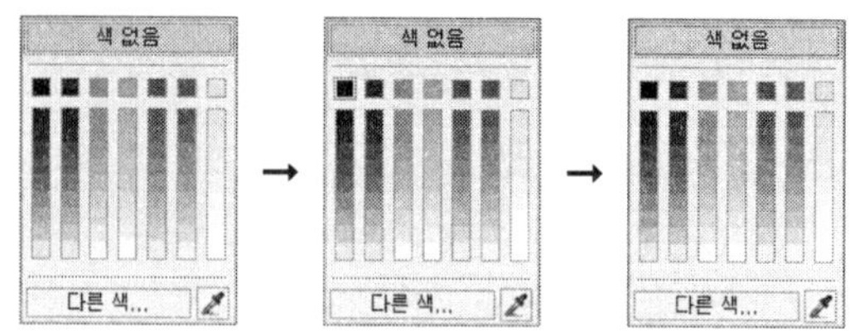

팔레트 창에서의 이동 관련 단축키는 다음과 같다.

대화상자의 단축키	
단축키	내용
PageUp	첫 번째 줄의 첫 번째 색상
PageDown	마지막 줄의 마지막 색상
Home	포커스가 맞춰진 색상이 위치한 줄의 첫 번째 색상
End	포커스가 맞춰진 색상이 위치한 줄의 마지막 색상
← ↑ → ↓	방향키 방향으로 이동

- 대화상자의 탭 · 항목 선택

대화상자는 여러 개의 탭으로 구성된다. 탭과 탭을 이동하려면 Ctrl+숫자 키를 누른다.

예 Ctrl+2 키를 누르면 두 번째 탭으로 이동한다.

대화상자 내의 이동 관련 단축키는 다음 표와 같다.

대화상자의 단축키		
단축키		내용
Ctrl+ 숫자	1	첫 번째 탭
	2	두 번째 탭
	3	세 번째 탭
	4	네 번째 탭
Ctrl+ Home		첫 번째 탭
Ctrl + End		마지막 탭
Ctrl + Tab		다음 탭
Ctrl+ Shift+ Tab		이전 탭
Tab		다음 항목
Shift+ Tab		이전 항목

• 문자열 선택

문자열을 선택할 때에도 절대적 키 입력이 되도록 하여 커서의 이동을 명확하게 한다.

– 단어와 단어 사이의 이동은 Ctrl 키와 좌 · 우 방향키를 사용한다.
  Ctrl+→ 키를 누르면 다음 단어의 첫 글자 앞에 커서가 이동한다.
  Ctrl+← 키를 누르면 앞 단어의 첫 글자 앞에 커서가 이동한다.

예 문자열 '개체 종류'를 선택하려면 해당 문자열 앞에 커서를 두고 Ctrl+Shift+→ 키를 두 번 누른 후 Shift+← 키를 누른다.

사용자의 윈도우 환경에 따라 개체 삽입 대화상자에 나타나는 개체 종류 목록은 달라진다.

– 커서가 위치한 줄의 첫 글자로 커서를 이동시키려면 Home 키를 누른다.
– 커서가 위치한 줄의 마지막 글자로 이동시키려면 End 키를 누른다.
– 커서가 위치한 문단의 첫 글자로 커서를 이동시키려면 Alt+Home 키를 누른다.
– 커서가 위치한 문단의 마지막 글자로 이동시키려면 Alt+End 키를 누른다.
– 특정 위치로 이동시키려면 쉬운 책갈피 개념을 이용한다. 커서 위치의 문단에 첫 번째 책갈피를 표시하려면 Ctrl+K+1 키를 누른다. 문단 앞 부분에 쉬운 책갈피 표시 가 나타난다. 첫 번째 책갈피 표시 부분으로 이동하려면 Ctrl+Q+1 키를 누른다.

책갈피 표시 위치는 Ctrl+K+1, Ctrl+K+2, …, Ctrl+K+0까지 지정할 수 있다. 책갈피 표시 위치로 이동하려면 Ctrl+Q+1, Ctrl+K+2, …, Ctrl+Q+0 키를 누른다. 책갈피 표시 위치로 이동하기 직전의 위치로 이동하려면 Ctrl+Q+P 키를 누른다.

예 문자열 'Win.ini 파일'이 포함된 문단에 책갈피 표시 Ctrl+K+1을 지정하고 나중에 문자열 'Win.ini 파일' 앞에 커서를 위치시키려면 다음과 같이 한다.

개체 연결(OLE)을 지원하는 파일을 읽어 들일 때는 윈도우 디렉터리의 Win.ini 파일에 기초하여 OLE 정보의 내용과 OLE Server의 종류, 위치 등을 판단한다. 따라서 사용자의 윈도우 환경에 따라 개체 삽입 대화상자에 나타나는 개체 종류 목록은 달라진다.

① Ctrl+Q+1 키를 누른다. 문자열 'Win.ini 파일'이 포함된 문단 첫 글자로 이동한다.
② Ctrl+→ 키를 8번 누른다.

• 표 셀 선택

셀을 선택할 때에도 절대적 키 입력이 되도록 하여 셀 블록의 이동을 명확하게 한다.

- 셀을 선택하려면 셀에 커서를 두고 F5 키를 누른다.
- 여러 개의 셀을 함께 선택하려면 F5 키를 두 번 누른 후 방향키를 누른다.
- 선택된 셀로부터 같은 줄의 마지막 셀까지 선택하려면 End 키를 누른다.
- 선택된 셀로부터 같은 줄의 첫 번째 셀까지 선택하려면 Home 키를 누른다.
- 선택된 셀로부터 같은 칸의 마지막 셀까지 선택하려면 PageDown 키를 누른다.
- 선택된 셀로부터 같은 칸의 첫 번째 셀까지 선택하려면 PageUp 키를 누른다.
- 특정 셀로 이동하려면 특정 셀에 책갈피 표시를 한다.

예 셀 블록을 아래 표와 같이 설정한 후 셀 블록의 첫 번째 셀 '강의 목표'로 커서를 이동하려면 다음과 같이 한다.

교과목명	국문	Visual 프로그래밍
	영문	Visual Programming
교과 구분	전공 선택	
강의 목표	비주얼 베이직의 문법과 다양한 컨트롤의 사용법을 익혀 응용 프로그램 개발 능력을 키운다.	
주요 강의 내용	· 기본 컨트롤의 사용법 · 폼 모듈과 표준 모듈 · Active X 컨트롤의 사용법 · ADO를 이용한 DB 프로그래밍	
사용 실습 기자재	LCD 프로젝트, 컴퓨터, 파워포인트, 비주얼 스투디오	

① 셀 '강의 목표'에 커서를 두고 Ctrl+K+1 키를 누른다.

② 셀 글자 모양·문단 모양 등의 속성을 변경한 후 Esc 키를 누른다.

③ Ctrl+Q+1 키를 누른다.

3. 매크로 예제

예 덧말 넣기 대화상자 여는 매크로

① 매크로 이름과 단축키를 지정한다.
② Alt+D 키를 누른다.
③ Home 키를 누르고 방향키 ↓를 7번 누른다.
④ Enter 키를 누른 후 '기록 중지' 버튼을 클릭한다. 덧말 넣기 대화상자가 열린다.

덧말 넣기를 원하는 문자열을 블록으로 설정한 후 매크로를 실행한다.

예 문자표 입력 대화상자의 조각을 순서대로 입력하는 매크로

① 매크로 이름과 단축키를 지정한다.
② Ctrl+F10 키를 누른다. 문자표 입력 대화상자가 열린다.
③ 방향키 →를 한번 누르고 엔터한다.
④ 스페이스바를 한번 누르고 Alt+B 키를 눌러 매크로 정의를 끝낸다.

이 매크로는 특수 문자를 입력할 때 매우 유용하게 사용된다.

- 원 문자 조각 ①, ②, …, ⑨를 순서대로 입력하려면 ①을 입력한 상태에서 매크로를 실행한다.
- 원 문자 조각 ❶, ❷, …, ❾를 순서대로 입력하려면 ❶을 입력한 상태에서 매크로를 실행한다.
- 사전용 약물 ㉮, ㉯, …, ㉻를 순서대로 입력하려면 ㉮를 입력한 상태에서 매크로를 실행한다.

예 원 문자 ㉑부터 ㉙까지 차례로 입력하는 매크로

① 원 문자 조각 ②를 입력한 후 ②를 복사한다.
② 원 문자 조각 ' 0'을 입력한다. 문자표 입력 대화상자를 열면 원 문자 조각 ' 0'이 선택된 상태가 된다.
원 문자 조각 ②와 ' 0'을 겹치면 ⑳이 입력된다.
③ 매크로 이름과 단축키를 지정한다.
④ Ctrl+F10 키를 누른다.
⑤ Alt+G 키를 누른 후 Ctrl+V 키를 누른다. 입력 문자 상자에 원 문자 조각 ②가 등록된다.

⑥ Alt+S 키를 누른다. 입력 문자 상자에 원 문자 조각 0가 추가된다.

⑦ Alt+D 키를 누른다. 문서 편집 화면에 원 문자 조각 ② 0이 입력된다.

⑧ Shift 키를 누른 채 방향키 ←를 두 번 누른다. 원 문자 조각이 블록으로 설정된다.

⑨ Alt+D 키를 누른다. 입력 메뉴가 열린다.

⑩ Home 키를 누른 후 방향키 ↓를 두 번 누르고 Enter 키를 누른다. 글자 겹치기 대화상자가 열린다.

⑪ Enter 키를 누르고 SpaceBar 키를 한번 누른다.

⑫ Alt+B 키를 눌러 매크로 정의를 끝낸다.

원 문자 조각 ⑳, ㊵, … 등도 동일한 방식으로 입력할 수 있다.

※ 글자 겹치기 대화상자를 열기 위해 Alt+D+W 키를 사용하지 않는다. 매크로는 키 입력 코드를 기록할 때 Alt+D+W가 아닌 Alt+D, Alt+W 형태를 취하기 때문에 입력 메뉴를 열었다가 창 메뉴를 열고 한글 창을 가로로 배열해 버린다.

예 '중고딕 그래픽'을 입력하고 매크로를 실행하면 중고딕 글꼴을 그래픽 글꼴로 바꾸어주는 매크로

이 매크로는 특정 글꼴을 찾아 다른 글꼴로 바꾸어주는 매크로를 일반화 한 것이다. 보통 매크로를 정의할 때 찾을 글꼴과 바꿀 글꼴의 종류를 지정하게 되면 해당 글꼴만 찾아 바꿀 글꼴로 바꾸어준다. 그러나 본 매크로처럼 찾을 글꼴과 바꿀 글꼴 이름을 문자열로 입력하고 매크로를 실행하면 문자열의 내용에 따라서 찾을 글꼴과 바꿀 글꼴이 달라진다.

① 문자열 '중고딕 그래픽'을 입력한다.

② 매크로 이름과 단축키를 지정한다.

③ Ctrl+Shift+← 키를 두 번 누른다. 문자열이 블록으로 선택된다.

④ Ctrl+X 키를 누른다. 문자열을 오려두기 한다.

⑤ Ctrl+F2 키를 누른다. 찾아 바꾸기 대화상자가 열린다.

⑥ BackSpace 키를 누른다. 찾을 내용 입력 상자의 내용을 깨끗이 지운다.

⑦ Alt+G 키를 누른다. 서식 찾기 목록 창이 열린다.
⑧ C 키를 누른다. 찾을 글자 모양 대화상자가 열린다.
⑨ Ctrl+V 키를 누른다. 글꼴 입력 상자에 문자열 '중고딕 그래픽'이 입력된다.
⑩ Ctrl+Shift+← 키를 누른 후 Ctrl+X 키를 누른다. 문자열 '그래픽'이 오려진다.
⑪ BackSpace 키를 누른 후 Alt+D 키를 누른다. 중고딕 글꼴이 선택된다.
BackSpace 키를 누른 것은 문자열 '중고딕' 뒤에 있는 빈 칸을 지우기 위해서이다.
⑫ Alt+P 키를 누른다. 바꿀 내용 입력 상자로 커서가 이동한다.
⑬ BackSpace 키를 누른다. 바꿀 내용 입력 상자의 내용을 깨끗이 지운다.
⑭ Alt+B 키를 누른다. 서식 찾기 목록 창이 열린다.
⑮ C 키를 누른다. 바꿀 글자 모양 대화상자가 열린다.
⑯ Ctrl+V 키를 누른다. 글꼴 입력 상자에 문자열 '그래픽'이 입력된다.
⑰ Alt+D 키를 누른다. 그래픽 글꼴이 선택된다.
⑱ Alt+A 키를 누른다. 중고딕 글꼴을 찾아 그래픽 글꼴로 모두 바꾸어준다.
⑲ Esc 키를 누른다. 찾아 바꾸기 대화상자를 닫는다.
⑳ Alt+B 키를 눌러 매크로 정의를 끝낸다.

※ ⑰ 번까지 매크로를 정의한 후 기록 중지 버튼을 클릭하면 글꼴을 선별적으로 바꿀 수 있다.

예 표제어 찾아보기 표시를 달아주는 매크로

① 매크로 이름과 단축키를 지정한다.
② Ctrl+C 키를 누른다. 문자열을 복사한다.
③ Ctrl+K+I 키를 누른다. 찾아보기 표시 대화상자가 열린다.
④ Ctrl+V 키를 누른다. 첫 번째 낱말 입력 상자에 복사한 문자열을 붙여 넣는다.
⑤ Enter 키를 누른 후 Alt+B 키를 눌러 매크로 정의를 끝낸다.

색인으로 등록할 문자열을 블록으로 설정한 후 매크로를 실행한다.

예 표제어에 포함할 찾아보기 표시를 달아주는 매크로

① 매크로 이름과 단축키를 지정한다.
② Ctrl+C 키를 누른다. 문자열을 복사한다.
③ Ctrl+K+I 키를 누른다. 찾아보기 표시 대화상자가 열린다.
④ BackSpace 키를 누른 후 Tab 키를 누른다. 두 번째 낱말 입력 상자로 커서가 이동한다.
⑤ Ctrl+V 키를 누른다. 두 번째 낱말 입력 상자에 복사한 문자열을 붙여 넣는다.
⑥ Shift+Tab 키를 누른다. 첫 번째 낱말 입력 상자로 커서가 이동한다.
⑦ 기록 중지 버튼을 클릭한다.

표제어에 포함할 문자열을 블록으로 설정한 후 매크로를 실행한다. 표제어는 첫 번째 낱말 입력 상자에 입력한다.

예 매크로를 실행하면 편집 창 혹은 대화상자를 열어주는 매크로

이 매크로는 매우 응용성이 뛰어나다.
– 각주 창에서 매크로를 실행하면 다음 각주 창을 열어준다.
– 머리말 창에서 매크로를 실행하면 다음 머리말 창을 열어준다.
– 새 번호로 시작 대화상자를 닫으면 다음 새 번호로 시작 대화상자를 열어준다.

① 매크로 이름과 단축키를 지정한다.
② Shift+Esc 키를 누른다. 각주 · 머리말 등의 숨은 창에서 빠져나간다.
③ Ctrl+L 키를 누른다. 조판 부호 다시 찾기를 실행한다.
④ Ctrl+N+K 키를 누른다.
⑤ Alt+B 키를 눌러 매크로 정의를 끝낸다.
⑥ 도구/매크로/키 매크로 실행을 실행하고 키 매크로 편집 버튼 을 클릭한다.

매크로를 정의하는 과정에서 Ctrl+L 키를 누르면 조판 부호 다시 찾기가 실행되는데 찾을 조판 부호가 없는 경우에는 '문서를 처음부터 찾을까요?'란 메시지 창이 열린다.

메시지 창을 닫기 위해서는 Esc 키를 누른다. 따라서 매크로 실행과 관계없는 불필요한 코드 Esc를 제거해야만 매크로가 제대로 돌아간다.

⑥ 목록에서 Esc를 선택한 후 기록 내용 지우기 버튼 [X]을 클릭하고 설정 버튼을 클릭한다.

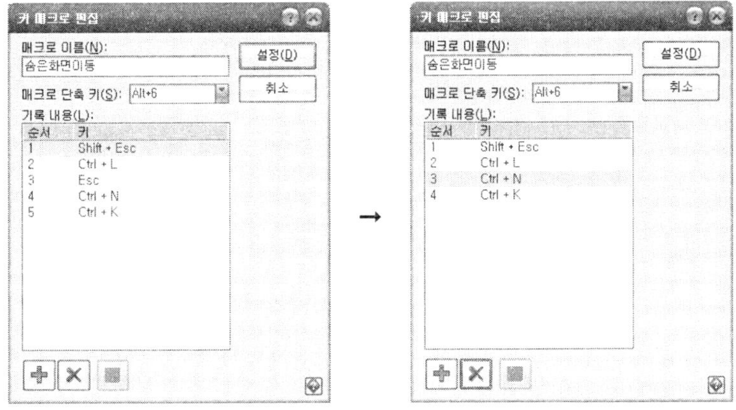

4. 기타 편집 매크로

예 불필요한 공백을 없애는 매크로[3)]

불필요한 공백을 없애는 매크로는 두 종류로 나눠 사용한다. 문단의 시작 부분과 마침 부분의 공백을 없애는 매크로와, 문단 가운데의 공백을 없애는 매크로로 나눈다. 이들 매크로는 문단 단위로 처리한다.

- 문단의 시작 부분과 마침 부분의 공백을 없애는 매크로

※ 매크로를 정의하기 전에 NumLock 키를 OFF 상태로 한다. 또한 매크로를 정의하기 전에 찾기 대화상자의 옵션을 설정한다. 찾기 옵션 특히, 토글 속성을 매크로 내에서 설정하면 매크로가 실행될 때마다 토글 속성이 바뀌는 것을 피해야 한다.

3) 유병훈, 『문서편집 따라하기』, 내하출판사, 318-321 페이지 참조.

① Ctrl+Q+F 키를 눌러 찾기 대화상자를 실행한다.

② 찾을 내용 입력 상자에 문자열 '???'를 입력하고 '아무개 문자' 항목을 선택한다.

③ 찾을 방향으로 '아래쪽'을 선택하고 '찾기' 버튼을 클릭한다.

④ Esc 키를 눌러 찾기 대화상자를 닫는다.

아무개 문자 '???'는 세 개의 문자로 구성된 문자열을 찾아준다. 아무개 문자 '???'를 사용한 이유는 다음 문단을 찾기 위한 방편이다.

⑤ 매크로 이름과 단축키를 지정한다.

⑥ Alt+Home 키를 누른다. 커서가 문단의 첫 부분으로 이동한다.

⑦ SpaceBar 키를 누른다.

⑧ Home 키를 누른다.

빈 칸을 입력하고 Home 키를 누른 것은 Ctrl+→ 키를 눌러 문단 첫 글자로 이동하기 위해서이다. 단순히 Ctrl+→ 키를 누르면 문단의 첫 글자 혹은 단어가 선택되기 때문이다.

⑨ Ctrl+→ 키를 누른다. 커서가 문단의 첫 글자로 이동한다.

⑩ Ctrl+BackSpace 키를 누른다. 문단 첫 부분의 모든 공백이 삭제된다.

⑪ Alt+End 키를 누른다. 커서가 문단의 끝 부분으로 이동한다.

⑫ SpaceBar 키를 누른다.

⑬ Ctrl+← 키를 누르고 Ctrl+[5] 키를 누른다. 커서가 문단 마침 점 뒤에 위치한다.

※ [5] 키는 자판기 오른쪽에 위치한 누메릭 키에 있다. [5] 키를 눌러 문자열을 선택하기 위해 NumLock 키를 OFF 상태로 두고 매크로를 시작하였다.

⑭ Ctrl+Delete 키를 누른다. 마침 점 뒤의 모든 공백이 삭제된다.

⑮ Ctrl+Q+F 키를 누른다. 찾기 대화상자가 열린다.

⑯ Alt+F 키를 누르고 Esc 키를 눌러 준다. 다음 문단으로 이동한다.

⑰ Alt+B 키를 눌러 매크로 정의를 끝낸다.

찾기 대화상자의 찾기 옵션을 지정한 후 매크로를 실행하면 문단 앞뒤의 쓸데없는 공백을 없애고 다음 문단으로 커서가 이동한다. 매크로를 실행하기 전에 반드시 NumLock 키를 OFF 상태로 한다.

• 문단 내의 공백을 없애는 매크로

① 매크로 이름과 단축키를 지정한다.
② Alt+Home 키를 누른다. 커서가 문단 첫 부분으로 이동한다.
③ Ctrl+Shift+↓ 키를 누른다. 커서가 위치한 문단이 블록으로 선택된다.
④ Ctrl+F2 키를 누른다. 찾아 바꾸기 대화상자가 열린다.
⑤ SpaceBar를 두 번 누른다. 찾을 내용 입력 상자에 빈 문자 두개가 입력된다.
⑥ Alt+P 키를 누른다. 바꿀 내용 입력 상자로 커서가 이동한다.
⑦ SpaceBar 키를 한번 누른다. 바꿀 입력 상자에 빈 문자가 하나 입력된다.
⑧ Alt+A 키를 누른다. 빈 칸 두개가 모두 빈 칸 하나로 바뀐다.
⑨ 찾아 바꾸기 대화상자를 닫고 Alt+B 키를 눌러 매크로 정의를 끝낸다.

일반적으로 낱말을 띄울 때 한 칸을 띄우므로 두 칸을 띄우면 쓸데없는 빈칸으로 본다. 문단 앞/뒤의 공백을 없애는 매크로를 실행한 후 문단 내의 공백을 없애는 매크로를 실행한다.

• 불필요한 엔터 표시를 없애는 매크로

※ 매크로를 정의하기 전에 NumLock 키를 OFF 상태로 한다.

① 매크로 이름과 단축키를 지정한다.
② Alt+End 키를 누른다. 커서가 문단 끝으로 이동한다.
③ Ctrl+← 키를 누르고 Ctrl+5 키를 누른다. 문단 마침 점 뒤에 커서가 위치한다.
④ Ctrl+Shift+→키를 누른다. 문단 마침 점부터 다음 문단의 첫 글자 앞까지 블록으로 설정된다.
⑤ Delete 키를 누르고 SpaceBar 키를 누른다. 단어와 단어 사이는 띄어 준다.
⑥ Alt+B 키를 눌러 매크로 정의를 끝낸다.

아래 줄을 연결할 문단에 커서를 두고 매크로를 실행한다. 매크로를 실행하기 전에 반드시 NumLock 키를 OFF 상태로 한다.

참고 키 매크로 편집 대화상자에서 매크로를 바로 정의할 수 있다.

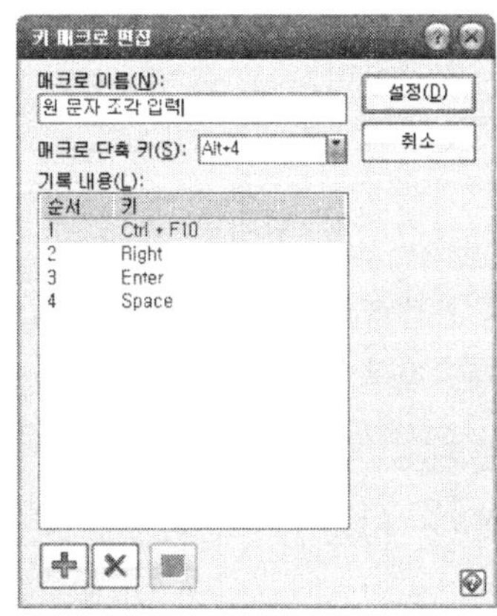

• 코드를 추가하려면 삽입 위치를 선택한 후 기록 내용 추가 버튼 [+]을 클릭한다.

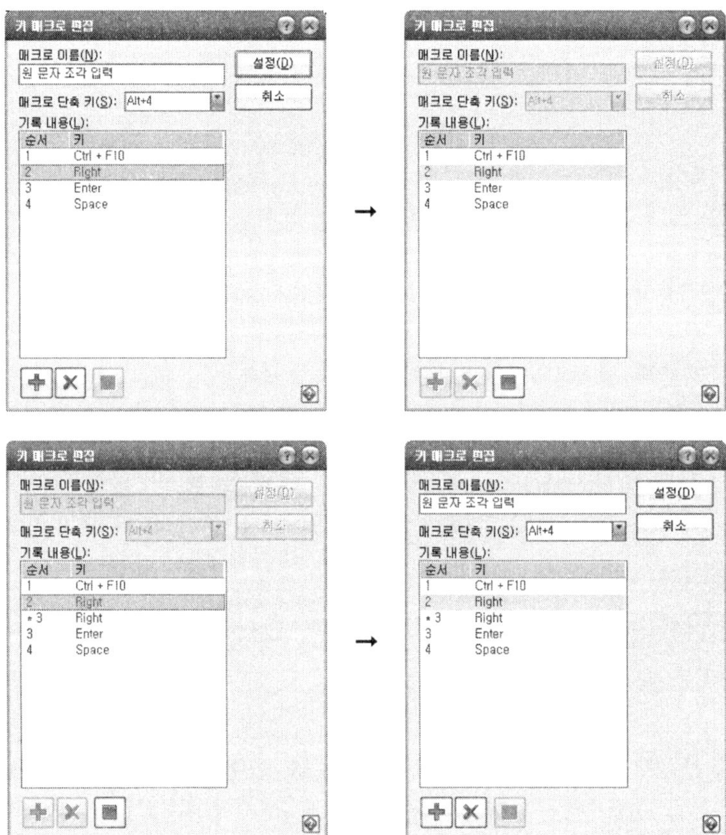

• 코드를 삭제하려면 코드를 선택한 후 '기록 내용 지우기' 버튼 [X]을 클릭한다.

Ⅶ 공문서 작성하기

공문서는 기안, 검토 및 협조, 결재, 등록, 시행, 접수 및 처리 과정을 따른다.

- 기안문은 기관의 의사를 결정하기 위해 문안을 작성하는 것을 뜻한다. 기안문은 공문서의 일종으로서 공문서 작성 규칙을 엄격히 적용한다.
- 시행문은 결재가 완료된 기안문의 내용을 내/외부에 표시함으로써 문서의 효력을 발생하게 하는 것을 뜻한다.
  - 문서의 기안은 전자 문서로 함을 원칙으로 한다.
  - 문서의 기안은 행정안전부령이 정하는 기안 문서로 하여야 한다. 다만, 관계서식이 따로 있는 경우에는 그 내용을 관계 서식에 기입하는 방법으로 할 수 있다.

'공문서'라 함은 행정 기관 내부 또는 상호간이나 대외적으로 공무상 작성 또는 시행되는 문서(도면 · 사진 · 디스크 · 테이프 · 필름 · 슬라이드 · 전자 문서 등의 특수 매체 기록을 포함한다.) 및 행정 기관이 접수한 모든 문서를 말한다. '사무관리규정 · 시행규칙'에 따르면 법규 문서 · 지시 문서 · 공고 문서 · 비치 문서 · 민원 문서 및 일반 문서 등이 공문서에 속한다. 민간인이나 공사(公社)에서 작성한 문서 즉, 신청서 · 증명서 ·

진정서 등을 행정 기관이 접수하게 되면 공문서가 된다. 이때 그 문서를 제출한 사람도 접수된 문서를 임의로 회수할 수 없다.

▭ 공문서의 역할4)

공문서는 내용을 기록한 단순한 서류가 아니다.

- 업무 처리를 위한 의사를 전달한다.
- 업무 처리 결과를 보존한다.
- 법적인 효력을 발생한다.

▭ 공문서의 기능

- 의사 전달의 기능 : 조직체의 의사를 내부나 외부로 전달해 주며, 문서 없이 구두로 업무의 처리가 곤란할 때 혹은 업무 처리 상 형식상 문서가 필요할 때 유용하다.
- 자료 보존의 기능 : 업무 처리 결과의 증거 자료가 되며, 업무 처리 결과를 일정 기간 보존한다.
- 자료 제공의 기능 : 보존된 문서는 필요 시 활용되고 행정 활동을 촉진한다.

▭ 공문서의 종류

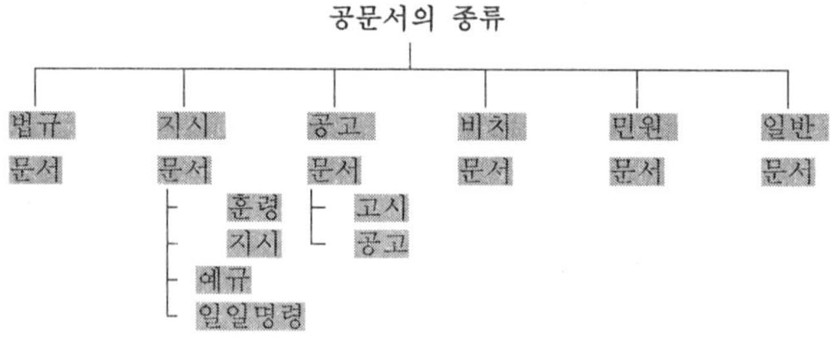

▭ 공문서의 일련 번호

- 법규, 훈령, 예규 : 연도 구분과 관계없이 누년 연속되는 일련 번호를 사용한다.

4) 국립국어원(http://www.korean.go.kr/) 온라인 강의 '공문서 바로 쓰기' 참조.

법률 제1234호, 훈령 제6호, 예규 제7호

• 지시, 고시, 공고 : 연도별로 구분하여 매년 새로 시작하는 일련 번호 즉, 연도 표시 일련 번호를 사용한다.

지시 제2009-3호, 고시 제2009-12호, 공고 제2009-23호

• 일반 문서는 등록 번호를 사용하며, 회보는 연도별 일련 번호를 사용한다.

행정능률과-123, 회보 제5호

□□ 문서의 성립과 효력 발생 시점

• 결재권자의 서명에 의한 결재가 완료된 시점이 문서의 생산 시점(문서의 성립)이 된다. 결재권자란 행정 기관의 장, 행정 기관의 장으로부터 결재권을 위임 받은 자 및 대결하는 자를 말한다. 서명이란 전자 문자 서명, 전자 이미지 서명, 행정 전자 서명을 모두 포함한다.
• 서명 : 공문서 상에 자필로 자기의 성명을 다른 사람이 알아볼 수 있도록 한글로 표시한다.
• 내부 결재 문서는 결재권자의 결재(서명)가 완료된 시점에 효력이 발생한다.
• 내부 결재 문서이외의 문서는 수신자에게 도달(전자 문서는 수신자의 컴퓨터 파일에 기록되는 것을 말한다)됨으로써 그 효력이 발생한다.
• 공고 문서의 경우에는 공고 문서에 특별한 규정이 있는 경우를 제외하고는 그 고시 또는 공고가 있은 후 5일이 경과한 날부터 효력이 발생한다. 단, 공고한 첫날은 산입하지 않는다.
• 법규 문서의 경우에는 공포 후 20일이 경과한 날부터 효력이 발생한다.
• 민원 문서의 경우에는 정보 통신망을 이용하여 접수, 처리한 경우에 효력이 발생한다.

내부 결재 문서는 행정 기관이 내부적으로 업무 계획 수립, 처리 방침 결정, 업무 보고, 소관 사항 검토 등을 하기 위해 결재를 받는 문서이다.

1) 문서 처리 흐름도[5)]

○ 내부 문서/외부 문서(발송)

기안문 작성 → 결재 → 문서등재 → 시행문 작성 → 발송통제 → 시행문 발송 → 기안문 보관

○ 예산 포함 문서 처리

기안문 작성 → 예산통제관 승인 → 결재 → 문서등재 → 계획수행 및 지출원인행위 → 결과보고 결산 → 지출결의 → 지출

○ 문서 처리

접수(우편, FAX, e−mail, 기타) → 문서등재 → 담당자수령 → 결재

2) 기안문의 종류[6)]

기안문은 일반 기안문, 전자 기안문, 간이 기안문으로 구분한다.

- 일반 기안문(시행문 겸용) (별지 제1호의2서식) : 내부 결재 문서 · 대내 문서 · 대외 문서 등 모든 문서에 사용한다. (종이 문서+전자 문서)
  일반 기안문(시행문 겸용)은 두문 · 본문 및 결문으로 구성된다. 단, 전자 문서는 두문 · 본문 및 결문 또는 두문 · 본문 · 결문 및 붙임으로 구성될 수 있다.
  ※ 이 경우 본문은 제목 · 내용 및 붙임으로 하는 것을 원칙으로 하며, 전자 문서인 경우에는 본문은 제목 · 내용 및 붙임으로 하거나 제목 및 내용으로 할 수 있다.

- 전자 기안문(시행문 겸용) (별지 제3호의2서식) : 내부 결재 문서 · 대내 문서 · 대외 문서 등 모든 문서에 사용한다. (전자 문서에만 사용)
  전자 기안문(시행문 겸용)은 표제부와 본문부로 나눌 수 있다. 이 경우에는 서로 다른 파일 또는 같은 파일로 구성하되, 표제부는 두문, 본문의 제목 및 결문으로, 본문부는 제목 · 내용 및 붙임으로 구성될 수 있다.
  ※ 전자 문서인 경우 ① 두문 · 본문 · 결문 및 붙임
  ② 표제부(두문, 본문의 제목, 결문) + 본문부(제목, 내용, 붙임)

---

5) 황재덕, 행정실무 참조.
6) 행정자치부, 사무관리규정 주요 개정내용, 2003. 10. 참조

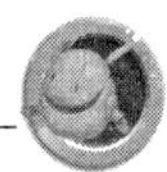

• 간이 기안문(별지 제3호의3서식) : 시행문으로 변환하여 시행할 수 없다. (내부 결재 문서에만 사용. 종이 문서+전자 문서)

왼쪽 상단에 위치한 문서 등록의 표시(등록 번호, 보존 기간, 결재 일자 및 공개 구분), 오른쪽 상단에 위치한 결재란(기안자, 검토자, 협조자, 결재권자), 제목, 요약 설명문, 작성 일자, 작성 기관(아래 중앙)의 표시를 할 수 있다.

일반 기안문(시행문 겸용) 통합서식 [별지 제1호의2서식]　　A4 (210㎜×297㎜)

위쪽 여백 30㎜

행 정 기 관 명　　⇧ 상부 한계선

수신자　　(　　　　)

두문	• 행정기관명
	• 수신자

제목

⇦ 왼쪽 기본선　　오른쪽 한계선 ⇨

본문	• 제목
	• 내용
	• 붙임

왼쪽 여백 20㎜　　오른쪽 여백 15㎜ ⇨

결문	• 발신명의, 기안자·검토자·협조자·결재권자의 직위 또는 직급 및 서명
	• 생산등록번호와 시행일자
	• 접수등록번호와 접수일자
	• 행정기관의 우편번호·주소·누리집·전화번호·모사전송번호
	• 공무원의 공식전자우편주소 및 공개 구분

발 신 명 의 ㊞

기안자(직위/직급) 서명　검토자(직위/직급) 서명　결재권자(직위/직급) 서명
협조자(직위/직급) 서명
시행 처리과명-일련번호 (시행일자)　접수 처리과명-일련번호 (접수일자)

우 ○○○-○○○　주　　　　소 / 행정기관 홈페이지 주소
전화 ( )○○○-○○○○　전송 ( )○○○-○○○○ / 공무원 개인의 공식적인 전자우편 / 공개구분

아래쪽 여백 15㎜　　⇧ 하부 한계선

[통합서식] 견본 1(일반문서, 전결문서) <생산된 기안문>

행 정 자 치 부

수신자 보건복지부장관 (행정관리담당관)

제목 서식승인 알림

1. 귀부 행정관리-179(2002. 1. 12.)와 관련입니다.

2. 귀부의 소관 법령인 「장애인복지법시행령개정령(안)」 중 별지 서식의 승인신청에 대하여 붙임과 같이 알립니다.

붙임 승인서식 33부. 끝.

행 정 자 치 부 장 관

행정주사 허남식 행정사무관 김광주 행정능률과장 전결 신문주

협조자

시행 행정능률-141 (2001. 11. 20.) 접수 ( )

우 110-760 서울시 종로구 세종로 77-6 (11층 1115호) / www.mogaha.go.kr

전화 (02)3703-4684 전송 (02)3703-5532 / hernam59@mogaha.go.kr / 공개

[통합서식] 견본 1(일반문서, 전결문서) <접수된 시행문>

행 정 자 치 부

수신자 보건복지부장관 (행정관리담당관)

제목 서식승인 알림

1. 귀부 행정관리-179(2002. 1. 12.)와 관련입니다.

2. 귀부의 소관 법령인 「장애인복지법시행령개정령(안)」 중 별지 서식의 승인신청에 대하여 붙임과 같이 알립니다.

붙임 승인서식 33부. 끝.

행 정 자 치 부 장 관

행정주사 허남식 행정사무관 김광주 행정능률과장 전결 신문주
협조자
시행 행정능률-141 (2001. 11. 20.) 접수 복지행정-39 (2001. 11. 22.)

우 110-760 서울시 종로구 세종로 77-6 (11층 1115호) / www.mogaha.go.kr
전화 (02)3703-4684 전송 (02)3703-5532 / hernam59@mogaha.go.kr / 공개

3) 기안문 작성 시 유의사항

기안문 및 시행문에는 가능한 한 행정 기관의 로고 · 상징 · 마크 또는 홍보 문구 등을 표시하여 행정 기관의 이미지를 높일 수 있도록 하여야 한다.

지역사회에 봉사하는 대학

대 구 보 건 대 학

수신자 내부결재
(경유)
제목 학과 경쟁력 향상 방안 지원 계획 통보

- 로고는 왼쪽 상단에 표시
- 상징은 오른쪽 상단에 표시
- 홍보 문구는 행정 기관명 바로 위에 표시

규정	로고	상징
크기	2cm×2cm 범위 내	
가로 위치	왼쪽 기본선	오른쪽 한계선
세로 위치	행정기관명	

□ 일반 사항

- 특별한 사유가 없는 한 한글 맞춤법에 따라 가로로 쓴다.
  - 한글로 작성하되, 쉽고 간명하게 표현한다.
  - 문장은 가급적 짧게 끊어서 항목별로 표현한다.
  - 복잡한 내용일 때는 먼저 결론을 내린 후 이유를 설명한다.
  - 추상적이고 일반적인 용어보다는 구체적이고 개별적인 용어를 쓴다.
  - 뜻을 정확하게 전달하기 위하여 필요한 경우에는 괄호 안에 한자 그 밖의 외국어를 넣어 쓸 수 있으며, 특별한 사유가 있는 경우를 제외하고는 가로로 쓴다.
  - 용어를 정확하게 사용한다.

    '…이전', '…이후', '…이래' 등은 표시된 일시를 포함한다. 예를 들면, "3월 31일 이전까지 지급하시오."하는 경우에 3월 31일이 포함된다.

– 감정적이고 위압적인 표현을 쓰지 않는다. '…할 것', '…하기 바람' 등의 문구는 조직 상하 간의 관계를 경직시켜 의사소통에 지장을 초래하므로 '…하시기 바랍니다.'와 같이 표현한다.
– 1건 1매주의로 기안한다.

• 용지의 색은 흰색으로, 글자의 색은 검정 혹은 파랑으로 한다.
도표의 작성이나 수정 또는 주의 환기 등 특별한 표시가 필요한 때에는 다른 색깔로 할 수 있다. 황색 계통이나 보라색 · 담홍색 등은 복사 및 모사 전송에 의한 문자 발송 시 글자가 잘 나타나지 아니하므로 사용하지 않는 것이 좋다.

가. 대회일시: 2009. 3. 5~3. 7.(3일) → 날짜만 '파랑' 글꼴로 표시한 예
나. 대회장소: 한남여자고등학교 회계정보실습실
다. 소요예산: 금 1,500,000원(금일백오십만원)

• 글꼴은 특별한 규정이 없으나 대체로 굴림, 신명조를 사용하며, 10~12 포인트를 사용한다.
• 공문서의 기본 규격은 A4용지(210㎜×297㎜)로 한다.
• 용지의 여백은 상부 기본선 30㎜, 왼쪽 기본선 20㎜, 오른쪽 한계선 15㎜, 아래 한계선 15㎜로 한다. 문서의 편철 위치나 용도에 따라 각 여백을 달리 할 수 있다.

참고 워드프로세서 자격증 실기시험에 사용되는 서식은 다음과 같다.
• 글꼴 : 신명조 12 포인트
• 문단 정렬방식 : 양쪽
• 줄 간격 : 200%

◻◻ 문장부호

• 일반적으로 사용하는 접속어(그러나, 그러므로, 그리고) 뒤에는 쉼표를 쓰지 않는 것이 원칙이다.

그러나, 건강보험 가입을 촉구하기 위하여 (×)
그러나 건강보험 가입을 촉구하기 위하여 (○)

- 큰따옴표는 대화를 표시하거나 남의 말을 인용한 경우에만 쓴다. 강조해야 할 필요가 있을 경우에는 작은따옴표를 사용한다.

> 아래와 같이 "2010 우수 학술 도서"를 공모하오니 (×)
> 아래와 같이 '2010 우수 학술 도서'를 공모하오니 (○)

- 괄호 뒤에 연결되는 조사는 그 부분을 생략해도 말이 될 수 있게 그 앞부분과 맞추어 표기한다.

> 설계도(안)을 (×)
> 설계도(안)를 (○)

- 가운뎃점은 열거된 여러 단위가 대등하거나 밀접한 관계임을 나타낼 때 사용한다.
  - 쉼표로 열거된 어구가 다시 여러 단위로 나누어질 때
    기획팀 · 인사팀, 총무팀 · 구매팀이 조를 이루어 업무를 추진함.
  - 특정한 의미를 가지는 날을 나타내는 숫자를 표기할 때
    5 · 16 혁명, 8 · 15 광복
  - 같은 계열의 단어 사이
    신분증의 분실 · 훼손 신고
    경남 · 경북 지역의 건강보험 가입 현황

- 숨김표(××, ○○)는 알면서도 고의로 드러내지 않음을 나타낼 때 쓴다. 비밀을 유지할 사항일 경우, 그 글자의 수효만큼 쓴다.

> FTA 상정에 이의를 제기한 정×× 외 ○○ 명이 총회에 참석할 예정이다.

4) 기안문의 구성 요소[7)]

기안문 및 시행문은 두문 · 본문 및 결문으로 구성한다.

- 두문은 행정 기관명 및 수신자로 한다.

---

7) 한국정보관리협회 '국가공인문서실무사실기작성요령', '요약본', 행정자치부 '사무관리규정 주요 개정내용' '사무관리실무편람FAQ'참조

- 본문은 제목 · 내용 및 붙임으로 한다. 단, 전자 문서인 경우에는 제목 및 내용으로 할 수 있다.
- 결문은 발신 명의, 기안자 · 검토자 · 협조자 · 결재권자의 직위 또는 직급 및 서명(전자 문자 서명 · 전자 이미지 서명 및 행정 전자 서명을 포함한다.), 생산 등록 번호와 시행 일자, 접수 등록 번호와 접수 일자, 행정 기관의 우편 번호 · 주소 · 홈페이지 주소 · 전화 번호 · 모사 전송 번호, 공무원의 공식 전자 우편 주소 및 공개 구분으로 한다.

◆ 행정(발신) 기관명

행정 기관명은 용지 가로 줄 길이를 3등분한 정중앙에 행정(발신) 기관명을 일정한 간격을 띄우고 작성한다(6~8㎝ 길이). 문서를 기안한 부서가 속한 행정 기관명을 기재한다.

행 정 기 관 명

행정 기관명은 글자 크기 18포인트, 고딕체, 진하게 설정하고 줄 간격은 160%－200%로 한다. 행정 기관명의 길이에 맞추어 글자 크기를 14－20포인트로 조절할 수 있다.

- 단일 기관명인 경우 한 낱말로 보고 글자 사이를 일정한 간격으로 띄운다.

한˽국˽정˽보˽관˽리˽협˽회

- 차상급 기관을 포함하는 경우에는 각 기관을 별개의 낱말로 본다.

경상북도˽영주시
경˽상˽북˽도˽˽영˽주˽시

◆ 수신자 또는 받는 자

수신자는 행정(발신) 기관명을 입력 후 2번 줄을 바꾸어 왼쪽 기본선에 입력한다. 수신자란에는 수신자명 또는 수신자 기호를 쓴다.

- 독임제 기관의 장 또는 합의제 기관의 장의 권한인 경우에는 수신자란에 당해 기관의 장의 직위(수신자명)를 쓰거나 수신자 기호를 쓴다.
- 합의제 기관의 권한인 경우에는 수신자란에 당해 기관의 명칭을 표시하거나 수신자 기호를 표시한다.

◆ 처리할 자 또는 참조

처리할 자(참조)는 수신자 내용을 입력하고 1자리를 비우고 ( )안에 입력한다.

행 정 기 관 명

Enter↵

수신자␣␣건설교통부장관␣(도시계획국장)

- 괄호 안에는 업무를 처리할 보조 기관 혹은 보좌 기관의 직위를 쓴다.
- 직위가 분명하지 아니한 경우에는 'ㅇㅇ업무담당과장' 등으로 쓴다.

행정안전부장관(○○○○과장), 중앙인사위원회위원장(○○○○과장)
가49(정보공개업무담당과장), 나01((정보공개업무담당과장)
방송통신위원회(○○○○과장), 정부혁신·지방분권위원회(○○○○과장)
가14(○○○○과장), 가15(○○○○과장)

- 수신자가 많은 경우 수신자란에 '수신자 참조'라고 쓰고, 결문의 발신명의 밑의 왼쪽 기본선에 맞추어 수신자란을 설치하여 수신자명 또는 수신자 기호를 표시한다.

(결문) 수신자 가, 나, 다, 라, 마, 법원행정처장, 국회사무처장, …

참조 기관별 수신자 기호 보기

기관구분	수신자기호	기관수		비고
		종 전	변 경	
본 청	갑 교	27	27	
지역교육청	을 교	25	25	
직 속 기 관	직 기	17	19	◇ 2009. 4. 21. 직속기관 신설
공립고등학교	공 교	262	262	- 경기도교육정보기록원
사립고등학교	사 교	135	135	- 경기도교육복지종합센터

수신자 기호를 제정한 목적은 수신 기관의 약호를 기호 또는 숫자로 정하여 기재를 간소화함으로써 문서 처리를 능률적으로 하기 위함이다. 중앙 행정 기관, 시 · 도, 시 · 도 교육청, 행정안전부장관이 필요하다고 인정하는 공공 기관 등의 수신자 기호는 행정안전부장관이, 각급 행정 기관의 소속 기관의 수신자 기호는 상급 기관의 장이, 행정 기관 내의 보조 기관 · 보좌 기관의 수신자 기호는 당해 행정 기관장이 정한다.

◆ 수신자 작성 시 유의점

• 기관 명칭만 기재하거나 기관장의 직명과 성명을 함께 기재하는 것은 바람직하지 않다.

수신자 엠지시스템주식회사 (×)
수신자 엠지시스템주식회사 사장 강문구 (×)
수신자 서구구청장 김00 (×)

• 민원 회신 문서의 경우에는 민원인의 성명을 쓰고, 동명이인의 혼동을 피하기 위해 성명에 이어 괄호를 한 다음 주소를 밝힌다. 이름만 쓰면 수신자가 대체 누구를 말하는지 모호해진다.

수신자 이태경 귀하(우705-825 대구 남구 대명 4동 3039-3)

• 내부 결재 문서의 경우에는 '내부 결재'라고 표시한다.

수신자 내부 결재

◆ 경유

수신자 입력 후 줄을 바꾸어 왼쪽 기본선에 입력한다.

수신자 건설교통부장관 (도시계획국장)
(경유)˽˽이 문서는 경유기관의 장은 서울특별시장이고 최종수신기관의 장은 건설교통부장관입니다.

경유 문서인 경우에 (경유)란에 '이 문서는 경유기관의 장은 ○○○(또는 제1차 경유기관의 장은 ○○○, 제2차 경유기관의 장은 ○○○)이고, 최종 수신기관의 장은 ○○○

입니다.'라고 표시한다. 경유 기관은 접수한 경유 문서에 대한 검토를 마친 후 결재권자의 결재를 받아 경유 기관의 장의 명의로 다른 경유 기관 또는 최종 수신자에게 보내는 문서에 경유 문서를 붙여 보내야 하며, 경유 기관에서 의견이 있는 때에는 그 의견을 붙여 보내야 한다. 경유 기관의 장은 제목 란에 '경유문서의 이송'이라고 표시하여 순차적으로 이송하여야 한다.

◆ 본문 제목

제목은 문서의 내용을 간략하게 나타내는 문구로서 문서의 내용을 쉽게 파악할 수 있도록 쉬운 말로 간단하고 명확하게 표시한다. 제목의 띄어쓰기 역시 일반적인 띄어쓰기와 다르지 않다.

• 제목에는 본문의 핵심적인 내용을 드러내는 용어를 사용한다. 즉, 통보, 조회, 보고, 협조, 위촉, 요청, 개최, 조사, 의뢰, 신청, 회신 등의 용어를 사용한다.

> 제안서 평가 위원 신청
> 제안서 평가 위원 추천
> 학과 산학협력 운영 예산 제출 요청
> 건강보험 가입에 대한 민원 회신

• 문서의 내용을 쉽게 알 수 있도록 간단하고, 명확하게 기재한다. 제목 아래에는 밑줄을 왼쪽기본선부터 오른쪽 한계선까지 작성한다.
• 경유 입력 후 줄을 바꾸어 왼쪽 기본선에 입력한다.
• 경유가 없을 경우에는 수신자를 입력 후 줄을 바꾸어 왼쪽 기본선에 입력한다.
• 제목의 내용이 한 줄을 넘게 되면 둘째 줄부터는 제목 내용의 첫 글자에 맞추어 입력한다.

> 수신자 건설교통부장관 (도시계획국장)
> (경유)␣␣이 문서는 경유기관의 장은 서울특별시장이고 최종수신기관의 장은 건설교통부장관입니다.
> 제목␣␣아파트 재건축에 관한 건

◆ 제목 작성 후 점검 사항

• 제목이 구체적인 내용을 파악할 수 있게끔 충분하게 표현되었는지 확인한다. 다음

제목은 무엇에 대한 현황이며 수요인지 불명확하다.

```
현황 제출 의뢰 (×)
수요 조사 요청 (×)
```

- 제목의 내용이 너무 상세하게 표현되어 요점 파악에 어려움이 없는지 확인한다.

```
2010 학년도 구입 도서 예산 산정을 위한 구입 신청 도서 정보 제출 요청 (×)
```

- 제목에 지나치게 어려운 한자어나 전문 용어가 포함되지 않았는지 확인한다.

```
제목  2010년 공표 저작물의 지적재산권자 거소 파악 의뢰 (×)
```

◆ 본문 내용

- 첫째 항목의 입력 위치는 반드시 제목의 첫 번째 글자가 위치한 칸과 일치되게끔 한다.
- 문서 작성 시 필요하면 근거를 반드시 제시하여야 한다.

```
수신자  ○○○장관 (○○○○국장)
제목  ○○○ ○○○에 관한 건
      1. 관광진흥과-3198(2004.˽2.˽4.)관광객의 유치계획 관련입니다.
         혹은
      1. 전문대학지원과장-171(2003.12.17)과 관련입니다.
```

```
수신자  내부결재
제목  장애인 방송교육 7월 제1강좌 6mm촬영 수강접수 결과보고
      1. 관련근거
         가. 모금회 사회공헌협력07-89(2007. 1. 24.) SBS지정기탁 사업계획 제출
         나. 협력 07-74(2007. 2. 9.) 장애인 방송교육 세부실행계획서
         다. 협력 07-243(2007. 6. 18.) 장애인 방송교육 7월 제1강좌 수강 접수 실시계획
      2. 상기 근거에 의거 장애인 방송교육 7월 제1강좌 중 6mm촬영분야에 대한 수강이
아래와 같이 완료되었음을 보고합니다.
```

관련 근거는 해당 사업 기안이 어떤 경로에 의해 계획되었는지를 알 수 있는 것으로 예산 배정, 사업 계획 수립의 내용들을 근거로 삼는다. 여기서 예시한 두 번째 사업의 경우 외부에서 위탁을 준 경로와 단위 사업의 계획 기안을 근거로 하고 있다.

- 제목과 본문에 사용한 글꼴의 크기가 동일한 경우에는 왼쪽 기본선으로부터 6자리(칸)를 띄우고 첫째 항목을 입력한다.
- 제목의 글자 크기가 본문의 그것보다 더 큰 경우에는 첫째 항목의 입력 위치가 제목의 첫 번째 글자가 위치한 칸과 일치되게끔 칸을 띄운다.

수신자 ○○○장관 (○○○○국장)
제목␣␣○○○ ○○○에 관한 건 (14 포인트)

1. 관광진흥과-3198(2004.␣2.␣4.)관광객의 유치계획 관련입니다. (12 포인트)
   혹은
1. 전문대학지원과장-171(2003.12.17)과 관련입니다.

- 문서의 내용을 2이상의 항목으로 구분할 필요가 있는 때에는 1. 가. 1) 가) (1) (가) ① ㉮ 순으로 입력한다. 다만, 필요한 경우에는 부분적으로 ㅁ, ㅇ, -, · 등과 같은 특수한 기호로 표시할 수 있다.
- 어느 항이든 그 항의 내용이 한 줄을 넘칠 때는 둘째 줄부터 왼쪽 기본선부터 입력한다.
- 항목표시 다음에는 반드시 1자리를 비우고 내용을 입력한다.
- 항목이 하나인 경우에는 항목 구분을 생략한다.
- 숫자는 아라비아 숫자로 표기한다.
- 날짜는 숫자로 표기하되 년, 월, 일의 글자를 쓰지 않고 온 점(.)을 찍어 표시한다. 서력기원을 사용한다.

2010.␣3.␣12.

문장 내에 연, 월, 일을 써야 하는 경우의 띄어쓰기는 다음과 같다.

2007. 11. 22. 위 업체가
2007. 11. 위 업체가
같은 해 11. 22. 위 업체가
1996년 11월 말경 위 업체가
1996년 11월경 위 업체가

• 시간은 24시각 제에 따라 숫자로 표기하고 시, 분의 글자는 쓰지 않고 쌍점(:)으로 표시한다.

22:30

• 금액은 숫자와 한글로 함께 기재한다. 숫자 다음에 괄호를 하고 한글로 기재한다.

금␣15,000원(금일만오천원)

◆ 붙임

붙임물은 문서에 대한 근거를 제공한다. 따라서 공문서의 형식에 맞게 붙임물을 표시해야 한다. 붙임은 본문의 마지막 줄에서 줄을 바꾸어 왼쪽 기본선부터 입력한다. 본문의 내용이 끝난 다음 줄에 붙임의 표시를 하고 붙임물의 명칭과 수량을 쓰되, 붙임물이 두 가지 이상일 때는 아라비아 숫자로 항목을 구분하여 표시하고 붙임물을 세로로 나열하여 적는다. 붙임물이 하나일 때에는 번호를 매기지 않는다.

붙임␣␣1. 행사 계획서 1부.
          2. 행사 참가 신청자 명단 1부.

기안문에 첨부되는 계산서 · 통계표 · 도표 기타 작성상의 책임을 밝힐 필요가 있다고 인정되는 첨부물에는 그 문서의 여백에 작성자가 서명 또는 날인하여야 한다.

◆ 끝(본문내용에서) 표시(표관련 '끝' 표시는 '표 작성하기 및 끝 표시하기' 참조)

• 문서의 본문이 일반 문장으로 끝나면 2자리를 띄우고 '끝' 표시를 한다. 첨부물이 있는 때에는 붙임의 표시문 끝에 2자리를 띄우고 '끝' 표시를 한다. 끝 표시 다음에도 마침점을 입력한다.
• 본문의 내용이나 붙임의 표시문이 오른쪽 한계선에 닿은 때에는 다음 줄의 왼쪽 기본선에서 2자리를 띄우고 '끝' 표시를 한다.
• 연명부 등의 서식을 작성할 때
  – 기재 사항이 서식의 마지막 칸까지 작성되는 경우에는 서식의 칸 밖의 아래 왼쪽 기본선에서 2자리 띄운 후 '끝' 표시를 한다.

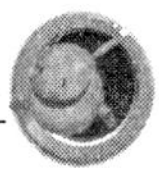

— 기재 사항이 서식의 칸 중간에서 끝나는 경우에는 '끝' 표시를 하지 아니하고 기재 사항 마지막 자의 다음 칸에 '이하 빈칸' 표시를 한다.

학과	유통경영	금융회계	보험세무
인원	80	40	40
참조	2개반 운영	이하 빈칸	

예 붙임 문서 다음에 입력할 때

붙임␣␣1. 행사 계획서 1부.
　　　2. 행사 참가 신청자 명단 1부.␣␣끝.

예 본문에서 입력할 때

나. 대회장소: 한남여자고등학교 회계정보실습실
다. 소요예산: 금 1,500,000원(금일백오십만원).␣␣끝.

◆ 발신 명의란

- 행정 기관장의 명의를 기재한다. 문서를 작성한 기관의 명칭으로서 대내 문서, 대외 문서를 불문하고 기안자가 소속된 기관의 명칭을 쓴다.
- 독임제 기관의 장 또는 합의제 기관의 장의 권한인 경우에는 당해 기관의 장의 명의로 발신한다.

○○○○부장관, ○○시장, ○○군수, ○○위원회위원장

- 합의제 기관의 권한에 속하는 사항은 당해 행정 기관의 명의로 발신한다.

○○위원회

- 법령에 의하여 행정 권한이 위임·위탁된 경우에는 그 위임 또는 위탁을 받은 자의 명의로 발신한다.
- 보조 기관 또는 보좌 기관 상호간에 발신하는 문서(대내 문서)는 그 보조 기관 또는 보좌 기관의 명의로 발신한다.

○○과장, ○○실장, ○○담당관 등

참고 보조 기관 : 행정 기관의 의사 결정 · 표시를 보조하는 기관으로서 행정 의사의 결정 · 집행에 직접 참여한다.

차관·차장, 부시장·부지사, 실·국·과장 등

보좌 기관 : 행정 기관이 그 기능을 원활하게 수행할 수 있도록 그 기관장이나 보조 기관을 보좌(정책 기획, 계획 입안, 연주 · 조사, 심사 · 평가 및 홍보 등)하는 기관으로서 의사 결정 · 집행을 간접 지원한다.

차관보, 담당관, 심의관 등

- 내부 결재 문서는 대내적/대외적으로 시행하지 않으므로 발신 명의를 표시하지 아니한다.

참고 독임제 중앙 행정 기관의 일반적 형태는 부(部) · 처(處) · 청(廳)이고, 합의제 중앙 행정 기관의 일반적 형태는 행정 위원회라고 할 수 있다. 독임제는 최고 결정자 1인 즉, 행정 기관의 장의 책임과 결정에 의해 이루어지는 반면, 합의제는 여러 사람으로 구성되는 합의체에 조직의 의사 결정권을 부여하고, 그 운영 또는 행정이 여러 사람의 합의에 의하여 이루어지도록 하는 조직 형태를 갖는다.

- 발신 명의란은 용지 가로 줄 길이를 2등분한 정중앙에 발신 명의란을 일정한 간격을 띄우고 작성한다.

교 육 인 적 자 원 부 장 관

- 발신 명의란은 글자크기 18포인트, 고딕체, 진하게 설정하고 줄 간격은 160%-200%로 한다.(다만 수신자가 없을 때 160%)

◆ 수신자 또는 받는자

수신자는 발신 명의란을 입력 후 줄을 바꾼 다음 왼쪽 기본선에서 입력한다.

교 육 인 적 자 원 부 장 관
수신자␣␣가(1-1),␣나(18).

수신자란에 표시된 수신자가 한 줄에 모두 들어가지 못할 경우에는 그 다음 줄에 이어서 입력한다. 이때, 첫 번째 수신자의 첫 글자에 맞추어 입력한다.

교 육 인 적 자 원 부 장 관
수신자␣␣중앙공무원교육원장(교육총괄과장), 정부청사관리소장(관리총괄과장), 정부기록보존소장(행정과장), 정부전산정보관리소장(정보유통과장), 국가전문행정연수원장(총무과장)

참고 글자를 위·아래로 맞추려면 문단 모양 첫 줄 내어쓰기의 값을 적당하게 설정한다.

◆ 구분선

구분선은 수신자를 입력 후 줄을 바꾸고 왼쪽 기본선부터 오른쪽 한계선까지 맞닿도록 표를 사용하여 입력한다. 구분선의 상하 폭은 5㎜의 너비로 작성하며(표의 위, 아래 바깥 여백을 0.5mm로 설정), 선 속성을 투명하게, 음영은 회색 계열로 지정한다(어떤 색이든 가능). (이하 아래의 줄 간격은 160%로 설정 후 입력한다)

※ 구분선의 속성은 '글자처럼 취급'으로 설정한다.

예 수신자가 없을 경우

교 육 인 적 자 원 부 장 관

예 수신자가 있을 경우

교 육 인 적 자 원 부 장 관
수신자 가(1-1), 나(18).

◆ 정책 결재선

기안문에는 발의자와 보고자를 알 수 있도록 표시하여야 한다. 여기서 발의자란 기안하도록 지시한 자 또는 지시자가 없는 경우 스스로 입안한 자를 말하며, 보고자란 결재권자에게 직접 보고하는 자를 말한다.

- 발의자의 표시 기호는 '★'로, 보고자의 표시 기호는 '◉'로 한다. 발의자와 보고자가 동일인인 경우에는 ★, ◉를 함께 표시한다.
- 전자 문서인 경우에는 발의자는 해당란에 '★'표시를 하거나 발의자가 누구인지를 검색할 수 있도록 기안자 · 검토자 또는 결재권자의 직위 또는 직급란에 발의자 항목을 추가하여야 한다.
- 기안자 · 검토자 · 협조자 · 결재권자의 직위/직급 : 직위가 있는 경우에는 직위를 온전하게 쓰고, 직위가 없는 경우에는 직급을 온전하게 쓴다.

※ '기안자 · 검토자 및 결재권자'의 용어는 표시하지 아니하고, 기안자 · 검토자 및 결재권자의 직위/직급을 쓰고 서명한다. 이는 정책 결정 참여자의 실명 공개와 관련된다.

◆ 기안자(직위/직급) 서명

구분선(구분선의 줄 간격 160%)으로부터 줄을 바꾸고 왼쪽 기본선으로부터 입력한다.

교 육 인 적 자 원 부 장 관
행정주사⌒ ⌒홍길동

기안자의 직위를 입력하고 묶음 빈칸 '⌒'을 두 개 입력한 후 이름을 입력한다. 담당자를 표시하여 업무 추진에 있어 지장이 초래될 우려가 있으면 생략할 수 있다.

묶음 빈칸을 사용하는 이유는 기안자, 검토자, 결재권자의 서명란의 빈자리를 고르게 안배하기 위해서이다. 묶음 빈칸을 삽입하려면 Ctrl+Alt+Space Bar 키를 누른다. 묶음 빈칸은 두개의 낱말을 하나의 낱말로 취급하고 싶을 때 사용한다.

◆ 검토자(직위/직급) 서명

교 육 인 적 자 원 부 장 관
행정주사 홍길동␣행정사무관⌒ ⌒김대현

빈칸을 하나 삽입한 다음 검토자의 직위를 입력하고 묶음 빈칸 두 개와 이름을 입력한다.

◆ 결재권자(직위/직급) 서명

교 육 인 적 자 원 부 장 관
행정주사 홍길동 행정사무관 김대현␣행정능률과장⌒전결⌒⌒박경애␣⌒

- 빈칸을 하나 삽입한 다음 결재권자의 직위를 입력하고 결재권자의 구성 요소인 '전결'을 입력한다.
- '전결' 다음에 묶음 빈칸을 두 개 입력한 후 이름을 입력한다.
- 빈칸과 묶음 빈칸을 하나씩 입력한다.

※ 정책 결재선의 문단 정렬 방식은 '나눔 정렬'로 설정한다.

교 육 인 적 자 원 부 장 관
행정주사 홍길동 행정사무관 김대현 행정능률과장 전결 박경애

※ '전결' 글자체는 견고딕으로 한다.

- 결재권이 위임된 사항을 전결하는 경우에는 행정기관의 장의 결재란을 설치하지 아니하고 전결하는 자의 서명란에 '전결' 표시를 한 후 서명한다.
- 위임 전결 사항을 대결하는 경우에는 행정 기관의 장의 결재란을 설치하지 아니하고 전결하는 자의 서명란에 '전결' 표시를 한 후 대결하는 자의 서명란에 '대결' 표시를 하고 서명한다('전결'과 '대결'을 함께 표시).

교 육 인 적 자 원 부 장 관
행정주사 홍길동 행정사무관 대결 김대현 행정능률과장 전결

- 위임 전결 사항이 아닌 사항을 대결한 경우에는 행정 기관의 장의 결재란을 설치하지 아니하고 대결하는 자의 서명란에 '대결' 표시를 하고 서명한다('대결'만 표시).

교 육 인 적 자 원 부 장 관
행정주사 홍길동 행정사무관 김대현 행정능률과장 대결 박경애

◆ 협 조 자

결재권자 입력 후 줄을 바꾸어 왼쪽 기본선에 입력한다.

```
행정주사  홍길동            행정사무관  김대현             행정능률과장 대결  박경애
협조자␣␣총무과장␣␣최미경
```

• 협조자를 입력할 때에는 문단 정렬 방식을 '양쪽'으로 설정한 다음 입력한다.
• '협조자'의 용어를 표시하고 두 칸 띄운 다음 직위/직급을 쓰고 두 칸 띄운 다음 서명한다.

◆ 시행 처리과 및 시행 일자 : 기안문을 생산하는 부서명, 일련 번호, 시행 일자 기재

협조자 입력 후 줄을 바꾸어 왼쪽 기본선에 입력한다. '처리과명－일련번호'를 입력하고 두 칸 띄운 후 괄호 안에 시행 일자를 입력한다. 일련 번호에는 생산 등록 번호가 표시된다.

```
협조자  총무과장  최미경
시행␣␣행정능률과-123␣␣(2003.␣2.␣1.)
```

• 시행 일자 : 문서가 효력을 발생하는 날짜를 말한다. 일반적으로 최종 결재권자의 결재가 있어야 그 효력이 있으므로 최종 결재일을 기재한다.

◆ 접수 처리과 및 접수 일자: 시행문을 접수하는 부서명, 일련 번호, 접수 일자 기재

'접수과명－일련번호'를 입력하고 두 칸 띄운 후 괄호 안에 접수 일자를 입력한다. 일련 번호에는 접수 등록 번호가 표시된다.

```
협조자  총무과장  최미경
시행  행정능률과-123  (2003. 2. 1.)␣␣접수␣␣행정담당관-3618␣␣(2004.␣12.␣12.)
```

• 처리과명(처리과가 없는 행정 기관은 10자 이내의 행정 기관명의 약칭)을 기재한다.
• 일련 번호는 연도별 일련 번호를 기재하며, 시행 일자와 접수 일자란에는 연월일을 각각 온점(.)을 찍어 숫자로 기재한다.
• 처리과명과 일련 번호는 하이픈(－)으로 연결하여 붙여 입력한다.

• 접수의 내용이 없을 때에는 접수 다음 12자리, 괄호 내에 12자리를 비운다.

협조자　총무과장　최미경
시행　행정능률과－123　(2003. 2. 1.)　접수␣␣␣␣␣␣␣␣␣␣␣␣(␣␣␣␣␣␣␣␣␣␣␣␣)

◆ 우편 번호와 주소

시행/접수 다음 줄의 왼쪽 기본선에 입력한다.

시행　행정능률과－123　(2003. 2. 1.)　접수　　　　　　(　　　　　　)
우110－770␣서울시␣종로구␣효자로39(창성동117)(3층501호)

우편 번호를 기재한 다음, 행정 기관이 위치한 도로명 및 건물 번호 다음에 괄호 하여 주소를 기재하고, 사무실이 위치한 층수와 호수를 괄호 안에 기재한다.

※ 우편 번호 · 주소를 입력할 때에는 입력 도우미를 활용한다.

① '도구/입력 도우미/주소 찾기'를 실행한다.

② '만촌동'을 입력하고 '찾기' 버튼을 클릭한다.

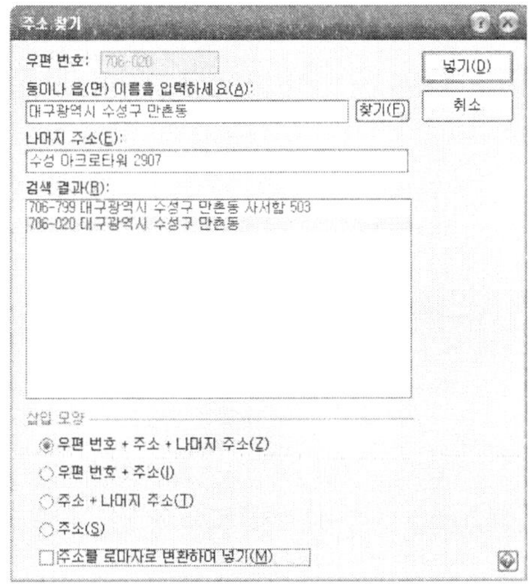

검색 결과 창에 해당 동과 관련된 목록이 표시된다.

③ 목록을 선택한 후 나머지 주소를 입력한다.

검색 결과 창에서 목록을 선택하면 우편 번호 란에 우편 번호가 자동으로 표시된다.

④ '넣기' 버튼을 클릭한다.

커서 위치에 우편 번호와 주소가 삽입된다.

706-020 대구광역시 수성구 만촌동 수성 아크로타워 2907

'주소를 로마자로 변환하여 넣기'를 선택하면 다음과 같이 삽입된다.

Suseong Akeurotawo 2907, Manchon-dong, Suseong-gu, Daegu, 706-020

※ 사람 이름, 회사 이름, 주소 등을 영문으로 표기하려면 입력 도우미를 활용한다.

① 회사 이름 '(주) 민훈 건설'을 입력한다.

② 회사 이름을 블록으로 설정한 후 '입력 도우미/로마자로 바꾸기'를 실행한다.

③ 변환 설정 옵션으로 '일반'을 선택하고 '변환' 버튼을 클릭한다.

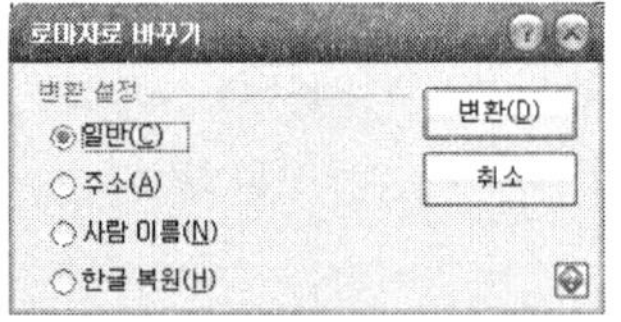

(ju) minhun geonseol

• 변환 설정 옵션

– 일반 : 로마자 표기 규정을 따르며, 국어의 표준 발음법을 적용한다.

– 주소 : 행정 구역의 순서를 영문 주소 형태로 바꾼다.

– 사람 이름 : 성과 이름을 띄어서 로마자로 바꾼다.

※ 외래어를 표기할 때에는 입력 도우미를 활용한다.

① '도구/입력 도우미/외래어 표기'를 실행한다.

② 찾을 낱말에 '아웃소싱'을 입력하고 '찾기' 버튼을 클릭한다. 목록 창에 관련 내용이 표시된다.

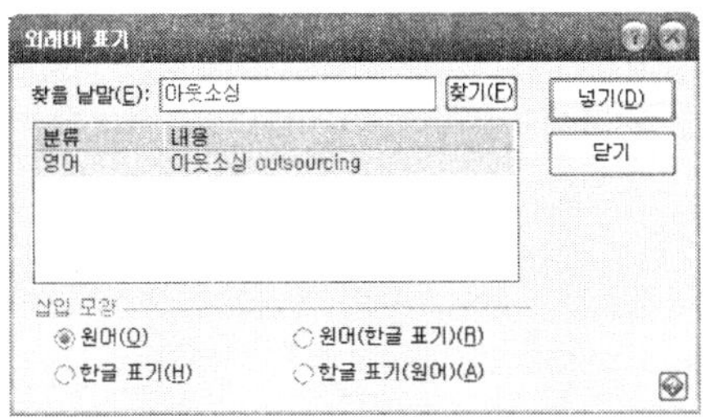

③ 목록 중 관련 내용을 선택한다.

④ 삽입 모양 옵션으로 '한글 표기(원어)'를 선택하고 '넣기' 버튼을 클릭한다.

아웃소싱(outsourcing)

◆ 행정 기관의 홈페이지 주소

우편 번호 및 주소를 입력 후 2자리(칸)를 띄우고 입력한다. '/' 문자를 홈페이지 주소 앞에 입력한다.

우110-770 서울시 종로구 효자로39(창성동117)(3층501호)␣␣/www.mogaha.go.kr

◆ 전화 번호

우편 번호/주소/행정 기관 홈페이지 다음 줄의 왼쪽 기본선에 입력한다.

전화␣(02)454-9145

괄호 안에는 지역 번호를 기재한다. 기관 내부 문서의 경우는 구내 전화 번호를 기재한다.

◆ 전송 번호

전화 번호 다음 두 칸을 비우고 입력한다.

전화 (02)454-9145␣␣전송␣(02)454-9155

◆ 공식적인 전자 우편 주소

전송 번호 다음 두 칸을 비우고 입력한다.

전화 (02)454-9145 전송 (02)454-9155␣␣/www.sccho@ptuniv.ac.kr

- 행정 기관에서 공무원에게 부여한 전자 우편 주소를 기재한다.
- 우편 번호, 전화 번호, 홈페이지 주소 등은 문서를 수신한 기관이 의문 사항을 질의하거나 문서 처리 결과를 회신하는 용도로 기재한다.
- 우편 번호 및 주소는 가급적 가로 40 자리 안에 입력한다. 단, 주소가 긴 경우 도, 시, 군, 명, 리를 줄여 입력할 수 있다.
- Fax번호가 없으면 생략한다.
- 국번과 번호 사이 하이픈(−)으로 연결하며 붙여서 입력한다.

◆ 공개 여부

공식적인 전자 우편 주소 다음 두칸을 비우고 입력한다.

전화 (02)454−9145 전송 (02)454−9155 /www.sccho@ptuniv.ac.kr˽˽/공개

공개 · 부분 공개 · 비공개로 구분하여 표시한다. 부분 공개 · 비공개인 경우에는 「공공기관의 정보 공개에 관한 법률」 제9조 제1항 각 호의 번호 중 해당 번호를 괄호 안에 표시한다.

공공기록물 관리에 관한 법률 시행규칙
[전부개정 2007.4.5. 행정자치부령 제380호]

제18조(기록물 공개여부 구분표시)
① 영 제27조에 따른 기록물의 공개여부 구분표시는 "공개, 부분공개, 비공개" 중 하나를 선택하여 표시하여야 한다.
② 제1항 중 부분공개 또는 비공개의 경우에는 해당 정보를 "부분공개()" 또는 "비공개()"로 표시하고, 「공공기관의 정보공개에 관한 법률」 제9조 제1항 각 호의 번호중 해당 번호를 괄호 안에 표시하여 함께 관리하여야 한다.

공공기관의 정보공개에 관한 법률
[(타)일부개정 2008.2.29. 법률 제8871호]

제9조(비공개대상정보)
① 공공기관이 보유·관리하는 정보는 공개대상이 된다. 다만, 다음 각 호의 1에 해당하는 정보에 대하여는 이를 공개하지 아니할 수 있다.
1. 다른 법률 또는 법률이 위임한 명령(국회규칙·대법원규칙·헌법재판소규칙·중앙선거관리위원회규칙·대통령령 및 조례에 한한다)에 의하여 비밀 또는 비공개 사항으로 규정된 정보

예 「공공기관의 정보공개에 관한 법률」 제9조 제1항 제1호에 의해 비밀 또는 비공개로 규정된 정보는 '비공개(1)'로 표시한다.

[기록물 공개여부 구분번호]

구분번호	대 상 기 록 물
1	법률 또는 명령에 의하여 비밀로 유지되거나 비공개사항으로 규정된 정보
2	공개될 경우 국가안보·국방·통일·외교관계 등 국익을 해할 우려가 있는 정보
3	공개될 경우 국민의 생명·신체·재산 등 공공안전 및 이익을 해할 우려가 있는 정보
4	수사·재판·범죄예방 등의 관련정보로서 공개될 경우 직무수행이 곤란하거나 형사피고인의 공정한 재판을 받을 권리를 침해할 우려가 있는 정보
5	감사·감독·검사·시험·규제·입찰계약·기술개발·인사관리·의사결정 또는 내부검토과정에 있는 사항으로서 공개될 경우 업무수행 등에 지장을 초래할 우려가 있는 정보
6	이름·주민등록번호 등에 의해 특정인을 인식할 수 있는 개인에 관한 정보
7	법인·단체 또는 개인의 영업상 비밀에 관한 정보로서 공개될 경우 법인 등의 정당한 이익을 해할 우려가 있는 정보
8	공개될 경우 부동산 투기·매점매석 등으로 특정인에게 이익 또는 불이익을 줄 우려가 있는 정보

◆ 표 작성하기 및 끝 표시하기[8)]

- 표 작성은 왼쪽 기본선에서부터 오른쪽 한계선까지 맞닿도록 작성한다.
- 표의 안쪽 여백을 위·아래 모두 2.116으로 지정 한다.
- 표 내부의 글자는 신명조, 12포인트로 지정한다.
- 글자는 가운데 정렬, 숫자는 소수점 정렬하며, 각 셀의 너비는 균형 있게 배분한다.
- 표의 속성은 '글자처럼 취급'으로, 표가 삽입된 문단의 줄 간격은 200%로 지정한다.
- 끝 표시는 표 다음 줄 왼쪽 기본선부터 두 칸을 비우고 입력한다.

◆ 부제목이 없을 경우(주제목과 표의 사이는 줄 간격 300%)

연도별 분석 현황

왼쪽 용지여백 (20㎜)

구 분	1994	1995	1997
1/4분기	1,800	2,000	2,200
2/4분기	1,880	2,100	2,230

␣␣끝.

오른쪽 용지여백 (15㎜)

8) 사단법인한국정보관리협회 '문서실무사자격검정' 참조.

◆ 부제목이 오른쪽에 있을 경우(주제목↔부제목사이는 줄 간격300%, 부제목과 표사이는 줄 간격 150%)

왼쪽 용지여백 (20㎜)

연도별 분석 현황

(단위: 원)

구 분	1994	1995	1997
1/4분기	1,800	2,000	2,200
2/4분기	1,880	2,100	2,230

␣␣끝.

오른쪽 용지여백 (15㎜)

◆ 부제목이 중앙에 있을 경우(주제목↔부제목사이는 줄 간격200%, 부제목과 표사이는 줄 간격 300%)

왼쪽 용지여백 (20㎜)

연도별 분석 현황

(단위: 원)

구 분	1994	1995	1997
1/4분기	1,800	2,000	2,200
2/4분기	1,880	2,100	2,230

␣␣끝.

오른쪽 용지여백 (15㎜)

<워드프로세서 자격증 시험 공문서 작성 요령 보기>

⇩ 로고, 상부한계선 첫줄에 삽입

Dynamic BUSAN

부␣␣산␣␣광␣␣역␣␣시 ⇦ 고딕, 18 포인트, 진하게, 가운데 정렬, 줄간격 200% 길이 60mm-80mm

↵ ⇦ 빈줄, 12포인트, 줄간격 200%

수신자␣␣문화관광부장관 신명조, 12 포인트, 줄간격 200%

제목␣␣관광객 유치 실적 보고 ⇦ 제목 밑줄 오른쪽 끝까지

␣␣␣␣␣␣1.␣관광진흥과-3198(2004.␣2.␣4.)관광객의 유치계획 관련입니다.

␣␣␣␣␣␣2.␣2005년도 상반기 관광객유치 실적을 다음과 같은 실적기준에 의거 수집하여, 그 실적을 국내 및 외국별로 구분하여 종합보고 합니다.

␣␣␣␣␣␣␣␣가.␣관광객 유치 실적 수집 기준

␣␣␣␣␣␣␣␣␣␣1)␣국내 관광객:␣각종 단체 관광객과 개인 관광객으로 구분하였음.

␣␣␣␣␣␣␣␣␣␣2)␣외국 관광객:␣정부 계획에 의한 초청 관광객과 개인 또는 단체 관광객 별로 구분하였음.

␣␣␣␣␣␣␣␣나.␣실적 기간 조사:␣2005.␣1.␣1. ~6.␣30.(6개월간)

␣␣␣␣␣␣3.␣붙임 통계에 따르면 외국 관광객 유치 실적이 2004년도(1차년도 계획)를 기준하여 37.4%의 증가율을 나타내고 있으며, 특히 2003년도 실적에 비하여 18.4%라는 높은 상승률을 보이고 있음.

붙임␣␣2005년도 관광객 유치 계획 현황 1부.␣␣끝.

- 제목 첫 글자와 첫 번째 항목 칸을 일치시킴.
- 항목과 항목 사이는 2칸 간격 유지.
- 수신자, 제목, 붙임 다음 2개의 빈칸.
- 붙임을 마치면 점(.) 찍고 2개의 빈칸 다음 끝을 입력하고 점(.)을 찍음.

⇦ 결문의 마지막 줄이 하부한계선에 닿을 때까지 본문의 마지막줄과 발신명의란 사이를 벌려준다.

본문: 신명조, 12 포인트,
줄간격 200%
문단 양쪽 정렬
주의: 항목 다음 한칸 띄기
(.), (.), (:) 다음 한칸 띄기

결재라인
- □ 표시: Ctrl+Alt+SpaceBar
- ␣ 표시: SpaceBar
- 문단정렬방식: 나눔정렬

구분선부터 '공개'까지 줄간격 160% 적용

줄간격 200%
⇩ 신명조, 12 포인트

부␣␣산␣␣광␣␣역␣␣시␣␣장 ⇦ 고딕, 18 포인트, 진하게, 가운데 정렬, 줄간격 200% 길이 80mm-120mm

수신자␣␣가01~09.

행정주사□□우동환 ␣ 행정사무관□□신만주 ␣ 관광진흥과장□전결□□이용환 ␣ □

협조자␣␣총무과장␣␣전경렬

⇧ '전결' 글자만 견고딕으로

시행␣␣관광진흥과-45121␣␣(2005.␣8.␣12.)␣␣접수␣␣␣␣␣␣␣␣␣␣␣␣(␣␣␣␣␣␣␣␣␣␣␣␣)

우611-735␣부산광역시␣연제구␣중앙로␣2001(연산5동␣1000번지)␣␣/www.busan.go.kr

전화␣(051)888-2000␣␣전송␣(051)888-2001␣␣/ksu1004@busan.go.kr␣␣/공개 ⇦ 하부 한계선

12칸(12칸)의 빈칸을 준다.

⇩신명조, 15 포인트, 속성 밑줄, 줄간격 200%

상부 한계선에 맞춘다. ⇨ 2005년도 관광객 유치 계획 현황

(단위:␣백명) ⇦ 신명조, 12 포인트, 줄간격 300%

구분	개인관광객	단체관광객	초청관광객
1月	134,293	1,293,900	13,293
2月	321,892	8,293,221	12,763
3月	968,106	7,211,000	43,293
4月	190,116	5,236,452	12,100

␣␣끝. ⇦ 신명조, 12 포인트, 표의 줄간격 200%

5) 기안문의 정정 · 검토 · 협조

(1) 문서의 정정

- 문서의 일부분을 삭제 또는 수정하는 때에는 원안의 글자를 알 수 있도록 당해 글자의 중앙에 가로로 두선을 그어 삭제 또는 수정한다. 화이트로 칠한다든지, 칼로 긁어내는 것은 안 된다.

삭제 또는 수정한 자가 그 곳에 서명 또는 날인한다. 또한 문서의 중요한 내용을 삭제 또는 수정한 때에는 문서의 여백에 삭제 또는 수정한 자수를 표시하고 서명 또는 날인한다.

지역사회에 봉사하는 대학

대 구 보 건 대 학

수신자 내부결재

(경유) 계획안(서명 또는 날인)

제목 학과 경쟁력 향상 방안 지원 계획 통보

지역사회에 봉사하는 대학

대 구 보 건 대 학

수신자 내부결재

(경유)

제목 학과 경쟁력 향상 방안 지원 계획 통보

기획팀에서는 각 학과로부터 제출받은 학과 경쟁력 향상 방안과 실행 예산서를 검토한 결과 필요 예산의 일부를 ~~학과의 방안대로~~ 지원하기로 결정하였습니다. 기안문 7자 삭제(서명 또는 날인)

'서명'이라 함은 기안자 · 검토자 · 협조자 · 결재권자 또는 발신 명의인이 공문서(전자문서를 제외한다)상에 자필로 자기의 성명을 다른 사람이 알아볼 수 있도록 한글로 표시하는 것을 말한다.

시행문을 정정한 때에는 문서의 여백에 정정한 자수를 표시하고 관인을 찍어야 한다.

지역사회에 봉사하는 대학

대 구 보 건 대 학

수신자 신세계이마트 성서점장

(경유)

제목 제5기 현장 실습 희망자 명단 통보 (6) 시행문 1자 삭제(관인)

- 전자 문서를 수정해야 하는 경우에는 처음부터 재작성하여 결재를 받아 시행한다. 즉, 수정한 내용대로 재작성 한다.

※ 기안자, 검토자 또는 결재권자가 보존할 필요가 있다고 인정하는 경우에는 수정 전의 문서를 보존하여야 함.

(2) 검토 및 협조

기안문은 결재권자의 결재를 받기 전에 보조 기관 또는 보좌 기관의 검토를 받아야 한다. 다만, 보조 기관 또는 보좌 기관, 총괄 책임자 ,업무 분담자의 출장 등의 사유로 검토를 받을 수 없는 부득이한 경우에는 검토를 생략할 수 있으며, 이 경우 검토자의 서명란에 출장 등의 사유를 명시하여야 한다.

기안자는 기안자란에 서명하고 결재권자의 결재를 받기 전에 하위 보조(보좌) 기관,

상위 보조(보좌) 기관 순으로 검토를 받는다.

※ 전자 문서인 경우 결재 후에는 수정이 불가능함으로 결재 전에 형식·내용 등을 반드시 확인하여야 한다.

◆ 총괄 책임자가 직접 기안한 때에는 소관 업무 분담자의 의견을 들은 후 보조(보좌) 기관의 검토 및 결재 등을 받아야 한다.

총괄 책임자는 기안자란에, 업무 분담자는 검토자란에 서명한다.

기안자는 업무 분장상 총괄 책임자인 행정 사무관 허서식이고, 검토자는 업무 분담자인 행정 주사 김철수인 경우

행정사무관 허서식 행정주사 김철수 행정능률과장 박문서 행정관리국장 전결 홍길동

총괄 책임자 또는 업무 분담자가 동일한 업무에 대하여 분장을 받은 경우에 기안은 업무의 사안에 따라 총괄 책임자 또는 업무 분담자가 선택적으로 할 수 있다.

◆ 업무 분담자가 기안하는 경우에는 총괄 책임자의 검토를 거친 후 보조(좌) 기관의 검토 · 결재 등을 받아야 한다.

업무 분담자는 기안자란에, 총괄 책임자는 검토자란에 서명한다.

기안자는 업무 분장상 업무 분담자인 행정 주사 김철수이고 검토자는 총괄 책임자인 행정 사무관 허서식인 경우

행정주사 김철수 행정사무관 허서식 행정능률과장 박문서 행정관리국장 전결 홍길동

행정 기관의 장은 결재권자의 결재에 이르기까지 검토자의 수가 2인을 넘지 아니하도록 노력하여야 한다.

- 기안문의 내용이 다른 보조 기관 또는 보좌 기관이나 다른 행정 기관의 업무와 관련이 있는 때에는 그 기관의 협조를 받는다. 협조의 내용이 간단한 경우에는 기안문의 협조자란을 이용한다.

행정주사 김철수 행정사무관 허서식 행정능률과장 박문서 행정관리국장 전결 홍길동
협조자 기획예산과장 김갑돌

• 공문서 결재 과정 중 협조 서명을 받는 절차는 「사무관리규정」상 별도로 정해진 절차는 없다. 다만, 결재 전에 협조를 받아야 하며, 그 절차는 ①기안 부서와 협조 부서간 동일 직급(위) 간에 교차적으로 서명을 거치거나, ②기안 부서의 검토를 모두 거친 후 협조 부서의 협조를 거쳐 기안 부서 결재권자의 결재를 받는다.

	<기안>		<검토 및 협조>				<결재>
①	기안자	→	총괄		과장		국장
			↓	↗	↓	↗	
			총괄		과장		
②	기안자	→	총괄	→	과장		국장
				↙		↗	
			총괄	→	과장		

• 한편, 과장 · 국장 등의 협조가 필요한 경우 과 · 국장은 업무를 총괄하고 있으므로 실질적인 세부 업무에 대한 협의는 해당 업무 담당자 또는 총괄 책임자와 사전 협의를 한 후 과 · 국장의 협조 서명을 받는 것이 좋다.

• 협조자는 문서 수정이나 반려를 할 수 없다.

– 기안자가 속한 직계선상의 보조 · 보좌 기관 및 결재권자는 기안문을 통해 결정하고자 하는 사안이 자신들의 소관 업무이므로 수정하거나 반려할 수 있다.

– 방계 조직에 속하는 협조자는 해당 사안에 대한 직접적인 수정이나 반려는 할 수 없고, 다만 기안문과 다른 의견이 있는 경우에는 당해 문서 또는 별지에 그 의견을 표시할 수 있다.

참고 검토 또는 협조한 자가 다른 의견을 표시할 때에는 직위 또는 직급 다음에 '(의견있음)'이라고 표시하고 서명란에 서명한다. 이 경우 그 의견을 당해 문서의 본무의 마지막에 표시하거나 별지에 표시하여야 한다. 이때 의견 표시자의 소속, 직위(직급) 및 성명을 표시한다. 이는 결재권자가 결재를 함에 있어 혹은 향후 그 업무를 담당하는 자로 하여금 참고하도록 하기 위함이다.

(본문) 끝.
(본문내용에 대한 의견있음)
1. 의견내용
2. 민원제도과 과장 박○○

(결문) 협조자 민원제도과장 (의견있음) 박○○

전자 기안문(별지 제3호의2서식)인 경우에는 표제부에 의견내용과 함께 의견을 표시한 자의 소속, 직위(직급) 및 성명을 표시한다.

6) 기안문의 결재

결재란 당해 사안에 대하여 행정 기관의 의사를 결정할 권한이 있는 자가 그 의사를 결정하는 행위를 말한다. 따라서 기관의 장 또는 결재권을 위임받은 자의 의사를 결정하기 위한 과정에서 각급 보조 기관 또는 보좌 기관의 서명을 받는 것은 결재의 개념에 해당되지 않는다.

「사무관리규정」상 문서는 당해 행정 기관의 장의 결재를 받되, 보조(보좌) 기관의 명의로 발신하는 문서는 그 보조(보좌) 기관의 결재를 받아야 한다.

- 전결이라 함은 행정 기관의 장으로부터 사무의 내용에 따라 결재권을 위임받은 자(보조 기관 · 보좌 기관 · 업무 담당 공무원)가 행하는 결재를 말하는데, 위임 전결 사항은 당해 기관의 장이 위임 전결 규정 또는 지자체 규칙(사무전결처리규칙)으로 정한다.
- 대결이라 함은 결재권자가 휴가 · 출장 기타의 사유로 결재할 수 없는 때에 그 직무를 대리하는 자가 행하는 결재를 말한다. 대결한 문서 중에서 그 내용이 중요하다고 판단되는 문서는 결재권자에게 사후에 보고해야 한다.

참고 직무 대리(법정 대리, 지정 대리), 권한 대행 등은 대리 행위이므로 이들에 의한 결재 행위는 '대결'로 표시한다.

결재 일자를 기재하고자 하는 경우에는 서명란 중 상단에 결재 일자(연도는 생략하고 월/일만)를 기재하고, 하단에 서명한다.

- 행정 기관의 장이 결재하는 경우에는 기관장의 직위를 직위란에 간략히 표시하고 결재란에 서명한다. 결재권자의 결재란에 서명 일자를 표시할 수 있다.

지식제도과장 ○○○	제도정책관 ○○○	조직실장 ○○○	차관 ○○○	장관	10/20 ○○○

기관장 부재 시 대결 및 전결의 표시 방법은 다음과 같다. 이러한 표시 방법은 정책 결정 관련자가 누구인지 곧바로 알 수 있다.

- 전결의 표시
- 행정 기관장의 결재란을 설치하지 아니하고 전결하는 자의 서명란에 '전결' 표시를 한 후 서명한다. 결재 일자를 기재하려면 서명란 상단에 '전결' 표시 후 결재 일자(연도는 생략하고 월/일만)를 기재하고, 하단에 서명한다.

지식제도과장 ○○○ 제도정책관 ○○○ 조직실장 ○○○ 차관 전결 ○○○

- 업무 담당자가 전결하는 경우

행정사무관 전결 ○○○

- 대결의 표시
- 위임 전결 사항이 아닌 사항을 대결하는 경우('대결'만 표시) : 기관장의 결재란을 설치하지 않고 대결하는 자의 서명란에 '대결' 표시하고 서명한다. 결재 일자를 기재하는 방법은 '전결'과 동일하다.

지식제도과장 ○○○ 제도정책관 ○○○ 조직실장 ○○○ 차관 대결 ○○○

- 위임 전결 사항을 대결하는 경우('전결'과 '대결'을 함께 표시) : 기관장의 결재란을 설치하지 않고 전결하는 자의 서명란에 '전결' 표시를 하고, 대결하는 자의 서명란에 '대결' 표시 후 서명한다.

행정사무관 ○○○ 지식제도과장 ○○○ 제도정책관 대결 ○○○ 조직실장 전결

- 과장 전결 사항을 보조·보좌 기관이 아닌 직무 대리자가 대결하는 경우

행정주사 ○○○ 행정사무관 대결 ○○○ 지식제도과장 전결

• 총괄 책임자 전결 사항을 직무 대리자가 대결하는 경우

행정주사 대결 ○○○ 행정사무관 전결

결재는 문서가 성립하기 위한 최종적이며 절대적인 요건이다.

참조 생산 부서(처리과)와 문서 관리 부서(문서과)

사무관리규정 제3조제2호에서 '문서과라 함은 행정 기관 내의 공문서의 분류 · 배부 · 수발 업무 지원 및 보존 등 문서에 관한 사무를 주관하는 과 · 담당관 또는 계를 말한다.'고 규정하고 있으며, 같은 조 제3호에서 '처리과라 함은 문서의 수발 및 사무 처리를 주관하는 과 · 담당관 또는 계를 말한다.'고 정의하고 있다.

또한, 제13조제1항에서는 '문서의 발신 명의는 행정 기관의 장(법령에 의하여 행정 권한이 위임 또는 위탁된 경우에는 그 위임 또는 위탁을 받은자를 말한다)으로 한다.'고 규정하고 있으며,

제22조제1항에서 '시행문은 처리과에서 발송'하되, 같은 조 제4항에서 '인편 또는 우편으로 발송하는 문서는 문서과의 지원을 받아 발송할 수 있다.'고 규정하고 있다[9].

질의1) 행정안전부에 소속된 모든 기관(부서)을 처리과라 하는지요?
문서과는 행정 기관 내의 공문서에 관한 사무를 주관하는 과 · 담당관 또는 계 등의 보조(보좌) 기관을 말하며, 처리과는 행정 기관 내의 사무 처리를 주관하는 과 · 담당관 또는 계 등의 보조(보좌) 기관을 말한다.

따라서 행정안전부 내의 모든 보조(보좌) 기관은 처리과에 해당한다고 할 수 있다. 단, 국가 기록원, 중앙 공무원 교육원 등 행정안전부 소속 기관은 보조(보좌) 기관이 아니라 별도의 독립된 행정 기관이기 때문에 행정안전부의 처리과로 볼 수 없다.

질의2) 대구시의 문서 관리부서를 문서과라 하면 대구시 산하의 구청 및 동사무소는

9) 문서과, 처리과에 대한 행정안전부 지식제도과 홍성완 사무관 (02-2100-3424) 답변 참조.

처리과가 되는지요?

질의1의 답변과 같이 대구시 산하의 구청은 지방자치법에 의한 지방 자치 단체로서 대구시와는 독립된 행정 기관이며 구청 산하의 동사무소는 '행정기구 설치 조례' 등에 의하여 설치된 구청의 소속 기관으로서 독립된 행정 기관이다.

그러므로 대구시 산하의 구청 및 동사무소는 대구시의 처리과가 될 수 없다.

질의3) 대구시 교육청의 문서 관리부서를 문서과라 하면 교육청에 속한 부서 및 각급 학교는 처리과로 보는지요?

질의1), 질의2)의 답변과 마찬가지로 대구시 교육청에 속한 부서는 대구시 교육청의 처리과이지만 교육청에 속한 각급 학교는 별도의 기관으로서 대구시 교육청의 처리과로 볼 수 없다.

각급 학교는 사무관리규정의 적용 대상이 아니지만, 사무관리규정을 준용하고 있다는 전제하에서 다음의 질의에 대한 답은 다음과 같다.

질의4) 각급 학교 단위를 처리과로 보고, 그 학교를 관할하는 교육청의 문서 관리부서를 문서과로 본다면 학교에 있는 총무과는 일개 처리과의 한 부서에 불과한지요?

각급 학교는 교육청의 처리과가 될 수 없으며, 각급 학교의 총무과에서 문서에 관한 사무를 주관한다면 총무과는 각급 학교의 문서과가 될 수 있으며, 문서에 관한 사무 외의 다른 소관 사무에 대해서는 처리과의 기능도 함께 수행하고 있다고 할 것이다.

질의5) 대구보건대학의 총무부에서 문서 수발 업무를 행하고 있는데 총무부를 문서과로 본다면 학교의 나머지 기관 및 부서, 학과는 처리과가 되는지요?

총무부에서 행하는 문서 수발 업무는 문서에 관한 사무의 한 부분인 수발 업무 지원에 해당한다고 할 수 있다. 이 경우 총무부는 문서과로 보아야 할 것이며, 대구보건대학에 설치된 부서, 학과는 대학의 보조(보좌) 기관이기 때문에 대학의 처리과가 된다. 나머지 기관의 경우에는 대학의 보조(보좌) 기관에 해당하는 경우에만 처리과가 되며 대학과는 별도로 설립된 독립된 기관이라면 대학의 처리과가 될 수 없다.

예를 들면 보조(보좌) 기관인 대학 도서관장은 대외적으로 시행하는 문서에 대학 총

장의 발신 명의와 직인을 사용하고 도서관장의 발신 명의와 직인을 사용할 수 없으나, 별도 기관인 대학병원이나 부설 중고등학교의 경우에는 대학 총장이 아니라 대학 병원장 또는 중고등학교장의 발신 명의와 직인을 사용하여야 한다.

질의6) 총무부에서 직인을 관리하기 때문에 학교 산하의 부서 및 기관에서는 문서를 직접 발송하지 못하는 경우 총무부를 처리과로 보아야 하는지요?

총무부에서 행하는 직인 날인 및 우편 발송 등의 행위는 문서과로서의 문서에 관한 사무의 한 부분인 수발 업무 지원 에 불과하며, 문서 발송 여부에 대한 의사 결정권을 가지고 있는 각 부서 또는 학과 등의 처리과에서 직접 문서를 발송하는 것으로 보아야 한다.

Ⅷ 공문서와 문법

1. 문법[10)]

공공성을 띠는 공문서는 표준어로 작성하는 것이 원칙이다. 개인적인 영역이 아닌 경우에는 표준어를 쓰는 것이 바람직하다. 방송, 교육, 행정 등의 기준이 되는 언어는 표준어이므로 표준어를 정확하게 익히는 것이 중요하다.

맞춤법

- 사무나 회계 결산 등의 처리를 위해 편의상 구분한 일 년 동안의 기간을 나타내는 경우 두음 법칙 규정에 따라 '년도'가 아닌 '연도'로 적는다.

회계 연도, 연말 결산서, 연도별 생산 실적

10) 국립국어원(http://www.korean.go.kr/) 온라인 강의 '공문서 바로 쓰기', 인천사이버교육센터(http://www.cyber.incheon.kr/) '(온라인)공문서 작성을 위한 한글맞춤법' 참조.

참고 '연도(年度)'는 자립적으로 쓰일 때는 '연도'가 되고, '2000 년도'처럼 의존 명사로 쓰일 때는 두음법칙이 적용되지 않아 '년도'가 된다.

- 모음과 'ㄴ' 받침 뒤에서만 '열'과 '율'이 된다.

나열(羅列), 비율(比率), 실패율(失敗率), 진열(陳列), 분열(分裂), 백분율(百分率)
가동률(稼動率), 발생률(發生率), 합격률(合格率), 일렬(一列), 부담률(負擔率)

- 고유어와 외래어 명사 뒤에 붙을 때는 '난', '양'으로, 한자어 명사 뒤에 붙을 때는 '란', '량'으로 적는다.

가십난(－－欄), 광고란(廣告欄), 독자란(讀者欄), 투고란(投稿欄)
알칼리양(－－量), 가사량(家事量), 노동량(勞動量), 작업량(作業量), 투입량(投入量)

- 사이시옷은 순우리말과 순우리말이 결합할 때, 앞 낱말이 모음으로 끝날 때 사용한다.
  - 한자어로 된 합성어(치과)나, 외래어가 들어가는 경우(핑크빛)에는 사이시옷을 쓰지 않는다.

소숫점 (×), 소수점(小數點) (○)

- 다만, 다음 두 음절로 된 한자어 6개는 예외적으로 사이시옷을 쓴다.

곳간(庫間), 셋방(貰房), 숫자(數字), 찻간(車間), 툇간(退間), 횟수(回數)

- '－던'은 과거의 뜻, '－든'은 선택의 뜻을 표시할 때 사용한다.

반품하러 왔던 손님, 어느 것을 신청하든 한 가지만

- 물건이나 일의 내용을 가리지 아니하는 뜻을 나타내는 조사와 어미는 '－든지'로 적는다.

폐기하든지 재사용하든지.

◆ 맞춤법 연습

도우미는 교통양을 감안하여 배치한다. → 교통량
자리세 금품착취 사례. → 자릿세
공모전에 제출했든 콘텐츠는 반환되지 않습니다. → 제출했던

□ 띄어쓰기

띄어쓰기를 잘못하면 전혀 엉뚱한 내용이 될 수 있다. 공문서에서 의미를 쉽고 빠르게 전달하려면 띄어쓰기 규정을 지켜야 한다.

◆ 전문어의 띄어쓰기

전문어는 단어별로 띄어 쓰되 붙일 수 있다.

금동미륵보살반가사유상, 금동 미륵보살 반가 사유상

전문어에 속하더라도 화합물이나 동식물의 분류상의 명칭, 책명처럼 이미 한 단어로 굳어진 경우에는 띄어 쓸 수 없다.

잘못된 표현	올바른 표현
염화 나트륨	염화나트륨
포유 동물	포유동물
사과 나무	사과나무
삼국 유사	삼국유사

◆ 고유 명사의 띄어쓰기

고유 명사는 단어별로 띄어 쓰되 단위별로 띄어 쓸 수 있다. 어떤 방식을 사용해도 무방하나 항상 일관되게 사용해야 한다.

단어별 띄어쓰기	단위별 띄어쓰기
서울 대학교 의과 대학 부속 병원	서울대학교 의과대학 부속병원
국립 국어원	국립국어원
국립 현대 미술관	국립현대미술관, 국립 현대미술관
동해 경찰서	동해경찰서

주의 사람의 성과 이름은 언제나 붙여 쓴다. 성이나 이름 다음에 붙는 호칭어나 관직명은 언제나 띄어 쓴다.

◆ 의존 명사의 띄어쓰기

• 문장의 각 단어는 띄어 씀을 원칙으로 한다.

이력서 제출시에는 자기소개서를 함께 동봉한다. → 제출 시

'제출+시(때나 경우)'는 명사+의존명사로 구성된다. '시'는 완전하지 않은 명사이지만 명사적 기능을 수행하므로 단어로 다루어 띄어 쓴다.

• 의존 명사에 해당하는 '간, 내, 등, 외, 중, 바, 수, 시, 데, 적, 지, 채' 등은 앞말과 띄어 쓴다.

기관장 간에 서명하다, 기한 내, 품목 명세 등, 당사자 외의, 진행 중, 느낀 바를

• '-는데'는 '일'이나 '것', '경우'나 '처지'의 뜻을 갖는 의존 명사일 경우 띄어쓰기한다.

사실 규명을 하는데 그 목적이 있다. → 하는 데
콘텐츠를 제작하는데 며칠이 걸렸다. → 제작하는 데

참고 '-하여야 하지만' 또는 '-하여야 하나'로 대체할 수 있는 어미 '-는데'는 붙여 쓰기 한다.

• '-지'는 기간을 나타내는 '동안'의 의미로 쓰이는 의존 명사일 때에만 띄어쓰기한다.

판매한 지 얼마 안 되는 상품

참고 '-가 있는지, 없는지'의 의미를 나타내므로 '-지'는 '-는지'라는 어미 즉 말꼬리의 일부에 해당한다. 이때는 앞말과 붙여 써야 한다.

• 동일한 형태가 의존 명사, 조사 등의 경우에 따라 다르게 쓰이는 예

형태	예문	의미
'들'	책, 신문, 공책 들을 가방에 넣다.	'그런 따위'란 뜻을 나타냄.
	사람들, 그들, 너희들	결합 복수를 나타냄.
'뿐'	웃고 있을 뿐이다.	'따름'이란 뜻을 나타냄.
	염원은 통일뿐이다.	한정의 뜻을 나타냄.
'대로'	시키는 대로 한다.	동사/형용사 뒤에서 '그와 같이'란 뜻을 나타냄.
	법대로 해라.	명사 뒤에 붙어 '그와 같이'란 뜻을 나타냄.
'만큼'	노력한 만큼	동사/형용사 뒤에서 '그런 정도로'란 뜻을 나타냄.
	대궐만큼 크게 짓다.	명사 뒤에 붙어 '그런 정도로'란 뜻을 나타냄.

• 수와 관련된 표현의 띄어쓰기

순서를 나타내거나 숫자와 어울려 쓸 때에는 원칙적으로 띄어쓰기를 한다.

띄어쓰기 원칙	띄어쓰기 허용
육 층	육층
10 개	10개
26 살	26살
2000 명	2000명
1000 원	1000원
2000 년	2000년
제2 차	제2차

◆ 조사의 띄어쓰기

'조사'는 단어로 분류되기는 하지만 홀로 쓰일 수 없고 다른 단어 뒤에 종속적으로 붙어 쓰이기 때문에 앞말에 붙여 써야 한다.

30분 전까지, 주인같이, 친구밖에, 너뿐만 아니라, 책보다 좋은 건 없다.

• '전'은 '이전'의 의미를 갖는 명사이므로 앞말과 띄어 써야 하지만, '까지'는 조사이므로 앞말인 '전'에 붙여 써야 한다.
• '너뿐만'에서 '뿐'과 '만'은 모두 조사이다. '뿐'이 의존 명사로 쓰일 때는 띄어 쓴다.

국내뿐만 아니라 (조사)
하였을 뿐만 아니라 (의존 명사)

• '밖에'가 조사로 쓰일 때는 '없다, 못하다, 모르다'처럼 뒤에 부정을 나타내는 말이

온다. 이 기준을 적용하면 '이 밖에도 사례는 ….'에서 '밖에'는 조사가 아님을 알 수 있다.

> 참조할 수박에 없다

- 조사가 둘 이상 겹쳐 쓰이는 경우, 어미 뒤에 붙는 경우에도 붙여 써야 한다.

> 집에서처럼, 여기서부터입니다, 나가면서까지도, 들어가기는커녕

- '까지, 마다, 만큼, 부터, 로부터, 뿐' 등의 조사나 '이다'는 앞말에 붙여 쓴다.

> 변경될 때마다, 신청 시마다, 계약 수량만큼, 체결일부터, 연필이다

◆ 접사의 띄어쓰기

접사는 독립된 단어가 아니므로 앞에 오거나 뒤에 오는 말과 붙여 쓴다.

- '–하다'는 홀로 쓰이지 않고 앞말에 붙어 새로운 단어를 만들어 낸다. 이런 경우의 '–하다'를 접사라고 한다.

> 이미지를 홍보 하고자 → 홍보하고자
> 공개 모집 합니다. → 모집합니다

- 뒤에 오는 말에 붙어 '그것이 아직 아닌' 또는 '그것이 아직 되지 않은'의 뜻을 더해 주는 '미(未)'도 홀로 쓰일 수 있는 단어가 아니므로 뒤에 오는 말과 붙여 써야 한다.

> 미 분양 시 → 미분양 시

◆ 기타 띄어쓰기

- 두 말을 이어 줄 때 쓰는 '대, 내지, 겸, 및'은 앞뒤에 오는 말과 띄어 쓴다.

> 가수 겸 작곡가, 하나 내지 둘, 상장 및 부상, 십몇 대 일

- 각(各), 고(故), 동(同) 등은 뒤에 오는 말이 자립적인 경우 띄어 쓰는 것이 원칙이다. 뒤에 오는 말이 자립적인 말이 아닌 경우에는 붙여 쓴다.

각국(各國), 각지(各地), 각 부, 각 실, 각 가정, 각 개인, 각 학교, 각 부처
고인(故人), 고 홍길동,
귀사(貴社), 귀 회사
동사(同社), 동 회사

• 뒤에 오는 말과 주로 띄어 쓰는 예

만(滿) 15세, 매(每) 회계 연도, 별(別) 사이가 아니다
연(延) 10만 명, 전(全) 국민, 맨 꼭대기, 몇 명.

• 기타 띄어쓰기

일을 처리해 본바 애로사항이 많았다.
그 일은 고려해 본 바 없다.

'본 바가 없다'와 같이 조사가 결합할 수 있으면 띄어 쓴다.

한 달간, 십 년간 (시간)
서울 부산 간, 부모 자식 간 (거리)

'간'이 시간의 경과를 나타낼 때는 앞말에 붙여 쓰며, '간'이 거리를 뜻할 때는 띄어 쓴다.

십 년 만에, 이게 얼마 만이야.
오랜만이다. ('오래간만'의 준말)
철수만 오너라. (한정)
키가 형만 하다. (비교)

'만'이 시간의 경과를 나타낼 때는 의존 명사로 쓰인다.

나중에 후회할걸 (←할 터인데)
후회할 걸 왜 그랬니? (←후회할 것을)
사랑을 할 거야 (←할 것이야)
내일 뭐 할 거니 (←할 것이니)
비가 와야 할 텐데 (←할 터인데)
집에 갈 테야 (←갈 터이야)

정확한 단어 선택하기[11)]

단어는 표현 활동에서 의미를 담아내는 기본적 단위이다. 단어의 정확한 의미를 파악하여 실제 사용 상황의 세부 조건에 맞는 단어를 사용해야 한다.

예

마약류 단순 투약 사범 특별자수 기간 1. 자수 기간: 07. 4. 1. - 6. 30.(3개월) 2. 대상: 마약류 투약자 및 환각 물질 흡입자	⇨	마약류 단순 복용 사범 특별자수 기간 1. 자수 기간: 07. 4. 1. - 6. 30.(3개월) 2. 대상: 마약류 복용자 및 환각 물질 흡입자

'투약'이란 단어는 말뜻에 맞지 않는다. 단어 '투약'은 '병에 알맞은 약을 지어 주거나 씀'을 의미하므로 의사들이 '투약'한다는 표현은 할 수 있어도 투약 자격이 없는 단순 사용자(마약 사범)는 '투약'한다는 표현을 쓸 수 없다.

여주군공고제1999-152호
연25%의 연체 이자율을 납부하여야 합니다.

'이자율'을 납부하는 것이 아니라 '이자'를 납부한다. 따라서 '이자율'을 '이자'로 바꾼다.

- 주의를 기울여 구별하여 써야 할 단어

단어 · 의미	예문
일체(一切): 모든 것을 다.	재산 일체를 기부하다.
일절(一切): 전혀, 절대.	그는 일절 노래를 하지 않는다.
재고(再考): 어떤 일이나 문제에 대하여 다시 생각함.	급식비 인상 건을 재고해 주세요.
제고(提高): 쳐들어 높임.	역점 사항: 생산성 제고
결제(決濟): 매매 당사자 사이의 거래 관계를 끝맺는 일.	결제 자금, 어음 결제
결재(決裁): 상관이 안건을 검토하여 허가·승인함.	결재 서류, 결재가 나다.

배열 관계를 고려한 단어 선택

공통되는 말은 가운뎃점을 써서 간략하게 보일 수 있다. 그러나 두 개 이상의 단어를 나란히 나열하면 문법적으로 틀리기 쉽기 때문에 배열된 단어의 쌍이 나란히 쓰일 수 있는지, 앞뒤에 오는 말과 자연스럽게 어울리는지 파악해야 한다.

·지역 사회 방범에 관심이 있는 각계각층 인사를 명예방범위원으로 위촉·운영함으로써 (×)

11) 국립국어원, 공문서 바로쓰기 중 정확한 단어 선택하기 참조.

공문서에서 표현의 경제성을 얻기 위해 단어를 배열하는 경우가 많은데 이를 잘못 사용하면 부자연스러울 수 있다.

예제 공문에서 보듯 '명예방범위원으로 위촉'은 문제가 없으나 '명예방범위원으로 운영'은 잘못된 표현이다.

·지역 사회 방범에 관심이 많은 각계각층 인사를 명예방범위원으로 위촉하고 명예방범위원회를 운영함으로써

□ 쉬운 단어 사용

공문서는 법적 효력을 가진 공적 의사소통의 수단이므로, 내용을 정확하게 전달하여 읽는 사람이 잘 이해할 수 있도록 해야 한다.

일상생활에서 별로 쓰이지 않는 한자어를 공문서에 사용하는 것은 잘못이다. 일상적으로 자주 쓰이는 쉬운 한자어나 한눈에 이해할 수 있는 고유어 계통 단어를 사용해야 한다[12].

잘못된 표현	올바른 표현
조사 결과를 계첨(揭添)하오니	조사 결과를 (아래에) 붙이오니
연면적(延面積) 1000 제곱미터 이하의 공사장	전체 면적(또는 총면적) 1000 제곱미터 이하의 공사장
조사 결과를 통보하오니 적의조치(適宜措置)하여	조사 결과를 통보하오니 알맞게 조치(또는 알맞게 처리)하여
법에 저촉(抵觸)되다	법에 걸리다/위반되다
사실을 지득(知得)한 경우	사실을 안 경우
장물을 은닉(隱匿)하다	장물을 숨기다
등기를 해태(懈怠)한 자	등기를 제 때에 하지 않은 사람
익분기(翌分期)	다음 분기
결(缺)하다	빠뜨리다
본(本)	이/우리
상기(上記)	위(의)
소정(所定)의	정한/정해진
익년도(翌年度)	다음 연도
자(者)	사람
전일(前日)	전날
제(諸)	모든
제반(諸般)	모든
필(畢)하다	마치다
필(必)히	반드시

12) 국립국어원, 공문서 바로쓰기 중 쉬운 단어 선택하기 참조.

□ 준말

공문서는 관련 업문 담당자나 이해 당사자가 아닌 누가 보아도 알아보기 쉽게 써야 한다. 따라서 공문서에서 준말을 사용해야 하는 경우에는 처음에는 풀어서 설명한 다음 준말을 함께 써 준다.

> ㅁ 관내 사업장의 VAN 서비스 이용 현황을 파악하기 위해

VAN이란 단어는 일반인 입장에서는 이해하기 어렵다. 따라서 VAN이란 단어를 다음과 같이 표현하는 것이 좋다.

> 부가가치 통신망(Value Added Network)

□ 어법에 맞는 문장 사용

• 조사를 사용하기보다는 말을 풀어서 써야 하는 경우

아래의 공문에서 보면, '한옥마을의 막걸리 축제를 통하여'에서 '의'를 주의해서 보면 '의' 때문에 의미상으로 막걸리 축제의 주체가 한옥마을이 되어버린다.

> JIC에서는 한옥마을의 막걸리 축제를 통하여 결손 가정의 가장을 돕고 독거노인의 생활 환경을 개선하기 위해 다음과 같은 행사를 실시하고자 하오니 많은 참여 부탁드립니다.

따라서 이러한 경우, '의'를 사용하기 보다는 '한옥마을에서 막걸리 축제를 개최함으로써' 정도로 풀어서 쓰는 것이 더 적절하다.

• 말을 풀어서 사용하기보다는 조사를 써야 하는 경우

> 학과에서 제출한 학과경쟁력강화사업과 관련하여 전번 확대보직자 회의에서 통보한 지침에 대하여 한 번 더 학과 구성원들에게 통보해 주시기 바랍니다.

위 문장은 두 가지 점에서 적절하지 않게 표현되었다.

– '관련하여'와 '대하여'가 연속됨으로서 문장이 어색하게 연결되었다.

– '지침에 대하여'는 의미상 뒤에 오는 '통보해'의 목적어에 해당한다.

따라서 '지침에 대하여'를 '지침을'로 수정하면 문장에 포함된 두 가지 문제점이 해결된다.

• '에게'와 '에'의 사용법

결식아동에게 도시락 지급
시청에 민원 문의

— 유정(사람, 동물) 명사에는 '에게'를 사용한다.
— 무정(감정을 나타내지 못하는 식물이나 무생물) 명사에는 '에'를 사용한다.
결실아동은 유정 명사이므로 '에게', 시청은 무정 명사이므로 '에'를 사용한다.

□ 논리적인 문장 쓰기

논리적인 공문서 문장을 작성하려면 문장 성분들의 호응이나 위치, 생략과 중복 여부 등을 잘 살펴야 한다. 비논리적 문장은 전달하려는 뜻을 제대로 전달하지 못한다[13].

• 주어와 서술어가 서로 호응해야 한다.
공문서 작성 시에는 주어와 서술어가 호응하지 않는 일이 없도록 특별히 유의할 필요가 있다.
공문서 문장처럼 긴 문장은 성분들 간의 거리가 멀어지면서 호응을 이루지 못하는 경우가 많아 문장을 작성한 이후에는 문장의 성분들이 서로 제대로 호응하는지 점검해보는 것이 좋다.

접수된 사이버강좌의 선정은 교수학습지원센터 위원회 의결을 거쳐 사회계·공업계·보건계별로 한 과목씩 선정할 예정입니다.

'접수된 사이버강좌의 선정은 … 선정할'의 주술관계는 자연스럽지 못하다. 주어 부분의 '선정 은'을 삭제해야 한다.

접수된 사이버강좌는 교수학습지원센터 위원회 의결을 거쳐 사회계·공업계·보건계별로 한 과목씩 선정할 예정입니다.

• 목적어와 서술어가 서로 호응해야 한다.

13) 국립국어원, 공문서 바로쓰기 중 논리적인 문장 쓰기 참조.

하나의 서술어에 둘 이상의 목적어가 오는 경우 혹은 하나의 목적어에 둘 이상의 서술어가 오는 경우에는 각 문장 성분들이 서로 호응하는지 꼼꼼하게 살펴야 한다.

> 장애물 없는 생활환경이란 어린이·노인·장애인·임산부뿐만 아니라 일시적 장애인 등이 개별 시설물·구역·도시를 접근·이용함에 있어 불편을 느끼지 않도록 계획·설계·시공된 것을 의미합니다.
> < ○○부 공고 >

위 공문에서 서술어 '접근 · 이용함'에의 목적어는 '개별 시설물 · 구역 · 도시를'이다. '개별 시설물 · 구역 · 도시를 이용하다'는 말이 되지만, '개별 시설물 · 구역 · 도시를 접근하다'는 어색한 표현이 된다. 즉, '접근하다'는 조사 '에'를 지닌 부사어를 필요로 하는 서술어이기 때문이다.

※ 가운뎃점을 이용하여 성분들을 이어갈 경우 이들 성분들이 같은 구조와 기능을 하는지 유의해야 한다.

또한 '장애물 없는 생활환경이란 … 계획 · 설계 · 시공된 것을 의미합니다.'의 형태를 취하고 있는데 이때 목적어 '것을'은 앞에 오는 주어와도, 뒤에 오는 서술어와도 호응하지 않는다. 따라서 이를 '환경을'로 바꾸는 것이 좋다.

> 장애물 없는 생활환경이란 어린이·노인·장애인·임산부뿐만 아니라 일시적 장애인 등이 개별 시설물·구역·도시에 접근하고 이를 이용할 때 불편을 느끼지 않도록 계획·설계·시공된 환경을 의미합니다.
> < ○○부 공고 >

- 부사어와 서술어가 서로 호응해야 한다.

> 수출 통관 사무 처리에 관한 고시 중 다음과 같이 개정·고시합니다.
> < ○○부 고시 >

이 문장은 목적어가 생략되어 무엇을 개정 · 고시하는지 알 수 없다. 따라서 논리적 문장이 되려면 '다음과 같이' 앞에 '아래 사항을' 추가한다.

> 전파법 제11조에 의하여 다음 무선국을 허가하고 같은 법 제22조의 규정에 의거 고시합니다.
> < ○○청 고시 >

이 문장은 부사어가 생략되어 어떻게 고시하는지 알 수 없다. 따라서 논리적 문장이 되려면 '의거'를 '의거하여 다음과 같이'로 수정한다.

> 광복절기념행사에 직원 2명을 참석하도록 하시기 바랍니다.

이 문장의 문제점은 다음과 같다.

– 직원 2명의 성별 및 직급이 불분명하다.
– 각 과에서 2명인지 국 전체에서 2명인지 불분명하다.
– 직원 2명이 행사장 참석자인지, 행사지원요원인지 불분명하다.

따라서 다음과 같이 그 내용을 명확히 밝힌다.

> 광복절기념행사 지원요원으로 주사급 남녀 각 1명씩 보내주시기 바랍니다.

• 성분의 위치를 확인한다.

공문서에서는 수식하는 말이 수식받는 말과 멀리 떨어지지 않도록 유의해야 한다. 수식하는 말과 수식받는 말이 멀리 떨어져있는 경우에는 수식하는 말이 어떠한 성분을 수식하는지 불분명해지고 그 결과 문자의 뜻이 모호해진다.

> 계약체결일에 납부한 대금은 매매계약을 해제한 때에는 계약보증금으로 봅니다.

'계약체결일에 납부한 대금은'을 '계약체결일에 납부한 대금을'로 바꾸고, '계약보증금' 앞으로 옮긴다.

> 매매계약을 해제한 때에는 계약체결일에 납부한 대금을 계약보증금으로 간주하여 처리합니다.

▭ 명확하고 간명한 문장 쓰기[14)]

◆ 의미가 모호한 표현 바로 쓰기

> 참가등록은 업체대표자의 위임에 의거 대리수령이 가능합니다.

> 참가등록 및 기술제안서 제출은 업체 대표자나 업체대표자의 위임장을 지참 소지하고 본인의 인장을 지참하셔야 합니다.

14) 국립국어원, 공문서 바로쓰기 중 명확하고 간명한 문장 쓰기 참조.

정확하고 바른 문장을 만들기 위해서는 의미가 모호한 말은 사용하지 말아야 하며 주어와 술어는 이해하기 쉽게 풀어 써야 한다.

참가등록은 업체 대표나 대표로부터 위임 받은 사람이 하여야 합니다.

참가등록 및 기술제안서 제출은 업체 대표자나 업체대표자의 위임장과 본인의 인장을 지참한 사람에 한합니다.

□ 문법에 맞는 문장 쓰기[15)]

◆ 문장을 작성할 때에는 피동과 사동 표현이 제대로 이루어지고 있는지 유의한다.

• 주어에 맞는 피동 표현을 사용해야 한다.

이번 행사는 우리 국민 최대 명절인 한가위에 소외될 수 있는 조손 가정에 우리 한우로 구성된 명절 식품을 사회복지 물적 자원 전달 체계인 푸드뱅크를 통해 전달된다.
< ○○부 행사 안내 >

이 문장은 주어와 서술어, 목적어와 서술어가 서로 호응하지 않는 사례이다. 일단, 이 문장의 주어는 '이번 행사는'이고 서술어는 '전달된다'는 것으로서 서로 호응되지 않는다. 이 문장의 핵심은 조손 가정에 명절 식품을 푸드뱅크를 통해 전달한다는 것이다. 따라서 '전달된다'를 '전달하는 데 주력한다'로 바꾼다.

•잘못된 사동 표현은 주로 '-시키다'와 관련하여 많이 발생한다.

'-하다'면 충분한 곳에 '-시키다'를 써서 오히려 문제가 되는 표현들이 있다. '-시키다'의 표현을 불필요하게 쓰지 않는다.

○○부는 역량 있는 작가를 발굴하고 작가의 창작 의욕을 고취시키기 위해 2008년 창작 팩토리 사업을 추진합니다.
< ○○부 공지 >

'고취'는 의견이나 사상 따위를 열렬히 주장하여 불어넣는다는 의미로 동사 '고취하다'로 충분히 원래의 의미를 나타낼 수 있다. 그러나 '고취시키다'와 같이 표현하면 그 의미는 '다른 누군가에게 나라 사랑 정신을 고취하도록 시키다'가 될 것이므로 이 문장은

---

15) 국립국어원, 공문서 바로쓰기 중 문법에 맞는 문장 쓰기 참조.

잘못된 사동 표현이 쓰인 사례라 할 수 있다. 따라서 '고취시키기'를 '고취하기'로 바꾸는 것이 좋다.

◆ 공문서에 자주 발견되는 기타 잘못된 표현

잘못된 표현	올바른 표현
입찰보증금에 해당하는 금액을 국고에 수납하여야 합니다.	납부하여야
아파트 건설에 적합되도록	적합하도록
입찰보증금은 국고에 귀속합니다.	귀속됩니다.
당청(우리 청의) 일반경쟁 입찰참가자격 등록은 수시로 등록이 가능하며	수시로 가능하며

2. 공문서와 교정부호

문서 파일 형태로 받은 기안문의 내용에 많은 하자가 있을 때 교정부호를 표시하여 기안자에게 되돌려 준다. 교정 부호는 맞춤법, 띄어쓰기, 활자 크기, 문장 부호, 줄 바꿈, 오자, 탈자, 어색한 표현 등을 바로 잡기 위해 사용된다.

교정 부호	이름	설명	본문에 적용된 상태
V	띄움표*	띄어쓰기 표시	지방세세목별과세(납세)증명서
⌣	넣음표*	글자나 부호 삽입	건설할 수 있는 시공자의 능력
∧	부호 넣음표*	문장 부호 '.' ',' 삽입	-향후 대책 필요
⌠	줄 바꿈표*	줄을 나눔	협조자 총무과장 최미경 시행 기획-12
><	줄 비움표*	빈 줄 추가	행 정 자 치 부 수신자 보건복지부장관 (행정관리담당관)
▽	메모 고침표*	메모 표시	사업 물량 고침표 1 물건이 아니므로 '사업량'으로
V	고침표	글자나 내용을 바꿈	예산이 없슴
℘	뺌표	글자 삭제	휴대 전화 사용을 삼가하여 주십시오.
=	지움표	글자 지움	12일 날 개최 예정인
⌒	붙임표	글자 붙임	관보게재일 보다

교정 부호	이름	설명	본문에 적용된 상태
()	줄 붙임표	빈 줄 없앰	○○지방병무청장 수신자 징병검사팀장, 현역입영 팀장
⊇	줄 이음표	두 줄을 한 줄로 이음	수신자 건설교통부장관 (도시계획 국장)
~~	톱니표	간단히 표현할 것	사례에 해당한다고 할 수 있으므로
?~	생각표	말이 이상함	간부 성향 조사 지시
◎~	칭찬표	표현이 아주 좋음	여성·장애인 등 소수집단 공직임용확대
—	줄표	자세히 표현할 것	로드체킹을 활성화하여
∽	자리 바꿈표	단어의 앞·뒤를 바꿈	마약류 복용 단순 사범
⊐	줄 서로 바꿈표	줄을 서로 바꿈	지방세 체납 처분의 예에 의해 처리토 록 규정
ㄷ	오른 자리 옮김표*	오른쪽으로 자리를 옮김	제목 질의 회신 1. 질의에 대한 회신내용입니다.
ㄱ	왼 자리 옮김표*	왼쪽으로 자리를 옮김	붙임 개발 계획 1부. 끝.
▣	자료 연결	하이퍼링크로 연결	자료

* 커서 위치에서 교정 부호 넣기를 실행한다. 단, 메모 고침표는 블록을 설정할 수 있다.

교정 부호 입력

① 교정 부호를 입력할 위치에 커서를 두거나, 교정할 부분을 블록으로 설정한 다음 입력/교정 부호/교정 부호 넣기를 실행한다.

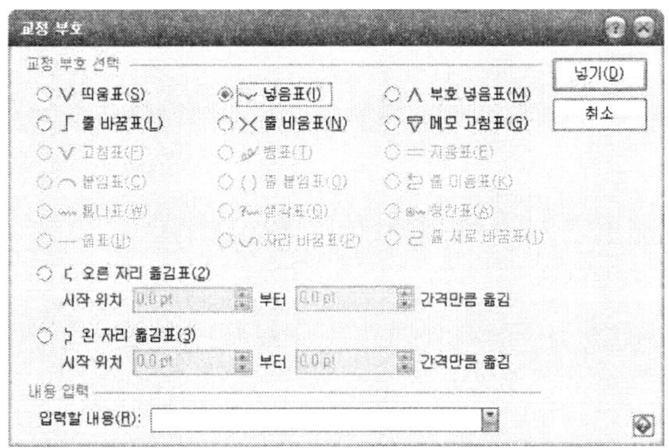

② 교정 부호 대화 상자에서 교정 부호를 선택하고 넣기 버튼을 클릭한다.

- 넣음표, 부호 넣음표, 고침표를 선택한 경우에는 입력할 내용 상자에 내용을 입력한다.
- 오른 자리 옮김표, 왼 자리 옮김표를 선택한 경우에는 시작 위치와 옮길 간격을 지정한다.

예 '계약체결일에 납부한 대금은'을 '계약체결일에 납부한 대금을'로 바꾸고, '계약보증금' 앞으로 옮기라는 교정 부호는 다음과 같이 넣는다.

① '은'을 블록으로 설정하고 교정 부호 대화상자를 연다.
② 고침표 부호를 선택한다.
③ 입력할 내용 상자에 '을'을 입력하고 넣기 버튼을 클릭한다.

계약체결일에 납부한 대금은 매매계약을 해제한 때에는 계약보증금으로 본다.

④ '계약체결일에 … 때에는'을 블록으로 설정하고 교정 부호 대화상자를 연다.
⑤ 자리 바꿈표 부호를 선택한 후 넣기 버튼을 클릭한다.

계약체결일에 납부한 대금은 을 매매계약을 해제한 때에는 계약보증금으로 본다.

블록의 좌 · 우로 자리 바꿈표의 시작점과 마침점이 표시되고 마우스 포인터는 ┌ 모양이 된다.

⑥ 맨 앞으로 보낼 낱말 앞을 마우스 포인트로 클릭한다.

계약체결일에 납부한 대금은 매매계약을 해제한 때에는 계약보증금으로 본다.

↓

계약체결일에 납부한 대금은 매매계약을 해제한 때에는 계약보증금으로 본다.

예 제목 밑의 줄을 오른쪽으로 30 pt 옮기라는 교정 부호는 다음과 같이 넣는다.

제목 질의 회신 1. 질의에 대한 회신내용입니다.

① 제목 밑의 줄에 커서를 두고 교정 부호 대화상자를 연다.
② 오른 자리 옮김표 부호를 선택한다.
③ 시작 위치와 간격을 입력하고 넣기 버튼을 클릭한다.

◉ 오른 자리 옮김표(2)
시작 위치 0.0 pt 부터 30.0 pt 간격만큼 옮김

- 시작 위치는 문단 왼쪽 여백의 크기만큼 준다.
- 간격은 30 pt로 준다. 제목 밑의 첫 번째 항목은 6칸을 띄우고 입력한다.

예 하이퍼링크를 주어 참고 자료를 연결하려면 교정 부호를 다음과 같이 넣는다.
① 하이퍼링크 속성을 줄 문자열을 블록으로 설정하고 입력/교정 부호/자료 연결을 실행한다.
② 표시할 문자열, 연결 종류, 연결 대상을 지정하고 넣기 버튼을 클릭한다.

☞실무 자료 참조

파워포인트 2007

PowerPoint

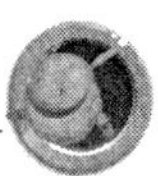

I 프리젠테이션 만들기

프레젠테이션은 애니메이션, 화면 전환 효과 및 효과음 등을 적절히 사용하여 청중들을 설득, 원하는 결과를 이끌어내는 행위이다.

프레젠테이션을 제작할 때 염두에 두어야 할 사항은 청중들 전체가 프레젠테이션 내용을 충분히 볼 수 있게끔 만들어야 하며, 특정 개인의 감정 혹은 선호하는 형태에 맞춰 디자인해서는 안 된다는 것이다. 가장 효과적인 프레젠테이션이 되기 위해서는 다음 사항을 유의한다.

- 청중들이 알고 싶은 것을 중심으로 내용을 편집한다.
- 청중들에게 어떤 이득과 혜택이 있는지 밝힌다.
- 가장 단순한 디자인이 가장 효과적인 프레젠테이션이 된다.
- 한 슬라이드에 다 넣기 어려울 때는 여러 슬라이드로 나누어 제작한다.
- 프레젠테이션 전 반드시 발표 장소에서 시연을 해 본다.
- 글자체는 고딕체나 굴림을 사용한다. 시각적으로 연결되는 글꼴은 피한다.
- 제목은 최소 40−50포인트, 본문은 최소 32포인트가 적당하다.

- 한 슬라이드에 들어가는 문자열은 6줄을 넘지 않도록 제작한다.
- 슬라이드 전체에 걸친 디자인은 마스터를 활용한다.
- 필요한 부분에만 애니메이션을 설정한다.
- 여러 주제로 나누어진 프레젠테이션의 경우에는 반드시 쇼를 재구성하고 재구성된 쇼가 종료되면 처음 위치로 이동할 수 있게끔 해야 한다.
- 추가설명이 필요한 부분은 개체삽입을 활용한다.

잘 만든 프레젠테이션은 내용을 전달하는 것이 아니라 논지를 요약하고 강조하는 역할을 해야 한다[1].

- 개요 수준은 2단계 이하로 사용한다.
- 요점만 간단하게 입력한다.
- 문장이 아닌 주제어를 입력한다.
- 5개 이하의 글머리 기호를 사용한다.
- 주제를 분명히 한다.

  파워포인트로 작성한 문서는 일반적으로 프레젠테이션이라고 하며 이는 확장자가 .PPTX인 파일이 된다. 하나의 프레젠테이션은 여러 슬라이드로 구성된다.
- 프레젠테이션은 슬라이드와 유인물, 설명문, 개요를 하나의 파일로 집약시킨 형태를 뜻하며, 슬라이드는 문자, 그림, 표, 차트 등의 개체가 포함된 하나의 화면을 뜻한다.

1. 프레젠테이션 제작 ABC

- 파워포인트 화면은 개요 창, 슬라이드 창, 슬라이드 노트 창으로 구성된다.
  - 개요 창에는 프레젠테이션을 구성하는 슬라이드가 보인다.
  - 슬라이드 창에는 개요 창에서 선택한 슬라이드의 내용이 보인다.
  - 슬라이드 노트 창에는 슬라이드 내용에 대한 보충 설명을 입력한다.

---

1) Using Microsoft PowePoint 97, 윤석현 역, 인포북, 92쪽 참조.

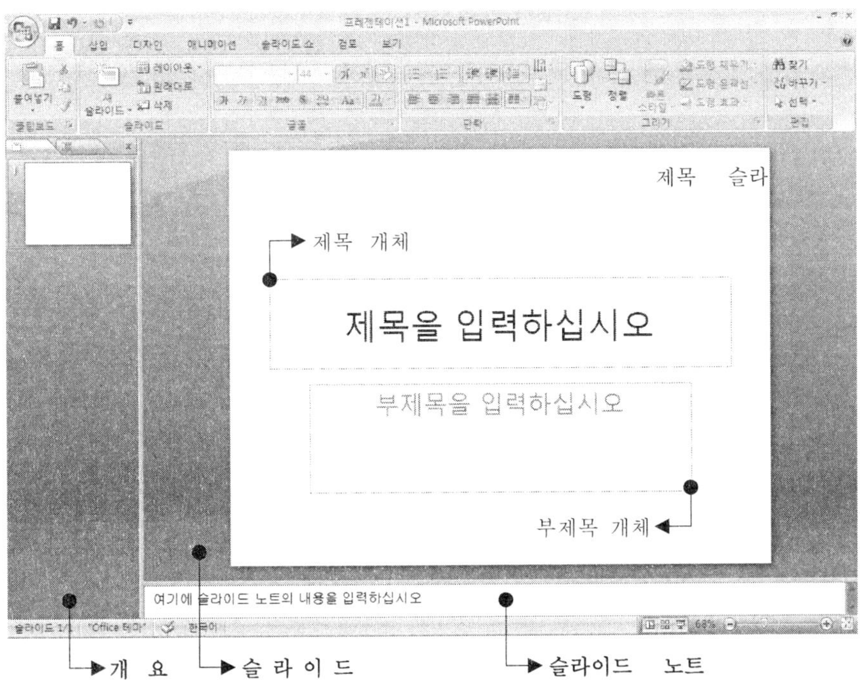

프레젠테이션을 제작하기 위해서는 기본적으로 텍스트 입력, 슬라이드 삽입, 개체 삽입 작업이 필요하다.

□ 텍스트 입력

텍스트는 제목 개체 틀과 부제목 개체 틀을 클릭한 후 입력한다.

개체 틀에는 기본적인 서식이 적용되어 있으므로 가능한 한 글꼴, 글자 크기, 글자 색상 등은 손대지 않도록 한다. 특수 효과를 주려면 WordArt 스타일을 적용한다.

참고 색상을 정확하게 구분하지 못하는 청중들을 위하여 텍스트 색상으로 주황색, 빨간색, 녹색을 사용하지 않는다.

□ 슬라이드 추가하기

슬라이드를 추가하려면 홈 탭의 '슬라이드 그룹'에서 '새 슬라이드' 버튼을 클릭하고 용도에 맞는 슬라이드 양식을 클릭한다.

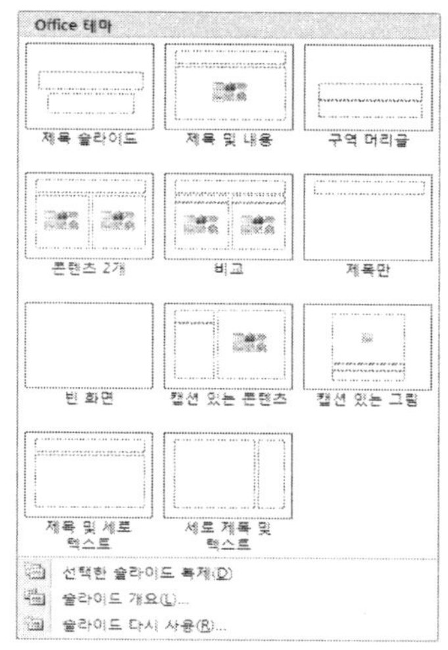

참고 슬라이드 유형

- '제목 슬라이드'에는 프레젠테이션 제목과 발표자의 소속, 직급 등을 표시한다.
- '비교' 슬라이드는 두 가지 콘텐츠를 비교할 때 사용한다. 주로 차트를 비교할 때 사용한다.
- '빈 화면' 슬라이드는 슬라이드를 자유롭게 구성할 때 사용한다.
- '구역 머리글' 슬라이드는 프레젠테이션의 주요 영역을 표시할 때 사용한다.
- 일반적으로 '제목 슬라이드' 다음에 올 슬라이드 양식은 '제목 및 내용' 슬라이드 양식을 선택한다.

  예 프레젠테이션의 요점과 그 내용을 입력하려면 '제목 및 내용' 슬라이드 양식을 선택한다.

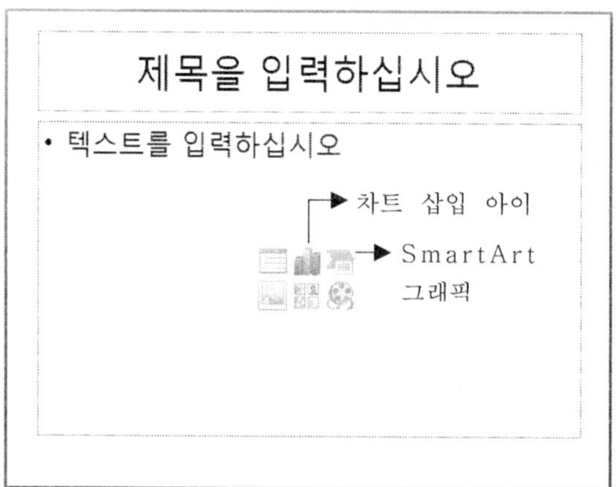

- '제목 및 내용' 슬라이드 양식은 제목 개체 틀과 본문 개체 틀로 구성된다.
- 본문 개체 틀에는 텍스트를 비롯한 모든 개체가 들어갈 수 있다.

참고 프레젠테이션 제작에 있어서 반드시 필요한 슬라이드 구성은 다음과 같다.

- 제목 슬라이드
- 프레젠테이션의 요점이나 주요 영역이 나열된 도입 슬라이드
- 도입 슬라이드에 나열된 각 요점 혹은 영역별 슬라이드
- 프레젠테이션의 요점이나 주요 영역 목록을 담은 요약 슬라이드

예 프레젠테이션할 요점이나 주요 영역이 세 가지라면 최소한 6개의 슬라이드가 필요하다.

- 제목 슬라이드 1
- 도입 슬라이드 1
- 각 요점, 영역별 슬라이드 3
- 요약 슬라이드 1

※ 요점이나 주요 영역에 프레젠테이션할 자료의 양이 많은 경우 해당 자료에 대한 슬라이드의 하위 그룹을 만든다.

※ 프레젠테이션을 만들 때에는 슬라이드 재생 시간을 고려한다. 적절한 표준 예상 시간은 슬라이드당 2분에서 5분으로 할당한다.

▭ 개체 삽입

개체를 삽입하는 방법은 두 가지가 있다.

- 삽입 탭에서 개체 버튼을 클릭한다.
- 본문 개체 틀 내부의 개체 아이콘을 클릭한다.

※ 개체와 함께 텍스트를 삽입하려면 텍스트를 먼저 입력한 후 개체를 삽입한다.

예 '제목 및 내용' 슬라이드의 본문 개체 틀에 놓인 '파일에서 그림 삽입' 아이콘을 클릭하면 그림 개체를 삽입할 수 있다.

① '파일에서 그림 삽입' 아이콘을 클릭한다. 그림 삽입 대화상자가 열린다.

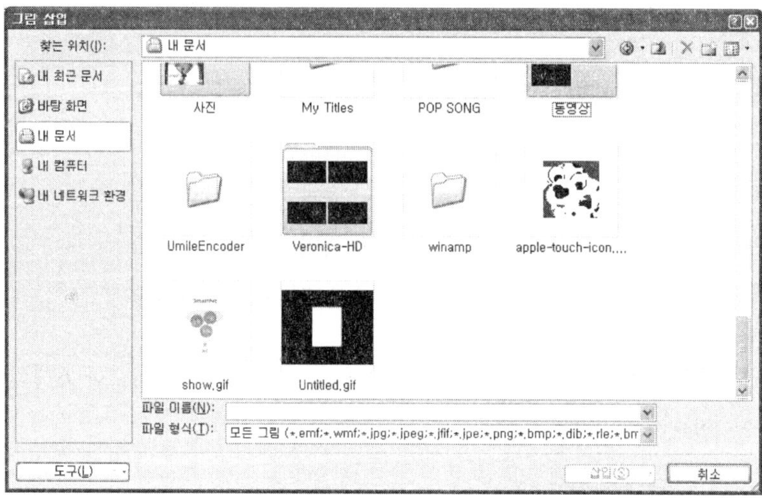

② 그림 파일을 선택한 후 '삽입' 버튼을 클릭한다.

표, 차트, 스마트아트, 클립아트 및 미디어 클립 개체 역시 동일한 방법으로 삽입한다.

□ 개체 수정

슬라이드에 개체가 삽입되면 해당 개체 편집과 관련된 홈 탭의 아이콘이 활성화되며, '그림 도구' 리본이 열린다.

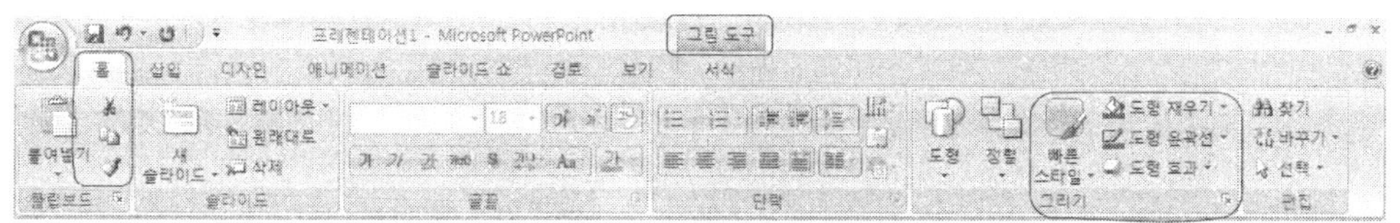

개체 수정 방법에는 두 가지가 있다.

– 홈 탭의 활성화된 아이콘을 클릭하여 개체를 수정한다.

– '그림 도구' 리본의 서식 탭을 클릭하여 개체를 수정한다.

서식 탭은 홈 탭보다 훨씬 다양한 편집 아이콘을 제공한다.

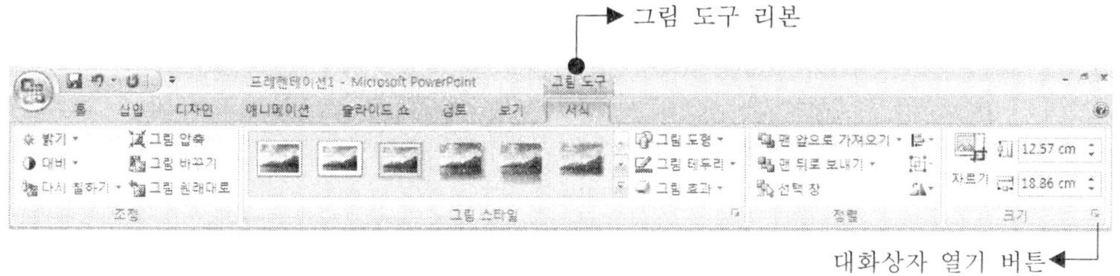

• 그림 밝기를 조정하려면 '조정' 그룹에서 '밝기' 버튼 밝기 을 클릭한다.

밝기: –20%

• 그림 개체의 스타일을 변경하려면 '그림 스타일' 그룹에서 '스타일'을 클릭한다.

스타일: '반사형 모서리가 둥근 직사각형'

□ 개체 크기·위치 지정

프레젠테이션에서 개체를 삽입할 때 가장 신경 써야 할 부분은 개체의 크기와 위치이다. 삽입된 개체의 크기와 위치를 통일해야 깔끔한 프레젠테이션이 된다.

- 그림 개체의 크기와 위치를 조정하려면 '그림 도구' 리본의 서식 탭에 있는 '크기' 그룹의 '대화상자 열기' 버튼 을 클릭한다.

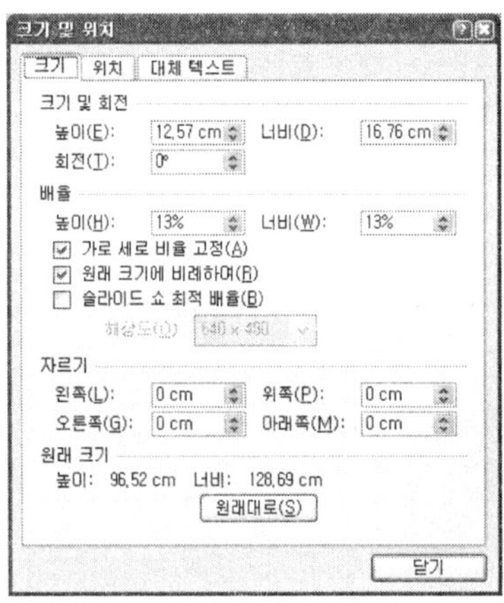

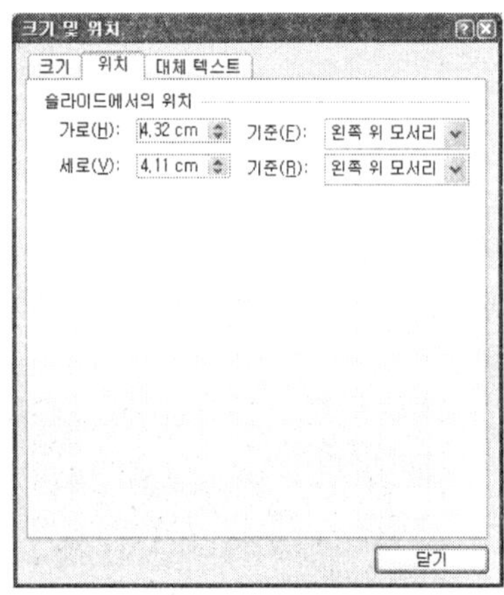

- 그림의 크기는 크기 탭의 '높이 · 너비'에서 지정한다. 값을 직접 입력하거나 배율을 조정한다.
- '가로 세로 비율 고정' 항목을 선택하고 '높이 · 너비'를 조정하면 그림의 높이 · 너비 비율을 일정하게 하면서 확대/축소시킬 수 있다.

- 그림의 위치는 위치 탭의 '가로 · 세로'에서 지정한다. 그림은 '왼쪽 위 모서리', '가운데'를 기준으로 하여 가로 · 세로의 값만큼 떨어져 위치한다.

※ 개체가 삽입된 위치 중심점은 기본적으로 슬라이드 왼쪽 위 모서리가 된다.

□ 배경 지정

슬라이드의 배경은 디자인 탭의 '배경' 그룹에서 설정한다.

'배경 스타일' 버튼을 클릭하면 배경 색, 음영, 무늬, 질감, 그림 등의 효과를 줄 수 있다.

- 스타일을 클릭하면 모든 슬라이드의 배경은 해당 스타일로 변경된다.

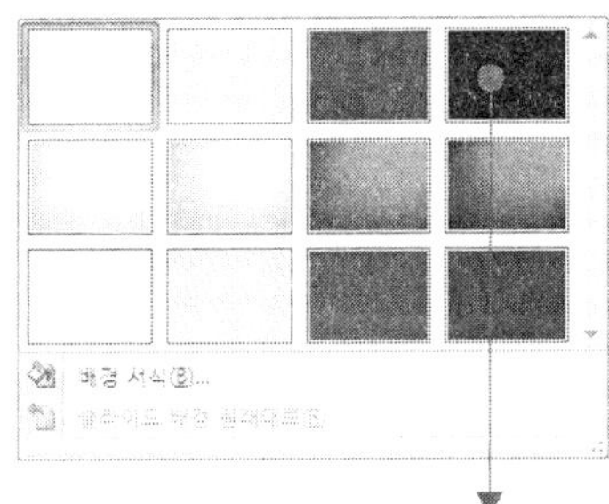

- 배경 그래픽을 숨기려면 '배경' 그룹에서 '배경 그래픽 숨기기' 버튼을 클릭한다.
- 선택한 슬라이드에만 스타일을 적용하려면 스타일을 마우스 오른쪽 버튼으로 클릭하고 단축 메뉴에서 '선택한 슬라이드에 적용'을 클릭한다.

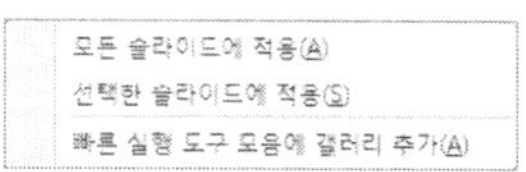

- '배경 서식'을 클릭하면 음영, 무늬, 질감, 그림 등의 효과를 설정할 수 있다.

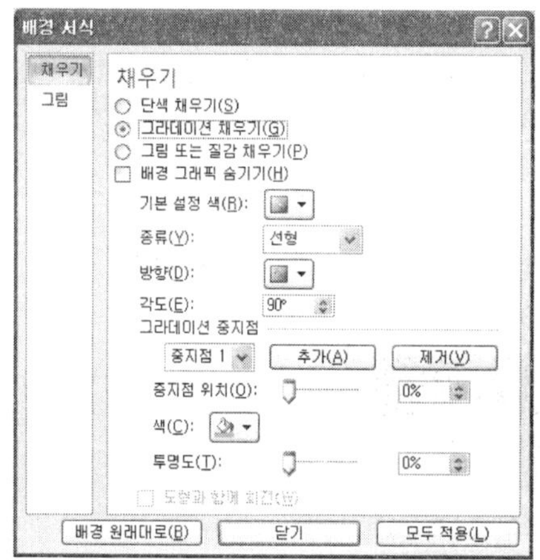

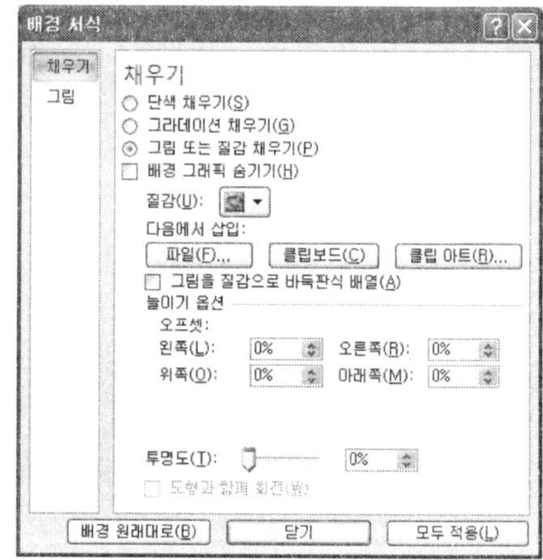

□ 그라데이션

채우기 옵션 중 '그라데이션 채우기'를 클릭하면 그라데이션 효과를 설정할 수 있다. 그라데이션은 배경에 다단계 색퍼짐 효과를 준다. 일반적으로 배경의 중심에서 바깥으로 퍼져나가는 색은 시작색으로, 배경의 바깥에서 중심으로 들어오는 색은 끝색으로 지정한다.

- '기본 설정 색' 버튼을 클릭하면 파워포인트에 기본적으로 설정되어 있는 그라데이션 색을 사용하여 세련된 분위기의 채우기 효과를 줄 수 있다.
- 그라데이션 유형은 선형, 방사형, 사각형, 경로형, 제목 음영 등을 적용할 수 있다.

예 기본 설정 색으로 '새벽', 그라데이션 종류로 '제목음영'을 적용하면 슬라이드는 다음과 같이 된다.

□ 질감 · 무늬 · 그림

슬라이드 배경을 질감으로 채우거나 무늬, 그림으로 채운다.

참고 색상을 정확하게 구분하지 못하는 청중들을 위하여 그래프에서 특정 부분을 강조할 때에는 색상 대신 질감을 사용한다.

□ 슬라이드 유형 변경하기

예 '제목 및 내용' 슬라이드 양식으로 제작한 슬라이드를 '캡션 있는 콘텐츠' 슬라이드 양식으로 변경하려면 다음과 같이 한다.

① 개요 창에서 '제목 및 내용' 슬라이드 양식으로 제작한 슬라이드를 클릭한다.

② 홈 탭의 '슬라이드' 그룹에서 '레이아웃' 버튼 을 클릭하고 '캡션 있는 그림' 슬라이드를 클릭한다.

☐ 슬라이드 삭제 · 이동 · 복사 · 붙이기

- 슬라이드를 삭제하려면 해당 슬라이드를 선택한 후 Delete 키를 누른다.
- 슬라이드를 이동하려면 개요 창에서 해당 슬라이드를 마우스로 누른 채 끌어 놓는다.
- 슬라이드를 복사하려면 해당 슬라이드를 마우스 오른쪽 버튼으로 클릭하고 단축 메뉴에서 '복사'를 실행한다.
- 슬라이드를 붙이기 하려면 해당 슬라이드를 마우스 오른쪽 버튼으로 클릭하고 단축 메뉴에서 '붙여 넣기'를 실행한다.

예 4번 슬라이드를 복사한 후 6번 슬라이드를 선택하고 붙이기를 하면 6번 슬라이드 다음에 4번 슬라이드가 붙여진다.

참고 4번 슬라이드를 마우스 오른쪽 버튼으로 클릭하고 단축 메뉴에서 '슬라이드 복제'를 실행하면 4번 슬라이드 다음에 4번 슬라이드가 그대로 복사되어 붙여진다.

☐ 디자인 서식 적용

파워포인트가 제공하는 서식을 활용하면 디자인 감각이 부족한 사람도 전문 디자이너처럼 깔끔한 프레젠테이션을 제작할 수 있다.

예 '테마' 그룹에서 '보자기'를 적용하면 슬라이드 화면은 다음과 같이 변경된다.

테마 디자인을 적용하려면 디자인 탭을 클릭하고 '테마' 그룹에서 테마를 클릭한다.

◆ 테마 색 사용자 지정

테마 색에는 네 개의 텍스트 및 배경색, 여섯 개의 강조색 및 두 개의 하이퍼링크 색이 포함된다. 밝은 색 텍스트는 항상 어두운 색 위에서, 어두운 색 텍스트는 항상 밝은 색 위에서, 그리고 강조 색은 네 개의 배경색 위에서 잘 보이게끔 설정되어 있다.

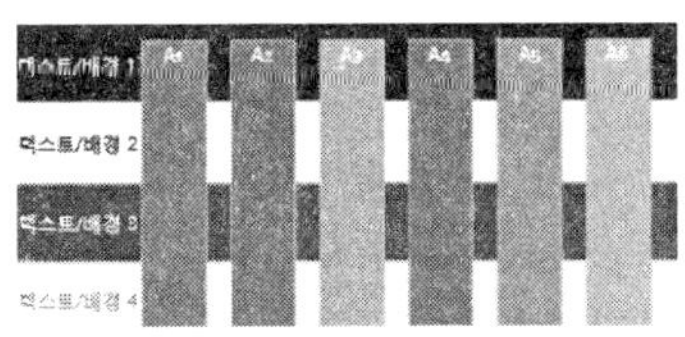

따라서 테마 색은 색상 대비 현상을 피할 수 있게끔 지정한다.

① 디자인 탭의 '테마' 그룹에서 '테마 색'을 클릭한다.

② '새 테마 색 만들기'를 클릭한다. 새 테마 색 만들기 대화상자가 열린다.

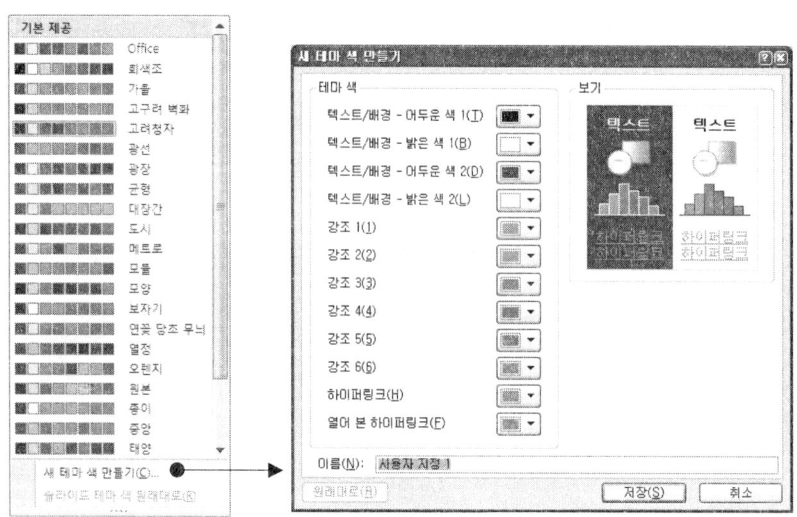

③ 테마 색에서 변경하려는 테마 색 요소의 버튼을 클릭한다.

④ 테마 색 팔레트에서 사용할 색을 선택한다. 선택한 색이 문서에 적용된 스타일에 어떤 영향을 미치는지 보기 창에서 확인할 수 있다.

⑤ 변경하려는 모든 테마 색 요소에 대해 동일한 과정을 반복한다.

⑥ 이름 상자에 새 테마 색의 이름을 입력하고 '저장' 버튼을 클릭한다. 사용자 지정 테마 색이 만들어진다.

- 모든 테마 색 요소를 원래 테마 색으로 되돌리려면 '원래대로' 버튼을 클릭한다.

◆ 테마 글꼴 사용자 지정

테마 글꼴에는 제목 글꼴과 본문 글꼴이 포함된다. '테마 글꼴' 버튼 을 클릭하면 각 테마 글꼴에 사용되는 제목 글꼴 및 본문 글꼴의 이름을 테마 글꼴 이름 아래에서 볼 수 있다. 이 두 글꼴을 변경하여 사용자 지정 테마 글꼴 모음을 만들 수 있다.

① 디자인 탭의 테마 그룹에서 '테마 글꼴'을 클릭한다.

② '새 테마 글꼴 만들기'를 클릭한다.

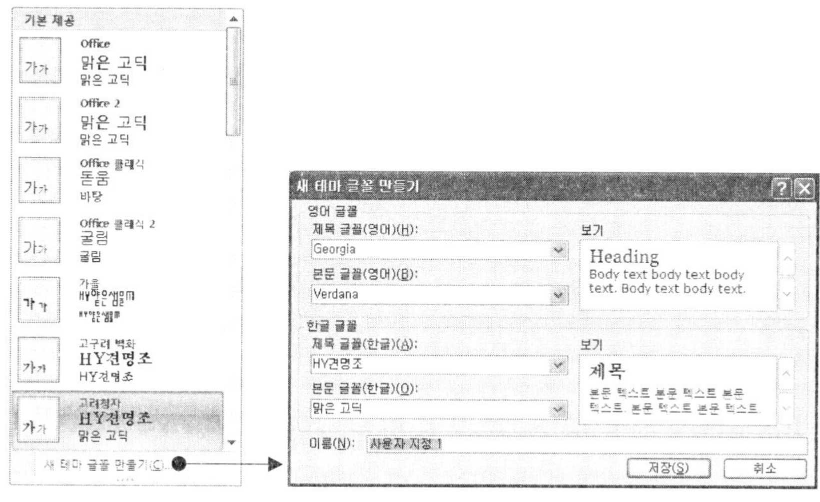

③ 제목 글꼴과 본문 글꼴 상자에서 사용할 글꼴을 선택한다.

④ 이름 상자에 새 테마 글꼴의 이름을 입력한다.

⑤ '저장' 버튼을 클릭한다. 사용자 지정 테마 글꼴이 만들어진다.

◆ 테마 효과 모음 선택

테마 효과는 선 및 채우기 효과 모음이다. '테마 효과' 버튼 효과 을 클릭하면 테마 효과 모음 창이 열린다.

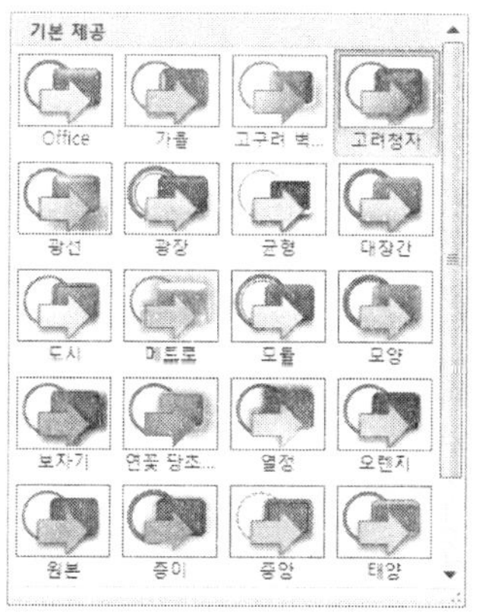

마우스를 각 테마 효과 모음으로 이동하면 선택한 테마의 선 및 채우기 효과가 슬라이드에 어떻게 반영되는지 눈으로 확인할 수 있다.

◆ 사용자 지정 테마 적용

사용자 지정 테마를 적용하려면 '테마 색' 버튼 과 '테마 글꼴' 버튼 을 클릭하여 사용자 지정 색과 글꼴을 클릭한다.

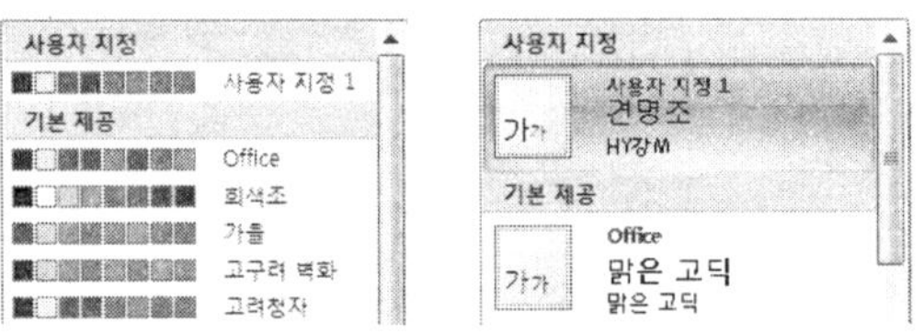

□ Microsoft Office Online의 다른 테마 서식 적용

온라인상의 서식 파일을 적용하려면 Microsoft Office Online의 테마를 활용한다.

※ Office 문서 테마 – 서식 파일 페이지로 이동하려면 네트워크가 활성화되어 있어야 한다.

예 테마 파일 '가족 사진 앨범' 서식 적용하기

① 디자인 탭의 '테마' 그룹에서 '자세히' 버튼을 클릭한다.

모든 테마 대화상자가 열린다. 모든 테마 대화상자에는 시스템에 설치된 테마 디자인이 나열된다.

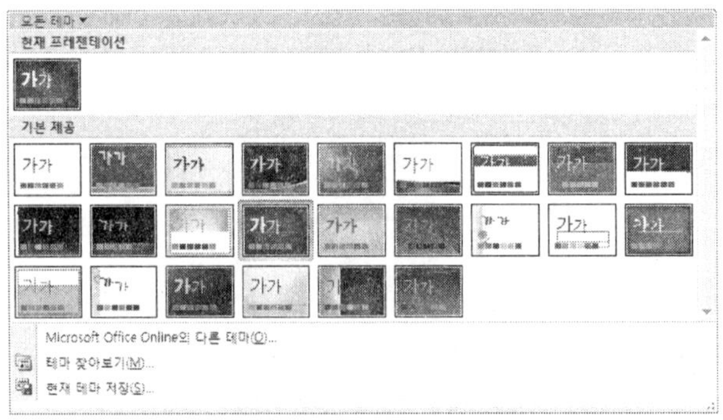

② 'Microsoft Office Online의 다른 테마'를 클릭한다. Office 문서 테마 – 서식 파일 페이지로 이동한다.

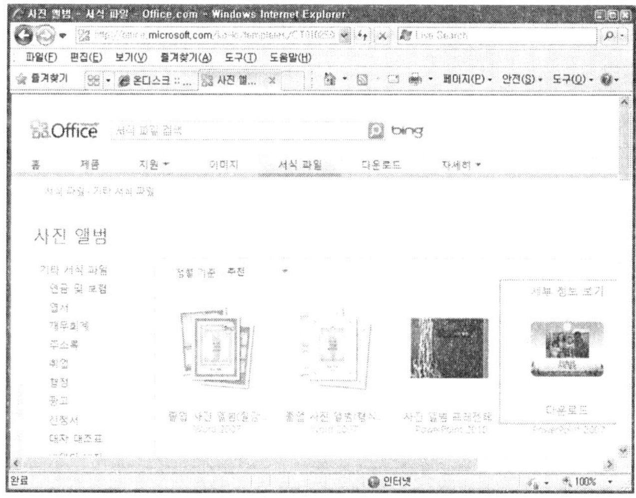

③ 서식 파일 중 '가족 사진 앨범'을 클릭한다.

④ '다운로드' 버튼을 클릭한다. 해당 서식 파일이 적용된 새 프레젠테이션 창이 열린다.

⑤ 새 프레젠테이션 창에서 디자인 탭의 '자세히' 버튼을 클릭한다. 모든 테마 대화상자가 열린다.

⑥ '현재 테마 저장'을 클릭한다. 현재 테마 저장 대화상자가 열린다.

⑦ 파일 이름 바람개비를 입력하고 '저장' 버튼을 클릭한다. 테마는 사용자 지정 테마로 저장된다.

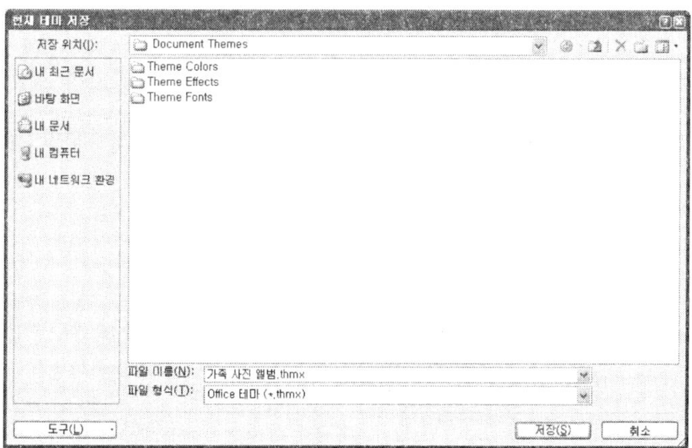

⑧ 테마를 적용하려는 프레젠테이션을 연다.

⑨ 디자인 탭의 '테마' 그룹에서 '가족 사진 앨범'을 클릭한다.

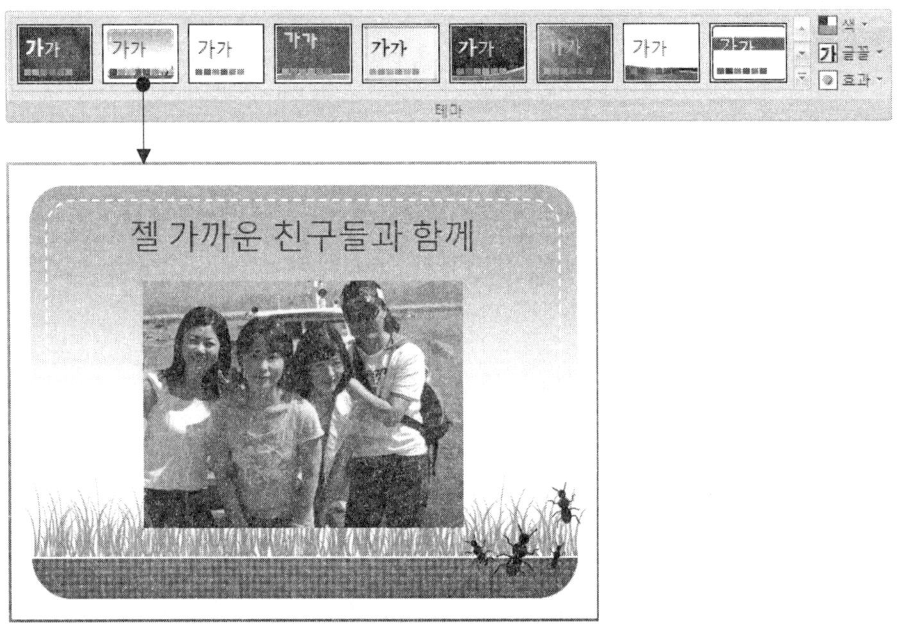

※ 테마를 선택된 슬라이드에만 적용하려면 테마를 마우스 오른쪽 버튼으로 클릭하고 단축 메뉴에서 '선택한 슬라이드에 적용'을 클릭한다.

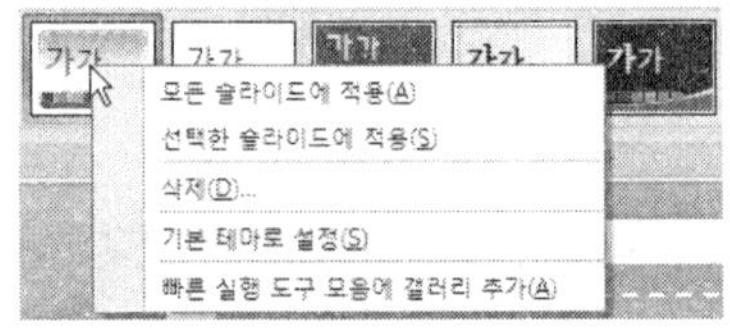

• 기본 테마로 설정을 선택하며 새 프레젠테이션을 만들 때마다 해당 테마가 적용된다.

▭ 프레젠테이션 저장

프레젠테이션을 저장하려면 Office 단추 를 클릭하고 '저장' 버튼을 클릭한다. 기본적으로 .pptx 파일 유형으로 저장된다.

2. 서식 파일 활용 프레젠테이션 만들기

Office 단추 를 클릭하고 '새로 만들기'를 클릭하면 프레젠테이션 용도에 맞는 서식 파일을 활용하여 프레젠테이션을 제작할 수 있다.

◻ 서식 파일의 종류

- 설치된 테마: 파워포인트에서 제공하는 테마를 사용하여 프레젠테이션을 만든다. 테마는 색, 글꼴 및 효과의 특별한 조합을 사용하여 모든 Office 문서에 고유하고, 통일된 모양을 제공하는 디자인 요소 집합을 말한다.
- Microsoft Office Online: 마이크로소프트사에서 제공하는 서식 파일을 사용하여 프레젠테이션을 만든다. 다이어그램, 디자인 슬라이드, 콘텐츠 슬라이드 등의 다양한 서식 파일을 다운로드할 수 있다.
- 설치된 서식 파일: 파워포인트에서 제공하는 서식 파일을 사용하여 프레젠테이션을 만든다. 서식 파일에는 테마, 레이아웃 및 기타 요소에 대한 정보가 들어있다.

슬라이드에서 개체 틀의 배열 즉, 제목 및 부제목 텍스트, 목록, 그림, 표, 차트, 도형, 동영상과 같은 요소를 레이아웃이라 한다. 파워포인트는 그림 및 SmartArt 그래픽 등의 개체 틀을 제공한다.

예 설치된 서식 파일 중 '퀴즈 쇼'를 선택하면 퀴즈를 쉽게 제작할 수 있다.

- 서식 파일 사용법을 참조하여 프레젠테이션을 제작할 수 있다.
- 퀴즈 유형을 참조하여 퀴즈를 출제할 수 있다. 동일 퀴즈 유형을 출제하려면 해당 슬라이드를 복제하거나 레이아웃을 삽입한다.
- 진행 방식을 참조할 수 있다.
- 프레젠테이션에 정의된 레이아웃이 어떤 용도로 사용되는지 참조할 수 있다.

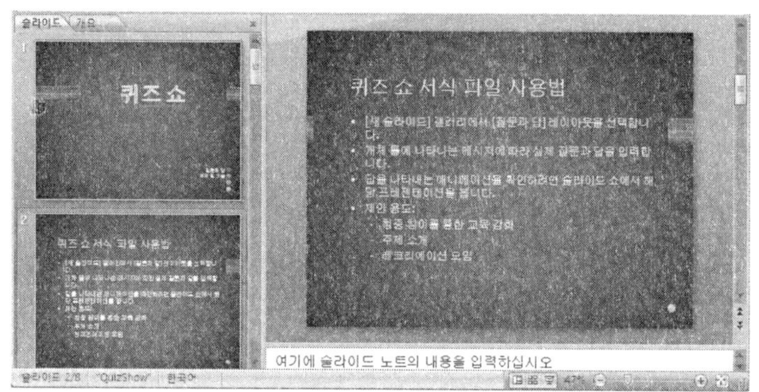

예 '콘텐츠 2개', '캡션 있는 콘텐츠', '캡션 있는 그림', '구역 머리글' 슬라이드 등의 용도를 파악하려면 서식 파일 '클래식 앨범 사진'을 참조한다.

□ 사용자 지정

사용자 지정 레이아웃은 원하는 형식의 레이아웃이 없는 경우 사용한다. 사용자 지정 레이아웃을 만들 때 추가할 수 있는 텍스트와 개체 기반의 개체 틀 종류는 다음과 같다.

개체 유형	사용자 개체 틀 배치 보기
· 내용 · 텍스트 · 그림 · 차트 · 표 · 다이어그램 · 미디어 · 클립아트	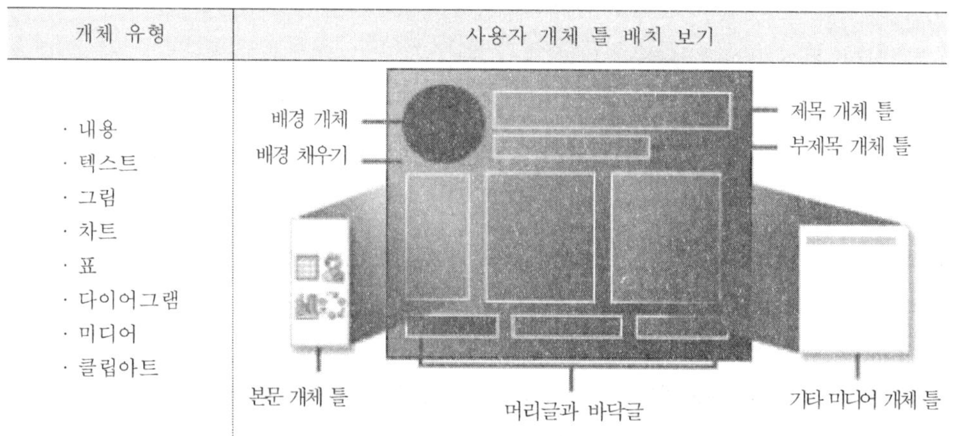

레이아웃을 추가하려면 슬라이드 마스터 보기로 전환하여 새 레이아웃을 추가하고 텍스트와 개체에 사용할 개체 틀을 추가한 다음, 프레젠테이션을 디자인 서식 파일(.potx)로 저장한다.

예 서식 파일 '퀴즈 쇼'의 레이아웃을 활용하여 사용자 지정 레이아웃으로 정의해 보자.

① 보기 탭의 '프레젠테이션 보기'그룹에서 '슬라이드 마스터' 버튼을 클릭한다.

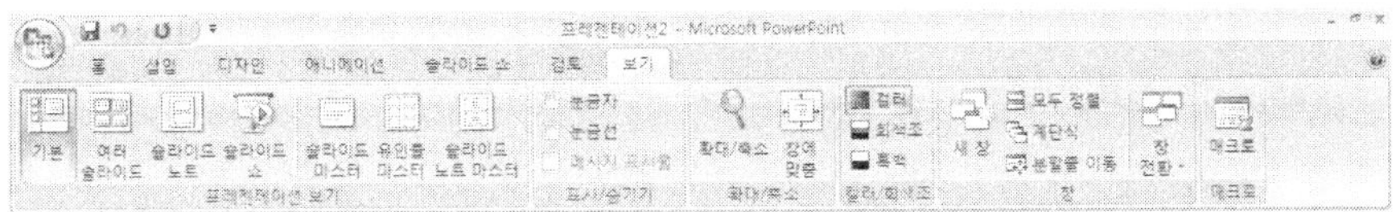

슬라이드 마스터 탭이 열린다.

② '마스터 편집' 그룹에서 '레이아웃 삽입' 버튼을 클릭한다. 레이아웃이 삽입된다.

③ '개체 틀 삽입' 버튼을 클릭하여 개체 틀을 추가한다. 개체 틀은 점이나 빗살무늬 테두리가 있는 상자로서 대부분의 레이아웃에 포함되어 있다. 이 상자에는 제목과 본문 텍스트나 차트, 표, 그림과 같은 개체를 포함한다.

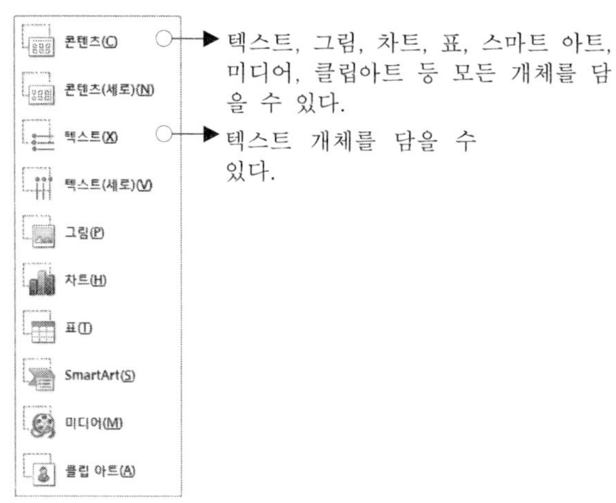

- 그림 개체 틀을 클릭한 후 개체 틀을 삽입한다.
- 그림 개체 틀을 복사하여 좌우에 3개씩 배치한다.
- 좌우의 그림 개체 틀에 직선 연결선을 삽입한다.
- 직선 연결선에 애니메이션 '밝기 변화'를 적용한다.

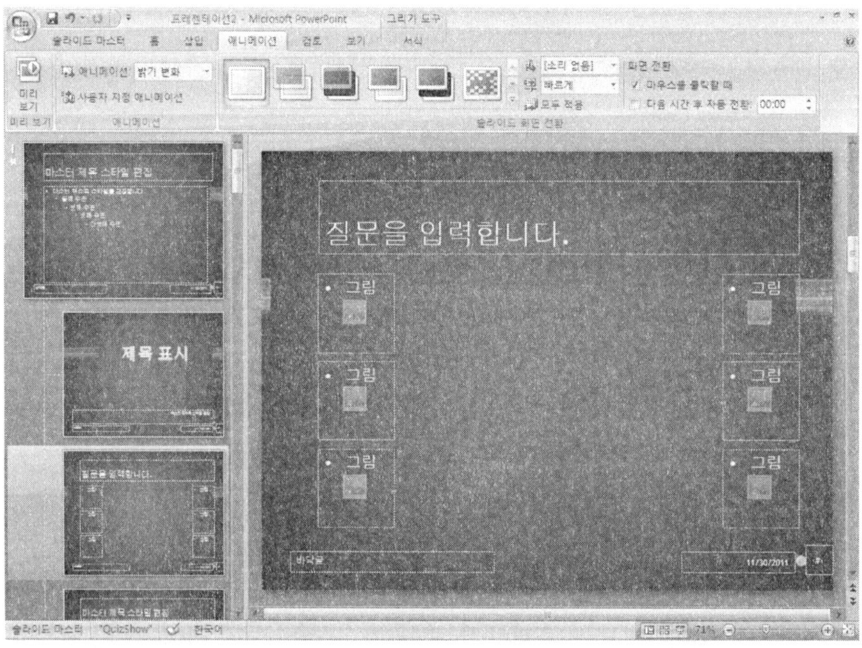

레이아웃은 테마 색, 글꼴, 효과, 배경 스타일 등의 정보와 마찬가지로 슬라이드 마스터에 표시되는 디자인의 일부이기 때문에 레이아웃의 축소판 그림도 슬라이

드 마스터 아래에 표시된다.

④ Office 단추 를 클릭하고 '다른 이름으로 저장'을 클릭한다.

⑤ 파일 이름 상자에 파일 이름을 입력한다.

⑥ 파일 형식 목록에서 'PowerPoint 서식 파일'을 클릭하고 '저장' 버튼을 클릭한다. 파일은 확장자 .potx로 저장된다.

⑦ 슬라이드 마스터 탭의 '마스터 보기 닫기' 버튼을 클릭한다.

사용자 지정 서식 파일이 내 서식 파일에 등록된다. 사용자 지정 서식 파일은 서식 파일 '퀴즈 쇼'의 레이아웃과 사용자 지정 레이아웃으로 구성된다.

프레젠테이션을 서식 파일로 저장하면 다음과 같은 장점이 있다[2].

- 기존 프레젠테이션에 서식 파일을 적용하여 모양을 신속하게 업데이트할 수 있다.
- 서식 파일을 사용하여 새 프레젠테이션을 신속하게 만들 수 있다.
- 회사의 다른 직원과 서식 파일을 쉽게 공유할 수 있다.

사용자 지정 레이아웃 사용하기

사용자 지정 레이아웃을 사용하려면 다음과 같이 한다.

① Office 단추 를 클릭하고 '새로 만들기'를 클릭한다.

② 서식 파일 목록 중 '내 서식 파일'을 클릭한다. 새 프레젠테이션 대화상자가 열린다.

2) 마이크로소프트사 '사용자 지정 레이아웃의 강력한 기능' 참조.

③ 서식 파일을 선택하고 '확인' 버튼을 클릭한다.

④ 홈 탭의 슬라이드 그룹에서 '새 슬라이드' 버튼을 클릭하고 사용자 지정 레이아웃을 클릭한다.

참고 사용자 지정 레이아웃을 다른 프레젠테이션에서 사용하려면 사용자 지정 레이아웃을 복사하여 다른 프레젠테이션에 붙여 넣기를 한다.

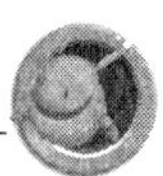

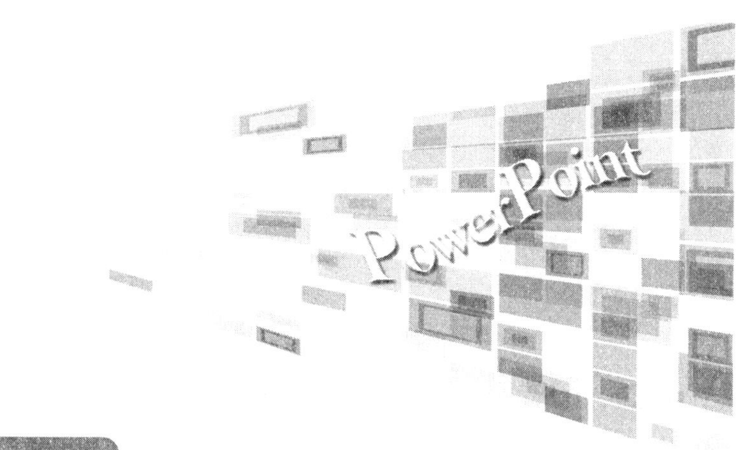

Ⅱ 마스터 편집

1. 슬라이드 마스터

슬라이드 마스터를 사용하면 슬라이드 배경, 개체 틀의 크기, 글꼴 스타일 등을 통일할 수 있으며, 회사 이름이나 로고와 같은 그림이나 텍스트를 동일한 위치에 나타낼 수 있다.

① 보기 탭의 '프레젠테이션 보기' 그룹에서 '슬라이드 마스터'를 실행한다. 슬라이드 마스터 편집 창이 열린다.

• 레이아웃 목록 창의 첫 번째 슬라이드는 슬라이드 마스터이며, 그 다음 슬라이드는 슬라이드 마스터와 연결된 레이아웃들이다.

② 슬라이드 마스터의 속성을 설정한 후 '마스터 보기 닫기' 버튼을 클릭한다.

보기의 슬라이드 마스터 편집 창은 테마 디자인 '보자기'를 적용한 프레젠테이션의 슬라이드 마스터 편집 창이다.

- 슬라이드 마스터는 슬라이드 계층 구조에서 배경, 색, 글꼴, 효과, 개체 틀 크기 및 위치와 함께 레이아웃과 모든 테마 정보를 저장하는 최상위 슬라이드로서 서식 파일의 일부이다.
- 모든 프레젠테이션에는 슬라이드 마스터가 하나 이상 포함되어 있으며, 슬라이드 마스터는 표준 또는 사용자 지정 레이아웃 집합을 하나 이상 포함하고 있다.

슬라이드 마스터의 구성 요소는 다음과 같다. 이들 구성 요소의 글꼴, 문단 속성은 프레젠테이션에 추가되는 모든 슬라이드에 적용된다.

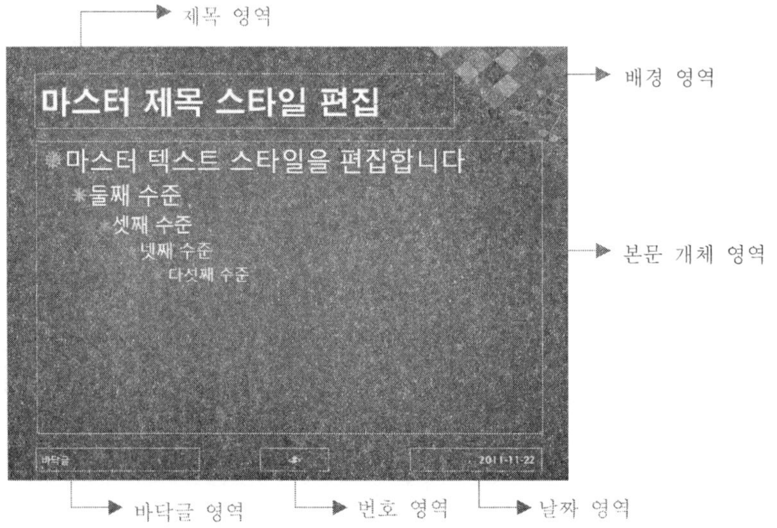

슬라이드 창에서 '제목을 입력하십시오'로 표시된 개체 틀은 제목 영역에 해당하며, '텍스트를 입력하십시오'로 표시된 개체 틀은 본문 개체 영역에 해당한다.

▭ 텍스트 속성 설정

- 마스터 구성 요소의 텍스트 속성을 일관성 있게 변경하려면 슬라이드 마스터 탭의 '테마 편집' 그룹에서 설정한다.
- 선택한 개체 영역의 텍스트 속성만을 변경하려면 홈 탭에서 '글꼴', '단락' 그룹의 버튼을 클릭하여 텍스트 속성을 변경한다.

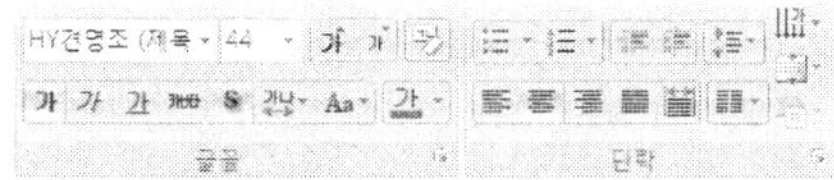

- 본문 개체 영역의 글꼴은 개요 수준별로 지정할 수 있다.
- 글꼴 · 글꼴 스타일 · 크기 · 색상 · 글머리 기호 · 문단 맞춤 · 줄 간격 · 목록 수준 등을 지정할 수 있다.
- 좀 더 구체적인 설정을 하려면 '글꼴', '단락' 그룹의 '대화상자 열기' 버튼 ⧉을 클릭한다.

▭ 개체 틀 속성 설정

마스터 구성 요소를 클릭한 후 '그리기 도구' 리본의 서식 탭을 클릭하면 해당 영역의 채우기 색상, 선색, 안쪽 여백 등을 지정할 수 있다.

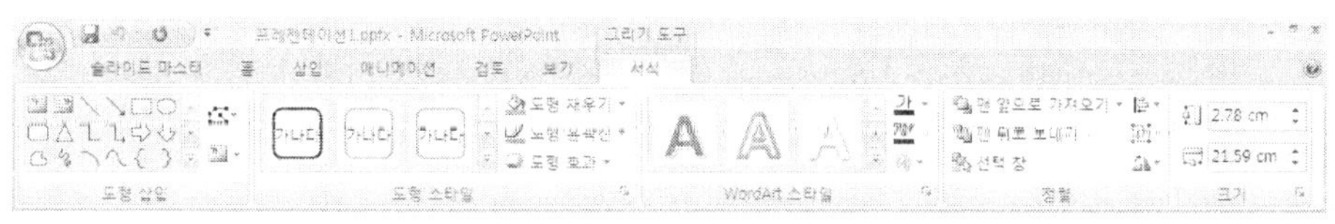

버튼		속성
도형 채우기	➜	채우기 속성
도형 윤곽선	➜	테두리 속성
도형 효과	➜	그림자, 반사, 입체 효과 등의 속성

좀 더 구체적인 설정을 하려면 '대화상자 열기' 버튼 ⧉을 클릭한다.

주의 슬라이드 마스터에서는 마스터 구성 요소에 삽입될 문자열을 지정하는 것이 아니라 속성을 지정한다. 따라서 모든 슬라이드의 동일 위치에 동일 텍스트를 표시하려면 해당 위치에 그리기 도구 모음의 텍스트 상자를 삽입한다.

☐ 개체 삽입

슬라이드 마스터에 개체를 삽입하면 모든 슬라이드의 동일 위치에 동일한 크기의 개체를 표시할 수 있다. 개체는 삽입 탭에서 삽입한다.

예 텍스트 상자를 삽입하고 회사 이름을 입력한다.

☐ 애니메이션 설정

프레젠테이션 전체에 걸쳐 제목 영역 · 본문 개체 영역 등에 일관된 애니메이션을 주려면 슬라이드 마스터에서 애니메이션 효과를 설정한다. 애니메이션은 애니메이션 탭의 '애니메이션' 그룹에서 설정한다.

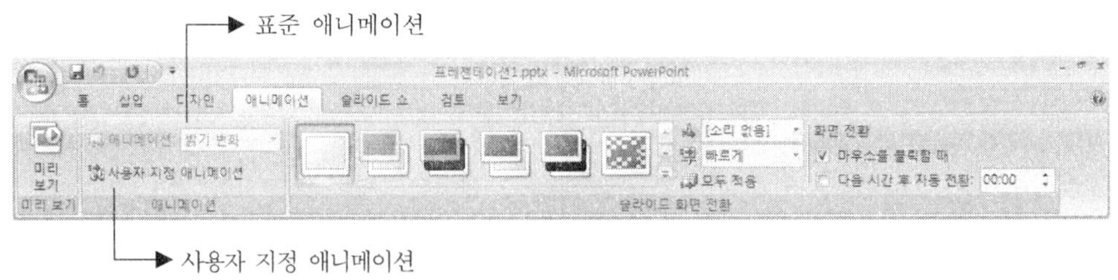

□ 표준 애니메이션

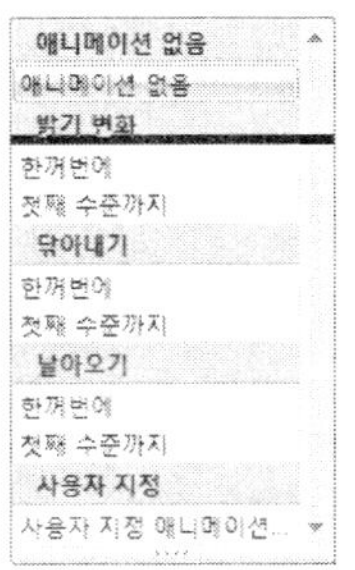

애니메이션을 간단하게 지정하려면 기본으로 제공되는 표준 애니메이션을 사용한다.

참고 색상을 정확하게 구분하지 못하는 청중들을 위하여 그래프의 특정 부분을 강조할 때에는 색상 대신 원으로 표시하거나 애니메이션을 사용한다.

□ 사용자 지정 애니메이션

사용자 지정 애니메이션에서는 애니메이션의 시작 방법, 방향, 속도 등을 설정할 수 있다. '사용자 지정 애니메이션'을 클릭하면 사용자 지정 애니메이션 대화상자가 나타난다.

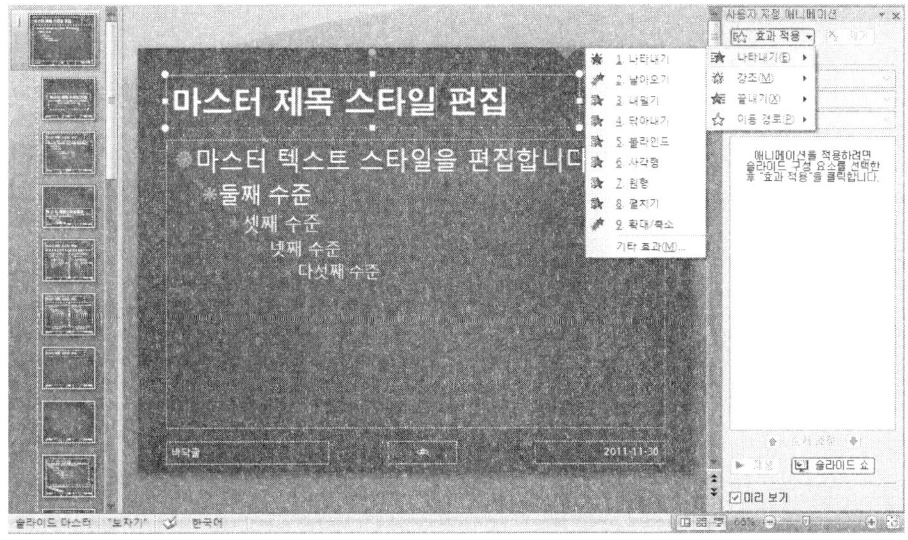

애니메이션 발생 시점은 다음과 같다.

클릭할 때	➜	마우스를 클릭할 때
이전 효과와 함께	➜	먼저 설정된 애니메이션이 시작할 때
이전 효과 다음에	➜	먼저 설정된 애니메이션이 끝났을 때

애니메이션 유형은 다음과 같다.

나타나기	➜	개체가 화면에 나타날 때의 애니메이션
강조	➜	개체를 강조할 때의 애니메이션
끝내기	➜	개체가 화면에서 사라질 때의 애니메이션
이동 경로	➜	개체를 지정된 경로로 이동시킬 때의 애니메이션

애니메이션의 재생 속도는 다음과 같다.

매우 빠르게	➜	0.5초
빠르게	➜	1초
중간	➜	2초
느리게	➜	3초
매우 느리게	➜	5초

슬라이드 마스터에 연결된 모든 레이아웃에 애니메이션을 적용하려면 '슬라이드 마스터'에서 작업한다.

예 슬라이드가 열린 후 0.5초가 경과하면 중간 속도로 왼쪽에서부터 첫째 수준의 텍스트가 나타나고 그 다음 나머지 수준의 텍스트가 나타나는 애니메이션

① '슬라이드 마스터'의 본문 영역 개체를 클릭한다.
② '효과 적용' 버튼을 클릭한다.
③ 나타내기/닦아내기를 클릭한다.
사용자 지정 애니메이션 작업 창에 애니메이션이 추가된다.
④ '시작'을 '이전 효과 다음에', '방향'을 '왼쪽에서', '속도'를 '중간'으로 지정한다.
⑤ 애니메이션 '텍스트 개체 틀'의 메뉴 아이콘을 클릭하여 '효과 옵션'을 클릭한다.
⑥ 타이밍 탭에서 '지연'을 '0.5'초로 지정한다.

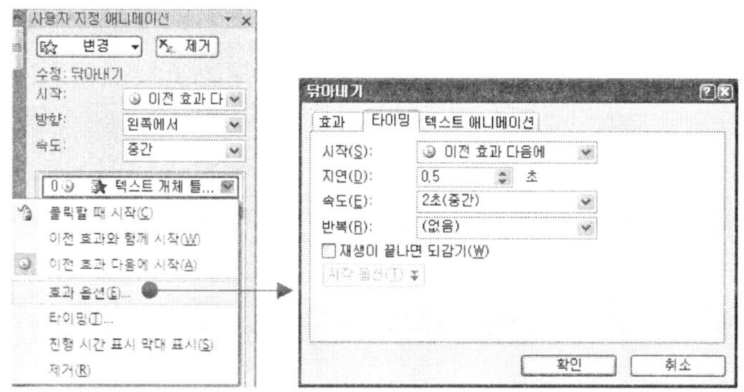

참고 '시작'을 '이전 효과 다음에'로 지정한 이유는 슬라이드가 열린 후 애니메이션을 시작하기 위해서이다. 슬라이드에 화면 전환 효과를 적용했을 경우를 생각하면 그 이유가 더 확실해 진다.

⑦ 텍스트 애니메이션 탭에서 '텍스트 묶는 단위'를 '둘째 수준까지'로 지정한 후 '확인' 버튼을 클릭한다.

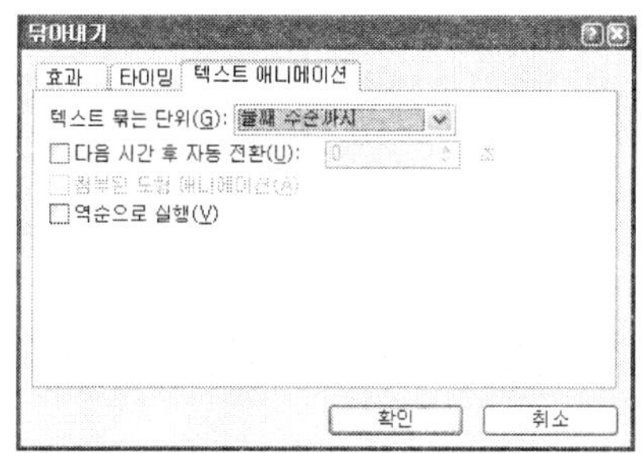

참고 '텍스트 묶는 단위'는 지정한 수준까지 묶어 애니메이션을 적용한다. 예를 들어, 둘째 수준부터 다섯째 수준까지 묶으려면 '둘째 수준까지'를 지정한다.

• 애니메이션 수정

예제에 적용한 애니메이션에서 첫째 수준의 텍스트가 나타난 후 0.5초가 경과하면 나머지 수준의 텍스트가 위에서부터 나타나게 하려면 다음과 같이 수정한다.

① 애니메이션 '텍스트 개체 틀'의 목록 펼치기 버튼을 클릭한다.

텍스트 수준 별로 따로 설정된 애니메이션 목록이 보인다.

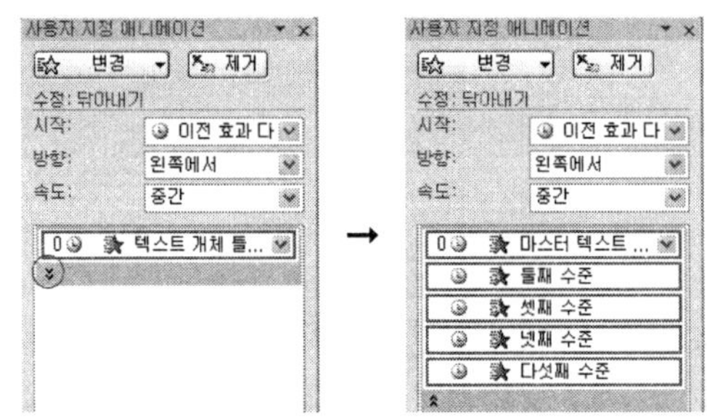

② 애니메이션 '둘째 수준'을 선택하고 '방향'을 '위에서'로 지정한다.

나머지 수준의 애니메이션 역시 동일한 방법으로 '방향'을 '위에서'로 지정한다.

참고 지정된 '텍스트 묶는 단위'는 본문 영역 개체 전체에 대해 적용된다. 슬라이드 마스터에서는 본문 영역 개체에 적용된 텍스트 수준 별 애니메이션을 따로 삭제할 수 없다. 개별 슬라이드에서는 본문 개체 틀, 스마트아트 그래픽에 적용된 개별 애니메이션을 따로 삭제할 수 있다.

◆ 애니메이션 정보

- 애니메이션을 설정하면 애니메이션의 재생 순서, 시작 시점, 종류 등의 정보가 사용자 지정 애니메이션 작업 창에 표시된다.
- 애니메이션이 적용된 개체 틀에는 애니메이션 효과의 재생 순서를 나타내는 숫자가 표시된다. 이들 숫자는 사용자 지정 애니메이션 작업 창에 표시된 애니메이션의 재생 순서를 매긴 숫자에 해당한다.
- 설정된 애니메이션이 순서대로 제대로 재생되는지 확인하려면 사용자 지정 애니메이션 작업 창의 '재생' 버튼을 클릭한다.

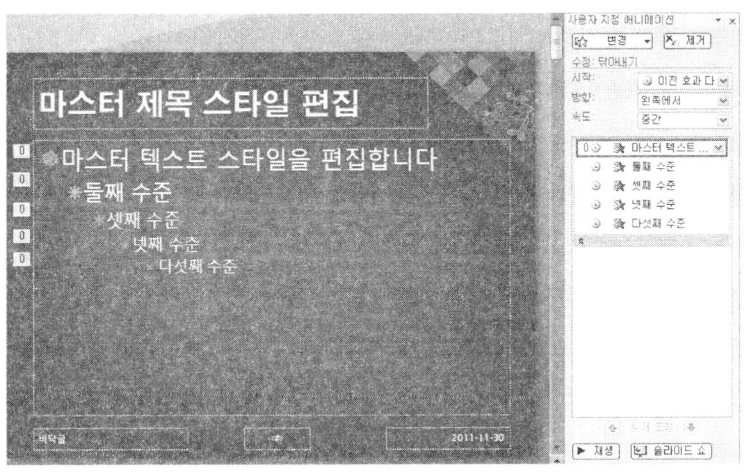

□ 슬라이드 마스터 추가

프레젠테이션에 두 가지 이상의 스타일 또는 테마(예: 배경, 색, 글꼴 및 효과)를 적용하려면 각 테마별 슬라이드 마스터를 삽입한다.

※ 테마를 변경하려는 슬라이드에 대해 디자인 탭의 '테마' 그룹에서 특정 테마를 적용할 수도 있다. 이 경우 슬라이드에는 테마에서 기본적으로 제공하는 서식이 적용된다. 따라서 테마의 서식을 변경하여 슬라이드에 적용하려면 슬라이드 마스터를 추가하여 테마 서식을 변경해야 한다.

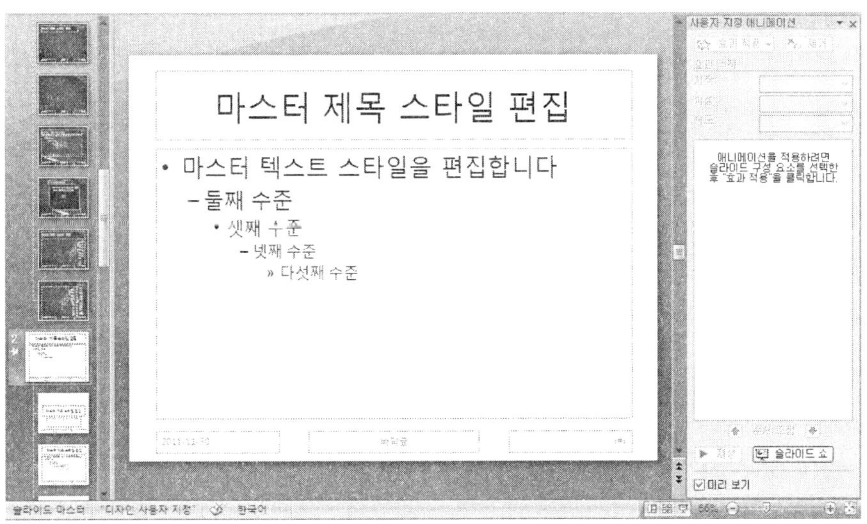

- 슬라이드 마스터를 추가하려면 '마스터 편집' 그룹에서 '슬라이드 마스터 삽입' 버튼을 클릭한다. 디자인 서식이 전혀 적용되지 않은 새로운 슬라이드 마스터가 추가된다.

※ 추가된 슬라이드 마스터에 테마를 적용하면 슬라이드 마스터 및 연결된 모든 레이아웃에 해당 테마가 적용된다.

- 테마가 적용된 새로운 슬라이드 마스터를 추가하려면 테마 편집 그룹에서 '테마' 버튼을 클릭한 후 원하는 테마를 클릭한다.
- 슬라이드 마스터를 추가하여 불필요한 레이아웃을 삭제하고 슬라이드 구성 요소의 서식과 위치 등을 변경한 후 서식 파일로 저장하면 프레젠테이션을 제작할 때 테마가 다르게 적용된 레이아웃을 손쉽게 적용할 수 있다.

예 테마 '보자기'를 적용한 프레젠테이션에서 '새 슬라이드' 버튼을 클릭하면 새로 추가한 슬라이드 마스터의 레이아웃을 추가할 수 있다.

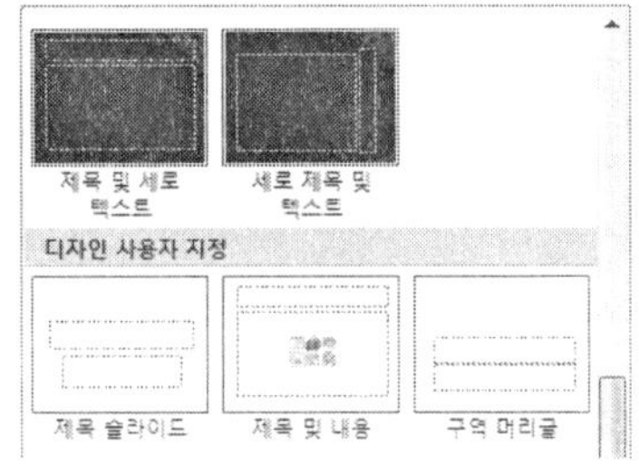

레이아웃 편집

슬라이드 마스터에 설정한 일부 속성을 제외한 대부분의 속성은 슬라이드 마스터에 연결된 모든 레이아웃에 적용된다.

예 '제목 슬라이드' 레이아웃의 부제목 영역, '구역 머리글' 레이아웃의 본문 영역의 글자색은 슬라이드 마스터의 본문 영역에서 지정한 글자색을 따르지 않는다.

슬라이드 마스터 속성			제목 레이아웃 속성	구역 머리글 레이아웃 속성
배경		→	상속	상속
제목 영역	개체 틀 속성	→	상속	상속
	글꼴	→	상속	상속
	글자 크기	→	상속	상속하지 않음
	글자 색상	→	상속	상속
	애니메이션		상속	상속
본문 개체 영역	개체 틀 속성	→	상속	상속
	글꼴	→	상속	상속
	글자 크기	→	상속	상속하지 않음
	글자 색상	→	상속하지 않음	상속하지 않음
	애니메이션		상속	상속

슬라이드 마스터의 본문 개체 영역은 '제목 슬라이드' 레이아웃의 부제목 영역에 연결된다.

- '제목 슬라이드' 레이아웃의 배경과 글꼴이 슬라이드 마스터의 그것을 따르지 않게 하려면 '제목 슬라이드' 레이아웃의 배경과 글꼴을 변경한다. '제목 슬라이드' 레이아웃이 적용된 모든 슬라이드의 글꼴과 배경은 변경된 내용으로 업데이트 된다.
- '제목 슬라이드' 레이아웃에만 특정 로고를 배치하면 '제목 슬라이드' 레이아웃이 적용된 슬라이드에만 로고가 표시된다.
- '제목 슬라이드' 레이아웃에 포함된 제목 개체 틀 혹은 텍스트 개체 틀에 애니메이션을 적용하면 마스터 슬라이드에 적용한 애니메이션이 발생한 후 '제목 슬라이드' 레이아웃에 적용한 애니메이션이 발생한다.

프레젠테이션에는 기본적으로 바닥글, 번호, 날짜 요소가 나타나지 않는다. 이들 요소는 슬라이드 마스터 편집 창 혹은 슬라이드 창에서 정의한다. 머리글과 바닥글을 추가하면 프레젠테이션이 진행되는 동안 슬라이드가 어느 정도 진행되었는지에 대한 정보, 발표자의 소속 등에 대한 정보를 나타낼 수 있다.

- 요소를 표시하려면 삽입 탭에서 '텍스트' 그룹의 '머리글/바닥글'을 클릭한다.

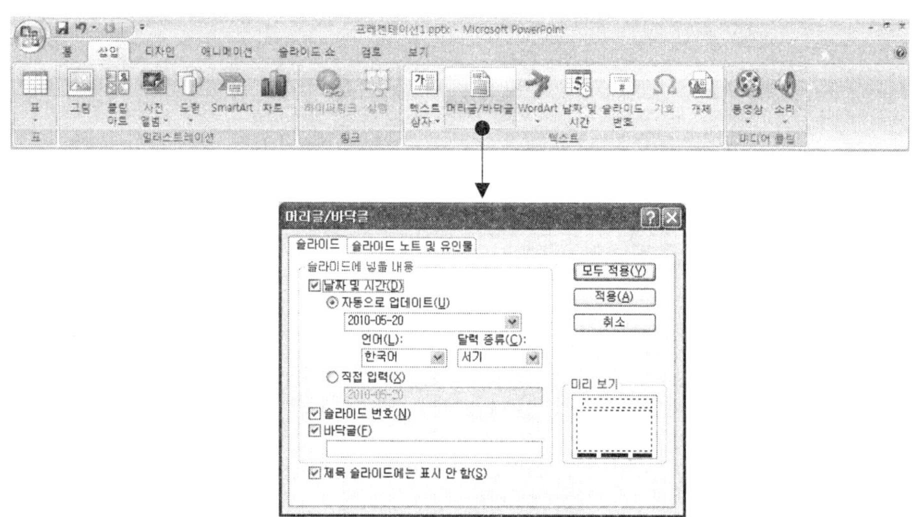

- '모두 적용' 버튼을 클릭하면 프레젠테이션을 구성하는 모든 슬라이드에 선택한 구성 요소가 표시된다.
- '적용' 버튼을 클릭하면 현재 선택된 슬라이드에만 선택한 구성 요소가 표시된다.
- '제목 슬라이드에는 표시 안함' 항목을 선택하여 '제목 슬라이드'에는 날짜 및 시간, 슬라이드 번호, 바닥글 등이 표시되지 않게 한다.

※ 바닥글의 위치를 슬라이드의 상단으로 이동하면 머리글이 된다.

2. 유인물 마스터

유인물 마스터에서는 유인물에 표시할 머리글/바닥글, 날짜/시간, 쪽 번호, 개체 등을 설정한다. 유인물은 청중들에게 참고 자료로 배포할 목적으로 작성한다.

유인물 마스터를 사용하는 이유는 유인물을 일관성 있게 디자인하여 배포할 수 있기 때문이다.

- 유인물에는 슬라이드만 표시된다.

  쪽 당 세 개의 슬라이드로 유인물을 출력하면 청중들이 필기할 수 있는 여백을 제공할 수 있고, 문자열 상자를 이용하면 알리고 싶은 내용 등을 간단히 적어 배포할 수 있다. 유인물의 유형은 청중에게 얼마나 많은 정보를 제공할 것인가, 청중들이 유인물을 어떻게 사용하기를 원하는가에 달려있다.

- 유인물 마스터에 설정된 내용은 화면에 나타나는 슬라이드에는 어떠한 영향도 주지 않는다.

참고 참고 자료로서 슬라이드만 인쇄하여 배부하려면 유인물을 사용하고 슬라이드와 이에 대한 설명을 함께 인쇄하여 배부하려면 슬라이드 노트를 사용한다.

유인물 마스터를 실행하면 유인물 마스터 창이 열린다.

- 유인물은 머리글/바닥글, 날짜, 페이지 번호 개체 틀과 슬라이드 이미지가 삽입될 틀로 구성된다.
- 유인물에 표시되는 머리글/바닥글, 날짜, 페이지 번호 개체 틀을 삭제하려면 Delete 키를 눌러 해당 개체 틀을 삭제하거나, '개체 틀' 그룹에서 해당 개체 틀의 선택을 해제한다.

※ 유인물을 구성하는 머리글/바닥글, 날짜, 페이지 번호 개체 틀은 해당 내용이 들어갈 자리를 표시한다. 유인물에 머리글/바닥글, 날짜, 페이지 번호를 나타내려면 삽입 탭의 '텍스트' 그룹에서 머리글/바닥글을 실행하고 슬라이드 노트 및 유인물 탭에서 해당 항목을 선택하고 내용을 입력한다.

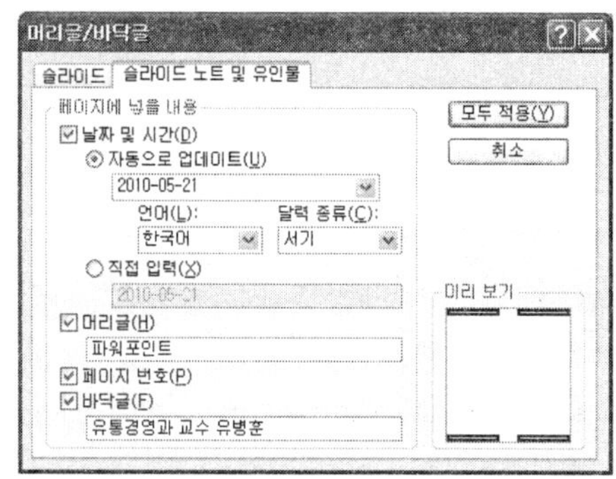

• 유인물의 편집 용지를 설정하려면 유인물 마스터 탭의 '페이지 설정' 그룹에서 '페이지 설정' 버튼을 클릭한다.

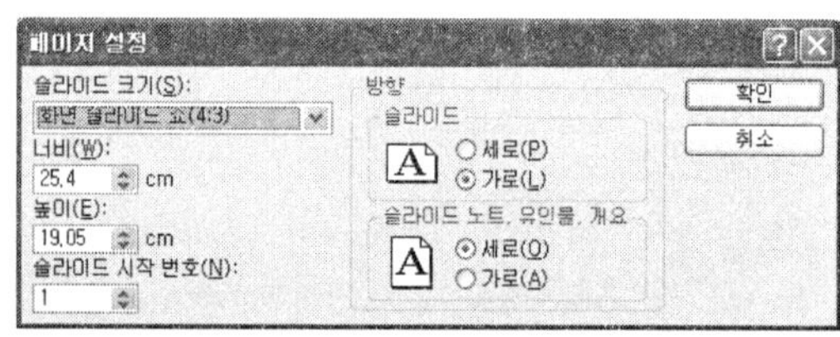

– 편집 용지의 종류는 '슬라이드 크기' 목록에서 지정한다.
– 편집 용지의 방향은 '슬라이드 노트, 유인물, 개요'에서 지정한다.
– '슬라이드 시작 번호'에서는 유인물의 첫 페이지 번호를 지정한다.

예 슬라이드 시작 번호를 10으로 지정하면 유인물의 페이지 번호는 10부터 매겨진다.

※ 슬라이드의 편집 용지 방향은 '슬라이드 방향'에서 지정한다.

• 유인물에 표시할 슬라이드의 수는 '한 페이지에 넣을 슬라이드 수' 버튼을 클릭하여 지정한다.

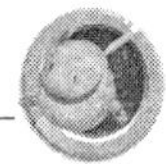

- 테마와 배경은 테마 편집 그룹과 배경 그룹에서 지정한다.
- 유인물의 배경에 들어갈 회사 로고, 회사 이름은 삽입 탭을 클릭하여 삽입한다.

3. 슬라이드 노트 마스터

슬라이드 노트 마스터는 슬라이드 노트에 표시할 머리글/바닥글, 날짜/시간, 쪽 번호, 개체 등을 설정한다. 슬라이드 노트는 청중들에게 슬라이드 그림과 함께 프레젠테이션에 대한 자세한 설명을 제공할 목적으로 제작한다.

각 슬라이드는 슬라이드 창과 발표자의 설명문을 입력할 수 있는 슬라이드 노트 창으로 구성된다. 슬라이드 노트는 슬라이드에 설명문을 첨부하는 기능으로서 프레젠테이션의 대본으로 사용된다. 설명문을 인쇄하면 프레젠테이션 진행 시 참고할 수 있다.

슬라이드 노트 마스터를 실행하면 슬라이드 노트 마스터 창이 열린다. 슬라이드 노트 마스터의 옵션은 유인물 마스터의 그것과 동일하다.

- 슬라이드 노트는 슬라이드 이미지와 슬라이드 노트 본문 영역으로 구성된다.
- 슬라이드 노트 본문 영역에는 슬라이드 노트에 적용할 글꼴, 개체 등을 설정한다.
- 필요 시 슬라이드 이미지와 슬라이드 노트 본문 영역의 크기 · 위치 등을 조정한다.

슬라이드 노트는 청중들에게 배포할 목적으로 혹은 슬라이드 쇼를 진행하면서 참조할 목적으로 제작한다. 슬라이드 노트를 인쇄하면 상단에는 프레젠테이션의 슬라이드가, 하단에는 해당 슬라이드에서 정의한 슬라이드 노트가 출력된다.

슬라이드에 사용된 글꼴과 장식 등은 슬라이드를 멋있게 보이기 위한 한 방편에 지나지 않으므로 슬라이드 이미지를 그대로 인쇄하여 참고자료로 배부하면 오히려 보기 싫을 수 있다. 따라서 배경을 없애고 고딕체 등의 깔끔한 글꼴로 슬라이드를 재작성하여 간결한 참고자료로 만들어 배부한다.

참고 슬라이드 노트를 작성하려면 슬라이드 하단의 슬라이드 노트 창에 내용을 입력한다.

참고 보기 탭의 '프레젠테이션 보기' 그룹에서 '슬라이드 노트' 버튼을 클릭하면 슬라이드 노트 보기 화면으로 전환할 수 있다. 이 상태에서는 설명문의 전체 내용을 보면서 설명문, 그리기 개체, 그림 등을 입력할 수 있다.

4. 슬라이드, 유인물, 슬라이드 노트 인쇄

① Office 단추 를 클릭하고 '인쇄'를 실행한다. 인쇄 대화상자가 열린다.

② '인쇄 대상' 선택 상자를 클릭하여 인쇄 대상을 선택한 뒤 '확인' 버튼을 클릭한다.

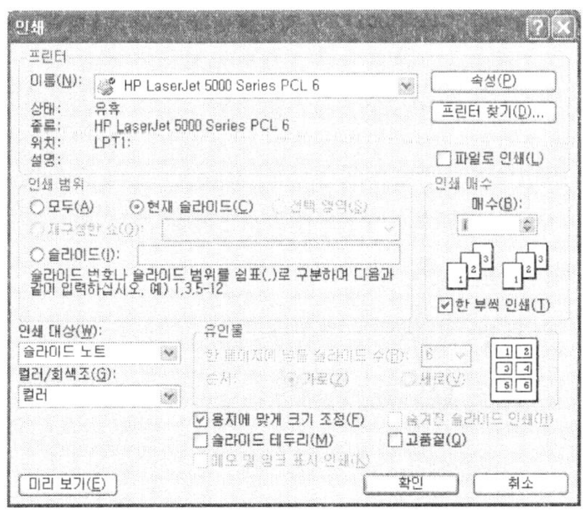

▭ 인쇄용지 설정하기

파워포인트의 페이지 설정 대화상자에서 설정한 슬라이드 크기는 슬라이드의 편집 용지에 해당한다. 따라서 인쇄용지는 편집 용지의 규격과 동일하게 지정한다.

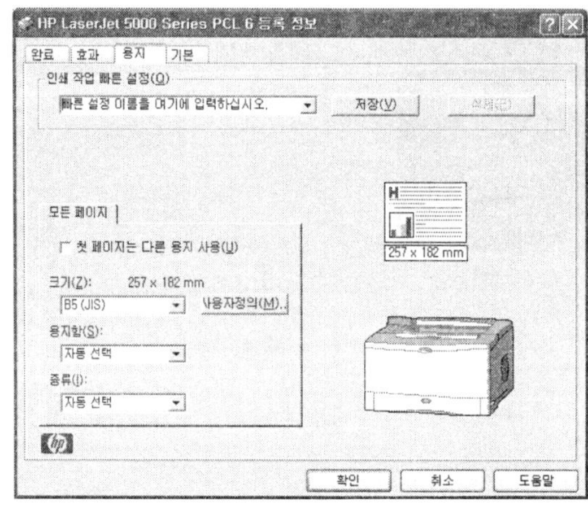

- 인쇄용지는 '속성' 버튼을 클릭하여 용지 탭에서 지정한다. 등록 정보는 시스템에 설치된 프린터에 따라 다르게 나타난다.

예 편집 용지의 크기를 B5로 설정했으면 인쇄용지의 크기 역시 B5로 설정한다.

▭ 인쇄 옵션

- 인쇄 범위를 '모두'로 지정하면 프레젠테이션 전체의 슬라이드를 인쇄할 수 있다.
- 인쇄 범위를 '현재 슬라이드'로 지정하면 슬라이드 창에 표시된 슬라이드를 인쇄할 수 있다.
- 인쇄 범위를 '슬라이드'로 지정하면 선택적으로 슬라이드를 인쇄할 수 있다.

예 1번 슬라이드와 5–7번 슬라이드를 인쇄하려면 '1,5–7'과 같이 지정한다.

- '회색조' 항목을 선택하면 컬러 슬라이드를 흑백 프린터로 인쇄할 때 가장 보기 좋게 조정된다.
- '용지에 맞게 크기 조정' 항목을 선택하면 인쇄할 용지에 맞춰 슬라이드 이미지를 줄이거나 늘려 출력할 수 있다.
- '슬라이드 테두리' 항목을 선택하면 슬라이드, 유인물, 슬라이드 노트를 인쇄할 때 테두리에 가는 틀을 둘러 출력할 수 있다.

인쇄 대상

- 슬라이드를 인쇄하려면 인쇄 대상으로 '슬라이드'를 선택한다. 슬라이드만 인쇄된다.

- 유인물을 인쇄하려면 인쇄 대상으로 '유인물'을 선택한다. 한 페이지에 넣을 수 있는 유인물 수를 3으로 지정하면 한 쪽에 3개의 유인물과 유인물 우측 여백에 청중들이 필기할 수 있는 공간이 인쇄된다.

- 슬라이드 노트를 인쇄하려면 인쇄 대상으로 '슬라이드 노트'를 선택한다. 슬라이드와 노트 내용이 출력된다.

Ⅲ 개체 삽입

1. 텍스트 상자

삽입 탭의 '텍스트' 그룹에서 텍스트 상자를 클릭하면 가로 · 세로 텍스트 상자를 삽입할 수 있다.

텍스트 개체 틀과 텍스트 상자의 속성은 다르다.

- 텍스트 개체 틀은 슬라이드 마스터의 속성을 상속한다.
- 텍스트 상자는 슬라이드 마스터의 속성을 상속하지 않는다.
- 텍스트 개체 틀의 내용은 개요 창에 표시된다.
- 텍스트 상자의 내용은 개요 창에 표시되지 않는다.

따라서 텍스트 개체가 슬라이드 마스터의 텍스트 개체 틀 속성을 상속하게끔 하려면 텍스트, 콘텐츠 개체 틀을 삽입한 사용자 지정 레이아웃을 정의한다.

예 아래와 같은 슬라이드를 제작하려면 텍스트 개체 틀과 콘텐츠 개체 틀을 삽입한 레이아웃을 정의한다.

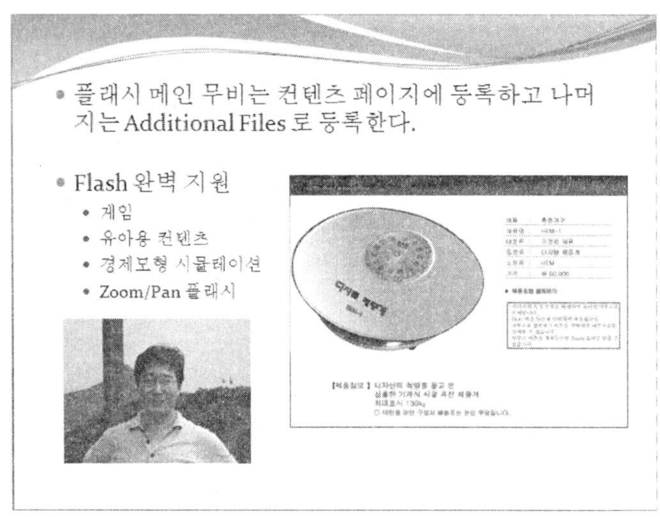

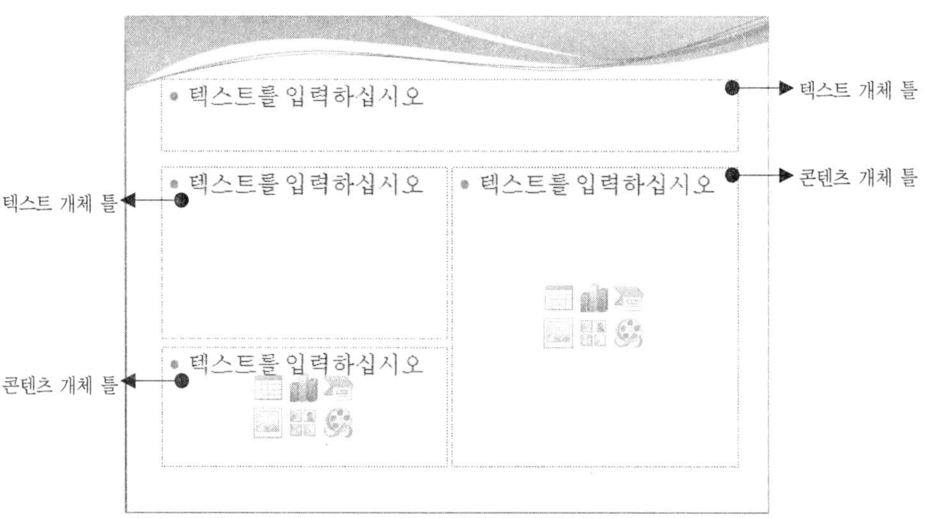

참고 개요 창에서 텍스트를 입력하면 텍스트 속성이 슬라이드 마스터의 속성을 따른다.

예 사진 오른쪽에 문자열 '대천'을 삽입해 보자.

문자열은 일반적으로 텍스트 상자를 활용하여 삽입한다. 텍스트 상자로 입력한 문자는 슬라이드 마스터 속성을 따르지 않으므로 개요 창에서 문자를 입력한다.

① 개요 창의 개요 탭을 클릭한다.

② 사진이 삽입된 슬라이드 제목 뒤에 커서를 두고 엔터한다.
줄이 바뀌며 슬라이드 제목 틀이 생성된다.

③ Tab 키를 누른다. 한 수준 아래의 개요 상태가 된다.

④ '대천'을 입력한 후 스페이스바를 눌러 문자열을 사진 오른쪽으로 이동시킨다.

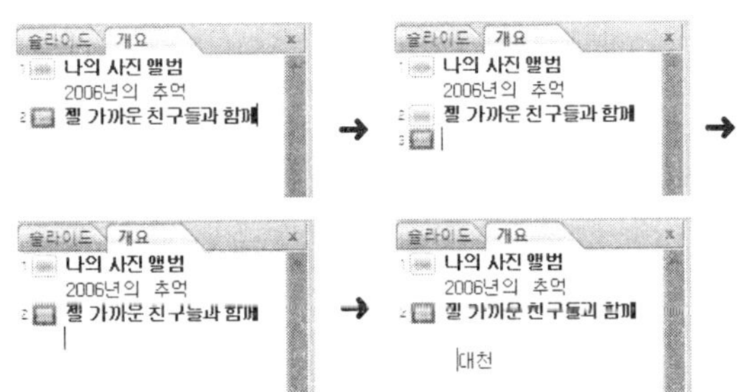

- 개요 창에서 특정 개요를 클릭한 후 엔터하면 해당 개요와 동일한 수준의 개요가 삽입된다.
- 개요 수준을 한 단계 낮추려면 Tab 키를 누른다.
- 개요 수준을 한 단계 높이려면 Shift+Tab 키를 누른다.

□ 텍스트 서식

1) 글머리 기호와 번호 매기기

텍스트 개체 영역에 문자열을 입력하고 개요 수준을 설정하면 개요 단계별로 들여쓰기의 값과 글머리 기호가 자동으로 설정된다.

특수한 형태의 글머리 기호를 사용하여 시각적 효과를 높이고 싶다면 글머리 기호를 변경한다. 글머리 기호와 번호는 프레젠테이션 전체에 걸쳐 통일돼야 하므로 슬라이드 마스터에서 설정한다.

예 글머리 기호 🕐, 🕑, 🕒, 🕓, 🕔 정의

① 보기 탭의 '프레젠테이션 보기' 그룹에서 '슬라이드 마스터'를 실행한다.

② 첫째 수준의 개요를 클릭한다.

글머리 기호는 개요 단계 별로 제공된다.

③ 홈 탭의 '단락' 그룹에서 '글머리 기호' 버튼 을 클릭한다.

④ '글머리 기호 및 번호 매기기'를 클릭한다. 글머리 기호 및 번호 매기기 대화상자가 열린다.

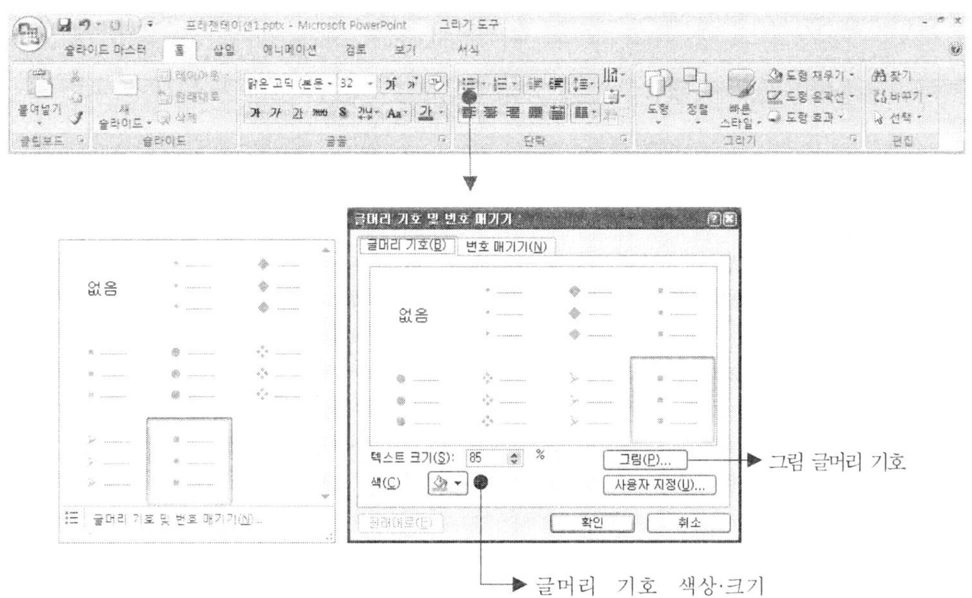

⑤ '사용자 지정' 버튼을 클릭한다. 기호 대화상자가 열린다.

⑥ 글꼴을 'Wingdings'로 선택하고 문자 '🕐'를 클릭한 후 '확인' 버튼을 클릭한다.

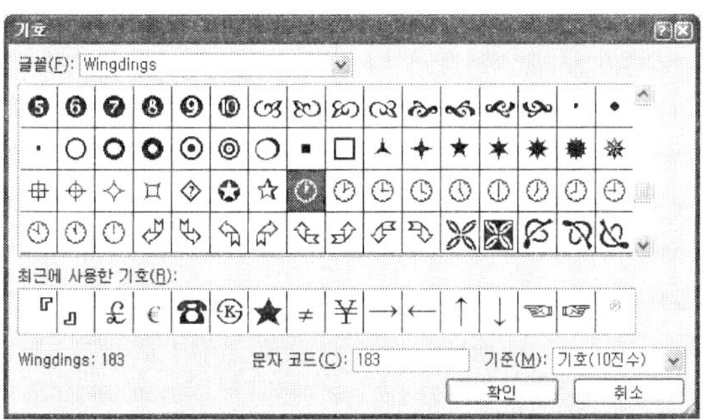

⑦ 글머리 기호 및 번호 매기기 대화상자에서 '확인' 버튼을 클릭한다.

⑧ 나머지 수준의 개요도 동일 방식으로 글머리 기호를 변경한다.

⑨ '마스터 보기 닫기' 버튼을 클릭한다.

• 홈 탭의 '단락' 그룹에서 '번호 매기기' 버튼 [아이콘]을 클릭하면 글머리 기호는 번호로 대체된다.

2) 문단 모양

문단 모양은 홈 탭의 '단락' 그룹에서 지정한다.

□ 단 설정

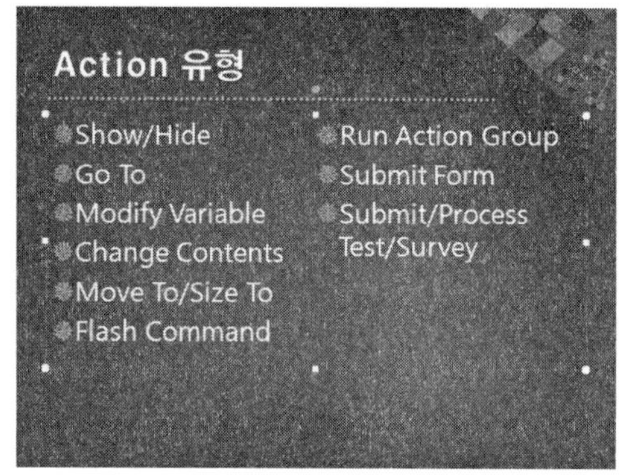

단을 설정하려면 개체 틀을 클릭한 후 '단' 버튼 을 클릭한다. 단의 간격은 '기타 열'의 간격에서 지정한다.

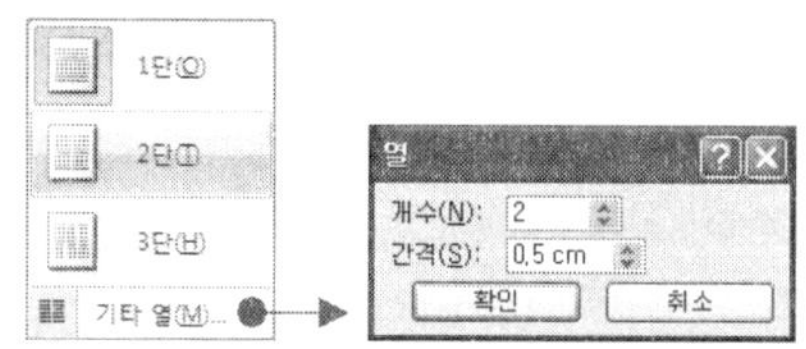

□ 텍스트 방향 설정

• 텍스트 방향을 설정하려면 '텍스트 방향' 버튼 을 클릭한다.

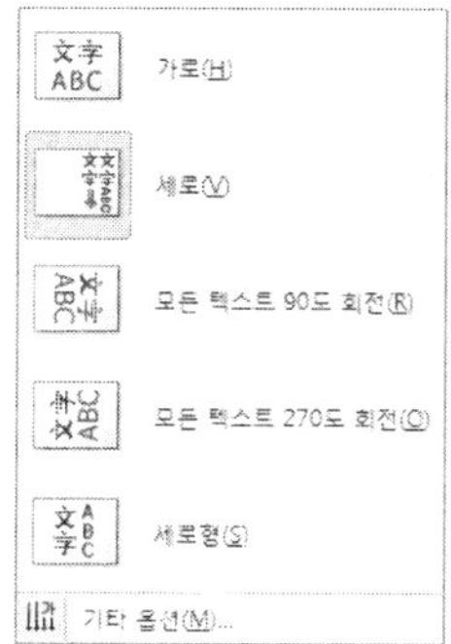

• 텍스트를 개체 틀의 좌/우, 위/아래로 맞추려면 '텍스트 맞춤' 버튼 을 클릭한다.

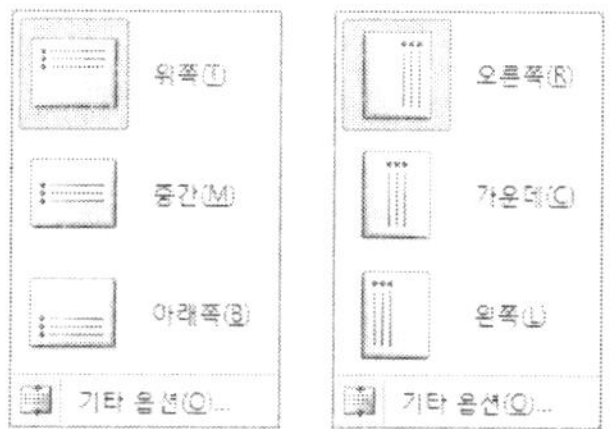

• 텍스트 서식을 설정하려면 '기타 옵션' 버튼을 클릭한다.

◻ 텍스트 서식

• 텍스트를 그라데이션으로 채우려면 '그라데이션 채우기' 옵션을 클릭한다.

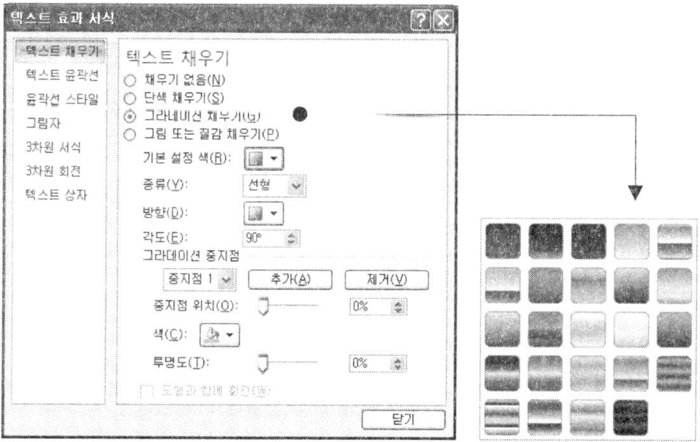

그라데이션은 한 가지 색에서 다른 색으로, 또는 한 가지 그림자에서 같은 색의 다른 그림자로 점진적으로 변화하는 효과를 말한다.

– 그라데이션 색상을 지정하려면 '기본 설정 색' 버튼을 클릭한다.
– 그라데이션 유형을 지정하려면 '종류' 선택 상자를 클릭한다.
– 그라데이션 방향을 지정하려면 '방향' 버튼을 클릭한다.
– 텍스트 속성을 투명하게 설정하려면 '투명도'의 값을 조정한다.

- 텍스트에 윤곽선을 주려면 '텍스트 윤곽선' 옵션을 클릭한다. 윤곽선의 구체적인 모양은 '윤곽석 스타일' 옵션에서 설정한다.

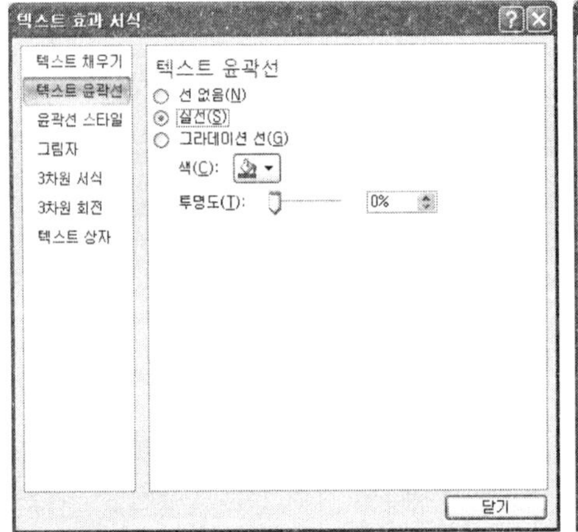

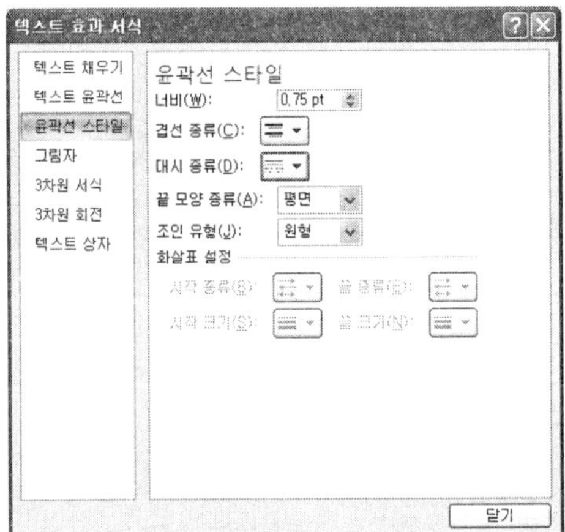

– '겹선 종류' 버튼을 클릭하면 겹선 모양을 지정할 수 있다.
– '대시 종류' 버튼을 클릭하면 선의 종류를 지정할 수 있다.

- 텍스트에 그림자 효과를 주려면 '그림자' 옵션을 클릭한다.

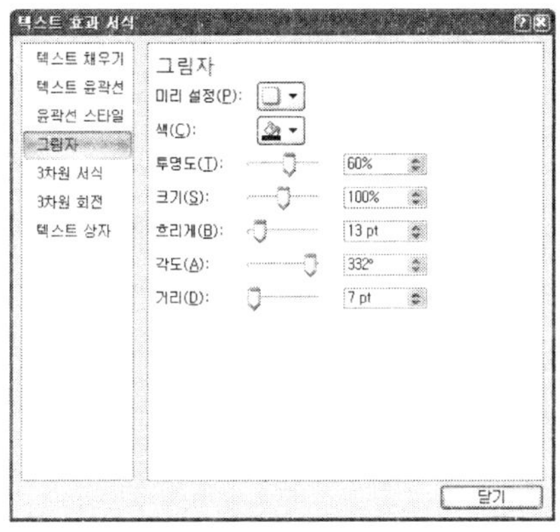

콘텐츠제작

- '3차원 서식'과 '3차원 회전'은 홈 탭의 '그리기' 그룹에 있는 '도형 효과' 버튼 에서 지정한다.
- 'WordArt 스타일' 그룹에서 스타일을 클릭하면 텍스트에 채우기, 윤곽선, 효과 등의 속성을 지정할 수 있다.

콘텐츠제작

□ SmartArt 그래픽으로 변환

텍스트는 SmartArt 그래픽으로 변환할 수 있다. 텍스트를 SmartArt 그래픽으로 변환하려면 'SmartArt 그래픽으로 변환' 버튼 을 클릭한다.

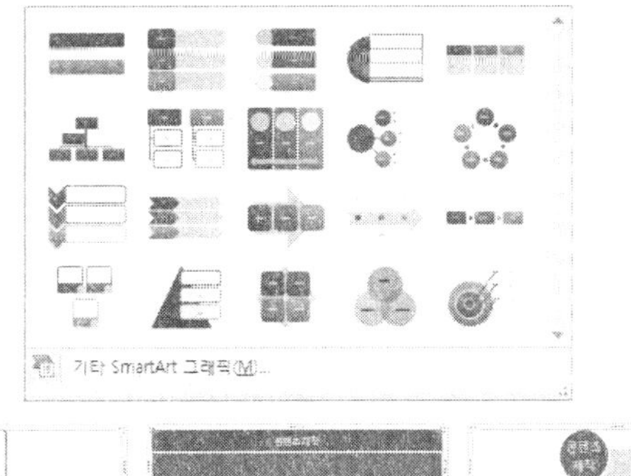

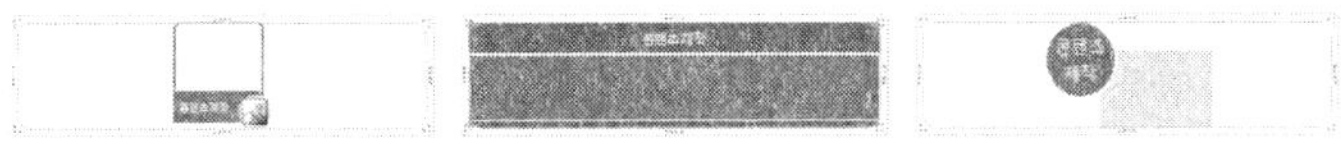

그림을 삽입하려면 '그림 삽입' 버튼 을 클릭하여 그림을 지정한다.

SmartArt 그래픽의 '레이아웃'을 선택하면 슬라이드의 텍스트가 도형에 자동으로 배치되며 레이아웃을 기준으로 정렬된다.

※ SmartArt 그래픽을 텍스트로 전환할 수 있는 방법은 없다. 따라서 텍스트로 된 슬라이드가 필요하다면 텍스트를 SmartArt 그래픽으로 변환하기 전에 해당 텍스트가 포함된 슬라이드를 복제할 필요가 있다.

3) 특수 문자

Ω 기호 일반 자판기로는 입력할 수 없는 특수 문자 혹은 기호를 삽입하려면 삽입 탭의 '텍스트' 그룹에서 '기호' 버튼을 클릭한다.

특수 문자는 글꼴 Wingdings, Wingdings 2, Wingdings 3에 들어있다.

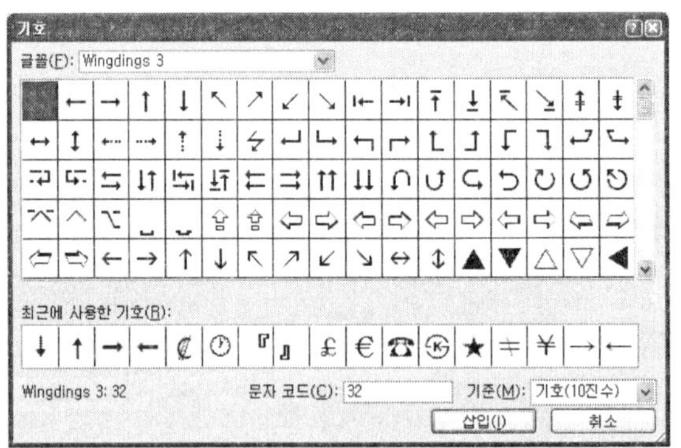

4) 서식 복사

텍스트에 적용된 서식을 다른 텍스트에 적용하려면 홈 탭의 '클립보드' 그룹에서 서식 복사 버튼을 클릭한다.

① 서식을 복사할 텍스트를 클릭한다.

② 서식 복사 버튼을 클릭한다.

③ 서식을 적용할 텍스트를 클릭한다.

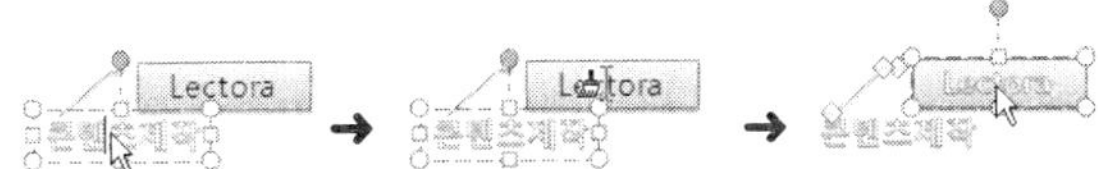

※ 도형 서식을 서식 복사하여 텍스트에 적용하면 텍스트는 도형 서식을 따라간다.

2. 표

표를 삽입하려면 삽입 탭의 '표' 그룹에서 '표' 버튼을 클릭한다. 표의 열과 행의 개수를 지정하면 슬라이드에 표가 삽입된다.

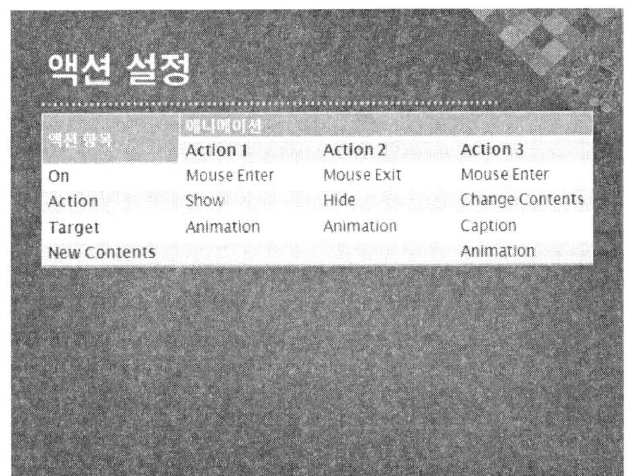

삽입되는 표의 스타일은 슬라이드에 적용한 테마에 따라 달라진다. 예제의 표는 '보자기' 테마를 적용했을 때 기본적으로 적용되는 표 스타일이다.

표를 더블클릭하면 '표 도구' 리본이 열리고 디자인 탭이 활성화된다.

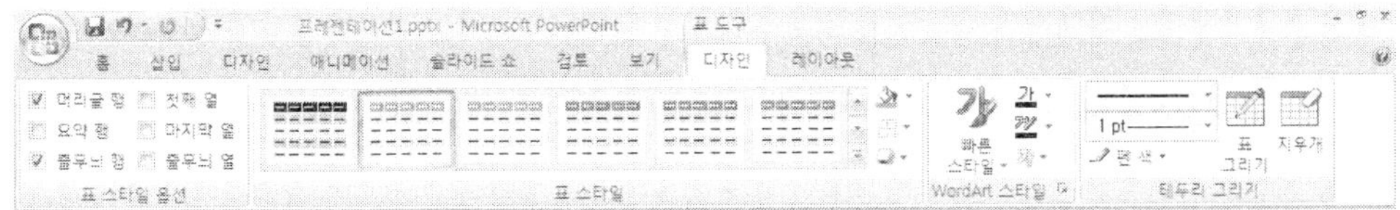

▭ 표 스타일

• 스타일을 지정하려면 디자인 탭의 '표 스타일' 그룹에서 스타일을 클릭한다.

액션 항목	애니메이션		
	Action 1	Action 2	Action 3
On	Mouse Enter	Mouse Exit	Mouse Enter
Action	Show	Hide	Change Contents
Target	Animation	Animation	Caption
New Contents			Animation

'보통 스타일 4' 적용

• '표 스타일' 그룹에서 '음영' 버튼 을 클릭하면 셀 배경, 표 배경을 지정할 수 있다.

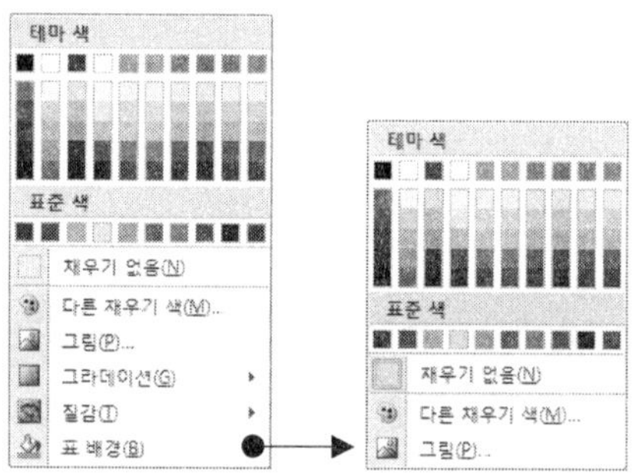

참고 배경 서식

• 특정 셀에만 배경을 적용하려면 해당 셀을 선택한 후 배경 색을 적용한다.
• 표 배경을 지정하면 그라데이션, 그림 등을 각각의 셀이 아닌 표 전체에 걸쳐 배경으로 적용할 수 있다.
• 표 배경을 지정하기 위해서는 셀 배경을 '채우기 없음'으로 지정해야 한다.

▭ 표 테두리 설정

• '표 스타일' 그룹에서 '테두리' 버튼 을 클릭하면 셀 테두리를 지정할 수 있다.

예 표의 왼쪽, 오른쪽 테두리 숨기기

① 표의 셀을 블록으로 설정한 후 '테두리' 버튼 을 클릭하여 '모든 테두리'를 클릭한다.

② '테두리' 버튼 을 클릭하여 '왼쪽 테두리', '오른쪽 테두리'를 클릭한다.

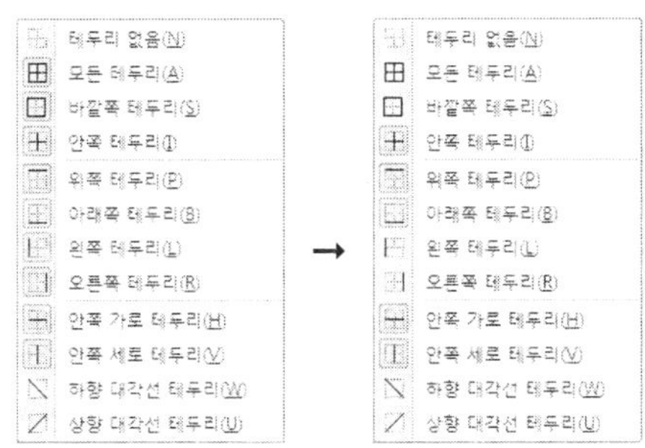

표의 왼쪽, 오른쪽 테두리가 보이지 않게 된다.

액션 항목	애니메이션		
	Action 1	Action 2	Action 3
On	Mouse Enter	Mouse Exit	Mouse Enter
Action	Show	Hide	Change Contents
Target	Animation	Animation	Caption
New Contents			Animation

- '테두리 그리기' 그룹에서 '펜 색' 버튼 을 클릭하면 셀 테두리 색상을 지정할 수 있다.

예 선택 영역 하단 테두리 색상 변경

액션 항목	애니메이션		
	Action 1	Action 2	Action 3
On	Mouse Enter	Mouse Exit	Mouse Enter
Action	Show	Hide	Change Contents
Target	Animation	Animation	Caption
New Contents			Animation

1, 2 행을 블록으로 설정한 다음
펜 색상을 지정하고 '아래쪽 테두리'

액션 항목	애니메이션		
	Action 1	Action 2	Action 3
On	Mouse Enter	Mouse Exit	Mouse Enter
Action	Show	Hide	Change Contents
Target	Animation	Animation	Caption
New Contents			Animation

□ 효과 설정

• '표 스타일' 그룹에서 '효과' 버튼 을 클릭하면 셀 입체 효과, 그림자, 반사 효과 등을 지정할 수 있다.

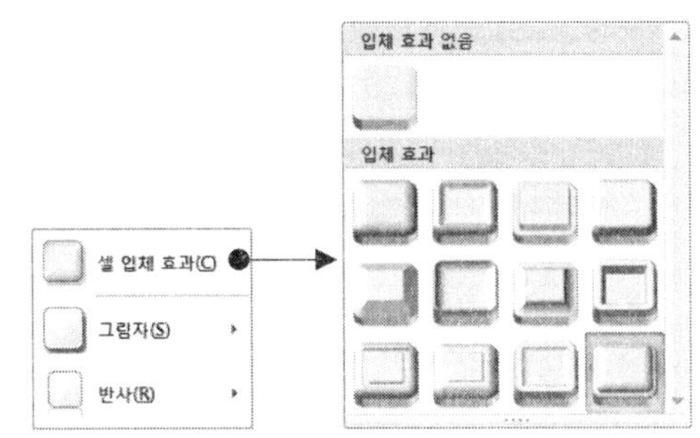

액션 항목	애니메이션		
	Action 1	Action 2	Action 3
On	Mouse Enter	Mouse Exit	Mouse Enter
Action	Show	Hide	Change Contents
Target	Animation	Animation	Caption
New Contents			Animation

1, 2 행에 '아트 데코' 입체 효과 적용

• '표 스타일 옵션' 그룹에서 옵션을 클릭하면 해당 행 · 열을 강조할 수 있다. 표에 적용된 옵션은 기본적으로 선택된 상태로 표시된다.

– '머리글 행'을 선택하면 표의 첫 번째 행을 강조할 수 있다
– '요약 행'을 선택하면 표의 마지막 행을 강조할 수 있다.
– '줄무늬 행'을 선택하면 선택한 셀의 행을 줄무늬로 표시할 수 있다.
– '첫째 열'을 선택하면 표의 첫 번째 열을 강조할 수 있다.
– '마지막 열'을 선택하면 표의 마지막 열을 강조할 수 있다.
– '줄무늬 열'을 선택하면 선택한 셀의 열을 줄무늬로 표시할 수 있다.

액션 항목	애니메이션		
	Action 1	Action 2	Action 3
On	Mouse Enter	Mouse Exit	Mouse Enter
Action	Show	Hide	Change Contents
Target	Animation	Animation	Caption
New Contents			Animation

'첫째 열' 선택

• 'WordArt 스타일' 그룹에서 '빠른 스타일' 버튼을 클릭하면 텍스트에 채우기, 윤곽선, 효과 등의 속성을 지정할 수 있다.

액션 항목	애니메이션		
	ACTION 1	ACTION 2	ACTION 3
ON	MOUSE ENTER	MOUSE EXIT	MOUSE ENTER
ACTION	SHOW	HIDE	CHANGE CONTENTS
TARGET	ANIMATION	ANIMATION	CAPTION
NEW CONTENTS			ANIMATION

그라데이션 채우기 – 강조 4, 반사 스타일 적용

□ 레이아웃

표의 행 · 열의 추가/삭제, 셀의 병합 · 나누기, 텍스트의 방향 등은 레이아웃 탭에서 설정한다.

• 행 · 열을 삭제하려면 '행 및 열' 그룹에서 '삭제' 버튼을 클릭한다.

• 커서가 놓인 행/열에 행/열을 추가하려면 '행 및 열' 그룹에서 '위에 삽입', '아래에 삽입', '왼쪽에 삽입', '오른쪽에 삽입' 버튼을 클릭한다.

• 선택한 셀을 합치려면 '병합' 그룹에서 '셀 병합' 버튼을 클릭한다.

• 선택한 셀을 나누려면 '병합' 그룹에서 '셀 분할' 버튼을 클릭한다.

• 셀의 크기는 '셀 크기' 그룹에서 조정한다.
• 텍스트 방향, 셀 여백은 '맞춤' 그룹에서 설정한다.
• '맞춤' 그룹에서 '텍스트 방향' 버튼을 클릭하면 텍스트의 방향을 지정할 수 있으며, 텍스트를 회전시킬 수 있다.

- '맞춤' 그룹에서 '셀 여백' 버튼을 클릭하면 셀 여백을 조정할 수 있다. 셀 여백 옵션으로 보통, 좁게, 넓게를 선택할 수 있다. '사용자 지정 여백'을 클릭하면 셀 텍스트 레이아웃 대화상자에서 원하는 여백의 크기를 지정할 수 있다.

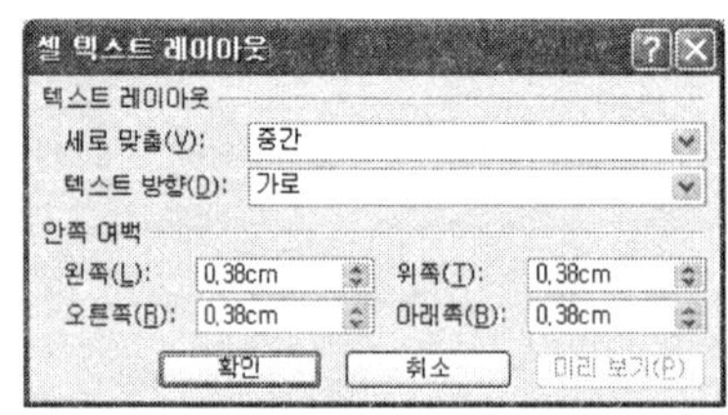

- 표의 가로 세로 비율을 유지하면서 표의 크기를 조정하려면 '표 크기' 그룹에서 '가로 세로 비율 고정' 옵션을 선택하고 높이, 너비의 값을 지정한다.
- 표를 슬라이드의 한 복판에 위치시키려면 '정렬' 버튼을 클릭하고 '맞춤' 버튼을 클릭한다. '슬라이드에 맞춤' 옵션을 선택한 다음 '가운데 맞춤, 중간 맞춤'을 클릭한다.
- '표' 그룹에서 '눈금선 보기'를 클릭하면 눈금선을 표시할 수 있다.
- 셀의 문단 모양은 홈 탭의 '단락' 그룹에서 설정한다.

3. 도형

파워포인트에서 제공하는 도형의 종류는 다음과 같다.

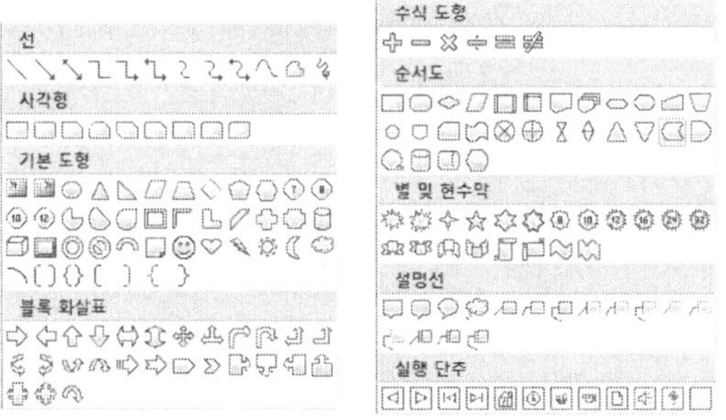

◫ 도형 삽입

도형을 삽입하려면 다음과 같이 한다.

① 삽입 탭의 '일러스트레이션' 그룹에서 '도형' 버튼을 클릭한다. 도형 도구 상자가 열린다.

② 도형의 종류를 클릭한 후 도형을 삽입할 위치에서 클릭하거나 마우스로 끌어 삽입한다.

예 도형 도구 상자에서 순서도 도형을 삽입하고, 화살표 ↘, 꺽인 화살표 연결선 ↳으로 도형을 연결하면 다음과 같은 순서도를 완성할 수 있다.

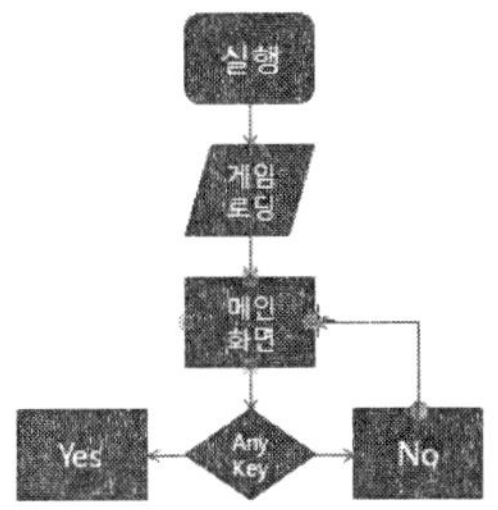

순서도를 작성하기 위해서는 도형에 텍스트를 추가하는 방법, 도형 크기와 텍스트 크기를 조정하는 방법, 도형을 정렬하는 방법, 그리고 도형에 선을 연결하는 방법을 알아야 한다.

◫ 텍스트 추가

① 도형을 마우스 오른쪽 버튼으로 클릭한다. 단축 메뉴가 열린다.

② '텍스트 편집'을 클릭하고 텍스트를 입력한다.

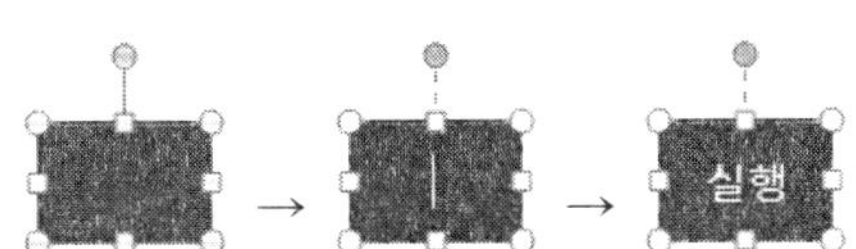

◻ 도형 크기 조정

① 가장 긴 텍스트를 입력한 도형의 크기를 조정하여 텍스트가 충분히 표시되도록 하고, 서식 탭의 '크기' 그룹에서 도형 높이와 도형 너비 값을 참조한다.

② 나머지 도형을 선택하고 마우스 오른쪽 버튼을 클릭, 단축 메뉴에서 '크기 및 위치'를 클릭한다. 크기 및 위치 대화상자가 열린다.

③ 크기 탭에서 높이 · 너비를 조정한 후 '닫기' 버튼을 클릭한다.

참고 도형의 높이 · 너비 비율을 유지하면서 크기를 조정하려면 '가로 세로 비율 고정' 항목을 선택한다.

◻ 도형 정렬

① 정렬 대상 도형을 모두 선택한다.

② 홈 탭의 '그리기' 그룹에서 '정렬' 버튼을 클릭하고 단축 메뉴에서 '맞춤'을 선택한다.

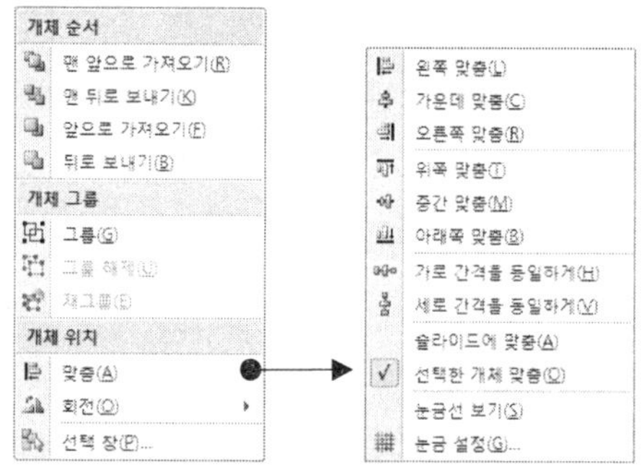

③ 맞춤 옵션에서 원하는 옵션을 클릭한다.

※ 개체가 놓인 위치에서 정렬하려면 맞춤 옵션에서 '선택한 개체 맞춤'을, 슬라이드의 가로/세로 폭에 맞춰 정렬하려면 '슬라이드에 맞춤'을 선택한다.

예 수평으로 놓인 개체를 정렬하려면 '위쪽 맞춤', '가로 간격을 동일하게'를 클릭한다.

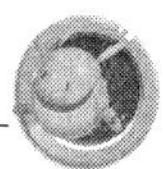

□ 도형 선 연결

연결선은 두 개의 도형을 연결하여 해당 도형이 계속 연결된 상태로 유지되게끔 해 주는 선이다. 연결선의 유형으로는 직선형, 꺾인(각진)형 및 곡선형의 세 가지가 있다. 연결선 양 끝에는 연결점이 표시되며 도형 위로 마우스 포인터를 이동하면 동그란 점모양으로 추가 연결점이 표시된다. 이 점은 도형에 연결선을 연결할 수 있는 위치를 나타낸다.

선 도형을 클릭하여 화살표 ↘, 꺽인 화살표 연결선 ↳을 클릭한 후 도형의 연결점과 연결점을 클릭하여 선을 삽입한다.

□ 도형 모양 변경

① 도형을 더블클릭한다. '그리기 도구' 리본의 서식 탭이 열린다.
② '도형 삽입' 그룹에서 '도형 편집' 버튼 을 클릭한다.
③ 단축 메뉴에서 '도형 모양 변경'을 클릭한다.
④ 도형 도구 상자에서 도형을 클릭한다.

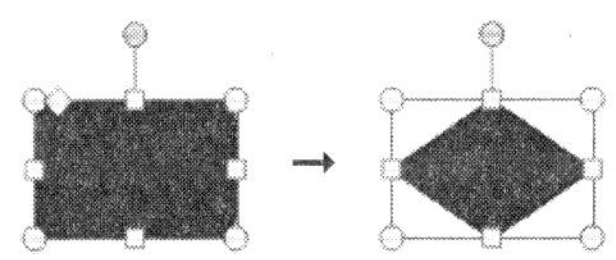

- 도형의 모양을 자유롭게 변경하려면 다음과 같이 한다.

① 도형을 더블클릭한다.
② '도형 편집' 버튼 을 클릭하고 단축 메뉴에서 '자유형으로 변환'을 클릭한다.
③ '도형 편집' 버튼 을 클릭하고 단축 메뉴에서 '점 편집'을 클릭한다.
④ 도형의 윤곽을 나타내는 정점을 끌어 도형을 완성한다.

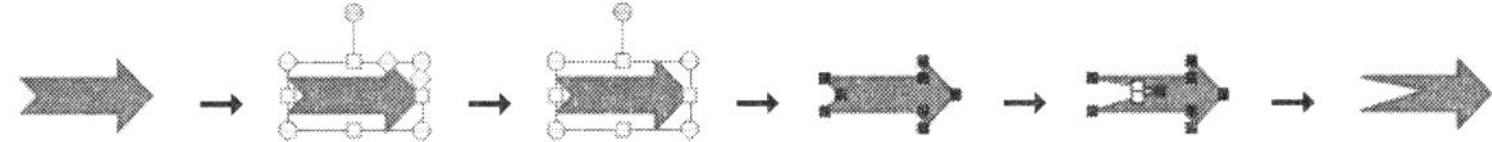

검은 점으로 표시되는 정점은 자유형 도형에서 두 개의 직선 세그먼트가 만나는 점에 해당한다.

• 도형의 모양 변경 도구를 마우스로 끌어 형태를 변경한다.

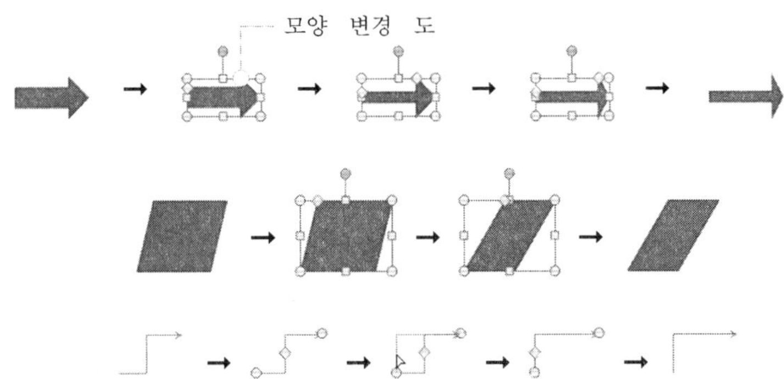

□ 그룹 설정

여러 개의 도형을 그룹으로 묶으면 하나의 도형처럼 취급할 수 있다.

① 도형을 함께 선택한다.

② '그리기 도구' 리본의 서식 탭을 클릭한다.

③ '정렬' 그룹에서 '그룹' 버튼 을 클릭하고 '그룹'을 클릭한다.

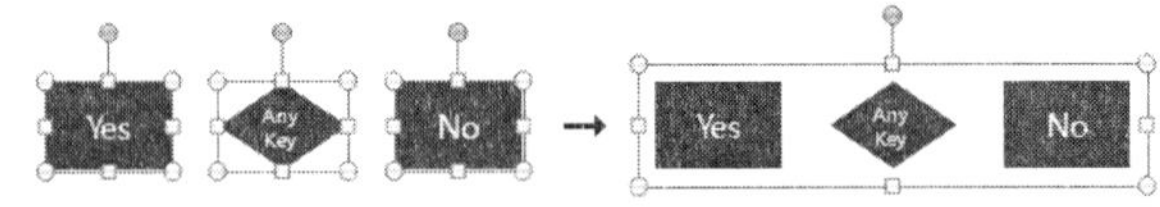

- 그룹으로 묶인 도형 전체를 회전하거나 이동시킬 수 있다.
- 그룹으로 묶인 도형 전체의 크기를 변경할 수 있다.
- 그룹 내 모든 도형의 특성을 함께 변경할 수 있다.
- 그룹 내 특정 도형의 특성 변경이 가능하다.
- 그룹 내 특정 도형의 복사가 가능하다.

• 그룹 속성을 해제하려면 정렬 그룹에서 '그룹' 버튼 을 클릭하고 '그룹 해제'를 클릭한다.

• 그룹을 해제했을 때 그룹에 포함된 하나의 도형을 선택하고 '그룹' 버튼 의 메뉴 항목 '재그룹'을 실행하면 이전에 그룹에 포함된 도형을 그룹으로 묶어 준다.

□ 겹쳐진 도형의 순서 변경

도형이 겹쳐진 경우 특정 도형의 위치를 변경하여 도형을 숨기거나 표면에 나타낼 수 있다.

① 도형을 클릭한다.

② '정렬' 그룹에서 '맨 뒤로 보내기' 버튼 을 클릭한다.

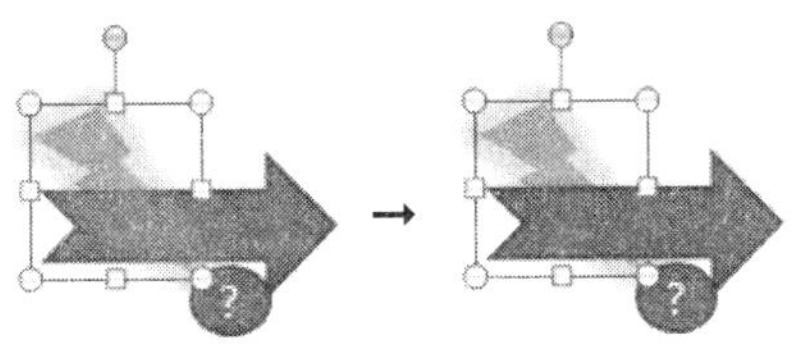

- '맨 뒤로 보내기' 버튼을 클릭하면 해당 개체를 겹쳐진 도형의 맨 뒤로 보낼 수 있다.
- '뒤로 보내기' 버튼을 클릭하면 해당 개체를 바로 밑에 위치한 도형의 뒤로 보낼 수 있다.
- '맨 앞으로 가져오기' 버튼을 클릭하면 해당 개체를 겹쳐진 도형의 맨 앞으로 가져올 수 있다.
- '앞으로 가져오기' 버튼을 클릭하면 해당 개체를 바로 위에 위치한 도형의 앞으로 가져올 수 있다.

□ 도형 회전

'정렬' 그룹에서 '회전' 버튼 을 클릭하면 선택한 도형을 회전시킬 수 있다.

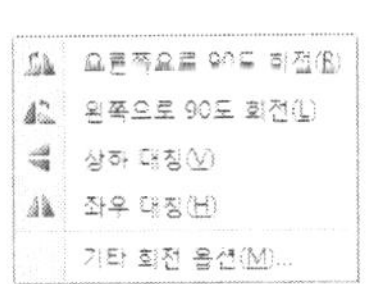

□ 도형 서식

도형, SmartArt, 텍스트 상자, 그리고 WordArt는 도형 개체에 해당한다. 도형 개체의 속성은 홈 탭의 '그리기' 그룹에서 설정한다.

□ 빠른 스타일 적용

도형 개체를 선택한 후 '빠른 스타일' 버튼을 클릭하면 도형 채우기 속성을 손쉽게 변형할 수 있다.

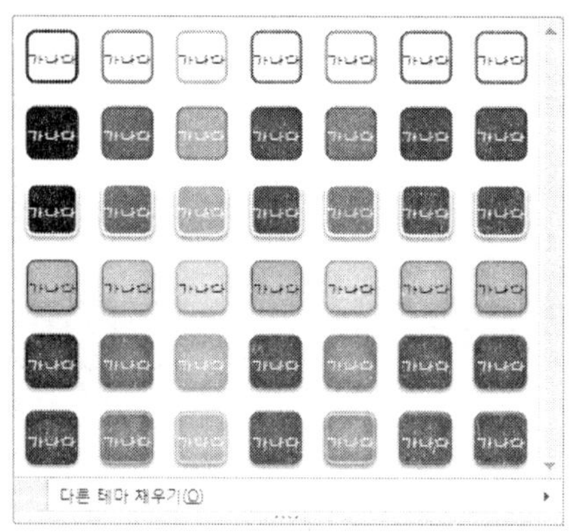

콘텐츠 제작 시의 유의 사항 (미세 효과－강조 1)

□ 도형 채우기·도형 윤곽선

도형의 채우기 속성과 윤곽선 속성을 지정하려면 '도형 채우기' 버튼과 '도형 윤곽선' 버튼을 클릭한다.

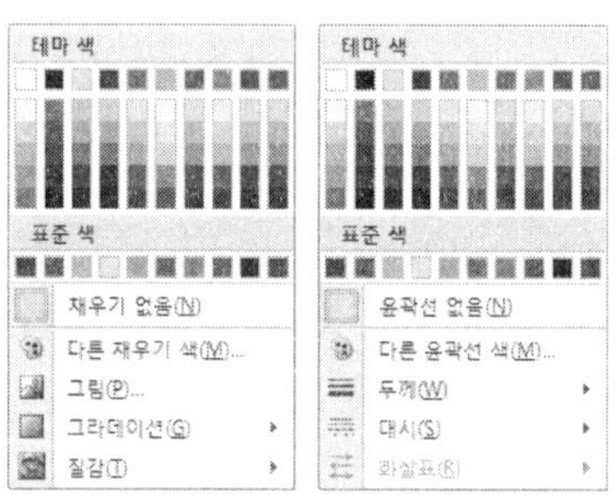

콘텐츠 제작 시의 유의 사항 (질감－대리석, 윤곽선－연한 파랑)

□ 도형 효과

도형에 특수 효과를 주려면 '도형 효과' 버튼을 클릭한다.

기본 설정(P)
그림자(S)
반사(R)
네온(G)
부드러운 가장자리(E)
입체 효과(B)
3차원 회전(D)

콘텐츠 제작 시의 유의 사항 (반사－전체 반사, 터치)

콘텐츠 제작 시의 유의 사항 (기본 설정－기본 설정 1)

4. SmartArt

SmartArt 그래픽을 사용하면 정보를 시각적으로 표현하여 메시지나 아이디어를 효과적으로 전달할 수 있다.

- 전달하려는 메시지와 원하는 특정 모양을 고려하여 데이터 표시에 가장 적합한 SmartArt 그래픽 유형과 레이아웃을 선택한다.
- SmartArt 그래픽은 도형과 텍스트를 요점 전달에 필요한 만큼만 사용한다. 텍스트 양이 적을수록 SmartArt 그래픽의 시각적 효과가 뛰어나고 메시지를 시각적으로 전달하기 쉬워진다.
- 텍스트 양이 많은 경우에는 '사다리꼴 목록형'과 같은 레이아웃을 사용한다.
- 대립되는 아이디어나 개념을 나타내려면 '관계형' 유형의 '평형 화살표 레이아웃'을 사용한다.

SmartArt 그래픽 유형과 용도는 다음 표와 같다.

그래픽 유형	그래픽 용도
목 록 형	비순차적 정보 표시
프로세스형	프로세스 또는 시간 표시 막대에서 단계 표시
주 기 형	연속된 프로세스 표시
계층 구조형	의사결정 트리 표시
계층 구조형	조직도 만들기
관 계 형	연결을 일러스트레이션으로 표시
매트릭스형	전체에 대한 각 부분의 관계 표시
피라미드형	가장 큰 구성 요소가 맨 위 또는 맨 아래에 있는 비례 관계 표시

☐ 그래픽 만들기

예 '분기 방사형' SmartArt 그래픽

① 삽입 탭의 '일러스트레이션' 그룹에서 'SmartArt' 버튼을 클릭한다. SmartArt 그래픽 선택 대화상자가 열린다.

② SmartArt 그래픽 유형과 레이아웃을 클릭한다.

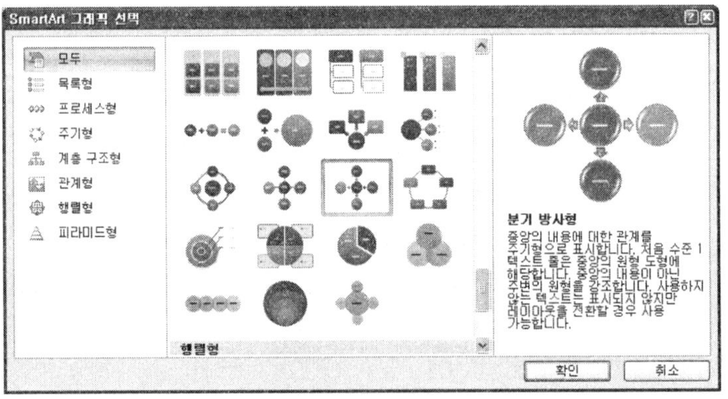

③ '확인' 버튼을 클릭한다. SmartArt 그래픽이 삽입된다.

④ 텍스트 창을 클릭한 다음 텍스트를 입력한다.

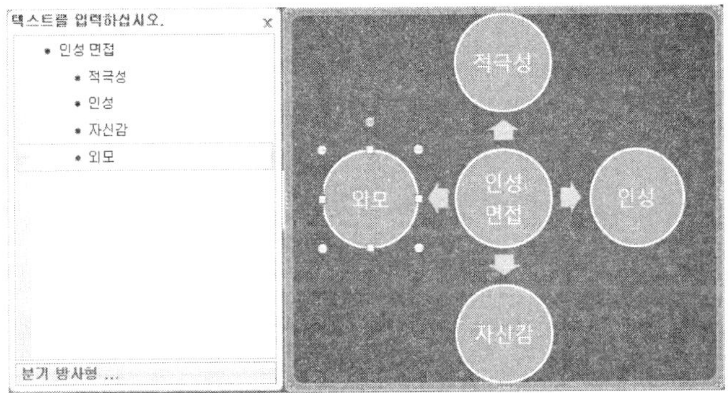

• 텍스트 창에서 텍스트를 추가하면 SmartArt 그래픽에 해당 텍스트가 입력된 도형이 추가된다.

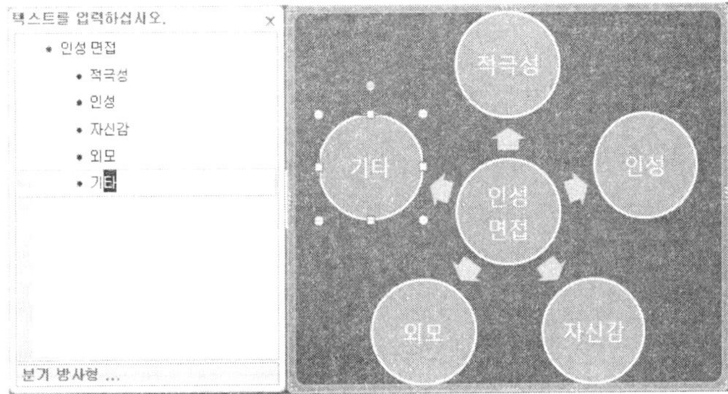

• SmartArt 그래픽의 도형은 텍스트 창의 텍스트 순서대로 나열된다.

예 '세로 갈매기형 수장 목록형' SmartArt 그래픽

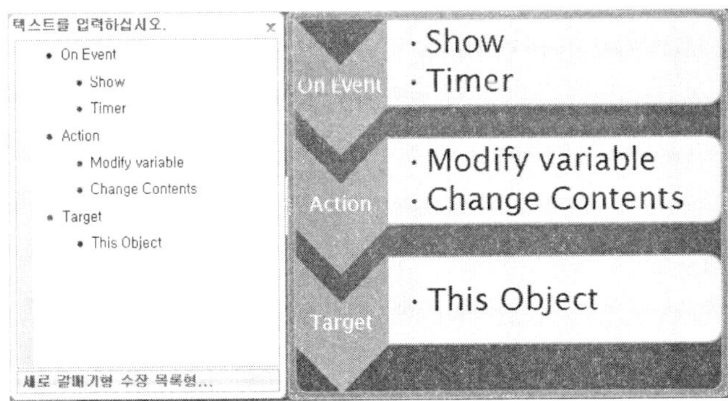

- '세로 갈매기형 수장 목록형'은 작업, 프로세스 또는 워크플로의 진행 방향이나 순차적 단계를 표시할 때 사용한다.
- 텍스트 창의 텍스트는 1단계, 2단계의 개요로 구성된다. 2단계 개요는 1단계 개요의 목록으로 표시된다. 텍스트 창을 열려면 '그래픽 만들기' 그룹에서 '텍스트 창' 버튼 [텍스트 창]을 클릭한다.

- 개요 수준을 낮추려면 Tab 키를, 개요 수준을 높이려면 Shift+Tab 키를 누른다.
- 동일 수준의 개요를 입력하려면 Enter 키를 누른다.

□ 레이아웃 좌우 전환

SmartArt 그래픽을 좌우로 전환하려면 SmartArt 그래픽을 선택한 상태에서 디자인 탭의 '그래픽 만들기' 그룹에서 '좌우 전환' 버튼 [좌우 전환]을 클릭한다.

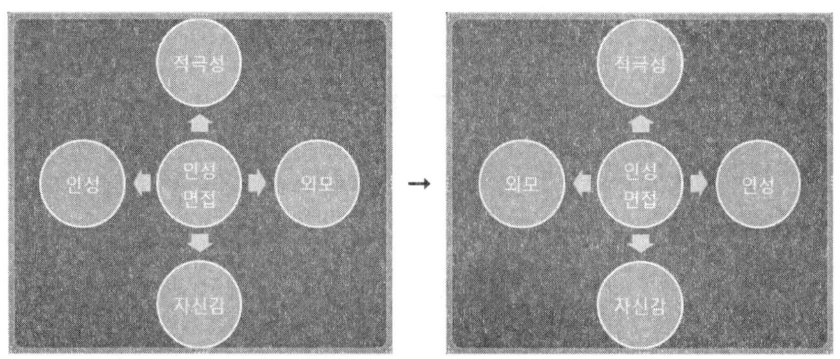

□ 색 변경

① SmartArt 그래픽을 더블클릭한다. 'SmartArt 도구' 리본이 열린다.

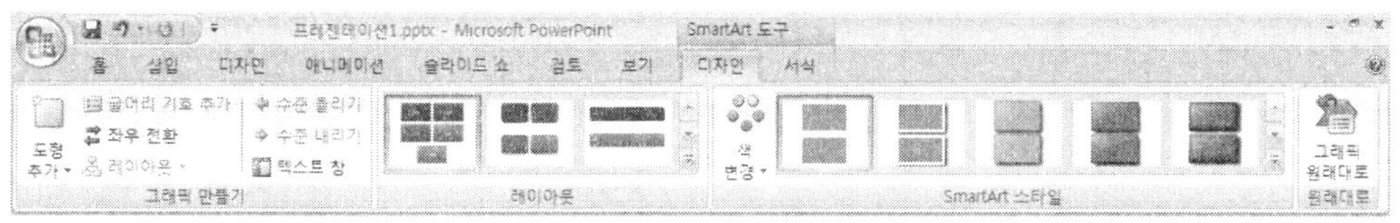

② 디자인 탭의 'SmartArt 스타일' 그룹에서 '색 변경' 버튼을 클릭한다.

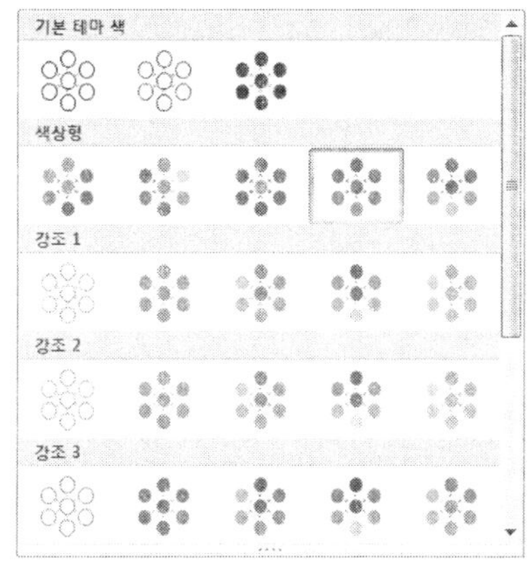

③ 목록을 클릭한다.

예 '색상형 범위 강조색 4 또는 5' 선택

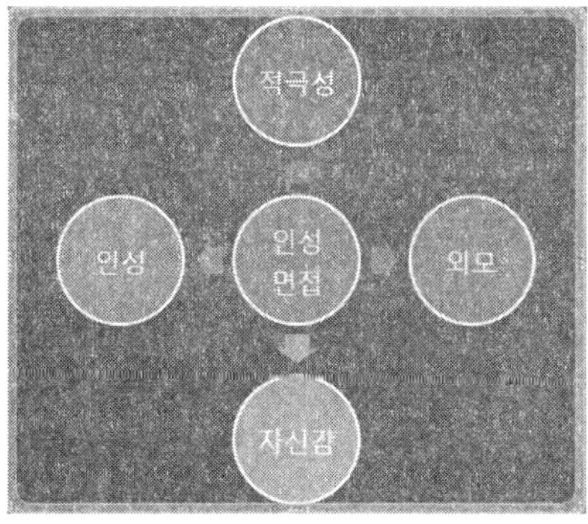

◻ 스타일 적용

SmartArt 스타일을 적용하면 선 스타일, 입체 효과 및 3차원을 비롯한 다양한 효과를 SmartArt 그래픽에 줄 수 있다.

① SmartArt 그래픽을 더블클릭한다.

② 디자인 탭의 'SmartArt 스타일' 그룹에서 원하는 SmartArt 스타일을 클릭한다.

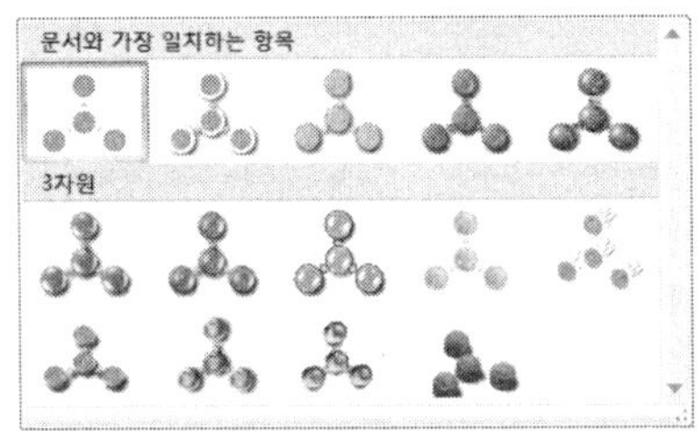

예 '보통 효과' 선택

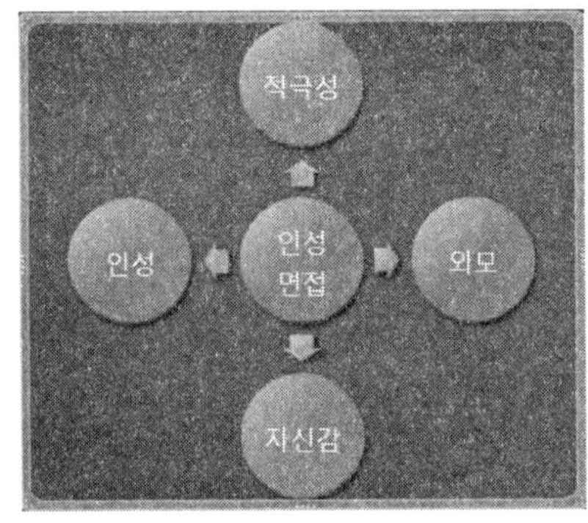

□ 레이아웃 변경

레이아웃을 변경할 때에는 주의를 요한다. 왜냐 하면, 레이아웃이나 유형을 변경하면 정보의 의미가 바뀔 수 있기 때문이다.

예 오른쪽을 가리키는 화살표가 있는 레이아웃과 원 안으로 들어가는 화살표가 있는 레이아웃은 그 의미가 다르다.

① SmartArt 그래픽을 더블클릭한다.

② 디자인 탭의 '레이아웃' 그룹에서 원하는 레이아웃을 클릭한다.

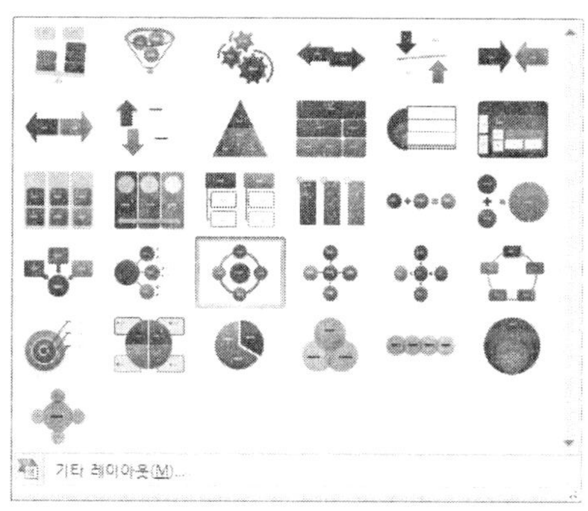

예 '방사 주기형' 레이아웃 적용

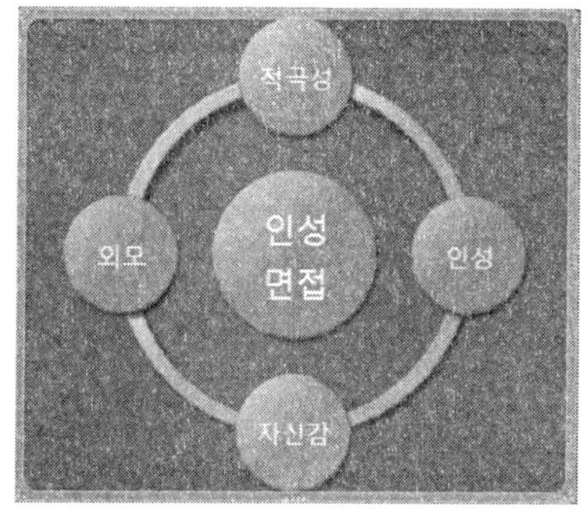

◫ 도형 모양 · 스타일 변경

SmartArt 그래픽의 도형 모양이나 스타일은 SmartArt 그래픽의 도형을 선택한 상태에서 'SmartArt 도구' 리본의 서식 탭에서 변경한다.

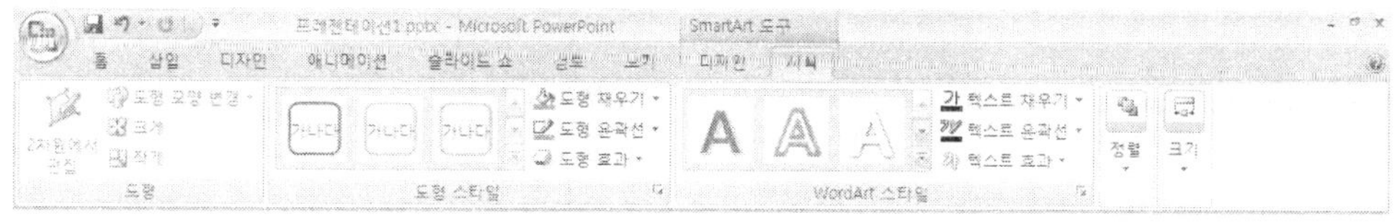

- '도형' 그룹의 '도형 모양 변경' 버튼을 클릭하면 도형의 모양을 변경할 수 있다.

예 '기본 도형'의 '눈물 방울' 선택

선택한 도형의 모양만 변경된다.

• '도형' 그룹의 '크게/작게' 버튼을 클릭하면 도형의 크기를 변경할 수 있다.

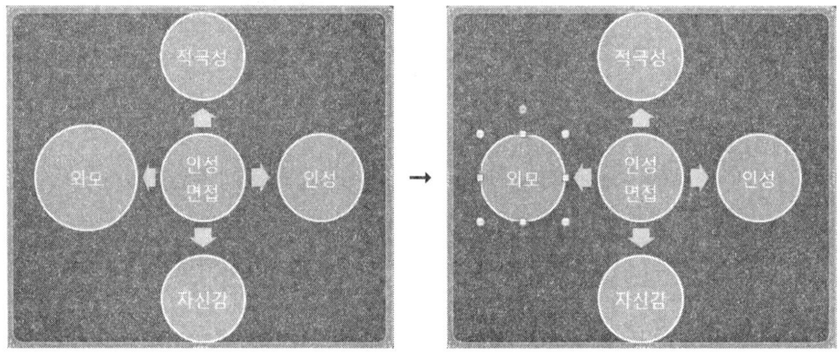

• '도형 스타일' 그룹의 '스타일'을 클릭하면 스타일을 적용할 수 있다.

예 '강한 효과–강조 1' 적용

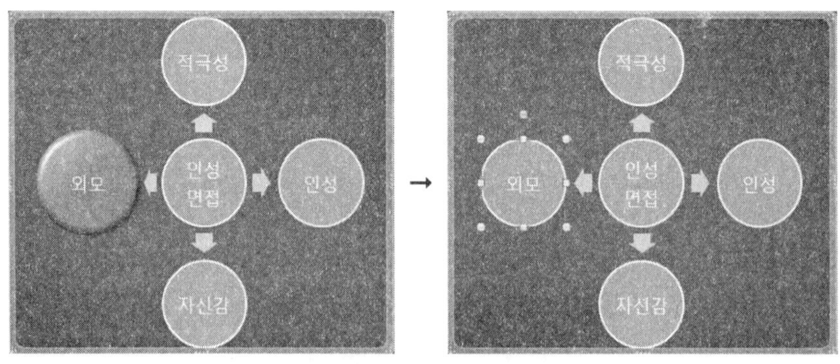

실습 '세로 글머리 기호 목록형'을 활용하여 다음과 같은 SmartArt 그래픽을 만들어 보자.

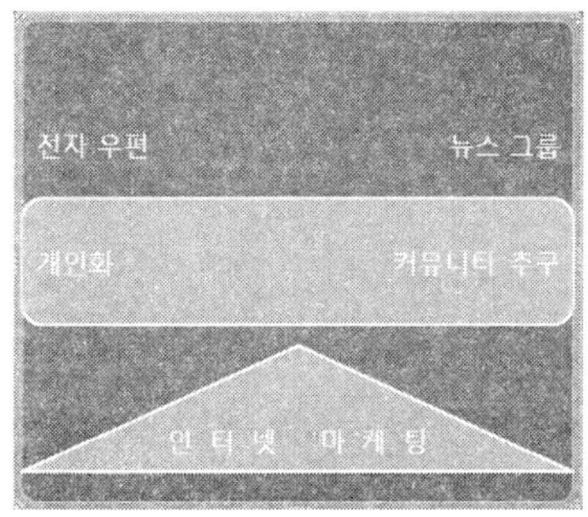

◆ '세로 글머리 기호 목록형' 도형을 추가하고 텍스트 창에 다음과 같이 입력한다.

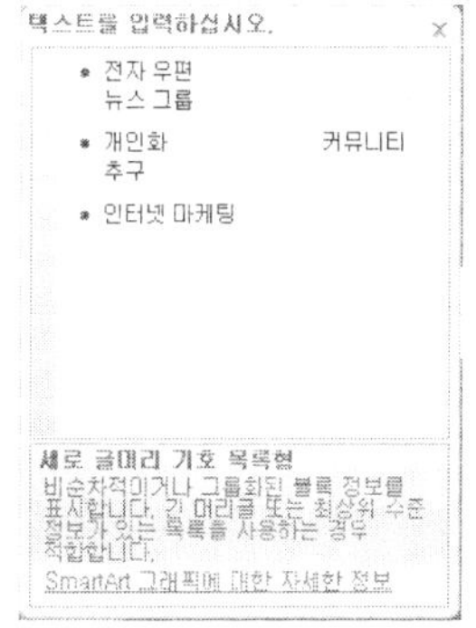

• '전자우편'과 '뉴스그룹 · 채팅' 도형
  – 문자열 '전자우편'과 '뉴스그룹 · 채팅' 사이에 빈칸을 삽입하고 홈 탭의 '단락' 그룹에서 '균등 분할'을 적용한다. 문자열이 좌우에 배치될 때까지 계속 빈칸을 입력한다.
  – 홈 탭의 '단락' 그룹에서 '텍스트 맞춤'을 '아래쪽'으로 시정한다.
  – '도형 스타일' 그룹에서 도형 채우기로 '채우기 없음', 도형 윤곽선으로 '윤곽선 없음'을 적용한다.
• '개인화'와 '커뮤니티 추구' 도형
  – 문자열 '개인화'와 '커뮤니티 추구' 사이에 빈칸을 삽입하고 홈 탭의 '단락' 그룹에서 '균등 분할'을 적용한다. 문자열이 좌우에 배치될 때까지 계속 빈칸을 입력한다.

– ‘도형 스타일’ 그룹에서 도형 채우기로 ‘선형 아래쪽 그라데이션’을 적용한다.

- ‘인터넷 마케팅’ 도형
  – 서식 탭의 ‘도형’ 그룹에서 ‘도형 모양 변경’ 버튼을 클릭하여 ‘이등변 삼각형’을 적용한다.

◫ 조직도

조직도는 회사 내 부서 관리자와 일반 직원 등의 조직 관리 구조를 그림으로 보여 준다. 조직도를 만들려면 SmartArt 그래픽을 사용한다.

① 삽입 탭의 ‘일러스트레이션’ 그룹에서 ‘SmartArt’ 버튼을 클릭한다.

② SmartArt 그래픽 선택 대화상자에서 ‘계층 구조형’을 클릭하고 ‘조직도형’ 레이아웃을 클릭한 다음 ‘확인’ 버튼을 클릭한다.

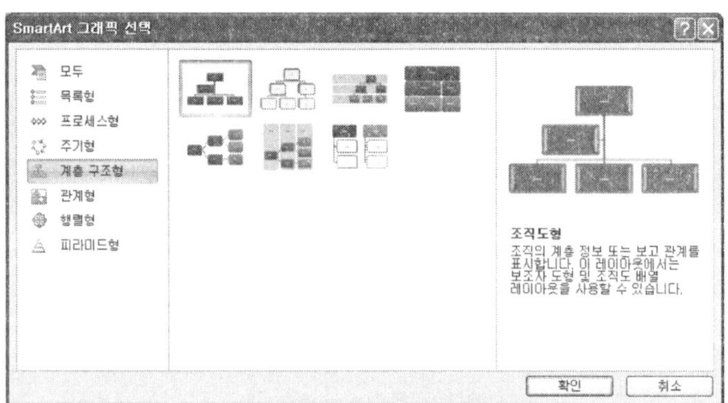

③ 텍스트 창에서 텍스트를 입력한다.

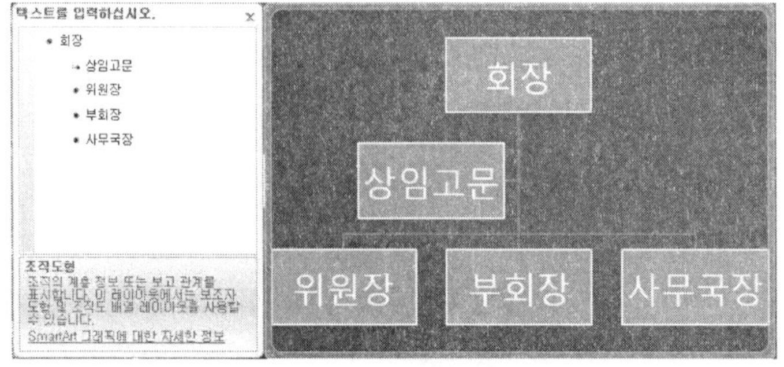

• 기본 조직도 서식은 하나의 관리자와 보조자, 세명의 부하 직원을 나타내는 상자로 구성된다.

• 텍스트 창에서 보조자 도형의 글머리 기호는 화살표 '↳'로 표시된다.

◻ 도형 삽입

조직도에서 도형을 삽입하려면 디자인 탭의 '그래픽 만들기' 그룹에서 '도형 추가' 버튼을 클릭한다.

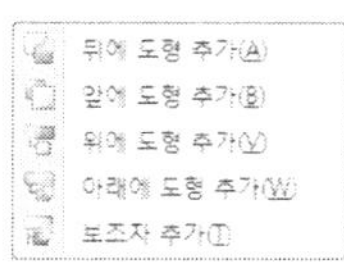

• 사무국장 도형을 선택한 후 '뒤에 도형 추가' 버튼을 클릭하면 사무국장 도형 다음에 같은 수준의 도형이 삽입된다.

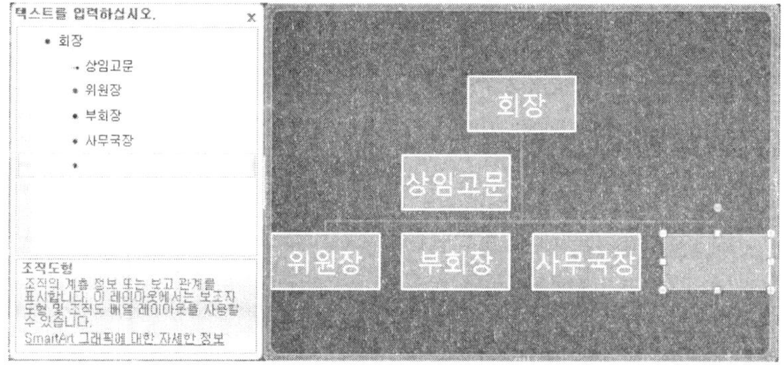

• 사무국장 도형 앞에 같은 수준의 도형을 삽입하려면 사무국장 도형을 선택한 후 '앞에 도형 추가' 버튼을 클릭한다.

※ 같은 수준의 도형을 추가하면 동료 직원 도형이 삽입된다.

• 사무국장 도형을 선택한 후 '위에 도형 추가' 버튼을 클릭하면 사무국장 도형을 한 수준 아래에 배치할 수 있다.

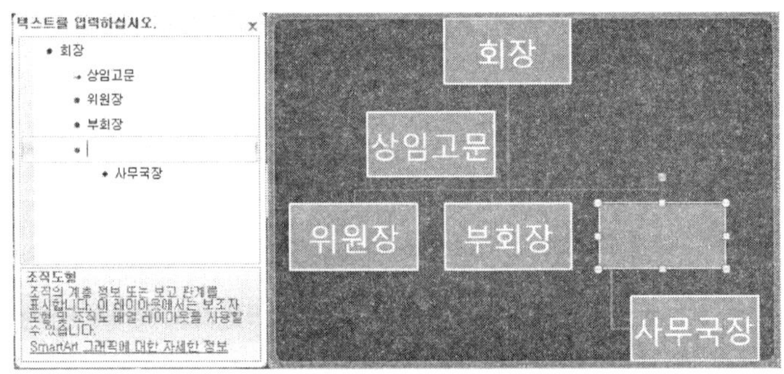

※ 한 수준 위의 도형을 추가하면 관리자 도형이 삽입된다.

- 사무국장 도형을 선택한 후 '보조자 추가' 버튼을 클릭하면 보조자 도형을 한 단계 아래에 배치할 수 있다. 보조자 도형은 부하 직원 도형과 다른 위치에 놓인다.

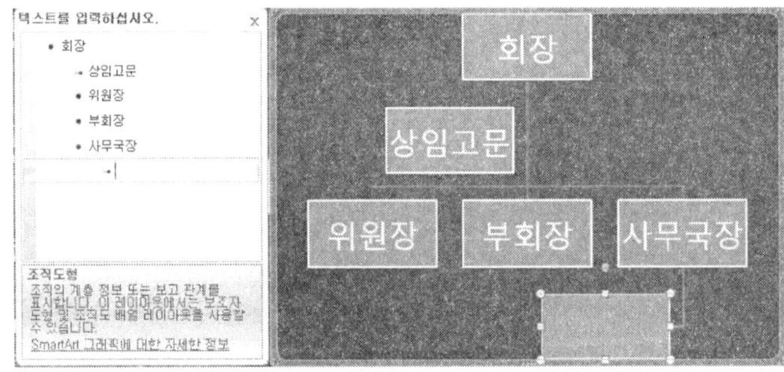

참고 텍스트 창에서 도형을 추가하려면 다음과 같이 입력한다.

- Enter 키를 눌러 동일 개요 수준으로 입력하면 동료 직원 도형이 오른쪽에 추가된다.
- Tab 키를 눌러 한 단계 아래 수준으로 입력하면 부하 직원 도형이 아래쪽에 추가된다.
- Shift+Tab 키를 눌러 한 단계 위 수준으로 입력하면 관리자 도형이 위쪽에 추가된다.
- Shift 키를 누른 채 Enter 키를 누르면 동일 도형 내에서 줄을 바꾸어 텍스트를 입력할 수 있다.

- 조직도의 레이아웃 좌우 전환, SmartArt 색, SmartArt 스타일은 디자인 탭에서 설정한다.

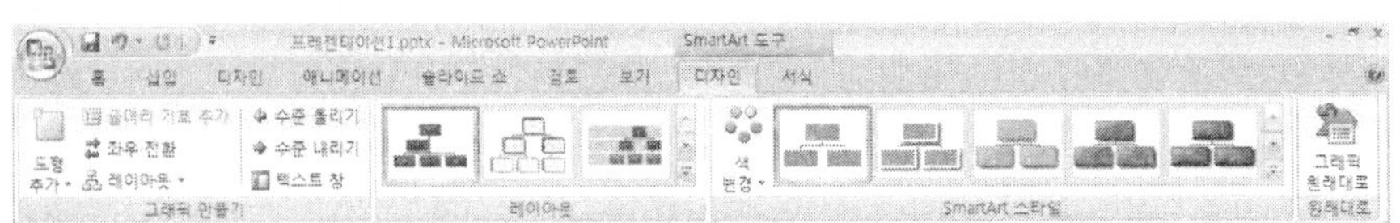

• 조직도를 선택한 후 '레이아웃' 그룹에서 '가로 계층 구조형' 레이아웃을 클릭하면 계층 관계를 가로 방향으로 지정할 수 있다.

• 조직도의 회장 도형을 선택한 후 '그래픽 만들기' 그룹에서 '레이아웃' 버튼 레이아웃 ▾을 클릭하면 조직도의 형태를 변경할 수 있다. 즉, 조직도의 전체 혹은 일부의 형태를 변경하여 특정한 구조를 강조할 수 있다.

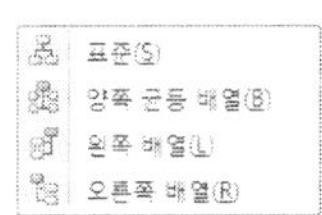

– '양쪽 균등 배분'을 클릭하면 선택한 도형이 가운데로 맞춰지고 그 아래의 도형은 좌/우로 나뉘어 가로로 정렬된다.

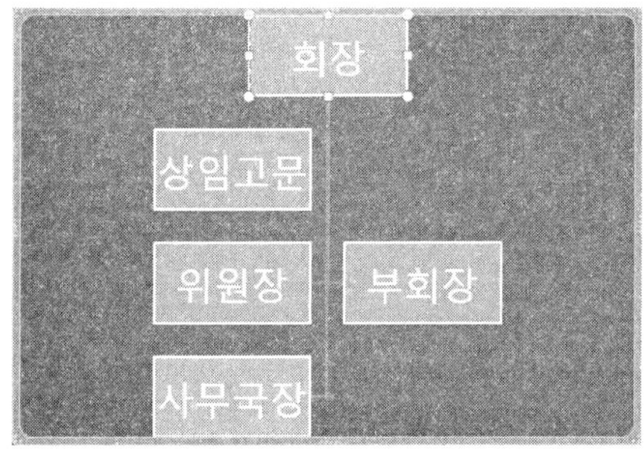

– '왼쪽 배열'을 클릭하면 선택한 도형이 가운데로 맞춰지고 그 아래의 도형은 세로로 왼쪽에 정렬된다.

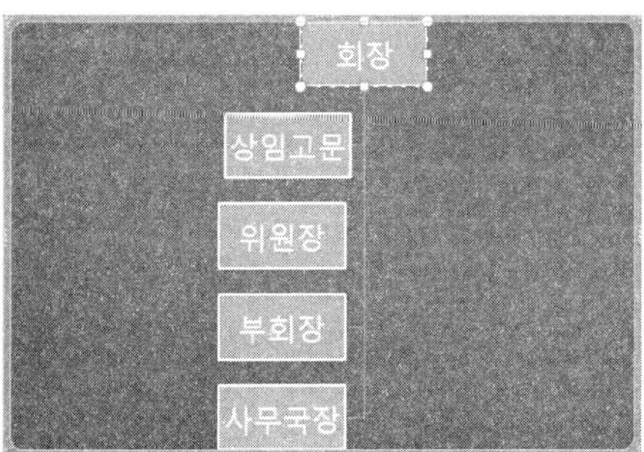

– '오른쪽 배열'을 클릭하면 선택한 도형이 가운데로 맞춰지고 그 아래의 도형은 세로로 오른쪽에 정렬된다.

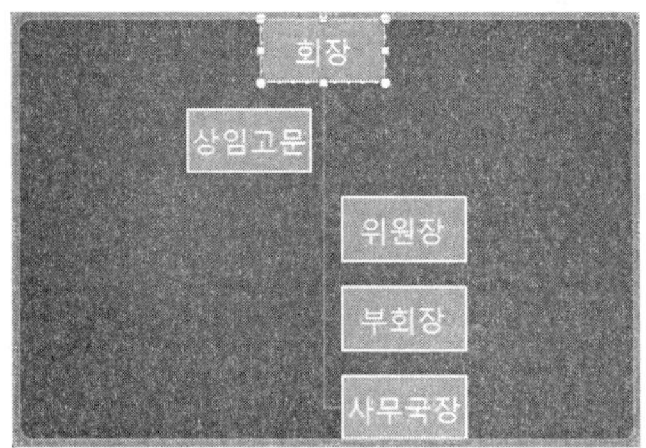

5. 그림 파일

그림을 삽입하려면 다음 과정을 밟는다.

① 삽입 탭의 '일러스트레이션' 그룹에서 '그림' 버튼을 클릭한다. 그림 삽입 대화상자가 열린다.

② 그림을 선택한 후 '삽입' 버튼을 클릭한다.

그림을 더블클릭하면 '그리기 도구' 리본이 열린다.

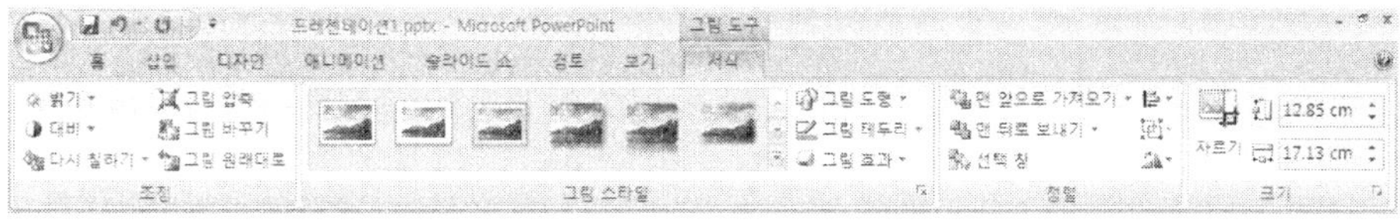

• 그림을 선택하고 서식 탭의 '그림 스타일' 그룹에서 스타일을 클릭하면 해당 스타일의 내용이 그림에 적용된다.

예 '부드러운 가장자리 직사각형' 스타일을 적용하면 그림의 가장자리가 부드럽게 처리된 효과를 줄 수 있다.

• 그림을 선택하고 서식 탭의 조정 그룹에서 밝기 · 대비를 클릭하면 그림의 밝기와 대비의 값을 지정할 수 있다.

밝기 −20%	대비 +40%	밝기 −20% 대비 +40%

– 밝기는 색이 지니고 있는 명암의 차이 정도, 밝기의 비율을 말한다. 흰색에 가까울수록 명도가 높고 흑색에 가까울수록 명도가 낮다.

– 대비는 두 가지 이상의 색채 효과를 비교했을 때 그 차이가 인정되는 것을 말한다.

- 그림의 특정 부분을 잘라내려면 그림을 선택하고 서식 탭의 '크기' 그룹에서 '자르기' 버튼을 클릭한다. 조정자를 마우스로 누른 상태에서 이동하여 그림을 잘라낸다.

 →  → 

- 그림을 선택하고 서식 탭의 '조정' 그룹에서 '그림 압축' 버튼을 클릭하면 그림의 잘려진 부분을 제거하고 이미지의 색 형식을 압축하여 이미지의 품질 손상 없이 그림 파일의 용량을 줄일 수 있다.

'옵션' 버튼을 클릭하면 압축 옵션을 설정할 수 있다.

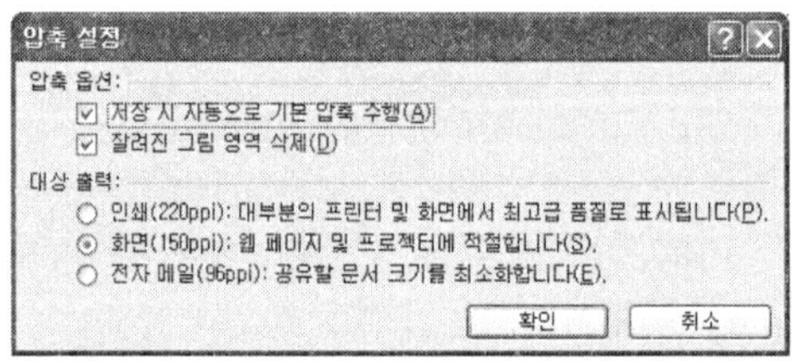

6. 클립아트

클립아트를 삽입하려면 다음 과정을 밟는다.

① 삽입 탭의 '일러스트레이션' 그룹에서 '클립아트' 버튼을 클릭한다. 클립아트 대화상자가 열린다.

② '이동' 버튼을 클릭한다.

③ 클립 목록에서 클립을 클릭한다. 클립아트가 삽입된다.

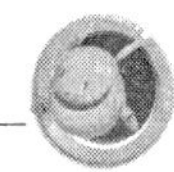

◫ 클립 모음집에 그리기 개체 추가하기

사용자가 만든 그리기 개체를 클립 모음집에 추가하려면 다음과 같이 한다.

① 그리기 개체를 선택 · 복사한다.

② '일러스트레이션' 그룹에서 '클립아트' 버튼을 클릭한다.

③ 클립아트 대화상자 하단의 '클립 구성' 버튼을 클릭한다. Microsoft Clip Organizer 대화상자가 열린다.

④ 등록 장소를 선택하고 '붙여넣기' 버튼 을 클릭한다. 그리기 개체가 클립으로 등록된다.

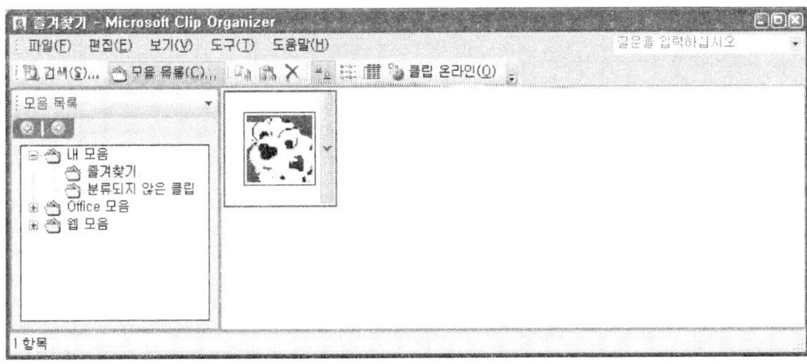

• 그림 파일 역시 동일한 방법으로 등록한다.

클립 모음집에 미디어 개체 추가하기

동영상, 소리 파일 등의 개체를 클립으로 등록하려면 다음과 같이 한다.

① Microsoft Clip Organizer 대화상자에서 '파일/클립 추가/직접'을 실행한다. 클립 추가 대화상자가 열린다.

② 파일을 선택한 후 '추가' 버튼을 클릭한다. 미디어 파일 개체가 클립으로 등록된다.

◆ 클립으로 등록한 미디어 클립을 슬라이드에 붙여 넣으려면 다음과 같이 한다.

① Microsoft Clip Organizer 대화상자에서 클립을 마우스 오른쪽 버튼으로 클릭하고 단축 메뉴에서 '복사'를 클릭한다.

② 홈 탭의 클립보드 그룹에서 '붙여넣기' 버튼을 클릭하고 '선택하여 붙여넣기'를 클릭한다.

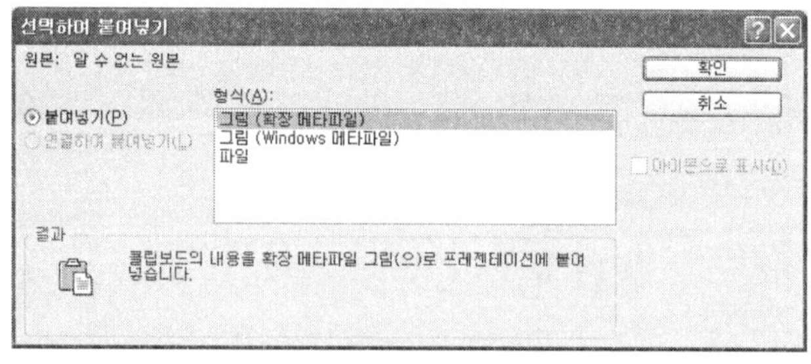

③ 형식을 파일로 지정하고 '확인' 버튼을 클릭한다.

7. 차트

□ 차트 삽입

① 삽입 탭의 '일러스트레이션' 그룹에서 '차트' 버튼을 클릭한다. 차트 삽입 대화 상자가 열린다.

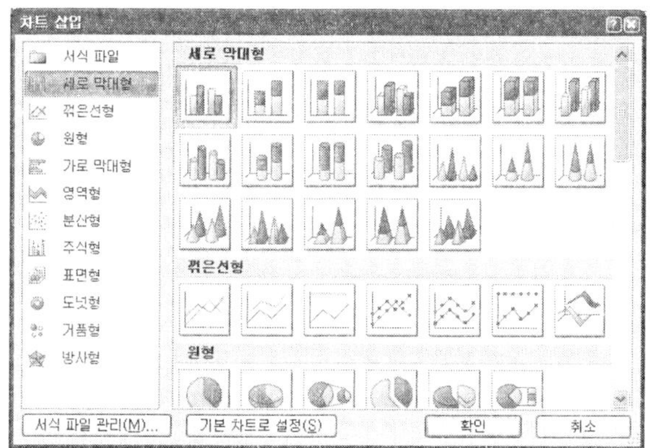

② 차트 종류를 선택한 후 '확인' 버튼을 클릭한다. 차트가 삽입되고 엑셀 작업 창이 열린다.

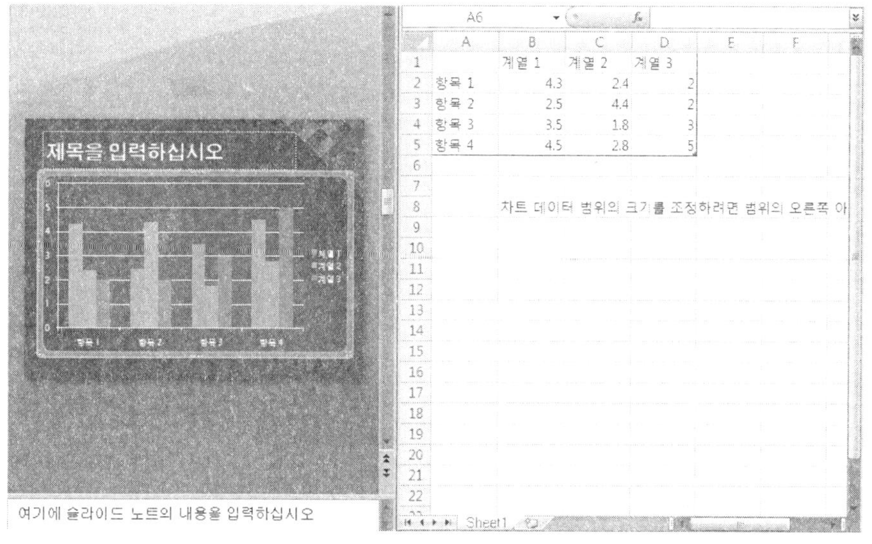

③ 엑셀 작업 창의 워크시트 데이터 값을 편집한다.

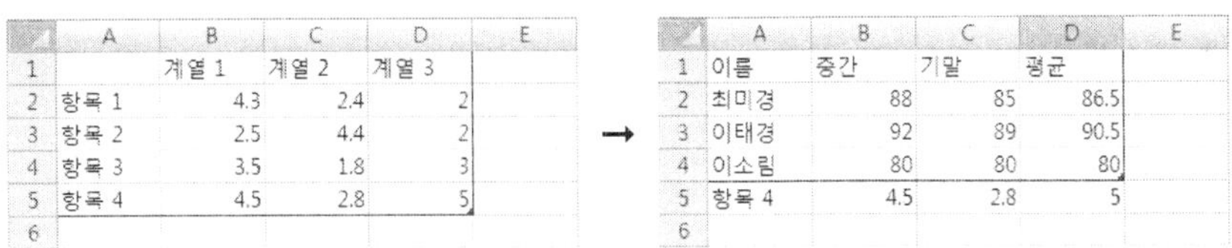

	A	B	C	D	E
1		계열 1	계열 2	계열 3	
2	항목 1	4.3	2.4	2	
3	항목 2	2.5	4.4	2	
4	항목 3	3.5	1.8	3	
5	항목 4	4.5	2.8	5	
6					

→

	A	B	C	D	E
1	이름	중간	기말	평균	
2	최미경	88	85	86.5	
3	이태경	92	89	90.5	
4	이소림	80	80	80	
5	항목 4	4.5	2.8	5	
6					

– 차트에 나타내고 싶지 않은 데이터는 범위 크기 조정 핸들을 끌어 차트 데이터에서 제외한다.

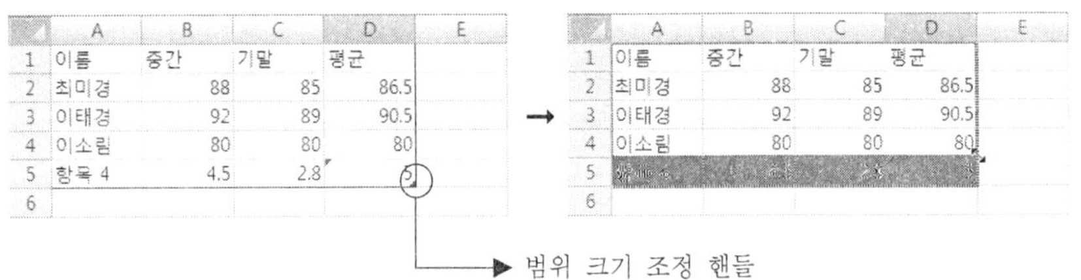

	A	B	C	D	E
1	이름	중간	기말	평균	
2	최미경	88	85	86.5	
3	이태경	92	89	90.5	
4	이소림	80	80	80	
5	항목 4	4.5	2.8	5	
6					

→

	A	B	C	D	E
1	이름	중간	기말	평균	
2	최미경	88	85	86.5	
3	이태경	92	89	90.5	
4	이소림	80	80	80	
5	[illegible]	[illegible]	[illegible]	[illegible]	
6					

- 워크시트의 파랑 실선 영역은 차트 데이터 영역을 나타낸다. 차트 데이터 영역을 제대로 지정하지 않으면 데이터 계열이 제대로 표시되지 않거나 불필요한 항목이 표시된다.

④ 엑셀 창을 닫는다. 워크시트 데이터 값이 차트에 반영된다.

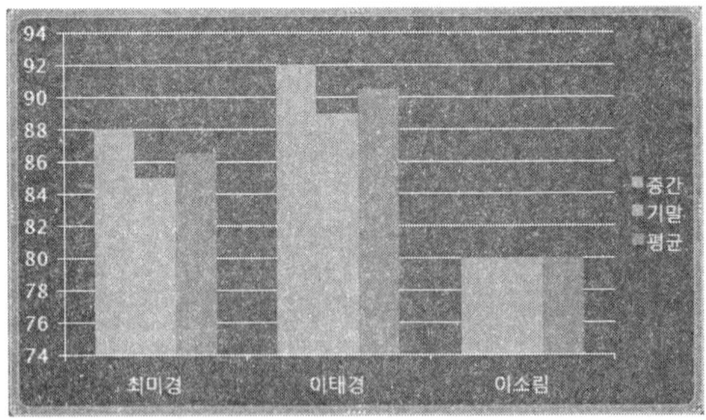

▭ 차트 데이터 수정

차트 데이터 수정은 다음과 같이 한다.

① 차트를 더블클릭한다. '차트 도구' 리본의 디자인 탭이 열린다.

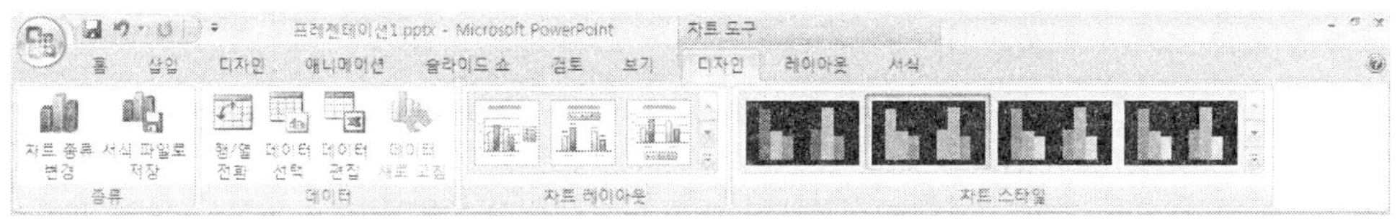

② '데이터' 그룹에서 '데이터 편집' 버튼을 클릭한다. 차트 데이터 워크시트가 열린다.

③ 데이터와 데이터 영역을 수정하고 워크시트를 닫는다.

	A	B	C	D	E
1	이름	중간	기말	평균	
2	최미경	88	85	86.5	
3	이태경	92	89	90.5	
4	이소림	80	80	80	
5	항목 4	4.5	2.8	5	
6					

→

	A	B	D	E	F
1	이름	중간	평균		
2	최미경	88	86.5		
3	이태경	92	90.5		
4	이소림	80	80		
5	항목 4	4.5	5		
6					

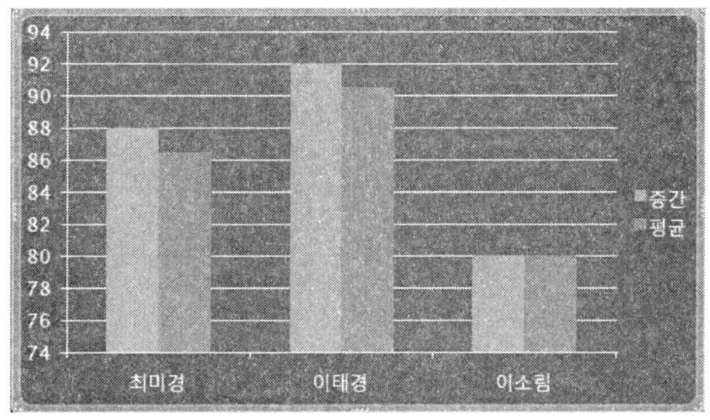

▭ 차트 종류 변경

차트 종류를 변경하려면 다음과 같이 한다.

① 차트를 더블클릭한다. '차트 도구' 리본의 디자인 탭이 열린다.

② '종류' 그룹에서 '차트 종류 변경' 버튼을 클릭한다. 차트 종류 변경 대화상자가 열린다.

③ 차트 종류를 선택하고 '확인' 버튼을 클릭한다.

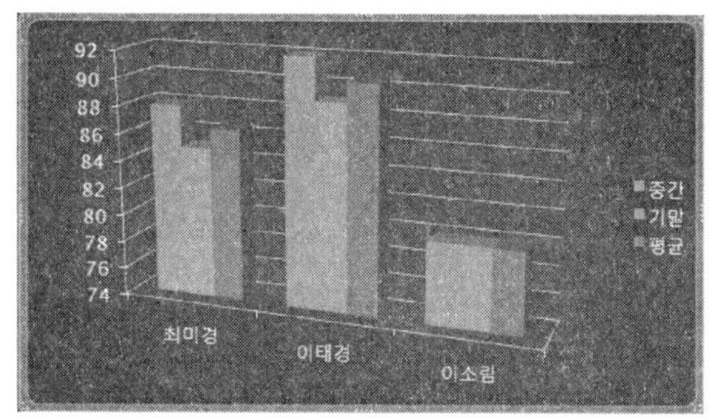

'3차원 묶은 세로 막대형' 적용

차트 레이아웃 적용

차트 레이아웃을 적용하면 차트 제목, 범례, 데이터 테이블 또는 데이터 레이블과 같은 차트 요소 집합을 원하는 방식으로 표시할 수 있다.

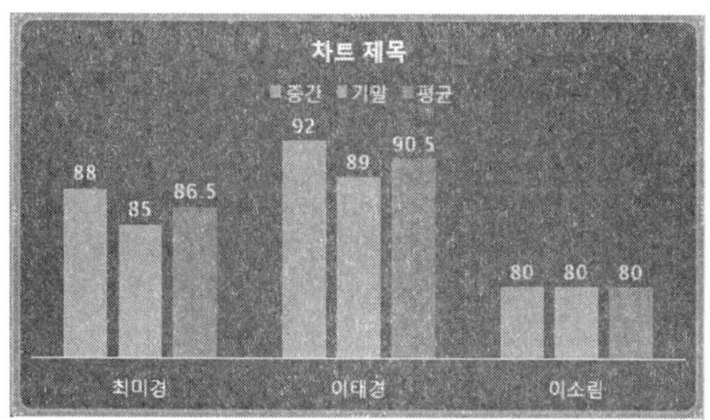

'레이아웃 2' 적용

차트 스타일 적용

차트 스타일을 적용하면 차트 계열의 채우기, 테두리 스타일, 그림자, 3차원 서식 등의 도형 효과를 표시할 수 있다.

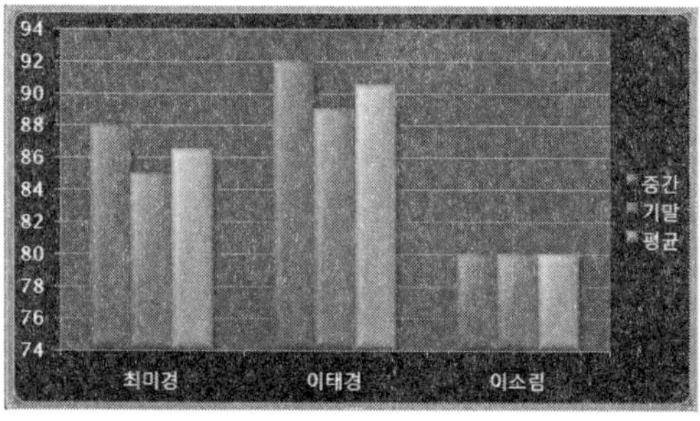

'스타일 46' 적용

참고 계열의 위치가 행인 경우 데이터 계열은 각 행에 기록된 내용을 말한다.

	A	B	C	D
1	이름	중간	기말	평균
2				
3	이태경	92	89	90.5
4	이소림	80	80	80

항목 이름 (평균)

최미경 계열 (2행)

계열 이름 (이소림)

계열 값 (80)

□ 차트 구성 요소 표시

차트 구성 요소는 레이아웃 탭에서 설정한다. 발표 용도에 맞는 레이아웃을 먼저 선택하고 그 다음 레이아웃 탭에서 차트 구성 요소를 원하는 형태로 수정한다.

① '차트 레이아웃' 그룹에서 원하는 레이아웃을 적용한다.

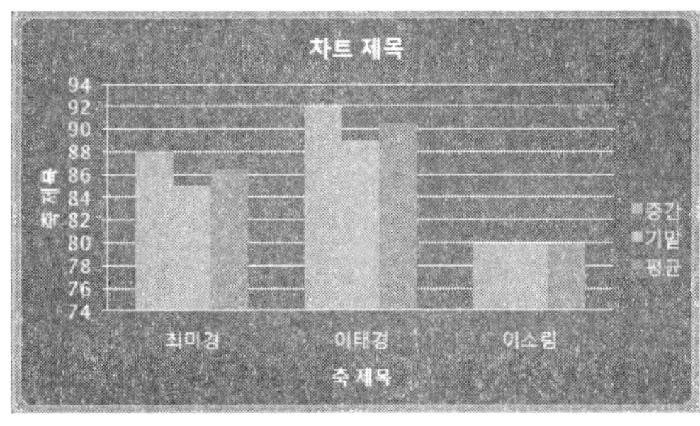

'레이아웃 9' 적용

② 레이아웃 탭을 클릭하고 레이블 그룹, 축 그룹에서 차트 구성 요소를 설정한다.

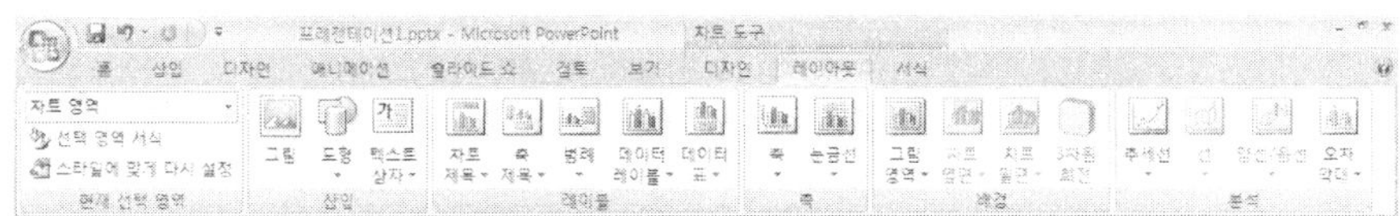

※ 차트 구성 요소를 설정하기 이전에 차트 레이아웃을 먼저 적용한다. 차트 구성 요소를 설정한 후 차트 레이아웃을 적용하면 차트 레이아웃 유형에 따라 차트 구성 요소가 표시되지 않는다.

• '축 제목' 버튼을 클릭하여 '기본 세로 축 제목'을 '세로 제목' 혹은 '가로 제목'으로 지정한다.

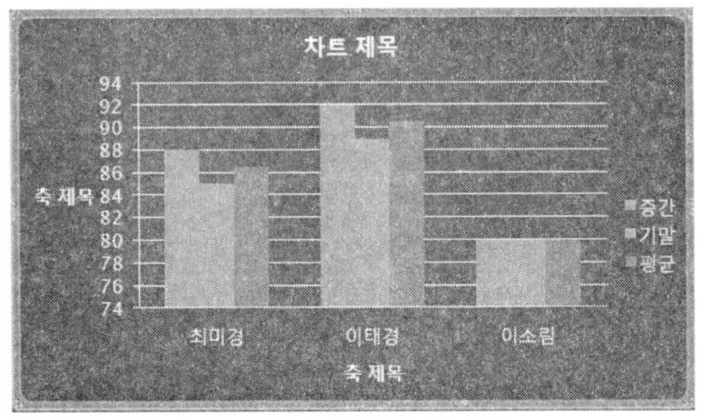

'기본 세로 축 제목'으로 '가로 제목' 적용

'축 제목' 버튼을 클릭하여 '기본 가로 축 제목'을 '없음'으로 지정한다.

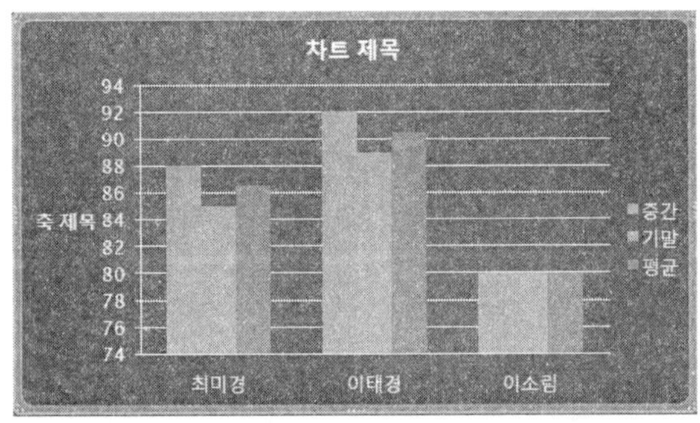

• '데이터 레이블' 버튼을 클릭하고 '안쪽 끝에'를 지정하여 데이터 계열에 값을 표시한다.

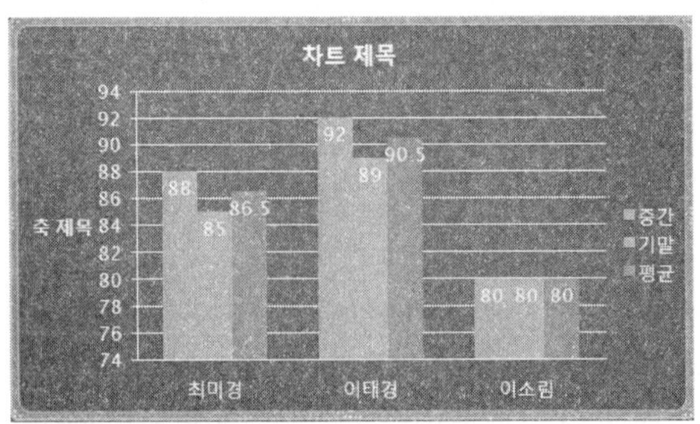

참고 데이터 계열을 클릭하고 '안쪽 끝에'를 지정하면 해당 데이터 계열에만 값이 표시된다.

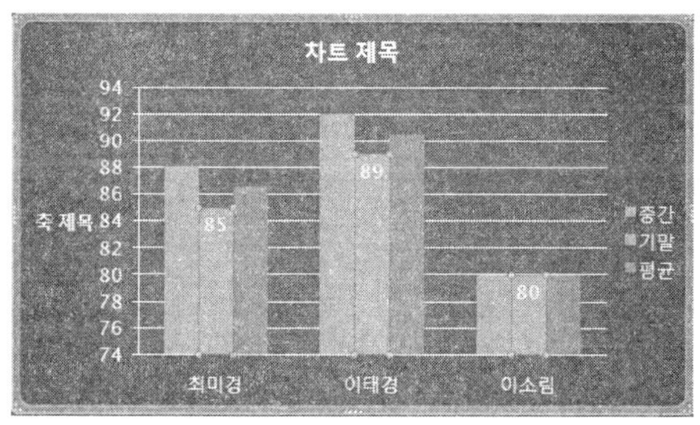

차트 관련 자세한 내용은 엑셀을 참조한다.

8. 개체

개체란 윈도우즈 응용 프로그램이 만들어 낸 결과물을 말한다. 응용 프로그램에 따라 그 결과물은 다르게 된다. 윈도우의 녹음기가 생성한 개체는 소리가 될 것이며, 그림판으로 생성한 개체는 그림이 된다. 일반적으로 개체란 글자, 그림, 소리, 그래프, 수식, 표 등을 모두 포함한다. 개체를 삽입하는 방법은 새로 만들기, 파일로부터 만들기, 복사 · 붙여넣기가 있다.

삽입 탭의 '텍스트' 그룹에서 '개체' 버튼을 클릭하면 개체를 삽입할 수 있다. 개체 삽입 대화상자가 열린다.

개체 삽입

⊙ 새로 만들기(N)
○ 파일로부터 만들기(F)

개체 유형(T):
비트맵 이미지
워드패드 문서
웨이브 사운드
패키지
한글과컴퓨터 한글 문서
ACDSee BMP Image
Flash Movie
Microsoft Equation 3.0

확인
취소
□ 아이콘으로 표시(D)

결과
새 비트맵 이미지 개체를 프레젠테이션에 삽입합니다.

□ 새로 만들기

- 새로 만들기로 엑셀 개체를 삽입하기 위해서는 윈도우 응용 프로그램 Microsoft Excel이 설치되어 있어야 한다.

예 새로 만들기를 선택하고 개체 유형을 'Microsoft Office Excel 워크시트'로 지정하면 슬라이드에 엑셀 워크시트가 삽입되고, 워크시트 작성과 관련된 엑셀의 메뉴와 도구 모음이 제공된다.

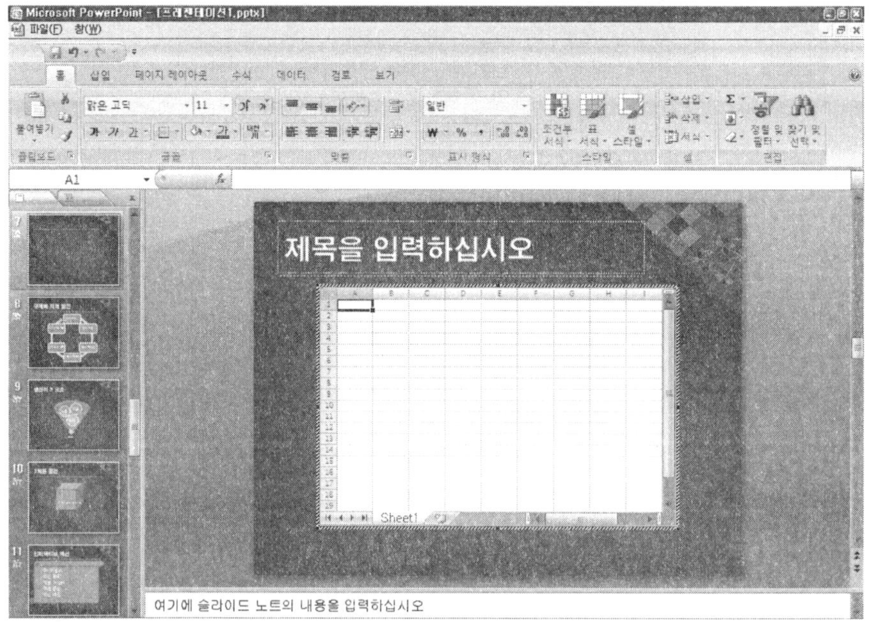

새로 만들기로 개체를 삽입한다는 것은 파워포인트 내에서 윈도우 응용 프로그램을 실행시켜 개체를 슬라이드에 삽입할 수 있다는 점에 있어 상당히 매력적으로 보일 수 있다. 하지만 위도우 응용 프로그램의 작업 영역이 슬라이드 내의 좁은 영역에 제한된다는 점은 단점으로 보인다.

□ 파일로부터 만들기

기존의 파일로부터 엑셀 개체를 삽입하려면 삽입 대화상자에서 '파일로부터 만들기'를 선택한다.

'찾아보기' 버튼을 클릭하여 엑셀 파일을 선택한 후 '확인' 버튼을 클릭하면 엑셀 파일이 삽입된다.

- 현재 열린 워크시트 탭에 입력된 셀의 내용이 삽입된다. 워크시트의 셀 전체가 아닌 데이터가 입력된 셀만 삽입된다.
- 워크시트에 삽입된 차트를 삽입하려면 차트를 넣을 위치를 '새 시트'로 지정한다. 차트 위치를 새 시트로 지정하려면 디자인 탭의 위치 그룹에서 '차트 이동' 버튼을 클릭하고 위치 옵션으로 '새 시트'를 선택한다.

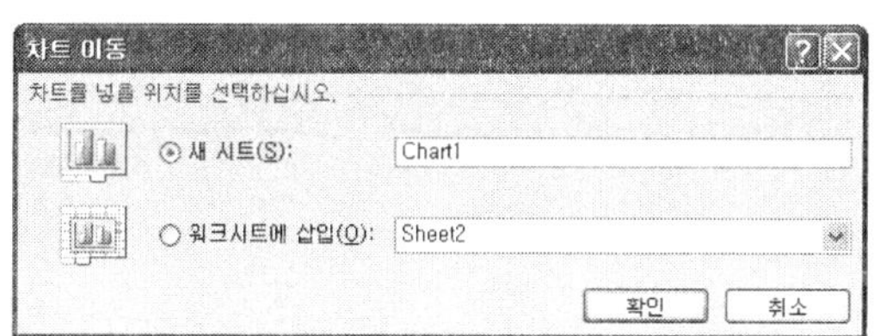

※ 슬라이드에 보이는 워크시트 탭을 변경하려면 워크시트 편집 상태에서 워크시트 탭을 클릭한다.

- '연결' 항목을 선택하지 않으면 새로 만들기로 개체를 삽입한 것과 같이 파워포인트 내부에서 엑셀 파일을 활성화시켜 엑셀 프로그램으로 편집할 수 있다. 이때 편집하는 엑셀 내용은 엑셀 원본 파일이 아니므로 엑셀 원본 파일의 내용은 바뀌지 않는다.
- '연결' 항목을 선택하면 엑셀 원본 파일이 연결된다. 삽입된 개체를 더블클릭하면 파워포인트 외부에서 엑셀 프로그램이 실행되어 엑셀 파일을 편집할 수 있다. 엑셀 원본 파일을 편집하면 프레젠테이션에 삽입된 개체에도 그대로 반영된다. 항상 엑셀 원본 파일의 내용이 프레젠테이션에 삽입된 개체에 반영된다.

※ 프레젠테이션에 연결한 엑셀 파일의 내용을 업데이트하려면 다음과 같이 한다.

① 슬라이드에 삽입된 엑셀 개체를 마우스 오른쪽 버튼으로 클릭한다.

② 단축 메뉴에서 '연결 업데이트'를 클릭한다.

◫ 복사 · 붙여넣기

엑셀 워크시트의 내용이나 차트를 프레젠테이션에 가장 효율적으로 삽입할 수 있는 방법은 엑셀 개체를 복사한 후 붙여 넣는 것이다.

① 엑셀 워크시트에서 차트를 선택한 후 '편집/복사'를 실행한다.

② 파워포인트의 홈 탭을 클릭하고 '클립보드' 그룹에서 '붙여넣기' 버튼을 클릭한 후 '선택하여 붙여넣기'를 클릭한다.

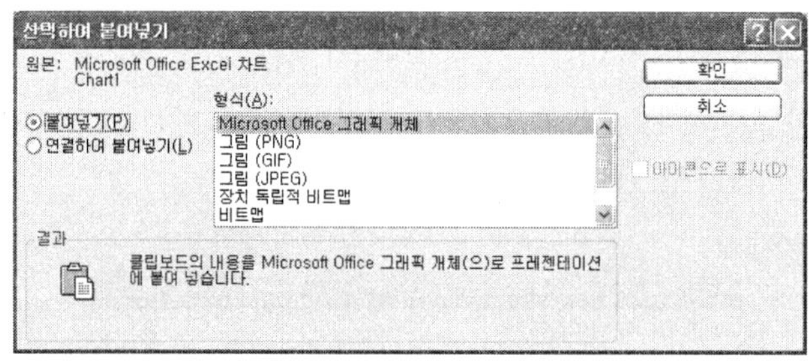

③ 'Microsoft Office 그래픽 개체' 형식을 선택한 후 '확인' 버튼을 클릭한다.

- '붙여넣기' 항목을 선택하면 새로 만들기로 개체를 삽입한 것과 같이 차트는 슬라이드에 개체 포함된다.
- '연결하여 붙여넣기' 항목을 선택하면 엑셀 원본 파일의 정보가 연결된다.
- 형식을 '그림' 유형으로 선택하면 차트가 아닌 그림 개체로 붙여진다.

선택하여 붙여넣기 대화상자의 형식 창에 나타나는 목록 유형은 클립보드에 저장된 내용에 따라 다르다.

예 엑셀 워크시트의 텍스트 내용을 복사한 후 '선택하여 붙여넣기'를 실행하면 Microsoft Office Excel 워크시트 개체가 나타난다.

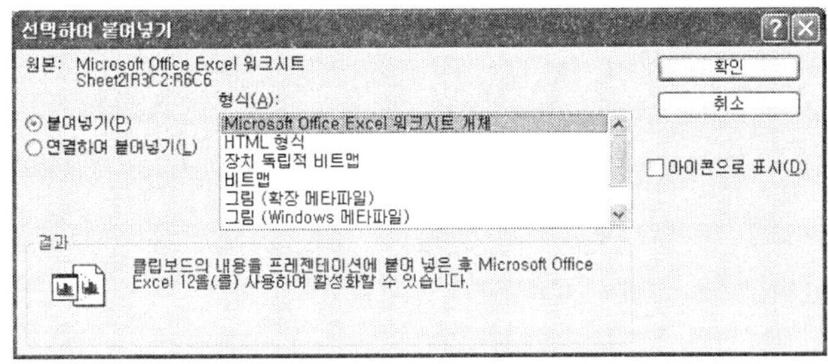

9. 동영상 · 소리 · 설명 녹음

□ 동영상 삽입

동영상을 삽입하려면 삽입 탭의 '미디어 클립' 그룹에서 '동영상' 버튼을 클릭한다. 동영상 삽입 대화상자가 열린다. 동영상 파일을 선택한 후 '확인' 버튼을 클릭하면 동영상 실행 방식을 묻는 메시지 창이 열린다.

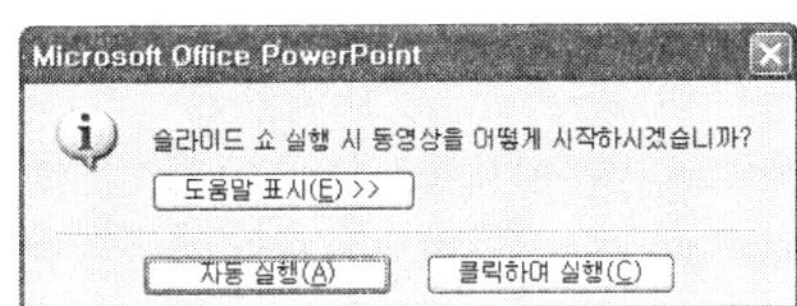

- 슬라이드 쇼를 실행했을 때 동영상을 자동으로 재생하려면 '자동 실행' 버튼을 클릭한다.
- 슬라이드 쇼를 실행했을 때 동영상을 마우스로 클릭하여 재생하려면 '클릭하여 실행' 버튼을 클릭한다.

동영상을 삽입하면 '동영상 도구' 리본이 열린다.

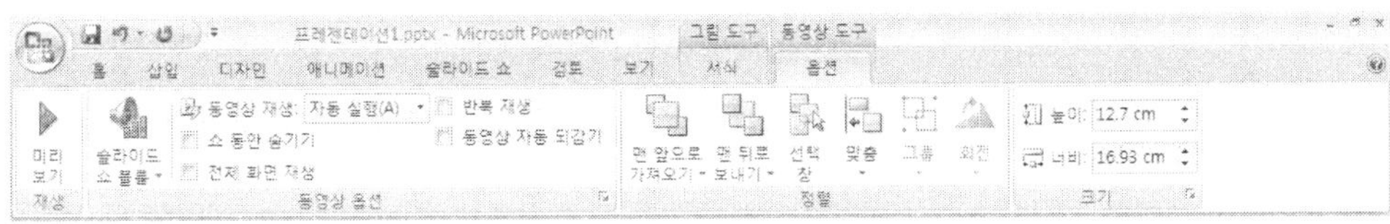

- '미리보기' 버튼을 클릭하면 동영상 재생 상태를 확인할 수 있다.

- '동영상 옵션' 그룹에서는 슬라이드 쇼 진행시의 옵션을 설정할 수 있다.
  - '슬라이드 쇼 볼륨' 버튼을 클릭하면 동영상 볼륨을 설정할 수 있다.
  - 동영상 재생 옵션으로 '모든 슬라이드에서 실행'을 선택하면 동영상이 삽입된 슬라이드에서부터 마지막 슬라이드까지 동영상을 재생할 수 있다.
  - '쇼 동안 숨기기' 옵션을 선택하면 동영상을 숨길 수 있다.
  - '전체 화면 재생' 옵션을 선택하면 전체 화면으로 확대하여 동영상을 재생할 수 있다.
  - '반복 재생' 옵션을 선택하면 동영상 재생을 반복할 수 있다.

◫ 소리 삽입

프레젠테이션에 삽입할 수 있는 소리의 종류는 소리 파일, CD 오디오, 소리 녹음이 있다.

◫ 소리 파일

소리 소리 파일을 삽입하려면 삽입 탭의 '미디어 클립' 그룹에서 '소리' 버튼을 클릭한다. 소리 삽입 대화상자가 열린다. 소리 파일을 선택한 후 '확인' 버튼을 클릭하면 소리 실행 방식을 묻는 메시지 창이 열린다.

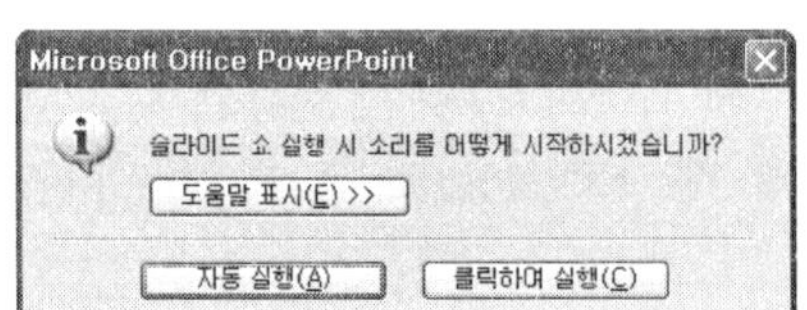

- 슬라이드 쇼를 실행했을 때 소리를 자동으로 재생하려면 '자동 실행' 버튼을 클릭한다.
- 슬라이드 쇼를 실행했을 때 소리를 마우스로 클릭하여 재생하려면 '클릭하여 실행' 버튼을 클릭한다.

소리를 삽입하면 '소리 도구' 리본의 옵션 탭이 열린다.

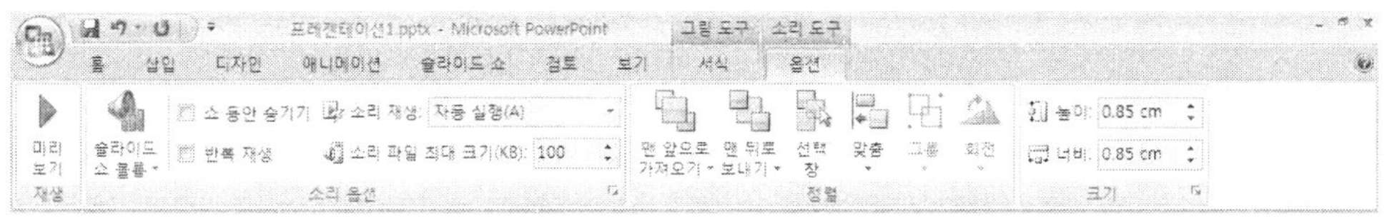

'소리 옵션' 그룹의 옵션은 동영상 옵션의 그것과 동일하다.

- .wav 파일의 크기는 '소리 파일 최대 크기' 옵션에서 지정한다. .wav 파일의 크기는 최대 50,000KB까지 지정할 수 있다.

※ 소리 파일을 삽입하거나 소리 녹음을 삽입하는 경우 '소리 파일 최대 크기' 옵션을 미리 지정한다. 옵션 지정 전에 삽입한 소리에는 해당 옵션이 적용되지 않는다.

▭ CD 오디오 재생

CD 오디오를 재생하려면 CD 롬에 CD를 넣은 후 삽입 탭의 '미디어 클립' 그룹에서 '소리' 버튼을 클릭하여 CD 오디오 재생을 클릭한다. CD 오디오 삽입 대화상자가 열린다.

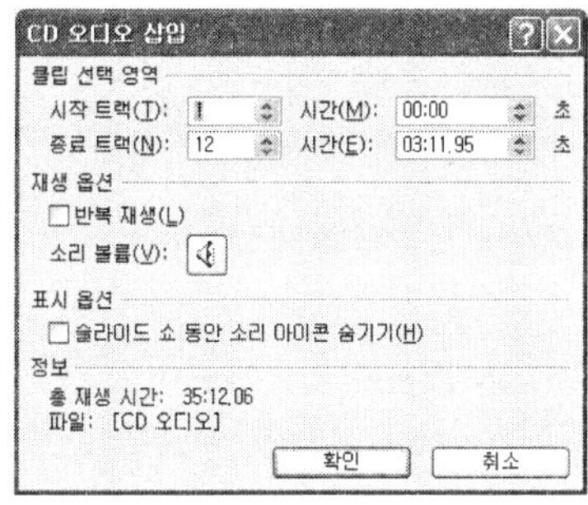

'확인' 버튼을 클릭하면 소리 실행 방식을 묻는 메시지 창이 열린다.

- 슬라이드 쇼를 실행했을 때 CD 오디오를 자동으로 재생하려면 '자동 실행' 버튼을 클릭한다.
- 슬라이드 쇼를 실행했을 때 CD 오디오를 마우스로 클릭하여 재생하려면 '클릭하여 실행' 버튼을 클릭한다.

CD 오디오를 삽입하면 'CD 오디오 도구' 리본의 옵션 탭이 열린다.

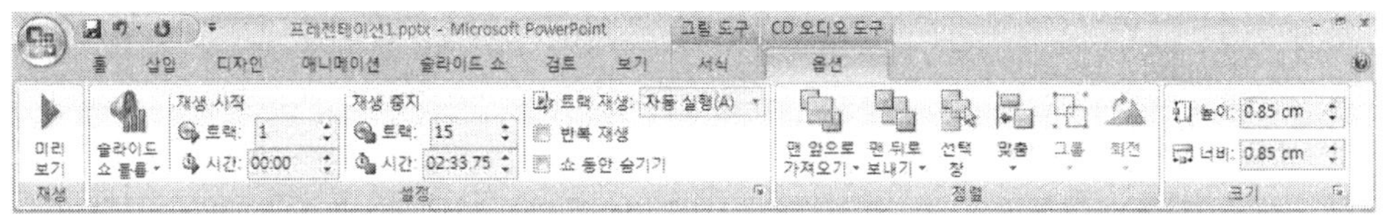

• 재생 트랙을 지정하려면 재생 시작 트랙과 재생 중지 트랙을 지정한다.

'설정' 그룹의 옵션은 소리 옵션의 그것과 동일하다.

□ 소리 녹음

음성 녹음을 삽입하려면 삽입 탭의 '미디어 클립' 그룹에서 '소리' 버튼을 클릭하여 소리 녹음을 클릭한다. 소리 녹음 창이 열린다.

• 소리를 녹음하려면 '녹음' 버튼 [●]을 클릭한다.
• 녹음을 마치려면 '정지' 버튼 [■]을 클릭한다.

소리 녹음의 옵션은 소리 파일의 그것과 동일하다.

참고 소리를 삽입할 때에는 소리를 프레젠테이션에 포함할 것인지 연결할 것인지를 미리 결정한다.

예 프레젠테이션에 삽입할 .wav 파일의 용량이 10MB인 경우 파일을 프레젠테이션에 포함하려면 '소리 옵션' 그룹의 '소리 파일 최대 크기' 옵션의 값을 10MB보다 크게 지정하고 파일을 삽입한다. 파일 용량보다 '소리 파일 최대 크기' 옵션의 값을 적게 지정하면 파일은 프레젠테이션에 연결된다.

□ 설명 녹음

설명 녹음은 슬라이드에 대한 설명을 녹음한다. 설명 녹음을 하기 위해서는 시스템에 마이크가 연결되어야 한다.

※ 설명 녹음을 실행하면 자동으로 슬라이드 쇼가 진행된다. 따라서 설명 녹음을 실행한 상태에서 프레젠테이션을 진행하면 발표 내용, 청중들의 질문, 질문에 대한 답 등을 녹음할 수 있다.

◻◻ 슬라이드에 설명 녹음 포함하기

① 슬라이드 쇼 탭의 '설정' 그룹에서 '설명 녹음' 버튼 을 클릭한다. 설명 녹음 대화상자가 열린다.

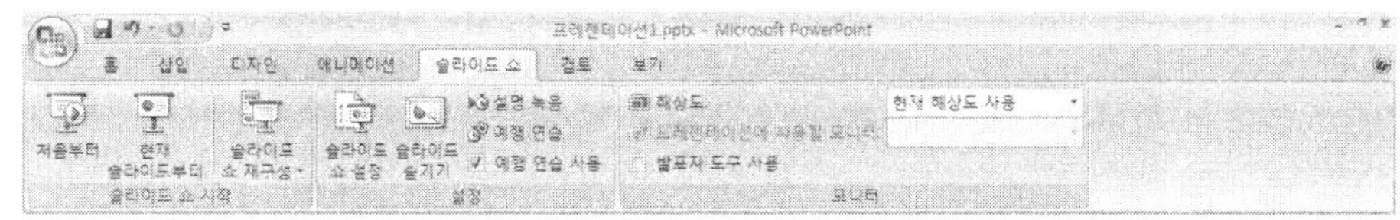

- 설명 녹음 대화상자의 현재 녹음 음질 상자에는 현재 설정된 녹음 속성이 보여진다.

② 대화상자 하단 좌측의 '설명 연결' 항목의 선택이 해제된 상태로 그대로 둔다.

③ '확인' 버튼을 클릭한다. 자동으로 슬라이드 쇼 상태가 된다.

④ 프레젠테이션에 포함된 모든 슬라이드의 내용을 차례로 녹음한다.

⑤ 마지막 슬라이드에 대한 녹음을 마치면 '슬라이드 쇼가 끝났습니다. 끝내시려면 마우스를 누르십시요'라는 메시지가 화면에 표시된다. 마우스를 클릭하면 시간 저장 여부를 묻는 대화상자가 열린다.

⑤ 시간을 저장하려면 '저장' 버튼을 클릭한다.

- 설명 녹음이 저장된 슬라이드에는 우측 하단에 소리 아이콘이 삽입된다.

※ 소리 아이콘을 삭제하면 슬라이드에 포함된 설명 녹음이 삭제된다.

◫ 특정 슬라이드의 설명 녹음 다시 하기

특정 슬라이드의 설명 녹음을 다시 하는 절차는 다음과 같다.

① 슬라이드 쇼 탭의 '설정' 그룹에서 '슬라이드 쇼 설정' 버튼을 클릭한다.

② 슬라이드 쇼 범위를 지정한다.

예 두 번째 슬라이드의 설명 녹음을 다시 하려면 슬라이드 쇼 범위를 시작 2, 끝 2로 지정한다.

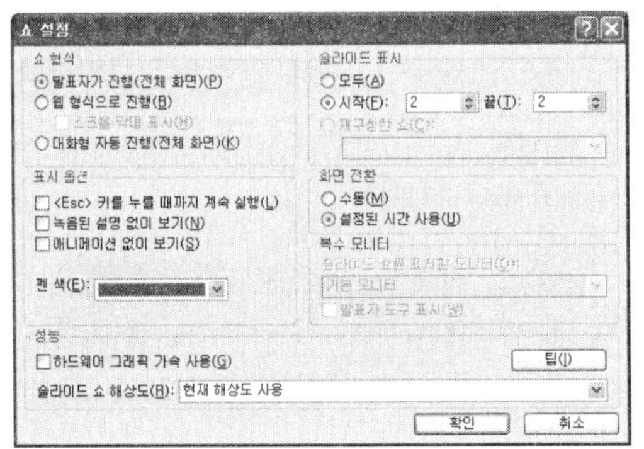

③ '설명 녹음' 버튼 [설명 녹음]을 클릭한다. 지정한 슬라이드만 열린다.

◫ 슬라이드에 설명 녹음 연결하기

슬라이드에 설명 녹음을 연결하는 방법은 슬라이드에 설명 녹음을 포함하는 것과 동일하다. 단, '설명 연결' 항목을 선택한 상태에서 녹음을 시작한다.

설명 녹음을 끝내면 프레젠테이션 파일이 있는 폴더에는 슬라이드 수만큼의 .wav 파일이 만들어진다. .wav 파일에는 프레젠테이션 파일 이름 다음 256, 257, 258, 259 등의 수치가 추가된다.

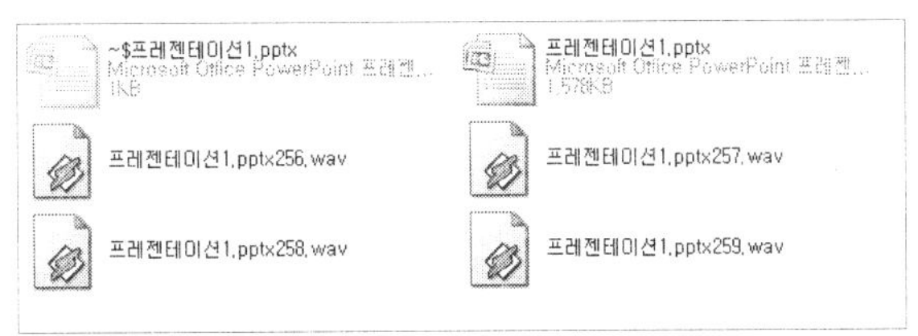

- 프레젠텐이션1.pptx256.wav 파일은 첫 번째 슬라이드에 연결된 .wav 파일이며, 프레젠텐이션1.pptx257.wav, 프레젠텐이션1.pptx258.wav, 프레젠텐이션1.pptx259.wav 파일은 두 번째, 세 번째, 네 번째 슬라이드에 연결된 .wav 파일이다.

※ 프레젠테이션 파일과 .wav 파일은 동일 폴더에 둔다. .wav 파일이 저장될 폴더를 따로 지정하지 않는 한 .wav 파일은 프레젠테이션 파일이 저장된 폴더에 저장된다.

◫ 윈도우 응용 매체로 녹음한 .wav 파일 설명 녹음으로 대체하기

슬라이드에 연결할 .wav 파일은 윈도우의 녹음기 혹은 기타 녹음 매체를 이용하여 제작한다. .wav 파일의 이름은 프레젠테이션 파일 이름에 슬라이드 번호를 매겨 저장한다.

예 프레젠텐이션1.pptx의 첫 번째 슬라이드에 연결할 .wav 파일의 이름은 프레젠텐이션1.pptx256.wav로 지정한다.

◆ .wav 파일 만들기

① '시작/프로그램/보조프로그램/엔터테인먼트/녹음기'를 실행한다.

② '녹음' 버튼 [●]을 클릭하여 첫 번째 슬라이드에 대한 설명을 녹음한다.
③ '중지' 버튼 [■]을 클릭하여 녹음을 끝낸다.
④ '파일/저장'을 실행한다. 다른 이름으로 저장 대화상자가 열린다.
⑤ 프레젠테이션 파일이 위치한 폴더를 선택하고 파일 이름을 '프레젠테이션1.pptx257.wav'로 저장한다.
⑥ '파일/새로 만들기'를 실행한다.
⑦ 2–5 과정을 반복하여 두 번째 슬라이드에 연결할 .wav 파일을 제작한다.

예 프레젠테이션.pptx의 두 번째 슬라이드에 연결할 .wav 파일이라면 이름을 프레젠텐이션1.pptx257.wav로 저장한다.

• 나머지 슬라이드에 대한 .wav 파일도 동일한 방식으로 제작한다.

◆ 녹음 매체로 녹음한 .wav 파일을 설명 녹음으로 연결하기

① 프레젠테이션에 연결된 .wav 파일이 있다면 윈도우 탐색기에서 .wav 파일을 모두 삭제한다.
② '설명 녹음'을 실행한다.
③ '설명 연결' 항목을 선택하고 '확인' 버튼을 클릭한다. 슬라이드 쇼 상태가 된다.
④ 슬라이드 쇼를 마칠 때까지 마우스를 클릭한다.
※ 슬라이드에 .wav 파일을 연결하기 위한 과정이므로 녹음을 할 필요는 없다.
⑤ 시간 저장 여부를 묻는 대화상자가 열린다. '저장 안 함' 버튼을 클릭한다. 슬라이드에 대한 설명은 따로 녹음한 .wav 파일을 사용하므로 시간을 저장하지 않는다.
⑥ 프레젠테이션을 저장한다.
⑦ 프레젠테이션을 끝낸다.
⑧ 프레젠테이션을 다시 시작한다.

주의 파워포인트를 끝낸 후 다시 시작해야만 .wav 파일의 내용이 모두 재생된다. 파워포인트를 끝내지 않은 상태에서 슬라이드를 재생하면 설명 녹음에 걸린 시간만큼만 .wav 파일이 재생된다.

◆ .wav 파일 재생 시간에 맞춰 슬라이드 자동 전환 시간 설정하기

슬라이드 재생 시간을 .wav 파일의 재생 시간과 맞추는 절차는 다음과 같다.

① 슬라이드 쇼 탭의 설정 그룹에서 '예행 연습' 버튼 을 클릭한다. 프레젠테이션 예행 연습이 시작된다.

② 첫 번째 슬라이드에 연결된 .wav 파일의 재생이 끝나면 엔터한다.

• 슬라이드 쇼 혹은 예행 연습 중 엔터하다 클릭하면 다음 슬라이드로 넘어간다.

③ 두 번째 슬라이드에 연결된 .wav 파일의 재생이 끝나면 엔터한다.

• 나머지 슬라이드에 대해서도 동일한 방식으로 예행 연습을 한다. 마지막 슬라이드에 대한 예행 연습이 끝나면 다음 메시지 창이 열린다.

④ '예' 버튼을 클릭하여 예행 연습에 걸린 시간을 각 슬라이드에 저장한다.

▭ 마이크 설정

설명 녹음 대화상자의 마이크 수준 설정 버튼을 클릭하면 마이크가 제대로 작동하는지 확인할 수 있다.

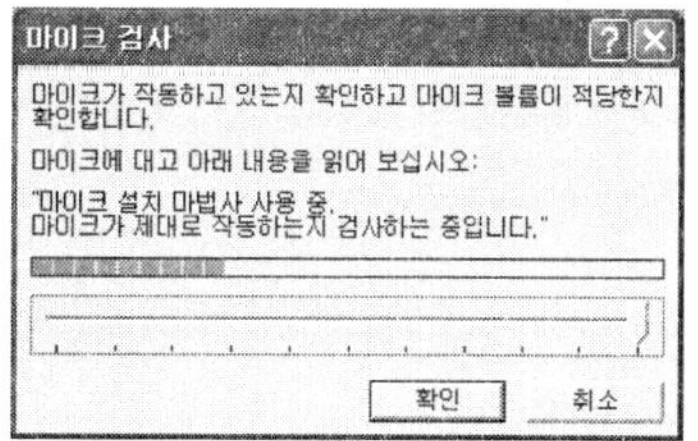

마이크가 제대로 작동하면 마이크로 말할 때 녹음 수준이 녹색 범위로 나타난다. 녹음 볼륨 조절 막대를 조절하여 음량을 적절하게 맞춘다.

• 마이크로 말할 때 녹음 수준이 녹색 범위로 나타나지 않으면 볼륨 조절을 재설정한다.

① 윈도우의 볼륨 조절(시작/프로그램/보조프로그램/엔터테인먼트)을 실행한다.

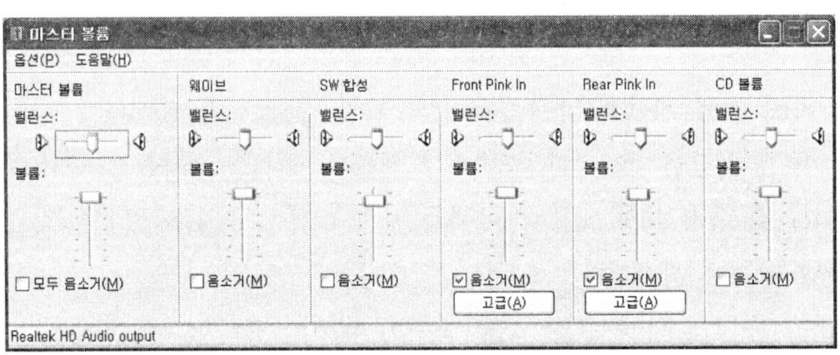

윈도우는 컴퓨터에 설치된 오디오 라인을 관리하는 오디오 라인 라우팅 서비스를 제공한다. 각 오디오 라인은 오디오 웨이브 폼 데이터 채널로 구성된다. 마스터 볼륨 컨트롤의 속성 창은 컴퓨터에 설치된 재생/녹음관련 오디오 소스 라인의 종류를 보여준다.

② '옵션/속성'을 실행한다.

③ 시스템에 설치된 '입력 믹서 장치'를 선택하고 '확인' 버튼을 클릭한다. 녹음 컨트롤 대화상자가 열린다.

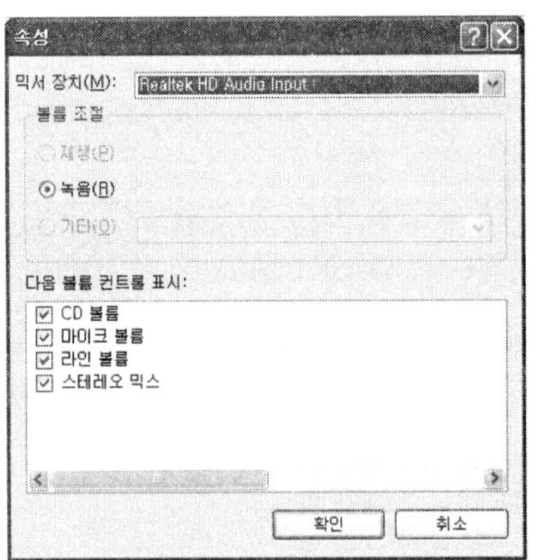

④ '마이크 볼륨'을 선택하고 볼륨의 크기를 최대로 설정한다.

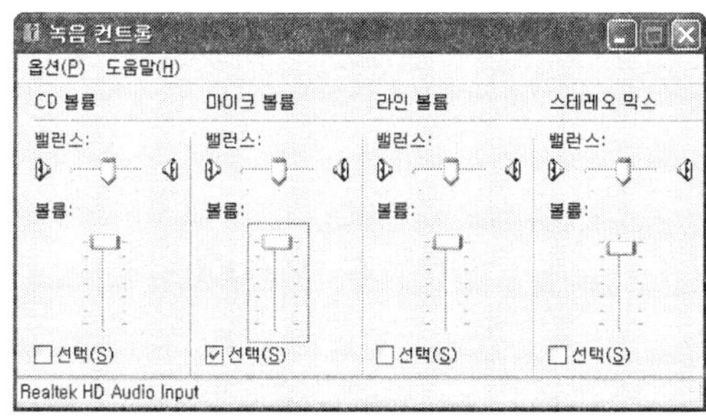

• CD, 녹음기 혹은 MP3 파일의 음악을 녹음하려면 '스테레오 믹스'를 선택한다. 녹음 장치로 스테레오 믹스를 선택하면 모든 오디오 소스를 들으면서 녹음할 수 있다.

▭ 음질 설정

설명 녹음 대화상자의 음질 설정 버튼을 클릭하면 녹음 품질을 설정할 수 있다. 음질은 전화 음질, 라디오 음질, CD 음질 중 하나를 선택할 수 있다.

PCM 오디오 코덱은 무압축 코덱으로서 최상의 음질을 제공한다. CD 품질을 선택하면 파워포인트는 44.100kHz, 16비트, 스테레오 품질로 녹음한다. 일반적으로 음성은 스테레오로 녹음하지 않는다. 스테레오로 녹음하면 모노에 비해 파일 용량이 두 배가 된다.

10. WordArt

WordArt는 텍스트에 그림자 또는 미러(반사) 효과를 줄 수 있는 텍스트 스타일에 해당한다.

▭ WordArt 삽입하기

WordArt를 삽입하려면 다음과 같이 한다.

① 삽입 탭의 '텍스트' 그룹에서 'WordArt' 버튼을 클릭한다. WordArt 스타일 창이 열린다.

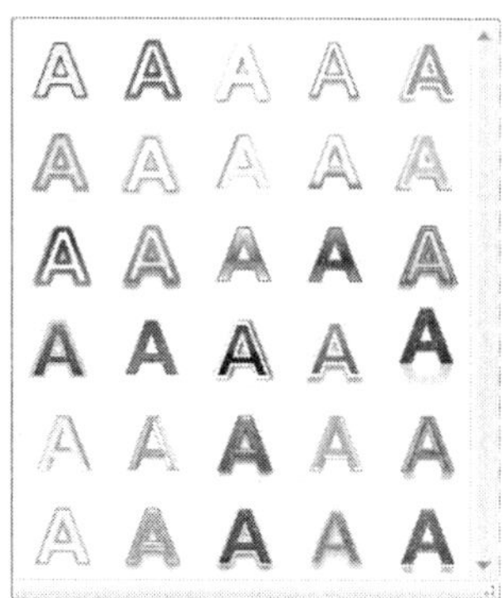

② 스타일을 클릭한다. 슬라이드에 WordArt 텍스트 입력 틀이 삽입된다.

③ 입력 틀의 내용을 지운 후 텍스트를 입력한다.

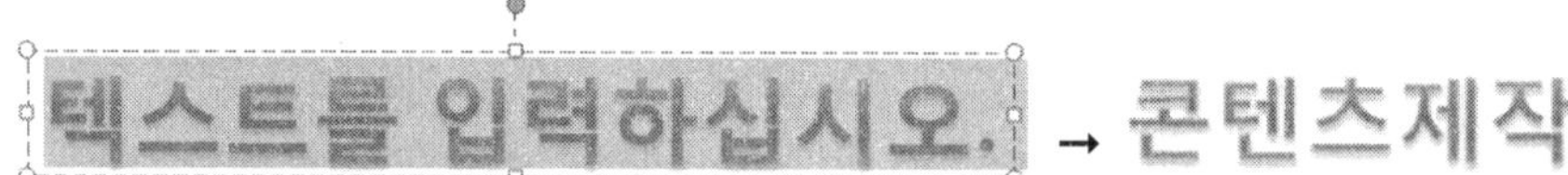

□ WordArt 형태 변경

WordArt의 모양을 변경하려면 WordArt 텍스트를 더블클릭한다. '그리기 도구' 리본의 서식 탭이 열린다.

① 'WordArt 스타일' 그룹에서 '텍스트 효과' 버튼 을 클릭한다. 텍스트 효과 메뉴 창이 열린다.

② '변환' 항목을 클릭한다.

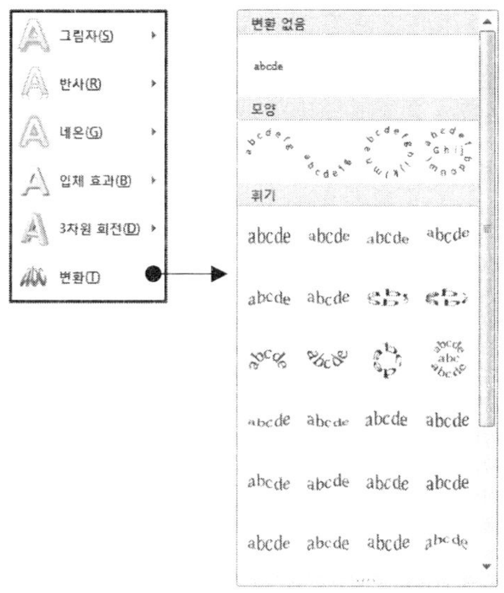

③ 원하는 형태를 클릭한다.

예 '위쪽 원호 모양'을 클릭하면 WordArt의 모양은 다음과 같이 변환된다.

□ WordArt 회전

WordArt를 회전시키려면 회전 핸들을 조정한다. 핸들을 마우스로 누른 상태에서 끌어 조정한다.

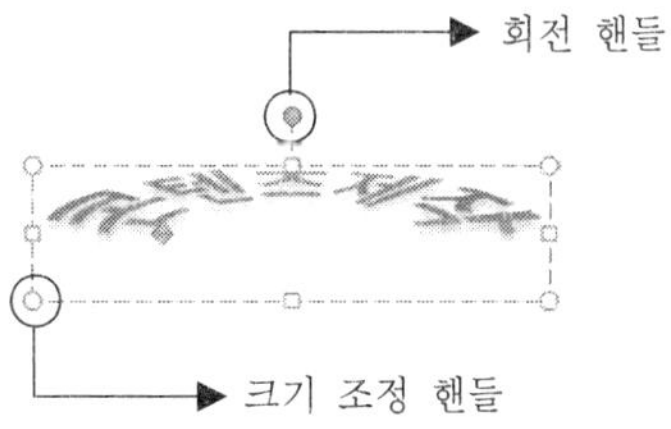

□ WordArt 서식

- WordArt의 서식은 '그리기 도구' 리본의 서식 탭에서 변경한다.

• WordArt의 글자 간격은 글꼴 대화상자의 문자 간격 탭에서 지정한다.

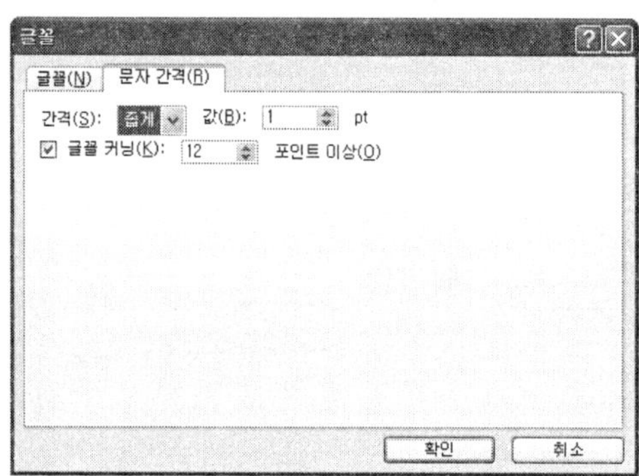

글꼴 대화상자를 열려면 홈 탭의 '글자' 그룹에서 '대화상자 열기' 버튼 을 클릭한다.

11. 사진 앨범

사진 앨범을 만들려면 삽입 탭의 '일러스트레이션' 그룹에서 '사진 앨범' 버튼을 클릭한다. 사진 앨범 대화상자가 열린다.

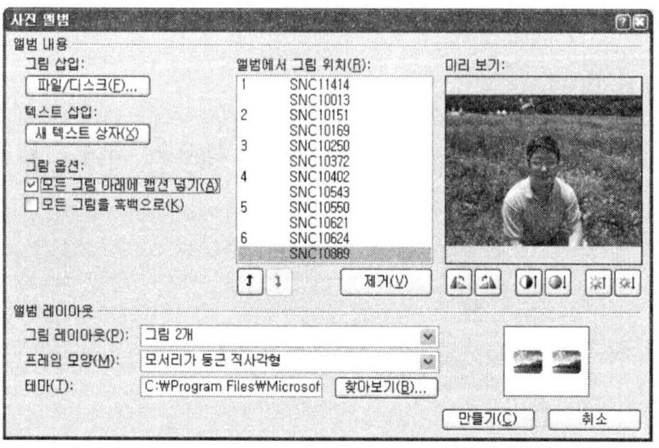

• '파일 디스크' 버튼을 클릭하여 앨범에 담을 사진을 선택한다.
• '새 텍스트 상자'를 클릭하여 텍스트 상자를 삽입한다. 텍스트 상자가 입력된 위치에는 빈 화면 레이아웃이 삽입된다.

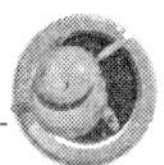

- 앨범 레이아웃 박스에서 그림 레이아웃의 종류를 선택하고 프레임 모양, 테마 등을 지정한다.
  - 그림 레이아웃의 종류를 '슬라이드에 맞춤'으로 선택하면 그림이 슬라이드에 꽉 찬 형태로 삽입된다.
  - 그림 레이아웃의 종류를 '그림 n개'로 선택하면 빈 화면 레이아웃에 그림 n개가 삽입된다.
  - 그림 레이아웃의 종류를 '제목을 가진 그림 n개'로 선택하면 제목만 레이아웃에 그림 n개가 삽입된다.
  - 그림 레이아웃의 종류를 2개 이상 선택하는 경우 텍스트 상자도 그림으로 간주된다.
- 그림의 밝기 · 대비 등을 지정한다.
- 그림에 캡션을 삽입하려면 '모든 그림 아래에 캡션 넣기' 항목을 선택한다.

※ '모든 그림 아래에 캡션 넣기' 항목을 활성화하려면 그림 레이아웃의 종류를 '슬라이드에 맞춤' 이외의 것으로 선택한다.

- '만들기' 버튼을 클릭하면 사진 앨범 프레젠테이션이 열린다.

- 그림의 캡션 내용을 변경하려면 그림 하단의 캡션 입력 틀을 클릭한다.
- 그림 레이아웃의 종류, 프레임 모양 등을 변경하려면 삽입 탭의 '일러스트레이션' 그룹에서 '사진 앨범' 버튼을 클릭하고 '사진 앨범 편집'을 클릭한다.

- 그림의 밝기 · 대비 · 스타일 등은 '그림 도구' 리본의 서식 탭에서 설정한다.

12. 대체 텍스트

대체 텍스트는 화면 판독기 사용자의 이해를 돕는 수단이 된다. 장애가 있는 사람들에게 프레젠테이션의 내용을 전달할 때 대체 텍스트는 유용하게 사용된다.

그림, 도형, SmartArt 그래픽, 차트 및 오디오, 비디오 개체에 대체 텍스트를 추가하려면 다음과 같이 한다.

① 개체를 마우스 오른쪽 버튼으로 클릭한다.

② 단축 메뉴에서 '크기 및 위치'를 클릭한다.

③ 대체 텍스트 탭을 클릭하고 내용을 입력한다.

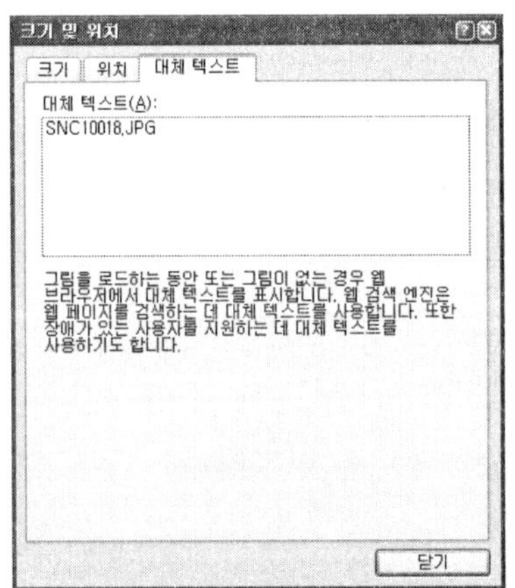

Ⅳ 애니메이션

파워포인트는 다양한 애니메이션 효과를 제공한다. 애니메이션은 개체 애니메이션과 슬라이드 애니메이션으로 구분된다.

개체 애니메이션은 슬라이드에 포함된 각 개체에 설정한 애니메이션을 뜻한다.

슬라이드 애니메니션은 슬라이드에 설정한 애니메이션으로 화면 전환 애니메이션을 뜻한다.

슬라이드 1에는 '제목 슬라이드', 슬라이드 2, 3, 4, 5에는 '제목 및 내용' 레이아웃 적용

1. 사용자 지정 애니메이션

□ 애니메이션 설정

- 전체 슬라이드에 적용될 애니메이션은 슬라이드 마스터에서 설정한다.
- 특정 슬라이드에만 적용될 애니메이션은 해당 슬라이드에서 설정한다.
- 특정 레이아웃을 적용한 슬라이드에만 적용될 애니메이션은 슬라이드 마스터의 해당 레이아웃에서 설정한다.
- 회사 로고, 홍보 문구와 같이 모든 슬라이드의 공통부분에 표시될 개체는 슬라이드 마스터에서 애니메이션을 설정한다.
- 제목 슬라이드는 보통 프레젠테이션의 첫 번째 슬라이드로 삽입되며, 발표 전 미리 열려진 상태로 대기한다. 따라서 제목 슬라이드에는 그 어떤 애니메이션도 설정하지 않는다.

◆ 슬라이드 마스터 애니메이션 설정

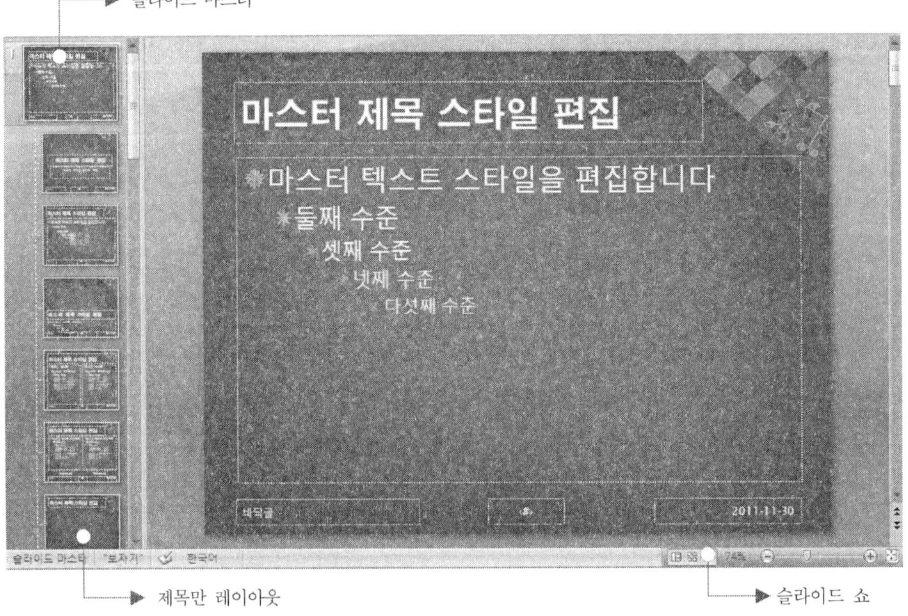

① 보기 탭의 '프레젠테이션 보기' 그룹에서 '슬라이드 마스터' 버튼을 클릭한다. 슬라이드 마스터 보기 상태로 전환된다.

- 왼쪽 창에는 '슬라이드 마스터'와 '슬라이드 마스터'에 연결된 레이아웃이 표시된다. 레이아웃의 종류는 프레젠테이션에 적용한 테마에 따라 달라진다.
- '슬라이드 마스터'는 슬라이드 계층 구조의 최상위 슬라이드로서 '제목 슬라이드', '제목 및 내용', …, '세로 제목 및 텍스트' 등의 레이아웃을 포함한다.
- 레이아웃에 마우스를 갖다 대면 해당 레이아웃이 적용된 슬라이드 번호를 참조할 수 있다.

② '슬라이드 마스터'를 선택하고 애니메이션 탭을 클릭한다.

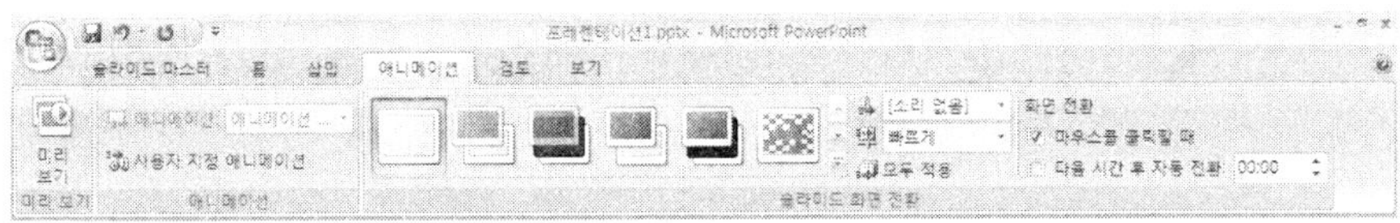

③ '애니메이션' 그룹에서 '사용자 지정 애니메이션' 버튼을 클릭한다. 사용자 지정 애니메이션 작업 창이 열린다.

④ '제목 영역'을 클릭한다. 사용자 지정 애니메이션 작업 창에서 '효과 적용' 버튼이 활성화된다.

⑤ '효과 적용' 버튼 효과 적용을 클릭하고 '강조' 효과 옵션으로 '물결'을 클릭한다. 효과 옵션으로 '기타 효과'를 클릭하면 다양한 애니메이션을 선택할 수 있다.

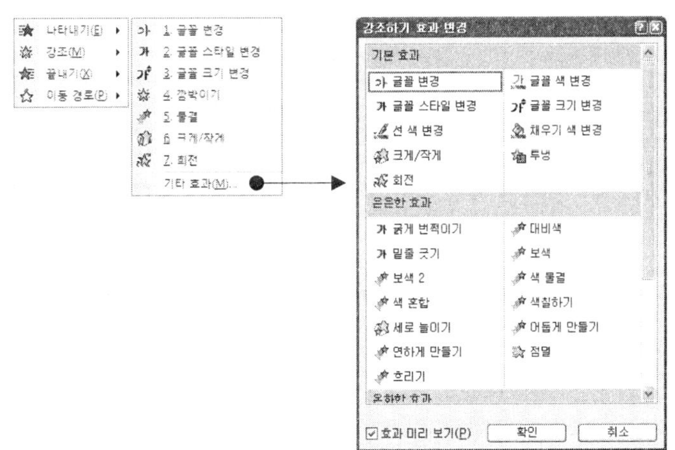

⑥ '시작' 이벤트는 '이전 효과 다음에', 속도는 '매우 빠르게'를 선택한다.
사용자 지정 애니메이션 작업 창에 제목 영역에 적용된 애니메이션 정보가 등록된다.

※ '제목 영역'의 내용은 항상 슬라이드가 열리자마자 표시되게끔 '시작' 이벤트를 '이전 효과 다음에'로 지정한다.

⑦ '본문 개체 영역'을 클릭하고 '효과 적용' 버튼 [효과 적용]을 클릭한다.

⑧ '나타내기' 효과 옵션으로 '내밀기'를, 시작은 '이전 효과 다음에', 방향은 '위에서'를 클릭한다.

⑨ [마스터 보기 닫기] '재생' 버튼 [재생]을 클릭하고 애니메이션 실행 여부를 확인한 후 '마스터 보기 닫기' 버튼을 클릭하여 슬라이드 마스터 편집을 끝낸다.

프레젠테이션의 모든 슬라이드에는 마스터 슬라이드의 애니메이션이 적용된다. [아이콘]를 클릭하면 애니메이션을 실행할 수 있다.

'슬라이드 쇼' 버튼 [아이콘]을 클릭하여 슬라이드 쇼를 진행하면 예제 프레젠테이션의 모든 슬라이드에서 '슬라이드 마스터'에 정의한 애니메이션이 실행되는 것을 확인할 수 있다. 그 이유는 '슬라이드 마스터'의 '제목 영역', '본문 개체 영역'에 적용한 애니메이션이 '슬라이드 마스터'에 연결된 모든 레이아웃에 그대로 상속되기 때문이다.

주의 슬라이드의 본문 개체 틀에 삽입한 그림 역시 '슬라이드 마스터'의 본문 개체 영역에서 정의한 애니메이션의 영향을 받는다.

◆ '제목 및 내용' 레이아웃 애니메이션 설정

레이아웃에 애니메이션을 정의하면 '슬라이드 마스터'에 정의한 애니메이션과 함께 실행된다.

'슬라이드 마스터'에 정의한 애니메이션이 먼저 실행된다.

따라서 '제목 및 내용' 레이아웃을 적용한 슬라이드에 '제목 및 내용' 레이아웃에 정의한 애니메이션만 실행되도록 하려면, '슬라이드 마스터'에 정의한 애니메이션이 '제목 및 내용' 레이아웃에 상속되지 않도록 해야 한다.

① '제목 및 내용' 레이아웃을 마우스 오른쪽 버튼으로 클릭하고 단축 메뉴에서 '슬라이드 복제'를 선택한다.

'본문 개체 틀'의 내용이 텍스트인 경우 적용할 애니메이션과 그림인 경우 삽입할 애니메이션을 달리 설정하려면 두 개의 '제목 및 내용' 레이아웃이 필요하다. 복제된 레이아웃의 이름은 '1_제목 및 내용' 레이아웃이 된다.

② '1_제목 및 내용' 레이아웃을 선택하고 사용자 지정 애니메이션 작업 창의 '마스터: 제목' 애니메이션의 메뉴 아이콘 ⌄을 클릭한다.

③ 단축 메뉴에서 '효과를 레이아웃으로 복사'를 클릭한다.

'슬라이드 마스터'에 정의한 애니메이션이 '1_제목 및 내용' 레이아웃에 복사된다. 슬라이드에 복사된 '슬라이드 마스터' 애니메이션은 레이아웃의 애니메이션 개체가 된다.

④ 사용자 지정 애니메이션 창에서 애니메이션 '내용 개체 틀 2'를 선택하고 '변경' 버튼을 클릭하여 다음 애니메이션을 설정한다.

애니메이션	나타내기	강조	
순서	1	2	3
유형	원형	크게/작게	크게/작게
시작	이전 효과 다음에	이전 효과 다음에	이전 효과 다음에
크기		150%	67%
방향	바깥쪽		
속도	2초(중간)	1초(빠르게)	1초(빠르게)
지연 시간	0.5초		2초

제목에 적용된 애니메이션이 발생한 후 0.5초가 경과하면 첫 번째 애니메이션이 발생된다.

첫 번째 애니메이션이 발생한 후 두 번째 애니메이션이 발생된다.

두 번째 애니메이션이 발생한 후 2초가 경과하면 세 번째 애니메이션이 발생된다. 즉, 확대된 그림을 2초간 보여준다.

※ 새 애니메이션을 추가하려면 '본문 개체 틀'을 클릭한 후 '효과 적용' 버튼을 클릭한다.

참고 '크게/작게' 유형의 크기는 확대/축소된 크기를 기준으로 한다. 따라서 150%로 확대하여 원래 크기로 축소하려면 67%로 지정한다.

⑤ '마스터 보기 닫기' 버튼을 클릭한다.

⑥ 본문 개체 틀에 그림이 삽입된 슬라이드에 '1_제목 및 내용' 레이아웃을 적용한다.

▭ 애니메이션 정보

- 애니메이션을 설정하면 애니메이션 효과, 애니메이션 유형, 재생 순서, 시작 시점, 방향, 속도 등의 정보가 사용자 지정 애니메이션 작업 창에 표시된다. '슬라이드 마스터'에서 설정한 애니메이션은 레이아웃에서 비활성화 상태로 표시된다.
- 애니메이션이 적용된 개체 틀에는 애니메이션 효과의 재생 순서를 나타내는 숫자가 표시된다. 이들 숫자는 사용자 지정 애니메이션 작업 창에 표시된 애니메이션의 재생 순서가 된다.
- 애니메이션의 순서를 변경하려면 해당 애니메이션을 클릭한 후 '순서 조정' 버튼 ⬆, ⬇을 클릭한다.

※ 슬라이드 쇼를 통해 애니메이션 실행 순서에 문제점이 없는지 미리 확인한다. 실행 순서에 문제점이 발견되면 실행 순서를 조정한다.

참고 애니메이션 순서는 번호로 매겨진다. 그러나 시작 이벤트로 '이전 효과 다음에' 혹은 '이전 효과와 함께'를 지정하면 애니메이션 순서 번호는 하나만 보여진다. 즉, 설정된 애니메이션은 순서대로 실행되므로 애니메이션 순서 번호는 무의미하다. 반면에 시작 이벤트로 '클릭할 때'를 지정하면 애니메이션 순서 번호는 0, 1, 2와 같이 매겨진다.

□ 애니메이션 실행 방법

- '클릭할 때'로 지정하면 마우스를 클릭할 때 애니메이션이 실행된다. 발표 상황에 맞춰 프레젠테이션을 진행할 필요가 있을 때의 애니메이션 실행 방법에 해당한다.

※ 클릭할 때' 이벤트는 애니메이션이 설정된 개체를 클릭할 때가 아닌 슬라이드상의 임의의 곳을 클릭할 때를 가리킨다.

- '이전 효과와 함께, 이전 효과 다음에'로 지정하면 애니메이션 실행 순서에 있어 바로 앞에 위치한 애니메이션의 실행과 함께 혹은 실행 후에 애니메이션이 자동 실행된다.

참고 본문 개체 틀과 애니메이션

슬라이드 마스터의 '본문 개체 영역' 혹은 슬라이드의 '본문 개체 틀'에는 개요 단계별로 애니메이션이 설정된다.

본문 개체 틀에 적용된 애니메이션의 발생 시점은 첫 번째 개요에 설정된 시작 이벤트가 된다. 두 번째 개요부터 나머지 개요에는 시작 이벤트로 '이전 효과와 함께'가 설정되어 있다. 따라서 첫 번째 개요에 적용된 애니메이션이 발생하면 나머지 개요에 적용된 애니메이션 역시 함께 발생하게 된다.

따라서 개요 수준에 따라서 애니메이션을 순차적으로 발생시키려면 둘째, 셋째, …, 다섯째 수준의 개요에 설정된 시작 이벤트를 '이전 효과 다음에'로 변경해야 한다.

□ 애니메이션 효과

애니메이션 효과는 나타내기(), 강조(), 끝내기(), 이동 경로()로 구분된다.

- 나타내기: 개체가 화면에 나타날 때의 애니메이션 효과
- 강조: 개체를 강조할 때의 애니메이션 효과
- 끝내기: 개체가 화면에서 사라질 때의 애니메이션 효과
- 이동 경로: 개체를 지정된 경로로 이동시킬 때의 애니메이션 효과다.

※ '끝내기' 애니메이션을 적용하면 해당 개체는 해당 애니메이션이 적용된 후 화면에서 사라지게 된다. 따라서 이 애니메이션은 주로 개체들을 연속적으로 화면에 나타냈다 숨길 때, 그리고 지시선과 텍스트 상자를 보였다가 숨길 때 적용한다.

예 지시선과 텍스트 상자를 차례로 화면에 나타냈다 숨길 때의 애니메이션 설정은 다음과 같다. 지시선과 텍스트 상자는 2초간 보였다가 사라지게 한다.

지시선 ◀ On Event ▶ 텍스트 상자

애니메이션	나타내기		끝내기	
	지시선	텍스트 상자	지시선	텍스트 상자
순서	1	2	3	4
유형	실선 무늬	다이아몬드형	사라지기	블라인드
시작	이전 효과 다음에	이전 효과와 함께	이전 효과 다음에	이전 효과 다음에
방향	가로	안쪽		
속도	2초(중간)	2초(중간)		
지연 시간	0초	1초	2초	0.5초

※ 지시선, 텍스트 상자를 사용하여 특정 개체에 대한 도움말을 표시하는 경우에는 해당 개체의 애니메이션을 먼저 실행하고, 지시선, 텍스트 상자에 적용된 애니메이션을 차례로 실행한다.

◫ 애니메이션 수정하기

애니메이션의 유형, 재생 순서, 시작 시점, 방향, 속도, 애니메이션이 시작될 때의 음향 효과, 지연 시간 등을 변경하려면 해당 애니메이션을 선택한 후 '변경' 버튼 [변경] 을 클릭하여 수정한다.

예 슬라이드 2에 소리 개체를 삽입하면 소리 개체와 관련된 애니메이션이 추가된다. 슬라이드 마스터에서 적용한 애니메이션보다 소리를 먼저 재생하려면 소리의 재생 순서를 가장 앞에 두어야 한다.

※ 멀티미디어 개체의 재생 순서는 사용자 지정 애니메이션 작업 창에 표시된 애니메이션 재생 순서를 따른다. 다른 개체보다 먼저 멀티미디어를 재생하려면 멀티미디

어의 실행 순서를 가장 앞에 둔다.

① 사용자 지정 애니메이션 작업 창의 '레이아웃: 제목' 애니메이션의 메뉴 아이콘 을 클릭한다.

② 단축 메뉴에서 '효과를 슬라이드로 복사'를 클릭한다.

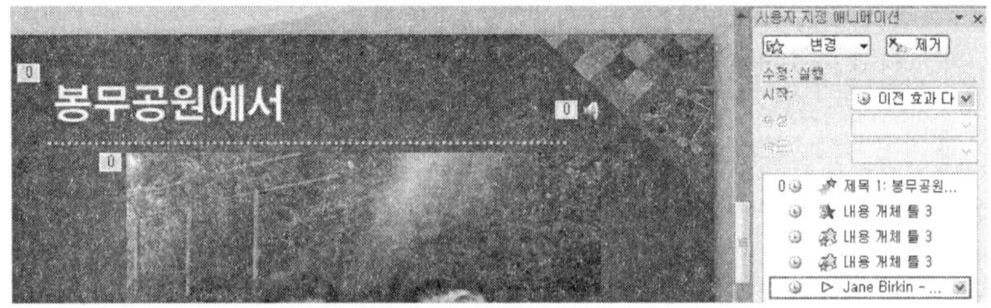

슬라이드 마스터에서 적용한 애니메이션이 슬라이드에 복사된다. 슬라이드에 복사된 슬라이드 마스터 애니메이션은 슬라이드의 애니메이션 개체가 된다.

③ 소리 개체 애니메이션을 선택하고 '순서 조정' 버튼 을 클릭하여 사용자 지정 애니메이션 작업 창의 첫 번째 위치로 이동한다.

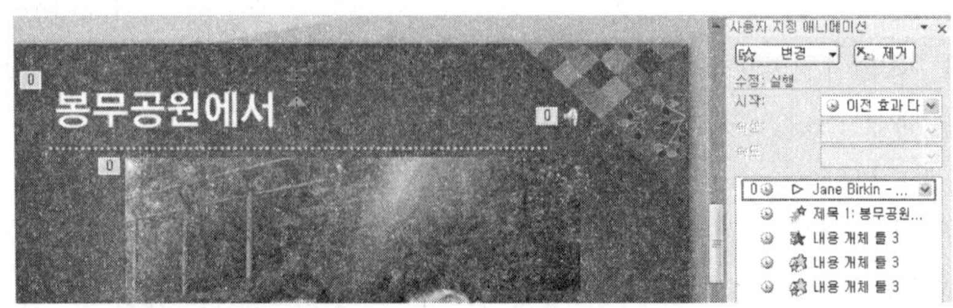

• 슬라이드에 포함된 모든 개체의 애니메이션이 끝난 후 멀티미디어를 재생하려면 멀티미디어 개체 애니메이션의 순서를 사용자 지정 애니메이션 작업 창의 맨 뒤 위치로 이동한다.

④ 슬라이드에 적용된 애니메이션의 '시작' 옵션을 수정한다.

애니메이션	강조	나타내기	강조	
순서	1	2	3	4
유형	물결	원형	크게/작게	크게/작게
시작	이전 효과와 함께	이전 효과와 함께	이전 효과와 함께	이전 효과와 함께
크기			150%	67%
방향		바깥쪽		
속도	0.5초(매우 빠르게)	2초(중간)	1초(빠르게)	1초(빠르게)
지연 시간		0.5초	2.5초	5.5초

– 소리가 재생되고 제목에 적용된 애니메이션이 발생한다.
– 소리가 재생되고 0.5초가 경과하면 두 번째 애니메이션이 발생한다.
– 소리가 재생되고 2.5초가 경과하면 세 번째 애니메이션이 발생한다.
– 소리가 재생되고 5.5초가 경과하면 네 번째 애니메이션이 발생한다.

시작 방식을 '이전 효과 다음에'로 설정하면 소리 재생이 끝난 후 애니메이션이 시작되므로, '제목 개체 틀'과 '본문 개체 틀'에 정의한 애니메이션의 시작 방식을 '이전 효과와 함께'로 수정하고 지연 시간을 수정한다.

시작 방식을 '이전 효과와 함께'로 설정하면 소리 재생과 함께 애니메이션이 시작되므로 애니메이션의 재생 속도, 애니메이션 발생 시점을 고려하여 지연 시간을 설정한다.

세 번째 애니메이션의 발생 시점은 2.5초로 설정한다. 즉, 두 번째 애니메이션을 재생하는데 2초 걸리므로 두 번째 애니메이션의 발생 시점 0.5초와 재생 시간 2초를 더한다.

네 번째 애니메이션의 발생 시점은 5.5초로 설정한다. 즉, 세 번째 애니메이션을 재생하는데 1초 걸리므로 세 번째 애니메이션의 발생 시점 2.5초와 재생 시간 1초 그리고 확대된 그림을 보여주는 시간 2초를 더한다.

예 SmartArt 그래픽에 적용된 애니메이션 수정

SmartArt 그래픽 '깔때기형'을 삽입하고 애니메이션을 정의하면 그래픽 구성 요소는 동시에 재생된다. 이들 개체를 깔때기, 타원, 자본, 노동, 토지 그리고 화살표, 생산 순으로 재생하려면 그래픽 구성 요소의 애니메이션을 개별적으로 설정해야 하며, 구성 요소 별로 실행 시점을 조정해야 한다.

본 예제에서는 개별 슬라이드에서 슬라이드 마스터의 '본문 개체 영역'에 적용한 애니메이션의 상속을 피하는 방법을 설명한다.

① 홈 탭의 '슬라이드' 그룹에서 '새 슬라이드' 버튼을 클릭하여 '제목만' 레이아웃을 선택한다.

'제목만' 레이아웃에는 '본문 개체 영역'이 없으므로 '슬라이드 마스터'의 '본문 개체 영역'에서 설정한 애니메이션의 영향을 피할 수 있다.

② SmartArt 그래픽 '깔때기형'을 삽입한다.

③ '효과 적용' 버튼을 클릭하고 '나타내기' 효과 옵션으로 '닦아내기'를 선택한다.

④ 시작 이벤트는 '이전 효과 다음에'로, 방향은 '위에서', 속도는 '빠르게'로 설정한다.

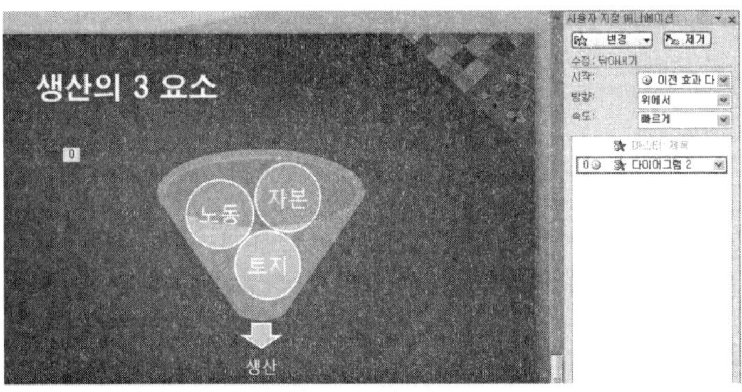

⑤ 애니메이션의 메뉴 아이콘 ▾을 클릭한 후 단축 메뉴에서 '효과 옵션'을 클릭한다.

⑥ 대화상자에서 SmartArt 애니메이션 탭을 클릭하고 '그래픽 묶는 단위'로 '개별적으로'를 선택한 후 '확인' 버튼을 클릭한다.

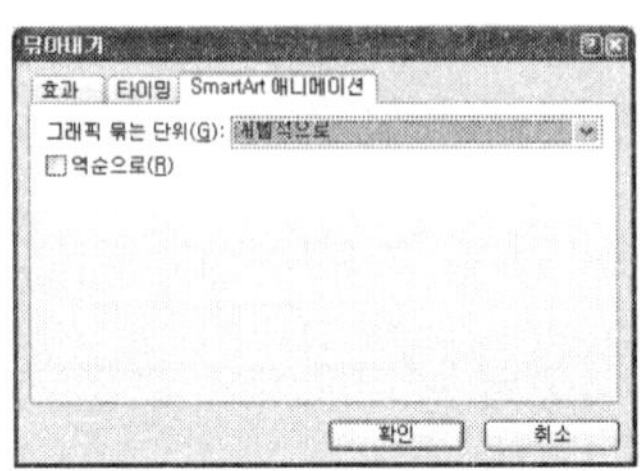

⑦ 애니메이션 '다이어그램 2'의 목록 펼치기 버튼을 클릭한다.

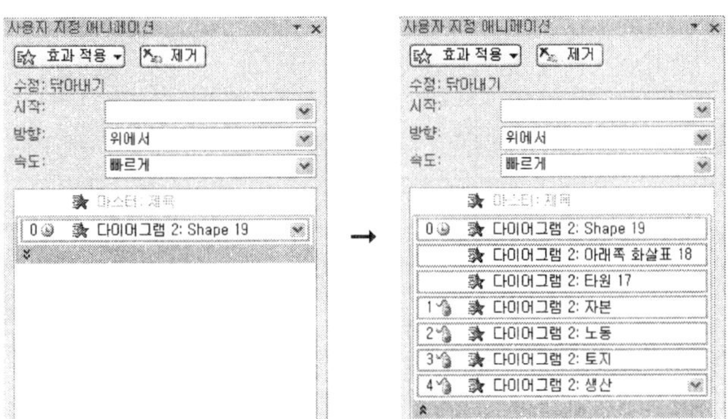

애니메이션 목록에는 SmartArt 그래픽 구성 요소의 수만큼 애니메이션이 존재한다.

참고 불필요한 애니메이션을 제거하려면 애니메이션을 선택하고 '제거' 버튼을 클릭한다.

⑧ 다음과 같이 애니메이션을 정의한다.

애니메이션	Shape 19	아래쪽 화살표 18	타원 17
순서	1	2	3
유형	닦아내기		
시작	이전 효과 다음에	이전 효과와 함께	
방향	위에서		
속도	1초(빠르게)	1초(빠르게)	0.5초(매우 빠르게)
지연 시간		4.5초	

슬라이드 마스터의 애니메이션이 끝나면 애니메이션 'Shape 19'가 실행되게끔 시작 방식을 '이전 효과 다음에'로 지정한다.
애니메이션 'Shape 19'와 함께 애니메이션 '아래쪽 화살표 18'이 실행되게끔 시작 방식을 '이전 효과와 함께'로 지정하고 지연 시간을 4.5초로 지정한다.

주의 '이전 효과와 함께'는 슬라이드에 정의된 애니메이션과 함께란 의미이지 슬라이드 마스터에 정의된 애니메이션과 함께를 뜻하지 않는다.

애니메이션 '아래쪽 화살표 18'과 함께 애니메이션 '타원 17'이 실행되게끔 시작 방식을 '이전 효과와 함께'로 지정하고 속도를 '매우 빠르게'로 지정한다. 애니메이션 '타원 17'은 애니메이션 'Shape 19'와 함께 발생해야 하므로 지연 시간을 지정하지 않는다.

애니메이션	자본	노동	토지	생산
순서	4	5	6	7
유형	닦아내기			
시작	이전 효과와 함께			
방향	위에서			
속도	1초(빠르게)			
지연 시간	1.5초	2.5초	3.5초	5.5초

마찬가지로 시작 방식을 '이전 효과와 함께'로 지정하고 애니메이션 '자본', '노동', '토지' 그리고 '생산'의 발생 시점을 각각 1.5초, 2.5초, 3.5초, 5.5초 지연시킨다.

애니메이션을 재생하면 미리보기 창에 시작 이벤트 종류, 애니메이션 이름, 재생 시점 그리고 재생 시간이 표시된다.

각 애니메이션에 설정한 지연 시간에 따라 깔때기와 타원, 자본, 노동, 토지, 화살표 그리고 생산이 차례로 화면에 나타난다. 지연 시간은 애니메이션 발생 시점을 결정한다.

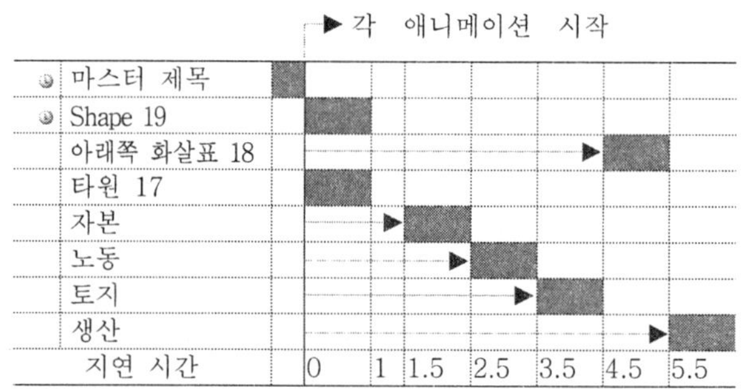

애니메이션 '마스터 제목'이 발생된 후 애니메이션 'Shape 19'와 함께 나머지 애니메이션이 시작하므로 애니메이션 'Shape 19'와 나머지 애니메이션의 시작 시점은 0초가 된다.

, 표시는 시작 이벤트 유형을 나타낸다. 표시는 '이전 효과 다음에', 표시는 '클릭할 때'가 되며 아무런 표시가 없는 것은 '이전 효과와 함께'가 된다.

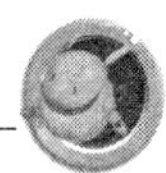

진행 막대는 애니메이션 속도 즉, 애니메이션 재생 시간을 나타낸다. '1초(빠르게)'를 지정하면 재생 시간은 1초가 걸리며, '0.5초(매우 빠르게)'를 지정하면 재생 시간은 0.5초가 걸린다.

◆ 애니메이션 옵션

• 애니메이션 후 옵션

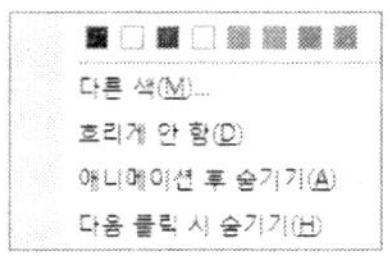

– 회색 등의 색상을 지정하면 슬라이드 쇼 때 해당 애니메이션이 실행된 후 문자열 색을 흐리게 할 수 있어 청중들의 주의를 집중시킬 수 있다.

– 애니메이션 후 해당 개체를 숨기려면 '애니메이션 후 숨기기'를 선택한다.

– 슬라이드에 포함된 모든 개체의 애니메이션이 실행 된 후 모든 개체를 숨기려면 '다음 클릭 시 숨기기'를 선택한다.

– 애니메이션 실행 후 개체 상태를 처음 상태로 되돌리려면 '흐리게 안함'을 선택한다.

• 텍스트 애니메이션 옵션

– '한꺼번에'를 선택하면 문자열이 한꺼번에 나타난다.

– '문자 단위로'를 선택하면 글자 한자 한자씩 나타난다.

'나타내기' 효과 옵션으로 '닦아내기'를 적용한 텍스트에 '속도'를 '빠르게'로 지정하고, 문자 사이 지연의 값을 40%로 지정하면 마치 타이핑하는 효과를 줄 수 있다.

• 텍스트 묶는 단위 옵션

본문 개체 틀의 문자를 드러내는 방식은 '텍스트 묶는 단위' 옵션에서 지정한다.

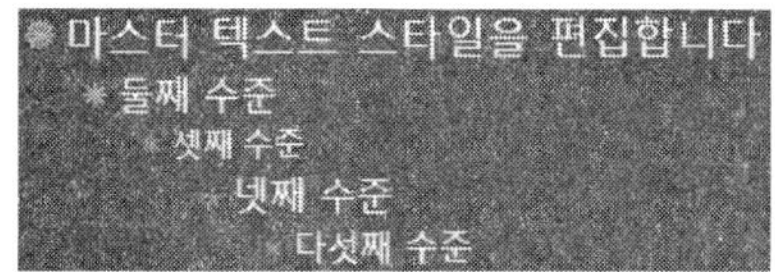

– '하나의 개체로'를 선택하면 모든 개요 수준의 텍스트를 하나의 텍스트와 같이 나타낼 수 있다.

– '모든 단락을 한 번에'를 선택하면 모든 개요 수준의 텍스트를 한 번에 나타낼 수 있다.

하나의 개체로 선택하면 애니메이션 효과를 하나만 적용할 수 있다. 모든 단락을 한 번에를 선택하면 각 개요 수준마다 다른 애니메이션 효과를 적용할 수 있다.

– '둘째 수준까지'를 선택하면 개요 1 수준의 텍스트를 드러낸 후 나머지 개요 수준의 문자열을 드러낸다.

본문 즉, 텍스트 개체 틀의 내용은 한꺼번에 모두 나타내는 것보다 텍스트 하나씩 나타내는 것이 보다 효과적일 수 있다. 내용을 하나씩 나타냄으로써 청중들의 호기심을 끌 수 있고 발표자의 말에 집중토록 할 수 있기 때문이다.

• 타이밍 옵션

애니메이션 시작 방식과 발생 시점 및 속도는 타이밍 탭에서 설정한다.

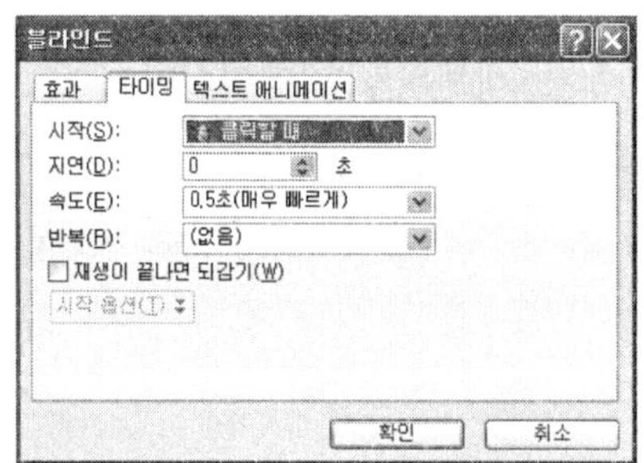

– 시작 방식으로 '클릭할 때'를 선택하면 마우스를 클릭할 때 애니메이션이 시작된다.

– 시작 방식으로 '이전 효과와 함께'를 선택하면 애니메이션은 애니메이션 실행 순서에 있어 바로 앞에 위치한 애니메이션과 함께 실행된다.

애니메이션은 애니메이션에 매겨진 번호 순으로 실행되므로 앞 번호의 애니메이션과 뒷 번호의 애니메이션을 함께 실행할 필요가 있을 때 시작 방식을 이전 효과와 함께로 지정한다.

– 시작 방식으로 '이전 효과 다음에'를 선택하면 애니메이션은 애니메이션 실행 순서에 있어 바로 앞에 위치한 애니메이션이 실행 된 후 실행된다.

– 지연 시간을 지정하면 애니메이션의 발생 시간을 지연시킬 수 있다.

시작 방식을 '이전 효과와 함께'로 지정하고 지연 시간을 1.5초로 지정하면 바로 앞에 위치한 애니메이션이 실행된 후 정확하게 1.5초가 경과했을 때 애니메이션이 실행된다.

예 애니메이션 1이 발생한 후 0.5초 후에 애니메이션 2, 1초 후에 애니메이션 3이 발생하도록 하려면 시작 방식과 지연 시간을 다음과 같이 지정한다.

타이밍 옵션	애니메이션 2	애니메이션 3
시작	이전 효과와 함께	이전 효과와 함께
지연 시간	0.5초	1초

예 애니메이션 1이 발생한 후 0.5초 후에 애니메이션 2가 발생하고, 애니메이션 2가 발생하고 1초 후에 애니메이션 3이 발생하도록 하려면 시작 방식과 지연 시간을 다음과 같이 지정한다.

타이밍 옵션	애니메이션 2	애니메이션 3
시작	이전 효과와 함께	이전 효과 다음에
지연 시간	0.5초	1초

주의 시작 방식으로 '이전 효과 다음에'를 지정하면 바로 앞의 모든 애니메이션이 발생한 후 애니메이션이 발생한다.

예를 들어, SmartArt 그래픽 예제 '깔때기형'에서 애니메이션 '자본'의 시작 방식을 '이전 효과 다음에'로 지정하면 지연 시간은 0로 초기화되고, 그 뒤에 배치된 애니메이션은 애니메이션 '자본'이 재생되는 시점 즉, 5.5초를 기준으로 지정된 지연 시간에 재생된다.

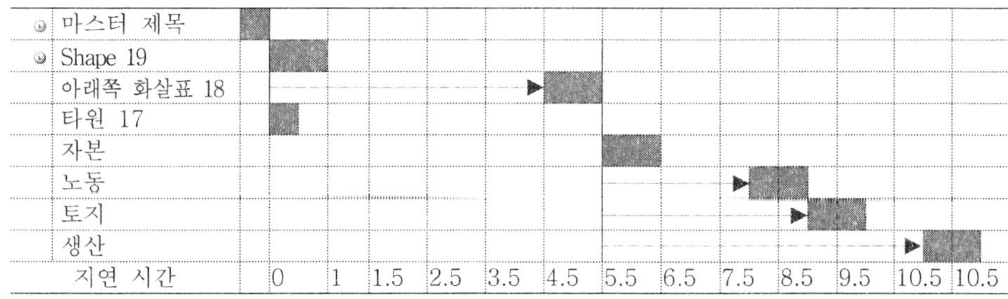

애니메이션 '아래쪽 화살표'가 발생된 후 애니메이션 '자본'과 함께 나머지 애니메이션이 발생하므로 애니메이션 '자본'과 나머지 애니메이션의 시작 시점은 5.5초가 된다.

– 속도는 애니메이션이 재생되는 시간의 길이를 말한다. 속도를 너무 느리게 지정하면

지루한 느낌을 줄 수 있으며, 너무 빠르면 애니메이션의 시각적 효과를 잃게 된다.

속도	매우 느리게	느리게	중간	빠르게	매우 빠르게
재생 시간	5초	3초	2초	1초	0.5초

– 애니메이션 효과를 반복하려면 반복 목록에서 옵션을 선택한다.
슬라이드가 끝날 때까지 애니메이션을 반복하려면 반복 옵션으로 '슬라이드가 끝날 때까지'를 선택한다.

• 소리 지정
애니메이션 발생 시의 소리 효과는 효과 탭의 '소리' 옵션에서 지정한다.

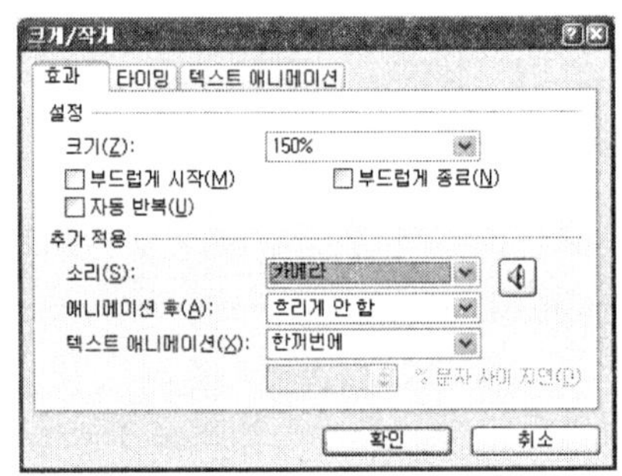

◻ 멀티미디어 재생 방식·옵션

슬라이드에 동영상 파일, 소리 파일, CD 오디오, 소리 녹음 등이 삽입된 경우 동영상 설정, 소리 설정 탭이 활성화된다.

• 멀티미디어 개체의 재생 순서는 사용자 지정 애니메이션 작업 창에 표시된 애니메이션 재생 순서를 따른다.

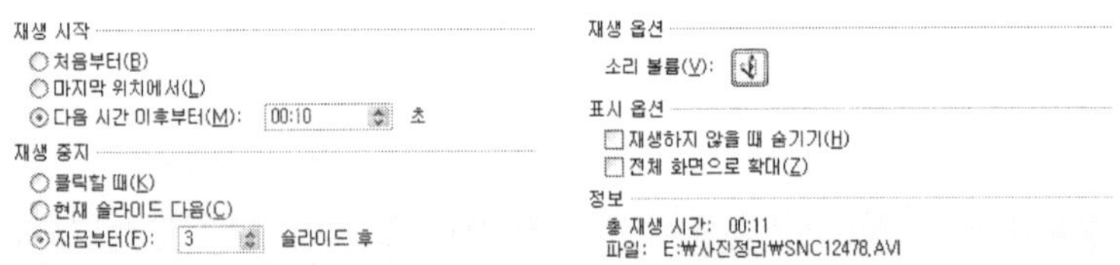

• 특정 위치에서부터 재생하려면 '재생 시작' 옵션으로 '다음 시간 이후부터'를 선택하고 위치를 지정한다.

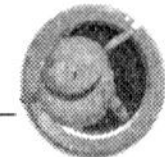

- 슬라이드를 넘길 때 재생을 끝내려면 '현재 슬라이드 다음' 옵션을 선택한다.
- 소리가 포함된 슬라이드부터 슬라이드를 3번 넘길 때까지 소리를 계속 재생하려면 '지금부터' 옵션을 선택하고 슬라이드 수를 3으로 지정한다.
- 소리 아이콘을 숨기려면 소리 설정 탭의 '표시' 옵션으로 '슬라이드 쇼 동안 소리 아이콘 숨기기'를 선택한다.
- 동영상을 재생하기 전에는 동영상을 숨기려면 동영상 설정 탭의 '표시' 옵션으로 '재생하지 않을 때 숨기기'를 선택한다.
- 동영상을 화면 전체로 확대하여 재생하려면 동영상 설정 탭의 '표시' 옵션으로 '전체 화면으로 확대'를 선택한다.

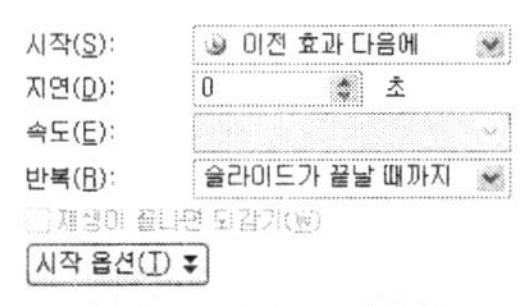

- 슬라이드가 끝날 때까지 멀티미디어를 반복 재생하려면 타이밍 탭에서 '반복' 옵션으로 '슬라이드가 끝날 때까지'를 지정한다.

▭ 차트 애니메이션 옵션

차트에 적용한 애니메이션을 재생할 때 차트 구성 요소를 나타내는 방식은 '차트 묶는 단위'에서 지정한다.

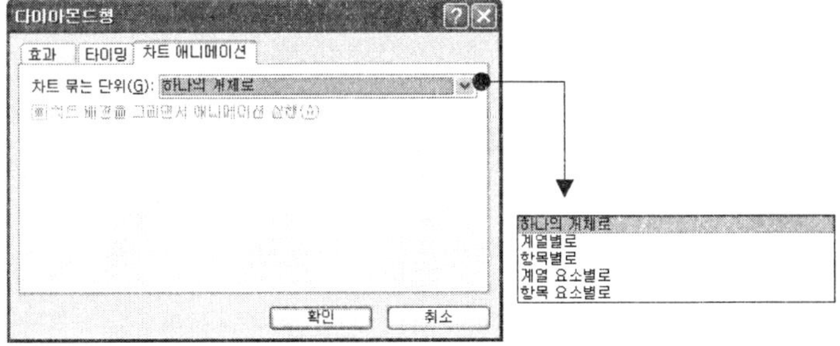

- '하나의 개체로'는 한꺼번에 차트 구성 요소를 나타낸다.

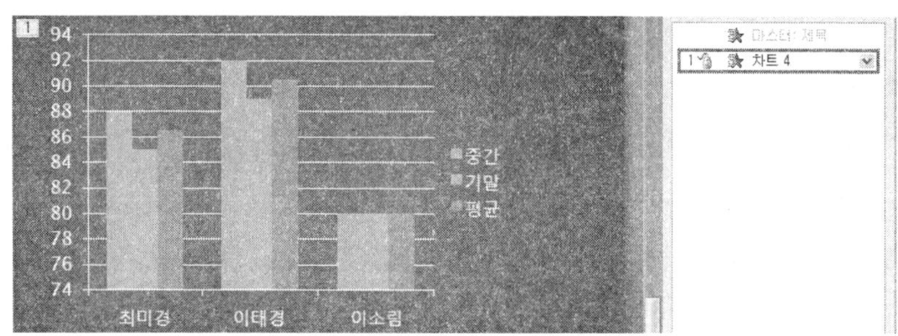

• '계열별로'는 데이터 계열 순으로 차트 구성 요소를 나타낸다.

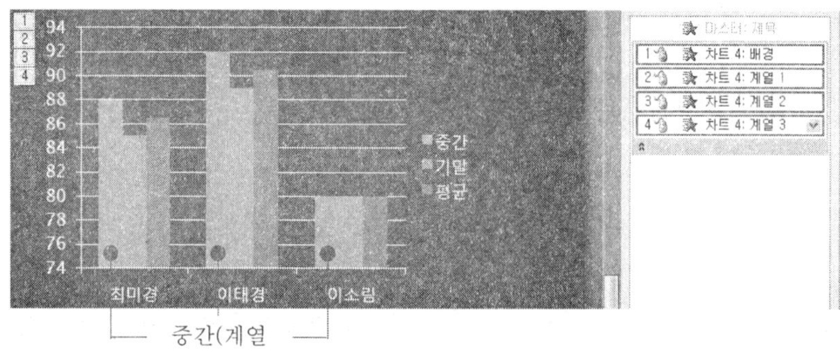

중간, 기말, 평균 순으로 차트 구성 요소를 나타낸다.

• '항목별로'는 항목 순으로 차트 구성 요소를 나타낸다.

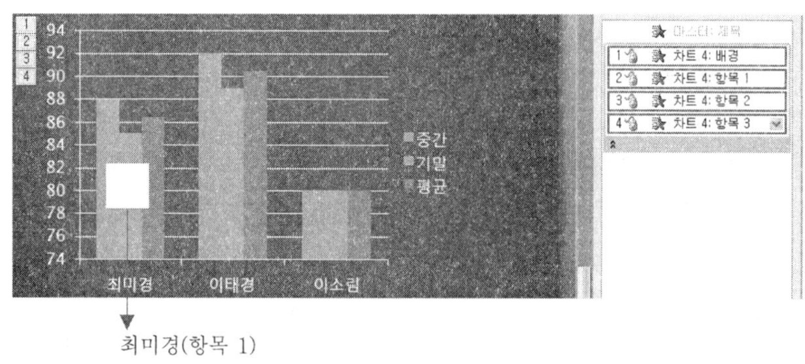

최미경, 이태경, 이소림 순으로 차트 구성 요소를 나타낸다.

• '계열 요소별로'는 데이터 계열 순으로 계열의 요소를 나타낸다.

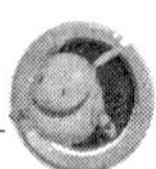

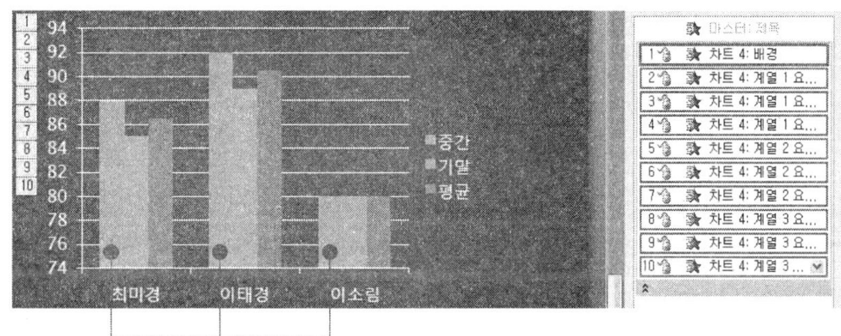

중간(계열 1) 요소 1, 요소 2, 요소 3

- '항목 요소별로'는 항목 순으로 항목의 요소를 나타낸다.

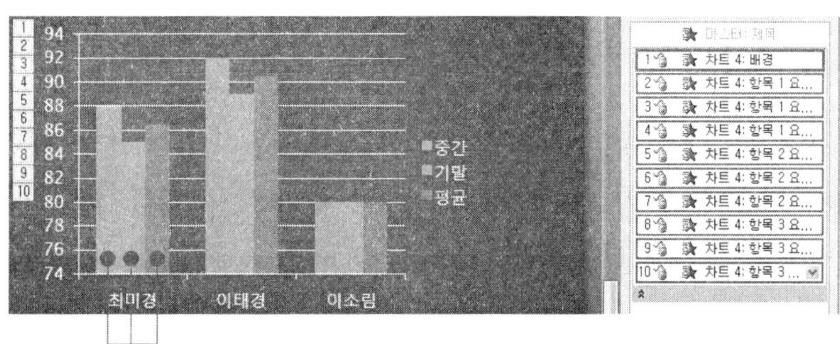

최미경(항목 1) 요소 1, 요소 2, 요소 3

- '차트 배경을 그리면서 애니메이션 실행' 항목을 선택하면 차트 구성 요소 중 눈금선과 범례, 텍스트, 축 등이 그려지고 데이터 계열이 화면에 나타난다.

2. 화면 전환 애니메이션

화면 전환 애니메이션은 애니메이션 탭의 '슬라이드 화면 전환' 그룹에서 지정한다.

예 '검정에서 나타내기' 전환 효과 를 클릭하면 화면이 어둡게 변하고 서서히 슬라이드가 나타나는 효과를 줄 수 있다.

※ 화면 전환 효과는 슬라이드 개체에 적용되는 애니메이션에 해당한다.

화면 전환 효과를 설정하면 청중들의 흥미를 유발시키고 프레젠테이션을 보다 세련되게 한다. 화면 전환 효과 역시 모든 슬라이드에 동일하게 적용하여 통일된 느낌을 주도록 한다. 프레젠테이션 전체의 화면 전환 효과를 동일하게 설정하려면 다음과 같이 한다.

① 애니메이션 탭의 '슬라이드 화면 전환' 그룹에서 화면 전환 유형을 선택한다.

② 화면 전환 시의 소리와 속도를 지정하고 '모두 적용' 버튼 모두 적용을 클릭한다.

□ 화면 전환 유형

화면 전환 유형은 슬라이드가 화면에 나타나는 모양을 결정한다. 슬라이드에 적용된 디자인 양식에 따라서 환면 전환 효과가 제대로 눈에 들어오지 않을 수도 있으므로 화면 전환 유형을 하나하나 적용하여 프레젠테이션에 가장 잘 어울리는 화면 전환 유형을 선택하도록 한다.

- '닦아내기' 유형의 '사각형 펼치기': 슬라이드 한 복판에서 바깥쪽으로 박스가 펼쳐지며 슬라이드가 열린다.
- '나타내기 및 흩어 뿌리기' 유형의 '검정에서 나타내기': 슬라이드 화면이 흐려졌다 차츰 밝게 슬라이드가 열린다.
- '밀어내기 및 덮기' 유형의 '오른쪽으로 밀어내기': 슬라이드 화면이 오른쪽 방향으로 넘어가면서 슬라이드가 열린다.
- '임의 효과' 유형의 '임의 대로': 슬라이드 화면은 임의 형태로 열린다.
- 화면이 전환될 때 걸리는 시간은 느리게, 중간, 빠르게 중 하나를 지정한다.

□ 화면 전환 방식

화면 전환 방식에서는 슬라이드를 다음 슬라이드로 넘기는 방식을 지정한다.

- 마우스를 클릭하여 다음 슬라이드로 넘어가려면 '마우스를 클릭할 때'를 선택한다.
- 지정된 시간이 경과했을 때 다음 슬라이드로 넘어가려면 '다음 시간 후 자동 전환'

을 선택하고 시간을 지정한다.

※ 보통 '마우스를 클릭할 때'와 '다음 시간 후 자동 전환' 둘 다 선택한다. 즉, 지정된 시간에 맞춰 다음 슬라이드로 넘길 수도 있고, 발표자 임의대로 마우스를 클릭하여 다음 슬라이드로 넘길 수도 있기 때문이다.

첫 번째 슬라이드는 주제를 소개하기 위한 제목 혹은 요약으로 구성되며, 마지막 슬라이드 역시 첫 번째 슬라이드의 복사본이거나 프레젠테이션의 요약에 해당하므로 자동 전환을 선택하지 않고 '마우스를 클릭할 때'를 선택한다.

※ 슬라이드에 설명 녹음과 함께 녹음 시간을 저장하면 '다음 시간 후 자동 전환'이 자동 선택되고 녹음 시간이 자동으로 지정된다.

▭ 자동 전환 시간 지정

슬라이드에 자동 전환 시간을 지정하는 방법은 다음 세 가지가 있다.

- '다음 시간 후 자동 전환' 입력 상자에 시간을 입력하는 방법
- 설명 녹음을 실행하여 시간을 지정하는 방법
- 예행 연습을 실행하여 시간을 지정하는 방법

– 자동 실행 프레젠테이션 제작이 목적이라면 설명 녹음 시 저장되는 시간을 자동 전환 시간으로 활용한다. 설명 녹음 시 각 슬라이드에 저장된 시간이 '다음 시간 후 자동 전환' 입력 상자에 지정된다.

– 프레젠테이션을 발표자가 시연할 예정이라면 예행 연습을 실행하여 자동 전환 시간을 지정한다. 예행 연습 시 각 슬라이드에 저장된 시간이 '다음 시간 후 자동 전환' 입력 상자에 지정된다.

▭ 화면 전환 소리

화면이 전환될 때의 소리를 지정한다. '반복 재생'을 선택하면 다음 소리를 시작할 때까지 소리 재생을 반복한다.

3. 애니메이션 정리

□ 요약

• 애니메이션 유형 선택

애니메이션은 개체를 가장 돋보이게 하는 효과를 선택한다. 예를 들어, '나타내기' 애니메이션 중 '닦아내기'를 활용하면 타이핑 효과를 주거나 화살표 개체로 특정 개체를 가리키는 효과를 줄 수 있다.

개체	닦아내기 방향
→	왼쪽에서
←	오른쪽에서
↑	아래에서
↓	위에서
(직사각형)	왼쪽에서

• 애니메이션 발생 시점

애니메이션 1이 발생한 후 0.5초가 경과하면 애니메이션 2를, 1초가 경과하면 애니메이션 3을 발생시키는 방법은 두 가지가 있다.

– 애니메이션 1이 발생 후에 나머지 애니메이션이 순차적으로 시작되게 한다.

– 애니메이션 1이 발생할 때 나머지 애니메이션이 함께 시작되게 한다.

'시작' 방식으로 '이전 효과 다음에'를 지정하면 '애니메이션 2'의 시작 시점은 '애니메이션 1'의 재생이 완료된 시점이 되며, '애니메이션 3'의 시작 시점은 '애니메이션 2'의 재생이 완료된 시점이 된다.

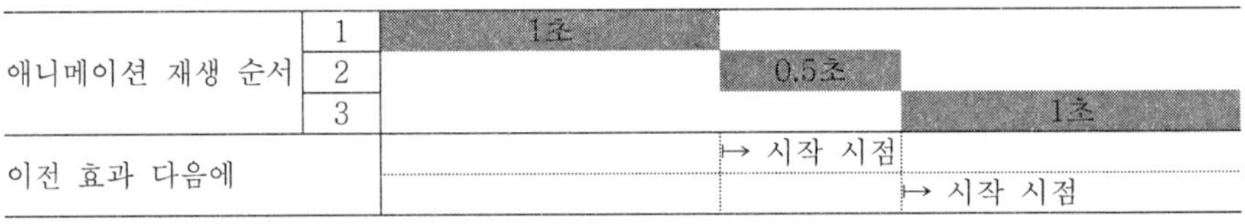

애니메이션 재생 순서	1	1초		
	2		0.5초	
	3			1초
이전 효과 다음에			↦ 시작 시점	
				↦ 시작 시점

'시작' 방식으로 '이전 효과와 함께'를 지정하면 '애니메이션 2'의 시작 시점과 '애니메이션 3'의 시작 시점은 '애니메이션 1'의 시작 시점이 된다.

애니메이션 재생 순서	1	1초		
	2		0.5초	
	3			1초
이전 효과와 함께		↦ 시작 시점		
		↦ 시작 시점		

따라서 애니메이션의 발생 시점을 설정하기 위해 애니메이션의 재생 시간을 고려하여 지연 시간을 지정해야 한다.

'애니메이션 2': 지연 시간 1초('애니메이션 1'의 재생 시간)

'애니메이션 3': 지연 시간 1.5초('애니메이션 1'과 '애니메이션 2'의 재생 시간의 합)

• 애니메이션 설정 시 유의 사항

슬라이드 마스터에서 애니메이션을 정의하면 프레젠테이션의 모든 슬라이드에 통일된 애니메이션을 적용할 수 있다. 슬라이드 마스터에서 애니메이션을 정의할 때 유의점은 다음과 같다.

'제목 영역'과 '본문 개체 영역'에 애니메이션을 설정할 때에는 반드시 '제목 영역' 애니메이션, '본문 개체 영역' 애니메이션 순으로 정의한다.

순서를 바꾸면 본문 내용이 먼저 표시되고 제목이 뒤에 표시되어 이상하게 된다.

동일 레이아웃을 몇 가지 용도로 사용하려면 레이아웃을 복제한 상태에서 애니메이션을 정의한다.

'제목 및 내용' 레이아웃을 적용한 슬라이드의 '본문 개체 틀'의 내용이 텍스트이냐 그림이냐 혹은 SmartArt 그래픽이냐에 따라 애니메이션을 달리 정의해야 한다.

슬라이드 마스터에서 정의한 애니메이션을 배제하려면 슬라이드 마스터 애니메이션을 슬라이드 애니메이션 개체로 복사한다.

□ 다양한 애니메이션

애니메이션 효과를 '이동 경로'로 지정하면 설정한 경로로 애니메이션을 발생시킬 수 있다.

예 '연속 주기형' SmartArt 그래픽에 애니메이션 효과 '이동 경로' 지정

그룹과 관련된 명령은 홈 탭의 '그리기' 그룹에 있는 '정렬' 버튼에서 지정한다.

① SmartArt 그래픽을 선택한 후 '그룹 해제'를 두 번 실행한다.

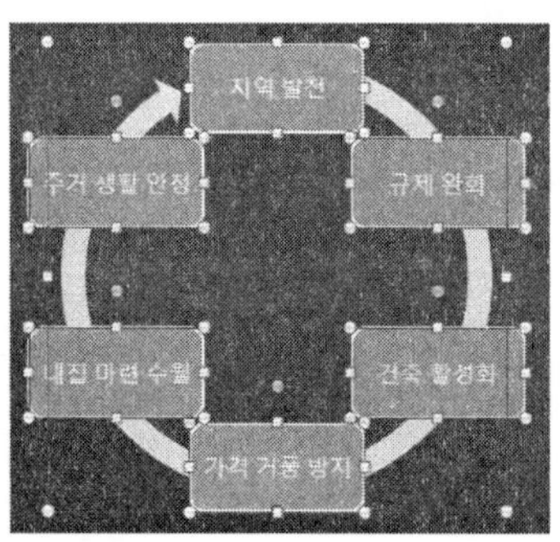

② 텍스트 도형 상자를 모두 선택한 후 '그룹'을 실행한다.
그래픽은 텍스트 도형 그룹과 화살표 개체로 분리된다.

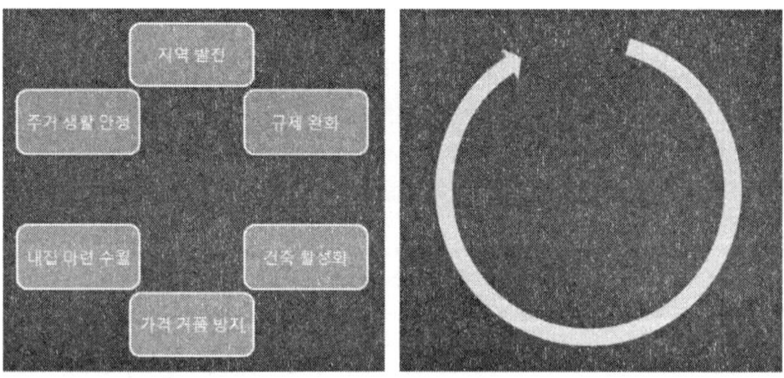

③ 원을 그리고 '이동 경로' 효과 옵션으로 '원형'을 선택한다.
④ 이동 경로를 확대하여 화살표 개체의 크기에 맞춘다.

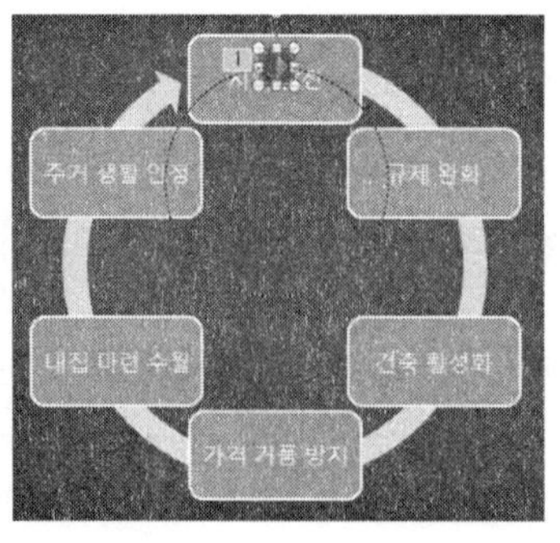

→

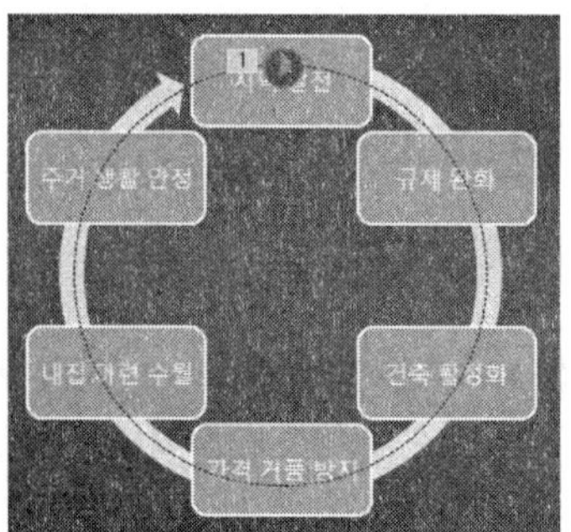

⑤ 텍스트 도형 그룹을 선택한 후 '앞으로 가져오기'를 실행한다.

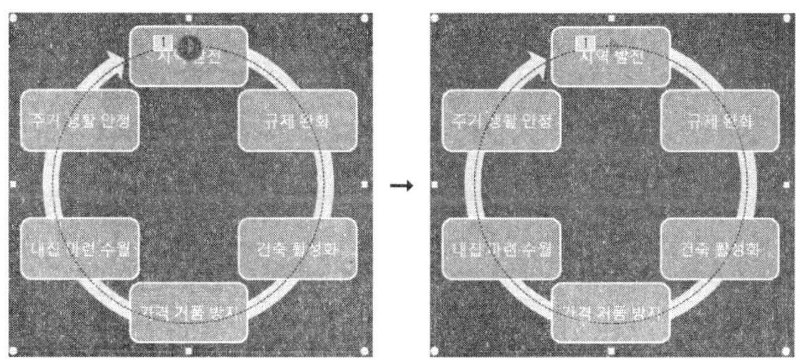

⑥ '속도'를 '매우 느리게'로 지정한다.

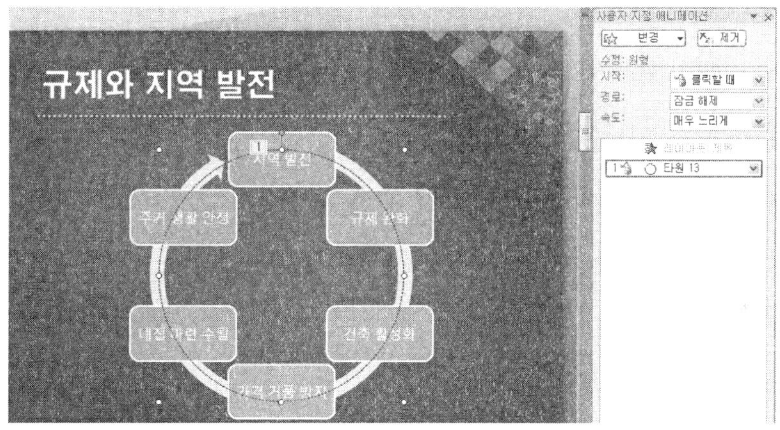

- 원과 함께 경로를 이동하려면 '경로' 옵션으로 '잠금 해제'를 지정한다.
- 경로를 그대로 둔 상태에서 원만 이동하려면 '경로' 옵션으로 '잠금'을 지정한다.

참고 SmartArt 그래픽이 삽입된 슬라이드는 363 페이지에서 소개한 '1_제목 및 내용' 레이아웃이 적용되었으며, '제목 개체 틀'에 정의된 애니메이션만 상속하였다.

예 3차원 공간 표시

정육면체 도형의 내부에 점선을 삽입하면 3차원 형태를 뚜렷하게 나타낼 수 있다.

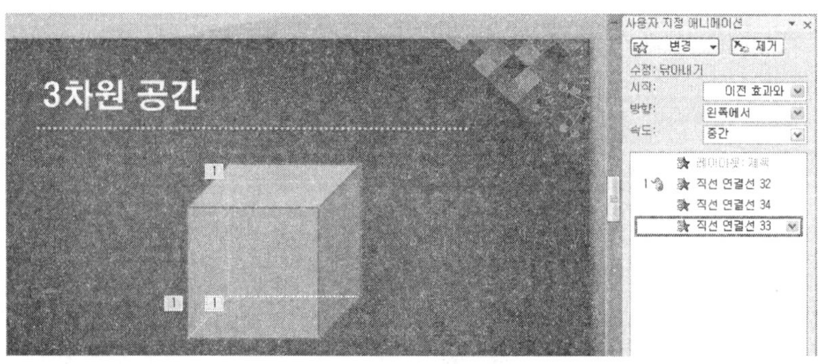

선 모양은 홈 탭의 '그리기' 그룹에 있는 '도형 윤곽선' 버튼에서 지정한다.

- 점선은 선을 그린 후 '대시' 모양으로 '사각 점선'을 적용한다.
- 선에 애니메이션을 준다.

애니메이션	직선 연결선 32	직선 연결선 34	직선 연결선 33
순서	1	2	3
유형	닦아내기		
시작	클릭할 때	이전 효과와 함께	
방향	아래에서	위에서	왼쪽에서
속도	2초(중간)		

참고 정육면체 도형이 삽입된 슬라이드는 363 페이지에서 소개한 '1_제목 및 내용' 레이아웃이 적용되었으며, '제목 개체 틀'에 정의된 애니메이션만 상속하였다.

예 두루마리 펼치기 효과

두루마리가 펼쳐지면서 텍스트가 차례로 나타난다.

- '본문 개체 틀'에 텍스트를 먼저 입력한다.
- 도형 '세로로 말린 두루마리 모양'을 삽입하고 '정렬' 버튼을 클릭하여 '뒤로 보내기'를 실행한다.
- '본문 개체 틀'의 크기를 조정하고 적당한 위치로 이동한다.

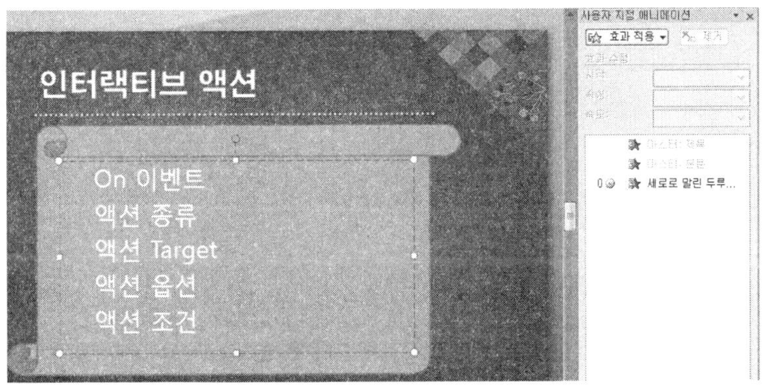

- 슬라이드 마스터의 애니메이션을 슬라이드에 복사한다.
- 애니메이션 '세로로 말린 두루마리 모양'을 애니메이션 '마스터:제목' 아래로 이동한다.

- 개요 수준별로 애니메이션을 준다.

애니메이션	세로로 말린…	On 이벤트	액션 종류	액션 Target	액션 옵션	액션 조건
순서	1	2	3	4	5	6
유형	닦아내기	나타내기				
시작	이전 효과 다음에	이전 효과와 함께				
방향	위에서					
속도	5초(매우 느리게)					
지연		1.5초	2.3초	3.1초	3.9초	4.7초

0.8초 간격으로 텍스트가 나타나게 한다.

참고 정육면체 도형이 삽입된 슬라이드는 363 페이지에서 소개한 '제목 및 내용' 레이아웃이 적용되었다.

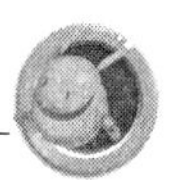

하이퍼링크와 실행 버튼

슬라이드를 클릭하여 어떤 애니메이션을 실행하려면 애니메이션의 '시작' 이벤트 방식으로 '클릭할 때'를 지정한다. '클릭할 때' 이벤트는 슬라이드 상의 임의의 공간을 클릭할 때 발생한다. '하이퍼링크'와 '실행' 속성의 시작 이벤트는 슬라이드에 포함된 특정 개체를 클릭할 때 발생한다.

도형 혹은 텍스트 개체에 하이퍼링크 속성을 주면 해당 개체를 클릭하여 특정 슬라이드 혹은 웹 페이지로 이동할 수 있다.

하이퍼링크 개체에 하이퍼링크 속성을 설정하려면 개체를 선택한 후 삽입 탭의 '링크' 그룹에서 '하이퍼링크' 버튼을 클릭한다.

도형 혹은 텍스트 개체에 '실행' 속성을 주면 하이퍼링크 속성을 줄 수 있으며, 해당 개체를 클릭하여 혹은 해당 개체에 마우스를 올려 특정 프로그램을 실행할 수 있다.

실행 '실행' 버튼을 삽입하려면 개체를 선택한 후 삽입 탭의 '링크' 그룹에서 '실행' 버튼을 클릭한다.

1. 네비게이션 버튼

슬라이드 쇼 도중 원하는 슬라이드로 이동하려면 네비게이션 버튼을 삽입해야 한다. 네비게이션 버튼을 사용하려면 다음과 같이 한다.

슬라이드에는 '요약' 슬라이드로 이동할 수 있는 하이퍼링크를 삽입한다. 하이퍼링크는 슬라이드 마스터의 '제목 및 내용' 레이아웃에서 정의한다.

'요약' 슬라이드를 삽입하고, 슬라이드 제목을 차례로 입력한다.

'요약' 슬라이드에는 '제목만' 레이아웃을 적용한다.

슬라이드 제목에는 해당 슬라이드로 이동할 수 있는 하이퍼링크를 삽입한다.

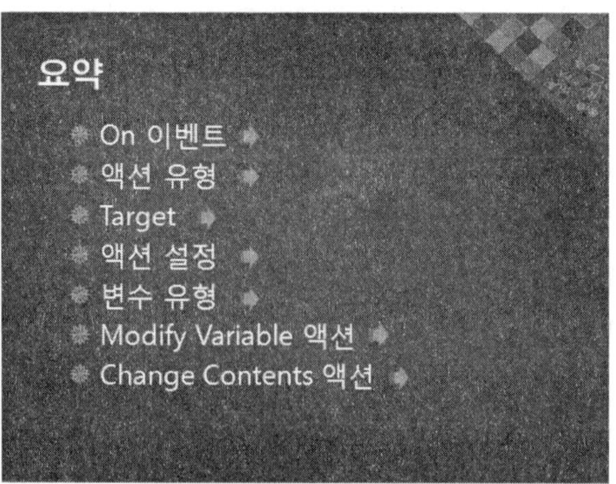

'요약' 슬라이드는 슬라이드 마스터의 '제목 및 내용' 레이아웃의 속성을 이어 받지 않으므로 '요약' 슬라이드로 이동하는 하이퍼링크를 포함하지 않는다.

□ 하이퍼링크 설정하기

'제목 및 내용' 레이아웃에 삽입한 도형 개체 를 마우스 오른쪽 버튼으로 클릭하고 단축 메뉴에서 '하이퍼링크'를 실행한다.

'연결 대상'을 '현재 문서'로 지정하고 '요약' 슬라이드를 선택한 후 '확인' 버튼을 클릭한다.

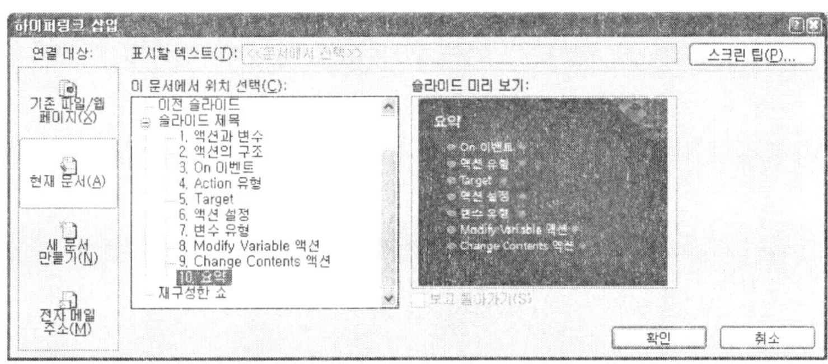

동일한 방법으로 '요약' 슬라이드의 도형 개체 에 하이퍼링크를 설정한다.

참고 '스크린 팁'을 클릭하고 텍스트를 입력하면 하이퍼링크에 마우스를 갖다 대었을 때 입력한 텍스트가 풍선 도움말 형태로 표시된다.

2. 응용 프로그램 실행

□ 엑셀

실행 버튼을 삽입하거나 개체에 '실행' 속성을 추가하면 마우스 이벤트 별로 하이퍼링크 속성을 설정할 수 있다.

실행 버튼을 삽입하려면 홈 탭의 그리기 그룹에서 '도형' 버튼을 클릭하고 도형 도구 모음 창의 실행 단추 모음에서 실행 버튼을 클릭한다.

예 다음과 같은 콘텐츠를 제작해 보자.

실행 버튼에 마우스를 갖다 대면 다음 슬라이드로 이동하여 차트 레이블을 보여준다.

실행 버튼에서 손을 떼면 이전 슬라이드로 이동한다.

차트를 클릭하면 차트 관련 엑셀 창을 열어 준다.

예제 콘텐츠를 제작하기 위해서는 복제된 슬라이드를 다음 슬라이드 위치에 배치한다.

실행 버튼 을 삽입한 후 홈 탭의 '그리기' 그룹에서 '도형 채우기', '도형 윤곽선' 버튼을 클릭하여 실행 버튼의 '채우기' 색상과 '윤곽선' 색상이 화면에 나타나지 않게끔 한다.

'도형 채우기' 속성으로 '단색 채우기', '투명도'를 100%로 지정한다.

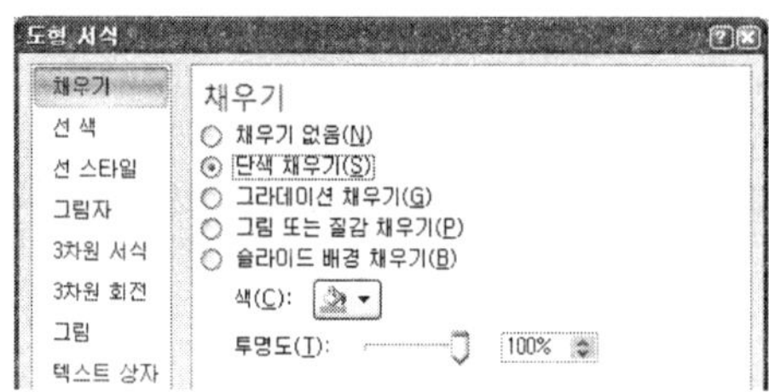

'도형 윤곽선' 속성으로 '윤곽선 없음'을 지정한다.

실행 버튼을 복사하여 아래 그림과 같이 배치한다.

앞 슬라이드에는 텍스트 '기말' 위치에, 다음 슬라이드에는 텍스트 '평균' 위치에 배치한다.

텍스트 '기말'에 마우스를 갖다 대면 다음 슬라이드로 이동하게 하고, 텍스트 '평균'에 마우스를 갖다 대면 앞 슬라이드로 이동하게 한다.

차트 영역을 클릭하면 엑셀이 실행되고 차트 관련 데이터가 열리게 한다.

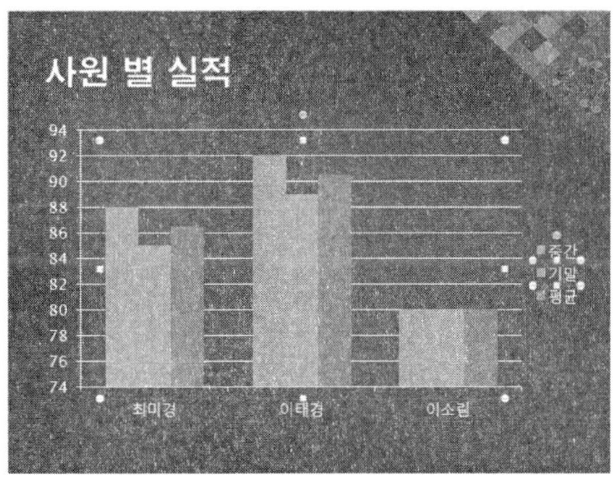

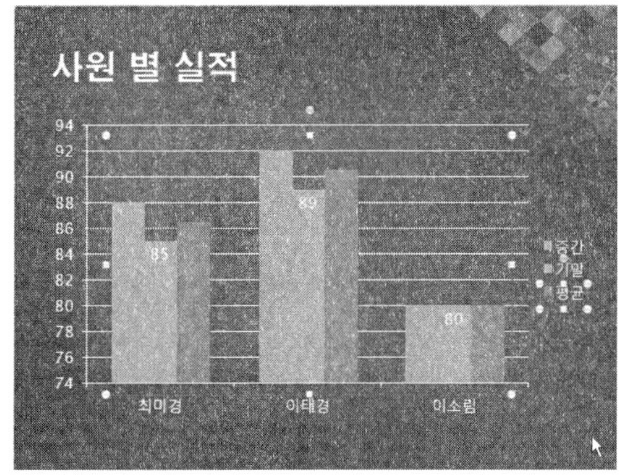

텍스트 '기말'과 '평균'에 놓인 실행 버튼에 설정한 하이퍼링크는 다음과 같다.

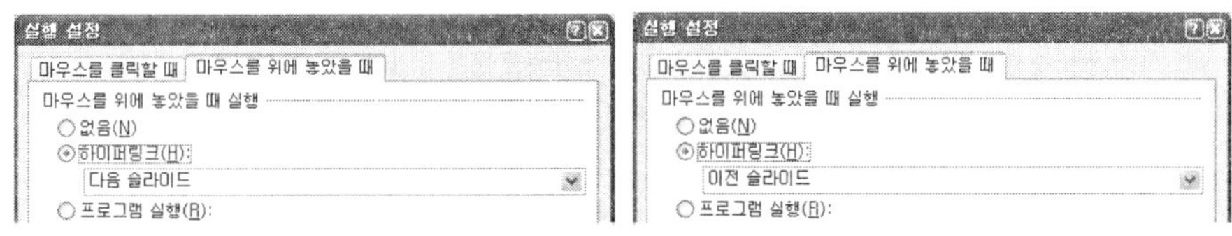

차트 영역에 놓인 실행 버튼에 설정한 하이퍼링크는 다음과 같다.

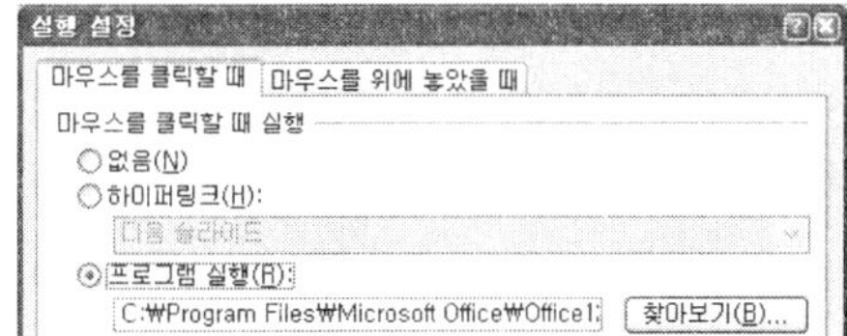

'찾아보기' 버튼을 클릭하여 'EXCEL.EXE' 파일을 선택한 후 '차트.xlsx' 파일을 실행하게끔 한다.

c:₩Program Files₩Microsoft Office₩Office12₩EXCEL.EXE 차트.xlsx

- 슬라이드 쇼 도중 '실행' 버튼을 클릭하면 엑셀이 실행된다.
- '소리 재생' 항목을 선택하고 소리 종류를 지정하면 실행 버튼을 클릭할 때 음향 효과를 낼 수 있다.

※ 발표장에 준비된 컴퓨터에 응용 프로그램이 설치되어 있는지 반드시 확인해야 한다.

참고 투명 속성의 실행 버튼

실행 버튼에 '도형 채우기' 속성으로 '단색 채우기'를 하고 '투명도'를 100%로 지정하면 실행 버튼은 투명 속성을 지니게 된다.

투명 속성 버튼을 특정 개체 위에 배치하면 특정 개체를 버튼처럼 사용할 수 있다.

예 차트에 추가한 하이퍼링크 혹은 실행 속성은 차트 영역 전체에 적용된다. 따라서 차트 의 특정 영역에만 하이퍼링크 혹은 실행 속성을 주고 싶을 때에는 투명 속성의 실행 버튼을 활용한다.

투명 속성 실행 버튼

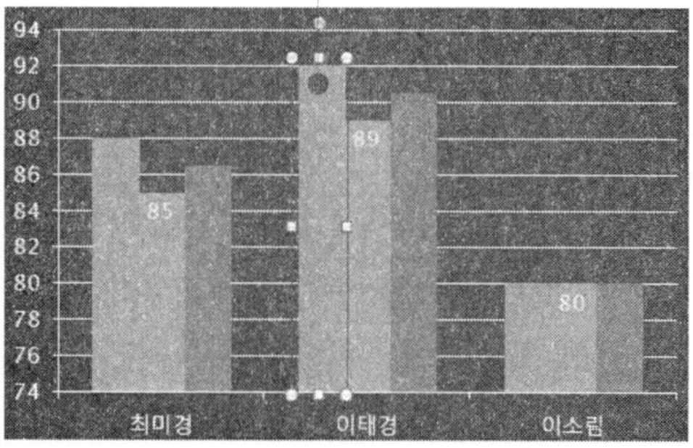

	최미경	이태경	이소림
	85	89	80

□ 동영상·플래시

동영상, 플래시도 마찬가지 방법으로 실행 버튼을 클릭하여 재생할 수 있다.

동영상 혹은 플래시는 시스템에 설치된 응용 프로그램에 의해 재생되므로 발표장에

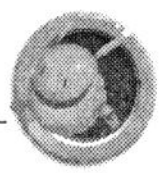

준비된 컴퓨터에 동영상 재생 프로그램 혹은 플래시 재생 프로그램이 설치되어 있는지 확인할 필요가 있다.

또한 컴퓨터에 기본 재생 프로그램이 다르게 설정되어 있을 수도 있으므로 기본 재생 프로그램을 미리 설정해야 한다.

참고 동영상 기본 재생 프로그램 설정하기

① '윈도우 탐색기'를 실행한다.

② 동영상 파일을 선택하고 '파일/연결 프로그램/프로그램 선택'을 실행한다. 연결 프로그램 대화상자가 열린다.

③ '이 종류의 파일을 열 때 항상 선택된 프로그램 사용' 항목을 선택하고 원하는 동영상 재생 프로그램을 선택한다.

④ '확인' 버튼을 클릭한다.

참고 삽입 탭의 텍스트 그룹에서 '개체' 버튼을 클릭하여 플래시 무비를 슬라이드에 포함한 경우 플래시 무비를 실행하려면 다음과 같이 한다.

① 플래시 무비 개체를 클릭한 후 삽입 탭의 '링크' 그룹에서 '실행' 버튼을 클릭한다.

② '마우스를 클릭할 때 실행' 옵션으로 '개체 실행'을 선택한다.

③ '개체 실행' 옵션 중 '내용 활성화'를 선택하고 '확인' 버튼을 클릭한다.

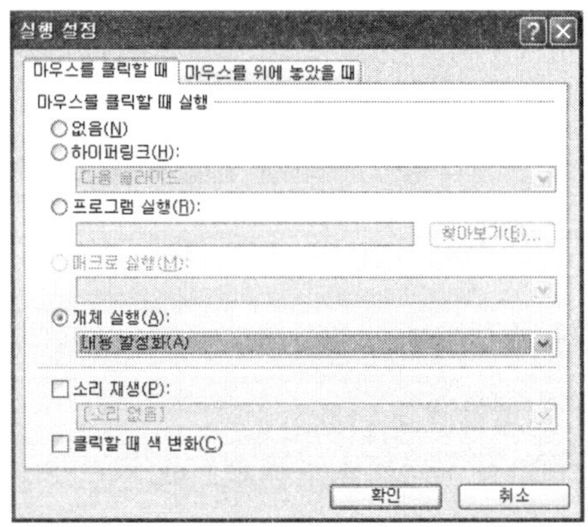

• 슬라이드 쇼가 진행될 때 플래시 무비를 자동으로 실행하려면 플래시 무비를 클릭한 후 사용자 지정 애니메이션 작업 창에서 '효과 적용' 버튼 [효과 적용]을 클릭하고 '개체 실행/내용 활성화'를 클릭한다.

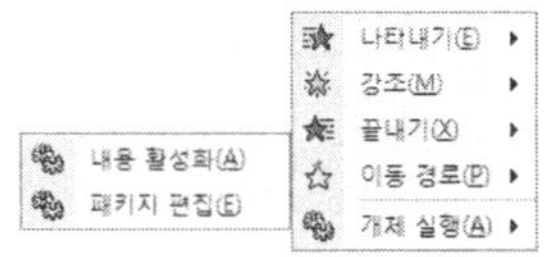

이때 애니메이션 시작 방식은 '이전 효과 다음에' 혹은 '이전 효과와 함께'를 지정하고 타이밍 탭에서 적당한 지연 시간을 설정한다.

하이퍼링크 디자인

개체를 슬라이드에 삽입하면 아이콘 형태로 표시된다. 시각적 측면에서 그렇게 보기 좋은 모양은 아니다. 따라서 하이퍼링크 속성을 주려는 개체 내용을 그림 이미지로 제공하고 이미지에 하이퍼링크를 설정하는 방법을 따른다.

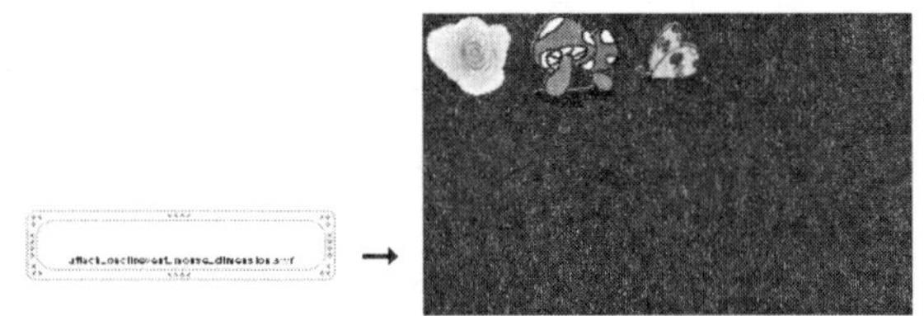

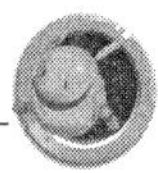

이미지를 클릭하여 플래시 무비를 재생하려면 실행 설정 대화상자에서 '하이퍼링크' 옵션으로 '다른 파일'을 선택하고 플래시 무비를 지정한다.

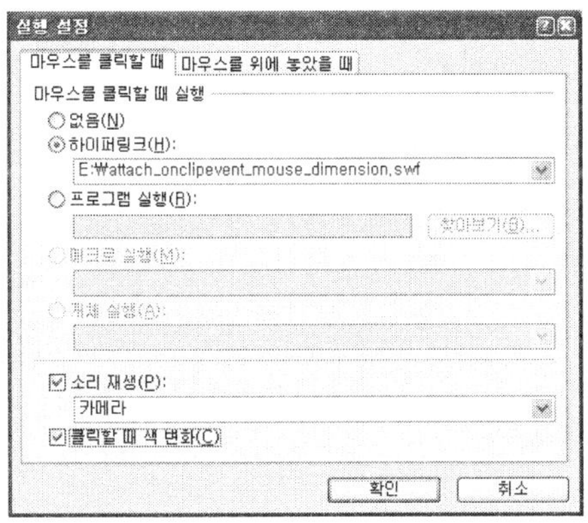

- 클릭할 때 색 변화 항목을 선택하면 해당 개체를 클릭할 때 개체가 깜빡이게 되어 주의를 끌 수 있다. 소리 재생 항목에서 지정한 소리는 개체를 클릭할 때의 음향 효과가 된다.

※ 소리 파일 역시 동일한 방식으로 슬라이드에 삽입한다.

3. 하이퍼링크 활용

▭ 이미지 확대

이미지 개체에 하이퍼링크를 지정하면 원본 크기의 이미지를 볼 수 있다.

축소된 그림을 클릭하여 원본 크기의 그림을 보려면 실행 설정 대화상자에서 '하이퍼링크' 옵션으로 '다른 파일'을 선택하고 원본 이미지를 지정한다.

▭ 다른 프레젠테이션 열기

프레젠테이션 도중 다른 프레젠테이션의 슬라이드를 불러오려면 실행 설정 대화상자에서 '하이퍼링크' 옵션으로 '다른 PowerPoint 프레젠테이션'을 선택하고 슬라이드를 지정한다.

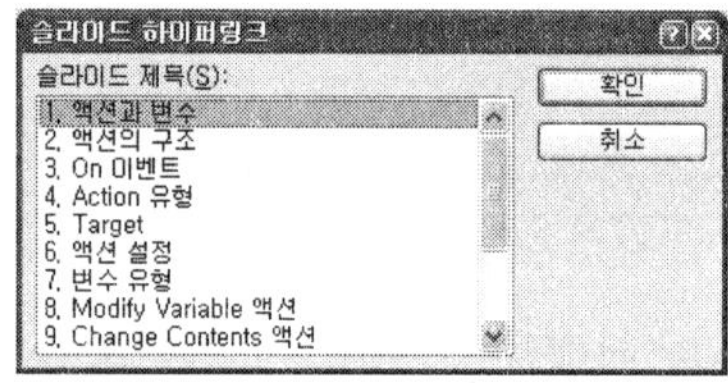

▭ 웹 페이지 열기

웹 페이지로 이동하려면 실행 설정 대화상자에서 '하이퍼링크' 옵션으로 'URL'을 선택하고 웹 페이지 주소를 입력한다.

Ⅵ 쇼 재구성

슬라이드를 주제별로 재구성할 필요가 있을 때 쇼 재구성을 한다.

예제 프레젠테이션의 2, 3, 4번 슬라이드에는 그림 관련 애니메이션이 설정되어 있고, 나머지 슬라이드에는 SmartArt 그래픽, 도형 관련 애니메이션이 설정되어 있다.

슬라이드를 두 개의 주제 '그림 개체 애니메이션', 'SmartArt 그래픽 애니메이션'으로 재구성하는 방법은 다음과 같다.

① 슬라이드 쇼 탭의 '슬라이드 쇼 시작' 그룹에서 '슬라이드 쇼 재구성' 버튼을 클릭한다.

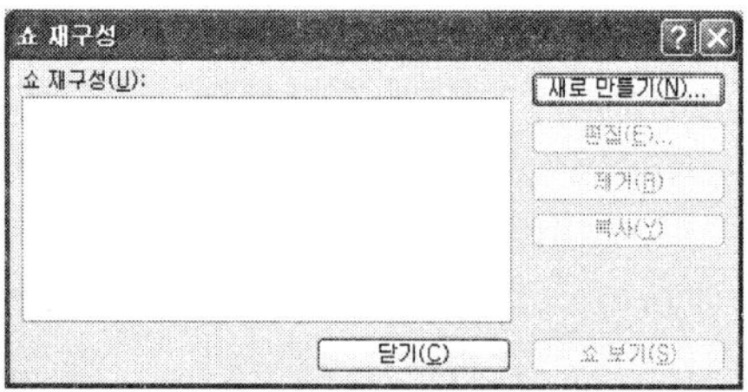

② '새로 만들기' 버튼을 클릭한다.

③ '슬라이드 쇼 이름' 입력상자에 '그림 개체 애니메이션'을 입력하고 슬라이드 목록 창에서 2, 3, 3 슬라이드를 선택한 후 '추가' 버튼을 클릭한다.

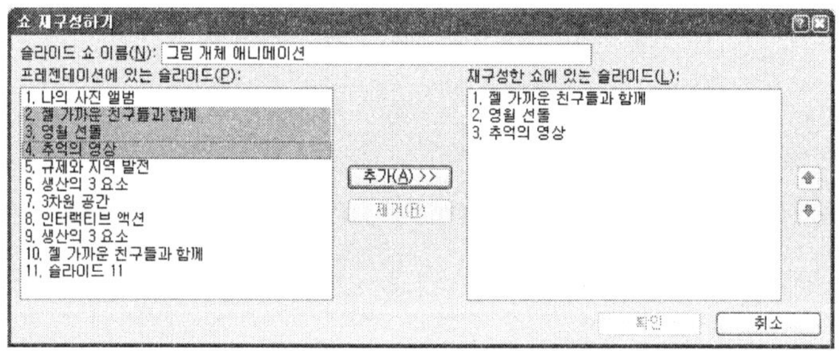

④ '확인' 버튼을 클릭한다.

⑤ '새로 만들기' 버튼을 클릭한다.

⑥ '슬라이드 쇼 이름' 입력상자에 'SmartArt 그래픽 애니메이션'을 입력하고 슬라이드 목록 창에서 5, 6, 7, 8 슬라이드를 선택한 후 '추가' 버튼을 클릭한다.

⑦ '확인' 버튼을 클릭한다.

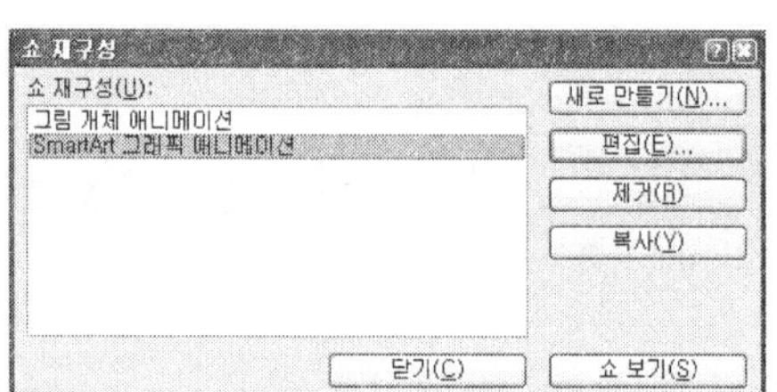

⑧ '닫기' 버튼을 클릭한다.

재구성한 쇼는 주로 '요약' 슬라이드에서 활용한다.

□ 재구성한 쇼 연결하기

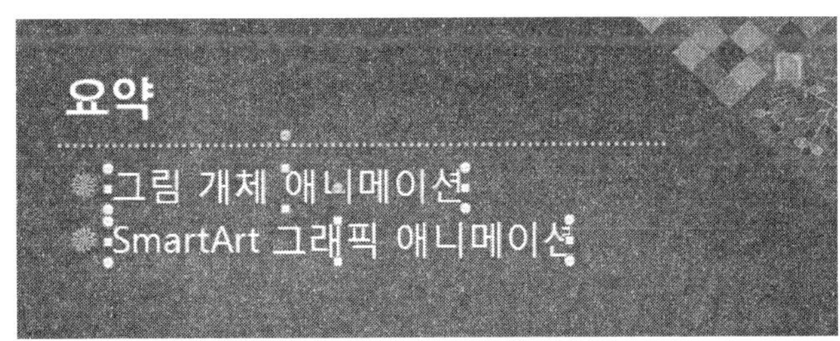

'요약' 슬라이드의 텍스트에는 투명 속성의 '실행' 버튼을 배치한다.

프레젠테이션이 여러 가지 주제로 구성된 경우 주제별 슬라이드 쇼를 제공해야 한다. 왜냐하면 프레젠테이션 구성상 여러 가지 주제 내용이 혼합될 수도 있기 때문이다.

- 프레젠테이션은 발표자의 취향이 아닌 청중들의 취향에 맞춰야 한다는 점을 주지하자.

  '실행' 버튼에 재구성한 쇼를 연결하려면 실행 설정 대화상자에서 '하이퍼링크' 옵션으로 '재구성한 쇼'를 선택하고 목록을 지정한다.

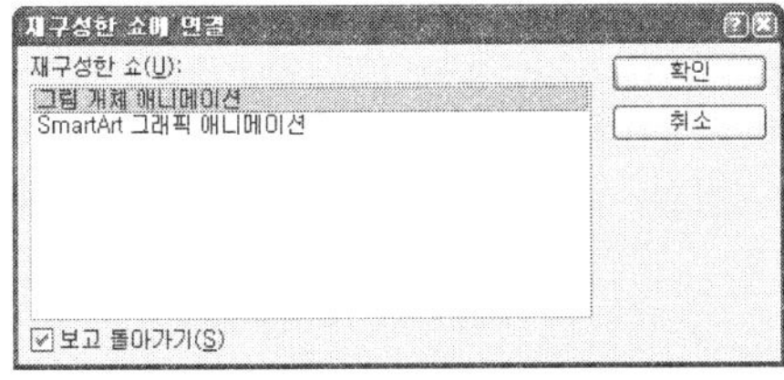

- '보고 돌아가기' 항목을 선택하면 재구성한 쇼를 실행한 후 '실행' 버튼이 포함된 슬라이드를 열어 준다.

Ⅶ 슬라이드 쇼

슬라이드 쇼를 실행하면 프레젠테이션에 저장된 슬라이드가 화면에 차례로 출력된다.

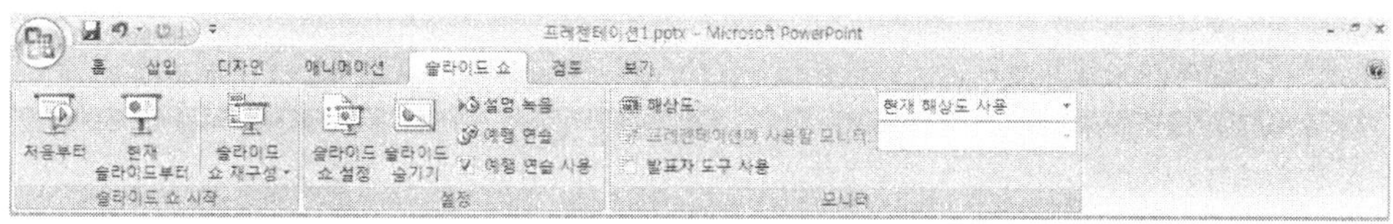

프레젠테이션을 진행하기 위해서는 철저한 준비가 필요하다. 한정된 시간 내에 발표 요점과 내용을 어떻게 청중들에게 전달하느냐에 따라 청중들이 받아들이는 정보 수준과 평가가 달라진다. 따라서 프레젠테이션을 진행하기에 앞서 다음 사항들을 점검한다.

- 프레젠테이션 내용이 요점 중심으로 표현되었는지 점검한다.
  - 글머리 기호를 사용한다.
  - 문장을 간결하게 표현하여 각 문장이 한 줄을 넘지 않게 한다.
- 디자인, 글꼴, 글자 크기, 글자 색상 등이 일관성 있게 적용되었는지 점검한다.
  - 디자인은 테마를 적용한다.

- 메시지를 정확하게 전달하기 위해서는 맑은 고딕, 굴림 등의 글꼴 스타일을 선택한다.

• 요점을 전달하는 데 적절한 그래픽이 사용되었는지 확인한다.

- 그림 개체의 크기와 위치가 일치하는지 점검한다.
- 불필요한 그래픽이 사용되지 않았는지 점검한다.

• 맞춤법 검사를 실행하여 틀린 글자, 띄어쓰기가 잘못된 글자, 어법에 어긋난 단어를 고친다.

• 문장의 논리가 성립하는지, 그리고 문장이 문법에 맞는지 점검한다.

• 프레젠테이션 내용이 청중들의 수준에 맞는지 점검한다. 청중들에게 생소한 프레젠테이션이라면 가급적이면 전문 용어를 쉽게 풀어서 설명한다.

• 청중들의 이해를 돕기 위한 유인물이 준비되었는지 점검한다.

• 발표 장소와 장비, 발표장에 준비된 컴퓨터 등을 미리 점검한다.

- 응용 프로그램 소프트웨어가 설치되어 있는지, 기본 프로그램으로 지정되어 있는지 확인한다.
- 사용 장비에 맞춰 프레젠테이션의 배경 색상을 조정한다.

예 슬라이드를 흑백이나 칼라 투명 필름으로 인쇄하여 오버헤드 투명 필름을 사용하는 경우에는 밝은 배경색을, 화면 프레젠테이션이나 35㎜ 슬라이드에는 어두운 배경색으로 조정한다.

• 프레젠테이션은 모니터 화면에 나타나는 모습과 프로젝터로 투사된 모습에 차이가 있으므로 프로젝터로 투사된 모습을 참조하여 프레젠테이션의 배경 색상, 글꼴 모양, 개체 색상 등을 수정한다.

• 레이저 빔 포인트를 어떻게 사용할 것인가, 어떤 표정을 지을 것인가, 바디 랭귀지는 어떻게 할 것인가 그리고 어떤 순간에 연단을 떠나 청중들에게 다가갈 것인지 미리 설계한다.

• 발표 요점과 내용을 설득력 있게 전달하기 위해 콘티를 작성하고 예행 연습을 충분히 한다. 가능한 말은 천천히 하고 적절한 간격을 두도록 한다.

• 프레젠테이션의 마무리 부분은 요점을 되풀이 하여 발표자의 의도를 다시 한 번 되

풀이하고 청중들이 올바른 판단을 할 수 있도록 한다.

- 장애가 있는 청중들을 위해 미디어 개체에 대체 텍스트가 추가되었는지 점검한다. 콘티를 작성하기 위해서는 프레젠테이션 전체 내용을 볼 수 있는 목차가 필요하다. 프레젠테이션이 많은 수의 슬라이드로 구성되고 그 내용이 복잡한 경우 목차 없이 콘티를 작성한다는 것은 어렵다.

  목차 슬라이드를 만들려면 홈 탭의 슬라이드 그룹에서 '새 슬라이드' 버튼을 클릭하고 '제목 및 내용' 레이아웃을 삽입한 다음 각 슬라이드의 제목을 복사하여 차례로 붙여 넣는다.

□ 슬라이드 숨기기

프레젠테이션은 청중들의 수준에 따라서 일부 슬라이드를 숨길 필요가 있다. 청중들의 주의력을 떨어뜨리는 전문적이고 복잡한 내용의 슬라이드 혹은 의도적으로 숨겨야 할 슬라이드는 시연되지 않도록 한다.

특정 슬라이드를 숨기려면 해당 슬라이드가 열린 상태에서 슬라이드 쇼 탭의 '설정' 그룹에서 '슬라이드 숨기기' 버튼을 클릭한다.

'슬라이드 숨기기' 버튼은 토글 속성을 지닌다. 누를 때마다 숨기기/나타내기를 반복한다.

□ 특정 개체 숨기기·순서 변경

경우에 따라서 텍스트 개체 혹은 그림 개체를 숨기거나, 화면 판독기에서 읽히는 순서를 변경해야 할 필요가 있다.

삽입된 개체의 순서와 표시 방법을 지정하려면 홈 탭의 '그리기' 그룹에서 '정렬' 버튼을 클릭하고 메뉴에서 '선택 창'을 선택한다.

예를 들어, 텍스트 '2006년'을 삽입하면 텍스트 개체는 목록의 위에 놓여진다. 화면 판독기는 개체를 아래쪽 목록 항목에서부터 위쪽 목록 항목 순으로 읽는다.

따라서 '2006년', '추억의 영상' 순으로 읽혀지도록 하려면 텍스트 '2006년'을 목록 항목의 제일 밑으로 아래로 옮긴다.

목록 항목의 오른쪽에는 눈 모양의 아이콘이 제공된다. 아이콘을 클릭하면 해당 개체를 화면에서 숨길 수 있다.

1. 쇼 설정

슬라이드 쇼 설정은 슬라이드를 어떤 방식으로 볼 것인지를 결정한다.

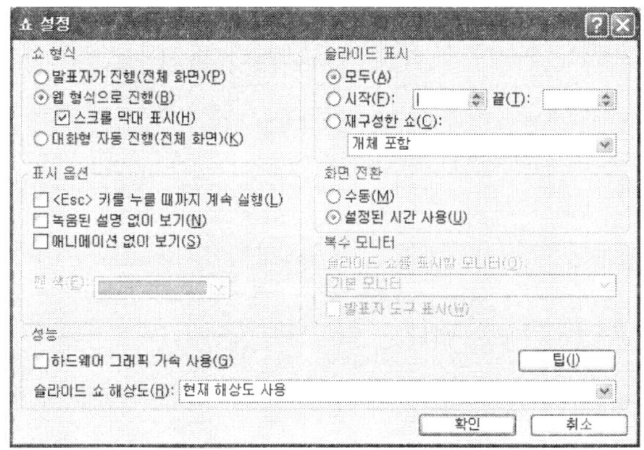

◆ 프레젠테이션 진행 형식

- 빔 프로젝터 혹은 LCD 프로젝터를 통해 모니터 전체 화면을 출력하여 프레젠테이션을 진행하려면 '발표자가 진행(전체 화면)' 옵션을 선택한다.
  - 발표자가 프레젠테이션 진행을 총괄한다.
  - 프레젠테이션을 자동이나 수동으로 실행할 수 있다.
  - 회의록과 할 일을 추가하기 위해 프레젠테이션을 멈출 수 있다.
  - 프레젠테이션이 진행되는 동안 설명을 녹음할 수 있다.
  - 프레젠테이션 도중 단축 메뉴를 열고 다양한 기능을 사용할 수 있다.

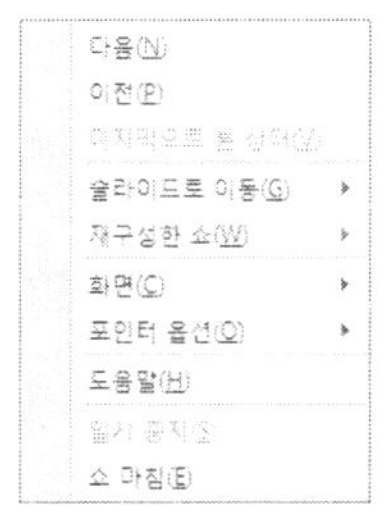

참고 설명 녹음을 실행하면 프레젠테이션은 자동으로 '전체 화면'으로 진행된다.

- 사내 네트워크나 World Wide Web을 통해 소형 화면으로 프레젠테이션을 진행하려면 '웹 형식으로 진행' 옵션을 선택한다.

– 프레젠테이션은 웹 브라우저 창에서 진행된다. 따라서 프레젠테이션 도중 응용 프로그램을 실행하거나 웹 페이지로 이동할 필요가 있는 경우 유용한 진행 형식이다.
– 슬라이드와 슬라이드의 이동은 스크롤 막대, Page Up, Page Down 키를 사용한다.
– 프레젠테이션 도중 프레젠테이션 간의 이동이나 슬라이드 편집, 복사, 인쇄 명령을 사용할 수 있다.

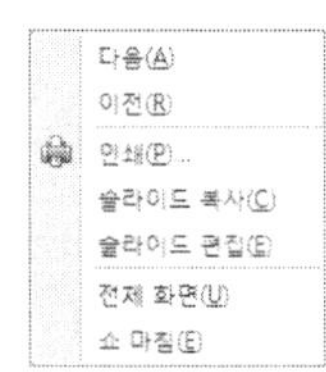

• 전시장 등에서 자동 실행 프레젠테이션을 실행하려면 '대화형 자동 진행(전체 화면)' 옵션을 선택한다. 자동 실행 프레젠테이션은 진행자 없이 슬라이드 쇼를 진행할 수 있다.

- 프레젠테이션은 반복해서 진행되게끔 설정할 수 있다.
- '〈ESC〉 키를 누를 때까지 계속 실행' 항목이 자동으로 선택된다.
- 프레젠테이션 실행 도중 단축 메뉴를 사용할 수 없다.

※ 자동 실행 프레젠테이션 제작 시의 유의점은 다음과 같다.

- 프레젠테이션에 포함된 모든 개체의 애니메이션 시작 방식을 '이전 효과와 함께' 혹은 '이전 효과 다음에'로 설정한다.
- 프레젠테이션에 포함된 모든 개체의 애니메이션 지연 시간을 가능한 한 0초로 지정하여 슬라이드가 열리자마자 애니메이션이 시작되도록 한다.
- 모든 슬라이드의 화면 전환 방식으로 '다음 시간 후 자동 전환'을 설정한다. 마우스를 클릭할 때로 설정하면 화면 전환이 이루어지지 않는다.
- 가급적이면 하이퍼링크, 실행 버튼을 제공하지 않는다.
- 하이퍼링크 기능을 제공하더라도 재구성한 쇼로 가는 하이퍼링크는 피하도록 한다. 재구성한 쇼는 계속 되풀이된다.

◆ 프레젠테이션 진행 옵션

- '녹음된 설명 없이 보기' 항목을 선택하면 슬라이드에 포함된 설명 녹음은 재생되지 않는다.
- '애니메이션 없이 보기' 항목을 선택하면 애니메이션은 실행되지 않는다.
- 프레젠테이션의 일부 슬라이드만 진행하려면 '시작,' '끝 슬라이드 번호', '재구성한 쇼'를 지정한다.
- 화면 전환 방식으로 '수동'을 선택하면 마우스를 클릭하여 다음 슬라이드를 진행할 수 있다.화면 전환 방식으로 '설정된 시간 사용' 옵션을 선택하면 슬라이드에 지정된 화면 전환 시간을 사용하여 다음 슬라이드를 진행할 수 있다.
- 하드웨어 가속기를 사용하려면 '하드웨어 그래픽 가속 사용' 항목을 선택한다. 하드웨어 가속기는 그래픽 카드(비디오 카드)에 내장된 입체 화상 처리 전용 기능으로서 CPU가 부담해야 할 그래픽 데이터 처리를 분담하여 CPU의 부담을 줄일 수 있고 그래픽 데이터 처리속도를 향상시켜 보다 빠른 화면 스크롤을 가능하게 한다.
- 화면 해상도로 1024×768 픽셀을 선택하면 가장 선명한 해상도를 얻을 수 있다.
- 슬라이드 쇼를 진행할 때 사용할 펜 색은 펜 색 팔레트 창에서 지정한다.

2. 예행 연습

예행 연습 시 점검해야 할 키포인트는 다음과 같다.

- 내용 설명과 어투 및 제스처
- 진행 속도
- 펜 사용, 펜 색
- 펜, 레이저 빔, 마우스 포인트 전환
- 회의록 작성
- 발표자 노트 작성

• 프레젠테이션을 진행하는데 있어 속도는 매우 중요한 요소이다. 청중들에게 내용을 정확히 전달하기 위해서는 프레젠테이션 진행 시간을 적절하게 설정해야 한다.

• 화면을 자동으로 전환하여 프레젠테이션하는 경우에는 자동 전환 시간을 여유있게 지정한다. 시간을 잘못 설정하면 설명 도중에 슬라이드가 넘어갈 수 있다.

• 펜 사용법과 함께 펜에서 화살표로 변경하는 연습을 한다.
예행 연습을 끝내면 슬라이드 쇼 예행 연습에 걸린 시간을 프레젠테이션 자동 전환 시간으로 지정할 수 있다.

3. 쇼 보기

처음부터 버튼을 클릭하면 슬라이드 쇼가 진행된다. 슬라이드 쇼는 쇼 설정에서 설정한 '쇼 형식'으로 진행된다.

□ 화면 전환 방식

• 프레젠테이션의 화면 전환 방식은 애니메니션 탭의 '슬라이드 화면 전환' 그룹에서 지정한다. 일반적으로 '마우스를 클릭할 때'와 '다음 시간 후 자동 전환' 둘 다 선택한다.

'다음 시간 후 자동 전환'을 선택하면 슬라이드에 설정된 화면 전환 시간이 자동으로 표시된다.

- 화면 전환 방식은 쇼 설정 대화상자의 '화면 전환' 옵션으로도 지정할 수 있다.
  - 화면 전환 방식을 '수동'으로 선택한 경우 PageUp, ←, ↑ 등의 키를 눌러 이전 슬라이드로 이동할 수 있으면 PageDown, →, ↓ 등의 키를 눌러 다음 슬라이드로 이동할 수 있다.
  - 화면 전환 방식을 '설정된 시간 사용'으로 선택한 경우 슬라이드에 할당된 시간이 지나면 자동으로 다음 슬라이드가 열린다. 마우스를 클릭하면 할당된 시간까지 기다릴 필요 없이 다음 슬라이드로 이동할 수 있다.

▭ 펜 사용

- Ctrl+p 키를 누르면 마우스 포인터 모양이 화살표에서 펜으로, Ctrl+a 키를 누르면 마우스 포인터 모양이 펜에서 화살표로 변경된다.
- 선을 그리려면 마우스를 누른 채 끈다. Shift 키를 누른 상태에서 마우스를 끌면 직선을 그릴 수 있다.
- e 키를 누르면 그린 선을 지울 수 있다.

※ 자판기의 한/영키가 영어로 지정되어 있어야 한다.

참고 펜 상태에서는 다음 슬라이드로 진행할 수 없다. 프레젠테이션을 계속 진행하려면 반드시 펜을 화살표로 변경한다.

▭ 응용 프로그램 실행

슬라이드 쇼 도중 응용 프로그램을 실행하여 청중들의 이해를 도울 수 있다.

① Ctrl+Esc 키를 누른다. 윈도우 시작 메뉴가 열린다.

② 응용 프로그램을 실행한다.

- 응용 프로그램의 실행을 마치면 슬라이드를 클릭하여 프레젠테이션을 계속 진행한다.

Ⅷ 웹 페이지로 출판하기

프레젠테이션을 웹으로 출판하려면 다음과 같이 한다.

□ html 파일로 저장하기

① Office 단추 를 클릭하고 다른 이름으로 저장을 실행한다.
② '제목 변경' 버튼을 클릭하여 웹 브라우저 제목 창에 표시될 문자열을 입력한다.
③ 파일 형식을 '웹 페이지 (*.htm; *.html)'로 선택한다.
④ 파일이 저장될 폴더를 선택한 후 파일 이름을 입력하고 '저장' 버튼을 클릭한다.
※ 파일 이름은 반드시 영문으로 입력한다. 웹 서버에 따라서 한글을 인식하지 못할 수도 있다.

파일을 저장한 폴더에는 show.htm 파일과 show.files 폴더가 생성된다.

- FTP 프로그램으로 show.htm 파일을 웹에 올리려면 반드시 show.files 폴더를 함께 올린다.

□ 사용자 정의 웹 출판하기

출판한 html 파일이 웹 브라우저에서 기본적으로 보여지는 모양을 변경하려면 다른 이름으로 저장 대화상자에서 '게시' 버튼을 클릭하여 옵션을 지정한다.

- '게시할 대상' 옵션은 출판할 슬라이드를 지정한다. 슬라이드 전체를 출판하려면 '전체 프레젠테이션'을 선택한다.
- 발표자 노트 내용을 보여주려면 '발표자 노트 표시' 항목을 선택한다.
- 출판할 파일 이름과 경로를 복사본 게시 형식에서 지정한다.

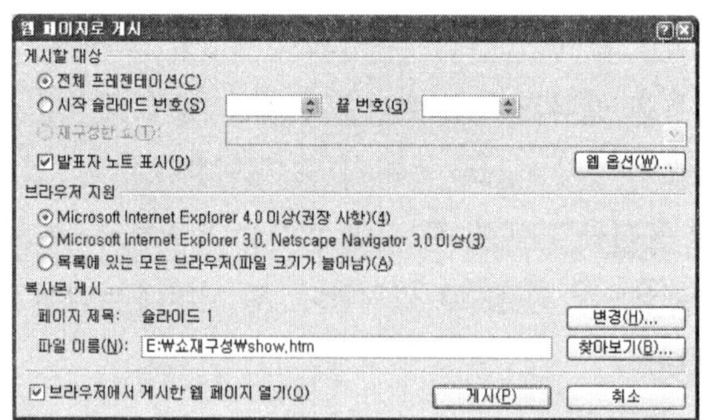

◆ 웹 옵션

웹 옵션을 설정하려면 '웹 옵션' 버튼을 클릭한다.

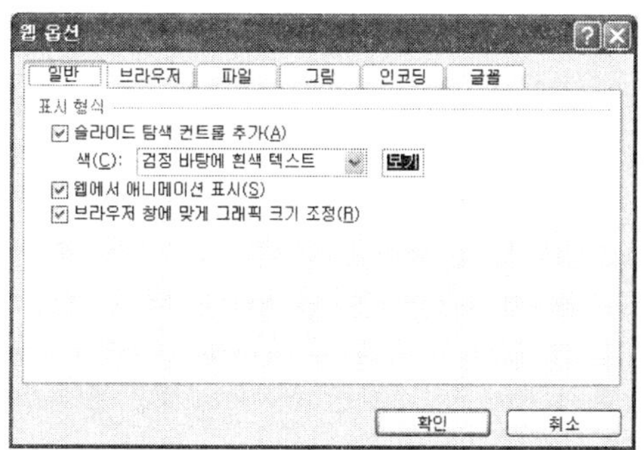

- 개요 창, 전체 화면 슬라이드 쇼 버튼 등을 나타내려면 '슬라이드 탐색 컨트롤 추가' 항목을 선택한다. 배경 색상과 글자 색은 색 선택 상자에서 지정한다.
- 개요 창에서 슬라이드를 클릭했을 때 슬라이드에 지정된 애니메이션의 작동 모습이 슬라이드 창에서 확인할 수 있도록 하려면 '웹에서 애니메이션 표시' 항목을 선택한다.
- 브라우저 창의 크기에 맞춰 슬라이드의 크기를 조정하려면 '브라우저 창에 맞게 그래픽 크기 조절' 항목을 선택한다.
- 프레젠테이션에 포함된 모든 개체를 .files 폴더에 저장하려면 '모든 관련 파일을 한 폴더에 저장' 항목을 선택한다.
- 8자 이상의 파일 이름으로 저장하려면 '가능하면 긴 파일 이름 사용' 항목을 선택한다.

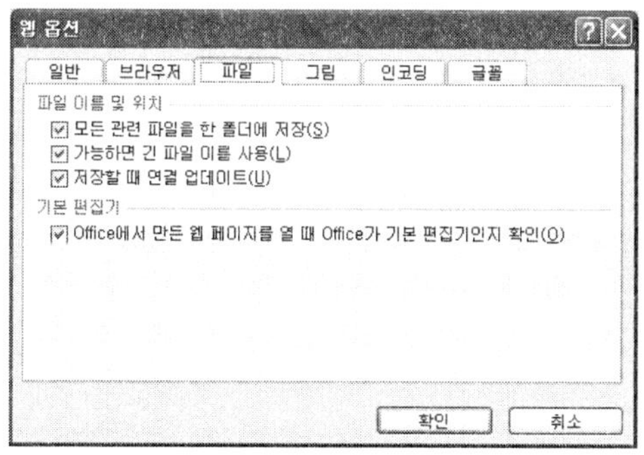

※ 가능한 한 웹 옵션은 기본 값 그대로 사용한다.

웹 출판을 하면 프레젠테이션에 설정한 애니메이션이 제대로 실행되지 않는다. 따라서 슬라이드 마스터에 정의한 애니메이션을 슬라이드 애니메이션으로 변경하는 등 여러 가지 방법을 동원하여 애니메이션이 제대로 실행되게끔 실행착오를 경험해야 한다.

◫ 쇼 재구성

하이퍼링크 대상을 재구성 쇼로 지정하면 웹 페이지로 출판하여 웹에 업로드한 경우 하이퍼링크가 활성화되지 않는다. 따라서 이런 경우에는 쇼를 재구성하여 하이퍼링크로 연결하지 않고 다음과 같은 방법을 사용한다.

- 재구성 쇼 순으로 슬라이드를 배열한다.
- 프레젠테이션 말미에 재구성 쇼에 해당하는 슬라이드를 배열하고 이들 슬라이드로 이동하는 하이퍼링크를 설정한다.

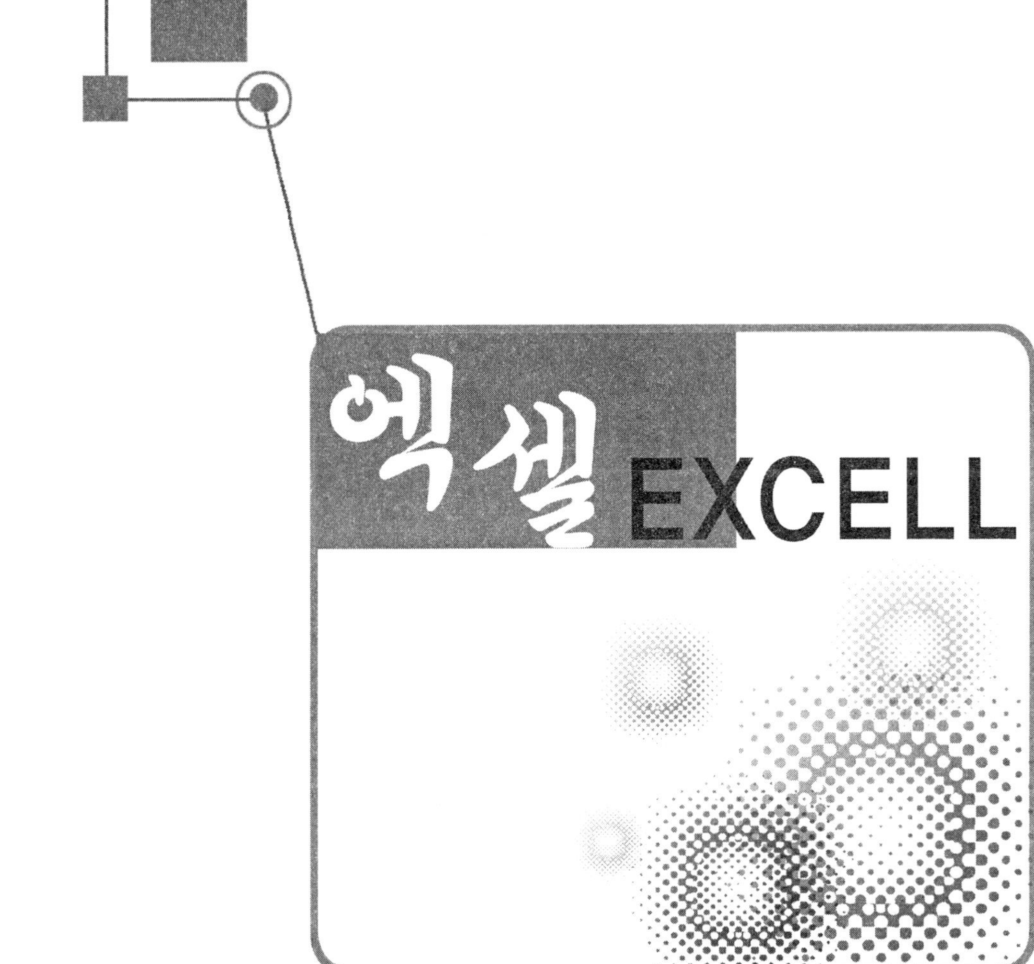
엑셀 EXCELL

I 엑셀 기초

엑셀은 대표적인 스프레드시트로서 실무에서 광범위하게 사용된다.

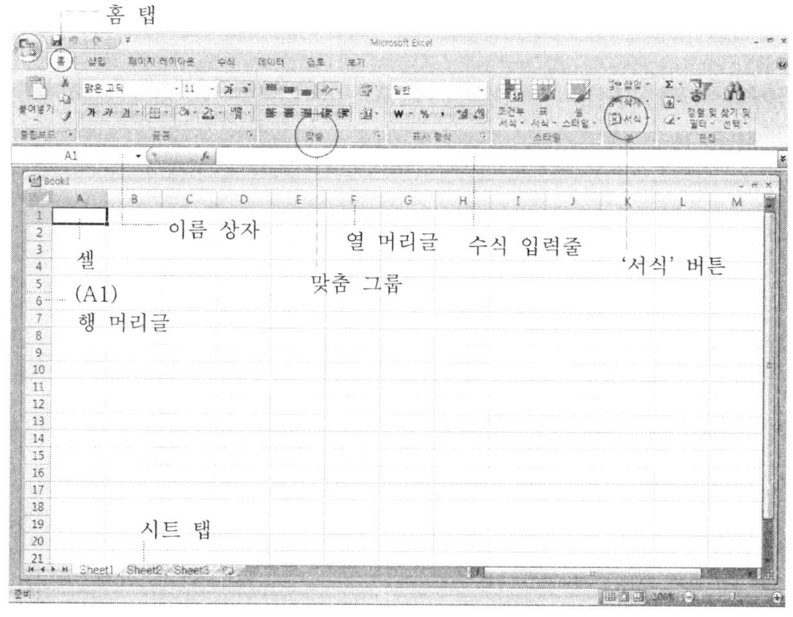

엑셀 문서는 다수의 스프레드시트를 포함하며, 각 스프레드시트는 수많은 셀로 구성되어 있다.

- 스프레드시트는 탭으로 구분된다.
- 셀의 위치는 좌표 값으로 구분되며, 좌표 값은 셀의 주소가 된다.
- 셀의 주소는 열 머리글과 행 머리글에 의해 결정된다.
- 수식, 텍스트 등은 셀에 입력된다. 셀에 입력된 내용은 수식 입력줄에 표시된다.

1. 데이터 입력

데이터는 셀을 클릭한 후 입력한다.

- 수식과 함수는 = 다음 입력한다.

```
=A1+A2+A3
```

- 수식을 문자열로

  수식을 문자열로 입력하려면 ' 키를 누른 후 수식을 입력한다.

```
'=A1+A2+A3
```

- 분수
  - 진분수는 0을 입력한 후 한 칸 띄우고 입력한다.
  - 가분수는 정수를 입력한 후 한 칸 띄우고 입력한다.

```
0 1/4 → 1/4
2 1/4 → 2 1/4
```

- 날짜/시간
  - 날짜는 년-월-일 혹은 년/월/일 형식으로 입력한다.
  - 시간은 시:분 형식으로 입력한다.

```
11/12/7
12:30
```

- 셀 내의 문단 나누기

  셀 내에서 문단을 나누려면 Alt+Enter 키를 누른다.

- 자동 채우기

  자동 채우기 조절자를 사용하면 일정한 규칙의 연속된 값을 입력할 수 있으며, 사용자 지정 목록으로 등록한 항목을 입력할 수 있다.

  - A1 셀에 3을 입력하고 자동 채우기 조절자를 끌면 셀에 3이 채워진다.
  - Ctrl 키를 누른 상태에서 자동 채우기 조절자를 끌면 셀에 1씩 증가한 형태로 채워진다.
  - 사용자 지정 목록 항목을 입력하고 자동 채우기 조절자를 끌면 셀에 목록 항목이 채워진다.

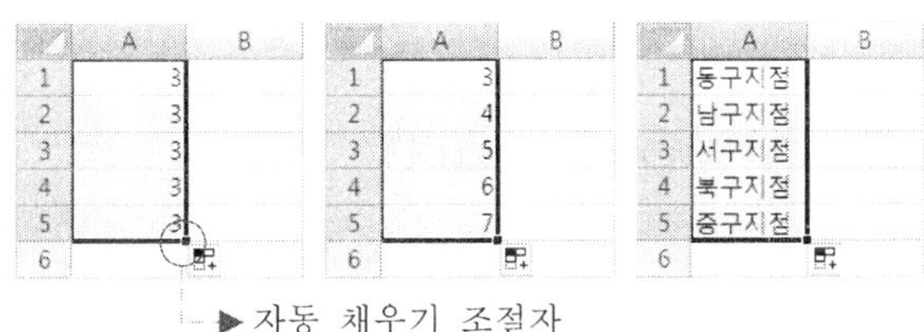

사용자 지정 목록은 사용자 지정 목록 대화상자에서 등록한다.

Excel 옵션
기본 설정
수식
언어 교정
저장
고급
사용자 지정
추가 기능
보안 센터
리소스
Excel에서 가장 많이 사용하는 옵션을 변경합니다.
Excel에서 가장 많이 사용하는 옵션
선택 영역에 미니 도구 모음 표시(M)
실시간 미리 보기 사용(L)
리본 메뉴에 개발 도구 탭 표시(D)
항상 ClearType 사용(T)
색 구성표(C): 파랑
스크린 팁 스타일(R): 스크린 팁에 기능 설명 표시
정렬 및 채우기 순서에서 사용할 목록 만들기: 사용자 지정 목록 편집(O)...
새 통합 문서 만들기
다음 글꼴 사용(N): 본문 글꼴
글꼴 크기(Z): 11
새 시트의 기본 보기(V): 기본 보기
포함할 시트 수(S): 3
Microsoft Office 개인 설정
사용자 이름(U): 유병훈
Microsoft Office에서 사용할 언어 선택: 언어 설정(A)...
확인 취소

① 'Office' 버튼 을 클릭하여 'Excel 옵션' 버튼을 클릭한다.

② '사용자 지정 목록 편집' 버튼을 클릭한다.

③ 목록 항목을 입력한 후 '추가' 버튼을 클릭한다.

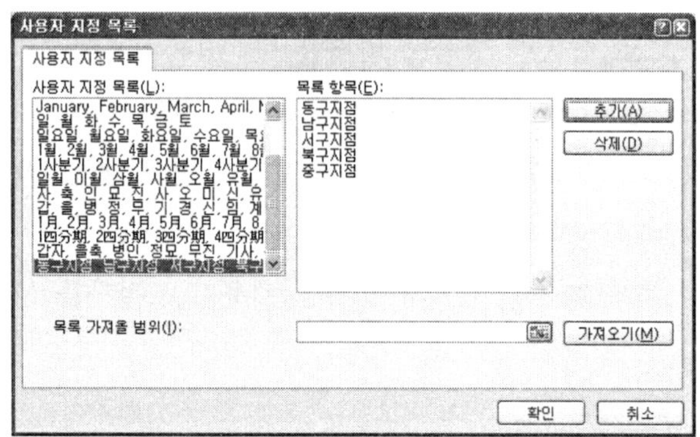

목록 항목은 줄을 나누어 입력한다.

- 자동 고침

자주 사용하는 문자열은 자동 고침 목록으로 등록한다.

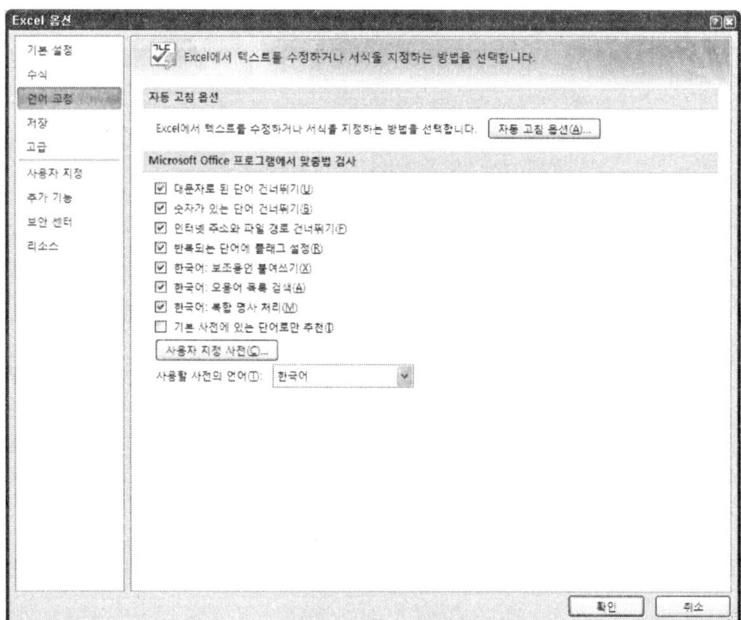

'자동 고침 옵션' 버튼을 클릭하고 입력 필드와 결과 필드에 준말과 온말을 입력한 후 '추가' 버튼을 클릭한다.

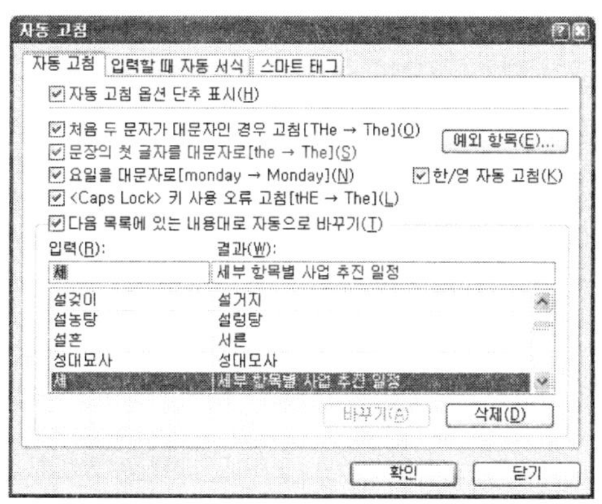

'세'를 입력하면 '세부 항목별 사업 추진 일정'으로 바뀐다.

- 메모

  특정 셀에 주를 표시하려면 메모를 삽입한다.

  ① 셀을 마우스 오른쪽 버튼으로 클릭하고 단축 메뉴에서 '메모 삽입'을 실행한다.

  ② 내용을 입력한다.

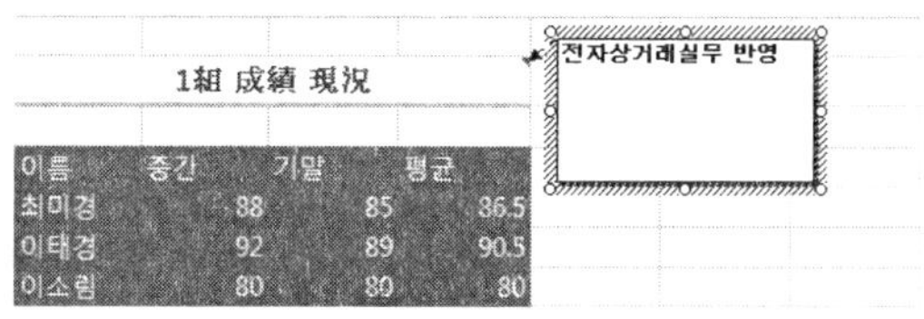

- 메모가 항상 표시되게 하려면 단축 메뉴에서 '메모 표시/숨기기'를 실행한다.
- 메모 내용을 수정하려면 단축 메뉴에서 '메모 편집'을 실행한다.
- 메모를 삭제하려면 단축 메뉴에서 '메모 삭제'를 실행한다.

- 특수 문자

  특수 문자를 삽입하는 방법은 두 가지가 있다.

  - 한글 자음을 입력한 후 '한자' 키를 눌러 문자를 선택한다.

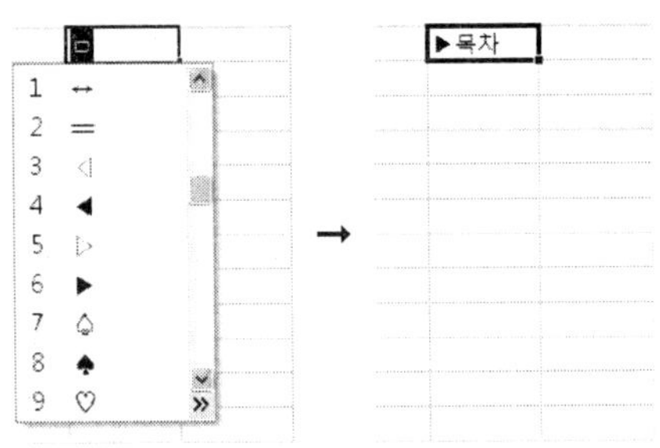

특수 문자 목록은 다음과 같다.

자음	문자 종류	자음	문자 종류
ㄱ	、 。 · ‥ … ¨	ㅅ	㉠㉡㉢㉣…㈀㈁㈂㈃
ㄴ	[ ] 《》 「」 『』 【】	ㅇ	ⓐⓑ…⒜⒝…①②…⑴⑵
ㄷ	± × ÷ ≠ ≤ ≥ ∞	ㅈ	ⅰ ⅱ ⅲ ⅳ ⅴ … Ⅰ Ⅱ Ⅲ Ⅳ Ⅴ
ㄹ	£ ¥ ㎖ ㎘ ㏄ ㎣ ㎤ ㎥ ㎜ ㎝	ㅊ	⅓ ⅔ … ¹ ² ₁ ₂ … ⅛ ⅜
ㅁ	※ ☆ ● ◎ ◆ □ ▲ ▽ ◀ ▶	ㅎ	ΑΒΓΔ…αβγδ

– 삽입 탭의 텍스트 그룹에서 '기호' 버튼을 클릭하여 문자를 선택한다.

기호 대화상자의 기호 탭에서는 특수 문자를 선택할 수 있으며, 특수 문자 탭에서는 구역, 단락 등의 표시 문자를 선택할 수 있다.

- 하이퍼링크

하이퍼링크 속성을 주려면 셀을 마우스 오른쪽 버튼으로 클릭하고 단축 메뉴에서 '하이퍼링크'를 선택한다.

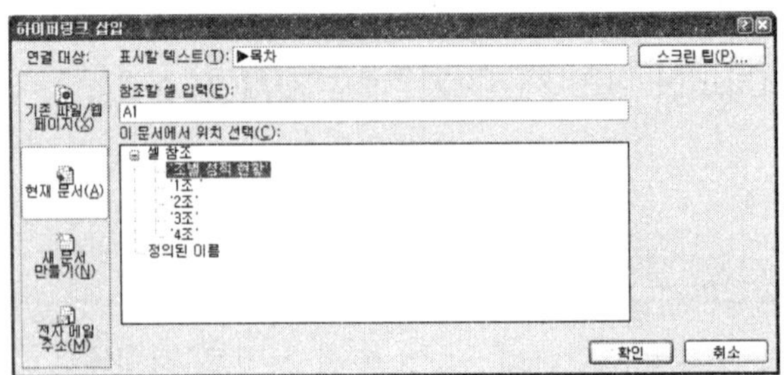

- 연결 대상을 '현재 문서'로 지정하면 특정 시트로 연결할 수 있다.
- 연결 대상을 '기존 파일/웹 페이지'로 지정하면 특정 파일 혹은 웹 페이지로 연결할 수 있다.

- 단축 메뉴에서 '하이퍼링크 편집'을 선택하면 하이퍼링크를 편집할 수 있다.
- 단축 메뉴에서 '하이퍼링크 제거'를 선택하면 하이퍼링크 속성을 해제할 수 있다.

● 한자 변환

텍스트를 한자로 변환하려면 셀을 더블 클릭한 후 '한자' 키를 클릭한다.

한자를 선택한 후 '변환' 버튼을 클릭한다.

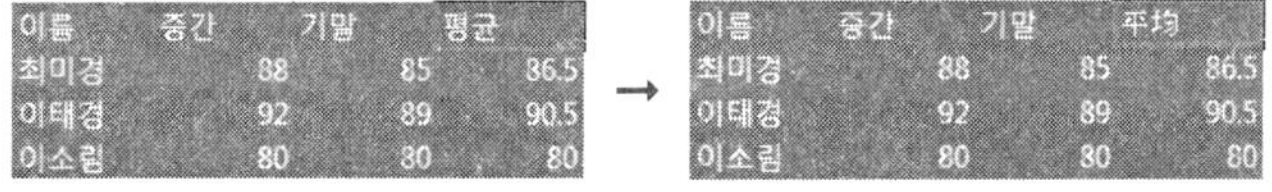

이름	중간	기말	평균
최미경	88	85	86.5
이태경	92	89	90.5
이소림	80	80	80

→

이름	중간	기말	平均
최미경	88	85	86.5
이태경	92	89	90.5
이소림	80	80	80

● 선택하여 붙여넣기

셀을 복사하면 셀의 값과 서식 등이 클립보드에 저장된다. 클립보드에 저장된 내용 중 선택적으로 붙여 넣으려면 '선택하여 붙여넣기'를 실행한다.

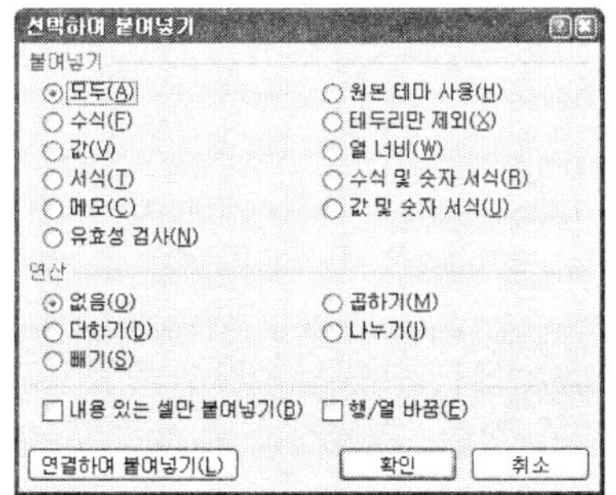

– 셀의 값만 붙여 넣으려면 '값'을 선택하고 '확인' 버튼을 클릭한다.

– 열 너비만 붙여 넣으려면 '열 너비'를 선택하고 '확인' 버튼을 클릭한다.

'110%'를 복사한 후 붙여넣기 옵션으로 '값'을, 연산자로 '곱하기'를 선택하면 기말 성적을 10%씩 상향 조정할 수 있다.

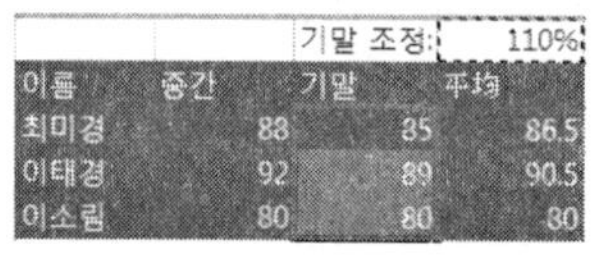

		기말 조정:	110%
이름	중간	기말	平均
최미경	88	85	86.5
이태경	92	89	90.5
이소림	80	80	80

→

		기말 조정:	110%
이름	중간	기말	平均
최미경	88	93.5	90.75
이태경	92	97.9	94.95
이소림	80	88	84

'110%'를 복사한 후 붙여넣기 옵션으로 '값'을, 연산자로 '나누기'를 선택하면 기말 성적을 상향 조정 전의 상태로 되돌릴 수 있다.

– 10% 증가시키려면 110%(100+10)를 곱한다.

– 10% 감소시키려면 90%(100−10)를 곱한다.

7을 복사한 후 붙여넣기 옵션으로 '값'을, 연산자로 '더하기'를 선택하면 일자를 7일 늦출 수 있다.

행사일자	행사시간	프로그램
05월 01일	11:00 ~ 12:00	한우 알림 연극
05월 01일	13:00 ~ 14:00	한우 알림 연극
05월 02일	11:00 ~ 12:00	환경연극 퍼포먼스
05월 02일	13:00 ~ 14:00	환경연극 퍼포먼스

→

행사일자	행사시간	프로그램
05월 08일	11:00 ~ 12:00	한우 알림 연극
05월 08일	13:00 ~ 14:00	한우 알림 연극
05월 09일	11:00 ~ 12:00	환경연극 퍼포먼스
05월 09일	13:00 ~ 14:00	환경연극 퍼포먼스

- 데이터 유효성 검사

유효성 검사를 적용하면 셀에 입력하는 값을 제어할 수 있다. 유효성 검사는 데이터 탭의 '데이터 도구' 그룹에 있는 '데이터 유효성 검사' 버튼을 클릭하여 설정한다.

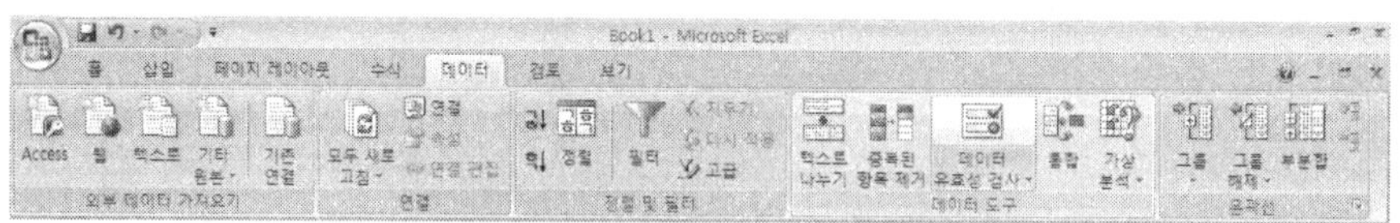

설문 결과를 입력할 때 1에서 4의 숫자만 입력되게끔 제어한다.

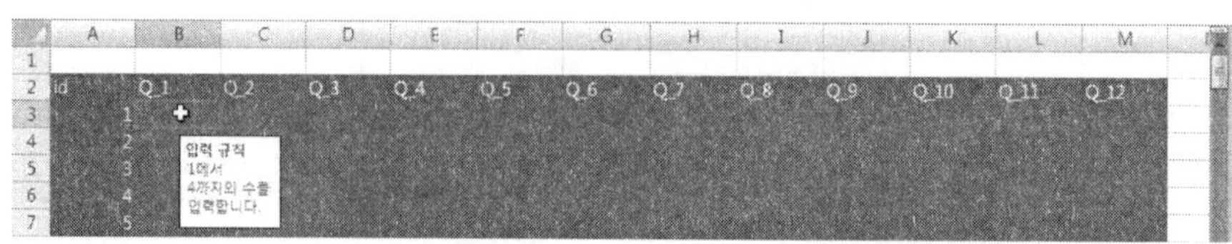

① 데이터를 입력할 셀 B3:M7을 블록으로 설정한다.

② '데이터 유효성 검사'를 실행하여 제한 대상으로 '정수'를, 제한 방법으로 '해당 범위'를, 그리고 최소값과 최대값으로 '1'과 '4'를 지정한다.

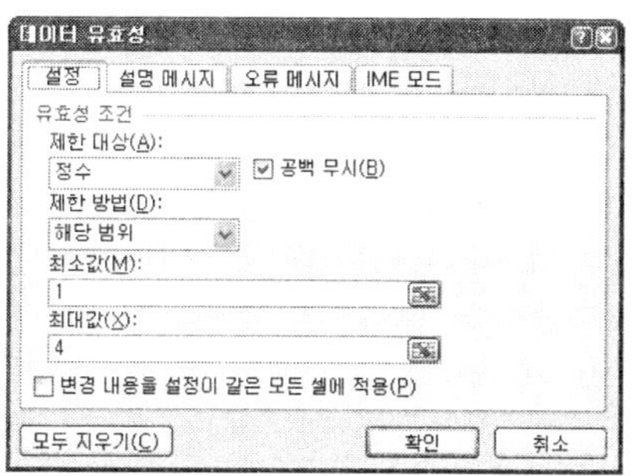

'공백 무시' 항목을 선택하고 최소값, 최대값으로 빈셀(예: A1 셀이 빈셀인 경우 '=A1')을 지정하면 모든 정수를 입력할 수 있다.

③ 설명 메시지 탭의 제목과 메시지를 입력한다.

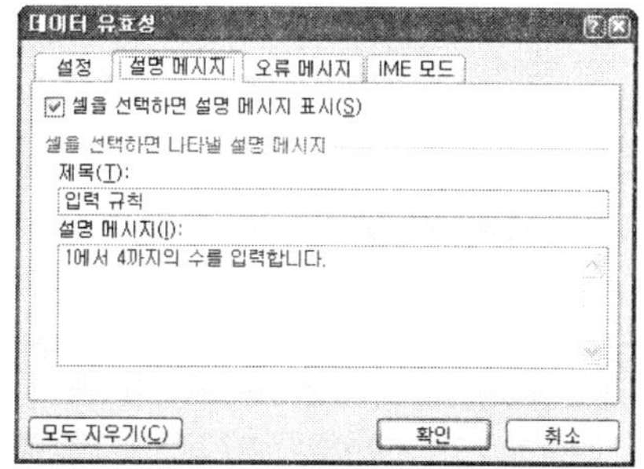

설명 메시지는 셀을 클릭했을 때 활성화된다.

④ 오류 메시지 탭의 스타일, 제목, 메시지를 입력한다.

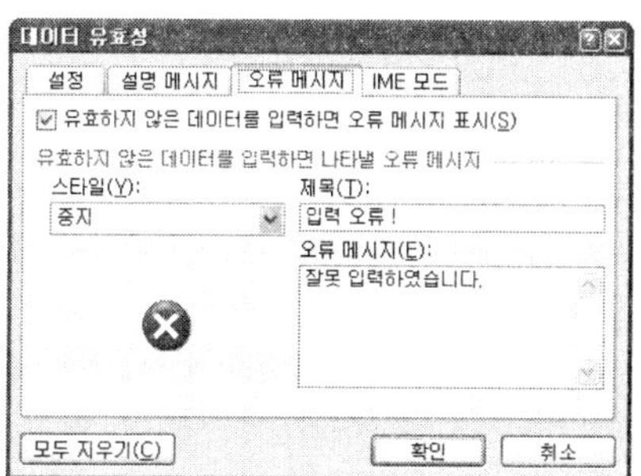

잘못된 수를 입력하면 오류 메시지가 나타난다.

– IME 모드 탭에서는 한글, 영문 입력 시스템을 지정한다.

사원코드를 입력할 때 문자열 '1-J' 혹은 '2-J' 다음 3 자리의 코드가 입력되게끔 제어한다.

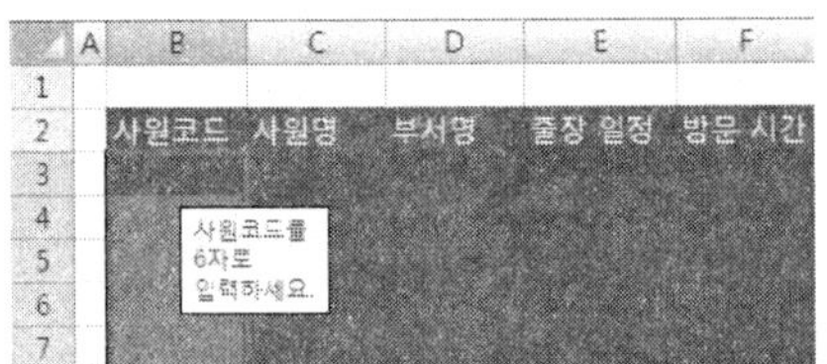

제한 대상	사용자 지정
수식	=AND(OR(LEFT(B3,3)="1－J",LEFT(B3,3)="2－J"),LEN(B3)=6)
설명 메시지	사원코드를 6자로 입력하세요.
오류 메시지	1－J001 형식으로 입력하세요.
IME 모드	영문

부서명을 입력할 때 드롭다운 목록에서 선택할 수 있게끔 제어한다.

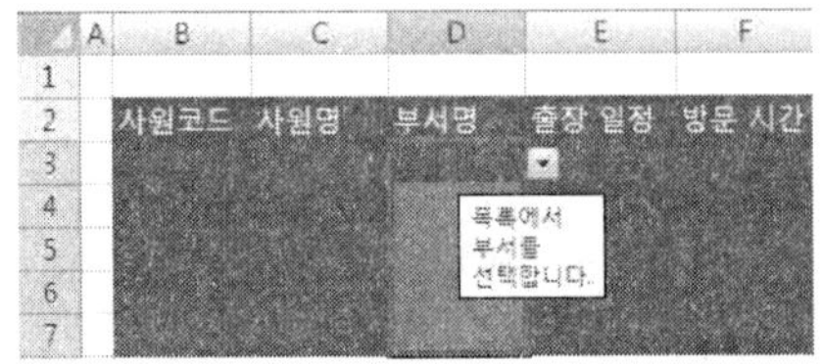

제한 대상	목록, 드롭다운 표시
원본	기획팀,인사팀,구매팀,자재팀,총무팀
설명 메시지	목록에서 부서를 선택합니다.

– 드롭다운 목록은 원본 입력 필드에 콤마로 구분하여 정의한다.

출장 일정을 입력할 때 내일부터 2주 이내의 날만 입력할 수 있게끔 제어한다.

사원코드 사원명 부서명 출장 일정 방문 시간

내일부터 2주 이내 일정을 입력하세요

제한 대상	날짜
제한 방법	해당 범위
시작 날짜	=TODAY()+ 1
끝 날짜	=TODAY()+ 14
설명 메시지	내일부터 2주 이내 일정을 입력하세요.
오류 메시지	출장 일정에 포함되지 않습니다.

방문 시간을 입력할 때 오후 2시부터 5시까지만 입력할 수 있게끔 제어한다.

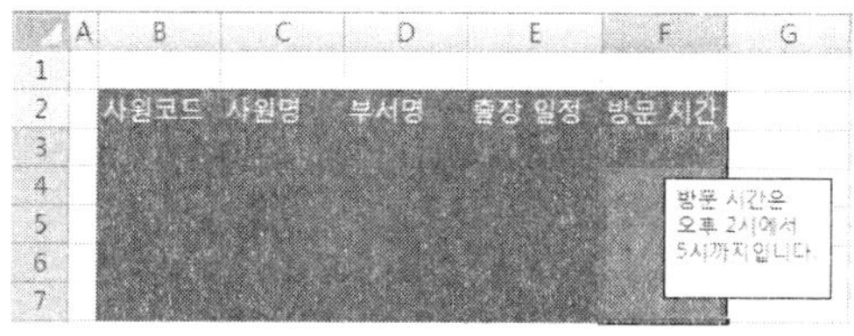

제한 대상	시간
제한 방법	해당 범위
시작 날짜	2:00:00 PM
끝 날짜	5:00:00 PM
설명 메시지	방문 시간은 오후 2시에서 5시까지입니다.
오류 메시지	방문 시간으로 입력할 수 없습니다.

참고 시간을 더할 때에는 큰따옴표로 둘러싸고 24시제로 "5:00"과 같이 표시한다.

질문 Q_4, Q_5, Q_6, Q_7은 상호 연결된 질문으로서 우선순위를 묻는다. 이들 질문에는 1에서 4의 값만 입력되도록 하고, 이들 값이 중복되어 입력되는 것을 막게끔 제어한다.

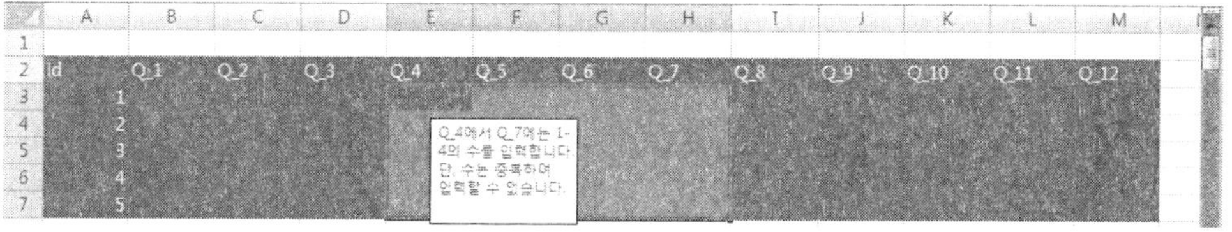

제한 대상	사용자 지정
수식	=IF(AND(INT(E3)>=1,INT(E3)<=4,COUNTIF($E3:$H3,E3)=1),TRUE,FALSE)
설명 메시지	Q_4에서 Q_7에는 1-4의 수를 입력합니다. 단, 수는 중복하여 입력할 수 없습니다.
오류 메시지	수를 중복하여 입력하였습니다.

사원코드를 입력할 때 문자열 0121304가 입력되게끔 제어한다.

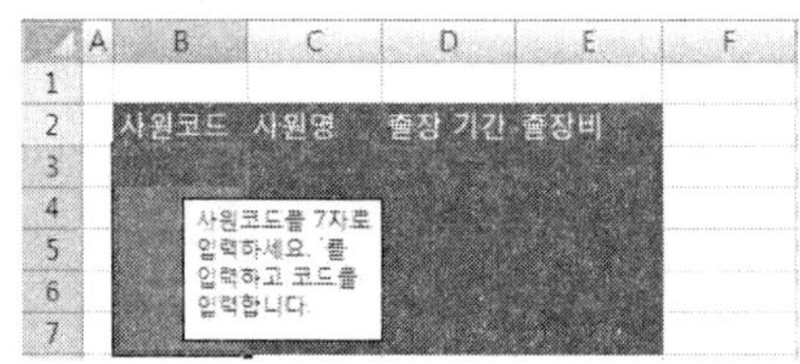

제한 대상	텍스트 길이
제한 방법	해당 범위
최소값	7
최대값	7
설명 메시지	사원코드를 7자로 입력하세요. `를 입력하고 코드를 입력합니다.
오류 메시지	`0121304 형식으로 입력하세요.

– 0121304와 같이 숫자의 맨 처음에 0을 표시하려면 숫자를 텍스트 형식으로 입력한다. [`] 키를 누른 후 숫자를 입력하면 텍스트로 입력할 수 있다.

출장 기간을 입력할 때 드롭다운 목록에서 1, 1.5, 2, 2.5, 3 중 하나를 선택할 수 있게끔 제어한다.

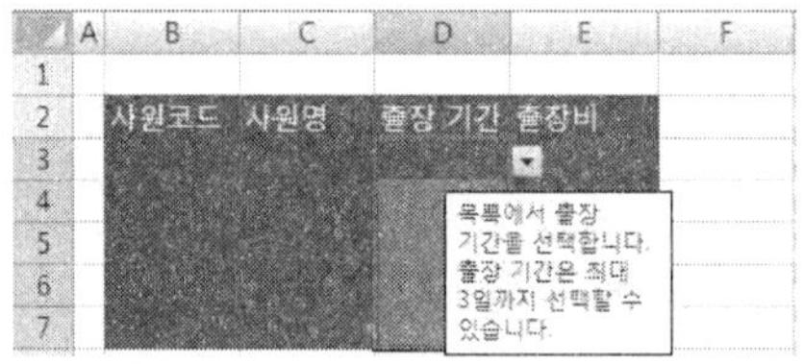

제한 대상	목록, 드롭다운 표시
원본	1,1.5,2,2.5,3
설명 메시지	목록에서 출장 기간을 선택합니다. 출장 기간은 최대 3일까지 선택할 수 있습니다.

출장비는 출장 기간에 20만원을 곱한 값보다 많게 입력할 수 없게끔 제어한다.

A	B	C	D	E	F
	사원코드	사원명	출장 기간	출장비	

하루를 기준으로 20만원을 입력하세요.

제한 대상	소수점
제한 방법	<=
최대값	=D3*200000
설명 메시지	하루를 기준으로 20만원을 입력하세요.
오류 메시지	출장비 지급 기준에 어긋납니다.

참고 최대값을 '=D3*120000'으로 변경한 후 '잘못된 데이터'를 실행하면 유효하지 않은 데이터를 원으로 표시해 준다.

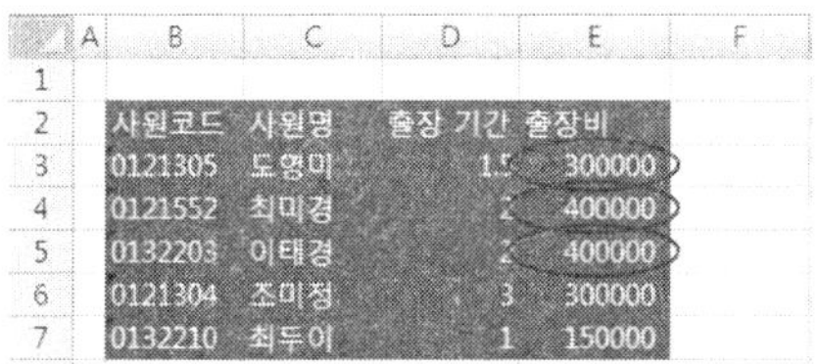

A	B	C	D	E	F
	사원코드	사원명	출장 기간	출장비	
	0121305	도영미	1.5	300000	
	0121552	최미경	2	400000	
	0132203	이태경	2	400000	
	0121304	조미정	3	300000	
	0132210	최두이	1	150000	

– 원을 삭제하려면 데이터 값을 변경하거나 '유효성 표시 지우기'를 실행한다.

참고 데이터 유효성 검사 활용

데이터 유효성 검사를 활용하면 간단한 시뮬레이션을 할 수 있다. 다음 예는 SUMIFS 함수의 값을 데이터 유효성 검사를 활용하여 구한다.

판매사원	품명	판매시간	판매가	판매량		판매사원	품명	판매시간	판매량
도영미	아이크림	11:00	25870	15		조미정	에센스	15:00	10
조미정	아이크림	11:00	25000	20					
최두이	아이크림	12:00	25870	18					
도영미	아쿠아2종	13:00	24500	12					
이태경	아쿠아2종	13:00	23000	18					
이태경	에센스	13:00	12800	16					
이태경	에센스	13:00	12000	20					
이태경	에센스	14:00	12850	12					
조미정	에센스	15:00	13000	10					
최두이	에센스	15:00	11500	24					
이태경	탄력3종	16:00	19800	15					
조미정	탄력3종	16:00	19500	13					
최두이	탄력3종	16:00	19800	15					

J3 셀에는 다음 함수가 입력되어 있다.

=SUMIFS(E3:E15,A3:A15,G3,B3:B15,H3,C3:C15,I3)

G2, H2, I2 셀에는 데이터 유효성 검사를 적용한다.

	G2	H2	I2
제한 대상	목록		
원본	도영미,조미정,최두이,이태경	아이크림,아쿠아2종,에센스,탄력3종	11:00,12:00,13:00,14:00,15:00,16:00
옵션	☑드롭다운 표시		

G2, H2, I2 셀의 목록을 변경하면 SUMIFS 함수의 값이 변경된다.

- 연속 데이터 채우기
- 두 개의 셀에 값을 입력한 후 자동 채우기 조절자를 끌면 두 값의 차이만큼 증가한 값으로 채워진다.

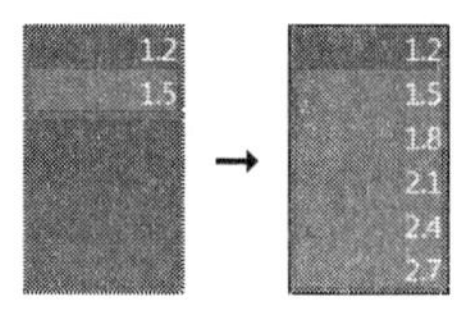

- 자동 채우기 조절자를 마우스 오른쪽 버튼을 누른 채 끌어 놓으면 단축 메뉴가 열린다.

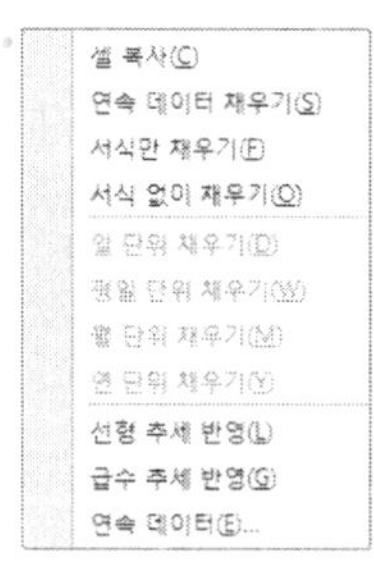

- 셀을 복사하여 채워 넣으려면 '셀 복사'를 선택한다.

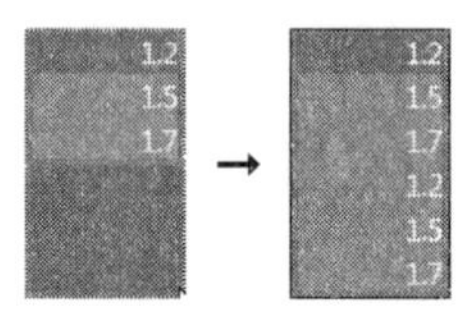

- '연속 데이터'를 선택하면 채우기 유형을 지정할 수 있다.

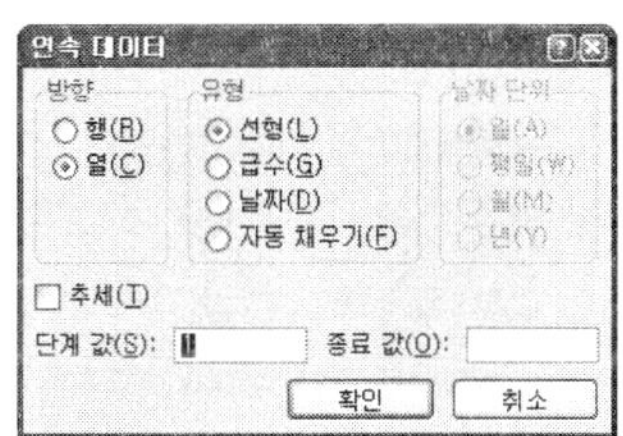

유형을 '선형'으로, 단계 값을 '2'로 지정하면 2씩 증가한 값을 채워 넣을 수 있다.

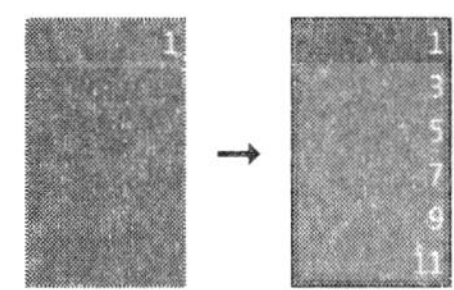

유형을 '급수'로, 단계 값을 '2'로 지정하면 2 배씩 증가한 값을 채워 넣을 수 있다.

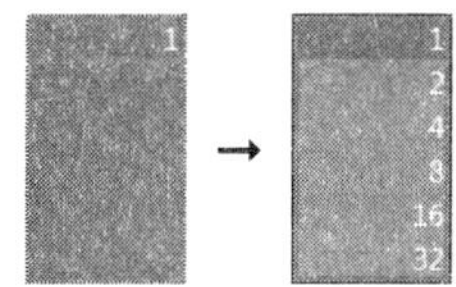

유형을 '날짜'로, 단계 값을 '7'로, 날짜 단위를 '일'로 지정하면 일주일 간격으로 날짜를 채워 넣을 수 있다.

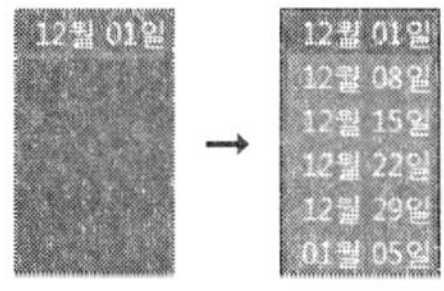

유형을 '선형'으로 선택한 후 '추세' 옵션을 선택하면 시작 값에 최소 자승 알고리즘(y=mx+b)을 적용하여 값을 채워 넣는다.

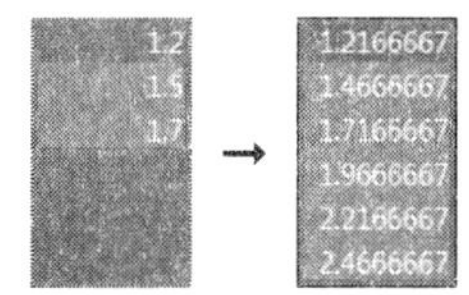

유형을 '급수'로 선택한 후 '추세' 옵션을 선택하면 시작 값에 지수 곡선 알고리즘(y=b*m^x)을 적용하여 값을 채워 넣는다.

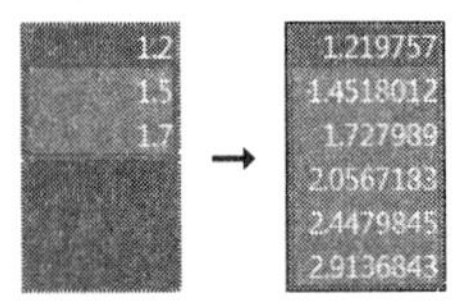

참고 단축 메뉴에서 '선형 추세 반영', '급수 추세 반영'을 선택하면 처음에 선택한 값은 그대로 둔 채 값이 채워진다. 원래의 값은 그대로 두고 추세를 살필 때 사용한다. '연속 데이터 채우기'는 이전에 실행한 채우기 유형으로 값을 채워 넣는다.

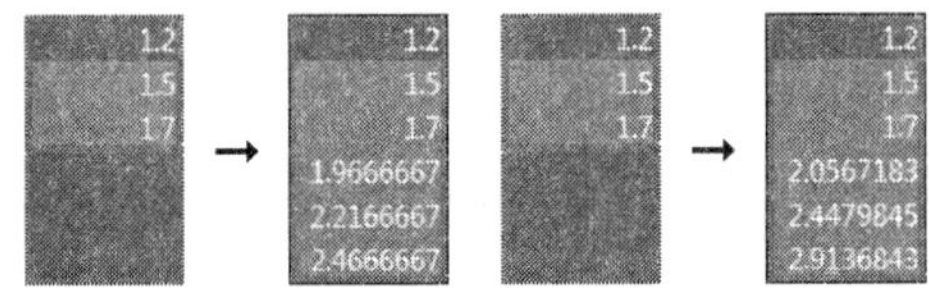

• 여러 시트에 동일 내용 입력

여러 개의 시트를 선택한 상태에서 내용을 입력하면 선택된 모든 시트에 내용이 반영된다.

① '대구지점' 시트 탭을 클릭한 후 Shift 키를 누른 상태에서 '수성구대리점' 시트 탭을 클릭한다.

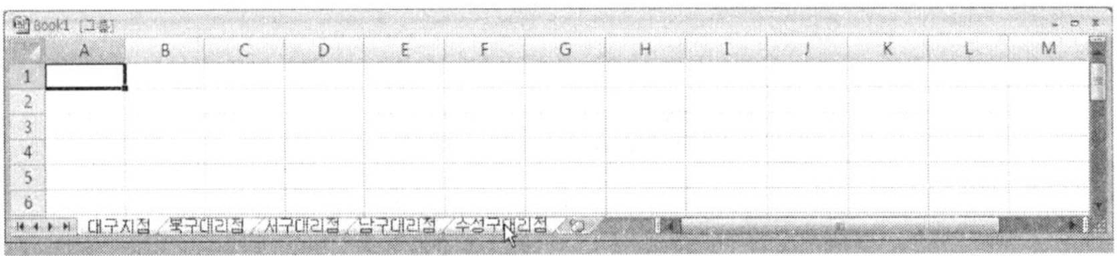

'대구지점' 시트 탭과 '수성구대리점' 시트 탭 사이의 모든 시트 탭이 함께 선택된다.

② 내용을 입력하고 서식을 지정한다.

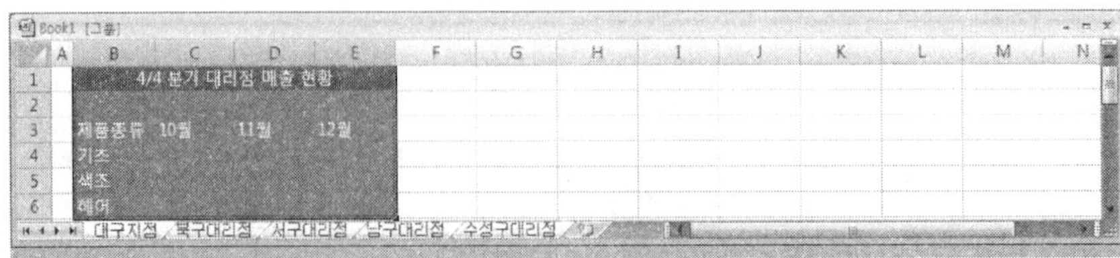

참고 특정 영역을 블록으로 설정한 후 글자를 입력하고 Alt+Enter 키를 누르면 영역 내의 모든 셀에 동일 내용을 입력할 수 있다.

2. 워크시트 작업

● 시트 추가/삭제

• 시트를 추가하려면 '워크시트 삽입' 버튼을 클릭한다.

• 시트의 순서를 바꾸려면 시트 탭을 마우스로 누른 채 끌어 놓는다. ▼ 위치에 시트가 이동한다.

• Ctrl 키를 누른 상태에서 시트 탭을 마우스로 눌러 끌면 시트를 복사하여 붙여 넣을 수 있다.

• 시트의 이름을 변경하려면 시트 탭을 더블클릭한 후 이름을 입력한다.

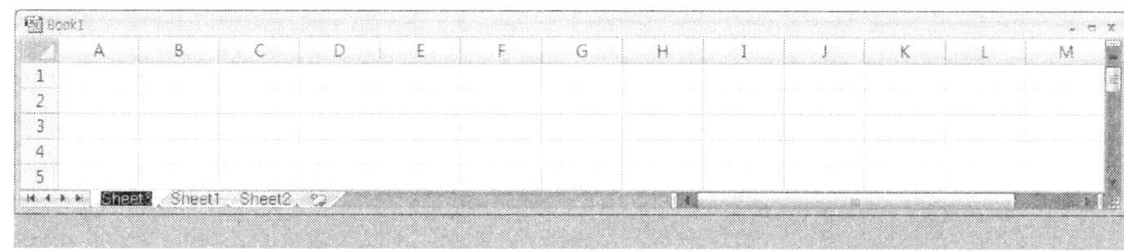

• 시트를 숨기려면 시트 탭을 마우스 오른쪽 버튼으로 클릭하고 단축 메뉴에서 '시트

숨기기'를 선택한다.

- 숨겨진 시트를 나타내려면 '숨기기 취소'를 선택한다.

- 행·열 추가/삭제

데이터를 선택한 후 마우스 오른쪽 버튼을 클릭하고 단축 메뉴에서 '삽입'을 선택하면 행·열을 추가할 수 있다.

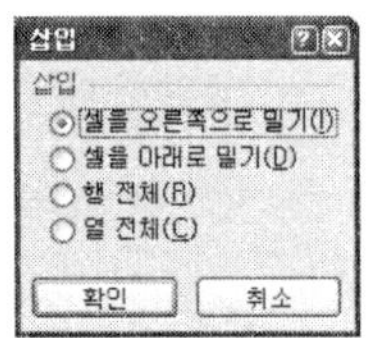

- 선택 영역에 열을 추가하려면 삽입 옵션으로 '셀을 오른쪽으로 밀기'를 선택한다.

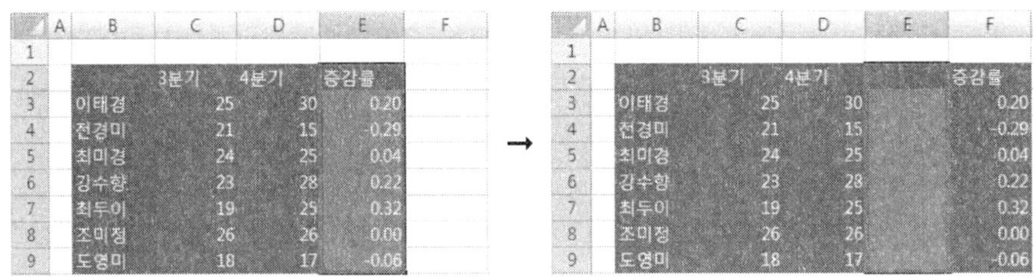

	A	B	C	D	E	F
1						
2			3분기	4분기	증감률	
3		이태경	25	30	0.20	
4		전경미	21	15	-0.29	
5		최미경	24	25	0.04	
6		강수향	23	28	0.22	
7		최두이	19	25	0.32	
8		조미정	26	26	0.00	
9		도영미	18	17	-0.06	

→

	A	B	C	D	E	F
1						
2			3분기	4분기		증감률
3		이태경	25	30		0.20
4		전경미	21	15		-0.29
5		최미경	24	25		0.04
6		강수향	23	28		0.22
7		최두이	19	25		0.32
8		조미정	26	26		0.00
9		도영미	18	17		-0.06

※ 데이터 내부에만 셀이 추가된다.

- 선택 영역의 테두리를 마우스로 눌러 끌어 놓으면 선택 영역의 내용으로 대체할 수 있다.
- Shift 키를 누른 상태에서 선택 영역의 테두리를 마우스로 눌러 끌어 놓으면 선택 영역을 이동시킬 수 있다.

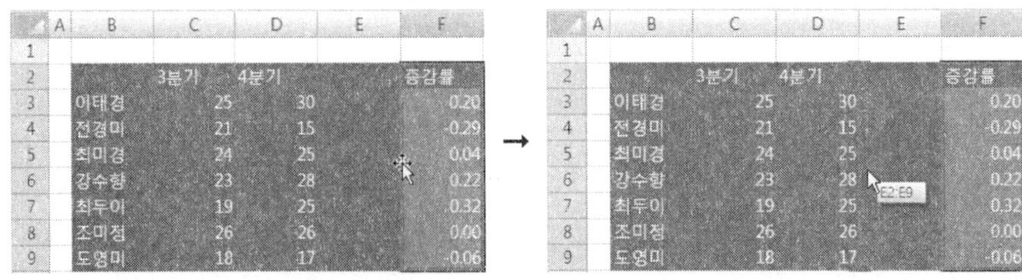

	A	B	C	D	E	F
1						
2			3분기	4분기		증감률
3		이태경	25	30		0.20
4		전경미	21	15		-0.29
5		최미경	24	25		0.04
6		강수향	23	28		0.22
7		최두이	19	25		0.32
8		조미정	26	26		0.00
9		도영미	18	17		-0.06

→

	A	B	C	D	E	F
1						
2			3분기	4분기		증감률
3		이태경	25	30		0.20
4		전경미	21	15		-0.29
5		최미경	24	25		0.04
6		강수향	23	28		0.22
7		최두이	19	25		0.32
8		조미정	26	26		0.00
9		도영미	18	17		-0.06

E 열의 데이터를 F 열로 밀어 내고 선택 영역이 삽입된다.

	A	B	C	D	E	F
1						
2			3분기	4분기	증감률	
3		이태경	25	30	0.20	
4		전경미	21	15	-0.29	
5		최미경	24	25	0.04	
6		강수항	23	28	0.22	
7		최두이	19	25	0.32	
8		조미정	26	26	0.00	
9		도영미	18	17	-0.06	

※ Ctrl 키와 Shift 키를 누른 상태에서 선택 영역의 테두리를 마우스로 눌러 끌어 놓으면 선택 영역의 내용을 복사할 수 있다.

- 특정 행 고정

보기 탭의 창 그룹에서 '틀 고정' 버튼을 클릭하고 '틀 고정'을 선택하면 시트의 일부가 스크롤되는 것을 막을 수 있다.

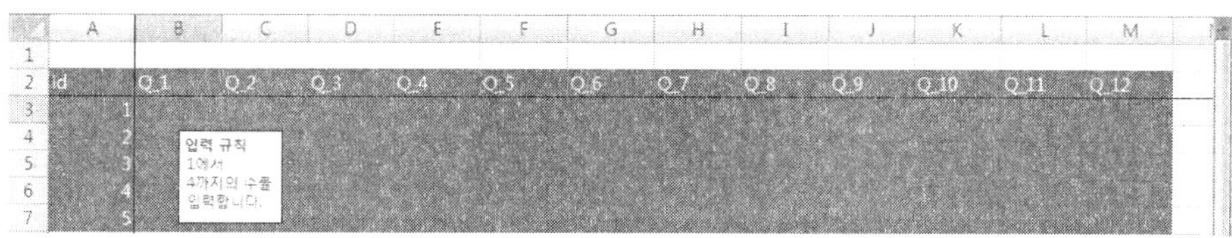

B3 셀을 선택한 후 '틀 고정'을 실행하면 B3 셀의 위쪽 행과 왼쪽 열이 고정되어 필드 이름과 항목을 보면서 자료를 입력할 수 있다.

3. 외부 데이터 가져오기

액세스, 웹, 텍스트 등의 데이터는 데이터 탭의 '외부 데이터 가져오기' 그룹에서 삽입한다.

- 'Access' 버튼을 클릭하면 액세스 데이터를 삽입할 수 있다.

- 테이블을 선택한 후 '확인' 버튼을 클릭하면 데이터 가져오기 대화상자가 열린다.

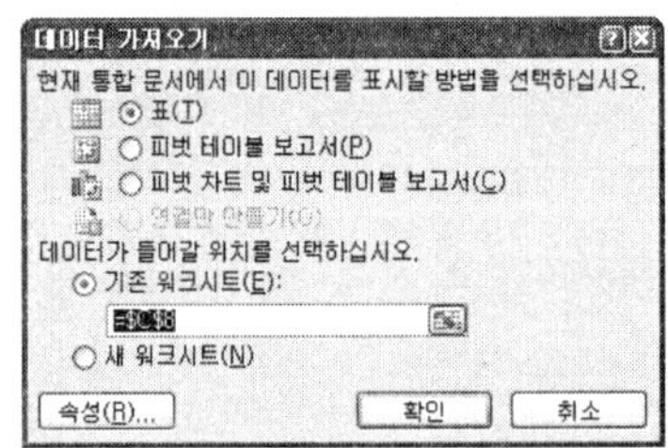

- '표'를 선택한 후 '확인' 버튼을 클릭하면 액세스 데이터가 삽입된다.

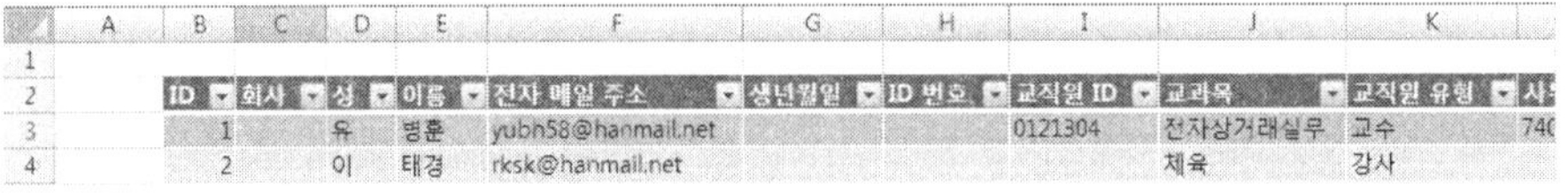

- '웹' 버튼을 클릭하면 웹 데이터를 가져올 수 있다.

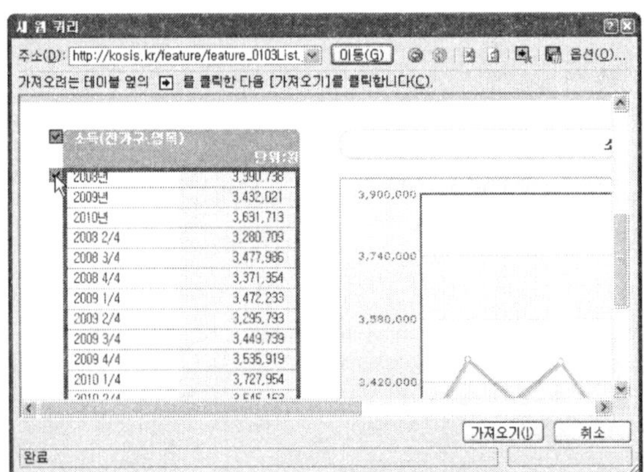

가져오려는 테이블 옆의 버튼 ➡을 클릭하여 선택(☑)하고 '가져오기' 버튼을 클릭하면 웹 데이터가 삽입된다.

	A	B	C
1			
2		소득(전가구,명목)	
3		단위:원	
4			
5		2008년	3,390,738
6		2009년	3,432,021
7		2010년	3,631,713
8		2008 1/2	3,280,709
9		2008 3/4	3,477,986
10		2009	3,371,354
11		2009 1/4	3,472,233
12		2009 1/2	3,295,793
13		2009 3/4	3,449,739
14		2010	3,535,919
15		2010 1/4	3,727,954
16		2010 1/2	3,545,153
17		2010 3/4	3,660,223
18		2011	3,620,365
19		2011 1/4	3,857,626
20		2011 1/2	3,713,476
21		2011 3/4	3,897,609

• '텍스트' 버튼을 클릭하면 텍스트 데이터를 삽입할 수 있다.

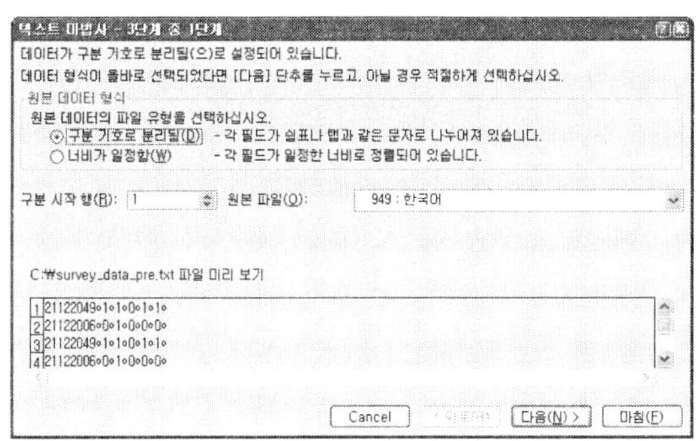

① 데이터가 탭 등의 구분 기호로 저장되어 있으면 원본 데이터 형식으로 '구분 기호로 분리됨' 옵션을 선택하고 '다음' 버튼을 클릭한다.

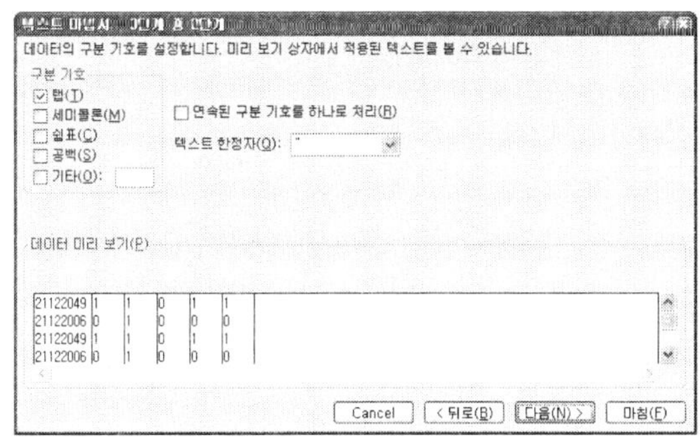

② 구분 기호 종류를 선택한 후 '다음' 버튼을 클릭한다.

※ 구분 기호를 *로 지정하려면 '기타' 옵션을 선택한 후 오른쪽 필드에 '*'를 입력한다.

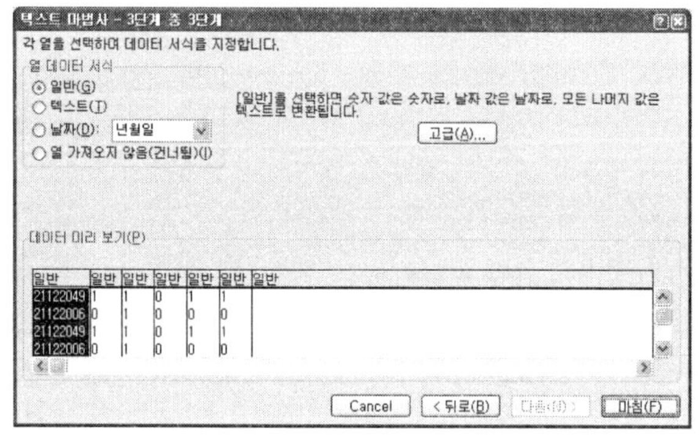

③ 열 데이터 서식을 선택한 후 '마침' 버튼을 클릭한다.

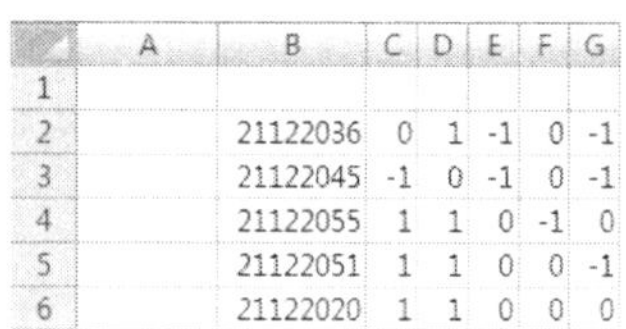

	A	B	C	D	E	F	G
1							
2		21122036	0	1	-1	0	-1
3		21122045	-1	0	-1	0	-1
4		21122055	1	1	0	-1	0
5		21122051	1	1	0	0	-1
6		21122020	1	1	0	0	0

- '기타 원본' 버튼을 클릭하면 다양한 유형의 데이터를 가져올 수 있다. 'XML 데이터 가져오기'를 선택하면 XML을 열 수 있다.

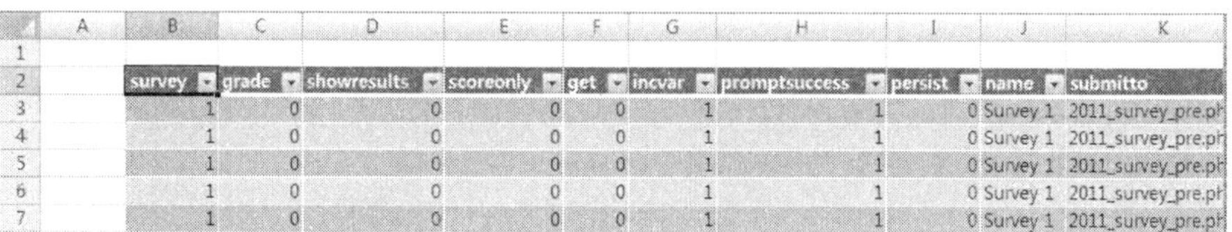

	A	B	C	D	E	F	G	H	I	J	K
1											
2		survey	grade	showresults	scoreonly	get	incvar	promptsuccess	persist	name	submitto
3		1	0	0	0	0	1	1	0	Survey 1	2011_survey_pre.ph
4		1	0	0	0	0	1	1	0	Survey 1	2011_survey_pre.ph
5		1	0	0	0	0	1	1	0	Survey 1	2011_survey_pre.ph
6		1	0	0	0	0	1	1	0	Survey 1	2011_survey_pre.ph
7		1	0	0	0	0	1	1	0	Survey 1	2011_survey_pre.ph

참고 열 너비/행 높이 조정

① 열 머리글/행 머리글을 블록으로 설정한다.

② 마우스 오른쪽 버튼을 클릭하여 단축 메뉴에서 '열 너비/행 너비'를 선택한다.

③ 열 너비/행 높이를 입력한 후 '확인' 버튼을 클릭한다.

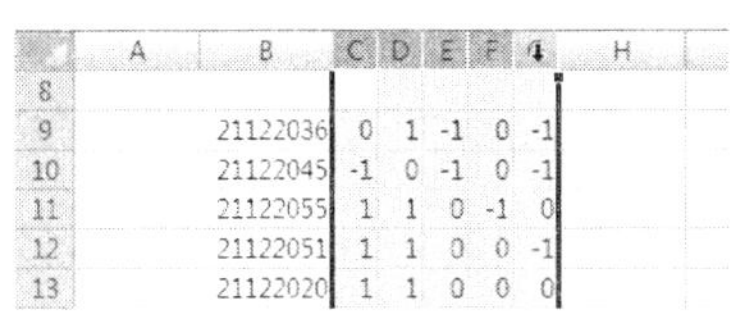

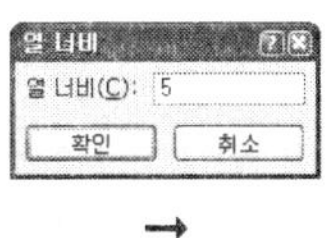

4. 개체 삽입

개체는 삽입 탭의 도구 아이콘을 클릭하여 삽입한다.

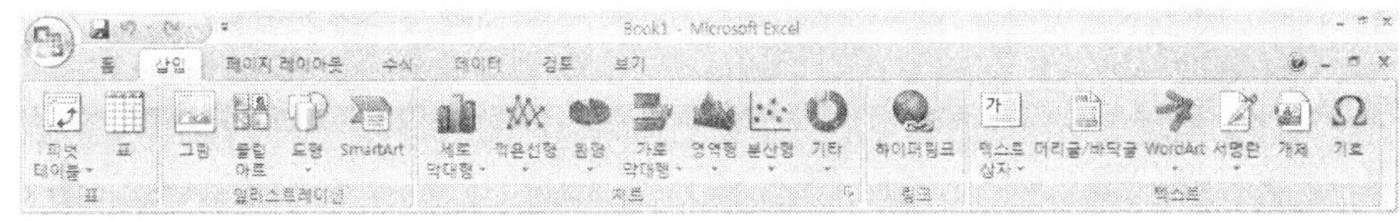

- 도형

  일러스트레이션 그룹에 있는 '도형' 버튼을 클릭하면 여러 종류의 도형을 선택할 수 있다. 예를 들어, '모서리가 둥근 직사각형' 도형을 선택한 후 시트를 클릭하면 도형이 삽입된다.

※ Alt 키를 누른 상태에서 마우스 왼쪽 버튼을 누른 채 끌면 셀의 크기에 맞춰 삽입할 수 있다.

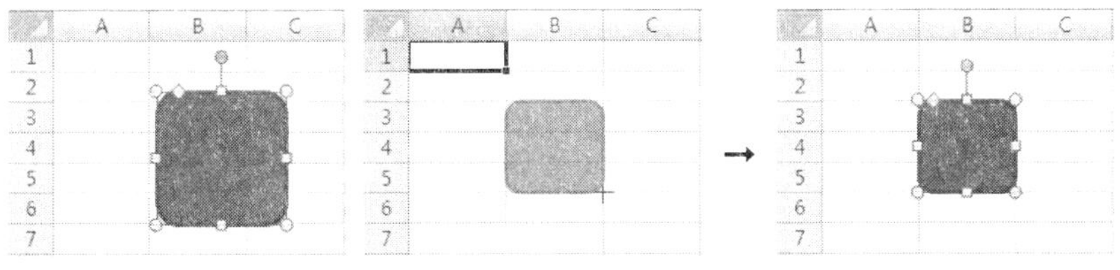

- 도형에 텍스트를 입력하려면 도형을 마우스 오른쪽 버튼으로 클릭한 후 단축 메뉴에서 '텍스트 편집'을 실행한다.

※ 도형의 모양 변경, 스타일 적용, 크기 조정 및 정렬, 그룹 등은 파워포인트 편을 참조한다.

- 카메라

  카메라 기능을 활용하면 시트의 특정 영역을 그림 형태로 붙여 넣을 수 있다. 해당 영역의 내용을 변경하면 카메라로 찍은 그림 역시 변경된다.

※ 업데이트 필요성이 있는 로고 등을 카메라로 찍어 삽입한다.

'대구 지점' 시트 탭에 삽입된 로고를 카메라로 찍어 대리점 시트 탭에 붙여 넣어 보자.

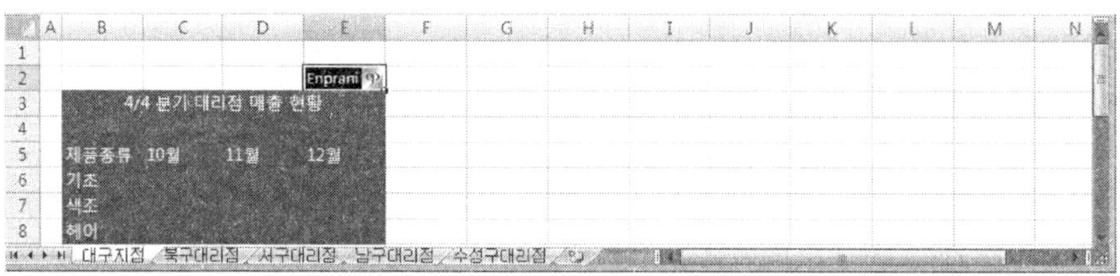

참고 E2 셀에 텍스트 'Enprani'를 입력하고 그림 을 E2 셀로 이동시켰다.

카메라 기능을 사용하기 위해서는 '카메라' 아이콘을 도구 상자에 등록해야 한다.

• '카메라' 아이콘을 '빠른 실행 도구 모음 사용자 지정'에 등록하는 방법

① '빠른 실행 도구 모음 사용자 지정' 버튼을 클릭한다.

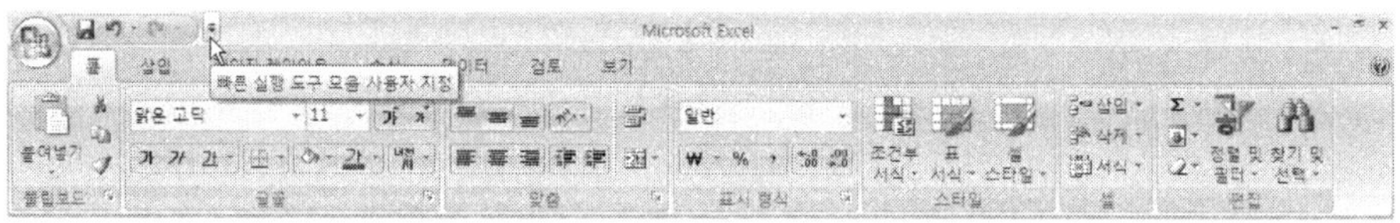

② '빠른 실행 도구 모음 사용자 지정' 메뉴에서 '기타 명령'을 실행한다.

③ '리본 메뉴에 없는 명령'을 선택하고 목록에서 '카메라'를 선택한 후 '추가' 버튼을 클릭한다.

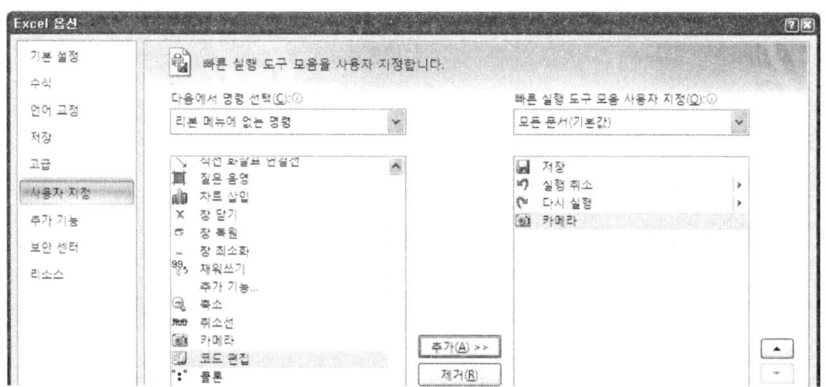

④ '확인' 버튼을 클릭하여 대화상자를 닫는다.
'빠른 실행 도구 모음 사용자 지정' 메뉴에 '카메라' 아이콘이 등록된다.

• 카메라로 찍은 그림을 붙여 넣는 방법

① 로고가 입력된 셀을 선택한 후 '카메라' 아이콘을 클릭한다.

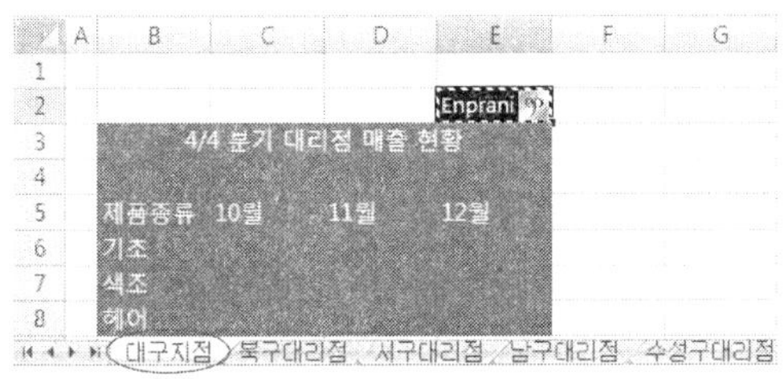

※ 특정 영역을 찍으려면 영역을 블록으로 설정한 후 '카메라' 아이콘을 클릭한다. 블록 영역은 카메라의 뷰 파인더에 해당한다.

② '북구대리점' 탭을 클릭하고 Alt 키를 누른 상태에서 E2 셀의 좌측 상단 꼭짓점을 클릭한다.

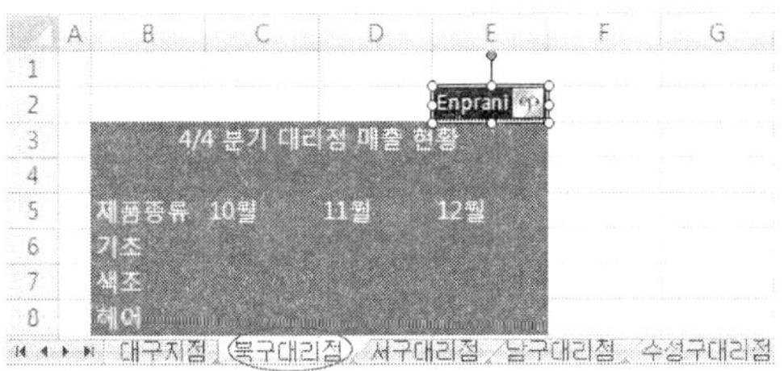

※ Alt 키를 누른 상태에서 클릭하면 그림이 셀의 왼쪽·위쪽 눈금선에 맞춰 삽입된다.

③ 동일한 방식으로 나머지 대리점 탭에도 E2 셀에 로고를 붙여 넣는다.
'대구지점' 탭의 E2 셀 내용을 변경하면 모든 대리점 탭에 삽입한 그림의 내용 역시 따라서 바뀐다.

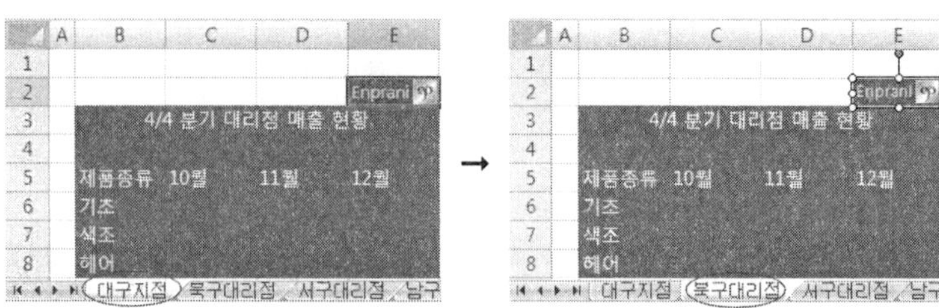

5. 셀 서식

셀 서식은 셀에 적용된 서식을 뜻하며 셀, 수치, 텍스트 등의 모양을 결정한다. 셀 서식은 홈 탭에서 지정한다.

1) 도구 아이콘 활용 서식 지정

□ 일반 서식

일반 서식은 '글꼴', '맞춤', '표시 형식' 그룹에서 지정한다.

- 텍스트를 굵은 속성으로 지정하려면 '굵게' 버튼 가을 클릭한다.
- 텍스트를 기울임 속성으로 지정하려면 '기울임꼴' 버튼 가을 클릭한다.
- 텍스트에 밑줄 혹은 이중 밑줄을 넣으려면 '밑줄' 버튼 가을 클릭한다.
- 셀 테두리의 선 색, 선 스타일을 지정하려면 '다른 테두리' 버튼 을 클릭한다.
- 셀 배경을 채우려면 '배경 채우기' 버튼 을 클릭한다.
- 텍스트 색을 지정하려면 '글꼴 색' 버튼 가을 클릭한다.
- 텍스트의 글꼴 크기를 크게 하려면 '글꼴 크기 크게' 버튼 을 클릭한다.
- 텍스트의 글꼴 크기를 작게 하려면 '글꼴 크기 작게' 버튼 을 클릭한다.
- 윗주를 삽입하려면 '윗주 필드 표시/숨기기' 버튼 을 클릭하고 '윗주 편집'을 실행한다.

1조 성적 현황
1組 成績 現況

윗주는 한자, 영어 등의 외국어로 입력된 텍스트를 우리말로 읽을 수 있도록 텍스트 위에 표시하는 기능이다. 윗주를 표시하려면 '윗주 필드 표시'를 실행한다.

- 셀의 내용을 위쪽, 가운데, 아래쪽에 맞추려면 '위쪽•가운데•아래쪽 맞춤' 버튼 을 클릭한다.
- 텍스트 방향을 지정하려면 '방향' 버튼 을 클릭한다.
- 셀의 내용을 왼쪽, 가운데, 오른쪽에 맞추려면 '텍스트 왼쪽•가운데•오른쪽 맞춤' 버튼 을 클릭한다.
- 셀 테두리와 텍스트 사이의 여백을 줄이려면 '내어쓰기' 버튼 을 클릭한다.
- 셀 테두리와 텍스트 사이의 여백을 늘리려면 '들여쓰기' 버튼 을 클릭한다.
- 셀에 입력된 내용을 여러 줄에 나누어 보려면 '텍스트 줄 바꿈' 버튼 을 클릭한다.
- 블록으로 선택한 셀을 합치고 텍스트를 가로 가운데에 배치하려면 '병합하고 가운데 맞춤' 버튼 을 클릭한다.

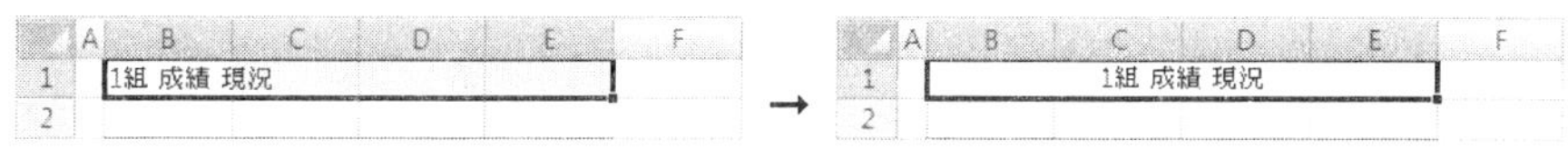

- 셀에 통화 형식을 지정하려면 '회계 표시 형식' 버튼 을 클릭한다.
- 셀 값을 백분율로 표시하려면 '백분율 스타일' 버튼 을 클릭한다.
- 셀 값을 천 단위 구분 기호로 표시하려면 '쉼표 스타일' 버튼 을 클릭한다.
- 셀 값의 소수 자릿수를 늘리거나 줄이려면 '자릿수 늘림•줄임' 버튼 을 클릭한다.
- '표시 형식' 버튼 을 클릭하면 셀 값이 표시되는 형식을 지정할 수 있다.

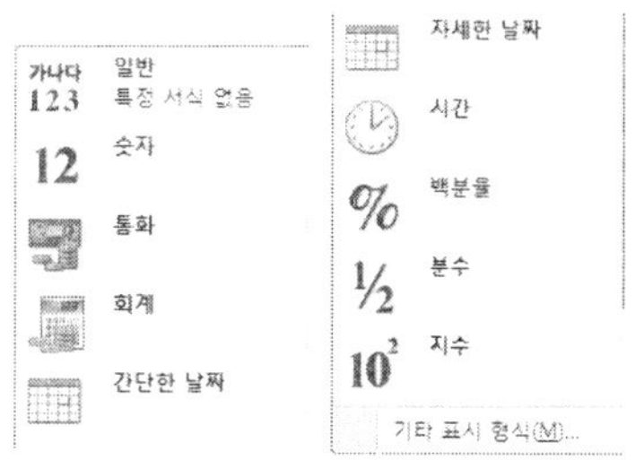

□ 스타일 서식

스타일 서식은 '스타일' 그룹에서 지정한다.

- '셀 스타일' 아이콘을 클릭하면 전문 디자이너가 제공하는 서식을 적용할 수 있다.

셀 스타일에는 글꼴, 글꼴 크기, 표시 형식, 셀 테두리 및 셀 음영 등의 서식이 정의되어 있다. 따라서 셀 스타일을 적용하면 문서 전체에 일관된 서식을 지정할 수 있다.

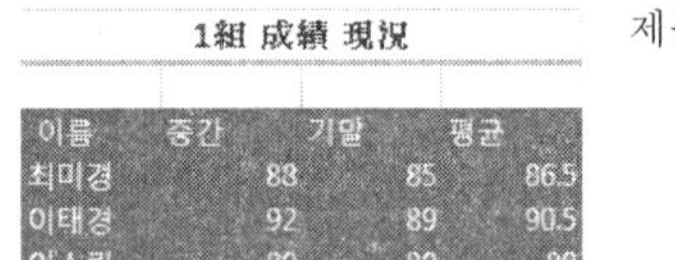

1組 成績 現況

이름	중간	기말	평균
최미경	88	85	86.5
이태경	92	89	90.5
이소림	80	80	80

제목 2, 강조색 1 적용

□ 셀, 행, 열, 시트 삽입·삭제·보호

- 삽입·삭제·보호 관련 설정은 '셀' 그룹에서 지정한다.
- 셀, 행, 열, 시트를 삽입하려면 '셀 삽입' 버튼 을 클릭한다.

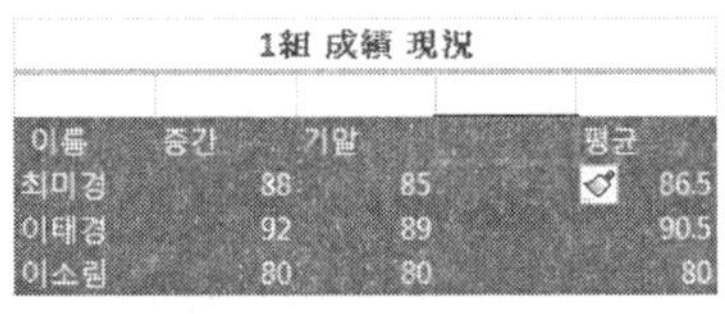

1組 成績 現況

이름	중간	기말		평균
최미경	88	85		86.5
이태경	92	89		90.5
이소림	80	80		80

- 셀, 행, 열, 시트를 삭제하려면 '셀 삭제' 버튼 을 클릭한다.
- 셀 보호, 행•열 숨김, 행 높이, 열 너비 등을 지정하려면 '서식' 버튼 을 클릭한다.

- 셀을 보호하려면 '셀 잠금'을 먼저 실행한 후 '시트 보호'를 실행한다.
  엑셀은 기본적으로 시트에 포함된 모든 셀을 잠금 상태로 제공하므로 '시트 보호'를 실행하면 셀 편집을 할 수 없다. 따라서 특정 영역의 셀만 보호하려면 해당 영역의 셀만 잠금 상태로 지정하고 시트를 보호해야 한다.
  아래 시트의 선택 영역 중 표 부분의 셀(B2:E7)만 잠금 상태로 지정해 보자.

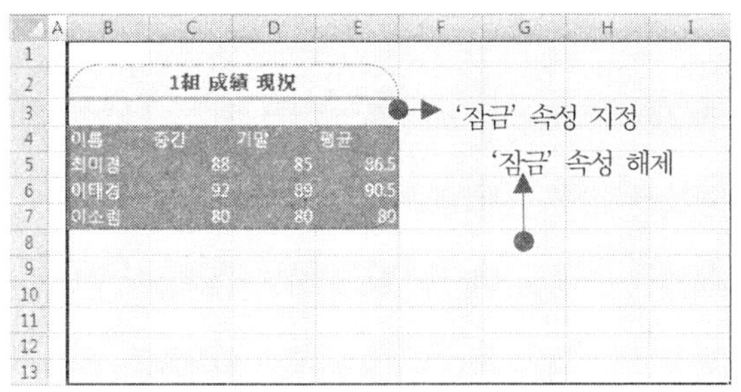

① B1:I13 셀을 블록으로 설정한다.
② 셀 블록 내에서 마우스 오른쪽 버튼을 클릭하고 단축 메뉴에서 '셀 서식'을 실행한다.
③ 보호 탭에서 '잠금' 옵션의 선택을 해제하고 '확인' 버튼을 클릭한다.

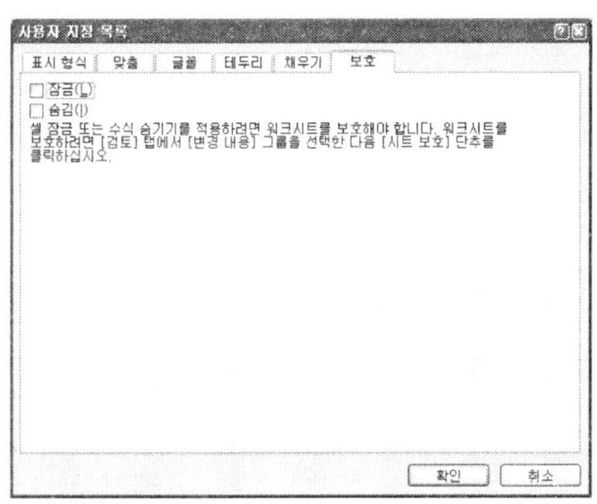

선택 영역 내의 모든 셀의 잠금 속성이 해제된다.
④ 표 부분(B2:E7)을 블록으로 설정한 후 '셀 서식'을 실행하고 '잠금' 옵션을 선택한다.
표 부분(B2:E7)의 셀에만 잠금 속성이 지정된다.
⑤ '서식' 버튼을 클릭하고 '시트 보호'를 선택한다.
⑥ '잠긴 셀 선택' 옵션의 선택을 해제하고 '셀 서식', '개체 편집' 옵션을 추가 선택한 후 암호를 입력하고 '확인' 버튼을 클릭한다.

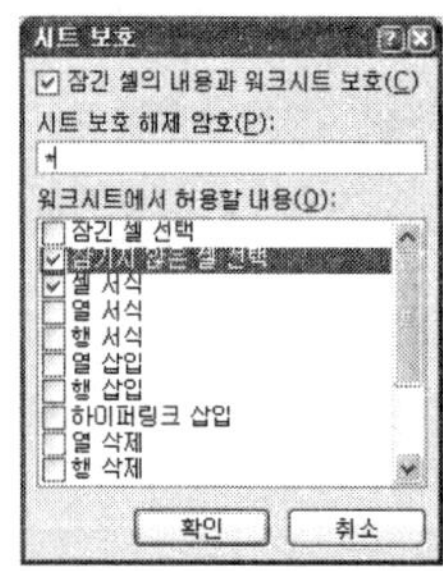

B1:I13 셀 영역 중 '잠금' 속성을 지정한 표 부분은 편집을 할 수 없으며 '잠금' 속성을 해제한 나머지 셀에는 편집을 할 수 있다.

※ 시트 보호 대화상자에서 '셀 서식', '개체 편집' 옵션을 선택해야 개체 삽입과 셀 서식 지정이 가능하다.

- 시트 보호를 해제하려면 '시트 보호 해제'를 실행한다.
- 열을 숨기려면 열 머리글을 선택하고 '열 숨기기'를 실행한다.

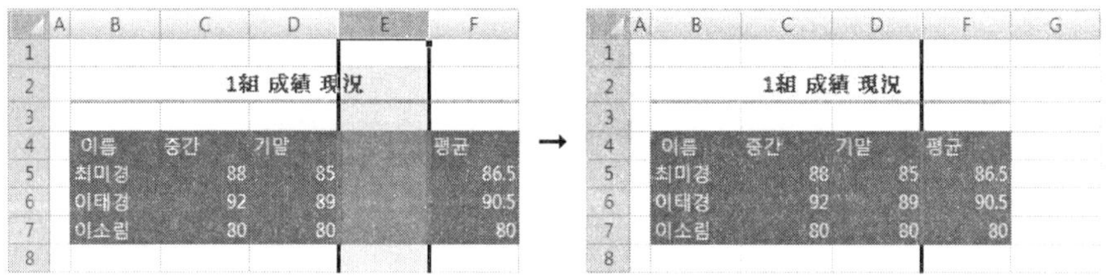

- 숨겨진 열을 표시하려면 인접 열을 선택한 후 '열 숨기기 취소'를 실행한다.

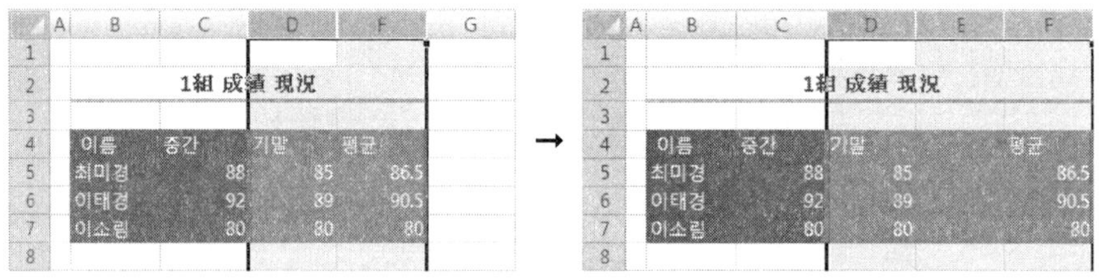

- 숨겨진 A 열 혹은 1 행을 표시하려면 '모두 선택' 버튼 을 클릭한 후 '열 숨기기 취소' 혹은 '행 숨기기 취소'를 실행한다.

※ 셀을 복사하면 숨겨진 행, 열 역시 복사된다. 복사 대상에서 숨겨진 열을 제외하려면 다음과 같이 한다.

① 복사할 셀을 블록으로 설정한다.

② '편집' 그룹의 '찾기 및 선택' 버튼을 클릭한다.

③ '이동 옵션'을 실행한다.

④ '화면에 보이는 셀만' 옵션을 선택하고 '확인' 버튼을 클릭한다.

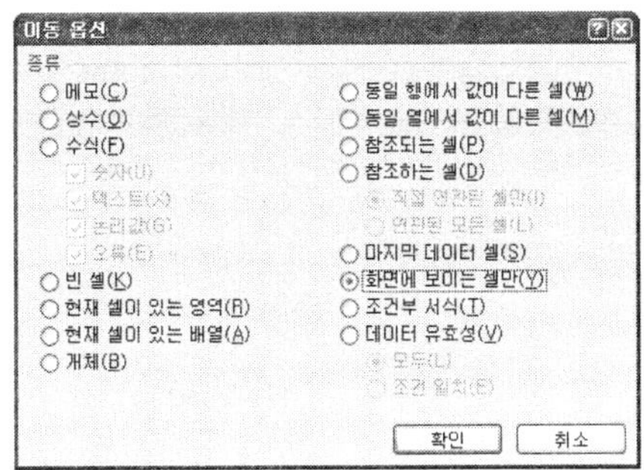

⑤ '클립보드' 그룹에서 '복사' 버튼 을 클릭한다.

2) 셀 서식 대화상자 활용 서식 지정

'글꼴', '맞춤', '표시 형식' 그룹에서 자세히 버튼 을 클릭하면 셀 서식 대화상자가 열린다. 대화상자에서는 좀 더 구체적인 서식을 지정할 수 있다.

□ 맞춤 탭에서는 텍스트의 위치, 방향 등을 지정한다.

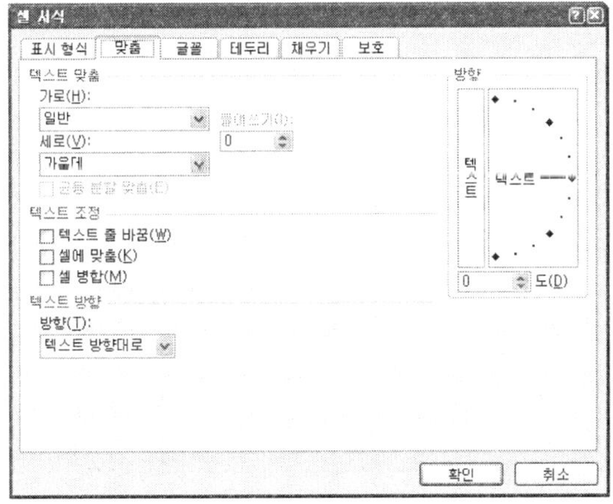

'셀에 맞춤' 옵션을 선택하면 셀에 입력된 텍스트를 셀 안에 모두 표시한다.

□ 글꼴 설정

글꼴 탭에서는 밑줄 유형과 취소선, 위·아래 첨자를 지정할 수 있다.

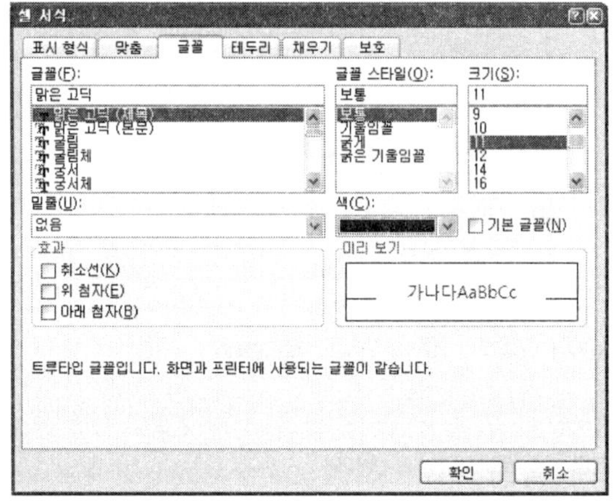

□ 테두리 설정

테두리 탭에서는 테두리 유형별로 선 스타일과 색을 한꺼번에 지정할 수 있다.

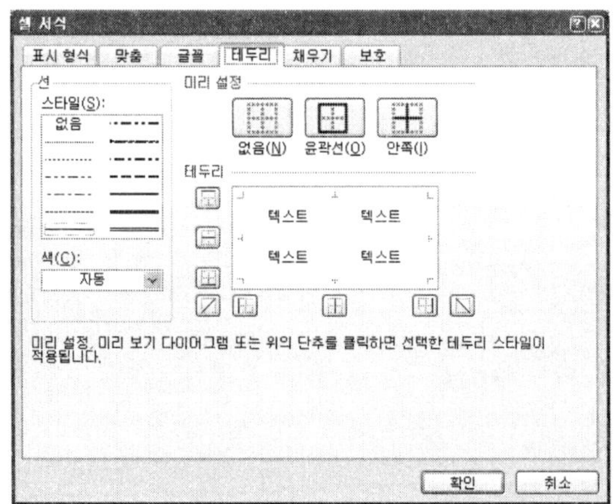

셀 테두리를 지정할 때에는 선 스타일과 색을 먼저 선택한 후 미리 설정, 테두리 옵션을 지정한다.

① 셀을 블록으로 설정한다.

② 선 스타일을 '실선'으로 선택하고 '윤곽선' 버튼 을 클릭한다.

③ 선 스타일을 '점선'으로 선택하고 '안쪽' 버튼 을 클릭한다.

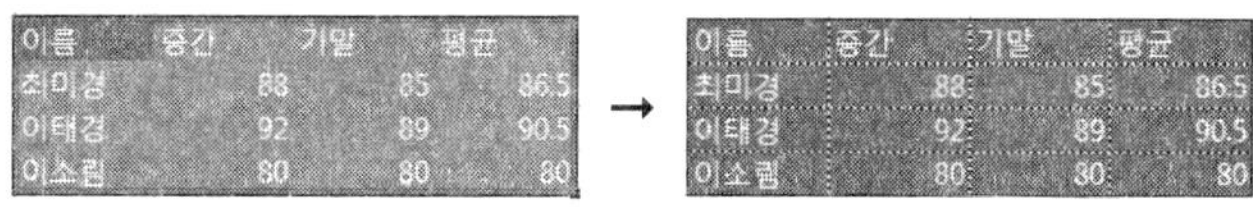

이름	중간	기말	평균
최미경	88	85	86.5
이태경	92	89	90.5
이소림	80	80	80

→

이름	중간	기말	평균
최미경	88	85	86.5
이태경	92	89	90.5
이소림	80	80	80

미리 설정, 테두리 옵션은 토글 속성으로서 클릭할 때마다 설정·해제를 반복한다.

▭ 채우기 설정

채우기 탭에서는 배경 색과 무늬 색, 무늬 스타일을 지정할 수 있다.

※ 배경 색은 '글꼴' 그룹의 '채우기 색' 버튼을 클릭하여 지정한다. 채우기 탭의 배경 색 팔레트에서는 선택한 색에 대한 정보가 표시되지 않는다. 그러나 '글꼴' 그룹의 '채우기 색' 팔레트에서는 선택한 색에 대한 정보가 풍선 도움말로 표시된다.

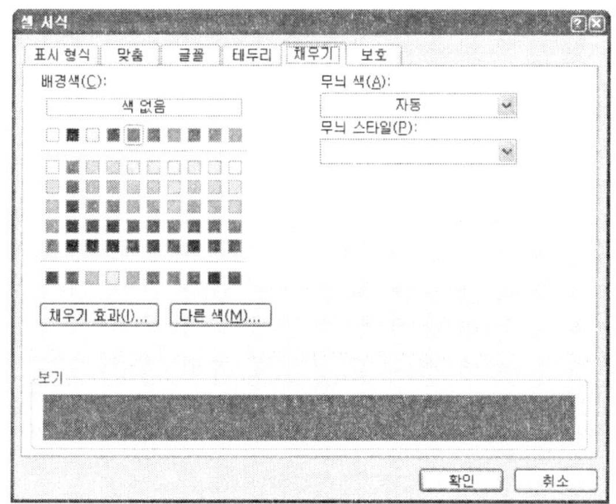

'채우기 효과' 버튼을 클릭하면 그라데이션 효과를 지정할 수 있다.

□ 표시 형식 설정

표시 형식 탭에서는 셀 내용이 표시되는 형식을 지정한다.

● 일반 형식

일반 서식을 적용하면 표시 형식을 제거할 수 있다. 일반 서식을 날짜에 적용하면 1900년 1월 1일부터 경과한 날 수를 계산할 수 있다.

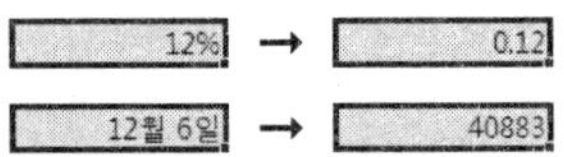

● 숫자·통화·회계 형식

- 숫자 서식을 적용하면 소수 자릿수와 천 단위 구분 기호를 지정할 수 있고 음수를 표시하는 형식을 지정할 수 있다.
- 통화·회계 서식을 적용하면 숫자 앞에 통화 수치를 추가하고 자동으로 천 단위 구분 기호가 삽입된다. 회계 서식을 적용하면 통화 기호와 소수점에 맞추어 열이 정렬된다.

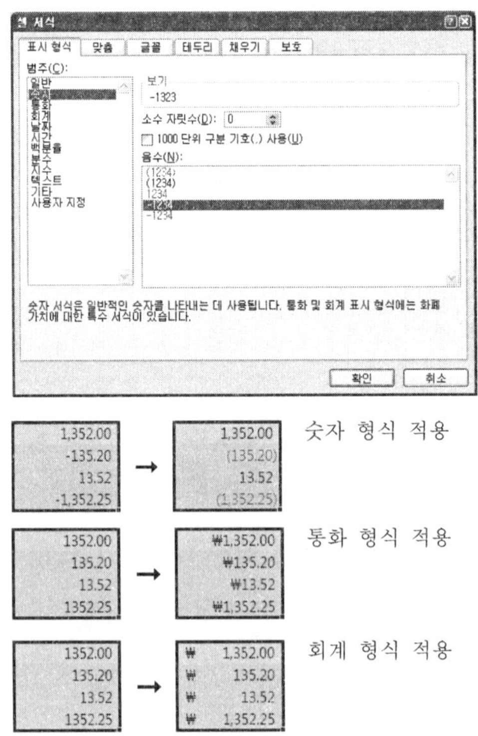

- 날짜 · 시간 형식

날짜 · 시간 서식을 적용하면 다양한 유형의 날짜 · 시간 형식으로 표시할 수 있다.

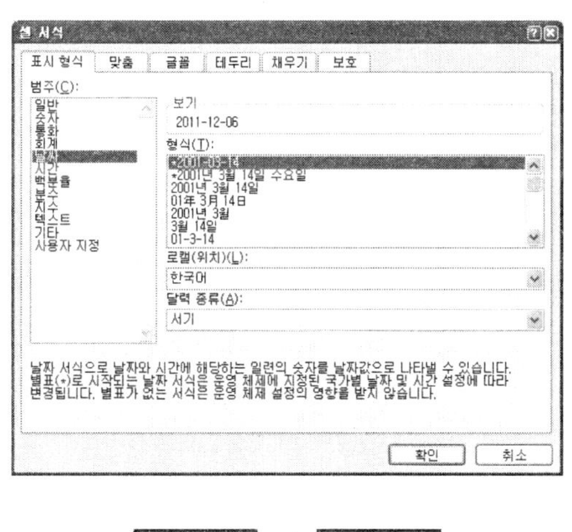

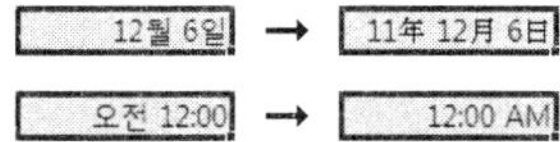

- 백분율 · 분수 · 지수 · 텍스트 형식

백분율 서식을 적용하면 셀 값에 100을 곱한 값이 백분율 기호와 함께 표시된다.

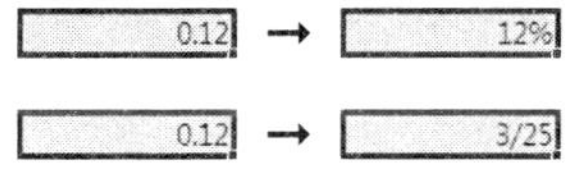

- 텍스트 형식

텍스트 서식을 적용하면 수치는 텍스트로 취급되며, 이들 수치를 연산한 결과 역시 텍스트 속성을 지닌다. 그러나 수식을 변경하면 계산 결과는 수식 형태로 표시되어 에러가 발생한다. 따라서 텍스트 서식의 용도는 분수 값을 제대로 표시할 때에만 사용하도록 한다.

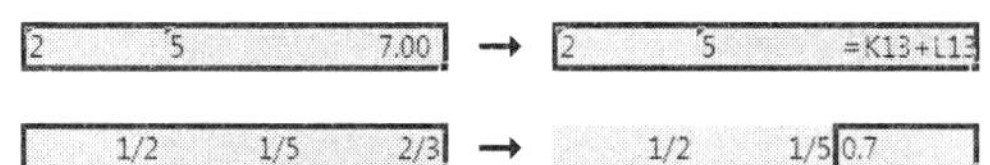

- 기타 형식

기타 서식을 적용하면 수치를 우편 번호, 전화 번호, 주민등록번호, 한자 등의 형식으로 표시할 수 있다.

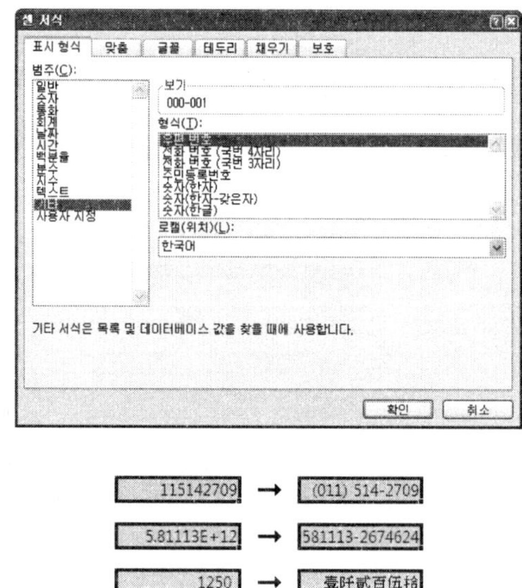

※ 엑셀에서 전화 번호, 주민등록번호를 입력할 때에는 '–'를 넣지 않는다. '–'는 셀 서식을 사용하여 표시한다.

3) 사용자 서식 지정

사용자 지정 서식은 다양한 형식의 서식 코드를 제공한다.

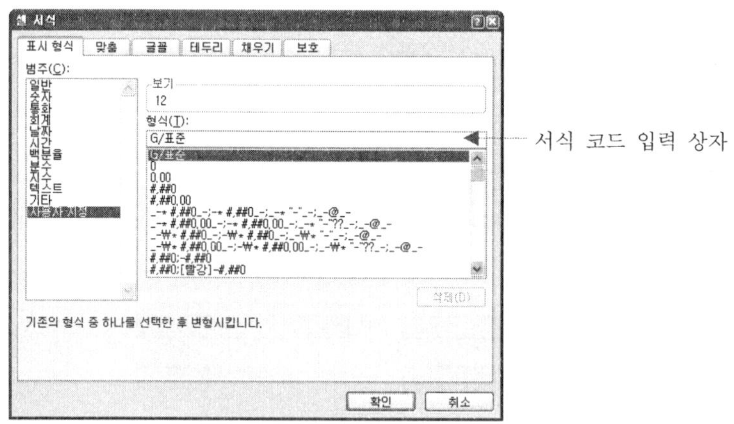

서식을 적용하려면 제공된 형식을 선택하거나 사용자가 서식 코드 입력 상자에 직접 코드를 입력한다. 서식 코드는 숫자 코드, 텍스트 코드, 날짜 코드, 시간 코드로 구분된다.

숫자·텍스트 서식 코드

서식 코드는 양수, 음수, 0, 텍스트 순의 코드 섹션으로 구성되며, 코드 섹션은 세미콜론으로 구분된다.

양수 ; 음수 ; 0 ; 텍스트

코드 섹션을 어떻게 지정하느냐에 따라 양수, 음수, 0에 적용되는 서식은 달라진다.

- 코드 섹션을 두 개만 지정하면 처음 코드 서식은 양수와 0에 다음 코드 서식은 음수에 적용된다.

양수, 0 ; 음수

- 코드 섹션을 하나만 지정하면 코드 서식은 모든 숫자에 적용된다.

양수, 음수, 0
숫자 적용 서식

- 텍스트 코드 서식은 문자에만 적용되며 단독으로 사용될 수 있다.

주의 텍스트 코드 서식은 마지막 코드 섹션에 지정해야 한다.

※ 특정 코드 섹션을 건너뛰고 다음 코드 섹션을 포함하려면 해당 코드 섹션 자리에 세미콜론만 표시한다. 0에 적용할 서식을 지정하지 않으면 0은 표시되지 않는다.

양수 ; 음수 ; ; 텍스트

서식 코드 [파랑]#,##0.00_);[빨강](#,##0.00);0.00_);@"님" 적용 예

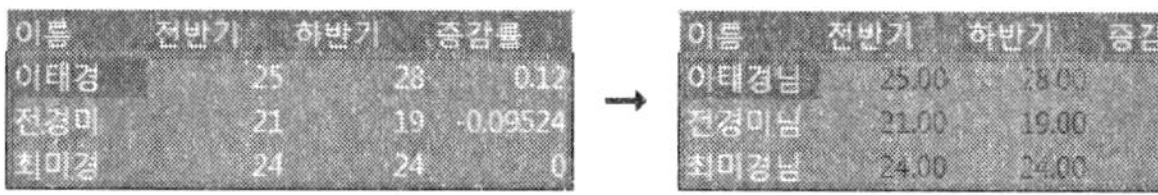

이름	전반기	하반기	증감률
이태경	25	28	0.12
전경미	21	19	-0.09524
최미경	24	24	0

→

이름	전반기	하반기	증감률
이태경님	25.00	28.00	0.12
전경미님	21.00	19.00	(0.10)
최미경님	24.00	24.00	0.00

서식 코드 0.00;[빨강]-0.00 적용 예

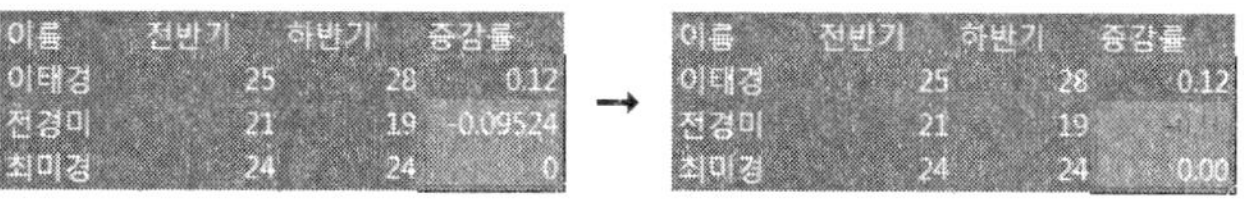

이름	전반기	하반기	증감률
이태경	25	28	0.12
전경미	21	19	-0.09524
최미경	24	24	0

→

이름	전반기	하반기	증감률
이태경	25	28	0.12
전경미	21	19	[illegible]
최미경	24	24	0.00

서식 코드 "양호";"불량";"보통" 적용 예

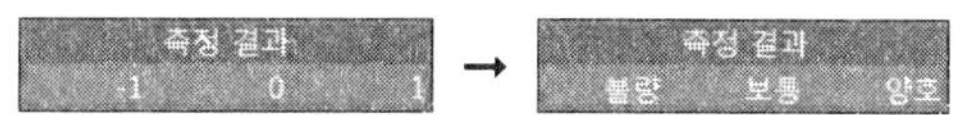

측정 결과		
-1	0	1

→

측정 결과		
불량	보통	양호

◆ 서식 코드 기호

서식 코드는 숫자와 문자를 원하는 형태로 표시하기 위해 사용한다. 소수점 자릿수를 맞추기 위해 0을 추가하기도 하고, 소수점 자리를 맞추기 위해 특정 문자의 너비만큼 공백을 추가하기도 한다. 또한 수를 특정 단위로 변형하기 위해 천 단위로 표시하기도 하고, 숫자에 문자를 결합하기도 한다.

숫자 서식 코드에 사용할 수 있는 기호는 다음과 같다.

- #, 0 기호는 수를 표시한다. 이들 기호가 소수 자리에 사용되면 소수 자릿수를 표시한다.
- 정수 자리의 #, 0 기호는 정수를 모두 표시한다.
- 소수 자리의 #, 0 기호는 소수를 표시한다. #, 0 기호를 두 개 입력하면 소수 두 자리까지 표시한다.
- '?' 기호는 공백을 표시한다.
  소수 자리의 ? 기호는 ? 기호와 대응하는 소수 자리에 공백을 표시한다. 공백은 소수점을 맞추기 위해 입력한다.
- '.' 기호는 소수점을 표시한다.
- ',' 기호는 천 단위 구분 기호를 표시하며, 천의 배수 형태로 표시한다.
  – #,### 혹은 #,##0과 같이 , 기호를 사용하면 정수를 천 단위 구분 기호로 표시한다.
  – #, 혹은 0,과 같이 , 기호를 사용하면 정수를 천의 배수 형태로 표시한다.
- '/'기호는 숫자를 분수 형태로 표시한다.
  – # #/#와 같이 / 기호를 사용하면 숫자를 2 1/2로 표시한다.
  – #/#와 같이 / 기호를 사용하면 숫자를 5/2로 표시한다.
- '[색]' 기호는 숫자 혹은 텍스트에 색을 표시한다.
  [색] 기호는 항상 코드 섹션의 맨 앞부분에 위치해야 하며, 색은 대괄호 속에 지정한다. 대괄호 속에 들어갈 수 있는 색의 이름은 다음과 같다.
  – 검정, 녹색, 흰색, 파랑, 자홍, 노랑, 녹청, 빨강
- 'E' 기호는 숫자를 지수 형식으로 표시한다.
  #.0E+0과 같이 E 기호와 +0을 사용하면 숫자를 1.2E+6으로 표시한다. E 기호 오른쪽에 표시되는 숫자는 소수점이 이동한 자릿수를 가리킨다.
- '%'기호는 숫자를 백분율로 표시한다.

#%와 같이 백분율 기호를 함께 사용하면 숫자 0.25를 25%로 표시한다.

- """" 기호는 문자를 표시한다. 숫자에 문자를 결합하기 위해서는 큰따옴표 내부에 문자를 입력한다.
  - #"개"와 같이 큰따옴표 안에 문자 '개'를 입력하면 숫자 25를 '25개'로 표시한다.
  - 000-000-0000과 같이 문자 '-'를 입력하면 열자리의 숫자를 세 자리의 지역 번호, 세 자리의 국번, 네 자리의 번호로 표시한다.
- '*' 기호는 다음에 입력한 문자로 셀 너비를 채운다.

  *- #와 같이 * 기호 다음 -를 입력하면 숫자 25 앞에 하이픈 문자 -를 채워 표시한다.
- '@' 기호는 셀에 입력된 문자를 가리킨다.

  @"님"과 같이 @ 기호 다음 큰따옴표로 문자 '님'을 둘러싸면 셀에 입력된 텍스트에 문자 '님'을 결합하여 표시한다.
- '_' (밑줄)기호는 다음에 오는 문자의 너비만큼 공백을 삽입한다.
  - #.0_)와 같이 _ 기호 다음 닫는 괄호를 입력하면 괄호의 너비만큼 공백을 추가하여 표시한다.
  - #.0_ 와 같이 _ 기호 다음 공백을 입력하면 공백의 너비만큼 공백을 추가하여 표시한다.
  - #.0_개와 같이 _ 기호 다음 '개'를 입력하면 '개'의 너비만큼 공백을 추가하여 표시한다.

◆ 서식 코드 적용 도해

수치 120.5에 서식 코드 '#.00'을 적용하면 아래와 같은 방식으로 처리된다.

#.00 → 120.50

- # 위치에 정수 자리의 수치가 놓인다.
- . 위치에 소수점이 놓인다.
- 처음 0 위치에 첫 번째 소수 자리의 수치가 놓인다.
- 다음 0 위치에 무의미한 수치 0이 놓인다.

◆ 서식 코드 활용 예

#, 0 기호는 ##, 00처럼 기호 단독으로 사용하거나 #0, 0#처럼 함께 사용하여 수를 표시한다. #, 0 기호의 차이점은 다음과 같다.

− # : 무의미한 수는 표시하지 않는다.

− 0 : 무의미한 수일지라도 0의 개수만큼 '0'으로 채운다.

따라서 0 기호는 ? 기호와 함께 소수 자릿수를 맞추는 용도로 사용한다.

※ 무의미한 수란 0.2, 2.0에 표시된 0을 뜻한다. 왜냐하면 0.2는 .2로, 2.0은 2로 표시할 수 있기 때문이다.

셀 입력 값	서식 코드	표시	설명
1625.56	#,###	1,626	정수만 표시한다. 수치에 천 단위 구분 기호가 삽입된다.
	#,	2	정수를 천 단위 배수로 표시한다. 수치는 반올림된 상태로 표시된다.
	#.#,	1.6	정수를 천 단위 배수로 표시하고 소수 첫 자리까지 표시한다.
	#.###	1625.56	소수 세 자리까지 표시한다. 무의미한 0은 표시하지 않는다.
	#.##0	1625.560	소수 세 자릿수를 맞추기 위해 숫자가 없는 자리를 0으로 채운다.
	#.##?	1625.56␣	소수 세 자릿수를 맞추기 위해 숫자가 없는 자리를 공백으로 채운다.
	#.#	1625.6	소수 한 자리까지 표시한다. 소수는 반올림된 상태로 표시된다.
	#	1626	정수만 표시한다. 수치는 반올림된 상태로 표시된다.
	#.	1626.	정수와 소수점을 표시한다. 수치는 반올림된 상태로 표시된다.
12.5	#/#	25/2	수치를 분수로 표시한다. 분수 기호 /를 기준으로 정렬된다.
	# #/#	12 1/2	
	#"명"	13명	수치에 문자가 결합된다. 수치는 반올림된 상태로 표시된다.
	G/표준"명"	12.5명	수치에 문자가 결합된다. 수치는 원래의 값 그대로 표시된다.
	*− #	−−−−−− 12.5	수치 앞에 문자가 채워진다.
	#.0_)	12.5	수치 뒤에 문자)의 너비만큼 공백 문자가 삽입된다.
0.125	#%	13%	수치를 백분율로 표시한다. 수치는 반올림된 상태로 표시된다.
	G/표준%	0.125%	수치를 백분율로 표시한다. 수치는 원래의 값 그대로 표시된다.
이태경	@"님"	이태경님	텍스트 뒤에 문자를 결합한다.
	"사원 "@	사원 이태경	텍스트 앞에 문자를 결합한다.
12500000	#.0E+0	1.3E+7	수치를 지수로 표시한다.
	#0.0E+0	12.5E+6	

※ 셀에 표시되는 수치는 적용한 서식 코드 형식에 따라 다르게 나타난다. 그러나 수치의 값은 원래의 값을 그대로 유지한다. 수치의 원래 값은 수식 입력줄에서 확인할 수 있다.

□ 날짜·시간 서식 코드

날짜와 시간을 표시하는데 사용하는 코드 기호는 다음과 같다.

서식 코드		표시	서식 코드		표시
yy	연도	00-99	h	시	0-23
yyyy		2000-2999	hh		00-23
m	월	1-12	m	분	0-59
mm		01-12	mm		00-59
mmm		Jan-Dec	s	초	0-59
mmmm		January-December	ss		00-59
d	일	1-31	[h]	경과 시간	시
dd		01-31	[m]		분
ddd		Sun-Sat	[s]		초
dddd		Sunday-Saturday	h AM/PM		AM, PM 구분
aaa	요일	일-월	h:mm AM/PM		
aaaa		일요일-월요일	h:mm:ss AM/PM		

2011-12-7 → 11. 12. 07 (수요일) yy. mm. dd (aaaa) 적용

12:27 → 12:27:00 PM h:mm:ss AM/PM 적용

4) 조건 서식 지정

조건을 충족시키는 셀에만 서식을 지정하려면 서식 코드에 조건을 추가한다.

- 조건은 대괄호 속에 표시한다.
- 조건은 세미콜론으로 구분한다.

조건 서식은 양수;음수;0;텍스트 섹션으로 지정한 서식 코드의 섹션 구조를 따른다. 그러나 조건 서식은 코드 섹션의 순서가 아닌 지정된 조건에 따라 서식이 적용된다.

```
[녹색][>=0.2]0.00;[빨강][<0.1]0.00;"*"0.00
```

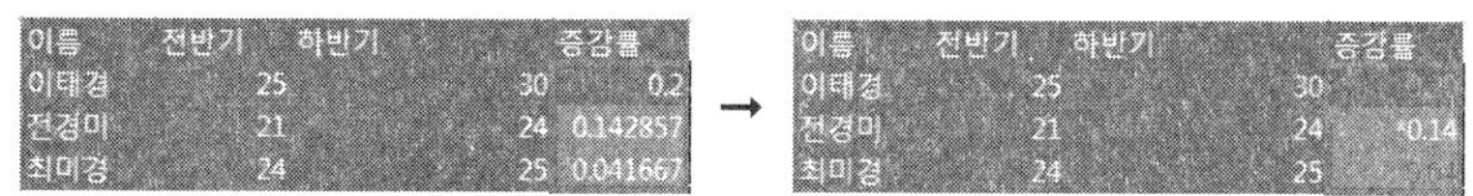

이름	전반기	하반기	증감률
이태경	25	30	0.2
전경미	21	24	0.142857
최미경	24	25	0.041667

→

이름	전반기	하반기	증감률
이태경	25	30	
전경미	21	24	*0.14
최미경	24	25	

셀의 값이 0.2보다 같거나 크면 녹색으로, 0.1보다 작으면 빨강으로, 나머지 값은 앞에 *로 표시한다.

```
[>999999999]000-0000-0000;[>999999]000-000-0000;000-000
```

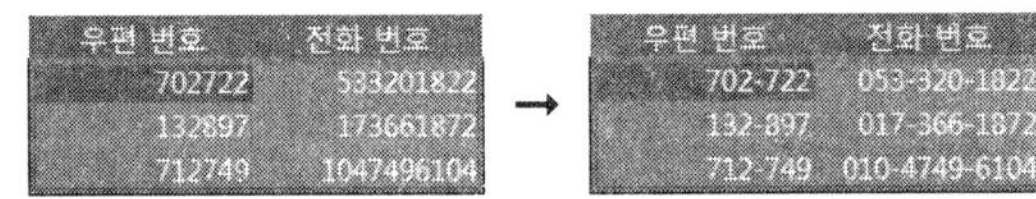

우편 번호	전화 번호
702722	533201822
132897	173661872
712749	1047496104

→

우편 번호	전화 번호
702-722	053-320-1822
132-897	017-366-1872
712-749	010-4749-6104

셀의 값이 999,999,999보다 크면 000−0000−0000 형식으로, 999,999보다 크면 000−000−0000 형식으로 표시하고 나머지 셀의 값은 000−000 형식으로 표시한다.

```
[빨강][<70]#.0;[파랑][<90]#.0;#.0
```

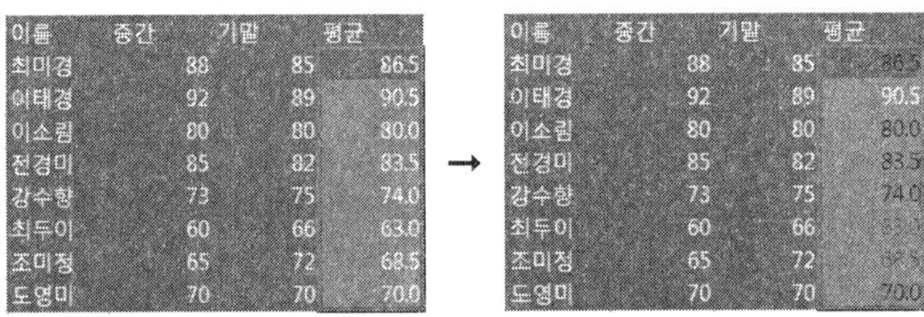

이름	중간	기말	평균
최미경	88	85	86.5
이태경	92	89	90.5
이소림	80	80	80.0
전경미	85	82	83.5
강수향	73	75	74.0
최두이	60	66	63.0
조미정	65	72	68.5
도영미	70	70	70.0

→

이름	중간	기말	평균
최미경	88	85	86.5
이태경	92	89	90.5
이소림	80	80	80.0
전경미	85	82	83.5
강수향	73	75	74.0
최두이	60	66	63.0
조미정	65	72	68.5
도영미	70	70	70.0

셀의 값이 70보다 작으면 빨강 색으로 90보다 작으면 파랑 색으로 표시한다.

※ 조건은 반드시 첫 번째, 두 번째 코드 섹션에서 지정한다. 조건이 겹쳐질 때에는 〉90, 〉70혹은 〈70, 〈90 형식으로 조건을 설정한다. 우편 번호, 전화 번호를 입력할 때 하이픈을 사용하지 않고 입력한다.

5) 조건부 서식

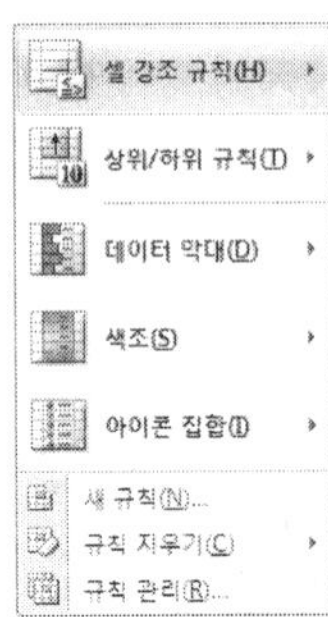

조건부 서식은 특정 조건을 충족하는 셀에만 서식을 적용하고 싶을 때 사용한다.

◆ 조건부 서식을 적용하려면 셀을 블록으로 선택한 후 홈 탭의 '스타일' 그룹에서 '조건부 서식' 버튼을 클릭한다.

조건부 서식 유형은 다음과 같다.

셀 강조 규칙	상위/하위 규칙	데이터 막대	색조	아이콘 집합
보다 큼(G)...	상위 10개 항목(T)...			
보다 작음(L)...	상위 10%(P)...			
다음 값의 사이에 있음(B)...	하위 10개 항목(B)...	기타 규칙(M)...	기타 규칙(M)...	
같음(E)...	하위 10%(O)...			
텍스트 포함(T)...	평균 초과(A)...			
발생 날짜(A)...	평균 미만(V)...			기타 규칙(M)...
중복 값(D)...	기타 규칙(M)...			
기타 규칙(M)...				

• '셀 강조 규칙'의 '보다 큼' 항목을 선택하면 특정 수치보다 큰 셀에 서식을 적용할 수 있다.

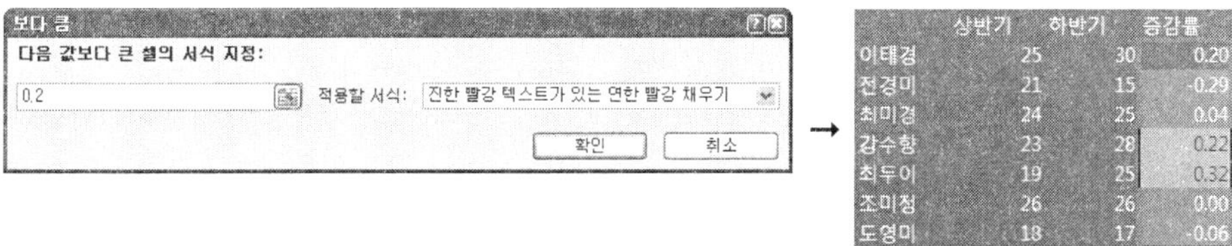

	상반기	하반기	증감률
이태경	25	30	0.20
전경미	21	15	-0.29
최미경	24	25	0.04
강수향	23	28	0.22
최두이	19	25	0.32
조미정	26	26	0.00
도영미	18	17	-0.06

• '상위/하위 규칙'의 '상위 10%' 항목을 선택하면 상위 10%에 속하는 셀에 서식을 적용할 수 있다.

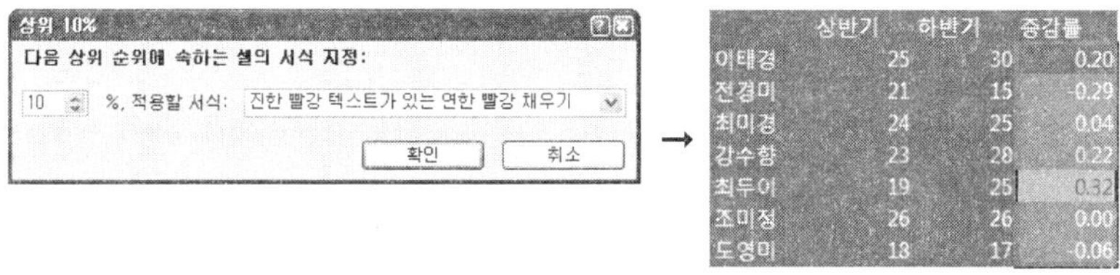

	상반기	하반기	증감률
이태경	25	30	0.20
전경미	21	15	-0.29
최미경	24	25	0.04
강수향	23	28	0.22
최두이	19	25	0.32
조미정	26	26	0.00
도영미	18	17	-0.06

• '상위/하위 규칙'의 '평균 초과' 항목을 선택하면 평균보다 큰 셀에 서식을 적용할 수 있다.

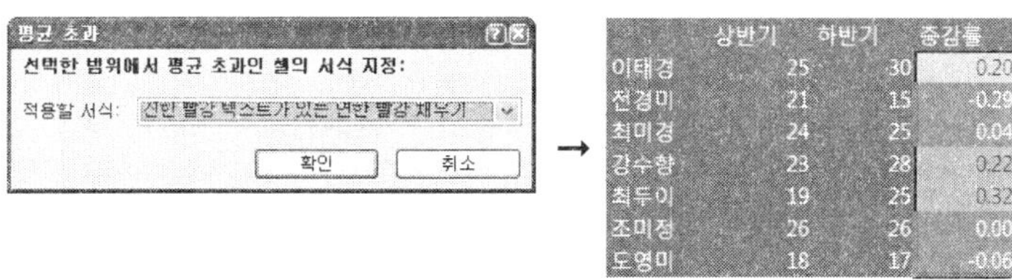

	상반기	하반기	증감률
이태경	25	30	0.20
전경미	21	15	-0.29
최미경	24	25	0.04
강수향	23	28	0.22
최두이	19	25	0.32
조미정	26	26	0.00
도영미	18	17	-0.06

- '데이터 막대'의 항목을 선택하면 데이터 막대의 길이로 셀 값을 비교할 수 있다.

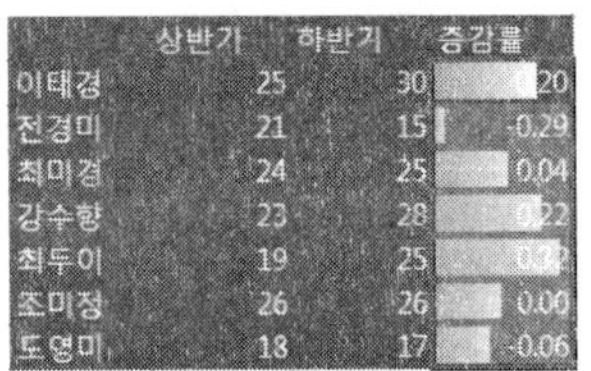

	상반기	하반기	증감률
이태경	25	30	0.20
전경미	21	15	-0.29
최미경	24	25	0.04
강수항	23	28	0.22
최두이	19	25	[illegible]
조미정	26	26	0.00
도영미	18	17	-0.06

- '색조'의 '2색조' 항목을 선택하면 색의 음영으로 높은 값과 낮은 값을 나타낼 수 있다. '3색조' 항목을 선택하면 색의 음영으로 높은 값, 중간값 또는 낮은 값을 나타낼 수 있다.

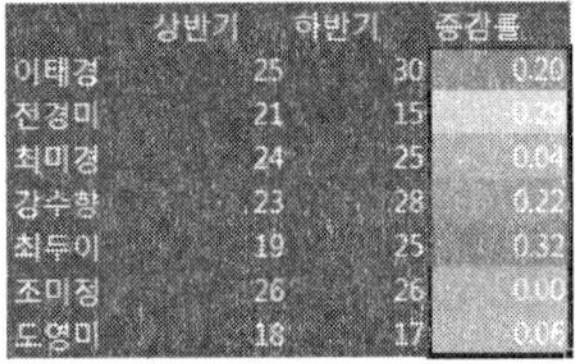

	상반기	하반기	증감률
이태경	25	30	0.20
전경미	21	15	[illegible]
최미경	24	25	0.04
강수항	23	28	0.22
최두이	19	25	0.32
조미정	26	26	0.00
도영미	18	17	0.06

- '아이콘 집합'의 아이콘을 선택하면 아이콘으로 높은 값, 중간값 또는 낮은 값을 나타낼 수 있다.

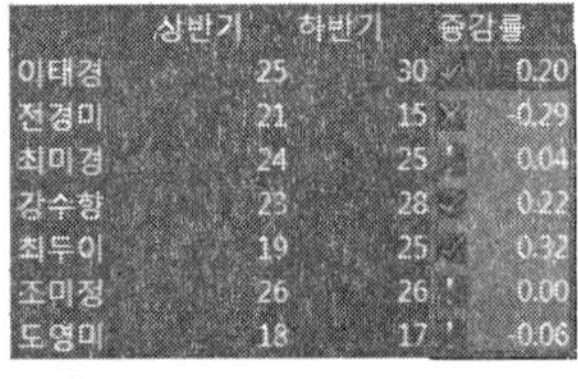

	상반기	하반기	증감률
이태경	25	30	0.20
전경미	21	15	-0.29
최미경	24	25	0.04
강수항	23	28	0.22
최두이	19	25	0.32
조미정	26	26	0.00
도영미	18	17	-0.06

◆ '규칙 관리'를 선택하면 서식을 정의할 수 있다.

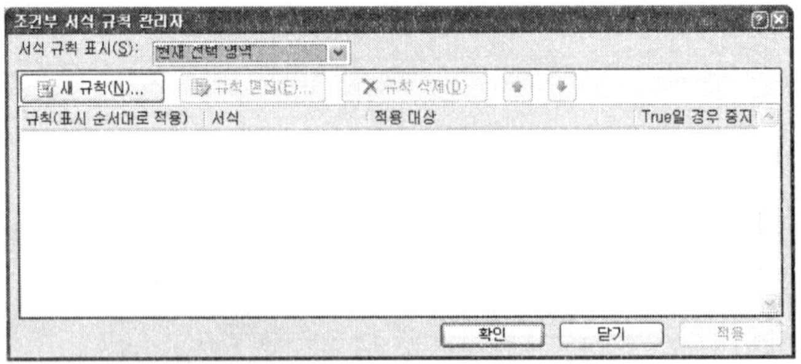

- 서식을 정의하려면 '새 규칙' 버튼을 클릭한다.

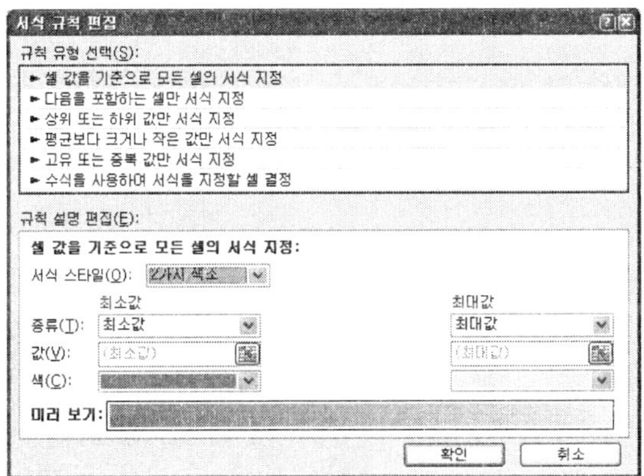

• '셀 값을 기준으로 모든 셀의 서식 지정' 규칙 유형은 셀 값을 기준으로 서식 스타일을 적용한다.

– 서식 스타일 '2가지 색조'는 최소값과 최대값으로 지정한 값을 기준으로 셀에 색을 채워 넣는다.

– 서식 스타일 '3가지 색조'는 최소값과 중간값, 최대값으로 지정한 값을 기준으로 셀에 색을 채워 넣는다.

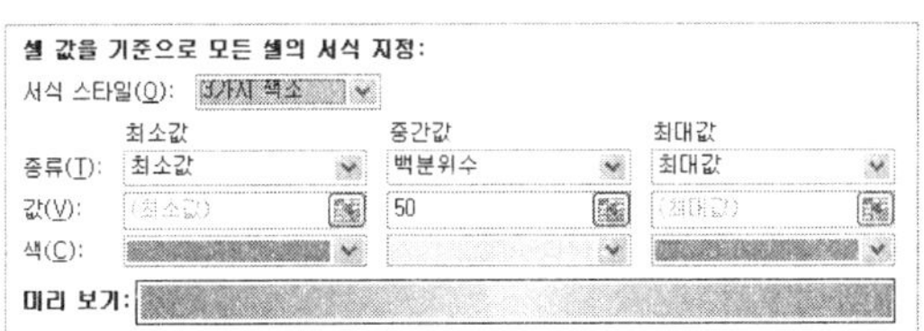

– 최소값과 중간값, 최대값의 종류 '최소값, 숫자, 백분율, 수식, 백분위수'는 종류 선택 필드에서 지정하며, 그 값은 값 입력 필드에서 지정한다.

※ 최소값과 최대값은 선택 영역의 셀 값에서 자동으로 지정된다.

※ 백분위수(percentiles)란 크기순으로 배열한 자료를 100등분 하는 수의 값을 뜻한다. 예를 들어, 제 75 백분위수의 값이 20이라고 함은 전체 값 중 75%가 20보다 작거나 같고 25%가 20보다 높거나 같음을 의미한다. 따라서 백분위수는 어떤 값이 전체 자료에서 차지하는 위치를 알고 싶을 때 사용한다.

※ 백분율은 수를 100과의 비로 나타내는 방법이다. 예를 들어, 20.5%는 0.205를 나타낸다.

– 서식 스타일 ‘데이터 막대’는 가장 짧은 막대와 가장 긴 막대로 지정한 값을 기준으로 셀에 막대를 채워 넣어 막대와 수치를 함께 표시한다.

다음 예는 1, 2분기의 증감률 평균(=AVERAGE($E$3:$E$9))을 가장 짧은 막대로 지정하여 3, 4분기의 증감률을 막대로 표시하였다.

→

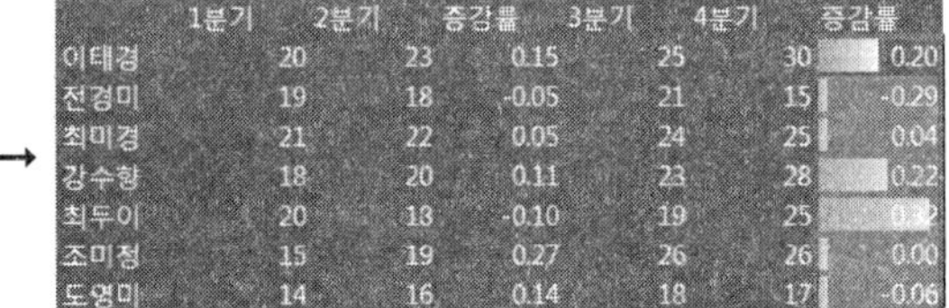

	1분기	2분기	증감률	3분기	4분기	증감률
이태경	20	23	0.15	25	30	0.20
전경미	19	18	-0.05	21	15	-0.29
최미경	21	22	0.05	24	25	0.04
강수향	18	20	0.11	23	28	0.22
최두이	20	18	-0.10	19	25	0.32
조미정	15	19	0.27	26	26	0.00
도영미	14	16	0.14	18	17	-0.06

가장 짧은 막대와 가장 긴 막대의 종류 ‘최소값, 숫자, 백분율, 수식, 백분위수’는 종류 선택 필드에서 지정하며, 그 값은 값 입력 필드에서 지정한다. ‘막대만 표시’ 항목을 선택하면 셀에는 막대만 표시된다.

– 서식 스타일 ‘아이콘 집합’은 첫 번째 값과 두 번째 값으로 지정한 값을 기준으로 셀에 아이콘을 채워 넣는다.

※ 첫 번째 값은 두 번째 값보다 큰 값을 지정한다.

• ‘다음을 포함하는 셀만 서식 지정’ 규칙 유형은 ‘셀 값, 특정 텍스트, 발생 날짜, 빈 셀, 내용 있는 셀, 오류, 오류 없음’ 등을 기준으로 서식 스타일을 적용한다.

– 셀 값을 기준으로 서식을 적용하려면 ‘셀 값’을 선택한다.

‘셀 값’의 범위를 지정하려면 ‘해당 범위’ 혹은 ‘제외 범위’를 선택한다.

0.2, 0.4를 지정하면 0.2 이상 0.4 이하의 값을 포함한 셀에 서식을 적용한다. ‘제외 범위’를 선택하면 0.2보다 작고 0.4보다 큰 값을 포함한 셀에 서식을 적용한다.

– '셀 값'을 특정 값으로 지정하려면 '=, 〈〉, 〉, 〈, 〉=, 〈=' 등의 연산자를 선택한다.

=	<>	>	<	>=	<=
같다	같지 않다	크다	작다	크거나 같다	작거나 같다

– 텍스트를 기준으로 서식을 적용하려면 '특정 텍스트'를 선택한다.
특정 텍스트를 포함하려면 '포함'을, 포함하지 않으려면 '포함하지 않음'을 선택한다. 특정 문자로 시작되는 텍스트를 포함하려면 '시작 문자'를, 특정 문자로 끝나는 텍스트를 포함하려면 '끝 문자'를 선택한다.

'끝 문자'로 '경'을 지정하면 '경'자로 끝나는 텍스트에 서식이 적용된다.

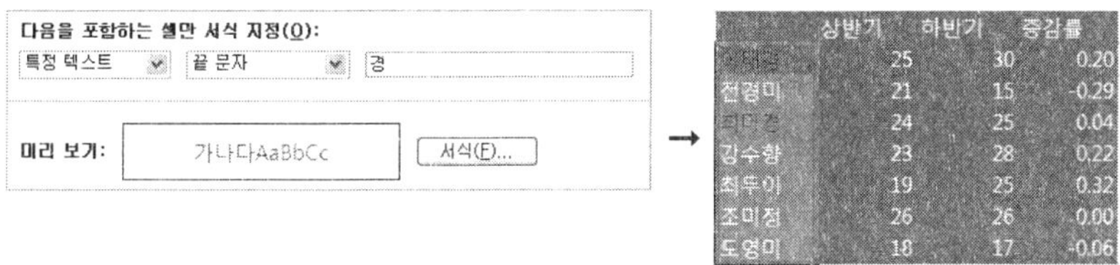

– 발생 날짜를 기준으로 서식을 적용하려면 '발생 날짜'를 선택한다. 날짜는 '어제, 오늘, 내일, 지난 7일, 지난 주, 이번 주, 다음 주, 지난 달, 이번 달, 다음 달' 등을 지정할 수 있다.

– 빈 셀을 기준으로 서식을 적용하려면 '빈 셀'을 선택한다.

– 내용이 입력된 셀을 기준으로 서식을 적용하려면 '내용 있는 셀'을 선택한다.

– 오류가 있는 셀을 기준으로 서식을 적용하려면 '오류'를 선택한다.

– 오류가 없는 셀을 기준으로 서식을 적용하려면 '오류 없음'을 선택한다.

• '상위 또는 하위 값만 서식 지정' 규칙 유형은 '상위, 하위 항목의 수 혹은 백분위수'를 기준으로 서식 스타일을 적용한다.

체크 박스 '% 이내'를 선택하면 백분위수를 기준으로 서식이 적용된다.

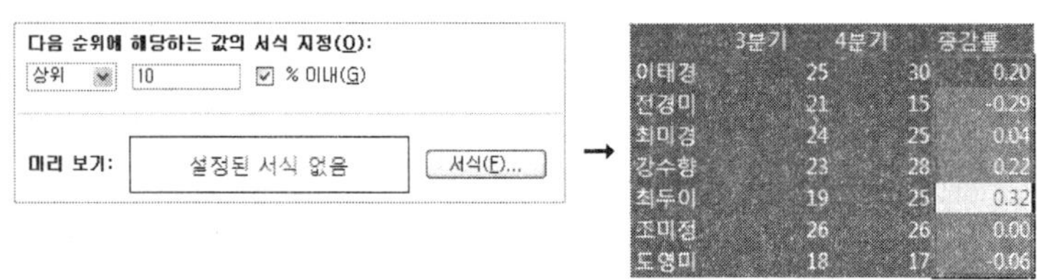

※ 체크 박스를 선택하지 않으면 항목의 수를 기준으로 서식이 적용된다.

- '평균보다 크거나 작은 값만 서식 지정' 규칙 유형은 '초과, 미만, 이상, 이하, 표준 편차'를 기준으로 서식 스타일을 적용한다.

'< 1 표준 편차', '> 1 표준 편차'를 선택하면 평균으로부터 1 표준 편차보다 더 떨어진 셀에 서식이 적용된다.

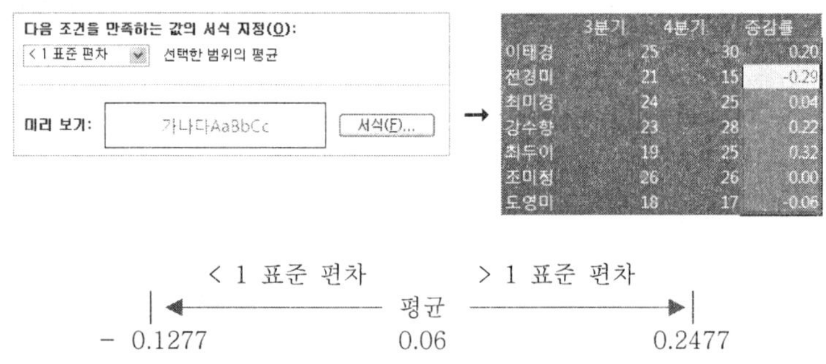

표준 편차는 분산의 제곱근으로 계산되며, 자료가 평균적으로 평균으로부터 떨어져 있는 거리가 된다. 표준 편차의 값이 작을수록 자료는 평균 근처에 밀집되어 있어 동질적인 값들이 많다는 것을 의미한다.

선택 영역의 평균은 0.06, 표준 편차는 0.1877이다. 평균은 AVERAGE 함수로, 표준 편차는 STDEVP 함수로 구한다.

- '고유 또는 중복 값만 서식 지정' 규칙 유형은 '중복, 고유' 값을 기준으로 서식 스타일을 적용한다.

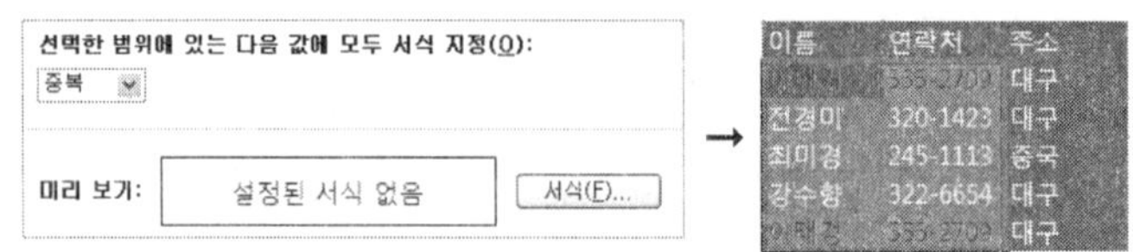

– 중복 값은 같은 값을 가진 셀의 값을 말한다.

주의 셀의 값이 같다고 해도 셀에 표시된 형식이 다르면 고유 값으로 본다.

– '수식을 사용하여 서식을 지정할 셀 결정' 규칙 유형은 '수식' 값을 기준으로 서식 스타일을 적용한다.

'수식' 값을 기준으로 서식을 적용하면 서식 적용 대상은 행 단위가 된다. 따라서 원하는 열만 대상으로 서식을 적용하려면 열을 선택한 후 조건부 서식을 실행한다.

데이터 영역을 모두 선택한 후 서식을 적용하면 서식은 행 단위로 적용된다.

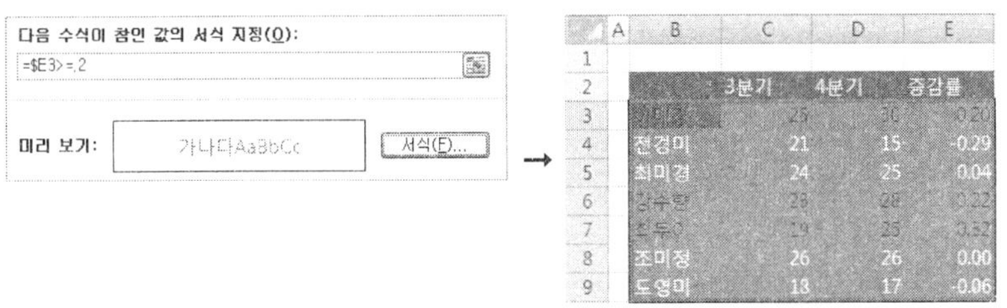

E 열의 셀 값이 0.2 이상이면 해당 행에 서식이 적용된다.

데이터 영역의 일부만 선택한 후 서식을 적용하면 서식은 선택 영역에만 적용된다.

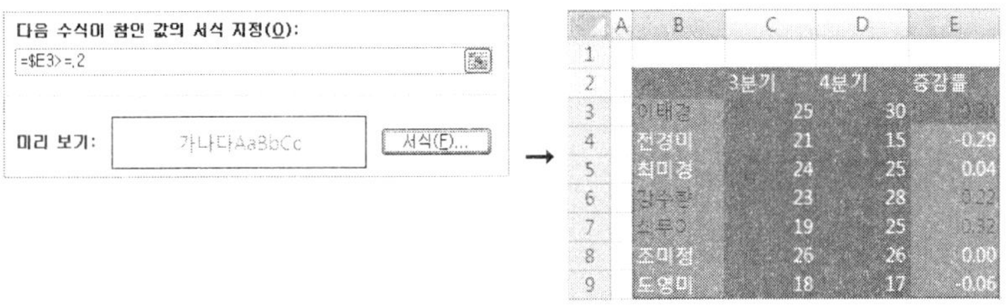

수식 지정 시 유의점

수식 '=$E3>=.2'의 참조 셀(E3)은 반드시 선택 영역의 첫 번째 행에 있는 관련 셀을 지정한다.

- 3분기 실적에 대해 어떤 조건을 설정하려면 3분기 데이터를 블록으로 설정하고 참조 셀을 3분기 데이터의 첫 번째 셀(C3)로 지정한다.
- 4분기 실적에 대해 어떤 조건을 설정하려면 4분기 데이터를 블록으로 설정하고 참조 셀을 4분기 데이터의 첫 번째 셀(D3)로 지정한다.

• 사원 이름에 대해 어떤 조건을 설정하려면 이름 데이터를 블록으로 설정하고 참조 셀을 이름 데이터의 첫 번째 셀(B3)로 지정한다.

수식의 참조 셀(E3)은 반드시 '$E3' 형태로 열을 고정시켜 지정한다. 왜냐하면 수식은 E3, E4, E5, … 셀의 값을 참조하여 서식을 적용해야 하기 때문이다.

증감률이 0.2 이상이면 파랑 글꼴로, 음수이면 빨강 글꼴로 지정하고 나머지 수치는 -로 표시해 보자.

'새 규칙' 버튼을 클릭하여 수식의 참조 셀(E3)이 0.2 이상일 때, 음수일 때, 그리고 0보다 크고 0.2보다 작을 때 적용할 서식을 정의한다.

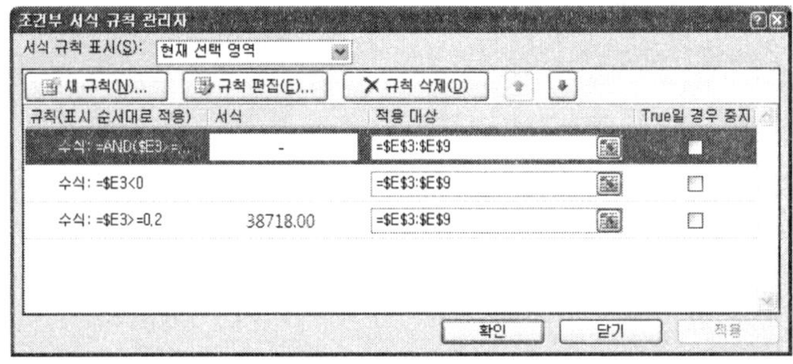

각 서식에 정의된 수식과 서식은 다음과 같다.

수식	=AND($E3>=0,$E3<0.2)
사용자 지정 서식	* -_)
수식	=$E3<0
사용자 지정 서식	;[빨강](#.00);
수식	=$E3>=0.2
사용자 지정 서식	[파랑]#.00_)

→

	A	B	C	D	E
1					
2			3분기	4분기	증감률
3		이태경	25	30	.20
4		전경미	21	15	[illegible]
5		최미경	24	25	-
6		강수향	23	28	.22
7		최두이	19	25	.32
8		조미정	26	26	-
9		도영미	18	17	(.06)

• 서식은 정의한 순서대로 추가된다.
• 가장 마지막에 정의한 서식이 목록의 맨 위에 놓인다.
• 맨 위에 놓인 서식이 먼저 실행된다.

'True일 경우 중지' 옵션은 이전 버전과의 호환성을 위해 제공된다. 서식이 이전 버전에서 어떻게 표시되는지 확인하려면 'True일 경우 중지' 옵션을 선택한다. 서식을 모두 평가하려면 세 번째 서식의 'True일 경우 중지' 옵션만 선택한다.

입력한 수치를 우편 번호, 전화 번호 형식으로 표시해 보자.

• 지역 번호와 이동 통신 번호는 02, 053, 011과 같이 두 자릿수와 세 자릿수로 구분된다.

• 전화 번호는 320−1822, 3541−3957과 같이 일곱 자릿수와 여덟 자릿수로 구분된다.

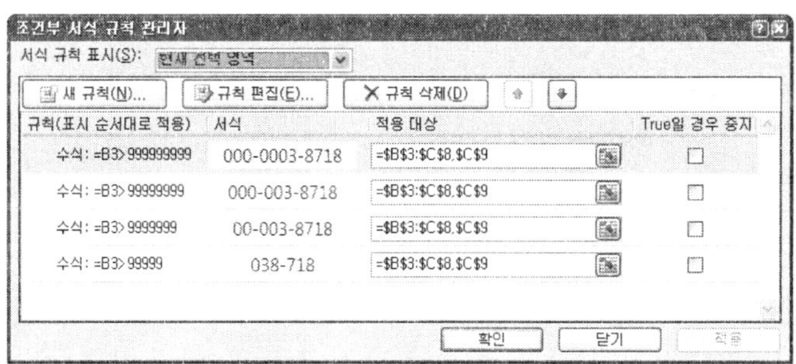

각 서식에 정의된 수식과 서식은 다음과 같다.

수식	=B3>999999999
사용자 지정 서식	000−0000−0000
수식	=B3>99999999
사용자 지정 서식	000−000−0000
수식	=B3>9999999
사용자 지정 서식	00−000−0000
수식	=B3>99999
사용자 지정 서식	000−000

→

	A	B	C
1			
2		우편 번호	전화 번호
3		702-722	053-320-1822
4		132-897	011-514-9812
5		158-070	02-766-4477
6		712-749	010-4749-6104

※ 조건이 겹쳐질 때에는 >90, >70 형식으로 서식 순서를 매긴다.

□ 조건부 서식 복사

① 서식이 적용된 셀을 클릭한다.

② 홈 탭의 '클립보드' 그룹에서 서식 복사 버튼 을 클릭한다.

③ 서식을 적용할 셀을 블록으로 설정한다.

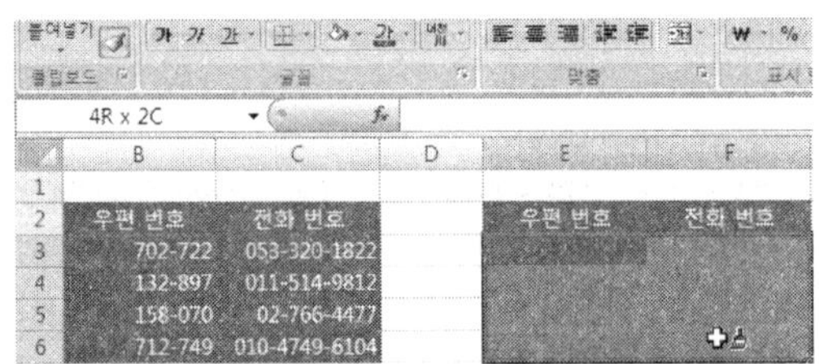

※ 복사한 서식이 제대로 붙여졌는지 확인해야 한다. 조건부 서식을 복사하여 특정 영역에 붙여 넣으면 조건으로 설정한 수식과 서식이 함께 붙여진다. 그런데 수식이 참조한 $A3와 같은 상대 참조 셀은 특정 영역의 셀로 바뀌지 않고 A3 셀을 그대로 참조한다. 따라서 '수식' 값을 기준으로 적용한 서식을 복사하여 붙여 넣은 후에는 반드시 참조 셀을 특정 영역의 셀로 변경한다.

- 셀에 적용된 서식을 지우려면 홈 탭의 편집 그룹에서 '지우기' 버튼 을 클릭하고 '서식 지우기'를 선택한다. 서식은 그대로 두고 내용만 지우려면 '내용 지우기'를 선택한다.

6) 문서 테마

문서 테마를 사용하면 셀 서식을 전혀 다른 느낌으로 변경할 수 있다. 왜냐하면 셀 스타일은 문서에 적용된 테마에 따라 달라지기 때문이다.

문서 테마를 적용하려면 페이지 레이아웃 탭의 테마 그룹에서 '테마' 버튼을 클릭한다.

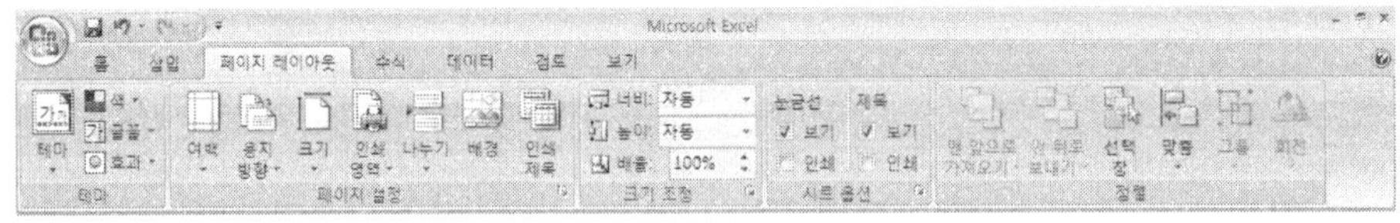

엑셀 문서에는 기본적으로 Office 테마가 적용되어 있다.

7) 수식

셀에 입력한 값을 참조하여 계산하려면 수식을 활용한다.

(1) 수식 입력

수식은 '=' 다음 입력한다.

증감률을 계산하려면 '=(D3-C3)/C3' 형태로 수식을 입력한다.

	A	B	C	D	E	F
1						
2			1분기	2분기	증감률	
3		이태경	20	23	=(D3-C3)/C3	
4		전경미	19	18		
5		최미경	21	22		
6		강수향	18	20		
7		최두이	20	18		
8		조미정	15	19		
9		도영미	14	16		

수식에서 참조한 D3, C3 셀은 마우스로 눌러 지정한다.

※ 필요에 따라서 셀 주소를 직접 입력할 수도 있다.

수식을 =D3−C3/C3로 입력하면 'D3 셀의 값'에서 'C3 셀의 값을 C3 셀의 값'으로 나눈 값을 뺀다. 따라서 'D3 셀의 값에서 C3 셀의 값을 뺀 값'을 'C3 셀의 값'으로 나누려면 'D3−C3'를 괄호로 묶고 C3 셀의 값으로 나눈다.

수식 계산이 끝나면 나머지 증감률 항목은 자동 채우기 조절자를 클릭하여 채운다.

	A	B	C	D	E
1					
2			1분기	2분기	증감률
3		이태경	20	23	0.15
4		전경미	19	18	
5		최미경	21	22	
6		강수향	18	20	
7		최두이	20	18	
8		조미정	15	19	
9		도영미	14	16	

→

	A	B	C	D	E
1					
2			1분기	2분기	증감률
3		이태경	20	23	0.15
4		전경미	19	18	-0.05
5		최미경	21	22	0.05
6		강수향	18	20	0.11
7		최두이	20	18	-0.10
8		조미정	15	19	0.27
9		도영미	14	16	0.14

자동 채우기 조절자는 '셀의 내용'을 복사하여 붙여 넣는다. 즉, E3 셀을 복사한 후 E4:E9 셀 영역에 붙여 넣기를 한 것과 동일한 결과를 가져온다.

□ 수식과 셀의 내용

셀의 내용은 셀에 입력된 값이 된다. 증감률이 입력된 셀의 내용은 수식의 값이 된다. 증감률 항목에 붙여진 수식은 다음과 같다.

	A	B	C	D	E	F
1						
2			1분기	2분기	증감률	
3		이태경	20	23	=(D3-C3)/C3	
4		전경미	19	18	=(D4-C4)/C4	
5		최미경	21	22	=(D5-C5)/C5	
6		강수향	18	20	=(D6-C6)/C6	
7		최두이	20	18	=(D7-C7)/C7	
8		조미정	15	19	=(D8-C8)/C8	
9		도영미	14	16	=(D9-C9)/C9	

참고 수식의 값 대신 수식을 나타내려면 수식 탭의 '수식 분석' 그룹에서 '수식 표시' 버튼을 클릭한다. '수식 표시' 버튼은 토글 버튼으로서 수식의 값과 수식을 번갈아 나타낸다.

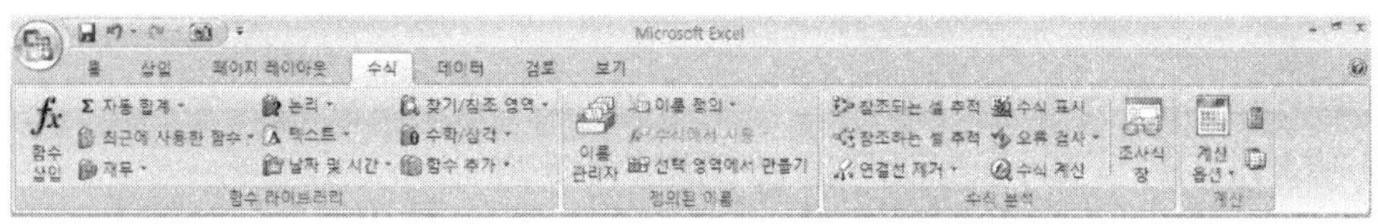

수식을 살펴보면 참조 셀의 주소는 행 번호와 일치한다. 수식이 참조하는 셀을 연결선을 사용하여 시각적으로 표시하면 다음과 같다.

	A	B	C	D	E	F
1						
2			1분기	2분기	증감률	
3		이태경	20	23	0.15	
4		전경미	19	18	-0.05	
5		최미경	21	22	0.05	
6		강수향	18	20	0.11	
7		최두이	20	18	-0.10	
8		조미정	15	19	0.27	
9		도영미	14	16	0.14	

참고 셀과 수식 간의 관계를 연결선으로 표시하려면 수식이 입력된 셀을 클릭하고 수식 탭의 '수식 분석' 그룹에서 '참조되는 셀 추적' 버튼을 클릭한다. 연결선을 제거하려면 '연결선 제거' 버튼을 클릭한다.

수식과 연결선을 참조하면 다음과 같은 중요한 결과를 도출할 수 있다.

'셀의 내용'을 복사한다는 것은 수식의 '참조 형태'를 복사하는 것이 된다. 따라서 자동 채우기 조절자를 끌어 '셀의 내용'을 붙여 넣으면 수식의 '참조 형태'가 붙여진다.

◻ 수식과 참조 형태

• 유형 1

상대적 위치를 참조하여 계산한다. 예제로 든 증감률 계산 수식은 상대 참조 형태로 계산한다.

참조 형태 : 수식은 왼쪽 방향으로 두 번째 위치한 셀과 첫 번째 위치한 셀을 참조한다.

• 유형 2

특정 열 혹은 행에 위치한 셀을 참조하여 계산한다.

	A	B	C	D	E	F	G
1							
2					1분기		2분기
3			단가	수량	매출액	수량	매출액
4		폼 클렌저	13800	23	=$C4*D4	25	=$C4*F4
5		아이 세럼	9900	18	=$C5*D5	22	=$C5*F5
6		디톡스 토너	17900	22	=$C6*D6	25	=$C6*F6
7		디톡스 세럼	26800	20	=$C7*D7	17	=$C7*F7
8		원터치선파우더	9900	18	=$C8*D8	30	=$C8*F8
9		에센스아이크림	21600	19	=$C9*D9	20	=$C9*F9

수식은 C 열의 단가와 분기별 수량을 참조하여 계산한다.

	A	B	C	D	E	F	G
1							
2					1분기		2분기
3			단가	수량	매출액	수량	매출액
4		폼 클렌저	13800	23	317400	25	345000
5		아이 세럼	9900	18	178200	22	217800
6		디톡스 토너	17900	22	393800	25	447500
7		디톡스 세럼	26800	20	536000	17	455600
8		원터치선파우더	9900	18	178200	30	297000
9		에센스아이크림	21600	19	410400	20	432000

참조 형태 : C 열에 위치한 셀과 왼쪽 방향으로 첫 번째 위치한 셀을 참조한다.

• 유형 3

특정 셀을 참조하여 계산한다.

	A	B	C	D	E	F
1						
2			단가	수량	매출액	비율
3		폼 클렌저	13800	23	317400	=E3/$E$9
4		아이 세럼	9900	18	178200	=E4/$E$9
5		디톡스 토너	17900	22	393800	=E5/$E$9
6		디톡스 세럼	26800	20	536000	=E6/$E$9
7		원터치선파우더	9900	18	178200	=E7/$E$9
8		에센스아이크림	21600	19	410400	=E8/$E$9
9		총매출액			2014000	

수식은 E9 셀의 총매출액과 제품별 매출액을 참조하여 계산한다.

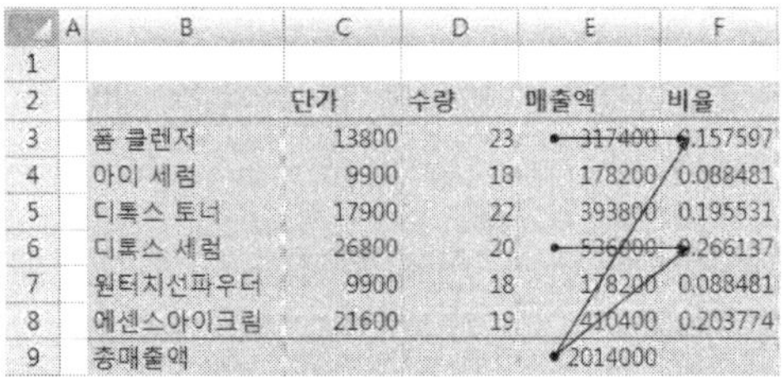

	A	B	C	D	E	F
1						
2			단가	수량	매출액	비율
3		폼 클렌저	13800	23	317400	0.157597
4		아이 세럼	9900	18	178200	0.088481
5		디톡스 토너	17900	22	393800	0.195531
6		디톡스 세럼	26800	20	536000	0.266137
7		윈터치선파우더	9900	18	178200	0.088481
8		에센스아이크림	21600	19	410400	0.203774
9		총매출액			2014000	

참조 형태 : E9 셀과 왼쪽 방향으로 첫 번째 위치한 셀을 참조한다.

□ 셀 주소 참조 방식

수식의 셀 참조 방식은 참조 형태에 따라 다르다. 상대 참조할 때에는 셀 주소를 C4 형태로 C 열의 셀을 참조할 때에는 셀 주소를 $C4 형태로 그리고 C4 셀을 참조할 때에는 셀 주소를 $C$4 형태로 표시한다.

$는 열, 행, 셀을 '고정' 시킨다는 기호로 이해한다.

- $C : C 열을 고정시킨다.
- $4 : 4 행을 고정시킨다.
- $C4 : C 열의 셀만 참조한다. 즉, C 열의 셀을 상대적으로 참조한다.
- C$4 : 4 행의 셀만 참조한다. 즉, 4 행의 셀을 상대적으로 참조한다.
- $C$4 : C4 셀만 참조한다.

셀을 참조한 상태에서 F4 키를 누르면 셀 참조 방식을 쉽게 변형할 수 있다.

C4 →(F4) $C$4 →(F4) C$4 →(F4) $C4 →(F4) C4

(2) 연산자

산술연산자	의미	산술연산자	의미
+	더하기	/	나누기
−	빼기	%	백분율
*	곱하기	^	거듭제곱

A2 셀의 값을 3 승한 값을 구하려면 '=A2^3'으로 입력한다.

비교연산자	의미	비교연산자	의미
=	같음	>=	크거나 같음
>	보다 큼	<=	작거나 같음
<	보다 작음	<>	같지 않음

'A2 셀의 값과 B2 셀의 값이 같지 않으면'이란 조건을 설정하려면 'A2<>B2'로 입력한다.

텍스트연산자	의미
&	값을 연결하여 연속된 텍스트 값을 만듦

'A2 셀의 값'에 문자 '개'를 결합하려면 '=A2&"개"'를 입력한다.
'A2 셀의 값' 앞에 숫자 '0'을 결합하려면 '=0&A2'를 입력한다.

※ 연산자 &를 사용한 수식 결과는 텍스트가 된다.

참조연산자	의미
:	연속적인 셀을 참조함
,	비연속적인 셀을 참조함
공백	공통 셀을 참조함

A2 셀에서 C2 셀까지 참조하여 합계를 구하려면 '=SUM(A2:C2)'로 입력한다.
A2 셀과 C2 셀을 참조하여 합계를 구하려면 '=SUM(A2,C2)'로 입력한다.
A2 셀에서 C2 셀까지 참조하여 합계를 구하고, C2 셀에서 F2 셀까지 참조하여 합계를 구한 경우 두 개의 합계를 더하고 중복된 합계를 빼려면 '=SUM(A2:C2)+SUM(C2:F2)-SUM(A2:C2 C2:F2)'로 입력한다.

(3) 통합 문서, 시트 참조

수식은 다른 통합 문서와 다른 시트의 셀을 참조할 수 있다.

- 통합 문서 셀 참조

① '='을 입력한 후 보기 탭의 창 그룹에서 '창 전환' 버튼을 클릭한다.

② 통합 문서를 선택하고 셀을 클릭한다.

③ Enter 키를 누른다.

통합 문서의 셀을 참조하면 '='[문서 이름]시트 이름'!셀 주소' 형태로 셀 주소가 표시된다. 수식은 셀 주소를 $E$7 형식으로 참조하므로 F4 키를 눌러 적당한 형태로 셀 주소를 변경한다.

• 시트 셀 참조

시트의 셀을 참조하면 '='시트 이름'!셀 주소' 형태로 셀 주소가 표시된다.

대리점의 매출을 합계하여 지점의 매출을 구해 보자.

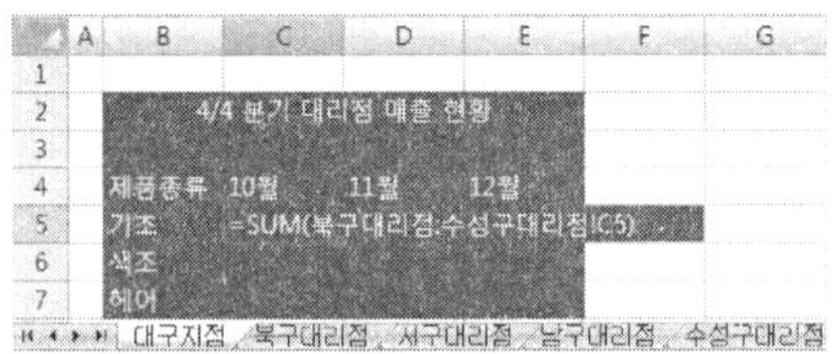

① '대구지점' 시트의 C5 셀을 클릭한다.

② '=SUM('를 입력한다.

③ '북구대리점' 시트 탭을 클릭하고 Shift 키를 누른 상태에서 '수성구대리점' 시트 탭을 클릭한다.

④ C5 셀을 클릭한다.

⑤ Enter 키를 누른다.

'대구지점' 시트의 C5 셀에 수식 '='북구대리점:수성구대리점'!C5'가 입력된다.

⑥ C5 셀을 복사하여 C5:E7 셀에 붙여 넣는다.

대리점을 추가하고 수식을 수정해 보자.

'중구대리점' 시트를 추가하면 수식을 '='북구대리점:중구대리점'!C5'로 수정해야 대리점 매출 합계를 구할 수 있다.

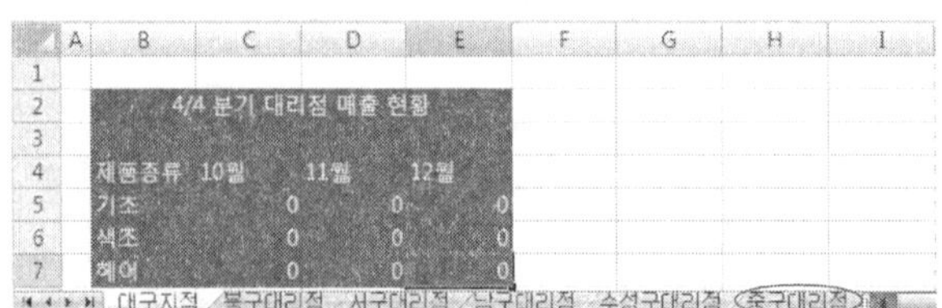

예제에서는 총 9개의 수식이 정의된 상태이다. 따라서 개별적으로 수식을 수정하지 않고 전체 수식을 대상으로 '수성구대리점'을 '중구대리점'으로 수정한다.

① 홈 탭의 편집 그룹에서 '찾기 및 선택' 버튼을 클릭한다.

② 찾을 내용으로 '수성구대리점'을, 바꿀 내용으로 '중구대리점'을 입력하고 '모두 바꾸기' 버튼을 클릭한다.

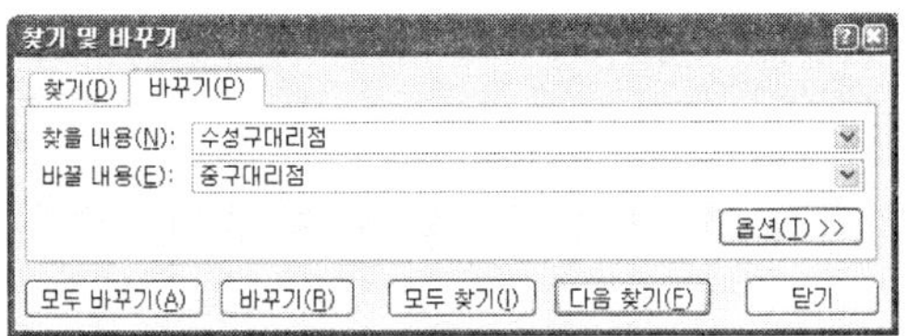

(4) 배열 수식과 배열 상수

배열 수식은 배열 형태의 셀 영역을 인수로 사용하는 수식이다. 배열은 행이나 열로 구성된 일련의 데이터 집합으로 정의되며, 여러 셀에 있는 배열 수식을 다중 셀 수식, 하나의 셀에 있는 배열 수식을 단일 셀 수식이라고 한다.

배열 수식을 이용하여 매출액을 구해 보자.

① 매출액 항목을 블록으로 설정한다.

매출액 항목을 배열 수식으로 계산하므로 수식이 입력될 셀 영역을 블록으로 지정한다.

② 수식 '=C3:C8*D3:D8'을 입력한다.

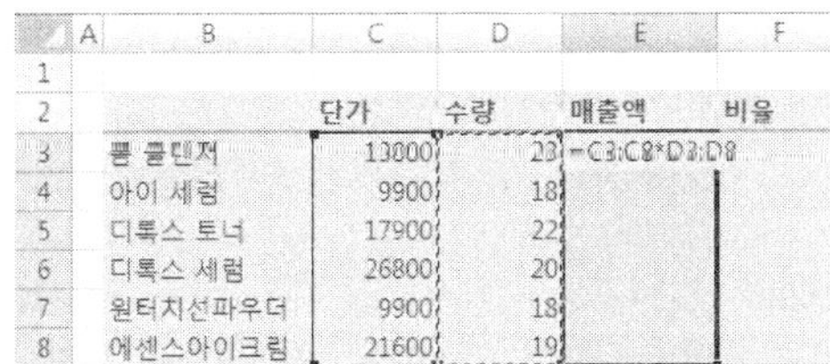

	A	B	C	D	E	F
1						
2			단가	수량	매출액	비율
3		폼 클렌저	13000	23	=C3:C8*D3:D8	
4		아이 세럼	9900	18		
5		디톡스 토너	17900	22		
6		디톡스 세럼	26800	20		
7		윈터치선파우더	9900	18		
8		에센스아이크림	21600	19		

수식은 두 개의 배열 C3:C8, D3:D8을 참조한다. 셀 참조 영역 C3:C8, D3:D8은 마우스로 끌어 지정한다.

③ Ctrl+Shift+Enter 키를 누른다.

E3 {=C3:C8*D3:D8} ▶ 배열 수식

	A	B	C	D	E	F
1						
2			단가	수량	매출액	비율
3		폼 클렌저	13800	23	317400	
4		아이 세럼	9900	18	178200	
5		디톡스 토너	17900	22	393800	
6		디톡스 세럼	26800	20	536000	
7		원터치선파우더	9900	18	178200	
8		에센스아이크림	21600	19	410400	

배열 수식은 중괄호로 묶인 형태가 되며, 단일 수식으로 매출액 항목을 모두 계산한다. 수식이 두 개의 배열을 참조하여 계산하는 과정을 도표로 나타내면 다음과 같다.

배열 구성요소	배열 1(C3:C8)	배열 2(D3:D8)		C3:C8+D3:D8	C3:C8×D3:D8
첫 번째 요소	C3	D3	→	C3+D3	C3×D3
두 번째 요소	C4	D4	→	C4+D4	C4×D4
세 번째 요소	C5	D5	→	C5+D5	C5×D5
네 번째 요소	C6	D6	→	C6+D6	C6×D6
다섯 번째 요소	C7	D7	→	C7+D7	C7×D7
여섯 번째 요소	C8	D8	→	C8+D8	C8×D8

배열 간에 연산을 하면 배열에서 동일 위치에 놓인 요소끼리 연산이 된다. 따라서 배열 간에 연산을 하기 위해서는 수식이 입력될 공간이 배열 구성요소의 수만큼 있어야 한다.

※ 배열 수식이 적용된 셀의 내용은 개별적으로 삭제할 수 없다. 따라서 셀의 내용을 삭제하려면 배열 수식이 삽입된 셀 영역을 블록으로 설정하고 Delete 키를 누른다.

배열 수식을 이용하여 비율을 구해 보자.

① 비율을 구할 셀을 블록으로 설정한다.

② 수식 '=E3:E8/SUM(E3:E8)'을 입력한다. SUM(E3:E8)은 총매출액을 계산한다. 수식은 한 개의 배열 E3:E8을 참조한다.

	A	B	C	D	E	F	G
1							
2			단가	수량	매출액	비율	
3		폼 클렌저	13800	23	317400	=E3:E8/sum(E3:E8)	
4		아이 세럼	9900	18	178200		
5		디톡스 토너	17900	22	393800		
6		디톡스 세럼	26800	20	536000		
7		원터치선파우더	9900	18	178200		
8		에센스아이크림	21600	19	410400		

③ Ctrl+Shift+Enter 키를 누른다.

F3 {=E3:E8/SUM(E3:E8)}

	A	B	C	D	E	F
1						
2			단가	수량	매출액	비율
3		폼 클렌저	13800	23	317400	0.157597
4		아이 세럼	9900	18	178200	0.088481
5		디톡스 토너	17900	22	393800	0.195531
6		디톡스 세럼	26800	20	536000	0.266137
7		원터치선파우더	9900	18	178200	0.088481
8		에센스아이크림	21600	19	410400	0.203774

배열 수식은 중괄호로 묶인 형태가 되며, 단일 수식으로 비율 항목을 모두 계산한다. 수식이 한 개의 배열을 참조하여 계산하는 과정을 도표로 나타내면 다음과 같다.

배열 구성요소	배열(E3:E8)		E3:E8/SUM(E3:E8)
첫 번째 요소	E3	→	E3/SUM(E3:E8)
두 번째 요소	E4	→	E4/SUM(E3:E8)
세 번째 요소	E5	→	E5/SUM(E3:E8)
네 번째 요소	E6	→	E6/SUM(E3:E8)
다섯 번째 요소	E7	→	E7/SUM(E3:E8)
여섯 번째 요소	E8	→	E8/SUM(E3:E8)

배열을 어떤 값으로 연산하면 배열 요소에 어떤 값이 연산된다.

배열 수식을 이용하여 D9 셀에 총매출액을 구해 보자.

① B9 셀을 클릭한다.

② '=SUM(C3:C8*D3:D8)'을 입력한다.

	A	B	C	D	E
1					
2			단가	수량	
3		폼 클렌저	13800	23	
4		아이 세럼	9900	18	
5		디톡스 토너	17900	22	
6		디톡스 세럼	26800	20	
7		원터치선파우더	9900	18	
8		에센스아이크림	21600	19	
9		총매출액		=SUM(C3:C8*D3:D8)	

→

	A	B	C	D	E
1					
2			단가	수량	
3		폼 클렌저	13800	23	
4		아이 세럼	9900	18	
5		디톡스 토너	17900	22	
6		디톡스 세럼	26800	20	
7		원터치선파우더	9900	18	
8		에센스아이크림	21600	19	
9		총매출액		2014000	

③ Ctrl+Shift+Enter 키를 누른다.

배열 요소끼리 곱한 값 C3×D3, C4×D4, …, C8×D8이 더해져 총매출액이 구해진다.

배열 수식을 이용하여 분기별 매출액을 구해 보자.

① 1분기 매출액을 계산할 셀을 블록으로 설정한다.

② 수식 '=$C3:$C8*D3:D8'을 입력한다.

	A	B	C	D	E	F	G
1				1분기		2분기	
2			단가	수량	매출액	수량	매출액
3		폼 클렌저	13800	23	=$C3:$C8*D3:D8		
4		아이 세럼	9900	18		20	
5		디톡스 토너	17900	22		19	
6		디톡스 세럼	26800	20		25	
7		원터치선파우더	9900	18		19	
8		에센스아이크림	21600	19		19	

③ Ctrl+Shift+Enter 키를 누른다.

④ 수식을 복사한 후 2분기 매출액에 붙여 넣는다.

1분기 매출액을 배열 수식으로 계산한 후 2분기 매출액에 적용해야 하므로 배열 C3:C8의 참조 방식을 $C3:$C8 형태로 지정한다.

배열 수식을 이용하여 만기금을 구해 보자. 만기금은 원금에 이자를 더하여 계산한다.

① 만기금이 입력될 셀을 블록으로 설정한다.

② 수식 '=C3:C7*(1+D2:H2)'을 입력한다.

	A	B	C	D	E	F	G	H
1						이자율		
2				3%	3.50%	4%	4.50%	5%
3			100	=C3:C7*(1+D2:H2)				
4			150					
5		원금	200					
6			250					
7			300					

③ Ctrl+Shift+Enter 키를 누른다.

	A	B	C	D	E	F	G	H
1						이자율		
2				3%	3.50%	4%	4.50%	5%
3			100	103	103.5	104	104.5	105
4			150	154.5	155.25	156	156.75	157.5
5		원금	200	206	207	208	209	210
6			250	257.5	258.75	260	261.25	262.5
7			300	309	310.5	312	313.5	315

배열 수식을 이용하여 사원별 판매횟수를 구해 보자.

	A	B	C	D	E	F	G	H
1								
2	판매사원	품명	판매시간	판매가	판매량		도영미	2
3	도영미	아이크림	11:00	25870	15		조미정	3
4	조미정	아이크림	11:00	25000	20		최두이	3
5	최두이	아이크림	12:00	25870	18		이태경	5
6	도영미	아쿠아2종	13:00	24500	12			
7	이태경	아쿠아2종	13:00	23000	18			
8	이태경	에센스	13:00	12800	16			
9	이태경	에센스	13:00	12000	20			
10	이태경	에센스	14:00	12850	12			
11	조미정	에센스	15:00	13000	10			
12	최두이	에센스	15:00	11500	24			
13	이태경	탄력3종	16:00	19800	15			
14	조미정	탄력3종	16:00	19500	13			
15	최두이	탄력3종	16:00	19800	15			

사원별 판매횟수를 구하려면 H2 셀에 다음 수식을 입력하고 Ctrl+Shift+Enter 키를 누른다.

=SUM(IF($A$3:$A$15=G2,1))

나머지 셀은 자동 채우기 조절자를 끌어 완성한다.

□ 배열 상수

배열 상수는 배열 수식의 구성 요소이므로 중괄호로 상수를 묶고 Ctrl+Shift+Enter 키를 누른다.

- 배열 상수는 중괄호를 사용하여 수식에 직접 입력한다.
- 가로 배열(행)을 만들려면 쉼표를 사용하여 항목을 구분하고, 세로 배열(열)을 만들려면 세미콜론을 사용하여 항목을 구분한다.

배열 상수를 이용하여 C9 셀에 총매출액을 구해 보자.

① C9 셀에 '=SUM(C3:C8*{23;18;22;20;18;19})'을 입력한다.

배열 상수는 중괄호로 둘러 싸 정의한다. '단가' 항목이 6개의 열로 구성되므로 '수량' 항목 역시 6개의 열로 구성되게끔 배열 요소를 ;으로 구분하여 배열 상수를 정의한다.

	A	B	C	D	E
1					
2			단가	수량	
3		폼 클렌저	13800	23	
4		아이 세럼	9900	18	
5		디톡스 토너	17900	22	
6		디톡스 세럼	26800	20	
7		윈터치선파우더	9900	18	
8		에센스아이크림	21600	19	
9		총매출액	=SUM(C3:C8*{23;18;22;20;18;19})		

② Ctrl+Shift+Enter 키를 누른다.

수식 입력줄에 '{=SUM(C3:C8*{23;18;22;20;18;19})}' 형태로 배열 수식이 표시된다.

배열 상수를 이용하여 수량이 15 이상 20 미만이면 C로, 20 이상 22 미만이면 B로, 22 이상이면 A로 평가 란에 표시해 보자.

① 평가 항목을 블록으로 설정한다.

② 수식 '=VLOOKUP(D3:D8,{15,"C";20,"B";22,"A"},2)'를 입력한다.

	A	B	C	D	E	F	G	H	I
1									
2		품명	단가	수량	매출액	평가			
3		폼 클렌저	13800	23	317400	=VLOOKUP(D3:D8,{15,"C";20,"B";22,"A"},2)			
4		아이 세럼	9900	18	178200				
5		디톡스 토너	17900	22	393800				
6		디톡스 세럼	26800	20	536000				
7		원터치선파우더	9900	18	178200				
8		에센스아이크림	21600	19	410400				

배열 상수는 3×2 행렬로 정의하고 첫 번째 열에는 찾는 값을, 두 번째 열에는 출력할 값을 배치한다. 즉, Vlookup 함수를 사용하여 특정 값을 찾아 연관된 값을 출력하기 위해서는 특정 값과 출력할 값이 입력된 범위를 지정해야 한다.

③ Ctrl+Shift+Enter 키를 누른다.

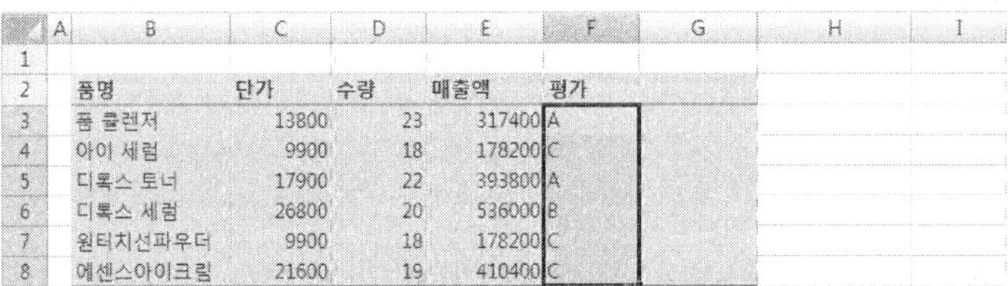

	A	B	C	D	E	F	G	H	I
1									
2		품명	단가	수량	매출액	평가			
3		폼 클렌저	13800	23	317400	A			
4		아이 세럼	9900	18	178200	C			
5		디톡스 토너	17900	22	393800	A			
6		디톡스 세럼	26800	20	536000	B			
7		원터치선파우더	9900	18	178200	C			
8		에센스아이크림	21600	19	410400	C			

참고 배열 상수와 배열 수식을 잘 구분해야 한다. 배열 수식은 '{={15,"C";20,"B";22,"A"}}' 형태로 표시되며, 배열 상수는 '={15,"C";20,"B";22,"A"}' 형태로 표시된다.

(5) 수식과 이름

수식에서 참조 셀 이름을 사용하면 수식을 보다 쉽게 이해할 수 있다.

□ 첫 행, 열의 레이블 이름 정의

① 이름을 정의할 영역을 블록으로 설정한다.

② 수식 탭의 정의된 이름 그룹에서 '선택 영역에서 만들기' 버튼을 클릭한다.

③ '첫 행', '왼쪽 열' 옵션을 선택하고 '확인' 버튼을 클릭한다.

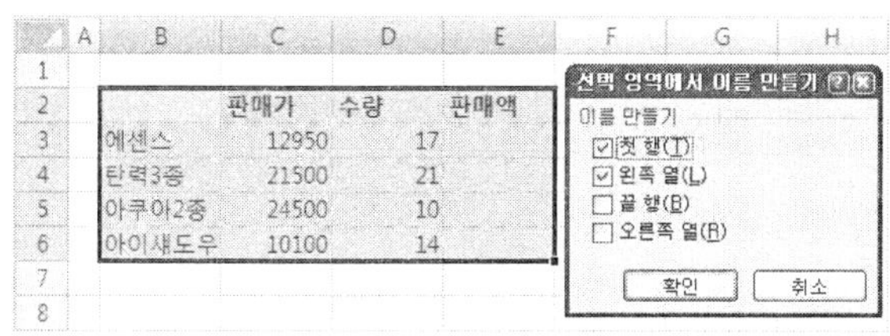

블록 설정 영역의 첫 행, 열에 있는 레이블이 이름으로 등록된다.

• 정의된 이름 그룹에서 '이름 관리자' 버튼을 클릭하면 등록된 이름을 확인할 수 있다.

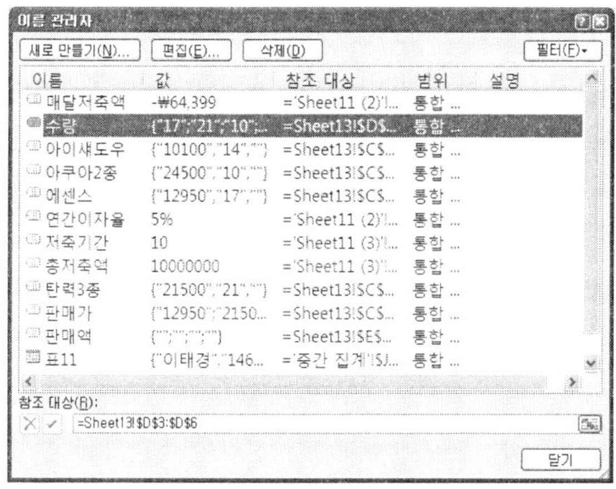

이름 관리자

새로 만들기(N)... 편집(E)... 삭제(D) 필터(F)

이름	값	참조 대상	범위	설명
매달저축액	-₩64,399	='Sheet11 (2)'!...	통합 ...	
수량	{"17";"21";"10";...	=Sheet13!D...	통합 ...	
아이섀도우	{"10100","14",""}	=Sheet13!C...	통합 ...	
아쿠아2종	{"24500","10",""}	=Sheet13!C...	통합 ...	
에센스	{"12950","17",""}	=Sheet13!C...	통합 ...	
연간이자율	5%	='Sheet11 (2)'!...	통합 ...	
저축기간	10	='Sheet11 (3)'!...	통합 ...	
총저축액	10000000	='Sheet11 (3)'!...	통합 ...	
탄력3종	{"21500","21",""}	=Sheet13!C...	통합 ...	
판매가	{"12950";"2150...	=Sheet13!C...	통합 ...	
판매액	{"";"";"";""}	=Sheet13!E...	통합 ...	
표11	{"이태경","146...	='중간 집계'!$J...	통합 ...	

참조 대상(R):
=Sheet13!$D$3:$D$6

닫기

• 등록된 이름은 동일 문서에 포함된 모든 워크시트에서 참조할 수 있다.

• 판매액이 계산될 셀을 블록으로 설정하고 수식 '=판매가*수량'을 입력한 후 Ctrl+Shift+Enter 키를 누르면 판매액이 계산된다.

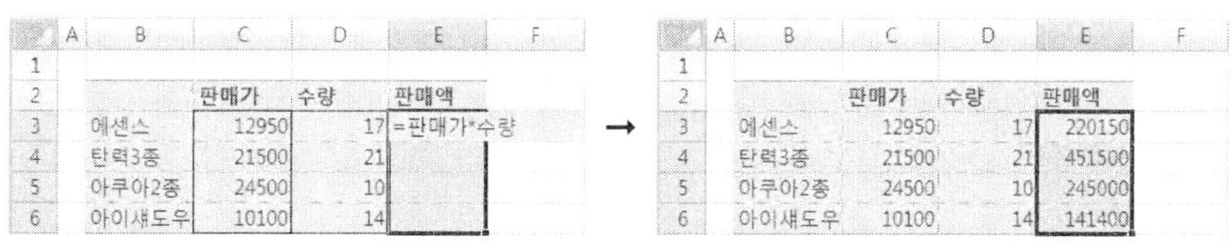

• 공백 연산자를 사용하면 참조 영역의 공통 값을 참조할 수 있다.
 – 탄력3종의 판매가를 참조하려면 수식 '=탄력3종 판매가'를 입력한다.
 – 탄력3종의 판매액을 참조하려면 수식 '=탄력3종 판매액'을 입력한다.

※ 수식에 이름을 입력하려면 '수식에서 사용' 드롭다운 버튼을 클릭하여 이름을 삽입한다.

□ 특정 영역 이름 정의

① 이름을 정의할 영역을 블록으로 설정한다.
② 수식 탭의 정의된 이름 그룹에서 '이름 정의' 버튼을 클릭한다.
③ 이름을 입력하고 '확인' 버튼을 클릭한다.

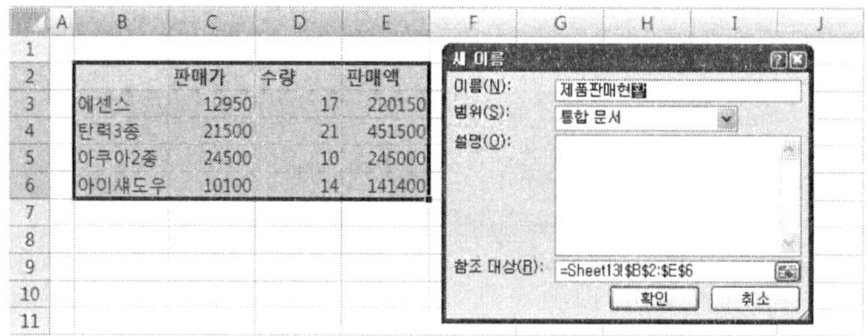

	판매가	수량	판매액
에센스	12950	17	220150
탄력3종	21500	21	451500
아쿠아2종	24500	10	245000
아이섀도우	10100	14	141400

등록된 이름은 이름 상자에 표시된다.

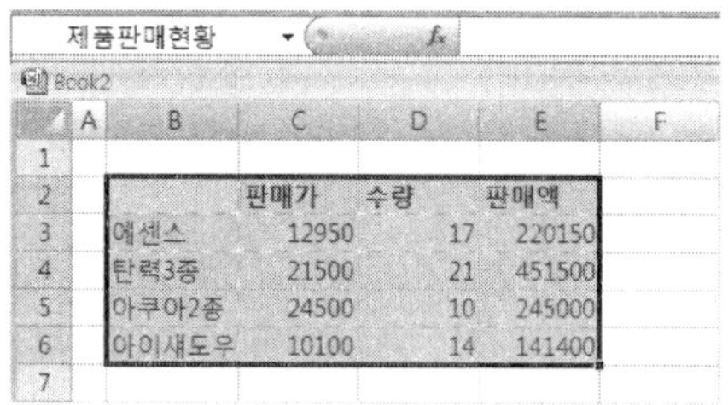

	판매가	수량	판매액
에센스	12950	17	220150
탄력3종	21500	21	451500
아쿠아2종	24500	10	245000
아이섀도우	10100	14	141400

VLOOKUP 함수를 사용하여 에센스의 판매가, 판매액을 표시하려면 다음과 같이 입력한다.

=VLOOKUP("에센스",제품판매현황,2)
=VLOOKUP("에센스",제품판매현황,2)*수량 에센스

□ 수식 이름 정의

① 수식 탭의 정의된 이름 그룹에서 '이름 정의' 버튼을 클릭한다.

② 이름을 입력하고 참조 대상에 수식을 입력한다.

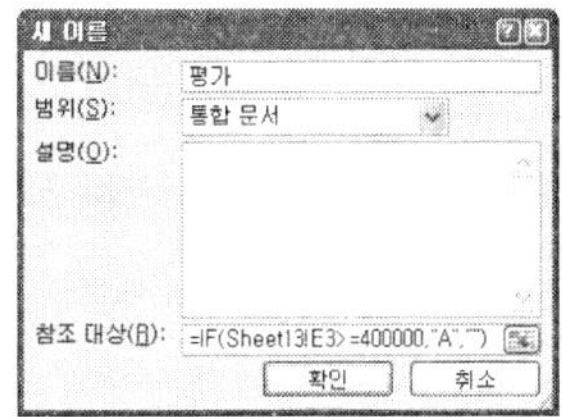

상수를 입력하려면 참조 대상에 '=2.5%'와 같이 입력한다.

- 수식 이름을 사용하여 수식을 입력하려면 '=평가'와 같이 입력한다.

□ 수식에 이름 적용하기

E3 셀에 수식 '=C3*D3'가 입력되어 있다. 참조 셀을 이름으로 변경하려면 다음과 같이 한다.

① E3 셀을 선택한다.

② '이름 정의' 드롭다운 버튼을 클릭하여 '이름 적용'을 선택한다.

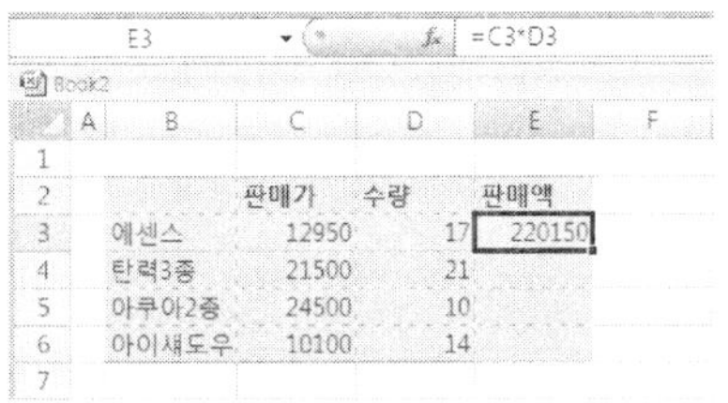

③ 이름 목록에서 '수량', '판매가'를 선택하고 '확인' 버튼을 클릭한다.

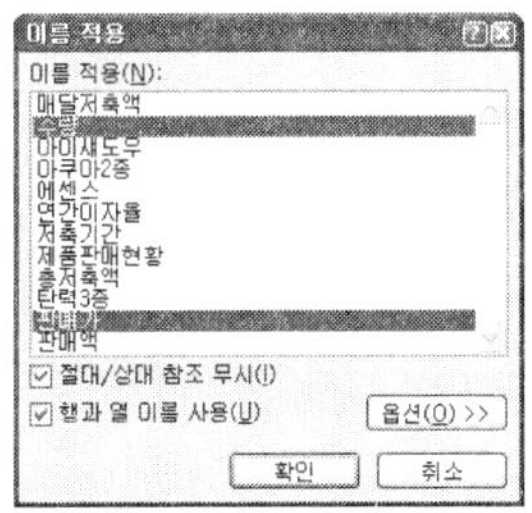

수식은 '=판매가*수량'으로 표시된다.

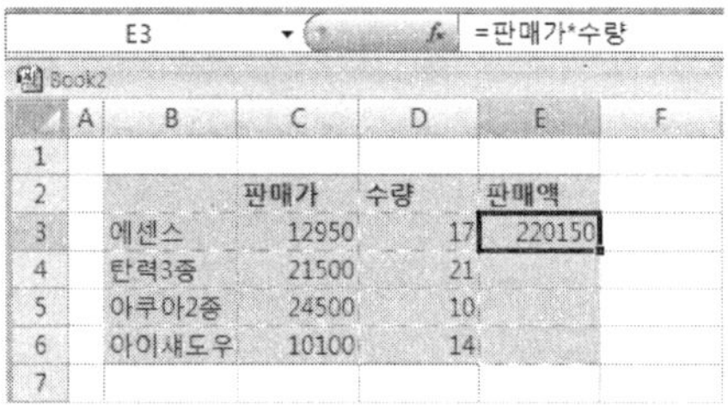

E3 =판매가*수량

Book2

	A	B	C	D	E	F
1						
2			판매가	수량	판매액	
3		에센스	12950	17	220150	
4		탄력3종	21500	21		
5		아쿠아2종	24500	10		
6		아이섀도우	10100	14		
7						

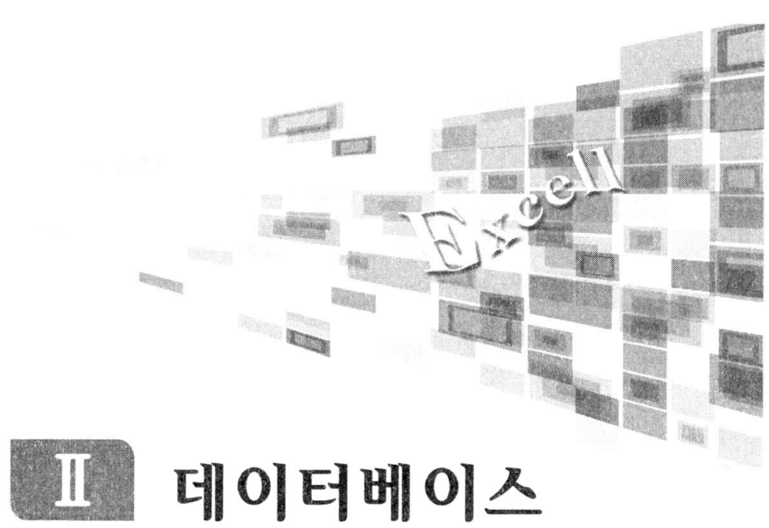

Ⅱ 데이터베이스

데이터베이스란 시트에 입력한 데이터를 말한다.

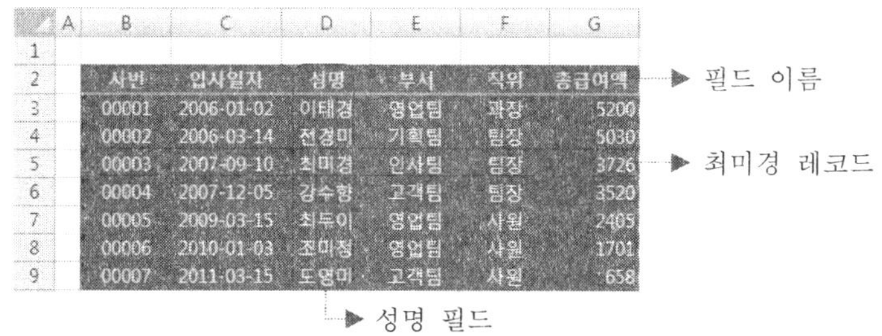

	A	B	C	D	E	F	G
1							
2		사번	입사일자	성명	부서	직위	총급여액
3		00001	2006-01-02	이태경	영업팀	과장	5200
4		00002	2006-03-14	전경미	기획팀	팀장	5030
5		00003	2007-09-10	최미경	인사팀	팀장	3726
6		00004	2007-12-05	강수향	고객팀	팀장	3520
7		00005	2009-03-15	최두이	영업팀	사원	2405
8		00006	2010-01-03	조미정	영업팀	사원	1701
9		00007	2011-03-15	도영미	고객팀	사원	658

- 데이터의 첫 행에는 필드 이름이 위치한다.
- 데이터의 두 번째 행부터 필드 값이 위치한다.
- 필드로 구성된 한 행은 레코드를 형성한다.
- 데이터의 한 열은 필드를 형성한다.

주의 데이터를 데이터베이스로 활용하려면 레코드 사이에 빈 행이 있거나 데이터 내부에 병합한 셀이 있어서는 안 된다.

1. 데이터 정렬

데이터를 정렬하려면 정렬 대상 필드 혹은 필드 값을 클릭한 후 홈 탭의 편집 그룹에서 '정렬 및 필터' 버튼을 클릭하고 정렬 명령을 선택한다.

정렬 명령은 필드의 값에 따라 달리 제시된다.

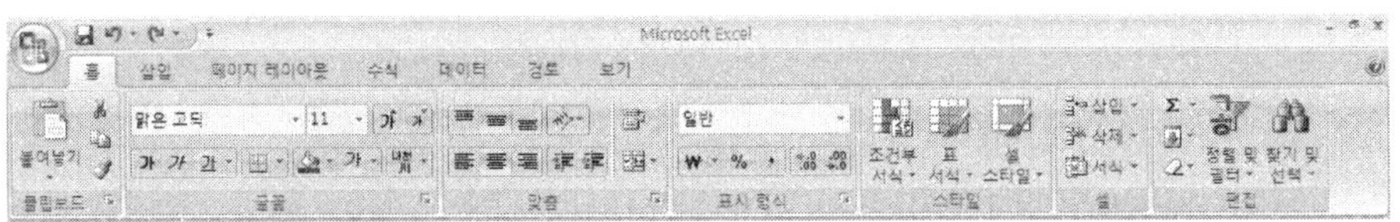

'성명' 필드를 클릭한 후 '텍스트 오름차순 정렬'을 실행하면 성명 필드 값이 위쪽에서 아래쪽으로 '가나다라' 순으로 정렬된다.

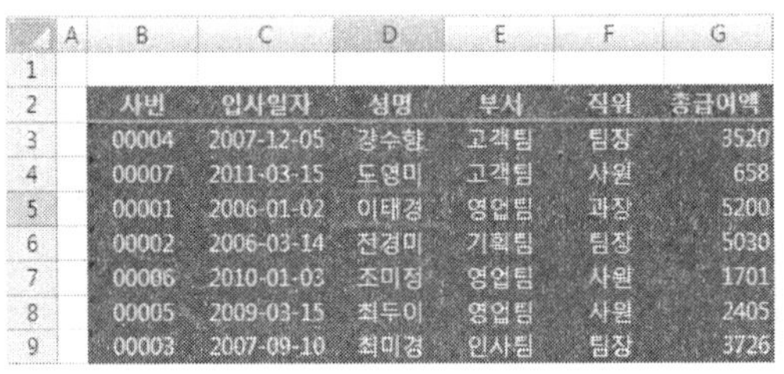

	A	B	C	D	E	F	G
1							
2		사번	입사일자	성명	부서	직위	총급여액
3		00004	2007-12-05	강수향	고객팀	팀장	3520
4		00007	2011-03-15	도영미	고객팀	사원	658
5		00001	2006-01-02	이태경	영업팀	과장	5200
6		00002	2006-03-14	전경미	기획팀	팀장	5030
7		00006	2010-01-03	조미정	영업팀	사원	1701
8		00005	2009-03-15	최두이	영업팀	사원	2405
9		00003	2007-09-10	최미경	인사팀	팀장	3726

- 오름차순 정렬은 필드의 값을 위쪽에서 아래쪽으로 '가나다라…', '0123…', 'abcd…' 순으로 정렬한다.
- 내림차순 정렬은 필드의 값을 위쪽에서 아래쪽으로 '하파타카…', '9876…', 'zyxw…' 순으로 정렬한다.

부서 필드를 선택한 상태에서 오름차순 정렬을 실행하면 부서 필드 값이 위쪽에서 아래쪽으로 '가나다라' 순으로 정렬된다.

※ 정렬은 레코드 단위로 이루어진다.

1) 사용자 지정 정렬

필드를 정렬하면 데이터는 가장 마지막에 정렬한 필드를 기준으로 정렬된다. 따라서 특정 필드를 정렬한 상태에서 데이터의 일부만 재정렬하려면 사용자 지정 정렬을 실행한다.

부서 필드를 오름차순으로 정렬하고 부서별로 총급여액 필드를 내림차순으로 정렬해 보자.

① '사용자 지정 정렬'을 실행한다.

② 열을 '부서'로, 정렬 기준을 '값'으로, 정렬을 '오름차순'으로 지정한다.

– 열 목록은 데이터의 필드 이름이 된다.

– 셀 서식 혹은 조건부 서식이 적용된 필드에는 정렬 기준으로 셀 색, 글꼴 색, 셀 아이콘을 지정할 수 있다.

③ '기준 추가' 버튼을 클릭하고 열을 '총급여액'으로, 정렬 기준을 '값'으로, 정렬을 '내림차순'으로 지정한다.

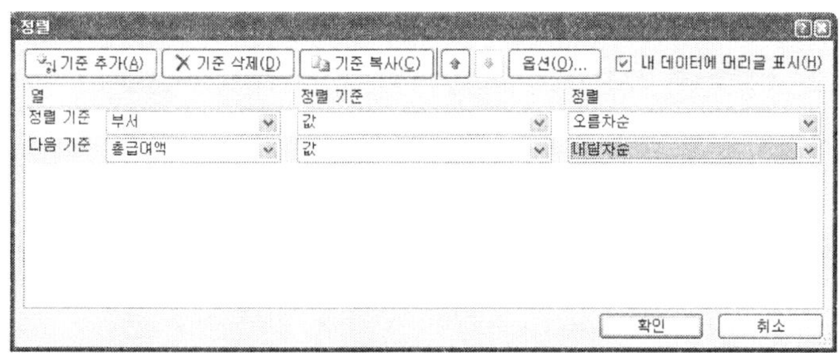

'확인' 버튼을 클릭하면 부서는 오름차순으로 정렬되어 있으며, 동일 부서 내의 총급여액은 내림차순으로 정렬되어 있는 것을 확인할 수 있다.

	A	B	C	D	E	F	G
1							
2		사번	입사일자	성명	부서	직위	총급여액
3		00004	2007-12-05	강수향	고객팀	팀장	3520
4		00007	2011-03-15	도영미	고객팀	사원	658
5		00002	2006-03-14	전경미	기획팀	팀장	5030
6		00001	2006-01-02	이태경	영업팀	과장	5200
7		00005	2009-03-15	최두이	영업팀	사원	2405
8		00006	2010-01-03	조미정	영업팀	사원	1701
9		00003	2007-09-10	최미경	인사팀	팀장	3726

◻ 사용자 지정 목록

직위는 '과장, 팀장, 사원' 순이 된다. 그러나 직위 필드를 기준으로 오름차순 정렬하면 '과장, 사원, 팀장' 순으로 정렬된다. 따라서 직위를 올바르게 정렬하기 위해서는 직위를 사용자 지정 목록으로 추가해야 한다.

① 정렬 대화상자의 정렬 목록에서 '사용자 지정 목록'을 선택한다.

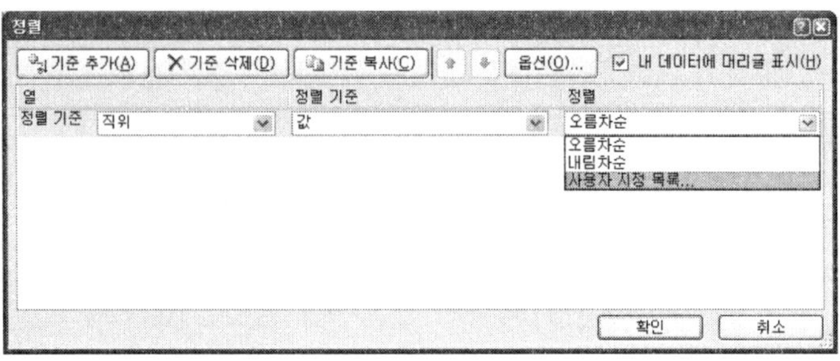

사용자 지정 목록 대화상자가 열린다.

② 목록 항목으로 '사원, 대리, 팀장, 과장. 차장, 부장' 순으로 입력하고 '추가' 버튼을 클릭한다.

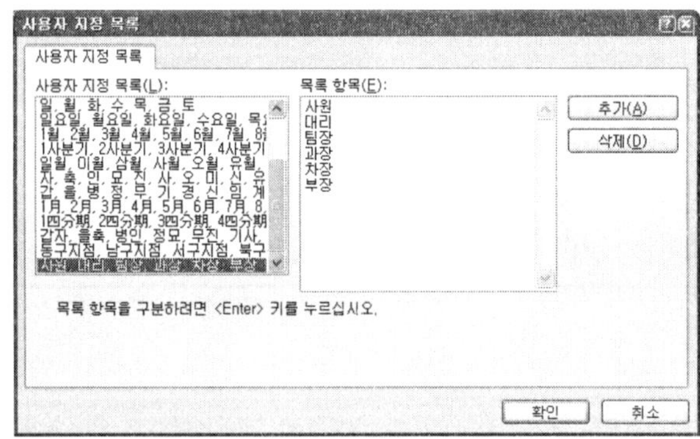

※ 항목은 줄을 나누어 입력한다.

③ '확인' 버튼을 클릭하고 정렬 목록에서 원하는 정렬 방식을 선택한다.

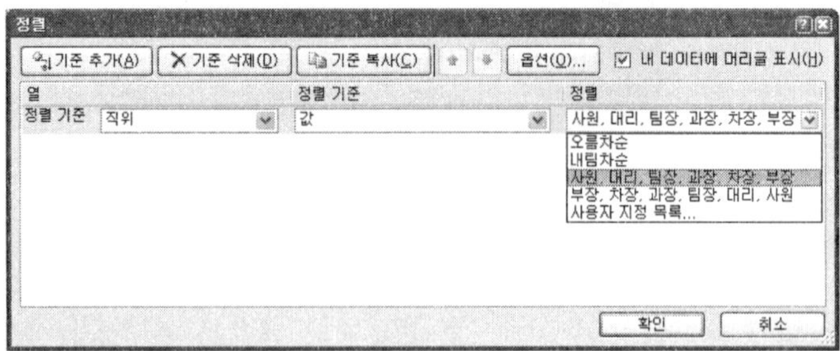

④ '부장, 차장, 과장, 팀장, 대리, 사원'을 선택하고 '확인' 버튼을 클릭한다. 직위 필드는 내림차순으로 정렬된다.

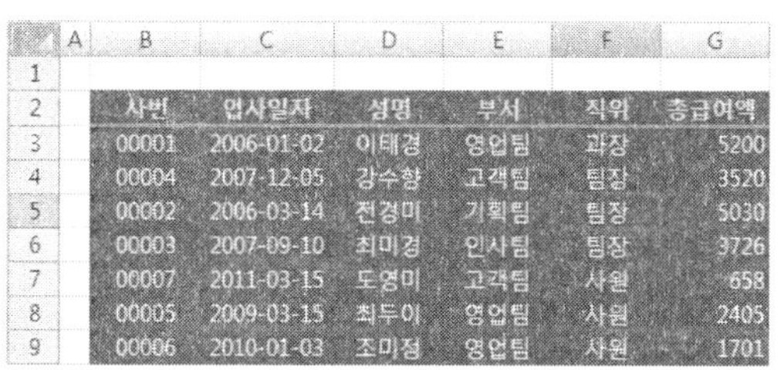

	A	B	C	D	E	F	G
1							
2		사번	입사일자	성명	부서	직위	총급여액
3		00001	2006-01-02	이태경	영업팀	과장	5200
4		00004	2007-12-05	강수향	고객팀	팀장	3520
5		00002	2006-03-14	전경미	기획팀	팀장	5030
6		00003	2007-09-10	최미경	인사팀	팀장	3726
7		00007	2011-03-15	도영미	고객팀	사원	658
8		00005	2009-03-15	최두이	영업팀	사원	2405
9		00006	2010-01-03	조미정	영업팀	사원	1701

2) 필터

'정렬 및 필터' 버튼을 클릭하여 '필터'를 실행하면 필터 버튼이 나타난다.

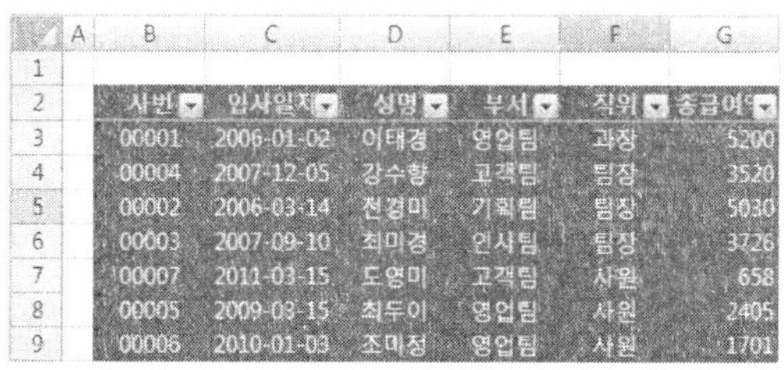

	A	B	C	D	E	F	G
1							
2		사번	입사일자	성명	부서	직위	총급여액
3		00001	2006-01-02	이태경	영업팀	과장	5200
4		00004	2007-12-05	강수향	고객팀	팀장	3520
5		00002	2006-03-14	전경미	기획팀	팀장	5030
6		00003	2007-09-10	최미경	인사팀	팀장	3726
7		00007	2011-03-15	도영미	고객팀	사원	658
8		00005	2009-03-15	최두이	영업팀	사원	2405
9		00006	2010-01-03	조미정	영업팀	사원	1701

필터는 필요한 데이터만 걸러내는 기능이다. '직위' 필터 버튼을 클릭하면 직위와 관련된 필터 옵션이 나타난다.

- 팀장만 표시하려면 '모두 선택' 항목을 해제하고 '팀장' 항목을 선택한다. 필터 옵션을 적용한 필터 버튼은 ☑ 모양으로 표시된다.

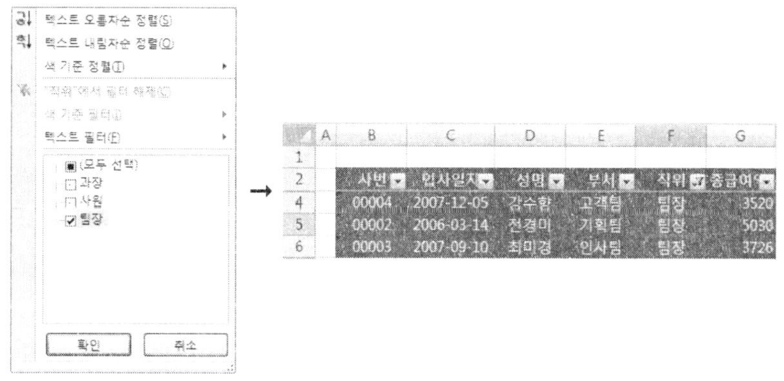

	A	B	C	D	E	F	G
1							
2		사번	입사일자	성명	부서	직위	총급여액
4		00004	2007-12-05	강수향	고객팀	팀장	3520
5		00002	2006-03-14	전경미	기획팀	팀장	5030
6		00003	2007-09-10	최미경	인사팀	팀장	3726

- 팀장만 표시된 상태에서 입사일자가 가장 낮은 데이터를 걸러내려면 '입사일자' 필터 버튼을 클릭하여 가장 낮은 입사일자를 선택한다.

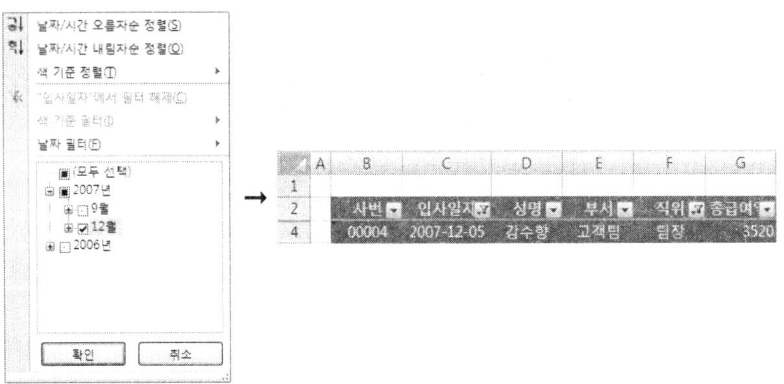

- '직위' 필드의 값을 모두 나타내려면 필터 옵션에서 "직위'에서 필터 해제'를 선택한다.
  - 필드 값이 텍스트인 필드에서 필터 옵션으로 '텍스트 필터'를 선택하면 텍스트 관련 조건을 설정할 수 있다.
  - 필드 값이 숫자인 필드에서 필터 옵션으로 '숫자 필터'를 선택하면 숫자 관련 조건을 설정할 수 있다.
  - 필드 값이 날짜인 필드에서 필터 옵션으로 '날짜 필터'를 선택하면 날짜 관련 조건을 설정할 수 있다.

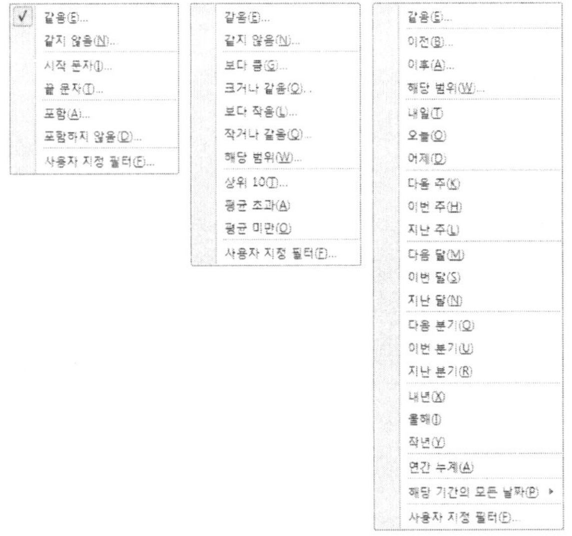

필드 값이 텍스트인 '성명' 필드에서 '텍스트 필터'를 실행하고 조건을 다음과 같이 지정하면 시작 문자가 '최'이고 끝 문자가 '경'인 레코드만 걸러진다.

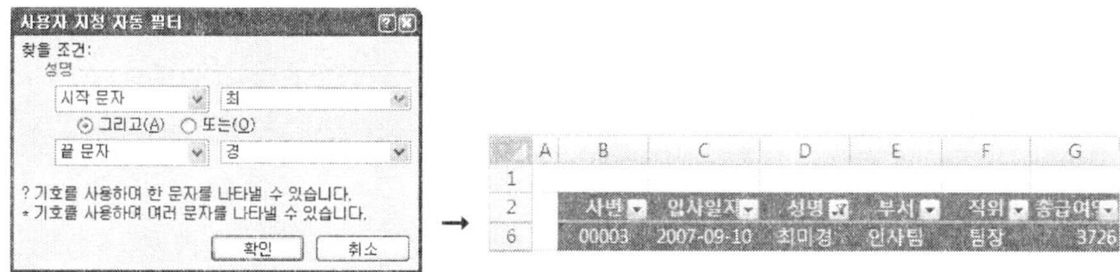

필드 값이 숫자인 '총급여액' 필드에서 '숫자 필터'를 실행하고 조건을 다음과 같이 지정하면 총급여액이 3000 이상5000 이하인 레코드만 걸러진다.

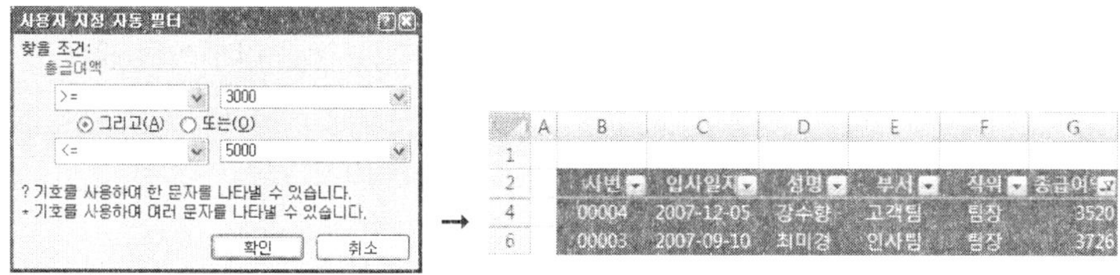

필드 값이 날짜인 '입사일자' 필드에서 '날짜 필터'를 실행하고 조건을 다음과 같이 지정하면 입사일자가 2008년 1월 1일 이후부터 2011년 1월 1일 이전인 레코드만 걸러진다.

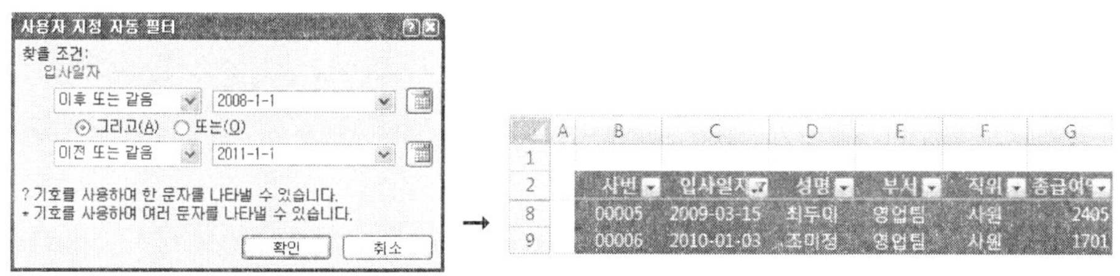

※ 날짜와 시간은 날짜, 시간 서식 형식으로 입력한다.

조건 옵션으로 '그리고', '또는'을 지정할 수 있다. 두 조건을 모두 충족시키는 데이터를 찾으려면 '그리고'를, 두 조건 중 어느 하나라도 충족시키는 데이터를 찾으려면 '또는'을 지정한다.

필터에서 사용할 수 있는 와일드카드 문자는 다음과 같다. 와일드카드 문자는 일부 문자만 일치하는 텍스트를 찾아야 하는 경우 사용한다.

와일드카드 문자		찾을 텍스트
?(물음표)	한 문자	?미? → 최미경, 조미정 전경? → 전경미, 전경자
*(별표)	모든 문자	*미 → 전경미, 도영미 최* → 최미경, 최두이
~(물결표)	?, *, ~ 문자	~ 뒤에 오는 ?, *, ~ 문자가 포함된 텍스트. ?.?~? → #.#?, 0.0?

3) 고급 필터

고급 필터는 데이터 중 특정 조건을 충족시키는 필드만 걸러낼 때 사용한다. 고급 필터를 실행하려면 데이터 탭의 정렬 및 필터 그룹에서 '고급' 버튼을 클릭한다.

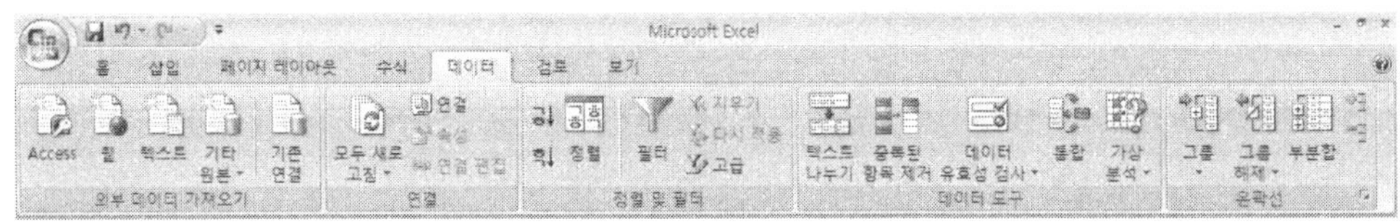

- 고급 필터를 사용하려면 임의의 셀에 필드 이름과 조건을 먼저 입력해야 한다.
  - 필드 이름과 조건은 행을 나누어 입력한다. 필드 이름 아래에 조건을 입력한다.
  - AND 조건은 한 행에 함께 입력한다.
  - OR 조건은 두 행에 나누어 입력한다.

※ 필드 이름은 반드시 데이터베이스의 필드 이름과 동일해야 한다.

입사일자가 2008년 1월 1일 후부터 2010년 말까지이고 총급여액이 2000 미만인 사원의 이름, 부서명, 직위를 표시해 보자.

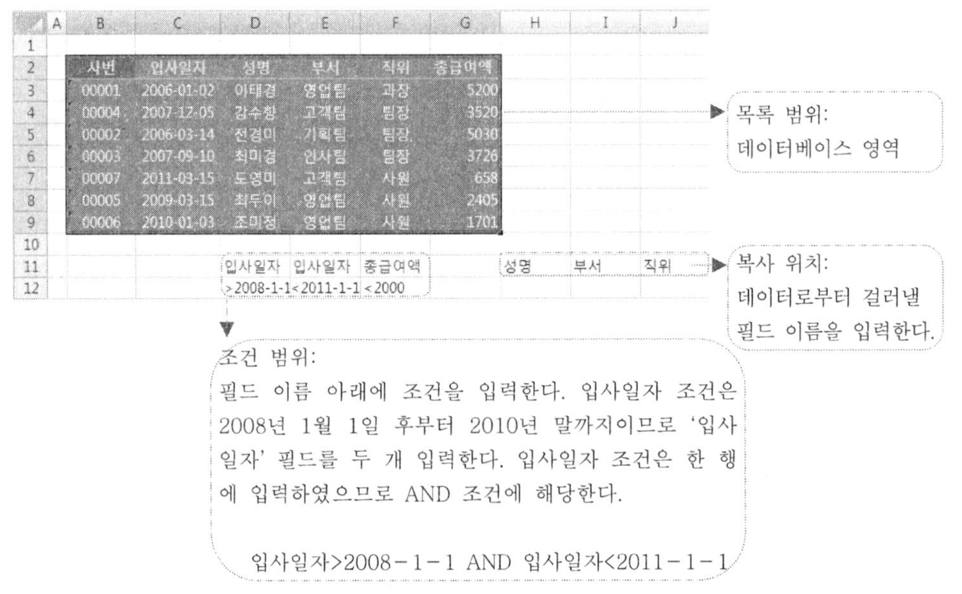

사번	입사일자	성명	부서	직위	총급여액
00001	2006-01-02	이태경	영업팀	과장	5200
00004	2007-12-05	감수항	고객팀	팀장	3520
00002	2006-03-14	전경미	기획팀	팀장	5030
00003	2007-09-10	최미경	인사팀	팀장	3726
00007	2011-03-15	도영미	고객팀	사원	658
00005	2009-03-15	최두이	영업팀	사원	2405
00006	2010-01-03	조미정	영업팀	사원	1701

입사일자	입사일자	총급여액
>2008-1-1	<2011-1-1	<2000

성명	부서	직위

① 필터 조건을 입력한다.

② 데이터로부터 걸러낼 필드 이름을 입력한다.

③ 데이터베이스 영역을 블록으로 설정한다.

④ 정렬 및 필터 그룹의 '고급' 버튼을 클릭한다.

⑤ '다른 장소에 복사' 옵션을 선택한다.

⑥ 조건 범위 입력 필드를 클릭하고 필터 조건이 입력된 셀 범위 D11:F12를 지정한다.

⑦ 복사 위치 입력 필드를 클릭하고 걸러낼 필드 이름이 입력된 셀 범위 H11:J11을 지정한다.

데이터베이스 영역을 선택한 상태에서 고급 필터를 실행했으므로 목록 범위는 자동으로 지정된다.

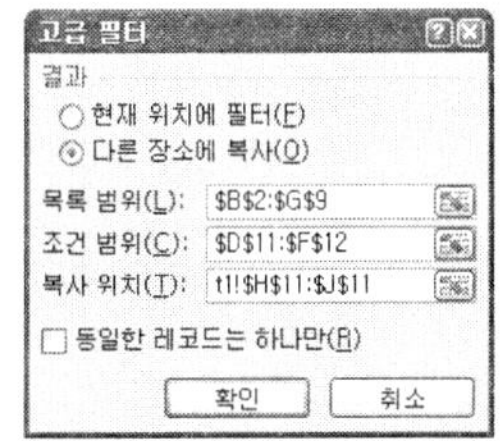

⑧ '확인' 버튼을 클릭한다.

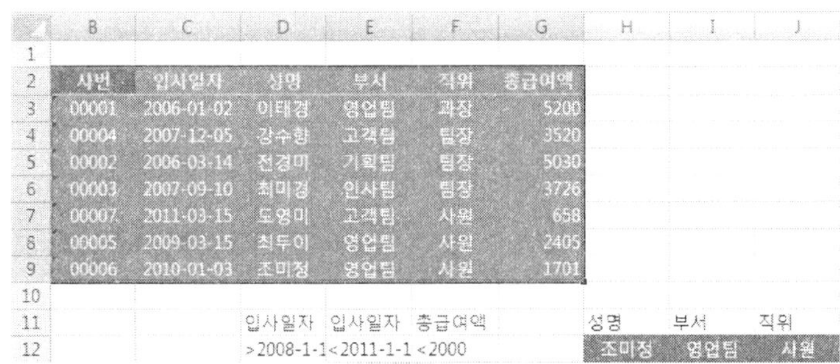

	B	C	D	E	F	G	H	I	J
1									
2	사번	입사일자	성명	부서	직위	총급여액			
3	00001	2006-01-02	이태경	영업팀	과장	5200			
4	00004	2007-12-05	강수형	고객팀	팀장	3520			
5	00002	2006-03-14	전경미	기획팀	팀장	5030			
6	00003	2007-09-10	최미경	인사팀	팀장	3726			
7	00007	2011-03-15	도영미	고객팀	사원	658			
8	00005	2009-03-15	최두이	영업팀	사원	2405			
9	00006	2010-01-03	조미정	영업팀	사원	1701			
10									
11			입사일자	입사일자	총급여액		성명	부서	직위
12			>2008-1-1	<2011-1-1	<2000		조미정	영업팀	사원

고급 필터를 실행하면 '복사 위치'의 필드 이름 아래에 해당 필드 값이 표시된다.

• '복사 위치'로 셀 하나만 지정하면 레코드의 모든 필드가 표시된다.

직위가 사원이거나 총급여액이 4000 미만인 사원의 이름, 부서명, 입사일자를 표시해 보자.

이 경우에는 OR 조건을 설정한다. '직위' 필드의 조건과 '총급여액' 필드의 조건을 다른 행에 입력한다.

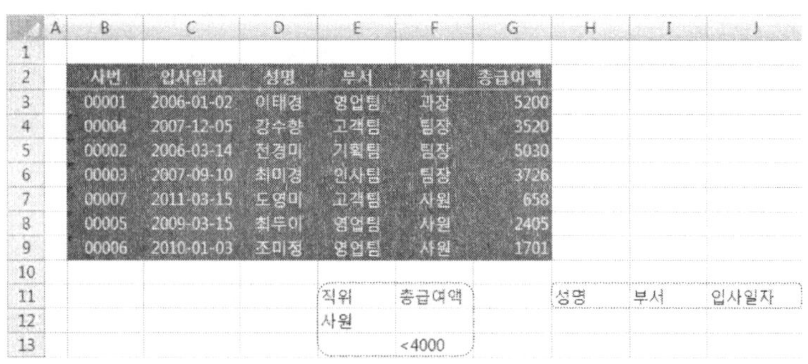

	A	B	C	D	E	F	G	H	I	J
1										
2		사번	입사일자	성명	부서	직위	총급여액			
3		00001	2006-01-02	이태경	영업팀	과장	5200			
4		00004	2007-12-05	강수항	고객팀	팀장	3520			
5		00002	2006-03-14	전경미	기획팀	팀장	5030			
6		00003	2007-09-10	최미경	인사팀	팀장	3726			
7		00007	2011-03-15	도영미	고객팀	사원	658			
8		00005	2009-03-15	최두이	영업팀	사원	2405			
9		00006	2010-01-03	조미정	영업팀	사원	1701			
10										
11					직위	총급여액		성명	부서	입사일자
12					사원					
13						<4000				

목록 범위와 조건 범위, 복사 위치를 다음과 같이 설정한다.

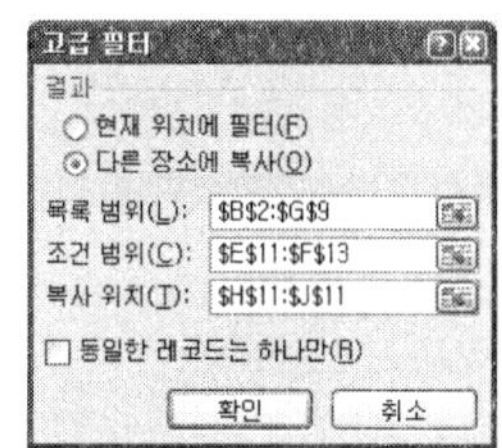

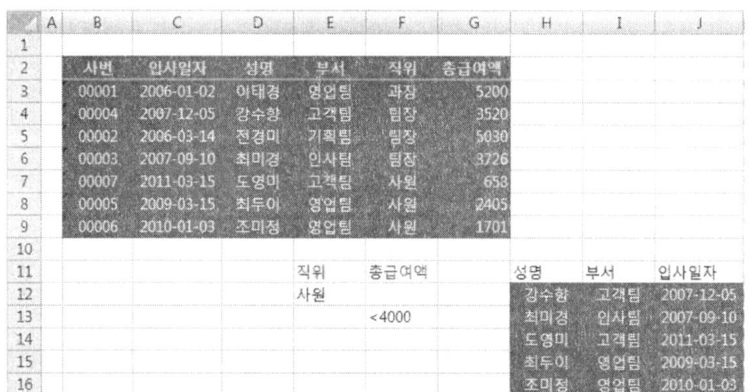

	A	B	C	D	E	F	G	H	I	J
1										
2		사번	입사일자	성명	부서	직위	총급여액			
3		00001	2006-01-02	이태경	영업팀	과장	5200			
4		00004	2007-12-05	강수항	고객팀	팀장	3520			
5		00002	2006-03-14	전경미	기획팀	팀장	5030			
6		00003	2007-09-10	최미경	인사팀	팀장	3726			
7		00007	2011-03-15	도영미	고객팀	사원	658			
8		00005	2009-03-15	최두이	영업팀	사원	2405			
9		00006	2010-01-03	조미정	영업팀	사원	1701			
10										
11					직위	총급여액		성명	부서	입사일자
12					사원			강수항	고객팀	2007-12-05
13						<4000		최미경	인사팀	2007-09-10
14								도영미	고객팀	2011-03-15
15								최두이	영업팀	2009-03-15
16								조미정	영업팀	2010-01-03

직위가 사원인 데이터와 총급여액이 4000 미만인 데이터가 구해진다.

총급여액이 5000 이상이거나 2000 이하인 사원의 성명, 부서, 직위를 표시해 보자.

이 경우에는 OR 조건을 설정한다. '총급여액' 필드의 조건을 두 행에 나누어 입력한다.

총급여액>=5000 OR 총급여액<=2000

	A	B	C	D	E	F	G	H	I	J
1										
2		사번	입사일자	성명	부서	직위	총급여액			
3		00001	2006-01-02	이태경	영업팀	과장	5200			
4		00004	2007-12-05	강수항	고객팀	팀장	3520			
5		00002	2006-03-14	전경미	기획팀	팀장	5030			
6		00003	2007-09-10	최미경	인사팀	팀장	3726			
7		00007	2011-03-15	도영미	고객팀	사원	658			
8		00005	2009-03-15	최두이	영업팀	사원	2405			
9		00006	2010-01-03	조미정	영업팀	사원	1701			
10										
11						총급여액		성명	부서	직위
12						>=5000				
13						<=2000				

목록 범위와 조건 범위, 복사 위치를 다음과 같이 설정한다.

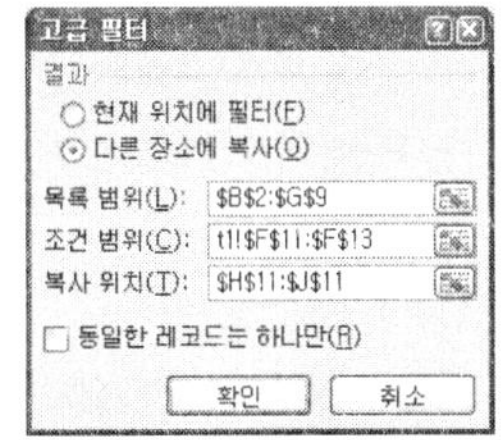

	A	B	C	D	E	F	G	H	I	J
1										
2		사번	입사일자	성명	부서	직위	총급여액			
3		00001	2006-01-02	이태경	영업팀	과장	5200			
4		00004	2007-12-05	강수항	고객팀	팀장	3520			
5		00002	2006-03-14	전경미	기획팀	팀장	5030			
6		00003	2007-09-10	최미경	인사팀	팀장	3726			
7		00007	2011-03-15	도영미	고객팀	사원	658			
8		00005	2009-03-15	최두이	영업팀	사원	2405			
9		00006	2010-01-03	조미정	영업팀	사원	1701			
10										
11						총급여액		성명	부서	직위
12						>=5000		이태경	영업팀	과장
13						<=2000		전경미	기획팀	팀장
14								도영미	고객팀	사원
15								조미정	영업팀	사원

※ 고급 필터 결과에 총급여액을 함께 표시하려면 '복사 위치' 영역에 '총급여액'을 추가한다.

2. 데이터 통합

분기별 실적 혹은 지점별 실적의 합계를 내려면 데이터 통합을 실행한다. 데이터 통합은 현재 통합 문서의 워크시트뿐만 아니라 다른 통합 문서의 워크시트도 통합할 수 있으며, 데이터를 쉽게 업데이트할 수 있다.

데이터를 통합하려면 데이터 탭의 데이터 도구 그룹에 있는 '통합' 버튼을 클릭한다.

> 10월 1일, 10월 2일, 10월 3일 시트 탭에 입력한 데이터를 바탕으로 3일치의 판매 현황을 중간 집계 시트 탭에 통합해 보자.
> 통합 대상: '품명별 판매가, 수량, 판매액', '판매사원별 수량, 판매액'

10월 1일 판매 현황

순번	판매사원	품명	판매가	수량	판매액
1	이태경	에센스	12800	1	12800
2	조미정	탄력3종	19800	1	19800
3	도영미	아쿠아2종	11700	3	35100
4	이태경	화이트샤인	32000	2	64000
5	최두이	페라루크	14800	5	74000
6	조미정	아이섀도우	9700	12	116400
7	이태경	투웨이케익	24500	3	73500

10월 2일 판매 현황

순번	판매사원	품명	판매가	수량	판매액
1	최두이	페라루크	14500	1	14500
2	이태경	아이섀도우	9500	4	38000
3	도영미	아이섀도우	9700	2	19400
4	이태경	투웨이케익	24000	1	24000
5	조미정	페라루크	14000	2	28000
6	최두이	아이섀도우	9500	5	47500
7	조미정	에센스	12400	4	49600
8	최두이	에센스	12800	2	25600

10월 3일 판매 현황

순번	판매사원	품명	판매가	수량	판매액
1	이태경	화이트샤인	31500	3	94500
2	조미정	에센스	12800	2	25600
3	도영미	페라루크	14500	5	72500
4	이태경	에센스	12500	3	37500
5	최두이	투웨이케익	24500	1	24500

데이터를 통합할 목적으로 데이터베이스 목록을 작성할 때에는 데이터 통합 대상 필드를 목록의 첫 번째 혹은 두 번째 열에 입력한다.

① 중간 집계 시트 탭에 통합 대상 필드와 필드 값을 입력한다.

- 품명별 실적 : 품명, 판매가, 수량, 판매액 필드와 품명 항목
- 판매사원별 실적 : 판매사원, 수량, 판매액 필드와 판매사원 항목

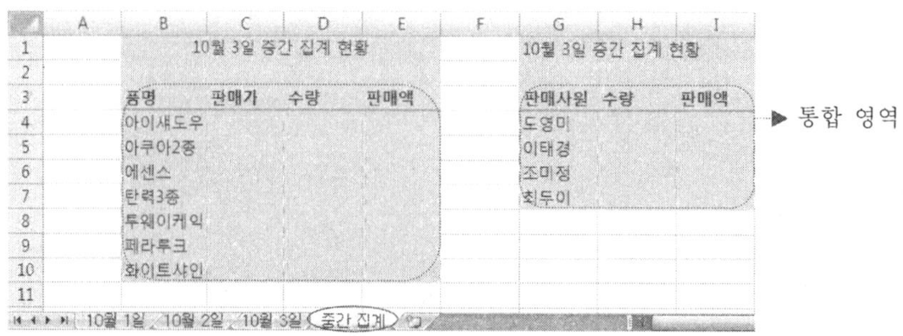

10월 3일 중간 집계 현황

품명	판매가	수량	판매액
아이섀도우			
아쿠아2종			
에센스			
탄력3종			
투웨이케익			
페라루크			
화이트샤인			

10월 3일 중간 집계 현황

판매사원	수량	판매액
도영미		
이태경		
조미정		
최두이		

주의 필드 이름은 항상 통합 영역위의 첫 번째 행에 입력하며, 통합 대상 필드 이름과 필드 값은 통합 영역의 첫 번째 열에 둔다.

□ 품명 관련 데이터 통합

데이터를 통합할 때 유의해야 할 점은 수량과 판매액은 SUM 함수로 더해야 하지만, 판매가는 AVERAGE 함수로 평균을 구해야 한다. 판매가는 할인이 가능하기 때문이다.

① 데이터 통합 영역을 블록으로 설정한다.

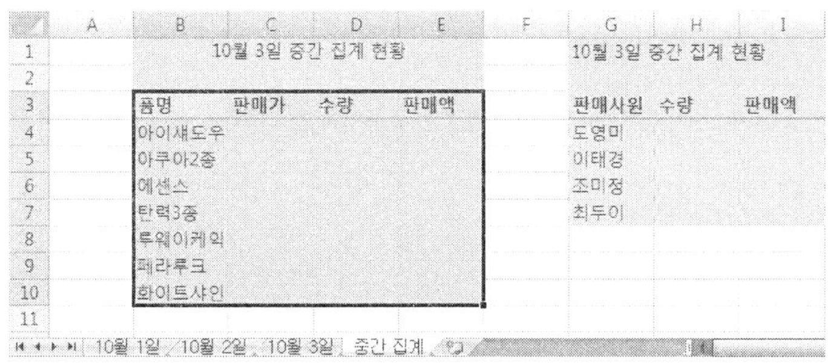

※ 통합 영역을 설정할 때 필드 이름과 필드 값을 포함한다.

② 데이터 도구 그룹의 '통합' 버튼을 클릭한다.

③ 함수 종류를 '합계'로 지정하고, 참조 상자를 클릭한다.

④ 10월 1일 시트 탭을 클릭한 후 참조 영역을 지정하고 '추가' 버튼을 클릭한다.

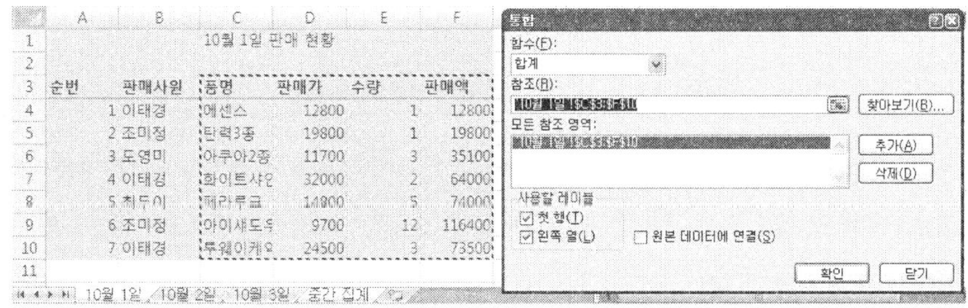

※ 통합 대상 필드 이름 '품명'과 필드 값이 포함되게끔 참조 영역을 지정한다.

⑤ 동일한 방법으로 10월 2일, 10월 3일 시트 탭에서 참조 영역을 지정하고 '추가' 버튼을 클릭한다.

⑥ 사용할 레이블 옵션 '첫 행', '왼쪽 열'을 선택하고 '확인' 버튼을 클릭한다.

※ 레이블은 참조 영역의 첫번째 행과 열에 위치한 필드 이름과 항목을 의미한다. '왼쪽 열'이란 참조 영역의 첫 번째 열을 가리킨다.

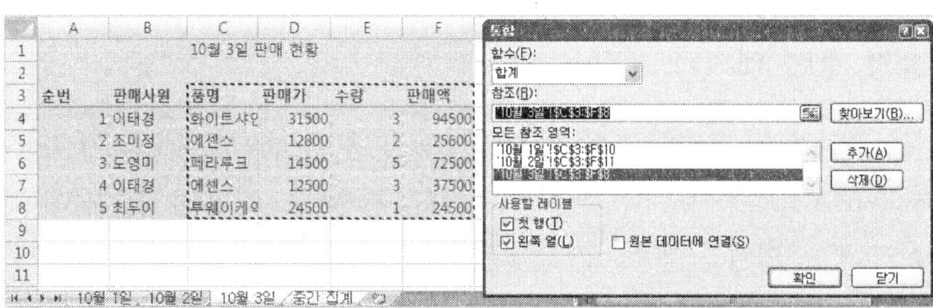

10월 3일 판매 현황

순번	판매사원	품명	판매가	수량	판매액
1	이태경	화이트샤인	31500	3	94500
2	조미정	에센스	12800	2	25600
3	도영미	페라루크	14500	5	72500
4	이태경	에센스	12500	3	37500
5	최두이	투웨이케익	24500	1	24500

'원본 데이터에 연결' 옵션을 선택하면 데이터 통합 영역의 값은 항상 참조 영역의 값과 연결되어 자동으로 업데이트된다.

데이터 통합 결과는 다음과 같다. 함수를 '합계'로 통합한 결과 판매가는 평균이 아닌 합계가 된다.

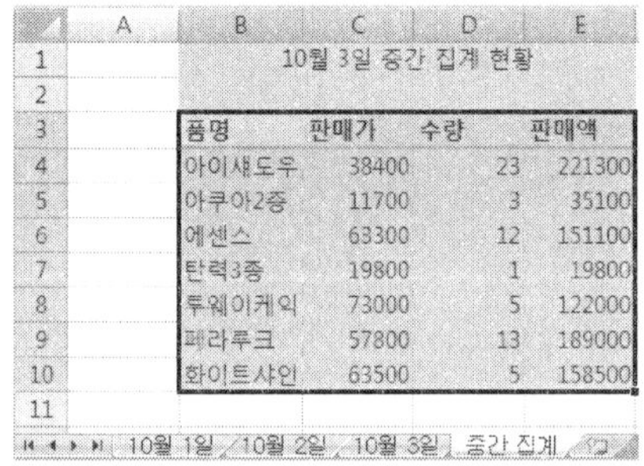

10월 3일 중간 집계 현황

품명	판매가	수량	판매액
아이섀도우	38400	23	221300
아쿠아2종	11700	3	35100
에센스	63300	12	151100
탄력3종	19800	1	19800
투웨이케익	73000	5	122000
페라루크	57800	13	189000
화이트샤인	63500	5	158500

판매가의 평균을 구하려면 다음 과정을 밟는다.

① 품명과 판매가를 복사하여 임의의 셀에 붙여 넣는다.

② 품명과 판매가를 데이터 통합 영역으로 설정한다.

③ 데이터 도구 그룹의 '통합' 버튼을 클릭한다.

기존의 참조 영역이 모두 표시된다.

④ 모든 참조 영역에 등록된 참조 영역을 모두 삭제한다.

'참조 영역'을 선택한 후 '삭제' 버튼을 클릭한다.

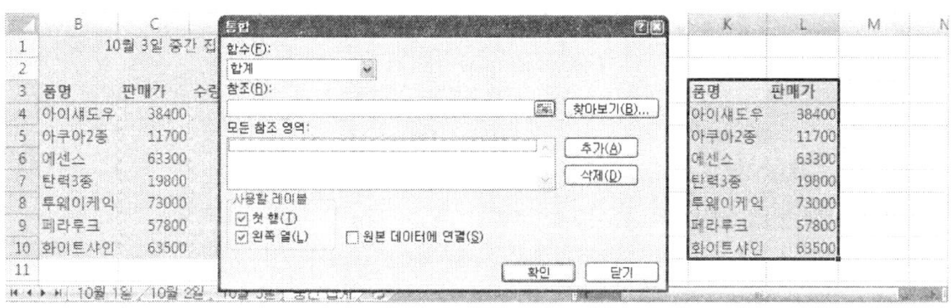

⑤ 함수 종류를 '평균'으로 지정하고, 참조 상자를 클릭한다.

⑥ 10월 1일 시트 탭을 클릭한 후 참조 영역을 지정하고 '추가' 버튼을 클릭한다.

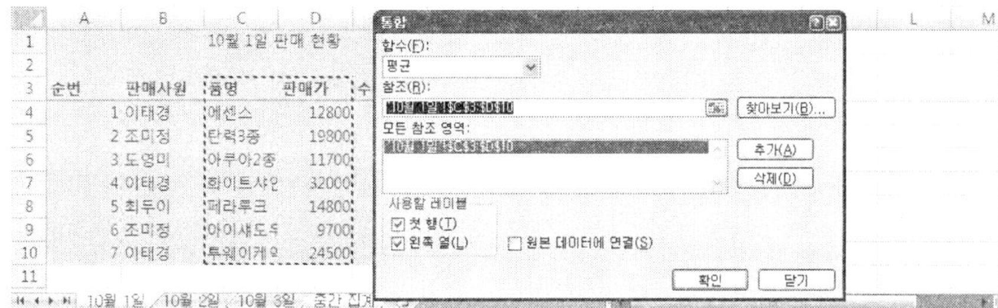

⑦ 동일한 방법으로 10월 2일, 10월 3일 시트 탭에서 참조 영역을 지정하고 '추가' 버튼을 클릭한다.

⑧ 사용할 레이블 옵션 '첫 행', '왼쪽 열'을 선택하고 '확인' 버튼을 클릭한다.

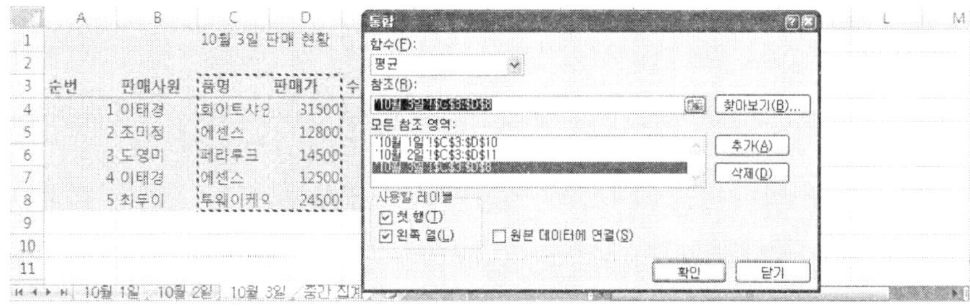

품명별 평균 판매가가 계산된다.

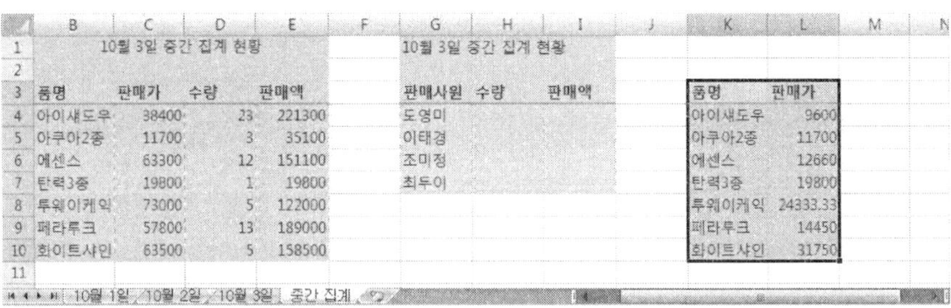

	B	C	D	E	F	G	H	I	J	K	L
1	10월 3일 중간 집계 현황					10월 3일 중간 집계 현황					
2											
3	품명	판매가	수량	판매액		판매사원	수량	판매액		품명	판매가
4	아이섀도우	38400	23	221300		도영미				아이섀도우	9600
5	아쿠아2종	11700	3	35100		이태경				아쿠아2종	11700
6	에센스	63300	12	151100		조미정				에센스	12660
7	탄력3종	19800	1	19800		최두이				탄력3종	19800
8	투웨이케익	73000	5	122000						투웨이케익	24333.33
9	페라루크	57800	13	189000						페라루크	14450
10	화이트샤인	63500	5	158500						화이트샤인	31750
11											

10월 1일 / 10월 2일 / 10월 3일 / 중간 집계

⑨ 판매가 L4:L10 영역을 블록으로 설정한 후 C4 셀에 붙여 넣는다.

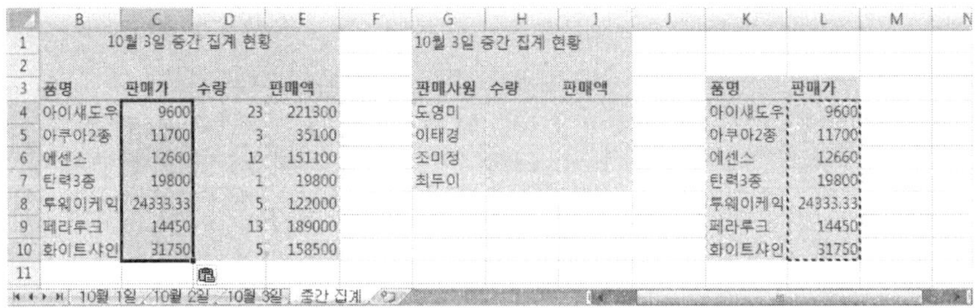

	B	C	D	E	F	G	H	I	J	K	L
1	10월 3일 중간 집계 현황					10월 3일 중간 집계 현황					
2											
3	품명	판매가	수량	판매액		판매사원	수량	판매액		품명	판매가
4	아이섀도우	9600	23	221300		도영미				아이섀도우	9600
5	아쿠아2종	11700	3	35100		이태경				아쿠아2종	11700
6	에센스	12660	12	151100		조미정				에센스	12660
7	탄력3종	19800	1	19800		최두이				탄력3종	19800
8	투웨이케익	24333.33	5	122000						투웨이케익	24333.33
9	페라루크	14450	13	189000						페라루크	14450
10	화이트샤인	31750	5	158500						화이트샤인	31750
11											

10월 1일 / 10월 2일 / 10월 3일 / 중간 집계

⑩ K3:L10 영역의 셀을 삭제한다.

□ 판매사원 관련 데이터 통합

① 데이터 통합 영역을 블록으로 설정한다.

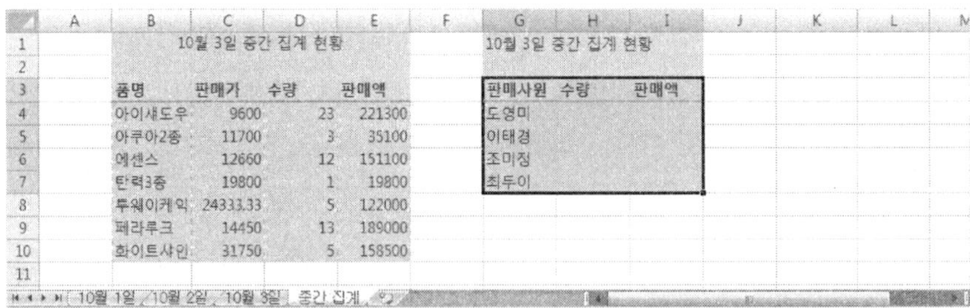

	A	B	C	D	E	F	G	H	I	J	K	L
1		10월 3일 중간 집계 현황					10월 3일 중간 집계 현황					
2												
3		품명	판매가	수량	판매액		판매사원	수량	판매액			
4		아이섀도우	9600	23	221300		도영미					
5		아쿠아2종	11700	3	35100		이태경					
6		에센스	12660	12	151100		조미정					
7		탄력3종	19800	1	19800		최두이					
8		투웨이케익	24333.33	5	122000							
9		페라루크	14450	13	189000							
10		화이트샤인	31750	5	158500							
11												

10월 1일 / 10월 2일 / 10월 3일 / 중간 집계

② 데이터 도구 그룹의 '통합' 버튼을 클릭한다.

③ 함수 종류를 '합계'로 지정하고, 참조 상자를 클릭한다.

④ 10월 1일 시트 탭을 클릭한 후 참조 영역을 지정하고 '추가' 버튼을 클릭한다.

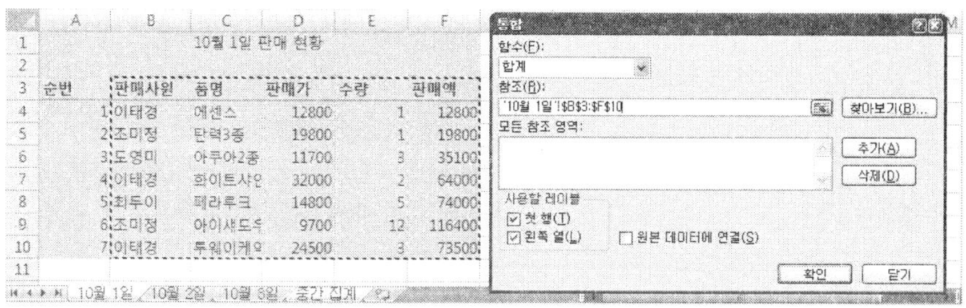

	A	B	C	D	E	F
1			10월 1일 판매 현황			
2						
3	순번	판매사원	품명	판매가	수량	판매액
4	1	이태경	에센스	12800	1	12800
5	2	조미정	탄력3종	19800	1	19800
6	3	도영미	아쿠아2종	11700	3	35100
7	4	이태경	화이트샤인	32000	2	64000
8	5	최두이	페라루크	14800	5	74000
9	6	조미정	아이섀도	9700	12	116400
10	7	이태경	투웨이케	24500	3	73500
11						

※ 통합 대상 필드 이름 '판매사원'과 필드 값이 포함되게끔 참조 영역을 지정한다.

⑤ 동일한 방법으로 10월 2일, 10월 3일 시트 탭에서 참조 영역을 지정하고 '추가' 버튼을 클릭한다.

⑥ 사용할 레이블 옵션 '첫 행', '왼쪽 열'을 선택하고 '확인' 버튼을 클릭한다.

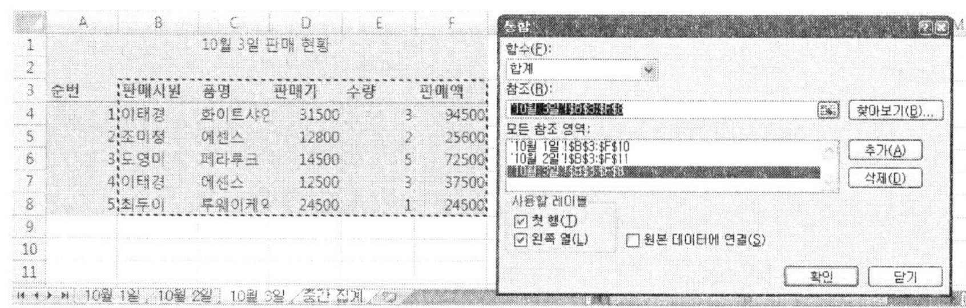

	A	B	C	D	E	F
1			10월 3일 판매 현황			
2						
3	순번	판매사원	품명	판매가	수량	판매액
4	1	이태경	화이트샤인	31500	3	94500
5	2	조미정	에센스	12800	2	25600
6	3	도영미	페라루크	14500	5	72500
7	4	이태경	에센스	12500	3	37500
8	5	최두이	투웨이케	24500	1	24500
9						
10						
11						

데이터 통합 결과는 다음과 같다.

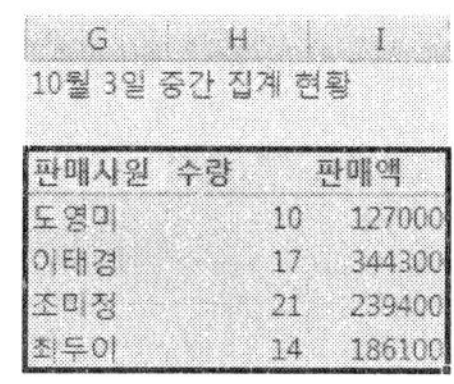

10월 3일 중간 집계 현황

판매사원	수량	판매액
도영미	10	127000
이태경	17	344300
조미정	21	239400
최두이	14	186100

▭ 데이터 통합 업데이트

'원본 데이터에 연결' 옵션을 선택하면 데이터 통합 영역의 값은 항상 참조 영역의 값과 연결되어 자동으로 업데이트된다. '원본 데이터에 연결' 옵션을 선택하지 않은 상태에서 데이터 통합을 한 경우에는 수동으로 업데이트할 수 있다.

▶ 통합 영역의 첫 번째 셀

G	H	I
10월 3일 중간 집계 현황		
판매사원	수량	판매액
도영미	10	127000
이태경	17	344300
조미정	21	239400
최두이	14	186100

통합 영역의 첫 번째 셀을 클릭한 상태에서 데이터 도구 그룹의 '통합' 버튼을 클릭하면 통합 대화상자가 열린다. '확인' 버튼을 클릭하면 통합 결과가 업데이트된다.

참고 데이터 통합 영역을 지정하지 않고 특정 셀을 클릭한 상태에서 '통합'을 실행하면 해당 셀에 데이터 통합 결과가 삽입된다. 앞에서 다룬 통합 예제는 통합 영역이 주어졌을 때 데이터를 통합하는 방법을 다룬 것으로 나름대로 의미가 있다고 할 수 있다.

판매사원별 판매횟수를 계산하려면 함수로 '개수'를 지정한다.

판매사원별 판매회수를 구하려면 품명 개수를 구한다.

① 중간 집계 시트 탭의 B2 셀을 선택한다.

② 데이터 도구 그룹의 '통합' 버튼을 클릭한다.

③ 함수 종류를 '개수'로 지정하고, 참조 상자를 클릭한다.

함수 종류로 '숫자 개수'를 지정하면 숫자만 찾아서 개수를 계산한다.

④ 10월 1일 시트 탭을 클릭한 후 참조 영역을 지정하고 '추가' 버튼을 클릭한다.

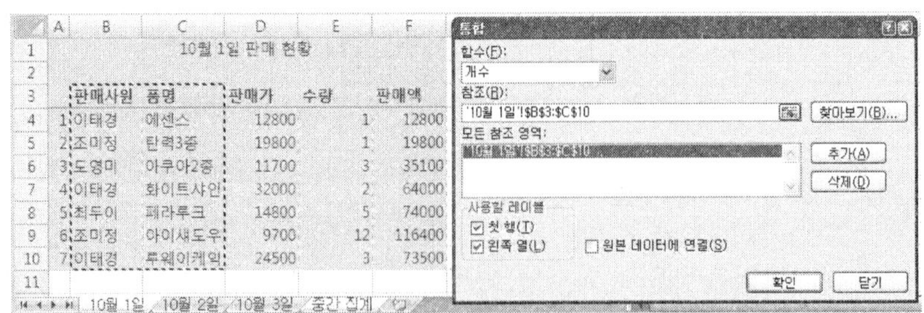

⑤ 동일한 방법으로 10월 2일, 10월 3일 시트 탭에서 참조 영역을 지정하고 '추가' 버튼을 클릭한다.

⑥ 사용할 레이블 옵션 '첫 행', '왼쪽 열'을 선택하고 '확인' 버튼을 클릭한다.

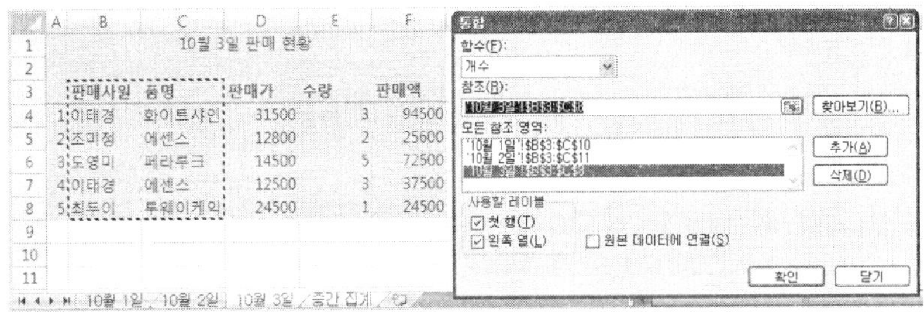

중간 집계 시트 탭의 B2 셀에 통합 결과가 삽입된다.

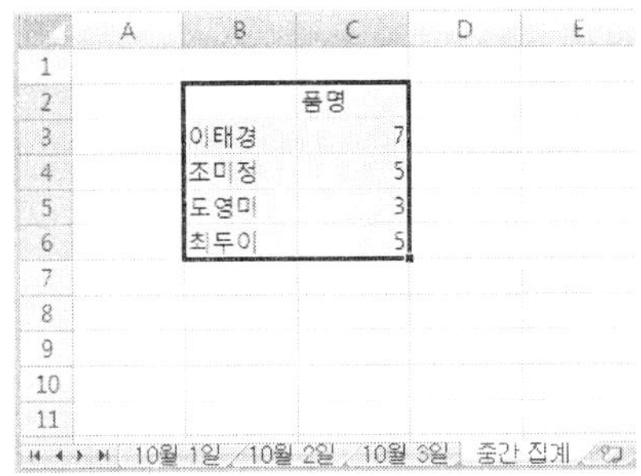

※ 시간의 개수를 계산할 수도 있다. 단, 시간을 '개수'로 계산하였을 때에는 0:00과 같이 표시되므로 셀서식을 실행하여 표시 형식 탭에서 '일반' 범주를 적용하여야 한다.

참고 데이터 통합 대상 필드의 값에 ?, * 등의 와일드카드 문자를 사용할 수 있다.

3. 표

□ 표 삽입

① 셀을 블록으로 설정한 후 삽입 탭의 표 그룹에서 '표'를 클릭한다.

② '머리글 포함' 옵션을 선택하고 '확인' 버튼을 클릭한다.

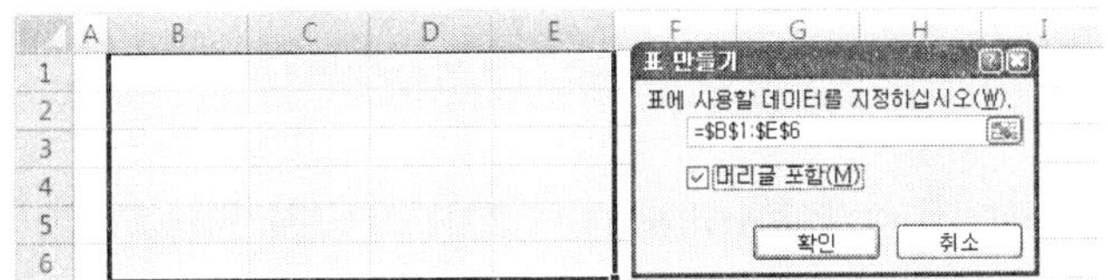

셀 블록 영역에 표가 삽입된다.

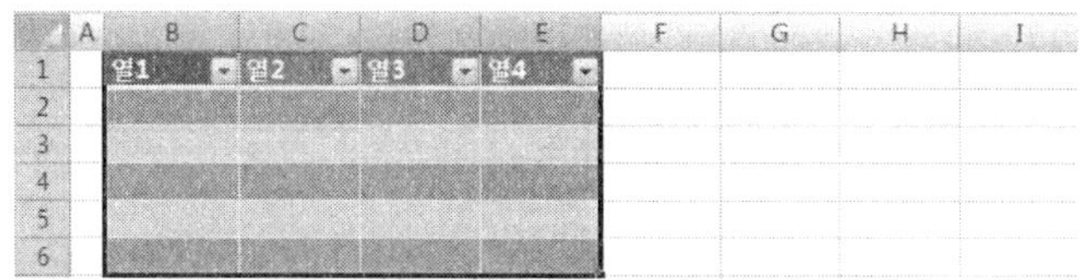

표에는 기본적으로 표 스타일이 적용된다.

□ 데이터를 표로 전환

데이터를 표로 변환하려면 다음과 같이 한다.

① 삽입 탭의 표 그룹에서 '표'를 클릭한다.

② 표 만들기 대화상자에서 데이터 영역을 지정하고 '머리글 포함' 옵션을 선택한다.

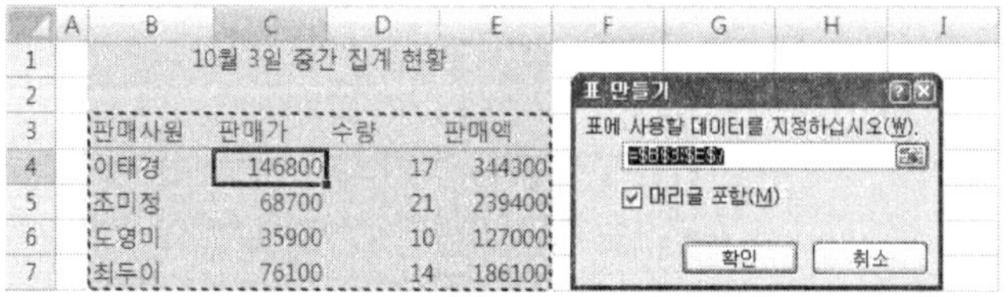

③ '확인' 버튼을 클릭한다. 데이터 영역이 표로 변환되고 자동 필터 버튼이 삽입된다.

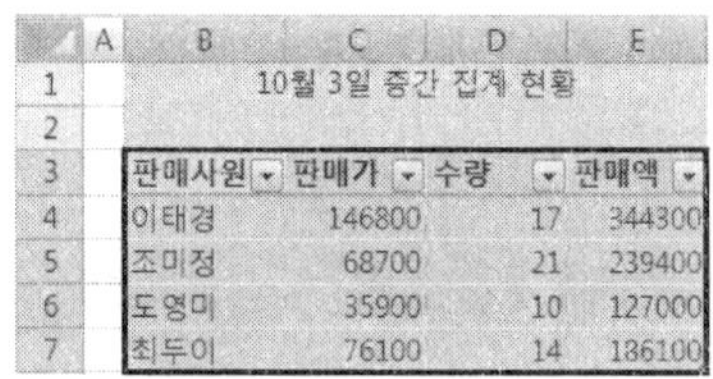

데이터를 표로 변환하면 아래 방향으로 스크롤할 시 열 머리글에 필드 이름이 표시된다.

	A	판매사원	판매가	수량	판매액
4		이태경	146800	17	344300
5		조미정	68700	21	239400
6		도영미	35900	10	127000
7		최두이	76100	14	186100

• 표를 데이터 영역으로 되돌리려면 표 도구 리본의 디자인 탭에 있는 도구 그룹에서 '범위로 변환' 버튼을 클릭한다.

• 표를 삽입하면 속성 그룹에 표 이름이 표시된다. 표 이름은 Vlookup 함수 등에서 참조 영역으로 사용할 수 있다.

```
=Vlookup("이태경",표3,4,false)
```

• 표 스타일 옵션 그룹에서 '첫째 열'과 '요약 행'을 선택하면 첫째 열에 특수 서식을 적용하고 요약 행이 데이터 하단에 표시된다.

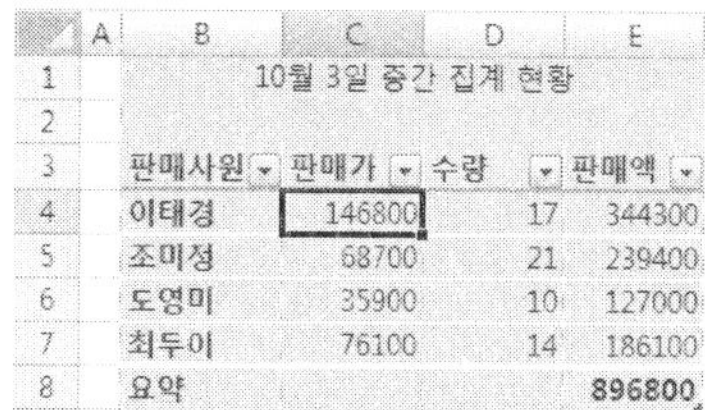

	A	B	C	D	E
1		10월 3일 중간 집계 현황			
2					
3		판매사원	판매가	수량	판매액
4		이태경	146800	17	344300
5		조미정	68700	21	239400
6		도영미	35900	10	127000
7		최두이	76100	14	186100
8		요약			896800

• '마지막 열'을 선택하면 마지막 열에 특수 서식을 적용할 수 있다.
• '줄 무늬 행'을 선택하면 홀수 행과 짝수 행을 다르게 표시할 수 있다.
• '열 무늬 행'을 선택하면 홀수 열과 짝수 열을 다르게 표시할 수 있다.
• 표에 스타일을 적용하려며 표 스타일 그룹에서 '표 스타일'을 선택한다.

※ 셀 스타일이 적용된 표에서는 표 스타일을 적용해도 아무런 변화를 보이지 않는다. 표에 적용된 표 스타일을 보려면 홈 탭의 스타일 그룹에서 '셀 스타일'을 실행하고 '표준'을 적용한다.

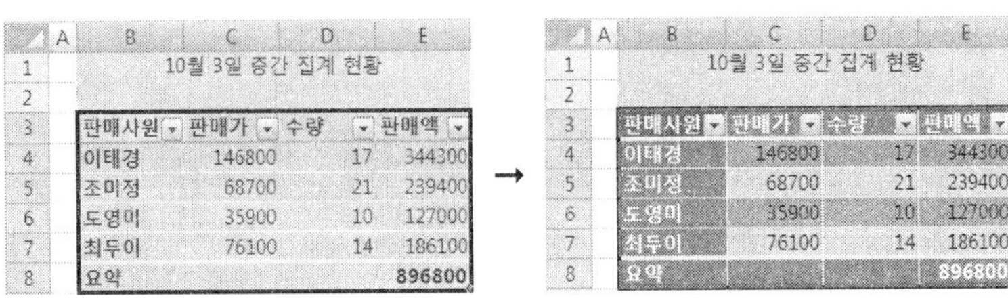

□ 사용자 지정 표 스타일 만들기

사용자 지정 표 스타일을 만들려면 다음과 같이 한다.

① 표 스타일 그룹의 '자세히' 버튼 을 클릭한다. 스타일 유형 창이 열린다.

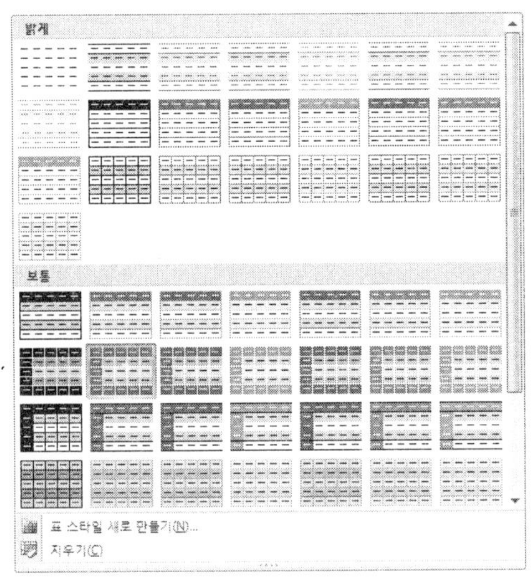

② '표 스타일 새로 만들기' 버튼을 클릭한다.

③ 표 요소를 선택한 후 '서식' 버튼을 클릭하여 셀 서식을 적용한다.

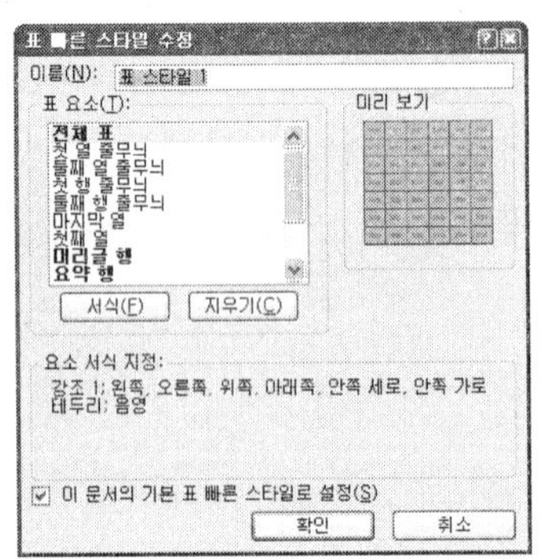

④ '이 문서의 기본 표 빠른 스타일로 설정' 옵션을 선택하고 '확인' 버튼을 클릭한다. 표 스타일 그룹에 사용자 지정 표 스타일이 등록된다.

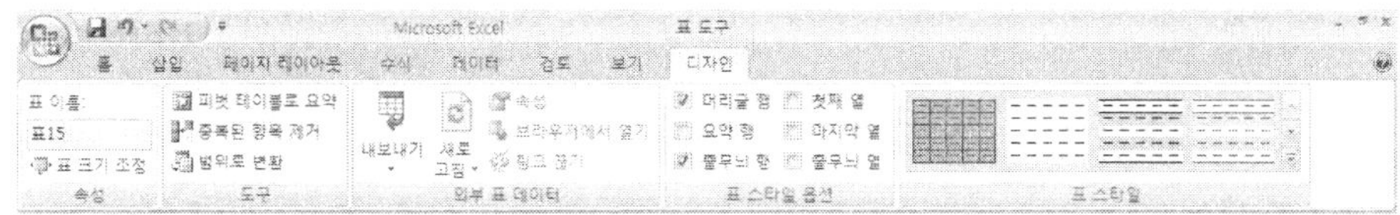

▭ 스타일 수정 · 삭제

사용자 지정 표 스타일을 수정하려면 표 스타일을 마우스 오른쪽 버튼으로 클릭하고 단축 메뉴에서 '수정'을 선택한다.

- 표 스타일을 삭제하려면 '삭제'를 선택한다.
- 표 스타일을 기본 표 빠른 스타일로 설정하려면 '기본값으로 설정'을 선택한다.

▭ 셀 스타일이 적용된 데이터에 표 스타일 적용하기

셀 스타일이 적용된 데이터에 표 스타일을 적용하려면 다음과 같이 한다.

① 홈 탭의 스타일 그룹에서 '표 서식' 버튼을 클릭한다. 스타일 유형 창이 열린다.

② 표 스타일을 마우스 오른쪽 버튼으로 클릭하고 단축 메뉴에서 '서식 적용 및 지우기' 혹은 '서식 적용 및 유지'를 선택한다.

③ 표 스타일을 적용할 데이터 영역을 지정하고 '확인' 버튼을 클릭한다.

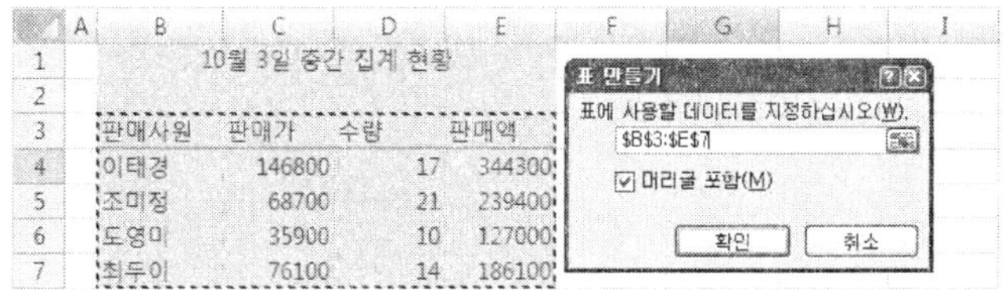

- '서식 적용 및 지우기'를 선택하면 셀 스타일을 지우고 표 스타일을 적용한다.
- '서식 적용 및 유지'를 선택하면 셀 스타일을 그대로 둔 채 표 스타일을 적용한다.

	A	B	C	D	E
1		10월 3일 중간 집계 현황			
2					
3		판매사원	판매가	수량	판매액
4		이태경	146800	17	344300
5		조미정	68700	21	239400
6		도영미	35900	10	127000
7		최두이	76100	14	186100

	A	B	C	D	E
1		10월 3일 중간 집계 현황			
2					
3		판매사원	판매가	수량	판매액
4		이태경	146800	17	344300
5		조미정	68700	21	239400
6		도영미	35900	10	127000
7		최두이	76100	14	186100

외부 표 데이터 그룹에서 '내보내기' 버튼을 클릭하면 Windows SharePoint Services 사이트에 저장되어 있는 사용자 지정 목록으로 표 데이터를 내보낼 수 있다. 이 기능을 사용하기 위해서는 Windows SharePoint Services 사이트에서 사용자 계정을 받아야 한다.

4. 부분합

부분합은 특정 필드를 기준으로 데이터를 분류하고 분류된 데이터에 특정 연산을 수행하기 위한 기능이다.

부분합을 실행하려면 데이터 탭의 윤곽선 그룹에서 '부분합' 버튼을 클릭한다.

※ 특정 필드를 기준으로 부분합을 계산하기 위해서는 먼저 해당 필드를 정렬해야 한다.

품명별 매입가와 판매가의 평균을 계산하고, 판매량과 판매이익금의 합계를 구해 보자.

▭ 품명별 매입가, 판매가 부분합 계산

① 품명 필드를 클릭한 후 데이터 탭의 정렬 및 필터 그룹에서 '텍스트 오름차순 정렬' 버튼 을 클릭한다.

	A	B	C	D	E	F	G
1		판매사원	품명	매입가	판매가	판매량	판매이익금
2		조미정	아이섀도우	6790	9700	20	58200
3		도영미	아이섀도우	6790	10100	5	16550
4		최두이	아이섀도우	6790	10100	6	19860
5		도영미	아쿠아2종	17150	24500	5	36750
6		이태경	아쿠아2종	17150	23000	12	70200
7		이태경	에센스	8960	12800	12	46080
8		이태경	에센스	8960	12900	7	27580
9		최두이	에센스	8960	12950	4	15960
10		이태경	에센스	8960	12800	12	46080
11		조미정	에센스	8960	12900	7	27580
12		조미정	탄력3종	13860	19800	13	77220
13		최두이	탄력3종	13860	21500	5	38200
14		이태경	탄력3종	13860	19800	15	89100

품명 항목이 오름차순으로 정렬된다.

② 윤곽선 그룹에서 '부분합' 버튼을 클릭한다. 그룹화할 항목에 '품명'이 선택되어 있다.

③ 사용할 함수로 '평균'을 선택한다.

④ 부분합 계산 항목으로 '매입가'와 '판매가'를 선택하고 '확인' 버튼을 클릭한다.

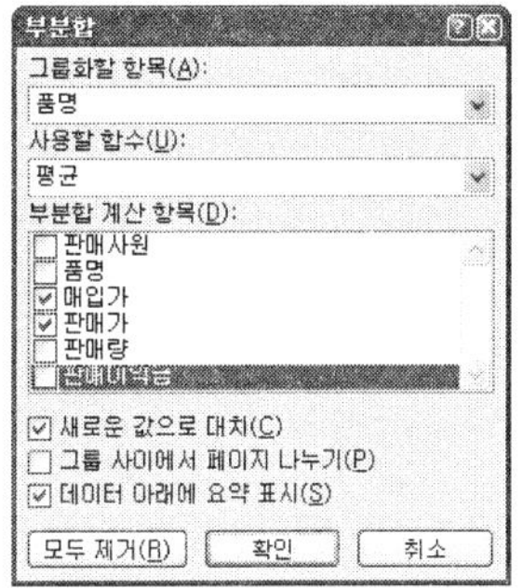

부분합의 결과 품명별로 평균이 계산되며, 하단에 전체 평균이 계산된다

	A	B	C	D	E	F	G
1		판매사원	품명	매입가	판매가	판매량	판매이익금
2		조미정	아이섀도우	6790	9700	20	58200
3		도영미	아이섀도우	6790	10100	5	16550
4		최두이	아이섀도우	6790	10100	6	19860
5			**아이섀도우 평균**	6790	9966.667		
6		도영미	아쿠아2종	17150	24500	5	36750
7		이태경	아쿠아2종	17150	23000	12	70200
8			**아쿠아2종 평균**	17150	23750		
9		이태경	에센스	8960	12800	12	46080
10		이태경	에센스	8960	12900	7	27580
11		최두이	에센스	8960	12950	4	15960
12		이태경	에센스	8960	12800	12	46080
13		조미정	에센스	8960	12900	7	27580
14			**에센스 평균**	8960	12870		
15		조미정	탄력3종	13860	19800	13	77220
16		최두이	탄력3종	13860	21500	5	38200
17		이태경	탄력3종	13860	19800	15	89100
18			**탄력3종 평균**	13860	20366.67		
19			**전체 평균**	10850	15603.85		

□ 품명별 판매량, 판매이익금 부분합 계산

① 윤곽선 그룹에서 '부분합' 버튼을 클릭한다.

② 사용할 함수로 '합계'를 선택한다.

③ 부분합 계산 항목으로 '판매량'과 '판매이익금'을 선택한다.

④ '새로운 값으로 대치' 옵션 선택을 해제하고 '확인' 버튼을 클릭한다.

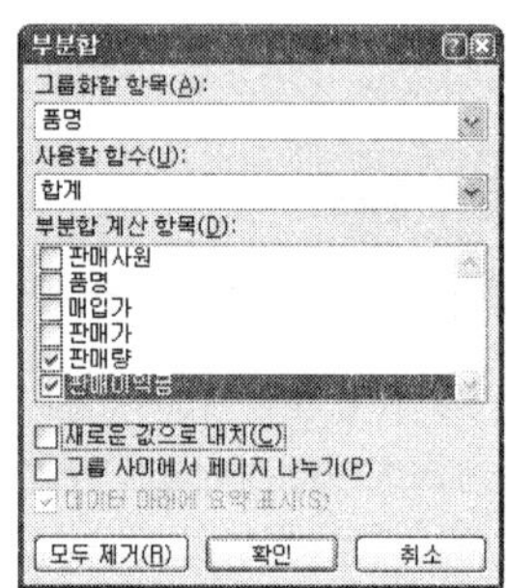

'새로운 값으로 대치' 옵션을 선택하면 앞서 실행한 부분합 대신 현재 부분합으로 대체된다.

부분합의 실행 결과는 다음과 같다.

	A	B	C	D	E	F	G
1		판매사원	품명	매입가	판매가	판매량	판매이익금
2		조미정	아이섀도우	6790	9700	20	58200
3		도영미	아이섀도우	6790	10100	5	16550
4		최두이	아이섀도우	6790	10100	6	19860
5			아이섀도우 요약			31	94610
6			아이섀도우 평균	6790	9966.667		
7		도영미	아쿠아2종	17150	24500	5	36750
8		이태경	아쿠아2종	17150	23000	12	70200
9			아쿠아2종 요약			17	106950
10			아쿠아2종 평균	17150	23750		
11		이태경	에센스	8960	12800	12	46080
12		이태경	에센스	8960	12900	7	27580
13		최두이	에센스	8960	12950	4	15960
14		이태경	에센스	8960	12800	12	46080
15		조미정	에센스	8960	12900	7	27580
16			에센스 요약			42	163280
17			에센스 평균	8960	12870		
18		조미정	탄력3종	13860	19800	13	77220
19		최두이	탄력3종	13860	21500	5	38200
20		이태경	탄력3종	13860	19800	15	89100
21			탄력3종 요약			33	204520
22			탄력3종 평균	13860	20366.67		
23			총합계			123	569360
24			전체 평균	10850	15603.85		

부분합을 실행하면 데이터 왼쪽에 윤곽 기호가 표시된다. 이들 기호는 데이터 목록에서 원하는 데이터만 표시하는 데 사용된다.

• 윤곽 기호 '1'을 클릭하면 전체 결과만 표시할 수 있다. '+' 버튼을 클릭하면 원 상태로 돌릴 수 있다.

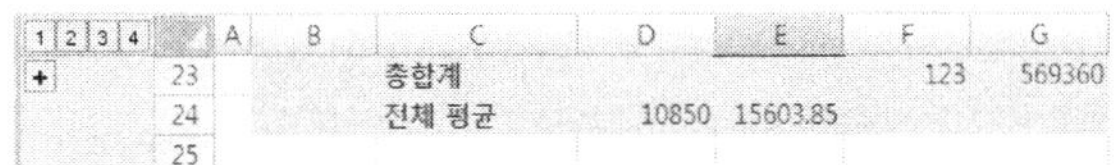

• 윤곽 기호 '2'를 클릭하면 전체 결과와 그룹별 결과를 표시할 수 있다.

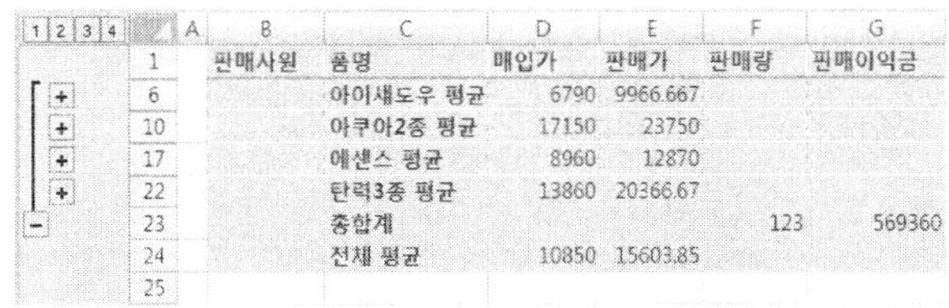

– '+'를 클릭하면 하위 수준의 데이터와 함께 부분합의 결과를 표시한다.

– '–'를 클릭하면 부분합의 결과만 표시한다.

※ 부분합을 취소하려면 부분합 대화상자에서 '모두 제거' 버튼을 클릭한다.

5. 그룹

데이터에 윤곽 기호를 삽입하려면 데이터 탭의 윤곽선 그룹에서 '그룹' 버튼을 클릭한다. 그룹을 적용하기 위해서는 먼저 동일 유형의 데이터를 정렬할 필요가 있으며 동일 유형의 데이터를 수식으로 구분하여야 한다.

① 그룹으로 묶을 '아이새도우' 행을 선택하고 윤곽선 그룹에서 '그룹' 버튼을 클릭한다.

	A	B	C	D	E	F	G	H
1		판매사원	품명	매입가	판매가	판매량	판매이익금	
2		조미정	아이새도우	6790	9700	20	58200	
3		도영미	아이새도우	6790	10100	5	16550	
→		최두이	아이새도우	6790	10100	6	19860	
5			요약	6790	9966.667	31	94610	
6		도영미	아쿠아2종	17150	24500	5	36750	
7		이태경	아쿠아2종	17150	23000	12	70200	
8			요약	17150	23750	17	106950	
9		이태경	에센스	8960	12800	12	46080	
10		이태경	에센스	8960	12900	7	27580	
11		최두이	에센스	8960	12950	4	15960	
12		이태경	에센스	8960	12800	12	46080	
13		조미정	에센스	8960	12900	7	27580	
14			요약	8960	12870	42	163280	
15		조미정	탄력3종	13860	19800	13	77220	
16		최두이	탄력3종	13860	21500	5	38200	
17		이태경	탄력3종	13860	19800	15	89100	
18			요약	13860	20366.67	33	204520	
19								

② '아이섀도우' 행에 윤곽 기호가 삽입된다.

	A	B	C	D	E	F	G
1		판매사원	품명	매입가	판매가	판매량	판매이익금
2		조미정	아이섀도우	6790	9700	20	58200
3		도영미	아이섀도우	6790	10100	5	16550
4		최두이	아이섀도우	6790	10100	6	19860
5			요약	6790	9966.667	31	94610
6		도영미	아쿠아2종	17150	24500	5	36750
7		이태경	아쿠아2종	17150	23000	12	70200
8			요약	17150	23750	17	106950

③ 동일한 방식으로 나머지 품명에도 윤곽 기호를 삽입한다.

	A	B	C	D	E	F	G
1		판매사원	품명	매입가	판매가	판매량	판매이익금
2		조미정	아이섀도우	6790	9700	20	58200
3		도영미	아이섀도우	6790	10100	5	16550
4		최두이	아이섀도우	6790	10100	6	19860
5			요약	6790	9966.667	31	94610
6		도영미	아쿠아2종	17150	24500	5	36750
7		이태경	아쿠아2종	17150	23000	12	70200
8			요약	17150	23750	17	106950
9		이태경	에센스	8960	12800	12	46080
10		이태경	에센스	8960	12900	7	27580
11		최두이	에센스	8960	12950	4	15960
12		이태경	에센스	8960	12800	12	46080
13		조미정	에센스	8960	12900	7	27580
14			요약	8960	12870	42	163280
15		조미정	탄력3종	13860	19800	13	77220
16		최두이	탄력3종	13860	21500	5	38200
17		이태경	탄력3종	13860	19800	15	89100
18			요약	13860	20366.67	33	204520
19							

④ 2행에서 18행까지 선택하고 윤곽선 그룹에서 '그룹' 버튼을 클릭한다.

	A	B	C	D	E	F	G
1		판매사원	품명	매입가	판매가	판매량	판매이익금
2		조미정	아이섀도우	6790	9700	20	58200
3		도영미	아이섀도우	6790	10100	5	16550
4		최두이	아이섀도우	6790	10100	6	19860
5			요약	6790	9966.667	31	94610
6		도영미	아쿠아2종	17150	24500	5	36750
7		이태경	아쿠아2종	17150	23000	12	70200
8			요약	17150	23750	17	106950
9		이태경	에센스	8960	12800	12	46080
10		이태경	에센스	8960	12900	7	27580
11		최두이	에센스	8960	12950	4	15960
12		이태경	에센스	8960	12800	12	46080
13		조미정	에센스	8960	12900	7	27580
14			요약	8960	12870	42	163280
15		조미정	탄력3종	13860	19800	13	77220
16		최두이	탄력3종	13860	21500	5	38200
17		이태경	탄력3종	13860	19800	15	89100
18			요약	13860	20366.67	33	204520
19							

※ 열에도 윤곽 기호를 삽입할 수 있다. 아래 예는 분기별 판매 현황을 수식이 입력된 판매이익금으로 구분하여 윤곽 기호를 삽입한 장면이다.

	A	B	C	D	E	F	G	H	I	J	K	L
1				1분기 판매 현황				2분기 판매 현황				
2		판매사원	품명	매입가	판매가	판매량	판매이익금	매입가	판매가	판매량	판매이익금	
3		조미정	아이섀도우	6790	9700	20	58200	6790	9700	20	58200	
4		도영미	아이섀도우	6790	10100	5	16550	6790	10100	5	16550	
5		최두이	아이섀도우	6790	10100	6	19860	6790	10100	6	19860	
6			요약	6790	9966.667	31	94610	6790	9966.667	31	94610	

윤곽선을 지우려면 윤곽선 그룹에서 '그룹 해제' 버튼을 클릭하고 '윤곽 지우기'를 선택한다.

6. 가상분석

데이터 표, 목표값 찾기, 시나리오 및 해 찾기를 실행하면 셀 값의 변경이 워크시트의 수식 결과에 어떤 영향을 주는지 살펴볼 수 있다.

가상 분석을 실행하려면 데이터 탭의 데이터 도구 그룹에서 '가상 분석' 버튼을 클릭한다.

1) 데이터 표

데이터 표는 수식을 구성하는 요소의 값이 변동할 때 수식의 값이 어떻게 바뀌는지 표 형태로 보여준다.

□ 이중 변수 데이터 표

함수 $y = ax^2 + 10$의 값 계산

① 파라미터 a와 변수 x의 초기 값, 그리고 함수 $y = ax^2 + 10$을 시트 B4:C6 셀에 표시한다.

② 파라미터 a와 변수 x의 값을 데이터 표의 첫 번째 행과 열에 입력한다.

- 파라미터 a의 값으로 사용할 수치를 F2:J2 셀에 입력한다.
- 변수 x의 값으로 사용할 수치를 E3:E7 셀에 입력한다.

	A	B	C	D	E	F	G	H	I	J
1					함수의 값 추정					
2		y=ax^2+10				0.3	0.4	0.5	0.6	0.7
3					3					
4		a	0.3		4					
5		x	3		5					
6		y	12.7		6					
7					7					

③ 데이터 표의 첫 번째 행과 열이 교차하는 셀에 수식을 입력한다. '=C4*C5^2+10'을 입력하거나 수식이 입력된 C6 셀을 '=C6' 형태로 참조한다.

④ 수식이 포함되게끔 데이터 표를 블록으로 설정한다.

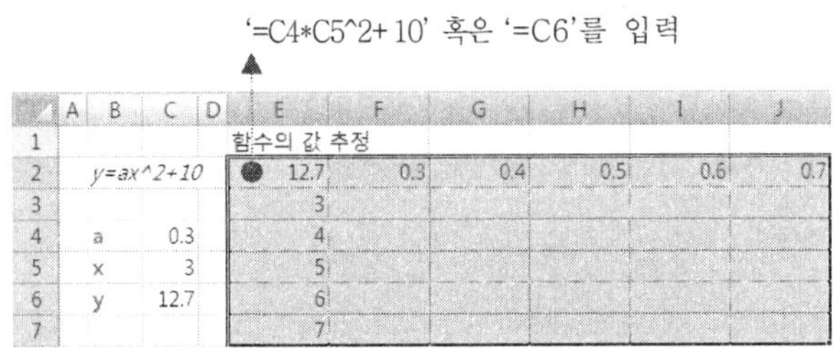

⑤ '가상 분석' 버튼을 클릭하여 '데이터 표'를 선택한다.

⑥ 행 입력 셀에 파라미터 a의 초기 값이 입력된 셀을, 열 입력 셀에 변수 x의 초기 값이 입력된 셀을 지정한 후 '확인' 버튼을 클릭한다.

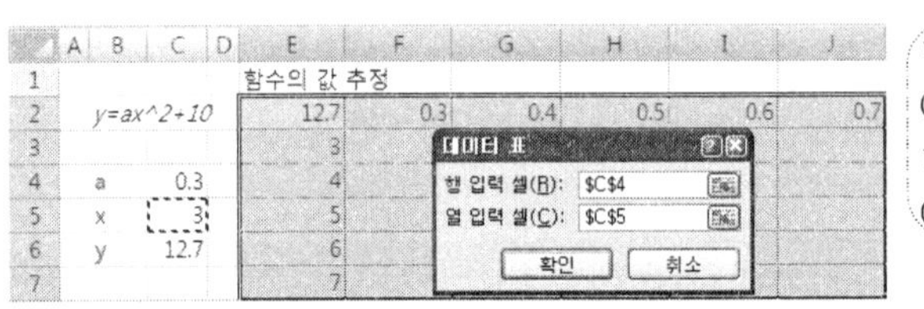

데이터 표의 첫 행에 위치한 수치를 C4 셀에 대입한다.
데이터 표의 첫 열에 위치한 수치를 C5 셀에 대입한다.

데이터 표에 파라미터와 변수 x 값에 따른 함수의 값이 계산된다.

	A	B	C	D	E	F	G	H	I	J
1					함수의 값 추정					
2		y=ax^2+10			12.7	0.3	0.4	0.5	0.6	0.7
3					3	12.7	13.6	14.5	15.4	16.3
4		a	0.3		4	14.8	16.4	18	19.6	21.2
5		x	3		5	17.5	20	22.5	25	27.5
6		y	12.7		6	20.8	24.4	28	31.6	35.2
7					7	24.7	29.6	34.5	39.4	44.3

□ 데이터 표 계산 살펴보기

데이터 표의 첫 번째 행, 열의 교차 셀에 입력된 수식은 C4, C5 셀을 참조하며, C4 셀에는 파라미터의 값이, C5 셀에는 변수 x의 값이 입력되어 있다.

	A	B	C	D	E	F	G	H	I	J
1					함수의 값 추정					
2		y=ax^2+10			=C4*C5^2+10		0.4	0.5	0.6	0.7
3					3	12.7	13.6	14.5	15.4	16.3
4		a	0.3		4	14.8	16.4	18	19.6	21.2
5		x	3		5	17.5	20	22.5	25	27.5
6		y	12.7		6	20.8	24.4	28	31.6	35.2
7					7	24.7	29.6	34.5	39.4	44.3

따라서 파라미터 즉, 상수 변수와 변수 x의 값이 변동할 때의 함수 값을 구하려면 파라미터의 변동 값은 C4 셀에, 변수 x의 값 변동은 C5 셀에 대입해야 한다.

- 2 행에 입력된 파라미터의 변동 값을 C4 셀에 대입하기 위해 '행 입력 셀'로 C4 셀을 지정한다.
- E 열에 입력된 변수 x의 변동 값을 C5 셀에 대입하기 위해 '열 입력 셀'로 C5 셀을 지정한다.

이자율과 기간 변동에 따른 월 대출 상환액 계산

	A	B	C	D	E	F	G	H	I	J
1					이자율과 기간 변동에 따른 월 대출 상환액 가상분석					
2										
3		이자율	5.70%			12	24	36	48	60
4		기간(월)	24		4.70%					
5		대출금	5000000		5.20%					
6					5.70%					
7					6.20%					
8					6.50%					

① 데이터 표의 첫 번째 행, 열의 교차 셀에 수식 '=PMT(C3/12,C4,C5)'를 입력한다.

'=PMT(C3/12,C4,C5)' 입력

	A	B	C	D	E	F	G	H	I	J
1					이자율과 기간 변동에 따른 월 대출 상환액 가상분석					
2										
3		이자율	5.70%		220,928	12	24	36	48	60
4		기간(월)	24		4.70%					
5		대출금	5000000		5.20%					
6					5.70%					
7					6.20%					
8					6.50%					

② 수식이 포함되게끔 데이터 표를 블록으로 설정한다.

③ '가상 분석' 버튼을 클릭하여 '데이터 표'를 선택한다.

④ 행 입력 셀에 기간의 초기 값이 입력된 셀을, 열 입력 셀에 이자율의 초기 값이 입력된 셀을 지정한 후 '확인' 버튼을 클릭한다.

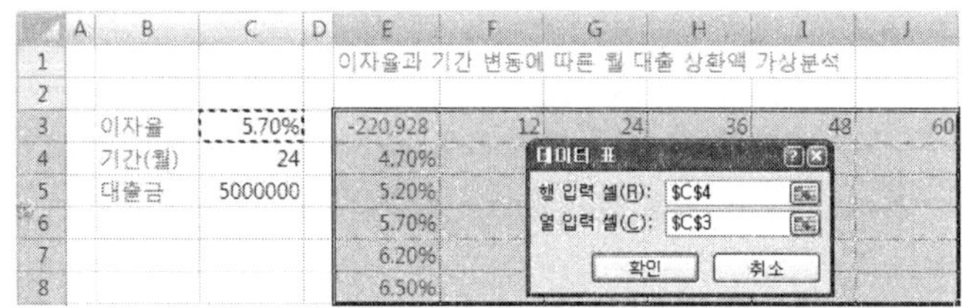

이자율과 기간 변동에 따른 월 대출 상환액이 표시된다. 상환액은 돈이 유출되는 것이므로 음수 부호가 된다.

	A	B	C	D	E	F	G	H	I	J
1					이자율과 기간 변동에 따른 월 대출 상환액 가상분석					
2										
3		이자율	5.70%		-220,928	12	24	36	48	60
4		기간(월)	24		4.70%	-427350	-218686	-149182	-114468	-93670.5
5		대출금	5000000		5.20%	-428496	-219805	-150304	-115600	-94815
6					5.70%	-429643	-220928	-151431	-116739	-95968.1
7					6.20%	-430792	-222054	-152563	-117884	-97129.7
8					6.50%	-431482	-222731	-153245	-118575	-97830.7

◻ 단일 변수 데이터 표

기간 변동에 따른 월 대출 상환액 계산

1 년간 연 금리 5%로 100만원을 대출한 경우 매달 갚아야 할 원금과 이자를 데이터 표를 사용하여 계산해 보자.

① F4 셀에 수식 '=PPMT(C3/12,C4,12,C5)'를 입력한다.

② 기간(납입횟수)과 수식이 포함되게끔 범위를 설정한다.

③ '가상 분석' 버튼을 클릭하여 '데이터 표'를 선택한다.

④ 열 입력 셀에 기간의 초기 값이 입력된 셀을 지정한 후 '확인' 버튼을 클릭한다.

	A	B	C	D	E	F	G
1					기간별 원금, 이자 상환액 분석		
2							
3		이자율	5%			원금	이자
4		기간(월)	12				
5		대출금	1000000		1		
6					2		
7					3		
8					4		
9					5		
10					6		
11					7		
12					8		
13					9		
14					10		
15					11		
16					12		

→

	A	B	C	D	E	F	G
1					기간별 원금, 이자 상환액 분석		
2							
3		이자율	5%			원금	이자
4		기간(월)	12			-₩85,252	
5		대출금	1000000		1		
6					2		
7							
8							
9							
10							
11							
12					8		
13					9		
14					10		
15					11		
16					12		

데이터 표
행 입력 셀(R):
열 입력 셀(C): $C$4
확인 취소

매달 지불해야 할 원금이 계산된다.

⑤ G4 셀에 수식 '=IPMT(C3/12,C4,12,C5)'를 입력한다.

⑥ 기간(납입횟수)과 수식이 포함되게끔 범위를 설정한다.

⑦ '가상 분석' 버튼을 클릭하여 '데이터 표'를 선택한다.

⑧ 열 입력 셀에 기간의 초기 값이 입력된 셀을 지정한 후 '확인' 버튼을 클릭한다.

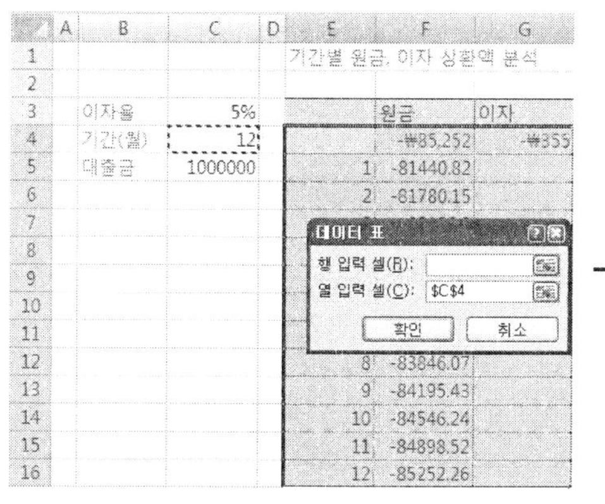

	A	B	C	D	E	F	G
1					기간별 원금, 이자 상환액 분석		
2							
3		이자율	5%			원금	이자
4		기간(월)	12			-₩85,252	-₩355
5		대출금	1000000		1	-81440.82	
6					2	-81780.15	
12					8	-83846.07	
13					9	-84195.43	
14					10	-84546.24	
15					11	-84898.52	
16					12	-85252.26	

데이터 표
행 입력 셀(R):
열 입력 셀(C): $C$4
확인 취소

→

	A	B	C	D	E	F	G
1					기간별 원금, 이자 상환액 분석		
2							
3		이자율	5%			원금	이자
4		기간(월)	12			-₩85,252	-₩355
5		대출금	1000000		1	-81440.82	-4166.667
6					2	-81780.15	-3827.33
7					3	-82120.9	-3486.579
8					4	-82463.07	-3144.409
9					5	-82806.67	-2800.813
10					6	-83151.7	-2455.785
11					7	-83498.16	-2109.32
12					8	-83846.07	-1761.411
13					9	-84195.43	-1412.052
14					10	-84546.24	-1061.238
15					11	-84898.52	-708.9616
16					12	-85252.26	-355.2178

데이터 표를 지우려면 데이터 표 전체를 선택하고 Delete 키를 누른다.

참고 PMT=PPMT+IPMT

2) 목표값 찾기

목표값 찾기는 목표값으로 설정한 수식의 값을 구해주는 변수의 값을 찾는 기능이다.

기말 점수에 적당한 가중치를 곱하여 전체 평균을 상향 조정해 보자.

	A	B	C	D	E	F
1					가중치:	1
2						
3		성명	중간	기말	기말(수정)	성적
4		이태경	90	95	95	92.5
5		조미정	85	85	85	85
6		도영미	80	85	85	82.5
7		최두이	80	90	90	85
8		전경미	85	90	90	87.5
9		최미경	85	80	80	82.5
10		전차숙	75	80	80	77.5
11					평균	84.64286

E 열의 수정 점수에는 수식 '=D4*$F$1'이 입력되어 있다. 즉, 기말 점수에 가중치 1을 곱하였다.
성적은 =AVERAGE(C4,E4)로 계산한다. 즉, 기말 점수로 기말(수정) 점수를 사용한다.

평균은 수식 '=IF(MAX(E4:E10)<=100,AVERAGE(F4:F10),"100점 초과")'를 이용하여 계산하였다. 즉, 수정 점수의 최대값이 100점을 초과하지 못하도록 조건을 설정하였다.

전체 평균을 상향 조정하기 위해서는 반에서 최고 점수를 받은 사람의 성적이 100점을 넘어가지 않도록 해야 한다.

① 평균이 입력된 F11 셀을 클릭한다.

② '가상 분석' 버튼을 클릭하여 '목표값 찾기'를 선택한다.

③ 찾는 값으로 '86.5'를 입력하고, 값을 바꿀 셀로 F1 셀을 클릭한다.

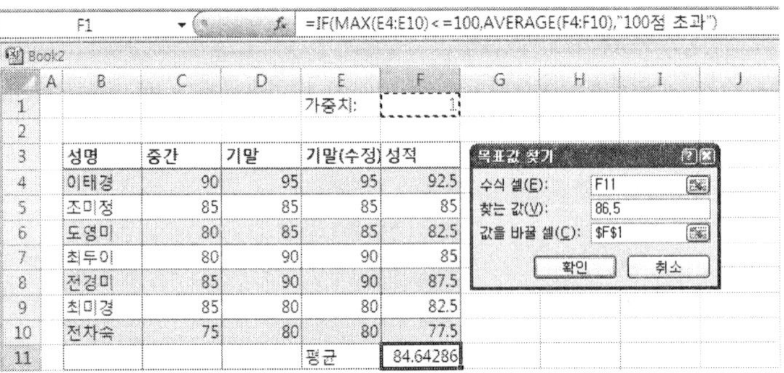

	A	B	C	D	E	F
1					가중치:	1
2						
3		성명	중간	기말	기말(수정)	성적
4		이태경	90	95	95	92.5
5		조미정	85	85	85	85
6		도영미	80	85	85	82.5
7		최두이	80	90	90	85
8		전경미	85	90	90	87.5
9		최미경	85	80	80	82.5
10		전차숙	75	80	80	77.5
11					평균	84.64286

④ '확인' 버튼을 클릭한다. 가중치 값이 변경되어 평균이 목표값 86.5로 계산된다.

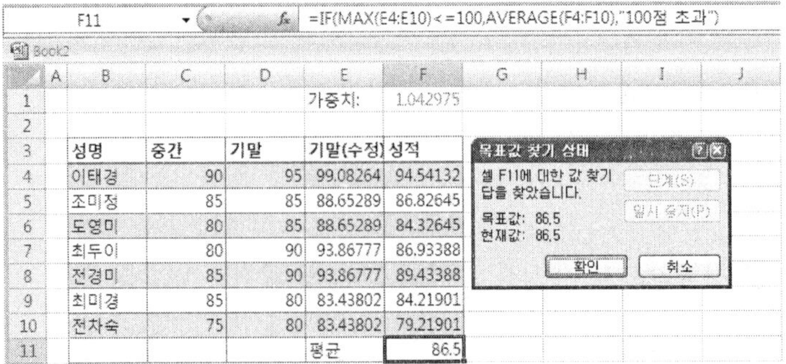

	A	B	C	D	E	F
1					가중치:	1.042975
2						
3		성명	중간	기말	기말(수정)	성적
4		이태경	90	95	99.08264	94.54132
5		조미정	85	85	88.65289	86.82645
6		도영미	80	85	88.65289	84.32645
7		최두이	80	90	93.86777	86.93388
8		전경미	85	90	93.86777	89.43388
9		최미경	85	80	83.43802	84.21901
10		전차숙	75	80	83.43802	79.21901
11					평균	86.5

'확인' 버튼을 클릭하면 평균을 목표값으로 변경해 준다. 목표값 찾기를 취소하려면 '취소' 버튼을 클릭한다.

- '수식 셀'에는 '값을 바꿀 셀'을 참조하는 수식이 입력된 셀을 지정한다.
- '찾는 값'에는 목표값을 입력한다.
- '값을 바꿀 셀'에는 변경할 값이 입력된 셀을 지정한다. 수치만 지정할 수 있다.

연 이자율 5% 하에서 매달 5만원을 저축하여 1000 만원을 찾으려면 몇 년 저축해야 할까?

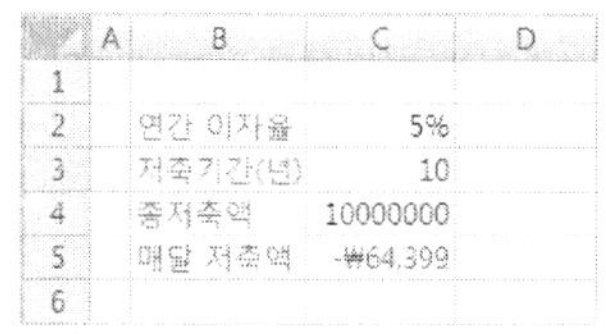

C5 셀에는 PMT 함수가 입력되어 있다.

=PMT(C2/12,C3*12,0,C4)

즉, 연간 이자율 5% 하에서 매달 64,399원을 저축하면 10년 후 천만원을 찾을 수 있다.

매달 5만원을 저축하여 천만원을 찾을 수 있는 기간을 구하려면 목표값 찾기를 실행한다.

① 수식 셀에 PMT 함수가 입력된 셀을 지정한다.

② 찾는 값에 '−50000'을 입력한다.

③ 값을 바꿀 셀에 저축 기간이 입력된 셀을 지정한다.

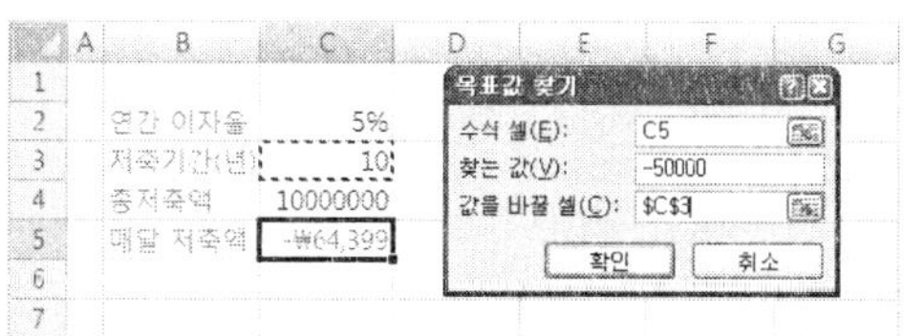

④ '확인' 버튼을 클릭한다. 즉, 12.15년 후에 천만원을 찾을 수 있다.

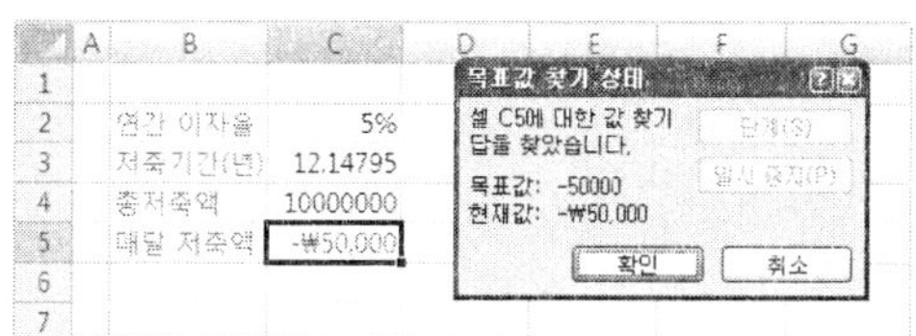

• 매달 5만원을 10년간 저축하여 찾을 수 있는 저축금액을 구하려면 '값을 바꿀 셀'에 총저축액이 입력된 셀을 지정한다.

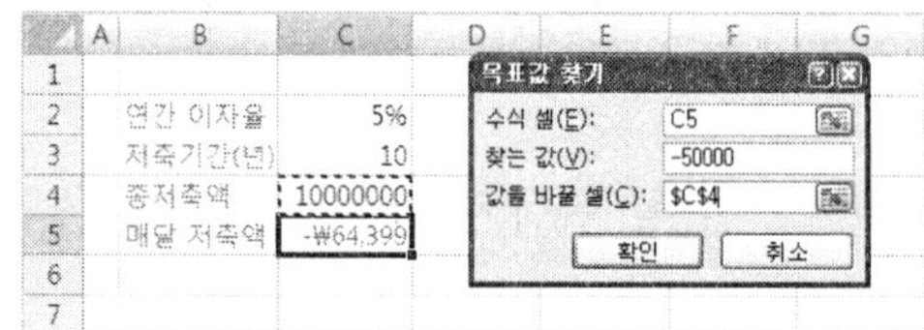

매달 5만원을 10년간 저축하면 7,764,114원을 찾을 수 있다.

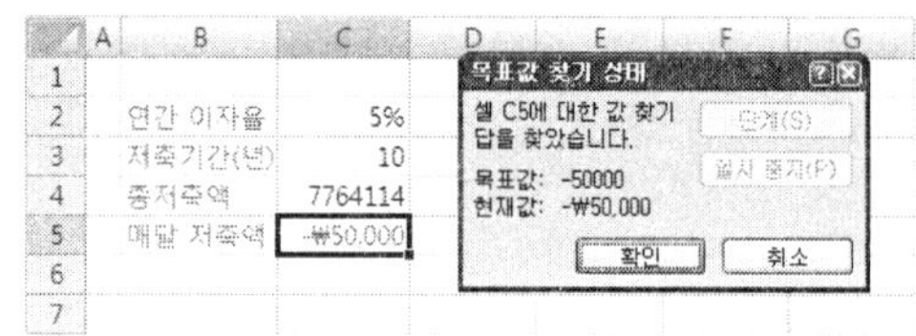

3) 시나리오

시나리오는 예상되는 몇 가지 상황을 변수로 활용하여 계산 결과를 참조할 때 사용한다. 일반적으로 시나리오는 현재 상황을 중심으로 상황이 개선된 경우와 악화된 경우로 나눈다.

연간 이자율이 4%, 6%로 변경되는 경우 10년 후 천만원을 찾기 위해 매달 저축해야 할 금액이 얼마인지 시나리오 요약 보고서를 작성해 보자.

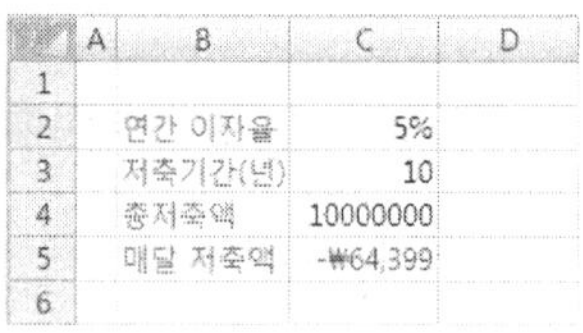

① 연간 이자율이 입력된 셀 C2를 선택하고 이름 상자에 '연간이자율'을 입력한다.

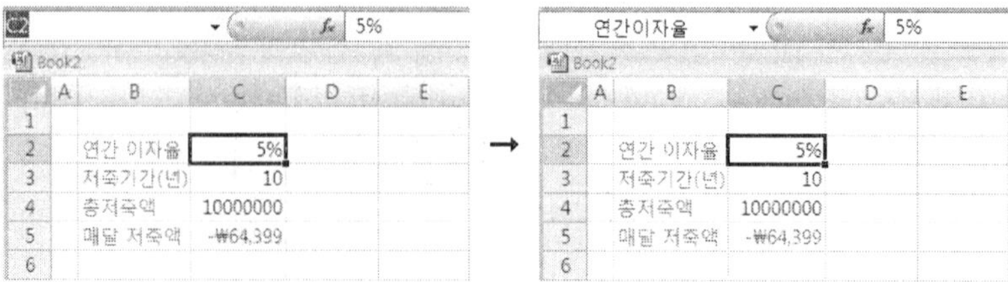

② 매달 저축액이 입력된 셀 C5를 선택하고 이름 상자에 '매달저축액'을 입력한다. 이름 상자를 클릭한 후 이름을 입력하고 Enter 키를 누른다.

주의 시나리오의 '변경 셀'과 '결과 셀'로 사용할 셀 이름을 먼저 정의한다. 셀 이름을 정의하지 않으면 시나리오 요약 보고서에 셀 주소가 표시되어 그 셀의 내용이 무엇인지 알 수 없게 된다. 셀 이름은 빈칸이 없게끔 입력한다.

③ '가상 분석' 버튼을 클릭하여 '시나리오 관리자'를 선택한다.

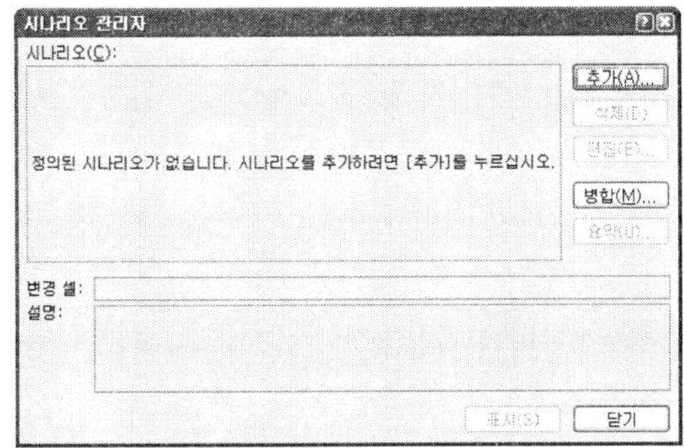

④ '추가' 버튼을 클릭한다.

⑤ 시나리오 이름 '이자율 인상'을 입력하고 변경 셀로 C2 셀을 지정한다.

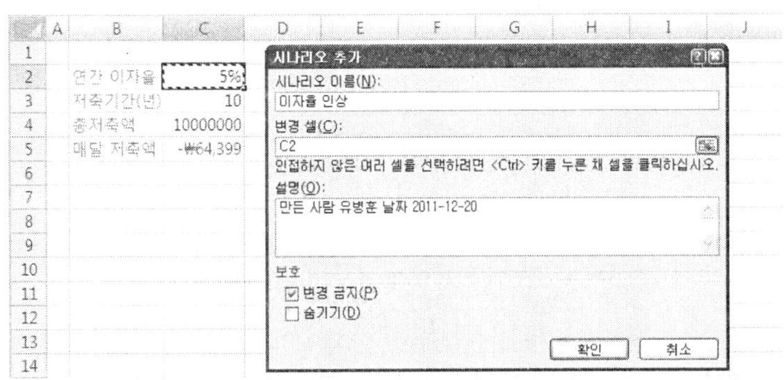

이자율이 변경되는 경우의 시나리오를 작성하므로 변경 셀로 이자율이 입력된 셀을 지정한다.

⑥ '확인' 버튼을 클릭한다.

⑦ 이자율 '6%'를 입력하고 '추가' 버튼을 클릭한다.

⑧ 시나리오 이름 '이자율 인하'를 입력하고 변경 셀로 C2 셀을 지정한다.

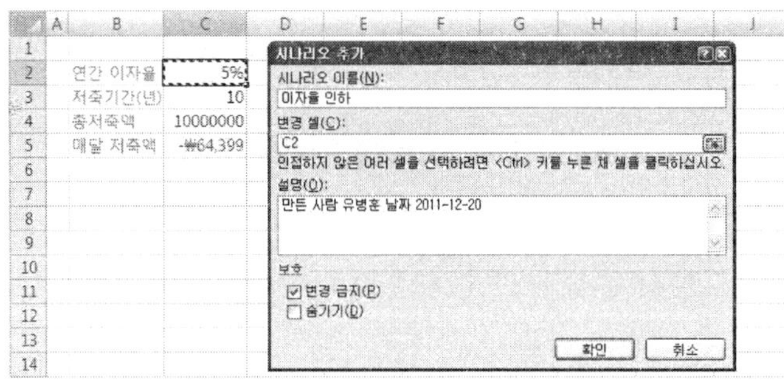

⑨ 이자율 '4%'를 입력하고 '확인' 버튼을 클릭한다.

시나리오 관리자에 시나리오가 등록된다.

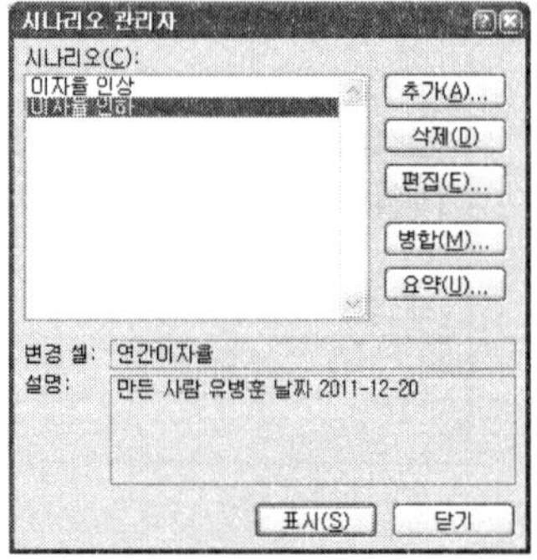

⑩ '요약' 버튼을 클릭한다.

⑪ 보고서 종류로 '시나리오 요약'을 선택하고 결과 셀로 C5 셀을 지정한 후 '확인' 버튼을 클릭한다.

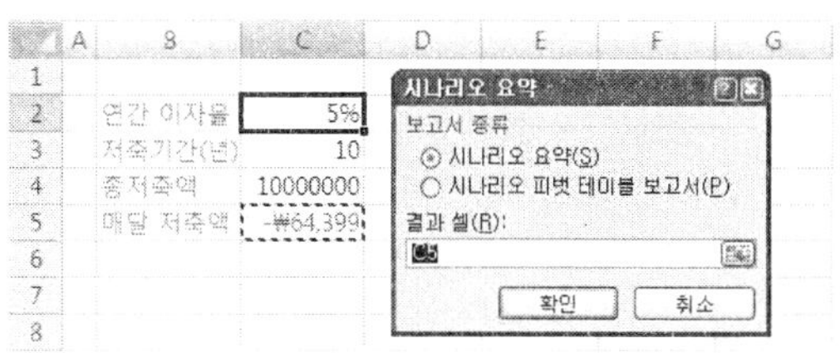

시나리오 요약 보고서가 새 시트 탭에 만들어진다.

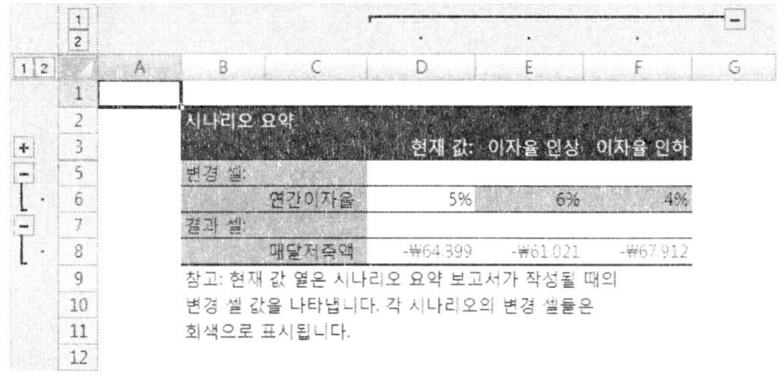

시나리오 관리자 대화상자

- '추가' 버튼을 클릭하면 시나리오를 추가할 수 있다.
- '병합' 버튼을 클릭하면 시나리오를 병합할 수 있다.
- 시나리오를 선택한 후 '편집' 버튼을 클릭하면 시나리오를 편집할 수 있다.
- 시나리오를 선택한 후 '삭제' 버튼을 클릭하면 시나리오를 삭제할 수 있다.
- 시나리오를 선택한 후 '표시' 버튼을 클릭하면 시나리오를 적용할 수 있다.

저축기간과 총저축액을 5년, 500만원 그리고 15년 1500만원으로 계획할 때 매달 저축해야 할 금액이 얼마인지 시나리오 요약 보고서를 작성해 보자.

① '변경 셀'로 사용할 셀 이름을 각각 '저축기간', '총저축액'으로 정의한다.

② 시나리오 이름 '5년, 500만원'을 입력하고 변경 셀로 저축기간과 총저축액이 입력된 셀을 함께 지정한다.

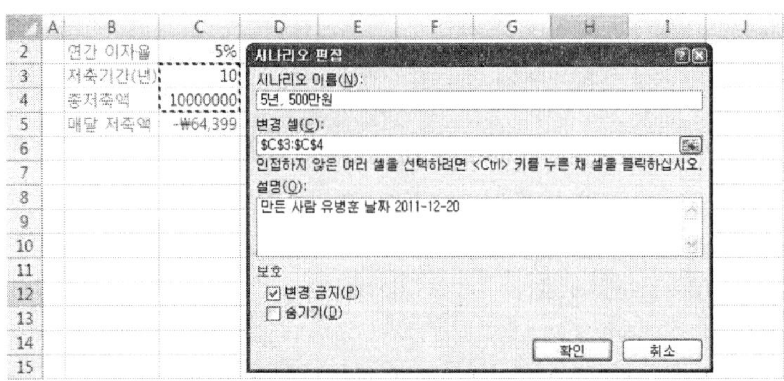

③ '확인' 버튼을 클릭하고 저축기간과 총저축액으로 각각 '5', '5000000'을 입력한다.

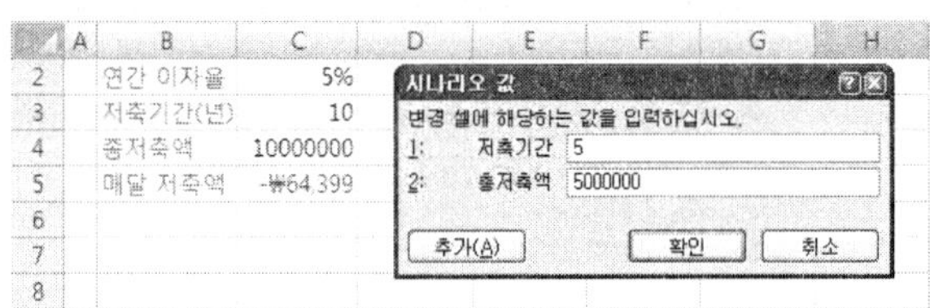

④ '추가' 버튼을 클릭하고 시나리오 이름 '15년, 1500만원'을 입력하고 변경 셀로 저축기간과 총저축액이 입력된 셀을 함께 지정한다.

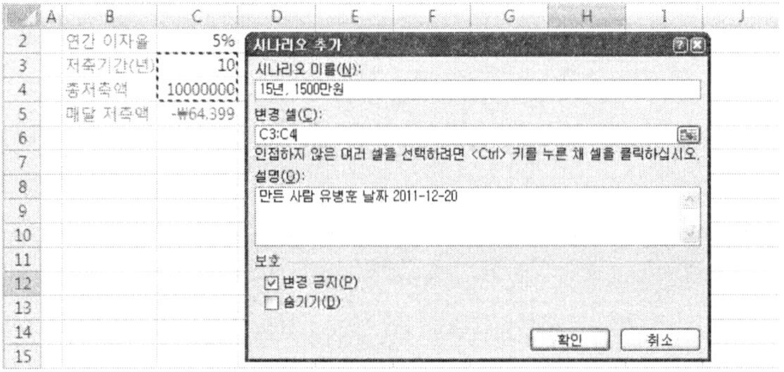

⑤ '확인' 버튼을 클릭하고 저축기간과 총저축액으로 각각 '5', '5000000'을 입력한다.

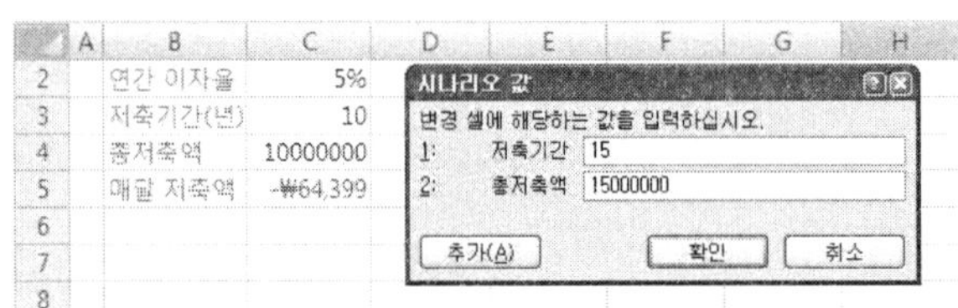

⑥ '확인' 버튼을 클릭한 후 시나리오 관리자 대화상자에서 '요약' 버튼을 클릭한다.

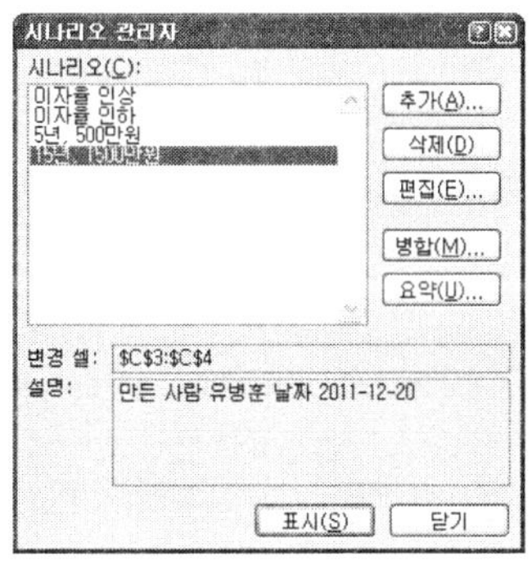

⑦ 보고서 종류로 '시나리오 요약'을 선택하고 결과 셀로 C5 셀을 지정한 후 '확인' 버튼을 클릭한다.

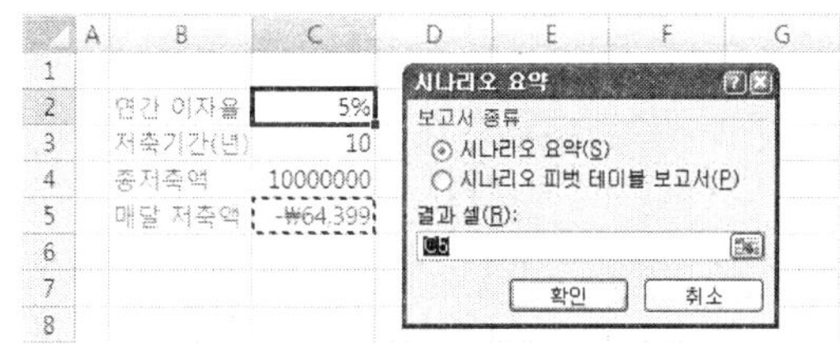

시나리오 요약 보고서가 새 시트 탭에 만들어진다.

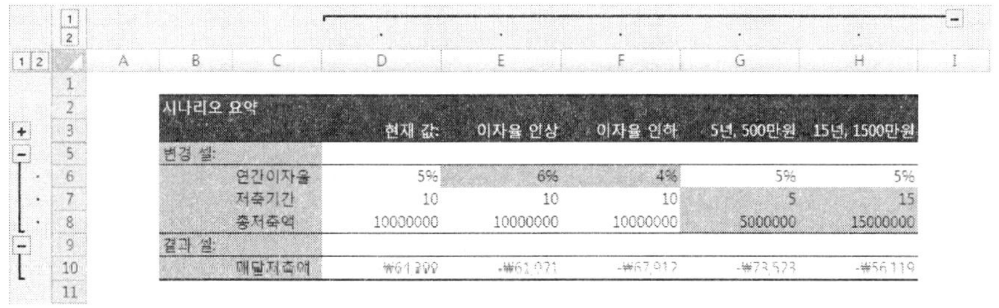

시나리오 요약	현재 값:	이자율 인상	이자율 인하	5년, 500만원	15년, 1500만원
변경 셀:					
연간이자율	5%	6%	4%	5%	5%
저축기간	10	10	10	5	15
총저축액	10000000	10000000	10000000	5000000	15000000
결과 셀:					
매달저축액	-₩64,399	-₩61,021	-₩67,912	-₩73,523	-₩56,119

4) 해 찾기

해 찾기는 목표값 찾기와 유사한 기능이지만 여러 개의 변수와 제한 조건을 이용하여 원하는 결과 값을 찾을 때 사용한다.

해 찾기를 실행하려면 Excel 옵션에서 해 찾기 기능을 추가해야 한다.

① '오피스 단추' 를 클릭한다.

② 'Excel 옵션' 버튼을 클릭한다.

③ '추가 기능'을 클릭한다.

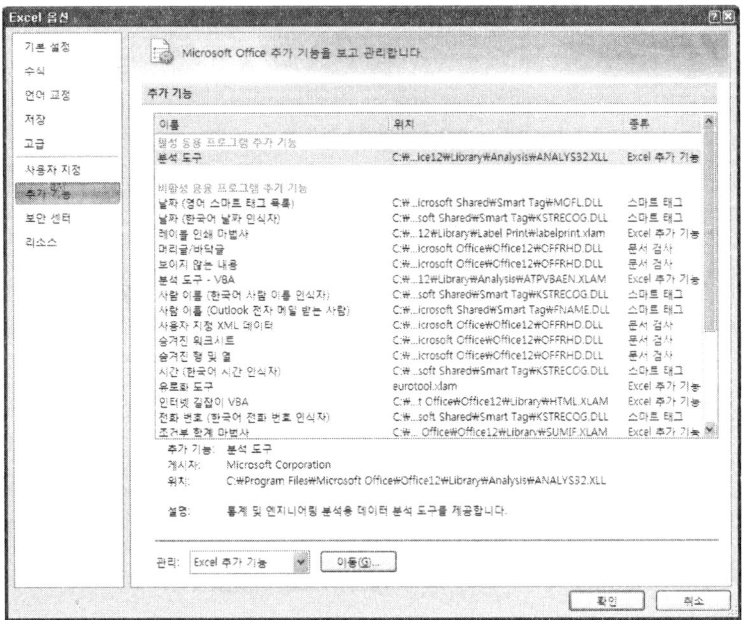

④ 관리 목록에서 'Excel 추가 기능'을 선택하고 '이동' 버튼을 클릭한다.

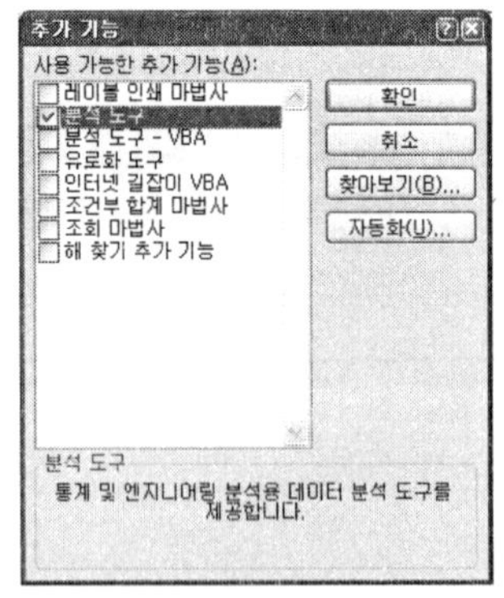

⑤ '해 찾기 추가 기능' 옵션을 선택하고 '확인' 버튼을 클릭한다.
데이터 탭의 분석 그룹에 '해 찾기' 버튼이 설치된다.

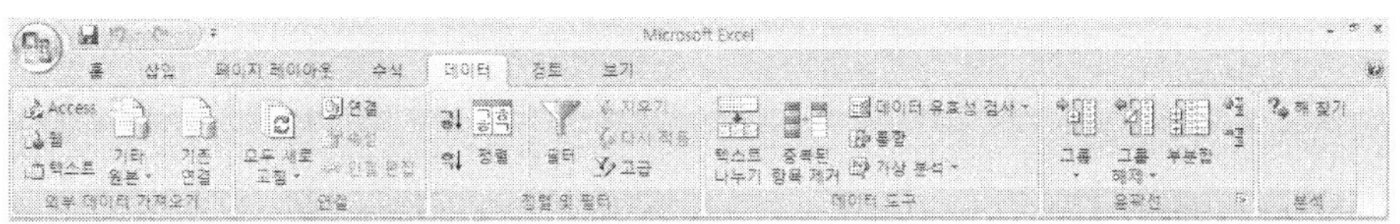

하루에 생산라인을 8 시간 가동하여 캠코더, PROJECT, 디카를 생산한다. 제품당 최대 가동 시간은 6 시간이며 최저 가동 시간은 1 시간이라고 할 때 제품별 작업시간을 변수로 사용하여 총이익을 최대화해 보자.

	A	B	C	D	E	F	G
1							
2		제품	캠코더	PROJECT	디카	합계	
3		생산성(개/h)	21	15	27		
4		작업시간	3	2	3	8	
5		생산량(개)	63	30	81	174	
6		최대생산량(개/일)	126	90	162		
7		최저생산량(개/일)	21	15	27		
8		평균이익(만원/개)	13	18	10		
9		총이익(만원)	819	540	810	2169	
10							

데이터에 적용한 수식은 다음과 같다.

- 생산량=생산성*작업시간
- 최대생산량=생산성*6
- 최저생산량=생산성*1
- 총이익=생산량*평균이익

	A	B	C	D	E
1					
2		제품	캠코더	PROJECT	디카
3		생산성(개/h)	21	15	27
4		작업시간	3	2	3
5		생산량(개)	=C3*C4		
6		최대생산량(개/일)	=C3*6		
7		최저생산량(개/일)	=C3*1		
8		평균이익(만원/개)	13	18	10
9		총이익(만원)	=C5*C8		

① '해 찾기' 버튼을 클릭한다.

② 목표 셀을 총이익이 입력된 F9 셀로 지정한다.

③ 해의 조건으로 '최대값' 옵션을 선택한다.

④ 값을 바꿀 셀로 제품별 작업시간이 입력된 C4:E4 셀 영역을 지정한다.

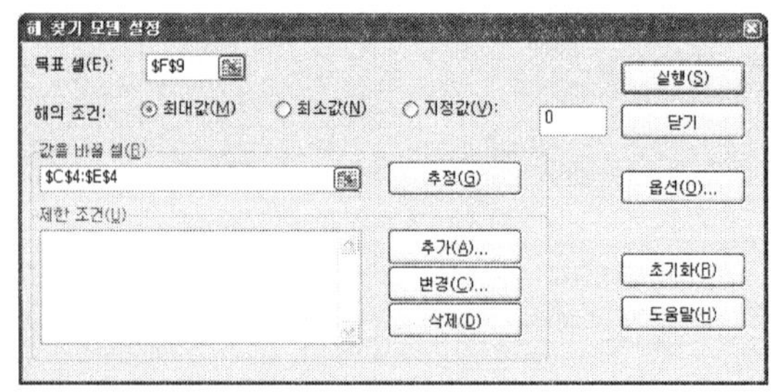

⑤ 제한 조건을 추가하기 위해 '추가' 버튼을 클릭한다.

⑥ 셀 참조 영역으로 작업시간의 합계가 입력된 셀을 선택하고 제한 조건을 8로 지정한다. 즉, 생산라인은 하루 8 시간으로 제한한다.

⑦ '추가' 버튼을 클릭하여 셀 참조 영역과 제한 조건을 다음과 같이 지정한다.

셀 참조 영역	연산자	제한 조건	설명
$C$5:$E$5	>=	$C$7:$E$7	생산량은 최대생산량을 초과할 수 없다.
$C$5:$E$5	<=	$C$6:$E$6	생산량은 최저생산량보다 같거나 크다.
$C$4:$E$4	int	정수	작업시간은 정수이어야 한다.

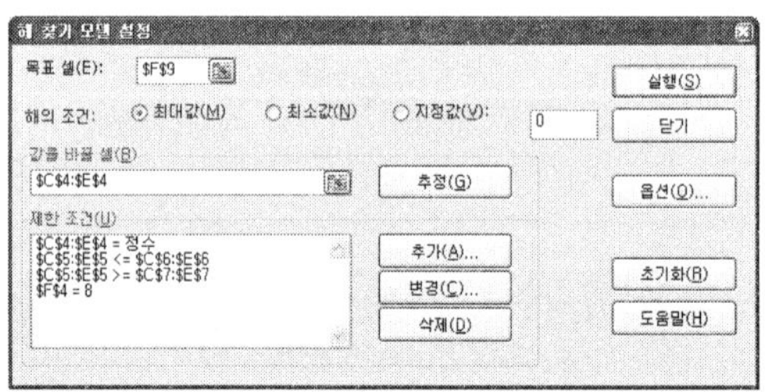

⑧ '실행' 버튼을 클릭한다.

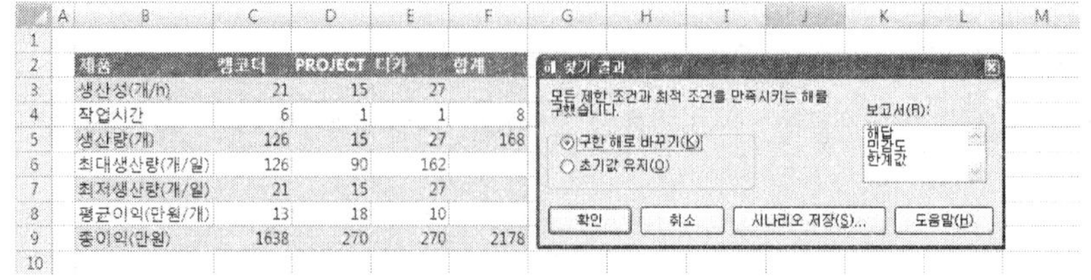

⑨ '구한 해로 바꾸기' 옵션을 선택하고 '확인' 버튼을 클릭한다.

보고서 종류를 선택하고 '확인' 버튼을 클릭하면 새 시트 탭에 보고서가 작성된다.

참고 엑셀은 해 찾기 예제문서 Solvsamp.xls를 제공한다. 예제 문서에는 생산 관리, 운송 경로, 인사 관리, 재무 관리, 투자 관리, 공학 설계 등의 해 찾기 예제가 포함되어 있다. (Program Files/Microsoft Office/Office12/SAMPLES)

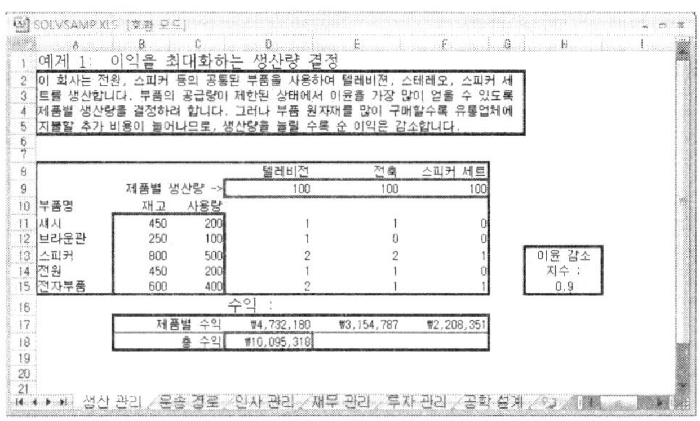
SOLVSAMP.XLS [호환 모드]

예계 1: 이익을 최대화하는 생산량 결정

이 회사는 전원, 스피커 등의 공통된 부품을 사용하여 텔레비전, 스테레오, 스피커 세트를 생산합니다. 부품의 공급량이 제한된 상태에서 이윤을 가장 많이 얻을 수 있도록 제품별 생산량을 결정하려 합니다. 그러나 부품 원자재를 많이 구매할수록 유통업체에 지불할 추가 비용이 늘어나므로, 생산량을 늘릴 수록 순 이익은 감소합니다.

			텔레비전	전축	스피커 세트
	제품별 생산량 ->		100	100	100
부품명	재고	사용량			
섀시	450	200	1	1	0
브라운관	250	100	1	0	0
스피커	800	500	2	2	1
전원	450	200	1	1	0
전자부품	600	400	2	1	1

이윤 감소 지수 : 0.9

수익 :

	텔레비전	전축	스피커 세트
제품별 수익	₩4,732,180	₩3,154,787	₩2,208,351
총 수익	₩10,095,318		

생산 관리 / 운송 경로 / 인사 관리 / 재무 관리 / 투자 관리 / 공학 설계

식품1, 식품2를 통해 칼슘, 단백질, 비타민A를 섭취한다고 하자. 식품을 어떻게 조합하면 매일 필요한 영양소를 최소 비용으로 섭취할 수 있는가?

	A	B	C	D	E	F
1		영양소 함유량				
2			식품1	식품2		
3		가격	0.6	1		
4		칼슘	10	4		
5		단백질	5	5		총구입액
6		비타민A	2	6		3.2
7						
8		구입량에 따른 영양소 함유량				
9			식품1	식품2	합계	1일 최소 소비량
10		칼슘	20	8	28	20
11		단백질	10	10	20	20
12		비타민A	4	12	16	12
13		구입수량	2	2		

데이터에 적용된 수식은 다음과 같다. 총구입액은 배열 수식으로 정의되어 있다.

	A	B	C	D	E	F
1		영양소 함유량				
2			식품1	식품2		
3		가격	0.6	1		
4		칼슘	10	4		
5		단백질	5	5		총구입액
6		비타민A	2	6		{=SUM(C3:D3*C13:D13)}
7						
8		구입량에 따른 영양소 함유량				
9			식품1	식품2	합계	1일 최소 소비량
10		칼슘	=C4*C13	=D4*D13	=SUM(C10:D10)	20
11		단백질	=C5*C13	=D5*D13	=SUM(C11:D11)	20
12		비타민A	=C6*C13	=D6*D13	=SUM(C12:D12)	12
13		구입수량	2	2		

식품1, 식품2의 구입량을 x_1, x_2라고 하면 이 문제는 다음과 같이 수학적으로 나타낼 수 있다[3].

$$\text{극소화:}\quad C = 0.6x_1 + x_2$$

$$\begin{aligned} \text{제약:}\quad & 10x_1 + 4x_2 \geq 20 \quad [\text{칼슘제약}] \\ & 5x_1 + 5x_2 \geq 20 \quad [\text{단백질제약}] \\ & 2x_1 + 6x_2 \geq 12 \quad [\text{비타민}A\text{제약}] \\ & x_1, x_2 \geq 0 \end{aligned}$$

첫 번째 식은 가격 정보에 근거한 비용함수로서 선형계획문제의 목적함수가 되며, 이 함수를 극소화하는 것이 목적이 된다.

제약 조건은 어떤 영양소이든 1일 최소 소비량 이상 섭취하는 것은 허용하며, 식품의 구입량은 최소 양이 되어야 한다는 것을 의미한다.

해 찾기 기능을 이용하여 식품 구입 최소 비용을 구하려면 다음과 같이 한다.

① '해 찾기' 버튼을 클릭한다.

② 목표 셀을 총구입액이 입력된 F6 셀로 지정한다.

③ 해의 조건으로 '최소값' 옵션을 선택한다.

④ 값을 바꿀 셀로 식품 구입수량이 입력된 C13:D13 셀 영역을 지정한다.

⑤ '추가' 버튼을 클릭하여 제한 조건을 입력한다.

셀 참조 영역	연산자	제한 조건	설명
$C$13	>=	0	구입량은 음의 값을 가질 수 없다.
$D$13	>=	0	
$E$10	>=	20	칼슘 섭취량은 20 이상이어야 한다.
$E$11	>=	20	단백질 섭취량은 20 이상이어야 한다.
$E$12	>=	12	비타민A 섭취량은 12 이상이어야 한다.

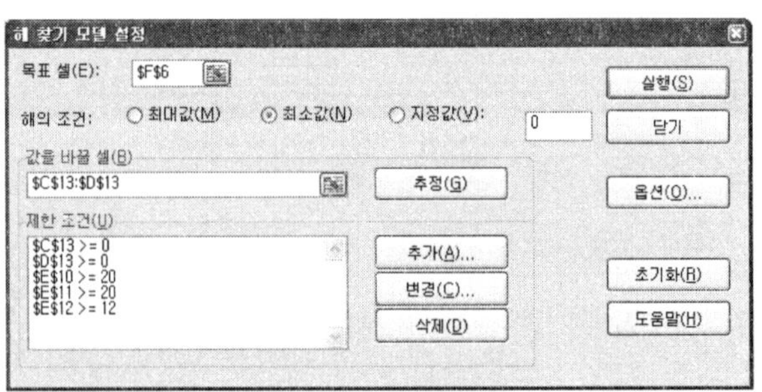

3) A. C. Chiang, Fundamental Methods of Mathematical Economics, 선형계획법에서 자료 발췌

⑥ '실행' 버튼을 클릭한다. 구입비용을 최소화하는 해가 구해진다.

	A	B	C	D	E	F
1		영양소 함유량				
2			식품1	식품2		
3		가격	0.6	1		
4		칼슘	10	4		
5		단백질	5	5		총구입액
6		비타민A	2	6		2.8
7						
8		구입량에 따른 영양소 함유량				
9			식품1	식품2	합계	1일 최소 소비량
10		칼슘	30	4	34	20
11		단백질	15	5	20	20
12		비타민A	6	6	12	12
13		구입수량	3	1		

해 찾기 결과

모든 제한 조건과 최적 조건을 만족시키는 해를 구했습니다.

보고서(R): 해답 / 민감도 / 한계값

⊙ 구한 해로 바꾸기(K)

○ 초기값 유지(O)

확인 | 취소 | 시나리오 저장(S)... | 도움말(H)

식품1을 3, 식품2를 1 단위 구입할 때 비용은 2.8로 최소화된다.

5) 분석 도구

분석 도구를 사용하려면 'Excel 옵션'의 추가 기능에서 '분석 도구'를 선택한다. 분석 도구에서는 통계 데이터 분석과 관련된 도구가 제시된다.

예를 들어, 광고료와 총판매액의 관계를 추정하기 위해 10 개의 상점을 표본으로 추출하였다[4].

광고료를 독립변수 x로, 총판매액을 종속변수 y로 설정하여 회귀분석을 해 보자.

	B	C	D
1			
2	상점 번호	광고료	총판매액
3	1	4	9
4	2	8	20
5	3	9	22
6	4	8	15
7	5	8	17
8	6	12	30
9	7	6	18
10	8	10	25
11	9	6	10
12	10	9	20

4) 박성현, 회귀분석, 71 페이지에서 자료 발췌

① 통계 데이터 분석 목록에서 '회귀분석'을 선택하고 '확인' 버튼을 클릭한다.

② Y축 입력 범위에 총판매액이 입력된 D3:D12 셀을 지정한다.

③ X축 입력 범위에 광고료가 입력된 C3:C12 셀을 지정한다.

④ 출력 옵션으로 '출력 범위'를 선택하고 F2 셀을 지정한다.

⑤ 잔차 옵션으로 '선 적합도'를 선택한다.

⑥ '확인' 버튼을 클릭한다.

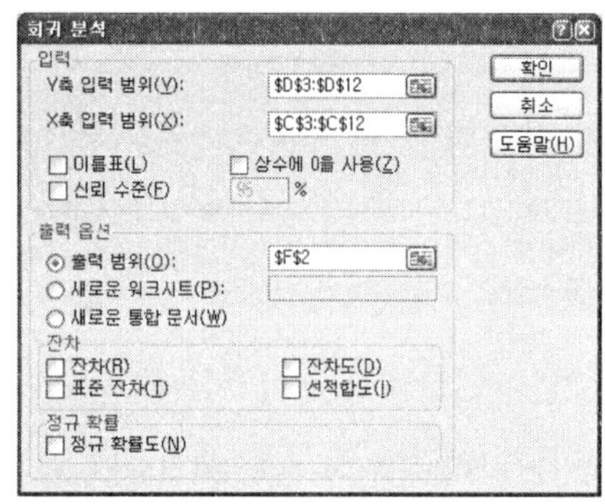

회귀분석 결과가 표시된다.

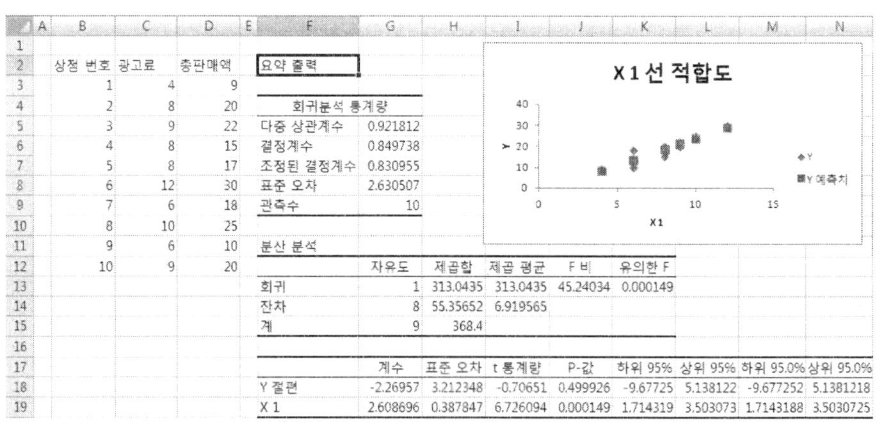

상점 번호	광고료	총판매액
1	4	9
2	8	20
3	9	22
4	8	15
5	8	17
6	12	30
7	6	18
8	10	25
9	6	10
10	9	20

요약 출력

회귀분석 통계량	
다중 상관계수	0.921812
결정계수	0.849738
조정된 결정계수	0.830955
표준 오차	2.630507
관측수	10

분산 분석

	자유도	제곱합	제곱 평균	F 비	유의한 F
회귀	1	313.0435	313.0435	45.24034	0.000149
잔차	8	55.35652	6.919565		
계	9	368.4			

	계수	표준 오차	t 통계량	P-값	하위 95%	상위 95%	하위 95.0%	상위 95.0%
Y 절편	-2.26957	3.212348	-0.70651	0.499926	-9.67725	5.138122	-9.677252	5.1381218
X 1	2.608696	0.387847	6.726094	0.000149	1.714319	3.503073	1.7143188	3.5030725

추정된 회귀선은 $\hat{y}=-2.270+2.609x$가 된다.

기울기가 2.609라는 것은 광고료가 1원 증가하면 판매액이 2.609원 증가한다는 뜻이 된다.

- 상관계수는 두 변수 간의 선형관계가 어느 정도인지 나타낸다. 따라서 광고료와 판매액 간에는 높은 상관관계가 존재하며, 광고료가 증가하면 판매액도 증가한다는 것을 뜻한다.

- 결정계수는 총변동 중 회귀선에 의해 설명되는 비율을 나타낸다. 즉, 총판매액 변동의 85%가 광고료에 의해 설명된다는 것을 뜻한다.
- 표준오차는 추정의 정확성을 나타내 주는 측도이다. 표준오차가 적을수록, 그 추정값은 미지의 모수를 매우 정확하게 추정하는 것이 된다.

  유의성 검정은 분산분석을 통해 모수 전체 즉, 모형 전체의 유의성을 검정하는 방법과 개별적인 모수의 유의성을 검정하는 방법이 있다.

  분산분석 표에서는 회귀분석으로 얻어진 회귀식이 종속변수의 분산을 얼마나 설명하는지, 그리고 이것이 통계적으로 유의한지 표시된다. 즉, '종속변수를 의미 있게 설명하는 독립변수는 하나도 없다'는 귀무가설을 검정한 결과가 표시된다.
- '회귀' 행은 회귀식에 의해 설명되는 부분을, '잔차' 행은 회귀식에 의해 설명되지 않는 부분을 나타낸다.
- F비는 45.24로서 유의수준 0.05에서의 F 기각치 5.32보다 크므로 회귀직선은 매우 유의한 것으로 볼 수 있다. 즉, 광고료는 판매액에 영향을 미친다는 것을 의미한다. 이것은 유의한 F의 값을 통해서도 확인할 수 있다. 유의한 F는 F 검정의 유의도를 보여준다. 즉, 유의수준 0.00015에서도 F비는 유의함을 보여준다.

  분산분석 표에서는 어느 독립변수가 중요한지 혹은 의미가 있는지 알 수 없다. 따라서 분산분석 표 밑에는 개별 독립변수와 종속변수 사이에 유의적인 선형 관계가 있는지 표시된다. 즉, '독립변수와 종속변수 사이에 아무런 선형관계가 없다'는 귀무가설을 검정한 결과가 표시된다.

  개별 모수의 검정에는 t-검정을 사용한다.
- x의 t-통계량은 6.73으로서 유의수준 0.05에서의 t 기각치 2.306보다 크므로 귀무가설을 기각할 수 있다.
- P 값은 0에서 1 사이의 값을 갖는 확률로서 0에 가까울수록 귀무가설을 기각하게 된다. x의 P-값은 0.00015로서 유의수준 0.05보다 작으므로 회귀선의 기울기는 유의한 것으로 볼 수 있다.

계절별 고객의 변동추이와 4 계절 이동평균선을 도출해 보자.

	A	B	C	D	E	F	G	H	I	J	K	L	M	N	O	P	Q	R	S	T	U
1	계절	01-1	01-2	01-3	01-4	02-1	02-2	02-3	02-4	03-1	03-2	03-3	03-4	04-1	04-2	04-3	04-4	05-1	05-2	05-3	05-4
2	고객수	1861	2203	2415	1908	1921	2343	2514	1986	1834	2154	2098	1799	1837	2025	2304	1965	2073	2414	2339	1967
3																					

※ '01–1' 형태로 입력하면 날짜로 입력되므로 "01–1' 형태로 입력한다. "'" 기호 다음 숫자를 입력하면 문자 형태로 입력된다.

① 통계 데이터 분석 목록에서 '이동평균법'을 선택하고 '확인' 버튼을 클릭한다.

② 입력 범위에 고객수가 입력된 A2:U2 셀을 지정한다.

③ '첫째 행 이름표 사용' 옵션을 선택하고 구간을 '4'로 지정한다.

④ 출력 범위로 B4 셀을 지정한다.

⑤ '차트 출력' 옵션을 선택하고 '확인' 버튼을 클릭한다.

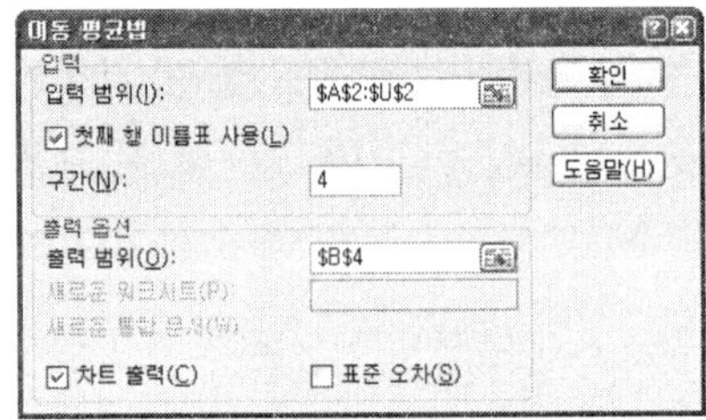

계절 이동평균과 이동평균선이 그려진다.

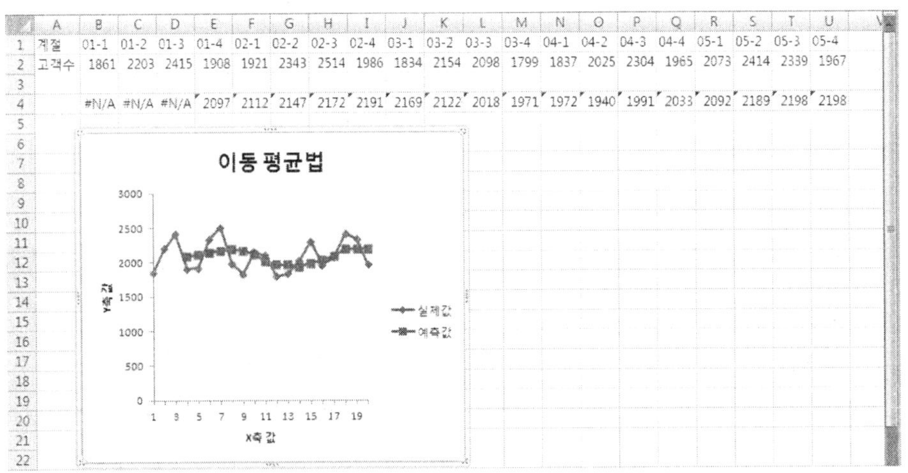

	A	B	C	D	E	F	G	H	I	J	K	L	M	N	O	P	Q	R	S	T	U
1	계절	01-1	01-2	01-3	01-4	02-1	02-2	02-3	02-4	03-1	03-2	03-3	03-4	04-1	04-2	04-3	04-4	05-1	05-2	05-3	05-4
2	고객수	1861	2203	2415	1908	1921	2343	2514	1986	1834	2154	2098	1799	1837	2025	2304	1965	2073	2414	2339	1967
3																					
4		#N/A	#N/A	#N/A	2097	2112	2147	2172	2191	2169	2122	2018	1971	1972	1940	1991	2033	2092	2189	2198	2198

도수분포표와 히스토그램을 그려보자.

	A	B	C
1	점수	계급	
2	40	60	
3	55	70	
4	60	80	
5	62	90	
6	70		
7	75		
8	77		
9	80		
10	82		
11	85		
12	91		
13			

히스토그램에 사용할 계급 구간은 오름차순으로 입력한다.

① 통계 데이터 분석 목록에서 '히스토그램'을 선택하고 '확인' 버튼을 클릭한다.

② 입력 범위에 점수가 입력된 A1:A12 셀을 지정한다.

③ 계급 구간에 계급이 입력된 B1:B5 셀을 지정한다.

④ '이름표' 옵션을 선택한다.

⑤ 출력 범위로 D1 셀을 지정한다.

⑥ '차트 출력' 옵션을 선택하고 '확인' 버튼을 클릭한다.

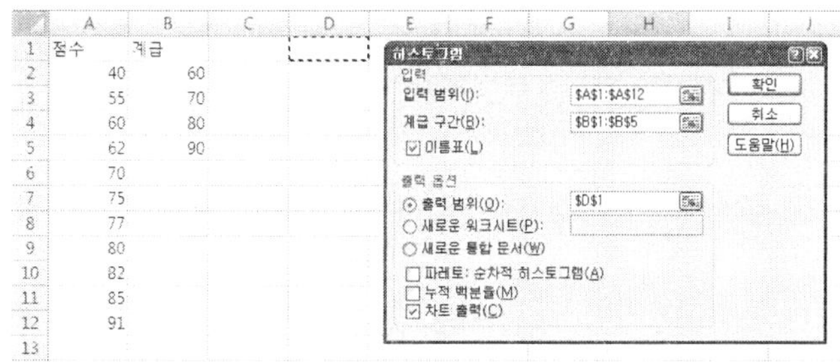

도수분포표와 히스토그램이 삽입된다.

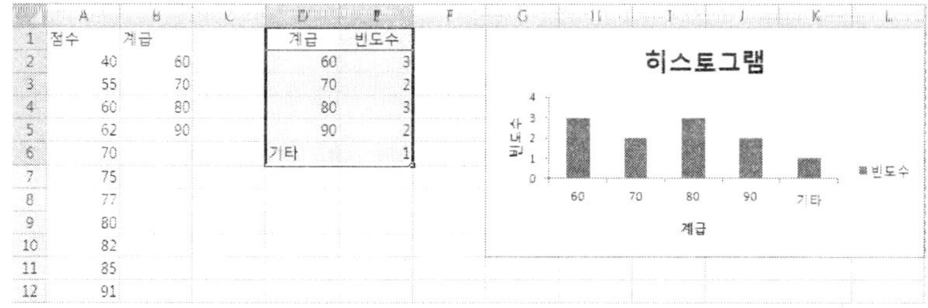

계급 구간은 0−60, 61−70, 71−80, 81−90, 90−100으로 설정되었다.

7. 피벗 테이블

피벗 테이블은 데이터를 새롭게 작성한 요약 표이다. 피벗 테이블에는 정렬, 필터, 부분합 등의 기능이 함께 적용된다.

	판매사원	품명	판매시간	판매가	판매량	판매이익금		품명	매입가
2	도영미	아이크림	11:20	25870	15	89550		에센스	8960
3	조미정	아이크림	13:15	25000	20	102000		탄력3종	13860
4	최두이	아이크림	16:30	25870	18	107460		아쿠아2종	17150
5	이태경	아쿠아2종	11:50	23000	18	105300		아이크림	19900
6	도영미	아쿠아2종	15:42	24500	12	88200			
7	이태경	에센스	14:20	12800	16	61440			
8	조미정	에센스	15:10	13000	10	40400			
9	이태경	에센스	15:50	12000	20	60800			
10	이태경	에센스	17:25	12850	12	46680			
11	최두이	에센스	17:45	11500	24	60960			
12	최두이	탄력3종	12:30	19800	15	89100			
13	조미정	탄력3종	15:15	19500	13	73320			
14	이태경	탄력3종	16:55	19800	15	89100			

데이터를 참조하는 피벗 테이블을 만들려면 삽입 탭의 표 그룹에서 '피벗 테이블' 버튼을 클릭한다.

① 데이터 내부를 클릭하고 '피벗 테이블' 버튼을 클릭한다.

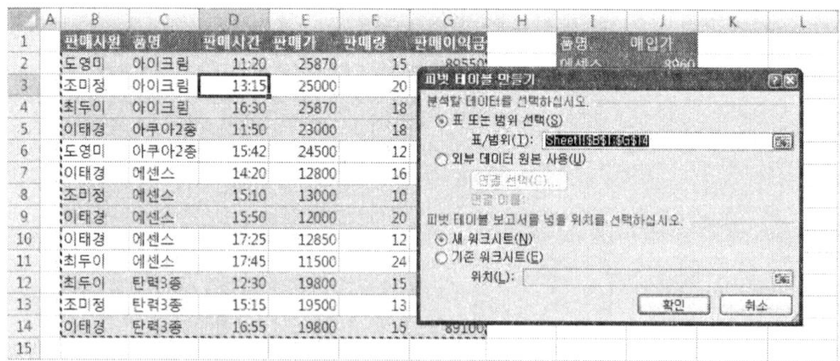

② 데이터 범위를 지정하고 '새 워크시트' 옵션을 선택한 후 '확인' 버튼을 클릭한다. 시트 오른편에 피벗 테이블 필드 목록 창이 열린다.

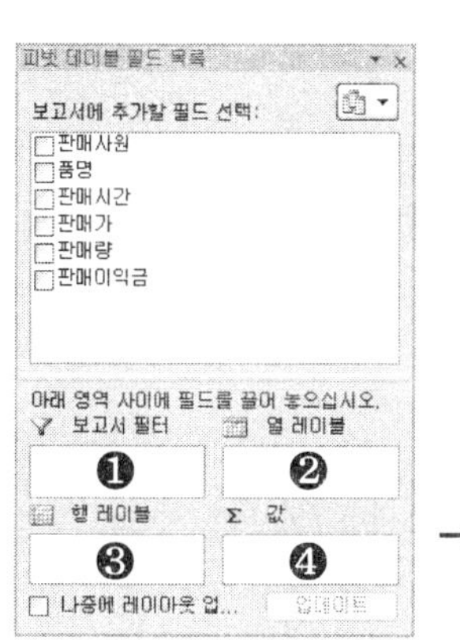

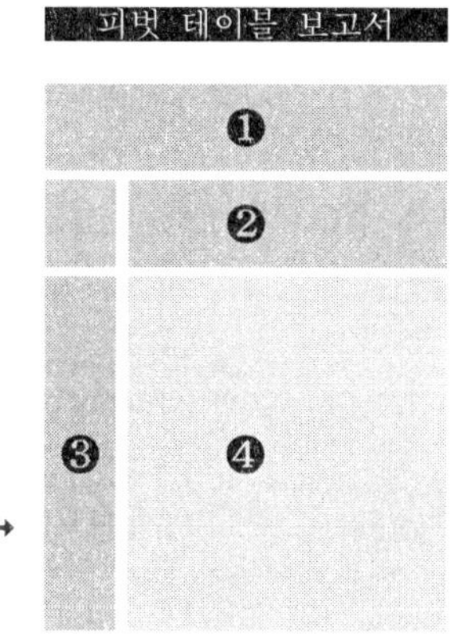

- 필드 목록에는 데이터의 필드 이름이 나타난다.
- 피벗 테이블은 '보고서 필터, 열 레이블, 행 레이블, 값' 영역으로 구분된다.
- 보고서 필터 영역에는 보고서 페이지를 작성할 필드를 배치한다.

③ '판매사원' 필드를 보고서 필터 영역에, '품명' 필드를 열 레이블 영역에, '판매시간' 필드를 행 레이블 영역에 그리고 '판매이익금' 필드를 값 영역에 끌어 놓는다. 필드를 영역으로 이동하면 자동으로 피벗 테이블이 작성되며, 피벗 테이블 도구 리본이 열린다.

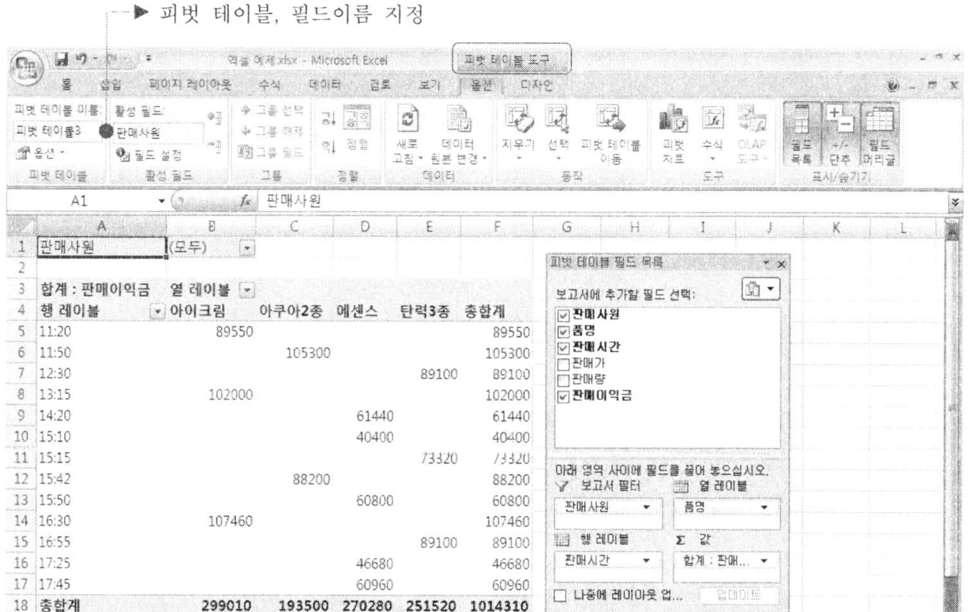

	A	B	C	D	E	F
1	판매사원	(모두)				
2						
3	합계 : 판매이익금	열 레이블				
4	행 레이블	아이크림	아쿠아2종	에센스	탄력3종	총합계
5	11:20	89550				89550
6	11:50		105300			105300
7	12:30				89100	89100
8	13:15	102000				102000
9	14:20			61440		61440
10	15:10			40400		40400
11	15:15				73320	73320
12	15:42		88200			88200
13	15:50			60800		60800
14	16:30	107460				107460
15	16:55				89100	89100
16	17:25			46680		46680
17	17:45			60960		60960
18	총합계	299010	193500	270280	251520	1014310

피벗 테이블 도구 리본의 옵션 탭에서는 피벗 테이블과 관련된 명령을 수행할 수 있다.

◻ 피벗 테이블 그룹과 활성 필드 그룹

- 피벗 테이블의 이름을 정의할 수 있다.
- '옵션' 버튼을 클릭하여 '보고서 필터 페이지 표시'를 선택하면 보고서 필터 영역에 위치한 필드 항목의 데이터를 시트별로 나누어 표시할 수 있다.

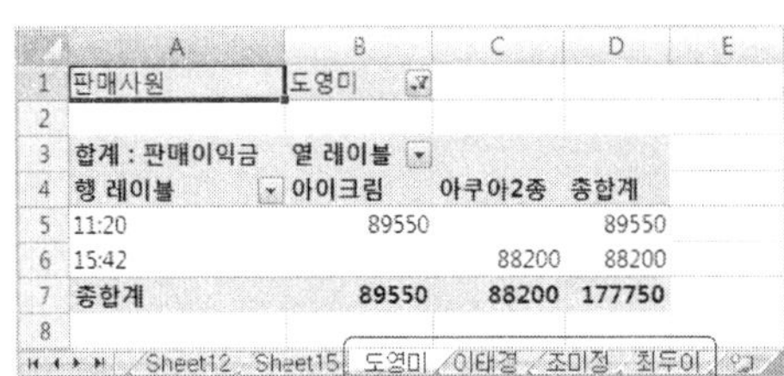

	A	B	C	D
1	판매사원	도영미		
2				
3	합계 : 판매이익금	열 레이블		
4	행 레이블	아이크림	아쿠아2종	총합계
5	11:20	89550		89550
6	15:42		88200	88200
7	총합계	89550	88200	177750
8				

판매사원 필드 항목 '도영미, 이태경, 조미정, 최두이' 이름으로 시트 탭이 만들어지고, 각 항목에 해당하는 데이터가 걸러져 표시된다.

◻ 필드 설정

필드를 선택한 후 '필드 설정' 버튼을 클릭하면 필드 값에 적용된 함수와 값 표시 형식을 변경할 수 있다.

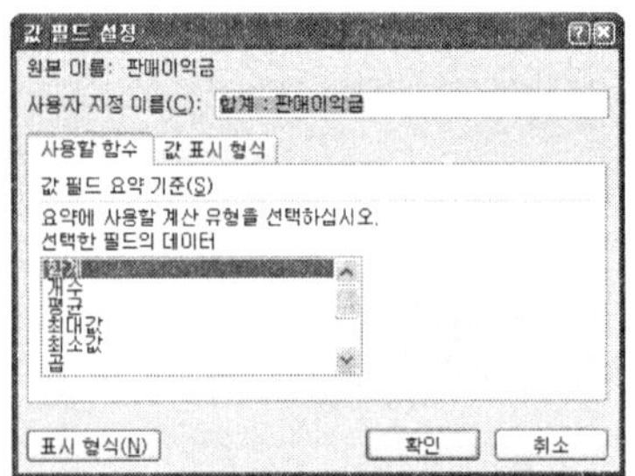

→

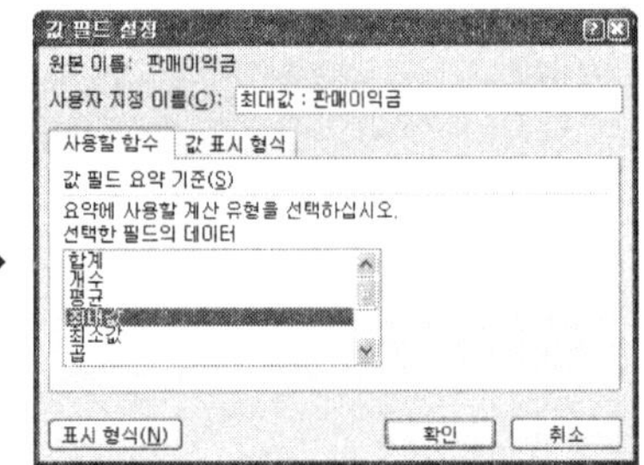

- 함수를 '최대값'으로 변경하면 판매이익금의 최대값이 표시된다.

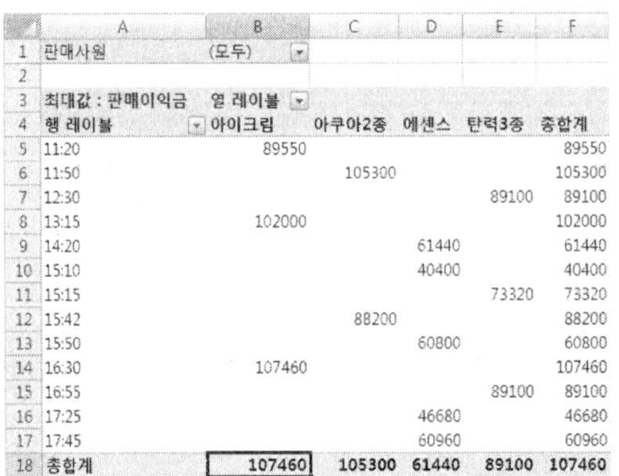

	A	B	C	D	E	F
1	판매사원	(모두)				
2						
3	최대값 : 판매이익금	열 레이블				
4	행 레이블	아이크림	아쿠아2종	에센스	탄력3종	총합계
5	11:20	89550				89550
6	11:50		105300			105300
7	12:30				89100	89100
8	13:15	102000				102000
9	14:20			61440		61440
10	15:10			40400		40400
11	15:15				73320	73320
12	15:42		88200			88200
13	15:50			60800		60800
14	16:30	107460				107460
15	16:55				89100	89100
16	17:25			46680		46680
17	17:45			60960		60960
18	총합계	107460	105300	61440	89100	107460

• 값 표시 형식 탭을 클릭하면 값 표시 형식을 지정할 수 있다.

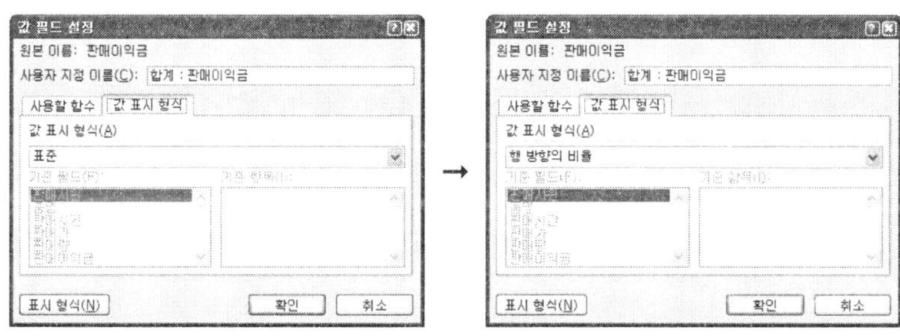

값 표시 형식을 '행 방향의 비율'로 변경하면 품명 당 판매이익금의 비율을 표시할 수 있다.

	A	B	C	D	E	F
1	판매사원	(모두)				
2						
3	합계 : 판매이익금	열 레이블				
4	행 레이블	아이크림	아쿠아2종	에센스	탄력3종	총합계
5	11:20	29.95%	0.00%	0.00%	0.00%	8.83%
6	11:50	0.00%	54.42%	0.00%	0.00%	10.38%
7	12:30	0.00%	0.00%	0.00%	35.42%	8.78%
8	13:15	34.11%	0.00%	0.00%	0.00%	10.06%
9	14:20	0.00%	0.00%	22.73%	0.00%	6.06%
10	15:10	0.00%	0.00%	14.95%	0.00%	3.98%
11	15:15	0.00%	0.00%	0.00%	29.15%	7.23%
12	15:42	0.00%	45.58%	0.00%	0.00%	8.70%
13	15:50	0.00%	0.00%	22.50%	0.00%	5.99%
14	16:30	35.94%	0.00%	0.00%	0.00%	10.59%
15	16:55	0.00%	0.00%	0.00%	35.42%	8.78%
16	17:25	0.00%	0.00%	17.27%	0.00%	4.60%
17	17:45	0.00%	0.00%	22.55%	0.00%	6.01%
18	총합계	100.00%	100.00%	100.00%	100.00%	100.00%

• '표시 형식' 버튼을 클릭하면 셀 서식을 지정할 수 있다.

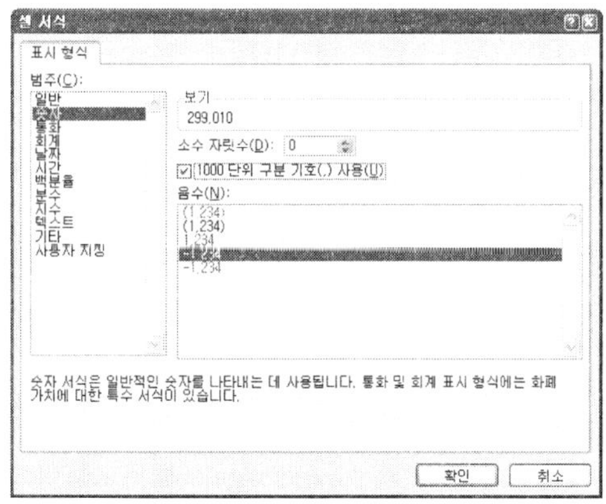

'숫자' 범주를 선택하고 '1000 단위 구분 기호 사용' 옵션을 선택하면 값 영역의 수치에 천단위 구분 기호를 삽입하여 표시할 수 있다.

판매사원	(모두)				
합계 : 판매이익금	열 레이블				
행 레이블	아이크림	아쿠아2종	에센스	탄력3종	총합계
11:20	89,550				89,550
11:50		105,300			105,300
12:30				89,100	89,100
13:15	102,000				102,000
14:20			61,440		61,440
15:10			40,400		40,400
15:15				73,320	73,320
15:42		88,200			88,200
15:50			60,800		60,800
16:30	107,460				107,460
16:55				89,100	89,100
17:25			46,680		46,680
17:45			60,960		60,960
총합계	299,010	193,500	270,280	251,520	1,014,310

▭ 그룹, 데이터 그룹

행 레이블을 블록으로 설정하고 '그룹 선택' 버튼을 클릭하면 그룹으로 지정할 수 있다. 11:20~14:20, 15:10~17:25에 그룹을 설정한 결과는 다음과 같다.

판매사원	(모두)				
합계 : 판매이익금	열 레이블				
행 레이블	아이크림	아쿠아2종	에센스	탄력3종	총합계
⊟그룹1					
11:20	89,550				89,550
11:50		105,300			105,300
12:30				89,100	89,100
13:15	102,000				102,000
14:20			61,440		61,440
⊟그룹2					
15:10			40,400		40,400
15:15				73,320	73,320
15:42		88,200			88,200
15:50			60,800		60,800
16:30	107,460				107,460
16:55				89,100	89,100
17:25			46,680		46,680

• 그룹 사이에 빈 줄을 삽입하려면 다음과 같이 한다.

① 그룹 이름 '그룹1' 혹은 '그룹2'를 선택하고 '필드 설정' 버튼을 클릭한다.

② 레이아웃 및 인쇄 탭을 클릭하고 '각 항목 레이블 다음에 빈 줄 삽입' 옵션을 선택한 후 '확인' 버튼을 클릭한다.

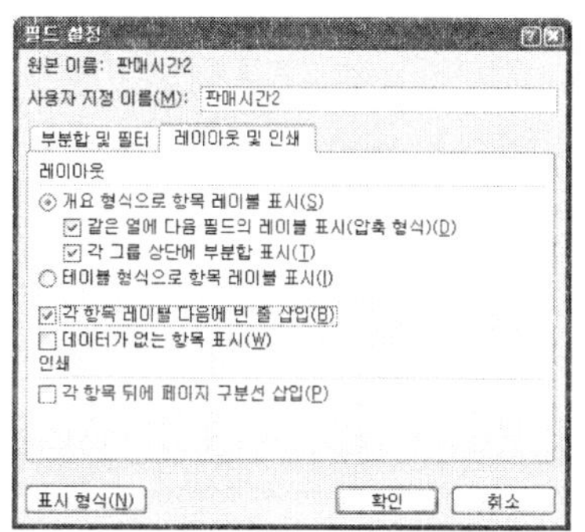

- 그룹을 해제하려면 그룹 이름 '그룹1' 혹은 '그룹2'를 선택하고 '그룹 해제' 버튼을 클릭한다.
- 행 레이블을 시간 단위로 그룹화하려면 행 레이블 항목 하나를 선택하고 '그룹 필드'를 클릭한 후 단위로 '시'를 선택하고 '확인' 버튼을 클릭한다.

시작 시간과 끝 시간을 수동으로 지정하려면 '시작', '끝' 옵션 선택을 해제하고 시간을 입력한다.

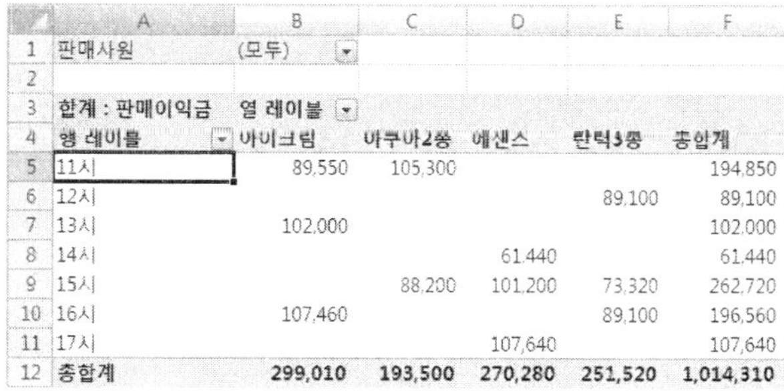

	A	B	C	D	E	F
1	판매사원	(모두)				
2						
3	합계 : 판매이익금	열 레이블				
4	행 레이블	아이크림	아쿠아2종	에센스	탄력3종	총합계
5	11시	89,550	105,300			194,850
6	12시				89,100	89,100
7	13시	102,000				102,000
8	14시			61,440		61,440
9	15시		88,200	101,200	73,320	262,720
10	16시	107,460			89,100	196,560
11	17시			107,640		107,640
12	총합계	299,010	193,500	270,280	251,520	1,014,310

- 피벗 테이블의 데이터를 변경하려면 '데이터 원본 변경' 버튼을 클릭한다.
- 피벗 테이블의 데이터를 업데이트하려면 '새로 고침' 버튼을 클릭한다. '새로 고침'

은 선택한 피벗 테이블만 업데이트한다. 모든 피벗 테이블을 업데이트하려면 '모두 새로 고침'을 선택한다.

- 피벗 테이블에 계산 필드 혹은 항목 필드를 삽입하려면 도구 그룹에서 '수식' 버튼을 클릭한다.
  – '계산 필드'를 선택하면 필드 이름과 수식을 지정할 수 있다.

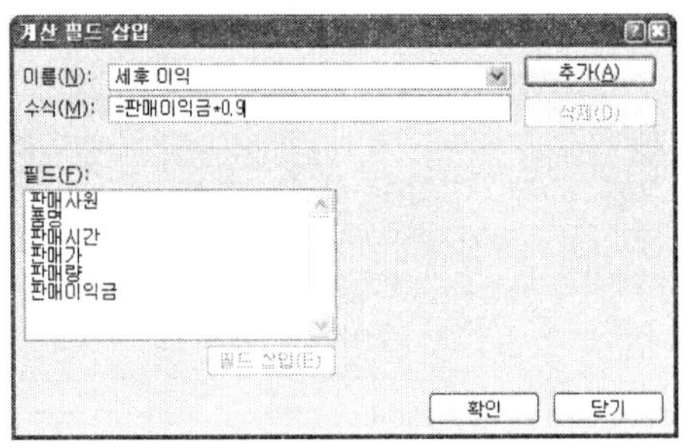

필드 이름을 '세후 이익'으로 수식을 '=판매이익금*0.9'로 지정한 후 '확인' 버튼을 클릭하면 세후 이익 필드가 삽입된다. 필드에 적용되는 함수는 기본적으로 '합계'가 된다.

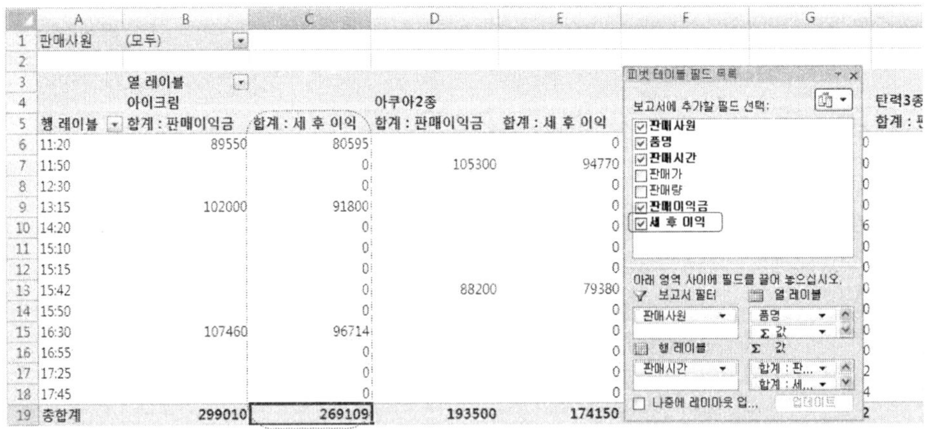

피벗 테이블에서 계산 필드를 제거하려면 피벗 테이블 필드 목록 창에서 계산 필드 선택을 해제한다.

※ 피벗 테이블에서 특정 필드를 나타내지 않으려면 피벗 테이블 필드 목록 창에서 해당 필드 의 선택을 해제한다.

피벗 테이블 필드 목록에서 계산 필드를 삭제하려면 '수식' 버튼을 클릭하고 '계산 필드'를 선택한 후 이름 목록에서 '세후 목록'을 선택하고 '삭제' 버튼을 클릭한다.

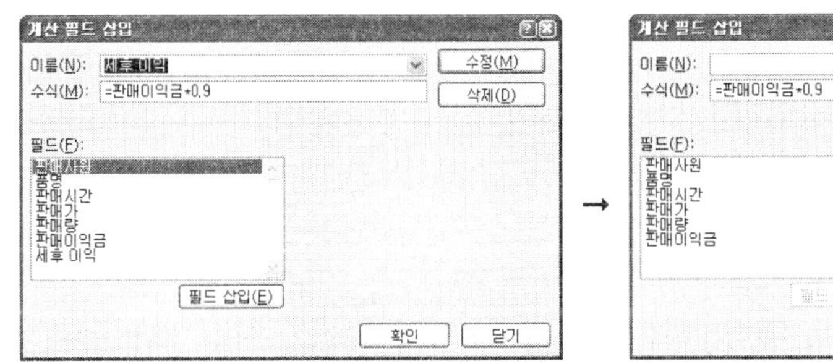

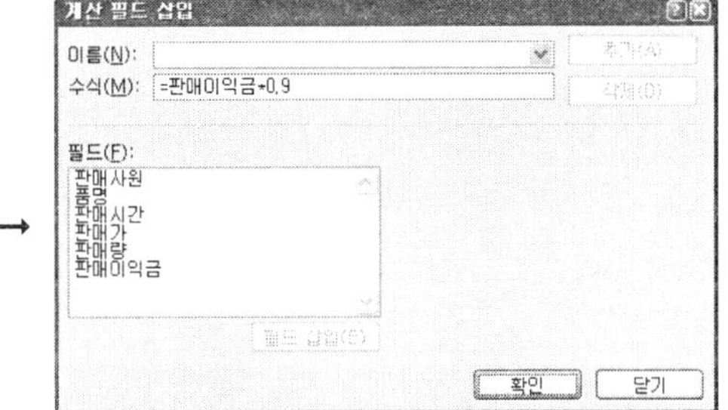

– '계산 항목'을 선택하면 항목 이름과 수식을 지정할 수 있다.

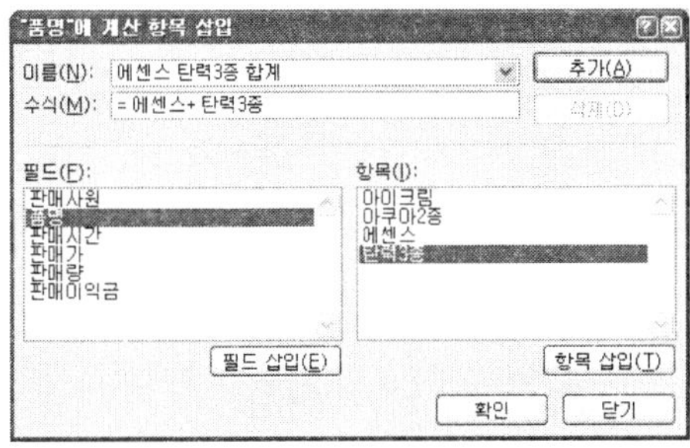

열 레이블 영역을 선택한 후 항목 이름을 '에센스 탄력3종 합계'로 수식을 '=에센스+탄력3종'으로 지정한 후 '확인' 버튼을 클릭하면 열 레이블에 에센스 탄력3종 합계 필드가 삽입된다.

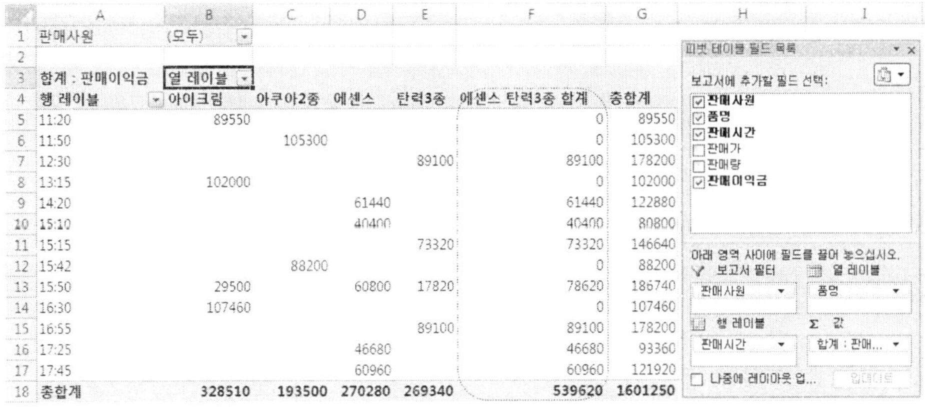

판매사원 (모두)

합계 : 판매이익금	열 레이블					
행 레이블	아이크림	아쿠아2종	에센스	탄력3종	에센스 탄력3종 합계	총합계
11:20	89550				0	89550
11:50		105300			0	105300
12:30				89100	89100	178200
13:15	102000				0	102000
14:20			61440		61440	122880
15:10			40400		40400	80800
15:15				73320	73320	146640
15:42		88200			0	88200
15:50	29500		60800	17820	78620	186740
16:30	107460				0	107460
16:55				89100	89100	178200
17:25			46680		46680	93360
17:45			60960		60960	121920
총합계	328510	193500	270280	269340	539620	1601250

참고 이해를 돕기 위해 15시 50분에 아이크림과 탄력2종 화장품이 판매된 것으로 가정한다.

계산 항목에 대해서는 셀 단위로 수식을 편집할 수 있다.

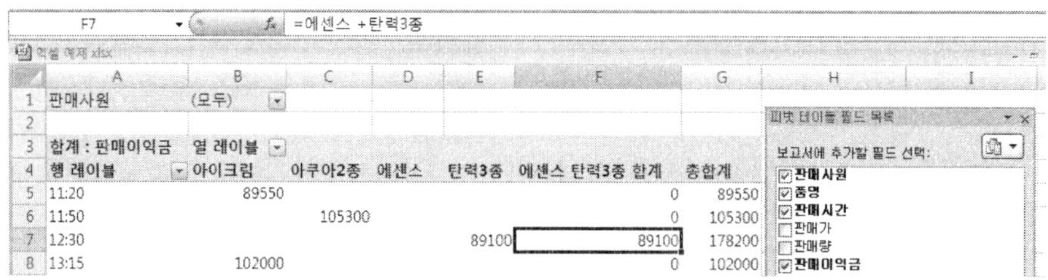

	A	B	C	D	E	F	G
1	판매사원	(모두)					
2							
3	합계 : 판매이익금	열 레이블					
4	행 레이블	아이크림	아쿠아2종	에센스	탄력3종	에센스 탄력3종 합계	총합계
5	11:20	89550				0	89550
6	11:50		105300			0	105300
7	12:30				89100	89100	178200
8	13:15	102000				0	102000

항목을 클릭하면 수식 입력줄에 수식이 표시된다. 수식은 수식 입력줄에서 편집한다.

□ 데이터 통합

다음 데이터는 항목의 행과 열 이름이 일치하게끔 구성되어 있으며, 품명별로 시트 탭에 나누어 입력되어 있다.

	B	C	D	E	F
1	판매사원	품명	판매가	판매량	판매이익금
2	도영미	아쿠아2종	25000	10	250000
3	이태경	아쿠아2종	23000	25	575000
4	조미정	아쿠아2종	23500	20	470000
5	최두이	아쿠아2종	24000	18	432000

아쿠아2종 / 아이크림 / 탄력3종 / 에센스 / 판매현황

	B	C	D	E	F
1	판매사원	품명	판매가	판매량	판매이익금
2	도영미	아이크림	25870	12	310440
3	이태경	아이크림	24500	18	441000
4	조미정	아이크림	25000	17	425000
5	최두이	아이크림	25000	16	400000

아쿠아2종 / 아이크림 / 탄력3종 / 에센스 / 판매현황

	B	C	D	E	F
1	판매사원	품명	판매가	판매량	판매이익금
2	도영미	에센스	19800	10	198000
3	이태경	에센스	19000	15	285000
4	조미정	에센스	18500	20	370000
5	최두이	에센스	19800	12	237600

아쿠아2종 / 아이크림 / 탄력3종 / 에센스 / 판매현황

	B	C	D	E	F
1	판매사원	품명	판매가	판매량	판매이익금
2	도영미	에센스	12800	12	153600
3	이태경	에센스	11500	18	207000
4	조미정	에센스	12000	17	204000
5	최두이	에센스	12000	16	192000

아쿠아2종 / 아이크림 / 탄력3종 / 에센스 / 판매현황

동일 양식으로 입력된 데이터를 통합하여 피벗 테이블을 작성하려면 다음과 같이 한다.

① 판매현황 탭을 연 상태에서 Alt+D+P 키를 누른다. Alt 키와 D 키를 누른 후 손을 떼고 P 키를 누른다.

피벗 테이블 마법사 창이 열린다.

② '다중 통합 범위'를 선택하고 '다음' 버튼을 클릭한다.

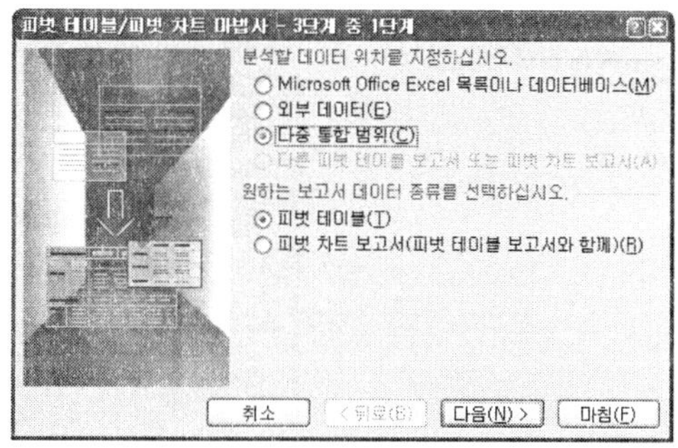

③ '두 개 이상의 페이지 필드 만들기'를 선택하고 '다음' 버튼을 클릭한다.

④ 아쿠아2종 시트 탭을 누르고 데이터 영역을 범위로 설정한다.

⑤ '추가' 버튼을 클릭하여 통합 영역으로 지정한다.

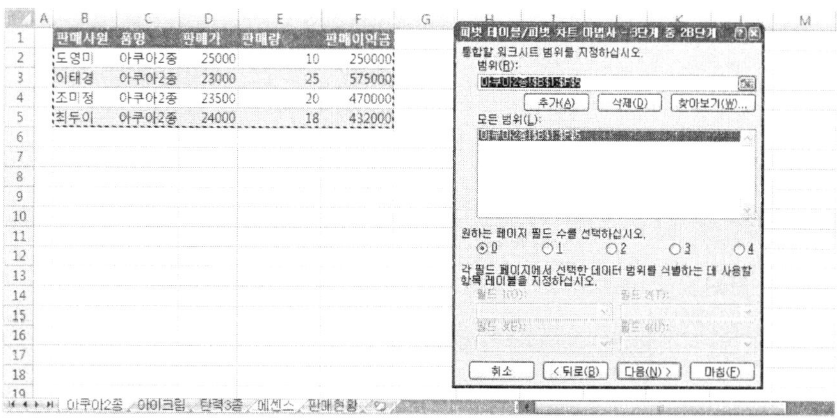

⑥ 동일한 방법으로 나머지 시트 탭의 데이터 영역을 통합 범위로 지정한다.

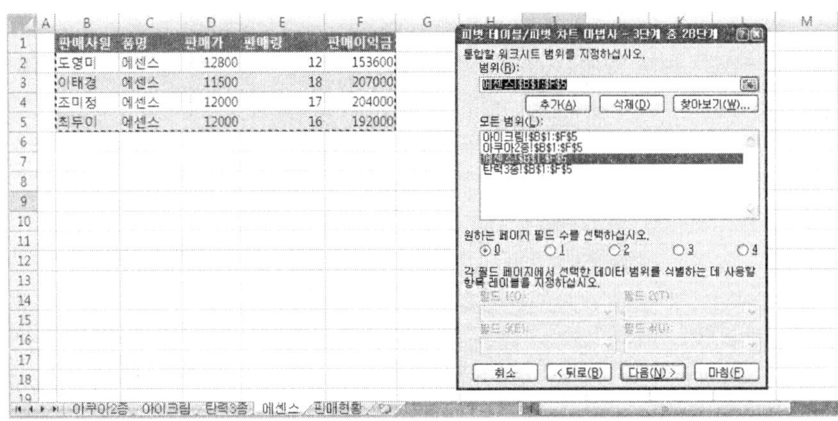

⑦ '아이크림' 범위를 선택한 후 원하는 페이지 필드 수를 '1'로 선택하고 필드에 '아이크림'을 입력한다.

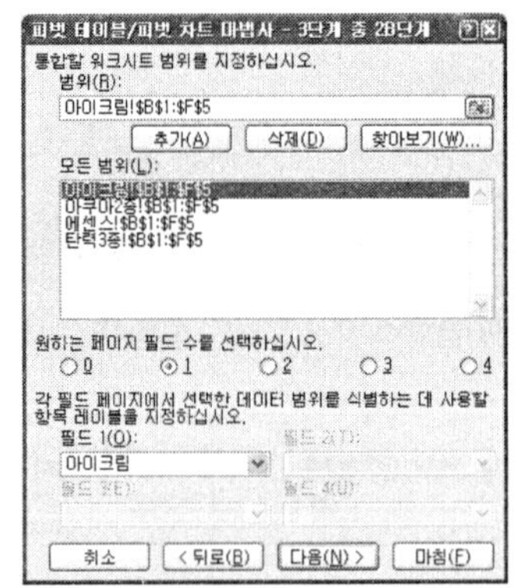

⑧ 동일한 방법으로 '아쿠아2종' 범위 필드에는 '아쿠아2종'을, '에센스' 범위 필드에는 '에센스'를, '탄력3종' 범위 필드에는 '탄력3종'을 입력한다.

⑨ '다음' 버튼을 클릭한다.

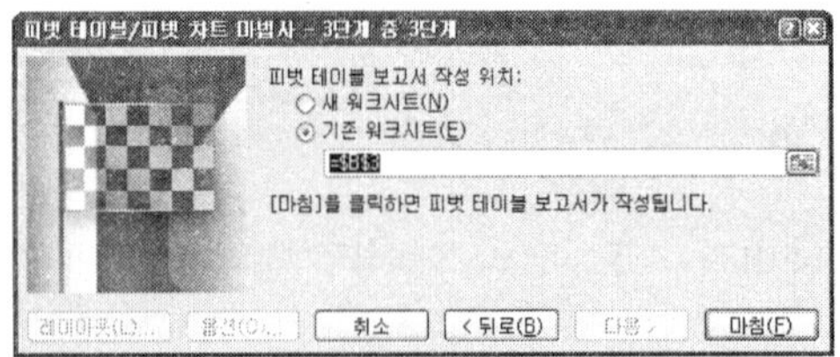

⑩ '기존 워크시트' 옵션을 선택하고 셀을 지정한 후 '마침' 버튼을 클릭한다. 판매현황 시트에 피벗 테이블이 삽입된다.

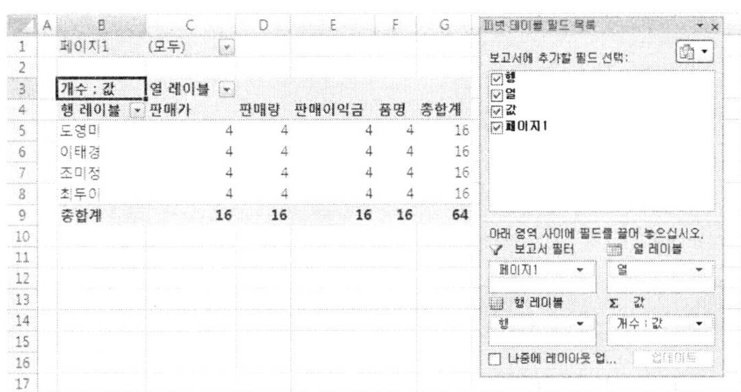

페이지1	(모두)				
개수 : 값	열 레이블				
행 레이블	판매가	판매량	판매이익금	품명	총합계
도영미	4	4	4	4	16
이태경	4	4	4	4	16
조미정	4	4	4	4	16
최두이	4	4	4	4	16
총합계	**16**	**16**	**16**	**16**	**64**

데이터를 통합한 피벗 테이블은 기본적으로 '개수' 함수가 적용된다. 따라서 '개수:값'을 선택한 후 활성 필드 그룹에서 '필드 설정' 버튼을 클릭하여 함수를 '합계'로 바꾸어 준다.

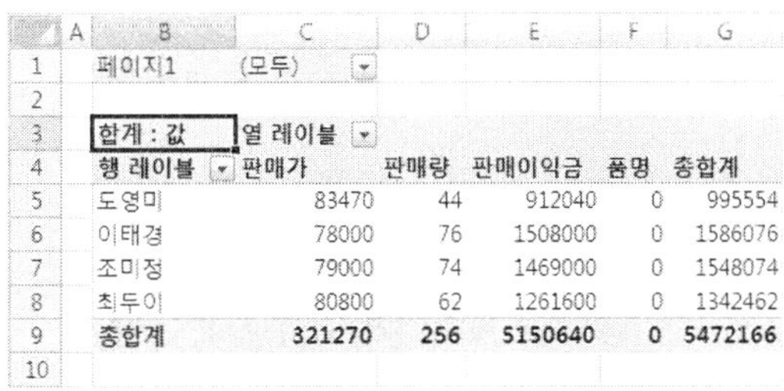

페이지1	(모두)				
합계 : 값	열 레이블				
행 레이블	판매가	판매량	판매이익금	품명	총합계
도영미	83470	44	912040	0	995554
이태경	78000	76	1508000	0	1586076
조미정	79000	74	1469000	0	1548074
최두이	80800	62	1261600	0	1342462
총합계	**321270**	**256**	**5150640**	**0**	**5472166**

한편 G 열의 총합계는 판매가와 판매량, 판매이익금을 더한 무의미한 수치이며, F 열의 품명은 '합계' 함수를 적용할 수 없으므로 피벗 테이블에서 나타나지 않도록 다음과 같이 조치한다.

① 피벗 테이블 그룹의 '옵션' 버튼을 클릭한다.

② 피벗 테이블 옵션 창의 요약 및 필터 탭에서 '행 총합계 표시' 옵션 선택을 해제한다.

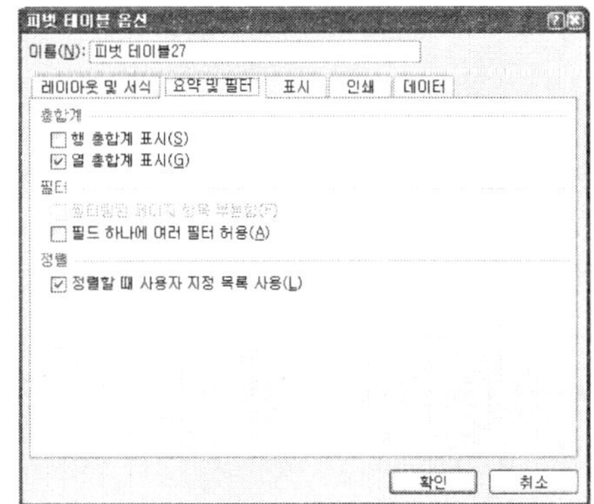

③ 품명 필드를 마우스 오른쪽 버튼으로 클릭하고 단축 메뉴에서 '필터/선택한 항목 숨기기'를 선택한다.

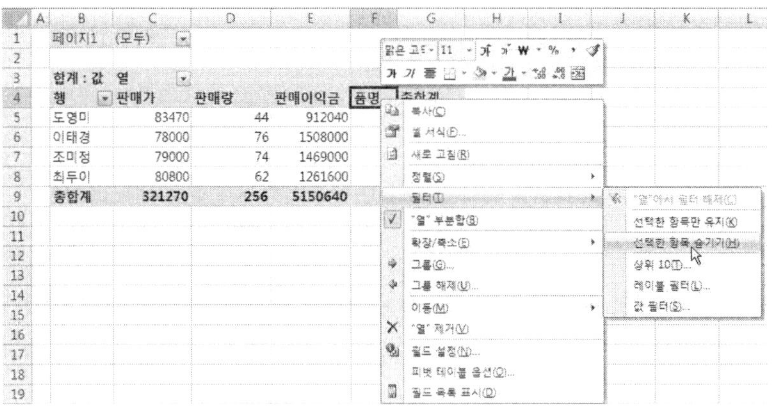

G 열의 총합계와 품명 필드는 피벗 테이블에서 보이지 않게 된다.

	A	B	C	D	E	F
1		페이지1	(모두)			
2						
3		합계 : 값	열			
4		행	판매가	판매량	판매이익금	
5		도영미	83470	44	912040	
6		이태경	78000	76	1508000	
7		조미정	79000	74	1469000	
8		최두이	80800	62	1261600	
9		총합계	321270	256	5150640	
10						

페이지의 필터 버튼을 클릭하면 각 범위 영역에 지정한 페이지 필드 이름이 표시된다. '에센스'를 선택하면 에센스 시트 탭의 내용이 표시된다.

	A	B	C	D	E	F
1		페이지1	에센스			
2						
3		합계 : 값	열			
4		행	판매가	판매량	판매이익금	
5		도영미	12800	12	153600	
6		이태경	11500	18	207000	
7		조미정	12000	17	204000	
8		최두이	12000	16	192000	
9		총합계	48300	63	756600	
10						

참고 데이터 범위를 지정할 때 원하는 페이지 필드 수를 '2'로 선택하면 다양한 필터를 사용하여 데이터 요약 내용을 살펴 볼 수 있다.

피벗 테이블을 수정하여 아쿠아2종과 에센스는 정책품명으로, 아이크림과 탄력3종은 미정책품명으로 지정해 보자.

① 데이터를 통합한 피벗 테이블을 수정하려면 피벗 테이블을 선택한 상태에서 Alt+D+P 키를 누른다. 피벗 테이블 마법사 3 단계가 열린다.

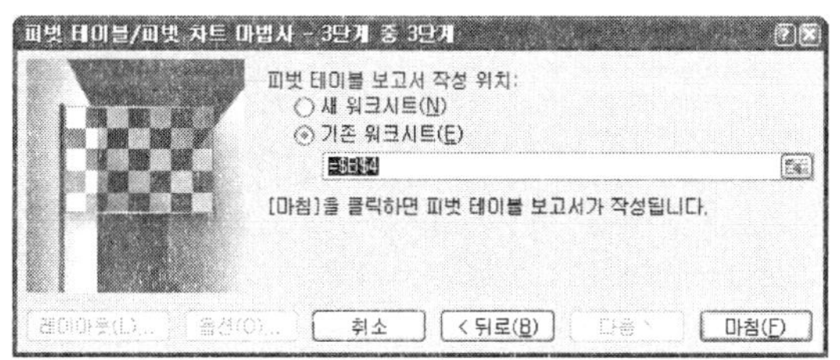

② '뒤로' 버튼을 클릭한다.

③ '아이크림' 범위를 선택하고 원하는 페이지 필드 수를 '2'로 지정한다.

④ 필드 2에 '미정책상품'을 입력한다.

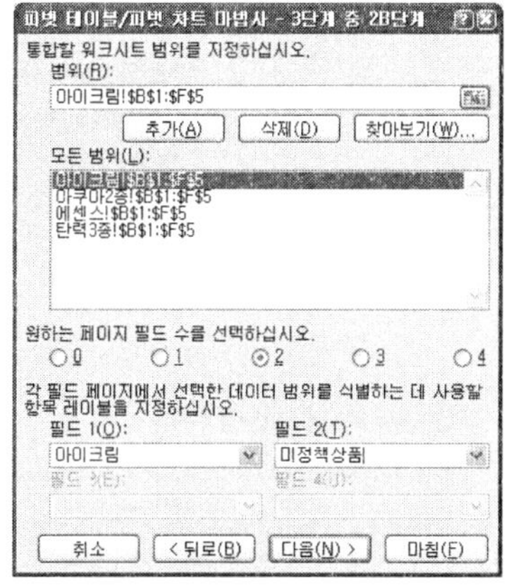

필드 1에는 이전에 지정한 이름이 입력되어 있다.

⑤ '아쿠아2종' 범위를 선택하고 필드 2에 '정책상품'을 입력한다.

⑥ '에센스' 범위를 선택하고 필드 2에 '정책상품'을 입력한다.

⑦ '탄력3종' 범위를 선택하고 필드 2에 '미정책상품'을 입력한다.

피벗 테이블 마법사를 끝내면 피벗 테이블 필드 목록에 '페이지2'가 등록된 것을 확인할 수 있다.

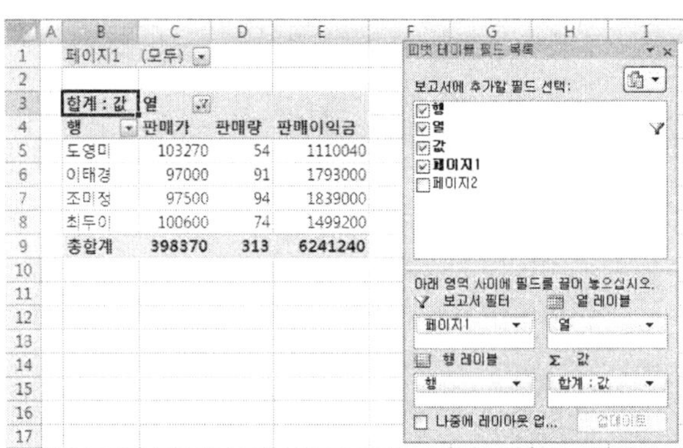

⑧ 피벗 테이블 필드 목록에서 '페이지2'를 보고서 필터 영역으로 끌어 놓는다.

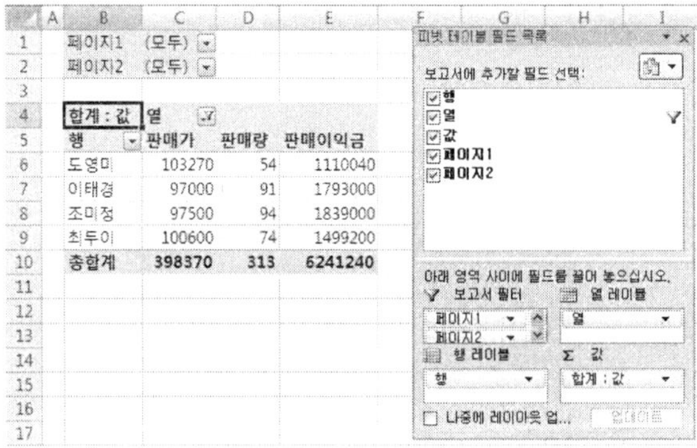

페이지1, 페이지2의 필터 버튼을 클릭하면 데이터 통합 범위를 식별하기 위해 필드 1, 필드 2에 지정한 페이지 필드 이름이 표시된다.

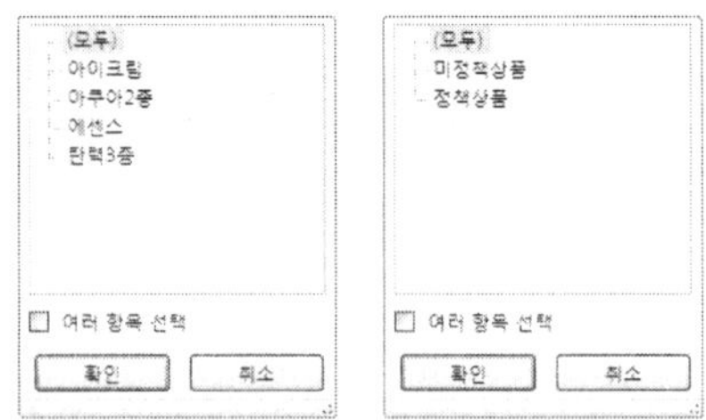

- 페이지1 필터 버튼을 클릭하여 '아이크림'을 선택하면 '아이크림'의 데이터가 나타난다.
- 페이지2 필터 버튼을 클릭하여 '미정책상품'을 선택하면 '아이크림, 탄력3종'의 데이터가 나타난다.

※ '(모두)'를 지정한 후 다른 페이지의 필터 버튼을 클릭한다.

◫ GETPIVOTDATA 함수

GETPIVOTDATA 함수는 피벗 테이블 보고서에 저장된 데이터를 반환한다.

피벗 테이블 밑에 평균을 구해보자.

① C10 셀에 '='을 입력하고 C9 셀을 클릭한다. GETPIVOTDATA 함수가 삽입된다.
② GETPIVOTDATA 함수를 COUNT(C5:C8) 함수로 나눈다.

CELL =GETPIVOTDATA("값",$B$4,"열","판매가")/COUNT(C6:C9)

	A	B	C	D	E	F	G	H	I	J
1		페이지1	(모두)							
2		페이지2	(모두)							
3										
4		**합계 : 값**	열							
5		**행**	**판매가**	**판매량**	**판매이익금**					
6		도영미	103270	54	1110040					
7		이태경	97000	91	1793000					
8		조미정	97500	94	1839000					
9		최두이	100600	74	1499200					
10		**총합계**	**398370**	**313**	**6241240**					
11			=GETPIVOTDATA("값",$B$4,"열","판매가")/COUNT(C6:C9)							
12										

GETPIVOTDATA 함수는 셀 주소를 구조적 참조로 지정하여 위치가 바뀌더라도 정확한 계산을 해 준다. 그러나 GETPIVOTDATA 함수는 $B$3와 같은 절대 주소를 참조하므로 판매가 평균이 입력된 셀의 자동 채우기 조절자를 끌어 나머지 평균을 구할 수 없다.

따라서 각 필드에 대한 평균을 구하려면 '=C9/COUNT(C5:C8)'와 같은 상대 참조 방식을 사용한다.

◫ 피벗 테이블 서식

피벗 테이블의 디자인 서식은 디자인 탭에서 지정한다.

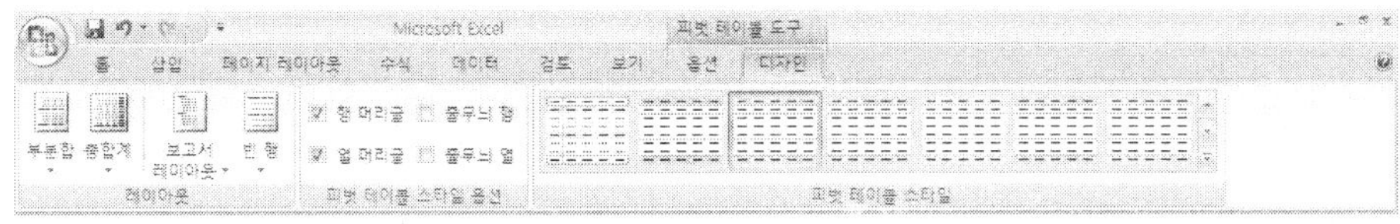

• 피벗 테이블의 디자인을 변경하려면 스타일 그룹에서 스타일을 적용한다.

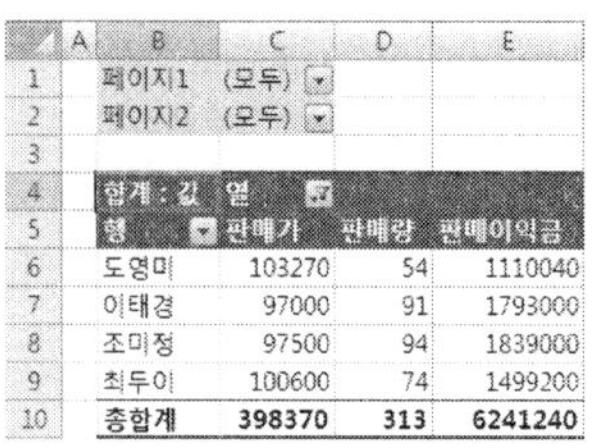

	B	C	D	E
1	페이지1	(모두)		
2	페이지2	(모두)		
3				
4	합계 : 값	열		
5	행	판매가	판매량	판매이익금
6	도영미	103270	54	1110040
7	이태경	97000	91	1793000
8	조미정	97500	94	1839000
9	최두이	100600	74	1499200
10	총합계	398370	313	6241240

피벗 스타일 보통 10 적용

피벗 테이블 스타일 옵션 그룹에서 '줄무늬 행'을 선택하면 행 구분을 쉽게 할 수 있다.

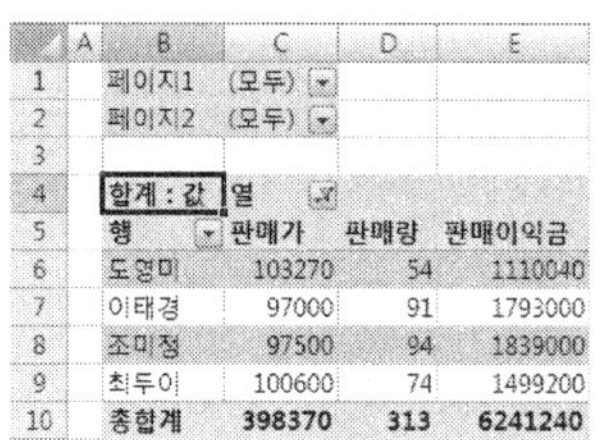

	B	C	D	E
1	페이지1	(모두)		
2	페이지2	(모두)		
3				
4	합계 : 값	열		
5	행	판매가	판매량	판매이익금
6	도영미	103270	54	1110040
7	이태경	97000	91	1793000
8	조미정	97500	94	1839000
9	최두이	100600	74	1499200
10	총합계	398370	313	6241240

- 레이아웃 그룹에서 '보고서 레이아웃'을 클릭하고 '테이블 형식으로 표시'를 선택하면 피벗 테이블을 표 형태로 표시할 수 있다.
- 특정 필드의 값을 정렬하려면 값을 선택한 후 옵션 탭의 정렬 그룹에서 '정렬' 버튼을 클릭한다.

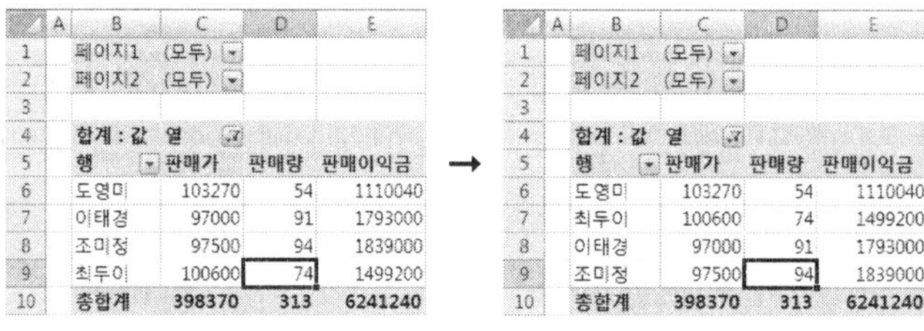

	B	C	D	E
1	페이지1	(모두)		
2	페이지2	(모두)		
3				
4	합계 : 값	열		
5	행	판매가	판매량	판매이익금
6	도영미	103270	54	1110040
7	이태경	97000	91	1793000
8	조미정	97500	94	1839000
9	최두이	100600	74	1499200
10	총합계	398370	313	6241240

→

	B	C	D	E
1	페이지1	(모두)		
2	페이지2	(모두)		
3				
4	합계 : 값	열		
5	행	판매가	판매량	판매이익금
6	도영미	103270	54	1110040
7	최두이	100600	74	1499200
8	이태경	97000	91	1793000
9	조미정	97500	94	1839000
10	총합계	398370	313	6241240

※ 조건부 서식을 사용하면 셀을 강조하거나 색조 등을 지정할 수 있다.

판매량이 70 이상인 셀만 빨강 글꼴로 표시해 보자.

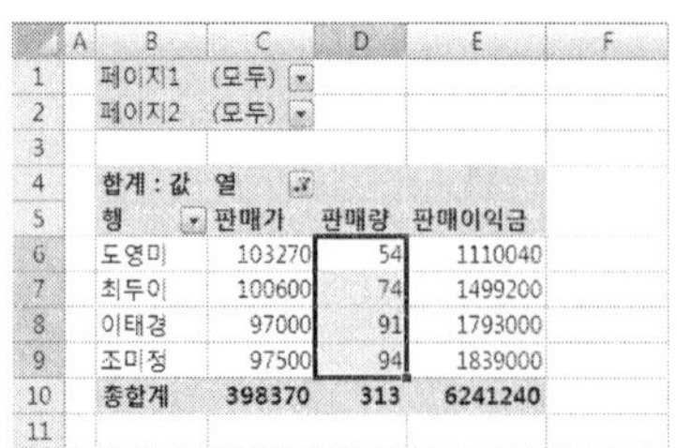

	B	C	D	E	F
1	페이지1	(모두)			
2	페이지2	(모두)			
3					
4	합계 : 값	열			
5	행	판매가	판매량	판매이익금	
6	도영미	103270	54	1110040	
7	최두이	100600	74	1499200	
8	이태경	97000	91	1793000	
9	조미정	97500	94	1839000	
10	총합계	398370	313	6241240	
11					

① 판매량 항목을 블록으로 설정한다.

② 홈 탭의 스타일 그룹에서 '조건부 서식' 버튼을 클릭하고 '새 규칙'을 실행한다.

③ 규칙 적용 대상으로 '선택한 셀'을 지정하고 규칙 유형으로 '다음을 포함하는 셀만 서식

지정'을 선택한다.

④ 규칙을 '셀 값 >= 70'으로 설정하고 '서식' 버튼을 클릭하여 글꼴 색상을 '빨강'으로 지정한다.

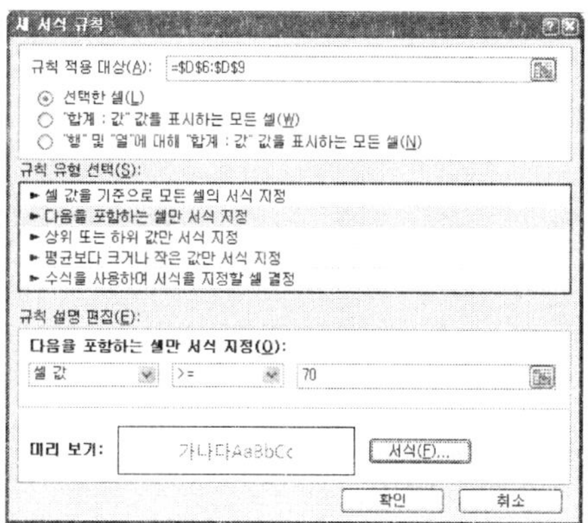

⑤ '확인' 버튼을 클릭한다. 70 이상인 셀이 빨강 글꼴로 표시된다.

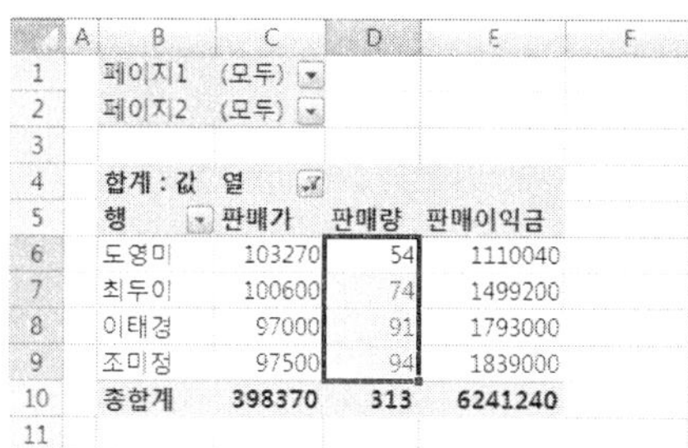

	A	B	C	D	E	F
1		페이지1	(모두)			
2		페이지2	(모두)			
3						
4		합계 : 값	열			
5		행	판매가	판매량	판매이익금	
6		도영미	103270	54	1110040	
7		최두이	100600	74	1499200	
8		이태경	97000	91	1793000	
9		조미정	97500	94	1839000	
10		총합계	398370	313	6241240	
11						

• 규칙 적용 대상으로 '"합계:값" 값을 표시하는 모든 셀'을 선택하면 70 이상인 모든 셀의 글꼴이 빨강으로 바뀐다.

• 규칙 적용 대상으로 '"행" 및 "열"에 대해 "합계:값" 값을 표시하는 모든 셀'을 선택하면 총합계를 제외한 70 이상인 모든 셀의 글꼴이 빨강으로 바뀐다.

▭ 피벗 차트

피벗 테이블을 차트로 표시하려면 옵션 탭의 도구 그룹에서 '피벗 차트'를 실행한다.

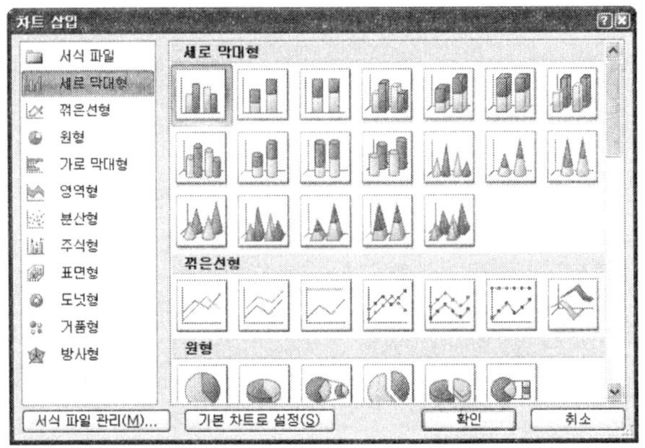

차트 종류를 선택하고 '확인' 버튼을 클릭하면 피벗 차트가 삽입된다.

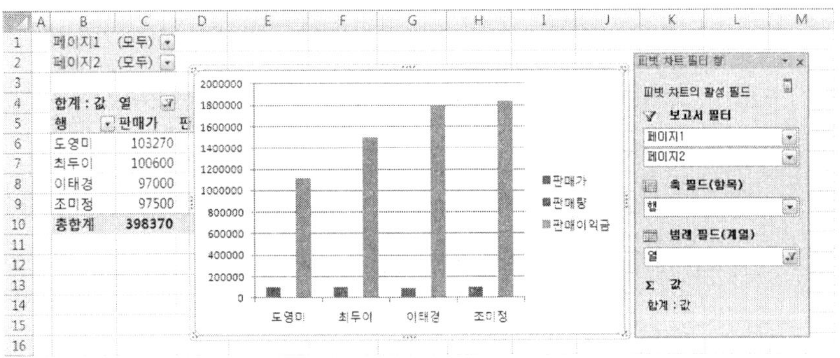

피벗 차트 필터 창에서 '페이지2' 필터를 클릭한 후 '정책상품'만 선택하면 피벗 테이블과 피벗 차트에 해당 데이터만 표시된다.

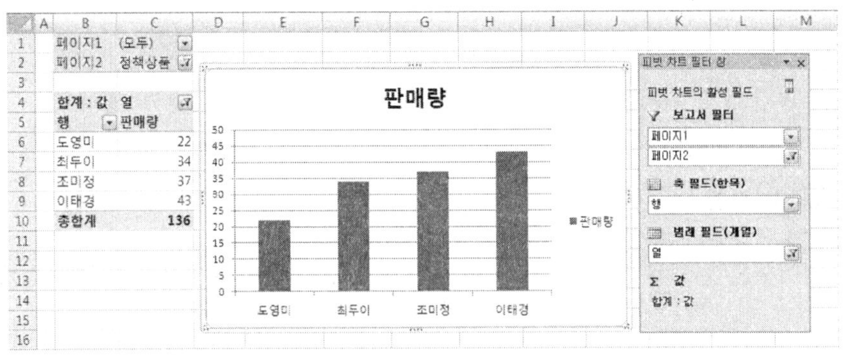

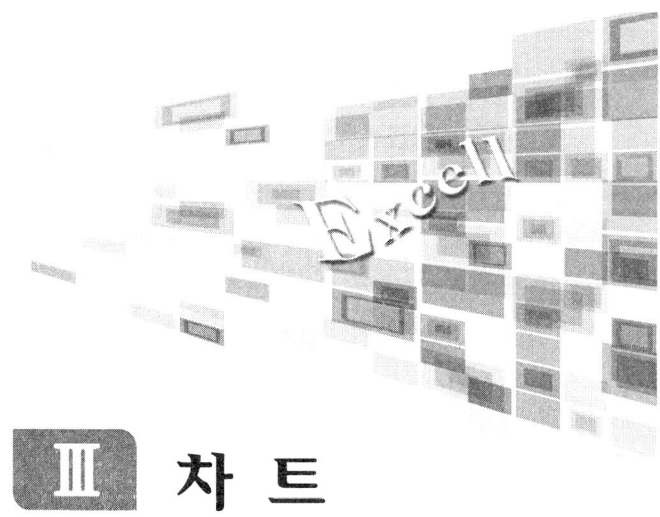

Ⅲ 차 트

차트는 수치 자료를 한 눈에 알아보기 쉽게 그래프로 표현한 것이다. 차트는 삽입 탭의 차트 그룹에서 삽입한다.

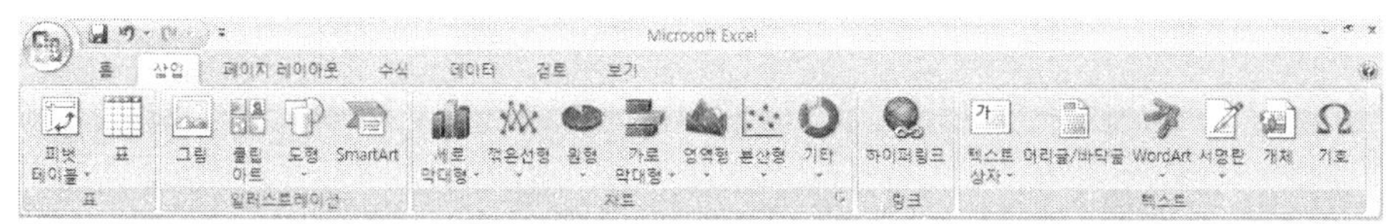

차트 종류는 데이터에 따라 선택한다.

차트 종류	용도
가로·세로 막대형	특정 시점의 데이터 변화를 나타내거나 항목 간의 값을 비교할 때 사용한다. 주로 연도별 영업실적, 제품에 대한 영업실적 등을 표시할 때 사용한다.
원형	전체 항목의 합에 대한 각 항목의 비율을 표시하여 중요 요소를 강조할 때 사용한다. 시장 점유율이나 점수별 학생수를 나타내는 데 사용한다.
꺾은선형	동일 기간 동안의 데이터 추세 반영 혹은 변화를 나타낼 때 사용한다.
분산형	여러 데이터 계열 값들의 관계를 나타낼 때 사용한다.
영역형	시간에 따른 각 값의 추세를 나타내거나 전체 값에 대한 각 값의 관계를 나타낼 때 사용한다.
방사형	데이터 계열의 총 값을 비교할 때 사용한다. 단체 성과에 대한 개인의 성과를 비교할 때 사용한다.
표면형	지형도 모양으로 나타나며 두 데이터 집합에서 최적의 조합을 나타낼 때 사용한다.
주식형	주가 변동을 나타낼 때 사용한다.
원뿔형, 원통형, 피라미드형	가로 막대형 차트에 극적 효과를 주기 위해 사용한다.

1. 차트 삽입

데이터 내부에 셀 포인터를 두고 '세로 막대형'을 선택한 후 '묶은 세로 막대형'을 클릭하면 묶은 세로 막대형 차트가 삽입되면서 차트 도구 리본이 열린다. 차트 도구 리본은 디자인 탭, 레이아웃 탭, 서식 탭으로 구성된다.

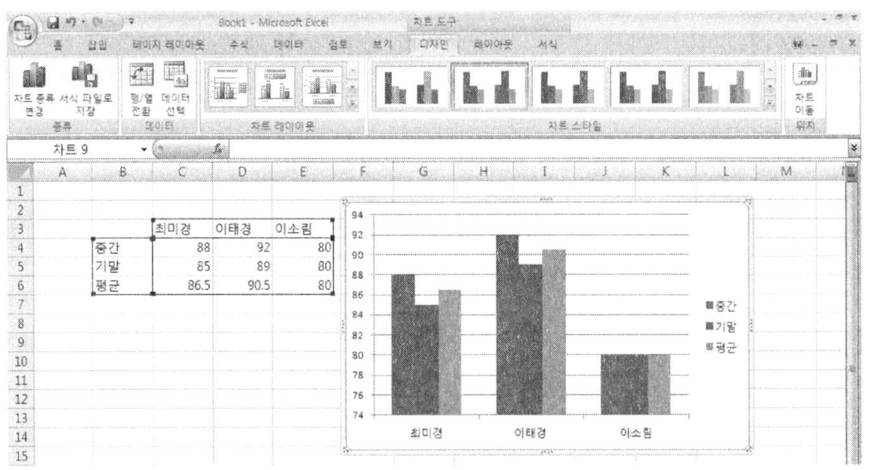

- 디자인 탭에서는 차트 레이아웃과 스타일을 선택할 수 있다.
- 레이아웃 탭에서는 차트 구성요소를 선택할 수 있으며 구성요소의 위치, 모양을 지정할 수 있다.

• 서식 탭에서는 차트 구성요소의 서식을 지정할 수 있다.

차트를 살펴보면 데이터의 첫 번째 행의 텍스트는 X 축에 표시되며, 데이터의 첫 번째 열의 텍스트는 범례로 지정된다. X 축과 범례에 나타나는 텍스트를 변경하려면 디자인 탭의 데이터 그룹에서 '행/열 전환' 버튼을 클릭한다.

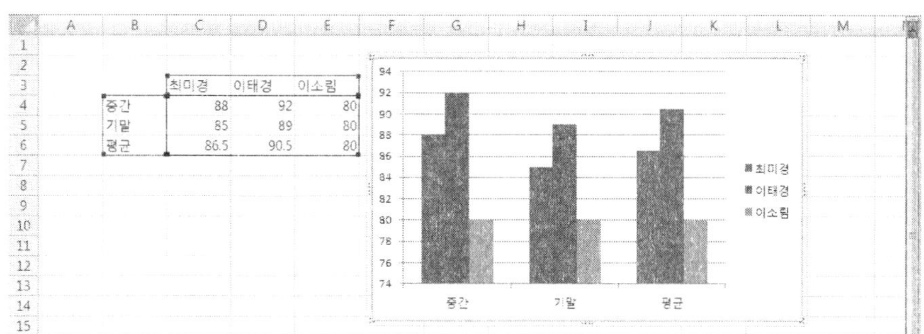

한 사람의 중간, 기말, 평균 점수를 한 눈에 파악하려면 X 축에 사람 이름을 표시하고, 여러 사람의 점수를 서로 비교하려면 범례에 사람 이름을 표시한다.

1) 차트 구성요소 삽입

사용자 자신이 직접 차트 구성요소를 삽입하려면 레이아웃 탭에서 작업한다.

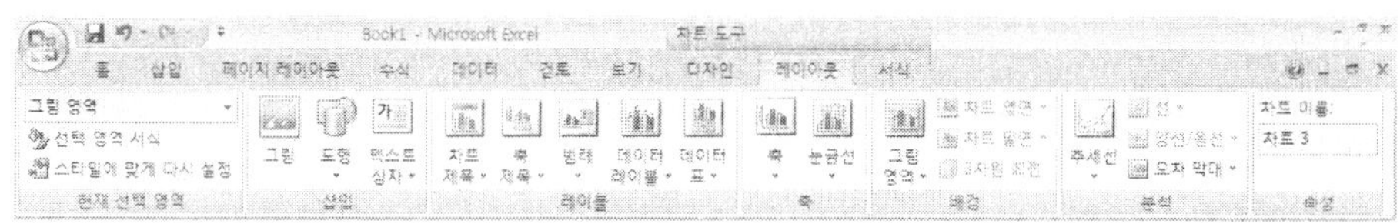

• 그림 영역 위에 제목을 삽입하려면 '차트 제목'을 클릭하고 제목의 위치를 선택한다.

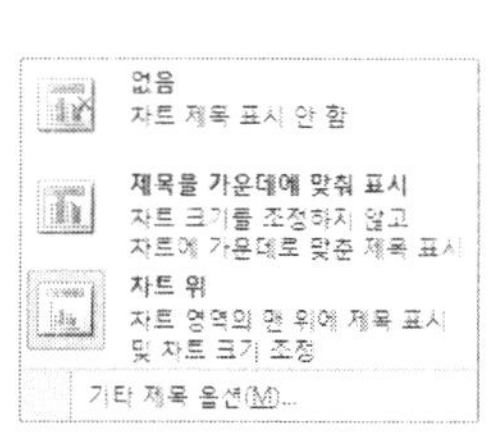

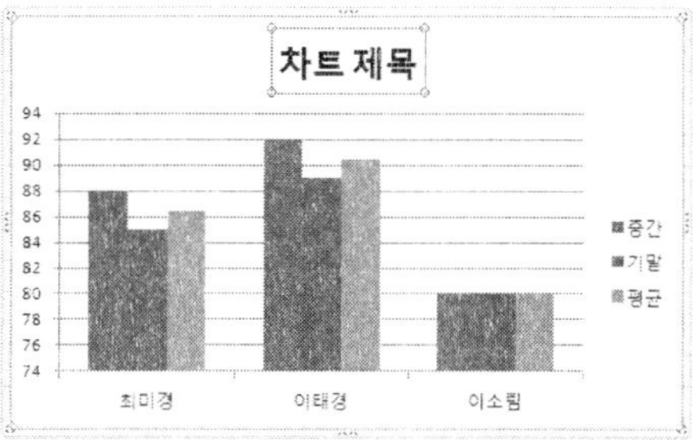

- 축 제목을 삽입하려면 '축 제목'을 클릭하고 제목의 위치를 지정한다.

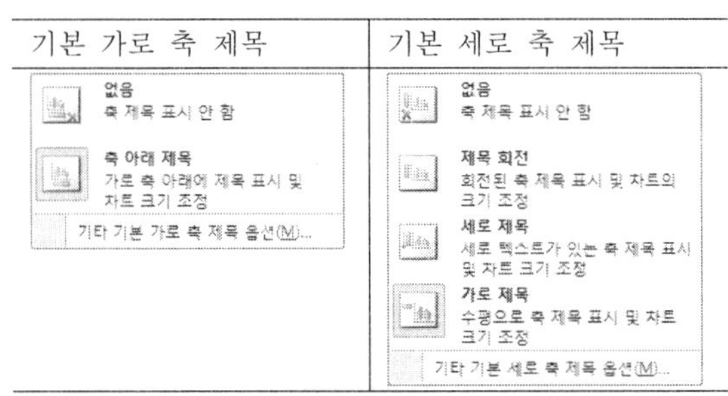

– '기본 가로 축 제목'의 '축 아래 제목'을 선택하면 X 축 아래에 가로(항목) 축 제목이 삽입된다.

– '기본 세로 축 제목'의 '가로 제목'을 선택하면 Y 축 왼쪽에 세로(값) 축 제목이 삽입된다.

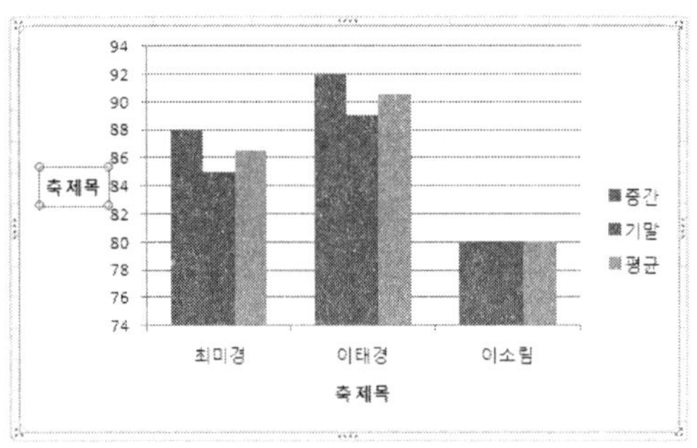

- 범례의 위치를 지정하려면 '범례'를 클릭한다.

'아래쪽에 범례 표시'를 선택하면 범례는 아래쪽에 위치한다.

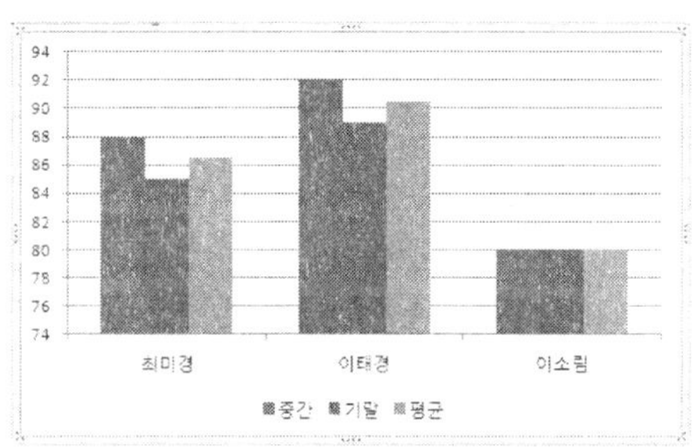

• 데이터 계열에 레이블을 삽입하려면 '데이터 레이블'을 클릭하고 레이블의 위치를 지정한다.

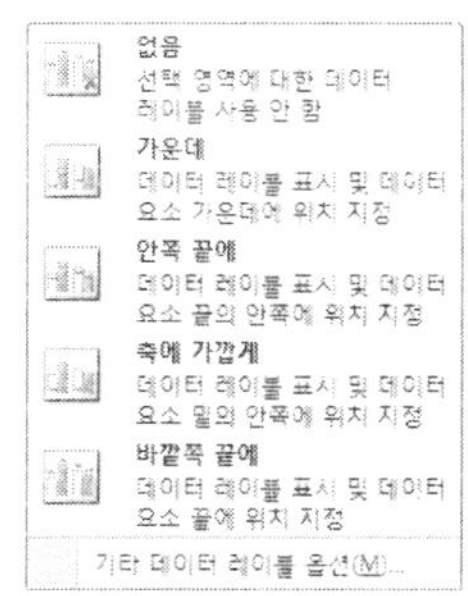

'바깥쪽 끝에'를 선택하면 데이터 레이블은 계열 막대의 바깥쪽 끝에 삽입된다.

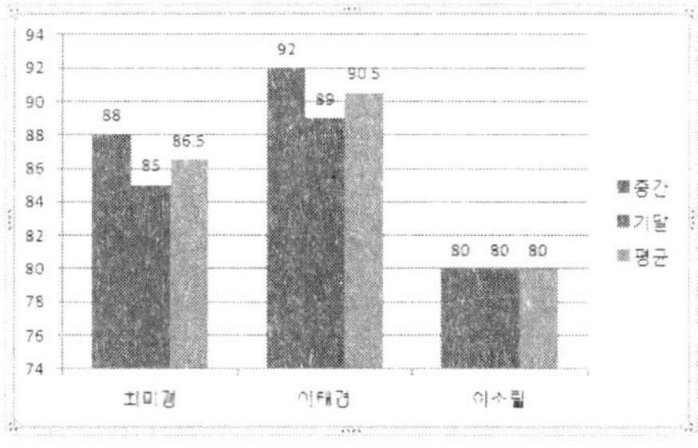

• 데이터 표를 삽입하려면 '데이터 표'를 클릭한다.

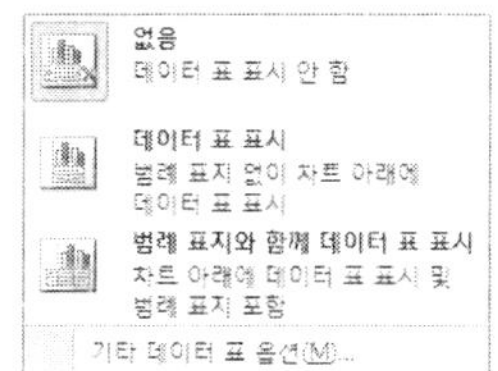

데이터 표를 범례와 함께 보여주려면 '범례 표지와 함께 데이터 표 표시'를 선택한다.

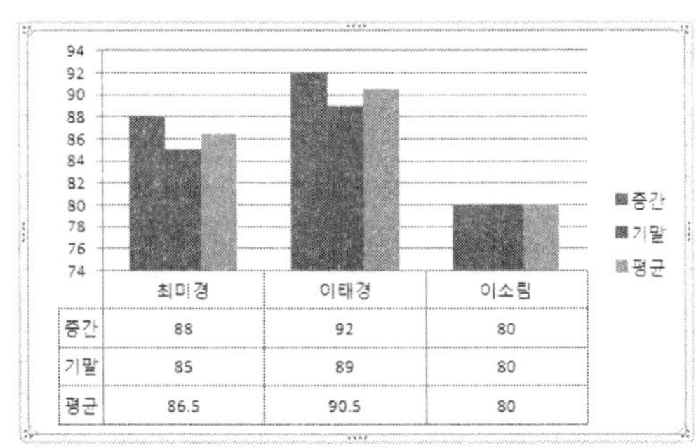

	최미경	이태경	이소림
중간	88	92	80
기말	85	89	80
평균	86.5	90.5	80

• 축의 방향 혹은 축의 단위를 변경하려면 '축'을 클릭한다.

기본 가로 축	기본 세로 축
없음 축 표시 안 함 왼쪽에서 오른쪽으로 축 표시 왼쪽에서 오른쪽으로 축 표시(레이블 있음) 레이블 없이 축 표시 레이블 또는 눈금 표시 없이 축 표시 오른쪽에서 왼쪽으로 축 표시 오른쪽에서 왼쪽으로 축 표시(레이블 있음) 기타 기본 가로 축 옵션(M)...	없음 축 표시 안 함 기본 축 표시 기본 순서 및 레이블로 축 표시 천 단위로 축 표시 천 단위의 숫자를 사용하여 축 표시 백만 단위로 축 표시 백만 단위의 숫자를 사용하여 축 표시 십억 단위로 축 표시 십억 단위의 숫자를 사용하여 축 표시 로그 눈금을 사용하여 축 표시 기본 로그 눈금 단위인 10을 사용하여 축 표시 기타 기본 세로 축 옵션(M)...

– 기본 가로 축으로 '오른쪽에서 왼쪽으로 축 표시'를 선택하면 축 방향은 좌우로 바뀌게 된다.

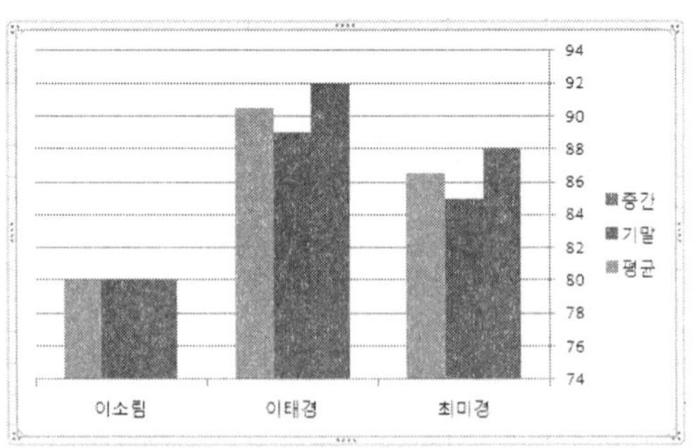

– 기본 세로 축으로 '천 단위로 축 표시'를 선택하면 세로 축의 단위는 천 단위로 변경된다.

• 눈금선을 추가하려면 '눈금선'을 클릭한다.

기본 가로 축	기본 세로 축
없음 가로 눈금선 표시 안 함	없음 세로 눈금선 표시 안 함
주 눈금선 주 단위의 가로 눈금선 표시	주 눈금선 주 단위의 세로 눈금선 표시
보조 눈금선 보조 단위의 가로 눈금선 표시	보조 눈금선 보조 단위의 세로 눈금선 표시
주/보조 눈금선 주/보조 단위의 가로 눈금선 표시	주/보조 눈금선 주/보조 단위의 세로 눈금선 표시
기타 기본 가로 눈금선 옵션(M)...	기타 기본 세로 눈금선 옵션(M)...

'기본 가로 축'으로 '보조 눈금선'을 선택하면 보조 눈금선이 그려진다.

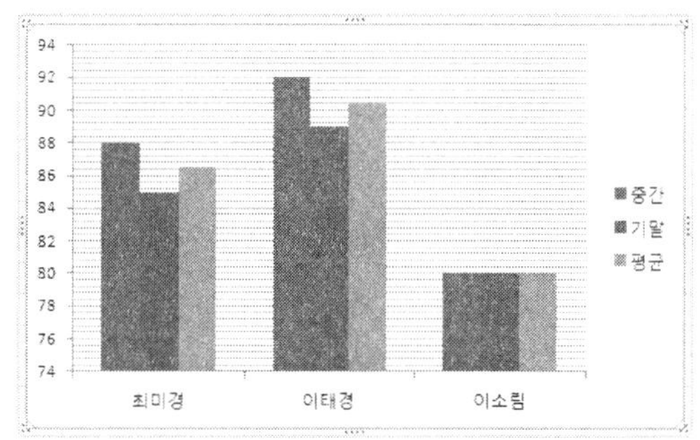

• '그림 영역'을 클릭하면 그림 영역을 색으로 채워 넣을 수 있다.
• '차트 옆면'을 클릭하면 차트 옆면을 색으로 채워 넣을 수 있다.
• '차트 밑면'을 클릭하면 차트 밑면을 색으로 채워 넣을 수 있다.

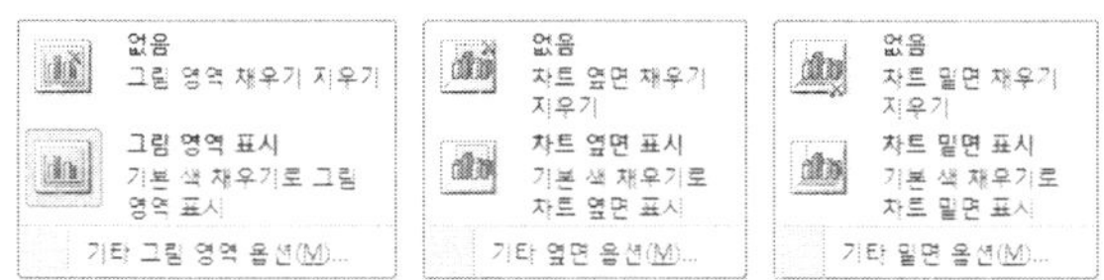

• '3차원 회전'을 클릭하면 차트를 회전시킬 수 있다.

차트 옆면과 밑면, 3차원 회전은 3차원 차트를 삽입했을 때 활성화된다.

□ 차트 구성요소

차트 구성요소에 마우스를 갖다 대면 구성요소에 대한 풍선 도움말이 표시된다.

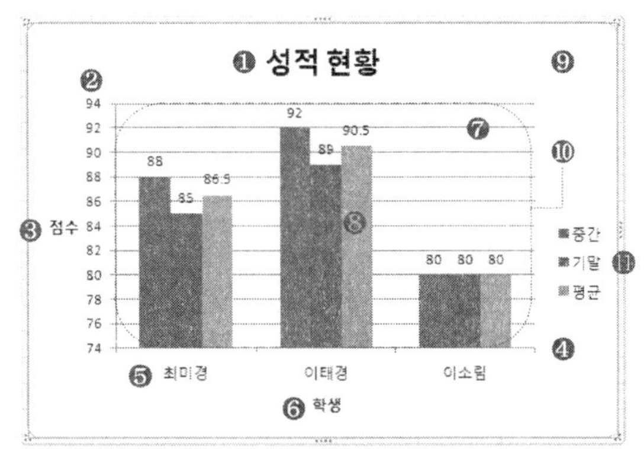

구성요소 혹은 차트 요소							
❶	차트 제목	❷	세로(값) 축	❸	세로(값) 축 제목	❹	가로(항목) 축
❺	항목 이름	❻	가로(항목) 축 제목	❼	눈금선	❽	데이터 계열
❾	차트 영역	❿	그림 영역	⓫	범례		

엑셀은 기본적으로 데이터의 행을 기준으로 차트를 만든다. 데이터 계열이란 데이터의 각 행에 기록된 내용으로 차트에서 막대로 표시된 부분을 말한다. 데이터 계열의 이름은 범례 항목으로 등록된다.

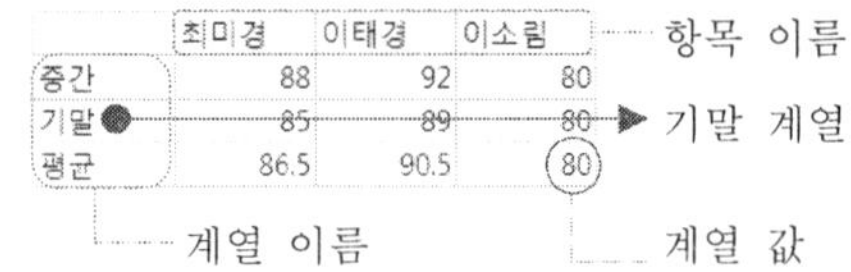

	최미경	이태경	이소림
중간	88	92	80
기말	85	89	80
평균	86.5	90.5	80

2) 차트 레이아웃·스타일

▭ 레이아웃

엑셀에서 제공하는 레이아웃을 바탕으로 차트 구성요소를 삽입하려면 디자인 탭에서 작업한다.

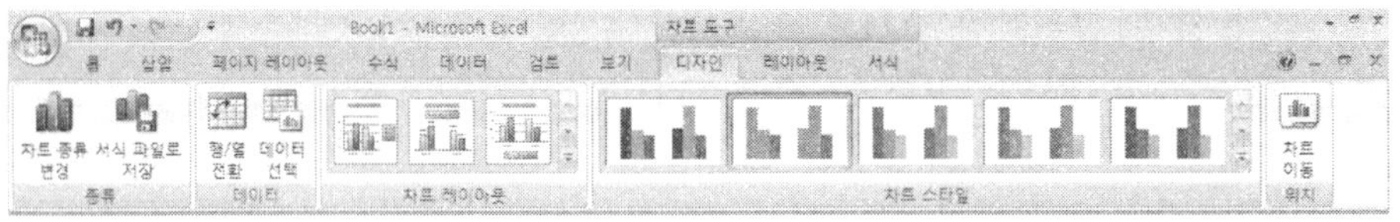

차트 레이아웃은 차트 구성요소의 종류, 모양, 위치 정보를 포함한다. 시트에 삽입된 차트에 레이아웃을 적용하면 차트는 레이아웃에 정의된 정보를 상속하게 된다. 차트 레이아웃 그룹에서 선택할 수 있는 레이아웃 유형은 다음과 같다.

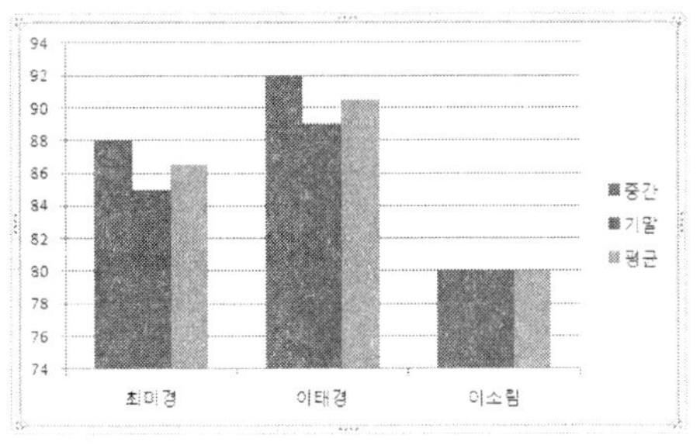

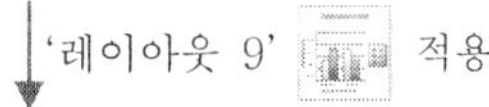
'레이아웃 9' 적용

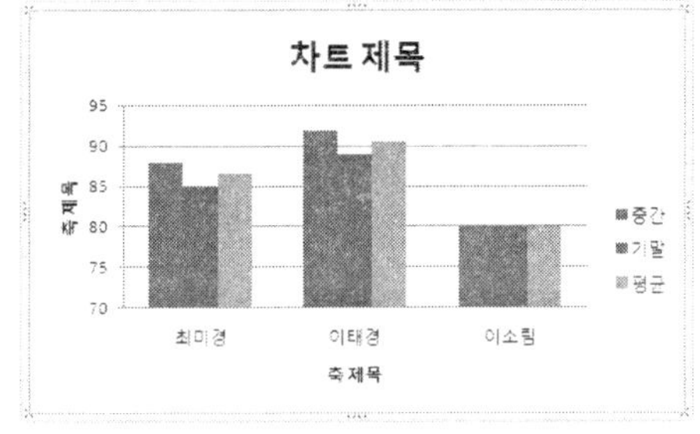

'레이아웃 2' 적용

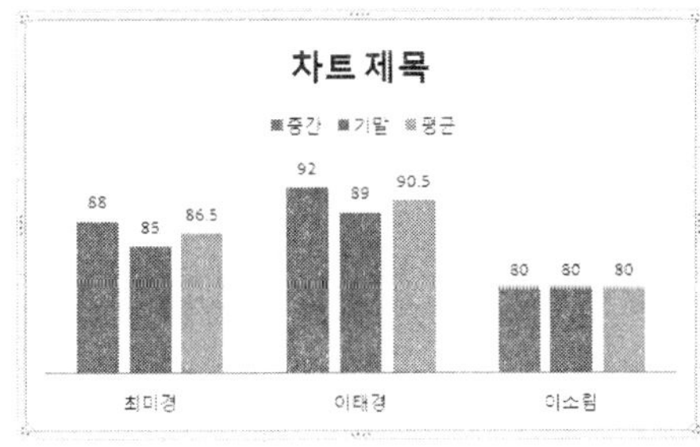

- 레이아웃에 설정되어 있는 차트 구성요소를 상속한다.
- 레이아웃에 설정되어 있는 데이터 계열 서식을 상속한다.

따라서 차트에 레이아웃을 적용할 때에는 데이터를 가장 잘 표현할 수 있는 유형의 레이아웃을 선택한다.

□ 스타일

차트를 디자인하려면 스타일을 활용한다. 스타일은 데이터 계열의 모양, 그림 영역의 서식, 차트 영역의 서식 정보를 포함한다. 스타일 그룹에서 선택할 수 있는 스타일 유형은 다음과 같다.

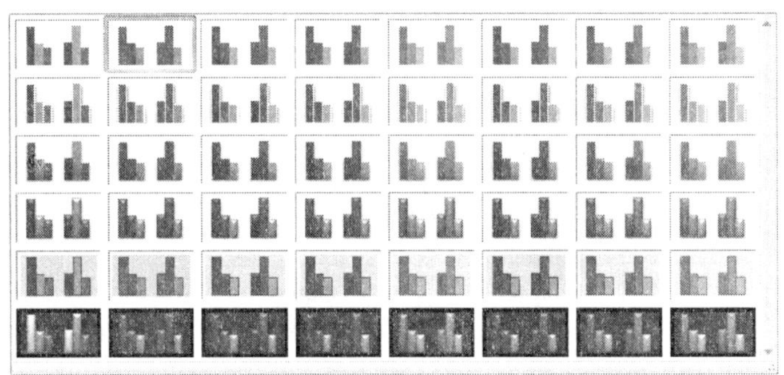

시트에 삽입된 차트에 스타일을 적용하면 차트는 스타일에 정의된 정보를 상속하게 된다.

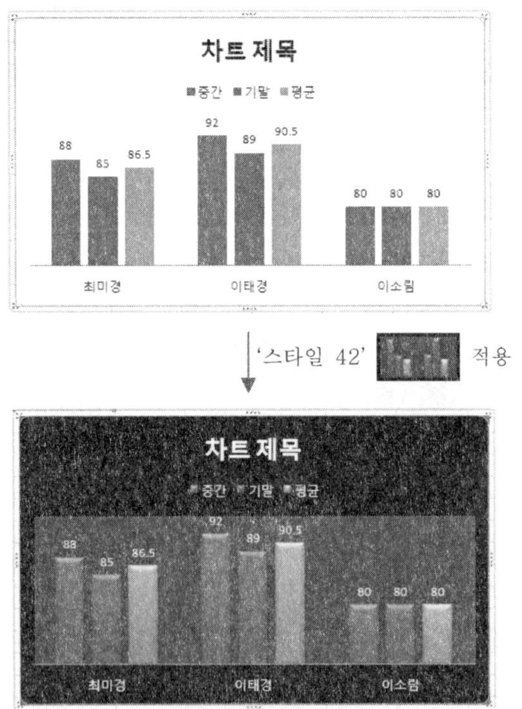

차트에 스타일을 적용하면 전문가 수준의 차트를 디자인할 수 있다.

※ 차트 구성요소의 삽입과 디자인은 차트 레이아웃과 스타일을 활용한다. 차트 구성요소에 대한 서식은 개별적으로 적용한다.

□ 차트 테마

차트 테마는 페이지 레이아웃 탭의 테마 그룹에서 변경한다.

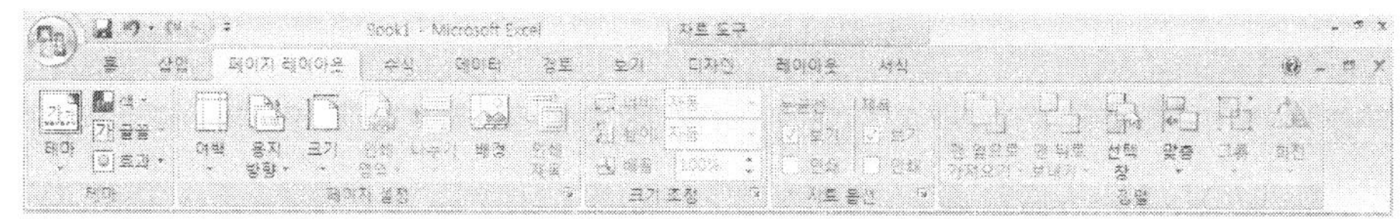

'테마' 버튼을 클릭하면 테마 유형 목록 창이 열린다.

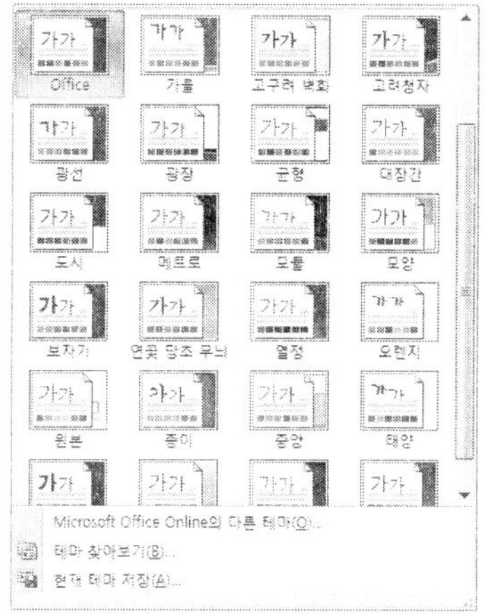

엑셀은 기본적으로 Office 테마가 적용되어 있다. 테마 '가을'을 적용하면 워크시트의 텍스트 글꼴, 차트 서식 등이 테마 '가을'로 바뀌게 된다.

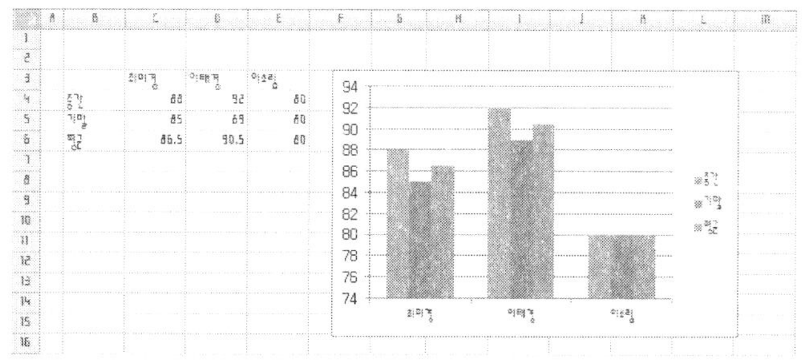

테마는 문서 전체에 걸쳐 적용되므로 문서 전체 디자인의 일관성을 유지하기 위해 사용한다.

2. 데이터 추가·삭제

차트에 데이터를 추가하려면 디자인 탭의 데이터 그룹에서 '데이터 선택' 버튼을 클릭한다.

	A	B	C	D	E	F
1						
2						
3			최미경	이태경	이소림	전경미
4		중간	88	92	80	75
5		기말	85	89	80	85
6		평균	86.5	90.5	80	80

차트 데이터 범위를 B3:F6로 지정하고 '확인' 버튼을 클릭한다.

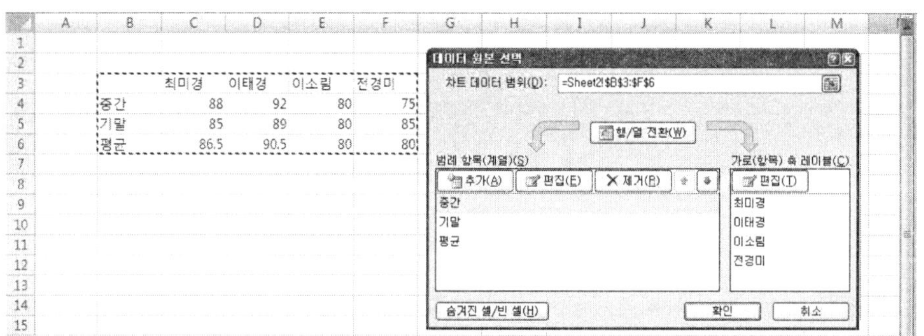

차트에 데이터가 추가된다.

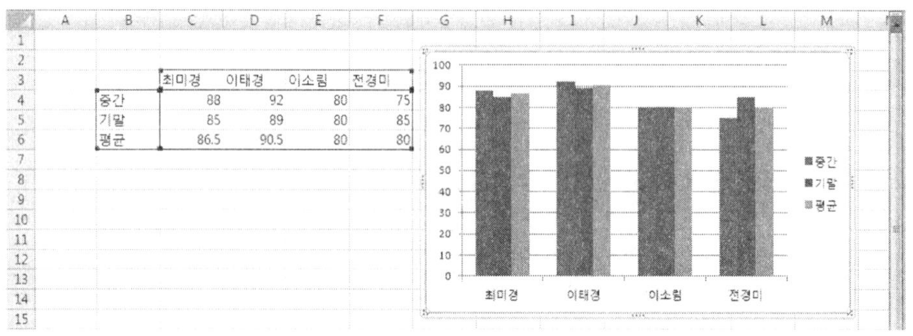

• 데이터 원본 선택 창의 범례 항목(계열)에서 '평균'을 선택한 후 '제거' 버튼을 클릭하면 평균 계열을 차트에 나타나지 않게 할 수 있다.

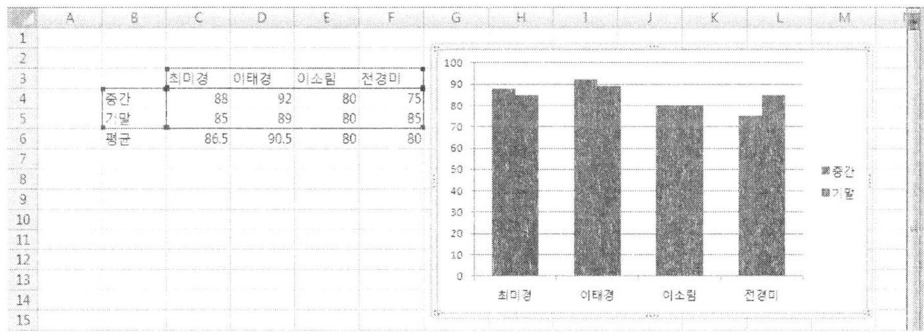

• 데이터 원본 선택 창의 가로(항목) 축 레이블에서 '편집' 버튼을 클릭하면 X 축의 항목 이름 중 특정 이름을 차트에 나타나지 않게 할 수 있다.

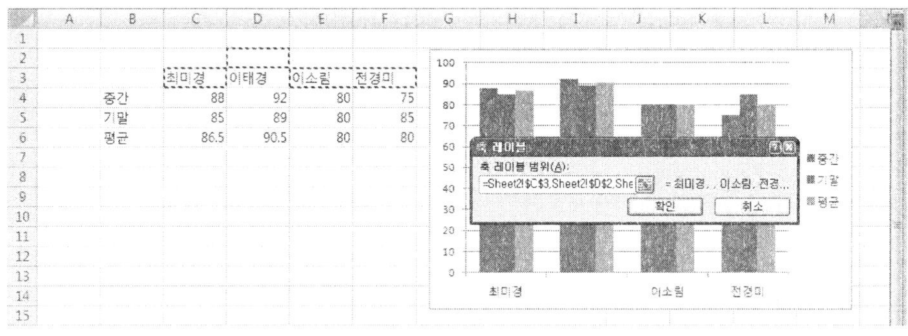

※ 차트에 표시하지 않으려는 항목 이름대신 빈 셀을 클릭한다. 빈 셀을 지정한 항목 이름은 가로(항목) 축 레이블 목록에 빈 셀로 등록된다. 항목 이름은 Ctrl 키를 누른 상태에서 지정한다.

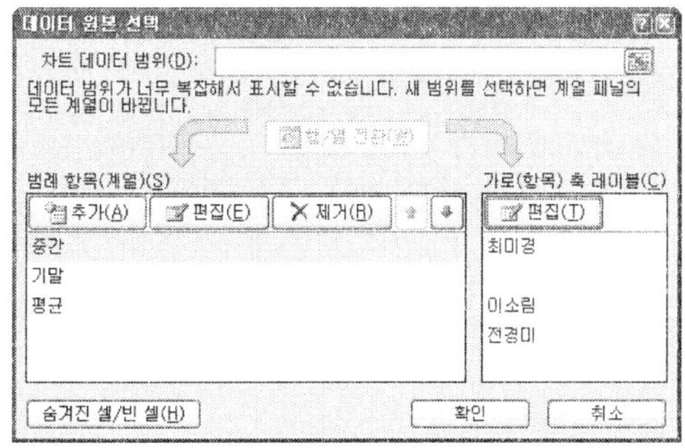

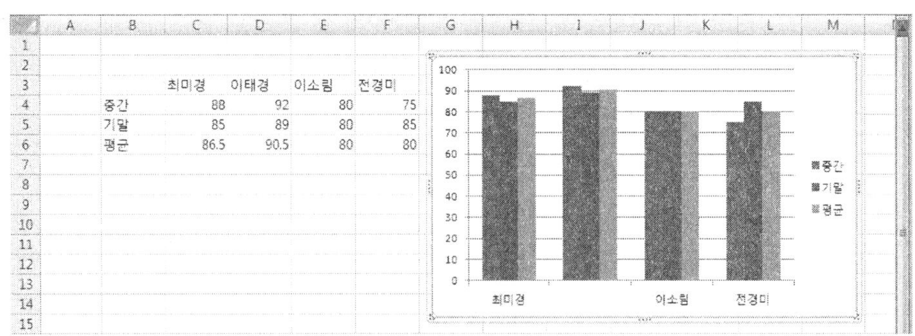

참고 항목 이름 '이소림'이 나타나지 않게 하려면 '전경미' 오른쪽의 빈 셀도 함께 지정한다.

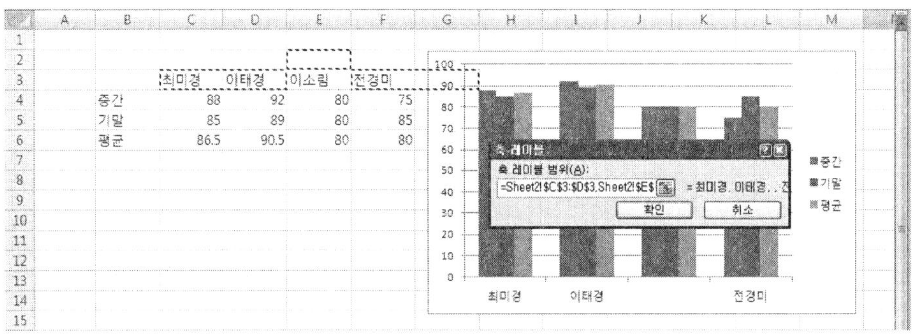

3. 차트 종류 변경

차트 종류를 변경하려면 차트를 선택한 후 디자인 탭의 종류 그룹에서 '차트 종류 변경' 버튼을 클릭한다.

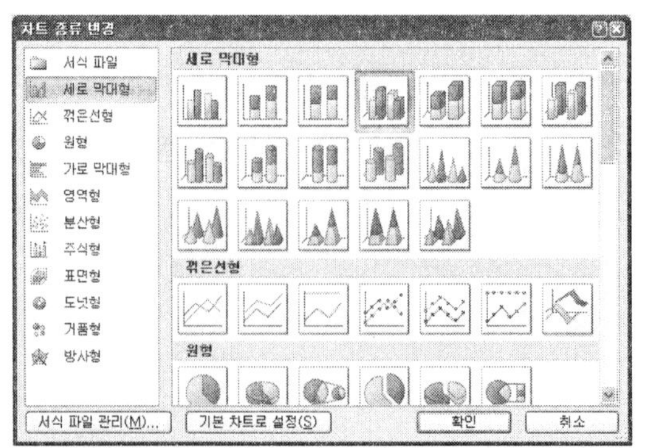

'3차원 묶은 세로 막대형'을 선택하고 '확인' 버튼을 클릭하면 차트는 3차원 형태의 세로 막대형 차트로 변경되고 원근감이 적용된다.

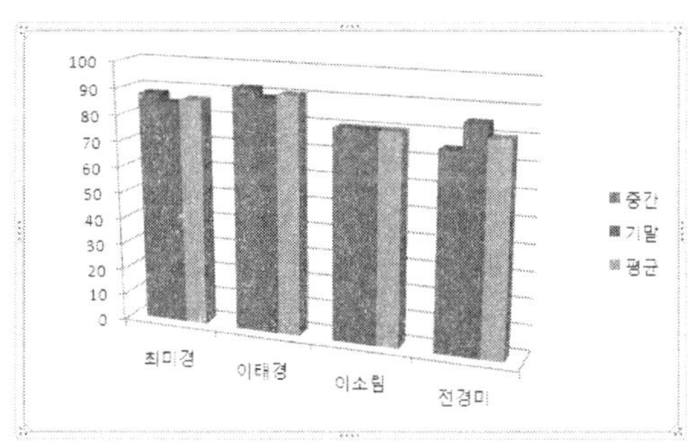

4. 차트 구성요소 서식 수동 지정

차트 구성요소의 서식은 서식 탭에서 지정한다.

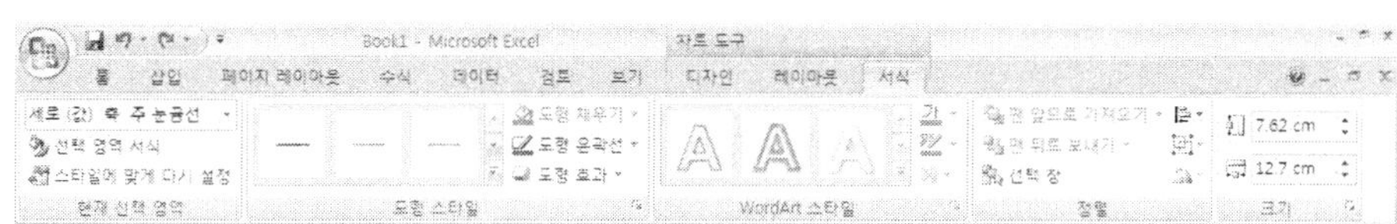

차트 구성요소의 서식을 지정하려면 해당 요소를 선택한 후 서식 탭의 현재 선택 영역 그룹에서 '선택 영역 서식' 버튼을 클릭한다.

다음 '3차원 묶은 세로 막대형' 차트를 대상으로 차트 구성요소 서식에 대해 살펴보자.

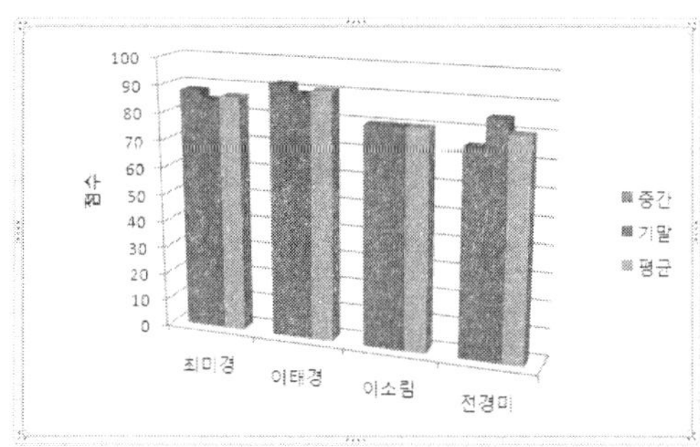

1) 차트 영역·그림 영역 서식

차트 배경을 그라데이션, 그림 혹은 질감으로 채우려면 차트 영역을 선택한 후 '선택 영역 서식' 버튼을 클릭한다.

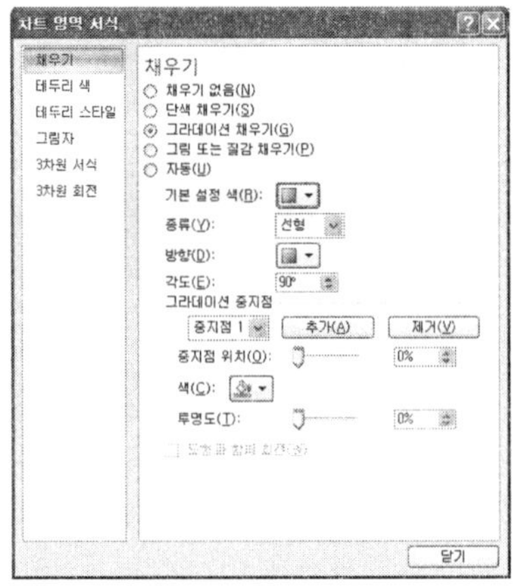

- 채우기 옵션으로 '그라데이션 채우기'를 선택하고 기본 설정 색을 '새벽'으로 지정하면 차트 배경은 그라데이션으로 채워진다.
- 채우기 옵션으로 '그림 또는 질감 채우기'를 선택하고 질감을 '파랑 박엽지'로 지정하면 차트 배경은 해당 질감으로 채워진다.

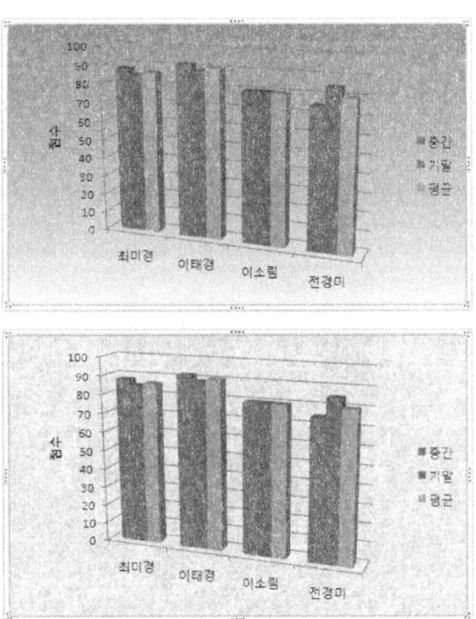

• 차트의 글꼴을 변경하려면 차트 영역을 마우스 오른쪽 버튼으로 클릭하고 단축 메뉴에서 '글꼴'을 클릭한다.

글꼴을 '궁서'로, 글자 크기를 11 포인트로 지정하면 차트의 모든 글꼴이 11 포인트 크기의 궁서 글꼴로 바뀐다.

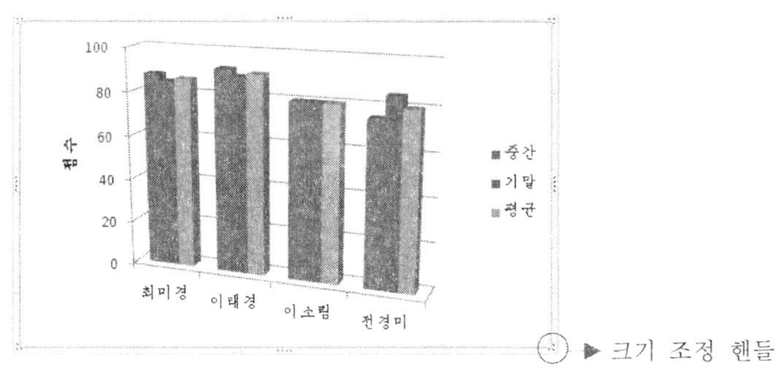

▶ 크기 조정 핸들

차트의 항목 이름, 계열 이름이 모두 표시되지 않는 경우 글자 크기를 조정하거나 차트 크기를 조정한다. 차트 크기를 조정할 때에는 Shift 키를 누른 상태에서 크기 조정 핸들을 마우스로 끈다.

※ 차트 글꼴, 채우기·테두리 옵션 등을 변경 전의 상태로 되돌리려면 레이아웃 탭의 현재 선택 영역 그룹에서 '스타일에 맞게 다시 설정' 버튼을 클릭한다.

• 차트를 회전시키려면 3차원 회전 범주에서 X, Y 값을 변경한다.

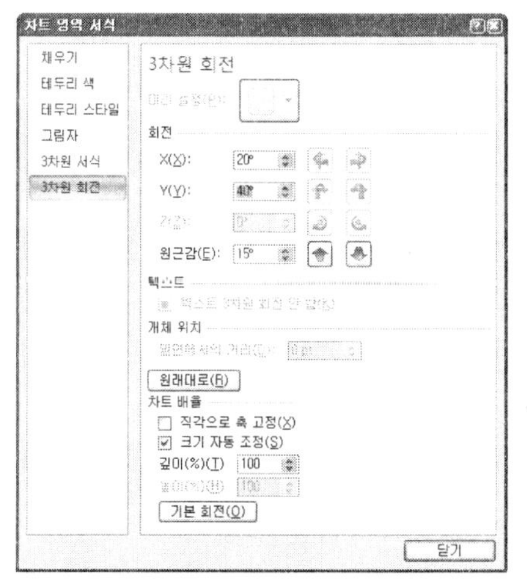

→

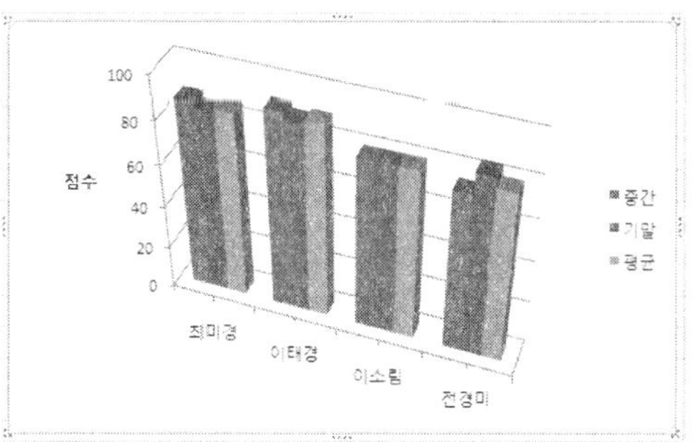

• 차트의 원근감을 없애려면 3차원 회전 범주에서 '직각으로 축 고정' 옵션을 선택한다.

참고 차트 종류를 3차원 형태로 변경하면 차트에 자동으로 원근감이 적용된다. 원근감이 적용된 차트는 경우에 따라서 데이터를 판독하는 데 어려움을 줄 수 있으므로 차트 영역 서식에서 원근감을 없애도록 한다.

그림 영역의 서식 역시 동일한 방법으로 지정한다.

2) 데이터 계열 서식

데이터 계열을 선택하면 해당 계열에 서식을 설정할 수 있다.

중간 계열을 선택하면 중간 계열 요소에 지정한 서식이 적용된다.

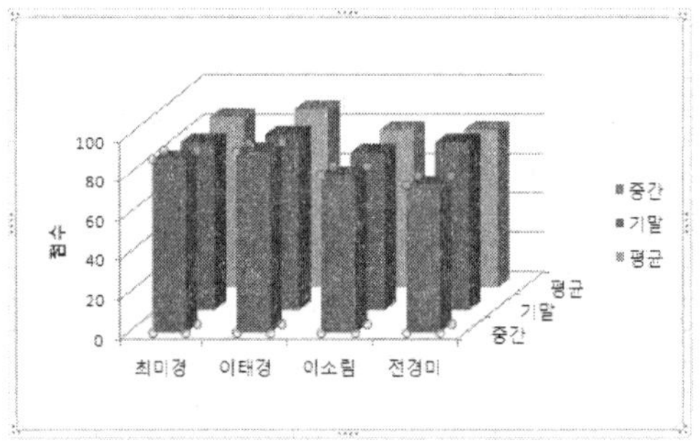

3차원 세로 막대형 적용
원근감 0로 지정

• 도형 범주에서 '전체 원뿔형'을 선택하면 중간 계열 요소가 원뿔형으로 변경된다.

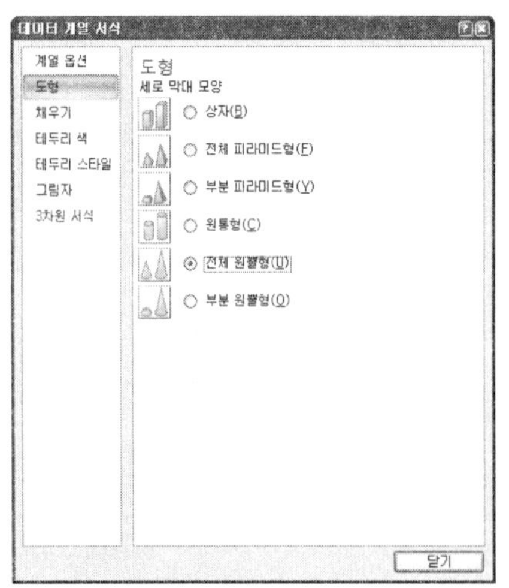

→

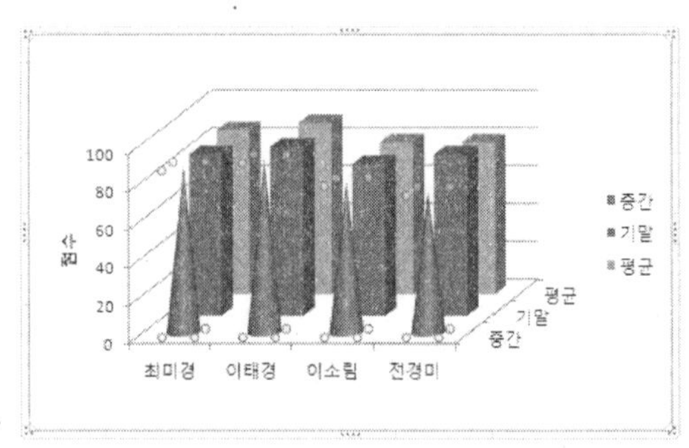

• 채우기 옵션으로 '그림 또는 질감 채우기'를 선택하고 파일 버튼을 클릭하여 그림 파일을 지정하면 중간 계열의 막대 모양이 해당 그림으로 채워진다.

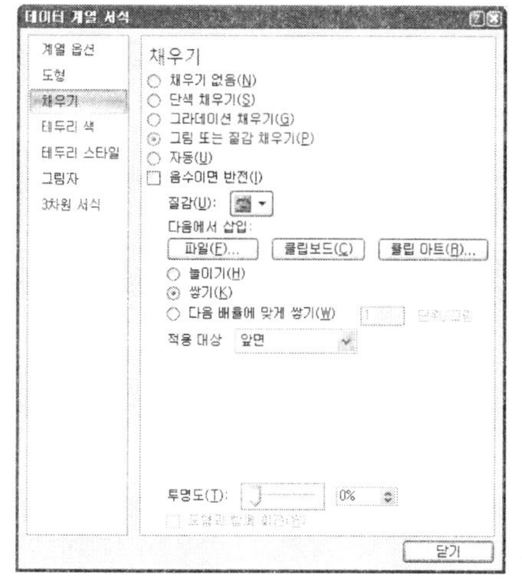

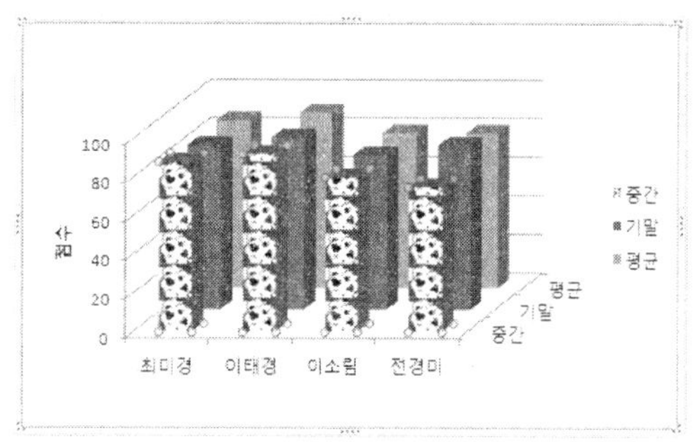

- 채움 방식을 '늘이기'로 지정하면 막대에 맞춰 그림이 늘어진 형태로 채워진다.
- 채움 방식을 '쌓기'로 지정하면 막대에 그림이 반복하여 채워진다.
- 채움 방식을 '다음 배율에 맞게 쌓기'로 지정하고 단위를 20으로 매기면 세로(값) 축의 20 단위마다 그림이 막대에 채워진다.
- 막대의 앞면에만 그림을 채우려면 적용 대상으로 '앞면'을 지정한다.

※ 계열을 선택한 상태에서 특정 계열 요소를 클릭하면 해당 계열 요소를 선택할 수 있다.

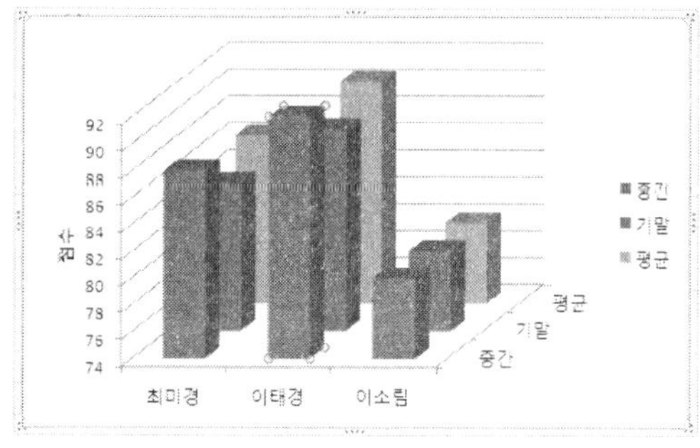

• 그림자 속성을 설정하면 해당 계열의 밑면에 그림자가 추가된다.

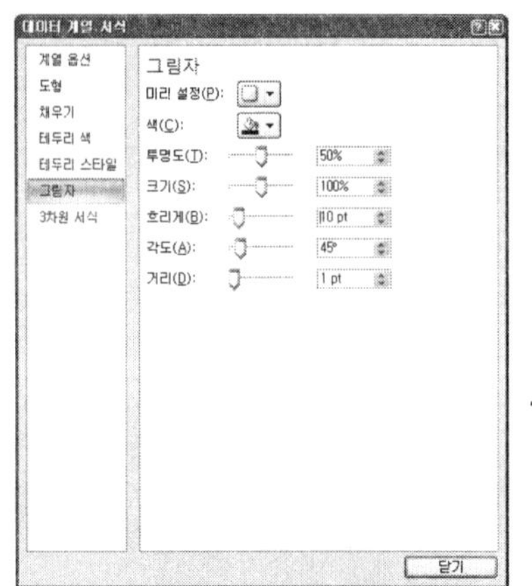

→

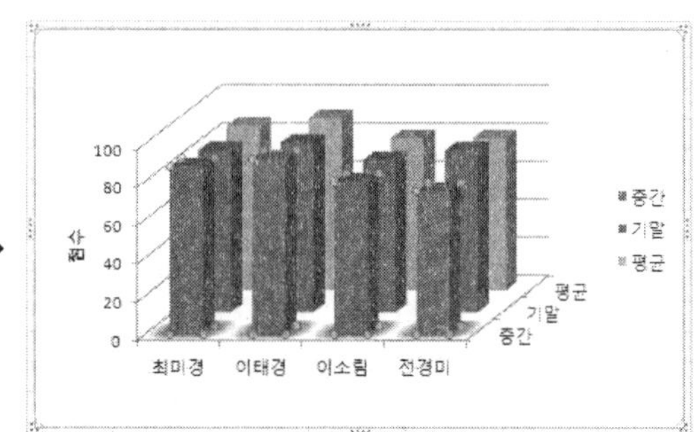

• 계열 옵션을 적용하면 계열, 항목 간의 거리를 조정할 수 있다.

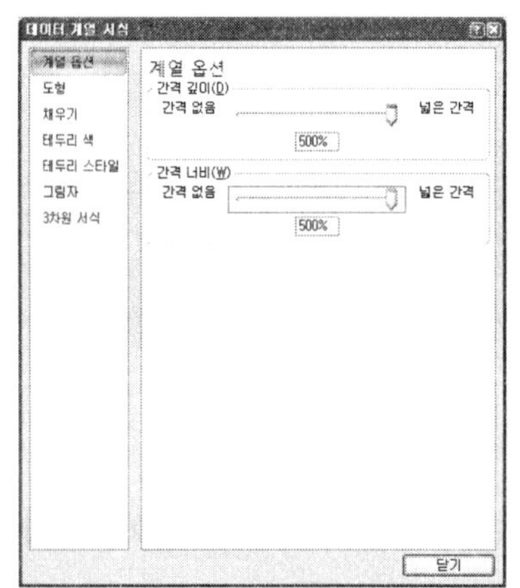

→

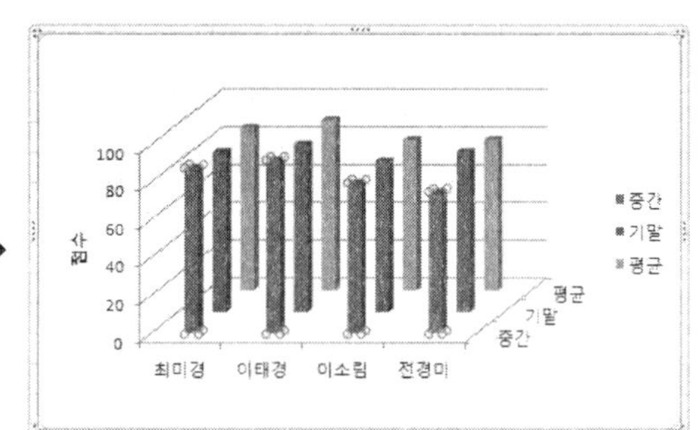

계열 옵션의 값을 변경하면 차트의 모든 계열에 적용된다.

- 계열 옵션으로 '간격 깊이'의 값을 증가시키면 계열 간의 거리가 길어진다. 즉, 중간과 기말, 기말과 평균 간의 거리가 멀어진다.
- 계열 옵션으로 '간격 너비'의 값을 증가시키면 항목 간의 거리가 넓어진다. 즉, 최미경과 이태경, 이태경과 이소림 간의 거리가 넓어진다.

3) 축 서식

차트의 축 옵션을 설정하거나 세로(값) 축의 표시 형식, 맞춤 형식을 지정하려면 축을 선택한 후 '선택 영역 서식' 버튼을 클릭한다.

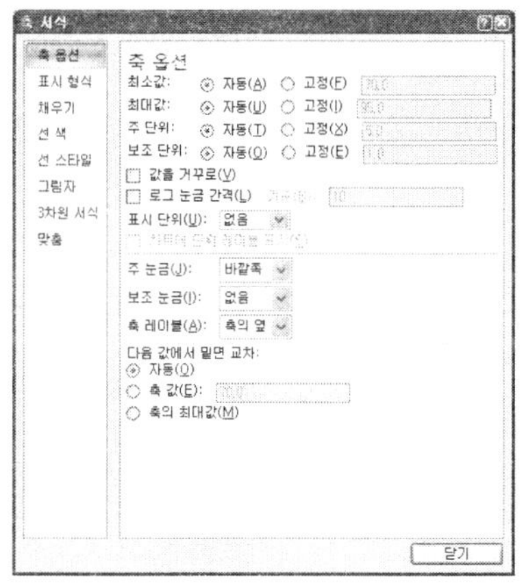

세로(값) 축 서식

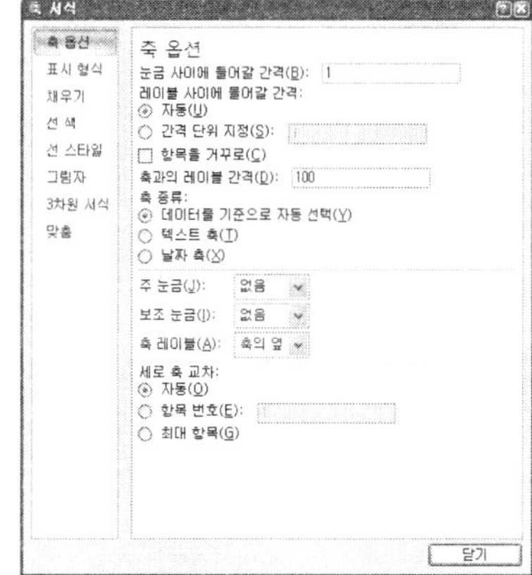

가로(항목) 축 서식

□ 가로 축 서식

• 눈금 사이에 들어갈 항목의 수는 '눈금 사이에 들어갈 간격'에서 지정한다. 2를 지정하면 눈금 사이에 2개의 항목이 들어간다.

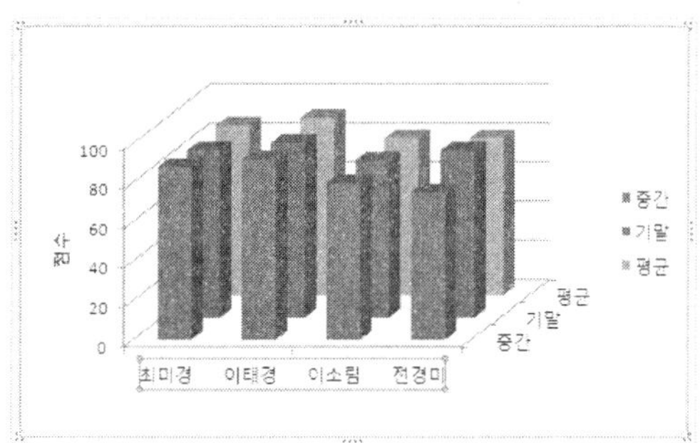

• 일부 항목의 이름이 표시되지 않게끔 하려면 '레이블 사이에 들어갈 간격'에서 지정한다. 간격 단위를 2로 지정하면 항목을 하나 건너 뛰어 항목 이름이 표시된다.

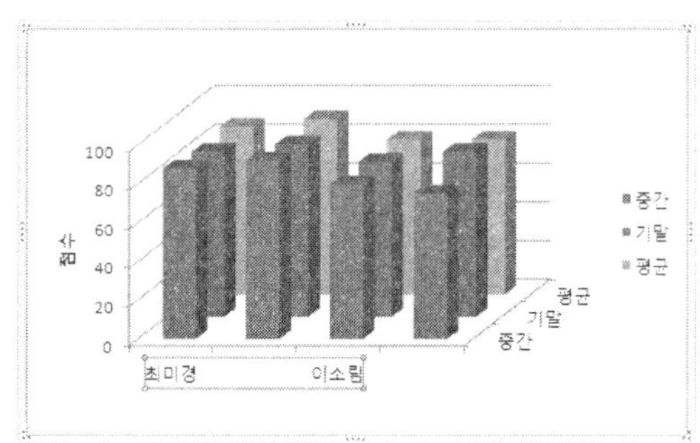

참고 특정 항목 이름을 숨기려면 항목의 이름을 데이터 범위 밖으로 옮긴다.

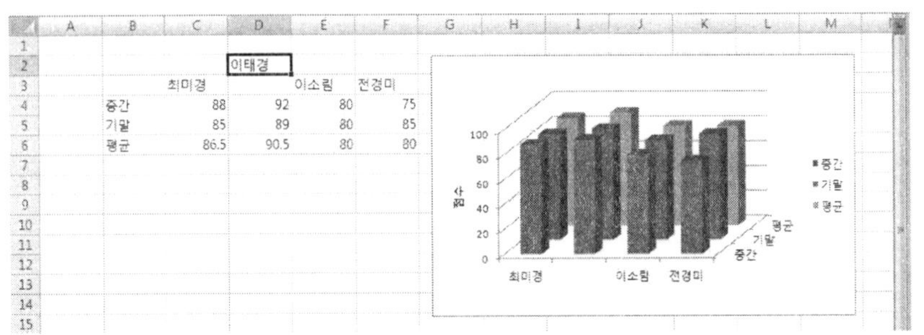

- '항목을 거꾸로'를 선택하면 축이 반전되어 항목이 나타나는 순서를 반대로 변경할 수 있다.

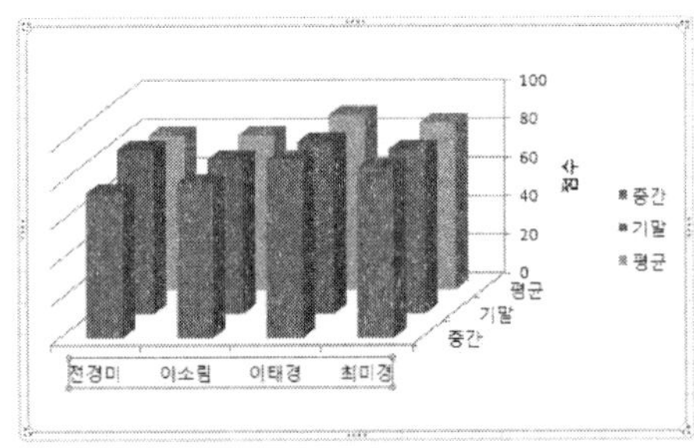

- '축과의 레이블 간격'에서는 X 축과 항목 이름 간의 간격을 지정한다.
- 주 눈금을 '안쪽'으로 지정하면 주 눈금의 위치가 안쪽으로 변경된다.
- 축 레이블을 '없음'으로 지정하면 항목 이름을 없앨 수 있다.
- 세로 축 교차 옵션으로 '항목 번호'를 선택하고 2를 지정하면 세로 축이 두 번째 항목과 교차되어 표시된다.
- 세로 축 교차 옵션으로 '최대 항목'을 선택하면 세로 축이 마지막 항목과 교차되어 표시된다.

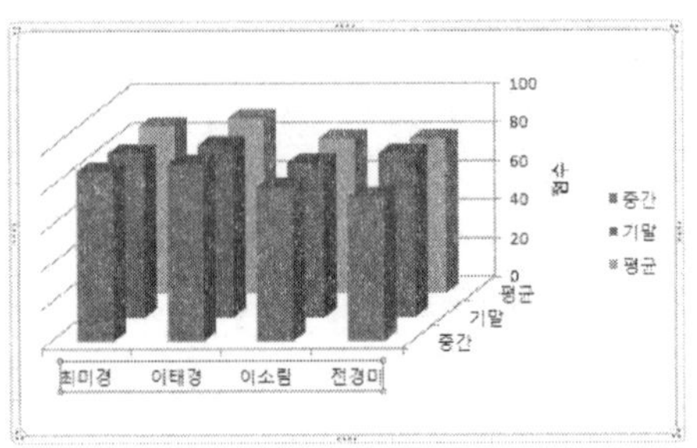

□ 세로 축 서식

- 최소값과 주 단위의 '고정' 옵션을 선택하고 각각 60, 5로 지정하면 값 축의 최소값과 눈금의 간격을 조정할 수 있다. 최소값은 눈금의 가장 아래에 놓인 값이다.

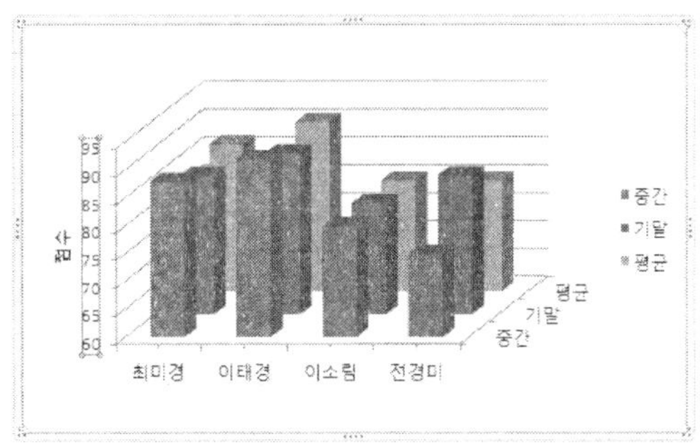

- '값을 거꾸로'를 선택하면 축 방향이 거꾸로 된다.

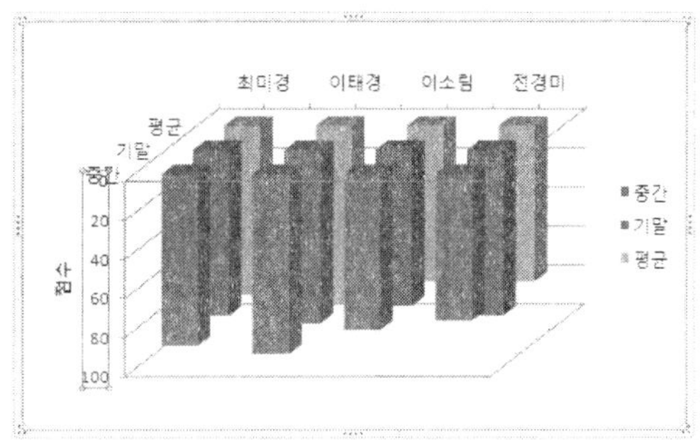

- '로그 눈금 간격'을 선택하고 기준 값을 지정하면 값 축에 나타나는 값을 기준 값의 지수꼴로 표시할 수 있다. 기준 값을 10으로 지정한 경우 눈금은 다음과 같이 표시된다.

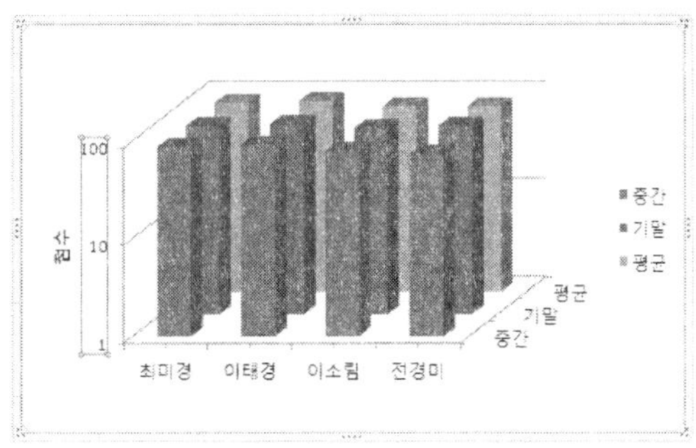

- 표시 단위를 '백'으로 지정하면 축이 백 단위로 표시된다.

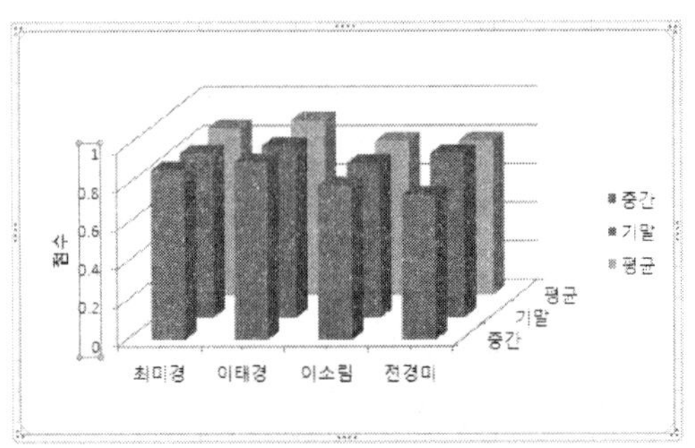

- '다음 값에서 밑면 교차' 옵션으로 '축 값'을 선택하고 수치를 입력하면 해당 수치의 축 값에서 밑면이 교차한다.

축 값으로 60을 지정하면 60 이하의 데이터는 60 위치에서 데이터 값까지 막대가 표시된다.

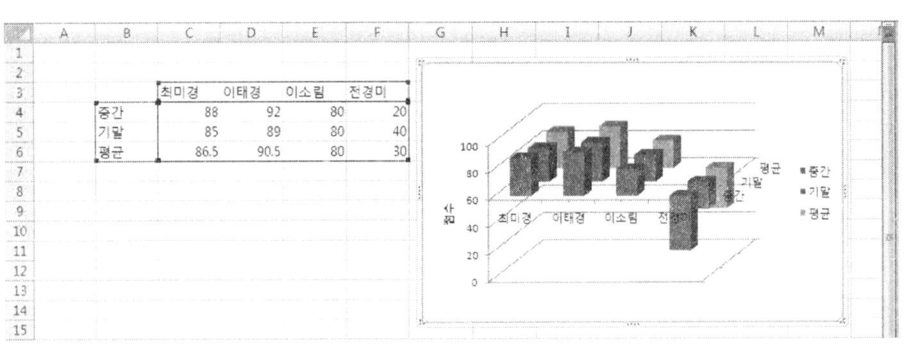

	최미경	이태경	이소림	전경미
중간	88	92	80	20
기말	85	89	80	40
평균	86.5	90.5	80	30

예를 들기 위해 '전경미' 데이터 수정

- '다음 값에서 밑면 교차' 옵션으로 '축의 최대값'을 선택하면 세로 축의 최대값에서 가로 축이 교차한다. 세로 축의 값에 유의한다.

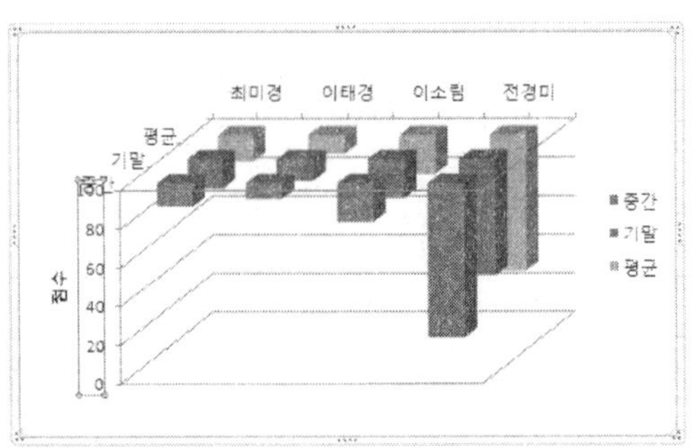

◆ 표시 형식

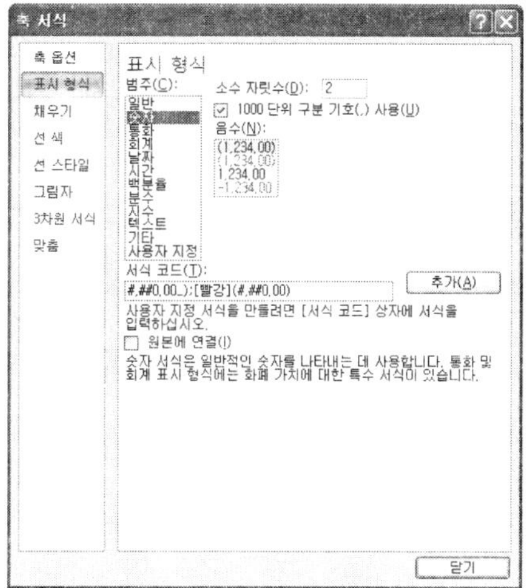

- '숫자' 범주를 클릭하면 축의 값에 천 단위 구분 기호를 넣을 수 있으며, 소수 자릿수를 지정할 수 있다.
- '사용자 지정' 범주를 클릭하면 서식 코드 입력 상자에 서식을 지정할 수 있다.

> #,##0.00;[빨강]#,##0.00과 같이 입력하면 세로 축의 값에 천 단위 구분 기호가 표시되고, 음의 값인 경우에는 빨강 색상으로 표시된다.

※ 그림 영역, 제목 영역, 범례 등의 서식도 동일한 방식으로 지정한다.

◫ 축 제목 서식

'축 제목'을 선택한 후 '선택 영역 서식' 버튼을 클릭하면 축 제목 서식 창이 열린다. 세로(값) 축 제목, 가로(항목) 축 제목의 서식은 축 제목 서식 창에서 설정한다.

- 축 제목의 텍스트 방향은 '맞춤' 범주에서 지정한다.
- 축 제목의 배경 색은 '채우기' 범주에서 지정한다.
- 축 제목의 테두리 색은 '테두리 색' 범주에서 지정한다.
- 축 제목의 테두리 모양은 '테두리 스타일' 범주에서 지정한다.

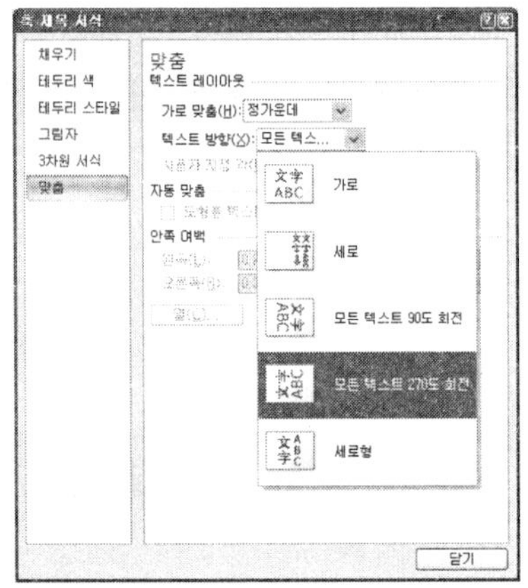

세로(값) 축 제목의 텍스트 방향을 '가로'로 지정하면 세로 축 제목은 가로 방향으로 변경된다.

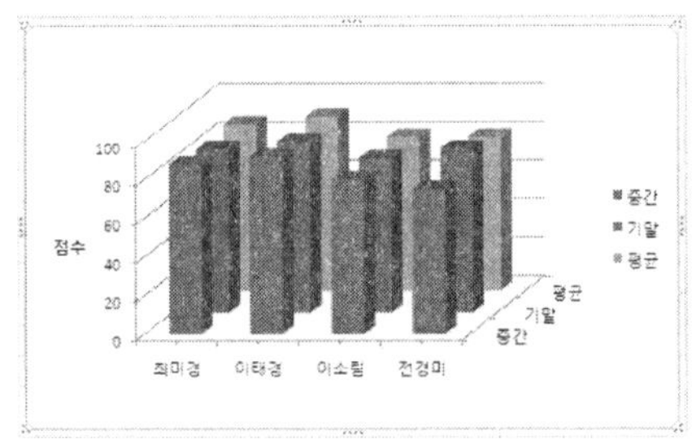

- 차트 제목의 서식은 차트 제목 서식 창에서 지정한다.

※ 축 제목, 차트 제목의 글꼴 서식을 따로 지정하려면 홈 탭의 글꼴 그룹에서 지정한다.

참고 3차원 차트에서 데이터 계열 순서가 잘못되면 계열 막대가 가려져 제대로 표시되지 않을 수도 있다. 계열 막대를 제대로 표시하려면 계열 순서를 변경한다.

① 깊이(계열) 축을 선택한다.

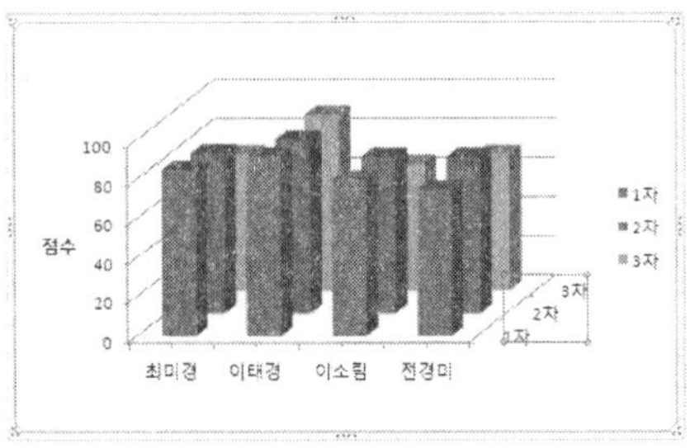

② 현재 선택 영역 그룹에서 '선택 영역 서식' 버튼을 클릭한다.

③ '계열을 거꾸로' 항목을 클릭한다.

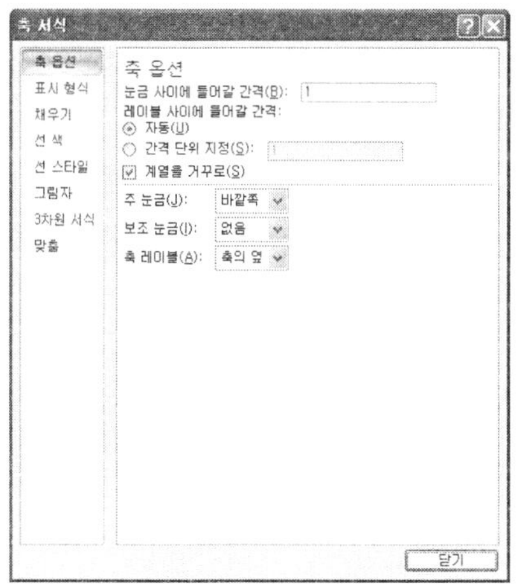

계열 순서가 바뀌게 되어 모든 계열이 제대로 표시된다.

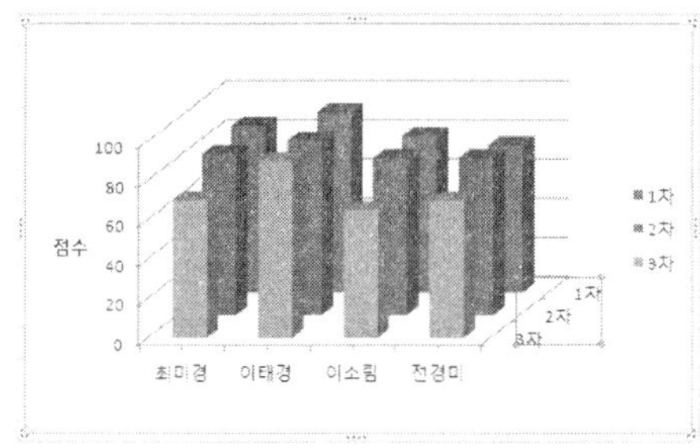

• 차트 '밑면', '옆면'을 선택한 후 '선택 영역 서식' 버튼을 클릭하면 차트 밑면과 옆면 서식을 지정할 수 있다.

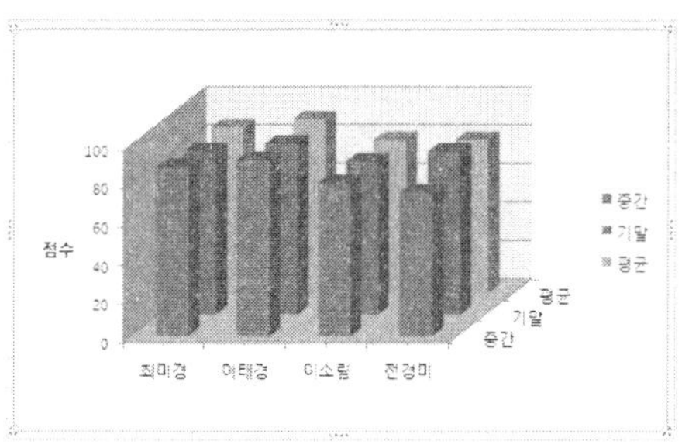

5. 추세선

레이아웃 탭의 분석 그룹에서 '추세선' 버튼을 클릭하고 '기타 추세선 옵션'을 선택하면 다양한 추세선의 유형을 선택할 수 있다.

추세선은 데이터의 추세를 시각적으로 나타내어 데이터 값을 예측하는 수단으로 사용한다. 이동 평균을 사용하면 데이터 변동을 완만하게 하고 패턴이나 추세를 좀 더 명확하게 표시할 수 있다. 추세선은 R−제곱 값이 1이거나 1에 가까울 때 가장 정확하다.

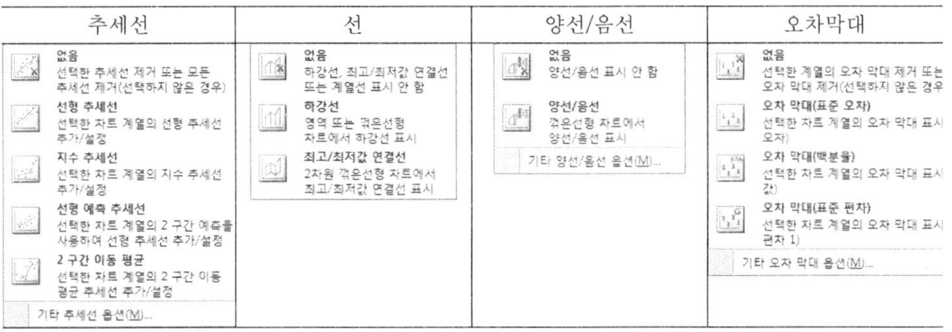

꺾은선형 차트, 세로 막대형 차트, 영역형 차트 또는 가로 막대형 차트에 추세선을 추가하는 경우 추세선은 x 값이 1, 2, 3, 4, 5, …라는 가정 하에 계산된다. 이러한 가정은 x 값이 숫자인지, 아니면 텍스트인지를 기반으로 한다. 숫자 x 값을 기반으로 추세선을 계산하려면 분산형 차트를 사용해야 한다.

다음 차트는 주식 동향을 '표식만 있는 분산형'으로 표시한 것이다[5].

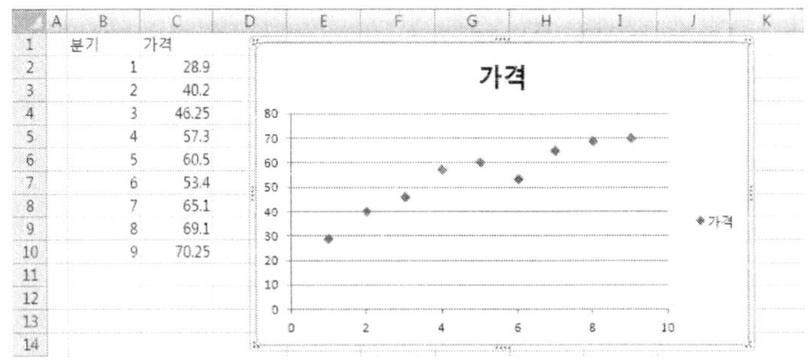

5) 김양렬, 알기 쉬운 통계학, 504 페이지 자료 발췌

추세선 유형을 '다항식'으로, 차수를 '2'로 지정하고 '수식을 차트에 표시', 'R-제곱 값을 차트에 표시' 옵션을 선택한 후 '닫기' 버튼을 클릭하면 주식 가격의 변동 추세를 얻을 수 있다.

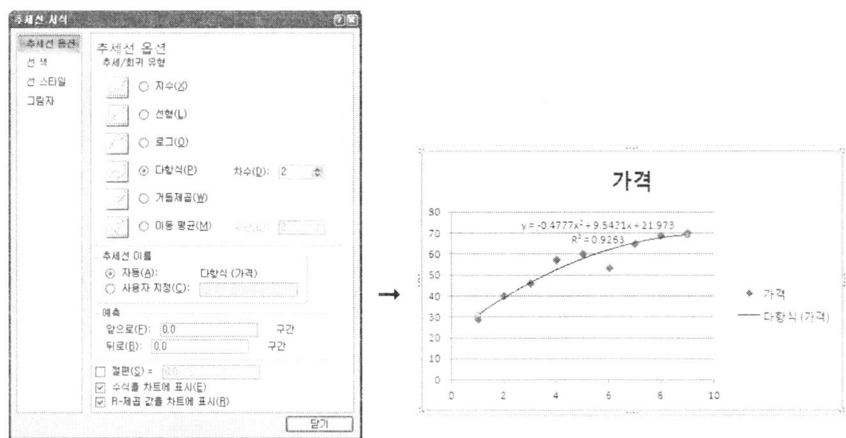

※ 예측 옵션으로 앞으로, 뒤로 값을 지정하면 추세선을 바탕으로 지정한 구간의 값을 예측할 수 있다. 예를 들어, 앞으로의 값으로 3 구간을 지정하면 3 분기 후의 주식 가격을 예측할 수 있다.

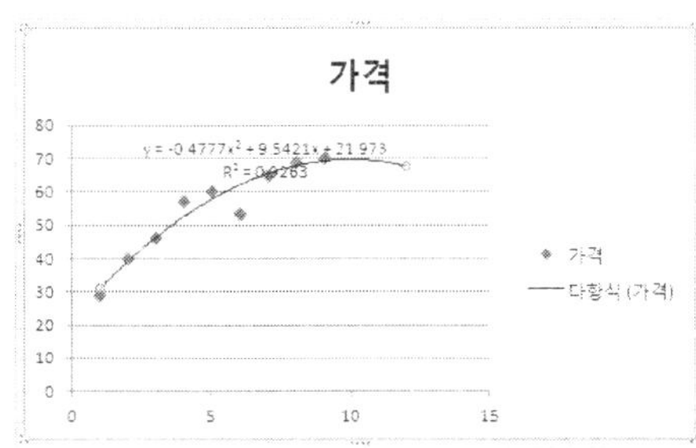

과거의 추세를 감안할 때 12 분기의 주식 가격은 다음과 같이 예측된다.

y = 67.69 (=−0.4777(12)2 + 9.5421(12) + 21.973)

다항식 추세선은 변동이 많은 데이터에 사용된다. 예를 들면 큰 데이터 집합의 손익 분석에 유용하다. 다항식의 차수는 데이터의 변동 수 또는 곡선의 굴곡 수에 따라 달라진다. 차수가 2인 다항식 추세선에는 상승 곡선이나 하강 곡선이 하나만 있으며, 차수가 3인 다항식 추세선에는 상승 곡선이나 하강 곡선이 하나 또는 두 개가 있다.

다음 차트는 커피 가격에 따른 커피 소비량의 동향을 '표식만 있는 분산형'으로 표시한 것이다[6].

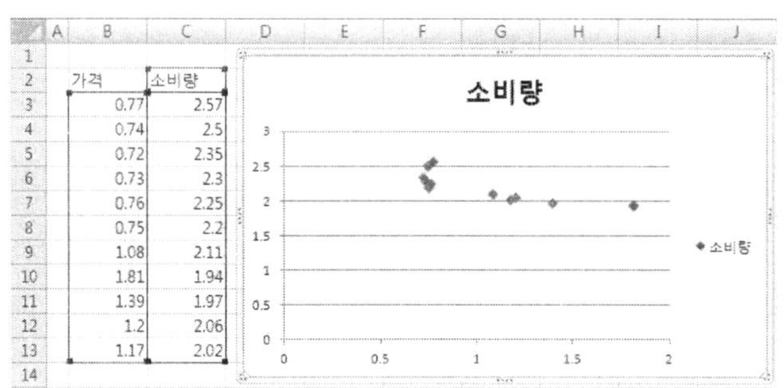

추세선 유형을 '선형'으로 지정하고 '수식을 차트에 표시', 'R－제곱 값을 차트에 표시' 옵션을 선택한 후 '닫기' 버튼을 클릭하면 가격 변동에 대한 소비량의 변동 추세를 얻을 수 있다.

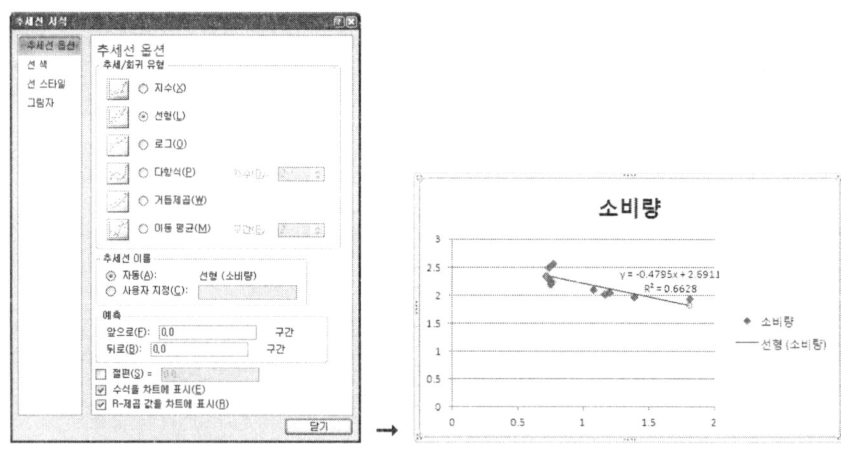

가격과 소비량의 관계를 볼 때 가격이 2가 되면 소비량은 약 1.73이 될 것으로 예측할 수 있다. 절편의 값에 대한 의미는 부여하기가 어려운 경우가 많지만 가격이 0이 되더라도 건강상의 이유로 사람들이 소비를 절제할 것이므로 절편의 값 2.69는 의미가 있다고 볼 수 있다.

6) D.N. Gujarati, Basic Econometrics, 83 페이지 자료 발췌

선형 추세선은 일반적으로 일정한 비율로 증가하거나 감소하는 데이터를 나타낸다.

다음 차트는 2001년부터 2005년 동안의 계절별 고객의 수를 '표식만 있는 분산형'으로 작성하였다. 계절별 고객의 변동 추이와 4 계절 이동평균선을 표시해 보자[7].

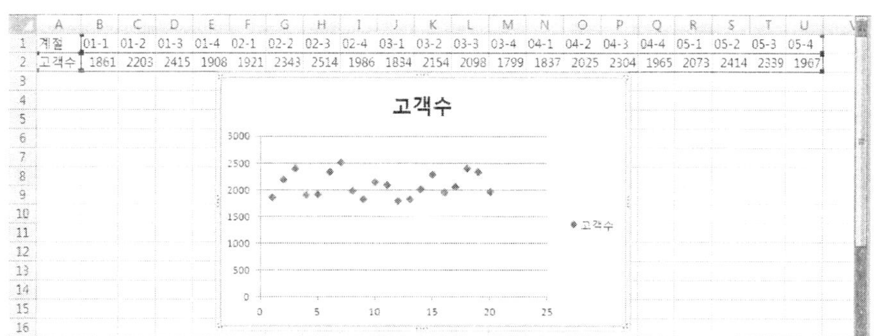

계절	01-1	01-2	01-3	01-4	02-1	02-2	02-3	02-4	03-1	03-2	03-3	03-4	04-1	04-2	04-3	04-4	05-1	05-2	05-3	05-4
고객수	1861	2203	2415	1908	1921	2343	2514	1986	1834	2154	2098	1799	1837	2025	2304	1965	2073	2414	2339	1967

추세선 유형을 '이동 평균'으로 지정하고 구간을 '4'로 지정한 후 '닫기' 버튼을 클릭하면 계절별 고객의 변동 추이를 얻을 수 있다.

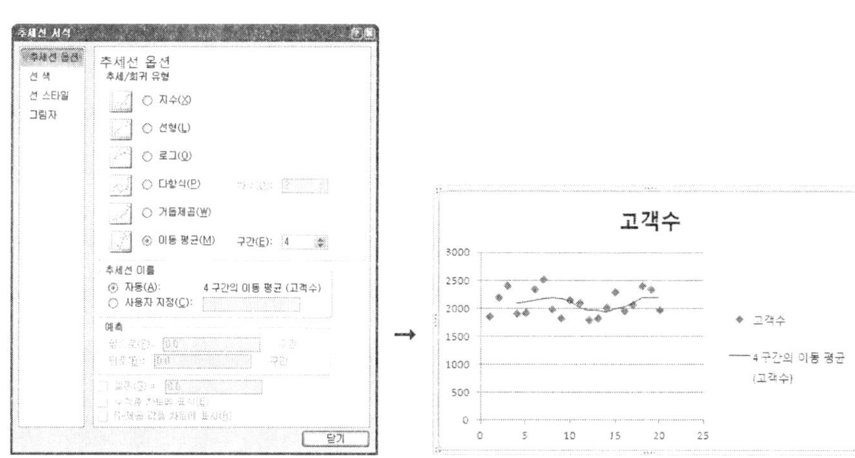

차트를 좀 더 일목요연하게 표시하기 위해 축 서식을 변경한다.

① 가로(값) 축을 선택하고 서식 탭의 현재 선택 영역 그룹에서 '선택 영역 서식' 버튼을 클릭한다.

② 주 단위와 보조 단위 옵션으로 '고정'을 선택하고 각각 4, 1의 값을 입력한 후 '닫기' 버튼을 클릭한다.

7) 김효석, 통계학, 466 페이지 자료 발췌

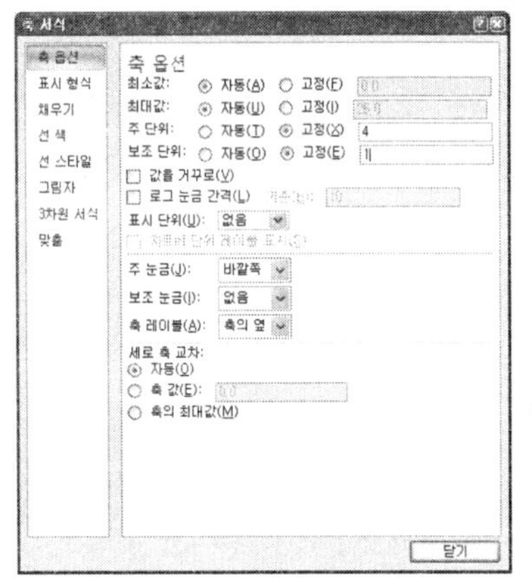

→

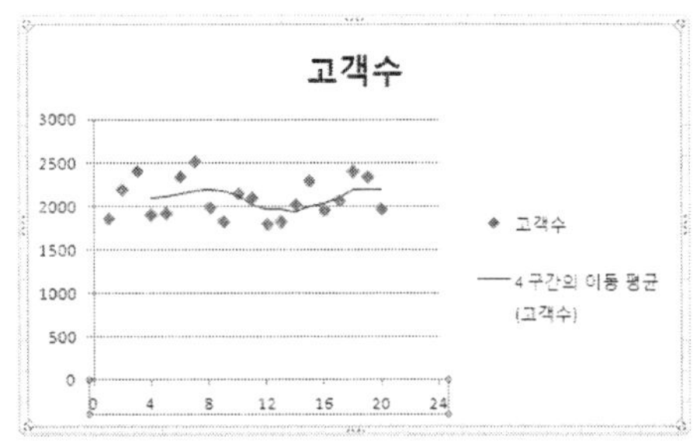

③ 가로(값) 축을 마우스 오른쪽 버튼으로 클릭하고 단축 메뉴에서 '보조 눈금선 추가'를 선택한다.

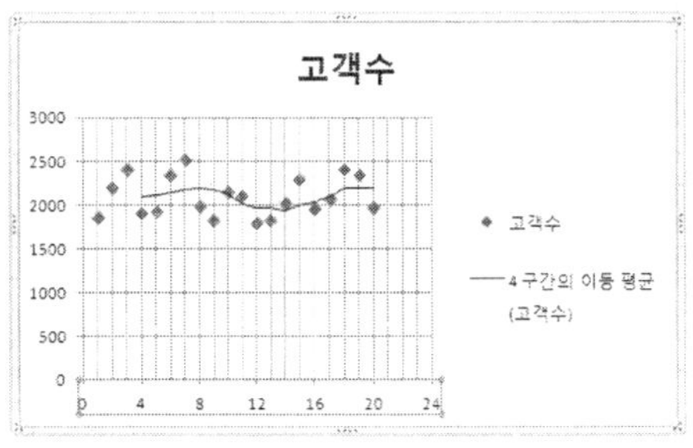

이동 평균 추세선은 데이터 변동을 완화하여 패턴이나 추세를 보다 분명하게 보여 준다. 이동 평균은 구간 옵션에 설정된 특정수의 데이터 요소를 사용하며, 데이터 요소의 평균을 구하고, 평균값을 추세선에서 요소로 사용한다.

다음 차트는 자동차 평균 속도와 연비의 관계를 '표식만 있는 분산형'으로 표시하였다[8].

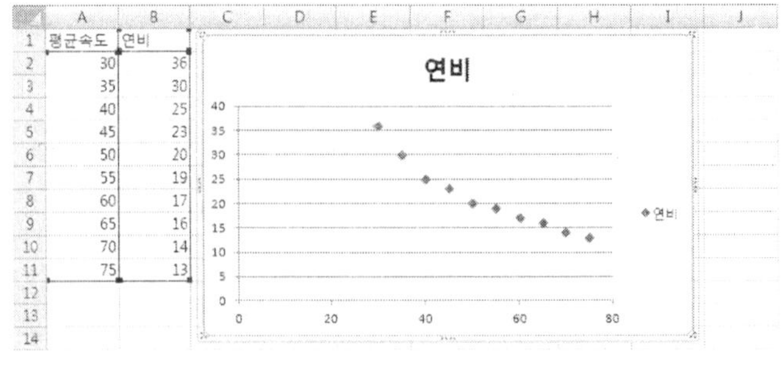

	A	B
1	평균속도	연비
2	30	36
3	35	30
4	40	25
5	45	23
6	50	20
7	55	19
8	60	17
9	65	16
10	70	14
11	75	13

8) 박광태, 통계학, 367 페이지 참조

추세선 유형을 '로그'로 지정하고 '수식을 차트에 표시', 'R-제곱 값을 차트에 표시' 옵션을 선택한 후 '닫기' 버튼을 클릭하면 자동차 평균 속도와 연비의 변동 추이를 얻을 수 있다.

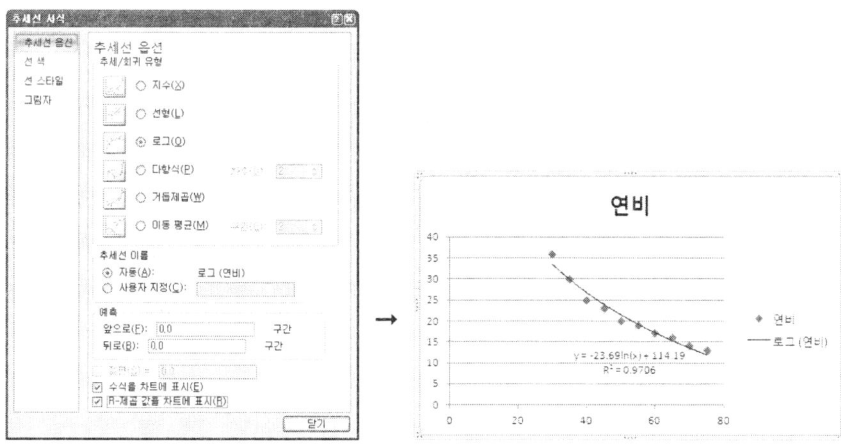

로그 추세선은 데이터가 급속하게 증가하거나 감소한 다음 안정선을 유지할 때 사용된다.

다음 차트는 월 판매액 추이를 '표식만 있는 분산형'으로 표시하였다.

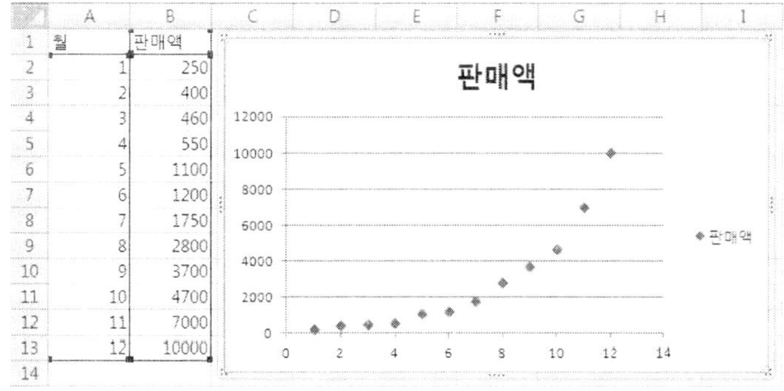

	A	B
1	월	판매액
2	1	250
3	2	400
4	3	460
5	4	550
6	5	1100
7	6	1200
8	7	1750
9	8	2800
10	9	3700
11	10	4700
12	11	7000
13	12	10000
14		

추세선 유형을 '지수'로 지정하고 '수식을 차트에 표시', 'R-제곱 값을 차트에 표시' 옵션을 선택한 후 '닫기' 버튼을 클릭하면 월 판매액 변동 추이를 얻을 수 있다.

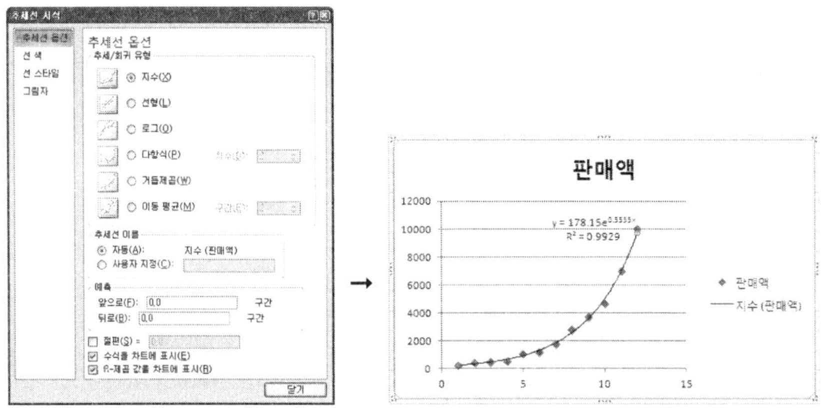

지수 추세선은 데이터 값이 점점 높은 비율로 상승하거나 하락할 때 사용된다. 데이터에 0 또는 음수 값이 있으면 지수 추세선을 만들 수 없다.

거듭제곱 추세선은 특정 비율로 증가하는 측정 단위를 비교하는 데이터 집합에 사용된다. 예를 들어 1초 간격으로 증가하는 경주용 자동차의 가속도를 표시할 때 사용된다. 데이터에 0 또는 음수 값이 있으면 거듭제곱 추세선을 만들 수 없다.

다음 차트는 주식 가격 추이를 '꺽은선형' 차트로 표시하였다.

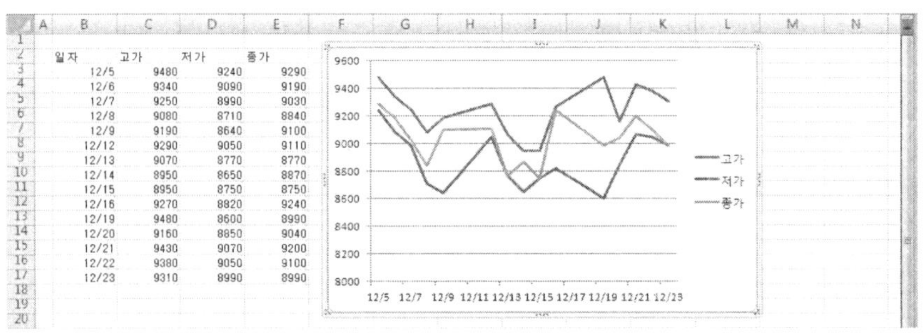

일자	고가	저가	종가
12/5	9480	9240	9290
12/6	9340	9090	9190
12/7	9250	8990	9030
12/8	9080	8710	8840
12/9	9190	8640	9100
12/12	9290	9050	9110
12/13	9070	8770	8770
12/14	8950	8650	8870
12/15	8950	8750	8750
12/16	9270	8820	9240
12/19	9480	8600	8990
12/20	9160	8850	9040
12/21	9430	9070	9200
12/22	9380	9050	9100
12/23	9310	8990	8990

• '선' 버튼을 클릭하고 '최고/최저값 연결선' 버튼을 클릭하면 최고/최저값 연결선을 표시한다.

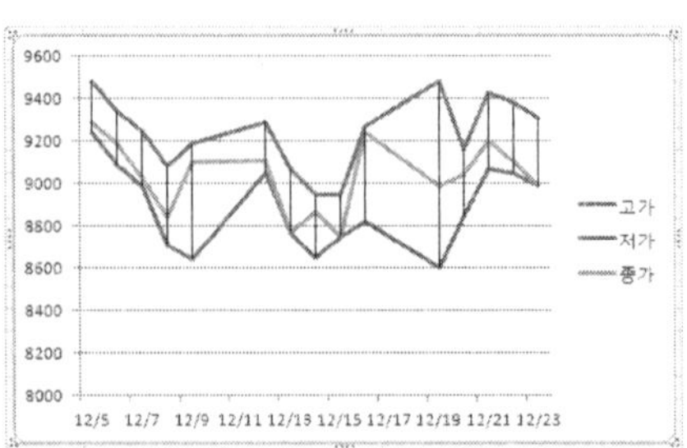

- '양선/음선' 버튼을 클릭하고 '양선/음선' 버튼을 클릭하면 양선/음선을 표시한다.

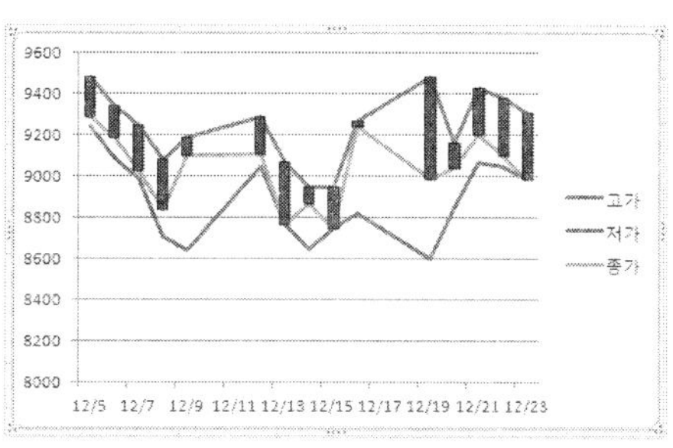

- '오차 막대' 버튼을 클릭하고 '오차 막대(표준 오차)' 버튼을 클릭하면 표준 오차 막대를 표시한다.

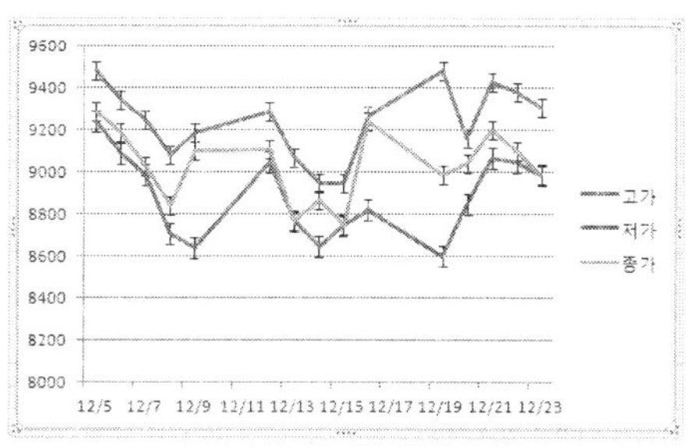

- 하강선 : 데이터 요소를 가로(항목) 축까지 연장하여 한 데이터 표식이 어디에서 끝나고 다음 데이터 표식이 어디에서 시작하는지 명확하게 표시한다.
- 최고/최저값 연결선 : 2차원 꺾은선형 차트에서 사용할 수 있고 주식형 차트에서 기본적으로 표시된다. 최고/최저값 연결선은 각 범주에서 가장 높은 값을 가장 낮은 값까지 연결한다.
- 양선/음선 : 첫 번째 데이터 계열과 마지막 데이터 계열의 데이터 요소 간 차이를 나타낸다. 양선/음선은 시가－고가－저가－종가 및 거래량－시가－고가－저가－종가 같은 주식형 차트에 기본적으로 추가된다.

6. 기타 차트 서식

1) 간트(Gantt) 차트

작업 진도표 혹은 일정표를 작성하려면 간트 차트를 사용한다. 간트 차트는 일반적으로 가로 축의 시간 단위로 일 단위를 사용한다.

① 삽입 탭의 차트 그룹에서 '누적 가로 막대형' 차트를 삽입한다.

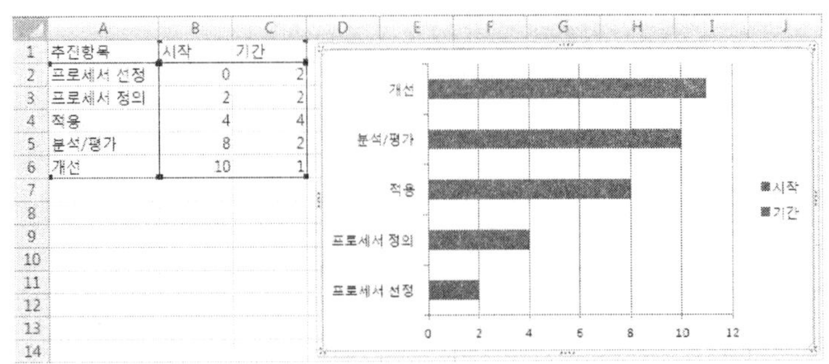

② '시작' 계열을 선택하고 서식 탭의 현재 선택 영역 그룹에서 '선택 영역 서식'을 클릭한다.

③ 채우기 범주에서 '채우기 없음'을 선택하고 '닫기' 버튼을 클릭한다.

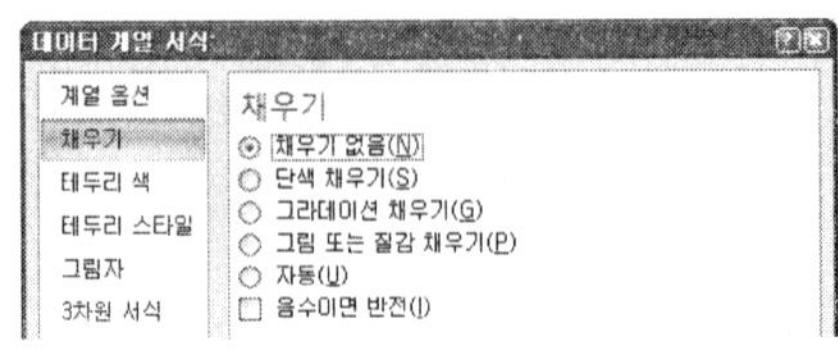

④ 범례를 클릭한 후 Delete 키를 누른다.

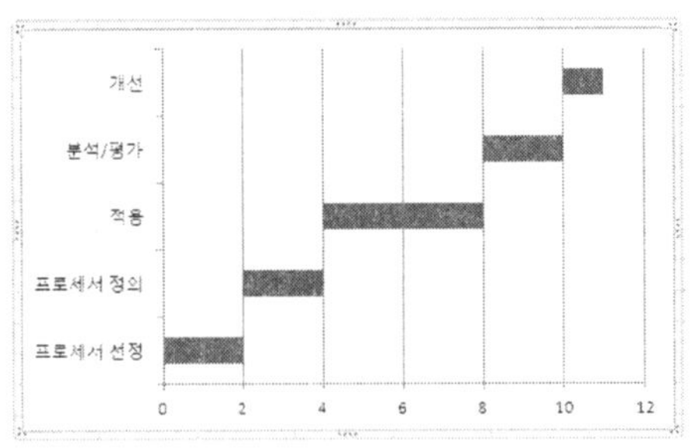

⑤ 세로(값) 축을 선택한 후 '선택 영역 서식'을 클릭한다.

⑥ 축 옵션 범주에서 '항목을 거꾸로' 옵션을 선택하고 '닫기' 버튼을 클릭한다.

축 서식

축 옵션
표시 형식
채우기
선 색
선 스타일
그림자
3차원 서식
맞춤

축 옵션
눈금 사이에 들어갈 간격(B): 1
레이블 사이에 들어갈 간격:
자동(U)
간격 단위 지정(S):
항목을 거꾸로(C)
축과의 레이블 간격(D): 100
축 종류:
데이터를 기준으로 자동 선택(Y)
텍스트 축(T)
날짜 축(X)

추진 일정표가 완성된다.

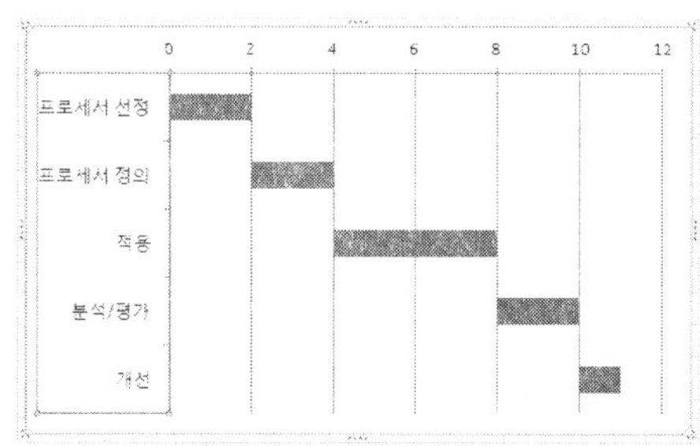

2) 혼합형 차트

한 계열은 만 단위의 데이터를 참조하고 다른 계열은 십만 단위의 데이터를 참조하게 되면 하나의 축에 이들 데이터를 모두 표시할 수 없게 된다. 이와 같이 각 계열이 참조하는 데이터의 단위가 다를 때에는 이중 축을 사용하여 데이터를 표시한다.

계열 '민원'은 '영역형' 차트로, 계열 '주택'은 '묶은 세로 막대형' 차트로 표시해 보자.

① 데이터를 선택한 후 삽입 탭의 차트 그룹에서 '세로 막대형'을 클릭하고 '묶은 세로 막대형'을 선택한다.

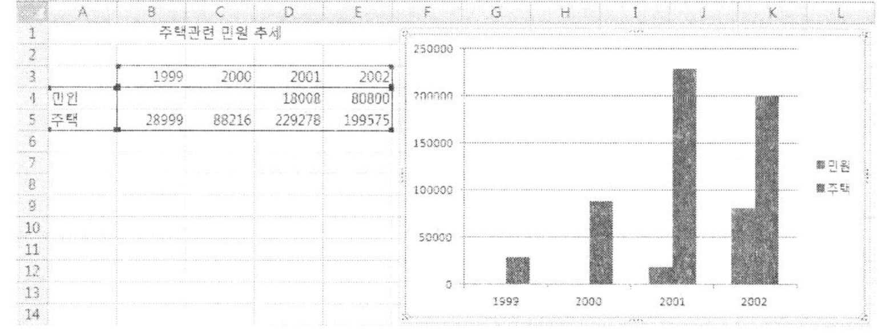

② '민원' 계열을 클릭하고 서식 탭의 현재 선택 영역 그룹에서 '선택 영역 서식' 버튼을 클릭한다.

③ 계열 옵션 범주의 '데이터 계열 지정' 옵션으로 '보조 축'을 클릭하고 '닫기' 버튼을 클릭한다.

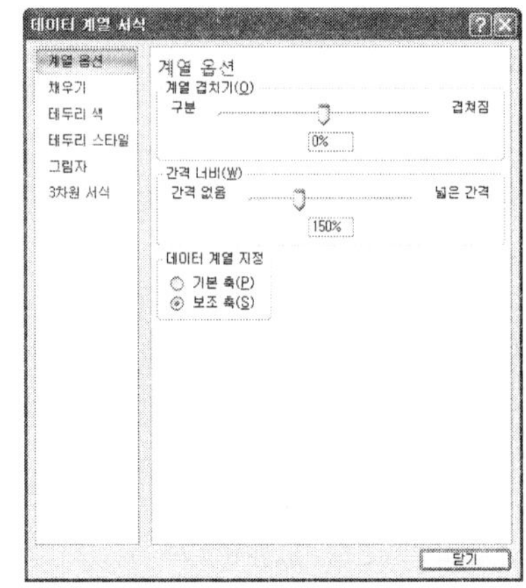

차트 오른쪽에 보조값 축이 표시된다.

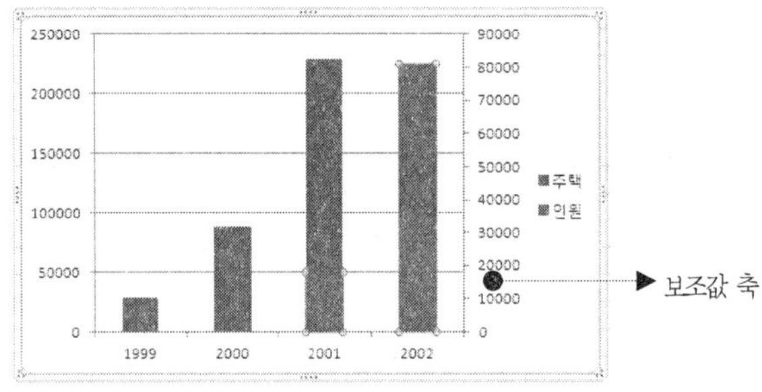

보조값 축의 눈금을 변경하려면 보조값 축을 클릭한 후 '선택 영역 서식' 버튼을 클릭하여 축 옵션의 값을 변경한다.

④ '주택' 계열을 클릭하고 디자인 탭의 종류 그룹에서 '차트 종류' 버튼을 클릭한다.

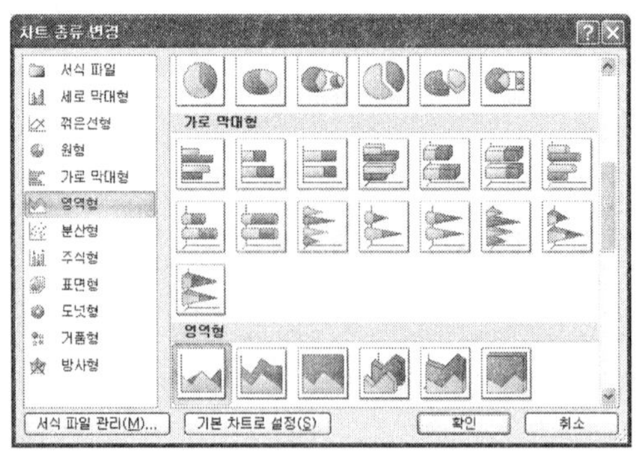

⑤ 차트 종류로 '영역형', 하위 종류로 '영역형'을 선택하고 '확인' 버튼을 클릭한다. '주택' 계열이 영역형 차트로 변경된다.

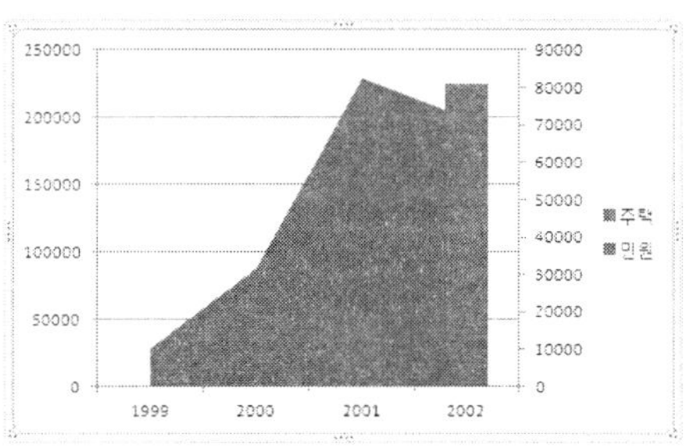

⑥ '주택' 계열을 클릭하고 서식 탭의 현재 선택 영역 그룹에서 '선택 영역 서식' 버튼을 클릭한다.

⑦ 채우기로 '그라데이션 채우기'를 선택하고 기본 설정 색을 '새벽'으로 지정한 후 '닫기' 버튼을 클릭한다.

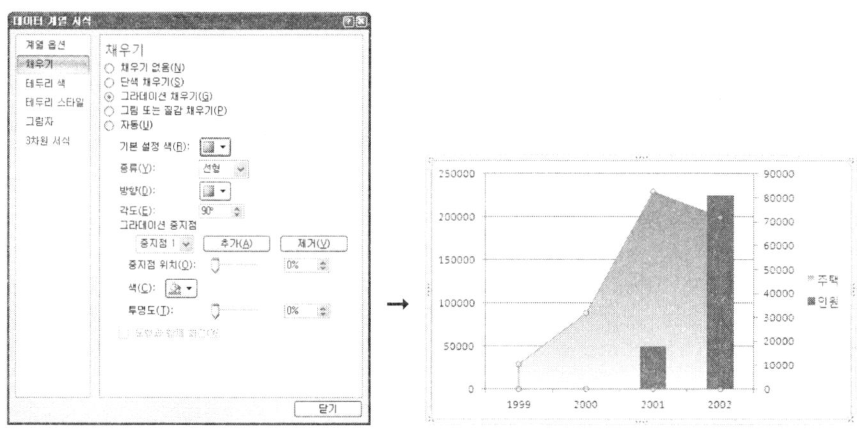

3) 원형 차트

원형 차트는 전체에 대한 각 부분의 비중을 나타낼 때 유용하다.
데이터를 선택한 후 삽입 탭의 차트 그룹에서 '원형'을 클릭하고 '원형'을 선택한다.

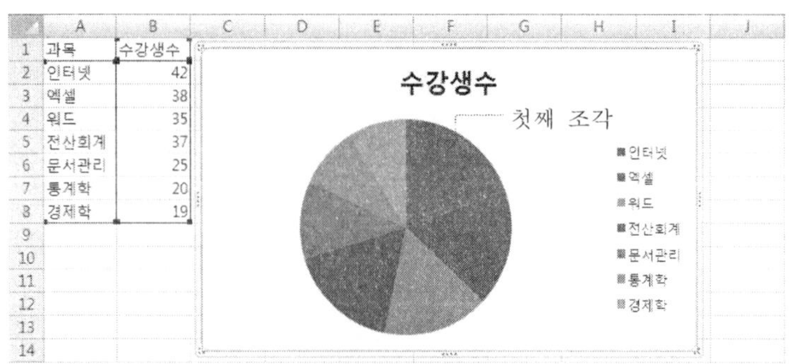

• 차트 조각에 레이블을 삽입하려면 레이아웃 탭의 레이블 그룹에서 '데이터 레이블'을 클릭하고 '바깥쪽 끝에'를 선택한다.

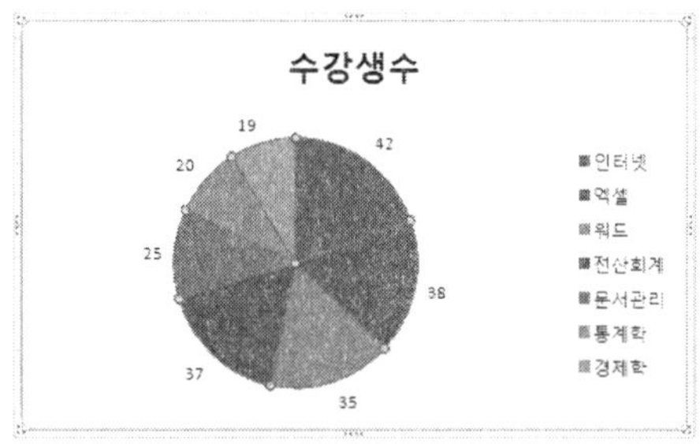

• 레이블 서식을 지정하려면 레이블을 선택한 후 서식 탭의 현재 선택 영역 그룹에서 '선택 영역 서식' 버튼을 클릭한다.

• '값' 옵션의 선택을 해제하고 '백분율' 옵션을 선택하면 레이블은 백분율로 표시된다.

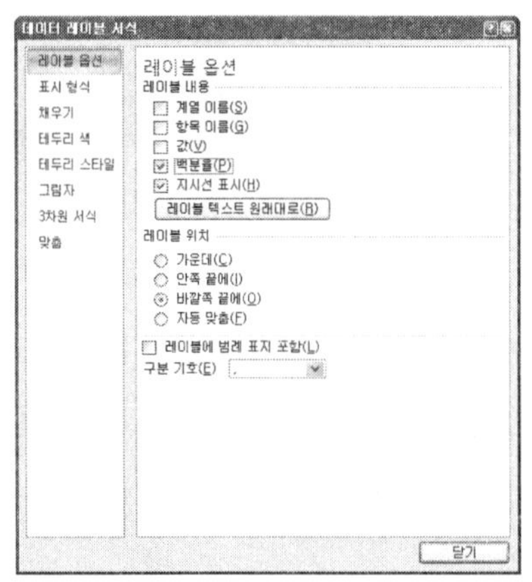

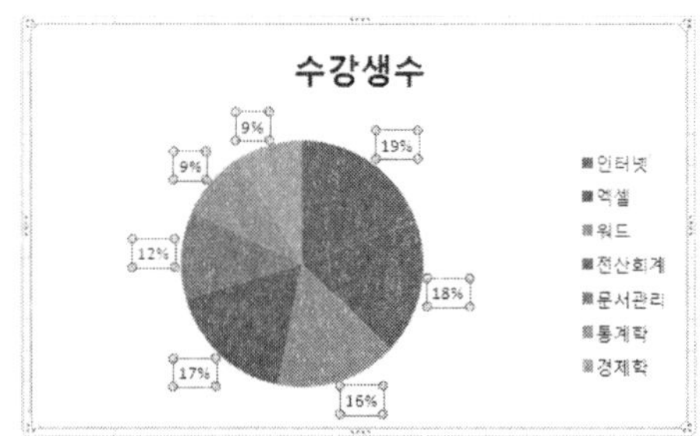

레이블의 위치는 레이블 위치 옵션에서 지정한다.

- 데이터 계열을 선택한 후 '선택 영역 서식' 버튼을 클릭하면 데이터 계열 서식을 지정할 수 있다. 첫째 조각의 각을 90도로 지정하면 첫째 조각이 90도 회전한다.

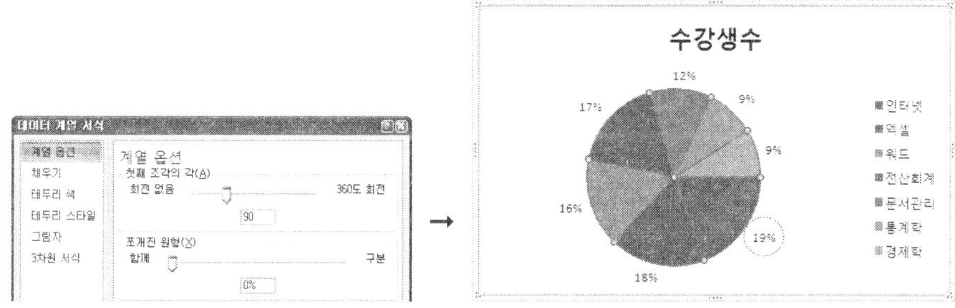

- 전체 데이터 계열을 선택한 상태에서 마우스로 누른 채 바깥쪽 방향으로 끌면 전체 조각을 분리할 수 있다.

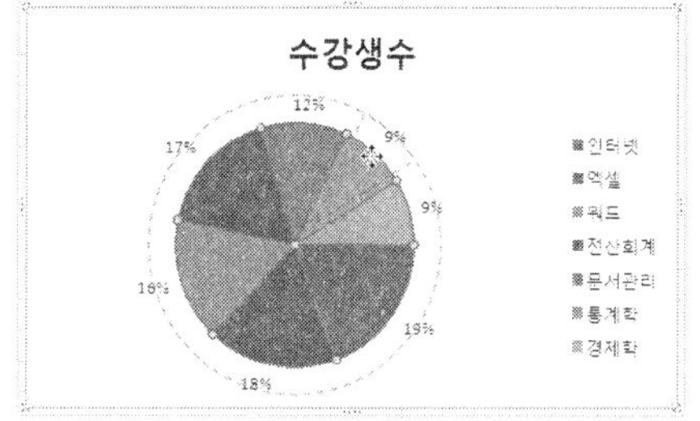

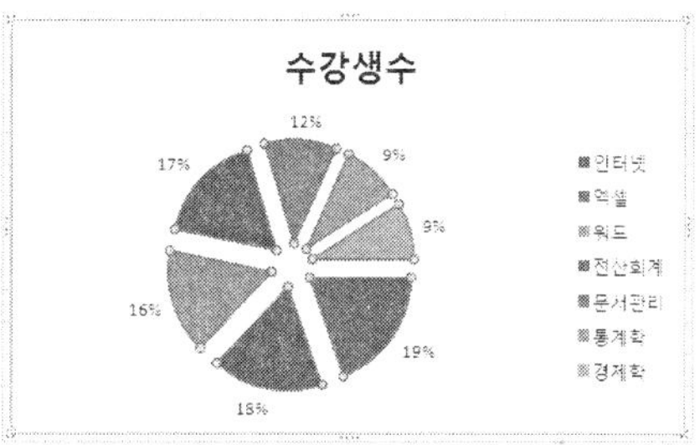

- 전체 데이터 계열을 선택한 상태에서 마우스로 누른 채 안쪽 방향으로 끌면 전체 조각을 결합할 수 있다.
- 전체 데이터 계열을 선택한 상태에서 하나의 계열을 클릭하면 해당 계열만 선택된다. 선택된 계열을 바깥쪽 방향으로 끌면 차트에서 조각을 분리할 수 있다.

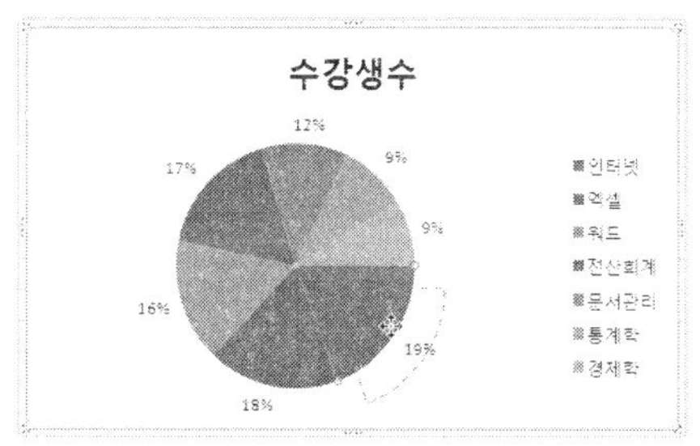

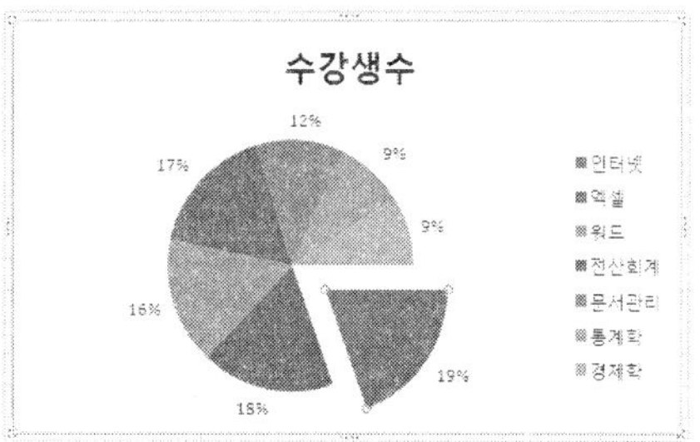

- 차트를 선택한 상태에서 디자인 탭의 종류 그룹에서 '차트 종류 변경'을 클릭하고 '원형 대 원형'을 선택하면 원형 차트를 원형 대 원형 차트로 변경할 수 있다.

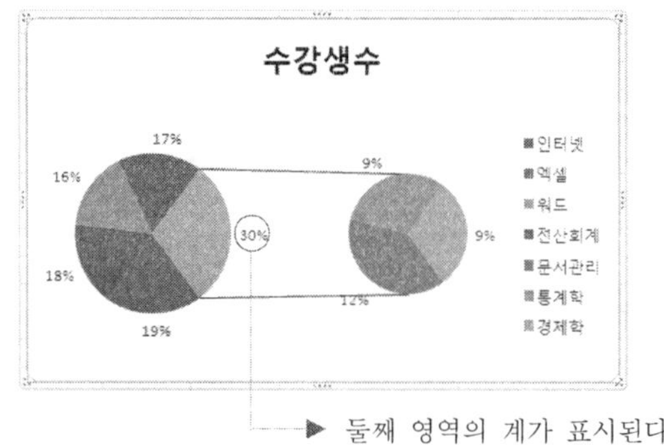

- 데이터 계열을 선택한 상태에서 '선택 영역 서식' 버튼을 클릭하면 데이터 계열 서식을 지정할 수 있다.

계열 분할을 '위치'로, 둘째 영역에 포함할 마지막 값을 '2'로, 간격 너비로 '50%', 둘째 영역 크기를 '50%'로 지정하면 둘째 영역의 원형 차트는 다음과 같이 된다.

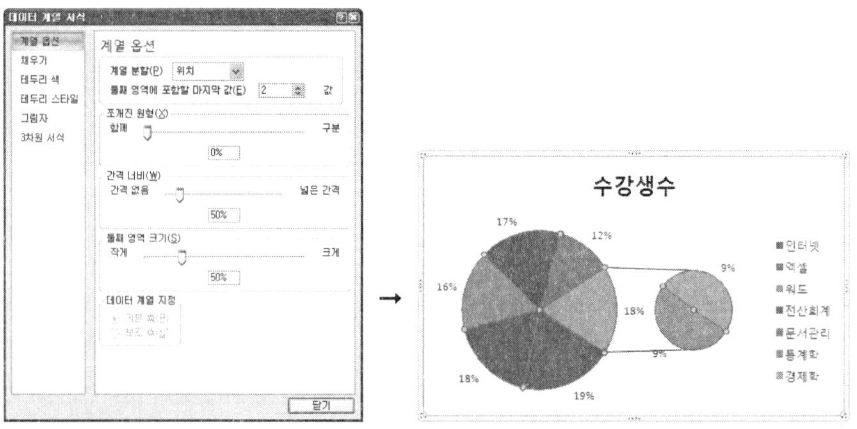

◫ 계열 분할 옵션

옵션	값	둘째 영역에 포함되는 계열
위치	3	하위 3개 항목 계열 (경제학, 통계학, 문서관리)
값	30	30 미만의 값에 해당하는 계열 (경제학, 통계학, 문서관리)
백분율 값	17	17% 미만의 백분율에 해당하는 계열 (경제학, 통계학, 문서관리, 워드)
사용자 지정		선택한 계열

- 계열 분할 옵션으로 '사용자 지정'을 선택하고 차트에서 데이터 계열을 클릭하면 요

소가 속한 그룹 옵션이 활성화된다. 요소가 속한 그룹에서 '둘째 영역'을 선택하면 선택한 데이터 계열이 둘째 영역으로 이동한다.

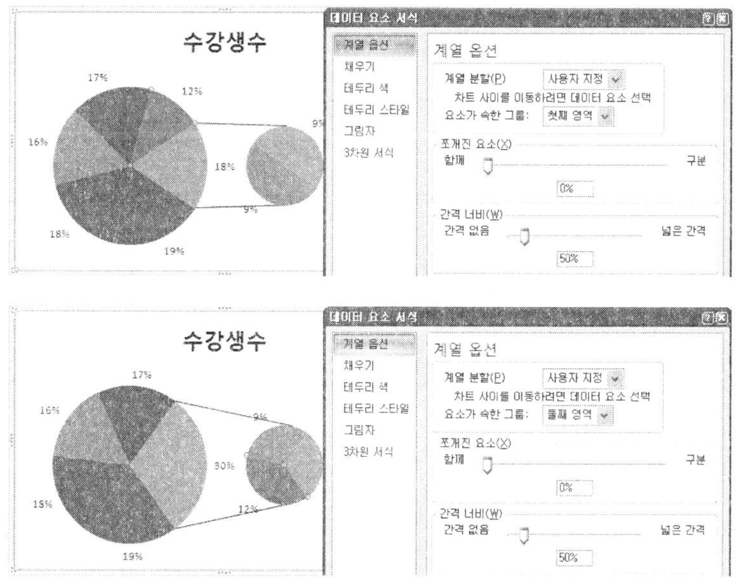

• 레이블 옵션으로 레이블 내용을 '항목 이름'으로 지정하면 둘째 영역의 계에 해당하는 조각의 이름은 '기타'로 표시된다.

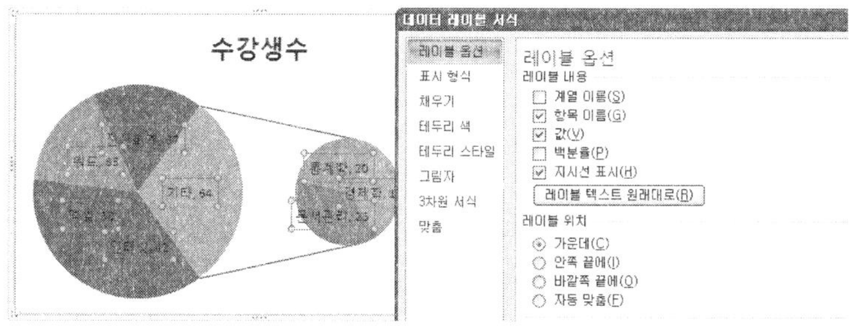

4) 함수 $y = x^3 - 4x^2 + 10x + 75$ 그리기

① A2 셀에 −5를 입력하고 마우스 오른쪽 버튼을 클릭한 상태에서 A102 셀까지 자동 채우기 조절자를 끌어 놓는다.

② 유형을 '선형'으로 선택하고 단계 값을 '0.1'로 지정한 후 '확인' 버튼을 클릭한다.

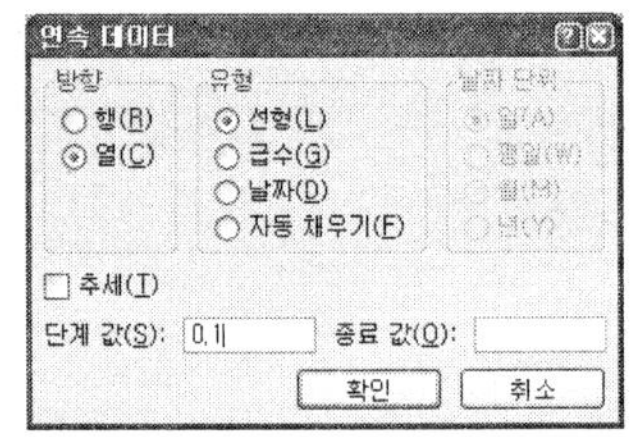

A2:A102 셀 영역에 −5에서 5까지의 숫자가 채워진다.

③ B2 셀에 수식 '=A1^3−4*A1^2+10*A1+75'를 입력한다.

④ B2 셀의 자동 채우기 조절자를 더블 클릭한다.

⑤ A1:B102 셀을 블록으로 지정하고 삽입 탭의 차트 그룹에서 '분산형' 버튼을 클릭한 후 '곡선이 있는 분산형'을 선택한다.

⑥ 제목을 삭제한다.

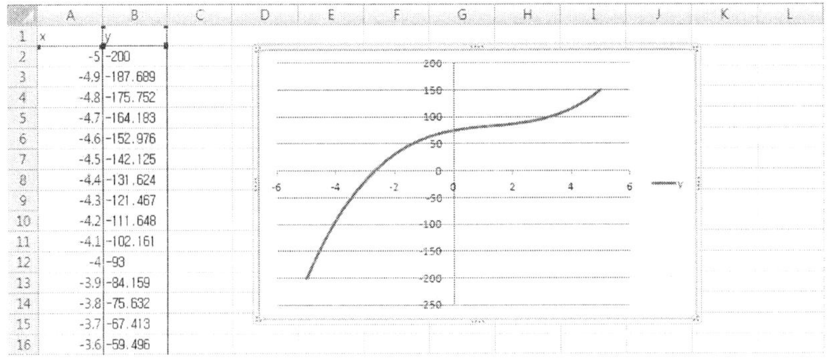

⑦ X 축의 최소값을 −5로, 최대값을 5로, 주 단위를 1로 지정하고 '닫기' 버튼을 클릭한다.

⑧ Y 축의 최소값을 −50으로, 최대값을 150으로, 주 단위를 20으로 지정하고 '닫기' 버튼을 클릭한다.

차트가 작성된다.

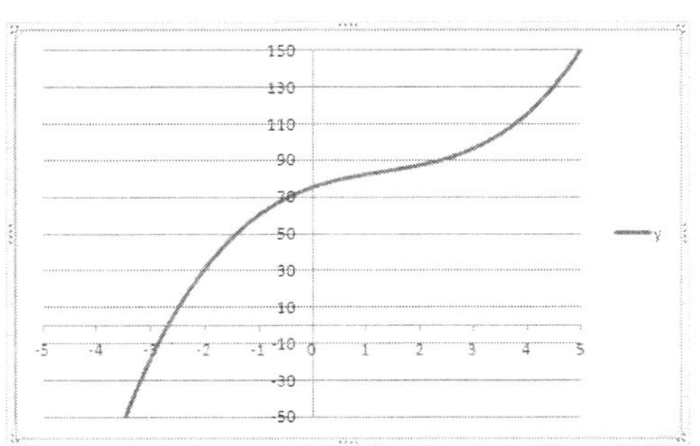

5) 표준 정규 분포 그리기

① A1:A101 셀에 −5, −4.9, −4.8, …, 4.8, 4.9, 5의 값을 입력한다.

② B1 셀에 다음 함수를 입력한다.

=NORMSDIST($A1)

NORMSDIST 함수는 표준 정규 누적 분포값을 계산한다.

③ B1 셀의 자동 채우기 조절자를 더블 클릭한다.

④ C1 셀에 B1 셀의 값을 복사한다.

⑤ C2 셀에 다음 수식을 입력한다.

=B2−B1

A2 셀 값의 확률을 계산한다.

⑥ C2 셀의 자동 채우기 조절자를 더블 클릭한다.

⑦ A1:A102, C1:C102 셀을 범위로 지정한다.

⑧ 삽입 탭의 차트 그룹에서 '분산형' 버튼을 클릭한 후 '곡선이 있는 분산형'을 선택한다.

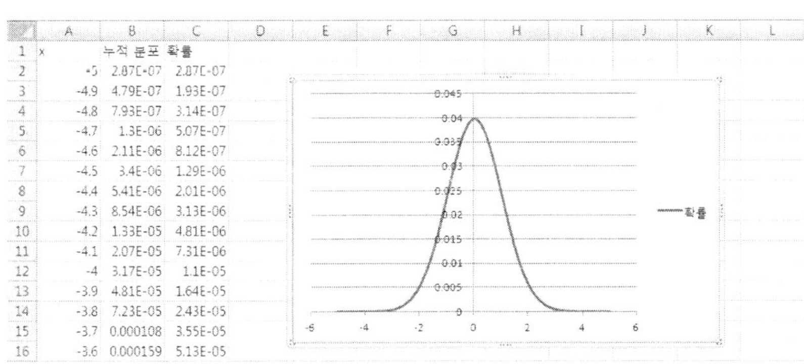

	A	B	C
1	x	누적 분포	확률
2	-5	2.87E-07	2.87E-07
3	-4.9	4.79E-07	1.93E-07
4	-4.8	7.93E-07	3.14E-07
5	-4.7	1.3E-06	5.07E-07
6	-4.6	2.11E-06	8.12E-07
7	-4.5	3.4E-06	1.29E-06
8	-4.4	5.41E-06	2.01E-06
9	-4.3	8.54E-06	3.13E-06
10	-4.2	1.33E-05	4.81E-06
11	-4.1	2.07E-05	7.31E-06
12	-4	3.17E-05	1.1E-05
13	-3.9	4.81E-05	1.64E-05
14	-3.8	7.23E-05	2.43E-05
15	-3.7	0.000108	3.55E-05
16	-3.6	0.000159	5.13E-05

⑨ X 축의 최소값을 −5로, 최대값을 5로, 주 단위를 1로 지정하고 '닫기' 버튼을 클릭한다.

⑩ Y 축의 최대값을 0.04로, 주 단위를 0.005로 지정하고 '닫기' 버튼을 클릭한다.

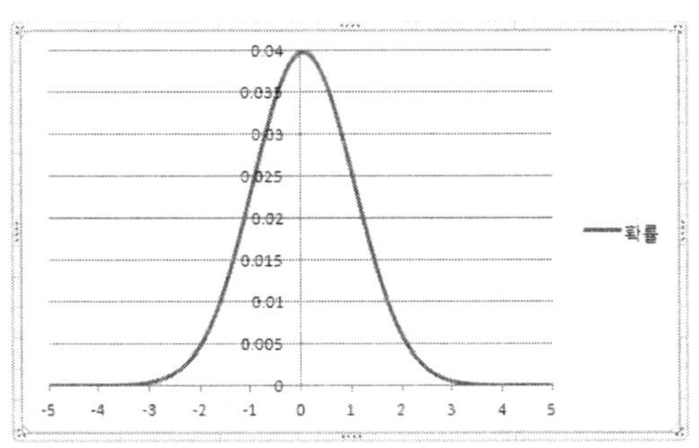

6) 평균비용, 한계비용 곡선 그리기

총비용 함수를 $TC = Q^3 - 4Q^2 + 10Q + 75$라고 하면 평균비용과 한계비용은 다음과 같이 도출된다.

$$AC = \frac{TC}{Q} = Q^2 - 4Q + 10 + \frac{75}{Q}$$

$$MC = \frac{dTC}{dQ} = 3Q^2 - 8Q + 10$$

① A2:A101 셀에 0.1, 0.2, 0.3, ⋯, 9.8, 9.9, 100의 값을 입력한다.

② B2 셀에 다음 함수를 입력한다.

=A2^2−4*A2+10+75/A2

③ C2 셀에 다음 함수를 입력한다.

=3*A2^2−8*A2+10

④ B2 셀, C2 셀의 자동 채우기 조절자를 더블 클릭한다.

⑤ A1:C101 셀을 범위로 지정한다.

⑥ 삽입 탭의 차트 그룹에서 '분산형' 버튼을 클릭한 후 '곡선이 있는 분산형'을 선택한다.

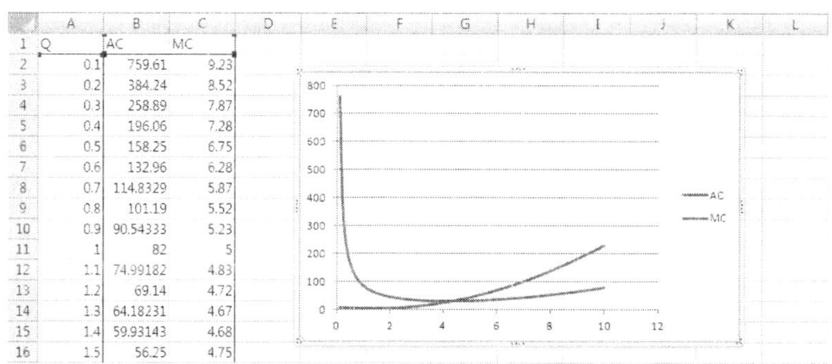

Q	AC	MC
0.1	759.61	9.23
0.2	384.24	8.52
0.3	258.89	7.87
0.4	196.06	7.28
0.5	158.25	6.75
0.6	132.96	6.28
0.7	114.8329	5.87
0.8	101.19	5.52
0.9	90.54333	5.23
1	82	5
1.1	74.99182	4.83
1.2	69.14	4.72
1.3	64.18231	4.67
1.4	59.93143	4.68
1.5	56.25	4.75

⑦ X 축의 최대값을 10으로, 주 단위를 1로 지정하고 '닫기' 버튼을 클릭한다.

⑧ Y 축의 최대값을 100으로, 주 단위를 10으로 지정하고 '닫기' 버튼을 클릭한다.

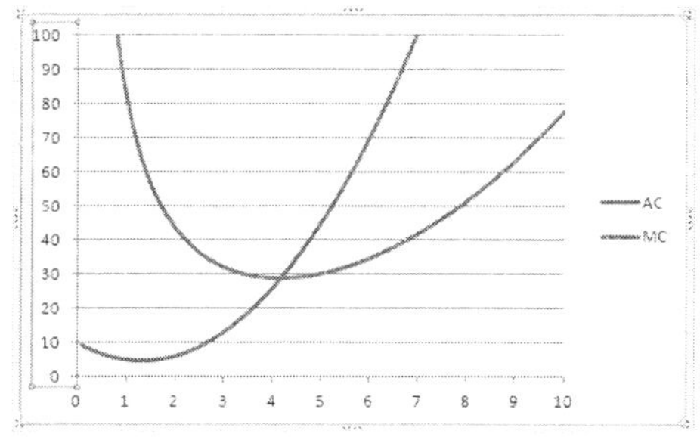

◻ 서식 파일로 저장하기

디자인 탭의 종류 그룹에서 '서식 파일로 저장' 버튼을 클릭하면 차트를 서식 파일로 저장할 수 있다.

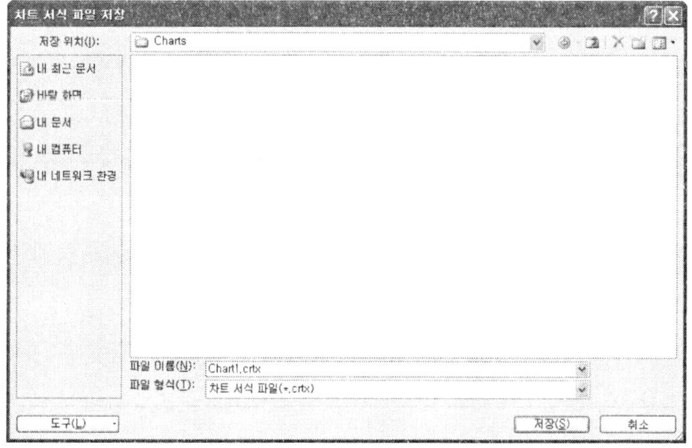

파일 이름을 입력하고 '저장' 버튼을 클릭하면 서식 파일로 저장된다.

• 서식 파일을 적용하려면 다음과 같이 한다.

① 차트를 선택하고 디자인 탭의 종류 그룹에서 '차트 종류 변경'을 클릭한다.

② 차트 종류로 '서식 파일'을 클릭하고 목록에서 서식 파일을 선택한 후 '확인' 버튼을 클릭한다.

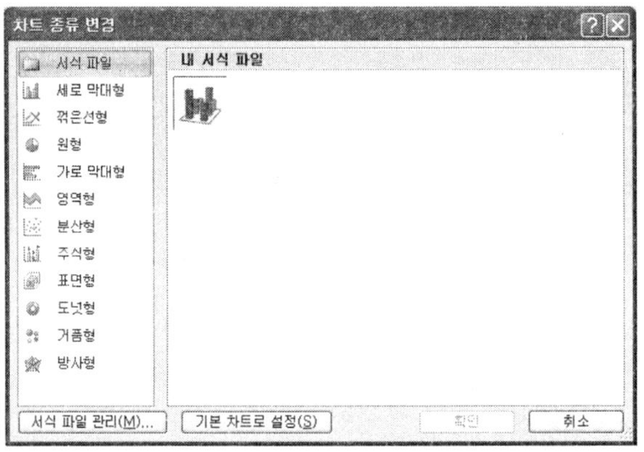

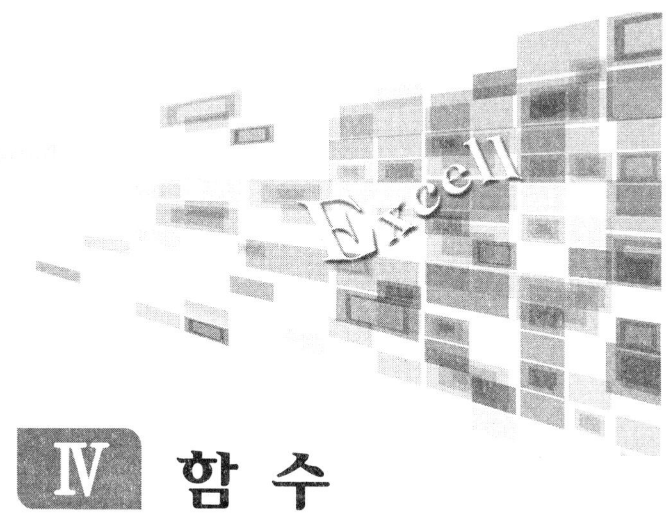

Ⅳ 함 수

함수의 구조

=함수 이름(인수,인수,…)

- 함수는 등호(=)로 시작한다.
- 함수 이름 다음 괄호가 오고 괄호 속에는 인수가 온다.
- 인수는 함수를 계산할 때 반드시 필요한 요소를 말하며, 인수와 인수는 콤마로 구분한다.

=SUM(A1:A6)

SUM 함수는 수의 합계를 구한다. 따라서 인수는 수치가 입력된 셀 영역이 된다.

=LEFT(A1,2)

LEFT 함수는 문자열에서 지정한 개수의 문자를 추출한다. 따라서 인수는 문자열이 입력된 셀과 추출 개수가 된다.

=IF(A1〉0,"통과","실패")

IF 함수는 논리 검사를 수행하여 TRUE, FALSE에 해당하는 값을 반환한다. 따라서 인수는 조건식과 조건이 충족될 때 출력할 값, 조건이 충족되지 않을 때 출력할 값이 된다.

□ 함수 입력

함수는 함수 구문을 참조하여 입력한다.

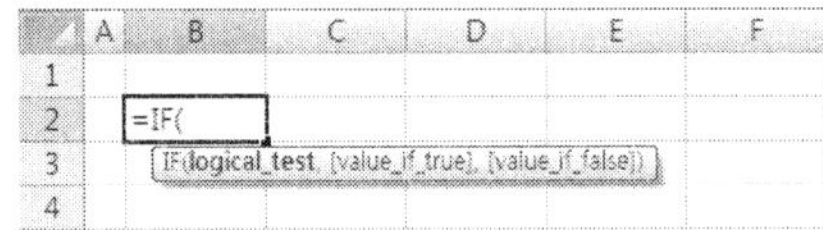

함수에 익숙하지 않거나 함수의 인수에 대한 정보를 바탕으로 함수를 입력하려면 함수 마법사를 사용한다. 함수 마법사에는 함수의 종류와 함수에 대한 정보가 표시된다.

◆ 함수 마법사를 통하여 함수를 입력하는 방법

① 수식 입력줄의 '함수 삽입' 버튼을 클릭한다.

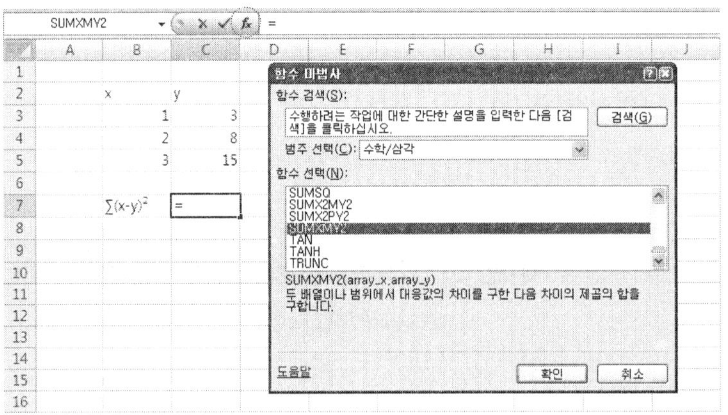

② 함수를 선택하고 '확인' 버튼을 클릭하면 함수 인수 창이 열린다.

③ 인수를 지정하고 '확인' 버튼을 클릭한다.

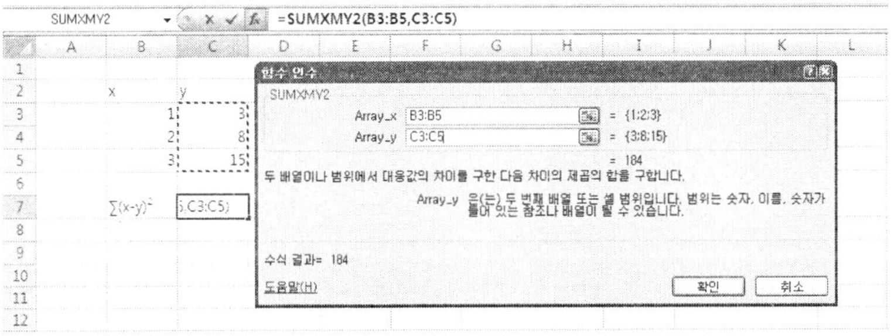

함수에 대한 도움말을 참조하려면 함수 인수 창의 '도움말'을 클릭한다. 도움말에는 함수의 사용법에 대한 내용과 예제가 함께 제공된다.

1. 수학 함수

□ ABS 함수

ABS 함수는 두 수의 차이를 절대값으로 표시한다. 인수는 수치를 지정한다. 예를 들어, 두 집단의 크기가 각각 75, 80인 경우 두 집단의 크기 차이를 나타내려면 ABS 함수를 사용한다. 왜냐하면 두 집단의 크기 차이는 5로 표시하지 −5로 표시하지 않기 때문이다.

=ABS(75−80) → 5

주의 수식의 값, 참조 셀 등도 인수가 될 수 있다. 하지만 수식의 값이나 참조 셀의 값 역시 수치에 해당하므로 인수를 수치로 표현하였다. 이러한 표현은 함수 전체를 통해 적용된다.

□ CEILING 함수

CEILING 함수는 지정한 기준값의 가장 가까운 배수로 올림(음수의 경우 내림)된 수를 반환한다. 인수는 수치, 배수의 기준값이 된다.

=CEILING(2.5,6) → 6

=CEILING(−2.5,−6) → −6

=CEILING(2.55,0.2) → 2.6

=CEILING(2.55,0.3) → 2.7

☐ FLOOR 함수

FLOOR 함수는 숫자를 0 방향으로 내려 가장 가까운 배수를 반환한다. 인수는 수치, 배수의 기준값이 된다.

=FLOOR(6,4) → 4

=FLOOR(2.5,1) → 2

=FLOOR(−2.4,−2) → −2

=FLOOR(−2.45,−0.1) → −2.4

☐ COMBIN 함수

COMBIN 함수는 주어진 개수의 항목으로 만들 수 있는 조합의 개수를 반환한다. 인수는 항목 수, 각 조합에 포함되는 항목 수가 된다.

=COMBIN(3,2) → 3

예를 들어, 1,2,3으로 만들 수 있는 조합은 (1,2), (1,3), (2,3)이 된다.

=COMBIN(4,2) → 6

☐ EVEN 함수

EVEN 함수는 가장 가까운 짝수로 올림한 수를 반환한다. 음수의 경우 가장 가까운 짝수로 내림한다. 인수는 수치가 된다.

=EVEN(2.5) → 4

=EVEN(−2.5) → −4

☐ ODD 함수

ODD 함수는 가장 가까운 홀수로 올림한 수를 반환한다. 음수의 경우 가장 가까운 홀수로 내림한다. 인수는 수치가 된다.

=ODD(2.5) → 3

=ODD(−2.5) → −3

□ EXP 함수

EXP 함수는 e를 지정한 수치만큼 거듭제곱한 값을 반환한다. 상수 e는 2.71828182845904로, 자연 로그의 밑이다. 인수는 e에 적용되는 지수가 된다.

=EXP(1) → 2.7182818(=2.7182818^1)

=EXP(2) → 7.3890561(=2.7182818^2)

EXP 함수는 자연 로그 ln의 역함수이다.

□ LN 함수

LN 함수는 자연 로그값을 반환한다. 자연 로그의 밑은 상수 e(2.71828182845904)이다. 인수는 양의 실수가 된다.

=LN(2.7182818) → 1

=LN(7.3890561) → 2

=LN(EXP(2)) → 2

□ LOG 함수

LOG 함수는 지정한 밑에 대한 로그값을 반환한다. 인수는 양의 실수, 로그의 밑이 된다. 로그 밑을 생략하면 로그 밑을 10으로 간주한다.

=LOG(100) → 2

=LOG(8,2) → 3

□ LOG10 함수

LOG10 함수는 밑이 10인 로그값을 구한다.

=LOG10(10) → 1

□ FACT 함수

FACT 함수는 계승값을 반환한다. 인수는 계승값을 구할 0 혹은 양수가 된다.

FACT(4) → 24(=4·3·2·1)

FACT(0) → 1

▭ FACTDOUBLE 함수

FACTDOUBLE 함수는 숫자의 이중 계승값을 반환한다. 인수는 양수가 된다.

=FACTDOUBLE(6) → 48(=6·4·2)

=FACTDOUBLE(5) → 15(=5·3·1)

▭ GCD 함수

GCD 함수는 두 개 이상 정수의 최대 공약수를 구한다. 인수는 수치가 된다.

=GCD(8,16,36) → 4

▭ LCM 함수

LCM 함수는 정수의 최소 공배수를 구한다. 인수는 수치가 된다.

=LCM(2,7) → 14

▭ INT 함수

INT 함수는 가장 가까운 정수로 내림한다. 인수는 수치를 지정한다.

=INT(4.8) → 4

=INT(−4.2) → −5

INT 함수를 사용하면 실수의 소수 부분을 추출할 수 있다.

=4.8−INT(4.8) → 0.8

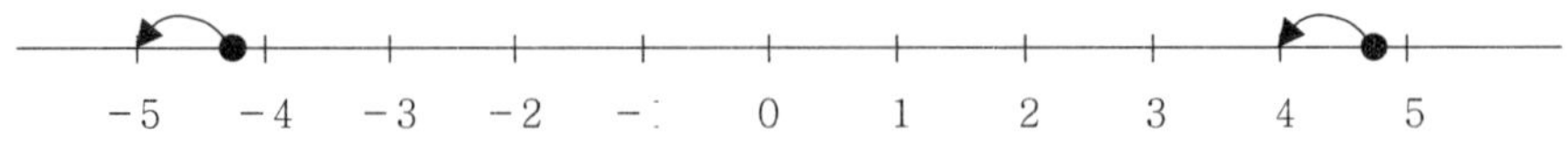

MDETERM 함수

MDETERM 함수는 행렬식의 값을 구한다. 인수는 배열을 지정하며, 배열의 행과 열의 수는 같아야 한다.

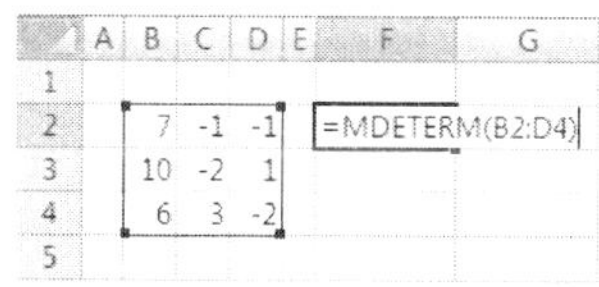

=MDETERM(B2:D4) → −61

MINVERSE 함수

MINVERSE 함수는 행렬의 역행렬을 구한다. 행렬의 행과 열의 수만큼 셀을 블록으로 설정한 후 역행렬을 구한다.

'=MINVERSE(B2:D4)'를 입력한 후 Ctrl+Shift+Enter 키를 누른다.

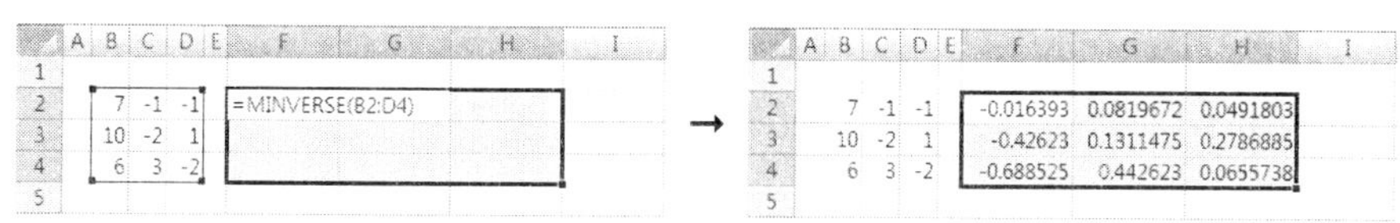

※ 함수 마법사를 이용하여 MINVERSE 함수를 입력한 경우에는 F2 키를 눌러 수식으로 변환한 후 Ctrl+Shift+Enter 키를 누른다.

MMULT 함수

MMULT 함수는 행렬의 곱을 구한다. 다음 방정식 체계의 해를 구해 보자.

$$7x_1 - x_2 - x_3 = 0$$
$$10x_1 - 2x_2 + x_3 = 8$$
$$6x_1 + 3x_2 - 2x_3 = 7$$

위의 방정식 체계는 다음과 같은 행렬로 표시할 수 있다.

$$Ax = d \rightarrow \begin{bmatrix} 7 & -1 & -1 \\ 10 & -2 & 1 \\ 6 & 3 & -2 \end{bmatrix} \begin{bmatrix} x_1 \\ x_2 \\ x_3 \end{bmatrix} = \begin{bmatrix} 0 \\ 8 \\ 7 \end{bmatrix}$$

방정식 체계 $Ax = d$의 해는 $\bar{x} = A^{-1}d$로 쓸 수 있다. A^{-1}은 행렬 A의 역행렬이다.

방정식의 해가 입력될 셀을 블록으로 설정한 후 '=MMULT(F2:H4,G7:G9)'를 입력하고 Ctrl+Shift+Enter 키를 누른다.

	A	B	C	D	E	F	G	H
1		행렬 A				행렬 A의 역행렬		
2		7	-1	-1		-0.016393	0.0819672	0.0491803
3		10	-2	1		-0.42623	0.1311475	0.2786885
4		6	3	-2		-0.688525	0.442623	0.0655738
5								
6						행렬 x	행렬 d	방정식 해
7						x_1	0	=MMULT(F2:H4,G7:G9)
8						x_2	8	
9						x_3	7	
10								

→

	A	B	C	D	E	F	G	H
1		행렬 A				행렬 A의 역행렬		
2		7	-1	-1		-0.016393	0.0819672	0.0491803
3		10	-2	1		-0.42623	0.1311475	0.2786885
4		6	3	-2		-0.688525	0.442623	0.0655738
5								
6						행렬 x	행렬 d	방정식 해
7						x_1	0	1
8						x_2	8	3
9						x_3	7	4
10								

▭ MOD 함수

MOD 함수는 나눗셈의 나머지를 구한다. 인수는 나머지를 구하려는 수와 나누는 수(제수)가 된다. 구해지는 값의 부호는 제수의 부호와 같다.

숫자가 홀수인지 짝수인지 구분하려면 '=IF(MOD(B2,2)=0,"짝수","홀수")'를 입력한다.

	A	B	C	D	E	F
1						
2		1	=IF(MOD(B2,2)=0,"짝수","홀수")			
3		2				
4		3				
5		4				
6		5				

→

	A	B	C	D	E	F
1						
2		1	홀수			
3		2	짝수			
4		3	홀수			
5		4	짝수			
6		5	홀수			

=MOD(3,2) → $\frac{3}{2}$의 나머지 1이 출력된다.

=MOD(3,−2) → $\frac{3}{-2}$의 나머지 −1이 출력된다.

한 박스에 20개가 들어간다고 할 때 30개를 박스에 채웠을 때 남는 나머지는 '=MOD(30,20)'로 계산할 수 있다.

▭ MULTINOMIAL 함수

MULTINOMIAL 함수는 각 계승값의 곱에 대한 합계의 계승값 비율을 반환한다. 인수는 수치가 된다.

=MULTINOMIAL(2,3,4) → 1260(= $\frac{(2+3+4)!}{(2!\cdot 3!\cdot 4!)}$)

◫ QUOTIENT 함수

QUOTIENT 함수는 나눗셈 몫의 정수 부분을 반환한다. 인수는 피제수와 제수가 된다. 나눗셈을 하고 나머지를 버릴 때 사용한다.

=QUOTIENT(3,2) → 1

따라서 $\frac{3}{2}$의 소수 부분의 값만 구하려면 '=3/2−QUOTIENT(3,2)'와 같이 계산한다.

=3/2−QUOTIENT(3,2) → 0.5

◫ MROUND 함수

MROUND 함수는 원하는 배수로 반올림된 수를 반환한다. 인수는 반올림할 수, 배수의 기준이 되는 값이 된다.

170 근처의 수 중 가장 큰 3의 배수를 구하려면 '=MROUND(170,3)'을 입력한다.

=MROUND(170,3) → 171

◫ PI 함수

PI 함수는 원주율 값을 구한다. 인수는 없다.

=PI() → 3.141592654

'=PI()*10^2'를 계산하면 반지름이 10인 원의 면적 314.1592654를 구할 수 있다.

PI 함수는 sin, cos, tan 값을 계산할 때 사용된다.

=SIN(30*PI()/180) → 30도의 사인 값 0.5

=COS(60*PI()/180) → 60도의 코사인 값 0.5

=TAN(45*PI()/180) → 45도의 탄젠트 값 1

◫ POWER 함수

POWER 함수는 숫자의 거듭 제곱을 계산한다. 인수는 밑수와 지수가 된다.

=POWER(10,2) → 10^2=100

=POWER(10,3) → 10^3=1000

PRODUCT 함수

PRODUCT 함수는 인수의 곱을 구한다. 인수는 곱을 계산할 수치가 된다.

=PRODUCT(2,−5) → −10

RADIANS 함수

RADIANS 함수는 도 단위로 표시된 각도를 라디안으로 변환한다. 인수는 라디안으로 변환할 각도가 된다.

=RADIANS(90) → 1.57079633

1 라디안(radian) 은 원둘레 위에서 반지름의 길이와 같은 길이를 갖는 호에 대응하는 중심각의 크기를 말한다[9].

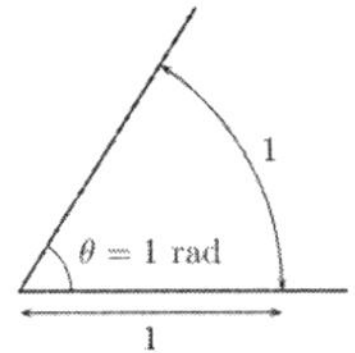

일반적으로 라디안 값은 원에서의 호와 반지름의 길이의 비율 θ = s/r과 같다. θ는 라디안으로 주어진 각도, s는 호의 길이, r은 반경이다.

=SIN(RADIANS(30)) → 30도의 사인 값 0.5

=COS(RADIANS(60)) → 60도의 코사인 값 0.5

=TAN(RADIANS(45)) → 45도의 탄젠트 값 1

DEGREES 함수

DEGREES 함수는 라디안 단위로 표시된 각도를 도 단위로 변환한다. 인수는 라디안으로 표시된 각도가 된다.

---

9) 위키백과 참조

=DEGREES(PI()) → 180

=DEGREES(1.57079633) → 90

◫ SIN 함수

SIN 함수는 각도의 사인값을 구한다. 인수는 라디안 단위의 각도가 된다.

=SIN(PI()/2) → 1

=SIN(30*PI()/180) → 0.5(30도의 사인값)

=SIN(RADIANS(30)) → 0.5(30도의 사인값)

각도의 단위가 도이면 그 값에 PI()/180을 곱하거나 RADIANS 함수를 사용하여 라디안 단위로 변환한다.

ASIN 함수는 아크사인 즉, 역사인을 반환한다. 인수는 구하려는 각도의 사인값이 된다.

=ASIN(1) → 1.5707963

=DEGREES(ASIN(0.5)) → 30

=ASIN(0.5)*180/PI() → 30

아크사인값을 각도로 표시하려면 결과값에 180/PI()를 곱하거나 DEGREES 함수를 사용한다.

◫ COS 함수

COS 함수는 주어진 각도의 코사인값을 구한다. 인수는 라디안 단위의 각도가 된다.

=COS(1.047) → 0.5001711

=COS(60*PI()/180) → 0.5(60도의 코사인값)

=COS(RADIANS(60)) → 0.5(60도의 코사인값)

ACOS 함수는 아크코사인, 즉 역코사인을 반환한다. 인수는 구하려는 각도의 코사인값이 된다.

=ACOS(0.5001711) → 1.047

=DEGREES(ACOS(0.5)) → 60

=ACOS(0.5)*180/PI() → 60

아크코사인값을 각도로 표시하려면 결과값에 180/PI()를 곱하거나 DEGREES 함수를 사용한다.

TAN 함수

TAN 함수는 주어진 각도의 탄젠트값을 반환한다. 인수는 라디안 단위의 각도가 된다.

=TAN(0.785) → 0.999024

=TAN(45*PI()/180) → 1(45도의 탄젠츠값)

=TAN(RADIANS(45)) → 1(45도의 탄젠츠값)

ATAN 함수는 아크탄젠트, 즉 역탄젠트 값을 반환한다. 인수는 구하려는 각도의 탄젠트값이 된다.

=ATAN(0.999204) → 0.785

=DEGREES(ATAN(1)) → 45

=ATAN(1)*180/PI() → 45

아크탄젠트값을 각도로 표시하려면 결과값에 180/PI()를 곱하거나 DEGREES 함수를 사용한다.

RAND 함수

RAND 함수는 0보다 크거나 같고 1보다 작은 균등하게 분포된 난수를 구한다. 인수는 없다.

=RAND() → 0과 1 사이의 난수

=RAND()*10 → 0 이상 10 미만의 난수

0, 0.1, 0.2, 0.3, …, 0.9, 1의 수를 무작위로 추출하려면 다음과 같이 수식을 정의한다.

	A	B	C	D
1				
2				
3		0.04115568	0.4	
4				

① B3 셀에 '=RAND()'를 입력한다.

② C3 셀에 다음 함수를 입력한다.

=IF(B3〉=0.1,ROUNDDOWN(B3,1),IF(B3〉=0.01,ROUNDDOWN(B3*10,1),IF(B3〉=0.001,ROUNDDOWN(B3*100,1),ROUNDDOWN(B3*1000,1))))

난수*1000 난수*100 난수*10 난수

0 0.001 0.01 0.1 1

C3 셀의 함수는 B3 셀에 입력된 난수를 참조하여 계산하며, 소수점 한자리까지만 표시한다.

- 난수가 0.1 이상이면 난수의 값을 출력한다.
- 난수가 0.01 이상이면 난수에 10을 곱한 값을 출력한다.
- 난수가 0.001 이상이면 난수에 100을 곱한 값을 출력한다.
- 난수가 0.001보다 작으면 난수에 1000을 곱한 값을 출력한다.

a, b 사이의 난수를 구하려면 '=RAND()*(b−a)+a'와 같이 계산한다.

▭ RANDBETWEEN 함수

RANDBETWEEN 함수는 지정한 두 수 사이의 정수 난수를 반환한다. 인수는 출력할 가장 작은 정수와 가장 큰 정수가 된다.

=RANDBETWEEN(0,10) → 0에서 10까지의 정수 중 하나를 출력한다.

=RANDBETWEEN(−1,1) → −1에서 1까지의 정수 중 하나를 출력한다.

▭ ROUND 함수

ROUND 함수는 지정한 자릿수로 수를 반올림한다. 인수는 반올림할 수와 반올림할 자릿수가 된다.

- 반올림할 자릿수가 양수이면 지정한 소수점 아래 자릿수에서 수를 반올림한다.
- 반올림할 자릿수가 0이면 소수점 첫째 자릿수에서 수를 반올림하여 정수로 출력한다.
- 반올림할 자릿수가 음수이면 지정한 소수점 위 자리에서 수를 반올림한다.

=ROUND(2.526,2) → 2.53

=ROUND(2.526,1) → 2.5

=ROUND(2.526,0) → 3

=ROUND(256.27,−1) → 260

=ROUND(256.27,−2) → 300

ROUND 함수를 이해하기 위해 지정한 자릿수를 점선으로 표시하였다. 지정한 자릿수가 양수이면 소수점에서 자릿수만큼 오른쪽으로, 음수이면 소수점에서 자릿수만큼 왼쪽으로 이동한다. 지정한 자릿수가 0이면 소수점 바로 앞자리로 이동한다. ROUND 함수는 지정한 자릿수의 오른쪽 자릿수에서 반올림한다.

2.526,2	252.27,0	252.27,-2
2.526	252.27	252.27

- 소수점 두 자릿수까지 표시하기 위해 세 자릿수에서 반올림한다.
- 소수점을 표시하지 않기 위해 소수점 첫째 자릿수에서 반올림한다.
- 백 자릿수까지 표시하기 위해 십 자릿수에서 반올림한다.

□ ROUNDDOWN 함수

ROUNDDOWN 함수는 0에 가까운 방향으로 수를 내림한다. 인수는 내림할 수와 내림할 자릿수가 된다. ROUNDDOWN 함수는 지정된 자릿수 밑의 수를 모두 0으로 처리하며, 반올림하지 않는다.

=ROUNDDOWN(2.526,2) → 2.52

=ROUNDDOWN(2.526,1) → 2.5

=ROUNDDOWN(2.526,0) → 2

=ROUNDDOWN(256.27,−1) → 250

=ROUNDDOWN(256.27,−2) → 200

◫ ROUNDUP 함수

ROUNDUP 함수는 0에서 먼 방향으로 수를 올림 한다. 인수는 올림할 수와 올림할 자릿수가 된다. ROUNDUP 함수는 지정된 자릿수 밑의 수를 모두 0으로 처리하며, 반올림한다.

=ROUNDUP(2.526,2) → 2.53

=ROUNDUP(2.526,1) → 2.6

=ROUNDUP(2.526,0) → 3

=ROUNDUP(256.27,−1) → 260

=ROUNDUP(256.27,−2) → 300

◫ SIGN 함수

SIGN 함수는 수의 부호값을 반환한다. 인수는 임의의 실수가 된다. 수가 양수이면 1, 0이면 0, 음수이면 −1을 각각 반환한다.

B2 셀을 참조하여 B2 셀의 값이 음이면 '경기 악화'로, 0이면 '경기 정체'로, 양이면 '경기 활성'으로 표시할 수 있다.

=CHOOSE(SIGN(B2)+2,"성장률 감소","성장률 정체","성장률 증가")

CHOOSE 함수의 첫 번째 인수는 1, 2, 3, …과 같은 정수이므로 SIGN 함수의 값에 2를 더한다.

※ 함수에서 텍스트는 큰따옴표로 둘러싼다.

◫ SQRT 함수

SQRT 함수는 양의 제곱근을 구한다. 인수는 제곱근을 구하려는 수가 된다.

=SQRT(36) → 6

◫ SUBTOTAL 함수

SUBTOTAL 함수는 목록이나 데이터베이스의 부분합을 구한다. 인수는 부분합을 계산하는 데 사용할 함수 번호와 부분합을 계산할 범위가 된다. SUBTOTAL 함수는 데이터 열이나 세로 범위에 사용된다.

SUBTOTAL 함수를 입력하면 함수 구문이 제시되고 부분합 계산에 사용할 함수 종류가 리스트 박스에 나타난다.

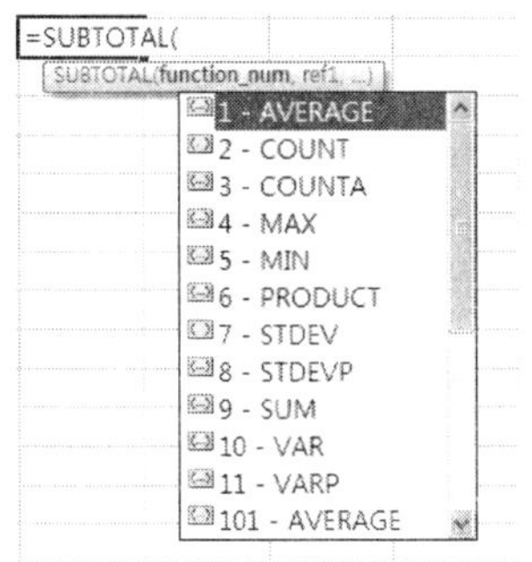

- 함수 번호 1~11을 인수로 지정하면 SUBTOTAL 함수는 숨겨진 행을 포함하여 계산한다.
- 함수 번호 101~111을 인수로 지정하면 SUBTOTAL 함수는 숨겨진 행을 계산 범위에 넣지 않는다. 즉, 목록에 나타난 값만 계산한다.

다음 예는 판매량의 합계를 SUBTOTAL 함수와 SUM 함수로 구하였다. 첫 번째 SUBTOTAL 함수는 함수 번호를 9로 지정하였고 두 번째 SUBTOTAL 함수의 그것은 109로 지정하였다.

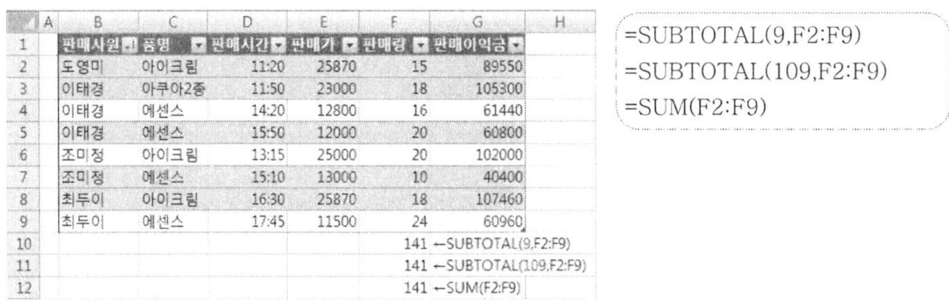

	A	B	C	D	E	F	G
1		판매사원	품명	판매시간	판매가	판매량	판매이익금
2		도영미	아이크림	11:20	25870	15	89550
3		이태경	아쿠아2종	11:50	23000	18	105300
4		이태경	에센스	14:20	12800	16	61440
5		이태경	에센스	15:50	12000	20	60800
6		조미정	아이크림	13:15	25000	20	102000
7		조미정	에센스	15:10	13000	10	40400
8		최두이	아이크림	16:30	25870	18	107460
9		최두이	에센스	17:45	11500	24	60960
10						141	←SUBTOTAL(9,F2:F9)
11						141	←SUBTOTAL(109,F2:F9)
12						141	←SUM(F2:F9)

'이태경' 데이터의 행 머리글을 블록으로 선택한 후 마우스 오른쪽 버튼을 클릭하여 단축 메뉴에서 '숨기기'를 적용하면 두 번째 SUBTOTAL 함수의 값이 변경되는 것을 확인할 수 있다. 즉, 숨겨진 데이터는 계산하지 않고 보이는 데이터만 계산한다.

	A	B	C	D	E	F	G	H
1		판매사원	품명	판매시간	판매가	판매량	판매이익금	
2		도영미	아이크림	11:20	25870	15	89550	
6		조미정	아이크림	13:15	25000	20	102000	
7		조미정	에센스	15:10	13000	10	40400	
8		최두이	아이크림	16:30	25870	18	107460	
9		최두이	에센스	17:45	11500	24	60960	
10						141	←SUBTOTAL(9,F2:F9)	
11						87	←SUBTOTAL(109,F2:F9)	
12						141	←SUM(F2:F9)	

숨겨진 데이터를 다시 목록에 나타내고 판매가 필터 버튼을 클릭하여 판매량이 18보다 큰 데이터만 걸러내 보자.

	A	B	C	D	E	F	G	H	I
1		판매사원	품명	판매시간	판매가	판매량	판매이익금		
5		이태경	에센스	15:50	12000	20	60800		
6		조미정	아이크림	13:15	25000	20	102000		
9		최두이	에센스	17:45	11500	24	60960		
10						64	← =SUBTOTAL(9,F2:F9)		
11						64	← =SUBTOTAL(109,F2:F9)		
12						141	← =SUM(F2:F9)		
13						92	← =SUM(F5:F9)		

SUM 함수는 필터 결과와 관계없이 참조 영역의 모든 값을 계산하는데 반해 SUBTOTAL 함수는 함수 번호에 관계없이 필터로 걸러낸 데이터만 계산한다는 것을 확인할 수 있다.

주의 SUM 함수로 F13 셀에 입력한 식과 같이 필터에 걸러진 데이터만 계산하면 참조 영역 내의 모든 값을 계산한다.

SUBTOTAL 함수는 필터로 걸러낸 값을 계산할 때, 숨겨진 값을 계산에서 제외하고 싶을 때 사용한다.

▭ SUM 함수

SUM 함수는 수의 합계를 계산한다. 인수는 합에 포함될 셀 영역이 된다.

연속된 셀의 값을 포함할 때에는 콜론으로, 따로 떨어진 셀의 값을 포함할 때에는 콤마로 구분한다.

=SUM(A1:A5) → A1 셀에서 A5 셀까지의 값을 더한다.

=SUM(A1,A5,A7) → A1 셀의 값에 A5, A7 셀의 값을 더한다.

=SUM(A1,−A5) → A1 셀의 값에서 A5 셀의 값을 뺀다.

{=SUM(IF(A2:A6〉20,A2:A6))} → 20보다 큰 셀의 값만 더한다.

※ '=SUM(IF(A2:A6〉20,A2:A6))'을 입력하고 Ctrl+Shift+Enter 키를 누른다.

□ SUMIF 함수

SUMIF 함수는 조건을 충족하는 셀의 값을 더한다. 인수는 조건을 적용할 셀 범위, 조건이 되며, 조건을 충족하는 셀의 값을 다른 범위에서 더하려면 셀 범위를 인수로 추가한다.

	A	B	C	D	E	F	G
1		판매사원	품명	시간	판매가	판매량	반품량
2		도영미	아이크림	11:20	25870	15	2
3		이태경	아쿠아2종	11:50	23000	18	
4		이태경	에센스	14:20	12800	16	5
5		이태경	에센스	15:10	12000	20	
6		조미정	아이크림	15:15	25000	20	3
7		조미정	에센스	15:10	13000	10	2
8		최두이	아이크림	16:30	25870	18	5
9		최두이	에센스	17:45	11500	24	
10							
11		15:10 이후의 판매량		=SUMIF(D2:D9,">=15:10",F2:F9)			
12		에센스의 판매량		70			
13		5개 이상의 반품량		10			
14		에센스의 평균 반품량		3.5			

오후 3시 10분 이후의 판매량을 구하는 SUMIF 함수를 다음과 같이 설정한다.

- 조건을 적용할 셀 범위는 시간이 입력된 셀 범위로 지정한다.
- 조건은 "〉=15:10" 형태로 지정한다.
- 실제 합계를 구할 셀 범위 즉, 판매량이 입력된 셀 범위를 지정한다.

=SUMIF(D2:D9,"〉=15:10",F2:F9)

에센스의 판매량을 구하는 SUMIF 함수를 다음과 같이 설정한다.

- 조건을 적용할 셀 범위는 품명이 입력된 셀 범위로 지정한다.
- 조건은 "에센스" 형태로 지정한다.
- 실제 합계를 구할 셀 범위 즉, 판매량이 입력된 셀 범위를 지정한다.

=SUMIF(C2:C9,"에센스",F2:F9)

5개 이상의 반품량을 구하는 SUMIF 함수를 다음과 같이 설정한다.

- 조건을 적용할 셀 범위는 반품량이 입력된 셀 범위로 지정한다.
- 조건은 "〉=5" 형태로 지정한다.

=SUMIF(G2:G9,"〉=5")

조건을 적용한 셀 범위에서 반품량의 합계를 계산하므로 인수를 추가할 필요가 없다.

에센스의 평균 반품량을 구하는 SUMIF 함수를 다음과 같이 설정한다.

- 조건을 적용할 셀 범위는 품명이 입력된 셀 범위로 지정한다.
- 조건은 "에센스" 형태로 지정한다.
- 실제 합계를 구할 셀 범위 즉, 반품량이 입력된 셀 범위를 지정한다.

=SUMIF(C2:C9,"에센스",G2:G9)/COUNTIFS(C2:C9,"에센스",G2:G9,"〉0")

평균을 구하려면 에센스의 총 반품량을 반품 횟수로 나누어야 하므로 COUNTIFS 함수를 사용하여 반품 횟수를 구한다.

※ SUMIF 함수에서 조건은 큰따옴표로 둘러싼다. 조건에 와일드카드 문자를 사용할 수 있다. 조건을 "아*" 형태로 입력하면 조건은 첫 글자가 '아'로 시작하는 텍스트를 모두 포함한다.

◫ SUMIFS 함수

SUMIFS 함수는 여러 조건을 함께 충족하는 셀의 값을 더한다. 인수는 합계를 계산할 셀 범위, 조건을 평가할 셀 범위, 조건이 된다. 필요에 따라 조건을 평가할 셀 범위와 조건을 추가할 수 있다. SUMIF 함수의 인수 순서와 다르다.

	A	B	C	D	E	F	G	H
1		판매사원	품명	시간	판매가	판매량	반품량	
2		도경미	아이크림	11:20	25870	15	2	
3		이태경	아쿠아2종	11:50	23000	18		
4		이태경	에센스	14:20	12800	16	5	
5		이태경	에센스	15:10	12000	20		
6		조미정	아이크림	15:15	25000	20	3	
7		조미정	에센스	15:10	13000	10	2	
8		최두이	아이크림	16:30	25870	18	5	
9		최두이	에센스	17:45	11500	24	7	
10								
11		15시 이후 반품된 에센스의 합계						=SUMIFS(G2:G9,D2:D9,">=15:00",C2:C9,"에센스")
12		12000 이하로 판매된 에센스 판매량의 합계						44
13		이태경이 판매한 에센스 판매량의 합계						36
14		12시 이전에 판매된 판매량이 15 이상인 아이크림 판매량의 합계						15

15시 이후 반품된 에센스의 합계를 구하는 SUMIFS 함수를 다음과 같이 설정한다.

- 합계를 구할 셀 범위 즉, 반품량이 입력된 셀 범위를 지정한다.
- 조건을 평가할 셀 범위는 시간이 입력된 셀 범위로 지정한다.

• 조건은 ">=15:00" 형태로 지정한다.

조건을 평가할 셀 범위는 품명이 입력된 셀 범위로 지정한다.

조건은 "에센스" 형태로 지정한다.

=SUMIFS(G2:G9,D2:D9,">=15:00",C2:C9,"에센스")

12000 이하로 판매된 에센스 판매량의 합계를 구하는 SUMIFS 함수를 다음과 같이 설정한다.

=SUMIFS(F2:F9,E2:E9,"<=12000",C2:C9,"에센스")

이태경이 판매한 에센스 판매량의 합계를 구하는 SUMIFS 함수를 다음과 같이 설정한다.

=SUMIFS(F2:F9,B2:B9,"이태경",C2:C9,"에센스")

12시 이전에 판매된 판매량이 15 이상인 아이크림 판매량의 합계를 구하는 SUMIFS 함수를 다음과 같이 설정한다.

=SUMIFS(F2:F9,D2:D9,"<=12:00",F2:F9,">=15",C2:C9,"아이크림")

◫ SUMPRODUCT 함수

SUMPRODUCT 함수는 주어진 배열에서 해당 요소를 모두 곱하고 그 곱의 합계를 반환한다. 인수는 배열이 된다.

	A	B	C	D	E	F	G	H	I	J	K	L	M
1					12월 1일 판매 현황				12월 2일 판매 현황				
2		판매사원	품명	시간	판매가	판매량	반품량	판매사원	품명	시간	판매가	판매량	반품량
3		도영미	아이크림	11:20	25870	15	2	이태경	아쿠아2종	10:10	24500	12	
4		이태경	아쿠아2종	11:50	23000	18		이태경	에센스	10:35	12800	15	3
5		이태경	에센스	14:20	12800	16	5	조미정	에센스	11:00	13000	9	1
6		이태경	에센스	15:10	12000	20		이태경	아이크림	12:25	25800	20	
7		조미정	아이크림	15:15	25000	20	3	최두이	아쿠아2종	13:40	24000	15	5
8		조미정	에센스	15:10	13000	10	2	도영미	아이크림	13:55	25000	19	
9		최두이	아이크림	16:30	25870	18	5	조미정	에센스	15:27	12800	16	
10		최두이	에센스	17:45	11500	24	7	최두이	에센스	16:05	13500	7	
11													
12		12월 1일의 판매액			=SUMPRODUCT(E3:E10,F3:F10)								
13		12월 2일의 판매액			2253300								
14		12월 1일, 2일 동안의 판매액			4871810								

12월 1일의 판매액의 합계를 구하는 SUMPRODUCT 함수를 다음과 같이 설정한다.

=SUMPRODUCT(E3:E10,F3:F10)

12월 2일의 판매액의 합계를 구하는 SUMPRODUCT 함수를 다음과 같이 설정한다.

=SUMPRODUCT(K3:K10,L3:L10)

12월 1일, 2일 동안의 판매액의 합계를 구하려면 SUM 함수를 활용한다.

{=SUM(E3:E10*F3:F10,K3:K10*L3:L10)}

'=SUM(E3:E10*F3:F10,K3:K10*L3:L10)'을 입력하고 Ctrl+Shift+Enter 키를 누른다.

SUMPRODUCT 함수를 사용하면 기대 수익률을 쉽게 구할 수 있다.

	A	B	C	D	E	F	G	H	I
19									
20		상황	확률	수익률		=SUMPRODUCT(C21:C23*D21:D23)			
21		호황	1/3	0.2					
22		보통	1/3	0.15					
23		불황	1/3	0.1					

=SUMPRODUCT(C21:C23*D21:D23) → 0.15

□ SUMSQ 함수

SUMSQ 함수는 인수의 제곱을 더한다. 인수는 합에 포함될 셀 영역이 된다.

SUMSQ=Σx^2

=SUMSQ(2,3,4,5) → 54 (=$2^2+3^2+4^2+5^2$)

□ SUMX2MY2 함수

SUMX2MY2 함수는 두 배열의 제곱의 차를 더한다.

SUMX2MY2=$\Sigma(x^2-y^2)$

	A	B	C	D
1	X	Y		
2	2	8		
3	3	5		
4	4	2		
5	5	10		
6				
7	$\sum(x^2-y^2)$	=SUMX2MY2(A2:A5,B2:B5)		
8				

=SUMX2MY2(A2:A5,B2:B5) → −139 (=$2^2-8^2+3^2-5^2+\cdots+5^2-10^2$)

SUM 함수로 계산해도 동일한 결과를 얻을 수 있다.

{=SUM(A2:A5^2,－(B2:B5^2))}

'=SUM(A2:A5^2,－(B2:B5^2))'를 입력하고 Ctrl+Shift+Enter 키를 누른다.

▭ SUMX2PY2 함수

SUMX2PY2 함수는 두 배열의 제곱의 합을 더한다.

SUMX2PY2=$\Sigma(x^2+y^2)$

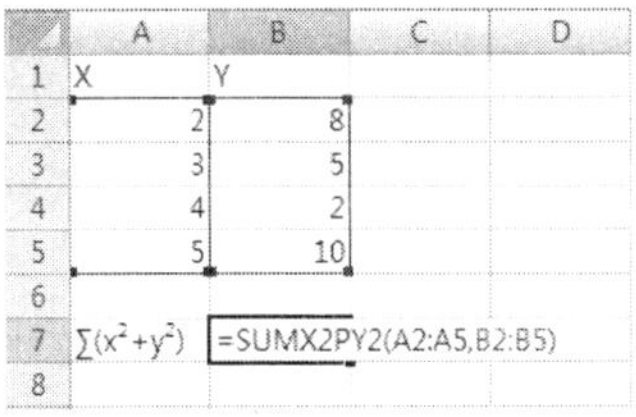

	A	B	C	D
1	X	Y		
2	2	8		
3	3	5		
4	4	2		
5	5	10		
6				
7	∑(x²+y²)	=SUMX2PY2(A2:A5,B2:B5)		
8				

=SUMX2PY2(A2:A5,B2:B5) → 247 $(=2^2+8^2+3^2+5^2+\cdots+5^2+10^2)$

SUM 함수로 계산해도 동일한 결과를 얻을 수 있다.

{=SUM(A2:A5^2,B2:B5^2)}

'=SUM(A2:A5^2,B2:B5^2)'를 입력하고 Ctrl+Shift+Enter 키를 누른다.

▭ SUMXMY2 함수

SUMXMY2 함수는 두 배열의 차의 제곱을 더한다.

SUMXMY2=$\Sigma(x-y)^2$

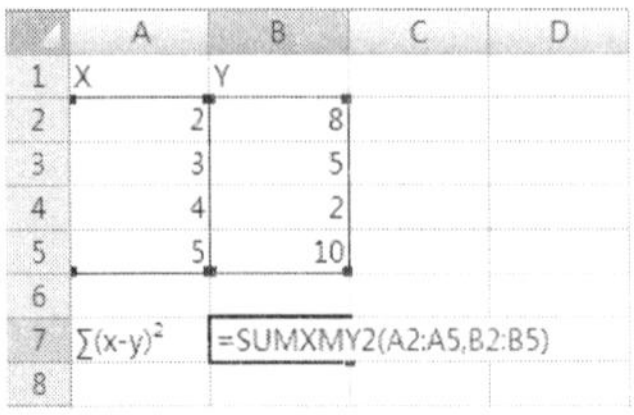

	A	B	C	D
1	X	Y		
2	2	8		
3	3	5		
4	4	2		
5	5	10		
6				
7	∑(x-y)²	=SUMXMY2(A2:A5,B2:B5)		
8				

=SUMXMY2(A2:A5,B2:B5) → 69 $(=(2-8)^2+(3-5)^2+\cdots+(5-10)^2)$

TRUNC 함수

TRUNC 함수는 소수점 이하를 버려 정수로 변환한다. 인수는 수치와 소수점 자릿수이다.

=TRUNC(27.528) → 27

=TRUNC(27.528,1) → 27.5

=TRUNC(27.528,2) → 27.52

=TRUNC(PI(),2) → 3.14

2. 통계 함수

AVEDEV 함수

AVEDEV 함수는 평균 편차를 계산한다. 인수는 수치가 된다. 평균 편차는 편차의 절대값을 합하여 평균을 구한다.

$$= \frac{1}{n} \Sigma |x - \bar{x}|$$

=AVEDEV(3,4,5,6,7) → 1.2

AVERAGE 함수

AVERAGE 함수는 평균을 계산한다. 인수는 수치가 된다. AVERAGE 함수는 논리값, 텍스트, 빈 텍스트. 빈 셀 등은 계산에 포함하지 않는다.

=AVERAGE(3,4,5,6,7) → 5

참조에 포함된 논리값 및 텍스트로 나타낸 숫자를 계산에 포함하려면 AVERAGEA 함수를 사용한다.

AVERAGEA 함수

AVERAGEA 함수는 평균을 계산한다. 인수는 수치, 논리값, 텍스트 등이 된다. AVERAGEA 함수는 논리값, 텍스트, 빈 텍스트 등을 계산에 포함하며, 빈 셀은 계산에 포함하지 않는다. 논리값 TRUE는 1로, FALSE는 0으로 계산하며 문자열은 0으로 계산한다.

예를 들어, 아래 표와 같이 테스트 점수를 매길 때의 기준을 생각해 보자.

	A	B	C	D	E	F	G	H	I
1				테스트 결과					
2		1차	2차	3차	4차	5차	정성평가	평균	
3	이태경	12	13	12	12	13	TRUE	=AVERAGEA(B3:G3)	
4	조미정	10	12	12	11	12	FALSE	9.5	
5	최두이	13	11	11	13	12	FALSE	10	
6	도영미	8	11	10	불참	10	FALSE	6.5	

테스트에 응하지 않았을 때에는 '0'이란 수치대신 '불참'이라고 표기한다. 왜냐하면 '0'으로 표기하면 테스트에 응하지 않아 0인지 테스트 점수가 0인지 명확하지 않기 때문이다.

5회에 걸친 테스트 점수의 표준 편차가 0.5보다 작을 때에는 정성평가 값을 TRUE로, 클 때에는 FALSE로 표기한다.

테스트 결과를 위 표와 같이 입력한 경우 테스트의 평균 점수를 계산하려면 AVERAGEA 함수를 활용한다.

=AVERAGEA(B3:G3) → 10.5 ((12+13+12+12+13+1)/6)

AVERAGEA 함수는 텍스트 '불참'은 0으로, 논리값 TRUE는 1로, FALSE는 0으로 처리한다.

만일 테스트의 평균 점수를 AVERAGE 함수로 잘못 계산하면 전혀 다른 값이 나오게 된다. 예를 들어, 도영미의 테스트 평균을 구하면 9.75의 값이 나온다. 이것은 테스트 점수의 합계를 6이 아닌 4로 나눈 결과이다.

◫ AVERAGEIF 함수

AVERAGEIF 함수는 조건을 충족하는 셀의 평균을 구한다. 인수는 SUMIF 함수와 유사하다.

	A	B	C	D	E	F	G	H
1		판매사원	품명	시간	판매가	판매량	반품량	
2		도영미	아이크림	11:20	25870	15	2	
3		이태경	아쿠아2종	11:50	23000	18		
4		이태경	에센스	14:20	12800	16	5	
5		이태경	에센스	15:10	12000	20		
6		조미정	아이크림	15:15	25000	20	3	
7		조미정	에센스	15:10	13000	10	2	
8		최두이	아이크림	16:30	25870	18	5	
9		최두이	에센스	17:45	11500	24	7	
10								
11		15:10 이후의 평균 판매량			=AVERAGEIF(D2:D9,">=15:00",F2:F9)			
12		에센스의 평균 판매량			17.5			
13		5개 이상의 평균 반품량			5.666667			
14		에센스의 평균 반품량			4.666667			

오후 3시 10분 이후의 평균 판매량을 구하는 AVERAGEIF 함수를 다음과 같이 설정한다.

- 조건을 적용할 셀 범위는 시간이 입력된 셀 범위로 지정한다.
- 조건은 "〉=15:10" 형태로 지정한다.
- 실제 평균을 구할 셀 범위 즉, 판매량이 입력된 셀 범위를 지정한다.

=AVERAGEIF(D2:D9,"〉=15:10",F2:F9)

에센스의 평균 판매량을 구하는AVERAGEIF 함수를 다음과 같이 설정한다.

=AVERAGEIF(C2:C9,"에센스",F2:F9)

5개 이상의 평균 반품량을 구하는 AVERAGEIF 함수를 다음과 같이 설정한다.

=AVERAGEIF(G2:G9,"〉=5")

에센스의 평균 반품량을 구하는 AVERAGEIF 함수를 다음과 같이 설정한다.

=AVERAGEIF(C2:C9,"에센스",G2:G9)

※ AVERAGEIF 함수에서 조건은 큰따옴표로 둘러싼다. 조건에 와일드카드 문자를 사용할 수 있다. 조건을 "아*" 형태로 입력하면 조건은 첫 글자가 '아'로 시작하는 텍스트를 모두 포함한다.

AVERAGEIFS 함수

AVERAGEIFS 함수는 여러 조건을 함께 충족하는 셀의 평균을 구한다. 인수는 SUMIFS 함수와 유사하다

	A	B	C	D	E	F	G	H
1		판매사원	품명	시간	판매가	판매량	반품량	
2		도영미	아이크림	11:20	25870	15	2	
3		이태경	아쿠아2종	11:50	23000	18		
4		이태경	에센스	14:20	12800	16	5	
5		이태경	에센스	15:10	12000	20		
6		조미정	아이크림	15:15	25000	20	3	
7		조미정	에센스	15:10	13000	10	2	
8		최두이	아이크림	16:30	25870	18	5	
9		최두이	에센스	17:45	11500	24	7	
10								
11		15시 이후의 에센스 평균 반품량						=AVERAGEIFS(G2:G9,D2:D9,">=15:00",C2:C9,"에센스")
12		12000 이하로 판매된 에센스 평균 판매량						22
13		이태경이 판매한 에센스 평균 판매량						18
14		12시 이전에 판매된 판매량이 15 이상인 아이크림의 평균 판매량						15

15시 이후의 에센스 평균 반품량을 구하는 AVERAGEIFS 함수를 다음과 같이 설정한다.

- 평균을 구할 셀 범위 즉, 반품량이 입력된 셀 범위를 지정한다.
- 조건을 평가할 셀 범위는 시간이 입력된 셀 범위로 지정한다.
- 조건은 ">=15:00" 형태로 지정한다.
- 조건을 평가할 셀 범위는 품명이 입력된 셀 범위로 지정한다.
- 조건은 "에센스" 형태로 지정한다.

```
=AVERAGEIFS(G2:G9,D2:D9,">=15:00",C2:C9,"에센스")
```

12000 이하로 판매된 에센스 평균 판매량을 구하는 AVERAGEIFS 함수를 다음과 같이 설정한다.

```
=AVERAGEIFS(F2:F9,E2:E9,"<=12000",C2:C9,"에센스")
```

이태경이 판매한 에센스 평균 판매량을 구하는 AVERAGEIFS 함수를 다음과 같이 설정한다.

```
=AVERAGEIFS(F2:F9,B2:B9,"이태경",C2:C9,"에센스")
```

12시 이전에 판매된 판매량이 15 이상인 아이크림의 평균 판매량을 구하는 AVERAGEIFS 함수를 다음과 같이 설정한다.

```
=AVERAGEIFS(F2:F9,D2:D9,"<=12:00",F2:F9,">=15",C2:C9,"아이크림")
```

□ BETADIST 함수

BETADIST 함수는 누적 베타 확률 밀도 함수를 반환한다. 인수는 함수를 계산할 기준값, α 매개변수, β 매개변수, 하한값, 상한값이 된다.

베타 분포(Beta distribution)는 파라메터 α와 β에 의해 [0,1] 구간에서 정의되는 연속 확률 분포이다. 베타 분포의 확률 밀도 함수 (probability density function)는 다음과 같다[10].

$$f(x;\alpha,\beta) = \frac{1}{B(\alpha,\beta)} x^{\alpha-1}(1-x)^{\beta-1}$$

10) Brighton Webs Ltd. Statistics for Energy and the Environment 참조

파라메터 α와 β의 값에 따른 분포 형태는 다음과 같다.

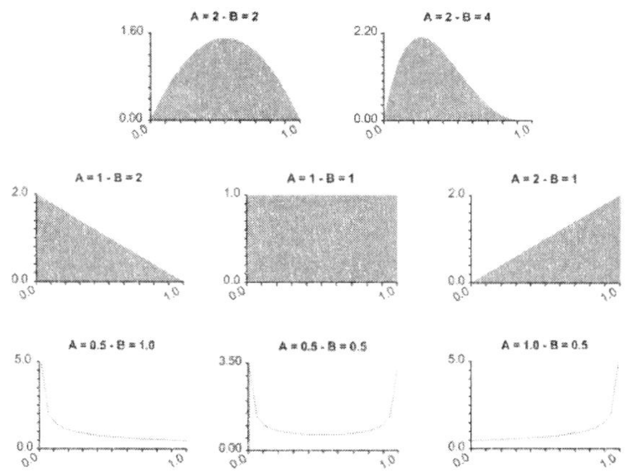

BETADIST 함수는 베타 확률 밀도 함수의 면적을 계산한다. α와 β의 값이 각각 1, 0.5일 때 값 0.1, 0.2, …, 1에 대응하는 BETADIST 함수의 값과 누적 확률 분포는 다음과 같다.

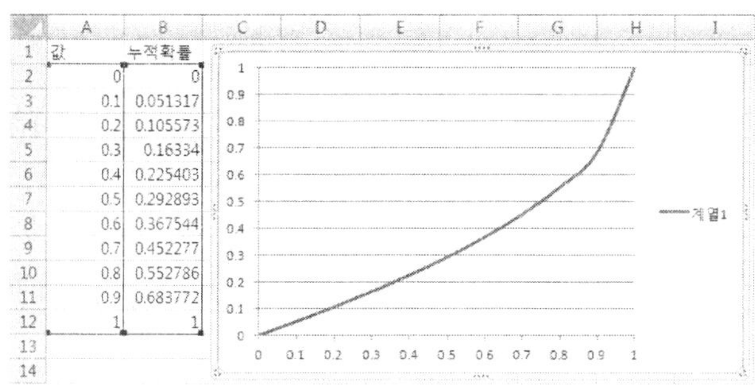

	A	B
1	값	누적확률
2	0	0
3	0.1	0.051317
4	0.2	0.105573
5	0.3	0.16334
6	0.4	0.225403
7	0.5	0.292893
8	0.6	0.367544
9	0.7	0.452277
10	0.8	0.552786
11	0.9	0.683772
12	1	1

차트는 '곡선이 있는 분산형'으로 그렸다. 확률변수 X의 값이 0에서 1의 값을 가질 때 확률변수 X의 값 0.1에 대응하는 누적 확률은 다음과 같이 계산한다.

=BETADIST(0.1,1,0.5,0,1) → 0.051317

BETAINV 함수는 지정된 베타 분포에 대한 누적 베타 확률 밀도 함수의 역함수 값을 반환한다. 인수는 베타 분포와 관련된 확률, α 매개변수, β 매개변수, 하한값, 상한값이 된다.

=BETAINV(0.051317,1,0.5,0,1) → 0.1

※ 확률 밀도 함수는 분포의 양상을 나타내는 곡선을 식으로 표현한 것이다.

BINOMDIST 함수

BINOMDIST 함수는 이항분포의 확률값을 계산한다. 인수는 성공 횟수, 독립 시행 횟수, 각 시행의 성공 확률, 함수의 형태를 결정하는 논리값이 된다.

예를 들어, 동전을 세 번 던지는 실험의 이항확률분포는 다음 표와 같다. 확률 변수 X가 취할 수 있는 모든 값들에 대응하는 확률은 BINOMDIST 함수로 구한다. 논리값을 FALSE로 지정하면 확률질량함수로 계산하며, TRUE로 지정하면 누적분포함수로 계산한다.

앞면(H)이 나올 경우의 수 (X)		P(X)	
0	T,T,T	1/8	←=BINOMDIST(0,3,0.5,FALSE)
1	H,T,T T,H,T T,T,H	3/8	←=BINOMDIST(1,3,0.5,FALSE)
2	H,H,T H,T,H T,H,H	3/8	←=BINOMDIST(2,3,0.5,FALSE)
3	H,H,H	1/8	←=BINOMDIST(3,3,0.5,FALSE)

앞면(H)이 나올 경우의 수 (X)		P(X)	
0	T,T,T	1/8	←=BINOMDIST(0,3,0.5,TRUE)
1	H,T,T T,H,T T,T,H	4/8	←=BINOMDIST(1,3,0.5,TRUE)
2	H,H,T H,T,H T,H,H	7/8	←=BINOMDIST(2,3,0.5,TRUE)
3	H,H,H	8/8	←=BINOMDIST(3,3,0.5,TRUE)

주사위를 던질 때 3이 나올 확률은 1/6이므로 10번 던질 때 3이 두 번 나올 확률은 다음과 같이 계산한다.

=BINOMDIST(2,10,1/6,FALSE) → 0.29071

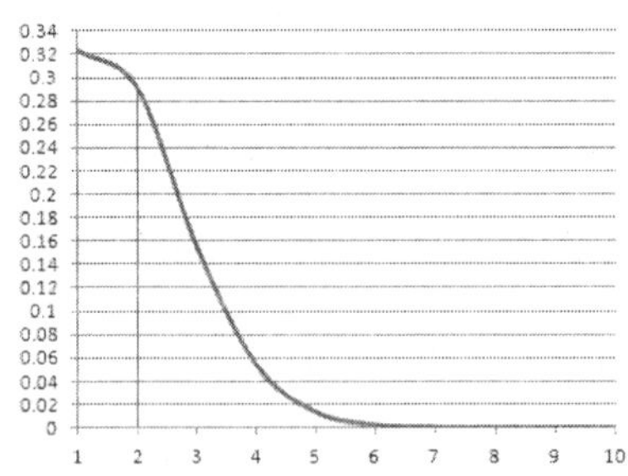

CHIDIST 함수

CHIDIST 함수는 카이 제곱 분포의 단측 검정 확률을 반환한다. 인수는 확률 분포를 계산할 기준값, 자유도가 된다.

χ_k^2 분포는 k개의 서로 독립적인 표준정규 확률변수를 각각 제곱한 다음 합해서 얻어지는 분포로서 자유도 k의 값에 따라 모양이 달라진다. 즉, 자유도 k는 카이제곱 분포의 매개변수가 된다[11].

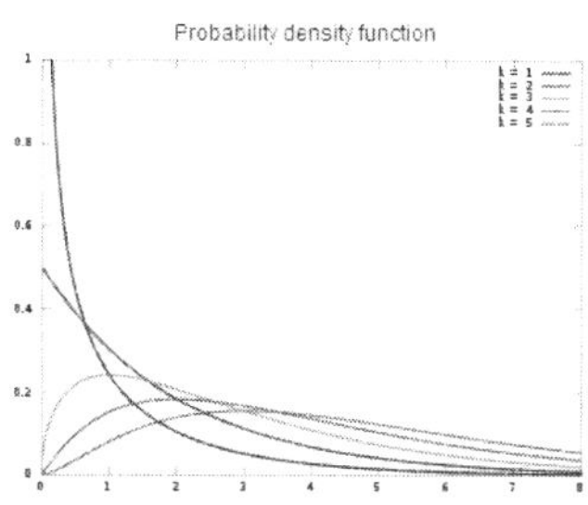

CHIDIST 함수는 '= P(X〉x)'와 같이 계산된다. 즉, χ_k^2 분포의 값이 '분포를 계산할 기준값'보다 큰 확률을 계산한다.

단측 검정 확률 5%에 해당하는 자유도와 카이제곱값은 다음과 같다.

	A	B	C
1	자유도	카이제곱값	단측 검정 확률
2	1	3.84	0.050043531
3	2	5.99	0.050036627
4	3	7.81	0.050106053
5	4	9.49	0.049953131
6	5	11.07	0.05000962

자유도가 5이고 카이제곱값이 11.07일 때의 단측 검정 확률은 다음과 같이 구한다.

=CHIDIST(5,11.07) → 0.05000962

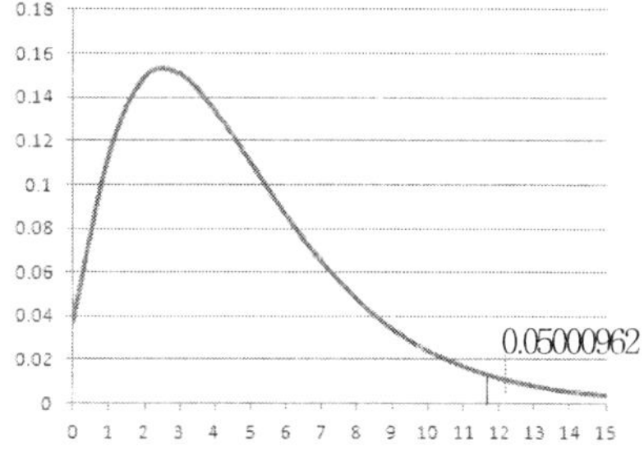

CHIINV 함수는 카이 제곱 분포의 단측 검정 확률의 역함수 값을 반환한다. 인수는 카이제곱 분포와 관련된 확률, 자유도가 된다.

11) Wikipedia, the free encyclopedia 참조

=CHIINV(0.05000962,10) → 11.07

• 적합도 검정

주사위를 36번 던져 각 면이 나온 횟수와 기대 예상 횟수가 다음과 같다[12].

	A	B	C	D	E	F	G
1	주사위 면	1	2	3	4	5	6
2	시행결과(A)	4	8	6	7	5	6
3	예상결과(E)	6	6	6	6	6	6

정상적인 주사위라면 주사위의 각 면이 나올 확률은 1/6이다. 따라서 36번 던지는 실험을 시행하면 각 면이 나올 확률은 36·1/6=6번씩 관측될 것으로 기대할 수 있다.

실험에 사용된 주사위가 정상적인 것인지는 χ^2 검정을 이용한다.

$$\chi^2 = \sum_{i=1}^{k} \frac{(A_i - E_i)^2}{E_i}$$

검정할 귀무가설을 $H_0 : A_i = E_i$라 하면, 구분된 결과의 종류의 수가 $k = 6$이므로 검정 통계량의 값은 다음과 같이 계산한다.

$$\chi_5^2 = \frac{(4-6)^2 + (8-6)^2 + (6-6)^2 + (7-6)^2 + (5-6)^2 + (6-6)^2}{6} = \frac{10}{6}$$

자유도가 5이고 유의수준 $\alpha = 5\%$라고 설정하면 CHIINV 함수를 사용하여 χ^2의 임계치 11.0705를 얻을 수 있다.

=CHIINV(0.05,5) → 11.0705

계산된 검정 통계량의 값 10/6이 임계치 11.0705보다 훨씬 작으므로 귀무가설이 채택된다. 즉, 관측된 빈도수는 예상된 도수와 별 차이가 없는 것으로 판정된다.

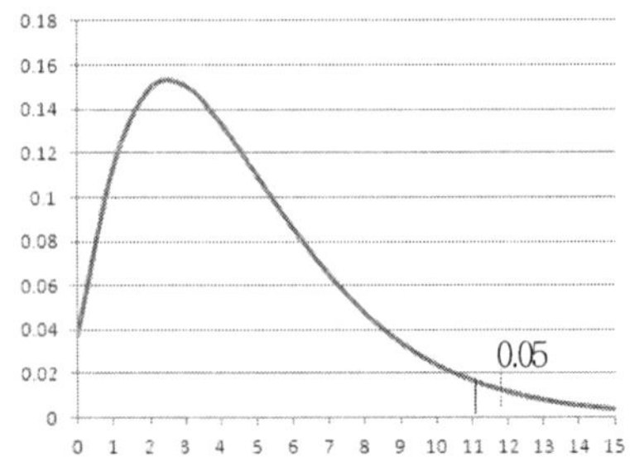

12) 이종원, 경제경영통계학, 476 페이지 참조

참고 자유도(Degree of Freedom)는 독립적인 변수의 개수 또는 값을 자유로이 취할 수 있는 변수의 총수를 말한다. 예를 들어 크기가 3인 표본의 평균 $\overline{X}=\dfrac{(X_1+X_2+X_3)}{3}$ 이 5라고 하자. 평균의 값을 알고 있으면 X_1, X_2의 값이 3, 5로 주어질 때 X_3의 값은 1로 자동 결정된다. 따라서 평균이 주어진 경우 실제 변수의 값은 X_1, X_2, X_3 세 개인듯 보이지만 값을 자유로이 정할 수 있는 변수의 값은 두 개밖에 되지 않는다. 일반적으로 자유도란 총 관찰치 수에서 미지의 모수 대신 사용한 추정치의 개수를 뺀 것으로 정의할 수 있다.

□ CHITEST 함수

CHITEST 함수는 독립성 검정 결과를 반환한다. 인수는 관찰치가 포함된 데이터 영역, 행·열의 합계를 곱해 얻은 총합계에 대한 비율이 포함된 데이터 영역이 된다.

특정 집단을 두 가지 분류기준으로 나누고 분류기준이 된 두 변수들이 서로 독립적인지 살펴보려면 χ^2 검정을 이용한다. 이 검정은 오른쪽 임계치에 대한 단측 검정을 실시한다.

$$\chi^2=\sum_{i=1}^{r}\sum_{j=1}^{c}\frac{(A_{ij}-E_{ij})^2}{E_{ij}}$$

CHITEST 함수는 위 수식으로 계산된 값 이상의 χ^2 통계 값이 독립성을 가정했을 때 우연히 발생할 수 있는 확률을 반환한다.

가격 변화와 이윤 변동을 관측한 결과 다음과 같은 정보를 얻었다. 가격 변화와 이에 대응하는 이윤 변화 형태는 서로 독립적이라고 볼 수 있는지 살펴보자.

	A	B	C	D	E	F	G	H	I	J	K
1		표본에서 얻은 실제 빈도(A_{ij})							기대 빈도(E_{ij})		
2											
3			이윤 증가	이윤 불변	이윤 감소	합계			이윤 증가	이윤 불변	이윤 감소
4		가격 인상	12	5	20	37		가격 인상	12.95	9.25	14.8
5		가격 불변	15	16	2	33		가격 불변	11.55	8.25	13.2
6		가격 인하	8	4	18	30		가격 인하	10.5	7.5	12
7		합계	35	25	40	100					

37*35/100　　33*40/100

기대 빈도와 관찰 빈도의 차이가 거의 없다면 χ^2의 값은 아주 작아진다. 차이가 작다는 것은 귀무가설이 받아들여지는 경우이다.

기대 빈도는 실제 빈도가 위치한 열의 합계와 행의 합계를 곱한 값을 총합계로 나눈 값이다. 예를 들어, D5 셀의 기대 빈도는 F5*D7/F7이 된다.

수식으로 계산된 값 이상의 χ^2 통계 값이 독립성을 가정했을 때 우연히 발생할 수 있는 확률은 CHITEST 함수로 구한다.

=CHITEST(C4:E6,I4:K6) → 0.0000209052476

CHIINV 함수를 사용하면 해당 확률에 대한 χ^2 값을 구할 수 있다.

=CHIINV(0.0000209052476,4) → 26.891845

자유도가 4이고 유의수준 $\alpha = 5\%$라고 설정하면 CHIINV 함수를 사용하여 χ^2의 임계치 9.4877을 얻을 수 있다.

=CHIINV(0.05,4) → 9.487729037

χ^2의 값 26.892는 χ^2의 임계치 9.4877보다 크므로 가격 변동과 이윤 변화는 독립적이라는 귀무가설은 기각된다. 즉, 가격 변동과 이윤 변화는 독립적이 아니며 일정한 관련을 맺고 있다고 볼 수 있다.

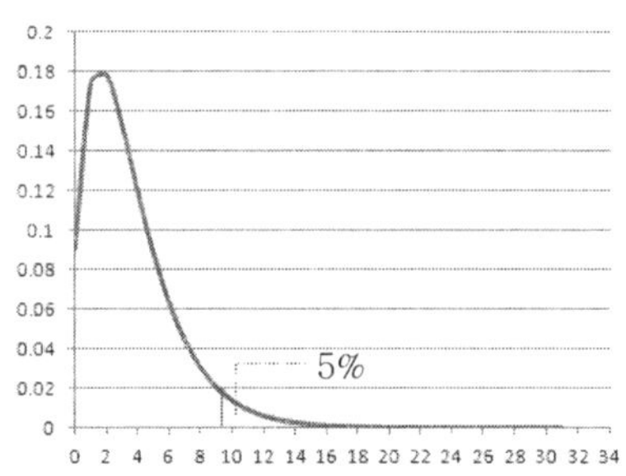

예제의 χ^2 분포의 자유도는 (행의 수 − 1)·(열의 수 − 1)=(3−1)·(3−1)=4가 된다. 즉, 3×3 행렬에서 두 개의 행과 두 개의 열의 기대 빈도를 알면 나머지 기대 빈도는 자동으로 결정된다.

※ CHITEST는 E_{ij}가 적당히 큰 경우에 적합하다. 일부 통계학자에 따르면 각 E_{ij}가 5보다 크거나 같아야 한다.

CONFIDENCE 함수

CONFIDENCE 함수는 신뢰구간(Confidence Interval)을 계산할 때 필요한 $Z_{\alpha/2}\sigma/\sqrt{n}$ 의 값을 구한다. 이때 α를 유의수준(Significance Level)이라 하며, $1-\alpha$를 신뢰도(Confidence Level)라 한다. 인수는 유의수준, 표준편차, 표본 크기가 된다.

신뢰도는 구간으로 추정된 추정치가 실제 모집단의 모수를 포함하고 있을 가능성을 말한다. 신뢰구간을 구하는 공식은 다음과 같다.

$$P(\overline{X}-Z_{\alpha/2}\frac{\sigma}{\sqrt{n}} \le \mu \le \overline{X}+Z_{\alpha/2}\frac{\sigma}{\sqrt{n}})=1-\alpha$$

$\overline{X}$는 표본 평균, σ는 모집단의 표준편차, n은 표본의 크기, Z는 Z 통계량이다.

임의로 학생 100명을 뽑아 키를 쟀더니 평균이 170cm이었다. 지금까지의 연구 결과 전체 학생 키의 표준편차는 10cm이었다. 전체 학생의 평균 키에 대한 90%, 95%, 99%의 신뢰구간을 구해 보자.

	A	B	C	D	E	F	G	H
1	표본 크기	100		$Z_{\alpha/2}\frac{\sigma}{\sqrt{n}}$				
2	표준편차	10						
3		0.1		1.644854	←=CONFIDENCE(B3,$B$2,$B$1)			
4	유의수준	0.05		1.959964				
5		0.01		2.575829				
6	평균	170						

95% 신뢰구간을 구하기 위해서는 유의수준을 0.05로 지정한다.

=CONFIDENCE(B3,$B$2,$B$1) → 1.959964

따라서 95% 신뢰구간은 다음과 같이 설정된다.

$$\begin{aligned}\text{95\% 신뢰구간} &= P[170-1.959964 \le \mu \le 170+1.959964] \\ &= P[168.04 \le \mu \le 171.96]\end{aligned}$$

구간이 모수 μ를 포함할 확률은 약 95%라고 해석한다.

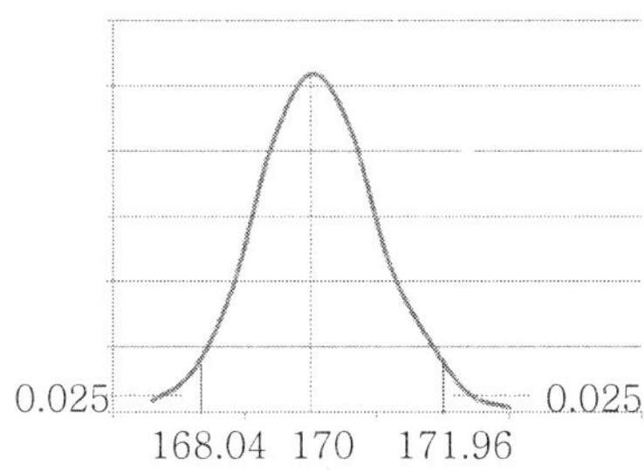

◻ CORREL 함수

CORREL 함수는 두 데이터 집합 사이의 상관계수를 구한다. 인수는 데이터의 셀 범위가 된다. 상관계수는 두 변수의 밀접도 뿐만 아니라 방향성도 갖는다. 즉, 한 변수의 값이 커질 때 다른 변수의 값도 커지면 양의 연관성이 있다고 하고 한 변수의 값이 커질 때 다른 변수의 값이 작아지면 음의 연관성이 있다고 한다.

	A	B	C	D	E
1	매출액	인구수	소득		
2	83	105	83		
3	115	85	104		
4	78	80	80		
5	109	91	103		
6	67	95	85		
7	82	96	90		
8	99	100	95		
9	127	108	110		
10	100	93	102		
11	109	101	108		
12					
13		0.250506	=CORREL(A2:A11,C2:C11)		

매출액과 인구수, 매출액과 소득 간의 상관계수를 구하면 다음과 같다.

=CORREL(A2:A11,B2:B11) → 0.250506

=CORREL(A2:A11,C2:C11) → 0.924423

상관계수는 두 변수의 관계를 직선으로 표시할 때 그 밀접성이 어느 정도인지를 나타내며, −1과 1 사이의 값을 갖는다.

◻ COUNT 함수

COUNT 함수는 숫자가 입력된 셀의 개수를 계산한다. 인수는 셀 범위가 된다.

	A	B	C	D	E	F	G
1		판매사원	품명	시간	판매가	판매량	반품량
2		도영미	아이크림	11:20	25870	15	2
3		이태경	아쿠아2종	11:50	23000	18	
4		이태경	에센스	14:20	12800	16	5
5		이태경	에센스	15:10	12000	20	
6		조미정	아이크림	15:15	25000	20	3
7		조미정	에센스	15:10	13000	10	2
8		최두이	아이크림	16:30	25870	18	5
9		최두이	에센스	17:45	11500	24	7
10							
11		반품횟수	=COUNT(G2:G9)				

반품횟수를 계산하려면 COUNT 함수를 활용한다.

=COUNT(G2:G9) → 6

◫ COUNTA 함수

COUNTA 함수는 범위에서 비어있지 않은 셀의 개수를 계산한다. 인수는 셀 범위가 된다.

	A	B	C	D	E	F	G	H
1		사원	1차교육	2차교육		1차교육 참석자 수		5
2		도영미	○			1차교육 불참자 수		3
3		이태경	○	○				
4		조미정		○				
5		최두이	○	○				
6		전경미		○				
7		최미경	○					
8		큐정형	○					
9		배선혜		○				

1차교육 참석자 수를 계산하려면 COUNTA 함수를 활용한다.

=COUNTA(C2:C9) → 5

※ COUNTA 함수는 비어있지 않은 셀의 개수를 계산하므로 빈 문자열이 입력된 셀, 논리값이 입력된 셀 등을 모두 포함한다.

◫ COUNTBLANK 함수

COUNTBLANK 함수는 비어있는 셀의 개수를 계산한다. 인수는 셀 범위가 된다.
1차교육 불참자 수를 계산하려면 COUNTBLANK 함수를 활용한다.

=COUNTBLANK(C2:C9) → 3

◫ COUNTIF 함수

COUNTIF 함수는 조건을 충족시키는 셀의 개수를 계산한다. 인수는 셀 범위와 조건이 된다.

	A	B	C	D	E	F	G	H	I	J	K	L
1	판매사원	품명	시간	판매가	판매량	반품량		판매시간이 15:10인 셀의 개수				2
2	도영미	아이크림	11:20	25870	15	2		판매시간이 12:00 전인 셀의 개수				2
3	이태경	아쿠아2종	11:50	23000	18			문자 '아쿠'로 시작하는 셀의 개수				3
4	이태경	에센스	14:20	12800	16	5		문자 '에'로 시작하지 않는 셀의 개수				5
5	이태경	에센스	15:10	12000	20			판매량이 20인 셀의 개수				2
6	조미정	아쿠아3종	15:15	37000	20	3						
7	조미정	에센스	15:10	13000	10	2						
8	최두이	아이크림	16:30	25870	18	5						
9	최두이	아쿠아2종	17:45	22500	24	7						

판매시간이 15:00인 셀의 개수는 다음과 같이 구한다.

=COUNTIF(C2:C9,"15:10") → 2

판매시간이 입력된 셀 범위에서 조건 '15:10'을 비교하여 조건에 일치하는 셀의 개수를 구한다.

판매시간이 12:00 전인 셀의 개수는 다음과 같이 구한다.

=COUNTIF(C2:C9,"<12:00") → 2

문자 '아쿠'로 시작하는 셀의 개수는 다음과 같이 구한다.

=COUNTIF(B2:B9,"아쿠*") → 3

문자 '아쿠'로 시작하지 않는 셀의 개수는 다음과 같이 구한다.

=COUNTIF(B2:B9,"<> 에*") → 5

연산자 '<>'는 문자열 '에*'와 같지 않다는 것을 뜻한다. 문자 '에*'는 '에'로 시작하는 모든 문자를 포함한다.

판매량이 20인 셀의 개수는 다음과 같이 구한다.

=COUNTIF(E2:E9,20) → 2

◫ COUNTIFS 함수

COUNTIFS 함수는 여러 조건을 함께 충족시키는 셀의 개수를 계산한다. 인수는 다수의 셀 범위와 조건이 된다.

	A	B	C	D	E	F	G	H	I	J	K	L
1	판매사원	품명	시간	판매가	판매량	반품량		15:00 이후의 에센스 판매횟수				2
2	도영미	아이크림	11:20	25870	15	2		12:00 전에 판매된 품명의 개수				2
3	이태경	아쿠아2종	11:50	23000	18			이태경이 판매한 에센스 중 판매량이				1
4	이태경	에센스	14:20	12800	16	5		20 이상인 횟수				
5	이태경	에센스	15:10	12000	20							
6	조미정	아쿠아3종	15:15	37000	20	3						
7	조미정	에센스	15:10	13000	10	2						
8	최두이	아이크림	16:30	25870	18	5						
9	최두이	아쿠아2종	17:45	22500	24	7						

15:00 이후의 에센스 판매횟수는 다음과 같이 구한다.

=COUNTIFS(C2:C9,">=15:00",B2:B9,"에센스") → 2

12:00 전에 판매된 품명의 개수는 다음과 같이 구한다.

=COUNTIFS(C2:C9,"<12:00",B2:B9,"*") → 2

이태경이 판매한 에센스 중 판매량이 20 이상인 횟수는 다음과 같이 구한다.

=COUNTIFS(A2:A9,"이태경",B2:B9,"에센스",E2:E9,">=20") → 1

◻ COVAR 함수

COVAR 함수는 각 데이터 요소 쌍의 편차 곱의 평균(공분산)을 반환한다. 인수는 숫자가 입력된 셀 범위가 된다.

공분산 값이 크다는 것은 두 변수 값의 방향이 같다는 것을 의미하며, 공분산 값이 작다는 것은 두 변수 값의 방향이 다르다는 것을 의미한다. 두 변수 간에 연관성이 없으면 공분산은 0에 가까운 값을 갖게 된다.

	A	B	C	D	E	F	G
1	매출액	인구수	소득				
2	83	105	83		매출액과 소득 간의 공분산		
3	115	85	104				
4	78	80	80		171.4	190.4444	
5	109	91	103				
6	67	95	85		매출액과 인구수 간의 공분산		
7	82	96	90				
8	99	100	95		36.84	40.93333	
9	127	108	110				
10	100	93	102				
11	109	101	108				

매출액과 소득 간의 공분산을 구하려면 다음과 같이 계산한다.

=COVAR(A2:A11,C2:C11) → 171.4

엑셀의 COVAR 함수는 공분산을 구할 때 요소 쌍의 편차 곱을 표본의 크기 n으로 나눈다. 따라서 표본의 공분산을 구하려면 계산된 값에 $\frac{n}{n-1}$을 곱한다.

◻ CRITBINOM 함수

CRITBINOM 함수는 누적이항분포의 확률값이 기준치 이상이 되는 최소 변수값을 반환한다. 인수는 베르누이 시행 횟수, 각 시행의 성공 확률, 기준치가 된다.

불량품 비율이 10%인 상품 중에서 20개를 추출했을 때 2개 이하가 불량품일 확률은 BINOMDIST 함수로 계산할 수 있다.

=BINOMDIST(2,20,0.1,TRUE) → 0.676927

CRITBINOM 함수를 이용하면 위 예에서 불량품 확률이 0.676927일 때의 불량품 개수를 계산할 수 있다.

=CRITBINOM(20,0.1,0.676927) → 2

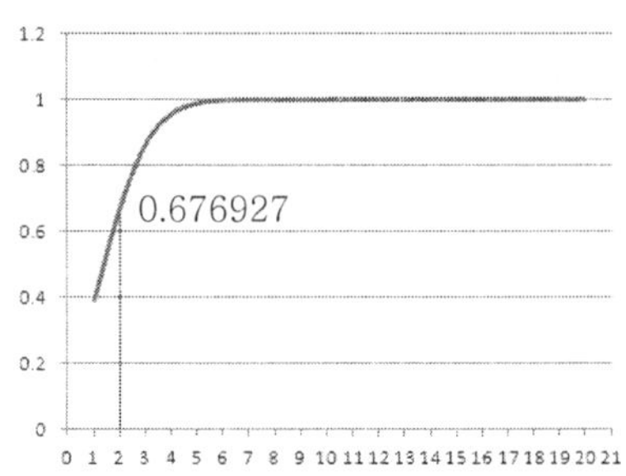

▭ DEVSQ 함수

DEVSQ 함수는 표본 평균에서 편차 제곱의 합을 반환한다.

$$DEVSQ = \sum_{i}^{n}(X_i - \overline{X})^2$$

=DEVSQ(4,5,8,7,11,4,3) → 48

▭ EXPONDIST 함수

EXPONDIST 함수는 지수분포값을 계산한다. 인수는 함수 값, 매개변수, 지수함수 형태를 나타내는 논리값이 된다.

지수분포는 연속 함수이지만 포아송분포처럼 λ 하나의 모수를 갖는다. λ는 포아송분포를 따르는 사건이 일어나는 평균 발생률이며 이 값에 의해 지수분포가 특징져진다. 지수 함수의 확률밀도함수는 다음과 같다.

$$f(x;\lambda) = \lambda e^{-\lambda x}$$

누적분포함수는 다음과 같다.

$$F(x;\lambda) = 1 - e^{\lambda x}$$

λ는 단위 시간 동안 발생하는 평균 사건의 수이며, 확률변수 x는 두 사건 사이의 시간 간격이다.

상담 대기 시간이 평균적으로 10분이고 지수분포를 따른다고 할 때 상담을 하기 위해 15분 이상 기다릴 확률은 다음과 같이 계산한다.

=1−EXPONDIST(15,1/10,TRUE) → 0.22313

상담 대기 시간을 확률변수 X라고 하면, 확률변수 X는 $\lambda = \frac{1}{10}$ 인 지수분포를 따른다. 즉 상담을 위해 10분 동안 기다린다는 것은 10분 동안 1개의 사건이 발생하는 것과 같으므로 단위 시간(1분) 동안에 1/10개의 사건이 발생한다고 볼 수 있다.

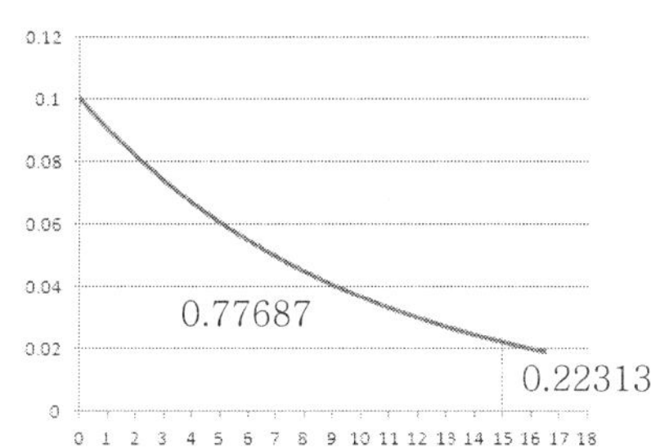

□ FDIST 함수

FDIST 함수는 F 확률 분포값을 반환한다. 이 함수를 사용하면 두 데이터 집합의 산포도가 서로 다른지 확인할 수 있다. 인수는 분자의 자유도, 분모의 자유도가 된다.

=FDIST(2.9,9,11) → 0.049801

분자, 분모의 자유도가 9, 11인 경우 F 값 2.9보다 클 확률은 0.049801이 된다.

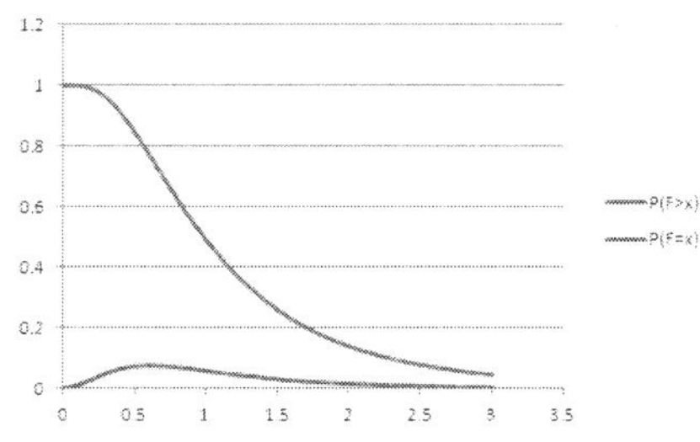

계열 P(F>x), 계열 P(F=x)는 분자, 분모의 자유도가 9, 11인 경우의 FDIST 함수, F 분포를 나타낸다.

▭ FINV 함수

FINV 함수는 F 확률 분포의 역함수 값을 반환한다. 인수는 F 누적 분포의 확률값, 분자의 자유도, 분모의 자유도가 된다.

=FINV(0.049801,9,11) → 2.9

분자, 분모의 자유도가 9, 11인 경우 P(F>x)=0.049801인 F 값은 2.9가 된다. FINV 함수를 사용하면 F 분포의 임계값을 구할 수 있다.

▭ FISHER 함수

FISHER 함수는 X에서의 FISHER 변환 값을 반환한다. 인수는 변환할 숫자 값이 된다.

피셔는 표본 상관계수를 일정한 분포를 갖는 새로운 변수로 변환하고 그 변수의 추정을 실시한 다음 역으로 치환하여 모 상관계수에 대한 추정을 실시하였다[13].

$$Z_r = \frac{1}{2} ln \frac{(1+r)}{(1-r)}$$

어휘력 점수와 지능 지수에 대한 상관계수를 남성과 여성 표본에 대해 계산한 결과 남자 100명의 상관계수는 0.57이며, 여자 100명의 그것은 0.71이었다.

두 개의 상관계수에 대한 피셔의 Z 통계량은 다음과 같다.

=FISHER(0.57) → 0.647523

=FISHER(0.71) → 0.887184

▭ FISHERINV 함수

FISHERINV 함수는 FISHER 변환의 역함수 값을 반환한다. 인수는 변환의 역함수를 수행할 값이 된다.

---

13) web4.jj.ac.kr/~khlee/marketing/corr.pdf 참조

=FISHERINV(0.647523) ➞ 0.57

FORECAST 함수

FORECAST 함수는 선형추세를 적용하여 기존 값에 대한 예측값을 구한다. 인수는 값을 예측하려는 데이터 요소, 데이터의 종속 배열, 데이터의 독립 배열이 된다.

	A	B	C	D	E	F	G	H
10	매출액(Y)	인구수	소득(X)					
11	83	105	83					
12	115	85	104					
13	78	80	80					
14	109	91	103					
15	67	95	85					
16	82	96	90					
17	99	100	95					
18	127	108	110					
19	100	93	102					
20	109	101	108		=FORECAST(120,A11:A20,C11:C20)			

소득이 120일 때 매출액이 얼마인지 예측하려면 FORECAST 함수를 다음과 같이 설정한다.

=FORECAST(120,A11:A20,C11:C20) ➞ 135.2731

FREQUENCY 함수

FREQUENCY 함수는 값의 범위 내에서 해당 값의 발생 빈도를 계산하여 세로 배열 형태로 반환한다. 인수는 도수분포를 구할 범위, 구간 값이 된다.

※ 배열 수식을 사용한다. 따라서 구간 옆에 구간의 수와 동일한 범위를 설정하고 수식을 입력한 후 Ctrl+Shift+Enter 키를 누른다.

	A	B	C	D	E
1	점수	구간			
2	62	60	=FREQUENCY(A2:A14,B2:B6)		
3	75	70			
4	80	80			
5	65	90			
6	79	100			
7	68				
8	59				
9	90				
10	73				
11	55				
12	64				
13	82				
14	95				

➞

	A	B	C	D	E
1	점수	구간			
2	62	60	2		
3	75	70	4		
4	80	80	4		
5	65	90	2		
6	79	100	1		
7	68				
8	59				
9	90				
10	73				
11	55				
12	64				
13	82				
14	95				

배열 수식: =FREQUENCY(A2:A14,B2:B6)

100 이하이며 90보다 큰 점수는 1개, 90 이하이며 80보다 큰 점수는 2개와 같이 해석한다.

□ FTEST 함수

FTEST 함수는 F−검정의 결과를 반환한다. F−검정은 array1과 array2의 분산이 크게 다르지 않은 양측 검증 확률을 반환한다. 인수는 데이터가 입력된 배열이 된다.

	A	B	C	D	E	F
1	환자	정상인				
2	12.8	10.7		=FTEST(A2:A6,B2:B13)		
3	13.2	10.1				
4	11.7	9.8				
5	14	9.5				
6	12.8	10.3				
7		9.7				
8		9.8				
9		9.6				
10		10.3				
11		9.3				
12		9.5				
13		10.2				

=FTEST(A2:A6,B2:B13) → 0.063178

F−검정의 결과 환자와 정상인의 분산이 크게 다르지 않은 양측 검증 확률은 0.063178이 된다.

0.05%에서의 F 기각치는 FINV 함수로 계산한다.

=FINV(0.05,4,11) → 3.35669

FTEST(A14:A18,B14:B25)의 값을 2로 나누면 분산이 크게 다르지 않은 단측 검정 확률이 된다. 이 확률을 FINV 함수로 구하면 F비를 구할 수 있다.

FINV(F33,4,11) → 3.953125

□ GAMMADIST 함수

GAMMADIST 함수는 감마 확률 분포를 반환한다. 인수는 확률분포를 계산할 기준값, 분포의 매개변수 α, β, 함수의 형태를 결정짓는 논리값이 된다.

=GAMMADIST(1,2,6,FALSE) → 0.023513

매개변수 α, β의 값이 2, 6인 경우 감마 값 1의 확률은 0.023513이 된다.

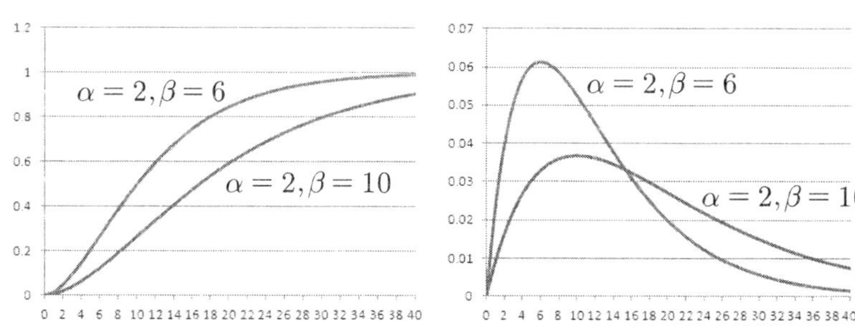

β=2이며 α=m/2인 감마분포를 χ^2분포라 한다. m은 χ^2분포의 자유도이다. α=1이면 지수분포의 확률이 반환된다.

beta = 1이면 표준 감마 분포를 반환한다.

감마분포는 포아송분포에 의해 설명될 수 있다. 포아송분포의 모수가 β라 할 때 사상이 α회 일어나는데 소요되는 시간 t의 분포는 모수 β 및 α의 감마분포가 된다[14].

부품의 평균 수명은 1 주일이다. 부속품을 20회 교체하는 기간이 14 주일 미만일 확률은 다음과 같이 계산한다.

=GAMMADIST(14,20,1,TRUE) → 0.076505

□ GAMMAINV 함수

GAMMAINV 함수는 감마 누적 분포의 역함수를 구한다. 인수는 감마분포와 관련된 확률, 분포의 매개변수 α, β가 된다.

=GAMMAINV(0.38494,2,6) → 7

beta = 1이면 표준 감마 분포를 반환한다.

□ GAMMALN 함수

GAMMALN 함수는 감마 함수 $\Gamma(X)$의 자연 로그를 반환한다. 인수는 자연 로그를

14) 윤기중, 수리통계학, 164 페이지 참조

계산할 양수가 된다.

=GAMMALN(7) → 6.579251

GEOMEAN 함수

GEOMEAN 함수는 양수 데이터 배열 또는 참조 영역에 대한 기하 평균을 반환한다. 인수는 평균을 계산할 수치가 된다.

물가상승률, 경제성장률 등의 변화율을 산술평균으로 계산하는 것이 문제가 있다. 변화율이란 서로 다른 두 기간의 변화량을 기준년도의 값으로 나눈 개념이기 때문이다. 따라서 물가상승률 등의 변화율은 기하평균을 사용한다.

	A	B	C	D	E	F	G	H	I
1		물가지수	변동률						
2	1974	35.1			년평균물가지수 상승률			=GEOMEAN(C3:C12)	
3	1975	44.4	1.264957						
4	1976	49.8	1.121622						
5	1977	54.3	1.090361						
6	1978	60.6	1.116022						
7	1979	72	1.188119						
8	1980	100	1.388889						
9	1981	120.4	1.204						
10	1982	126	1.046512						
11	1983	126.3	1.002381						
12	1984	127.2	1.007126						

기하평균은 비율의 평균을 계산한다. 기하평균을 구하는 수식은 다음과 같다.

$$GM_{\bar{y}} = \sqrt[n]{y_1 y_2 y_3 \dots y_n}$$

년 평균 물가지수 상승률을 계산하려면 GEOMEAN 함수를 사용한다.

=GEOMEAN(C3:C12) → 1.137413

즉, 년 평균 13.74%씩 증가했음을 알 수 있다.

GROWTH 함수

GROWTH 함수는 기존 데이터를 사용하여 예측되는 지수 증가를 계산한다. GROWTH는 기존의 x 값과 y 값을 사용하여 지정한 일련의 새로운 x 값에 대한 y 값을 반환한다. 인수는 기존의 y 값, 기존의 x 값, y 값을 계산하는 데 사용할 x 값, 상수가 된다.

11, 12월의 판매액을 계산할 셀을 블록으로 설정하고 수식을 입력한 후

Ctrl+Shift+Enter 키를 누른다.

=GROWTH(B2:B11,A2:A11,A12:A13)

	A	B	C	D	E
1	월	판매액			
2	1	250			
3	2	400			
4	3	460			
5	4	550			
6	5	1100			
7	6	1200			
8	7	1750			
9	8	2800			
10	9	3700			
11	10	4700			
12	11	=GROWTH(B2:B11,A2:A11,A12:A13)			
13	12				

→

	A	B	C	D	E
1	월	판매액			
2	1	250			
3	2	400			
4	3	460			
5	4	550			
6	5	1100			
7	6	1200			
8	7	1750			
9	8	2800			
10	9	3700			
11	10	4700			
12	11	6844.787			
13	12	9527.645			

※ 지수 추세선과 동일한 내용이 된다.

□ HARMEAN 함수

HARMEAN 함수는 데이터 집합의 조화 평균을 반환한다. 조화 평균은 기존 변수의 역수를 취하여 산술평균을 구한 다음 다시 그 값의 역수를 취한 것을 말한다. 인수는 수치가 된다.

$$\frac{1}{H_y} = \frac{1}{n}\sum\frac{1}{Y_i}$$

처음 100km는 60km/h로, 다음 100km는 90km/h로 달릴 때 평균 속력은 72km/h가 된다.

=HARMEAN(60,90) → 72

※ 산술평균은 75km/h가 됨에 주의한다.

□ HYPGEOMDIST 함수

HYPGEOMDIST 함수는 초기하 분포를 반환한다. HYPGEOMDIST는 주어진 표본의 크기, 모집단의 성공 도수와 크기에 대하여 주어진 표본의 성공 도수가 출현할 확률을 반환한다.

생산된 제품 50개 중 7개가 불량품일 때 5개를 선택했을 때 3개가 불량품일 확률은 다음과 같이 계산된다.

=HYPGEOMDIST(3,5,7,50) → 0.014917

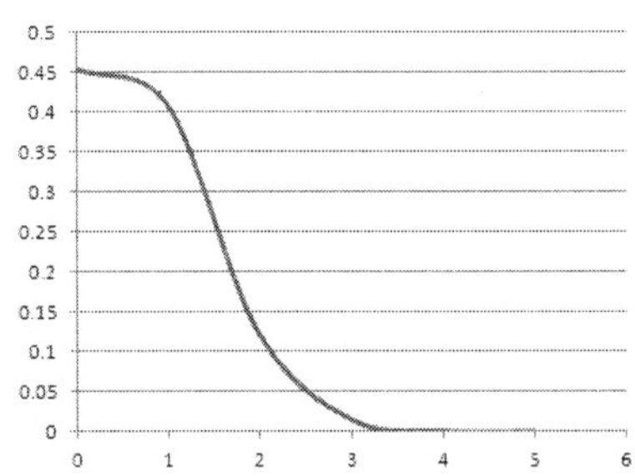

□ INTERCEPT 함수

INTERCEPT 함수는 기존 x 값과 y 값을 사용하여 한 개의 선이 y 축과 교차하는 지점 즉, 회귀선의 절편을 계산한다. 인수는 데이터의 종속변수와 독립변수의 범위가 된다.

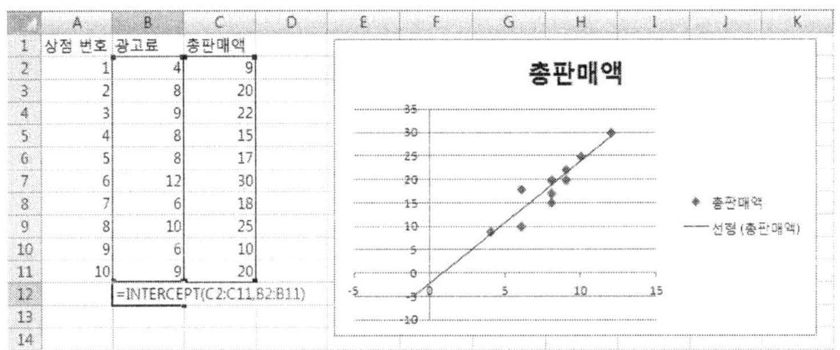

	A	B	C
1	상점 번호	광고료	총판매액
2	1	4	9
3	2	8	20
4	3	9	22
5	4	8	15
6	5	8	17
7	6	12	30
8	7	6	18
9	8	10	25
10	9	6	10
11	10	9	20
12		=INTERCEPT(C2:C11,B2:B11)	

광고료와 총판매액 간의 관계를 선형 추세선으로 분석하였다. 광고료가 0일 때 추세선의 총판매액을 구하려면 다음과 같이 한다.

=INTERCEPT(C2:C11,B2:B11) → −2.26957

□ KURT 함수

KURT 함수는 데이터 집합의 첨도를 반환한다. 첨도란 분포의 뾰족한 정도를 정규 분포와 비교하여 나타내는 것으로, 양의 첨도는 상대적으로 더 뾰족하고 음의 첨도는 덜 뾰족하다.

	A	B	C	D	E	F	G	H	I	J	K	L	M	N
1														
2	점수	58	60	43	57	50	83	70	34	46	55	83	77	48
3														
4	첨도	=KURT(B2:N2)												

=KURT(B2:N2) → −0.79384963

정규분포의 첨도는 3의 값을 갖는다.

▭ LARGE 함수

LARGE 함수는 데이터 집합에서 k 번째로 큰 값을 구한다. 인수는 배열, 큰 값을 기준으로 한 상대 순위가 된다.

※ 상대 순위는 큰 값 순으로 배열했을 때의 순위를 말한다.

	A	B	C	D	E	F	G	H	I	J	K	L	M	N
1														
2	점수	58	60	43	57	50	83	70	34	46	55	83	77	48
3														
4		=LARGE(B2:N2,2)												

점수 중 두 번째로 큰 값을 구하면 다음과 같다.

=LARGE(B2:N2,2) → 83

▭ LINEST 함수

LINEST 함수는 데이터에 가장 적합한 직선을 구하는 '최소 자승법'을 사용하여 선의 통계를 계산하고 선에 대한 배열을 구한다. 인수는 기존의 y 값, 기존의 x 값, 회귀선의 절편, 회귀 통계량 반환 논리값이 된다.

• 단순회귀분석

	A	B	C
1	상점 번호	광고료	총판매액
2	1	4	9
3	2	8	20
4	3	9	22
5	4	8	15
6	5	8	17
7	6	12	30
8	7	6	18
9	8	10	25
10	9	6	10
11	10	9	20
12			
13	2.344023	0	

인수 '회귀선의 절편' 값으로 FALSE를 입력하면 회귀선의 절편을 0으로 보고 최적의 회귀선의 기울기를 계산한다.

=LINEST(C2:C11,B2:B11,FALSE) → 기울기: 2.344023, 절편: 0

인수 '회귀선의 절편' 값으로 TRUE를 지정하거나 생략하면 회귀선의 절편을 정상적으로 계산하고 최적의 회귀선의 기울기를 계산한다.

=LINEST(C2:C11,B2:B11,TRUE) → 기울기: 2.608696, 절편: −2.26957

광고료가 11일 때의 총판매액은 다음 식에 의해 추정할 수 있다.

=SUM(LINEST(C2:C11,B2:B11)*{11,1}) → 26.42609

LINEST(C2:C11,B2:B11)의 값은 기울기와 절편이므로 SUM 함수의 값은 기울기*11+절편*1이 된다.

인수 '회귀 통계량 반환' 값으로 TRUE를 지정하면 회귀선의 기울기, 절편과 함께 절편에 대한 표준오차, 결정계수, y 추정값에 대한 표준오차, F−통계량, 자유도, 회귀 제곱의 합, 잔차 제곱의 합 등을 표시한다. 자유도는 F 임계값을 찾는 데 사용된다.

=LINEST(C2:C11,B2:B11,,TRUE)

	A	B	C	D	E	F
1	상점 번호	광고료	총판매액		2.608696	-2.26957
2	1	4	9		0.387847	3.212348
3	2	8	20		0.849738	2.630507
4	3	9	22		45.24034	8
5	4	8	15		313.0435	55.35652
6	5	8	17			
7	6	12	30			
8	7	6	18			
9	8	10	25			
10	9	6	10			
11	10	9	20			

회귀 통계량의 반환 값은 다음을 의미한다.

	E	F
1	기울기	절편
2	기울기 표준오차	절편 표준오차
3	결정계수	y 추정값에 대한 표준오차
4	F 통계량 혹은 F 관측치	자유도
5	회귀 제곱의 합	잔차 제곱의 합

※ 배열 수식을 사용한다. 따라서 기울기, 절편 등이 입력될 범위를 설정하고 수식을 입력한 후 Ctrl+Shift+Enter 키를 누른다.

단순회귀 방정식은 다음과 같이 나타난다.

y = 2.61x1 － 2.27 (y는 총판매액, x는 광고료)

◆ r^2, F 통계량

단순회귀 모형에서 총변동은 다음과 같이 나누어질 수 있다.

$$\underset{SST}{\sum(Y_i-\overline{Y})^2} = \underset{SSR}{\sum(\hat{Y}_i-\overline{Y})^2} + \underset{SSE}{\sum(Y_i-\hat{Y}_i)^2}$$

총변동은 회귀 제곱의 합과 잔차 제곱의 합을 더한 것이 된다. 단순회귀 분석에서 각 제곱의 합에 해당하는 자유도는 다음과 같다[15].

SST: $n-1$

SSR: 1

SSE: $n-2$

SST의 자유도가 $n-1$인 이유는 SST를 구성하고 있는 n개의 $Y_i-\overline{Y}$가 하나의 제약조건을 가진다. 즉, $\sum(Y_i-\overline{Y})=0$이다. 따라서 자유도는 n에서 1을 뺀 $n-1$이 된다. SSR의 자유도가 1인 이유는 회귀 함수에 두 개의 모수가 있으나 $\hat{Y}_i-\overline{Y}$가 하나의 제약조건 즉, $\sum(\hat{Y}_i-\overline{Y})=0$을 가지므로 자유도는 둘에서 하나를 뺀 1이 된다. SSE의 자유도가 $n-2$인 이유는 SSE를 구성하고 있는 n개의 $e_i=Y_i-\hat{Y}_i$ 중에서 모수인 β_0(절편), β_1(기울기)을 추정하여야 하므로 자유도는 n에서 2를 뺀 $n-2$가 된다.

회귀 제곱의 합의 평균과 잔차 제곱의 합의 평균은 다음과 같다.

$$MSR=\frac{SSR}{1},\ MSE=\frac{SSE}{n-2}$$

MSR(Mean Square Regression)과 MSE(Mean Square Error)의 비율은 결국 분산의

15) 김효석, 통계학, 321 페이지 참조

비이므로 자유도 1과 $n-2$를 가진 F 분포를 따르게 된다.

결정계수는 총변동(SST) 중 설명된 변동(SSR) 즉, 회귀 제곱의 합의 비율이다. 즉, 종속변수 y가 독립변수 x에 의해 설명되는 비율을 말한다. r^2의 값은 0.85로서 총판매액과 광고료 사이의 상관관계를 나타낸다. F의 값은 r^2의 값이 우연하게 발생했는지 판단하는 기준이 된다.

유의수준 0.05, 자유도 1, 8일 때의 F 임계치는 5.3177이 된다. F 값 45.24034는 5.3177보다 훨씬 크다. 따라서 F 값 45.24034가 우연히 발생할 가능성은 극히 희박하다고 할 수 있다. F 값 45.24034가 발생할 확률은 FDIST 함수를 통해 계산할 수 있다.

=FDIST(45.24034,1,8) → 0.000149

따라서 F 값 45.24034가 F 임계치는 5.3177을 초과하므로 총판매액과 광고료 사이에 아무런 관계가 없다는 귀무가설은 기각된다.

• 다중회귀분석

다음은 사무실 건물의 가치를 회귀분석으로 평가한 것이다[16]. 회귀 통계량이 계산될 셀을 블록으로 설정하고 함수 =LINEST(E2:E12,A2:D12,TRUE,TRUE)를 입력한다.

	A	B	C	D	E
1	사무실 면적(x1)	사무실 수(x2)	출입구 수(x3)	건축 연수(x4)	평가액(y)
2	2310	2	2	20	142000
3	2333	2	2	12	144000
4	2356	3	1.5	33	151000
5	2379	3	2	43	150000
6	2402	2	3	53	139000
7	2425	4	2	23	169000
8	2448	2	1.5	99	126000
9	2471	2	2	34	142900
10	2494	3	3	23	163000
11	2517	4	4	55	169000
12	2540	2	3	22	149000
13					
14	=LINEST(E2:E12,A2:D12,TRUE,TRUE)				
15					
16					
17					
18					

Ctrl+Shift+Enter 키를 누르면 회귀 통계량이 계산된다.

16) 엑셀 LINEST 함수 도움말 참조

	A	B	C	D	E
1	사무실 면적(x1)	사무실 수(x2)	출입구 수(x3)	건축 연수(x4)	평가액(y)
2	2310	2	2	20	142000
3	2333	2	2	12	144000
4	2356	3	1.5	33	151000
5	2379	3	2	43	150000
6	2402	2	3	53	139000
7	2425	4	2	23	169000
8	2448	2	1.5	99	126000
9	2471	2	2	34	142900
10	2494	3	3	23	163000
11	2517	4	4	55	169000
12	2540	2	3	22	149000
13					
14	-234.2371645	2553.21066	12529.76817	27.64138737	52317.83051
15	13.26801148	530.6691519	400.0668382	5.429374042	12237.3616
16	0.996747993	970.5784629	#N/A	#N/A	#N/A
17	459.7536742	6	#N/A	#N/A	#N/A
18	1732393319	5652135.316	#N/A	#N/A	#N/A

회귀 통계량의 구조는 다음과 같다.

y	x4	x3	x2	x1
-234.2371645	2553.21066	12529.76817	27.64138737	52317.83051
13.26801148	530.6691519	400.0668382	5.429374042	12237.3616
0.996747993	970.5784629			
459.7536742	6			
1732393319	5652135.316			

다중회귀 방정식은 다음과 같이 나타난다.

y = 27.64x1 + 12,530x2 + 2,553x3 − 234.24x4 + 52,318

2500 제곱 피트와 세 개의 사무실, 두 개의 출입구를 갖고 있고 건축한 지 25년이 된 대상 지역의 건물에 대한 평가액은 다음과 같이 추정할 수 있다.

y = 27.64*2500 + 12530*3 + 2553*2 − 234.24*25 + 52318 = 158,258

◆ r^2, F 통계량

다중회귀 모형에서 총변동은 단순회귀 모형에서의 그것과 동일하다.

$$\underset{SST}{\sum(Y_i-\overline{Y})^2} = \underset{SSR}{\sum(\hat{Y}_i-\overline{Y})^2} + \underset{SSE}{\sum(Y_i-\hat{Y}_i)^2}$$

총변동은 회귀 제곱의 합과 잔차 제곱의 합을 더한 것이 된다. 단순회귀 분석에서 각 제곱의 합에 해당하는 자유도는 다음과 같다[17].

SST: $n-1$

17) 김효석, 통계학, 321 페이지 참조

SSR: k

SSE: $n-k-1$

SST의 자유도는 앞에서 설명한 것과 마찬가지로 $n-1$이 된다. SSR의 자유도는 독립변수의 수와 같은 k가 된다. SSE의 자유도가 $n-k-1$인 이유는 $k+1$개의 모수 즉, β_0, β_1, β_2, $\cdots$, β_n을 추정하여야 하기 때문에 자유도는 n에서 $k+1$을 뺀 $n-k-1$이 된다.

회귀 제곱의 합의 평균과 잔차 제곱의 합의 평균은 다음과 같다.

$$MSR = \frac{SSR}{k}, \quad MSE = \frac{SSE}{n-k-1}$$

MSR(Mean Square Regression)과 MSE(Mean Square Error)의 비율은 결국 분산의 비이므로 자유도 k와 $n-k-1$을 가진 F 분포를 따르게 된다.

결정계수는 총변동(SST) 중 설명된 변동(SSR) 즉, 회귀 제곱의 합의 비율이다. 즉, 종속변수 y가 독립변수 x1, x2, x3, x4에 의해 설명되는 비율을 말한다. r^2의 값은 0.99675로서 사무실 건물의 가치와 사무실 면적, 사무실 수, 출입구 수, 건물 건축 연수 사이에 강한 상관관계가 있음을 나타낸다. F의 값은 r^2의 값이 우연하게 발생했는지 판단하는 기준이 된다.

유의수준 0.05, 자유도 4, 6일 때의 F 임계치는 4.53이 된다. F 값 459.753674는 4.53보다 훨씬 크다. 따라서 F 값 459.753674가 우연히 발생할 가능성은 극히 희박하다고 할 수 있다. F 값 459.753674가 발생할 확률은 FDIST 함수를 통해 계산할 수 있다.

=FDIST(459.753674,4,6) → 1.37E−7

따라서 F 값 459.753674가 F 임계치는 4.53을 초과하므로 건물의 가치와 독립변수 사이에 아무런 관계가 없다는 귀무가설은 기각된다.

◆ t 통계

t 통계량을 사용하면 각 기울기 계수가 사무실 건물의 평가액을 어림잡는 데 유용한지 판단할 수 있다. t 값은 다음과 같이 계산한다.

$$t = \frac{\text{기울기}}{\text{표준오차}}$$

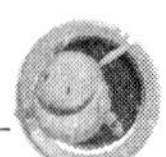

건축 연수의 기울기에 대한 t 값은 $-234.24/13.268=-17.7$이 된다. 자유도 6, 유의수준 0.05인 양측 검정 t 임계값은 TINV(0.05,6) = 2.447이다. 건축 연수의 t 값의 절대값이 2.447보다 크므로 건축 연수는 사무실 건물의 평가액을 추정할 때 중요한 변수가 된다고 볼 수 있다. 나머지 독립 변수도 유사한 방법으로 검정할 수 있다.

독립변수와 종속변수의 관계가 비선형인 경우의 회귀분석

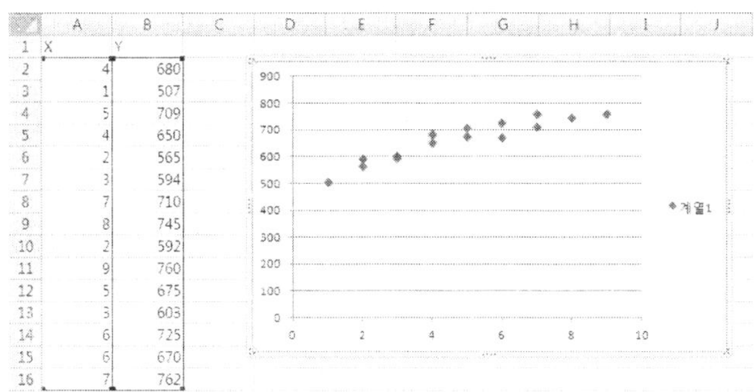

	A	B
1	X	Y
2	4	680
3	1	507
4	5	709
5	4	650
6	2	565
7	3	594
8	7	710
9	8	745
10	2	592
11	9	760
12	5	675
13	3	603
14	6	725
15	6	670
16	7	762

변수 X와 Y의 산포도를 살펴보면 두 변수는 선형관계가 아닌 다항식 관계가 있음을 알 수 있다. 즉, 회귀함수는 다음과 같이 쓸 수 있다.

$$Y_i = \beta_0 + \beta_1 X_i + \beta_2 X_i^2 + \epsilon_i$$

X_i^2을 새로운 변수 Z로 취급하면 독립변수가 두 개인 다중선형회귀 모형이 된다.

$$Y_i = \beta_0 + \beta_1 X_i + \beta_2 Z_i + \epsilon_i$$

두 번째 변수 Z_i는 첫 번째 변수 X_i의 제곱이 된다. 회귀 통계량이 계산될 셀을 블록으로 설정하고 함수 =LINEST(C2:C16,A2:B16,TRUE,TRUE)를 입력한 다음 Ctrl+Shift+Enter 키를 누르면 회귀 통계량이 계산된다.

	A	B	C	D	E	F	G
1	X	Z	Y				
2	4	16	680		-3.09986	60.918	458.3496
3	1	1	507		1.103835	11.16639	24.90248
4	5	25	709		0.927809	22.22339	#N/A
5	4	16	650		77.11323	12	#N/A
6	2	4	565		76169.19	5926.547	#N/A
7	3	9	594				
8	7	49	710				
9	8	64	745				
10	2	4	592				
11	9	81	760				
12	5	25	675				
13	3	9	603				
14	6	36	725				
15	6	36	670				
16	7	49	762				

LOGEST 함수

LOGEST 함수는 회귀 분석에서 데이터에 맞는 지수 곡선을 계산하여 그 곡선을 설명하는 값의 배열을 반환한다. 인수는 기존의 y 값, 기존의 x 값, 회귀선의 절편, 회귀 통계량 반환 논리값이 된다.

	A	B	C	D	E	F	G
1	월	감염자수					
2	1	100		=LOGEST(B2:B6,A2:A6,TRUE,TRUE)			
3	2	300					
4	3	600					
5	4	1500					
6	5	4000					

인구 증가, 전염병의 감염자수와 같이 시간 경과에 따라 일정 비율로 증가하는 자료를 나타낼 때 추세선이 지수함수 형태를 취할 때가 많다[18].

$$Y = ab^X \ (a\text{는 } Y\text{의 절편, } b\text{는 변화율})$$

위 식과 같은 추세변동을 갖는 경우 식을 선형으로 전환함으로써 쉽게 추정할 수 있다.

$$\log Y = \log(ab^X) = \log a + X \cdot \log b$$

회귀 통계량이 계산될 셀을 블록으로 설정하고 함수 =LOGEST(B2:B6,A2:A6,TRUE,TRUE)를 입력한 다음 Ctrl+Shift+Enter 키를 누르면 회귀 통계량이 계산된다.

	A	B	C	D	E	F
1	월	감염자수				
2	1	100		2.456456	43.22726	
3	2	300		0.032122	0.106536	
4	3	600		0.996182	0.101578	
5	4	1500		782.7964	3	
6	5	4000		8.076971	0.030954	

추세방정식은 $\hat{Y} = 43.23 * 2.46^X$가 된다.

LOGEST로 구해지는 추가 통계치 특히 기울기, 절편의 표준오차는 $\log b$, $\log a$에 비교되어야 한다.

NORMDIST 함수

NORMDIST 함수는 지정한 평균과 표준편차에 의거하여 정규누적분포값을 구한다.

18) 이종원, 경제경영통계학, 541 페이지 자료 발췌

인수는 분포값을 계산할 값, 분포의 산술평균, 분포의 표준편차, 함수의 형태를 결정하는 논리값이 된다.

=NORMDIST(50,50,10,FALSE) → 0.039894228

함수의 형태를 결정하는 논리값으로 FALSE를 지정하면 해당 점수에 대한 확률을 계산한다.

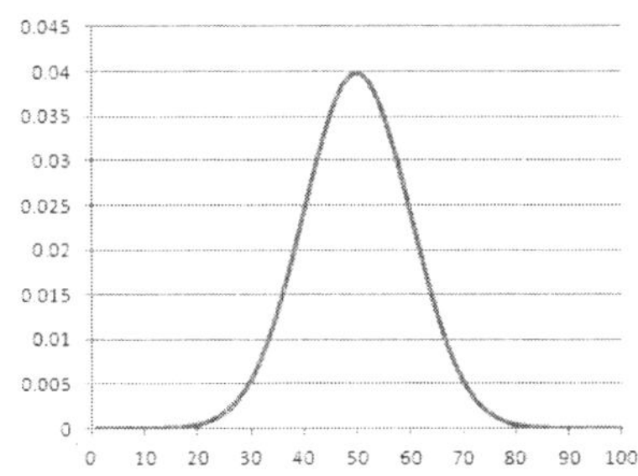

함수의 형태를 결정하는 논리값으로 TRUE를 지정하면 해당 점수에 대한 누적확률을 계산한다.

=NORMDIST(50,50,10,TRUE) → 0.5

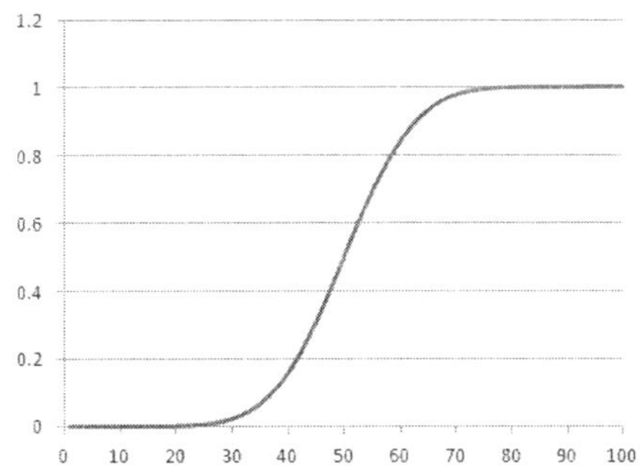

점수가 50에서 70 사이에 있을 확률은 다음과 같이 계산한다.

=NORMDIST(70,50,10,TRUE)−0.5 → 0.47725

점수가 80 이상인 확률은 다음과 같이 계산한다.

=1−NORMDIST(80,50,10,TRUE) → 0.00135

NORMINV 함수

NORMINV 함수는 지정한 평균과 표준 편차에 대한 정규 누적 분포의 역함수 값을 반환한다. 인수는 확률, 분포의 산술평균, 분포의 표준편차가 된다.

=NORMINV(C50,50,10) → 50

NORMSDIST 함수

NORMSDIST 함수는 표준 정규 누적 분포 함수를 반환한다. 이 분포의 평균은 0이고 표준 편차는 1이다. 인수는 분포값을 계산할 값이 된다.

표준정규분포는 다음과 같이 나타난다.

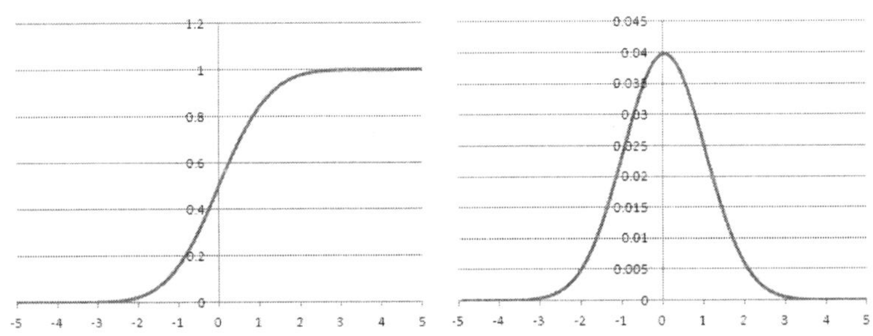

$Z \leq 1.5$일 확률은 다음과 같이 계산한다.

=NORMSDIST(1.5) → 0.933193

$Z=0$에서 $Z=1.5$ 사이에 있을 확률은 다음과 같이 계산한다.

=NORMSDIST(1.5)−0.5 → 0.433193

NORMSINV 함수

NORMSINV 함수는 표준 정규 누적 분포의 역함수 값을 반환한다. 인수는 확률이 된다. 평균을 중심으로 양쪽을 합하여 90%, 95%, 99%가 되는 Z 값은 다음과 같이 계산한다.

=NORMSINV(0.95) → 1.644854

=NORMSINV(0.975) → 1.959964

=NORMSINV(0.995) → 2.575829

LOGNORMDIST 함수

LOGNORMDIST 함수는 ln(x)가 매개 변수 mean과 standard_dev를 가진 정규 분포일 때 x의 로그 정규 누적 분포의 확률을 구한다. 이 함수를 사용하여 로그로 변환된 데이터를 분석한다. 인수는 함수를 계산할 기준값, ln(x)의 평균, ln(x)의 표준편차가 된다.

로그정규분포는 정규분포를 로그변환한 것이다. 평균이 0이고 표준편차가 0.5일 경우 분포는 다음과 같이 나타난다.

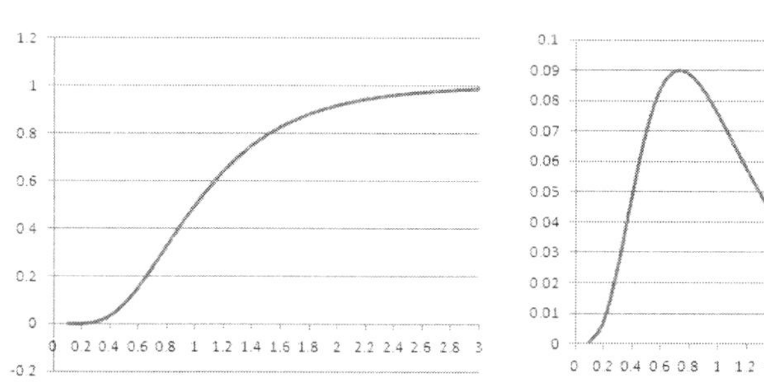

=LOGNORMDIST(1,0,0.5) →0.5

평균이 0이고 표준편차가 0.5인 로그정규분포에서 x가 1이면 누적 확률은 0.5가 된다.

LOGINV 함수

LOGINV 함수는 ln(x)가 매개 변수 mean과 standard_dev로 정규 분포될 때 x의 로그 정규 누적 분포 함수의 역함수 값을 반환한다. 인수는 로그정규분포와 관련된 확률, ln(x)의 평균, ln(x)의 표준편차가 된다.

=LOGINV(B11,0,0.5) → 1

MAX 함수

MAX 함수는 주어진 범위에서 최대값을 구한다. 인수는 숫자가 된다.

최대 판매량을 구하려면 MAX 함수를 사용한다.

=MAX(E2:E9) → 24

	A	B	C	D	E	F	G	H	I
1	판매사원	품명	시간	판매가	판매량	반품량			
2	도영미	아이크림	11:20	25870	15	2		=MAX(E2:E9)	
3	이태경	아쿠아2종	11:50	23000	18				
4	이태경	에센스	14:20	12800	16	5			
5	이태경	에센스	15:10	12000	20				
6	조미정	아쿠아3종	15:15	37000	20	3			
7	조미정	에센스	15:10	13000	10	2			
8	최두이	아이크림	16:30	25870	18	5			
9	최두이	아쿠아2종	17:45	22500	24	7			

최저 판매량을 구하려면 MIN 함수를 사용한다.

=MIN((E2:E9) → 10

□ MAXA 함수

MAXA 함수는 주어진 범위에서 최대값을 구한다. 인수는 숫자가 되며, 텍스트와 논리값을 포함한다.

	A	B	C	D	E	F	G	H
1				테스트 결과				
2		1차	2차	3차	4차	5차	정성평가	평균
3	이태경	12	13	12	12	13	TRUE	10.5
4	조미정	10	12	12	11	12	FALSE	9.5
5	최두이	13	11	11	13	12	FALSE	10
6	도영미	8	11	10	불참	10	FALSE	6.5
7								
8			4차 테스트의 최저 점수			0		
9			정성평가의 최고 점수			1		

=MAXA(G3:G6) → 1

4차 테스트의 최저값을 구하려면 MINA 함수를 사용한다.

=MINA(E3:E6) → 0

□ MEDIAN 함수

MEDIAN 함수는 주어진 값의 중간값을 구한다. 인수는 수치가 된다.

=MEDIAN(1,2,3,4,5,6,7) → 4

=MEDIAN(1,2,3,4,5,6,7,8) → 4.5

MODE 함수

MODE 함수는 데이터에서 가장 많이 발생하는 최빈수를 구한다. 인수는 수치가 된다.

=MODE(1,2,3,4,2,3,5,2,6) → 2

NEGBINOMDIST 함수

NEGBINOMDIST 함수는 음 이항 분포의 확률을 구한다. NEGBINOMDIST 함수는 성공 확률이 일정하게 주어져 있을 때 r 번째 성공이 나타날 때까지 발생하는 실패 횟수에 대한 확률을 구한다. 성공 횟수가 일정하고 시행 횟수가 가변적인 것을 제외하고는 이항 분포와 비슷하며 이항 분포와 같이 독립 시행이다. 인수는 실패횟수, 성공횟수, 각 시행의 성공확률이 된다.

매시행에서 성공률이 p인 베르누이 실험을 r번째 성공이 있기까지 독립적으로 반복 시행한 횟수(X)에 관한 확률분포를 모수 r,p인 음이항분포라 한다.

신용카드 한 장을 판매할 확률이 0.1인 카드 외판원이 3번째에서 처음 카드를 판매할 확률, 8번째에서 처음 카드를 판매할 확률, 그리고 10번째에서 3장의 카드를 모두 판매할 확률은 다음과 같이 구한다.

=NEGBINOMDIST(2,1,0.1) → 0.081

=NEGBINOMDIST(7,1,0.1) → 0.04783

=NEGBINOMDIST(7,3,0.1) → 0.017219

매 시행에서 성공률이 0.1인 베르누이 실험을 3번째 성공이 있기까지 독립적으로 반복 시행한 횟수(X)의 확률분포는 다음과 같이 나타난다.

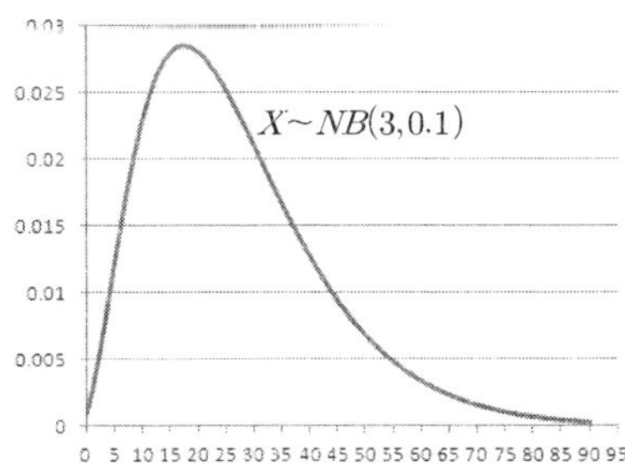

□ PEARSON 함수

PEARSON 함수는 −1.0에서 1.0 사이의 값을 가지며 두 데이터 집합 사이의 선형 관계를 나타내는 피어슨의 곱 모멘트 상관 계수 *r*을 반환한다. 인수는 독립변수의 값, 종속변수의 값이 된다.

피어슨 상관계수 (Pearson correlation coefficient)는 두 변수간의 관련성을 구하기 위해 보편적으로 이용된다. 개념은 다음과 같다[19].

r = X와 Y가 함께 변하는 정도 / X와 Y가 따로 변하는 정도

r 값은 X 와 Y 가 완전히 동일하면 +1, 전혀 다르면 0, 반대방향으로 완전히 동일하면 -1 을 가진다. 결정계수 (coefficient of determination) 는 *r^2* 로 계산하며 이것은 X로부터 Y를 예측할 수 있는 정도를 의미한다. 일반적으로 상관계수의 값에 대해 다음과 같이 해석한다.

- r이 −1.0과 −0.7 사이이면, 강한 음적 선형관계,
- r이 −0.3과 −0.7 사이이면, 뚜렷한 음적 선형관계,
- r이 −0.1과 −0.3 사이이면, 약한 음적 선형관계,
- r이 −0.1과 +0.1 사이이면, 거의 무시될 수 있는 선형관계,
- r이 +0.1과 +0.3 사이이면, 약한 양적 선형관계,
- r이 +0.3과 +0.7 사이이면, 뚜렷한 양적 선형관계,
- r이 +0.7과 +1.0 사이이면, 강한 양적 선형관계

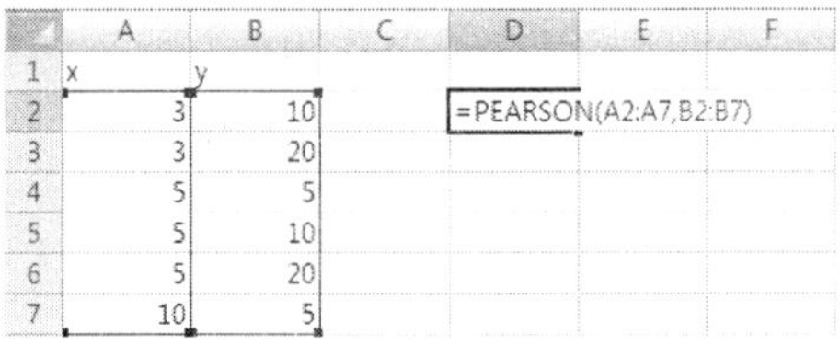

	A	B	C	D	E	F
1	x	y				
2	3	10		=PEARSON(A2:A7,B2:B7)		
3	3	20				
4	5	5				
5	5	10				
6	5	20				
7	10	5				

=PEARSON(A2:A7,B2:B7) → −0.53316

변수 x, y 사이에 뚜렷한 음적 선형관계가 존재한다.

19) 위키백과 참조

PERCENTILE 함수

PERCENTILE 함수는 범위에서 k번째 백분위수 값을 반환한다. 인수는 배열, 백분위수 값이 된다.

p번째 백분위수(X_p)란 관찰치의 p%가 X_p보다 작거나 같고 관찰치의 (1−p)%는 X_p보다 크거나 같은 값이다.

	A	B	C	D	E
1	14				
2	18		=PERCENTILE(A1:A11,0.5)		
3	20				
4	25				
5	26				
6	32				
7	36				
8	40				
9	41				
10	43				
11	45				

50번째 백분위수는 다음과 같이 구한다.

=PERCENTILE(A1:A11,0.5) → 32

PERCENTRANK 함수

PERCENTRANK 함수는 데이터 집합에서 백분율 순위를 반환한다. 이 함수를 사용하면 데이터 집합에서 관측값의 상대 순위를 구할 수 있다. 인수는 배열, 순위를 구하고자 하는 값, 유효 자릿수 개수가 된다.

=PERCENTRANK(A1:A11,32) → 0.5

32의 백분율 순위는 50번째가 된다.

유효 자릿수 개수를 생략하면 세 자릿수가 사용된다.

PERMUT 함수

PERMUT 함수는 개체 전체에서 주어진 개체 수로 만들 수 있는 순열의 수를 반환한다. 인수는 전체 개체 수, 순열의 개체 수가 된다.

1,2,3 세 개의 수 중 2개를 뽑아 순열을 만드는 방법은 1,2 1,3 2,1 2,3 3,1 3,2 여섯 가지가 있다.

=PERMUT(3,2) → 6

□ POISSON 함수

POISSON 함수는 포아송 분포의 확률값을 구한다. 인수는 사건수, 기댓값, 확률분포의 형태를 결정하는 논리값이 된다.

포아송 분포는 일정한시간 또는 공간에서 어떤 사건이 무작위로 발생할 때 그 사건이 일어날 횟수와 그에 대응하는 확률을 나타낸다. 기댓값이 4일 때의 분포와 누적분포는 다음과 같다.

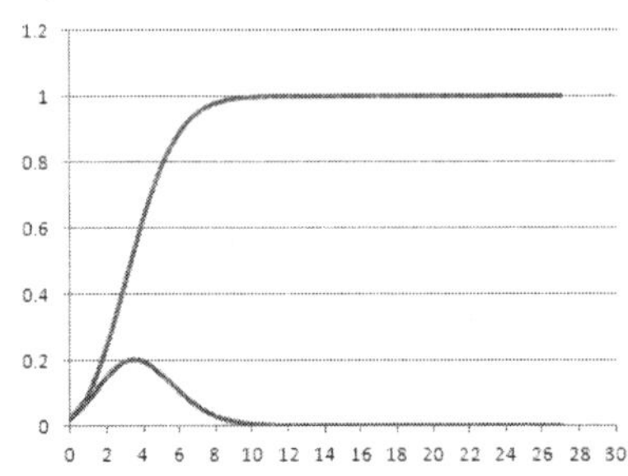

페이지당 오자의 수는 평균 2.2인 포아송분포를 따를 때 오자가 0일 확률은 다음과 같이 계산한다.

=POISSON(1,2.2,FALSE) → 0.243767

오전 11시에서 12시 사이에 평균 60명의 고객이 방문한다고 할 때 오전 11시에서 12시 사이에 어느 1분 동안 3명의 고객이 방문할 확률은 다음과 같이 계산한다.

=POISSON(3,1,FALSE) → 0.061313

1분 동안 3명 이하의 고객이 방문할 확률은 다음과 같이 계산한다.

=POISSON(3,1,TRUE) → 0.981012

1시간 동안 60명이 방문하므로 1분간 평균 1명이 방문한다고 볼 수 있다. 따라서 기댓값은 1로 지정한다.

▭ PROB 함수

PROB 함수는 범위에서 두 한계값 사이에 값이 들어갈 확률을 반환한다. 인수는 숫자 x 값의 범위, x 값과 관련된 확률 집합, 확률을 계산할 범위의 하한가, 확률을 계산할 범위의 상한가가 된다.

	A	B	C	D	E	F
1	X	P				
2	1	0.092		=PROB(A2:A7,B2:B7,3)		
3	2	0.225		0.657		
4	3	0.347				
5	4	0.202				
6	5	0.108				
7	6	0.026				

x가 3일 확률은 다음과 같이 계산한다.

=PROB(A2:A7,B2:B7,3) → 0.347

x가 3과 5 사이에 있을 확률은 다음과 같이 계산한다.

=PROB(A2:A7,B2:B7,3,5) → 0.657

※ x 값과 관련된 확률의 합계는 반드시 1이어야 한다.

▭ QUARTILE 함수

QUARTILE 함수는 데이터 집합의 사분위수를 반환한다. 인수는 숫자, 사분위수가 된다.

- 0사분위수는 최소값이 된다.
- 1사분위수는 25번째 백분위수가 된다.
- 2사분위수는 50번째 백분위수가 된다.
- 3사분위수는 75번째 백분위수가 된다.
- 4사분위수는 최대값이 된다.

	A	B	C	D	E
1	14				
2	18		14		
3	20		=QUARTILE($A$1:$A$11,1)		
4	25		32		
5	26		40.5		
6	32		45		
7	36				
8	40				
9	41				
10	43				
11	45				

2사분위수를 구하려면 다음과 같이 계산한다.

=QUARTILE($A$1:$A$11,2) → 32

▭ RANK 함수

RANK 함수는 수 목록에서 지정한 수의 순위를 구한다. 인수는 순위를 구하려는 수, 수 목록, 순위 결정 방법이 된다.

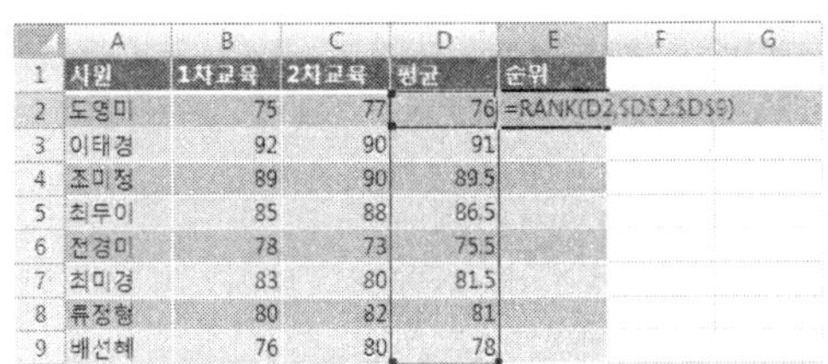

	A	B	C	D	E	F	G
1	사원	1차교육	2차교육	평균	순위		
2	도영미	75	77	76	=RANK(D2,$D$2:$D$9)		
3	이태경	92	90	91			
4	조미정	89	90	89.5			
5	최두이	85	88	86.5			
6	전경미	78	73	75.5			
7	최미경	83	80	81.5			
8	류정혜	80	82	81			
9	배선혜	76	80	78			

=RANK(D2,$D$2:$D$9) → 7

	A	B	C	D	E
1	사원	1차교육	2차교육	평균	순위
2	도영미	75	77	76	7
3	이태경	92	90	91	1
4	조미정	89	90	89.5	2
5	최두이	85	88	86.5	3
6	전경미	78	73	75.5	8
7	최미경	83	80	81.5	4
8	류정혜	80	82	81	5
9	배선혜	76	80	78	6

- 순위 결정 방법을 생략하면 높은 수에서부터 순위가 1, 2, 3, …가 매겨진다.
- 순위 결정 방법으로 1의 수치를 지정하면 낮은 수에서부터 순위가 1, 2, 3, …가 매겨진다.

▭ RSQ 함수

RSQ 함수는 데이터 요소에 대하여 피어슨의 곱 모멘트 상관 계수의 제곱값을 반환한다. 인수는 데이터 배열, 데이터 배열이 된다.

	A	B	C	D	E
1	x	y			
2	3	10		-0.53316	
3	3	20		=RSQ(B2:B7,A2:A7)	
4	5	5			
5	5	10			
6	5	20			
7	10	5			

=RSQ(B2:B7,A2:A7) → 0.284263959

□ SKEW 함수

SKEW 함수는 분포의 왜곡도를 반환한다. 왜곡도란 평균에 대한 분포의 비대칭 정도를 나타낸다.

왜도가 음수일 경우에는 확률밀도함수의 왼쪽 부분에 긴 꼬리를 가지며 중앙값을 포함한 자료가 오른쪽에 더 많이 분포해 있다. 왜도가 양수일 때는 확률밀도함수의 오른쪽 부분에 긴 꼬리를 가지며 자료가 왼쪽에 더 많이 분포해 있다는 것을 나타낸다. 평균과 중앙값이 같으면 왜도는 0이 된다[20].

	A	B	C
1			
2	3	=SKEW(A2:A11)	
3	5		
4	3		
5	7		
6	8		
7	5		
8	7		
9	9		
10	5		
11	8		

=SKEW(A2:A11) → −0.17788

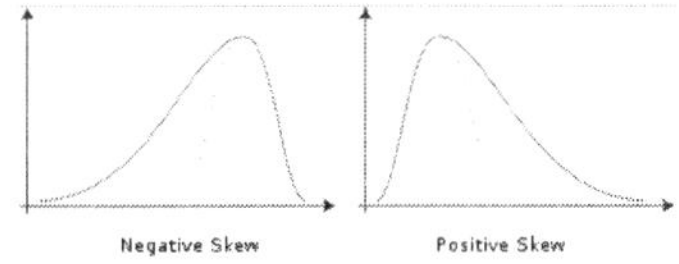

□ SLOPE 함수

SLOPE 함수는 선형 회귀선의 기울기를 구한다. 인수는 종속 데이터 요소, 독립 데이터 요소가 된다.

20) 위키백과 참조

	A	B	C	D	E	F	G
1	상점 번호	광고료	총판매액				
2	1	4	9		=SLOPE(C2:C11,B2:B11)		
3	2	8	20				
4	3	9	22				
5	4	8	15				
6	5	8	17				
7	6	12	30				
8	7	6	18				
9	8	10	25				
10	9	6	10				
11	10	9	20				

=SLOPE(C2:C11,B2:B11) → 2.608696

□ SMALL 함수

SMALL 함수는 데이터 집합에서 k번째로 작은 값을 반환한다. 이 함수를 사용하면 데이터 집합에서 특정 상대 순위를 갖는 값을 반환할 수 있다.

	A	B	C	D	E	F	G
1	사원	1차교육	2차교육	평균			
2	도영미	75	77	76		=SMALL(D2:D9,2)	
3	이태경	92	90	91			
4	조미정	89	90	89.5			
5	최두이	85	88	86.5			
6	전경미	78	73	75.5			
7	최미경	83	80	81.5			
8	류정형	80	82	81			
9	배선혜	76	80	78			

=SMALL(D2:D9,2) → 76

□ STANDARDIZE 함수

STANDARDIZE 함수는 mean과 standard_dev로 특성화된 분포에서 정규화된 값을 반환한다. 인수는 정규화할 값, 분포의 산술평균, 분포의 표준편차가 된다.

	A	B	C	D	E	F	G	H	I
1	사원	1차교육	2차교육	평균					
2	도영미	75	77	76		=STANDARDIZE(D2,$D$10,$D$11)			
3	이태경	92	90	91		1.437857			
4	조미정	89	90	89.5		1.187795			
5	최두이	85	88	86.5		0.687671			
6	전경미	78	73	75.5		-1.14612			
7	최미경	83	80	81.5		-0.14587			
8	류정형	80	82	81		-0.22922			
9	배선혜	76	80	78		-0.72935			
10			평균	82.375					
11			표준편차	5.998512					

=STANDARDIZE(D2,$D$10,$D$11) → −1.06276

□ STDEV 함수

STDEV 함수는 표본의 표준 편차를 구한다. 인수는 표본의 숫자가 된다.

	A	B	C	D	E	F	G	H	I
1				테스트 결과					
2		1차	2차	3차	4차	5차	6차		
3		12	13	12	12	13	TRUE	=STDEV(B3:G3)	
4									

=STDEV(B3:G3) → 0.547723

STDEVA 함수는 텍스트, 논리값 등을 포함하여 표본의 표준 편차를 구한다. 텍스트와 논리값 FALSE는 0으로, 논리값 TRUE는 1로 계산한다.

=STDEVA(B3:G3) → 4.679744

□ STDEVP 함수

STDEVP 함수는 인수로 주어진 모집단 전체의 표준 편차를 계산한다. 인수는 모집단의 숫자가 된다.

=STDEVP(B3:G3) → 0.489898

STDEVPA 함수는 텍스트, 논리값 등을 포함하여 모집단 전체의 표준 편차를 계산한다. 텍스트와 논리값 FALSE는 0으로, 논리값 TRUE는 1로 계산한다.

=STDEVPA(B3:G3) → 4.272002

STDEV, STDEVA 함수는 자유도 $n-1$로, STDEVP, STDEVPA 함수는 자유도 n을 사용한다.

□ STEYX 함수

STEYX 함수는 회귀 분석에서 각각의 x에 대하여 예측한 y 값의 표준 오차를 반환한다. 표준 오차는 각각의 x 값에 대한 y 예측값의 오차량을 나타낸다. 인수는 종속 데이터 요소, 독립 데이터 요소가 된다.

	A	B	C	D	E	F
1	상점 번호	광고료	총판매액			
2	1	4	9		=STEYX(C2:C11,B2:B11)	
3	2	8	20			
4	3	9	22			
5	4	8	15			
6	5	8	17			
7	6	12	30			
8	7	6	18			
9	8	10	25			
10	9	6	10			
11	10	9	20			

광고료에 대해 예측한 총판매액의 표준오차는 다음과 같이 계산한다.

=STEYX(C2:C11,B2:B11) → 2.630506647

TDIST 함수

TDIST 함수는 t-분포값을 구한다. 함수는 소표본 t-분포의 백분율(확률값)을 반환한다. 여기에서 숫자값(x)은 백분율을 계산할 t의 계산 값이다. 인수는 분포를 계산할 숫자값, 자유도, 단측 검정 분포 혹은 양측 검정 분포를 나타내는 숫자가 된다.

표본의 크기 n이 작고 표준편차 S만 알 때에는 자유도 n-1의 t-분포를 사용한다.

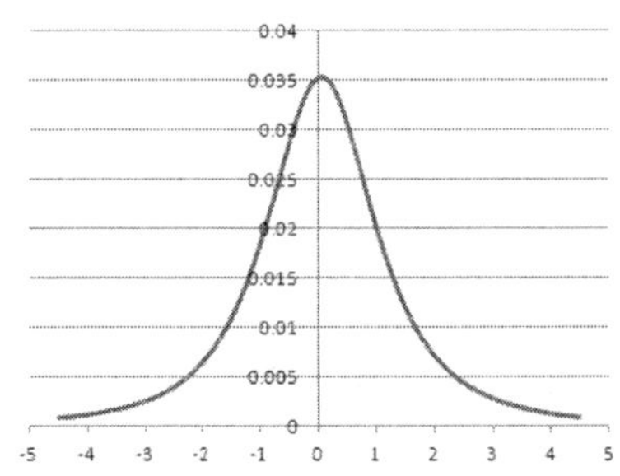

=TDIST(2.919986,2,1) → 0.05(t-값이 2.92보다 클 확률은 0.05가 된다.)

=TDIST(2.919986,2,2) → 0.1(t-값이 2.92보다 크거나 -2.92보다 작을 확률은 0.1이 된다.)

TINV 함수

TINV 함수는 t-분포의 역함수 값을 구한다. 인수는 양측 t-분포의 확률값, 분포의 자유도가 된다.

단측 t-값은 확률값에 2를 곱하여 구할 수 있다.

TINV(0.1,2) → 2.919986

TINV(2*0.05,2) → 2.919986

□ TREND 함수

TREND 함수는 선형 추세 값을 반환한다. 인수는 y값 데이터, x값 데이터, y를 계산할 새 x값, 추세선의 절편에 대한 논리값이 된다.

광고료가 13, 14, 15가 될 때 총판매액이 얼마가 될지 예측해 보자.

수식을 입력할 셀을 블록으로 설정하고 수식 '=TREND(C2:C11,B2:B11,E2:E4)'를 입력한 후 Ctrl+Shift+Enter 키를 누르면 총판매액의 예측치를 얻을 수 있다.

	A	B	C	D	E	F	G	H
1	상점 번호	광고료	총판매액					
2	1	4	9		13	=TREND(C2:C11,B2:B11,E2:E4)		
3	2	8	20		14			
4	3	9	22		15			
5	4	8	15					
6	5	8	17					
7	6	12	30					
8	7	6	18					
9	8	10	25					
10	9	6	10					
11	10	9	20					

→

E	F
13	31.64348
14	34.25217
15	36.86087

□ TRIMMEAN 함수

TRIMMEAN 함수는 데이터 집합의 내부 평균을 반환합니다. TRIMMEAN 함수는 데이터 집합의 위, 아래 끝에 있는 데이터 요소의 일정 비율만큼을 제외하고 평균을 계산한다. 분석을 할 때 중심에서 멀리 벗어난 자료를 제외시키려면 이 함수를 사용한다. 인수는 데이터 배열, 계산에서 제외할 데이터 요소 부분이 된다.

	A	B	C	D	E	F	G	H	I	J	K	L	M
1	평가 점수	8	6	7	5	9	6	12	7	2	5	8	
2													
3		=TRIMMEAN(B1:L1,0.2)											

평가 점수 중 2, 12는 극단적인 점수에 속한다. 따라서 이들 점수를 평가 점수에서 제외하고 평균을 구하려면 다음과 같이 계산한다.

=TRIMMEAN(B1:L1,0.2) → 6.777778

TRIMMEAN 함수는 가장 가까운 2의 배수로 내림하여 제외시킬 자료의 수를 정한다. 따라서 자료에서 2개를 제외하려면 제외할 데이터 요소 부분으로 20%를 지정한다. 즉, 자료의 수 11에 20%를 곱하면 2.2가 구해지고 2개의 자료가 계산에서 제외된다.

□ TTEST 함수

TTEST 함수는 스튜던트 t-검정에 근거한 확률을 반환한다. 인수는 첫 번째 데이터 집합, 두 번째 데이터 집합, 분포가 단측인지 양측인지 지정하는 숫자, t-검정의 종류가 된다.

t-검정의 종류는 쌍은 1, 분산이 같은 두 표본은 2, 분산이 다른 두 표본은 3을 지정한다. 어떤 실험 전·후의 차이를 비교할 때에는 1을, 두 데이터 집합이 동일한 분산을 갖는 분포에서 추출된 것으로 가정하면 2를, 두 데이터 집합이 동일하지 않은 분산을 갖는 분포에서 추출되었다고 가정하면 3을 지정한다.

두 변수의 분산이 동일한 분산을 갖는 분포에서 추출되었는지를 확인하기 위해서는 F test를 시행하여 확인해야 한다. F 값이 0.05보다 크게 나오면 두 변수의 분산이 같다고 볼 수 있다.

분포가 단측인지 양측인지 지정하는 숫자로 1을 지정하면 첫 번째, 두 번째 데이터 집합이 동일한 평균을 갖는 모집단에서 가져온 표본이라는 가정 하에서 계산된 t 값보다 더 큰 t 통계가 나올 확률을 계산한다. 분포가 단측인지 양측인지 지정하는 숫자로 2를 지정하면 단측일 때 확률의 2배가 되며 모집단 평균이 동일하다는 가정 하에서 계산된 t 값보다 더 큰 t 통계의 절대값 확률에 해당한다.

두 가지 암기법 X_1, X_2가 서로 차이가 있는지 확인하기 위해 유의수준 10%에서 검정해 보자[21].

	A	B	C	D	E	F
1	x1	x2				
2	5	6		=TTEST(A2:A11,B2:B11,2,2)		
3	2	5				
4	4	4				
5	7	9				
6	4	4				
7	4	6				
8	8	8				
9	3	5				
10	7	6				
11	6	7				

21) 현대통계학, 박정연, 304 페이지 자료 발췌

첫 번째, 두 번째 데이터 집합이 동일한 평균을 갖는 두 개의 모집단에서 가져온 표본이라고 가정하면 t−검정의 종류로 2를 선택한다.

=TTEST(A2:A11,B2:B11,2,2) → 0.228853

=TTEST(A2:A11,B2:B11,1,2) → 0.114426

유의수준 10%일 때 양측검정을 하게 되면 왼쪽 5%, 오른쪽 5%이므로 자유도 18, 유의수준 5%의 임계치는 1.734064가 된다.

유의수준 10%일 때 단측검정을 하게 되면 오른쪽 10%이므로 자유도 18, 유의수준 10%의 임계치는 1.330391이 된다.

양측검정을 실시할 때 TTEST의 값은 0.228853이 되는데 TINV 함수를 사용하여 t 값을 구하면 1.245682가 된다.

=TINV(0.228853,18) → 1.245682

t 값 1.245682는 임계치 1.734064보다 작으므로 두 암기법에 서로 차이가 없다는 귀무가설을 기각할 수 없다. 즉, 암기법에 차이가 없다고 볼 수 있다.

데이터 탭의 분석 그룹에서 '데이터 분석'을 클릭하고 't−검정: 등분산 가정 두 집단'을 선택하면 t−검정 결과를 얻을 수 있다.

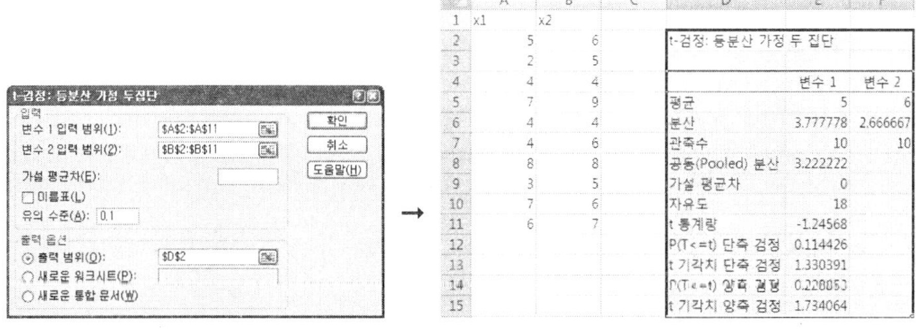

	A	B	C	D	E	F
1	x1	x2				
2	5	6		t-검정: 등분산 가정 두 집단		
3	2	5				
4	4	4			변수 1	변수 2
5	7	9		평균	5	6
6	4	4		분산	3.777778	2.666667
7	4	6		관측수	10	10
8	8	8		공동(Pooled) 분산	3.222222	
9	3	5		가설 평균차	0	
10	7	6		자유도	18	
11	6	7		t 통계량	-1.24568	
12				P(T<=t) 단측 검정	0.114426	
13				t 기각치 단측 검정	1.330391	
14				P(T<=t) 양측 검정	0.228853	
15				t 기각치 양측 검정	1.734064	

직업훈련 전·후의 작업능률점수 X_1, X_2가 서로 차이가 있는지 확인하기 위해 유의수준 2%에서 검정해 보자[22].

22) 현대통계학, 박정연, 307 페이지 자료 발췌

	A	B	C	D	E	F
1	X1	X2				
2	80	75		=TTEST(A2:A17,B2:B17,2,1)		
3	90	83				
4	92	96				
5	75	77				
6	86	81				
7	90	90				
8	81	82				
9	70	67				
10	89	94				
11	88	85				
12	82	78				
13	79	82				
14	91	96				
15	90	80				
16	78	87				
17	89	81				

첫 번째, 두 번째 데이터 집합이 동일한 하나의 모집단에서 가져온 표본이라고 가정하면 t－검정의 종류로 1을 선택한다.

=TTEST(A2:A17,B2:B17,2,1) → 0.472567

=TTEST(A2:A17,B2:B17,1,1) → 0.236283

유의수준 2%일 때 양측검정을 하게 되면 왼쪽 1%, 오른쪽 1%이므로 자유도 15, 유의수준 1%의 임계치는 2.60248이 된다.

유의수준 2%일 때 단측검정을 하게 되면 오른쪽 2%이므로 자유도 15, 유의수준 2%의 임계치는 2.24854가 된다.

양측검정을 실시할 때 TTEST의 값은 0.472567이 되는데 TINV 함수를 사용하여 t 값을 구하면 0.736876이 된다.

=TINV(0.472567,15) → 0.736876

t 값 0.736876은 임계치 2.60248보다 작으므로 훈련 전·후의 능률이 같다는 귀무가설을 기각할 수 없다. 즉, 직업훈련은 유의수준 2%에서 능률향상에 효과가 있다고 할 수 없다.

※ 가설을 검정할 때 TTEST의 값과 유의수준을 직접 비교할 수도 있다. 두 분포로부터 추정한 t－통계량의 값보다 더 큰 t－값이 나올 확률이 TTEST의 값이므로 TTEST의 값이 유의수준보다 크다는 것은 추정한 t－통계량의 값이 임계치보다 작다는 것을 의미한다. 따라서 TTEST의 값이 0.472567이고 유의수준이 0.02이면 TTEST의 값이 유의수준에 비해 크므로 귀무가설을 기각할 수 없다. 만약 TTEST의 값이 0.047257이고 유의수준이 0.05이면 TTEST의 값이 유의수준에 비해 작으

므로 귀무가설을 기각할 수 있다.

데이터 탭의 분석 그룹에서 '데이터 분석'을 클릭하고 't−검정: 쌍체 비교'를 선택하면 t−검정 결과를 얻을 수 있다.

t-검정: 쌍체비교
입력
변수 1 입력 범위(1): $A$2:$A$17
변수 2 입력 범위(2): $B$2:$B$17
가설 평균차(E):
□ 이름표(L)
유의 수준(A): 0.02
출력 옵션
◉ 출력 범위(O): $D$2
○ 새로운 워크시트(P):
○ 새로운 통합 문서(W)
확인 취소 도움말(H)

→

	A	B	C	D	E	F
1	X1	X2				
2	80	75		t-검정: 쌍체 비교		
3	90	83				
4	92	96			변수 1	변수 2
5	75	77		평균	84.375	83.375
6	86	81		분산	43.71667	61.71667
7	90	90		관측수	16	16
8	81	82		피어슨 상관 계수	0.731254	
9	70	67		가설 평균차	0	
10	89	94		자유도	15	
11	88	85		t 통계량	0.736876	
12	82	78		P(T<=t) 단측 검정	0.236283	
13	79	82		t 기각치 단측 검정	2.24854	
14	91	96		P(T<=t) 양측 검정	0.472567	
15	90	80		t 기각치 양측 검정	2.60248	
16	78	87				
17	89	81				

□ VAR 함수

VAR 함수는 표본 집단의 분산을 계산한다. 인수는 표본의 숫자가 된다.

	A	B	C	D	E	F	G	H
1				테스트 결과				
2		1차	2차	3차	4차	5차	6차	
3		12	13	12	12	13	TRUE	=VAR(B3:G3)

=VAR(B3:G3) → 0.3

VARA 함수는 텍스트, 논리값 등을 포함하여 표본의 분산을 구한다. 텍스트와 논리값 FALSE는 0으로, 논리값 TRUE는 1로 계산한다.

=VARA(B3:G3) → 21.9

□ VARP 함수

VARP 함수는 인수로 주어진 모집단 전체의 분산을 계산한다. 인수는 모집단의 숫자가 된다.

=VARP(B3:G3) → 0.24

VARPA 함수는 텍스트, 논리값 등을 포함하여 모집단 전체의 표준 편차를 계산한다. 텍스트와 논리값 FALSE는 0으로, 논리값 TRUE는 1로 계산한다.

=VARPA(B3:G3) → 18.25

VAR, VARA 함수는 자유도 $n-1$로, VARP, VARPA 함수는 자유도 n을 사용한다.

▭ WEIBULL 함수

WEIBULL 함수는 와이블 분포값을 구한다. 기계의 평균 고장 시간을 계산하는 경우와 같이 주로 부품의 수명을 추정하는 데 사용한다. 인수는 함수를 계산할 기준값, 매개변수 α, β, 함수의 형태를 결정하는 인수가 된다.

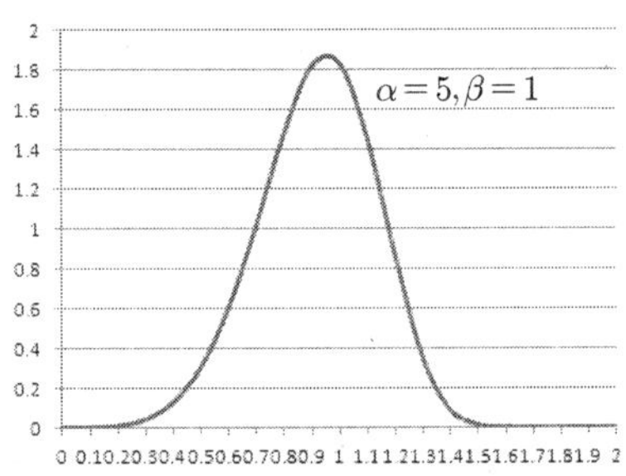

=WEIBULL(D1,D2,D3,FALSE) → 0.035589

=WEIBULL(D1,D2,D3,TRUE) → 0.929581

▭ ZTEST 함수

ZTEST 함수는 z−검정의 단측 검정 확률값을 반환한다. 인수는 모집단 평균을 검정할 데이터의 배열, 검정할 값, 모집단의 표준편차가 된다.

	A	B	C	D
1				
2	3			
3	6		=ZTEST(A2:A11,5.1)	
4	7		0.181148	
5	8		0.863043	
6	6		0.273913	
7	5			
8	4			
9	2			
10	1			
11	9			

검정할 값으로 '5.1'을 입력하면 z−검정의 단측 검정 확률값을 계산할 수 있다.

=ZTEST(A2:A11,5.1) → 0.5

NORMINV 함수를 사용하면 확률값에 대한 z-값을 구할 수 있다.

=NORMINV(C3,5.1,STDEV(A2:A11)) → 5.1

검정할 값이 4일 때 수식을 다음과 같이 설정하면 z-검정의 양측 검정 확률값을 계산할 수 있다.

=2 * MIN(ZTEST(A2:A11,4), 1 - ZTEST(A2:A11,4)) → 0.181148

3. 찾기/참조 함수

▭ ADDRESS 함수

ADDRESS 함수는 셀 주소번지를 반환한다. 인수는 행 번호 지정 숫자값, 열 번호 지정 숫자값, 참조유형, A1 또는 R1C1 참조 스타일 지정 논리값, 워크시트 이름이 된다.

참조유형으로 1을 지정하면 절대 주소번지 형태로 반환한다.

=ADDRESS(2,3,1) → $C$2

=ADDRESS(1,1,,,"Sheet2") → Sheet2!$A$1

이 함수의 쓰임새는 별로 없는 것으로 보인다. 쓰임새를 찾으면 다음과 같은 예를 들 수 있다.

=CONCATENATE(ADDRESS(1,1,,,"Sheet2"),"를 참조하세요.") → Sheet2!$A$1을 참조하세요.

▭ AREAS 함수

AREAS 함수는 참조 영역에 있는 영역 수를 반환한다. 인수는 참조 영역이 된다.

=AREAS((F2,H2,J2:J4)) → 3

여러 참조 영역을 하나의 인수로 지정하려면 쉼표가 필드 구분 기호로 해석되지 않도록 괄호를 추가해야 한다.

▭ CHOOSE 함수

CHOOSE 함수는 첫 번째 인수의 번호에 해당하는 값을 반환한다. 인수는 1에서 254 사이의 번호, 각 번호에 해당하는 값이 된다.

100M 달리기 기록을 13초 이하이면 A, 14초 이하이면 B, 15초 이하이면 C, 16초 이하이면 D를 매긴다고 하자.

	A	B	C	D
1	테스트 결과		테스트 기준	
2	12.5	A	13	A
3	14.7	C	14	B
4	13.8	B	15	C
5	16.3	F	16	D
6	18.2	F	>16	F
7	12	A		
8	15.4	D		

B2 셀에 다음 식을 입력하고 나머지 셀은 자동 채우기로 완성한다.

=IF(A2〉16,"F",IF(A2〈=12,"A",CHOOSE(INT(16−A2)+1,"D","C","B","A")))

첫 번째 IF 함수: 기록이 16초보다 크면 F, 그렇지 않으면 IF 함수를 실행한다.

두 번째 IF 함수는 기록이 16초 이하일 때 실행된다.

두 번째 IF 함수: 기록이 12초 이하이면 A, 그렇지 않으면 CHOOSE 함수를 실행한다.

CHOOSE 함수는 기록이 12초보다 크고 16초보다 같거나 작을 때 실행된다.

CHOOSE 함수의 첫 번째 인수는 반드시 1 이상의 정수가 와야 한다. 따라서 CHOOSE 함수를 사용하기 위해서는 첫 번째 인수를 1 이상의 정수로 변환시켜야 한다. 정수로 변환시키는 방법은 다음과 같다.

$$INT\left(\frac{\text{기준값}-\text{기록}}{\text{기록구간}}\right)+1$$, 기준값은 16, 기록구간은 1

예를 들어, 12.5초는 $INT\left(\frac{16-12.5}{1}\right)+1=INT(3.5)+1=3+1=4$이 된다.

예를 들어, 15.4초는 $INT\left(\frac{16-15.4}{1}\right)+1=INT(0.6)+1=0+1=1$이 된다.

따라서 정수 1에 대응되는 인수는 D, 2에 대응되는 인수는 C, 3에 대응되는 인수는 B, 4에 대응되는 인수는 A를 지정한다.

점수가 95 이상이면 A+, 90 이상이면 A, 85 이상이면 B+, …, 60 이상이면 D, 60 미만이면 F를 매긴다고 하자.

	A	B	C	D
1	점수		학점 기준	
2	65	D+	95	A+
3	73	C	90	A
4	88	B+	85	B+
5	77	C+	80	B
6	92	A	75	C+
7	83	B	70	C
8	95	A+	65	D+
9	60	D	60	D
10	55	F	>60	F

B2 셀에 다음 식을 입력하고 나머지 셀은 자동 채우기로 완성한다.

=IF(A2<60,"F",IF(A2>=95,"A+",CHOOSE(INT((A2−60)/5)+1,"D","D+","C","C+","B","B+","A")))

첫 번째 IF 함수: 점수가 60보다 작으면 F, 그렇지 않으면 두 번째 IF 함수를 실행한다.

두 번째 IF 함수: 점수가 95 이상이면 A+, 그렇지 않으면 CHOOSE 함수를 실행한다.

CHOOSE 함수의 첫 번째 인수는 첫 번째 인수를 1 이상의 정수로 변환시키기 위해 다음 식을 사용한다.

$$INT\left(\frac{\text{점수} - \text{기준값}}{\text{학점구간}}\right) + 1,\ \text{기준값은 60, 학점구간은 5}$$

앞의 예와 달리 기준값을 뒤에 둔 것은 점수에서 기준값을 뺀 값을 양수로 지정하기 위해서이다. 그렇지 않으면 ABS 함수를 사용해야 되는데 함수만 복잡해진다.

예를 들어, 60점은 $INT\left(\frac{60-60}{5}\right)+1 = INT(0)+1 = 0+1 = 1$이 된다.

예를 들어, 92점은 $INT\left(\frac{92-60}{5}\right)+1 = INT(6.4)+1 = 6+1 = 7$이 된다.

따라서 정수 1에 대응되는 인수는 D, 2에 내응되는 인수는 D+, 3에 대응되는 인수는 C, 4에 대응되는 인수는 C+, …, 7에 대응되는 인수는 A를 지정한다.

WEEKDAY 함수와 같이 정수를 반환하는 함수를 CHOOSE 함수의 첫 번째 인수로 사용할 때에는 정수로 변환할 필요가 없이 바로 사용할 수 있다.

WEEKDAY 함수를 이용하여 A 열의 수치에 맞는 요일을 매겨보자.

	A	B
1		요일
2	1	일요일
3	2	월요일
4	3	화요일
5	4	수요일
6	5	목요일
7	6	금요일
8	7	토요일

B2 셀에 다음 식을 입력하고 나머지 셀은 자동 채우기로 완성한다.

=CHOOSE(WEEKDAY(A2),"일","월","화","수","목","금","토")&"요일"

WEEKDAY 함수는 날짜를 나타내는 일련 번호와 반환되는 수를 결정하는 두 가지 인수로 구성된다. 날짜를 나타내는 일련 번호만 입력하면 일요일은 1, 월요일은 2, …, 토요일은 7의 값이 반환된다.

□ COLUMN 함수

COLUMN 함수는 참조 셀의 열 번호를 반환한다. 인수는 셀이 된다.

□ ROW 함수

ROW 함수는 참조 셀의 행 번호를 반환한다. 인수는 셀이 된다.

=ROW(B9)&"행 "&COLUMN(B9)&"열의 셀을 참조하세요." → 9행 2열의 셀을 참조하세요.

=ADDRESS(ROW(C8),COLUMN(C8),4)&" 셀을 참조하세요." → C8 셀을 참조하세요.

COLUMN 함수, ROW 함수로 입력한 값은 참조 셀의 위치가 바뀌면 함께 바뀐다.

□ COLUMNS 함수

COLUMNS 함수는 배열이나 참조에 들어 있는 열 수를 반환한다. 인수는 배열이 된다.

◫ ROWS 함수

ROWS 함수는 배열이나 참조에 들어 있는 행 수를 반환한다. 인수는 배열이 된다.

	A	B	C	D	E	F	G	H
1								
2		1	2	3		3×3 행렬을 참조하세요.		
3		4	5	6				
4		7	8	9				

=ROWS(B2:D4)&"×"&COLUMNS(B2:D4)&" 행렬을 참조하세요." → 3×3 행렬을 참조하세요.

◫ GETPIVOTDATA 함수

GETPIVOTDATA 함수는 피벗 테이블 보고서에 저장된 데이터를 반환한다. 인수는 값 영역에 놓인 필드 이름, 피벗 테이블의 임의의 셀, 필드 이름, 항목 이름이 된다.

	A	B	C	D	E	F	G	H	I	J
1	판매시간	(모두)								
2										
3	**합계 : 판매량**	**열 레이블**								
4	**행 레이블**	**아이크림**	**아쿠아2종**	**에센스**	**탄력3종**	**총합계**			총판매량	에센스
5	도영미	15	12			27		이태경	81	48
6	이태경		18	48	15	81		조미정	46	10
7	조미정	20		10	16	46				
8	최두이	23		24	15	62				
9	**총합계**	**58**	**30**	**82**	**46**	**216**				

GETPIVOTDATA 함수를 쉽게 입력할 수 있는 방법은 '='을 입력한 후 원하는 셀을 클릭한다.

I4 셀을 클릭한 후 '='를 입력하고 F6 셀을 클릭하면 이태경의 총판매량을 구할 수 있다.

=GETPIVOTDATA("판매량",$A$3,"판매사원","이태경") → 15

J6 셀을 클릭한 후 '='를 입력하고 D6 셀을 클릭하면 이태경의 에센스 총판매량을 구할 수 있다.

=GETPIVOTDATA("판매량",$A$3,"판매사원","이태경","품명","에센스") → 48

◫ HLOOKUP 함수

HLOOKUP 함수는 테이블의 첫 행에 있는 값을 검색한 다음 해당 값이 포함된 열에 있는 특정 값을 반환한다. 인수는 첫 행에서 찾을 값, 참조 영역, 반환할 행 번호, 논리값이 된다.

HLOOKUP 함수는 수평 방향으로 어떤 값을 찾을 때 사용한다.

	A	B	C	D	E	F	G	H	I	J	K	L	M
1	점수												
2	65	D+		기준1	0	60	65	70	75	80	85	90	95
3	73	C		기준2	0	60	70	80	90				
4	88	B+		학점	F	D	D+	C	C+	B	B+	A	A+
5	77	C+			F	D	C	B	A				
6	92	A											
7	83	B											
8	95	A+											
9	60	D											
10	55	F											

=HLOOKUP(A2,$E$2:$M$4,3,TRUE) → D+ (학점을 기준1에 따라 매김)

셀 영역의 첫 번째 행에서 '65'를 찾아 관련된 값 D+를 출력한다.

셀 영역의 첫 번째 행에서 '65'와 정확하게 일치하는 값이 없을 때에는 65보다 작은 값 (0, 60) 중 가장 큰 값 60을 찾아 관련된 값 D를 출력한다. 근사값을 찾을 때에는 네 번째 인수의 논리값으로 TRUE를 지정한다.

HLOOKUP 함수의 작동 원리는 다음과 같다.

	A	B	C	D	E	F	G	H	I	J	K	L	M
1	점수												
2	65	D+		기준1	0	60	65	70	75	80	85	90	95
3	73	C		기준2	0	60	70	80	90				
4	88	B+		학점	F	D	D+	C	C+	B	B+	A	A+
5	77	C+			F	D	C	B	A				
6	92	A											
7	83	B											
8	95	A+											
9	60	D											
10	55	F											

첫 번째 인수로 지정한 '73'을 두 번째 인수로 지정한 E2:M5 셀 영역의 첫 번째 행에서 찾는다.

HLOOKUP 함수는 두 번째 인수로 지정한 셀 영역의 첫 번째 줄에서만 첫 번째 인수로 지정한 값을 찾으므로 '73'을 찾을 행은 반드시 셀 영역의 첫 번째 행에 오게끔 셀 영역을 설정한다.

'73'보다 작은 수 중 가장 큰 70을 찾고, 70이 위치한 열에서 세 번째 인수로 지정한 줄의 값 C를 출력한다.

네 번째 인수의 논리값으로 FALSE를 지정하면 첫 번째 인수와 정확하게 일치하는 값만 찾는다.

학점을 기준2에 따라 매길 때에는 두 번째 인수를 다음과 같이 설정한다.

=HLOOKUP(A2,$E$3:$I$5,3,TRUE) → D

▭ VLOOKUP 함수

VLOOKUP 함수는 테이블의 첫 열에 있는 값을 검색한 다음 해당 값이 포함된 행에 있는 특정 값을 반환한다. 인수는 첫 열에서 찾을 값, 참조 영역, 반환할 열 번호, 논리값이 된다.

VLOOKUP 함수는 수직 방향으로 어떤 값을 찾을 때 사용한다.

	A	B	C	D	E	F
1	점수		기준1	기준2	학점	
2	65	D	0	0	F	F
3	73	C	60	60	D	D
4	88	B	65	70	D+	C
5	77	C	70	80	C	B
6	92	A	75	90	C+	A
7	83	B	80		B	
8	95	A	85		B+	
9	60	D	90		A	
10	55	F	95		A+	

=VLOOKUP(A2,$C$2:$E$10,3,TRUE) → D+ (학점을 기준1에 따라 매김)

=VLOOKUP(A2,$D$2:$F$6,3,TRUE) → D (학점을 기준2에 따라 매김)

셀 영역의 첫 번째 열에서 '73'과 정확하게 일치하는 값이 없을 때에는 73보다 작은 값 중 가장 큰 값 70을 찾아 관련된 값 D+를 출력한다. 근사값을 찾을 때에는 네 번째 인수의 논리값으로 TRUE를 지정한다.

참고 학점 기준이 되는 수치는 오름차순으로 입력되어 있음을 주의한다.

E2:F8 셀 영역에서 품명의 판매가를 찾아 판매액을 계산해 보자.

	A	B	C	D	E	F
1	품명	수량	판매액		품명	판매가
2	에센스	23	291180		아이섀도우	9600
3	탄력3종	3	59400		아쿠아2종	11700
4	퍼라루크	12	173400		에센스	12660
5					탄력3종	19800
6					투웨이케익	24333.33
7					퍼라루크	14450
8					화이트샤인	31750

=B2*VLOOKUP(A2,$E$2:$F$8,2,FALSE) → 291180

E2:F8 셀 영역에서 품명의 정확한 이름을 찾아 해당 판매가를 구하기 위해 네 번째 인수 논리값으로 FALSE를 지정한다. 논리값을 지정하지 않으면 자동으로 FALSE가 지정된다.

◫ HYPERLINK 함수

HYPERLINK 함수는 네트워크 서버, 인트라넷 또는 인터넷에 저장된 문서를 여는 바로 가기나 이동 텍스트를 만든다. 인수는 경로와 파일 이름, 표시 문자가 된다.

=HYPERLINK("http://kr.yahoo.com") → http://kr.yahoo.com

=HYPERLINK("http://kr.yahoo.com","야후") → 야후

=HYPERLINK(Sheet122!A1,"Vlookup 함수") → Vlookup 함수

◫ INDEX 함수

INDEX 함수는 테이블이나 범위에서 값 또는 값에 대한 참조를 반환한다. 배열형과 참조형으로 구분된다. 배열형의 인수는 셀 범위, 행 번호, 열 번호가 된다. 참조형의 인수는 셀 범위, 행 번호, 열 번호, 참조 범위가 된다.

판매액은 가격에 판매개수를 곱한 값이 된다.

	A	B	C	D	E	F	G
1	품명	가격		품명	판매개수	판매액	
2	사과	759		사과	20	15180	15180
3	바나나	374		호두	15	28875	28875
4	땅콩	1375				배열형	참조형
5	호두	1925					

INDEX 함수의 이해를 돕기 위해 범위 이름을 사용한다.

생산물		과일		견과류	
사과	759	사과	759	땅콩	1375
바나나	374	바나나	374	호두	1925
땅콩	1375				
호두	1925				

배열형 : 셀 범위의 1행, 2열의 공통 셀의 값

=INDEX(생산물,1,2) → 759 (사과의 가격)

참조형 : 첫 번째 참조 범위 '과일'의 1행, 2열의 공통 셀의 값

=INDEX((과일,견과류),1,2,1) → 759 (사과의 가격)

참조형 : 세 번째 참조 범위 '견과류'의 1행, 2열의 공통 셀의 값

=INDEX((생산물,과일,견과류),1,2,3) → 1375 (땅콩의 가격)

따라서 참조 범위 '생산물'에서 사과의 가격을 구해 사과 판매량을 곱하면 사과 판매액을 계산할 수 있다.

=INDEX(생산물,1,2)*E2 → 15180

※ 참조 범위에 여러 개의 범위를 정의하려면 괄호 속에 나열한다.

=SUM(INDEX(과일,0,2)) → 1133

행 번호 혹은 열 번호를 0으로 설정하면 전체 열이나 전체 행에 대한 값의 배열이 각각 반환된다.

• INDEX 함수 활용

INDEX 함수로 요금표를 참조하여 지역 간의 요금을 계산하려면 요금표의 행과 열에 1, 2, 3, …의 번호가 위치하게끔 한다.

	A	B	C	D	E	F	G	H	I
1		서울(01)	대전(02)	대구(03)	부산(04)				
2	서울(01)	*	23800	42800	57700		출발코드	도착코드	요금
3	대전(02)	23800	*	18800	34000		서울(01)	대구(03)	42800
4	대구(03)	42800	18800	*	15600		대구(03)	부산(04)	15600
5	부산(04)	57700	34000	15600	*				

요금표를 참조하여 출발코드, 도착코드에 해당하는 요금을 계산하려면 다음과 같이 한다.

=INDEX($B$2:$E$5,MID(G3,4,2),MID(H3,4,2))

=INDEX($B$2:$E$5,01,03) → 42800

▭ INDIRECT 함수

INDIRECT 함수는 텍스트 문자열로 지정된 참조를 반환한다. 인수는 셀에 대한 참조, 참조 유형이 된다.

D1 셀에 현재의 재고가 표시되도록 해 보자.

	A	B	C	D	E	F	G
1			현재 재고	=INDIRECT("D"&COUNT(D4:D6000)+3)			
2		스프레이 재고 관리					
3	날짜	입고	출고	재고			
4	12월 03일	100	20	80			
5	12월 04일		12	68			
6	12월 05일		18	50			
7	12월 06일	50	35	65			
8	12월 07일		55	10			
9	12월 08일	30	20	20			
10	12월 09일		12	8			
11	12월 10일		4	4			
12	12월 11일	20		24			
13							

=INDIRECT("D"&COUNT(D4:D6000)+3) → 24

D1 셀에 현재의 재고 24를 표시하는 가장 간단한 방법은 D1 셀에 '=D12'를 입력하는 것이다. 그러나 날짜가 진행함에 따라 재고가 계속 변동할 것이므로 이와 같은 방법으로는 현재 재고를 표시할 수 없다.

따라서 재고가 변동할 때 현재 재고를 D1 셀에 정확히 표시하려면 D1 셀에 현재 재고가 입력된 셀의 주소를 참조하도록 하면 된다. INDIRECT 함수는 텍스트 문자로 지정된 참조를 반환하므로 현재 재고가 입력된 셀의 주소를 텍스트 문자 형태로 변형하여 INDIRECT 함수의 인수로 사용한다.

예를 들어, D12 셀의 내용을 참조하려면 INDIRECT 함수를 다음과 같이 정의한다.

INDIRECT("D12") → 24

D12 셀을 문자열 "D12"로 지정한 것에 주목한다.

현재 재고가 입력된 셀을 참조하기 위해서는 INDIRECT("D12") 형태로 정의해야 하므로 문자열 "D"에 현재 재고가 입력된 셀의 행 번호를 결합해야 한다. 현재 재고가 입력된 셀의 행 번호는 COUNT 함수를 활용하여 구한다.

=COUNT(D4:D6000) → 9

COUNT 함수는 숫자가 들어 있는 셀의 개수를 계산한다. 예제의 재고 항목에는 모두 9개의 수치가 입력되어 있고, 현재 재고는 12 행에 입력되어 있다. 따라서 현재의 재고 24가 입력된 셀의 행 번호를 COUNT 함수로 표시하기 위해서는 COUNT 함수의 값에 3을 더한다.

=INDIRECT("D"&COUNT(D4:D6000)+3) → 24

LOOKUP 함수

LOOKUP 함수는 하나의 행이나 열로 이루어진 범위 또는 배열 값을 반환한다. LOOKUP 함수는 벡터형과 배열형 두 가지 구문 양식을 갖는다. 벡터형의 인수는 찾는 값, 찾을 범위, 출력할 범위가 된다. 배열형의 인수는 찾는 값, 출력할 범위가 된다.

	A	B	C	D	E
1	점수	학점		기준	학점
2	60	D		0	F
3	62	D		60	D
4	67	D		70	C
5	62	D		80	B
6	77	C		90	A
7	60	D			
8	85	B			
9	88	B			
10	93	A			
11	97	A			

=LOOKUP(A14,$D$2:$D$6,$E$2:$E$6) → D (벡터형)

=LOOKUP(A2,$D$2:$E$6) → D (배열형)

※ 기준은 반드시 오름차순으로 정렬해야 한다.

MATCH 함수

MATCH 함수는 셀 범위에서 지정된 항목을 검색한 다음 범위 내에서 해당 항목의 상대 위치를 반환한다. 인수는 찾으려는 값, 검색 범위, 검색 방법이 된다.

	A	B	C
1	지역별 소비 격차		
2	지역	소득	소비
3	지역6	36	26.0
4	지역12	35	26.0
5	지역22	47	26.0
6	지역13	37	27.0
7	지역9	42	30.0
8	지역10	44	33.0
9	지역1	60	37.0
10	지역2	53	39.0
11	지역15	53	39.0
12	지역11	57	42.0
13	지역3	59	43.0
14	지역16	60	44.0
15	지역4	62	45.0

전 지역 평균 소비는 35.150이다. 평균 소비를 조과하는 지역은 8 행 다음에 위치한다. 전 지역 평균 소비와 같거나 작은 지역은 지역10이 된다.

- 검색 방법으로 1을 지정하면 찾는 값보다 작거나 같은 값 중 최대값을 찾는다. 검색 범위는 오름차순으로 입력해야 한다.
- 검색방법으로 0을 지정하면 찾는 값과 같은 첫째 값을 찾는다.

• 검색 방법으로 −1을 지정하면 찾는 값보다 크거나 같은 값 중 최소값을 찾는다. 검색 범위는 내림차순으로 입력해야 한다.

=CONCATENATE("전 지역 평균 소비는 ",ROUND(AVERAGE(C3:C15),2),"이다. ","평균 소비를 초과하는 지역은 ",MATCH(AVERAGE(C3:C15),C3:C15,1)+2," 행 다음에 위치한다. 전 지역 평균 소비와 같거나 작은 지역은 ", LOOKUP(AVERAGE(C3:C15),C3:C15,A3:A15)," 이 된다.") → 전 지역 평균 소비는 35.15이다. 평균 소비를 초과하는 지역은 8 행 다음에 위치한다. 전 지역 평균 소비와 같거나 작은 지역은 지역10이 된다.

CONCATENATE 함수는 텍스트를 결합한다. 텍스트는 콤마로 구분된다.

MATCH(AVERAGE(C3:C15),C3:C15,1)+2 → 8

평균 소비를 초과하는 지역을 찾으려면 MATCH 함수를 활용한다. 지역별 소비 격차가 제시된 표에서 평균값보다 작거나 같은 값 중 최대값을 찾기 위해서는 검색 방법을 1로 지정한다. MATCH 함수는 평균값 35.15보다 작거나 같은 값 중 최대값 33의 상대 위치(6)를 출력한다.

MATCH(AVERAGE(C3:C15),C3:C15,1) → 6

33의 상대 위치를 33이 위치한 행 번호와 일치시키기 위해 2를 더한다.

LOOKUP 함수를 사용하면 소비가 33인 지역 이름을 구할 수 있다.

LOOKUP(AVERAGE(C3:C15),C3:C15,A3:A15) → 지역10

등급 기준을 바탕으로 백분율 순위에 대한 등급을 매겨보자.

	A	B	C	D	E
1	점수	백분율순위	등급		등급기준
2	75	50%	5		100%
3	80	63%	4		96%
4	65	13%	7		89%
5	88	75%	4		77%
6	90	88%	3		60%
7	94	100%	1		40%
8	72	38%	6		23%
9	66	25%	6		11%
10	40	0%	9		4%

백분율 순위는 PERCENTRANK 함수로 구한다.

=PERCENTRANK($A$2:$A$10,A2) → 50%

등급은 MATCH 함수로 구한다.

=MATCH(B2,$E$2:$E$8,−1) → 5

검색 방법으로 −1을 지정하면 찾는 값보다 크거나 같은 값 중 최소값을 찾는다.

OFFSET 함수

OFFSET 함수는 셀 또는 셀 범위에서 지정된 수의 행과 열로 구성되는 범위에 대한 참조를 반환한다. 인수는 셀 혹은 셀 범위, 참조 위치를 나타내는 행의 수, 열의 수, 참조 행 수, 참조 열 수가 된다.

	A	B	C	D	E	F	G	H
1	이름	수학	영어	국어				
2	이태경	68	79	80		=OFFSET(A1,1,1,1,3)		
3	조미정	55	68	77				
4	최두이	62	55	75				
5								
6				합계	평균			
7			이태경	227	75.66667			
8			조미정	200	66.66667			
9			최두이	192	64			

이태경의 수학, 영어, 국어 점수를 참조하려면 F2:H2 셀을 블록으로 설정한 후 다음 수식을 입력하고 Ctrl+Shift+Enter 키를 누른다.

=OFFSET(A1,1,1,1,3)

A1 셀을 기준으로 한 행 아래, 한 열 오른쪽에 위치한 셀로부터 1 행 3 열의 데이터를 반환한다.

	A	B	C	D	E	F	G	H
1	이름	수학	영어	국어				
2	이태경	68	79	80		68	79	80
3	조미정	55	68	77				
4	최두이	62	55	75				
5								
6				합계	평균			
7			이태경	227	75.66667			
8			조미정	200	66.66667			
9			최두이	192	64			

• OFFSET 함수의 작동 원리

다음 수식은 OFFSET 함수에서 지정한 범위 내의 값을 더한다.

=SUM(OFFSET(A1,2,3,3,2))

OFFSET 함수의 내용은 다음과 같다.

기준 셀 A1으로부터 2 행 아래, 3 열 오른쪽에 위치한 셀에서 3×2 배열 즉, D3:E5 셀 범위를 참조한다.

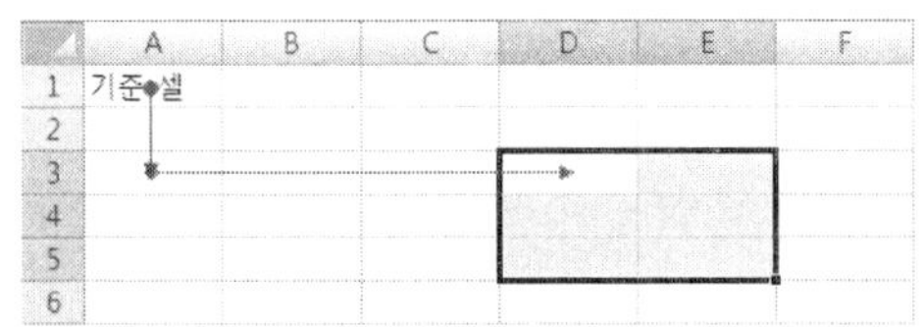

따라서 SUM 함수는 D3:E5 셀 범위의 값을 더한 값을 반환한다.

OFFSET 함수의 두 번째, 세 번째 인수의 값을 음(−)으로 지정하면 기준 셀로부터 왼쪽 혹은 위에 위치한 셀을 참조한다.

OFFSET 함수는 MATCH 함수와 함께 많이 쓰인다.

이태경의 수학, 영어, 국어 점수의 합계와 평균을 계산하려면 다음과 같이 한다.

=SUM(OFFSET($A$1,MATCH(C7,$A$2:$A$4,0),1,1,3)) → 227

=AVERAGE(OFFSET($A$1,MATCH(C7,$A$2:$A$4,0),1,1,3)) → 75.66667

MATCH 함수는 상대 위치를 반환한다. 따라서 OFFSET 함수 내의 MATCH 함수의 값은 행의 수가 된다.

※ 주어진 기준점이 바뀔 때에도 수식의 결과값이 계속 유지되도록 해야 하는 수식을 사용할 때 활용한다.

□ TRANSPOSE 함수

TRANSPOSE 함수는 세로 셀 범위를 가로 범위로, 가로 셀 범위를 세로 범위로 바꾸어 반환한다. 인수는 셀 범위 또는 배열이 된다.

	A	B	C	D	E	F	G	H	I	J	K	L	M
1	점수	백분율순위											
2	75	50%		=TRANSPOSE(A1:B10)									
3	80	63%											
4	65	13%											
5	88	75%											
6	90	88%											
7	94	100%											
8	72	38%											
9	66	25%											
10	40	0%											

D2:M3 셀 영역을 블록으로 설정한 후 Ctrl+Shift+Enter 키를 누른다.

	A	B	C	D	E	F	G	H	I	J	K	L	M
1	점수	백분율순위											
2	75	50%		점수	75	80	65	88	90	94	72	66	40
3	80	63%		백분율순위	0.5	0.625	0.125	0.75	0.875	1	0.375	0.25	0
4	65	13%											
5	88	75%											
6	90	88%											
7	94	100%											
8	72	38%											
9	66	25%											
10	40	0%											

4. 데이터베이스 함수

◻ DAVERAGE 함수

DAVERAGE는 함수 목록이나 데이터베이스의 레코드 필드(열)에서 지정한 조건에 맞는 값의 평균을 계산한다. 인수는 데이터베이스 범위, 필드 이름, 조건이 된다.

	A	B	C	D	E	F	G	H	I
1	품명	판매가	수량	판매액					
2	아이섀도우	9600	23	221300		수량	수량	16	12.5
3	아쿠아2종	11700	3	35100		>5	<20		
4	에센스	12660	12	151100					
5	탄력3종	19800	1	19800		판매가	수량	172700	
6	투웨이케익	24333	5	122000		>20000			
7	아쿠아3종	21000	13	189000			>=20		
8	아쿠아4종	30000	5	158500					
9						품명	수량	판매액	173750
10						아쿠아*	>=5	>100000	

수량이 5보다 큰 수량의 평균을 구하려면 다음과 같이 한다.

=DAVERAGE(A1:D8,C1,F2:F3) → 16

※ 데이터베이스 범위를 지정할 때 반드시 필드 이름이 첫 번째 행에 포함되도록 한다.

수량이 5보다 크고, 20보다 작은 수량의 평균을 구하려면 다음과 같이 한다.

=DAVERAGE(A1:D8,C1,F2:G3) → 12.5

판매가가 20000보다 크거나 수량이 20 이상인 판매액의 평균은 다음과 같이 구한다.

=DAVERAGE(A1:D8,D1,F5:G7) → 172700

품명이 '아쿠아'로 시작하면서 수량이 5 이상, 판매액이 100000보다 큰 판매액의 평균은 다음과 같이 구한다.

=DAVERAGE(A1:D8,D1,F9:H10) → 173750

※ AND 조건은 같은 행에, OR 조건은 다른 행에 지정한다.

◫ DCOUNT 함수

DCOUNT 함수는 목록이나 데이터베이스의 레코드 필드(열)에서 지정한 조건에 맞는 숫자가 있는 셀의 개수를 계산한다. 인수는 데이터베이스 범위, 필드 이름, 조건이 된다.

	A	B	C	D	E	F	G	H	I	J
1	품명	판매가	수량	판매액						
2	아이섀도우	9600	23	221300		수량	수량	3	2	2
3	아쿠아2종	11700	3	35100		>5	<20			
4	에센스	12660	12	151100						
5	탄력3종	19800	1	19800		판매가	수량	4		
6	투웨이케익	24333	5	122000		>20000				
7	아쿠아3종	21000	13	189000			>=20			
8	아쿠아4종	30000	5	158500						
9						품명	수량	판매액	2	
10						아쿠아*	>=5	>100000		

수량이 5보다 크고, 20보다 작은 품명의 개수를 구하려면 다음과 같이 한다.

=DCOUNT(A1:D8,C1,F2:G3) → 2

※ DCOUNT 함수는 숫자가 입력된 셀의 개수를 계산하므로 함수의 두 번째 인수로 숫자가 입력된 임의의 필드를 지정한다.

함수의 두 번째 인수로 '품명'을 지정하려면 DCOUNTA 함수를 활용한다.

=DCOUNTA(A1:D8,A1,F2:G3) → 2

◫ DGET 함수

DGET 함수는 목록이나 데이터베이스의 열에서 지정한 조건에 맞는 하나의 값을 추출한다. 인수는 데이터베이스 범위, 필드 이름, 조건이 된다.

◫ DMAX 함수

DMAX 함수는 목록이나 데이터베이스의 레코드 필드(열)에서 지정한 조건에 맞는 가장 큰 값을 반환한다. 인수는 데이터베이스 범위, 필드 이름, 조건이 된다.

DMIN 함수

DMIN 함수는 목록이나 데이터베이스의 레코드 필드(열)에서 지정한 조건에 맞는 가장 작은 값을 반환한다. 인수는 데이터베이스 범위, 필드 이름, 조건이 된다.

	A	B	C	D	E	F	G	H
1	품명	판매가	수량	판매액				
2	아이새도우	9600	23	221300		품명		12
3	아쿠아2종	11700	3	35100		에센스		
4	에센스	12660	12	151100				
5	탄력3종	19800	1	19800		수량		13
6	투웨이케익	24333	5	122000		<20		1
7	아쿠아3종	21000	13	189000				
8	아쿠아4종	30000	5	158500				

=DGET(A1:D8,C1,F2:F3) → 12

※ 조건에 맞는 레코드가 여러 개인 경우 #NUM! 오류 값이 반환된다.

=DMAX(A1:D8,C1,F5:F6) → 13

=DMIN(A1:D8,C1,F5:F6) → 1

DPRODUCT 함수

DPRODUCT 함수는 목록이나 데이터베이스의 레코드 필드(열)에서 지정한 조건에 맞는 값을 곱한다. 인수는 데이터베이스 범위, 필드 이름, 조건이 된다.

DSTDEV 함수

DSTDEV 함수는 목록이나 데이터베이스의 레코드 필드(열)에서 지정한 조건에 맞는 숫자를 사용하여 표본을 기반으로 한 모집단의 표준 편차를 추정한다. 인수는 데이터베이스 범위, 필드 이름, 조건이 된다.

DSTDEVP 함수

DSTDEVP 함수는 목록이나 데이터베이스의 레코드 필드(열)에서 지정한 조건에 맞는 숫자를 사용하여 전체 모집단을 기반으로 한 모집단의 표준 편차를 계산한다. 인수는 데이터베이스 범위, 필드 이름, 조건이 된다.

□ DSUM 함수

DSUM 함수는 목록이나 데이터베이스의 레코드 필드(열)에서 지정한 조건에 맞는 숫자의 합계를 계산한다. 인수는 데이터베이스 범위, 필드 이름, 조건이 된다.

	A	B	C	D	E	F	G	H	I
1	판매사원	품명	판매시간	판매가	판매량				
2	도영미	아이크림	11:20	25870	15		판매사원	판매시간	47
3	조미정	아이크림	13:15	25000	20		이태경	>15:00	4.041452
4	최두이	아이크림	16:30	25870	18				
5	이태경	아쿠아2종	11:50	23000	18				
6	도영미	아쿠아2종	15:42	24500	12				
7	이태경	에센스	14:20	12800	16				
8	조미정	에센스	15:10	13000	10				
9	이태경	에센스	15:50	12000	20				
10	이태경	에센스	17:25	12850	12				
11	최두이	에센스	17:45	11500	24				
12	최두이	탄력3종	12:30	19800	15				
13	조미정	탄력3종	15:15	19500	13				
14	이태경	탄력3종	16:55	19800	15				

이태경의 15시 후의 판매량은 다음과 같이 계산한다.

=DSUM(A1:E14,E1,G2:H3) → 47

이태경이 15시 후에 판매한 량의 표준편차는 다음과 같이 계산한다.

=DSTDEV(A1:E14,E1,G2:H3) → 4.041452

□ DVAR 함수

DVAR 함수는 목록이나 데이터베이스의 레코드 필드(열)에서 지정한 조건에 맞는 숫자를 사용하여 표본을 기반으로 한 모집단의 분산을 추정한다. 인수는 데이터베이스 범위, 필드 이름, 조건이 된다.

□ DVARP 함수

DVARP 함수는 목록이나 데이터베이스의 레코드 필드(열)에서 지정한 조건에 맞는 숫자를 사용하여 전체 모집단을 기반으로 한 모집단의 분산을 계산한다. 인수는 데이터베이스 범위, 필드 이름, 조건이 된다.

5. 텍스트 함수

◻ CHAR 함수

CHAR 함수는 코드 번호에 해당되는 문자를 반환한다. 인수는 앤시 코드가 된다.

=CHAR(65) → A

◻ CODE 함수

CODE 함수는 텍스트의 첫 번째 문자에 대한 앤시 코드를 반환한다. 인수는 텍스트가 된다.

=CODE("A") → 65

◻ CONCATENATE 함수

CONCATENATE 함수는 여러 텍스트 문자열을 하나의 텍스트 문자열로 결합한다. 인수는

=CONCATENATE("앤시코드 65는 ",CHAR(65),", 앤시코드 97은
",CHAR(97),"이다.") → 앤시코드 65는 A, 앤시코드 97은 a이다.

연산자 &를 사용하여 텍스트 항목을 결합할 수도 있다.

="앤시코드 65는 "&CHAR(65)&", 앤시코드 97은 "&CHAR(97)&"이다."

◻ DOLLAR 함수

DOLLAR 함수는 통화 표시 형식을 사용하여 숫자를 텍스트로 표현한다. 인수는 숫자, 소수점 자릿수가 된다.

DOLLAR(2.41,1) → $2.4

◻ WON 함수

WON 함수는 통화 표시 형식을 사용하여 숫자를 텍스트로 표현한다. 인수는 숫자, 소수점 자릿수가 된다.

=WON(1350.527,2) → ₩1,350.53

=WON(1350.527,−2) → ₩1,400

▭ EXACT 함수

EXACT 함수는 두 문자열을 비교하여 정확하게 일치하면 TRUE를 반환하고 일치하지 않으면 FALSE를 반환한다. EXACT 함수는 대/소문자를 구분한다. 인수는 문자열, 문자열이 된다.

=EXACT("CHOOSE","CH00SE") → FALSE

=IF(EXACT(">=20",E8),"","'>=20'을 입력하세요.")

▭ FIND 함수

FIND 함수는 두 번째 텍스트 문자열에서 지정된 텍스트 문자열을 검색하고, 두 번째 텍스트 문자열의 첫 문자를 기준으로 첫 번째 문자열이 시작하는 위치에 해당하는 숫자를 반환한다. 인수는 찾는 문자열, 찾는 문자열을 포함한 문자열, 검색 시작 위치가 된다.

	A	B	C
1	세라믹 단열재 #124-TD45-87	=LEFT(A1,FIND(" #",A1))	
2	구리 코일 #12-671-6772	구리 코일	
3	가변 저항기 #116010	가변 저항기	

A1 셀에서 문자 '#'의 위치를 계산하려면 FIND 함수를 활용한다.

=FIND(" #",A1) → 8 (문자 '#' 앞의 빈 문자는 8번째 위치한다.)

=FIND("#",A1) → 9 (문자 '#'는 9번째 위치한다.)

문자 '#' 앞의 모든 문자열을 추출하려면 LEFT 함수를 활용한다.

=LEFT(A1,FIND("#",A1)−2)

=LEFT(A1,7) → 세라믹 단열재

	A	B	C
1	세라믹 단열재 00 #124-TD45-87	=MID(A1,FIND(0,A1),2)	
2	구리 코일 01 #12-671-6772	01	
3	가변 저항기 02 #116010	02	

문자 '#' 앞의 문자열 '00'을 추출하려면 MID 함수를 활용한다.

=MID(A1,FIND(0,A1),2)

=MID(A1,9,2) → 00

▭ FIXED 함수

FIXED 함수는 수를 지정된 자리에서 반올림하여, 마침표와 쉼표를 사용하여 십진수 서식으로 지정하고, 결과를 텍스트로 반환한다. 인수는 숫자, 소수점 자릿수, 논리값이 된다.

소수점 자릿수를 지정하지 않으면 소수점 둘째 자리까지 표시한다.

논리값으로 TRUE를 지정하면 텍스트에 쉼표가 포함되지 않는다.

=FIXED(1332.256) → 1,332.26

=FIXED(1332.256,1) → 1,332.3

=FIXED(1332.256,0,TRUE) → 1332

▭ LEFT 함수

LEFT 함수는 텍스트 문자열의 첫 번째 문자부터 시작하여 지정한 문자수만큼 문자를 반환한다. 인수는 텍스트 문자열, 추출할 개수가 된다.

	A	B	C
1	주민등록번호	성별	생년월일
2	581113-1674635	남	581113-*******
3	601220-2672341	여	601220-*******

=CHOOSE(MID(A2,7,1),"남","여")

=CHOOSE(1,"남","여") → 남

주민등록번호는 '5811131674635'를 입력한 후 셀 서식 '주민등록번호'를 적용하였다. 따라서 남, 여를 구분하는 '1', '2'는 일곱 번째에 위치한다.

=LEFT(A2,6)&"−"&REPT("*",7)

=581113&"−"&"*******" → 581113−*******

※ 문자열 함수로 추출되는 결과 역시 문자가 된다. 따라서 문자열 함수로 추출한 결과는 반드시 문자로 비교하여야 한다.

=IF(MID(A2,7,1)="1","남","여")

MID 함수는 문자 '1'을 추출한다. 따라서 MID 함수의 결과와 비교하기 위해서는 숫자 '1'이 아닌 문자 "1"'을 사용한다.

LEN 함수

LEN 함수는 텍스트 문자열의 문자수를 반환한다. 인수는 텍스트가 된다.

=LEN("TSP 사용자 매뉴얼") → 11

빈칸도 문자수에 포함한다.

LOWER 함수

LOWER 함수는 텍스트 문자열의 대문자를 모두 소문자로 변환한다. 인수는 텍스트가 된다.

=LOWER("UserID") → userid

UPPER 함수

UPPER 함수는 텍스트를 대문자로 변환한다. 인수는 텍스트가 된다.

=UPPER("excel user's guide") → EXCEL USER'S GUIDE

MID 함수

MID 함수는 문자열에서 지정된 위치에서부터 지정한 수만큼 문자를 반환한다. 인수는 텍스트, 추출할 위치, 추출할 개수가 된다.

=MID("RA−002SM",4,3) → 002

네 번째에서 3개를 추출한다.

PROPER 함수

PROPER 함수는 단어의 첫째 문자와 영문자가 아닌 문자 다음에 오는 영문자를 대문자로 변환한다. 나머지 문자들은 소문자로 변환한다. 인수는 텍스트가 된다.

=PROPER("excel user's guide") → Excel User's Guide

=proper("2nei") → 2Nei

REPLACE 함수

REPLACE 함수는 지정한 문자수에 따라 텍스트 문자열의 일부를 다른 텍스트 문자열로 바꾼다. 인수는 문자를 바꿀 텍스트, 바꿀 문자 위치, 바꿀 문자수, 새 텍스트가 된다.

=REPLACE("581113",3,4,"*") → 58*

=REPLACE("581113",3,2,"*") → 58*13

=REPLACE("A 학점",3,2,"學點") → A 學點

REPT 함수

REPT 함수는 텍스트를 지정한 횟수만큼 반복한다.

=REPT("*",7) → *******

RIGHT 함수

RIGHT 함수는 지정한 문자수에 따라 텍스트 문자열의 마지막 문자부터 지정된 개수의 문자를 반환한다. 인수는 텍스트, 추출할 개수가 된다.

=RIGHT("ESP－002",3) → 002

SEARCH 함수

SEARCH 함수는 두 번째 텍스트 문자열에서 지정된 텍스트 문자열을 검색하고, 두 번째 텍스트 문자열의 첫 문자를 기준으로 몇 번째 위치에서 첫 번째 텍스트 문자열이 시작하는지 나타내는 값을 반환한다. 인수는 찾는 문자열, 찾는 문자열을 포함한 문자열, 검색 시작 위치가 된다.

	A	B	C	D	E	F	G	H
1	대구 지역의 소득 수준은 타 지역의 그것에 비해 1/3에 머물고 있는 현실이다.							
2								
3	28	1/3						
4								
5	대구 지역의 소득 수준은 타 지역의 그것에 비해 1/4에 머물고 있는 현실이다.							

=SEARCH(1,A1,1) → 28

A1 셀에서 1을 검색하면 1은 28번째 위치에 있다.

=MID(A1,SEARCH(1,A1),3)

=MID(A1,28,3) → 1/3

A1 셀의 문자열을 대상으로 28번째 위치에서 3개를 추출하면 1/3이 구해진다.

=REPLACE(A1,SEARCH(1,A1),3,"1/4")

=REPLACE(A1,28,3,"1/4") → 대구 지역의 소득 수준은 타 지역의 그것에 비해 1/4에 머물고 있는 현실이다.

A1 셀의 문자열을 대상으로 28번째 위치에서부터 3개의 문자를 1/4로 바꾸고 나머지는 그대로 출력되게 한다.

◻ SUBSTITUTE 함수

SUBSTITUTE 함수는 문자열을 새로운 문자열로 바꾼다. 문자열의 특정 텍스트를 바꾸려면 SUBSTITUTE 함수를 사용한다. 문자열의 특정 위치에 있는 텍스트를 바꾸려면 REPLACE 함수를 사용한다. 인수는 텍스트, 바꿀 문자열, 새로운 문자열, 바꿀 문자열의 위치가 된다.

=SUBSTITUTE("2011년 1/4분기",1,0) → 2000년 0/4분기

=SUBSTITUTE("2011년 1/4분기",1,0,1) → 2001년 1/4분기

=SUBSTITUTE("2011년 1/4분기",1,0,2) → 2010년 1/4분기

=SUBSTITUTE("2011년 1/4분기",1,0,3) → 2011년 0/4분기

T 함수

T 함수는 값이 참조하는 텍스트를 반환한다. 인수는 값이 된다.
값이 텍스트이면 텍스트를 반환하며, 숫자이거나 논리값이면 빈 텍스트를 반환한다.

=T("2011년 1/4분기") → 2011년 1/4분기
=T(2011) → " " (빈 텍스트)

이 함수는 다른 스프레드시트 프로그램과의 호환을 위해 제공된다.

TEXT 함수

TEXT 함수는 특수 서식 문자열을 사용하여 표시 형식을 지정할 수 있도록 숫자 값을 텍스트로 변환한다. 인수는 숫자, 텍스트 문자열의 숫자 형식이 된다.
문자열의 숫자 형식은 사용자 정의 서식의 서식 코드를 따른다.

=TEXT(2000,"₩#,##0") → ₩2,000
=TEXT("2012/1/10","yyyy년 mm월 dd일") → 2012년 01월 10일
=TEXT(27.237,"0.00") → 27.24

TRIM 함수

TRIM 함수는 텍스트의 양 끝 공백을 삭제한다. 인수는 텍스트가 된다.

=TRIM(" 판매 수익 ") → 판매 수익

TRIM 함수는 불필요한 공백을 삭제한다.

VALUE 함수

VALUE 함수는 텍스트 문자열을 숫자로 변환한다. 인수는 텍스트가 된다.

	A	B	C	D	E	F
1	제품코드	수입국				
2	A3	=VLOOKUP(VALUE(MID(A2,2,1)),$A$6:$B$8,2)				
3	J1	미국				
4						
5	제품코드표					
6	1	미국				
7	2	일본				
8	3	독일				

=VLOOKUP(VALUE(MID(A2,2,1)),$A$6:$B$8,2)

=VLOOKUP(3,$A$6:$B$8,2) → 독일

VLOOKUP 함수의 찾는 값을 숫자로 변환하지 않으면 #N/A 오류값이 출력된다. 이 함수는 다른 스프레드시트 프로그램과의 호환을 위해 제공된다.

6. 논리 함수

□ AND 함수

AND 함수는 인수가 모두 TRUE이면 TRUE를 반환하고 인수 중 하나라도 FALSE이면 FALSE를 반환한다. 인수는 조건, 조건, …이 된다.

	A	B	C	D	E	F	G	H
1	이름	중간	기말	평균	평점			
2	이태경	86	90	88	=IF(AND(C2>=85,D2>=80),"GOOD","")			
3	조미정	78	89	83.5	GOOD			
4	최두이	65	73	69				

=IF(AND(C2〉=85,D2〉=80),"GOOD","") → GOOD

기말 점수가 85점 이상이고 평균 점수가 80점 이상이면 'GOOD'으로 그렇지 않으면 빈 텍스트로 출력한다.

□ OR 함수

OR 함수는 TRUE인 인수가 하나라도 있으면 TRUE를, 모든 인수가 FALSE이면 FALSE를 반환한다. 인수는 조건, 조건, …이 된다.

=IF(OR(C2〉=85,D2〉=80),"GOOD","") → GOOD

기말 점수가 85점 이상이거나 평균 점수가 80점 이상이면 'GOOD'으로 그렇지 않으면 빈 텍스트로 출력한다.

□ FALSE 함수

FALSE 함수는 논리값 FALSE를 반환한다.

=FALSE() → FALSE

□ TRUE 함수

TRUE 함수는 논리값 TRUE를 반환한다.

=TRUE() → TRUE

□ IF 함수

IF 함수는 지정한 조건이 TRUE이면 특정 값을 반환하고 해당 조건이 FALSE이면 다른 값을 반환한다. 인수는 조건, 조건이 맞을 때 출력할 값, 조건이 틀릴 때 출력할 값이 된다.

=IF(A1,A1,"")

A1 셀의 값이 1이거나 TRUE이면 A1 셀의 값을 출력하고 그렇지 않으면 빈 텍스트를 출력한다.

=IF(A1〉20,A1*1.2,A1*1.1)

A1 셀의 값이 20보다 크면 A1 셀의 값에 1.2를 곱한 값을 출력하고 그렇지 않으면 1.1을 곱한 값을 출력한다.

=IF(A1〉20,A1*1.2,IF(A1〉10,A1*1.1,A1*0.9))

A1 셀의 값이 20보다 크면 A1 셀의 값에 1.2를 곱한 값을 출력하고 그렇지 않으면 두 번째 IF 함수의 값을 출력한다.

A1 셀의 값이 10보다 크면 1.1을 곱한 값을 출력하고 그렇지 않으면 A1 셀의 값에 0.9를 곱한 값을 출력한다.

IF 함수의 첫 번째 조건은 A1 셀의 값이 20보다 크다는 것이다. 따라서 두 번째 IF 함수의 조건은 A1 셀의 값이 20보다 작다는 조건 하에서 설정된다.

A 열을 참조하여 각 점수의 빈도와 평균을 배열 수식을 이용하여 구해 보자. 평균은 70점 이상의 점수만을 대상으로 계산한다.

	A	B	C	D	E	F
1	점수		점수	빈도		
2	80		95	=SUM(IF($A$2:$A$11=C2,1))		
3	35		90	1		
4	70		85	1		
5	80		80	4		
6	95		75	0		
7	90		70	2		
8	85					
9	80		평균	81.11111		
10	80					
11	70					

평균은 다음과 같이 계산한다.

=AVERAGE(IF(A2:A11>=70,A2:A11,"")) → 81.11111

수식을 입력한 후 Ctrl+Shift+Enter 키를 누른다.

빈도는 다음과 같이 계산한다.

=SUM(IF($A$2:$A$11=C2,1)) → 1

수식을 입력한 후 Ctrl+Shift+Enter 키를 누른다. 각 점수를 비교하여 95점과 같으면 1로 출력하고, 1의 개수를 더하면 95점의 빈도를 계산할 수 있다.

빈도의 나머지 행은 자동 채우기 조절자를 끌어 완성한다.

□ IFERROR 함수

IFERROR 함수는 수식에서 오류가 발생할 경우 사용자가 지정한 값을 반환하고, 그렇지 않으면 수식 결과를 반환한다. 인수는 오류를 검사할 인수, 오류 발생 시 반환할 값이 된다.

=IFERROR(0/20,"error") → 0

=IFERROR(20/0,"error") → error

□ NOT 함수

NOT 함수는 인수 값의 역을 반환한다. 값이 특정 값과 같지 않도록 할 때 NOT을 사용한다. 인수는 수식 혹은 논리값이 된다.

=NOT(FALSE) → TRUE

7. 정보 함수

◻ CELL 함수

CELL 함수는 셀의 서식, 위치 또는 내용에 대한 정보를 반환한다. 인수는 셀 유형, 셀이 된다.

	A	B	C	D	E
1	번호	면접	점수		
2	1	○	=IF(CELL("type",B2)="l",10,"")		
3	2				
4	3	○	10		
5	4				

=IF(CELL("type",B2)="l",10,"") → 10

B2 셀이 텍스트 상수를 포함하면 10을 그렇지 않으면 빈 텍스트를 반환한다.

=CELL("contents",B2) → ○

B2 셀의 내용을 반환한다.

=CELL("col",B2) → 2

B2 셀의 열 번호를 반환한다.

=CELL("width",B2) → 8

B2 셀의 열 너비를 정수로 반올림하여 반환한다.
셀 정보 유형과 서식 코드는 CELL 함수의 도움말을 참조한다.

◻ ERROR.TYPE 함수

ERROR.TYPE 함수는 오류 값에 해당하는 번호를 반환하며, 오류가 없으면 #N/A 오류를 반환한다. 인수는 오류값이 된다.

	A	B	C	D	E	F	G	H	I	J	K	L
1	#DIV/0!	=IF(ERROR.TYPE(A1)<3,CHOOSE(ERROR.TYPE(A1),"범위가 서로 교차되지 않습니다.","나누는 수가 0입니다."))										
2	#NULL!	범위가 서로 교차되지 않습니다.										

=IF(ERROR.TYPE(A1)〈3,CHOOSE(ERROR.TYPE(A1),"범위가 서로 교차되지 않습니다.","나누는 수가 0입니다.")) → 나누는 수가 0입니다.

오류값에 대한 정보는 ERROR.TYPE 함수의 도움말을 참조한다.

□ INFO 함수

INFO 함수는 현재 사용하고 있는 운영 체제에 대한 정보를 반환한다. 인수는 정보 유형이 된다.

=INFO("RELEASE") → 12.0

정보 유형으로 RELEASE를 지정하면 엑셀 버전을 텍스트 형태로 출력한다.

=INFO("OSVERSION") → Windows (32-bit) NT 5.01

정보 유형으로 OSVERSION을 지정하면 운영 체제의 버전을 텍스트 형태로 출력한다. 운영 체제에 대한 정보는 INFO 함수의 도움말을 참조한다.

□ IFERROR 함수

IFERROR 함수는 수식에서 오류가 발생할 경우 사용자가 지정한 값을 반환하고, 그렇지 않으면 수식 결과를 반환한다. 인수는 셀이 된다.

=IFERROR(A1,"나누는 수가 0입니다.") → A1 셀의 수식에 오류가 있으면 '나누는 수가 0입니다.'를 출력하고 그렇지 않으면 수식의 값을 출력한다.

□ IS 함수

IS 함수는 값의 유형을 검사하고 그 결과에 따라 TRUE 또는 FALSE를 반환한다. IS 함수의 유형은 다음과 같다.

함수	TRUE를 반환하는 경우
ISBLANK	값이 빈 셀을 참조하는 경우
ISERR	값이 #N/A를 제외한 오류 값을 참조하는 경우
ISERROR	값이 임의의 오류 값(#N/A, #VALUE!, #REF!, #DIV/0!, #NUM!, #NAME?, #NULL!)을 참조하는 경우
ISLOGICAL	값이 논리값을 참조하는 경우
ISNA	값이 #N/A(사용할 수 없는 값) 오류 값을 참조하는 경우
ISNONTEXT	값이 텍스트가 아닌 항목을 참조하는 경우. 이 함수는 값이 빈 셀을 참조하는 경우에 TRUE를 반환한다.
ISNUMBER	값이 숫자를 참조하는 경우
ISREF	값이 참조를 참조하는 경우
ISTEXT	값이 텍스트를 참조하는 경우

예를 들어 IS 함수 중 ISBLANK 함수의 사용 예는 다음과 같다.

=ISBLANK(A1) → A1 셀이 비어있으면 TRUE, 그렇지 않으면 FALSE를 반환한다.

□ ISEVEN 함수

ISEVEN 함수는 숫자가 짝수이면 TRUE를 반환하고 홀수이면 FALSE를 반환한다. 인수는 숫자가 된다.

□ ISODD 함수

ISODD 함수는 숫자가 홀수이면 TRUE를 반환하고 짝수이면 FALSE를 반환한다. 인수는 숫자가 된다.

=ISEVEN(5) → FALSE

□ N 함수

N 함수는 숫자로 변환된 값을 반환한다. 인수는 값이 된다.

=N(4) → 4

=N("4") → 0

숫자는 숫자로, 텍스트는 0으로, 논리값 TRUE는 1로, FALSE는 0을 반환한다. 이 함수는 다른 스프레드시트 프로그램과의 호환을 위해 제공된다.

□ NA 함수

NA 함수는 오류 값 #N/A를 표시한다. #N/A는 '사용할 수 있는 값이 없음'을 의미한다. NA를 사용하면 빈 셀을 표시할 수 있다. 인수는 없다.

이 함수는 다른 스프레드시트 프로그램과의 호환을 위해 제공된다.

□ TYPE 함수

TYPE 함수는 값의 유형을 반환한다. 특정 셀의 값 유형에 따라 다른 함수의 동작이 달라지는 경우 TYPE 함수를 사용한다. 인수는 값이 된다.

=TYPE({1,2;3,4}) → 64

TYPE의 값이 배열 상수이면 64를 반환한다.

값의 유형은 TYPE 함수의 도움말을 참조한다.

- 참조 오류값 유형

오류 유형	내용
#####	열 내용을 모두 표시할 수 없거나 음수 날짜 또는 시간이 셀에 사용되고 있는 경우
#DIV/0!	Excel에서 값이 포함되지 않은 셀이나 영(0)으로 숫자를 나누는 경우
#N/A	함수나 수식에 값을 사용할 수 없는 경우
#NAME?	Microsoft Office Excel에서 수식의 텍스트를 인식하지 못하는 경우
#NULL!	교차되지 않는 두 영역의 논리곱을 지정한 경우
#NUM!	수식이나 함수에 잘못된 숫자 값이 포함되어 있는 경우
#REF!	셀 참조가 유효하지 않은 경우
#VALUE!	인수나 피연산자의 형식이 잘못된 경우

8. 날짜/시간 함수

◫ DATE 함수

DATE 함수는 특정 날짜를 나타내는 일련 번호를 반환한다. 인수는 년도, 월, 일이 된다.

=DATE(2012,1,11) → 2012−01−11

=DATE(YEAR(TODAY()),12,31) → 2012−12−31

※ 함수의 인수로 날짜를 입력할 때에는 반드시 DATE 함수를 사용한다.

◫ DATEVALUE 함수

DATEVALUE 함수는 텍스트로 저장된 날짜를 Excel에서 날짜로 인식할 수 있는 일련 번호로 변환한다. 인수는 날짜를 나타내는 텍스트 문자열이 된다.

=DATEVALUE("2012−1−11") → 40919

일련 번호를 날짜로 표시하려면 날짜 셀 서식을 지정한다.

□ DAY 함수

DAY 함수는 제공된 날짜에서 일에 대한 일련 번호를 반환한다. 일은 1에서 31 사이의 정수로 제공된다. 인수는 날짜가 된다.

=DAY(DATE(2011,1,11)) → 11

주의 DAY("2011/1/11")와 같이 날짜를 텍스트로 입력하면 문제가 발생할 수도 있다. 따라서 함수에 날짜를 직접 입력하는 경우에는 DATE 함수를 사용한다.

=DAY(A1) → A1 셀에 날짜가 입력되어 있으면 일을 출력한다.

□ MONTH 함수

MONTH 함수는 일련 번호로 나타낸 날짜의 월을 반환한다. 월은 1(1월)에서 12(12월) 사이의 정수로 제공된다. 인수는 날짜가 된다.

=MONTH(DATE(2011,1,11)) → 1

□ YEAR 함수

YEAR 함수는 날짜에 해당하는 연도를 반환한다. 연도는 1900에서 9999 사이의 정수로 제공된다. 인수는 날짜가 된다.

=YEAR(DATE(2011,1,11)) → 2011

□ NETWORKDAYS 함수

NETWORKDAYS 함수는 시작일과 마침일 사이의 전체 작업 일수를 반환한다. 작업 일수에 주말과 휴일은 포함되지 않는다. NETWORKDAYS를 사용하면 특정 기간 동안 작업한 날짜 수를 기초로 하여 발생된 직원의 임금을 계산할 수 있다. 인수는 시작 날짜, 끝 날짜, 공휴일이 된다.

=NETWORKDAYS(DATE(2011,1,1),DATE(2011,2,1)) → 22

	A	B	C	D	E	F
1	2011-2-1	2011-2-2				
2	2011-3-1	2011-2-3		=NETWORKDAYS(A1,A2)		
3		2011-2-4		17		
4		2011-3-1				

=NETWORKDAYS(A1,A2) → 21

=NETWORKDAYS(A1,A2,B1:B4) → 17

공휴일에 포함할 날짜는 셀에 입력하여 사용한다.

◻ DAYS360 함수

DAYS360 함수는 1년을 360일(12개월×30일)로 가정하고 두 날짜 사이의 일수를 반환한다. 이 함수는 회계 계산에 사용된다. 회계 체계가 12개월 30일을 기준으로 하는 경우 이 함수를 사용하여 임금을 계산할 수 있다. 인수는 시작 날짜, 마침 날짜, 논리값이 된다.

=DAYS360(DATE(2011,1,1),DATE(2011,2,1)) → 30

=DAYS360(DATE(2011,1,1),DATE(2011,12,31)) → 360

A1 셀에 '2011－1－1', B1 셀에 '2011－12－31'이 입력되어 있는 경우 두 날짜 사이의 일수를 반환하려면 다음과 같이 계산한다.

=DAYS360(A1,B1) → 360

논리값으로 생략하거나 FALSE를 사용하면 미국식으로, TRUE를 사용하면 유럽식으로 계산한다.

◻ EDATE 함수

EDATE 함수는 지정한 날짜 전이나 후의 개월 수를 나타내는 날짜의 일련 번호를 반환한다. EDATE를 사용하면 발행일과 월과 일이 같은 만기일이나 기한을 계산한다. 인수는 시작 날짜, 시작 날짜 전이나 후의 개월 수가 된다.

=EDATE(DATE(2011,1,11),2) → 40613 (날짜 서식 적용) → 2011－3－11

=EDATE(DATE(2011,1,11),－1) → 40523 (날짜 서식 적용) → 2010－12－11

두 달 후는 2, 한 달 전은 −1로 인수를 지정한다. 두 달 후의 날짜는 2011−3−11, 두 달 전의 날짜는 2010−12−11이 된다.

□ EOMONTH 함수

EOMONTH 함수는 시작 날짜로 지정된 달 수 이전이나 이후의 달의 마지막 날의 날짜 일련 번호를 반환한다. EOMONTH를 사용하면 그 달의 마지막 날에 해당하는 만기일을 계산할 수 있다. 인수는 시작 날짜, 시작 날짜 전이나 후의 개월 수가 된다.

=EOMONTH(DATE(2011,1,11),2) → 40633 (날짜 서식 적용) → 2011−3−31

=EOMONTH(DATE(2011,1,11),−2) → 40512 (날짜 서식 적용) → 2010−11−30

두 달 후는 2, 한 달 전은 −1로 인수를 지정한다. 두 달 후의 마지막 날짜는 2011−3−31, 두 달 전의 마지막 날짜는 2010−11−30이 된다.

□ HOUR 함수

HOUR 함수는 시간 값의 시를 반환한다. 시간은 0(오전 12:00)에서 23(오후 11:00) 사이의 정수로 제공된다. 인수는 시간이 된다.

=HOUR("12:25:30") → 12

□ MINUTE 함수

MINUTE 함수는 시간 값의 분을 반환한다. 분은 0에서 59 사이의 정수로 제공된다. 인수는 시간이 된다.

=MINUTE("12:25:25") → 25

□ SECOND 함수

SECOND 함수는 시간 값의 초를 반환한다. 초는 0에서 59 사이의 정수로 제공된다. 인수는 시간이 된다.

=SECOND("12:25:30") → 30

□ NOW 함수

NOW 함수는 현재 날짜와 시간의 일련 번호를 반환한다. 인수는 없다.

=NOW() → 2012−01−10 10:35

NOW 함수의 값은 시스템 시간을 따른다.

□ TIME 함수

TIME 함수는 특정 시간을 나타내는 소수를 반환한다. TIME에서 반환하는 소수는 0에서 0.99999999 사이의 값이며 0:00:00(오전 12:00:00)에서 23:59:59(오후 11:59:59) 사이의 시간을 나타낸다. 인수는 시간, 분, 초를 나타내는 숫자가 된다.

=TIME(12,0,0) → 0.5

12:00는 하루의 반이므로 0.5로 표시된다.

=TIME(23,55,50) → 0.997106481

□ TIMEVALUE 함수

TIMEVALUE 함수는 텍스트 문자열로 표시된 시간의 소수를 반환한다. 소수는 0에서 0.99999999 사이의 값이며 0:00:00(오전 12:00:00)부터 23:59:59(오후 11:59:59) 사이의 시간을 나타낸다. 인수는 시간을 나타내는 텍스트 문자열이 된다.

=TIMEVALUE("12:30") → 0.520833333

□ TODAY 함수

TODAY 함수는 현재 날짜의 일련 번호를 반환한다. 일련 번호는 Excel에서 날짜와 시간 계산에 사용하는 날짜−시간 코드이다. 인수는 없다.

=TODAY() → 2011−1−10
=DAY(TODAY()) → 10
=DATE(2012,5,5)−TODAY() → 116

TODAY 함수의 값은 시스템 시간을 따른다.

📖 WEEKDAY 함수

WEEKDAY 함수는 날짜에 해당하는 요일을 반환한다. 기본적으로 요일은 1(일요일)에서 7(토요일) 사이의 정수로 제공된다. 인수는 날짜, 반환 형식이 된다.

반환 형식은 다음과 같다.

- 1 또는 생략: 1(일요일)에서 7(토요일) 사이의 숫자
- 2: 1(월요일)부터 7(일요일) 사이의 숫자
- 3: 0(월요일)부터 6(일요일) 사이의 숫자

=WEEKDAY(DATE(2012,1,10)) → 3

2012년 1월 10일은 화요일이므로 3의 값이 반환된다.

=WEEKDAY(DATE(2012,1,10),2) → 2

=CHOOSE(WEEKDAY(TODAY()),"일","월","화","수","목","금","토") → 화

=DATE(2012,1,10)−WEEKDAY(DATE(2012,1,10))+1 → 2012−01−08

1월 10일이 포함된 주의 일요일 날짜를 계산해 준다.

📖 WEEKNUM 함수

WEEKNUM 함수는 지정한 주가 일 년 중 몇 번째 주인지 나타내는 숫자를 반환한다. 인수는 날짜, 주의 시작 요일을 결정하는 숫자가 된다.

주의 시작 요일을 결정하는 숫자는 다음과 같다.

- 1: 일요일부터 주가 시작된다. 요일에는 1부터 7까지의 번호가 부여된다.
- 2: 월요일부터 주가 시작된다. 요일에는 1부터 7까지의 번호가 부여된다.

=WEEKNUM(DATE(2012,1,10)) → 2

2012년 1월 10일은 두 번째 주이므로 2가 반환된다.

=WEEKNUM(DATE(2012,1,10),2) → 3

2012년 1월 1일은 일요일에 속한다. 월요일부터 주가 시작되므로 1일이 속한 주가 1, 2–8일이 속한 주가 2, 그리고 10이 속한 주가 3이 된다.

주를 계산할 때에는 시작 요일을 결정하는 숫자를 생략한다.

□ WORKDAY 함수

WORKDAY 함수는 특정 일(시작 날짜)의 전이나 후의 날짜 수에서 주말이나 휴일을 제외한 날짜 수, 즉 평일 수를 반환한다. WORKDAY 함수를 사용하면 청구서 지불 기한이나 배달 예정일, 작업 일수 등을 계산할 때 주말이나 휴일을 제외할 수 있다. 인수는 시작 날짜, 시작 날짜 전이나 후의 주말이나 휴일을 제외한 날짜 수, 공휴일이 된다.

	A	B	C	D	E
1	2011-2-1	2011-2-2			
2	2011-3-1	2011-2-3		=WORKDAY(A1,30)	
3		2011-2-4		40623	2011-03-21
4		2011-3-1			

=WORKDAY(A1,30) → 40617 (날짜 서식 적용) → 2011–3–15

=WORKDAY(A1,30,B1:B4) → 40623 (날짜 서식 적용) → 2011–3–21

2011년 2월 1일부터 30일째 일한 날짜는 3월 15일이 된다.

2011년 2월 1일부터 30일째 일한 날짜는 주말, 휴일을 제외할 때 3월 21일이 된다.

※ 오늘부터 하루 일한 날짜는 내일이 된다.

□ YEARFRAC 함수

YEARFRAC 함수는 시작 날짜와 마침 날짜 사이의 날짜 수가 일 년 중 차지하는 비율을 반환한다. YEARFRAC 함수를 사용하면 특정 기간에 대한 연간 이익 또는 채무 비율을 구할 수 있다. 인수는 시작 날짜, 끝 날짜, 날짜 계산 기준이 된다.

날짜 계산 기준은 다음과 같다.

- 0 또는 생략: 미국(미국증권업협회) 30/360
- 1 : 실제/실제
- 2 : 실제/360
- 3 : 실제/365
- 4 : 유럽 30/360

=YEARFRAC(A1,A2) → 0.083333333

=YEARFRAC(A1,A2,2) → 0.077777778

9. 재무 함수

☐ ACCRINT 함수

ACCRINT 함수는 정기적으로 이자를 지급하는 유가 증권의 경과 이자를 반환한다. 인수는 발행일, 최초 이자 지급일, 결산일, 연간 이자율, 액면가, 연간 이자 지급 횟수, 날짜 계산 기준, 경과 이자를 계산할 방법을 지정하는 논리값이 된다.

결산일은 유가 증권이 매수자에게 매도된 날 즉, 유가 증권을 판매한 날이 된다.

액면가를 지정하지 않으면 기본적으로 1,000이 사용된다.

연간 이자 지급 횟수는 1년에 한 번 지급하면 1, 반년에 한 번 지급하면 2, 분기마다 지급하면 4가 된다.

날짜 계산 기준은 다음과 같다. 이 기준은 모든 재무 함수에 그대로 적용된다.

- 0 또는 생략: 미국(미국증권업협회) 30/360
- 1: 실제/실제
- 2: 실제/360
- 3: 실제/365
- 4: 유럽 30/360

결산일이 최초 이자 지급일보다 늦는 경우에는 경과 이자 계산 방법으로 논리값을 지정할 수 있다. 논리값 TRUE(1)로 지정하면 발행일에서 결산일 사이의 총경과 이자가 반환되고 FALSE(0)으로 지정하면 최초 이자 지급일에서 결산일 사이의 총경과 이자가 반환된다. 이 인수를 입력하지 않으면 기본값인 TRUE가 사용된다.

유가 증권의 발행일이 2011년 1월 1일이고, 최초 이자 지급일이 2011년 6월 30이다. 이 유가 증권은 액면가 1000으로 연간 이자율이 10%이며 1년에 두 번 이자가 지급된다. 2011년 4월 1일에 이 유가 증권을 팔았을 때 총경과 이자는 다음과 같이 계산된다.

	A	B	C	D	E	F	G	H
1	발행일		2011-01-01		수식			
2	최조 이자 지급일		2011-06-30		=ACCRINT(C1,C2,C3,C4,C5,C6,C7)			
3	결산일		2011-04-01		23.88889			
4	연간 이자율		0.1		15.55556			
5	액면가		1000					
6	연간 이자 지급 횟수		2					
7	날짜 계산 기준		0					
8	경과 이자 계산 방법							

발행일에서 결산일 사이의 총경과 이자는 25가 된다.

=ACCRINT(C1,C2,C3,C4,C5,C6,C7) → 25

발행일이 2011년 1월 5일로 바뀌면 발행일에서 결산일 사이의 총경과 이자는 23.88889가 된다.

=ACCRINT(DATE(2011,1,5),C2,C3,C4,C5,C6,C7) → 23.88889

☐ ACCRINTM 함수

ACCRINTM 함수는 만기에 이자를 지급하는 유가 증권의 경과 이자를 반환한다. 인수는 발행일, 만기일, 연간 확정 금리, 액면가, 날짜 계산 기준이 된다.

발행일이 2011년 1월 1일이며 만기일이 2013년 1월 1일인 유가 증권이 있다. 이 증권의 액면가는 1,000,000이며, 확정 금리는 10%이다. 만기 시 받게 되는 경과 이자는 얼마일까?

	A	B	C	D	E	F	G
1							
2	발행일		2011-01-01		=ACCRINTM(C2,C3,C4,C5,C6)		
3	만기일		2013-01-01				
4	확정 금리		0.1				
5	액면가		1000000				
6	날짜 계산 기준		3				

=ACCRINTM(C2,C3,C4,C5,C6) → 200274

☐ COUPDAYBS 함수

COUPDAYBS 함수는 이자 지급 기간의 시작일부터 결산일까지의 날짜 수를 반환한다. 인수는 결산일, 만기일, 연간 이자 지급 횟수가 된다. 결산일은 유가 증권이 팔린 날이다.

	A	B	C	D	E	F
1						
2	결산일		2007-01-25		71	4
3	만기일		2008-11-15		181	39036
4	연간 이자 지급 횟수		2		110	
5	날짜 계산 기준		1		39217	

=COUPDAYBS(C2,C3,C4,C5) → 71

◫ COUPDAYS 함수

COUPDAYS 함수는 결산일을 포함하여 이자 지급 기간의 날짜 수를 반환한다. 인수는 결산일, 만기일, 연간 이자 지급 횟수가 된다.

=COUPDAYS(C2,C3,C4,C5) → 181

◫ COUPDAYSNC 함수

COUPDAYSNC 함수는 결산일부터 다음 이자 지급일까지의 날짜 수를 반환한다. 인수는 결산일, 만기일, 연간 이자 지급 횟수가 된다.

=COUPDAYSNC(C2,C3,C4,C5) → 110

◫ COUPNCD 함수

COUPNCD 함수는 결산일 이후 첫 번째 이자 지급일을 나타내는 숫자를 반환한다. 인수는 결산일, 만기일, 연간 이자 지급 횟수가 된다.

=COUPNCD(C2,C3,C4,C5) → 39217 (날짜 서식 적용) → 2007−05−15

◫ COUPNUM 함수

COUPNUM 함수는 결산일과 만기일 사이의 이자 지급 횟수를 반올림하여 반환한다. 인수는 결산일, 만기일, 연간 이자 지급 횟수가 된다.

=COUPNUM(C2,C3,C4,C5) → 4

□ COUPPCD 함수

COUPPCD 함수는 결산일 바로 전 이자 지급일을 나타내는 숫자를 반환한다. 인수는 결산일, 만기일, 연간 이자 지급 횟수가 된다.

=COUPPCD(C2,C3,C4,C5) → 39036 (날짜 서식 적용) → 2006−11−15

□ CUMIPMT 함수

CUMIPMT 함수는 주어진 기간(첫 기간과 마지막 기간 사이) 중에 납입하는 대출금 이자의 누계액을 반환한다. 인수는 이율, 총 지급 기간 수, 현재가치, 첫 기간, 마지막 기간, 지급 시점이 된다. 0은 기간 말, 1은 기간 초가 된다.

이율과 총 지급 기간 수를 지정할 때에는 같은 단위를 사용해야 한다. 연이율 10%의 4년 만기 대출금을 매월 상환한다면 이율은 10%/12, 총 지급 기간 수는 4*12를 사용한다. 대출금을 매년 상환한다면 이율은 12%, 총 지급 기간 수는 4를 사용한다.

	A	B	C	D	E
1					
2	연간 이자율	9%		-11135.2	-934.107
3	대출 연수	30		-937.5	-68.2783
4	현재 가치	125000			

금리 9%로 125,000원을 대출받았을 때 두 번째 불입 연도의 13−24회차 중 불입한 총 이자는 다음과 같이 계산한다.

=CUMIPMT(B2/12,B3*12,B4,13,24,0) → −11135.23

첫 달 한 번의 불입으로 납입된 이자가 계산된다.

=CUMIPMT(B2/12,B3*12,B4,1,1,0) → −937.5

□ CUMPRINC 함수

CUMPRINC 함수는 주어진 기간(첫 기간과 마지막 기간 사이) 중에 납입하는 대출금 원금의 누계액을 반환한다. 인수는 이율, 총 지급 기간 수, 현재가치, 첫 기간, 마지막 기간, 지급 시점이 된다. 0은 기간 말, 1은 기간 초가 된다.

두 번째 불입 연도의 13−24 회차 중 불입한 총 원금이 계산된다.

=CUMPRINC(B2/12,B3*12,B4,13,24,0) → −934.107

첫 달 한 번의 불입으로 납입된 원금이 계산된다.

=CUMPRINC(B2/12,B3*12,B4,1,1,0) → −68.2783

▭ DOLLARDE 함수

DOLLARDE 함수는 분수로 표시되는 금액을 소수로 표시되는 금액으로 변환한다. DOLLARDE를 사용하면 유가 증권 가격처럼 분수로 표시되는 금액을 소수로 변환할 수 있다. 인수는 분수로 표시되는 수, 분수의 분모로 사용되는 정수가 된다.

=DOLLARDE(1.02,16) → 1.125

=DOLLARDE(1.1,32) → 1.3125

▭ DOLLARFR 함수

DOLLARFR 함수는 소수로 표시되는 금액을 분수로 표시되는 금액으로 변환한다. DOLLARFR를 사용하면 소수로 표시되는 금액을 유가 증권 가격처럼 분수로 변환할 수 있다. 인수는 소수, 분수의 분모로 사용되는 정수가 된다.

=DOLLARFR(1.125,16) → 1.02

=DOLLARFR(1.3125,32) → 1.1

▭ DURATION 함수

DURATION 함수는 액면가 $100에 대한 Macauley 듀레이션을 반환한다. DURATION은 현금흐름의 현재가치를 가중 평균한 것으로 채권 가격이 수익률 변동에 얼마나 민감하게 반응하는지를 나타내는 척도로 사용된다. 즉, 듀레이션은 매기간 값에 매기간 현금흐름의 현재가치를 곱한 값을 합을 채권가격으로 나눈 값이다. 인수는 결산일, 만기일, 연간 확정 금리, 연간 수익률, 연간 이자 지급 횟수, 날짜 계산 기준이 된다.

	A	B	C	D	E	F	G	H
1								
2	결산일		2008-01-01		=DURATION(C2,C3,C4,C5,C6,C7)			
3	만기일		2016-01-01					
4	이자율		8%					
5	수익률		9%					
6	이자 지급 횟수		2					
7	날짜 계산 기준		1					

=DURATION(C2,C3,C4,C5,C6,C7) → 5.993774956

채권에 대한 듀레이션은 5.993774956이 된다.

만기가 3년인 회사채가 있다. 회사채의 액면금리는 10%, 만기 수익률은 12%, 액면금액은 100만원이다. 이자는 1년에 한번 지급된다고 할 때 회사채의 듀레인션은 다음과 같이 구한다.

=DURATION(DATE(1,1,1),DATE(4,1,1),10%,12%,1) → 2.728675679(년)

이자율이 8%인 영구 채권의 듀레이션은 다음과 같이 구한다.

=DURATION(DATE(1,1,1),DATE(432,1,1),8%,8%,1,0) → 13.5(년)

※ 결산일과 만기일은 임의로 표시한다.

□□ □MDURATION 함수

MDURATION 함수는 가정된 액면가 $100에 대한 유가 증권의 수정된 Macauley 듀레이션을 반환한다. 인수는 결산일, 만기일, 연간 확정 금리, 연간 수익률, 연간 이자 지급 횟수, 날짜 계산 기준이 된다.

=MDURATION(C2,C3,C4,C5,C6,C7) → 5.735669814

□□ EFFECT 함수

EFFECT 함수는 연간 명목 이자율과 연간 복리 계산 횟수를 바탕으로 연간 실질 이자율을 반환한다. 인수는 연간 명목 이자율, 연간 복리 계산 횟수가 된다.

=EFFECT(5.25,4) → 0.053542667

연간 실질 이자율은 5.354%가 된다.

□□ NOMINAL 함수

NOMINAL 함수는 실질적인 이율과 연간 복리 계산 횟수를 사용하여 명목 연이율을 반환한다. 인수는 실질 이율, 연간 복리 계산 횟수가 된다.

=NOMINAL(0.053542667,4) → 0.0525

FV 함수

FV 함수는 일정 이자율 하에서 정기적으로 일정 금액을 불입하는 투자의 미래 가치를 계산한다. 인수는 이자 지급 기간 당 이율, 총 납입 횟수, 적립 금액, 지불할 납입금의 총 현재가치, 지급 시점이 된다.

- 이율과 총 지급 기간 수를 지정할 때에는 같은 단위를 사용해야 한다.
- 지급 시점을 0으로 지정하면 기간 말, 1로 지정하면 기간 초가 된다.
- 모든 인수에 대해 저축금과 같이 지불하는 금액은 음수로, 배당금과 같이 받을 금액은 양수로 표시한다. 즉, 들어오는 돈은 +로 나가는 돈은 −로 처리한다.
- PV는 현재 빚진 돈을 말한다. 오늘 어떤 사람에게서 1,000,000원을 빌리면 PV는 1,000,000원이 된다. 은행에 1,000,000원을 갖고 있다면 PV는 −1,000,000원이 된다. 즉, 100만원은 현재 내 주머니에 없으므로 −1,000,000으로 입력한다.

	A	B	C	D	E	F
1						
2	연간 이자율		6%		=FV(C2,C3,C4,C5,C6)	
3	납입 횟수		40		₩308,571,538	
4	납입 금액		-1000000		₩463,333,504	
5	현재 가치					
6	지급 시점		0			

퇴직 후를 위해 매년 말 1,000,000원씩 40년간 투자하고, 투자로부터 매년 6%의 수익을 얻을 때 퇴직 후 받게 되는 돈은 다음과 같이 계산한다.

=FV(C2,C3,C4,C5,C6) → 154,761,966

위조건 하에서 초기에 30,000,000원을 투자했다면 PV에 −30,000,000원을 입력한다.

=FV(C2,C3,0,−30000000,1) → 308,571,538

따라서 매년 6%의 이자율로 초기에 30,000,000원을 투자하고 매년 말 1,000,000원을 40년간 투자하면 40년 후 받게 되는 총액은 463,333,504(154,761,966+308,571,538)원이 된다.

매달 말에 100,000원을 연 금리 6%로 40년 동안 저축하면 40년 후 받게 되는 총액은 다음과 같이 계산한다.

=FV(6%/12,40*12,−100000,0,0) → 199,149,073

연이율 6% 하에서 매월 복리로 계산된다면 월 금리는 6%/12, 납입 횟수는 40년×12가 된다.

1,000,000원을 예금하고 연이율 8% 하에서 매월 복리로 매월 초 100,000 원씩 예금할 때 1년 후의 가치는 2,336,292원이 된다.

=FV(8%/12,12,−100000,−1000000, 1) → 2,336,292

연 금리가 8%이므로 월 금리는 8%/12가 된다. 연 금리를 월 금리로 적용하여 계산하므로 납입횟수는 12가 된다.

연 금리 4% 하에서 매월 초 500,000씩 5년 동안 저축하면 5년 후 받게 되는 저축액은 다음과 같다.

=FV(4%/12,5*12,−500000,,1) → 33,259,987

정기 적립금액을 생략하면 정기예금에 가입하여 만기 시에 받는 원금과 이자의 총액을 계산할 수 있다.

연 금리 4%로 원금 100만원을 3년 만기 은행 정기예금에 가입할 때 받게 되는 총액은 다음과 같이 구한다.

=FV(4%,3,,−1000000) → 1,124,864

매년 500,000원씩 납입하는 손해보험에 가입하여 사고 없을 시 20년 후 원금과 15%의 이자를 상환 받는다면 받을 금액은 다음과 같이 계산한다.

=FV(15%,20,−500000) → 51,221,791

□ NPER 함수

NPER 함수는 일정 이자율 하에서 정기적으로 일정 금액을 불입하는 투자에 대한 투자 기간 수를 반환한다. 인수는 이자 지급 기간 당 이율, 적립 금액, 지불할 납입금의 총 현재가치, 최종 지급 후의 현금 잔고, 지급 시점이 된다.

매년 말 1,000,000원씩 투자하고, 투자로부터 매년 6%의 수익을 얻을 때 몇 년을 투자해야 154,761,966원을 벌 수 있는지 다음과 같이 계산한다.

=NPER(6%,−1000000,,154761966) → 40

투자 수익이 6%일 때 초기에 30,000,000원을 투자하여 몇 년을 투자해야 308,571,538원을 벌 수 있는지를 알려면 다음과 같이 계산한다.

=NPER(6%,,−30000000,308571538,1) → 40

은행에서 연 금리 5%로 100만원을 대출하고 매월 초 5만원씩 갚는다면 대출금을 모두 갚는 데 걸리는 상환 횟수는 다음과 같이 계산한다. 대출금은 현재 내 주머니에 있으므로 양의 값으로 입력한다.

=NPER(5%/12,−50000,1000000,,1) → 20.83550277

연 금리 5%에서 매월 초 5만원씩 20.83550277 개월 동안 갚은 상환액의 현재가치는 100만원이 된다.

=PV(5%/12,20.83550277,−50000,,1) → 1000000

연 금리 4% 하에서 매월 초 500,000씩 저축할 때 33,259,987원을 저축하는 데 걸리는 저축 횟수는 다음과 같이 계산한다.

=NPER(4%/12,−500000,,33259987,1) → 60

총 60회를 저축해야 한다. 매월 초 50만원을 저축하여 60 개월 후 받게 되는 돈을 계산하면 33259987원이 되는 것을 확인할 수 있다.

=FV(4%/12,60,−500000,,1) → 33259987

RATE 함수

RATE 함수는 이자 지급 기간 당 이율을 계산한다. 인수는 총 납입 횟수, 각 기간당 납입액, 일련의 납입금의 현재가치, 최종 지급 후의 현금 잔고, 지급 시점, 추정 이율이 된다.

납입액은 돈이 지출되면 − 부호로, 돈이 들어오면 + 부호로 입력한다. 납입금의 현재가치는 대출금의 경우에는 대출금액, 자금을 빌려 준 경우에는 대여금이 된다. 이때 주의할 점은 내 주머니에 돈이 있으면 + 부호로, 내 주머니에서 돈이 나가면 − 부호로 입력한다.

총 납입 횟수와 추정 이율은 같은 단위를 사용해야 한다.

	A	B	C	D	E	F	G
1							
2	대출 연수		4		=RATE(C2*12,C3,C4)		
3	매월 상환액		-200		9.24%		
4	대출금		8000				

=RATE(C2*12,C3,C4) → 0.77%

=RATE(C2*12,C3,C4)*12 → 9.24%

개월 수를 구하기 위해 대출 연수에 12를 곱한다. 대출 월리는 0.77%, 연리는 9.24%가 된다.

만기까지 기간은 3년, 액면금리는 10%, 액면금액은 천만원인 회사채를 950만원에 매입한 경우 만기 수익률은 다음과 같이 계산한다.

=RATE(3,1000000,−9500000,10000000) → 12%

참고 대부/연금 함수

대부/연금 함수는 기간별 납입액(현금흐름)이 일정한 경우의 재무 함수이다. 특정 기간 동안 일정액을 계속적으로 지급하는 것을 연금(Annuity)이라 한다.

대부와 연금, 정기적금은 일정 기간 동안 일정액을 계속적으로 상환하거나 지급 받거나 저축한다는 점에서 공통적인 특성이 있다. 대부/연금 함수는 대부와 연금 관련 계산을 수행한다. 함수의 인수는 함수의 종류에 따라 상이하지만 대부분 동일 인수를 사용한다.

◆ 함수 인수

- RATE : 이자율, 대부 상환 이자율, 예금 이자율.
- PER : 기간, 대부 원리금을 상환할 때 매 기간별 순서.
- NPER : 납입(불입) 총 횟수 혹은 지급 총 횟수, 대부 원리금 상환 횟수, 연금 지급 횟수.
- PMT : 기간별 납입(불입)액 혹은 지급액, 대부 상환금액, 예금 적립금액, 연금 지급금액.
- PV : 현재가치, 앞으로 지급할 일련의 납입금 혹은 투자금액의 현재가치, 대부 금액.
- FV : 미래가치, 미래 가치 혹은 최종 불입금을 지불한 후의 현금 잔고.
- TYPE : 납입시점, 대부 원리금 상환시점, 예금 시점, 연금 지급시점.
- GUESS : 추정 수익률.
- 대출금의 미래가치는 0이다.
- FV를 생략하면 0으로 간주한다.

- 연금 함수에서 저축, 납입금, 상환금과 같은 현금 지출은 음수로 표시하고 차입금, 연금, 배당금과 같은 현금 수입은 양수로 표시한다.
- PER의 값은 1과 납입 총 횟수 사이의 값을 지닌다.
- TYPE의 값이 0이면 기간 말, 1이면 기간 초로 계산한다. 생략 시 0으로 간주한다.
- GUESS를 생략 시 10%로 간주한다.

□ PV 함수

PV 함수는 투자액의 현재가치를 계산한다. 현재가치는 앞으로 지불할 일련의 납입금의 현재가치의 총합이다. 예를 들어 돈을 빌릴 때 대출금은 대출자에게 현재가치가 된다. 인수는 이자율, 총 납입 횟수, 납입 금액, 최종 납입 후의 잔고, 납입 시점이 된다.

- 연이율 10%의 자동차 구입 대출금을 매달 상환한다면 월이율은 10%/12, 즉 0.83%가 된다.
- 12% 이율의 4년 만기 차량 구입 대출금 1,000,000에 대한 월 상환액이 26,300이면 납입 금액으로 −26300을 입력한다.
- 최종 납입 후의 잔고는 투자의 경우 투자사업 종료 시점의 처분가치가 된다. 대출받은 경우에는 마지막 회차의 일시 상환금이 포함되므로 − 부호를 붙인다.
- 대출금의 미래 가치는 0이 된다. 특별한 계획을 위해 18년 동안 5,000,000원을 저축하려 한다면 5,000,000원이 미래 가치가 된다.

할인율 8%에서 10 달 동안 매달 말 103,703원을 받는 연금의 현재가치는 다음과 같이 계산한다.

=PV(0.08/12,10,103703,,0) → −999,998

연금의 현재가치는 999,998원이다. 즉, 연금을 받기 위해서는 999,998원은 내야 한다.

복사기를 4,300,000원에 구입하는 것이 나은지 혹은 복사기를 임대하고 연 금리 6%로 5년 동안 매년 말 1,000,000원을 임대료로 지불하는 것이 나은지 분석해 보자.

	A	B	C	D	E	F
1						
2	연간 이자율		6%		=PV(C2,C3,C4,C5,C6)	
3	납입 횟수		5		-₩4,324,453	-₩4,465,106
4	납입 금액		1000000			
5	미래 가치					
6	지급 시점		0		-₩4,138,045	-₩4,212,182

연 금리 6%로 5년 동안 매년 말 1,000,000원을 임대료로 지불하면 총 지불액의 현재가치는 다음과 같다.

=PV(C2,C3,C4,C5,C6) → −4,212,364

복사기를 4,300,000원에 구입하는 것은 손해가 된다. 즉, 임대하는 것이 더 저렴하다.

현재가치는 음의 값으로 계산된다. 이것은 돈을 지불하는 것을 의미한다.

연 금리 6%로 5년 동안 매년 초 1,000,000원을 임대료로 지불하면 총 지불액의 현재가치는 다음과 같다.

=PV(C2,C3,C4,,1) → −4,465,106

매년 말에 임대료를 지불하는 것보다 훨씬 많은 돈이 지출된다.

복사기의 임대가 끝날 때 150,000원을 추가로 지불해야 한다면 총 임대료의 현재가치는 다음과 같다.

=PV(C2,C3,C4,150000,0) → −4,324,453

연 금리 6%로 5년 동안 매월 말에 80,000원을 임대료로 지불하면 총 지불액의 현재가치는 다음과 같다.

=PV(C2/12,C3*12,80000,0,0) → −4,138,045

이때 임대가 끝날 때 100,000원을 추가로 지불해야 한다면 총 임대료의 현재가치는 다음과 같다.

= PV(C2/12,C3*12,80000,100000,0) → −4,212,182

연 금리 5%로 매월 말 100,000원씩 20년 동안 보험 불입금으로 지불한다고 하자. 총 보험 불입금의 현재가치는 다음과 같이 계산된다.

=PV(5%/12,20*12,100000,,0) → −15,152,531

연 금리가 5%라 할 때 5년 후 400,000원을 받을 수 있는 채권의 가격은 다음과 같이 구한다.

=PV(5%,5,,400000) → −313,410

확정 이자 5%로 10년 후 원금과 이자가 함께 상환되는 액면가액 460,000원의 채권 가치는 다음과 같이 계산한다.

=PV(5%,10,,460000) → −282,400

매년 말 50,000원씩 3년간 지급되는 연금을 현재 일시불로 받으려고 한다면 얼마를 받을 수 있을까? 할인율은 20%로 계산한다.

=PV(20%,3,50000) → −105,324

시장 이자율이 8%라고 할 때 매년도 말에 10만원씩 지급 받는 영구 연금의 현재가치는 다음과 같이 계산한다.

=PV(0.08,431,100000,) → −1250000

지급 횟수를 431로 지정하면 영구 연금의 현재가치를 정확하게 구할 수 있다.

적정 할인율을 연 12%라고 할 때 매년 1주당 6,000원의 배당금을 받는 주식 가격은 다음과 같이 계산한다.

$\frac{\text{배당금}}{\text{할인율}}$=PV(0.12,431,6000) → −50000

적정 할인율을 연 12%라고 할 때 1주당 배당금은 6,000원, 6000×0.04, 6000×0.04×0.04, …로 매년 전년대비 4%씩 증가할 것으로 예상된다. 이 주식 가격은 다음과 같이 계산한다.

$\frac{\text{배당금}}{\text{할인율} - \text{증가율}}$=PV(0.12−0.04,431,6000) → −75000

채권의 액면금액이 10만원이고 매년도 말에 5천원의 이자가 지불된다. 시장 이자율이 10%이며 만기까지 2년이 남았다고 가정할 때 채권의 가격은 다음과 같이 계산한다.

=PV(0.1,2,5000,100000) → −91,322

▭ NPER, PMT, FV, RATE, PV의 관계

	A	B	C	D
1				
2	(년간)			
3	만기일	5	5	NPER
4	확정 금리	5%	0.05	
5	배당금	250	₩250	PMT
6	액면가	5000	₩5,000	FV
7	만기 수익률	6%	6%	RATE
8	현재 가치	-₩4,789		PV

=NPER(B7,B5,B8,B6,0) → 5

=PMT(B7,B3,B8,B6,0) → 250

=FV(B7,B3,B5,B8,0) → 5000

=RATE(B3,B5,B8,B6,0) → 6%

=PV(B7,B3,B5,B6,0) → 4789

확정 금리는 PMT/FV로 구한다.

□ FVSCHEDULE 함수

FVSCHEDULE 함수는 초기 원금에 일련의 복리 이율을 적용했을 때의 예상 금액을 반환한다. FVSCHEDULE을 사용하면 투자액에 다양한 이율을 적용했을 때의 예상 금액을 계산할 수 있다. 인수는 현재의 가치, 적용할 이율로 구성된 배열이 된다.

첫 해에 9% 이율, 둘째 해에 11% 이율, 셋째 해에 10% 이율을 1원에 대해 적용된다면 FVSCHEDULE 함수를 다음과 같이 배열 상수로 정의한다.

=FVSCHEDULE(1,{0.09,0.11,0.1}) → 1.33089

이것은 FV 함수를 통해서 살펴 볼 수 있다.

=FV(9%,1,,−1,1) → 1.09 (첫 해의 총 예금액)

=FV(9%,1,,−1.09,1) → 1.2099 (둘째 해의 총 예금액)

=FV(9%,1,,−1.2099,1) → 1.33089 (셋째 해의 총 예금액)

□ INTRATE 함수

INTRATE 함수는 완전 투자 유가 증권(fully invested security)의 이자율을 반환한다. 인수는 결산일, 만기일, 투자액, 만기 시 상환액, 날짜 계산 기준이 된다. 주식을 투자 가격으로 구입하여 상환 가격으로 팔 경우에 발생하는 연간 이익률을 계산한다.

	A	B	C	D	E	F	G
1							
2	결산일		2008-02-15		=INTRATE(C2,C3,C4,C5,C6)		
3	만기일		2008-05-15				
4	투자액		1000000				
5	상환액		1,014,420				
6	날짜 계산 기준		2				

유가 증권의 이자율은 다음과 같이 계산한다.

=INTRATE(C2,C3,C4,C5,C6) → 0.05768

채권의 할인율은 약 5.77%가 된다.

그림을 1990년 1월 15일자로 10만원에 구입하고 2002년 5월5일에 30만원에 매각하였다. 기준을 2로 할 때 연평균 이율은 다음과 같이 계산한다.

=INTRATE(DATE(1990,1,15),DATE(2002,5,5),100000,300000,2) → 0.160249277

▭ IPMT 함수

IPMT 함수는 일정 금액과 일정 이율 하에서 정기적으로 주어진 기간 동안 갚아야 할 투자에 대한 이자를 계산한다. 인수는 상환기간당 이율, 이자계산 시점, 원리금 총 상환 횟수, 상환금액, 최종 상환 후의 잔고, 상환 시점이 된다.

연이율 5%로 100만원을 대출하였을 때 매년 지불되는 이자는 얼마가 될까? 상환 기간은 3년으로 가정한다.

	A	B	C	D	E	F	G	H
1				이자 계산 시점		이자		
2	연이율		5%		1	=IPMT($C$2,E2,$C$3,$C$4)		
3	총 상환 횟수		3		2	-₩34,139.57		
4	상환 금액		1000000		3	-₩17,486.12		

1년 후 지불해야 할 이자는 다음과 같이 계산한다.

=IPMT($C$2,E2,$C$3,$C$4)

=IPMT(5%,1,3,1000000) → −50,000.00

3년 후 지불해야 할 이자는 다음과 같이 계산한다.

=IPMT(5%,3,3,1000000) → −17,486.12

위조건 하에서 첫 달에 지불되는 이자는 다음과 같이 계산할 수 있다.

=IPMT(5%/12,1,3*12,1000000) → −4,167

매달 혹은 분기별로 지불해야 할 이자를 계산하려면 연 금리로 표시된 이율과 햇수로 표시된 상환 횟수를 다음과 같이 수정한다.

- 월 상환 이자: 연이율/12, 총 상환횟수×12
- 분기 상환 이자: 연이율/4, 총 상환횟수×4

◫ PPMT 함수

PPMT 함수는 일정 금액과 일정 이율 하에서 정기적으로 주어진 기간 동안 갚아야 할 투자에 대한 원금 상환액을 계산한다. 인수는 상환기간당 이율, 이자계산 시점, 원리금 총 상환횟수, 상환금액, 최종 상환 후의 잔고, 상환 시점이 된다.

	A	B	C	D	E	F	G	H	I
1				이자 계산 시점		이자	원금		
2	연이율		5%		1	-₩50,000.00	=PPMT($C$2,E2,$C$3,$C$4)		
3	총 상환 횟수		3		2	-₩34,139.57	-₩333,069		
4	상환 금액		1000000		3	-₩17,486.12	-₩349,722		

IPMT 함수의 예제로부터 1년 후 지불해야 할 원금은 다음과 같이 계산한다.

=PPMT($C$2,E2,$C$3,$C$4)

=PPMT(5%,1,3,1000000) → −317,209

3년 후 지불해야 할 원금은 다음과 같이 계산한다.

=PPMT(5%,3,3,1000000) → −349,722

위조건 하에서 첫 달에 지불되는 원금은 다음과 같이 계산할 수 있다.

=PPMT(5%/12,1,3*12,1000000) → −25,804

※ IPMT 함수와 PPMT 함수는 상환시점에서의 상환 이자와 원리금을 계산한다. CUMIPMT 함수와 CUMPRINC 함수는 특정시점이 아닌 특정기간동안의 상환 원리금과 이자를 계산한다.

◫ PMT 함수

PMT 함수는 일정 이율 하에서 정기적으로 주어진 기간 동안 갚아야 할 투자에 대한 상환액을 계산한다. 즉, 주어진 이자율과 불입회수로 현재가치와 미래가치를 같게 만들어주는 불입액을 구한다. 인수는 상환기간당 이율, 원리금 총 상환횟수, 상환금액, 최종 상환 후의 잔고, 상환 시점이 된다.

	A	B	C	D	E	F	G	H	I	J
1				이자 계산 시점		이자	원금	총 상환액		
2	연이율		5%		1	-₩50,000.00	-₩317,209	=PMT($C$2,$C$3,$C$4)		
3	총 상환 횟수		3		2	-₩34,139.57	-₩333,069			
4	상환 금액		1000000		3	-₩17,486.12	-₩349,722			

IPMT 함수의 예제로부터 매년 지불해야 할 상환금은 다음과 같이 계산한다.

=PMT($C$2,$C$3,$C$4)

=PMT(5%,3,1000000) → −367,209

즉, 대출 상환 기간 동안 매년 367,209원을 상환해야 한다.

매월 지불해야 할 상환금은 다음과 같이 계산한다.

=PMT(5%/12,3*12,1000000) → −29,971

PMT 함수의 값은 PPMT 함수의 값에 IPMT 함수의 값을 더한 것과 같다. PPMT 함수의 값과 IPMT 함수의 값은 매해 혹은 매달 다르게 계산되지만 두 함수의 합 즉, PMT 함수의 값은 매해 혹은 매달 동일한 값이 된다.

20년 후 5,000만원을 마련하기 위해 매년 적립해야 하는 돈은 얼마일까. 연간 이자율이 6%라고 가정하면 다음과 같이 계산할 수 있다.

=PMT(6%,20,,50000000) → −1,359,228

동일한 조건 하에서 매달 적립해야 하는 돈은 다음과 같이 계산할 수 있다.

=PMT(6%/12,18*12,,50000) → −129.08

◻ IRR 함수

IRR 함수는 숫자로 표시되는 일련의 주기적인 현금흐름에 대한 내부 수익률을 반환한다. 이 현금흐름은 연금과 같이 일정할 필요는 없다. 내부 수익률은 주기적으로 발생하는 납입액(음수)과 수익액(양수)으로 구성되는 투자 이율이다. 인수는 수, 추정 수익률이 된다.

IRR에 의해 계산되는 내부 수익률은 미래의 현금흐름의 현재가치 즉, 투자안의 현재가치가 투자비용과 같게 되는 할인율을 말한다.

사업을 시작하는데 700만원이 소요되며 5년 사이에 120만원, 150만원, 180만원, 210

만원, 260만원의 순이익이 기대된다. 5년 후의 내부 수익률은 다음과 같이 계산된다.

	A	B	C	D	E
1					
2	투자액	-7000000		=IRR(B2:B4,-0.1)	
3	첫 해의 예상 수익	1200000		-2.12%	
4	둘째 해의 예상 수익	1500000		8.66%	
5	셋째 해의 예상 수익	1800000			
6	넷째 해의 예상 수익	2100000			
7	다섯째 해의 예상 수익	2600000			

=IRR(B2:B7) → 8.66%

5년 후의 내부 수익률은 8.66%가 된다. 초기 투자비용 700만원을 이자율 8%로 차입한다고 하면 투자 수익률이 더 높으므로 투자안을 채택하게 된다.

내부 수익률 계산에는 반드시 한 개 이상의 양수와 음수 값을 포함해야 한다. 또한 수는 반드시 참조영역 혹은 배열을 사용한다.

2년 후의 내부 수익률을 계산하려면 추정 수익률을 지정한다. 그렇지 않으면 #NUM! 오류가 발생한다.

=IRR(A1:A3, −10%) → −44.35%

올해 5,000만원을 투자하여 상가를 짓고 2년 후 7,200만원에 파는 경우 내부 수익률은 다음과 같이 구한다.

=IRR({−5000;0;7200},−10%) → 20%

초기 투자비용 1,000만원을 소요하여 3년 동안 0, 190만원, 1,500만원의 현금흐름이 예상되는 투자안 A와 7,000만원, 7,000만원, 0의 현금흐름이 예상되는 투자안 B가 있다. 투자안의 우선순위는 내부 수익률이 높은 쪽이 된다.

=IRR({−1000;0;190;1500}) → 20%

=IRR({−1000;700;700;0}) → 25.7%

투자안 B의 내부 수익률이 투자안 A보다 더 크므로 투자안 B를 선택해야 한다.

이자는 연 1회 지급하며, 만기가 3년 남은 액면금액 만원, 표면금리 연 10%인 채권이 있다. 현재 이 채권은 시장에서 8,858원에 거래되고 있다면 채권수익률은 다음과 같이 계산한다.

=IRR({−8858,1000,1000,11000}) → 15%

현재 주가가 2만원이다. 올해 말 1주당 배당금은 2천원이며 1주당 주가는 26,000원으로 예측된다. 할인율이 25%라고 할 때 주식의 균형가격 즉, 내재가치는 다음과 같이 계산한다.

=PV(0.25,1,,28000) → −22,400 혹은
=NPV(0.25,28000) → 22,400

따라서 2만원에 주식을 구입하면 2,400원의 투자 이익을 얻게 된다.

=NPV(0.25,28000)−20000 → 2,400

주식 구입에 따른 내부 수익률은 다음과 같이 계산된다.

=IRR({−20000,28000},0.25) → 40%

2만원의 자금을 사용하는 데 부담하는 할인율은 25%이므로 투자수익률이 40%이므로 주식을 구입하는 것이 이익이 된다.

IRR 함수는 순 현재가치 함수 NPV와 밀접한 관계가 있다. IRR에 의해 계산되는 내부 수익률은 순 현재가치 0에 해당하는 이율이다.

=NPV(IRR(B2:B7),B2:B7) → 0.00

□ MIRR 함수

MIRR 함수는 정기적인 현금흐름에 대한 수정된 내부 회수율을 계산한다. MIRR은 투자비용과 현금을 재투자하여 얻은 이자를 모두 고려한다. 인수는 수, 이율, 재투자 이율이 된다.

MIRR 함수는 일련의 현금흐름에서 현금유입과 현금유출에 대해 각각 다른 이자율을 적용하여 수정 내부 수익률을 구하는 데 사용한다. 예를 들어, 은행에서 연리 10%로 대출받아 벌어들인 돈으로 연리 12%의 수익이 발생하는 사업에 재투자하는 경우의 내부 수익률을 구할 수 있다. 지출은 −로, 수입은 +로 표시한다.

연리 10%로 700만원을 대출하여 5년 동안 120만원, 150만원, 180만원, 210 만원, 260만원을 회수하였다. 이 기간 동안 12%의 이율로 회수한 돈을 재투자한 경우 5년 후의 수정된 회수율은 다음과 같이 계산된다.

	A	B	C	D	E
1					
2	투자액	-7000000		=MIRR(B2:B7,B8,B9)	
3	첫째 해의 회수금	1200000		-10.70%	
4	둘째 해의 회수금	1500000			
5	셋째 해의 회수금	1800000			
6	넷째 해의 회수금	2100000			
7	다섯째 해의 회수금	2600000			
8	대출금의 연리	10%			
9	재투자 수익 연리	12%			

=MIRR(B2:B7,B8,B9) → 9.87%

돈을 재투자하지 않았으면 8.66%의 내부 수익률을 얻게 된다.

=IRR(B2:B7,0.1) → 8.66%

3년 후의 수정된 회수율은 다음과 같이 계산된다.

=MIRR(B2:B5,B8,B9) → −10.7%

◻ XIRR 함수

XIRR 함수는 비정기적일 수도 있는 현금흐름의 내부 회수율을 반환한다. 정기적인 현금흐름의 내부 회수율을 계산하려면 IRR 함수를 사용한다. 인수는 일련의 현금흐름, 날짜, 추정 수익률이 된다.

	A	B	C	D	E	F
1						
2	2010-01-01	-1000000		=XIRR(B2:B6,A2:A6,0.1)		
3	2010-05-05	320000				
4	2010-11-13	400000				
5	2011-02-25	350000				
6	2011-04-18	270000				

=XIRR(B2:B6,A2:A6,0.1) → 0.394672889

XIRR 함수는 순 현재가치를 계산하는 XNPV 함수와 밀접한 관계가 있다. XIRR로 계산하는 회수율은 XNPV = 0일 때의 이율과 같다.

=XNPV(XIRR(B2:B6,A2:A6,0.1),B2:B6,A2:A6) → 0.00018

◻ ISPMT 함수

ISPMT 함수는 특정 투자 기간 동안 지급되는 이자를 계산한다. 이 함수는 Lotus 1−2−3과의 호환을 위해 제공되는 함수이다. 인수는 상환기간당 이율, 이자계산 시점, 원리금 총 상환횟수, 상환금액이 된다.

저축에 대한 적립금이나 기타 인출금 등 지급하는 현금은 음수로 표시되고, 배당 수표나 기타 예금 등 수취하는 현금은 양수로 표시된다.

융자 500만원에 대해 연이율 5%로 5년 동안 갚을 때 첫 해의 이자 지급액은 다음과 같이 계산한다.

=ISPMT(5%,1,5,5000000) → −200000

동일한 조건에서 첫 번째 달에 갚아야 할 이자 지급액은 다음과 같이 계산한다.

=ISPMT(5%/12,1,5*12,5000000) → −20486.11111

▭ NPV 함수

NPV 함수는 할인율, 앞으로의 지급액(음수 값) 및 수입(양수 값)을 사용하여 투자의 현재가치를 계산한다. 인수는 할인율, 지급액과 수입이 된다.

기간별 납입액(현금흐름)이 일정한 경우의 재무 함수 FV, PV에 비해 NPV 함수는 기간별 납입액(현금흐름)이 일정치 않은 경우의 재무 함수에 해당한다. PV 함수는 기간의 끝이나 초에 현금흐름을 시작할 수 있지만 NPV는 기간의 끝에 현금흐름을 시작할 수 있다.

- 지급액과 수입은 시간 간격이 같아야 하며 각 기간의 끝에 발생해야 한다.
- NPV는 인수의 순서를 현금흐름의 순서로 해석한다.
- NPV 투자는 value1 현금흐름 날짜에서 한 기간 전에 시작하여 목록의 마지막 현금흐름에서 끝난다.
- NPV 계산은 앞으로의 현금흐름을 기초로 한다. 현금흐름이 기간 초에 발생하면 현금흐름은 NPV 결과에 추가돼야 한다.
- 현금유출은 음수로 계산한다.

현재 시점에서 700만원의 투자비용이 소요되는 투자안이 앞으로 5년 동안 투자비용을 120만원, 150만원, 180만원, 210 만원, 260만원 회수할 것으로 기대된다. 투자의 순현재가치는 다음과 같이 계산된다.

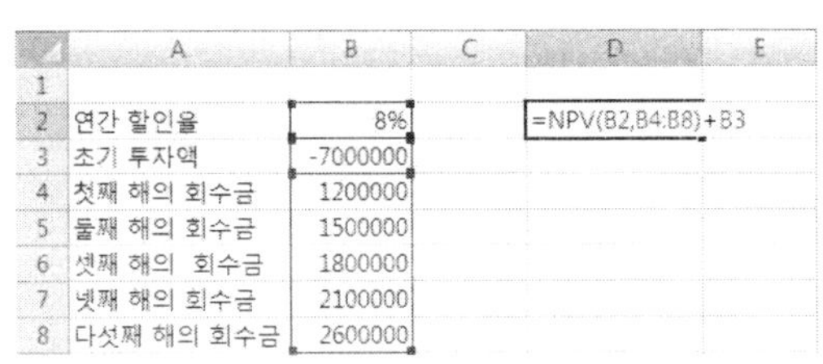

	A	B	C	D	E
1					
2	연간 할인율	8%		=NPV(B2,B4:B8)+B3	
3	초기 투자액	-7000000			
4	첫째 해의 회수금	1200000			
5	둘째 해의 회수금	1500000			
6	셋째 해의 회수금	1800000			
7	넷째 해의 회수금	2100000			
8	다섯째 해의 회수금	2600000			

=NPV(B2,B4:B8)+B3 → 139096.37856

초기 투자액은 첫째 해의 초기에 발생하였으므로 인수에 포함하지 않고 NPV 결과에 추가한다.

현재 시점에서 1년 후 700만원의 투자비용이 소요되는 투자안이 앞으로 5년 동안 투자비용을 120만원, 150만원, 180만원, 210 만원, 260만원 회수할 것으로 기대된다. 투자의 순 현재가치는 다음과 같이 계산된다.

	A	B	C	D	E
1					
2	연간 할인율	8%		=NPV(B2,B3:B8)	
3	초기 1년 간의 투자액	-7000000			
4	첫째 해의 회수금	1200000			
5	둘째 해의 회수금	1500000			
6	셋째 해의 회수금	1800000			
7	넷째 해의 회수금	2100000			
8	다섯째 해의 회수금	2600000			

=NPV(B2,B3:B8) → 128792.94311

첫 번째 해의 말에 투자가 발생했으므로 인수에 포함하여 계산한다.

앞 예제에서 6년째 되는 해에 90만원의 손실이 있었다고 하면 투자에 대한 순 현재가치는 다음과 같이 계산한다.

=NPV(B2,B3:B8,−900000) → −396,348

투자의 순 현재가치는 −396,348원이 된다. 즉, 투자를 하면 그만큼 손실을 보게 된다.

※ NPV의 값이 음의 값이면 투자 가치가 없다는 것을 의미한다.

8% 이자율 하에서 4년 후 12,000을 받을 수 있는 채권의 현재가치는 다음과 같이 계산한다.

=NPV(8%,0,0,0,12000) → 8,820

시장 이자율을 10%, 이자는 연1회 지급한다고 가정할 때 만기까지 3년이 남았고 액면 금액이 100만원, 표면금리가 8%인 이자부 채권의 가격은 다음과 같이 계산한다.

=NPV(0.1,{80000,80000,1080000}) → 950,263

시장 이자율을 10%, 이자는 연1회 지급한다고 가정할 때 만기까지 3년이 남은 액면금액 100만원인 무이자부 할인채의 가격은 다음과 같이 계산한다.

=NPV(0.1,{0,0,1000000}) → 751,314.8

할인채권은 아무런 이자도 지급하지 않고 만기에 액면금액만 상환한다. 따라서 할인채의 현금흐름은 만기에 단 1회만 이루어진다.

시장 이자율을 10%, 이자는 연1회 지급한다고 가정할 때 액면 금액이 100만원, 표면금리가 8%인 영구 채권의 가격은 다음과 같이 계산한다.

=PV(0.1,431,80000) → 800,000

영구 채권은 만기가 존재하지 않는다. 따라서 이 채권은 원금 상환은 없고 이자만 계속 지급한다. 영구 채권의 현금흐름은 영구 연금의 그것과 같다.

만기가 3년, 표면금리 8%로 액면금액 100만원의 회사채를 발행하려 한다. 시장이자율이 6%라고 가정할 때 채권 발행 가격은 다음과 같이 계산한다.

=NPV(0.06,{80000,80000,1080000}) → 1,053,460

이 채권은 액면금액보다 높은 가격으로 할증 발행된다.

할인율 20% 하에서 어떤 투자로부터 예상되는 현금 유입이 1년 후에는 50만원, 2년 후에는 80만원, 3년 후에는 90만원, 4년 후에는 70만원이라면 투자의 현재가치는 다음과 같이 계산한다.

=NPV(20%,500000,800000,900000,700000) → 1,830,633

올해 말 2,000원, 내년 말 3,000원의 배당금이 지급되며, 내년 말 이 주식을 처분하면 21,000원을 받을 것으로 추정된다. 할인율이 12%라고 할 때 주식 가격은 다음과 같이 계산한다.

=NPV(0.12,2000,24000) → 20918

XNPV 함수

XNPV 함수는 비정기적일 수도 있는 현금흐름의 순 현재가치를 반환한다. 정기적인 현금흐름의 순 현재가치를 계산하려면 NPV 함수를 사용한다. 인수는 할인율, 일련의 현금흐름, 날짜가 된다.

- 날짜는 현금흐름 상의 납입금에 대응하는 지불 일정이다.
- 최초 납입금은 선택 항목으로서 투자 초기에 발생하는 비용이나 납입금에 해당된다.
- 최초 납입금이 비용이나 납입금인 경우 음수로 입력한다.
- 최초 납입금 이후의 모든 납입금은 연간 일수 365일을 기준으로 할인된다.
- 일련의 값들에는 최소한 하나의 양수와 하나의 음수가 포함돼야 한다.
- 최초 납입금에 대응되는 시작 날짜는 반드시 다른 날짜 앞에 위치해야 한다.
- 납입금과 날짜의 수는 일치해야 한다.

2010년 1월 1일 현금 100만원을 투자하여 2010년 5월 5일 32만원, 2010년 11월 13일 40만원 , 2011년 2월 25일 35만원, 2011년 4월 18일 27만원을 회수한다면 현금 유통의 할인율이 5%일 때의 순 현재가치는 다음과 같이 계산한다.

	A	B	C	D	E	F
1						
2	2010-01-01	-1000000		=XNPV(5%,B2:B6,A2:A6)		
3	2010-05-05	320000				
4	2010-11-13	400000				
5	2011-02-25	350000				
6	2011-04-18	270000				

=XNPV(5%,B2:B6,A2:A6) → 282578.23

ODDFPRICE 함수

ODDFPRICE 함수는 첫 이수 기간이 경상 이수 기간과 다른(짧거나 긴) 유가 증권의 액면가 $100당 금액을 반환한다. 인수는 결산일, 만기일, 발행일, 최초 이자 지급일, 이율, 연간 수익률, 액면가 $100당 상환액, 연간 이자 지급 횟수, 날짜 계산 기준이 된다.

	A	B	C	D	E	F	G	H	I
1									
2	결산일		2008-11-11		=ODDFPRICE(C2,C3,C4,C5,C6,C7,C8,C9,C10)				
3	만기일		2021-03-01						
4	발행일		2008-10-15						
5	최초 이자 지급일		2009-03-01						
6	이자율		7.85%						
7	수익률		6.25%						
8	상환액		100						
9	연간 이자 지급 횟수		2						
10	날짜 계산 기준		1						

=ODDFPRICE(C2,C3,C4,C5,C6,C7,C8,C9,C10) → 113.5977

채권 액면가 $100당 금액은 113.5977이 된다.

이 함수는 ODDFYIELD 함수의 역이 된다.

□ ODDFYIELD 함수

ODDFYIELD 함수는 첫 이수 기간이 경상 이수 기간과 다른(짧거나 긴) 증권의 연 수익률을 반환한다. 인수는 결산일, 만기일, 발행일, 최초 이자 지급일, 이율, 가격, 액면가 $100당 상환액, 연간 이자 지급 횟수, 날짜 계산 기준이 된다.

=ODDFYIELD(C2,C3,C4,C5,C6,E2,C8,C9,C10) → 0.0625

증권의 연 수익률은 6.25%가 된다.

□ ODDLPRICE 함수

ODDLPRICE 함수는 마지막 이수 기간이 경상 이수 기간과 다른(짧거나 긴) 유가 증권의 액면가 $100당 가격을 반환한다. 인수는 결산일, 만기일, 최초 이자 지급일, 이율, 연간 수익률, 액면가 $100당 상환액, 연간 이자 지급 횟수, 날짜 계산 기준이 된다.

	A	B	C	D	E	F	G	H
1								
2	결산일		2008-02-07		=ODDLPRICE(C2,C3,C4,C5,C6,C7,C8,C9)			
3	만기일		2008-06-15					
4	마지막 이자 지급일		2007-10-15					
5	이자율		7.85%					
6	수익률		6.25%					
7	상환액		100					
8	연간 이자 지급 횟수		2					
9	날짜 계산 기준		0					

=ODDLPRICE(C2,C3,C4,C5,C6,C7,C8,C9) → 100.5034

채권 액면가 $100당 금액은 100.5034가 된다.

이 함수는 ODDLYIELD 함수의 역이 된다.

□ ODDLYIELD 함수

ODDLYIELD 함수는 마지막 이수 기간이 경상 이수 기간과 다른(짧거나 긴) 유가 증권의 수익률을 반환한다. 인수는 결산일, 만기일, 발행일, 최초 이자 지급일, 이율, 가격, 액면가 $100당 상환액, 연간 이자 지급 횟수, 날짜 계산 기준이 된다.

=ODDLYIELD(C2,C3,C4,C5,E2,C7,C8,C9) → 0.0625

증권의 연 수익률은 6.25%가 된다.

◫ PRICE 함수

PRICE 함수는 정기적으로 이자를 지급하는 유가 증권의 액면가 $100당 가격을 반환한다. 인수는 결산일, 만기일, 연간 확정 금리, 연간 수익률, $100당 상환액, 연간 이자 지급 횟수, 날짜 계산 기준이 된다.

	A	B	C	D	E	F	G	H
1								
2	결산일		2008-01-01		=PRICE(C2,C3,C4,C5,C6,C7,C8)			
3	만기일		2016-01-01					
4	연간 확정 금리		8%					
5	연간 수익률		9%					
6	상환액		100					
7	연간 이자 지급 횟수		2					
8	날짜 계산 기준		1					

=PRICE(C2,C3,C4,C5,C6,C7,C8) → 94.38299248

채권 가격은 액면가 $100당 94.38299248이 된다.

결산일과 만기일이 2012년 4월 1일, 2020년 3월 31일이며, 이자율이 12%인 쿠폰이 있다. 쿠폰의 연간 수익률은 10%, $100당 상환금은 $100, 이자는 매년 두 번 지급된다면 쿠폰의 액면가 $100 가격은 다음과 같이 계산된다.

=PRICE(DATE(2012,4,1),DATE(2020,3,31),12%,10%,100,2) → 110.8344836

◫ YIELD 함수

YIELD 함수는 정기적으로 이자를 지급하는 유가 증권의 수익률을 반환한다. YIELD를 사용하면 채권의 수익률을 계산할 수 있다. 인수는 결산일, 만기일, 연간 확정 금리, $100당 가격, $100당 상환액, 연간 이자 지급 횟수, 날짜 계산 기준이 된다.

=YIELD(C2,C3,C4,E2,C6,C7,C8) → 0.09

유가 증권의 수익률은 9%가 된다.

=YIELD(DATE(2012,4,1),DATE(2020,3,31),12%,G26,100,2) → 0.1

◫ PRICEDISC 함수

PRICEDISC 함수는 할인된 무이자부 유가 증권의 액면가 $100당 가격을 반환한다. 인수는 결산일, 만기일, 할인율, $100당 상환액, 날짜 계산 기준이 된다.

	A	B	C	D	E	F	G
1							
2	결산일		2008-02-16		=PRICEDISC(C2,C3,C4,C5,C6)		
3	만기일		2008-03-01		0.0525		
4	할인율		5.25%		0.052607		
5	상환액		100				
6	날짜 계산 기준		2				

=PRICEDISC(C2,C3,C4,C5,C6) → 99.79583333

채권 가격은 액면가 $100당 99.80이 된다.

◫ DISC 함수

DISC 함수는 유가 증권의 할인율을 반환한다. 인수는 결산일, 만기일, 액면가 100달러당 유가 증권 가격, 액면가 100달러당 유가 증권 상환액, 날짜 계산 기준이 된다.

	A	B	C	D	E	F	G
1							
2	결산일		2008-02-16		=DISC(C2,C3,C4,C5,C6)		
3	만기일		2008-03-01				
4	가격		99.7958333				
5	상환액		100				
6	날짜 계산 기준		2				

=DISC(C2,C3,C4,C5,C6) → 0.0525

채권 할인율은 5.25%가 된다. DISC 함수는 주로 어음 할인율을 구할 때 사용한다.

결산일이 2010년 4월 1일이며 만기일이 2015년 3월 31일이다. 액면가 $100당 가격은 $95, 상환금은 $100이다. 이 쿠폰의 할인율은 다음과 같이 계산된다.

=DISC(DATE(2011,4,1),DATE(2015,3,31),95,100,0) → 0.0125

◫ YIELDDISC 함수

YIELDDISC 함수는 할인된 무이자부 유가 증권의 연 수익률을 반환한다. 인수는 결산일, 만기일, $100당 가격, $100당 상환액, 날짜 계산 기준이 된다.

	A	B	C	D	E	F	G
1							
2	결산일		2008-02-16		0.0525		
3	만기일		2008-03-01		=YIELDDISC(C2,C3,C4,C5,C6)		
4	가격		99.7958333				
5	상환액		100				
6	날짜 계산 기준		2				

=YIELDDISC(C2,C3,E2,C5,C6) → 0.052607

채권 수익률은 5.26%가 된다.

=YIELDDISC(DATE(2011,4,1),DATE(2015,3,31),95,100,0) → 0.013157895

DISC 함수는 할인율을 계산하지만 YIELDDISC 함수는 수익률을 계산한다.

□ PRICEMAT 함수

PRICEMAT 함수는 만기일에 이자를 지급하는 유가 증권의 액면가 $100당 가격을 반환한다. 인수는 결산일, 만기일, 발행일, 이율, 연간 수익률, 날짜 계산 기준이 된다. 반드시 발행일<결산일<만기일의 관계가 성립돼 한다.

	A	B	C	D	E	F	G	H
1								
2	결산일		2008-02-16		=PRICEMAT(C2,C3,C4,C5,C6,C7)			
3	만기일		2008-03-01					
4	발행일		2007-11-11					
5	이자율		5.25%					
6	수익률		5%					
7	날짜 계산 기준		2					

=PRICEMAT(C2,C3,C4,C5,C6,C7) → 100.007

채권 가격은 액면가 $100당 100.007이 된다.

증권 발행일이 2011년 1월 1일이고 결산일이 2011년 4월 1일이며 만기일이 2015년 3월 31일이다. 발생일의 이자율은 4.5%이고 연간 수익률이 2.5%일 때 액면가 100 달러당 가격은 다음과 같이 계산된다.

=PRICEMAT(DATE(2011,4,1),DATE(2015,3,31),DATE(2011,1,1),4.5%,2.5%,0)
→ 107.1704545

따라서 액면가 만원의 증권 가격은 107.1704545×10000/100으로 계산할 수 있다.

참고 가격은 액면가 $100당 $107.17이 되므로 액면가 100원당 107.17원이 된다고 볼 수 있다. 환율은 고려할 필요가 없다.

YIELDMAT 함수

YIELDMAT 함수는 만기 시 이자를 지급하는 유가 증권의 연 수익률을 반환한다. 결산일, 만기일, 발행일, 이율, $100당 가격, 날짜 계산 기준이 된다.

=YIELDMAT(C2,C3,C4,C5,E2,C7) → 0.05

채권 수익률은 5%가 된다.

=YIELDMAT(DATE(2011,4,1),DATE(2015,3,31),DATE(2011,1,1),4.5%,107.1704545,0) → 0.025

RECEIVED 함수

RECEIVED 함수는 완전 투자 유가 증권(fully invested security)에 대해 만기 시 수령하는 금액을 반환한다. 인수는 결산일, 만기일, 투자액, 할인율, 날짜 계산 기준이 된다.

	A	B	C	D	E	F	G
1							
2	결산일		2008-02-16		=RECEIVED(C2,C3,C4,C5,C6)		
3	만기일		2008-05-15				
4	투자액		1000000				
5	할인율		5.75%				
6	날짜 계산 기준		2				

=RECEIVED(C2,C3,C4,C5,C6) → 1014420.27

만기 시 수령할 금액은 1014420.27이 된다.

만기일이 2010년 3월 31일, 할인율이 4.5%인 증권이 있다. 2005년 4월 1일 이 증권에 $1000를 투자하였다. 만기 시에 받게 되는 금액은 다음과 같이 계산한다.

=RECEIVED(DATE(2005,4,1),DATE(2010,3,31),1000,4.5%) → 1290.322581

TBILLEQ 함수

TBILLEQ 함수는 채권에 해당하는 국채 수익률(bond−equivalent yield)을 반환한다. 인수는 결산일, 만기일, 할인율이 된다.

	A	B	C	D	E
1					
2	결산일	2008-02-16		=TBILLEQ(B2,B3,B4)	
3	만기일	2008-05-15			
4	할인율	5.75%			

=TBILLEQ(B2,B3,B4) → 0.059139293

국채의 채권에 해당하는 수익률은 5.9%가 된다.

□ TBILLPRICE 함수

TBILLPRICE 함수는 국채의 액면가 $100당 가격을 반환한다. 인수는 결산일, 만기일, 할인율이 된다.

=TBILLEQ(B2,B3,B4) → 98.57847222

국채의 액면가 $100당 가격은 98.57847222이다.

□ TBILLYIELD 함수

TBILLYIELD 함수는 국채의 수익률을 반환한다. 인수는 결산일, 만기일, 액면가 $100당 가격이 된다.

=TBILLYIELD(B2,B3,98.57847222) → 0.058329165

국채의 수익률은 5.83%가 된다.

□ DB 함수

DB 함수는 정률법을 사용하여 특정 기간 동안 자산의 감가상각을 반환한다. 인수는 자산 취득가격, 자산의 잔존가치, 자산의 내용연수, 상각시점, 첫해의 남은 개월 수가 된다. 첫해의 남은 개월 수를 생략하면 12로 간주한다.

	A	B	C	D	E	F
1						
2	취득 가격	10000000		=DB($B$2,$B$3,$B$4,1,7)		
3	잔존 가치	500000		₩3,029,048		
4	내용 연수	6		₩1,838,632		
5				₩1,116,050		
6				₩677,442		
7				₩411,207		
8				₩104,001		

7 개월만 대상으로 한 첫 해의 감가상각은 다음과 같이 계산한다.

=DB(B2,B3,B4,1,7) → 186,083

둘째 해의 감가상각은 다음과 같이 계산한다.

=DB(B2,B3,B4,2,7) → 259,63

5 개월만 대상으로 한 일곱째 해의 감가상각은 다음과 같이 계산한다.

=DB(B2,B3,B4,7,7) → 15,845

◫ DDB 함수

DDB 함수는 이중 체감법이나 기타 방법을 사용하여 지정된 기간의 감가상각액을 계산한다. 인수는 자산 취득가격, 자산의 잔존가치, 자산의 내용연수, 상각시점, 잔액이 감소하는 비율이 된다. 비율을 생략하면 2(이중 체감법)로 간주된다.

	A	B	C	D	E	F	G
1							
2	취득 가격	10000000		₩2,292,500	=DDB($B$2,$B$3,$B$4,1,2)		
3	잔존 가치	500000		₩3,029,048	₩2,222,222		
4	내용 연수	6		₩1,838,632	₩1,481,481		
5				₩1,116,050	₩987,654		
6				₩677,442	₩658,436		
7				₩411,207	₩438,957		
8				₩104,001			

첫 날의 감가상각을 계산하려면 다음과 같이 한다.

=DDB(B2,B3,B4*365,1,2) → 9,132

※ 상각시점은 내용연수와 동일 단위를 사용한다.
첫째 달의 감가상각을 계산하려면 다음과 같이 한다.

=DDB(B2,B3,B4*12,1,2) → 277,778

첫째 연도의 감가상각을 계산하려면 다음과 같이 한다.

=DDB(B2,B3,B4,1,2) → 3,333,333

◫ SLN 함수

SLN 함수는 정액법으로 감가상각을 계산한다. 인수는 자산 취득가격, 자산의 잔존가치, 자산의 내용연수가 된다.

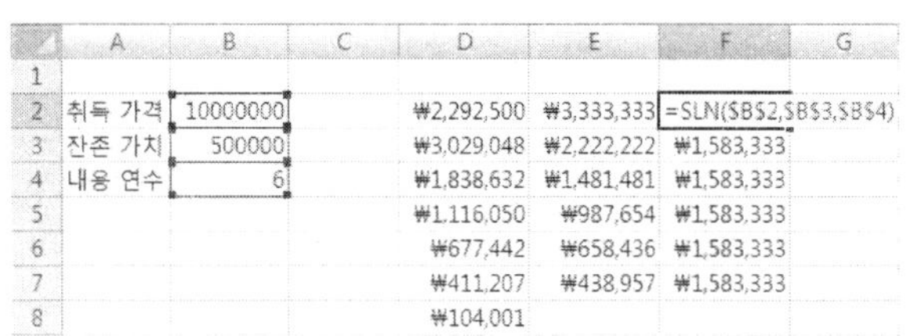

	A	B	C	D	E	F	G
1							
2	취득 가격	10000000		₩2,292,500	₩3,333,333	=SLN($B$2,$B$3,$B$4)	
3	잔존 가치	500000		₩3,029,048	₩2,222,222	₩1,583,333	
4	내용 연수	6		₩1,838,632	₩1,481,481	₩1,583,333	
5				₩1,116,050	₩987,654	₩1,583,333	
6				₩677,442	₩658,436	₩1,583,333	
7				₩411,207	₩438,957	₩1,583,333	
8				₩104,001			

=SLN(B2,B3,B4) → 3,333,333

정액법으로 구한 감가상각액은 매년 3,333,333이 된다.

□ SYD 함수

SYD 함수는 연수 합계법으로 감가상각액을 계산한다. 인수는 자산 취득가격, 자산의 잔존가치, 자산의 내용연수, 상각시점이 된다.

	A	B	C	D	E	F	G	H	I
1									
2	취득 가격	10000000		₩2,292,500	₩3,333,333	₩1,583,333	=SYD($B$2,$B$3,$B$4,1)		
3	잔존 가치	500000		₩3,029,048	₩2,222,222	₩1,583,333	₩2,261,905		
4	내용 연수	6		₩1,838,632	₩1,481,481	₩1,583,333	₩1,809,524		
5				₩1,116,050	₩987,654	₩1,583,333	₩1,357,143		
6				₩677,442	₩658,436	₩1,583,333	₩904,762		
7				₩411,207	₩438,957	₩1,583,333	₩452,381		
8				₩104,001					

첫 해의 감가상각액은 다음과 같이 계산한다.

=SYD(B2,B3,B4,1) → 2,714,286

□ VDB 함수

VDB 함수는 변동 체감법으로 감가상각액을 계산한다. 인수는 자산 취득가격, 자산의 잔존가치, 자산의 내용연수, 상각시점, 상각 완료시점, 상각률, 논리값이 된다. 상각률을 생략하면 기본적으로 2가 적용되어 이중 체감법으로 계산한다.

논리값은 감가상각액이 정률법에 의한 상각액보다 클 때 정액법으로 전환할 것인지를 지정한다. TRUE를 지정하면 정액법으로 전환하지 않는다. FALSE를 지정하거나 생략하면 정액법으로 전환한다.

	A	B	C	D	E	F	G	H	I	J
1										
2	취득 가격	10000000		₩2,292,500	₩3,333,333	₩1,583,333	₩2,714,286	=VDB($B$2,$B$3,$B$4,0,1)		
3	잔존 가치	500000		₩3,029,048	₩2,222,222	₩1,583,333	₩2,261,905	₩2,222,222		
4	내용 연수	6		₩1,838,632	₩1,481,481	₩1,583,333	₩1,809,524	₩1,481,481		
5				₩1,116,050	₩987,654	₩1,583,333	₩1,357,143	₩987,654		
6				₩677,442	₩658,436	₩1,583,333	₩904,762	₩737,654		
7				₩411,207	₩438,957	₩1,583,333	₩452,381	₩737,654		
8				₩104,001						

첫 날의 감가상각을 계산하려면 다음과 같이 한다.

=VDB(B2,B3,B4*365,0,1) → 9,132

※ 상각시점은 내용연수와 동일 단위를 사용한다.

첫째 달의 감가상각을 계산하려면 다음과 같이 한다.

=VDB(B2,B3,B4*12,0,1) → 277,778

첫째 연도의 감가상각을 계산하려면 다음과 같이 한다.

=VDB(B2,B3,B4,0,1) → 3,333,333

둘째 연도의 감가상각을 계산하려면 다음과 같이 한다.

=VDB(B2,B3,B4,1,2) → 2,222,222

여섯 번째 달과 열여덟 번째 달 사이의 감가상각을 계산하려면 다음과 같이 한다.

=VDB(B2,B3,B4*12,6,18) → 2,422,334

10. 기타 함수

□ BIN2DEC 함수

BIN2DEC 함수는 2진수를 10진수로 변환한다. 인수는 2진수가 된다.

=BIN2DEC(1111) → 15

□ BIN2HEX 함수

BIN2HEX 함수는 2진수를 16진수로 변환한다. 인수는 2진수, 자리수가 된다.

=BIN2HEX(111111,4) → 003F

2진수를 네 자리의 16진수로 변환한다.

□ BIN2OCT 함수

BIN2OCT 함수는 2진수를 8진수로 변환합니다. 인수는 2진수, 자리수가 된다.

=BIN2OCT(1111,3) → 017

2진수를 세 자리의 8진수로 변환한다.

□ DEC2BIN 함수

DEC2BIN 함수는 10진수를 2진수로 변환한다. 인수는 10진수, 자리수가 된다.

=DEC2BIN(10,4) → 1010

□ DEC2HEX 함수

DEC2HEX 함수는 10진수를 16진수로 변환한다. 인수는 10진수, 자리수가 된다.

=DEC2HEX(10,4) → 000A

□ DEC2OCT 함수

DEC2OCT 함수는 10진수를 8진수로 변환한다. 인수는 10진수, 자리수가 된다.

=DEC2OCT(10,3) → 012

□ CONVERT 함수

CONVERT 함수는 다른 단위 체계의 숫자로 변환한다. CONVERT 함수를 사용하면 마일 단위의 거리를 킬로미터 단위로 변환할 수 있다. 인수는 수, 단위, 변환 단위가 된다.

=CONVERT(1,"mi","km") → 1.609344

=CONVERT(1,"l","ml") → 1000

단위는 CONVERT 함수의 도움말을 참조한다.

FREQUENCY 함수

FREQUENCY 함수는 값의 범위 내에서 해당 값의 발생 빈도를 계산하여 세로 배열 형태로 반환한다. 인수는 배열, 구간이 된다.

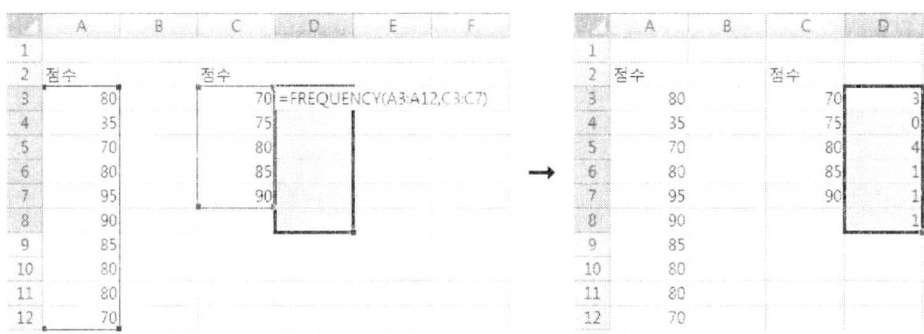

	A	B	C	D
1				
2	점수		점수	
3	80		70	3
4	35		75	0
5	70		80	4
6	80		85	1
7	95		90	1
8	90			1
9	85			
10	80			
11	80			
12	70			

발생 빈도가 반환될 셀은 점수 구간의 셀 수보다 하나 많게 설정한다. 발생 빈도가 반환될 마지막 셀에는 90점보다 큰 빈도 값이 반환된다.

수식 '=FREQUENCY(A3:A12,C3:C7)'을 입력한 후 Ctrl+Shift+Enter 키를 누른다.

HEX2BIN 함수

HEX2BIN 함수는 16진수를 2진수로 변환한다. 인수는 16진수, 자리수가 된다.

=HEX2BIN(15,8) → 00010101

HEX2DEC 함수

HEX2DEC 함수는 16진수를 10진수로 변환한다. 인수는 16진수가 된다.

=HEX2DEC(15) → 21

HEX2OCT 함수

HEX2OCT 함수는 16진수를 8진수로 변환한다. 인수는 16진수, 자리수가 된다.

=HEX2OCT(15,3) → 025

📖 OCT2BIN 함수

OCT2BIN 함수는 8진수를 이진수로 변환한다. 인수는 8진수, 자리수가 된다.

=OCT2BIN(15,8) → 00001101

📖 OCT2DEC 함수

OCT2DEC 함수는 8진수를 십진수로 변환한다. 인수는 8진수가 된다.

=OCT2DEC(15) → 13

📖 OCT2HEX 함수

OCT2HEX 함수는 8진수를 16진수로 변환한다. 인수는 8진수, 자리수가 된다.

=OCT2HEX(15,3) → 00D

11. 사용자 정의 함수

사용자 함수는 VBA 모듈에서 정의한다.

① 개발 도구 탭의 코드 그룹에서 'Visual Basic' 버튼을 클릭한다.

② VBAProject(FUNCRES.XLAM)의 모듈 폴더를 선택한다.

③ 모듈 폴더를 마우스 오른쪽 버튼으로 클릭하고 단축 메뉴에서 '삽입/모듈'을 실행한다.

④ 함수를 입력한다.

```
Function numSign(num)
  Select Case num
    Case Is < 0: numSign = "음수"
    Case 0: numSign = "0"
    Case Is > 0: numSign = "양수"
  End Select
End Function
```

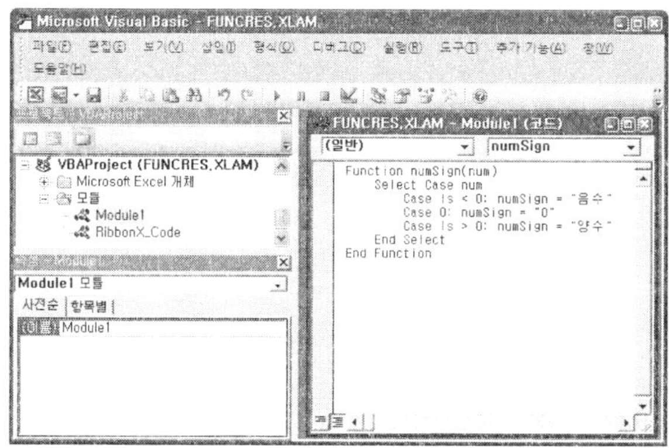

워크시트에서 '=numSign(5)'를 입력하면 '양수'로 출력된다.

※ 함수의 이름은 매크로 이름이 된다. 매크로 이름과 함수의 값을 저장하는 변수의 이름은 동일하게 지정한다.

입력 박스를 사용하려면 함수를 다음과 같이 정의한다.

```
Function hello()
  yourName = InputBox("이름을 입력하세요")
  MsgBox yourName & "씨 환영합니다."
End Function
```

워크시트에서 '=hello()'를 입력하면 대화상자가 열린다.

이름을 입력한 후 '확인' 버튼을 클릭하면 함수에 정의한 메시지 창이 열린다.

다음 함수는 $y = x^3 - 4x^2 + 10x + 75$의 값을 구한다.

```
Function tc(x)
  tc = x ^ 3 - 4 * x ^ 2 + 10 * x + 75
End Function
```

다음 함수는 $\frac{dy}{dx}$의 값을 구한다.

```
Function mc(x)
  mc = 3 * x ^ 2 - 8 * x + 10
End Function
```

다음 함수는 $\frac{y}{x}$의 값을 구한다.

```
Function atc(x)
  atc = x ^ 2 - 4 * x + 10 + 75 / x
End Function
```

이들 함수를 사용하려면 워크시트에서 다음과 같이 입력한다.

```
=tc(A2)
=mc(A2)
=atc(A2)
```

다음 함수는 여러 개의 인수로 구성된다. 이들 인수의 값은 직접 입력하거나 특정 셀을 참조할 수 있다.

$$y = a_1x^{a_2} + a_3x^{a_4} + a_5x + a_6$$

```
Function tc(x, a1, a2, a3, a4, a5, a6)
  tc = a1 * x ^ a2 + a3 * x ^ a4 + a5 * x + a6
End Function
```

$$\frac{dy}{dx} = a_1 \cdot a_2 x^{(a_2 - 1)} + a_3 \cdot a_4 x^{(a_4 - 1)} + a_5$$

```
Function mc(x, a1, a2, a3, a4, a5, a6)
  mc = a1 * a2 * x ^ (a2 - 1) + a3 * a4 * x ^ (a4 - 1) + a5
End Function
```

$$\frac{y}{x} = a_1\frac{x^{a_2}}{x} + a_3\frac{x^{a_4}}{x} + a_5\frac{x}{x} + \frac{a_6}{x}$$

```
Function ac(x, a1, a2, a3, a4, a5, a6)
  ac = a1 * x ^ a2 / x + a3 * x ^ a4 / x + a5 * x / x + a6 / x
End Function
```

다음 함수는 변수 x의 값으로 왼쪽에 위치한 셀을 참조한다. 단, 함수는 함수의 값을 반환하므로 일반화하지는 못한다. 즉, 자동 채우기 조절자를 끌어 식을 완성할 수 없다.

```
Function ttc(a1, a2, a3, a4, a5, a6)
  x = ActiveCell.Offset(0, -1)
  ttc = a1 * x ^ a2 + a3 * x ^ a4 + a5 * x + a6
End Function
```

V 매크로

매크로는 하나의 작업을 수행하는 데 있어서 필요한 마우스 동작, 키조작 및 명령을 일정한 순서대로 나열해 놓은 일종의 스크립트이다.

1. 매크로 정의

A1:E7 셀 영역에 셀 서식을 적용하고 이와 동일한 서식을 G1:K8 셀 영역에 적용하려면 매크로를 사용한다.

① A1:E7 셀 영역을 블록으로 설정한다.

	A	B	C	D	E	F	G	H	I	J	K	L
1	판매사원	품명	판매일자	판매가	판매량		판매사원	품명	판매일자	판매가	판매량	
2	도영미	아이크림	40622	25870	15		이태경	에센스	40658	12000	20	
3	조미정	아이크림	40618	25000	20		이태경	에센스	40683	12850	12	
4	최두이	아이크림	40675	25870	18		조미정	에센스	40628	13000	10	
5	도영미	아쿠아2종	40646	24500	12		최두이	에센스	40688	11500	24	
6	이태경	아쿠아2종	40604	23000	18		이태경	탄력3종	40675	19800	15	
7	이태경	에센스	40622	12800	16		조미정	탄력3종	40634	19500	13	
8							최두이	탄력3종	40607	19800	15	
9												

정의한 매크로를 다른 셀 영역에 적용하기 위해서는 매크로 실행 전에 먼저 셀 블록을 설정한다.

② 보기 탭의 매크로 그룹에서 '매크로' 버튼을 클릭하고 '매크로 기록'을 선택한다.

③ 매크로 이름을 입력하고 바로 가기키를 지정한 후 '확인' 버튼을 클릭한다.

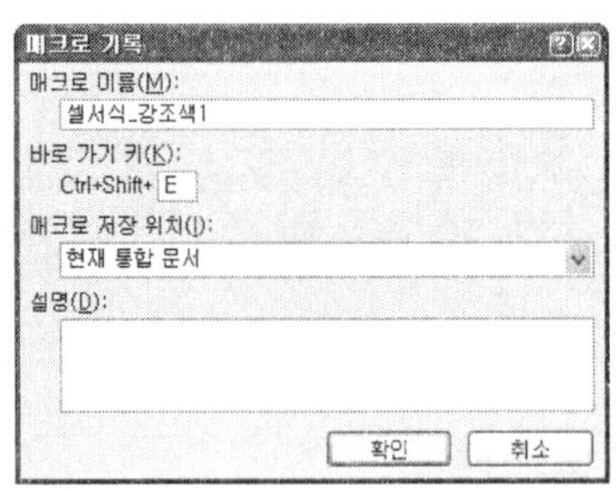

이름을 입력할 때 공백이 들어가면 안 된다. 바로 가기 키는 영문자로 지정한다.

④ 홈 탭의 스타일 그룹에서 '셀 스타일' 버튼을 클릭하여 '강조색1'을 선택한다.

⑤ 홈 탭의 글꼴 그룹에서 '모든 테두리' 버튼을 클릭하여 원하는 색상의 테두리를 적용한다.

⑥ 보기 탭의 매크로 그룹에서 '매크로' 버튼을 클릭하고 '기록 중지'를 선택한다.

매크로가 정의된다. 정의된 매크로의 내용은 다음과 같다.

- '셀 스타일' 버튼을 클릭한다.
- '강조색1'을 클릭한다.
- '모든 테두리' 버튼을 클릭한다.
- '선 색'을 선택하고 '흰색'을 클릭한다.
- '모든 테두리' 버튼을 클릭한다.
- '모든 테두리' 버튼을 클릭한다.

매크로 '셀서식_강조색1'을 G1:K8 셀 영역에 적용하려면 다음과 같이 한다.

① G1:K8 셀 영역을 블록으로 설정한다.

② 매크로 '셀서식_강조색1'에 지정한 바로 가기 키 Ctrl+Shift+E 키를 누른다.

	A	B	C	D	E	F	G	H	I	J	K
1	판매사원	품명	판매일자	판매가	판매량		판매사원	품명	판매일자	판매가	판매량
2	도영미	아이크림	40622	25870	15		이태경	에센스	40658	12000	20
3	조미정	아이크림	40618	25000	20		이태경	에센스	40683	12850	12
4	최두이	아이크림	40675	25870	18		조미정	에센스	40628	13000	10
5	도영미	아쿠아2종	40646	24500	12		최두이	에센스	40688	11500	24
6	이태경	아쿠아2종	40604	23000	18		이태경	탄력3종	40675	19800	15
7	이태경	에센스	40622	12800	16		조미정	탄력3종	40634	19500	13
8							최두이	탄력3종	40607	19800	15
9											

두 개의 셀을 병합하고 아래에 있는 두 개의 셀을 범위로 지정하는 매크로는 다음과 같이 정의한다.

① 두 개의 셀을 블록으로 설정한다.
② 보기 탭의 매크로 그룹에서 '매크로' 버튼을 클릭하고 '매크로 기록'을 선택한다.
③ 매크로 이름을 입력하고 바로 가기키를 지정한 후 '확인' 버튼을 클릭한다.
④ 홈 탭의 맞춤 그룹에서 '병합하고 가운데 맞춤' 버튼을 클릭한다.
⑤ 아래의 두 개의 셀을 블록으로 설정한다.
⑥ 보기 탭의 매크로 그룹에서 '매크로' 버튼을 클릭하고 '기록 중지'를 선택한다.

매크로가 정의된다. 정의된 매크로의 내용은 다음과 같다.

- '병합하고 가운데 맞춤' 버튼을 클릭한다.
- 아래의 두 개의 셀을 블록으로 설정한다.

따라서 두 개의 셀을 블록으로 설정한 후 바로 가기 단축키를 누르면 두 개의 셀이 병합되고 아래의 두 개의 셀이 블록으로 설정된다. 바로 가기 단축키를 누르면 계속해서 셀을 병합할 수 있다.

셀 서식을 적용하는 매크로는 다음과 같이 정의한다.

① 보기 탭의 매크로 그룹에서 '매크로' 버튼을 클릭하고 '매크로 기록'을 선택한다.
② 매크로 이름을 입력하고 바로 가기키를 지정한 후 '확인' 버튼을 클릭한다.
③ 마우스 오른쪽 버튼을 클릭하여 '셀 서식'을 실행한다.
④ 사용자 지정 범주를 선택하고 형식 입력 상자에 서식을 정의한 후 '확인' 버튼을 클릭한다.
⑤ 보기 탭의 매크로 그룹에서 '매크로' 버튼을 클릭하고 '기록 중지'를 선택한다.

매크로가 정의된다. 정의된 매크로의 내용은 다음과 같다.

- 마우스 오른쪽 버튼을 클릭한다.
- '셀 서식'을 실행한다.
- 사용자 지정 범주를 선택한다.
- 형식 입력 상자에 서식을 입력한다.
- '확인' 버튼을 클릭한다.

따라서 정의된 매크로를 실행하려면 서식을 적용하려는 셀을 선택한 후 바로 가기키를 누른다.

□ 매크로 편집

매크로 '셀서식_강조색1'을 편집하려면 다음과 같이 한다.

보기 탭의 매크로 그룹에서 '매크로' 버튼을 클릭하고 '매크로 보기'를 선택한다.

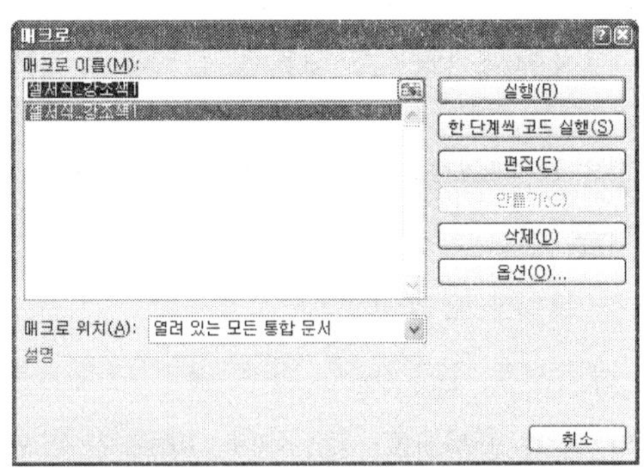

매크로 '셀서식_강조색1'을 선택하고 '편집' 버튼을 클릭한다.

엑셀 교재.xlsx - Module1 (코드)

(일반) | 셀서식_강조색1

```
Sub 셀서식_강조색1()
'
' 셀서식_강조색1 Macro
'
' 바로 가기 키: Ctrl+Shift+E
'
    Selection.Style = "강조색1"
    Selection.Borders(xlDiagonalDown).LineStyle = xlNone
    Selection.Borders(xlDiagonalUp).LineStyle = xlNone
    With Selection.Borders(xlEdgeLeft)
        .LineStyle = xlContinuous
        .ThemeColor = 1
        .TintAndShade = 0
        .Weight = xlThin
    End With
    With Selection.Borders(xlEdgeTop)
        .LineStyle = xlContinuous
        .ThemeColor = 1
        .TintAndShade = 0
        .Weight = xlThin
    End With
    With Selection.Borders(xlEdgeBottom)
        .LineStyle = xlContinuous
        .ThemeColor = 1
        .TintAndShade = 0
        .Weight = xlThin
    End With
```

매크로 코드는 비주얼 베이직의 명령 코드로 작성되어 있다.

셀 스타일을 '강조색2'로 변경하려면 다음 코드의 내용을 변경한다.

```
Selection.Style = "강조색1" → Selection.Style = "강조색2"
```

매크로 코드에서 글꼴을 편집하려면 Selection.Font 속성을 사용한다. 예를 들어, 글자 색으로 테마 색 '진한 파랑, 텍스트 2', 글꼴 종류로 '맑은 고딕', 글자 크기로 '12' 포인트, '굵은 속성'을 지정하려면 With 문으로 입력한다. With 문은 여러 개의 속성을 함께 지정할 때 사용한다.

```
With Selection.Font
   .ThemeColor = xlThemeColorLight2
   .Name = "맑은 고딕"
   .Size = 12
   .Bold = True
End With
```

단일 속성을 지정할 때에는 단순히 Selection 개체를 사용한다. 예를 들어, 셀 배경색으로 테마 색 '자주 강조4', 글자 색으로 '주황', 문단 '가운데 맞춤', 쉼표 스타일을 적용하려면 다음과 같이 입력한다.

```
Selection.Interior.ThemeColor = xlThemeColorAccent4
Selection.Font.Color = -16727809
Selection.HorizontalAlignment = xlCenter
Selection.Style = "Comma [0]"
```

주의 '매크로 기록' 버튼을 클릭하고 A2 셀을 설정한 후 특정 명령을 실행하고 '기록 중지' 버튼을 클릭하면 매크로는 절대 참조 방식으로 실행된다. 즉, 매크로를 실행하면 A2 셀이 선택되고 특정 명령이 실행된다. 이러한 방식의 매크로는 다른 셀에 적용할 여지가 없다. 따라서 매크로를 다른 셀에 적용하려면 매크로를 기록할 때 '상대 참조로 기록' 버튼을 클릭하여 상대 참조 방식으로 정의한다. 주의할 점은 '매크로 기록' 버튼을 클릭하기 전에 셀을 먼저 선택해야 한다.

참고 VBA 코드

• 워크시트 Sheet2를 활성화하려면 다음 코드를 입력한다.

```
Sheets("sheet2").Activate
```

혹은

```
Sheets.Item("sheet2").Activate
```

• 워크시트 Sheet2에서 A1 셀의 값을 2로 설정하려면 다음 코드를 입력한다. 하나의 셀이나 셀 범위를 반환하려면 Range 개체를 사용한다.

```
Worksheets("Sheet2").Range("A2").Value = 2
```

• 워크시트 Sheet2에서 A1 셀에 함수를 입력하려면 다음 코드를 입력한다.

```
Worksheets("Sheet2").Range("A1").Formula = "=10*RAND()"
```

참고 매크로를 실행하여 함수를 입력하면 R1C1 참조 스타일로 입력된다.

예를 들어, 왼쪽에 위치한 셀을 참조하는 수식 '=IF(D3<>"","ok","no")'를 입력하면 매크로는 다음과 같이 저장한다.

```
ActiveCell.FormulaR1C1 = "=IF(RC[-1]<>"""",""ok"",""no"")"
```

이 수식을 우리가 익숙한 A1 참조 스타일로 변경하려면 다음과 같이 수정한다.

```
ActiveCell.Formula = "=IF(D3<>"""",""ok"",""no"")"
```

엑셀 워크시트 함수를 사용하려면 Application.WorksheetFunction 개체를 사용한다.

```
fc_pmt = Application.WorksheetFunction.Pmt(0.05, 5, 100)
ActiveCell.Value = fc_pmt
```

• Sheet2에서 셀 범위 A1:C5의 글꼴 스타일을 기울임꼴로 설정하려면 다음 코드를 입력한다. 셀을 하나만 반환하려면 Cells(행 인덱스,열 인덱스)를 사용한다.

```
Worksheets("Sheet2").Range(Cells(1, 1), Cells(5, 3)).Font.Italic = True
```

Cells(1, 1)은 A1 셀을, Cells(5, 3)은 C5 셀을 반환한다. 따라서 Range(Cells(1, 1), Cells(5, 3)) 개체는 Range(A1,C5)가 되고 A1 셀로부터 C5 셀까지의 범위를 선택한다.

• 워크시트 Sheet2의 A2 셀의 값을 변수 myVar에 할당하려면 다음 코드를 입력한다.

```
myVar=Worksheets("Sheet2").Range("A2").Value
```

• 데이터베이스의 데이터 영역을 선택하려면 다음 코드를 입력한다.

```
Set tbl = ActiveCell.CurrentRegion
tbl.Offset(1, 0).Resize(tbl.Rows.Count - 1,tbl.Columns.Count).Select
```

이 코드를 실행하기 위해서는 먼저 데이터베이스의 셀을 선택해야 한다.

▭ 매크로를 '빠른 실행 도구 모음 사용자 지정'에 등록하기

매크로를 빠른 실행 도구 모음에 등록하면 아이콘을 클릭하여 해당 매크로를 실행할 수 있다.

① '빠른 실행 도구 모음 사용자 지정' 아이콘을 클릭한다.

② '기타 명령'을 클릭하고 다음에서 명령 선택 목록에서 '매크로'를 선택한다.

③ 매크로 '셀서식_강조색1'을 선택하고 '추가' 버튼을 클릭한다.

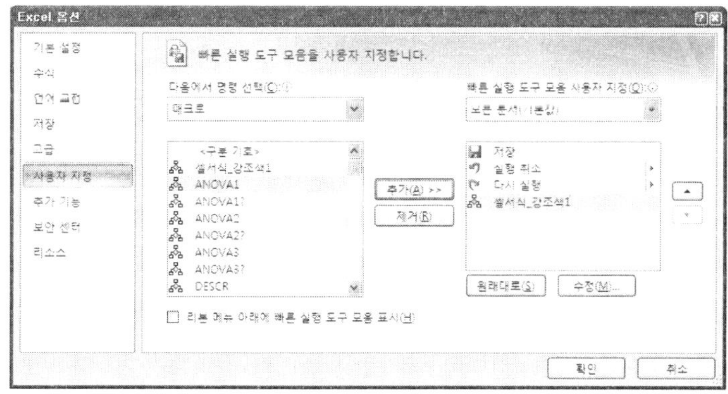

④ '확인' 버튼을 클릭한다.

매크로 '셀서식_강조색1' 아이콘이 빠른 실행 도구 모음에 등록된다.

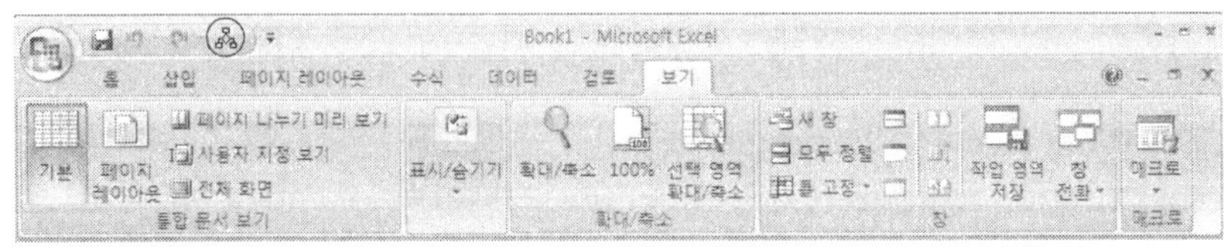

□ 도형에 매크로 지정하기

매크로를 도형에 지정할 수도 있다. 이때에는 어떤 매크로가 지정되었는지 도형에 매크로 이름을 표시하도록 한다.

① 삽입 탭의 일러스트레이션 그룹에서 '도형' 버튼을 클릭한다.

② 도형을 선택한 후 워크시트의 임의의 지점에 해당 도형을 그린다.

③ 도형을 마우스 오른쪽 버튼으로 클릭하고 단축 메뉴에서 '매크로 지정'을 선택한다.

④ 대화상자에서 매크로를 선택하고 '확인' 버튼을 클릭한다.

⑤ 도형을 마우스 오른쪽 버튼으로 클릭하고 단축 메뉴에서 '텍스트 편집'을 선택한다.

⑥ 텍스트를 입력한 후 임의의 셀을 클릭한다.

2. 컨트롤 도구 활용

컨트롤 도구를 활용하면 간단한 시뮬레이션을 할 수 있다. 컨트롤은 고유한 속성, 메서드, 이벤트를 지니며 폼 구성 요소로 사용된다.

1) 동적 차트

- I2:I4 셀에서 선택한 값은 A2:F2 셀에 입력한 함수의 파라미터 값으로 적용되어 차트에 반영된다.
- 함수 상하 대칭 그룹 상자의 '옵션 단추'를 클릭하면 차트의 모양이 상하로 대칭 이동된다.
- K2 셀에 입력한 수식은 변수 x의 값이 −5일 때의 변수 y의 값을 표시한다.

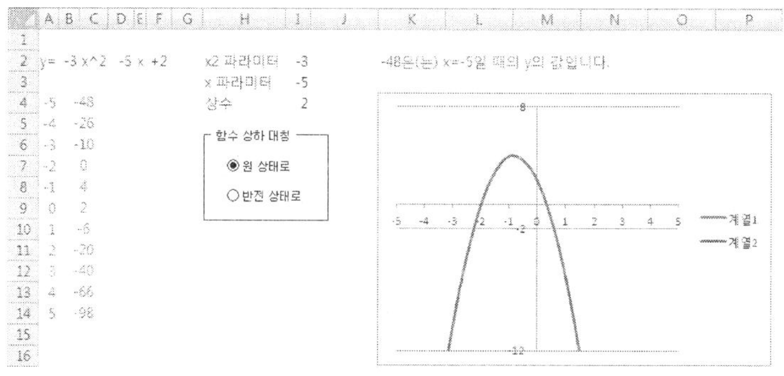

컨트롤 도구를 사용하기 위해서는 개발 도구 탭을 활성화해야 한다. 개발 도구 탭의 활성화는 다음과 같이 한다.

① '빠른 실행 도구 모음 사용자 지정' 아이콘을 클릭한다.

② '기타 명령'을 클릭하고 '기본 설정' 범주를 선택한다.

③ '리본 메뉴에 개발 도구 탭 표시'를 선택하고 '확인' 버튼을 클릭한다.

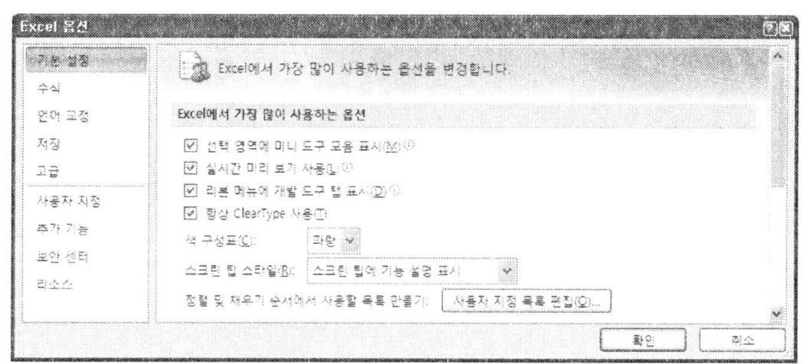

리본 메뉴에 개발 도구 탭이 삽입된다.

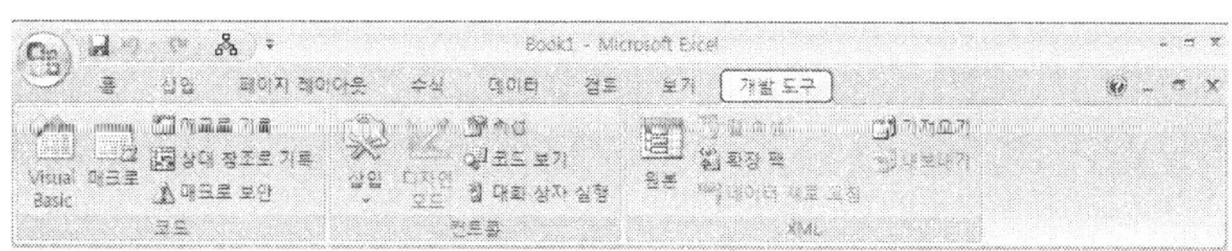

• A2:F2 셀에 입력한 값과 수식은 함수 $y=-3x^2-5x+2$의 변수와 파라미터, 상수의 값에 해당한다. 함수의 구성 요소는 다음과 같이 표시한다.

A2	B2	C2	D2	E2	F2
y=	−3	x^2	−5	x	+2
y=	=CHOOSE(I7,I2,I2*−1)	x^2	=I3	x	=I4

D2, F2 셀의 값은 I3, I4 셀과 연결되어 있어 I3, I4 셀에서 선택한 값이 표시된다. D2, F2 셀에는 사용자 셀 서식 '+0;-0'이 정의되어 있다. 즉, I3, I4 셀에서 선택한 값이 부호와 함께 표시되도록 설정되어 있다. 사용자 셀 서식을 정의하지 않으면 + 부호는 숫자만 표시되어 함수의 파라미터 부분을 제대로 나타내지 못하게 된다.

- I2, I3, I4 셀에는 데이터 유효성 검사의 제한 대상으로 '목록'이 지정되어 있으며 원본은 -5에서 5까지의 값이 입력되어 있다.

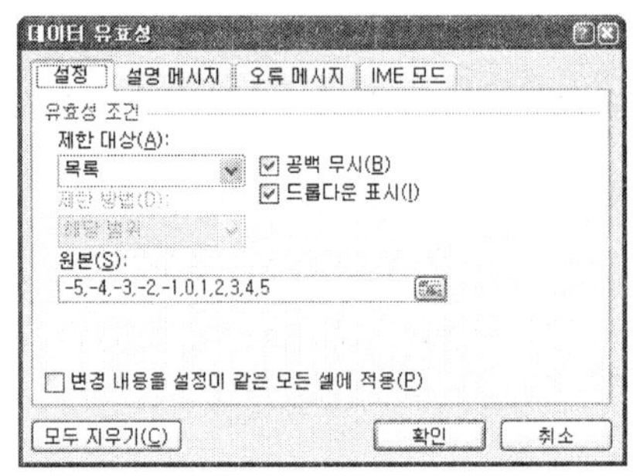

- B2 셀의 파라미터의 값은 I7 셀의 값에 의해 결정된다.

=CHOOSE(I7,I2,I2*-1)

- I7 셀에는 함수 상하 대칭 그룹 상자의 '옵션 단추'의 값이 표시된다. I7 셀은 함수 상하 대칭 그룹 상자에 의해 가려져 보이지 않는다.

예를 들어, I7 셀의 값이 1이면 I2 셀에서 선택한 값이 B2 셀에 그대로 표시되고, 값이 2이면 I2 셀에서 선택한 값에 -1을 곱한 값이 B2 셀에 표시된다. 즉, I2 셀의 값이 3일 때 옵션 단추 '반전 상태로'를 클릭하면 $y=3x^2-5x+2$는 $y=-3x^2-5x+2$로 바뀌어 차트는 상하로 대칭 이동하게 된다.

- 옵션 단추 '원 상태로'를 클릭하면 1의 값을 반환한다.
- 옵션 단추 '반전 상태로'를 클릭하면 2의 값을 반환한다.

•차트는 다음과 같이 삽입한다.

① A4:A14 셀에 -5에서 5까지의 값을 입력한다.

② B4 셀에 다음 수식을 입력하고 자동 채우기 조절자를 끌어 B14 셀까지 완성한다.

=$B$2*A4^2+$D$2*A4+$F$2

③ A4:B14 셀을 블록으로 선택하고 삽입 탭의 차트 그룹에서 '분산형' 버튼을 클릭한 후 '곡선이 있는 분산형'을 선택한다.

④ X 축의 단위를 적당하게 조정한다.

• 함수 상하 대칭 그룹 상자와 옵션 단추는 다음과 같이 삽입한다.

① 개발 도구 탭의 컨트롤 그룹에서 삽입 버튼을 클릭한다.

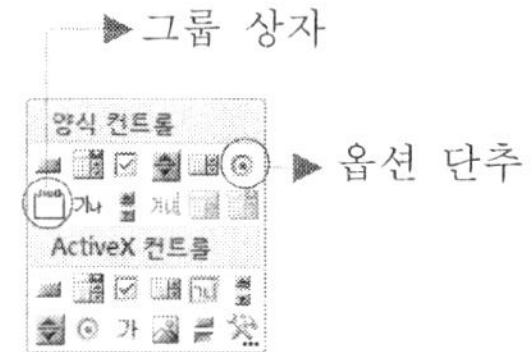

콤보 상자, 스핀 단추, 목록 상자, 옵션 단추, 스크롤 막대는 입력 범위로 지정된 목록 순으로 셀 연결에 지정한 셀에 목록 번호를 표시한다. 스핀 단추와 스크롤 막대는 목록 번호가 0, 1, 2, …이 되며, 콤보 상자, 목록 상자, 옵션 단추는 목록 번호가 1, 2, 3, …이 된다. 확인란은 TRUE, FALSE의 값이 된다.

② '그룹 상자'를 클릭한 후 시트에 적당한 크기로 삽입한다.

③ 그룹 상자의 이름을 변경한다.

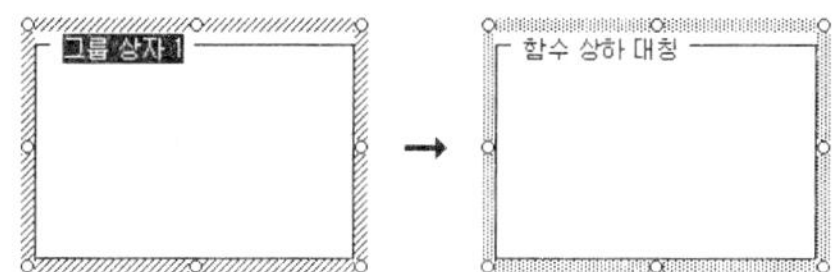

④ '옵션 단추'를 클릭한 후 그룹 상자 내에 적당한 크기로 삽입한다.

⑤ 옵션 단추의 이름을 변경한다.

⑥ 삽입한 옵션 단추를 복사하여 붙여 넣고 적당한 위치로 이동시킨 후 이름을 변경한다.

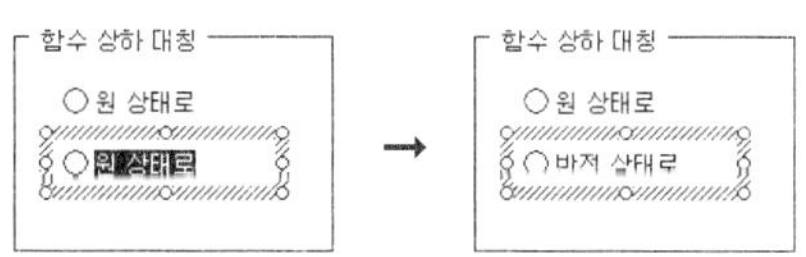

⑦ 옵션 단추를 마우스 오른쪽 버튼으로 클릭하고 단축 메뉴에서 '컨트롤 서식'을 선택한다.

⑧ 셀 연결 필드를 클릭하고 I7 셀을 클릭한다.

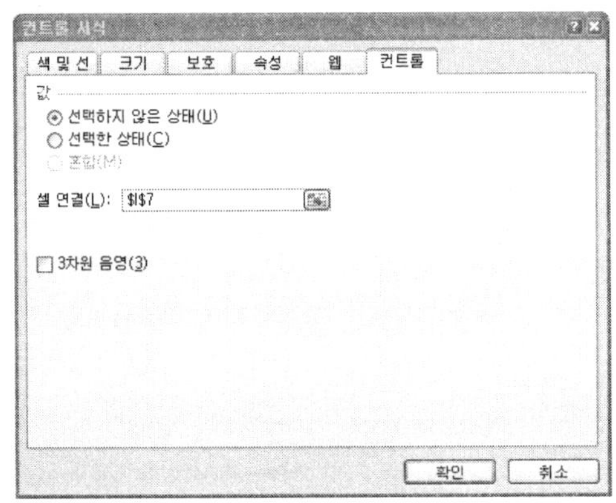

옵션 단추를 클릭하면 옵션 단추의 값이 I7 셀에 표시된다. 컨트롤 탭에서 지정한 속성은 모든 옵션 단추에 그대로 적용된다.

⑨ 그룹 상자와 옵션 단추를 이동시켜 I7 셀이 보이지 않도록 한다.

K2 셀에 입력한 수식의 내용은 다음과 같다.

=$B$2*A4^2+$D$2*A4+$F$2&"은(는) x=−5일 때의 y의 값입니다."

- 옵션 단추 '반전 상태로'를 클릭하면 함수의 형태는 상하 대칭 이동한다.

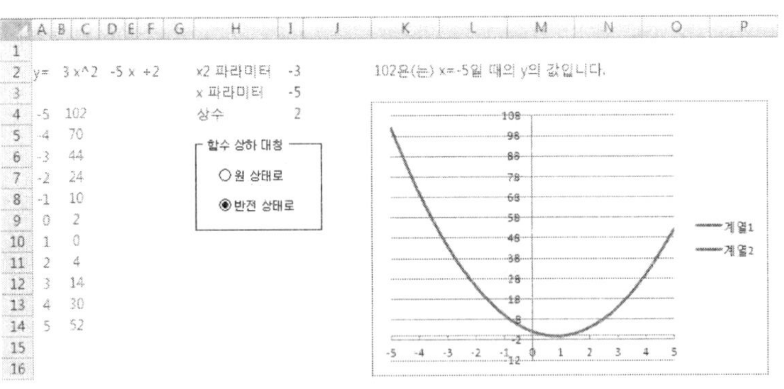

- 옵션 단추 '원 상태로'를 클릭한 후 상수의 값을 변경하면 함수의 형태는 다음과 같이 변경된다.

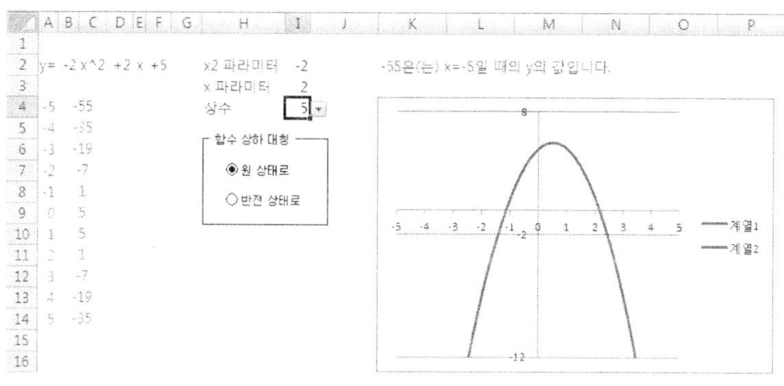

2) 데이터 표

다음 예제는 배당금과 현재가치의 관계를 시뮬레이션 한다. E3:F9 셀의 내용은 데이터 표 기능으로 제작한 것으로서 배당금에 따른 현재가치를 나타내고 있다.

	A	B	C	D	E	F	G
1					배당금과 현재 가치의 관계		
2	(년간)						
3	만기일	5				-₩5,216	
4	표면 이자율	5%			150	-4567	
5	배당금	300	300		200	-4784	
6	액면가	5000			250	-5000	
7	만기 수익률	5%			300	-5216	
8	현재 가치	-₩5,216			350	-5433	
9					400	-5649	

B5, B7 셀에는 CHOOSE 함수가 입력되어 있다. 스핀 단추로 입력한 값은 0, 1, 2, … 등의 값을 지니며, 콤보 상자로 입력한 값은 1, 2, … 등의 값을 지니기 때문에 이 값을 배당금과 만기 수익률로 전환해야 PV 함수의 값을 구할 수 있다.

B5 → =CHOOSE(C5,150,200,250,300,350,400)

C5 셀의 값에 따라 배당금액을 출력한다. C5 셀에는 콤보 상자의 값이 표시된다.

B7 → =CHOOSE(C7,1%,2%,3%,4%,5%,6%,7%,8%,9%)

C7 셀의 값에 따라 만기 수익률을 출력한다. C7 셀에는 스핀 단추의 값이 표시된다. B8 셀에는 PV 함수가 입력되어 있다.

=PV(B7,B3,B5,B6,0)

스핀 단추, 콤보 상자의 컨트롤 탭에 설정된 속성은 다음 표와 같다.

	B3	B7	B5
현재값	5	5	
최소값	1	1	
최대값	10	9	
증분 변경	1	1	
입력 범위			$E$4:$E$9
셀 연결	$B$3	$C$7	$C$5
목록 표시 줄 수			3

PV 함수의 인수 값이 변경되면 데이터 표의 값 역시 따라서 변경한다.

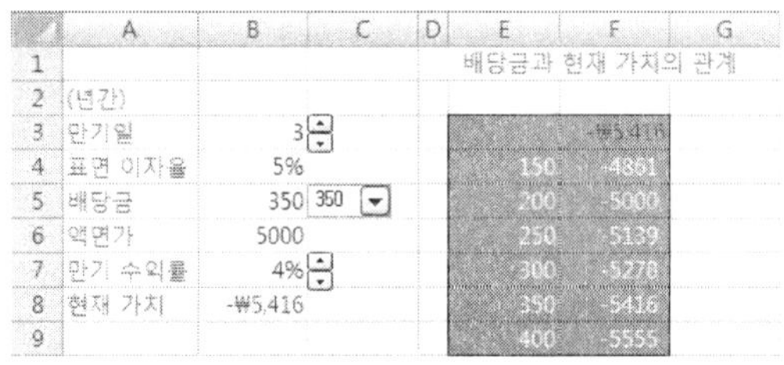

3. 사용자 대화상자

1) 사용자 대화상자 1

사용자 대화상자를 만들려면 다음과 같이 한다.

① 개발 도구 탭의 코드 그룹에서 'Visual Basic'을 실행한다.

② 삽입 메뉴에서 '사용자 정의 폼'을 실행한다.

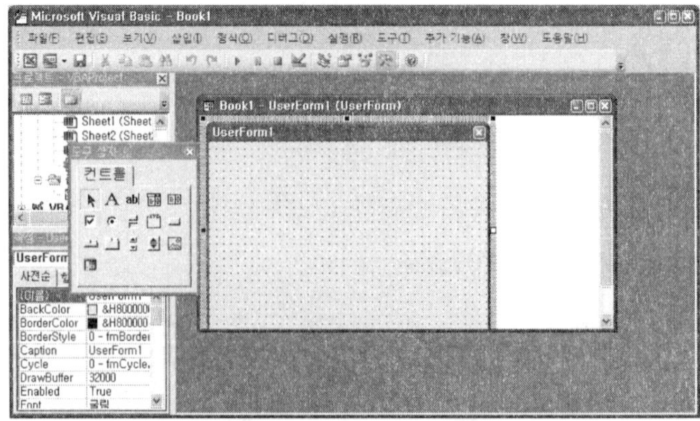

사용자 정의 폼의 기본 이름은 UserForm1으로 주어진다. 이 이름은 폼 개체의 이름이 되며, 폼을 제어할 때 사용한다.

③ 옵션 단추, 명령 단추를 클릭하여 다음과 같이 배치하고 폼의 크기를 적당하게 조정한다.

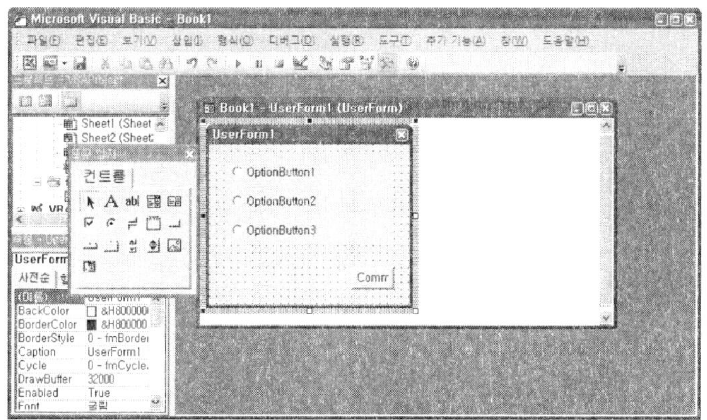

④ 옵션 단추와 명령 단추의 이름을 변경한다.

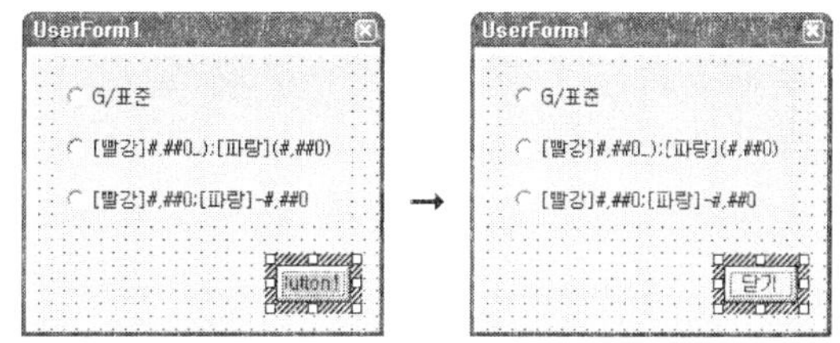

폼, 옵션 단추, 명령 단추의 개체 이름과 화면에 표시되는 텍스트는 다음과 같다.

폼 구성 개체	개체 이름(Name)	화면에 표시되는 텍스트(Caption)
폼	UserForm1	UserForm1
옵션 단추	OptionButton1	G/표준
	OptionButton2	[빨강]#,##0_);[파랑](#,##0)
	OptionButton3	[빨강]#,##0;[파랑]-#,##0
명령 단추	CommandButton1	닫기

⑤ 'G/표준' 옵션 단추를 더블 클릭한다. 'G/표준' 옵션 단추의 코드 편집 창이 열리며, 코드를 입력할 자리에 커서가 위치한다.

⑥ Tab 키를 누른 후 스크립트를 입력한다.

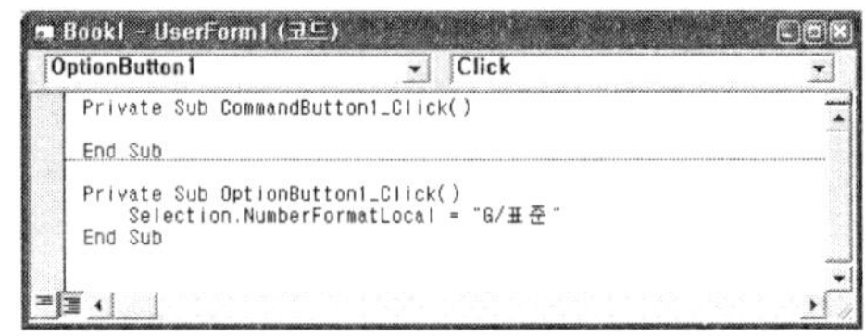

⑦ 폼 개체를 클릭한 후 동일한 방식으로 나머지 옵션 단추와 명령 단추에 스크립트를 입력한다.

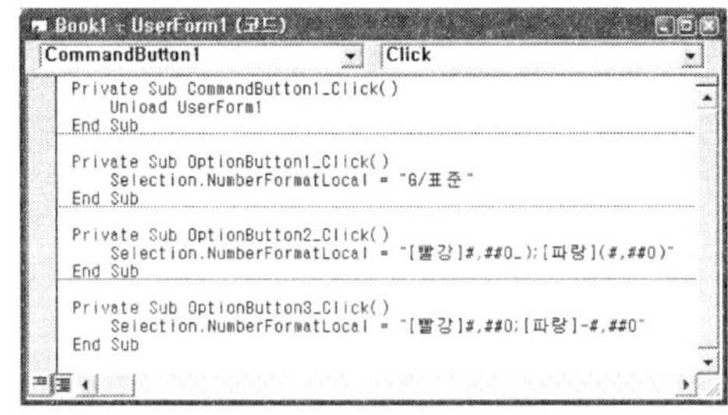

⑧ 폼을 선택한 상태에서 삽입 메뉴의 '모듈'을 실행한다. 모듈 코드 입력 창이 열린다.

⑨ 다음 스크립트를 입력한다.

폼 구성 요소에 정의한 함수는 다음과 같다.

• 폼 UserForm1 개체에 정의한 모듈 코드

```
Sub ShowUserForm1()
  UserForm1.Show
End Sub
```

모듈은 Sub 함수로 구성된다. Show 메서드는 폼 개체를 화면에 나타나게 한다.

• 명령 단추 'CommandButton1' 개체에 정의한 UserForm1 코드

```
Private Sub CommandButton1_Click()
  Unload UserForm1
End Sub
```

Unload 이벤트는 폼 개체를 닫는다.

• 옵션 단추 OptionButton1, OptionButton2, OptionButton3 개체에 정의한 UserForm1 코드

```
Private Sub OptionButton1_Click()
  Selection.NumberFormatLocal = "G/표준"
End Sub

Private Sub OptionButton2_Click()
  Selection.NumberFormatLocal = "[빨강]#,##0_);[파랑](#,##0)"
End Sub

Private Sub OptionButton3_Click()
  Selection.NumberFormatLocal = "[빨강]#,##0;[파랑]−#,##0"
End Sub
```

각 옵션 단추에 서식 코드를 지정한다.

⑩ 워크시트의 셀을 선택하고 F5 키를 누른다.

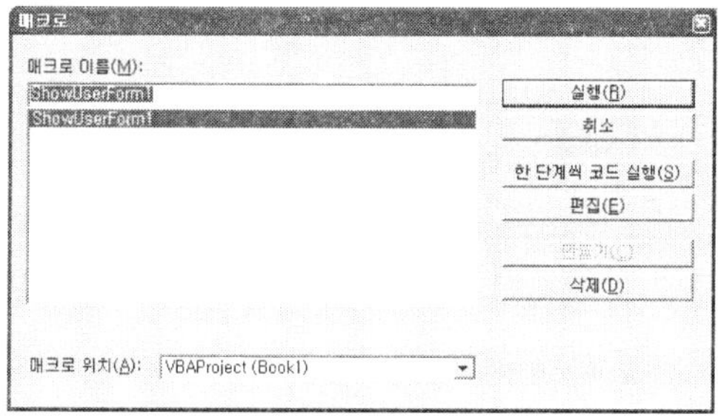

폼 UserForm1 개체에 정의한 모듈 코드의 Sub 함수 이름이 매크로 이름으로 등록되어 있다.

⑪ '실행' 버튼을 클릭한다.

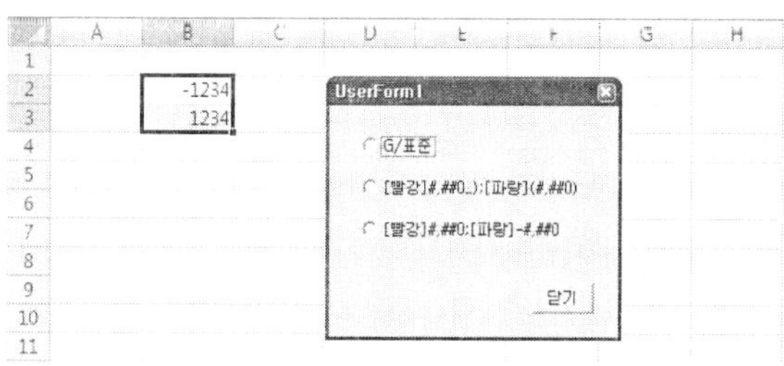

워크시트에 폼 개체가 나타난다. 옵션 단추 '[빨강]#,##0_);[파랑](#,##0)'를 클릭하면

옵션 단추에 정의한 셀 서식이 적용된다.

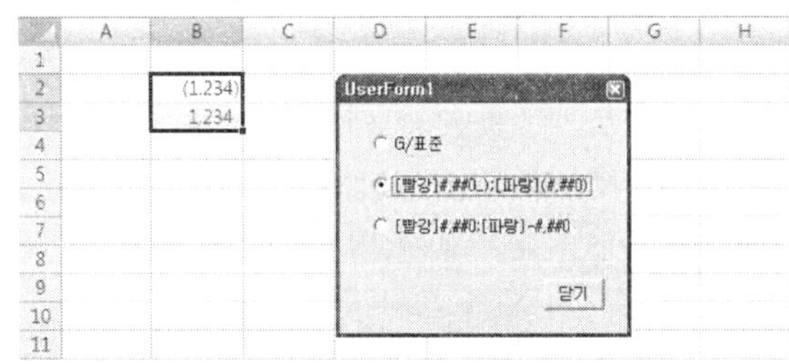

⑫ '닫기' 버튼을 클릭한다. 폼 개체가 닫히고 비주얼 베이직 편집 창으로 이동한다.

⑬ 폼 개체를 불러오는 매크로를 '빠른 실행 도구 모음 사용자 지정' 아이콘으로 등록한다. 워크시트의 셀을 선택한 후 폼 개체를 불러오는 매크로를 실행하면 셀 서식을 적용할 수 있다.

2) 사용자 대화상자 2

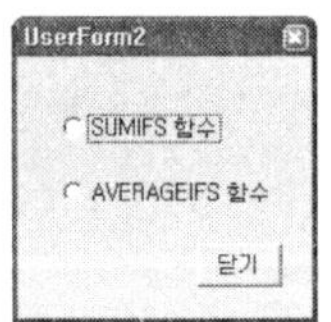

매크로를 활용하면 VBA 코드를 쉽게 폼 구성 요소에 입력할 수 있다.

예제 대화상자의 옵션 단추에 SUMIFS 함수와 AVERAGEIFS 함수 코드를 지정해 보자. VBA 코드를 어떻게 입력해야 할지 모를 때에는 매크로를 실행하여 매크로 코드를 참조한다.

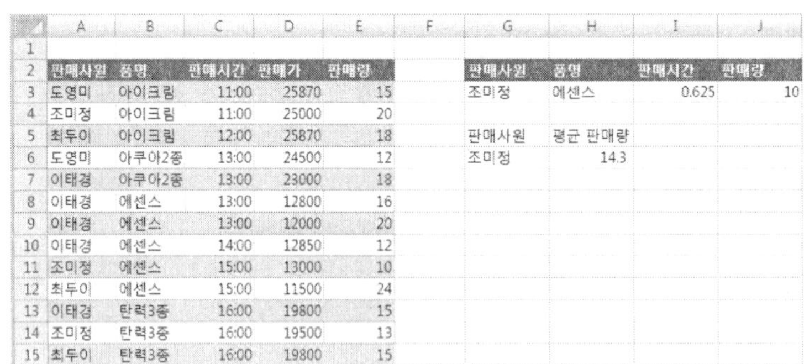

	A	B	C	D	E	F	G	H	I	J
1										
2	판매사원	품명	판매시간	판매가	판매량		판매사원	품명	판매시간	판매량
3	도영미	아이크림	11:00	25870	15		조미정	에센스	0.625	10
4	조미정	아이크림	11:00	25000	20					
5	최두이	아이크림	12:00	25870	18		판매사원	평균 판매량		
6	도영미	아쿠아2종	13:00	24500	12		조미정	14.3		
7	이태경	아쿠아2종	13:00	23000	18					
8	이태경	에센스	13:00	12800	16					
9	이태경	에센스	13:00	12000	20					
10	이태경	에센스	14:00	12850	12					
11	조미정	에센스	15:00	13000	10					
12	최두이	에센스	15:00	11500	24					
13	이태경	탄력3종	16:00	19800	15					
14	조미정	탄력3종	16:00	19500	13					
15	최두이	탄력3종	16:00	19800	15					

① J3 셀을 클릭한 후 SUMIFS 함수를 구하는 매크로 '조건부합계'를 작성한다.

=SUMIFS(E3:E15,A3:A15,G3,B3:B15,H3,C3:C15,I3)

② H6 셀을 클릭하여 AVERAGEIFS 함수를 구하는 매크로 '조건부평균'을 작성한다.

```
=AVERAGEIFS(E3:E15,A3:A15,G6)
```

③ 개발 도구 탭의 도구 그룹에서 '매크로'를 실행하고 매크로 '조건부합계'를 선택한 후 '편집' 버튼을 클릭한다.

매크로 편집 상태로 전환하면 다음 매크로 코드를 발견할 수 있다.

```
Sub 조건부합계()
  ActiveCell.FormulaR1C1 = _
  "=SUMIFS(RC[-5]:R[12]C[-5],RC[-9]:R[12]C[-9],RC[-3],RC[-8]:R[12]C[-8], _
  RC[-2],RC[-7]:R[12]C[-7],RC[-1])"
  Range("J4").Select
End Sub

Sub 조건부평균()
  ActiveCell.FormulaR1C1 = _
  "=AVERAGEIFS(R[-3]C[-3]:R[9]C[-3],R[-3]C[-7]:R[9]C[-7],RC[-1])"
  Range("H7").Select
End Sub
```

매크로는 R1C1 참조 방식으로 기록한다. 이 방식은 언뜻 보기에는 복잡하여 수식의 내용을 제대로 파악하기 어렵지만 VBA에서 함수를 입력할 때 어떤 방식으로 입력해야 하는지 참조할 수 있다.

※ VBA 코드를 모를 때에는 먼저 매크로를 실행하여 기록된 코드를 참조한다. 그러다 보면 자연히 각 개체의 메서드와 속성 등을 파악할 수 있다.

④ 매크로 코드를 복사한 후 UserForm2의 옵션 단추를 더블 클릭한 후 붙여 넣는다.

- 옵션 단추 OptionButton1, OptionButton2 개체에 정의한 UserForm2 코드

```
Private Sub OptionButton1_Click()
  ActiveCell.FormulaR1C1 = _
  "=SUMIFS(RC[-5]:R[12]C[-5],RC[-9]:R[12]C[-9],RC[-3],RC[-8]:R[12]C[-8], _
  RC[-2],RC[-7]:R[12]C[-7],RC[-1])"
  Range("J4").Select
End Sub
```

```
Private Sub OptionButton2_Click()
  ActiveCell.FormulaR1C1 = _
  "=AVERAGEIFS(R[-3]C[-3]:R[9]C[-3],R[-3]C[-7]:R[9]C[-7],RC[-1])"
  Range("H7").Select
End Sub
```

빈칸 다음 오는 밑줄 '_'은 코드가 계속 이어지는 것을 의미한다. 코드가 너무 긴 경우에는 빈칸과 밑줄을 입력한 후 엔터키를 눌러 코드를 다음 줄로 나눈다.

• 명령 단추 CommandButton1 개체에 정의한 UserForm2 코드

```
Private Sub CommandButton1_Click()
  Unload UserForm2
End Sub
```

•폼 개체 UserForm2에 정의한 모듈 코드

```
Sub ShowUserForm2()
  UserForm2.Show
End Sub
```

※ 특수한 경우에만 작동하는 매크로는 제작하지 않는다. 예를 들어 동일 셀에 동일 함수의 값을 구하는 매크로는 쓸데없다.

3) 사용자 대화상자 3

대화상자에서 입력한 내용 혹은 선택 내용을 워크시트에 입력하는 사용자 대화상자를 작성해 보자.

워크시트2에는 데이터베이스 양식이, 워크시트3에는 근무지 목록이 입력되어 있다.

	A	B	C	D
1	이름	분류	근무지	연락처
2				
3				
4				
5				
6				
7				
8				

Sheet2

	A	B	C	D
1	근무지			
2	대구			
3	부산			
4	서울			
5	전주			
6	대전			
7	강릉			
8	여주			

Sheet3

아래의 사용자 대화상자를 이용하여 Sheet2에 데이터를 입력해 보자.

폼 개체는 이미지, 레이블, 텍스트 상자, 목록 상자, 프레임 그리고 옵션 단추, 명령 단추로 구성된다. 이들 개체의 이름과 화면에 표시되는 텍스트 및 그 내용은 다음과 같다.

폼 구성 개체	개체 이름(Name)	화면에 표시되는 텍스트(Caption) 및 내용
폼	UserForm4	UserForm4
이미지	Image1	SNC10018.JPG
레이블	Label1	이름
	Label2	연락처
	Label3	근무지
텍스트 상자	TextBox1	입력 필드 (이름)
	TextBox2	입력 필드 (연락처)
목록 상자	ListBox1	근무지 목록
프레임	Frame1	분류
옵션 단추	OptionButton1	친구
	OptionButton2	동료
명령 단추	CommandButton1	추가하기
	CommandButton2	마치기
	CommandButton3	새로 작성

- 텍스트 상자의 값은 입력한 값이 된다.
- 목록 상자의 값은 선택한 목록이 된다.
- 옵션 단추는 프레임 내에 삽입해야 토글 속성을 지니게 된다.

이미지 속성은 다음과 같다.

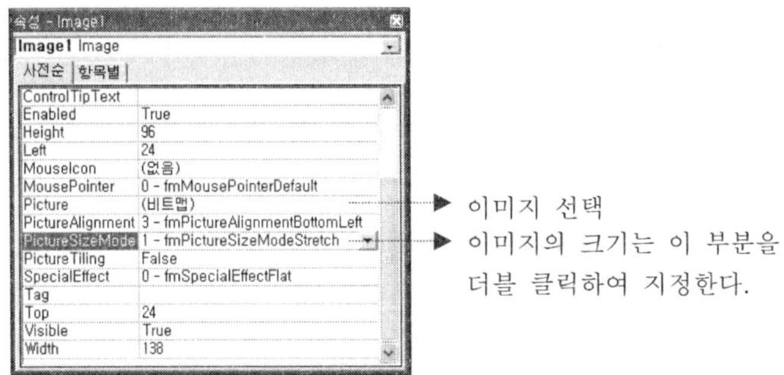

목록 상자 ListBox1의 RowSource 값으로 '=Sheet3!A2:A8'을 지정한다.

목록 상자에는 Sheet3의 A2:A8 셀의 내용이 목록으로 표시된다.

- 폼 UserForm4 개체에 정의한 모듈 코드

  폼 개체를 선택한 후 삽입 메뉴의 '모듈'을 실행하고 다음 코드를 입력한다.

```
Sub ShowUserForm4()
  UserForm4.Show
End Sub
```

즉, ShowUserForm4 매크로로 등록되고, 폼 개체 UserForm4를 화면에 나타낸다.

- 명령 단추(추가하기) CommandButton1 개체에 정의한 UserForm4 코드

  명령 단추 CommandButton1 개체를 더블 클릭하고 다음 코드를 입력한다.

```
Private Sub CommandButton1_Click()
  Sheets("sheet2").Activate
  row_num = Range("A1").CurrentRegion.Rows.Count + 1
  Range(Cells(row_num, 1), Cells(row_num, 1)).Value = UserForm4.TextBox1.Value
  Range(Cells(row_num, 3), Cells(row_num, 3)).Value = UserForm4.ListBox1.Value
```

```
    Range(Cells(row_num, 4), Cells(row_num, 4)).Value = UserForm4.TextBox2.Value
    If UserForm4.OptionButton1 Then
      Range(Cells(row_num, 2), Cells(row_num, 2)).Value = "친구"
    End If
    If UserForm4.OptionButton2 Then
      Range(Cells(row_num, 2), Cells(row_num, 2)).Value = "동료"
    End If
  End Sub
```

- 명령 단추(마치기) CommandButton2 개체에 정의한 UserForm4 코드

  명령 단추 CommandButton2 개체를 더블 클릭하고 다음 코드를 입력한다.

```
Private Sub CommandButton2_Click()
  Unload UserForm4
End Sub
```

- 명령 단추(새로 작성) CommandButton3 개체에 정의한 UserForm4 코드

  명령 단추 CommandButton3 개체를 더블 클릭하고 다음 코드를 입력한다.

```
Private Sub CommandButton3_Click()
  UserForm4.TextBox1.Value = ""
  UserForm4.ListBox1.Value = ""
  UserForm4.TextBox2.Value = ""
  UserForm4.OptionButton1 = False
  UserForm4.OptionButton2 = False
End Sub
```

명령 단추 CommandButton3 개체를 클릭하면 폼 구성 요소를 초기화 시킨다.

◆ 명령 단추 CommandButton1의 코드 설명

```
Sheets("sheet2").Activate
```

워크시트 Sheet2를 활성화한다.

```
row_num = Range("A1").CurrentRegion.Rows.Count + 1
```

A1 셀에 인접한 셀을 현재 영역으로 설정하고 행의 수에 1을 더하여 변수 row_num에 저장한다. 변수 row_num은 2의 값을 가진다.

```
Range(Cells(row_num, 1), Cells(row_num, 1)).Value = UserForm4.TextBox1.Value
```

Range(Cells(2, 1), Cells(2, 1)) 개체는 A2 셀이 되며, A2 셀에 폼 개체 TextBox1의

값을 입력한다. TextBox1의 값은 텍스트 상자에 입력한 내용이 된다.

```
Range(Cells(row_num, 3), Cells(row_num, 3)).Value = UserForm4.ListBox1.Value
```

C2 셀에 폼 개체 ListBox1의 값을 입력한다. ListBox1의 값은 목록 상자에서 선택한 목록이 된다.

```
Range(Cells(row_num, 4), Cells(row_num, 4)).Value = UserForm4.TextBox2.Value
```

D2 셀에 폼 개체 TextBox2의 값을 입력한다. TextBox2의 값은 텍스트 상자에 입력한 내용이 된다.

```
If UserForm4.OptionButton1 Then
  Range(Cells(row_num, 2), Cells(row_num, 2)).Value = "친구"
End If
If UserForm4.OptionButton2 Then
  Range(Cells(row_num, 2), Cells(row_num, 2)).Value = "동료"
End If
```

- 옵션 단추 OptionButton1을 선택하면 B2 셀에 폼 개체 OptionButton1의 값 '친구'를 입력한다.
- 옵션 단추 OptionButton2를 선택하면 B2 셀에 폼 개체 OptionButton2의 값 '동료'를 입력한다.

• 대화상자 활용

대화상자를 사용하려면 Sheet2에 명령 단추 혹은 도형을 삽입하고 'ShowUserForm4' 매크로를 지정한다. 다음 그림은 명령 단추 '데이터 입력'에 매크로를 지정하는 장면이다.

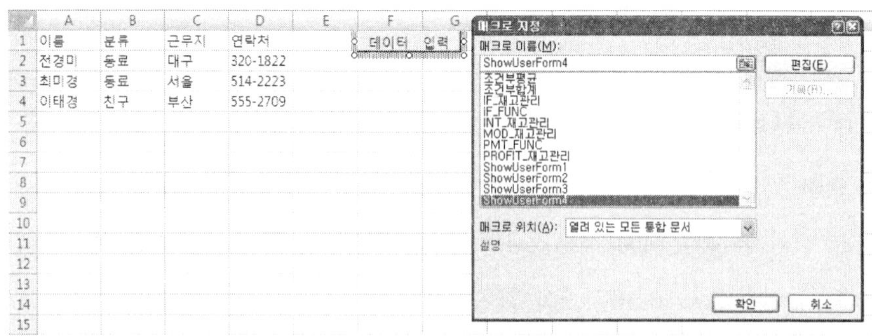

명령 단추 '데이터 입력'을 클릭하면 대화상자가 화면에 나타난다. 필드를 완성하고

'추가하기' 버튼을 클릭하면 마지막 행에 데이터가 입력된다.

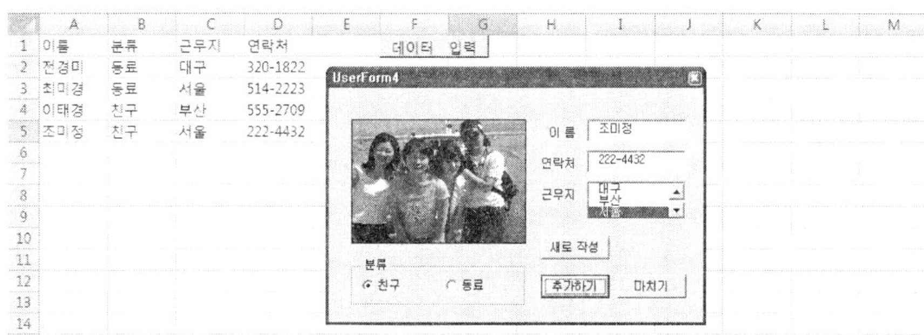

새 데이터를 추가하려면 '새로 작성' 버튼을 클릭한다.

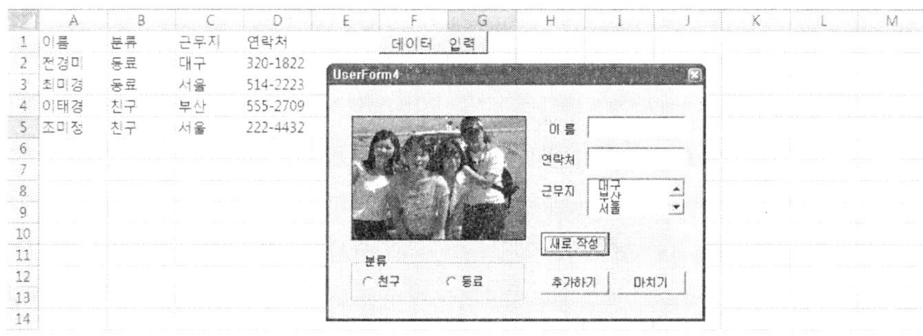

참고 컨트롤 속성

- 텍스트 상자 TextBox1에는 한글이 입력되도록 IMEMode 속성을 '10'으로 지정한다.

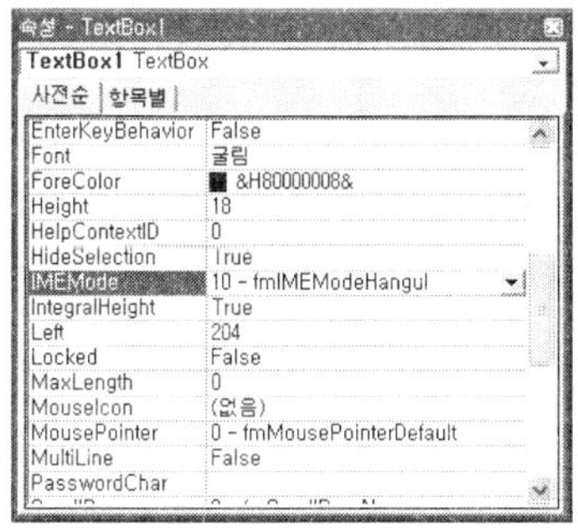

- 폼 개체를 마우스 오른쪽 버튼으로 클릭하고 단축 메뉴에서 '탭 순서'를 실행하여 대화상자에서 탭 키를 누를 때의 이동 순서를 지정한다.

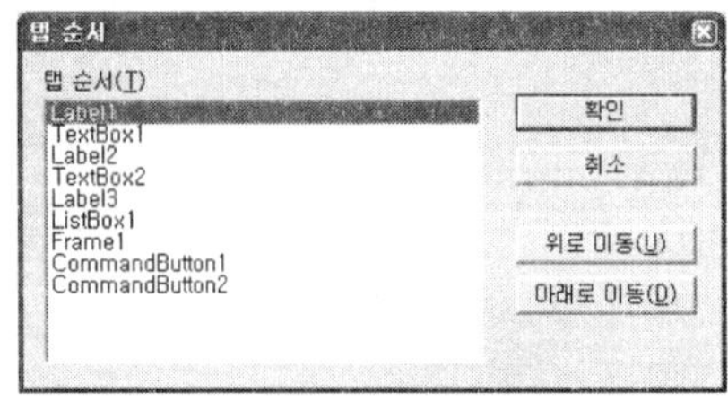

• 명령 단추 CommandButton1의 Default 속성을 'True'로 설정하여 엔터하다 누를 시 입력한 자료가 워크시트에 삽입되도록 한다.

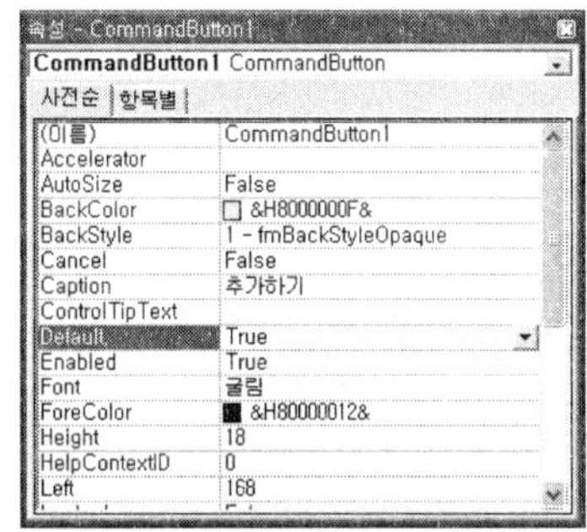

4) 사용자 대화상자 4

예제 대화상자는 소상인의 재고관리 프로그램으로 아주 단순한 내용을 담고 있다. 하지만 이 프로그램에는 VBA 제작과 관련된 다양한 코드가 제공된다.

• 콤보 상자 '제품'을 클릭하면 제품이 선택된다.

• 텍스트 상자에는 입고, 출고 등의 내용을 입력한다.

• 명령 단추 '입력'을 클릭하면 입고, 출고, 비고, 단가, 출고가 등의 텍스트 상자의 값

을 콤보 상자에서 선택한 제품의 워크시트에 입력하고 다음 계산을 수행한다.

- 재고 계산
- 박스단위와 낱개 계산
- 마진 계산
- 재고 셀 참조

	A	B	C	D	E	F	G	H	I	J	K	L
1	날짜	입고	출고	재고	박스단위	낱개	비고	단가	출고가	마진	105	솜
2	2월 2일	150		150	3	0	연경상사	3,333				
3	2월 3일		25	125	2	25	미시	3,333	4,166	20,825		
4	2월 3일		20	105	2	5	샘플미인	3,333	4,170	16,740		
5												

제품 / 솜 / 마스크 / 에센스

- 명령 단추 '취소'를 클릭하면 입력한 내용을 삭제한다.
- 명령 단추 '저장'을 클릭하면 워크시트를 저장한다.
- 명령 단추 '닫기'를 클릭하면 대화상자 UserForm6를 닫는다.
- 명령 단추 '거래처 검색'을 클릭하면 입력 필드와 '찾기', '바꾸기' 버튼을 활성화한다.

- 명령 단추 '찾기'를 클릭하면 거래처를 찾아준다.
- 명령 단추 '바꾸기'를 클릭하면 내용을 변경해 준다.
- 명령 단추 '제품 추가'를 클릭하면 새 대화상자를 열어 준다.

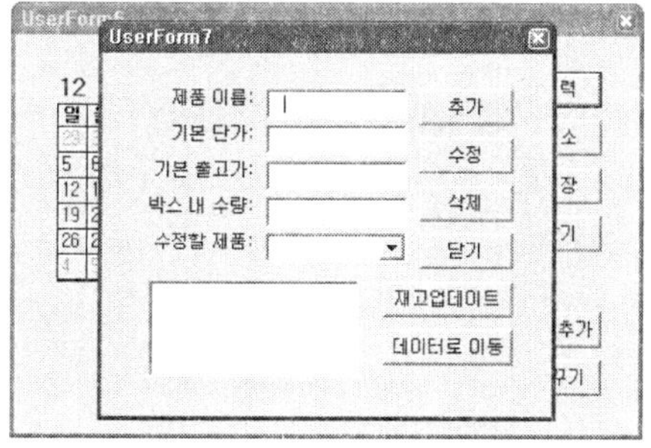

새 대화상자에서는 제품을 추가, 수정, 삭제 할 수 있으며, 재고를 계산할 수 있다.

- 명령 단추 '추가'를 클릭하면 제품을 등록한다.
- 명령 단추 '수정'을 클릭하면 등록된 제품의 내용을 변경한다.
- 명령 단추 '삭제'를 클릭하면 등록된 제품을 삭제한다.
- 명령 단추 '닫기'를 클릭하면 대화상자 UserForm7을 닫는다.
- 명령 단추 '재고업데이트'를 클릭하면 현재의 재고를 리스트 상자에 표시하고 워크시트 '제품'에 입력한다.
- 명령 단추 '데이터로 이동'을 클릭하면 리스트 상자에서 선택한 제품을 워크시트 '제품'에서 찾아준다.

□ 워크북 구성

워크북은 한 개의 워크시트 '제품'으로 구성된다.

워크시트 '제품'에는 제품 이름과 재고량, 제품 별 기본 단가와 기본 출고가 및 박스 내 수량 등의 제품 정보가 입력된다.

(1) 대화상자 실행 미리보기

'재고관리프로그램 실행' 버튼을 클릭하여 UserForm6를 실행한다.

□ 제품 정보 추가하기

- '제품 추가' 버튼을 클릭한다.
  UserForm7 대화상자가 열린다.
- 제품 이름과 기본 단가, 기본 출고가, 박스 내 수량을 입력하고 '추가' 버튼을 클릭한다.

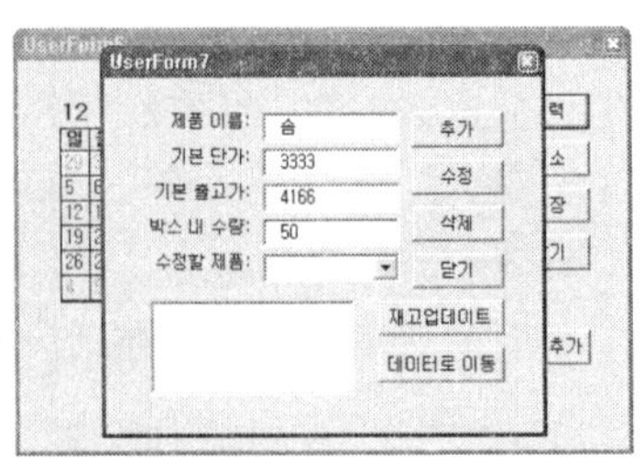

워크시트 '제품'에 제품 '솜' 데이터가 입력되고 워크시트 '솜'이 생성된다.

- 동일한 방식으로 제품 '마스크', '에센스'를 추가한다.
- '닫기' 버튼을 클릭한다.

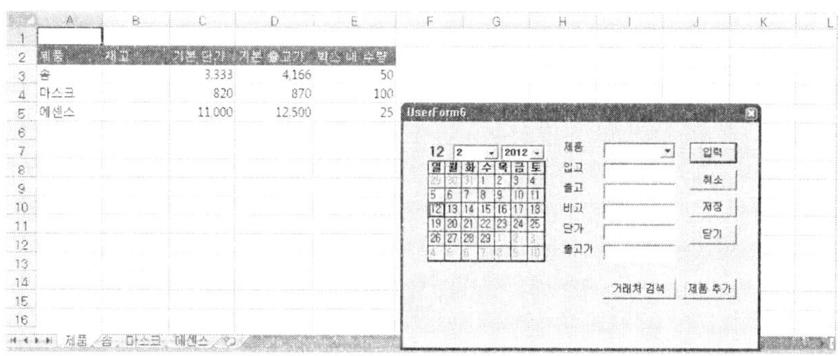

제품 '마스크', '에센스'가 등록되고 해당 제품의 워크시트가 생성된다.

◫ 제품 거래 내역 입력하기

- UserForm6의 콤보 상자 '제품'을 클릭하여 목록 '솜'을 선택한다. 워크시트 '솜'이 활성화된다.
  - 콤보 상자 '제품'을 클릭하면 등록한 제품의 이름이 목록으로 나타난다.
  - 워크시트 '솜'에는 날짜, 입고, 출고, 재고, 박스단위, 낱개, 비고, 단가, 출고가, 마진, 재고량 등의 필드 이름이 입력되어 있으며, L1 셀에는 현재의 재고량이 표시된다.
- 날짜, 입고, 출고, 비고, 단가, 출고가 등을 입력한 후 '입력' 버튼을 클릭한다.

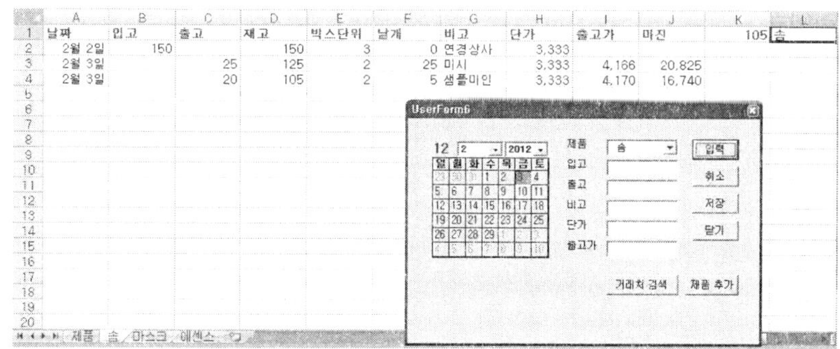

'날짜: 2월 2일, 입고: 150, 비고: 연경상사, 날짜: 2월 3일, 출고: 25, 비고: 미시, 날짜: 2월 3일, 출고: 20, 비고: 샘플미인, 출고가: 4,170'을 입력한 장면

– 단가와 출고가를 따로 입력하지 않으면 기본 단가와 기본 출고가가 입력된다.
– 출고가 없는 상태에서는 마진을 계산하지 않는다.
– 입고를 입력하지 않더라도 출고를 입력하면 기본 단가가 입력된다. 즉, 마진을 계산하기 위해서는 기본 단가가 필요하다.

▭ 제품 거래 내역 취소하기

'취소' 버튼을 클릭하면 방금 입력한 데이터가 삭제된다.

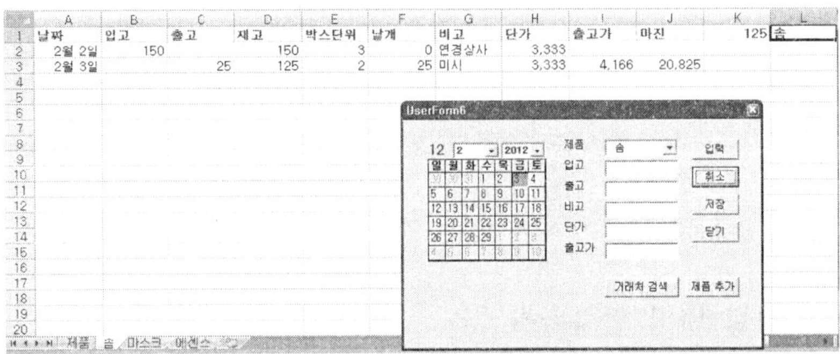

▭ 제품 거래 내역 수정하기

- '거래처 검색' 버튼을 클릭하면 '찾기', '바꾸기' 버튼이 활성화된다.
- 거래처 이름을 입력한 후 '찾기' 버튼을 클릭하면 해당 거래처 이름에 셀 포인터가 이동하고 거래 내역이 달력, 텍스트 박스에 표시된다.

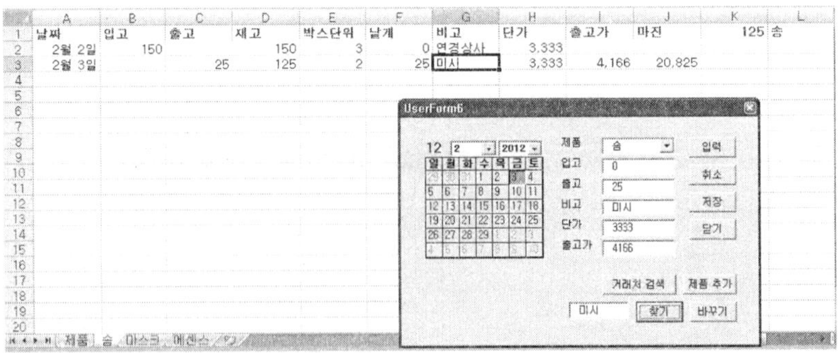

- 내용을 변경한 후 '바꾸기' 버튼을 클릭하면 해당 거래처의 거래 내역을 수정할 수 있다.

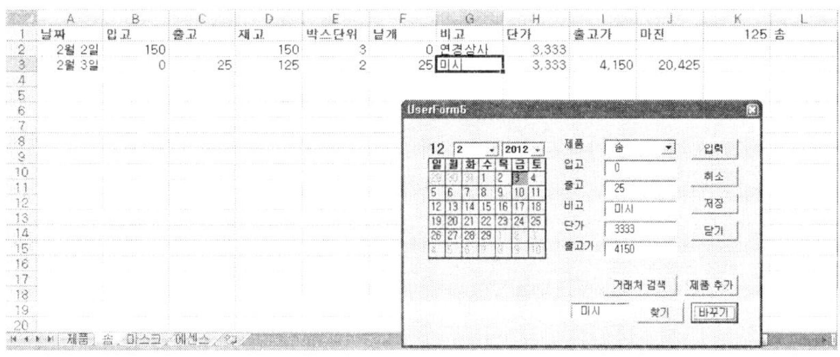

출고가를 '4150'으로 수정한 장면

제품 정보 수정하기

- 등록된 제품의 정보를 변경하려면 '제품 추가' 버튼을 클릭한다. 워크시트 '제품'이 활성화된다.
- 콤보 상자 '수정할 제품'을 클릭하여 목록을 선택한다. 선택한 목록에 해당하는 제품 이름으로 셀 포인터가 이동하고, 제품 정보가 텍스트 박스에 표시된다.

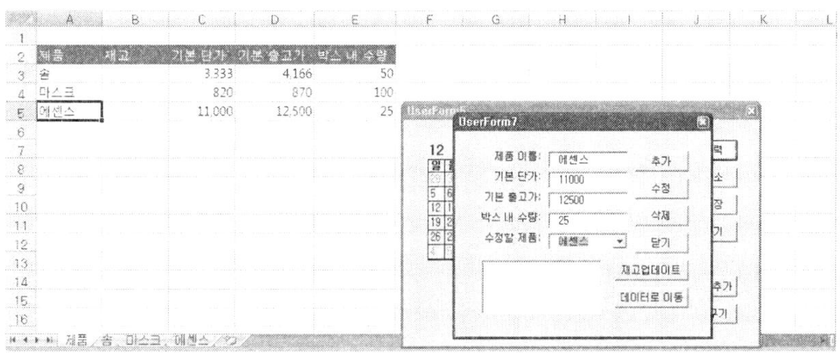

- 제품의 정보를 변경한 후 '수정' 버튼을 클릭하면 제품 정보가 수정된다.

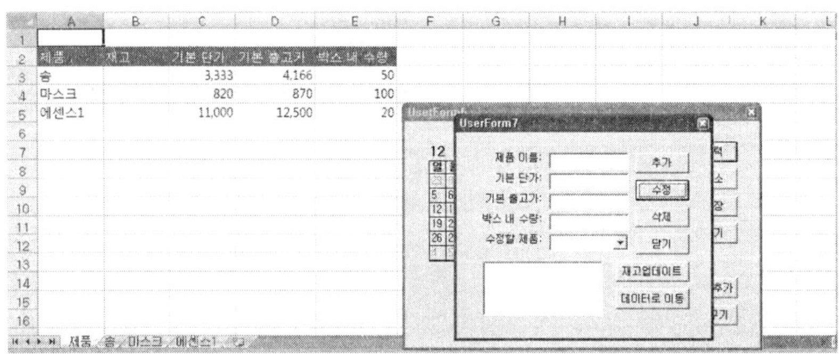

제품 이름을 '에센스1'로, 박스 내 수량을 '20'으로 수정한 장면

제품 정보 삭제하기

- 콤보 상자 '수정할 제품'을 클릭하여 목록을 선택한 후 '삭제' 버튼을 클릭하면 해당 제품 정보와 함께 해당 제품의 워크시트를 삭제할 수 있다.

예를 들어, 마스크를 선택한 후 '삭제' 버튼을 클릭하면 마스크 정보와 워크시트 '마스크'를 삭제할 수 있다.

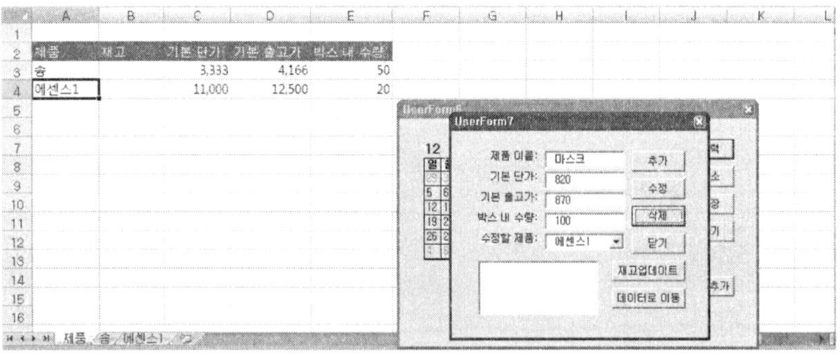

마스크를 삭제한 장면

재고 업데이트하기

- '재고업데이트' 버튼을 클릭하면 제품별 재고 수량을 표시할 수 있다.

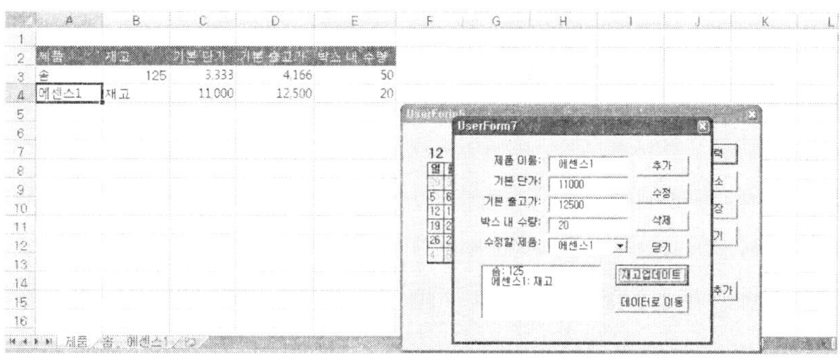

거래 내역이 전혀 없이 제품 정보만 등록된 제품의 재고 수량에는 문자열 '재고'가 표시된다.

- 리스트 상자 내의 목록을 선택한 후 '데이터로 이동' 버튼을 클릭하면 해당 제품으로 셀 포인터가 이동한다.

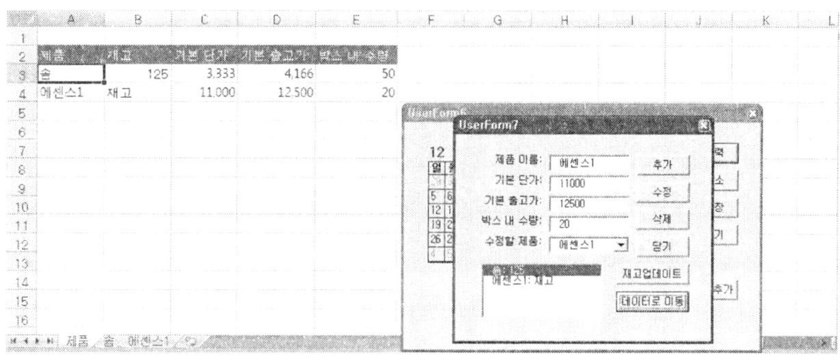

대화상자가 열린 상태에서는 워크시트 상에서 다른 작업을 할 수 없으므로 등록된 제품 정보를 한눈에 볼 수 있는 방법이 없다. 따라서 일시 방편으로 리스트 상자에서 선택한 목록으로 셀 포인터를 이동시켜 원하는 제품 정보를 살펴 볼 수 있게 한다.

(2) UserForm7 제작

폼 개체는 레이블, 텍스트 상자, 콤보 상자, 리스트 상자, 명령 단추로 구성된다. 이들 개체의 이름과 화면에 표시되는 텍스트 및 그 내용은 다음과 같다.

참고 개체의 이름은 VBA에서 제공하는 이름을 그대로 사용하였다. 오히려 이것이 내용을 파악하는 데 도움이 된다.

폼 구성 개체	개체 이름(Name)	화면에 표시되는 텍스트(Caption) 및 내용
폼	UserForm7	UserForm7
콤보 상자	ComboBox1	워크시트 '제품'에 정의한 이름 '제품' 목록 (=제품!제품)
레이블	Label1	제품 이름
	Label2	기본 단가
	Label3	기본 출고가
	Label4	박스 내 수량
	Label5	수정할 제품
텍스트 상자	TextBox1	입력 필드 (제품 이름)
	TextBox2	입력 필드 (기본 단가)
	TextBox3	입력 필드 (기본 출고가)
	TextBox4	입력 필드 (박스 내 수량)
리스트 상자	ListBox1	'제품: 재고 수량' 목록
명령 단추	CommandButton1	추가
	CommandButton2	수정
	CommandButton3	삭제
	CommandButton4	닫기
	CommandButton5	재고업데이트
	CommandButton6	데이터로 이동

- 명령 단추(추가) CommandButton1 개체에 정의한 UserForm7 코드

  명령 단추 CommandButton1 개체를 더블 클릭하고 다음 코드를 입력한다.

```
Private Sub CommandButton1_Click()
  Dim b1 As String
  Dim b2 As Long
  Dim b3 As Long
  Dim b4 As Long
  'Dim 명령어를 사용하여 변수를 선언한다. String은 문자열 데이터 형식, Long은 4
  '바이트 정수 데이터 형식이다.
  Application.ScreenUpdating = False
  '화면이 업데이트되는 것을 막는다. VBA 실행 속도를 향상시킨다.
  b1 = UserForm7.TextBox1.Value
  b2 = UserForm7.TextBox2.Value
  b3 = UserForm7.TextBox3.Value
  b4 = UserForm7.TextBox4.Value
  '텍스트 박스에 입력한 값을 변수에 저장한다.
  For i = 1 To Sheets.Count
    If Sheets(i).Name = b1 Then
      MsgBox "등록된 제품입니다."
      Exit Sub
    End If
```

```
Next i
'중복되는 워크시트가 있는지 확인한다. 동일 이름의 워크시트가 존재하면 Sub 프로시저를
'끝낸다. Sheets.Count는 워크북에 포함된 워크시트의 개수를, Sheets(i).Name은 워크시트의
'이름을 뜻한다.
If b1 <> "" And b2 <> 0 And b3 <> 0 And b4 <> 0 Then
  Sheets.Add After:=Sheets(Sheets.Count)
    With ActiveSheet
      .Range("A1").Value = "날짜"
      .Range("B1").Value = "입고"
      .Range("C1").Value = "출고"
      .Range("D1").Value = "재고"
      .Range("E1").Value = "박스단위"
      .Range("F1").Value = "낱개"
      .Range("G1").Value = "비고"
      .Range("H1").Value = "단가"
      .Range("I1").Value = "출고가"
      .Range("J1").Value = "마진"
      .Range("K1").Formula = "=INDIRECT(""D""&COUNT(D1:D10000)+1)"
      .Range("L1").Value = b1
    End With
'제품 이름, 기본 단가, 기본 출고가, 박스 내 수량을 모두 입력하면 새 워크시트를
'마지막 워크시트 뒤에 추가하고, A1:L1 셀에 내용을 입력한다.
'K1 셀에는 현재 재고를 나타내는 INDIRECT 함수가 입력된다.
'L1 셀에는 제품의 이름이 입력된다. 제품의 이름은 VLOOKUP 함수의 인수로 사용된다.
    Range("A1:L1").Select
    Selection.Style = "제목 4"
    With Selection.Borders(xlInsideVertical)
      .LineStyle = xlContinuous
      .ThemeColor = 5
      .TintAndShade = 0.4
      .Weight = xlThin
    End With
'A1:L1 셀의 서식을 셀 스타일 '제목 4'로 지정한다.
    Columns("A:A").Select
    Selection.NumberFormatLocal = "m""월"" d""일"";@"
    Range("B:D,H:K").Select
    Selection.NumberFormatLocal = "#,##0"
'A열의 서식을 '3월 4일' 형식으로, B:D 열과 H:K 열의 서식을 '#,##0' 형식으로 지정한다.
    Sheets(Sheets.Count).Name = b1
    Range("l1").Select
'추가된 워크시트의 이름을 제품 이름으로 바꾸고 셀 포인터를 L1 셀에 둔다.
    Sheets("제품").Activate
    row_num = Range("A1").CurrentRegion.Rows.Count + 1
    Range(Cells(row_num, 1), Cells(row_num, 1)).Value = b1
    Range(Cells(row_num, 3), Cells(row_num, 3)).Value = Format(b2, "#,##0")
    Range(Cells(row_num, 4), Cells(row_num, 4)).Value = Format(b3, "#,##0")
```

```
        Range(Cells(row_num, 5), Cells(row_num, 5)).Value = Format(b4, "#,##0")
    '워크시트 '제품'을 열고 데이터 영역의 다음 줄에 내용을 입력한다. 숫자는 '#,##0'
    '형식으로 입력된다.
        ActiveSheet.Range("A1").Select
        ActiveWorkbook.Names.Add Name:="제품", RefersToR1C1:=Selection.CurrentRegion
        UserForm7.ComboBox1.RowSource = "제품"
        UserForm6.ComboBox1.RowSource = "제품"
    'A1 셀을 선택한 후 A1 셀에 인접한 셀 영역을 '제품'이란 이름으로 정의한다.
    'UserForm7, UserForm6 콤보 상자의 RowSource 속성으로 이름 '제품'을 지정한다. 폼을
    '추가한 후 콤보 상자의 RowSource 속성을 변경하지 않으면 추가한 제품의 목록이 콤보
    '상자에 표시되지 않는다.
    Else
      MsgBox "제품 정보를 모두 입력하세요."
    End If
    '제품 이름, 기본 단가, 기본 출고가, 박스 내 수량을 모두 입력하지 않으면 '제품 정보를
    '모두 입력하세요.'라는 창을 연다.
    Application.ScreenUpdating = True
    '화면 업데이트 기능을 활성화한다.
End Sub
```

참고 "'" 문자 뒤의 내용은 주석으로서 프로시저 실행과 아무런 관련이 없다. 주석을 삽입한 이유는 코드에 대한 설명을 하기 위해서이다. 실제 프로시저에는 필요한 부분만 주석을 달지 쓸데없는 주석은 달지 않는다.

- 명령 단추(수정) CommandButton2 개체에 정의한 UserForm7 코드

  명령 단추 CommandButton2 개체를 더블 클릭하고 다음 코드를 입력한다.

```
Private Sub CommandButton2_Click()
  Dim a1 As String
  Dim a2 As Long
  Dim a3 As Long
  Dim a4 As Long
  Sheets("제품").Select
  Application.ScreenUpdating = False
  sheetname = UserForm7.ComboBox1.Value
  '콤보 상자의 값을 변수 sheetname에 저장한다.
  On Error GoTo error
  '에러 발생 시 error 레이블로 이동한다. 즉, 기본 단가, 기본 출고가, 박스 내 수량에
  '문자를 입력한 경우 발생하는 에러에 대비한다.
  If UserForm7.ComboBox1 <> "" Then
    a1 = UserForm7.TextBox1.Value
    a2 = UserForm7.TextBox2.Value
    a3 = UserForm7.TextBox3.Value
```

```
      a4 = UserForm7.TextBox4.Value
      With ActiveCell
        .Offset(0, 0).Select
        .Offset(0, 0).Value = a1
        .Offset(0, 2).Value = Format(a2, "#,##0")
        .Offset(0, 3).Value = Format(a3, "#,##0")
        .Offset(0, 4).Value = Format(a4, "#,##0")
      End With
    '콤보 상자에서 목록을 선택하면 활성화된 셀을 선택하고, 내용을 입력한다.
    '숫자는 '#,##0' 형식으로 입력된다.
      Sheets(sheetname).Activate
      Sheets(sheetname).Name = a1
      Range("L1").Value = a1
    '목록에서 선택한 워크시트를 열고 워크시트 이름을 제품 이름으로 바꾸고 셀 L1에 제품
    '이름을 입력한다.
      Sheets("제품").Activate
      UserForm7.ComboBox1.Value = ""
      ActiveSheet.Range("A1").Select
    '워크시트 '제품'을 열고 콤보 상자를 선택되지 않은 초기 상태로 되돌린 후 A1 셀을 선택한다.
    Else
      MsgBox "수정할 제품 목록을 먼저 선택하세요."
    End If
    '콤보 상자에서 목록을 선택하지 않으면 '수정할 제품 목록을 먼저 선택하세요.'라는 창을 연다.
error:
    If Err <> 0 Then
      MsgBox "잘못 입력하였습니다."
      Exit Sub
    End If
    '에러 발생 시 '잘못 입력하였습니다.'라는 메시지를 나타내고 Sub 프로시저를 끝낸다.
    'Err 개체는 런타임 오류 정보를 지니며, 오류가 없으면 0의 값을 지닌다.
    Application.ScreenUpdating = True
End Sub
```

- 명령 단추(삭제) CommandButton3 개체에 정의한 UserForm7 코드

명령 단추 CommandButton3 개체를 더블 클릭하고 다음 코드를 입력한다.

```
Private Sub CommandButton3_Click()
    ans = MsgBox("삭제하시겠습니까?", vbYesNo)
    '"삭제하시겠습니까?"라는 창에서 클릭한 버튼의 값을 변수 ans에 저장한다.
    Application.ScreenUpdating = False
    If ans = vbYes And UserForm7.ComboBox1.Value <> "" Then
      sheetname = UserForm7.ComboBox1.Value
      ActiveCell.Offset(0, 0).Range("A1:E1").Delete Shift:=xlUp
      Sheets(sheetname).Select
      ActiveWindow.SelectedSheets.Delete
```

```
    Sheets("제품").Select
  Else
    MsgBox "콤보 상자 '수정할 제품'에서 제품을 선택하세요."
  End If
  '콤보 상자의 목록이 선택된 상태에서 '예' 버튼을 클릭하면 다음 코드가 실행된다.
  '콤보 상자의 값을 변수 sheetname에 저장한다.
  '활성화된 셀과 오른쪽에 위치한 네 개의 셀을 삭제하고 밑줄에 위치한 셀들을 한 줄
  '위로 이동시킨다.
  '콤보 상자에서 선택한 목록과 이름이 같은 워크시트를 선택하고 워크시트를 삭제한다.
  '워크시트 '제품'을 연다.
  '콤보 상자에서 목록을 선택하지 않으면 '콤보 상자 '수정할 제품'에서 제품을
  '선택하세요.'라는 창을 연다.
  Application.ScreenUpdating = True
End Sub
```

• 명령 단추(닫기) CommandButton4 개체에 정의한 UserForm7 코드

명령 단추 CommandButton4 개체를 더블 클릭하고 다음 코드를 입력한다.

```
Private Sub CommandButton4_Click()
  Sheets("제품").Select
  Unload UserForm7
  '워크시트 '제품'을 열고, 대화상자를 닫는다.
End Sub
```

• 명령 단추(재고업데이트) CommandButton5 개체에 정의한 UserForm7 코드

명령 단추 CommandButton5 개체를 더블 클릭하고 다음 코드를 입력한다.

```
Private Sub CommandButton5_Click()
  Dim item1 As String
  Dim item2 As String
  Application.ScreenUpdating = False
  ListBox1.Clear
  '리스트 상자의 내용을 지운다.
  For i = 2 To Sheets.Count
    item1 = Sheets(i).Name
    item2 = Sheets(i).Range("k1").Value
    ListBox1.AddItem (item1 & ": " & item2)
  Next i
  '변수 i의 시작값을 2로 지정하고 워크북에 포함된 워크시트 개수만큼 For 문의 코드를
  '반복 실행한다.
  '워크북에 추가되는 워크시트의 번호는 2부터 시작하므로 변수 i의 시작값을 2로 지정한다.
  '변수 item1, item2에 워크시트의 이름과 재고 수량을 저장한다.
  '리스트 상자 목록으로 등록한다. 목록은 변수와 문자열을 결합한 'item1 & ": " & item2'
  '형태가 된다.
```

```
  Sheets("제품").Select
  row_num = Range("A1").CurrentRegion.Rows.Count
  For i = 2 To row_num - 1
    Range(Cells(i + 1, 2), Cells(i + 1, 2)) = Format(Sheets(i).Range("K1").Value, "#,###")
  Next i
  '워크시트 '제품'을 선택한다.
  '변수 i의 시작값을 2로 지정하고 이름 '제품'의 데이터 수에서 1을 뺀 만큼 For 문의
  '코드를 반복 실행한다.
  '변수 i의 시작값을 2로 지정한 이유는 워크북에 포함된 워크시트 개수만큼 반복
  '실행해야 하기 때문이다.
  'A1 셀을 기준으로 B3, B4, … 셀에 값을 입력하려면 Cells 속성의 행 인덱스 번호를
  'i+1로, 열 인덱스 번호를 2로 지정한다. B3, B4, … 셀에는 K1 셀에 표시된 재고 수량이
  '"#,###'형식으로 입력된다.
  Application.ScreenUpdating = True
End Sub
```

- 명령 단추(데이터로 이동) CommandButton6 개체에 정의한 UserForm7 코드

  명령 단추 CommandButton6 개체를 더블 클릭하고 다음 코드를 입력한다.

```
Private Sub CommandButton6_Click()
  On Error Resume Next
  '리스트 상자의 목록을 선택하지 않은 상태에서 버튼을 클릭할 때 발생하는 에러
  '메시지를 막는다.
  'On Error Resume Next는 에러 발생 시 오류를 무시하고 다음 줄의 코드를 실행한다.
  '오류의 원인을 알고 있고 무시해도 되는 오류라고 판단할 때 오류 메시지를 나타내지
  '않을 목적으로 사용한다.
  pos = Application.WorksheetFunction.Find(":", ListBox1.Text, 1) - 1
  '워크시트 함수 find를 사용하여 리스트 상자에서 문자열 ':'의 위치를 구하고 여기에서
  '1을 뺀 값을 변수 pos에 저장한다.
  findMe = Left(ListBox1.Text, pos)
  '리스트 상자에서 변수 pos의 개수만큼 문자열을 추출하여 변수 findMe에 저장한다.
  If findMe <> "" Then
    Sheets("제품").Range("A2").Select
    row_num = Range("A2").CurrentRegion.Rows.Count
    For i = 0 To row_num
      If Range("a2").Offset(i, 0) = findMe Then
        Range("a2").Offset(i, 0).Select
      End If
    Next i
  '리스트 상자에서 목록을 선택하면 워크시트 '제품'의 A2 셀을 선택하고, A2 셀에 인접한
  '영역의 행 수를 변수 row_num에 저장한다.
  'A2 셀을 기준으로 아래에 위치한 셀의 내용이 변수 findMe와 같으면 해당 셀을 선택한다.
  End If
  On Error GoTo 0
  'On Error Resume Next 명령문을 통해 변경된 에러 처리 상태를 원래대로 복원시킨다.
End Sub
```

• 콤보 상자(수정할 제품) ComboBox1 개체에 정의한 UserForm7 코드

```
Private Sub ComboBox1_Change()
  Dim findMe As String
  findMe = UserForm7.ComboBox1.Value
  '콤보 상자의 값을 변수 findMme에 저장한다.
  Set Position = Sheets("제품").Range("A2")
  '개체 변수 Position을 정의한다. 워크시트 '제품'의 A2 셀 대신 Position 참조를 사용할 수 있다.
  For i = 0 To Position.CurrentRegion.Rows.Count + 1
    If Position.Offset(i, 0) Like findMe Then
      Position.Offset(i, 0).Select
      With UserForm7
        .TextBox1.Text = ActiveCell.Offset(0, 0).Value
        .TextBox2.Text = ActiveCell.Offset(0, 2).Value
        .TextBox3.Text = ActiveCell.Offset(0, 3).Value
        .TextBox4.Text = ActiveCell.Offset(0, 4).Value
      End With
    End If
  Next i
  'A 열에 입력된 문자열과 변수 findMe의 문자열이 같으면 셀 포인터를 해당 셀에 위치시키고 제품
  '이름, 기본 단가, 기본 출고가, 박스 내 수량을 텍스트 상자에 표시한다.
End Sub
```

'ShowUserForm6' 매크로를 '빠른 실행 도구 모음 사용자 지정' 아이콘으로 등록한다.

참고 컨트롤 속성

• 텍스트 상자 TextBox1에는 한글이 입력되도록 IMEMode 속성을 '10'으로 지정한다.

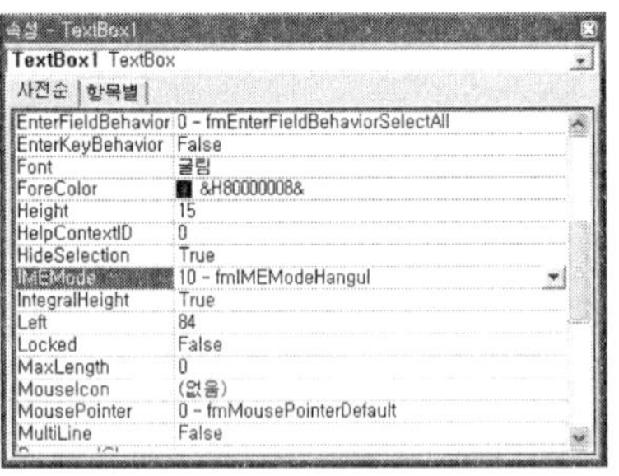

• 폼 개체를 마우스 오른쪽 버튼으로 클릭하고 단축 메뉴에서 '탭 순서'를 실행하여 대화상자에서 탭 키를 누를 때의 이동 순서를 지정한다.

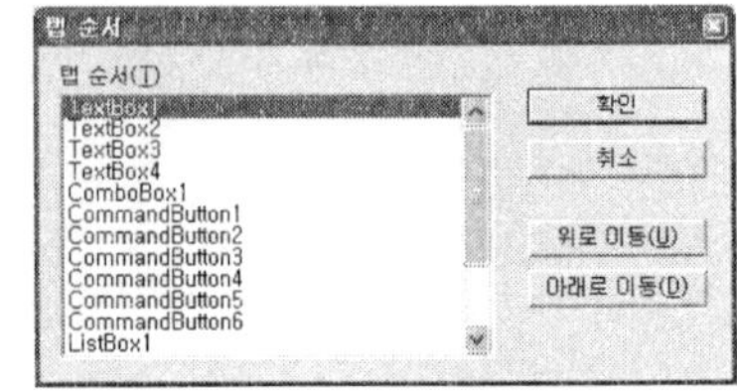

• 명령 단추 CommandButton1의 Default 속성을 'True'로 설정하여 엔터키를 누를 시 입력한 자료가 워크시트에 삽입되도록 한다.

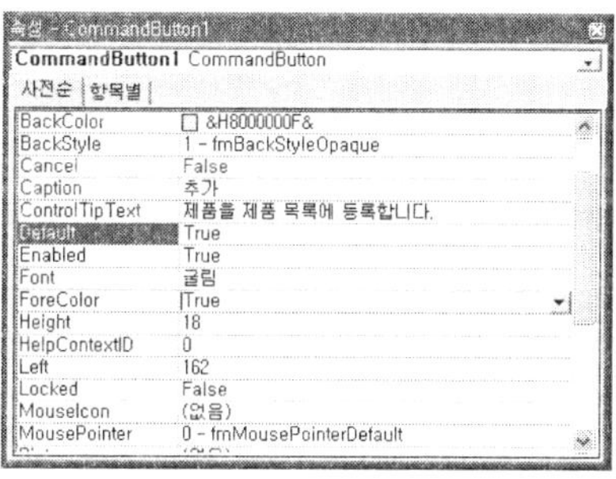

(3) UserForm6 제작

폼 개체는 레이블, 달력, 콤보 상자, 텍스트 상자, 명령 단추로 구성된다. 이들 개체의 이름과 화면에 표시되는 텍스트 및 그 내용은 다음과 같다.

폼 구성 개체	개체 이름(Name)	화면에 표시되는 텍스트(Caption) 및 내용
폼	UserForm7	UserForm7
달력	Calendar1	달력
콤보 상자	ComboBox1	워크시트 '제품'에 정의한 이름 '제품' 목록 (=제품!제품)
레이블	Label1	제품
	Label2	입고
	Label3	출고
	Label4	비고
	Label5	단가
	Label6	출고가
텍스트 상자	TextBox1	입력 필드 (입고)
	TextBox2	입력 필드 (출고)
	TextBox3	입력 필드 (비고)
	TextBox4	입력 필드 (단가)
	TextBox5	입력 필드 (출고가)
	TextBox6	입력 필드 (거래처 검색)
명령 단추	CommandButton1	입력
	CommandButton2	취소
	CommandButton3	저장
	CommandButton4	닫기
	CommandButton5	거래처 검색
	CommandButton6	제품 추가
	CommandButton7	찾기
	CommandButton8	바꾸기

달력 컨트롤을 삽입하려면 다음과 같이 한다.

① VBA 편집 창에서 도구 메뉴의 '추가 컨트롤'을 실행한다.

② '달력 컨트롤 12.0'을 선택하고 '확인' 버튼을 클릭한다.

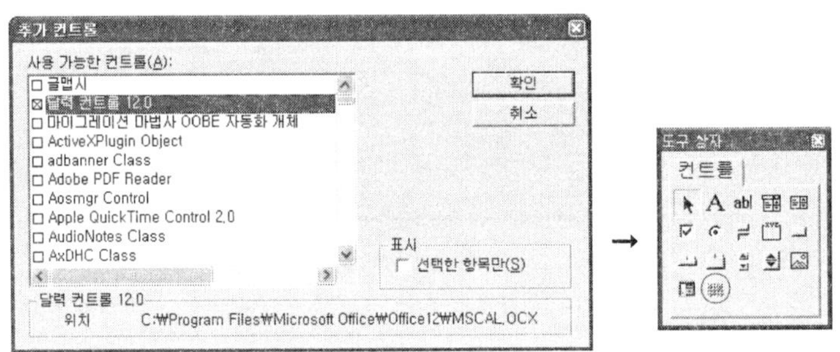

재고 관리 프로그램의 기본 흐름은 다음과 같다.

- 콤보 상자 '제품'의 목록을 선택해야 현재 활성화된 워크시트에 값을 삽입한다.
- 입고 필드 혹은 출고 필드에 값을 입력해야 워크시트에 대화상자의 구성 요소 값을 삽입한다.

  입고와 출고가 없는 상황에서는 데이터를 입력할 필요가 없다.
- 입고 필드에 값을 입력한 경우에는 다음 상황으로 분기한다.
  - 단가 필드에 값을 입력하지 않으면 기본 단가가 입력된다.
  - 단가 필드에 값을 입력하면 입력한 값이 단가로 입력된다.

  제품의 단가는 쉽게 변동하지 않는다. 따라서 동일한 단가를 매번 입력할 필요는 없다. 그렇지만 단가가 변동하는 경우에는 단가를 입력하도록 해야 한다.
- 출고 필드에 값을 입력한 경우에는 다음 상황으로 분기한다.
  - 출고가 필드에 값을 입력하지 않으면 기본 출고가가 입력된다.
  - 출고가 필드에 값을 입력하면 입력한 값이 출고가로 입력된다.

  제품의 출고가는 자주 변동한다. 따라서 출고가가 변동하는 경우에는 출고가를 입력하도록 해야 한다. 그러나 출고가가 동일한 경우에는 출고가를 매번 입력하지 않도록 한다.
- 입고와 출고, 단가와 출고가의 관계는 다음과 같다.
  - 입고 필드에 값을 입력하지 않더라도 출고 필드에 값을 입력하면 단가가 출력되

도록 한다. 왜냐하면 출고가 발생한 이상 마진을 계산해야 하기 때문이다. 마진은 출고*(출고가−단가)로 계산된다.

– 입고 필드에 값을 입력하고 출고 필드에 값을 입력하지 않는 경우에는 출고가를 출력하지 않도록 한다. 왜냐하면 출고가 발생하지 않았으므로 출고가를 출력하는 것은 잘못이다.

• 콤보 상자(제품) ComboBox1 개체에 정의한 UserForm6 코드

콤보 상자 ComboBox1 개체를 더블 클릭하고 다음 코드를 입력한다.

```
Private Sub ComboBox1_Change()
  n = UserForm6.ComboBox1.Value
  Sheets(n).Activate
  UserForm6.TextBox1.SetFocus
  '콤보 상자에서 선택한 값 즉, 제품 이름이 변수 n에 저장되어 해당 워크시트를 열고
  '텍스트 상자 TextBox1에 커서가 놓인다.
End Sub
```

Sheets 개체는 컬렉션 개체로서 워크시트의 모음이 된다. 따라서 Sheets(n)은 워크시트의 이름을 표시한다. 따라서 콤보 상자에서 목록을 선택하면 목록에 해당하는 워크시트를 활성화한다. 컬렉션에서 개체를 참조하려면 개체 이름이나 인덱스 번호를 사용한다.

참고 콤보 상자의 참조 영역 설정

콤보 상자에 나타나는 목록은 보통 콤보 상자의 RowSource 값에 지정한 영역을 참조한다. 예를 들어, 워크시트 '제품'에서 정의한 이름 '제품'이 RowSource 값으로 지정되어 있으면 콤보 상자는 이름 '제품'을 참조하여 목록을 표시한다.

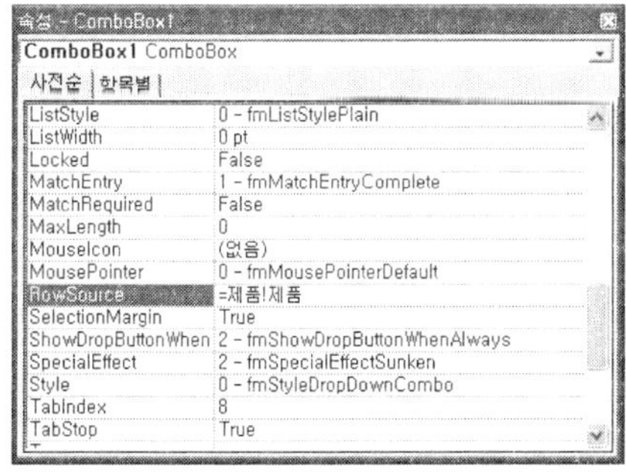

ListStyle	0 - fmListStylePlain
ListWidth	0 pt
Locked	False
MatchEntry	1 - fmMatchEntryComplete
MatchRequired	False
MaxLength	0
MouseIcon	(없음)
MousePointer	0 - fmMousePointerDefault
RowSource	=제품!제품
SelectionMargin	True
ShowDropButtonWhen	2 - fmShowDropButtonWhenAlways
SpecialEffect	2 - fmSpecialEffectSunken
Style	0 - fmStyleDropDownCombo
TabIndex	8
TabStop	True

그러나 예제 프로그램과 같이 제품 목록이 추가, 삭제, 수정됨에 따라 목록이 변경돼야 하므로 콤보 상자에 나타나는 목록은 폼 UserForm6의 표준 모듈 코드, 폼 UserForm7의 코드에서 정의한다.

- 명령 단추(입력) CommandButton1 개체에 정의한 UserForm6 코드
  명령 단추 CommandButton1 개체를 더블 클릭하고 다음 코드를 입력한다.

```
Private Sub CommandButton1_Click()
  If UserForm6.ComboBox1.Value = ActiveSheet.Range("L1").Value Then
  '콤보 상자에서 선택한 목록과 활성화된 워크시트의 셀 L1의 값이 일치하면 다음 If 문을
  '실행한다.
    If UserForm6.TextBox1.Value <> "" Or UserForm6.TextBox2.Value <> "" Then
  '입고 필드 혹은 출고 필드에 값을 입력하면 If 문의 코드가 실행된다.
  '입고 필드와 출고 필드에 값을 입력하지 않으면 아무것도 실행하지 않는다.
      row_num = Range("A1").CurrentRegion.Rows.Count + 1
  'A1 셀에 인접한 셀을 현재 영역으로 설정하고 행의 수에 1을 더하여 변수 row_num에
  '저장한다. 입고와 출고가 없는 처음 상태에서는 CurrentRegion.Rows.Count의 값은 1이
  '되므로 변수 row_num은 2의 값을 가진다.
      Range(Cells(row_num, 1), Cells(row_num, 1)).Value = UserForm6.Calendar1.Value
      Range(Cells(row_num, 2), Cells(row_num, 2)).Value = UserForm6.TextBox1.Value
      Range(Cells(row_num, 3), Cells(row_num, 3)).Value = UserForm6.TextBox2.Value
      Range(Cells(row_num, 7), Cells(row_num, 7)).Value = UserForm6.TextBox3.Value
  'A2 셀에 달력 개체 Calendar1의 값을 입력한다. Calendar1의 값은 선택한 날짜가 된다.
  'B2 셀에 입고 필드 TextBox1의 값을 입력한다. TextBox1의 값은 텍스트 상자에 입력한
  '내용이 된다. C2 셀에 출고 필드 TextBox2의 값을 입력한다. TextBox2의 값은 텍스트
  '상자에 입력한 내용이 된다.
  'G2 셀에 비고 필드 TextBox3의 값을 입력한다. TextBox3의 값은 텍스트 상자에 입력한 내용이
  '된다.
      If UserForm6.TextBox1.Value <> "" And UserForm6.TextBox4.Value = "" Then
        Range(Cells(row_num, 8), Cells(row_num, 8)).FormulaR1C1 = _
        "=VLOOKUP(R1C12,제품!제품,3,FALSE)"
      ElseIf UserForm6.TextBox2.Value <> "" And UserForm6.TextBox4.Value = "" Then
        Range(Cells(row_num, 8), Cells(row_num, 8)).FormulaR1C1 = _
        "=VLOOKUP(R1C12,제품!제품,3,FALSE)"
      Else
        Range(Cells(row_num, 8), Cells(row_num, 8)).Value = UserForm6.TextBox4.Value
      End If
  '입고 필드에 값을 입력하고 단가 필드에 값을 입력하지 않으면 H2 셀에 기본 단가를 입력한다.
  '출고 필드에 값을 입력하고 단가 필드에 값을 입력하지 않으면 H2 셀에 기본 단가를 입력한다.
  'H2 셀에 입력되는 수식을 A1 참조 방식으로 표현하면 다음과 같다.
  '=VLOOKUP($L$1,제품!제품,3,FALSE)
  '기본 단가는 워크시트 '제품'에 입력된다. 기본 단가는 VLOOKUP 함수로 구한다.
  'VLOOKUP 함수의 첫 번째 인수는 워크시트의 L1 셀이 된다.
```

```
'입고가 없더라도 출고가 발생하면 마진을 계산하기 위해 단가 입력이 필수적이다.
'입고 필드에 값을 입력하거나 출고 필드에 값을 입력한 경우 단가 필드에 값을 입력하면 H2 셀에
'단가 필드 TextBox4의 값을 입력한다. TextBox4의 값은 텍스트 상자에 입력한 내용이 된다.
    If UserForm6.TextBox2.Value <> "" And UserForm6.TextBox5.Value = "" Then
      Range(Cells(row_num, 9), Cells(row_num, 9)).FormulaR1C1 = _
      "=VLOOKUP(R1C12,제품!제품,4,FALSE)"
    ElseIf UserForm6.TextBox2.Value <> "" And UserForm6.TextBox5.Value <> "" Then
      Range(Cells(row_num, 9), Cells(row_num, 9)).Value = UserForm6.TextBox5.Value
    End If
'출고 필드에 값을 입력하고 출고가 필드에 값을 입력하지 않으면 I2 셀에 기본 출고가를
'입력한다.
'출고 필드에 값을 입력하고 출고가 필드에 값을 입력하면 I2 셀에 출고가 필드 TextBox5의 값을
'입력한다.
'I2 셀에 입력되는 수식은 다음과 같다.
'=VLOOKUP($L$1,제품!제품,4,FALSE)
'기본 출고가는 워크시트 '제품'에 입력된다. 기본 출고가는 VLOOKUP 함수로 구한다. VLOOKUP
'함수의 첫 번째 인수는 워크시트의 L1 셀이 된다.
    Range(Cells(row_num, 4), Cells(row_num, 4)).FormulaR1C1 = _
    "=IF(TYPE(R[-1]C)=1,R[-1]C+RC[-2]-RC[-1],RC[-2]-RC[-1])"
    Range(Cells(row_num, 5), Cells(row_num, 5)).FormulaR1C1 = _
    "=INT(RC[-1]/VLOOKUP(R1C12,제품!제품,5,FALSE))"
    Range(Cells(row_num, 6), Cells(row_num, 6)).FormulaR1C1 = _
    "=MOD(RC[-2],VLOOKUP(R1C12,제품!제품,5,FALSE))"
'D2 셀에는 수식 '=IF(TYPE(D1)=1,D1+B2-C2,B2-C2)'의 값이 입력된다. TYPE 함수는 값의
'유형을 반출한다.
'값이 숫자이면 TYPE 함수는 1의 값을 반환한다.
'재고는 '현재 재고+입고-출고'로 계산한다. 따라서 현재 재고 자리에 문자열이 있으면 IF 함수는
'재고를 '입고-출고'로 계산한다.
'E2 셀에는 수식 '=INT(D2/=VLOOKUP($L$1,제품!제품,5,FALSE))'의 값이 입력된다.
'F2 셀에는 수식 '=MOD(D2,=VLOOKUP($L$1,제품!제품,5,FALSE))'의 값이 입력된다.
'제품 한 박스에 들어있는 수량은 워크시트 '제품'에 입력된다. 수량은 VLOOKUP 함수로 구한다.
'VLOOKUP 함수의 첫 번째 인수는 워크시트의 L1 셀이 된다.
    If UserForm6.TextBox2.Value <> "" Then
      Range(Cells(row_num, 10), Cells(row_num, 10)).FormulaR1C1 = _
      "=RC[-7]*(RC[-1]-RC[-2])"
    Else
      Range(Cells(row_num, 10), Cells(row_num, 10)).Value = ""
    End If
  Else
  End If
End If
'출고 필드에 값을 입력하면 J2 셀에 수식 '=C2*(I2-H2)'의 값이 입력된다.
'출고 필드에 값을 입력하지 않으면 J2 셀에 빈 텍스트가 입력된다.
'출고가 없으면 마진이 없다.
With UserForm6
  .TextBox1.Value = ""
```

```
    .TextBox2.Value = ""
    .TextBox3.Value = ""
    .TextBox4.Value = ""
    .TextBox5.Value = ""
  End With
  cancel_state = 1
  '텍스트 상자의 내용을 초기화하고, 변수 cancel_state의 값을 1로 설정한다.
  '변수 cancel_state의 값은 '취소' 버튼의 코드를 실행하는 조건으로 활용된다. 변수의 값이 1이면
  "취소' 버튼의 코드를 실행한다.
End Sub
```

주의 'Range(Cells(row_num, 8), Cells(row_num, 8)).FormulaR1C1 = _' 코드의 '=' 다음에 표시된 빈칸과 밑줄 '_'은 밑의 코드가 계속 연결되어 있음을 뜻한다.

변수 cancel_state는 UserForm6 코드의 선언부에 정의한다. 즉, UserForm6 코드의 맨 앞부분에 정의한다. 여기에는 변수 save_state가 함께 선언되어 있다.

```
Dim save_state As Integer
Dim cancel_state As Integer
'변수 cancel_state를 2 바이트 정수로 선언한다.
```

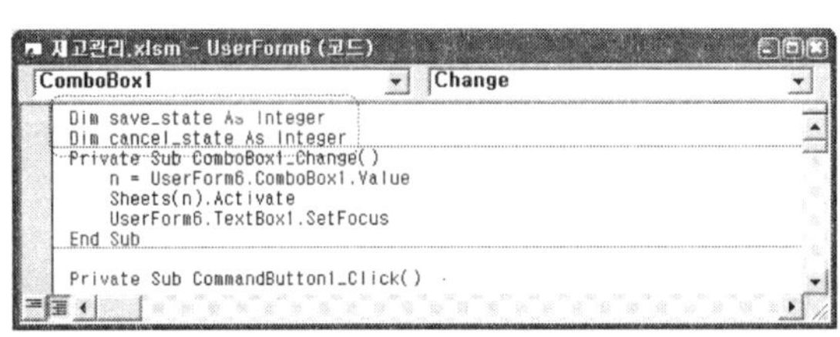

프로시저(사건처리 서브루틴)는 Sub, 명령문, End Sub 구조로 되어 있다.

변수 cancel_state를 CommandButton1 개체의 코드로 정의하면 CommandButton1 개체의 프로시저에서만 사용할 수 있다. 변수 cancel_state는 '입력' 버튼의 클릭 여부를 판단하는 근거로 사용된다.

- 명령 단추(취소) CommandButton2 개체에 정의한 UserForm6 코드

명령 단추 CommandButton2 개체를 더블 클릭하고 다음 코드를 입력한다.

```
Private Sub CommandButton2_Click()
  If cancel_state = 1 Then
    row_num = Range("A1").CurrentRegion.Rows.Count
    Range(Cells(row_num, 1), Cells(row_num, 10)).ClearContents
  End If
```

```
    cancel_state = 0
    '변수 cancel_state의 값이 1이면 A1 셀로부터 우측에 위치한 셀들을 삭제한다.
    '변수 cancel_state의 값을 0으로 설정한다.
End Sub
```

변수 row_num의 값은 '입력' 버튼을 클릭했을 때의 값을 그대로 사용한다. 따라서 변수 row_num의 값은 마지막에 삽입된 행 번호를 가리키게 된다. 따라서 '취소' 버튼을 클릭하면 마지막에 삽입된 행의 모든 값들을 삭제한다.

- 명령 단추(저장) CommandButton3 개체에 정의한 UserForm6 코드

  명령 단추 CommandButton3 개체를 더블 클릭하고 다음 코드를 입력한다.

```
Private Sub CommandButton3_Click()
  Workbooks("재고관리.xlsm").Save
  save_state = 1
  '워크북을 저장하고 변수 save_state의 값을 1로 설정한다.
End Sub
```

변수 save_state는 UserForm6 코드의 선언부에 정의한다. 즉, UserForm6 코드의 맨 앞부분에 정의한다. 변수 save_state는 '저장' 버튼의 클릭 여부를 판단하는 근거로 사용된다.

- 명령 단추(닫기) CommandButton4 개체에 정의한 UserForm6 코드

  명령 단추 CommandButton4 개체를 더블 클릭하고 다음 코드를 입력한다.

```
Private Sub CommandButton4_Click()
  If save_state = 1 Then
    Unload UserForm6
  '변수 save_state의 값이 1이면 대화상자를 닫는다.
  Else
    ans = MsgBox("종료하려면 '예' 버튼을 클릭하세요.", vbYesNo)
    If ans = vbYes Then
      Workbooks("재고관리.xlsm").Save
      Unload UserForm6
  '변수 save_state의 값이 1이 아니면 '종료하려면 '예' 버튼을 클릭하세요.'라는 창을 띄우고 '예'
  '버튼을 클릭하면 워크북을 저장하고 대화상자를 닫는다.
    Else
      save_state = 0
      Exit Sub
    End If
```

```
  "아니오' 버튼을 클릭하면 변수 save_state의 값을 0으로 설정하고 Sub 프로시저를 종료한다.
  End If
End Sub
```

- 명령 단추(거래처 검색) CommandButton5 개체에 정의한 UserForm6 코드

명령 단추 CommandButton5 개체를 더블 클릭하고 다음 코드를 입력한다.

```
Private Sub CommandButton5_Click()
  If UserForm6.TextBox6.Visible = False Then
    With UserForm6
      .TextBox6.Visible = True
      .TextBox6.SetFocus
      .CommandButton7.Visible = True
      .CommandButton8.Visible = True
    End With
  "거래처 검색' 버튼을 클릭하면 숨겨진 텍스트 상자, 명령 단추를 대화상자에 나타낸다.
  Else
    With UserForm6
      .TextBox6.Visible = False
      .CommandButton7.Visible = False
      .CommandButton8.Visible = False
    End With
  "거래처 검색' 버튼을 클릭하면 텍스트 상자, 명령 단추를 대화상자에서 숨긴다.
  End If
End Sub
```

- 명령 단추(제품 추가) CommandButton6 개체에 정의한 UserForm6 코드

명령 단추 CommandButton6 개체를 더블 클릭하고 다음 코드를 입력한다.

```
Private Sub CommandButton6_Click()
  UserForm7.ComboBox1.RowSource = "제품"
  Sheets("제품").Activate
  UserForm6.ComboBox1.Value = "제품"
  UserForm7.Show
  UserForm7.TextBox1.SetFocus
  '대화상자 UserForm7의 RowSource 값으로 이름 '제품'을 지정하고 워크시트 '제품'을 연다.
  'UserForm6의 RowSource 값으로 이름 '제품'을 지정한다.
  '대화상자 UserForm7을 열고 첫 번째 텍스트 상자에 커서를 위치시킨다.
End Sub
```

- 명령 단추(찾기) CommandButton7 개체에 정의한 UserForm6 코드

명령 단추 CommandButton7 개체를 더블 클릭하고 다음 코드를 입력한다.

```
Private Sub CommandButton7_Click()
  Dim field1 As Integer
  Dim field2 As Integer
  Dim field3 As Long
  Dim field4 As Long
  Dim field5 As String
  Dim field6 As Long
  Dim field7 As Long
  Dim findMe As String
  On Error Resume Next
  findMe = UserForm6.TextBox6.Value
  '거래처 텍스트 상자에 입력한 값을 변수 findMe에 저장한다.
  Cells.Find(What:=findMe, After:=ActiveCell, LookIn:=xlFormulas, LookAt:= _
  xlPart, SearchOrder:=xlByRows, SearchDirection:=xlNext, MatchCase:=False _
  , SearchFormat:=False).Activate
  ActiveCell.Offset(0, 0).Select
  '변수 findMe의 값을 찾고 해당 셀을 선택한다.
  field1 = Month(ActiveCell.Offset(0, -6).Value)
  field2 = Day(ActiveCell.Offset(0, -6).Value)
  field3 = ActiveCell.Offset(0, -5).Value
  field4 = ActiveCell.Offset(0, -4).Value
  field5 = ActiveCell.Offset(0, 0).Value
  field6 = ActiveCell.Offset(0, 1).Value
  field7 = ActiveCell.Offset(0, 2).Value
  '필드 항목의 값을 변수 field1, field2, …, field7에 저장한다. 날짜는 Day, Month 함수를 사용하여
  '변수에 저장한다. 필드 항목의 값은 현재 선택된 셀을 기준으로 지정한다.
  With UserForm6
    .Calendar1.Month = field1
    .Calendar1.Day = field2
    .TextBox1.Text = field3
    .TextBox2.Text = field4
    .TextBox3.Text = field5
    .TextBox4.Text = field6
    .TextBox5.Text = field7
  End With
  '변수 field1, field2의 값을 달력의 월, 일에 표시한다.
  '변수 field3, field4, …, field7의 값을 입고, 출고, 비고, 단가, 출고가 텍스트 상자에 표시한다.
  If findMe <> UserForm6.TextBox3.Value Then
    With UserForm6
      .TextBox1.Value = ""
      .TextBox2.Value = ""
      .TextBox3.Value = ""
      .TextBox4.Value = ""
      .TextBox5.Value = ""
    End With
    MsgBox "거래처를 찾지 못했습니다."
```

```
  End If
  On Error GoTo 0
End Sub
```

• 명령 단추(바꾸기) CommandButton8 개체에 정의한 UserForm6 코드

명령 단추 CommandButton8 개체를 더블 클릭하고 다음 코드를 입력한다.

```
Private Sub CommandButton8_Click()
  If UserForm6.TextBox6.Value <> "" Then
    With ActiveCell
      .Offset(0, -6).Value = UserForm6.Calendar1.Value
      .Offset(0, -5).Value = Format(UserForm6.TextBox1.Value, "#,###")
      .Offset(0, -4).Value = Format(UserForm6.TextBox2.Value, "#,###")
      .Offset(0, 0).Value = UserForm6.TextBox3.Value
      .Offset(0, 1).Value = Format(UserForm6.TextBox4.Value, "#,###")
      .Offset(0, 2).Value = Format(UserForm6.TextBox5.Value, "#,###")
    End With
  End If
  '현재 셀 포인터가 위치한 제품 정보를 달력의 수치와 텍스트 박스의 문자열로 변경한다.
  '수치가 0이면 표시하지 않는다.
End Sub
```

거래처 이름이 입력되어 있으면 달력, 입고, 출고, 비고, 단가, 출고가 텍스트 상자에 입력한 값을 워크시트의 해당 필드 항목에 입력한다.

※ 거래처 이름이 입력되지 않은 상태에서는 바꾸기를 하지 않는다.

• 폼 UserForm6 개체에 정의한 모듈 코드

폼 개체를 선택한 후 삽입 메뉴의 '모듈'을 실행하고 다음 코드를 입력한다.

```
Sub ShowUserForm6()
  UserForm6.TextBox6.Visible = False
  UserForm6.CommandButton7.Visible = False
  UserForm6.CommandButton8.Visible = False
  ''찾기', '바꾸기' 등의 개체가 나타나지 않게 한다.
  Sheets("제품").Activate
  ActiveSheet.Range("A1").Select
  ActiveWorkbook.Names.Add Name:="제품", RefersToR1C1:=Selection.CurrentRegion
  UserForm7.ComboBox1.RowSource = "제품"
  UserForm6.ComboBox1.RowSource = "제품"
  UserForm6.Show
  '이름 '제품'을 정의하고 대화상자 UserForm6를 화면에 나타낸다.
End Sub
```

대화상자 UserForm6의 텍스트 박스 TextBox6, CommandButton7, CommandButton8의 Visible 속성을 'False'로 지정하여 대화상자가 열릴 때 나타나지 않도록 한다.

표준 모듈에 등록된 Sub 프로시저는 ShowUserForm6 매크로로 등록되고, 폼 개체 UserForm6를 화면에 나타낸다.

참고 대화상자 UserForm6에 삽입한 명령 단추(닫기)를 클릭했을 때에만 대화상자 UserForm6가 닫히도록 하려면 UserForm6 코드에 다음 코드를 추가한다.

```
Private Sub Userform_Queryclose(Cancel As Integer, CloseMode As Integer)
  If CloseMode = vbFromControlMenu Then
    MsgBox "'닫기' 버튼을 클릭하세요."
    Cancel = True
  End If
End Sub
```

참고 컨트롤 속성

- 텍스트 상자 TextBox3, TextBox6에는 한글이 입력되도록 IMEMode 속성을 '10'으로 지정한다.

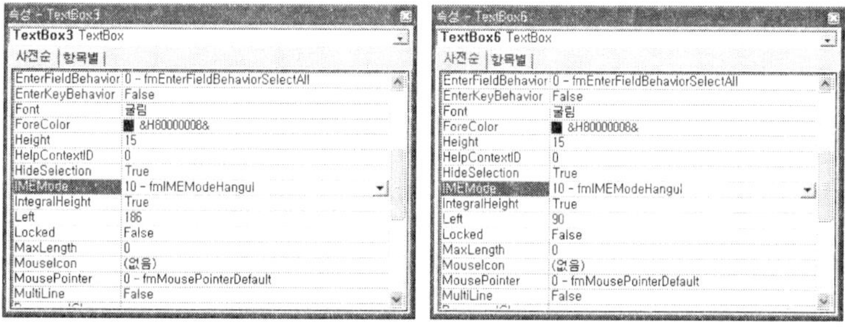

- 폼 개체를 마우스 오른쪽 버튼으로 클릭하고 단축 메뉴에서 '탭 순서'를 실행하여 대화상자에서 탭 키를 누를 때의 이동 순서를 지정한다.

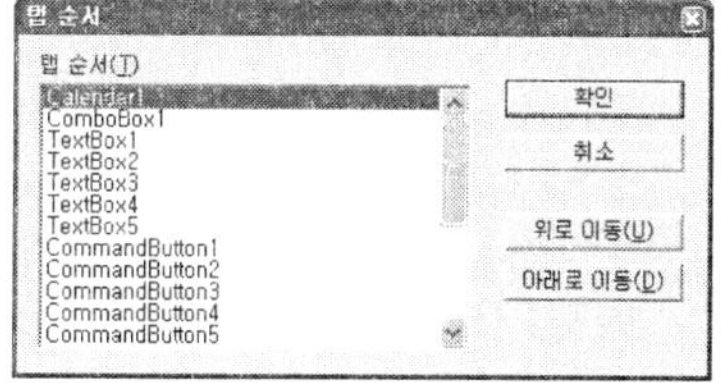

• Esc 키를 누르면 '취소' 버튼이 선택되도록 하려면 CommandButton2의 Cancel 속성을 'True'로 지정한다.

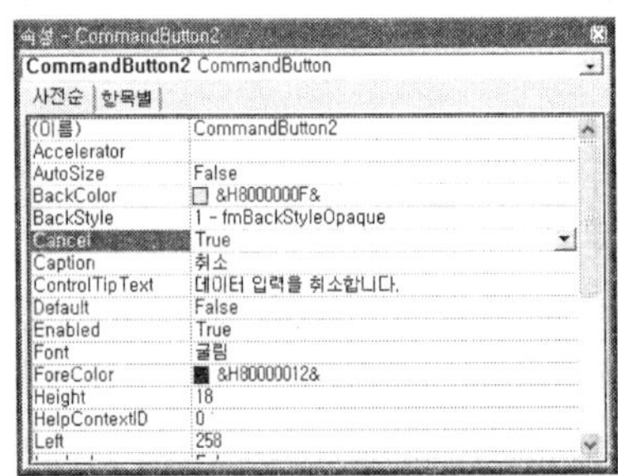

주의 매크로가 삽입된 문서는 반드시 'Excel 매크로 사용 통합 문서(*.xlsm)' 유형으로 저장해야 한다. 또한 매크로를 실행하려면 매크로 보안 문제를 해결해야 한다.

① 개발 도구 탭의 코드 그룹에서 '매크로 보안'을 실행한다.

② '신뢰할 수 있는 위치' 범주를 선택하고 '새 위치 추가' 버튼을 클릭하여 매크로가 저장된 폴더를 지정한 후 '확인' 버튼을 클릭한다.

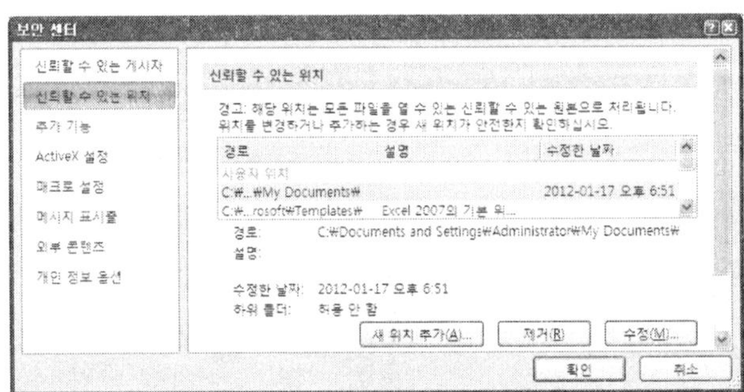

③ 보안 설정을 마친 후 엑셀을 새로 시작한다.

Ⅵ 인 쇄

워크시트의 인쇄 옵션은 페이지 레이아웃 탭에서 설정한다.

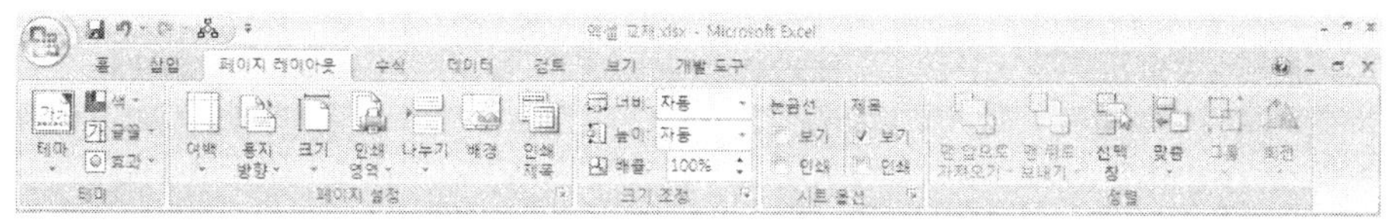

□ 시트 옵션 그룹의 눈금선

- ‘보기’ 옵션을 선택하면 워크시트의 눈금선을 숨기거나 보일 수 있다.
- ‘인쇄’ 옵션을 선택하면 눈금선을 인쇄할 수 있으며, 현재 설정된 용지 크기에 맞추어 워크시트를 페이지로 구분한다.

	A	B	C	D	E	F	G	H
1								
2		연간 이자율		5%				
3		저축기간(년)		10				
4		총저축액		10000000				
5		매달 저축액		-₩64,399				
6								
7		시나리오 요약						
8				현재 값:	이자율 인상	이자율 인하	5년, 500만원	5년, 1500만원
9								
10		변경 셀:						
11			연간이자율	5%	6%	4%	5%	5%
12			저축기간	10	10	10	5	15
13			총저축액	10,000,000	10,000,000	10,000,000	5,000,000	15,000,000
14		결과 셀:						
15			매달저축액	-₩64,399	-₩61,021	-₩67,912	-₩73,523	-₩56,119

따라서 워크시트에 삽입된 내용이 한 페이지에 인쇄될 수 있게끔 열 너비를 조정하거나 글자 크기를 조정한다.

□ 시트 옵션 그룹의 제목

- '보기' 옵션을 선택하면 워크시트의 열 머리글, 행 머리글을 숨기거나 보일 수 있다.
- '인쇄' 옵션을 선택하면 열 머리글, 행 머리글을 인쇄할 수 있다.

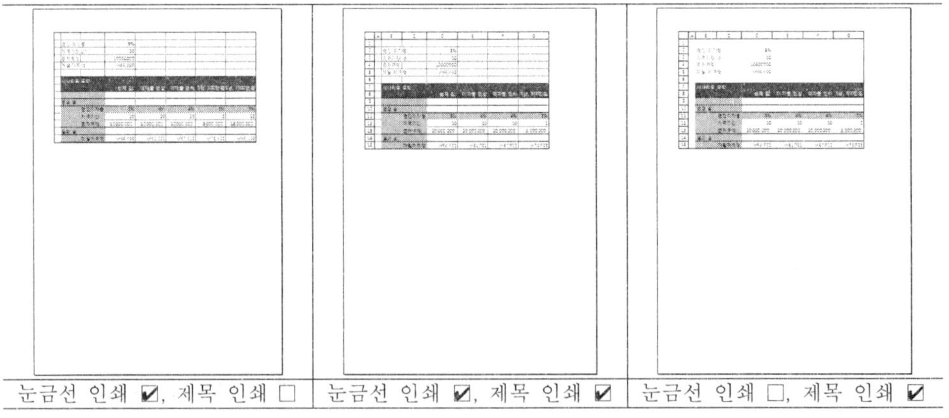

눈금선 인쇄 ☑, 제목 인쇄 □	눈금선 인쇄 ☑, 제목 인쇄 ☑	눈금선 인쇄 □, 제목 인쇄 ☑

- 페이지 설정 그룹의 '인쇄 제목' 버튼을 클릭하면 페이지 설정을 할 수 있다.

◆ 용지 방향, 확대/축소 배율, 용지 크기, 인쇄 품질 등은 페이지 탭에서 설정한다.

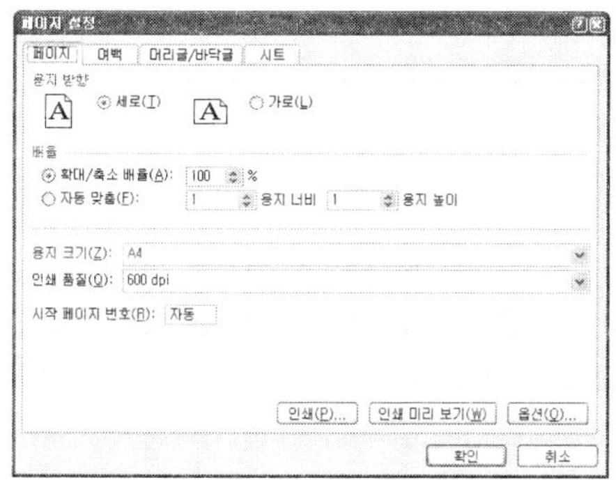

배율로 '자동 맞춤' 옵션을 선택하고 용지 너비와 용지 높이를 지정하면 지정한 용지 내에서 워크시트 상의 모든 내용을 인쇄할 수 있다. 예를 들어, 용지 너비를 1, 용지 높이를 2로 지정하면 워크시트의 내용은 두 페이지에 포함되어 인쇄된다.

◆ 여백, 인쇄 영역의 위치는 여백 탭에서 설정한다.

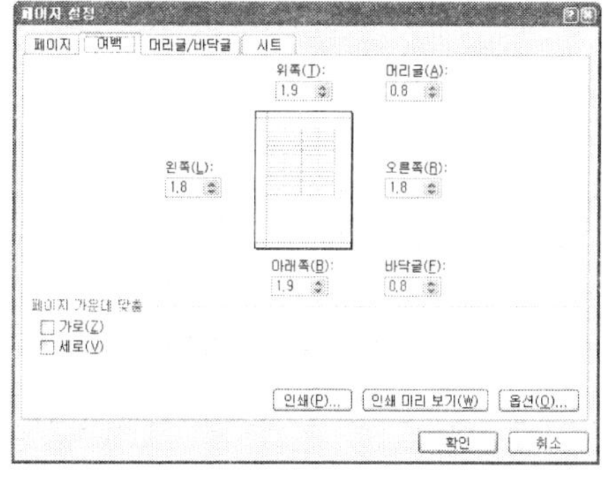

- 인쇄 영역을 페이지 가로 가운데를 맞춰 인쇄하려면 '가로' 옵션을 선택한다.
- 인쇄 영역을 페이지 세로 가운데를 맞춰 인쇄하려면 '세로' 옵션을 선택한다.

◆ 머리글, 바닥글의 내용은 머리글/바닥글 탭에서 설정한다.

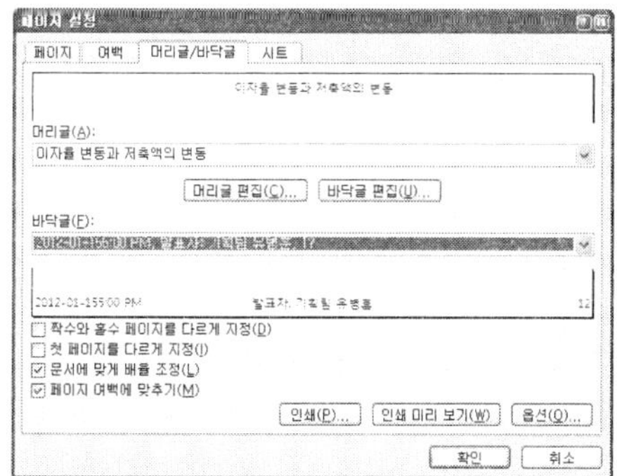

머리글/바닥글의 내용은 홈 탭의 텍스트 그룹에서 '머리글/바닥글' 버튼을 클릭하여 정의한다.

◆ 인쇄 영역, 인쇄 제목 등은 시트 탭에서 설정한다.

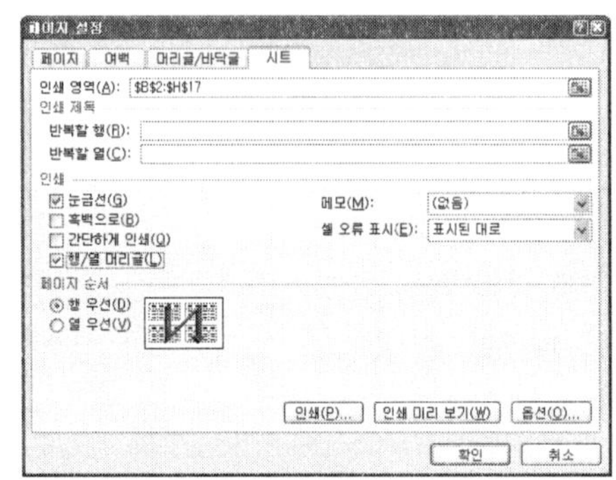

- 인쇄할 대상은 인쇄 영역에서 지정한다.
- 인쇄 제목으로 반복할 행과 반복할 열을 지정하면 모든 페이지에 지정한 행과 열의 내용이 표시된다.

예를 들어, 데이터의 첫 행에 성명, 주소, 주민등록 번호, 연락처, 근무지, 직책 등의 필드 이름이 입력되어 있고, 첫 열에 성명 필드의 항목이 입력되어 있다고 하자. 데이터를 인쇄할 때 이들 필드 이름과 성명 필드의 항목을 인쇄하지 않으면 데이터가 구체적으로 무엇을 표시하는지 알 수 없게 된다. 따라서 데이터의 내용을 구체적으로 표시하기 위해서는 반복할 행에는 성명, 주소, 주민등록 번호, 연락처, 근무지, 직책 등의 필드 이름이 입력된 셀을 지정하고, 반복할 열에는 성명 필드의 항목이 입력된 셀을 지정해야 한다.

- '인쇄 미리 보기' 버튼을 클릭하면 인쇄되는 모양을 미리 살펴 볼 수 있다.
- '인쇄' 버튼을 클릭하면 인쇄할 수 있다.

Ⅶ 엑셀 활용

1. 보고서 양식

다음은 한국보건대학교에서 실시한 특성화 프로그램을 수료한 학생들을 대상으로 프로그램의 실행이 학생들의 취업에 얼마나 도움이 되었는지를 평가 분석하기 위해 각 학과에 배포된 문서이다.

이 문서는 학과별로 작성하고 수합한 설문지를 바탕으로 각 학과별 프로그램의 성과가 자동 분석되게끔 엑셀로 작성되었다. 양식 문서를 작성하는데 사용된 엑셀의 기능은 다음과 같다.

- 창 나누기/틀 고정
- Countif() 함수
- 차트

아래와 같은 평가 보고서 양식을 작성해보자.

- 각 문항에 대한 응답 번호는 각 학과별로 입력한다.
- 응답 번호별 개수는 자동으로 계산되게 한다.
- 각 문항마다 응답 번호의 분포가 차트에 표시되게끔 한다.

□ 시트 작성하기

- 문항은 시트 상에 고정시켜 항상 표시되게 한다.
- 응답이 입력될 셀은 1−5까지의 수만 입력되게 한다. 즉, 응답 번호는 5까지 있다.
- 문항마다 해당 차트를 작성하여 분석상의 편의를 제공한다.

① 문항과 설문지 매수를 입력한다. 문항은 10가지이고 설문지 매수는 20매인 것으로 한다. 문항은 'Q1' 형태로 설문지 번호는 'A1' 형태로 입력되어 있다.

② 보기 탭의 창 그룹에서 '틀 고정' 버튼을 클릭하여 '첫 행 고정'을 선택한다.

③ 응답이 입력될 셀을 블록으로 지정하고 데이터 탭의 데이터 도구 그룹에서 '데이터 유효성 검사' 버튼을 클릭한다.

④ 제한 대상 선택상자를 눌러 '정수'를 선택하고 제한 방법으로는 '해당 범위'를, 최소값으로는 1을, 최대값으로는 5를 입력하고 '확인' 단추를 누른다.

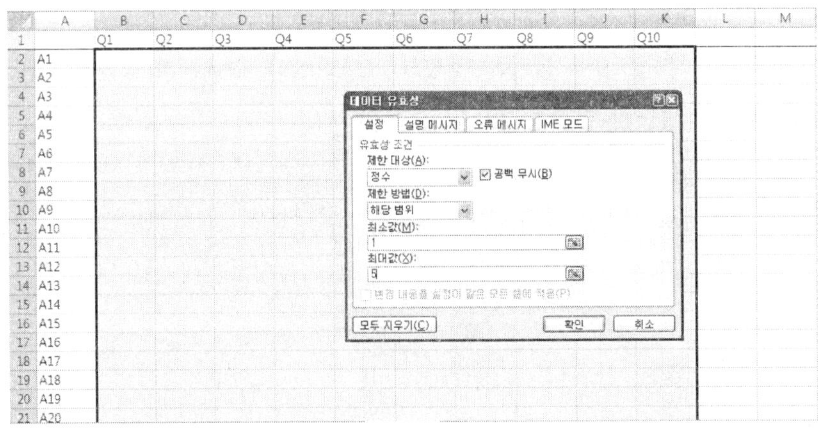

⑤ 1행의 문항을 22행에 복사한다.

문항을 22행에 복사한 것은 문항별로 작성될 차트의 데이터 영역을 정의하기 위해서이다.

⑥ 문항이 끝난 아래 행에 응답의 내용을 응답 번호순으로 표시한다.

⑦ 각 문항에 대한 응답 번호별 개수는 COUNTIF 함수로 계산한다.

=COUNTIF(B$2:B$21,LEFT($A23,1))

⑧ 자동 채우기 조절자를 끌어 나머지 셀을 완성한다.

	A	B	C	D	E	F	G	H	I	J	K	L	M
1		Q1	Q2	Q3	Q4	Q5	Q6	Q7	Q8	Q9	Q10		
18	A17												
19	A18												
20	A19												
21	A20												
22		Q1	Q2	Q3	Q4	Q5	Q6	Q7	Q8	Q9	Q10		
23	1. V IMP	0	0	0	0	0	0	0	0	0	0		
24	2. IMP	0	0	0	0	0	0	0	0	0	0		
25	3. NEUT	0	0	0	0	0	0	0	0	0	0		
26	4. UMIMP	0	0	0	0	0	0	0	0	0	0		
27	5. V UNIM	0	0	0	0	0	0	0	0	0	0		
28													

⑨ 문항 Q1에 대한 설문 결과를 입력한다.

	A	B	C	D	E	F	G	H	I	J	K	L	M
1		Q1	Q2	Q3	Q4	Q5	Q6	Q7	Q8	Q9	Q10		
14	A13	5											
15	A14	3											
16	A15	4											
17	A16	2											
18	A17	3											
19	A18	4											
20	A19	3											
21	A20	2											
22		Q1	Q2	Q3	Q4	Q5	Q6	Q7	Q8	Q9	Q10		
23	1. V IMP	3	0	0	0	0	0	0	0	0	0		
24	2. IMP	5	0	0	0	0	0	0	0	0	0		
25	3. NEUT	7	0	0	0	0	0	0	0	0	0		
26	4. UMIMP	4	0	0	0	0	0	0	0	0	0		
27	5. V UNIM	1	0	0	0	0	0	0	0	0	0		
28													

⑩ A22:B27 셀을 범위로 지정하고 삽입 탭의 차트 그룹에서 '원형' 버튼을 클릭한 후 '원형'을 선택한다.

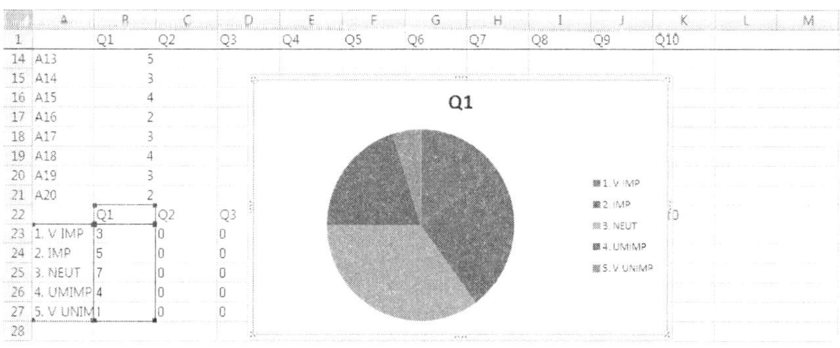

⑪ 레이아웃 탭의 레이블 그룹에서 '데이터 레이블' 버튼을 클릭하고 '안쪽 끝에'를 선택한다.

⑫ Ctrl 키를 누른 채 차트를 끌어 놓아 문항의 수만큼 차트를 그림과 같이 배치한다. 문항의 수만큼 생성된 차트에는 동일 데이터 영역이 적용된다.

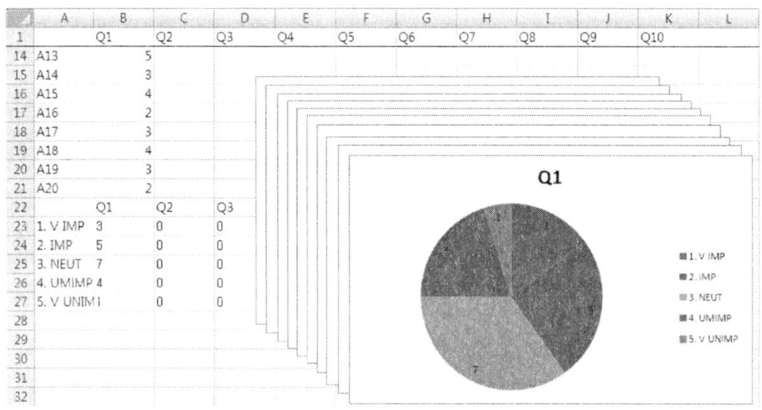

• 각 문항마다 응답 번호의 분포가 차트에 표시되게끔 하기 위해 각 차트마다 고유한 데이터 영역을 지정한다. 데이터 영역은 응답 내용과 응답 번호의 개수로 구성한다.

⑬ 두 번째 차트를 선택한 후 디자인 탭의 데이터 그룹에서 '데이터 선택'을 클릭한다.

⑭ 데이터 범위로 그림과 같이 설정한 후 확인 단추를 누른다.

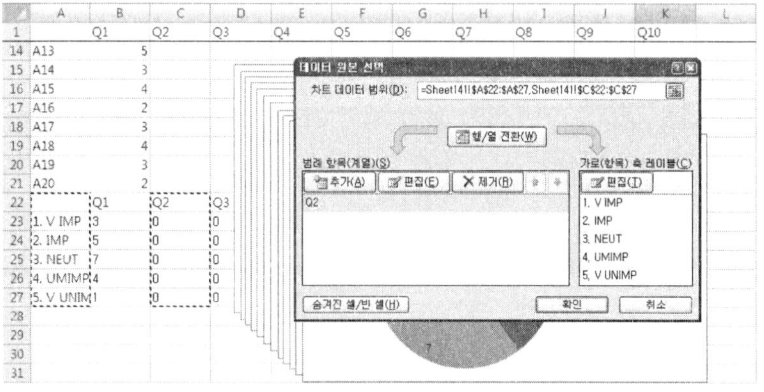

두 번째 문항과 관련된 차트는 Q2로 구분된다.

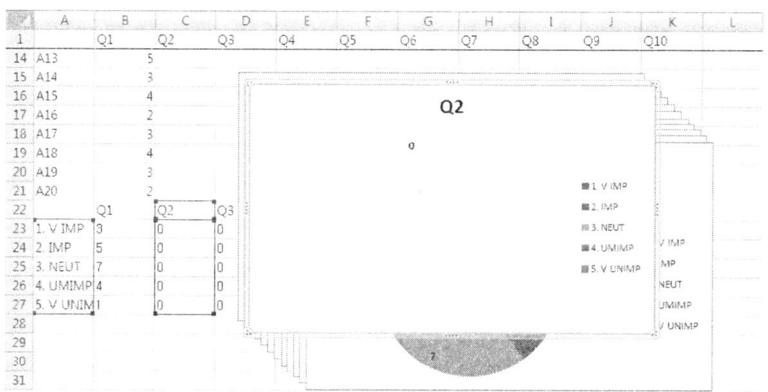

⑮ 동일한 방식으로 나머지 차트의 차트 영역을 선택한 후 데이터 범위를 모두 수정한다.

설문지를 받아 각 설문 문항에 대한 응답 번호를 모두 입력하면 COUNTIF 함수에 의해 응답 번호의 개수가 계산되고, 응답 번호의 분포는 차트에 반영된다.

2. 기자재 점검 대장

기자재 점검 대장은 규칙적으로 입력해야 할 일자 · 시간 등의 내용을 출력한 상태에서 사용하도록 한다. 예를 들어, 일주일에 2번, 정해진 요일에 정해진 시간에 점검한다면 점검 대장을 다음과 같이 작성한다.

	A	B	C	D	E	F	G	H	I
1	순번	일자	시간	활용	기자재 상태			서명	비고
2					정비요망	활용불가	분실		
3		1. 6	2-3, 5-6						
4		1. 7	2-3						
5									
6									
7									
8									

① 사용 일자가 입력된 셀 B3, B4 셀에는 사용자 정의 서식 'm"." d'를 적용한다.

② 시간이 입력된 셀 C2, C3 셀에는 셀 서식 텍스트 범주를 적용한다.

③ 일주일 후의 일자가 입력될 B5 셀에 다음 수식을 입력하고 나머지 셀은 자동 채우기 조절자를 끌어 완성한다.

=B3+7

④ 사용 시간이 입력된 C3, C4 셀을 블록으로 설정한 후 Ctrl 키를 누른 채 자동 채우기 조절자를 끌어 나머지 셀을 완성한다.

	A	B	C	D	E	F	G	H	I
1	순번	일자	시간	기자재 상태				서명	비고
2				활용	정비요망	활용불가	분실		
3		1. 6	2-3, 5-6						
4		1. 7	2-3						
5		1. 13	2-3, 5-6						
6		1. 14	2-3						
7		1. 20	2-3, 5-6						
8		1. 21	2-3						

3. 교육과정표

대차대조표, 손익계산서 등을 작성할 때도 엑셀을 활용하면 손쉽게 작성할 수 있다. 특히 회사에서 운영하는 산업체 학교의 교육과정표를 작성할 때도 엑셀은 유용하게 이용된다.

	A	B	C	D	E	F	G	H	I	J	K	L	M	N	O	P	Q	R
1	교과목명	학점	시간	1학년						2학년						합계		
2				1학기			2학기			1학기			2학기					
3				학점	주당시간		학점	주당시간		학점	주당시간		학점	주당시간		학점	주당시간	
4					강의	실습		강의	실습		강의	실습		강의	실습		강의	실습
5	마케팅	3	3	3	3											3	3	0
6	유통관리	3	3				3	3								3	3	0
7	물류관리	3	3							3	3					3	3	0
8	전산회계	3	4							3	2	2				3	2	2

- 학점 합계 셀 P5에는 전 학년의 전 학기 학점을 더한 수식을 입력한다.
- 주당 강의 시간 합계 셀 Q5에는 전 학년의 전 학기 주당 강의 시간을 더한 수식을 입력한다.
- R5 셀에는 전 학년의 전 학기 주당 실습 시간을 더한 수식을 입력한다.

  P5 셀에 다음 함수를 입력한다.

  =SUM(D5,G5,J5,M5)

  P5 셀의 자동 채우기 조절자를 끌어 Q5, R5 셀에 함수를 채워 넣는다.

B 열과 P 열에 입력된 학점이 일치하는지, C 열과 Q, R 열에 입력된 시간의 수가 일치하는지 확인할 필요가 있다.

즉, 과목의 학점을 잘못 입력할 수도 있고, 학점은 제대로 입력하더라도 강의 시간과 실습 시간을 잘못 입력할 수도 있기 때문이다.

예를 들어, 일반적으로, 강의 시간 1은 학점 1이 되며, 실습 시간 2는 학점 1이 된다. 따라서 실습 4시간으로 짜여진 2학점 과목을 강의 1시간 실습 2시간으로 입력하면 학점은 맞다 하더라도 시간이 틀리게 된다.

따라서 입력이 제대로 되었는지 육안으로 확인하기 위해 조건부 서식을 활용한다.

① 교과목명을 블록으로 설정한다.

② 홈 탭의 스타일 그룹에서 '조건부 서식'을 클릭한 후 '규칙 관리'를 선택한다.

③ '새 규칙' 버튼을 클릭하고 규칙 유형으로 '수식을 사용하여 서식을 지정할 셀 결정'을 선택한다.

④ 조건 입력상자에 '=$B5〈〉$P5'를 입력한다.

⑤ '서식' 버튼을 눌러 글꼴의 색상을 빨강으로 선택한 후 '확인' 버튼을 누른다.

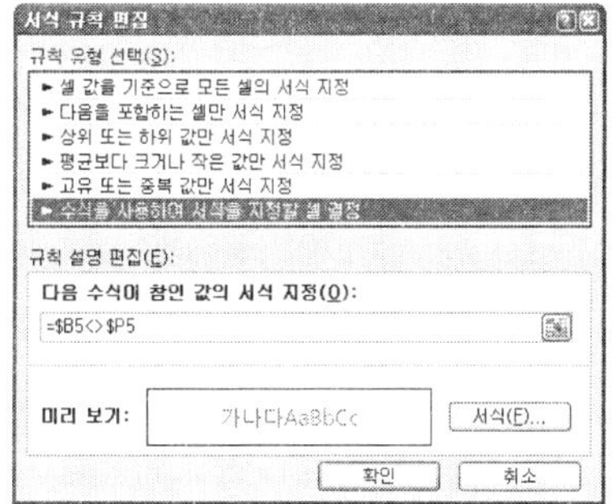

⑥ '확인' 버튼을 클릭한다.

⑦ '새 규칙' 버튼을 클릭하고 규칙 유형으로 '수식을 사용하여 서식을 지정할 셀 결정'을 선택한다.

⑧ 조건 입력상자에 '=$C5〈〉$Q5+$R5'를 입력한다.

⑨ '서식' 버튼을 눌러 글꼴의 색상을 파랑으로 선택한 후 '확인' 버튼을 누른다.

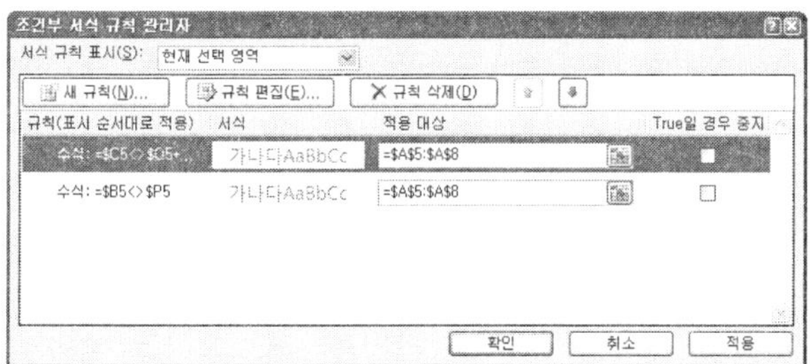

⑩ '확인' 버튼을 클릭하여 조건부 서식을 끝낸다.

- B 열의 내용과 P 열의 내용이 상이하면 과목명이 빨강색으로 구분된다.
- C 열의 내용과 Q 열에 R 열을 더한 내용이 상이하면 과목명이 파랑색으로 구분된다.

빨강색으로 표시된 교과목명은 학점을, 파랑색으로 표시된 교과목명은 시간을 잘못 입력한 상태이므로 수정한다.

	A	B	C	D	E	F	G	H	I	J	K	L	M	N	O	P	Q	R
1	교과목명	학점	시간	1학년						2학년						합계		
2				1학기			2학기			1학기			2학기					
3				학점	주당시간		학점	주당시간		학점	주당시간		학점	주당시간		학점	주당시간	
4					강의	실습		강의	실습		강의	실습		강의	실습		강의	실습
5	마케팅	3	3	3	3											2	3	0
6	유통관리	3	3				3	2								3	2	0
7	물류관리	3	3							3	3					3	3	0
8	전산회계	3	4							3	2	2				3	2	2

4. 재고 관리

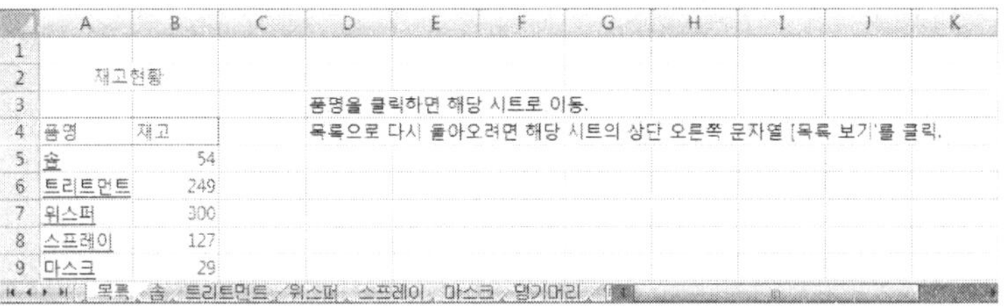

	A	B	C	D	E	F	G	H	I	J	K
1											
2	재고현황										
3				품명을 클릭하면 해당 시트로 이동.							
4	품명	재고		목록으로 다시 돌아오려면 해당 시트의 상단 오른쪽 문자열 [목록 보기'를 클릭.							
5	솝	54									
6	트리트먼트	249									
7	위스퍼	300									
8	스프레이	127									
9	마스크	29									

목록 / 솝 / 트리트먼트 / 위스퍼 / 스프레이 / 마스크 / 댕기머리

- 시트마다 시트 이름을 정의한다.
- 목록 시트에는 각 시트로 이동할 수 있는 하이퍼링크를 입력한다.
- 각 시트의 D1 셀에는 현재의 재고 수준이 표시되게끔 한다.
- 목록 시트의 하이퍼링크 오른쪽 셀에는 해당 시트의 D1 셀 내용이 표시되게끔 한다.

	A	B	C	D	E	F	G	H	I	J	K
1				54							
2											
3	날짜	입고	출고	재고	박스단위	낱개	비고	단가	출고가	마진	
4	04월 01일	120		120	10	0		3333			
5			12	108	9	0	실장님	3333	4166	9996	
6	04월 11일		25	83	6	11	샘플미인	3333	3333	0	
7	05월 06일		15	68	5	8	밀레뮬	3333	3900	8505	
8	05월 15일		14	54	4	6	하얀마트	3333	3750	5838	
9											

목록 / 솝 / 트리트먼트 / 위스퍼 / 스프레이 / 마스크 / 댕기머리

– D4 셀에는 수식 '=IF(TYPE(D3)=1,D3+B4−C4,B4−C4)'를 입력한다.
– E4 셀에는 수식 '=INT(D4/12)'를 입력한다. 한 박스는 12개라고 가정한다.
– F4 셀에는 수식 '=MOD(D4,12)'를 입력한다.
– J4 셀에는 수식 '=C4*(I4−H4)'를 입력한다.

• 목록 시트의 문자열 '스프레이'에 정의된 하이퍼링크 속성은 다음과 같다.

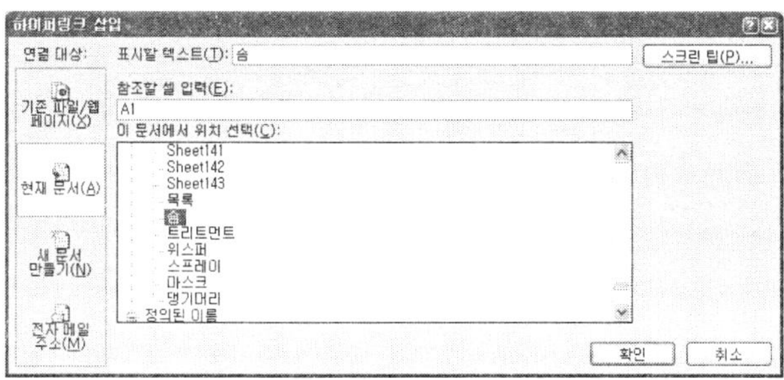

• 목록 시트의 하이퍼링크 '솜' 오른쪽 셀의 내용은 다음과 같다.

=솜!D1

• 스프레이 시트의 D1 셀에는 다음 수식이 삽입되어 있다.

=INDIRECT("d"&COUNT(D3:D6000)+3)

– COUNT 함수는 숫자가 든 셀의 개수를 센다.
– COUNT 함수에 의해 계산된 셀의 개수에 3을 더하면 D열의 셀 중 수치를 포함한 마지막 셀의 행 번호가 출력된다.
– INDIRECT 함수는 텍스트로부터 셀 주소를 돌려준다.
– INDIRECT 함수가 입력된 셀의 글자 색상을 흰색으로 준다.

찾아보기

저자소개

■ 유병훈

대구보건대학교 유통경영학과 교수

경제학 박사(영남대학교)

저　서 : Lectora(내하출판사)
　　　　문서편집 따라하기(내하출판사)

논　문 : 플래시에서 Zoom 효과 구현하기
　　　　플래시로 구현한 경제모형
　　　　모형 시뮬레이션을 위한 플래시 함수 기법
　　　　모형 시뮬레이션을 위한 스크립팅 기법

연락처 : 011-514-9812
　　　　yubh58@hanmail.net

고급 OFFICE 활용

초　판 1쇄 인쇄 —— 2012년　2월 25일
초　판 1쇄 발행 —— 2012년　2월 29일
지은이　　유 병 훈
펴낸이 —— 전 두 표
펴낸곳 —— 도서출판 두남
서울시 강동구 성내1동 455-12 두남빌딩
신 고 : 제25100-1988-9호
(구 제2-624호, 1988. 7. 21)
TEL : 02) 478-2065, 2066, 2067, 2311
FAX : 02) 478-2068
E-mail : dunam1@unitel.co.kr
http://www.dunam.co.kr

정가 35,000원

ISBN 978-89-6414-315-5　13000